D1734704

Science Networks · Historical Studies
Band 6

Herausgegeben von Erwin Hiebert und Hans Wussing

in Zusammenarbeit mit:

S. M. R. Ansari, Aligarh
D. Barkan, Cambridge
H. J. M. Bos, Utrecht
U. Bottazzini, Bologna
J. Z. Buchwald, Toronto
S. S. Demidov, Moskva
J. Dhombres, Nantes
J. Dobrzycki, Warszawa
Fan Dainian, Beijing
E. A. Fellmann, Basel
M. Folkerts, München
P. Galison, Stanford
I. Grattan-Guinness, Bengeo
J. Gray, Milton Keynes

R. Halleux, Liège
S. Hildebrandt, Bonn
E. Knobloch, Berlin
Ch. Meinel, Berlin
G. K. Mikhailov, Moskva
S. Nakayama, Tokyo
L. Nový, Praha
D. Pingree, Providence
W. Purkert, Leipzig
J. S. Rigden, New York
D. Rowe, Pleasantville
A. I. Sabra, Cambridge
R. H. Stuewer, Minneapolis
V. P. Vizgin, Moskva

Birkhäuser Verlag
Basel · Boston · Berlin

Klaus Hentschel

Interpretationen

und Fehlinterpretationen der speziellen
und der allgemeinen Relativitätstheorie
durch Zeitgenossen Albert Einsteins

1990

Birkhäuser Verlag
Basel · Boston · Berlin

Adresse des Autors:
Klaus Hentschel
Cankebeerstr. 97
D–2988 Westdorf

CIP-Titelaufnahme der Deutschen Bibliothek

Hentschel, Klaus:
Interpretationen und Fehlinterpretationen der speziellen und
der allgemeinen Relativitätstheorie durch Zeitgenossen
Albert Einsteins / Klaus Hentschel. – Basel ; Boston ; Berlin :
Birkhäuser, 1990
   (Science networks historical studies; Bd. 6)
   Zugl.: Diss.
   ISBN 3-7643-2438-4
NE: GT

Das Werk ist urheberrechtlich geschützt. Die dadurch begründeten Rechte,
insbesondere des Nachdruckes, der Entnahme von Abbildungen, der Funksen-
dung, der Wiedergabe auf photomechanischem oder ähnlichem Wege und der
Speicherung in Datenverarbeitungsanlagen bleiben, auch bei nur auszugsweiser
Verwertung, vorbehalten. Die Vergütungsansprüche des § 54, Abs. 2 UrhG
werden durch die «Verwertungsgesellschaft Wort», München, wahrgenommen.

© Birkhäuser Verlag Basel, 1990
Printed in Germany on acid-free paper
ISBN 3-7643-2438-4

INHALTSVERZEICHNIS

ABBILDUNGSVERZEICHNIS

TABELLENVERZEICHNIS

EINLEITUNG

Die Relativitätstheorien (RT) Einsteins gehören zu den meistdiskutierten Theorien der Physik des zwanzigsten Jahrhunderts. Nach der Formulierung der sog. 'speziellen Relativitätstheorie' (SRT) im Jahr 1905 nahmen zunächst nur einige Spezialisten von ihr Kenntnis, bis mit ungefähr fünf Jahren Verspätung dann auch zunehmend Nicht-Physiker sich mit ihr zu beschäftigen begannen, angeregt durch populärwissenschaftliche, allgemeinverständliche 'Einführungen' von Kollegen Einsteins wie z.B. Paul Langevin in Frankreich oder Max von Laue in Deutschland. Diese Phasenverschiebung zwischen fachwissenschaftlichem Ausbau der Theorie und öffentlicher Notiznahme wiederholte sich bei Einsteins 'allgemeiner Theorie der Relativität und Gravitation' (ART). Zwischen 1913 und 1915 in ihren wesentlichen Zügen ausformuliert, wurde sie erst nach einer spektakulären experimentellen Bestätigung im Jahr 1919 einem breiterem Publikum bekannt.

In meiner Arbeit werde ich den Facettenreichtum der Ausdeutungen, die beide RT erfuhren, zunächst zu referieren und durch repräsentative Zitate aus der Literatur der Zeit zu belegen haben. Der Umfang dieser Arbeit geht wesentlich auf das Konto dieser ausgewählten Belege - davon verspreche ich mir, daß nicht nur bislang unveröffentlichte Dokumente, sondern auch entlegene Texte hier in ihren zentralen Passagen leicht zugänglich gemacht werden. Fernerhin werde ich aber auch zu analysieren haben, *warum* derartig vielfältige, einander mitunter diametral entgegengesetzte Interpretationen *einer* wissenschaftlichen Theorie vorgelegt wurden. Diese systematische Auswertung aller mir vorliegenden zeitgenössischen Texte zum Thema wird einigen Aufschluß geben zu den über den Rahmen der RT hinaus bedeutsamen Fragen

- unter welchen Voraussetzungen ist eine Interpretation 'adäquat'?

- was sind die Kriterien dieser (In)adäquanz?

- wann handelt es sich um Fehlinterpretationen?

- gibt es rationale Kriterien, nach denen ein Qualitätsvergleich konkurrierender Interpretationen derselben Theorie möglich ist?

Zur begrifflichen Klärung meines Sprachgebrauchs sei hier schon bemerkt, wie ich die Termini 'fachwissenschaftlicher Beitrag', 'Interpretation' und 'Fehlinterpretation' gegeneinander abgrenze (am Ende des sechsten Kapitels komme ich hierauf zurück):

Ein **fachwissenschaftlicher Beitrag** behandelt ein sich im Rahmen
einer Theorie stellendes Spezial- oder Anwendungsproblem durch formales
(bei der theoretischen Physik durchweg mathematisches) Operieren innerhalb der durch die Theorie definierten Syntax und Semantik bzw. durch
eine Anwendung der Theorie auf ein von ihr vorgesehenes Gegenstands-
feld. Es ist selbstverständlich, daß bei dem im zwanzigsten Jahrhundert
erreichten Komplexitätsgrad physikalischer Theorien solche Beiträge praktisch ausschließlich von ausgebildeten Physikern vorgelegt werden und auch
nur von solchen mit Gewinn gelesen und verstanden werden können.

Interpretationen und Fehlinterpretationen haben gemeinsam, daß
es in ihnen eben *nicht* um solche *inner*theoretischen formalen Operationen
geht, sondern daß bei ihnen der 'Sinn' (der 'Gehalt') einzelner Aussagen
der Theorie in verbaler Form umschrieben oder ausgedeutet wird. Dadurch
werden diese in einen *außer*theoretischen Gesamtzusammenhang eingeordnet. Beide Interpretationstypen wurden nicht etwa nur von Fachfremden
vorgelegt, sondern durchaus auch von den Fachphysikern in bestimmten
Passagen ihrer Fachbeiträge oder in separaten Publikationen für ein breiteres Publikum.

Fehlinterpretationen sind die Teilmenge der Interpretationen, bei
denen einzelne Aussagen der Theorie oder Relationen solcher Aussagen zueinander verzerrt oder fehlerhaft wiedergegeben wurden.

Praktisch werden also in einzelnen Quellentexten zur RT u.U. sowohl
Fachwissenschaftliches als auch populäre Erläuterungen und Interpretatives
vermischt vorkommen - in solchen Fällen (ich denke etwa an Hermann
Weyl oder A.S. Eddington) wurde von mir im Einzelfall entschieden und
begründet, an welcher Stelle meines Textes sie besprochen werden. Aus dieser Unterscheidung dreier Textsorten ergab sich folgende **Kapitelabfolge**:

Im ersten Kapitel gebe ich einen notgedrungen kurzen Abriß der historischen Entwicklung der SRT und ART unter Einschluß ihrer Vorläufer,
zeitgenössischer Alternativen und der relativistischen Kosmologie unter wei-
testmöglicher Konzentration auf rein physikalische Fachbeiträge von Einstein selbst und seinen Kollegen. Diese Exposition konkurriert nicht etwa
mit den ausführlichen wissenschaftsgeschichtlichen Abhandlungen von Tonnelat [1971] oder Pais [1982]; sie soll dem Leser lediglich einen Überblick
zu all den Teilen der RT geben, die später von Zeitgenossen Einsteins auf
die eine oder andere Weise interpretiert worden sind.

Kapitel zwei ist der Schilderung zeitgenössischer populärwissenschaftli-
cher 'Einführungen' und Erläuterungen gewidmet. Wegen der überwälti-
genden Menge von Texten mit dieser Zielsetzung mußte ich mich hier auf die
Referierung einzelner charakteristischer Themenbereiche beschränken. Die

Bibliographie am Ende der Arbeit enthält jedoch *alle* mir bis zum Abschluß der Arbeit zugänglich gewordenen Bücher, Zeitschriften- und Zeitungsartikel des deutschen, englischen und französischen Sprachraums. Wenngleich diese Textsorten zumeist Fehlinterpretationen der SRT und ART (re)produzierten, so war ihre Besprechung im Rahmen meiner Arbeit dennoch unerläßlich, weil sich zeigen wird, daß die dort entwickelten Topoi von den Philosophen, die sich auf die populären Texte als Materialbasis stützten, aufgegriffen wurden. Die populären Expositionen der RT fungierten somit als Übersetzungshilfen für alle diejenigen, denen die Lektüre der fachwissenschaftlichen Beiträge wegen mangelnder Vorkenntnisse nicht möglich war. Mit dieser Mittlerfunktion verbindet sich aber eine thematische Vorauswahl, da nur solche Themata von fachfremden Philosophen aufgegriffen werden konnten, die bereits in die allgemeinverständliche Orientierungsliteratur Eingang gefunden hatten.

Da die RT Gegenstand heftigster Debatten war, in die auch zeitgeschichtliche Entwicklungen (wie insb. das Aufkommen des Nationalsozialismus) hineinspielten, erwies es sich als nützlich, drei Gesichtspunkte, die speziell damit im Zusammenhang stehen, gesondert im Kapitel drei zu behandeln. Gemeint sind: das Anwachsen des Antisemitismus seit 1921 sowie der inverse Effekt des Deutschenhasses in ausländischen Stellungnahmen zur RT, wissenschaftshistorische Wiederausgrabungen, die polemisch als Prioritätsansprüche gegen Einstein ausgespielt wurden und schließlich die Herausbildung eines "Verteidigergürtels" um Einstein.

Im Hauptteil meiner Arbeit, dem vierten Kapitel, werden die im engeren Sinn 'philosophischen' bzw. 'philosophierenden' Stellungnahmen zur RT nach Philosophenschulen gefächert referiert. Hier kam es mir besonders darauf an zu zeigen, wie die von den Vertretern verschiedenster philosophischer Grundanschauungen bei der Interpretation der RT eingebrachten Voraussetzungen die jeweilige Interpretation prädeterminierten, wie groß also der 'Denkzwang' war, dem die Fachphilosophen und die philosophisch vorbelasteten Fachwissenschaftler unterlagen. Meine nach Gruppen verwandt denkender Philosophen getrennte Behandlung wird dies herauszustellen versuchen. Zur Unterstützung des Lesers wird jedem Abschnitt des vierten Kapitels ein Übersichtsschema beigefügt, das die Vernetzungen zwischen speziellen interpretativen Aussagen und allgemeinen philosophischen Annahmen bildlich darstellt und auf einen Blick erfaßbar macht. Diese Darstellungsform habe ich den Flußdiagrammen der Informatik und Netzanalysen der Systemtheorie entlehnt, und soweit ich sehe erstmals auf die Interpretationsanalyse übertragen. Nicht behandelt wird die Deutung der RT durch den philosophischen (dialektischen) Materialismus, da zu ihrer

Rezeption speziell in der Sowjetunion schon detaillierte Studien vorliegen.[1]

Die systematische Auswertung des umfangreichen Materials und meiner Zwischenergebnisse erfolgt im letzten, sechsten Kapitel. Der dort zusammengestellte Katalog von Mindestanforderungen an die Adäquanz einer Interpretation und von Kriterien zur komparativen Bewertung der Qualität von Interpretationen beantwortet die in der Einleitung aufgeworfenen Fragen. Die von mir ermittelten Kriterien wurden aufgrund meiner Befunde in der vergleichenden Darlegung verschiedener Interpretationen in Kap. 4 und ihrer wechselseitigen Kritik in Kap. 5 zusammengestellt. Insb. wurden dabei *nicht* schon die Normen und die Philosophieauffassung einer der beteiligen Philosophenschulen zugrundegelegt. Die von mir angestrebte Neutralität ist jedoch nicht zu verwechseln mit einem Interpretations-Relativismus, da das Ergebnis meiner Arbeit ja ein Vorschlag zum rationalen Vergleich und zur begründeten Bewertung der Qualität von Interpretationen ist. Eine Anwendung meiner Vergleichsmethode auf andere Interpretationsfelder, insb. die Quantenmechanik, wäre wünschenswert.

Den Abschluß meiner Arbeit bildet eine alphabetisch organisierte **Bibliographie** in zwei Teilen. Im ersten Teil führe ich alle mir bekanntgewordenen und erreichbaren, vor 1955 verfaßten und von mir bearbeiteten deutschen, englischsprachigen oder französischen Schriften (Bücher, Aufsätze und Zeitungsartikel) auf, die kommentierend, interpretierend, kritisierend oder einfach populär darstellend zur RT Einsteins Stellung nehmen. Hat ein Autor noch *vor* 1955 relevante Texte verfaßt, wurden auch *nach* 1955 verfaßte gleichartige Texte in den ersten Teil mitaufgenommen. Bei den rein fachwissenschaftlichen Beiträgen mußte ich mich aus Platzgründen jedoch auf die Angabe nur der Quellentexte beschränken, die im ersten Kapitel erwähnt oder zitiert werden.

Im zweiten Teil führe ich die mir vorliegenden einschlägigen Sekundärtexte zur Geschichte der RT, zur Person Einsteins oder zu anderen, für mein Thema relevanten Themen auf. Die Auswahl ist hier natürlich höchst subjektiv, beschränkt sich auf die von mir tatsächlich benutzten und als ergänzende Hintergrundinformation für den Leser nützlichen Texte. Hier erhebe ich also keinerlei Anspruch auf Vollständigkeit. Meine Bibliographie versteht sich somit als Ergänzung zu den bereits vorhandenen Bibliographien der physikalischen Fachliteratur zur RT.[2]

---

[1]und zwar durch Müller-Markus [1960], Graham [1972/74] und Delokarov [1973/77]; vgl. ferner Jurinetz [1925/26] u. Hölling [1971] S. 82-108, 219-228.

[2]insb. Lecat [1924], Combridge [1965] bzw. North [1965], A.I. Miller [1981], Kanitscheider [1984], Goenner [1989]b.

Danksagungen

Viele haben mich bei meinen Forschungen zu Einstein und seinem wissenschaftshistorischen und philosophischen Umfeld mit Rat und Tat unterstützt. Ihnen allen gilt mein aufrichtiger und herzlicher Dank, auch wenn es mir unterlaufen sein sollte, daß der(die) ein(e) oder andere in der nachfolgenden Auflistung vergessen worden sein sollte.

Zunächst danke ich Herrn Prof. Dr. Andreas Kleinert (Institut für Geschichte der Naturwissenschaften, Mathematik und Technik, Hamburg), der mir schon seit Beginn meines Studiums in Hamburg mit Anregungen und konstruktiver Kritik in Sachen Wissenschaftsgeschichte als Nebenfach im Diplomstudiengang Physik weiterhalf. Bei meiner Dissertation erfüllte er die Funktionen des 'Doktorvaters', auch wenn es den nach dem Willen der Studienreformer eigentlich gar nicht mehr geben sollte. Im Feld der Philosophie, insb. der Wissenschaftstheorie, war es Herr Prof. Dr. Lothar Schäfer (Philosophisches Seminar, Hamburg), der mir während meines Studiums der Philosophie im Studiengang Magister immer wieder Orientierung und Anregungen bot und die Entstehung meiner Magisterarbeit über die Korrespondenz Einstein-Schlick mit Interesse begleitete. Bei der vorliegenden Dissertation übernahm er engagiert die Rolle des Zweitgutachters. Beiden Betreuern sei herzlich gedankt für die Geduld, mit der sie diese Arbeit während des Entstehens verbessern halfen und nach vorläufigem Abschluß auf verbliebene Schwächen oder Lücken der Darlegung reagierten.

Diese Studie basiert zum großen Teil auf bislang unveröffentlichten Dokumenten und Briefen, die ich 1987 während eines Auslandsaufenthaltes in den USA gesammelt habe. In diesem Zusammenhang gilt mein besonderer Dank den Herren Prof. Dr. Don Howard (Dept. of Philosophy, Univ. of Kentucky) und Dr. David Cassidy, die mir die Möglichkeit vermittelten, fünf Monate in dem Bostoner Forschungsarchiv, das alle mit Einstein im Zusammenhang stehenden Dokumente sammelt, zu forschen. Dem damaligen Leiter der *Collected Papers of Albert Einstein*, Herrn Prof. Dr. John Stachel sowie den damals anwesenden Editoren Prof. Dr. Robert Schulmann, Dr. David Cassidy, Dr. Jürgen Renn und Prof. Dr. Anne J. Kox sowie Ann M. Lehár und Bob Summerfield sei ebenfalls herzlich gedankt für die herzliche Gastfreundschaft und die mannigfachen Anregungen während meines Aufenthaltes dort. Für die Veröffentlichungsgenehmigung der Einstein-Dokumente danke ich der *Hebrew University of Jerusalem* als von Einstein testamentarisch eingesetzter Inhaberin der Publikationsrechte an seinen Texten, insb. danke ich dort namentlich Prof. Reuven Yaron und Mrs. M. Cohn. Gegen Ende meines Aufenthaltes in den USA besuchte ich noch das *Archive for Scientific Philosophy in the 20. Century* in Pittsburgh, um dort Dokumente und Korrespondenzen aus den Nachlässen Reichenbach und Carnap einzusehen. Dabei unterstützten mich insb. die Herren Archivare J. G. Quilter und C. E. Aston; für die Veröffentlichungsgenehmigungen der dort ermittelten Materialien danke ich der *University of Pittsburgh*, die die Rechte an den Nachlässen Carnaps und Reichenbachs kommissarisch vertritt. Ferner danke ich Herrn Prof. Dr. Adolf Grünbaum (Univ. of Pittsburgh) für ein informatives Gespräch über meinen Dissertationsplan und Herrn Prof. Dr. Stillman Drake (Univ. of Toronto) für die freundliche Genehmigung der auszugsweisen Wiedergabe seiner Korrespondenz mit Hans Reichenbach im Jahr 1951 sowie Frau B. O. Koopman als Tochter Percy W. Bridgmans für die Erlaubnis, aus dem Briefwechsel ihres Vaters mit Rudolf Carnap zitieren zu dürfen.

Auch dem *Deutschen Akademischen Austauschdienst* (DAAD) und namentlich Frau Dr. Beatrix Brandi-Dohrn sei gedankt für die großzügige und unbürokratische Gewährung eines Kurzstipendiums zur Förderung meines Promotionsvorhabens, ohne das ich die Einladung nicht hätte wahrnehmen können. Bei der Auswertung der gesammelten Dokumente und der sich anschließenden Niederschrift dieser Arbeit wurde ich durch ein Promotionsstipendium der *Studienstiftung des Deutschen Volkes* und persönliche Beratung durch meinen Vertrauensdozenten Herrn Prof. Dr. Hans Hermann Seiler großzügig gefördert, wofür ich meinen herzlichen Dank ausspreche.

Bei der Beschaffung der publizierten Texte zur RT, die ich in der Bibliographie aufführe, halfen mir viele Bibliothekarinnen und Bibliothekare, denen ich allen herzlich danke. Ganz besonderen 'Prüfungen' unterzog ich Frau Soedjono-Wendt (IGN, Hamburg) und Herrn Ripprich samt Mitarbeiterinnen (Philos. Sem., Hamburg), besonders durch mein ständiges Heraus- und Wiedereintragen von Bänden zum Kopieren außerhalb der Bibliothek. Viel zu schleppen hatten für mich auch die Angestellten im Lesesaal der Hamburger Staats- und Universitätsbibliothek sowie der Public Libary, Boston, und die Verwalter der ausgelagerten Teilbestände des MIT, Cambridge, dessen im übrigen frei zugängliche Bestände eine Schatzgrube für meine Textsuche waren. Leider blieb mir in vielen Fällen nur die Option einer Fernleihbestellung, mit denen ich die dafür zuständigen Damen und Herren der Staats- und Universitätsbibliothek, Hamburg (insb. Frau Ludewig und Frau Dr. Müller-Rohlfsen), sowie der Mugar-Library, Boston University, strapazierte. Für die Übersendung einer Kopie eines entlegenen Textes von Mohorovičić danke ich Herrn Dr. Alois Fritsch (Bruck an der Mur, Österreich).

Meine liebe Mutter hat das Entstehen dieser Arbeit mit stetem Zuspruch begleitet und bei der Verbesserung der sprachlichen Form dieser Arbeit mitgeholfen. Weitere Detailkorrekturen zu der Erstfassung dieser Arbeit wurden mir dankenswerter Weise ferner mitgeteilt von Prof. Dr. A. Kleinert, Dr. A. Fölsing und Frl. A. Lehár - für alle eventuell verbliebenen Fehler zeichne natürlich ich allein verantwortlich. Diese Arbeit wurde geschrieben auf einem ATARI 1040 ST mittels des Textverarbeitungssystems LaTeX; für Hilfestellung bei der Einarbeitung in die ST-Version und bei der Erstellung des camera-ready Laserprinter outputs danke ich Herrn Dr. Gerd Graßhoff (Philos. Sem., Hamburg).

Schließlich danke ich auch den Mitarbeitern der Verlage *Birkhäuser*, dort namentlich Herrn Dipl. math. Benno Zimmermann und Frau Verena Leutwiler, und *VEB Deutscher Verlag der Wissenschaften*, dort insb. Herrn Dr. Peter Ackermann, für ihre engagierte Betreuung der Publikation meiner Dissertation in Buchform.

Kapitel 1

Historischer Abriß der Relativitätstheorien (RT)

In diesem ersten Kapitel werde ich in kondensierter Form die historische Entwicklung, die zur speziellen und nur wenig später zur allgemeinen Relativitätstheorie Einsteins (SRT bzw. ART) geführt hat, nachzeichnen. Es kann hierbei nicht darum gehen, eine Wiedergabe aller bekannter Entwicklungsphasen und Zwischenschritte unter Einbeziehung der Beiträge der vielen historischen Vorstufen und Vorläufer sowie aller anderen beteiligten Physiker und Mathematiker zu geben, wie dies etwa von Marie Tonnelat [1971] oder L.S. Swenson [1979] in ihren ideengeschichtlichen Untersuchungen zur RT oder von Abraham Pais unter biographischem Aspekt [1982] versucht worden ist. In meiner Darstellung beschränke ich mich vielmehr auf die Beiträge von Einstein und seinen Fachkollegen, die für die späteren philosophischen Interpretationen durch Zeitgenossen Einsteins von Bedeutung waren, indem darauf durch direktes Zitieren oder indirekt (durch Zitate populärer Expositionen, die ihrerseits auf diese Primärtexte verweisen) zurückgegriffen wurde. Durch dieses Kapitel wird also der historische Rahmen definiert, in dem die zeitgenössischen Interpretationen von SRT und ART zu sehen sind. Anders als in den darauffolgenden Kapiteln werde ich meist referieren ohne aus den Primärtexten zu zitieren. Dem interessierten Leser habe ich aber durch beigefügte Fußnoten mit Verweisen auf die jeweiligen Primärtexte oder doch einschlägige Sekundärtexte Anhaltspunkte für vertieftes Studium zu bieten versucht.

Die Abfolge der Abschnitte dieses ersten Kapitels ist chronologisch begründet: ein erster Abschnitt referiert kurz die wissenschafts- und ideengeschichtlichen Vorläufer von SRT und ART, also den Stand des Wissens in Mechanik, Gravitationstheorie und Elektrodynamik um 1900, ein zweiter

Abschnitt umfaßt die 1905 formulierte und in den darauffolgenden Jahren von Einstein, Minkowski, Sommerfeld u.a. ausgebaute SRT, ein dritter die Herausbildung der ART zwischen 1907 und 1916 und ein vierter deren Fortentwicklung nach 1916 im Hinblick auf die Kosmologie. Während die theoretischen Alternativen zur SRT ihrer Ausformulierung zeitlich vorangegangen waren und somit aus heutiger Perspektive zu Recht als Vorläufer der SRT im ersten Abschnitt behandelt werden können, wurden konkurrierende Theorien zur ART erst während und nach deren eigener Ausformung vorgeschlagen. Weil dieser Vorgang der Formulierung einer theoretischen Variante zur Ausgangstheorie systematisch betrachtet die innerphysikalische Entsprechung zur philosophischen Deutung dieser Theorie ist, habe ich auch den von Mie, Weyl, Eddington u.a. vorgeschlagenen Umdeutungen der ART einen eigenen Abschnitt gewidmet, in dem ich bereits einige Eigenschaften der Abbildung eines Theoriengefüges auf ein anderes studieren will.

Diese Gliederung in fünf Abschnitte, die auch zeitlich voneinander abgegrenzte Entwicklungsphasen markieren, sollte deutlich machen, daß die RT für mich durchaus keine ahistorisch fixierte Theorie ist, die auf einen Kanon von endlich vielen Lehrbuchdefinitionen, -theoremen und Zuordnungsregeln festlegbar wäre, sondern ein historisch gewachsenes und veränderliches Gefüge. Ähnlich Christopher Rays Betrachtung sehe auch ich die RT als ein Netzwerk von Konzepten, die zusammengenommen einen theoretischen Rahmen definieren, in dem ein kaum umstrittener, historisch stabiler ('mainstream')- Theorienkern, ein Umfeld von versuchsweisen Variationen und ergänzender Ideen in rascherer Wandlung und eine offene Zone umstrittener Probleme und schnell einander ablösender Lösungsvorschläge unterscheidbar sind.[1] Der Ausschnitt der RT, der für die zeitgenössischen philosophischen Interpretationen relevant ist, besteht aber zum allergrößten Teil aus kaum strittigen Elementen des Theoriekerns, die nach ihrer Entfaltung alle weiteren dynamischen Änderungen im Theoriengefüge von SRT und ART überdauerten. Erst die jüngere philosophische Literatur zur Relativitätstheorie[2] erreicht eine Präzision und ein Niveau, bei dem auch die noch nicht gefestigten, unabgeklärten Konzepte und Probleme der RT in die Interpretation miteinbezogen werden. Dies soll weniger eine Kritik der Unzulänglichkeit der philosophisch veranlagten Zeitgenossen Einsteins als vielmehr ein Hinweis auf die immense Komplexität der Prozesse sein, die zur philosophischen Interpretation einer physikalischen Theorie führen.

---

[1]vgl. Ray [1987] S. 175ff.
[2]ich denke etwa an Grünbaum [1963/73], Friedman [1983] oder Ray[1987]

1.1 Ursprünge und Vorläufer der RT

"Poincaré schrieb die [SR]Theorie Lorentz zu; Lorentz schrieb sie Einstein zu; Planck nannte als ihre Pioniere Lorentz, Einstein, Minkowski" und, so ließe sich ergänzen, Einstein selbst verstand sowohl die SRT als auch die ART stets als nahtlose Fortsetzung der klassischen Tradition, in der auch Lorentz und Poincaré standen. "Die Verschiedenheit der Antworten legt die Vermutung nahe, daß es sich nicht um Fragen der Priorität handelt, sondern daß verschiedene Bewertungen dahinter stehen." Friedrich Hund [1980] S. 237.

Die Frage 'Wer hat die Relativitätstheorie geschaffen?' hat einen schon zu Lebzeiten Einsteins heftig tobenden und bis heute nicht ganz zur Ruhe gekommenen Streit unter Wissenschaftlern, Wissenschaftshistorikern und -philosophen ausgelöst.[1] Ein besonderes Paradoxon besteht darin, daß auch die Aussagen der drei am häufigsten genannten Kandidaten keine vorab befriedigende Schlußfolgerung zulassen (Motto).

Im folgenden will ich die verschiedenen Konzepte und Prinzipien, die in Einsteins SRT und ART zusammenkamen in drei Ideensträge gebündelt vorstellen. Die dabei verfochtene Hauptthese ist, daß Einsteins überragende historische Bedeutung darin besteht, daß er die verschiedensten schon *vor* ihm bzw. zeitgleich mit ihm von bedeutenden Physikern und Mathematikern wie z.B. Riemann, Mach, Lorentz und Poincaré herausgearbeiteten Einzelerkenntnisse in den Disziplinen Mathematik, Mechanik, Gravitationstheorie, Elektrodynamik und Optik in einen diese Fachgrenzen sprengenden, *neuen* Zusammenhang stellte. Erst im wissenschaftlichen Werk Einsteins konvergieren also die von anderen Denkern nur isoliert verfolgten Ideenstränge in einer kohärenten und auch experimentell stimmigen RT.

1.1.1 Gravitationstheorie, Mechanik und das Relativitätsprinzip (RP)

Nach zweihundertjähriger nahezu einmütiger Unangefochtenheit der Grundfesten der klassischen Mechanik, die in Newtons *PhilosophiæNaturalis Principia Mathematica* [1687] gelegt worden waren, wurde gegen Ende des 19. Jahrhunderts mehrfach Kritik an der Berechtigung einzelner Newtonscher Grundbegriffe laut.

---

[1]vgl. z.B. Vahlen [1942] S. 20ff., Born [1956] S. 245-250, Bridgman [1962] S. 160ff., Whittaker [1953], Grünbaum [1960], Goldberg [1967], Hirosige [1976], Zahar [1978],[1983], Holton [1980], Hund [1980], A.I. Miller [1982], Pais [1982] Kap. 8, Goldberg [1984] u.a.

Der österreichische Physiker und Philosoph Ernst Mach[2] bemängelte in seinem historischen Lehrbuch der Mechanik [1883], daß die Konzepte des 'absoluten Raumes', der 'absoluten Zeit' und der 'absoluten Bewegung', die Newton in einer Anmerkung zu den einleitenden Erklärungen ausdrücklich als "ohne Beziehung auf irgend einen äußeren Gegenstand" eingeführt hatte,[3] keinen Platz in einer empirischen Wissenschaft wie der Physik haben dürften. Vor dem Hintergrund einer phänomenalistischen Erkenntnistheorie forderte Mach, übrigens ebenso wie der englische Bischof George Berkeley es bereits kurz nach Erscheinen der *Principia* aus nämlichem Grunde getan hatte, die ausschließliche Verwendung relationaler Aussagen über relative Bewegungen von beobachtbaren Körpern zueinander. Auch den Massenbegriff wollte Mach nicht wie Newtons einführen,[4] sondern über die zwischen zwei Körpern durch ihre Gravitationsanziehung aufeinander ausgeübten Beschleunigungen. Wegen 'actio gleich reactio' ist das Verhältnis zweier Massen gleich dem umgekehrten Verhältnis ihrer wechselseitigen Beschleunigungen.[5] An die Stelle des prinzipiell unbeobachtbaren 'absoluten Raumes' sollten die Massen aller observablen Fixsterne treten, deren Trägheitsfeld dann die Trägheitskräfte induzieren sollten, die Newton (z.B. in seinem berühmten Eimerexperiment)[6] noch als Indiz für das Vorliegen einer absoluten Beschleunigung gewertet hatte.

Auch Carl Neumanns "Körper Alpha", den dieser 1870 erstmals postuliert hatte, und Heinrich Streintz' 1883 in die Diskussion eingeführter "Fundamentalkörper" waren ebensolche Alternativkonzepte zu Newtons in Ungnade gefallenen 'absoluten Raum'.[7] Bei Zugrundelegung des Newtonschen Begriffsgefüges konnte schon deshalb das absolut ruhende Bezugssystem prinzipiell nicht aufgewiesen werden, weil sich geradlinig gleichförmige Bewegung in keiner Weise vom Zustand der Ruhe unterscheiden ließ, was zu einer unendlichen Zahl möglicher 'absoluter Räume' führte, wie z.B. James Clark Maxwell (1876) oder Ludwig Lange (1886) betonten. Letzterer prägte den Begriff des 'Inertialsystems' als beschleunigungsfreies Bezugssystem,

---

[2]zu Mach vgl. die Ref. in Abschn. 4.8.1.

[3]Newton [1687/1873] S. 25f.

[4]Newtons "1. Erklärung" bezichtigte Mach als zirkulär, weil Dichte selbst wieder nur als Masse pro Volumen erklärt ist; vielleicht dachte Newton aber an eine nicht-zirkuläre atomistische Festlegung von Dichte als Zahl der Teilchen pro Volumeneinheit.

[5]Mach[1866], [1883]b S. 255f.; vgl. Abschnitt 4.8.

[6]Newton [1687/1873] S. 29; vgl. z.B. Ray [1987] S. 3-23 u. Abschn. 4.8.

[7]Daß im späten 19. und frühen 20. Jahrhundert allmählich Newtons verborgene theologische Motive für die Einführung des 'absoluten Raumes' quasi als ein naturwissenschaftliches Analogon zu des Cambridger Theologen Henry More 'sensorium Gottes' bekannt wurden, dürfte mit zur Abwendung von diesem Konzept beigetragen haben.

dessen Koordinatenachsen durch kräftefreie Bewegung von Probekörpern kleiner Masse und dessen Zeit für das gesamte System durch einen regelmäßigen Schwingungsvorgang definiert waren. Praktisch sei durch paarweisen Vergleich verschiedener realer Maßstäbe ein solches Inertialsystem in guter Näherung definierbar.

Für einen dem Phänomenalismus nahestehenden Philosophen wie Hans Kleinpeter war es schon *vor* 1905 selbstverständlich, daß in den Naturwissenschaften Aussagen über relative Bewegungssszustände alleine ausreichend sein müßten und die Wahl eines Koordinatensystems lediglich der Nebenbedingung möglichst großer Einfachheit der zu erzielenden Beschreibung unterworfen sein muß.[8]

Zusammenfassend: Das **Relativitätsprinzip** (RP) war für Vertreter dieses ersten Ideenstranges gleichbedeutend mit der ontologisch begründeten Ablehnung der Hypostasierung eines ausgezeichneten aber unbeobachtbaren Bezugssystems. Ich nenne dieses Prinzip im folgenden RP_1. Diese Variante des RP war von großer heuristischer Bedeutung bei Einsteins Entwicklung seiner ART, deren Gedankenkreis genau diese Grundbegriffe von Raum-Zeit Variablen und Masse sowie Gedankenexperimente sehr ähnlich denen Newtons und Machs umspannte.

1.1.2 Optische und elektrodynamische Experimente zum Nachweis der Existenz eines Äthers

Im Bereich der Mechanik wurde zumeist mit kosmologischen Gedankenexperimenten argumentiert. Lediglich Machs Hypothese, daß große Massen Trägheitskräfte induzieren könnten, wurde 1896 von den Gebrüdern Friedländer in einem Versuchsaufbau getestet, bei dem eine große schalenförmige Masse um ein Zentrum gedreht wurde. Wegen der großen technischen Probleme bei der Konstruktion des Apparates konnten sie allerdings die Frage, ob Corioliskräfte im Innern der Kugelschale induziert worden sind, nicht schlüssig beantworten.

Wenn sich die Frage nach der Existenz eines ausgezeichneten Bezugssystems also nicht im Rahmen mechanischer Experimentierkunst klären ließ, so bestand doch die Aussicht, auf optischem Wege mit hochempfindlichen Apparaturen und sehr viel größeren Geschwindigkeiten zu einem Nachweis der elektrodynamischen Entsprechung zum 'absoluten Raum' der Mechanik, dem Äther als Medium der Lichtausbreitung zu kommen. Für die Physiker des 19. Jahrhunderts bestand kein Zweifel daran, daß Licht genau wie

---

[8]siehe z.B. Kleinpeter [1904], Seeliger [1906] u. weitere Ref. z.B. in Mott-Smith [1927].

andere Wellentypen auch zu seiner Ausbreitung eines imponderablen Mediums bedürfe. Entsprechend nachhaltig wurde nach Experimenten gesucht, die den Nachweis der Existenz dieses Mediums, seiner Dichte und der Bewegung der Erde in diesem Medium ermöglichen könnten. Zum allgemeinen Erstaunen scheiterten aber alle diese Versuche.[9]

Dazu zählte u.a. ein erstmals von Armand Fizeau (1851) unternommener Vergleich der Ausbreitungsgeschwindigkeiten von Licht im Vakuum mit der in einem Medium, das mit der Geschwindigkeit v relativ zum Beobachter bewegt wird. Zwar ergab sich in Medien mit einem Brechungsindex n eine Verzögerung der Größenordnung $1 - 1/n^2$, doch war diese nicht abhängig von v, wie eine naive Anwendung des klassischen Superpositionsprinzips der Geschwindigkeiten dies erwarten ließe.[10] Auch andere Versuchstypen führten zum gleichen Ausfall der eigentlich erwarteten Effekte bei Bewegungen relativ zum hypostasierten Äther, so etwa Fizeaus (1859) Versuch, ob sich die Polarisationsebene von reflektierten Lichtstrahlen drehen würde, wenn die reflektierenden Spiegel in Strahlrichtung bewegt würden, Elie Mascarts (1872/74) Versuch des Nachweises einer Drehung der Polarisationsebene in bewegten Kristallen oder später auch Michelsons und Gales (1925) optisches Analogon zu Foucaults Pendelversuch zum Nachweis der Erddrehung. Die vorgenannten Experimente ließen darauf schließen, daß der Äther sich *nicht* mit der Erde mitbewegt. Diese Hypothese wurde auch gestützt durch Lorentz' Theorie der Wellenausbreitung. Der schon von Bradley (1728) bemerkte (sehr kleine) Aberrationseffekt[11] ergab eine erste grobe Abschätzung der Bewegung der Erde als Ganzes im relativ zu den Fixsternen ruhenden Äthermeer.[12]

Auch Präzisionsexperimente, die auch kleinere Effekte zweiter Ordnung in $\frac{v}{c}$ hätten nachweisen können, führten entgegen der Erwartung nicht zum erhofften Nachweis des Ätherwindes. Besonders oft diskutiert wurde ein erstmals von Albert Abraham Michelson (1881), später von Michelson und Morley [1887] und anderen[13] wiederholtes Interferenzexperiment, bei dem ein Lichtstrahl durch einen halbdurchlässigen Spiegel in zwei Teilstrahlen zerlegt wurde, die dann in senkrecht zueinander stehende Lichtbahnen geleitet wurden und nach Reflexion an Spiegeln wieder zusammengeleitet wur-

---

[9]einen Überblick und Referenzen dazu geben u.a. Larmor [1900], Laub [1910], A.I. Miller [1981], Melcher [1982], Goldberg [1984].

[10]später mit gesteigerter Genauigkeit, aber gleichem Resultat wiederholt von Michelson u. Morley (1886); vgl. z.B. A.I. Miller [1981] S. 16ff.

[11]die scheinbare Verschiebung der Örter von Fixsternen durch die periodische Eigenbewegung der Erde um die Sonne.

[12]die sog. Aberrationskonstante $\beta = \frac{v}{c} \simeq 1/10000$; vgl. z.B. Born/Biem[1920/69] S.80f.

[13]für weitere Referenzen vgl. D.C. Miller [1933] u. Holton [1969], Swenson [1972], [1982].

den. Eine Drehung der Apparatur müßte bei Vorliegen eines Ätherwindes zu einer Änderung der relativen Ausbreitungsgeschwindigkeiten des Lichtes in den beiden Armen geführt haben, die dann durch Änderung des Interferenzmusters der zusammengeführten Strahlen bemerkbar gewesen wäre. Es wurde jedoch keine solche Interferenzverschiebung festgestellt. Dies ließ nur den Schluß zu, daß die Erde den Äther vollständig mit sich führe. Diese Schlußfolgerung, die dem Resultat der zuvor referierten Gruppe von Experimenten widersprach, bestätigte sich auch im negativem Ausgang des Versuchs von Trouton und Noble (1903), den Ätherwind durch Auffindung einer Drehkraft an einem aufgehängten Plattenkondensator nachzuweisen.

Den an der Richtigkeit der Maxwell/Abraham/Föppl/Boltzmannschen Elektrodynamik nicht zweifelnden Physikern dieser Zeit war es also durch diese experimentelle Situation aufgegeben, zu erklären, wieso eine Translationsbewegung durch den Äther von mitbewegten Beobachtern trotz raffiniertester Versuchsaufbauten nicht nachgewiesen werden konnte und wieso verschiedene Versuchsgruppen zu einander frontal widersprechenden Annahmen über den Bewegungszustand des Äthers relativ zur Erde führten. Der englische Physiker George Francis FitzGerald und unabhängig von ihm auch sein holländischer Kollege Hendrik Antoon Lorentz (1853-1928) sahen sich zur Erklärung dieses Befundes 1892 gezwungen anzunehmen, daß alle Körper sich bei Bewegung durch den Äther mit der Geschwindigkeit v in der Bewegungsrichtung um den Bruchteil $\sqrt{1 - \frac{v^2}{c^2}}$ verkürzen würden.[14] Für das Michelson-Experiment würde das z. B. bedeuten, daß der Einfluß des Ätherwindes auf die Ausbreitungsgeschwindigkeit des Lichtes im relativ zum Äther bewegten Arm der Apparatur durch die Verkürzung dieses Armes kompensiert würde. Es zeigte sich, daß durch diese Lorentz-FitzGeraldsche Kontraktionshypothese diese Gruppe zeitgenössischer Experimente qualitativ und im Rahmen der Meßgenauigkeit auch quantitativ beschrieben werden konnten. Eine physikalische Begründung erfuhr diese zunächst ad hoc[15] eingeführte Hypothese in der Elektronentheorie von Lorentz, die Teil des mit dem zweiten enger verbundenen dritten Ideenstranges ist, dem ich mich gleich zuwenden werde.

Zuvor muß ich jedoch noch einen ganz anderen Typus von Experiment vorstellen, der durch die im Laufe des 19. Jahrhunderts stark verfeinerte Experimentierkunst möglich geworden war. Durch Anlegen großer Spannungen konnten aus metallischen Materialien negativ geladene Teilchen gewonnen werden, die als sog. 'Kathodenstrahl' weiterer Analyse zugäng-

---

[14]siehe dazu Brush [1966].

[15]nur zur Erklärung dieses experimentellen Befundes - siehe Popper [1934], Grünbaum [1959]a, [1960]b, [1961]; Dingle [1959], [1960], Zahar [1973/76], A.I. Miller [1978].

lich waren. Meßbar war insb. das spezifische Verhältnis von Ladung zur Masse dieser später Elektronen genannten Teilchen. Durch Experimente von Walter Kaufmann (1901ff.), Alfred Heinrich Bucherer (1907ff.) u.a.[16] zeigte sich bald eine interessante Abnahme dieser 'spezifischen Ladung' mit zunehmender Geschwindigkeit dieser Kathodenstrahlen, die bereits auf Geschwindigkeiten nahe der Lichtgeschwindigkeit beschleunigt werden konnten. Da die Ladung der Elektronen unverändert blieb, ließ dies nur den Schluß zu, daß deren Masse für hohe Geschwindigkeiten nahe der Lichtgeschwindigkeit nicht mehr konstant, sondern eine Funktion ihrer Geschwindigkeit sein müsse. Auch dieser zunächst überraschende Effekt verlangte nach einer Deutung im Rahmen einer geschlossenen Theorie dieser Elektronen und ihrer Wechselwirkung mit umgebenden Feldern und dem Äther, in dem all dies sich der klassischen Vorstellungswelt nach abspielte.

1.1.3 Theorie des Lichtes und die mathematische Beschreibung von Bewegungsvorgängen

Weitgehend unabhängig von den neuentflammten Diskussionen über die Grundlagen der Mechanik begann eine weitere Traditionslinie, die man auf einen anderen bedeutenden Zeitgenossen Newtons, den holländischen Physiker Huygens, zurückführen könnte. Dieser hatte in einer Abhandlung *De motu corporum ex percussione* (1656) gezeigt, wie man die Stoßgesetze der Mechanik auf elementare Weise ableiten kann, wenn man nur voraussetzt, daß die Beschreibungen, die ein Experimentator in einem fahrenden Boot und ein zweiter Experimentator am ruhenden Ufer von ein und demselben Prozess geben, zu Naturgesetzen derselben Form führen. Für Huygens als einen herausragenden Vertreter dieses Ideenstranges ist also die in 1.1.1. so bedeutsame Frage, ob ein ausgezeichnetes Bezugssystem existiert, völlig irrelevant, entscheidend ist nur, daß ein Wechsel des Bezugssystems durch Transformation der Koordinaten unter Beibehaltung der Form der Naturgesetze möglich ist. Die Fragestellung dieser Variante des Relativitätsprinzips, die ich im folgenden RP_2 nennen will, ist also keine ontologische, sondern eine epistemologische - es geht nicht darum, welches das 'wahre' Bezugssystem ist, sondern nur darum, wie sich die Aussagen der jeweiligen Theorie von einem Bezugssystem auf ein anderes transformieren lassen.

Für klassische Anwendungen auf Probleme der Mechanik und Dynamik war die relevante Transformation stets die nach Galileo Galilei benannte 'Galilei- Transformation' der Raum-Zeit-Koordinaten, für eine gleichförmig geradlinige Bewegung des Systems S' mit Koordinaten (x', y', z', t') relativ

---

[16]für Referenzen und ausführlichen Kommentar vgl. Miller [1981], Battimelli [1981].

zu System S mit (x, y, z, t) mit der Geschwindigkeit $+v$ in x-Richtung:

$$x' = x - vt, \ y' = y, \ z' = z, \ t' = t. \tag{1.1}$$

Bei den gegen Ende des 19. Jahrhunderts unternommenen Versuchen, eine mathematische Theorie des Lichtes auf der Grundlage der Maxwellschen Elektrodynamik zu formulieren, war dies aber ganz anders. Der Göttinger mathematische Physiker Woldemar Voigt bemerkte in einer Arbeit über den Dopplereffekt die Kovarianz der Differentialgleichung zweiter Ordnung, die die Ausbreitung von Wellen, insb. also auch des Lichtes beschrieb, gegenüber einer komplizierteren Koordinatentransformation:[17]

$$x' = x - v \cdot t, \ y' = y \cdot \sqrt{1 - \frac{v^2}{c^2}}, \ z' = z \cdot \sqrt{1 - \frac{v^2}{c^2}}, \ t' = t - \frac{v \cdot x}{c^2}, \tag{1.2}$$

zwischen einem Koordinatensystem $S(x, y, z, t)$ und einem zweiten, das gegenüber dem ersten um $+v$ bewegt ist; c ist hierbei die Ausbreitungsgeschwindigkeit der Welle im Medium. Die Frequenzverschiebung bei bewegter Quelle oder bewegtem Empfänger, die für Schallwellen bereits experimentell bestätigt worden war, ergab sich aus diesen Transformation in der Näherung $\frac{v^2}{c^2} \ll 1$ in der letzten Teilformel für die Zeittransformation zutreffend als Frequenzverschiebung direkt proportional zu den Geschwindigkeiten. Die Abweichungen im Transformationsverhalten für y und z waren dagegen vernachlässigbar klein.

Für dieses Ausbreitungsmedium elektromagnetischer Wellen, den Äther, und dessen Zusammenhang mit elektrisch geladener Materie interessierte sich auch der holländische Physiker Hendrik Antoon Lorentz, der 1892 im Zuge einer Analyse der Wirkung einer Lichtquelle auf ein als punktförmig angenommenes geladenes Teilchen folgende Transformation anführte:

$$x' = \frac{x - v \cdot t}{\sqrt{1 - \frac{v^2}{c^2}}}, ..,.., t' = t - \frac{v \cdot (x - v \cdot t)}{(1 - \frac{v^2}{c^2})c^2}. \tag{1.3}$$

Nach Entwicklung nach Potenzen von v/c folgte in 1. Ordnung wieder das Resultat Voigts:

$$x' = x - v \cdot t, \quad t' = t - \frac{v \cdot x}{c^2}.$$

An diesem Punkt fließen jetzt der zweite und dritte Strang zusammen, denn aus den in 1.1.2. referierten Experimenten entnahm Lorentz, daß diese Reduzierung der Transformation auf die klassisch verständlichere Näherung

---

[17](leicht vereinfachte Symbole gegenüber dem Originaltext zur Erleichterung des Vergleiches); siehe Voigt [1887] S. 45; vgl. Adler [1920] S. 7ff.

1. Ordnung unzulässig ist, denn die Experimente hatten auch in zweiter Näherung keinen Äthereffekt gezeigt. So blieb Lorentz nur der Ausweg, die Formel für die Transformation von x und t in x' als Ausdruck der von ihm selbst postulierten Kontraktionshypothese aufzufassen, die für ihn also der Ausdruck der Wirkung des Äthers auf materielle Körper war. Die mechanische Eigenschaft der Länge eines Körpers war also abhängig vom elektromagnetischen Äther; darin deutete sich schon die von Lorentz zeitlebens gesuchte einheitliche Theorie von Licht und Materie an, in die nun auch der Äther eingebunden war.

Einige Jahre später [1899] modifizierte Lorentz seine Raum-Zeit-Koordinaten-Transformationsgesetze; in dieser Form werden sie auch heute noch nach ihm **Lorentz-Transformationen** benannt:

$$x' = \frac{x - v \cdot t}{\sqrt{1 - \frac{v^2}{c^2}}}, \;\; y' = y, \;\; z' = z, \;\; t' = t \cdot \sqrt{1 - \frac{v^2}{c^2}} - \frac{v \cdot (x - v \cdot t)}{c^2 \cdot \sqrt{1 - \frac{v^2}{c^2}}}$$

$$[= \frac{t - (v \cdot x)/c^2}{\sqrt{1 - \frac{v^2}{c^2}}}]. \tag{1.4}$$

Die Größe t', die eben nicht mehr identisch war der ungestrichenen Zeit t, wie dies in den Galileitransformationen (1.1) noch der Fall war, nannte Lorentz "Ortszeit", der er einen fiktiven Status als bloßer Rechengröße im Gegensatz zur "allgemeinen Zeit" t zuwies, ohne über die physikalische Bedeutung von t' weiter zu sinnieren.[18] Die beobachtete Längenverkürzung hingegen fügte sich nur dann in ein konsistentes Bild von Materie als makroskopisches Resultat der Wechselwirkung vieler mikroskopischer, geladener Teilchen ('Elektronen'), wenn diese Elementarteilchen selbst ihrerseits der Lorentzkontraktion unterworfen waren. Diese Vision eines elektromagnetischen Weltbildes (Wien [1900]) zerschlug sich jedoch schon bald gerade aufgrund der Probleme mit dem Konzept eines 'deformierbaren Elektrons'.[19] Zur vollständigen Erklärung der bekannten Experimente unter Erfüllung der in RP_2 aufgestellten Forderung der Unabhängigkeit der Naturgesetze von der Wahl des Bezugssystems mußte Lorentz nicht nur die Transformation von Koordinaten von S in S' angeben, sondern auch noch die resp. Veränderungen der elektromagnetischen Feldgrößen, die in den Maxwellschen Gleichungen verknüpft werden. Dies gelang ihm jedoch nur unvollkommen: die Maxwellschen Gleichungen waren nur invariant für verschwindende Ladungsdichten ρ und verschwindende Stromdichten i, also nur für reine Felder ohne Ladungen oder Ströme.

---

[18]vgl. z.B. Adler [1920] S. 4f., Zahar [1978], A.I. Miller [1981] S. 34-36, 161f.

[19]vgl. Hirosige [1966], McCormmach[1970] S. 51, A.I. Miller [1981] S. 45, 131.

Die Bedeutung der Arbeiten von Lorentz in der Entwicklung, die in die SRT mündete, hat Einstein selbst verschiedentlich klargemacht.besonders bemerkenswert scheint mir ein Brief Einsteins ein Jahr vor seinem Tod an einen Landsmann von Lorentz zu sein, in dem Einstein auch begründet, warum seiner Auffassung nach nicht schon Lorentz die SRT formulierte.

> Durch sorgfältige Behandlung der experimentellen Tatsachen fand Lorentz, dass man den Aether als starr und beschleunigungsfrei aufzufassen habe (im Gegensatz z.B. zu H[einrich] Hertz). Newtons Raum wurde auf diese Weise 'materialisiert'. Die Zeit aber erschien zunächst nicht als Problem. Sie wurde aber dadurch zum Problem, dass sie neben den Raumkoordinaten als unabhängige Variable in die Maxwell'schen Gleichungen des 'leeren Raumes' einging, auf welche ja von H.A. Lorentz alle elektromagnetischen Vorgänge zurückgeführt wurden. Nun wäre alles befriedigend gewesen, wenn der Bewegungszustand des Äthers ('absolute Ruhe') sich hätte nachweisen lassen. Die systematische Behandlung dieses Problems durch Lorentz führte ganz nahe zur speziellen Relativitätstheorie, da ja das Problem Lorentz dazu zwang, die räumlichen Koordinaten und die Zeit zusammen zu transformieren. Dass er diesen Schritt zur speziellen Relativitätstheorie nicht machte, lag einfach daran, dass es für ihn psychologisch unmöglich war, auf die Realität des Äthers als eines materiellen Dinges (Trägers der elektromagnetischen Feldes) zu verzichten. Wer diese Zeit miterlebt hat, begreift es.[20]

Den Makel unvollständiger Forminvarianz der elektrodynamischen Gleichungen bei Wechsel der Koordinaten beseitigte der französische Mathematiker und Philosoph Henri Poincaré[21] in einer Arbeit, die im selben Jahr mit Einsteins erstem Aufsatz zur SRT erschien. In dieser Studie *Sur la dynamique de l' électron* [1905] übernahm er nicht nur die Transformationen (1.4), die er nach ihrem Entdecker Lorentz-Transformationen nannte, sondern er gab auch die korrekte und vollständige Transformation aller elektromagnetischer Grundgrößen (einschließlich ρ und i) an. Poincaré erkannte, daß sich einige von ihnen in sog. Vierervektoren zusammenfassen lassen, die sich genauso transformieren wie (t, x, y, z). Er bemerkte die Hintereinanderausführbarkeit von Transformationen, die zusammen mit der Existenz von inversen und neutralen Transformationen die Lorentztransformationen zu einer Gruppe machten, von der Poincaré bereits wußte, daß man sie als Drehung in einem euklidischen, vierdimensionalen Raume mit den Koordi-

---

[20]AE an C.J.B. Bremer, 15. Juli 1954, CPAE, Sign. 6 177; Hervorhebung AE; vgl. weitere Belege in Born [1956] S. 245ff., Pais [1982] S. 169.

[21]zu P. vgl. Abschn. 4.5.1. und dortige Ref., insb. Goldberg [1967], Zahar [1983].

naten (ict, x, y, z) deuten kann. Die quadratische Fundamentalform ergab sich dementsprechend zu:

$$ds^2 = \sum_i dx_i^2 = d(ict)^2 + dx^2 + dy^2 + dz^2 = -c^2 dt^2 + dx^2 + dy^2 + dz^2. \quad (1.5)$$

Die formalen Beziehungen zwischen den formalen Grundgrößen der Elektrodynamik finden sich also bereits in dieser Arbeit von Poincaré in vollster Klarheit und Ausdrücklichkeit. Am 5.6. 1905 wurde sie der Pariser Akademie der Wissenschaften vorgelegt, und im darauffolgenden Jahr erschien sie in erweiterter Form auch in Palermo an etwas entlegener Stelle.[22] Neben der mathematischen Vollkommenheit dieser Arbeiten hatte Poincaré auch einen wichtigen physikalischen Punkt klargemacht, der für die SRT richtungsweisend war. Bereits in einer Rede 1900 hatte er beiläufig erwähnt, daß sich die dubiose 'Ortszeit' von Lorentz deuten läßt als die Zeit t', die durch Synchronisation einer Uhr in x' mit einer anderen Uhr (Zeitskala t) an einem räumlich entfernten Ort $x = 0$ durch Austausch von Lichtsignalen als Synchronisationsmittel ergibt, und 1904 war von ihm auch schon ein Zusammenhang zur Lichtgeschwindigkeit als Grenzgeschwindigkeit für Signaltransport hergestellt worden:

> For an observer participating himself in a motion of translation of which he has no suspicion, no apparent velocity could surpass that of light, and this would be a contradiction, unless he recalls the fact that this observer does not use the same set of timepiece as that used by a stationary observer, but rather a watch giving the 'local time'.[23]

Trotz dieser bemerkenswerten Einsichten verfolgte Poincaré die physikalischen Konsequenzen dieser von ihm bemerkten Konventionalität der Zeitvergleichs für räumlich getrennte Uhren nicht weiter; dies tat erst Einstein in seinem berühmten Aufsatz von 1905, wobei umstritten ist, ob Einstein in diesem Punkt auf die Ansätze Poincarés zurückgriff oder dies unabhängig von ihm tat.[24]

Im Band IX der *Œuvres de Henri Poincaré*, der seine einschlägigen Arbeiten zur Physik vereinigt, gibt sein Landsmann Louis de Broglie folgende ausgewogene Einschätzung des Stellenwertes dieses Beitrages:

> il [P.] accomplissait ainsi une œuvre capitale, mais en même temps, peut-être parce qu'il était plus analyste que physicien, il n' appercevait

---

[22]Poincaré [1906]; vgl. z.B. Richardson [1929] S. 136f., Le Roux [1937]b, Goldberg [1967], [1970/71] u. d. folg. Anm.

[23]Poincare [1904]b S. 253; vgl. Abschn. 4.5.3. für weitere Belege.

[24]siehe dazu Schaffner[1976], Scribner[1964], Goldberg [1967], Holton[1973], Pais [1982] S. 167ff., Zahar [1983]; vgl. Abschn. 4.5.

pas le point de vue général appuyé sur une critique très fine de la mesure des distances et des durées que le jeune Albert Einstein venait de découvrir dans une géniale intuition et qui le conduisait à une transformation complète de nos idées sur l'espace et sur le temps. Poincaré n'a pas franchi ce pas décisif, mais il est, avec Lorentz, celui qui a le plus contribué à le rendre possible.[25]

Dem Gehalt des Aufsatzes von Einstein über die 'Elektrodynamik bewegter Körper' [1905], dessen Manuskript am 30. Juni 1905 den *Annalen der Physik* zuging, in Abgrenzung zu den bislang referierten Arbeiten gilt der nächste Abschnitt. Diese Vorbetrachtung war notwendig, weil viele Zeitgenossen Einsteins und besonders auch die in Anbetracht der SRT häufig skeptischen Philosophen die Frage nach ihrem Verhältnis zur Tradition und zu den 'konkurrierenden Theorien' von Lorentz und Poincaré aufwarfen.[26] Eine adäquate Interpretation der RT ohne ein angemessenes Verständnis ihres wissenschaftshistorischen Ortes aber ist auch prinzipiell nicht möglich.[27] Was das Ausmaß der eigenschöpferischen Leistung betrifft, hat Einstein selbst die ART stets sehr viel mehr als seine eigene Errungenschaft angesehen - so berichtet etwa sein zeitweiser Mitarbeiter Leopold Infeld über ein während der dreißiger Jahre am *Institute for Advanced Study* geführtes Gespräch:

> Ich [Infeld] sagte zu ihm in Princeton: "Ich glaube, daß die spezielle RT auch dann - und ohne große Verzögerung - formuliert worden wäre, wenn *Sie* es nicht getan hätten. Tatsächlich war Poincaré der Wahrheit der speziellen RT sehr nahe". Einstein erwiderte: "Ja, das ist wahr, doch trifft das nicht für die allgemeine RT zu. Ich zweifle, ob sie bis heute bekanntgeworden wäre."[28]

---

[25]L. de Broglie [1954] S.x f.

[26]so insb. Whittaker [1910/51]b, der die SRT nur Lorentz und Poincaré zuschreiben wollte; vgl. krit. dazu Martin [1976] S. 498 sowie die Abschnitte 2.5. und 3.3. dieser Arbeit.

[27]dies zeigt vor allem Grünbaum [1960].

[28]Infeld [1955] S. 432; Hervorhebung und Abkürzungen Orig.

Mechanik u. Kosmologie	opt. u. edyn. Experimente	Elektronentheorie
Neumann (1870) "Körper α" Streintz (1883) "Fundamentalkörper" Mach (1883): Fixsterne als Bezugssystem Lange(1886) "Inertialsysteme" vgl. **Maxwell (1876), Frege, McGregor, Basset, Greenhill, Lodge, Thomson, Tait, Love, Poske u.v.a.** Kleinpeter (1904) Wahl des Koordinaten- systems nur vermöge Einfachheitserwägungen Anding (1905) physik. Bedeutung u. Def. v. Koordinatenmessung ──────────── ──────────── Friedländer (1896) Coriolisfeld in rotier. Hohlkugel Föppl (1896) Abweichungen vom Gravitationsgesetz Eötvös et al. (1871ff.) träge = schwere Masse Seeliger (1906) Fixsternparallaxe ⇓ EINSTEINS ART (1915/16), deren Ausbau durch Schwarzschild (1916), Thirring (1918) u.v.a.(siehe 1.3.) sowie alternative Gravitationstheorien von Jaumann (1912), Abraham (1912), Mie, Nordström (1912) u.v.a.(siehe 1.5.)	Bradley(1728) "Aberration" bei Fix- sternbeobachtungen Fizeau (1851) Ausbreitungsgeschwindigk. von Licht in bewegten Medien opt. Dichte n Fresnel (1859) Mitführungskoeffizient $1 - (1/n^2)$ unabhängig von der Geschwindigkeit des Mediums Mascart (1872/74) Drehung der Polarisa- tionsebene von Licht Trouton u. Noble (1902f) Drehkraft an frei aufge- hängtem Kondensator Bucherer, Kaufmann, Hupka u.v.a. (1902ff.) e/m-Versuche an schnell bewegten Elektronen → Massenzunahme bei hohen v Michelson (1881) bzw. Michelson/Morley (1887) Interferenz von Licht aus zueinander senkrechten, gleichlangen Wegen: ändert sich bei Drehung des Apparates nicht, also kein 'Ätherwind' D.C. Miller (1925ff.) kleiner positiver Äther- windeffekt; wird in späteren Experimenten nicht bestätigt Kennedy-Thorndike (1932) Interferenz mit verschiede- nen Längen der Lichtwege Rossi und Hall [1941]: Zeit- dilatation an π-Mesonen ...	Voigt (1887) Wellengleichungs- transformation f. Dopplereffekt Lorentz (1892ff.) Theorie bewegter Ladungen u. zu- gehöriger Felder FitzGerald (1889/92) u. Lorentz (1895): 'Längenkontrak- tionshypothese' Larmor u. Lorentz (1895ff.): Zeitdilatation u. 'Ortszeit' Poincaré (1899ff.) Studien zu Retardie- rung u. Gruppentheorie Lorentz (1899, 1904): 'Lorentztransformationen' (nur ladungs- u. stromfrei Poincaré (1905f.): erste vollständige 'Lorentz- transformationen' ⇓ ⇒ EINSTEINS SRT (1905) sowie deren Ausbau durch Langevin (1906f.), Laue u. Planck (1906f.), Sommerfeld (1906f.), Minkowski (1907f.), Frank u. Rothe (1908ff.), Lewis u. Tolman (1908ff.) u.v.a.

Abbildung 1.1: Übersicht zu den physikhistorischen Strängen, die zur SRT bzw. ART führen

1.2 Die spezielle Relativitätstheorie (SRT)

> Man kann in der Physik Theorien verschiedenster Art unterscheiden.
> Die meisten sind konstruktive Theorien. Diese suchen aus einem rela-
> tiv einfachen zugrunde gelegten Formalismus ein Bild der komplexeren
> Erscheinungen zu konstruieren.[...]
> Es gibt aber neben dieser wichtigsten Klasse von Theorien eine zweite.
> Ich will sie Prinzipientheorien nennen. Diese bedienen sich nicht der syn-
> thetischen, sondern der analytischen Methode. Ausgangspunkt und Ba-
> sis bilden nicht hypothetische Konstruktionselemente, sondern empirisch
> gefundene, allgemeine Eigenschaften der Naturvorgänge, Prinzipien, aus
> denen dann mathematisch formulierte Kriterien folgen, denen die ein-
> zelnen Vorgänge bzw. deren theoretische Bilder zu genügen haben. [...]
> Die Relativitätstheorie gehört zu den Prinziptheorien.
>
> Albert Einstein, 28. Nov. 1919 in der Londoner *Times*, deutsch in AE
> [1934/77]b S. 127f.

In dieser rückblickenden Betrachtung der Frage 'Was ist die Relativitätstheorie?' hat Albert Einstein[1] (1879-1955) selbst die vielleicht wesentlichste Eigenart beider RT in Abgrenzung zu ihren historischen Vorläufern
beschrieben. Der geistige Hintergrund der Arbeit über die *Elektrodynamik
bewegter Körper* aus dem Jahr 1905, die später in Abgrenzung zu Einsteins verallgemeinerter Folgetheorie 'spezielle Relativitätstheorie' (SRT)
genannt wurde, war sicher die Elektronentheorie Lorentzscher Prägung.
Wenngleich Einstein Lorentz' Arbeit von 1904 wohl nicht gekannt hat, als
er seinen Aufsatz bei den *Annalen der Physik* einreichte[2] so zeigen doch
die erhaltenen Dokumente aus den Studienjahren Einsteins,[3] daß er mit
dem Lorentzschen Forschungsprogramm, dargelegt in dessen Arbeiten seit
etwa 1892, sehr wohl vertraut war und noch bis kurz vor 1905 ganz in
dessen Rahmen gedacht hatte.[4] Diese Lorentzsche Elektronentheorie nun
ist ein Musterbeispiel für eine 'konstruktive Theorie' in der Terminologie
Einsteins von 1919. Die Eigenschaften von Licht und Materie sollten aus
der Hypothese einer Reduzierbarkeit von Materie auf Ladungen und deren Wechselwirkung, vermittelt durch elektromagnetische Felder im Äther
konstruiert werden. Die Schwierigkeiten, auf die dieses Programm führte,
wenn man Fragen wie die nach dem Grund für die Stabilität der klein-

---

[1]zu AE vgl. z.B. Frank [1948/79], Schilpp (Hrsg.) [1949], Whitrow [1967], Cassidy
[1979], Holton [1981], Pais [1982] und unzählige weitere Texte.
[2]vgl. Fußnote 2 in: Sommerfeld (Hrsg.) 1923.
[3]ediert in Stachel et al.(Hrsg.) Bd. 1 [1987].
[4]vgl. McCormmach [1970], Pais [1982] S. 164.

sten Ladungseinheiten, ihrer (divergierenden) Feldenergie bei Annahme von Punktförmigkeit etc. stellte, waren bereits vor 1905 bekannt und sicher auch Einstein nicht verborgen geblieben. Zur Abdeckung experimenteller Resultate waren mehrmals ad hoc eingeführte Zusatzhypothesen nötig gewesen (Lorentzkontraktion, Ortszeit), die im Rahmen der Lorentzschen Theorie nicht befriedigend verstanden werden konnten. Ein weiterer unschöner Punkt für Einstein war die Verletzung des Grundsatzes von RP_2 in der theoretischen Behandlung bestimmter elektrodynamischer Effekte.[5] Aus dieser Kette von unbefriedigenden Eigenschaften der Elektronentheorie Lorentzscher Prägung zog Einstein kurz vor 1905 die Konsequenz, es mit einem anderen gedanklichen Ansatz zu versuchen; nicht weiter durch geringfügige Modifikationen und Ergänzungen "hypothetische Konstruktionselemente" aufzutürmen, sondern mit möglichst wenigen, klaren Prinzipien zu beginnen, diese als Axiome einer Theorie aufzufassen und aus ihnen Beobachtungsaussagen abzuleiten, die mit den bekannten Phänomenen in Übereinstimmung zu stehen hätten.[6] Für die **'Prinziptheorie'** **SRT** (Motto) sind dies:

1. das spezielle RP der Bewegung im Sinne von RP_2, also die Forderung, daß alle mechanischen und elektrodynamischen Gesetze gegenüber einem Wechsel des Bezugssystems (beschränkt auf Inertialsysteme) forminvariant zu bleiben haben.[7]

2. das Prinzip von der Konstanz der Lichtgeschwindigkeit im Vakuum.[8]

Das erste der beiden Prinzipien konnte Einstein auch dann, wenn er, wie es der Wortlaut seiner Formulierung nahelegt, nur von denjenigen Experimen-

---

[5]bei Relativbewegung zwischen einem Leiter und einem Magneten wurde je nach Wahl des als ruhend angenommenen Systems entweder das Induktionsgesetz oder die sog. Lorentzkraft bemüht, um den entstehenden Stromfluß im Leiter zu erklären; vgl. z.B. A.I. Miller [1981] Abschn. 3.2. u. 3.3., Goldberg [1984].

[6]also im Sinne einer 'Prinziptheorie', wie im Motto dieses Abschnittes expliziert; eine gegensätzliche Haltung vertrat z.B. Poincaré [1902/04] S. 173,176, zit. in Abschnitt 4.5.

[7]der Wortlaut (in AE [1905]a/b S. 891/26): "die mißlungenen Versuche, eine Bewegung der Erde relativ zum 'Lichtmedium' zu konstatieren, führen zu der Vermutung, daß dem Begriffe der absoluten Ruhe nicht nur in der Mechanik, sondern auch in der Elektrodynamik keine Eigenschaften der Erscheinungen entsprechen, sondern daß vielmehr für alle Koordinatensysteme, für welche die mechanischen Gleichungen gelten, auch die gleichen elektrodynamischen und optischen Gesetze gelten, wie dies für die Größen erster Ordnung bereits erwiesen ist. Wir wollen diese Vermutung (deren Inhalt im folgenden 'Prinzip der Relativität' genannt werden wird, zur Voraussetzung erheben".

[8]Wortlaut ibid.: "die [...] Voraussetzung [...], daß sich das Licht im leeren Raume stets mit einer bestimmten, vom Bewegungszustande des emittierenden Körpers unabhängigen Geschwindigkeit V fortpflanze"; Einsteins V wird in meiner Arbeit heutigen Konventionen folgend durchgängig c genannt.

ten gewußt haben sollte, die nur Ätherwindeffekte erster Ordnung in v/c getestet haben, getrost als "empirisch gefundene, allgemeine Eigenschaft der Naturvorgänge" auffassen, wie er in seinem hier als Motto angeführten Text diese Prinzipien charakterisiert hatte.[9] Seine Definition des RPs umfaßt ausdrücklich nur die Bedeutungsvariante RP_2, obgleich die phänomenalistische Bedeutungsvariante RP_1 durchaus mitschwang. Dies zeigt sich neben Einsteins Kritik am Newtonschen Begriff der 'absoluten Ruhe', dem "keine Eigenschaften der Erscheinungen entsprechen" auch an einem kurz darauf folgenden Passus, in dem er das für Lorentz so wichtige Konzept des 'Lichtäthers' als "überflüssig" bezeichnet.[10] Einstein sagt eben nicht: 'Es gibt keinen absoluten Raum, keinen Äther', sondern weit schwächer: 'je n'ai pas besoin de cette hypothèse', womit er eben nicht ausschließt, daß es sie gibt, ohne daß sie sich bemerkbar machen.

Die Selbstverständlichkeit, mit der RP_2 als naheliegendes und bewährtes Prinzip zum ersten Postulat der SRT erhoben werden konnte, durfte der zweite Grundsatz nicht beanspruchen. Tatsächlich wurde bes. von Walther Ritz (1878-1909) die gegenteilige Überzeugung vertreten, die als **'Emissionstheorie'** der Lichtausbreitung bezeichnet wird.[11] Denn a priori spricht nichts gegen die Möglichkeit, daß

2'. die Geschwindigkeit des Lichtes von der Geschwindigkeit der Lichtquelle abhängig ist, die die Welle emittierte.

Das klassische Additionstheorem der Geschwindigkeiten als Spezialfall des für mechanische Anwendungen gutbewährten Superpositionsprinzips ließe sogar genau diese Abhängigkeit vermuten. Auch nach einer Studie von Willem de Sitter [1913] über Doppelsternsysteme, die trotz der entgegengesetzten Eigenbewegung beider Sterne keine solche Abhängigkeit zeigten, wurden noch bis in die zwanziger Jahre hinein immer wieder Versuche unter-

---

[9]die Frage, ob Einstein vor 1905 von den Experimenten zweiter Ordnung in v/c gewußt hat, wird in der Literatur kontrovers gesehen; vgl. u.a. Grünbaum[1963/73], Shankland [1963] u. [1973], Holton [1969], [1981] S. 255-371, Pais [1982] S. 172, Haubold u. Yasui [1986] etc.

[10]Wortlaut (in AE [1905]a/b S. 892/27): "Die Einführung eines 'Lichtäthers' wird sich insofern als überflüssig erweisen, als nach der zu entwickelnden Auffassung weder ein mit besonderen Eigenschaften ausgestatteter 'absolut ruhender Raum' eingeführt, noch einem Punkte des leeren Raumes, in welchem elektromagnetische Prozesse stattfinden, ein Geschwindigkeitsvektor zugeordnet wird." Die Anführungsstriche, in denen 'Lichtäther' steht, sind deutliches Indiz seiner reservatio mentalis in diesem Punkt.

[11]siehe z.B. Ritz [1909], [1911] u. Bernays [1913] S. 21ff.; vgl. Fox [1965] zum heutigen Wissensstand.

nommen, eine Elektrodynamik mit anisotroper Lichtausbreitung zu formulieren und mit den experimentellen Ergebnissen in Einklang zu bringen.[12]

In einem sehr aufschlußreichen Rekonstruktionsversuch der gedanklichen Entwicklung, die Einstein zu den Axiomen (1) und (2) geführt haben könnte, kommt John Stachel zu dem Ergebnis, daß in der Tat zunächst (1) mit einer Version von (2') auf ihre Tragfähigkeit als Axiomengerüst der SRT getestet wurden, bis Einstein merkte, daß nur (1) und (2) ohne Widerspruch mit den bekannten Experimenten sich zu einer geschlossenen Theorie zusammenfügen.[13] Fernerhin mußte Einstein auch zeigen, daß (1) und (2) überhaupt ohne inneren Widerspruch zueinander standen, denn eine naive Anwendung des klassischen RPs auf die Ausbreitung von Licht im System S mit der Geschwindigkeit c würde erwarten lassen, daß sich das Licht im System S', das sich relativ zu S mit $+v$ bewegt, mit der Geschwindigkeit $c - v$ ausbreitet, also mit einer anderen 'Lichtgeschwindigkeit', die dann eben nicht konstant wäre wie in (2) gefordert.[14] Diesen Nachweis der inneren Widerspruchsfreiheit führte Einstein 1905 ganz im Geiste seiner späteren Auffassung von einer 'Prinziptheorie' dadurch, daß er zunächst die Auswirkung dieser beiden Axiome auf die Grundbegriffe der Theorie diskutiert und dann fundamentale Sätze der Theorie als Verknüpfungen zwischen diesen Konzepten ableitet, darunter:

- die "Definition der Gleichzeitigkeit" für räumlich getrennte Ereignisse (§ 1)

- Aussagen "über die Relativität von Längen und Zeiten" (§ 2), die "Theorie der Koordinaten- und Zeittransformation" zwischen Inertialsystemen (§ 3) und deren physikalische Interpretation (§ 4)

- die Ableitung des relativistischen Additionstheorems der Geschwindigkeiten (§ 5)

---

[12]vgl. z.B. Raschevsky [1921], [1922], Guillaume et al. [1921], [1922] u.a.

[13]siehe Stachel [o.J.] mit dem witzigen Titel 'What song the syrens sang'; vgl. auch Grünbaum [1960]a; Polanyi [1960], Zahar [1978] S. 59, Holton [1980], Treder [1982] S. 94f. Aus einem Brief AEs an C.O. Hines im Febr. 1952 geht hervor, daß es vorallem Gedankenexperimente waren, die Einstein zur Verwerfung von (2') geführt haben: "Das stärkste Argument [gegen (2')] aber erschien mir: Wenn es nicht überhaupt eine feste Lichtgeschwindigkeit gibt, warum soll es dann so sein, dass alles Licht, was von 'ruhenden' Körpern ausgeht, eine von der Farbe völlig unabhängige Geschwindigkeit hat? Dies erschien mir absurd. Deshalb verwarf ich diese Möglichkeit als a priori unwahrscheinlich." CPAE, Sign. 12 251; vgl. auch den Redetext AEs in Kyoto 1922: Haubold/Yasui [1986].

[14]dieser Gedankengang liegt übrigens vielen 'Widerlegungen' der SRT zugrunde, die nach 1920 in immer neuen Pamphleten veröffentlicht wurden und doch alle nur eine Iteration des gleichen Denkfehlers darstellen, indem die Gültigkeit eines klassischen Theorems unberechtigterweise auch für die SRT unterstellt wird - vgl. Abschn. 2.3.

- einige Aussagen über experimentelle Konsequenzen (im zweiten, elektrodynamischen Teil, § 6ff.)

Kurz einige erläuternde Bemerkungen zu jedem dieser Punkte.

Ebenso wie schon Poincaré vor ihm erkannte auch Einstein, daß es nicht ohne ausdrückliche Vereinbarung möglich ist, "an verschiedenen Orten stattfindende Ereignisreihen miteinander zeitlich zu verknüpfen, oder − was auf dasselbe hinausläuft − Ereignisse zeitlich zu werten , welche in von der Uhr entfernten Orten stattfinden."[15] Zunächst sind wegen Translationsinvarianz die Zeiten, die durch die Uhren in zwei voneinander entfernten Punkten A und B eines Systems S angezeigt werden, gleichberechtigte Einheiten zur Beschreibung von Naturvorgängen aus der Perspektive von Beobachtern in A resp. B. Damit deren Aussagen ineinander übersetzt werden können, muß Einstein ein Verfahren angeben, mit dem die Uhren in A und B synchronisiert werden können. Dafür bietet sich der Austausch von Lichtsignalen an. Das Axiom (2) der SRT (Konstanz der Lichtgeschwindigkeit c im Vakuum) hat nämlich zur Folge, daß die Zeit, welche das Licht braucht, um von der Uhr in A zur Uhr in B zu kommen, gleich ist der Zeit für den Rückweg von B nach A. Vergeht zwischen Emission des Lichtsignals von A und Empfang des in B reflektierten Signals im System S die Zeit t_{AB}, so wird die die Uhr in B zum Zeitpunkt der Reflexion des empfangenen Lichtsignals dort wegen der vorausgesetzten Isotropie und Konstanz von c auf $t_{AB}/2$ eingestellt. Mithilfe dieser 'Definition der Gleichzeitigkeit' für räumlich getrennte Ereignisse hat Einstein zunächst die 'Zeit' eines Ereignisses für alle Punkte eines Systems S festgelegt. So wie die Zeit in einem Punkt des Systems durch eine dort befindliche ideale Uhr erklärt wird, ist auch der Begriff der Länge durch Messung mit einem idealen Maßstab festgelegt, der während der Messung im System ruht. Wegen der vorausgesetzten freien Verschiebbarkeit von Maßstäben an jeden Punkt und der Unabhängigkeit der Länge eines Körpers von dessen Lage in S ist die dem zeitlichen Synchronisationsverfahren analoge Längenvergleichsoperation im Rahmen der SRT elementar. Wichtig ist bei der Ermittlung der 'Länge', daß die Feststellung von Anfang und Ende des zu vermessenden Körpers zu ein- und derselben Zeit t erfolgen muß, die wiederum mittels des zeitlichen Synchronisationsverfahrens erklärt ist.

Als nächstes stellt sich für Einstein die Frage, wie die Übersetzung der durch Uhren und Längenmaßstäbe im System S definierten Zeit- und Längeneinheiten in die Einheiten eines dazu in relativ gleichförmig geradliniger Translationsbewegung befindlichen System S' lauten muß, die das

---

[15]AE [1905]a/b S. 893/28; vgl. Poincaré [1898], zit. in Abschnitt 4.5.

RP_2 erfüllt. Zunächst konstatiert Einstein, daß sich gemäß RP_2 die Länge eines Stabes in einem Inertialsystem S' nicht ändert, wenn diesem eine gleichförmige Translationsbewegung v relativ zum Ursprungszustand S parallel zur Stablänge erteilt wird. Die Länge l des Stabes im bewegten System S', gemessen mit mitbewegten Maßstäben, ist also gleich der sog. 'Ruhelänge' l, gemessen im ruhenden System S mit darin ruhenden Maßstäben. Anders liegt die Situation aber bei der Messung des bewegten Stabes in S' vom System S aus: wegen der Bewegung des Stabes sind Uhren, die an Stabanfang und -ende angebracht werden, nur für S *oder* S' synchronisierbar. Daraus ergibt sich, daß weder dem Begriff der Gleichzeitigkeit noch dem darauf fußenden Begriff der Länge eines Körpers eine vom zugrundeliegenden Koordinatensystem unabhängige Bedeutung beiwohnt. [16] Den schon von Lorentz angegebenen Transformationen von Raum-Zeit Variablen zueinander bewegter Systeme (1.4) erteilte Einstein dann im folgenden Paragraphen 3 und 4 erstmalig eine durchgängige *physikalische* Deutung als Übersetzungsvorschrift für die Messungen von Längen und Zeiten nach den von ihm explizierten Konventionen. Ferner gab er (§3) eine elegante gruppentheoretische Erklärung für die Form dieser Transformationsformeln.[17] Die Veränderungen von Zeit- und Längeneinheiten, die schon vor Einstein unter den Stichworten 'Lorentzkontraktion' und 'Ortszeit' aufgetreten waren (siehe 1.1.3.), ergaben sich für Einstein in neuer Deutung als natürliche Ergebnisse des Vergleichs von Maßeinheiten in zueinander bewegten Systemen. Während also für Lorentz die 'Kontraktion' von bewegten Körpern in Bewegungsrichtung das Resultat einer mysteriösen Wechselwirkung mit dem Äther war, resultierte die Abplattung starrer Körper in Bewegungsrichtung für Einstein einfach aus dem Umstand, daß man deren Form von einem nicht mitbewegten System aus beschrieb. Ganz analog ergab sich eine 'Verzögerung' bewegter Uhren, wenn deren Zeitskala verglichen wurde mit der von nicht mitbewegten Uhren ('Zeitdilatation').

Für die Zusammensetzung von gleichgerichteten Geschwindigkeiten v und w leitete Einstein das folgende relativistische Additionstheorem ab, das an die Stelle der klassischen Vektoraddition tritt:

$$V = \frac{v + w}{1 + \frac{v \cdot w}{c^2}}, \qquad (1.6)$$

---

[16]AE[1905]a/b S. 895/30: "Wir sehen also, daß wir dem Begriffe der Gleichzeitigkeit keine absolute Bedeutung beimessen dürfen, sondern daß zwei Ereignisse,welche, von einem Koordinatensystem aus betrachtet, gleichzeitig sind, von einem relativ zu diesem System bewegten System aus betrachtet, nicht mehr als gleichzeitige Ereignisse aufzufassen sind."

[17]Linearität wegen vorausgesetzter Homogenitätseigenschaften von Raum und Zeit; Forderung der Existenz von neutraler und inverser Transformation sowie der Hintereinanderausführbarkeit mehrerer Transformationen; vgl. z.B. Süssmann [1969].

wobei v die Geschwindigkeit eines Körpers im System S', w die Relativge-schwindigkeit des S'-Systems gegenüber dem S-System, V die im S-System gemessene Geschwindigkeit des Körpers und c die Lichtgeschwindigkeit sind. Diese Formel hat einige interessante Eigenschaften, die Einstein schon 1905 ausdrücklich bemerkte:

- die Zusammensetzung zweier Geschwindigkeiten $v, w < c$ führt stets wieder auf eine resultierende Geschwindigkeit $V < c$,

- die Zusammensetzung von c mit einer Geschwindigkeit $w < c$ führt stets wieder auf die Lichtgeschwindigkeit,

- für kleine Geschwindigkeiten $v, w \ll c$ gilt in guter Näherung das klassische Additionstheorem $V \simeq v + w$.

Diese letzte Eigenschaft gilt in ähnlicher Form auch für die Lorentztransfor-mationen (1.4), die für $v/c \ll 1$ in die Galileitransformationen (1.1) überge-hen. In diesem Sinn ist die klassische Mechanik der Niedergeschwindigkeits-Grenzfall der SRT.[18]

Ferner zeigte sich schon in diesem Theorem, daß durch keine Überlage-rung zweier mit Unterlichtgeschwindigkeit ablaufender Prozesse eine Über-lichtgeschwindigkeit erreicht werden konnte. Diese Sonderstellung der Licht-geschwindigkeit zeigte sich auch in Einsteins Analyse der "Dynamik des (langsam beschleunigten) Elektrons" (§ 10), die auf die in Abschnitt 1.1. schon erwähnten Kathodenstrahlexperimente hinzielte. Wenn ein geladenes Teilchen durch fortwährendes Durchlaufen hintereinandergeschalteter Be-schleunigungsstufen auf Geschwindigkeiten nahe der Lichtgeschwindigkeit gebracht würde, sagte Einstein eine Zunahme von dessen Masse, also eine Abnahme der spezifischen Ladung, voraus. In heutiger Terminologie gilt:

$$m(v) = m_0 \cdot \frac{1}{\sqrt{1 - \frac{v^2}{c^2}}}, \qquad (1.7)$$

wobei m_0 die sog. Ruhemasse des Teilchens, gemessen in dessen Ruhe-system, und $m(v)$ die im Laborsystem beobachtete Masse ist, wenn sich das Teilchen darin mit der Geschwindigkeit v bewegt. Sowohl die effektive Masse des Teilchens als auch die zu seiner Beschleunigung nötige Energie der elektromagnetischen Felder werden unendlich groß, wenn man $v = c$ setzt. Einstein folgerte: "Überlichtgeschwindigkeiten haben - wie bei un-seren früheren Resultaten - keine Existenzmöglichkeit".[19] Auch Lorentz

---

[18]vgl. dazu z.B. Grünbaum [1963/73] Kap. 12 sowie S. 32 dieser Arbeit.

[19]AE [1905]a/b S. 914/49.

hatte im Rahmen seiner Elektronentheorie eine Abhängigkeit der Masse von ihrer Geschwindigkeit postuliert; während die zeitgenössischen Experimente lange Zeit heftig umstritten blieben,[20] konnte durch die modernen Teilchenbeschleuniger gerade diese Aussage der SRT besonders genau getestet (und bestätigt) werden. Einstein verband mit diesem Resultat die grundsätzliche Aussage, daß die Lichtgeschwindigkeit eine Grenzgeschwindigkeit für die Ausbreitung von Signalen aller Art (gleichwohl ob Teilchen oder Felder) darstelle.[21] Ferner wies Einstein nach, daß die Transformation der "Maxwell-Hertzschen Gleichungen" sowohl für den leeren Raum (§ 6) als auch bei Vorhandensein von Ladungen und Strömen (§ 9) unter Erfüllung von RP_2 und ohne Widerspruch mit der SRT möglich ist.

Richtungsweisend für den späteren Ausbau der SRT im Hinblick auf Anwendungen war Einsteins Behandlung der Transformation der Energie der Lichtstrahlen bei Wechsel des Bezugssystems (§ 8) und des Strahlungsdruckes, nach dessen Ableitung er optimistisch schrieb:

> Nach der hier benutzten Methode können alle Probleme der Optik bewegter Körper gelöst werden. Das Wesentliche ist, daß die elektrische und magnetische Kraft des Lichtes, welches durch einen bewegten Körper beeinflußt wird, auf ein relativ zu dem Körper ruhendes Koordinatensystem transformiert werden. Dadurch wird jedes Problem der Optik bewegter Körper auf eine Reihe von Problemen der Optik ruhender Körper zurückgeführt.[22]

Ähnliche Betrachtungen führten Einstein noch im selben Jahr[23] auf den Aufweis eines direkten Zusammenhanges zwischen der Energie eines Körpers und seiner Masse, der von Einstein schon 1906 dann in der legendären Formel

$$E = m \cdot c^2 \qquad (1.8)$$

allgemein angegeben worden ist. Unabhängig von Einstein kamen in den USA Lewis und Tolman durch Analyse von Strahlungsvorgängen zum selben Resultat, das spätestens durch seine Anwendung bei der Umwandlung

---

[20]vgl. z.B. die Diskussion nach Plancks Vortrag [1906] zwischen Abraham, Kaufmann, Bucherer spätere Arbeiten von Neumann (1914), Zahn/Spees (1938) u.a.; siehe A.I. Miller [1981] für Referenzen und wissenschaftshistorische Kommentare.

[21]vgl. die Korrespondenz AEs mit Wilhelm Wien 1907, in der Einstein aufzeigt, daß diese Aussage bereits für die Maxwellsche Elektrodynamik gilt, die die Gruppengeschwindigkeit von Wellen gleichfalls auf Werte $\leq c$ restringiert. Die Klärung der Frage, was allgemein unter Signalgeschwindigkeit zu verstehen ist, wird auch behandelt in der Korrespondenz zwischen AE und Arnold Sommerfeld von 1908; vgl. Eckert und Pricha [1984] sowie die Anmerkungen zu Minkowski [1908] in Sommerfeld(Hrsg.) [1923]c) S. 68.

[22]AE [1905]a/b S. 910/45.

[23]AE [1905b].

von Materie radioaktiver Isotope in Energie zu trauriger Berühmtheit gelangt ist, ohne daß derart weittragende Anwendungsmöglichkeiten zu Beginn dieses Jahrhunderts auch nur hätten geahnt werden können.[24]

Die SRT war bis ungefähr 1910 nur einem kleinen Kreis von Experten bekannt, die sich u.a. um Fragen der Reformulierbarkeit der SRT
durch Variationsprinzipien und viele andere formale, technische Details
interessierten,[25] ohne daß die SRT damit schon als gültige Theorie anerkannt worden wäre. 1908 etwa deutete Max Planck (1858-1947) folgende
zeittypischen Vorbehalte an:

> Nun muß allerdings hervorgehoben werden, daß diese Theorie heut-
> zutage noch keineswegs als gesichert anzusehen ist. Allein da ihre
> Abweichungen von den übrigen in Betracht kommenden Theorien sich
> nur auf äußerst kleine Glieder beschränken, so wird man jedenfalls sa-
> gen dürfen, daß sie eben bis auf jene Abweichungen als richtig gelten
> kann.[26]

Weitere Verbreitung erfuhr die SRT erst, als der Göttinger Mathematiker
Hermann Minkowski[27] (1864-1909) in zwei Vorträgen 1907 und 1908 auf der
80. Versammlung Deutscher Naturforscher und Ärzte in Köln seine 'mathematischen Überlegungen zu veränderten Ideen über Raum und Zeit' vor-
trug, die einer Reformulierung der Grundlagen der SRT mit dem Rüstzeug
und der Zielsetzung eines Mathematikers gleichkamen. Wie unabhängig
von ihm schon sein Fachkollege Poincaré, erkannte auch Minkowski, daß
die Kinematik der SRT graphisch darstellbar wird, wenn man neben den
altbekannten kartesischen Koordinatenachsen x, y, z noch die vierte Achse
ict einführt und sich bei der Veranschaulichung relativistischer Raum-Zeit
Verhältnisse auf jeweils zwei Achsen, typischerweise die Achsen x und ict,
beschränkt. Für die Abstände zwischen 'Weltpunkten', die jetzt Raum-
und Zeit- koordinaten hatten, galt die alte euklidische Regel quadrierter
Koordinaten- Differenzen, allerdings mit einem durch $i^2 = -1$ veränderten
Vorzeichen des zeitlichen Anteils:

$$ds^2 = dx^2 + dy^2 + dz^2 + d(ict)^2 = \qquad (1.9)$$

$$= \underbrace{dx^2 + dy^2 + dz^2}_{altbekannter\ dreidimensionaler\ Abstand\ dr^2} - \underbrace{dc^2t^2}_{neuer\ Term\ mit\ neg.\ Vorzeichen}$$

---

[24]die meines Wissens ersten detaillierteren Erwähnungen dieses potentiellen Anwen-
dungsfeldes finden sich soweit ich sehe bei Pflüger [1920] S. 17ff. u. Moszkowski [1921] S.
37ff., 47; vgl. auch Drexler [1921], Planck [1931] S. 1419.

[25]dazu zählen Arnold Sommerfeld, Max von Laue und Max Planck sowie im Ausland
noch Paul Langevin; siehe Abschnitt 3.4.1. dieser Arbeit.

[26]Planck [1908] S. 829; zu P. vgl. auch Abschn. 2.4., 2.5., 4.7.

[27]zu M. siehe Dieudonné [1974], Pyenson [1977] und dortige Ref.

Die Lorentztransformationen (1.4) konnten dann als Drehung in dieser **vierdimensionalen 'Raum-Zeit'** verstanden werden, bei der diese Größe ds^2 invariant blieb ebenso wie bei Drehung im dreidimensionalen Raum der dreidimensionale Abstand zweier Körper unverändert bleibt. Effekte wie die 'Lorentzkontraktion' und die 'Zeitdilatation' konnten nun als durch Projektion von Längen- und Zeitanteil von eigentlich längen- *und* zeitbehafteten Größen auf zueinander um den Winkel $\beta \simeq arctan(v/c)$ gedrehte Koordinatenachsen anschaulich interpretiert werden.[28] Die u.a. in den Formeln (1.4) und (1.9) zum Ausdruck kommende enge Verknüpfung zwischen den in der klassischen Galileitransformation (1.1) strikt getrennten Variablen x und t faßte Minkowski 1908 in die Worte:

> Von Stund an sollen Raum für sich und Zeit für sich völlig zu Schatten herabsinken und nur noch eine Art Union der beiden soll Selbständigkeit bewahren.[29]

Mathematisch fand diese neue 'Union' ihren Ausdruck in der Zugrundelegung von **Vierervektoren** für die Beschreibung der Raum-Zeit-Koordinaten $x^\mu = (x, y, z, ict)$ bzw. des Energie-Impulses $p^\mu = (p_x, p_y, p_z, iE/c)$. Aus der für alle Vierervektoren geforderten Invarianz der quadratischen Summe folgte so z.B. für den Zusammenhang zwischen Energie und Masse eines Teilchens durch Einsetzen von $p = m \cdot v = m_0 \frac{1}{\sqrt{1 - v^2/c^2}} \cdot v$ in:

$$\sum_{i=1}^4 p_i^2 = p^2 + i^2 E^2/c^2 = p^2 - E^2/c^2 = -m_o^2 c^2$$

sofort die allgemeine Energie-Massen-Äquivalenz (1.8) via $E^2 = p^2 c^2 + m_0^2 c^4$. Auch alle anderen Invarianten waren ebenso leicht ableitbar. In dieser Minkowskischen Form begann die SRT einem breiteren Kreis von Interessierten, darunter auch viele Mathematiker, zugänglich zu werden.[30]

---

[28]siehe z.B. Born/Biem [1920/69] S. 212ff., 262ff.

[29]Minkowski [1908] S. 4/54; vgl. dazu Pais [1982] S. 151ff.

[30]die meisten frühen Popularisierungen der SRT gehen ausführlich auf Minkowskis Darstellung der SRT ein; vgl. z.B. Langevin [1911] S. 37ff., v.Laue [1911/52]; Weinstein [1913]b S. 1, Born/Biem [1920/69] S. 262ff.; Es ist bezeichnend, daß 1910 in einem Überblick der *Royal Society* über "recent research on space, time and force" Minkowski in einer Fußnote erwähnt wurde, nicht aber Einstein (vgl. dazu Mc Crea [1979] S. 255). Auch der Holländer de Sitter erwähnt 1911 in einem Vortrag vor der *Royal Society* Poincaré, Lorentz und Minkowski, nicht aber Einstein. Vgl. ferner F. Klein [1926/27] Bd. 2: *Die Grundbegriffe der Invariantentheorie und ihr Eindringen in die mathematische Physik.*

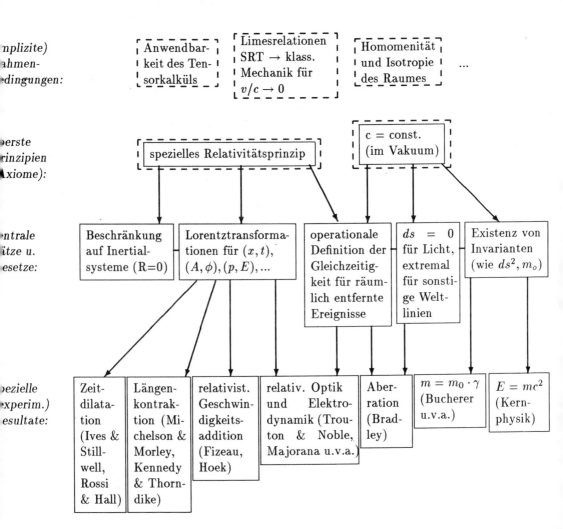

Abbildung 1.2: Übersicht zur logischen Struktur der SRT

1.3 Die allgemeine Relativitätstheorie (ART)

> Die spezielle Relativitätstheorie, die nichts anderes war als eine syste-
> matische Fortsetzung der Maxwell-Lorentzschen Elektrodynamik, wies
> aber über sich selbst hinaus. Sollte die Unabhängigkeit der physika-
> lischen Gesetze vom Bewegungszustand des Koordinatensystems auf
> gleichförmige Translationsbewegungen der Koordinatensysteme zuein-
> ander beschränkt sein? Was hat die Natur mit den von uns eingeführten
> Koordinatensystemen und deren Bewegungszustand zu tun? Wenn es
> schon für die Naturbeschreibung nötig ist, sich eines von uns willkürlich
> eingeführten Koordinatensystems zu bedienen, so sollte die Wahl von
> dessen Bewegungszustand keiner Beschränkung unterworfen sein; die
> Gesetze sollten von dieser Wahl ganz unabhängig sein (Allgemeines Re-
> lativitätsprinzip).   Albert Einstein am 28. Nov. 1919 in der
> Londoner *Times*, deutsch in AE [1934/77]b S. 129f.

Bereits zwei Jahre nach der Formulierung der SRT 1905 begann Einstein
mit ersten Versuchen, die von ihm als künstlich empfundene Beschränkung
auf beschleunigungs- und kraftfeldfreie Inertialsysteme aufzuheben und so
zu einer befriedigenden Gleichbehandlung *aller* Bewegungszustände zu kommen. Diese anzustrebende "Erweiterung des Relativitätspostulats" umschrieb er in der 1916 vorgelegten Erfüllung dieses seit 1907 in vielen
zunächst erfolglosen Ansätzen verfolgten Programms[1] wie folgt:

> Die Gesetze der Physik müssen so beschaffen sein, daß sie in bezug
> auf beliebig bewegte Bezugssysteme gelten. [...]. Die allgemeinen Na-
> turgesetze sind durch Gleichungen auszudrücken, die für alle Koor-
> dinatensysteme gelten, d.h. die beliebigen Substitutionen gegenüber
> kovariant (allgemein kovariant) sind.[2]

In dieser Formulierung erweist sich das RP zunächst als Einschränkung
der zulässigen Form der Naturgesetze und steht damit in der Tradition des
epistemologischen RP_2. Der Sinn des 'allgemeinen RPs' ist *nicht* der einer uferlosen Relativierung,[3] sondern gegenläufig dazu die Forderung der
Form-Invarianz (= Kovarianz) der Naturgesetze. Deshalb findet sich auch

---

[1]zum verwickelten Denkweg AEs zwischen 1907 und 1916 vgl. z.B. Earman u. Glymour
[1978] sowie Pais [1982] Kap. 4, Norton [1984].

[2]AE[1916]a/c S. 771/83 bzw. 774/86.

[3]darauf lief eines des verbreitetsten Mißverständnisse der ART in der Populärliteratur
hinaus - vgl. Abschnitt 2.4. für Belege.

die Bezeichnung **Kovarianzprinzip** in der Literatur.[4] Doch es gibt auch Formulierungen Einsteins aus dieser Zeit, in denen es eher die Bedeutung der ontologischen Variante des Relativitätsprinzips (RP_1) zugewiesen bekommt, nämlich immer dann, wenn Einstein es als Behauptung über die prinzipielle Gleichberechtigung aller Bezugssysteme auslegte:

> Alle Bezugskörper K, K' usw. sind für die Naturbeschreibung (Formulierung der allgemeinen Naturgesetze) gleichwertig, welches auch deren Bewegungszustand sein mag.[5]

Die Ablehnung der Sonderstellung der Klasse inertialer Bezugssysteme, die in der SRT noch gewährt worden war, bedeutete in der ART zugleich auch Forderung nach allgemeiner Kovarianz der Gesetze. Hier konvergierten also die beiden im Abschnitt 1.1. vorgestellten Wirkungsstränge, die *vor* Einstein unverbunden nebeneinander standen. Den äußerst verwickelten Denkweg, den Einstein von den ersten Ansätzen zu einer verallgemeinerten Theorie der Relativität bis zur Vorlage ihrer *Grundlagen* 1916 zurücklegte, kann ich hier nicht detailliert wiedergeben.[6] Deshalb beschränke ich mich auf Erläuterungen zu einigen, auch für die philosophischen Interpretationen relevanten Grundzügen der ART.

Initialisiert wurde die Entwicklung, die zur ART von 1915/16 führte, von einem Gedankenexperiment, das Einstein seit 1907 beschäftigte. Es ging dabei um die Frage, ob ein in einem geschlossenen Gehäuse ohne Sichtkontakt mit der äußeren Umgebung befindlicher Beobachter eindeutig auf die Ursache einer etwaigen (in guter Näherung geradlinig gleichförmigen) Beschleunigungsbewegung zurückschließen könne. Einstein kam zu der Auffassung, daß ein solcher Beobachter mit keinem *lokalen* Experiment zwischen einer konstanten Beschleunigung, z.B. hervorgerufen durch einen Raketenantrieb, der im schwerelosen Raum gezündet wird, und einer gleichgerichteten, numerisch gleichgroßen Schwerebeschleunigung, hervorgerufen durch ein Gravitationsfeld, unterscheiden könne. Die Aussage der lokalen physikalischen Ununterscheidbarkeit zwischen Beschleunigung und Kraftwirkung wird auch als **Äquivalenzprinzip** bezeichnet.[7] Dieser Spezialfall zeigte Einstein bereits, daß eine Transformation von einem Inertialsystem auf ein dazu geradlinig gleichförmig beschleunigtes Bezugssysteme

---

[4]vgl. dazu Kretschmann [1917], Carmichael [1928], Fock [1955/60] Einleitung, sowie J.L. Anderson in: Chiu/Hoffmann (Hrsg.) [1964] S. 180.

[5]AE [1917]c S. 50.

[6]siehe z.B. AE [1933/55]; vgl. Pais [1982], Norton [1984], Earman/Glymour [1979].

[7]erstmals in AE [1907]b; vgl. insb. Norton [1985/86] für die Geschichte der Herausbildung dieses Prinzips und dessen Bedeutungsvarianten sowie Dicke in: Chiu/Hoffmann (Hrsg.) [1964], Ohanian [1977], Sexl [1970] S. 45f.

im allgemeinen auf Effekte führen würde, die denen gleichförmiger Gravitationsfelder vollkommen entsprächen.[8] Eine verallgemeinerte Theorie der Relativität (im Sinne von RP_2), die solche Transformationen notwendig zulassen mußte, konnte also nicht ohne gleichzeitige Einbeziehung der Gravitation konstruiert werden.[9]

Umgekehrt ergab sich aus diesem zunächst komplizierenden Umstand aber auch die Perspektive, die schon lange durch Drehwaagenexperimente des ungarischen Barons Roland v. Eötvös[10] (1848-1919) empirisch bekannte, aber im Rahmen der Newtonschen Mechanik unverstandene faktische **numerische Gleichheit von träger und schwerer Masse** durch dieses Äquivalenzprinzip unmittelbar einsichtig zu machen. Denn im Fahrstuhlgedankenexperiment Einsteins erschien die Masse des Beobachters je nach Wahl des Bezugssystems entweder als eine 'träge' Masse (von einem dem Beobachter verborgenen Antrieb beschleunigt) oder als eine 'schwere' Masse (die vom Gravitationsfeld der Erde angezogen wird), ohne daß deren Größe dem RP_2 zufolge von der Wahl des Bezugssystems hätte abhängen dürfen.

Ein zweites Gedankenexperiment, das Einstein und viele andere nach einem provokativen Artikel von Paul Ehrenfest (1880-1933) und einem zeitgleichen Vortrag von Max Born über ein verwandtes Problem auf der Salzburger Naturforscherversammlung 1909 zu beschäftigen hatte, war das einer relativ zu einem kräftefreien Bezugssystem S gleichförmig horizontal rotierenden Scheibe S'.[11] Einstein hatte in der SRT aufgezeigt, wie durch hohe Relativgeschwindigkeiten Längen und Zeiten in zueinander geradlinig gleichförmig bewegten Bezugssystemen andere Maßeinheiten hatten, je nachdem, in welchem Bewegungszustand die Maßstäbe und Uhren relativ zum zu vermessenden Körper bzw. Prozeß waren. Ein ähnlicher Effekt ließ sich auch für gleichförmig rotierende Körper erwarten. Bei konstanter Winkelgeschwindigkeit ω der Scheibe S' relativ zu S hatte ein Punkt auf der Scheibe im Abstand r von ihrem Mittelpunkt die Geschwindig-

---

[8]diese Beschränkung auf geradlinig gleichförmige Beschleunigung bzw. auf homogene Gravitationsfelder in AEs erster Anwendung des Äquivalenzprinzips [1907] wurde in der Sekundärliteratur oft übersehen (siehe z.B. die Debatten zwischen Bucherer [1923] u. Wenzl [1924] oder zwischen Sapper, Wenzl und v.Weizsäcker [1939,1940])! Eine ausgeführte, von Einstein autorisierte Beispielrechnung zur Koordinatentransformation in AEs Fahrstuhlgedankenexperiment bringt Stodola [1931] S. 43-45.

[9]Pais [1982, S. 210] lokalisiert diese Einsicht AEs auf den Mitte August 1912; vgl. AE[1916]a/c S. 772/84 u. den Text von Einsteins Rede in Kyoto 1922, in: Haubold u. Yasui [1986] S. 276f.

[10]vgl. zu E.: Dicke in: Chiu/Hoffmann (Hrsg.) [1964] u. dort. Ref.

[11]vgl. dazu ein von AE autorisiertes Rechenbeispiel in Stodola [1931] S. 47-49 sowie Stachel [1980], Grünbaum u. Janis [1977] und die dortigen Referenzen.

keit $v = \omega \cdot r$ relativ zu S. Eine Anwendung der Lorentztransformationen (1.4.) auf das Problem würde also erwarten lassen, daß sich die Kreise mit Radius r auf der Scheibe relativ zu S um den Faktor $\sqrt{1 - \frac{v^2}{c^2}}$ gegenüber S verkürzen. Umgekehrt würden sich die vom Mittelpunkt zum Rand der Scheibe erstreckenden Fasern nicht verkürzen, weil die Bewegung der Scheibe sich senkrecht zu ihnen vollzieht. D.h. das Verhältnis des Umfangs der Scheibe zu ihrem Durchmesser wäre nicht länger π, wie dies bei euklidischen Kreisscheiben der Fall ist. Auch eine Synchronisation von Uhren auf verschiedenen Großkreisen der Scheibe mit einer Uhr im Zentrum wäre nicht länger konsistent für alle Uhren mit dem in der SRT genannten Synchronisationsverfahren durchführbar.[12] Dieses überraschende Resultat wies Einstein darauf hin, daß bei beschleunigten Bewegungsvorgängen (und via Äquivalenzprinzip dann auch bei Anwesenheit von Gravitationsfeldern) nicht mehr die in der SRT noch gültige pseudoeuklidische Abstandsfunktion (1.9), sondern eine verallgemeinerte, im allgemeinen **nichteuklidische Metrik** g_{ik} einzuführen sein wird.[13] Nun hatte Einstein zwar als Student an der ETH einen Kurs über 'Infinitesimalgeometrie' belegt, in dem die von Ricci und Levi-Cività entwickelten Methoden der Differentialgeometrie in nicht-euklidischen Räumen gelehrt wurden,[14] aber für die mathematische Ausformung seiner ART mußte Einstein ab 1913 doch auf seinen mathematischen Studienkollegen Marcel Grossmann zurückgreifen, der bis 1914 den mathematischen Part der Untersuchungen übernahm.[15] Hier sei dazu nur vermerkt, daß die Abstandsmessung, die im pseudoeuklidischen Minkowskiraum via (1.9) definiert war, nun noch allgemeiner als Summe quadratischer Produkt aller dx_i erklärt werden mußte, da die Einbeziehung beschleuniger Bezugssysteme der Einführung nichtlinearer Transformationen in den Koordinaten gleichkommt.[16]

$$ds_{ART} = dx_1 g^{11} dx_1 + dx_2 g^{21} dx_1 + dx_3 g^{31} dx_1 + dx_4 g^{41} dx_1 + dx_1 g^{12} dx_2 + \ldots =$$

---

[12]vgl. dazu neben den in der vorigen Anm. genannten Texten z.B. Grünbaum [1963/73]b S. 78f, 542f, 604f; Arzeliès [1955/66]; Gron[1975]; Kerszberg [1987].

[13]Die Theorie solcher nicht-euklidischer Räume, in denen die Winkelsumme in Dreiecken nicht mehr 180 Grad beträgt und parallele Geraden sich im Unendlichen schneiden können, war schon lange vor AE u.a. von Gauss, Bolyai, Lobatschevsky und Riemann entwickelt worden und spätestens seit den Betrachtungen von Poincaré und Klein zur Widerspruchsfreiheit dieser Geometrien unter Mathematikern auch bekannt und akzeptiert, aber bis auf die Ausnahmen Riemanns [1854] und Schwarzschilds [1900] nicht ernsthaft ins Kalkül gezogen worden- für historische Details vgl. Toth [1979], [1980] u. Abschn. 4.5.1.

[14]vgl. Stachel et al.(Hrsg.) [1987] Vol. 1, S. 49; eine Mitschrift der Vorlesungen Prof. Geisers an der ETH liegt im Archiv der CPAE, unveröffentlicht.

[15]siehe Einstein u. Grossmann [1913]; vgl. Norton [1984], Earman u. Glymour [1978]b.

[16]vgl. z.B. AE [1933/55] S. 236f., Fock [1955/60] Kap. 4 sowie Hund [1948] S. 753.

$$= \sum_{i,j=1}^{4} dx_i g^{ij} dx_j =: dx_i g^{ij} dx_j. \qquad (1.10)$$

Wie man sieht, kommen hier im Unterschied zur Formel (1.9) der SRT auch gemischte Produkte von räumlichen ($i = 1, 2, 3$) und zeitlichen ($i = 4$) dx_i vor. Der Übergang in der letzten Gleichsetzung erklärt sich aus der sog. 'Summationskonvention', die Einstein und Grossmann zur Vereinfachung der Ausdrücke einführten.[17] Die physikalische Bedeutung der metrischen Koeffizienten $g_{\mu\nu}$ für die Bewegung von Licht und Teilchen bestand darin, daß für die **Bewegung aller Testteilchen** (also auch der Photonen) gefordert wurde, daß diese **auf Geodäten**, also extremalen Verbindungen, der Raum-Zeit verlaufen. Während also die klassische Newtonsche Physik zur Bestimmung der Bewegung die Angabe von Kräften verlangt, die die Teilchen auf ihre Bahn zwingen, kommt die ART ohne dieses Konzept der Gravitation als Kraft aus, da hier die geometrische Struktur der Raum-Zeit die Bahnen bereits eindeutig fixiert.

Nach der Fixierung des geometrischen Rahmens der ART verblieb noch die Frage, wodurch denn die metrischen Koeffizienten $g_{\mu\nu}$ ihrerseits physikalisch bestimmt wären. Die heuristische Leitidee hierzu entwickelte Einstein ab etwa 1913 aus der schon von Ernst Mach vorgebrachten Forderung, die Eigenschaft der Trägheit von Massen auf die Wechselwirkung mit der "Gesamtheit anderer ponderabler Körper" zurückzuführen. In seiner Londoner Rede vor der *Royal Society*[18] bezeichnete Einstein diesen Gedanken Machs, für den er selbst den Namen **Machsches Prinzip** eingeführt hatte,[19] als "zweite Wurzel" der ART neben der angestrebten Ausweitung des RP. Ein Bestandteil dieser gesuchten verallgemeinerten Theorie sollte also eine gesetzmäßige Verknüpfung zwischen der großräumigen Verteilung von Massen einerseits und der Bewegung von Testmassen in dem durch diese erzeugten Trägheitsfeld andererseits sein. Da für räumlich hinreichend weit entfernte kosmische Massen deren Gravitationswirkung vernachlässigbar klein wird, konnten die Testmassen in diesem Fall in guter Näherung als kräftefrei aufgefaßt werden, und ihre Bewegung war dann ein direk-

---

[17]Nach ihr ist über doppelt vorkommende Indizes in relativistischen Formeln stets von 1 bis 4 zu summieren, sofern nicht ausdrücklich anders vermerkt. Die sog. metrischen Koeffizienten g_{ij} sind ihrerseits Funktionen der Raumzeitkoordinaten, d.h. sie variieren von Ort zu Ort und können im Fall geringer Krümmung mit dem Riccischen Raumkrümmungstensor R_{ik} durch $R_{ik} \simeq (\frac{1}{c^2} \frac{\partial^2}{\partial t^2} - \Delta) g_{ik}$ in Zusammenhang gebracht werden.

[18]im Vorsommer 1921, abgedruckt in AE [1934/77]b S. 133ff.; vgl. AE [1917]c S. 113ff.

[19]AE[1918]d S. 241: "Den Namen 'Machsches Prinzip' habe ich deshalb gewählt, weil dies Prinzip eine Verallgemeinerung der Machschen Forderung bedeutet, daß die Trägheit auf eine Wechselwirkung der Körper zurückgeführt werden müsse"; 1.5. u. 4.8.2.

ter Ausdruck der durch die globale Masseverteilung im lokalen erzeugten Raumstruktur. Wenngleich sich dieses 'Machsche Prinzip' in der ausformulierten ART als weitaus weniger zentral, ja teilweise sogar als unerfüllbar herausstellte, so war es doch von enormer heuristischer Bedeutung für Einstein während der Phase des Suchens nach der allgemeinen Theorie der Relativität und Gravitation.[20] Es zwang Einstein nicht nur zu einer Klärung des Zusammenhangs zwischen Geometrie, Trägheitsverhalten und felderzeugender Materie, sondern es initiierte auch die kosmologischen Betrachtungen Einsteins ab 1917.[21]

Alle bislang aufgeführten Ideenstränge hatten gemeinsam, daß sie auf Brüche mit dem klassischen Begriffsgefüge hinausliefen. Ein Präzedenzfall für das Abgehen von seit Newton und Euler stets unterstellten Annahmen über Raum- (und Zeit-)strukturen zeichnete sich bereits 1911 ab. Einstein untersuchte die **Bahnen von Lichtstrahlen bei Anwesenheit von Massen** und kam zu dem Schluß, daß sich deren im leeren Raum per definitionem geradlinige Ausbreitung ändern müsse, wenn sie sich quer zu einem Schwerefeld fortpflanzen. Neben einer Änderung der Geschwindigkeit der Lichtausbreitung (also einer Verletzung des Axioms der SRT) ergab sich vorallem die Voraussage einer 'Krümmung' der (dreidimensionalen) Bahn des Lichtstrahls, die mit steigendem Gravitationspotential zunahm. Wenn man nun geometrische Geraden physikalisch durch die Bahn von Lichtstrahlen definieren wollte, was astronomisch die einzig praktikable Lösung ist, so bedeutete dies, daß größere Massen wie z.B. die der Sonne in ihrer Umgebung Abweichungen von der Euklidizität des Raumes, wie sie fernab solcher Massen vorliegt, induzieren.

· War diese Betrachtung von 1911 noch beschränkt auf einen Spezialfall, so bemühte sich Einstein in den folgenden Jahren um eine möglichst allgemeine Formulierung des Zusammenhangs zwischen Energie- und Materieverteilung einerseits, charakterisiert durch den Energie-Impuls-Tensor[22] T_{ik} und die Raumstruktur andererseits, mathematisch beschrieben durch

---

[20]zur Geschichte der Versuche einer Inkorporierung des 'Machschen Prinzips' und den dabei auftretenden Bedeutungsvarianten siehe insb. Hund [1948], Goenner [1970], Reinhardt [1973], Raine [1981] sowie Ray [1987] S. 90ff.

[21]Noch 1918 schrieb Einstein: "Die Notwendigkeit an diesem [Machschen Prinzip] festzuhalten wird keineswegs von allen Fachgenossen geteilt, ich selbst aber empfinde seine Erfüllung als unbedingt notwendig. Nach [ihm] darf gemäß den Gravitations-Feldgleichungen kein G-Feld möglich sein ohne Materie. Das Postulat [...] hängt offenbar aufs engste mit der Frage nach der zeiträumlichen Struktur des Weltganzen zusammen; denn an der Erzeugung des G-Feldes werden alle Massen der Welt teilhaben." AE [1918]d S.242f.; zur Kosmologie siehe den folgenden Abschnitt 1.4.

[22]$T^{\mu\nu} = (\rho + p)u^\mu u^\nu - pg^{\mu\nu}$, mit ρ: Materiedichte, p: isotroper Druck, $u^\mu = \frac{dx^\mu}{ds}$.

den metrischen Tensor g_{ik} und daraus via raum-zeitliche Ableitungen berechenbare weitere Größen wie z.B. die Christoffelsymbole ($\Gamma_{a,bc}$) und (Γ^a_{bc}):

$$\Gamma_{a,bc} := \frac{1}{2}\left[\frac{\partial g_{ac}}{\partial x_b} + \frac{\partial g_{ab}}{\partial x_c} - \frac{\partial g_{bc}}{\partial x_a}\right] \; ; \; \Gamma^a_{bc} := g^{ad}\Gamma_{d,bc}, \qquad (1.11)$$

die Krümmungstensoren 4., 2. und 0. Stufe R^ρ_{ijk}, R_{ik} und R:

$$R^a_{bcd} := \partial\Gamma^a_{bc}/\partial x_d - \partial\Gamma^a_{bd}/\partial x_c + \Gamma^c_{bx}\Gamma^x_{bd} - \Gamma^a_{dx}\Gamma^x_{bc} \; ; \; R_{abcd} := g_{ad}R^d_{bcd} \quad (1.12)$$

und

$$R_{ik} := R^d_{idk} \; ; \; R := R^i_i \equiv \sum_{d=1}^{4} g^{id}R_{di}. \qquad (1.13)$$

Nach einer langen Kette fehlgeschlagener Versuche schlug Einstein Ende 1915 die Form der **Feldgleichungen** vor, die heute als Standardform angesehen wird. Dabei steht der sog. Einstein-Tensor G_{ik} als eine lineare Kombination verschiedener geometriecharakterisierender Tensoren auf der linken Seite, der Energie-Impulstensor T_{ik}, der die Materieverteilung beschreibt, auf der rechten Seite.[23] In heutiger Notation:

$$G_{ik} \equiv R_{ik} - \frac{1}{2}g_{ik}R = -\kappa T_{ik}. \qquad (1.14)$$

Überhaupt lassen sich einige bemerkenswerte **Limesrelationen zwischen den Theorien ART, SRT und der klassischen Mechanik** angeben, deren Aufweis historisch insofern bedeutsam war, als er Einstein demonstrierte, daß die verallgemeinerte Theorie von Relativität und Gravitation unter geeigneten Bedingungen in die jeweils spezielleren, älteren Theorien übergingen und somit deren Aussagen mitumfaßten.

Wegen der freien Wahl des Bezugssystems kann das Linienelement ds^2 der ART (1.10) *lokal* für einen beliebigen Raum-Zeit-Punkt diagonalisiert werden, so daß der Raum an diesem Weltpunkt und für dieses Bezugssystem die Minkowskische Struktur (1.9) der SRT aufweist. Wegen der Invarianz des Krümmungstensors läßt sich dies i.a. aber nur für einen Raum-Zeit-Punkt erreichen, für dessen Umgebung somit die ART maßgeblich bleibt. In diesem Sinne wurde festgestellt, daß die SRT der Grenzfall der ART

---

[23]die Wahl der Kombination der Krümmungstensoren R_{ik} und R links hat den physikalischen Grund, daß dadurch im Grenzfall der SRT (keine Anwesenheit von Gravitationsfeldern, also Minkowskische Raum-Zeit) durch Bildung der Ableitung deren Erhaltungsgleichung für den Energie-Impuls $T_{ik,k} = 0$ resultiert; vgl. AE [1919]b S. 141.

im unendlich kleinen ist;[24] umgekehrt werden durch die ART auch einige in der SRT streng gültige Aussagen aufgehoben, so z.B. die Konstanz der Lichtgeschwindigkeit c im Vakuum, die durch eine Abhängigkeit vom Gravitationspotential $\Phi[M] = -\frac{2Mg}{r}$ in der Nähe großer Massen M ersetzt wird[25] und sich vermöge $ds = 0$ wie folgt errechnet:

$$c\,[\Phi] = \frac{dr[\Phi]}{dt[\Phi]} = \left[\frac{1 + \frac{\Phi}{c^2}}{1 - \frac{\Phi}{c^2}}\right]^{1/2} \cdot c_0 \simeq c_0(1 + \frac{\Phi}{c^2}).$$

Die SRT ihrerseits führt im Limes $v/c \to 0$ formal auf die Galileische Kinematik zurück. Z.B. gehen die Lorentztransformationen (1.4.) in die klassische Galileitransformation (1.1.) und das relativistische Additionstheorem (1.6) in das klassische vektorielle Superpositionsprinzip über. Unter der Voraussetzung kleiner Geschwindigkeiten, schwacher und stationärer Felder läßt sich auch zeigen, daß die Feldgleichungen der ART (1.14) in die Poissongleichung der Newtonschen Gravitationstheorie übergehen und daß unter diesen Näherungsbedingungen aus (1.14) auch die klassische Newtonsche Bewegungsgleichung resultiert.[26] Ferner hatte die ART den Vorteil, daß in ihr Feldgleichungen und Bewegungsgleichungen nicht logisch unabhängig voneinander waren, sondern daß letztere in ersteren implizit enthalten waren.[27] Die Weltlinie eines neutralen isolierten Testteilchens ist einfach eine raumzeitliche Geodäte, d.h. eine Strecke, bei der die raumzeitliche Abstandsfunktion ds minimiert wird. Es gilt:

$$\frac{d^2 x^\mu}{d^2 s} + \Gamma^\mu_{\nu\,\rho} \cdot \frac{dx_\mu}{ds}\frac{dx_\rho}{ds} = 0. \tag{1.15}$$

Schon bei der erstmaligen Veröffentlichung der Feldgleichungen der Gravitation in der Form, die heute als Standard-ART angesehen wird, nannte Einstein **drei** grundsätzlich einer empirischen Kontrolle zugängliche **experimentelle Konsequenzen** der ART.

1. die schon erwähnte Ablenkung von Lichtstrahlen aus ihrer euklidischen Bahn in der Nähe ausreichend großer Massen, insb. nahe der Sonnenoberfläche,

---

[24]vgl.z.B. Lanczos [1932]; die gelegentlich zu findende Aussage, daß Gravitationsfelder lokal wegtransformierbar sind, ist jedoch i.a. falsch, da das Vorliegen einer Raumkrümmung R invariant ist - siehe z.B. Havas [1964], Synge [1976]; Möller [1962/77].

[25]siehe z.B. AE [1911]a/b S. 906/78; vgl. Weyl [1918/23]c S. 258 und Fock [1955/60]b § 59 S. 251 zur Analogie der Wirkung des Gravitationsfeldes mit einem Medium des Brechungsexponenten $n = 1 + \frac{2Gm}{c^2 r}$.

[26]siehe z.B. Pauli [1921/63] S. 188, 202; Fock [1955/60]b § 51-54 sowie Anm. 17.

[27]siehe AE/Infeld/Hoffmann [1938] und AE/Infeld [1940]; vgl. Fock [1955/60]b S. 75f.

2. eine Abweichung der Bahn von Planeten von geschlossenen Ellipsen hin zu rosettenförmiger Bewegung, insb. für wenig kreisförmige Bahnen in starken Gravitationsfeldern, also im Sonnensystem besonders eine Periheldrehung des extremal laufenden Merkur,

3. die Verschiebung der Frequenz von Spektrallinien zu niedrigeren Frequenzen (zum Roten), wenn diese eine hinreichend große Gravitationspotentialdifferenz durchlaufen haben, also insb. im Vergleich irdischer Lichtquellen mit der Sonne.

Diese Konsequenzen werden plausibel aus einer Betrachtung des Linienelementes für die Raum-Zeit-Struktur in der Nähe einer großen Zentralmasse M mit sphärischem Gravitationsfeld, wie es 1916 durch Karl Schwarzschild (1873-1916) in Polarkoordinaten (r, θ, ϕ) angegeben wurde:

$$ds^2 = \left(1 - \frac{2GM}{c^2r}\right) c^2 dt^2 - r^2(sin^2\theta d\phi^2 + d\theta^2) - \frac{dr^2}{\left(1 - \frac{2GM}{c^2r}\right)}, \qquad (1.16)$$

wobei G die Newtonsche Gravitationskonstante ist und t für die Zeit in hinreichend großem Abstand r von der Zentralmasse steht. Zunächst wird aus dieser Formel deutlich, daß für einen 'Zeitschnitt' $t = const$ der räumliche Anteil der Metrik nichteuklidische Struktur hat. Der Vergleich mit dem Minkowskischen Linienelement (1.9) zeigt, daß die Abweichungen von der Euklidizität, induziert durch den Nenner $(1 - \frac{2GM}{c^2r})$ mit steigender Masse M und sinkendem Abstand r von ihr zunehmen. Numerisch sind die Abweichungen im Bereich unseres Sonnensystems deshalb besonders für Testmassen nahe der Sonne wie eben den sonnennahen Planeten Merkur oder sonnennahe Lichtstrahlen mit $ds = 0$ (Punkt 1. und 2.) nachweisbar. Umgekehrt sieht man bei Vernachlässigung des räumlichen Anteils $(dr = 0 = d\theta = d\phi)$ für die Eigenzeit $d\tau$ von Testteilchen im Gravitationspotential $\Phi = -GM/r$ gegenüber irdischen Zeiteinheiten dt:[28]

$$d\tau[\Phi] = \frac{ds}{c} = \sqrt{1 - \frac{2GM}{c^2r}} \, dt \simeq \left(1 + \frac{\Phi}{c^2}\right) dt \Rightarrow \frac{\lambda_0 - \lambda_\Phi}{\lambda_0} = \frac{\Phi}{c^2}, \qquad (1.17)$$

was einer Verkürzung der Periode von Schwingungsvorgängen bzw. einer Verschiebung der Wellenlänge λ elektromagnetischer Strahlung hin zum roten Teil des Spektrums gleichkommt, wie sie in der sog. 'Rotverschiebung' unter Punkt 3 von Einstein postuliert wurde. Zum historischen Kontext und zeitgenössischen Wissensstand in diesen drei Punkten noch kurz

---

[28]vgl. z.B. Becquerel [1951] S. 105f.; Kienle [1924] S. 57ff., Fock [1955/60]b § 95.

einige erläuternde Bemerkungen.[29]

(ad 1) Daß Lichtstrahlen von Fixsternen durch große Massen in beobachtbarer Weise von ihrer euklidisch geraden Bewegungsbahn abgelenkt werden würden, hatte Einstein bereits seit 1907 zaghaft angedeutet. In seinen ersten Arbeiten hierzu[30] beruhte diese Prognose allerdings nur auf der Einsicht, daß die in der SRT etablierte Äquivalenz von Masse und Energie (1.8) dazu führen müsse, daß auch energietransportierende Lichtstrahlen sich wie Massen verhalten, also insb. von anderen großen Massen wie z.b. der Sonne eine für die Meßbarkeit ausreichend große Anziehung erfahren sollten, die sich für irdische Beobachter als eine 'Krümmung' der Lichtstrahlen im Schwerefeld bemerkbar machen sollte. 1911 gab Einstein für einen Durchgang nahe der Sonnenoberfläche eine Abschätzung von etwas unter einer Bogensekunde ($4 \cdot 10^{-6} rad$) an. Eine deutsche Expedition, die 1914 nach Rußland entsand wurde, um dort während einer Sonnenfinsternis diese Voraussage zu testen, kam in die Wirren des beginnenden 1. Weltkrieges, ohne ihre Mission ausführen zu können. Mit der Entwicklung seiner ART begriff Einstein, daß es neben diesem einen Beitrag zu diesem Effekt noch einen weiteren gab, der durch die Veränderung der Struktur der Raum-Zeit in der Umgebung großer Massen zustandekam und etwa gleiche Größenordnung wie der erstgenannte aufwies, so daß seine Prognose ab 1916 das Doppelte der alten Voraussage von 1911, nämlich 1.75 Bogensekunden, betrug. Bei der nächsten totalen Sonnenfinsternis 1919 wurde durch zwei englische Expeditionen unter der Leitung von A.S. Eddington und A.C.D. Crommelin diese Voraussage qualitativ bestätigt.[31] Quantitativ blieb der genaue Wert der zu beobachtenden Ablenkung lange Zeit, auch nach Wiederholung bei späteren Sonnenfinsternissen, umstritten.[32]

(ad 2) Schon seit Newcomb war bekannt, daß es im Sonnensystem besonders in der Bahn des sonnennahen Planeten Merkur eine Abweichung von der durch die Newtonsche Mechanik zu erwartenden Bewegungsform gibt. Die Bahn des Merkur war nicht geschlossen wie die der anderen Planeten, sondern der sonnennächste Punkt der Bahn wanderte seinerseits sehr langsam um die Sonne. Diese Anomalie beim Merkur blieb ohne konsistente Erklärung im Rahmen der klassischen Mechanik und Gravitationstheorie. Aus den Feldgleichungen konnte AE jedoch noch 1915 ableiten, daß eine solche rosettenförmige Bahn aufgrund der Abweichung der Struktur der Raum-Zeit vom Euklidischen in der Nähe der Sonne folgte. Der numerische Wert für die Periheldrehung des Merkur von 42 Bogensekunden pro Jahrhundert war in ausgezeichneter Übereinstimmung mit Leverriers und Newcombs beobachteten Wert, und dieser Test der ART blieb lange Zeit der genaueste.[33]

---

[29]vgl. z.B. Eisenstaedt [1986] S. 122-138 u. dortige Ref. sowie die folgenden Anm.
[30]AE [1907]b sowie [1911].
[31]siehe Dyson et al [1920]. Expedition Sobral: 1.98 ± 0.18; Principe: 1.61 ± 0.45.
[32]vgl. dazu z.B. Klüber [1969], Earman u. Glymour [1980]a.
[33]vgl. dazu insb. Roseveare [1983].

(ad 3) Ebenfalls schon auf die Zeit vor der Formulierung der ART in ihrer Standardform[34] geht eine zweite Aussage über eine beobachtbare Konsequenz zurück, deren restlose experimentelle Bestätigung sich aufgrund erheblicher Komplikationen und Verwicklungen mit anderen zusammenwirkenden Effekten, sich noch länger hinzog als die des ersten Effektes.[35] Eine Anwendung seines Äquivalenzprinzips und der Äquivalenz von Energie und Masse führte Einstein auf das Resultat, daß die von einem Ort mit um Φ höheren Gravitationspotential emittierte und an einem anderen Ort mit niedrigerem Gravitationspotential wieder absorbierte Strahlung eine um den relativen Anteil Φ/c^2 gegenüber Strahlung von einer Lichtquelle gleichen Typs auf niederem Gravitationspotential verschobene Frequenz aufweisen muß. Während dieser Effekt für irdische Potentialdifferenzen vernachlässigbar klein ist, berechnete Einstein 1911 für die Verschiebung von Spektrallinien des Sonnenlichtes gegenüber denen entsprechender Linien in irdischen Spektren hin zum Roten einen relativen Betrag von $2 \cdot 10^{-6}$, der gerade noch über der damals erreichbaren Beobachtungsgenauigkeit lag. Weil Lichtschwingungen zeitlich periodische Prozesse sind, die prinzipiell zur Definition von Zeiteinheiten benutzt werden können, bedeutete diese Aussage über die Rotverschiebung von Spektrallinien, daß die Zeitmessungen an Raumpunkten mit der Gravitationspotentialdifferenz Φ um den relativen Anteil (Φ/c^2) differieren, d.h. Uhren im Gravitationsfeld laufen langsamer als im gravitationsfreien Raum.[36]

Wegen der Kleinheit der relativistischen Voraussagen und etlicher klassischer Störungsfaktoren blieben alle drei Effekte lange Zeit sehr umstritten.[37] Die größenordnungsmäßige Übereinstimmung des Lichtablenkungseffektes und der Merkurperiheldrehung mit den Prognosen AEs von 1911 bzw. 1915 förderten jedoch die Akzeptanz der ART erheblich.[38] Erst sehr viel später gesellten sich neben diese drei klassischen 'checks' der ART noch weitere **Hochpräzisionsexperimente**.[39]

---

[34]genauer: auf das Jahr 1911; siehe AE [1911]a/b S. 902ff./74ff.

[35]siehe dazu Forbes [1961] und Earman u. Glymour [1980]b.

[36]AE [1911]a/b S. 906/78; vgl. Formel (1.17).

[37]klassische Deutungsversuche der drei Experimente wurden u.a. von Mohorovičić, Glaser, v.Gleich, Riem, Wiechert unternommen.

[38]vgl. etwa die Aufsatzsammlung von Glick [1987] zur wissenschaftlichen Rezeption im Ausland, dort genannte wissenschaftshistorische Studien, sowie die Abschn. 2.1. u. 2.2.

[39]z.B. verfeinerte Eötvös-Drehwaagen-Experimente durch Dicke, Braginsky et al., Raum-Anisotropie-Tests durch Hughes und Drewer und Ladungskonstanz-Messungen als Test des starken Äquivalenzprinzips von King, Hughes et al., Zeitverzögerungsmessungen in Ergänzung zur Lichtablenkungsmessung (auch im Radiowellenbereich), hochempfindliche Gravimetrie zur Prüfung etwaiger Änderungen der Erdbeschleunigung und Experimente an supraleitenden Gyroskopen zum Nachweis der Lense-Thirring-Präzession sowie

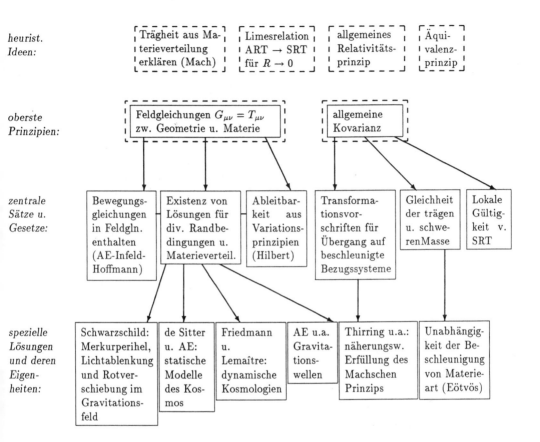

heurist.
Ideen:

| Trägheit aus Materieverteilung erklären (Mach) | Limesrelation ART → SRT für $R \to 0$ | allgemeines Relativitäts- prinzip | Äqui- valenz- prinzip |

oberste
Prinzipien:

Feldgleichungen $G_{\mu\nu} = T_{\mu\nu}$ zw. Geometrie u. Materie — allgemeine Kovarianz

zentrale
Sätze u.
Gesetze:

Bewegungs- gleichungen in Feldgln. enthalten (AE-Infeld- Hoffmann) — Existenz von Lösungen für div. Randbe- dingungen u. Materieverteil. — Ableitbar- keit aus Variations- prinzipien (Hilbert) — Transforma- tionsvor- schriften für Übergang auf beschleunigte Bezugssysteme — Gleichheit der trägen u. schwe- renMasse — Lokale Gültig- keit v. SRT

spezielle
Lösungen
und deren
Eigen-
heiten:

Schwarzschild: Merkurperihel, Lichtablenkung und Rotver- schiebung im Gravitations- feld — de Sitter u. AE: statische Modelle des Kos- mos — Friedmann u. Lemaître: dynamische Kosmologien — AE u.a. Gravita- tions- wellen — Thirring u.a.: näherungsw. Erfüllung des Machschen Prinzips — Unabhängig- keit der Be- schleunigung von Materie- art (Eötvös)

Abbildung 1.3: Übersicht zur logischen Struktur der ART (vgl. Tab. 1.1. und Abschn. 1.4. für weitere Details über Lösungen der Feldgleichungen)

---

der Bau riesiger Detektoren zum Nachweis von Gravitationswellen durch J. Weber et al. Vgl. dazu u.a. Schiff [1961], Chiu/Hoffmann (Hrsg.) [1964] S. xxviiff., 1ff., Dehnen [1969], Misner-Thorne-Wheeler [1973] S. 1096ff., Will [1972], [1974], [1981], [1984], [1989].

1.4   Relativistische Kosmologie

Nach dem vorläufigen Abschluß der ART als "logisches Gebäude"[1] und der
Klärung ihrer Anwendung auf das Sonnensystem wandte sich Einstein 1917
Fragen der Anwendung seiner Feldgleichungen auf das Weltall als Ganzes
zu und begründete somit die relativistische Kosmologie.[2] Er idealisierte das
Universum zunächst als statisches und isotropes System näherungsweise ho-
mogener Massenverteilung und suchte nach Lösungen der Feldgleichungen
mit diesen Eigenschaften. Weil Einsteins ursprüngliche Feldgleichungen von
1915/16 (1.14) keine solche statische Lösung zuließen, fügte Einstein den
Feldgleichungen in seiner ersten Arbeit zu Fragen der Kosmologie [1917]
eine von der Tensorstruktur her noch zulässige[3] Konstante λ hinzu. In
heutiger Notation[4] lauten Einsteins modifizierte Feldgleichungen von 1917
also:

$$R_{ik} - \frac{1}{2} g_{ik} R + \lambda g_{ik} = -\kappa T_{ik}. \tag{1.18}$$

Diese von Einstein 1917 als "kleine Modifikation" (S. 132) angesprochene
Veränderung der bisherigen Feldgleichungen wurde von ihm auf drei verschiedenen Denkwegen begründet.

A. Der Einschluß der Konstante λ ermöglichte die Angabe *stationärer
Lösungen*, d.h. mit einer Weltmetrik, bei der die metrischen Koeffizienten
g_{ik} nicht von der Zeitkoordinate x_4 abhingen. Dies galt auch schon für numerisch sehr kleine Werte von λ, die bei der Anwendung auf Systeme von
der Größenordnung unseres Planetensystems nur numerisch vernachlässig-
bare Korrekturen bewirkten. Somit wurden die alten Erfolge der ART wie
die Erklärung der Merkurperiheldrehung nicht gefährdet.

B. Der Zusatzterm versprach eine Lösung des auch schon in der Newtonschen Mechanik sich stellenden kosmologischen **Stabilitätsproblems**, daß
sich im Rahmen der ART schon wegen deren Grenzübergang in erstere
wiederfand.[5] Das Gravitationspotential einer im großen betrachtet kugel-
symmetrisch angenommenen Verteilung von Materie ist klassisch nach dem
Newtonschen Gravitationsgesetzes erst angebbar, wenn die mittlere Dichte
mit wachsender Entfernung vom gedachten Mittelpunkt rascher als $\simeq 1/r^2$

---

[1]AE [1915]c S. 847.

[2]Dieser Abschnitt bietet nur einen kleinen, für meine Zwecke im folgenden eingerichteten Ausschnitt über die Anfänge dieser Disziplin. Für detailliertere Schilderungen der
historischen Entwicklung und weitere bibliographische Hinweise verweise ich auf Robertson
[1933], Merleau-Ponty [1965], North [1965] und Kanitscheider [1984].

[3]vgl. dazu z.B. Misner, Thorne u. Wheeler [1973] S. 410.

[4]AE hatte eine andere Konvention bez. T_{ik} und $G_{ik} = -\kappa(T_{ik} - \frac{1}{2} g_{ik} T)$.

[5]dieses schildert Einstein selbst in AE [1917]d S. 142ff.; vgl. Heckmann et al. [1959]a.

abfällt, weil sonst die Beiträge der Massen in mit r^2 wachsenden Kugelschalen vom Radius r zur Divergenz der Summe der Beiträge aller Massen führen würden.[6] Einstein bemerkte, daß durch einen Zusatzterm in der klassischen Bilanzgleichung für den Zusammenhang zwischen Potentialverlauf und den potentialerzeugenden Massen[7] insg. ein zeitlich stabiler Weltraum gleichförmiger, unendlich ausgedehnter Massenverteilungsdichte beschrieben wird. Auch die relativistische Entsprechung zur klassischen Poissongleichung (1.18) führte auf zeitlich stationäre Lösungen, die mit der von ihm (fälschlicherweise!) unterstellten "Tatsache der geringen Sterngeschwindigkeiten" vereinbar waren.[8] Daß übrigens schon vor 1915 durch spektroskopische Messungen teilweise beträchtliche Radialgeschwindigkeiten entfernter Spiralnebel festgestellt worden waren[9] erfuhr Einstein erst aus einer Arbeit des holländischen Astronomen de Sitter [1917b, S. 236].

C. In Einsteins tentativen Ansätzen zur Lösung der ursprünglichen Gleichungen (1.14) zeigte sich ein weiteres Problem. Weil die Feldgleichungen von zweiter Ordnung in den g_{ik} sind, waren die Lösungen grundsätzlich erst dann vollständig bestimmt, wenn er neben globaler Symmetrie und lokalen Massenverteilungen auch die **Randbedingungen im Unendlichen** spezifiziert hatte. Daran störte ihn zweierlei:

> Erstens setzen diese Grenzbedingungen eine bestimmte Wahl des Bezugssystems voraus, was dem Geiste des Relativitätsprinzips widerstrebt. Zweitens verzichtet man bei dieser Auffassung darauf, der Forderung von der Relativität der Trägheit gerecht zu werden. [...] die Trägheit [...] durch die (im Endlichen vorhandene) Materie zwar *beeinflußt*, aber nicht *bedingt*. Wenn nur ein einziger Massenpunkt vorhanden wäre, so besäße er nach dieser Auffassungsweise Trägheit, und zwar eine beinahe gleich große wie in dem Falle, daß er von den übrigen Massen unserer tatsächlichen Welt umgeben ist.[10]

Das durch die Wahl der Grenzbedingungen ausgezeichnete Bezugssystem nähme somit die Stellung des überkommenen 'absoluten Raumes' von Newton ein. Ähnlich wie sich schon Mach gegen die Einführung von Kräften bei Beschleunigung gegenüber diesem immateriellen Raum gewendet hatte, lehnt hier auch Einstein die Einführung eines relativistischen Analogons dazu unter Verweis auf eben dieses RP (in der Machianischen Bedeutungsvariante RP_1!) und auf die Machsche Forderung der Zurückführung des

---

[6] siehe z.B. AE [1917]d/e S. 142/130.

[7] ibid., § 1 S. 142ff/130ff.

[8] ibid., S.147/135

[9] wenn man die beobachteten, mit wachsender Entfernung zunehmenden Rotverschiebungen als Dopplerverschiebungen deutete.

[10] AE [1917]d/e S. 147/135; Hervorhebungen AE.

Trägheitsbegriffs auf Wechselwirkungen mit anderen beobachtbaren Massen ab.[11] Einsteins zweiter Grund war der, daß unter Einschluß des Zusatzterms eine Lösung der Feldgleichungen (1.18) möglich war, die ein Universum beschrieb, das "bezüglich seiner räumlichen Erstreckungen als ein in sich geschlossenes [Weltkontinuum] von endlichem, räumlichen (dreidimensionalen) Volumen aufzufassen ist".[12] In einem solchen **endlichen Kosmos** entfiel dann die Notwendigkeit, Grenzbedingungen im Unendlichen anzugeben. Die Durchrechnung seines räumlich endlichen Modells zeigte ferner, daß der Krümmungscharakter des Raumes im Großen, symbolisiert durch den Radius R der sphärischen Geometrie, durch die Gesamtmasse M des Weltmodells vollständig festgelegt war: $M = 4\pi^2 R/\kappa$, wenn nur der zunächst freie Parameter λ als $\lambda = \frac{\kappa\rho}{2} = 1/R^2$ gewählt wurde.[13]

Wie sich in späteren Untersuchungen noch genauer herausschälte,[14] entsprach der neue Term $\simeq \lambda g_{ik}$ in den Feldgleichungen (1.14) einer zusätzlichen, repulsiven Kraft, dessen Feineinstellung in Abhängigkeit von der Gesamtmasse des Universums die wechselseitige Attraktion aller seiner Teilmassen genau kompensieren konnte. Auch in den meisten späteren Untersuchungen zur Kosmologie noch zu Lebzeiten Einsteins wurde ebenfalls dieses $\lambda \neq 0$ angesetzt, wie aus der Tabelle 1.1. ersichtlich wird. Die hochgespannten Erwartungen Einsteins u.a. an die modifizierten Feldgleichungen erfüllten sich jedoch in allen drei Punkten nicht, wie schon aus den nächsten beiden Klassen von Lösungen der Gleichung (1.18) klar wurde, die ermittelt wurden.

Daß auch die kosmologische Konstante λ keineswegs eine automatische Erfüllung des Machschen Prinzips garantierte, zeigte schon die 1917 von Willem de Sitter diskutierte zweite Lösung der modifizierten Feldgleichungen, die u.a. ein endliches, materiefreies Universum mit wohldefinierter, nichttrivialer Metrik, also auch wohldefiniertem Trägheitsverhalten von kleinen Testteilchen darin, beschrieb.[15] De Sitters zentrale These war somit, daß das Machsche Prinzip im Rahmen der ART nicht erfüllbar sei:

> To the question: if all matter is supposed not to exist, with the exception of one material point which is to be used as a testbody, has then

---

[11]wie oben auf S. 30 gezeigt, vertrat Einstein noch im März 1918 die Auffassung, daß am "Machsche Prinzip" festzuhalten sei; vgl. AE [1917]d S. 147f.

[12]AE [1917]d/e S. 144/132; vgl. kritisch dazu Selety [1924]. Stodola [1931] S. 49-51 diskutiert eine von AE autorisierte Illustration der Verhältnisse im "endlichen, aber unbegrenzten" Einstein-Kosmos.

[13]ibid., S.152/140.

[14]vgl. Lemaître [1927], Eddington [1930], [1931], [1939] und de Sitter [1931] S. 369.

[15]de Sitter [1916]a und b, Lösung B: $G_{ik} = 12\sigma g_{ik}$ mit $\sigma := 1/(4R^2)$ und $\lambda = 12\sigma$, $\rho = 0$; vgl. z.B. Lemaître [1925]; Robertson [1933] S.70ff.; Tolman [1932].

this test-body inertia or not? The school of Mach requires the answer *No*. Our experience however very decidedly gives the answer *Yes*, if by 'all matter' is meant all ordinary physical matter: stars, nebulae, clusters, etc.[16]

Einstein wehrte sich gegen diese Aufgabe des für ihn heuristisch bei der Formulierung der ART so bedeutsamen Machschen Prinzips zunächst vehement. Nachdem er von de Sitter brieflich noch vor der Publikation dieser nach ihm benannten Lösung darüber informiert worden war, schrieb er an diesen am 24. März 1917:

> Es wäre nach meiner Meinung unbefriedigend, wenn es eine denkbare Welt ohne Materie gäbe. Das $g_{\mu\nu}$-Feld soll vielmehr *durch die Materie bedingt sein, ohne dieselbe nicht bestehen können*. Das ist der Kern dessen, was ich unter der Forderung von der Relativität der Trägheit verstehe.[17]

Und nach Erscheinen der de Sitterschen Lösung monierte er an dieser das Auftreten von Singularitäten und mahnte an, daß die Erfüllung des 'Machschen Prinzips' ein Desideratum jeder "befriedigenden" Theorie sei:

> Bestände die de Sittersche Lösung überall zu Recht, so würde damit gezeigt sein, daß der durch die Einführung des λ-Gliedes von mir beabsichtigte Zweck nicht erreicht wäre. Nach meiner Meinung bildet die allgemeine Relativitätstheorie nämlich nur dann ein befriedigendes System, wenn nach ihr die physikalischen Qualitäten des Raumes allein durch die Materie *vollständig* bestimmt werden. Es darf also kein $g_{\mu\nu}$ Feld, d.h. kein Raum-Zeit-Kontinuum, möglich sein ohne Materie, welche es erzeugt.[18]

Wenngleich Einstein diesen Anspruch bald darauf aufgab,[19] so wurden doch auch nach ihm noch viele Versuche unternommen, das Machsche Prinzip in eine geeignet modifizierte ART zu implementieren, ja sogar seine Erfüllung

---

[16]de Sitter [1916]a S. 1222; siehe auch N.N.[1917]a.

[17]zit. nach de Sitter [1916]b S. 1225 (Hervorhebung im Original); vgl. AE [1917]d S. 145, 147 und Kahn [1975].

[18]AE [1918]f S. 271; Hervorhebungen im Original.

[19]vgl. etwa den Brief AEs an Felix Pirani, 2. Febr. 1954, CPAE, Sign. 17 447: "Von dem Machschen Prinzip aber sollte man nach meiner Meinung überhaupt nicht mehr sprechen, Es stammt aus einer Zeit, in der man dachte, dass die 'ponderablen Körper' das einzige physikalisch Reale seien, und dass alle nicht durch sie völlig bestimmten Elemente der Theorie wohl bewusst vermieden werden sollten. (Ich bin mir der Tatsache wohl bewusst, dass auch ich lange Zeit durch diese fixe Idee beeinflusst war)".

zum Auswahlkriterium für die physikalisch vernünftigen Lösungen unter den vielen mathematischen Möglichkeiten zu machen.[20]

Auch die von Einstein und de Sitter 1917 noch als selbstverständlich vorausgesetzte zeitliche Konstanz der über astronomische Größenordnungen gemittelten Größen Materiedichte und Krümmungsradius wurde später als theoretisches Vorurteil erkannt.[21] Die erste Arbeit, die ein nicht-stationäres Weltmodell als mathematisch zulässige Lösung der modifizierten Feldgleichungen (1.18) behandelte, war die des jungen Russen Alexander Fri(e)dman(n).[22] Auch auf dessen Veröffentlichung in der *Zeitschrift für Physik* reagierte Einstein zunächst mit unverhohlener Skepsis in einer kurzen Notiz:

> Die in der zitierten Arbeit [von A. Friedmann 'Über die Krümmung des Raumes'] enthaltenen Resultate bezüglich einer nichtstationären Welt schienen mir verdächtig. In der Tat zeigt sich, daß jene gegebene Lösung mit den Feldgleichungen [(1.18) in dieser Arbeit, K.H.] nicht verträglich ist.[23]

Nach einem erläuternden Schreiben Friedmanns an Einstein, in dem dieser auf seinem Ergebnis einer nicht-stationären Lösung beharrte,[24] korrigierte Einstein sich in einer weiteren Notiz:

> Mein Einwand beruhte aber [...] auf einem Rechenfehler. Ich halte Herrn Friedmanns Resultate für richtig und aufklärend. Es zeigt sich, dass die Feldgleichungen neben den statischen dynamische (d.h. mit der Zeitkoordinate veränderliche) zentrisch-symmetrische Lösungen für die Raumstruktur zulassen.[25]

Im handschriftlichen Entwurf dieser Notiz [26] findet sich der ergänzende, durchgestrichene Halbsatz: "denen eine physikalische Bedeutung kaum zuzuschreiben sein dürfte", der zeigt, daß Einstein auch 1923 nach diesem Zugeständnis formaler Zulässigkeit dieser Lösungen an deren physikalischer Bedeutung gezweifelt hat. Unabhängig von Friedmann wurden nicht-

---

[20]so etwa von Eddington [1932] S. 5, Wheeler, Brans/Dicke, Hönl u.v.a.; vgl. dazu den folgenden Abschnitt sowie Reinhardt [1973]; Raine [1981]; Ray [1987] S. 90ff.

[21]vgl. Hetherington [1973] zur Erklärung für die verzögerte Akzeptanz eines nichtstatischen, expandierenden Kosmos sowie Kerszberg [1986].

[22]über dessen rein mathematische Motivation ohne Kenntnis experimenteller Befunde siehe z.B. Fock [1964]; zur Rezeption Friedmanns vgl. Hetherington [1973] S. 24 sowie Kragh [1987] S. 121.

[23]AE[1922]c S. 326.

[24]A. Friedmann an AE, 6. Dez. 1922, CPAE, Sign. 11 114

[25]AE [1923]d S. 228.

[26]CPAE, Sign. 11 113

stationäre Lösungen später auch von George Lemaître [1927],[27] Hermann Weyl, Cornelius Lanczos und H.P. Robertson angegeben, allerdings zumeist im Sinne mathematischer Kuriosa ohne physikalische Relevanz. Erst nach dem Aufkommen vermehrter und immer gesicherterer Indizien für eine Expansion des Weltalls im Großen[28] zog Einstein selbst wieder die Feldgleichungen in ihrer ursprünglichen Form vor,[29] und erkannte die physikalische Berechtigung, ja Notwendigkeit dynamischer Lösungen à la Friedmann an. Diese Bereitschaft wurde gestützt durch Eddingtons Entdeckung [1930], daß Einsteins ursprüngliche, stationäre Lösung nicht stabil war, d.h. bei kleinsten Abweichungen von der vorausgesetzten Homogenität unweigerlich in kontrahierende bzw. expandierende Modelle überging. Durch die voreilige Anpassung der Feldgleichungen an seinen begrenzten Wissensstand von 1915 kam Einstein um die naheliegende weitere Voraussage eines astronomischen Effektes, nämlich der zeitlichen Dynamik des Universums, die erst gesichert empirisch beobachtet werden mußte, bevor sie theoretisch ernst genommen wurde.

Eine merkwürdige Eigenschaft aller nichtstatischer Weltmodelle verlangte dabei ebenfalls nach konzeptueller Klärung, denn die Einführung einer 'kosmischen Zeit' scheint im Widerspruch zum Geist der SRT zu stehen, für die Zeit nur lokal durch Uhren am Ort gegeben war und global erst durch Signalaustausch definiert werden mußte. Die Einführung des globalen Zeitparameters t als Index der Entwicklungsphase des Universums als Ganzes wurde überspitzt als "partial reinstatement of absolute simultaneity into the actual world"[30] bezeichnet. Hermann Weyl war es schließlich, der aufzeigte,[31] daß diese Betrachtung des Universums als Abfolge von Hyperflächen von jeweils konstanter kosmischer Zeit t zulässig ist, falls die Weltlinien der Materie, die diese Hyperfläche kreuzen, bündelartig für $t \to -\infty$ konvergieren, d.h. wenn das Universum als kohärentes Ganzes auffaßbar ist. Damit war es plötzlich möglich, von der "Zeit seit der Erschaffung der Welt", also vom Alter des Universums zu reden,[32] und dessen Abhängigkeit von meßbaren Parametern wie Massendichte und Expansionsrate zu untersuchen. Diese numerischen Abschätzungen an den bekannten nichtstationären Lösungen brachten das Problem mit sich, das

---

[27]vgl. z.B. Berenda[1951], Kragh [1987].

[28]erschlossen aus spektrokopischen Analysen des Lichtes von den fernsten Spiralnebeln durch Hubble [1927], [1929]; vgl. z.B. Robertson [1932], Kragh [1987] S. 126.

[29]siehe z.B. AE [1931] S. 236, wo er vom "theoretisch ohnehin unbefriedigenden λ-Glied" spricht, oder de Sitter [1931] S. 365 (λ als "eine unnötige Komplikation").

[30]Robertson [1933] S. 65.

[31]siehe Weyl [1923], [1930]; vgl. Robertson [1933] S. 65 und Kerszberg [1986].

[32]so erstmals Friedmann [1922] S. 385; vgl. Kragh [1987] S. 122.

sich aus ihnen ein viel zu niedriges, mit astrophysikalischen Resultaten zur Sternentwicklung unvereinbares Alter des Kosmos ergab.[33] Um diesem Mißstand abzuhelfen, entwickelte Lemaître [1931] ein neues Modell kosmologischer Entwicklung, demzufolge das Universum aus einem Urzustand, dem 'primeval atom' entstanden sei, das durch eine Explosion in $t = 0$ zunächst sehr rapid, dann immer langsamer expandiere.[34]

Heutigen Untersuchungen wird zumeist die ursprüngliche ART von 1915/16 ohne λ-Term zugrundegelegt.[35] Neben diesen, für die heutige Kosmologie wohl wichtigsten Klassen von Lösungen wurden noch einige weitere gefunden - die einschlägigsten wurden in nachfolgender Tabelle aufgeführt, ohne daß hier Vollständigkeit erreicht werden konnte.[36]

nebenstehend (S. 45) Tabelle 1.1.: Überblick zu einigen, sofern nicht anders vermerkt exakten, Lösungen der Feldgleichungen der ART mit verschwindender (0), positiver (+) oder negativer (-) kosmologischer Konstante λ

---

[33]siehe z.B. Kragh [1987] S. 131 für Referenzen.

[34]für Details und zu Lemaîtres theologischer Interpretation dieser Vorform heutiger Urknall-Theorien siehe: Neuhäusler [1951], Kragh [1987] S. 133ff.

[35]vgl. etwa Lemaître [1949/79], Misner, Thorne u. Wheeler [1973] S. 410f., 707, 758; allerdings wurde in Ansätzen für quantisierte Theorien der Gravitation ein Zusammenhang der kosmologischen Konstante mit der Renormierung des Energie-Impuls Tensors hypostasiert.

[36]Für eine Klassifikation einiger Lösungen nach ihrer Voraussage für das zeitliche Verhalten $R(t)$ siehe z.B. Kanitscheider[1975] S. 117; einen Überblick zum jetzigen Stand des Wissens geben z.B. Hawking u. Israel (Hrsg.) [1987].

Name	Jahr	λ	physik. Eigenschaften der Lösung
Schwarzschild	1916	0	sphärisch symmetrisches Gravitationsfeld eines Massenpunktes sowie einer Kugel aus inkompressibler Flüssigkeit [wichtigste Anw.: Sonnensystem].
Einstein	1917	+	'Zylinderwelt', in der der Raum von der Zeit unabhängig gekrümmt ist. Der Krümmungsradius ist direkt proportional zur Gesamtmasse des als verdünntes Gas aufgefaßten unbegrenzten Universums mit stationärer, gleichförmiger Massenverteilung und nichteuklidischer Struktur.
de Sitter F.Klein	1917 1918	+	'Kugelwelt' mit nicht-euklidischer Metrik der Raum-Zeit. Selbst im masselosen Fall wohldefinierte Metrik und Trägheit (auch ohne induzierende Massen); bei positiver Massendichte nichtstatische Abstoßung zwischen den Massen ('Expansion').
Thirring u.v.a.	1918/ 1921	+	rotierende ferne Massen in Kugelschale induzieren im Zentrum Coriolis- und Zentrifugalkräfte wie durch 'Machsches Prinzip' gefordert. [Näherungsrechnung]
Friedmann (Fridman)	1922/ 1924	+	neben stationären Lösungen à la Einstein und de Sitter auch Modelle für ein nicht-stationäres, endliches und geschlossenes Weltall mit konstanter positiver oder negativer Raumkrümmung und homogener, isotroper Materieverteilung ('Friedmann-Kosmos'). Je nach Größe von Λ monotones oder periodisches R(t).
Lemaître Eddington u.a.	1927 1930	+	Weltmodell für endliches Universum, das von asymptotischem Gleichgewichtszustand bei $t = -\infty$ ausgehend unter beschleunigter Expansion einem unbegrenzt expandierenden de Sitter Zustand zustrebt.
Lemaître	1931	+	'Feuerwerks'-Weltmodell, das von Urzustand (primeval atom) in $t = 0$ ausgehend, zunächst rapide, später stark verlangsamend expandiert.
Gödel	1949	-	'Gödelwelt' mit einer Rotation der Massen relativ zum Trägheitskompaß und der Existenz von geschlossenen zeitartigen Weltlinien (keine globale Zeitordnung, keine 'kosmische Zeitdefinition' möglich). Es gibt auch keine raumartigen Schnitte durch die Raum-Zeit ('Hyperflächen'), die alle Weltlinien schneiden (kein klassischer Determinismus).
Taub	1951	0	materiefreies, anisotropes Universum, in dem Gravitationswellen allein zum Auftreten eines effektiven Radius' (space-closure) führen
Einstein Bondi	1918 1957	0	reine Gravitationswellen, die sich mit Lichtgeschwindigkeit c ausbreiten
Ozsváth u. Schücking	1962/ 1969	+	anisotropes, nichtexpandierendes Universum, dessen Massen relativ zum Trägheitskompaß rotieren, im Gegensatz zur Gödelwelt aber endlich, ohne Akausalität.
Kerr	1963	+	Gravitationsfeld eines Teilchens mit Eigendrehung

1.5   Theoretische Alternativen zur ART

> Ich bin hoch erfreut darüber, dass Sie die allgemeine Relativitätstheorie
> mit so viel Wärme und Eifer aufgenommen haben. Wenn die Theorie
> einstweilen noch viele Gegner hat, so tröstet mich doch der folgende
> Umstand: die anderweitig ermittelte mittlere Denkstärke der Anhänger
> übertrifft diejenige der Gegner um ein Gewaltiges! Dies ist eine Art
> objektives Zeugnis für die Natürlichkeit und Vernünftigkeit der Theorie.
> AE an H. Weyl, 23. Nov. 1916, CPAE, Sign. 24-001-1.

Noch während sich AE in den Jahren 1907 bis 1915 um eine stimmige
Verallgemeinerung des RPs der SRT bemühte, wurden von verschiedener
Seite Versuche veröffentlicht, beschleunigte Bewegungen wie z.B. den freien
Fall im Gravitationsfeld mit dem Instrumentarium der SRT zu behandeln.[1]
Die Gravitationstheorien, die ab 1911 durch AE selbst, aber auch durch
Max Abraham (1875-1922), Gunnar Nordström (1881-1923) u.a. veröffentlicht wurden, hatten gemeinsam, daß sie die charakteristischste Eigenschaft
der Newtonschen Gravitationstheorie, das *skalare Potential*, beibehielten.[2]
Doch mit diesem klassischen Instrumentarium allein konnten die nichtlinearen Koordinatentransformationen, die bei Wechsel zwischen beschleunigten Bezugssystemen auftreten, nicht adäquat erfaßt werden. Ab 1913 ex-
perimentierte Einstein zusammen mit Marcel Grossmann (1878-1936) mit
tensoriellen Größen zur Beschreibung der Raum-Zeit-Metrik, der Raumkrümmung und der Energie-Materieverteilung. Doch keineswegs alle seine
Fachgenossen folgten ihm auf diesem Weg, der ihn schließlich zur ART
(1915/16) führte (siehe 1.3.). Im folgenden werde ich kurz auf einige der
wichtigsten *theoretischen Alternativen zur ART* eingehen, wobei nur diejenigen, die später für die philosophischen Interpretationen der RT von
Relevanz waren, etwas ausführlicher behandelt werden können.[3]

1. Materietheorien (Mie, Hilbert),

2. ART ohne 'allgemeine Relativität' (Mie, Fock, Synge),

3. homogene Raum-Zeit (Whitehead u. Schüler),

4. vereinheitlichte Theorien von Elektrizität und Gravitation (Weyl),

---

[1]siehe etwa Kottler [1914]a,b.

[2]siehe z.B. AE [1911]b, [1912]a,b, die Debatte zwischen Abraham [1912] und AE
[1912]c,d, Nordström [1912-1914] sowie Abraham [1915], Harvey [1965], Pais [1982] S.
238ff.

[3]für Literaturüberblicke vgl. z.B. Abraham [1915], Whitrow u. Morduch [1965], Sexl
[1967], Eisenstaedt [1986] S. 159-165 u. dortige Ref.

5. verallgemeinerte Raum-Zeit-Geometrie (Eddington, Kaluza, Klein, AE),

6. Skalar-Tensor-Theorie mit zeitabhängiger Gravitations'konstante' (Dirac, Jordan, Brans, Dicke),

7. linearisierte Gravitationstheorien (Weyl, Belinfante, Swihart).

(ad 1) Eine erste Gruppe von Alternativen wurde parallel zu AEs eigenen Arbeiten [ab 1912] zunächst von Gustav Mie (1868-1957) entwickelt.[4] Während AE ausdrücklich betont hatte, daß seine Verallgemeinerungsbemühungen ganz unabhängig von jedweder Annahme über die Konstitution der Materie sind, suchte Mie gerade nach einer **feldtheoretischen Lösung des Problems einer Theorie der Materie** - anders als bei AE wurden Energie-Materieverteilung einerseits und feldartige Wechselwirkungen zwischen diesen andererseits nicht als zwei verschiedene Grundgrößen akzeptiert, sondern Materie sollte konsequent als Knotenstelle ('Singularität') des Feldes erklärt werden können. Ab 1915 nahm auch David Hilbert (1862-1943) Mies Kerngedanken auf,[5] allerdings im erweiterten Rahmen einer vollständig kovarianten Theorie mit zu (1.14) äquivalenten Feldgleichungen. Er konnte zeigen, daß die relativistischen Feldgleichungen ebenso wie verallgemeinerte Maxwellgleichungen aus *einer* 'Weltfunktion' H ableitbar waren, wenn man forderte, daß deren Variationen nach $\delta g_{\mu\nu}$ resp. $\delta\phi_i$ verschwanden. Mithilfe von Theoremen der Invariantentheorie und Variationsrechnung glaubte er gezeigt zu haben, daß "die elektrodynamischen Erscheinungen Wirkungen der Gravitation sind."[6] Vorallem aber sah Hilbert damit den Weg frei für eine Anwendung seiner 'axiomatischen Methode'[7] auf die Grundlagen der Physik:

> Ich möchte im Folgenden - im Sinne der axiomatischen Methode - wesentlich aus zwei einfachen Axiomen ein neues System von Grundgleichungen der Physik aufstellen, die von idealer Schönheit sind, und in denen, wie ich glaube, die Lösung der Probleme von Einstein und Mie *gleichzeitig* enthalten ist.[8]

AE schrieb über diesen Versuch, zwei Fliegen (das Auffinden der richtigen Feldgleichungen und die Lösung des Materieproblems) mit einer Klappe

---

[4]zu Mie vgl. Mehra [1974], Weyl [1918/23]c S. 210ff. und Abschn. 4.5.5.

[5]"der Massenpunkt [ist] als Grenzfall einer gewissen Verteilung der Elektrizität um einen Punkt herum aufzufassen" (Hilbert [1915/17] II, S. 71.

[6]Hilbert [1915/17] I, S. 397.

[7]siehe dazu Abschn. 4.6. und dortige Ref., sowie Hilbert [1930] S. 959.

[8]Hilbert [1915/17] I, S. 395; vgl. dazu z.B. Kopff [1924] S. 245, Mehra [1974], Earman/Glymour [1978]a, Pais [1982] S. 257f. und Abschn. 4.6.1.

(einer Hamiltonfunktion für alle beteiligten Felder) zu schlagen, an Weyl:

> Der Hilbertsche Ansatz für die Materie erscheint mir kindlich, im
> Sinne des Kindes, das keine Tücken der Aussenwelt kennt. [...] Je-
> denfalls ist nicht zu billigen, wenn die soliden Überlegungen, die aus
> dem Relativitätspostulat stammen, mit so gewagten, unbegründeten
> Hypothesen über den Bau des Elektrons bzw. der Materie verquickt
> werden."[9]

Doch gestand er im gleichen Brief immerhin zu, daß "das Aufsuchen der
geeigneten Hypothese bezw. Hamilton'schen Funktion für die Konstruktion
des Elektrons eine der wichtigsten heutigen Aufgaben der Theorie bildet",
bloß könne die 'axiomatische Methode' Hilberts dabei wenig nützen, da
diese keine Hinweise darauf geben könne, welcher von vielen denkbaren
Ansätzen der richtige sei.[10] Ein Jahrzehnt später kam auch AE im Rahmen seiner Suche nach einer 'vereinheitlichten Feldtheorie' ("unified field
theory") auf den Gedanken einer möglichen Fundierung der Theorie der
Elementarteilchen über Feldsingularitäten zurück.[11]

(ad 2) Mie war auch in einer anderen Hinsicht kritisch zur ART eingestellt - er wies nachdrücklich darauf hin, daß das Äquivalenzprinzip AEs
nur eine lokale Geltung habe, da nur lokal die Gravitationseffekte durch
einen Koordinatenwechsel wegtransformiert werden können. In diesem
Sinne gab es für ihn, ebenso wie z.B. für Vladimir Alexandrovitch Fock
(1898-1974), der sich Mies Überzeugungen später anschloß, auch **keine
'allgemeine Relativität'**, da sich in ausgedehnten Bezugssystemen (z.B.
mit Foucault-Pendeln) sehr wohl prüfen ließe, ob diese (unbeschleunigte)
'Inertialsysteme' sind oder nicht. Schon Mie hatte stets behauptet, daß
es eine Klasse physikalisch ausgezeichneter, "natürlicher Bezugssysteme"
gäbe- Fock gab später ein mathematisches Kriterium dafür an, wie diese Koordinatensysteme sich aus allen mathematisch zulässigen Systemen durch
eine zusätzliche "harmonische Koordinatenbedingung" $\frac{\delta(\sqrt{-g}g^{\mu\nu})}{\delta x_\mu} = 0$ aus-
sondern lassen,[12] und Synge zweifelte im Vorwort seines Lehrbuches zur
ART am Sinn des Äquivalenzprinzips unter Verweis auf die Invarianz des
Verschwindens oder Nichtverschwindens des kontrahierten Krümmungstensors R:

---

[9]23. XI. 1916, CPAE, Sign. 24-001-2,3.

[10]ibid., CPAE, Sign. 24-001-3.

[11]siehe dazu z.B. Mie [1912/13], [1914], [1917], AE an H. Weyl, 3. I. 1917, CPAE Sign.
24-005-1, 6.VI. 1922, CPAE Sign. 24-072, AE [1923]c, [1929]c sowie z.B. Pais [1982] 325ff.,
341ff., Goenner [1984].

[12]siehe dazu Mie [1920], [1921]a, Fock [1939], [1955] S. 751ff. [1955/60] sowie zu Fock:
Infeld [1955]c S. 236ff. u. Anderson in: Chiu/Hoffmann (Hrsg.) [1964] S. 188, Graham
[1982] S. 122.

In Einstein's theory, either there is a gravitational field or there is
none, according to the Riemann tensor does or does not vanish. This
is an absolute property; it has nothing to do with any observer's world-
line. [...] The principle of equivalence performed the essential office
of midwife at the birth of general relativity, but [...] I suggest that
the midwife be now buried with appropriate honours and the facts of
absolute space-time faced.[13]

(ad 3) Aus philosophisch motiviertem Unbehagen[14] über die inhomogene,
Riemannsche Raum-Zeit-Struktur, die der ART zugrundeliegt, entwickelte
der englische Mathematiker und Philosoph Alfred North Whitehead 1922
eine Alternative zu ihr, die mit **Minkowskischer (quasi-euklidischer)
Raumzeit** auskommt, aber **zusätzliche tensorielle Fernwirkungskräfte**
einführt. Bezüglich der drei klassischen Tests der ART reproduzierte diese
Gravitationstheorie die Einsteinschen Prognosen der Lichtablenkung und
der Merkurperihelbewegung[15] - erst nach 1960 konnte durch geophysikalische Untersuchungen zur Anisotropie des Raumes eine experimentelle Entscheidung zugunsten der Standard-ART gefällt werden.[16] Da Whitehead
aber sowohl auf das Äquivalenz- auch auch auf das Kovarianzprinzip verzichten mußte, wurde schon lange vor diesen crucialen Experimenten die
ART wegen ihrer konzeptuellen Einfachheit vorgezogen.
(ad 4) Eine andere theoretische Alternative zur ART, die in den zwanziger
Jahren diskutiert wurde, sich aber nicht gehalten hat, ist die **vereinheitlichte Theorie von Gravitation und Elektrizität** des Mathematikers
Hermann Weyl.[17] Dieser störte sich an der unverbundenen Behandlung
gravitativer und elektromagnetischer Eigenschaften der Materie und schlug
erstmals 1918 eine "erweiterte Relativitätstheorie" vor, die dieses Manco
behob[18] und "Elektrizität und Gravitation aus einer gemeinsamen Quelle"
herleitete.[19] Weyls Verallgemeinerung der ART ging von dem Gedanken
aus, daß so wie laut Einstein die *Richtung* eines Vektors bei Transport
im Riemannschen Raum vom gewählten Zwischenweg abhängig ist, auch
dessen *Länge* eine nichtintegrable Größe ist. Die Mannigfaltigkeiten, bei
denen Länge *und* Richtung vom Übertragungsweg abhängig sind, heißen
affine Zusammenhänge. Das Maß für die durch Transport eines Maß-

---

[13]Synge [1960] S. x; vgl. weitere Belege in Eisenstaedt [1986] S. 183f.
[14]zu Whitehead vgl. Abschn. 4.12.2. und dortige Ref.
[15]siehe dazu Eddington [1924], Synge [1952].
[16]siehe Will [1972] S. 28, Barker et al. [1976], Abschn. 4.12.2. und dort zit. Lit.
[17]zu Weyl vgl. Abschn. 4.3.4. und dortige Referenzen.
[18]siehe dazu Weyl [1918], [1919]a, [1920]a, [1921] und [1918/23] ab der 3. Aufl.; vgl.
Eddington[1920]d S. 156, [1920/23] Kap. 11, Metz [1928] Kap. XXV, Pais [1982] S. 342f.
[19]Weyl an AE, 1. III. 1918, CPAE, Sign. 24-007.

stabs ξ^a in einem solchen affinen Zusammenhang Γ^i_{ab} entlang des Weges dx^b induzierte Längen- und Richtungsänderung $d\xi^i = \Gamma^i_{ab}\xi^a dx^b$ brachte er in Zusammenhang mit dem elektrischen Viererpotential ϕ_i. So gilt z.B. für die reine Länge l_p des Maßstabes nach Transport von P nach P' entlang $dx_i : l_{p'} = l_p \cdot exp(\int_p^{p'} \phi^i dx_i)$. Durch die Postulierung dieses Einflußes der elektromagnetischen Viererpotentials auf das Verhalten von Maßstäben hatte er Gravitations- und Elektrizitätstheorie in einen einheitlichen durch die "Weltmetrik" $\Gamma_{i,rs}$ beschriebenen Zusammenhang gebracht, da in sie Gravitations- *und* elektromagn. Potentiale eingingen:

$$\Gamma_{i,rs} = \underbrace{\frac{1}{2}\left[\frac{\delta g_{ir}}{\delta x^s} + \frac{\delta g_{is}}{\delta x^r} - \frac{\delta g_{rs}}{\delta x^i}\right]}_{(\Gamma_{i,rs})_{ART}} + \underbrace{\frac{1}{2}\left(g_{ir}\phi_s + g_{is}\phi_r - g_{rs}\phi_i\right)}_{(\Gamma_{i,rs})_{Weyl}}. \qquad (1.19)$$

Anders als in der ART waren in Weyls 'Weltmetrik mit Infinitesimalgeometrie' die metrischen Koeffizienten $g_{\mu\nu}$ *nicht* durch Beobachtungen ermittelbar, sondern nur deren Verhältnisse an verschiedenen Raumstellen zueinander. Die Wahl einer Metrik an einem Raumzeitpunkt nannte Weyl **Eichung**. Um trotz dieser Eichfreiheit in seiner Verallgemeinerung der ART eine eindeutige Bestimmung sämtlicher physikalischer Größen garantieren zu können, mußte Weyl neben das Einsteinsche Prinzip der Kovarianz noch ein zweites Prinzip stellen, das der **Eichinvarianz** der Gleichungen.[20] Weyls Versuch einer eleganten Zusammenführung zweier getrennter Forschungsbereiche hat sich zwar in dieser Form nicht gehalten, weil seine Hypostasierung der Eichfreiheit der Metrik z.B. in krassem Widerspruch stand zu der weitgehenden Uniformität der Frequenzen des Lichtes in Sternspektren aus unterschiedlichsten Raumrichtungen und Entfernungen.[21]
(ad 5) Von dem Scheitern dieser konkreten Ausführung des Gedankens bei Weyl abgesehen, waren Einstein u.a. von dem dahinter stehenden Programm aber durchaus beeindruckt. Später versuchten sich auch Eddington, Th. Kaluza und Oskar Klein und AE selbst an anderen Varianten, dieses Programm einer einheitlichen Theorie von Gravitation und Elektrizität durchzuführen. Gemeinsam ist allen diesen Versuchen, daß die **Geo-**

---

[20]Auf die philosophischen Hintergründe dieser Verallgemeinerung der ART komme ich in Abschn. 4.3. noch zurück - wesentlich mehr Erfolg hatte der Gedanke der Eichinvarianz in der Quantenmechanik, deren Zustandsgrößen Ψ gegen Phasenwechsel 'eichinvariant' sind- vgl. dazu Weyl an AE, 22. VI. 1932, CPAE, Sign. 24-098.

[21]diesen Einwand hat AE schon sehr bald anläßlich von Weyls erster tentativer Verallgemeinerung der ART gemacht, die AE zur Vorlage in den Sitzungsberichten der Preussischen Akademie der Wissenschaften übersandt worden war - vgl. z.B. AE an Weyl, 15. IV. 1918, CPAE, Sign. 24-020 oder 19.V. 1918, CPAE, Sign. 24-026, Weyl [1918] S. 478-480 und Belege in 4.3.4.

metrie der Raum-Zeit weiter verallgemeinert wird: Eddington z.B. postulierte einen allgemeinen affinen Zusammenhang mit zunächst 40 Komponenten, Kaluza und Klein spekulierten über eine zusätzliche kompakte fünfte Dimension, AE selbst versuchte sich mit Semivektoren, Fernparallelismus und Aufweichungen der Symmetriebedingungen an die $\Gamma^\sigma_{\mu\nu}$ bzw. $g_{\mu\nu}$.[22] 1928 schrieb AE darüber:

> Das Wesentliche der Theorien von Weyl und Eddington zur Darstellung des elektromagnetischen Feldes liegt also nicht darin, dass sie die Theorie dieses Feldes der Geometrie einverleibt haben, sondern dass sie einen möglichen Weg gezeigt haben, Gravitation und Elektromagnetismus unter einem einheitlichen Gesichtspunkt darzustellen, während vorher jene Felder als logisch voneinander unabhängige Gebilde in die Theorie eingingen.[23]

Letztendlich hat sich jedoch keiner dieser Versuche durchgesetzt, nicht zuletzt wegen der zu großen Parameterfreiheit, die die Verallgemeinerung der Raum-Zeit-Geometrie mit sich bringt.

(ad 6) Eine weitere Variante zur ART möchte ich noch besprechen, da sie die bis heute plausibelste Alternative zur ART in Standardform zu sein scheint.[24] Paul Dirac (1902-1984) war wohl der erste, der Spekulationen darüber angestellt hat, ob die Newtonsche Gravitations'konstante' G, die die Stärke der Gravitationswechselwirkung zwischen Massen bestimmt, als Funktion des Alters des Universums betrachtet, veränderlich sein könnte. Dirac hatte diese Vermutung zunächst aus rein dimensionalen Erwägungen über die numerische Größe von G entwickelt,[25] doch in der Folgezeit wurden insb. von Pascual Jordan (1902-1980) Indizien für eine mögliche Bestätigung dieser Vermutung durch geologische Daten über eine Expansion der Erde (vermöge abnehmender Gravitationskraft) beigebracht.[26] Die formale Durchführung dieses Gedankens führte zu einer erweiterten ART, in der neben den metrischen Koeffizienten $g_{\mu\nu}$ auch die Gravitations'konstante' G als zusätzliche, skalare Feldvariable auftritt. Eine solche **Skalar-Tensor-Theorie der Gravitation** wurde von Jordan, und unabhängig von ihm

---

[22]siehe dazu Eddington [1921]a,[1923/25], Weyl [1918/23]c Anh. IV, Kaluza [1921], AE [1921]c,[1923],[1927]e, Kopff [1924], O. Klein [1927], Hund [1948] S. 753; vgl. Pais [1982] S. 341-351. Kaluza-Kleins Idee hat in der Quantenfeldtheorie seit 1980 eine gewisse Renaissance erlebt.

[23]AE im deutschspr. handschriftl. Entwurf zu AE [1928]d, CPAE, Sign. 18 282-5.

[24]siehe z.B. Dehnen [1969] S. 405-407, Will [1972] S. 28, [1974] S. 28, [1981], Eisenstaedt [1986] S. 164 Anm. 25.

[25]siehe Dirac [1937], [1938].

[26]siehe insb. Jordan [1966], Dicke in Chiu/Hoffmann (Hrsg.) [1964] S. 149ff.

auch von Carl Brans und Robert H. Dicke (geb. 1916) entwickelt.[27]

Bemerkenswert ist, daß Brans und Dicke zu der Einführung eines skalaren Feldes über einen ganz anderen Gedankengang gekommen waren, nämlich über die Suche nach einem Weg zur Erfüllung des Machschen Prinzips. Denn ein zusätzliches langreichweitiges, skalares Feld induziert zusätzliche anziehende Kräfte zwischen Massen, wirkt nicht auf Licht und könnte sogar die räumliche Geschlossenheit des Universums bewirken, wodurch unmachianische Randbedingungen im Unendlichen oder absolute Trägheitseigenschaften der leeren Raumzeit vermieden würden.[28]

(ad 7) Eine der mathematisch unangenehmen Eigenschaften der Feldgleichungen Einsteins ist ihre **Nichtlinearität** - physikalisch der Ausdruck dafür, daß das gravitationsvermittelnde Feld selbst der Schwerewirkung unterworfen ist, da dessen Feldenergie via $E = mc^2$ einer Masse entspricht.[29] Auf das Konto dieser Nichtlinearität geht es, daß bis heute so wenige exakte Lösungen der Feldgleichungen (1.14) gefunden wurden (siehe Tabelle 1.1.). Verschiedentlich wurden deshalb Versuche unternommen, eine lineare Gravitationstheorie zu entwerfen, deren Differentialgleichungen dann von höherer (zumeist 4. Ordnung) wären,[30] doch keiner dieser Versuche war von Erfolg gekrönt.

So bleibt abschließend nur festzustellen, daß die ART die vielen Jahrzehnte theoretischer und experimenteller Prüfung bislang recht gut überstanden hat, während die überwiegende Zahl ihrer Konkurrenten auf der Strecke blieben.[31] Vielleicht ist dies eine nachträgliche Bestätigung von AEs Eindruck über die 'Natürlichkeit' und 'Vernünftigkeit' seiner Theorie (Motto).

---

[27]siehe dazu Jordan [1955], Brans/Dicke [1961], Brans [1962] sowie Dicke in: Chiu/Hoffmann (Hrsg.) [1964] Kap. 8 und dortige Ref.

[28]siehe dazu Dicke und Wheeler in den Kapiteln 7, 8, 12, 15 von Chiu/Hoffmann (Hrsg.) [1964], insb. S. 140: "it is suggested that general relativity may be made compatible with the requirements of Mach's principle if a long-range scalar field exists in addition to the tensor-field of Einstein's theory". Heute gilt diese Theorie als empirisch widerlegt - vgl. Will [1989] Kap. 8.

[29]vgl. hierzu z.B. Hund [1948] S. 746, 752.

[30]siehe Weyl [1944], Belinfante/Swihart (1957) u.a., vgl. dazu Eisenstaedt [1986] S. 163.

[31]zu exp. Tests der Gravitationstheorien im Vergleich siehe insb. Will [1972], [1974], [1981].

Name	Jahr	charakteristische Abweichung von AEs ART (1915/16)
G.Nordström M. Abraham	1912ff.	Einkomponentiges (skalares) statt zehnkomponentigem (tensoriellem) Gravitationspotential
G. Mie	1912ff.	Materie nur als Zustandsfunktion des Feldes; Elementarteilchen als Verdichtung (Singularität) des Feldes. Bezug auf "natürliches Koordinatensystem".
D. Hilbert	1915/17	wie bei Mie, nur zusätzlich allgemeine Kovarianz und Abl. aus Variationsprinzip für $\delta g_{\mu\nu}$ und $\delta\phi^i$
H. Weyl	1917ff.	Riemannsche Geometrie $R^\mu_{\nu\sigma\rho}$ wird ersetzt durch einen affinen Zusammenhang $\Gamma^\mu_{\nu\rho}$, in dem Richtung und Länge eines Vektors vom Zwischenweg der Übertragung abhängig erklärt werden ($l_{p'} = l_p \cdot exp(\int_p^{p'} \phi^i dx_i)$). Deshalb ist eine Eichtransformation der Metrik ($g_{ik} \to \lambda \cdot g_{ik}$) zulässig. Ruhemasse, Trägheit, Bewegung etc. resultieren aus Einstellung auf die lokalen Feldgrößen ('Führungsfeld'). Das Postulat ϕ^i = elektromagn. Potentiale führt zu enger Verbindung zwischen Gravitation und Elektrizität.
A.S.Eddington	1921ff.	Verallgemeinerung von Weyls Theorie: affiner Zusammenhang als ursprüngliche Struktur des Weltäthers.
A.N.Whitehead	1922	Fernwirkungstheorie in Minkowskischer Raum-Zeit $\eta_{\mu\nu}$. Teilchen wechselwirken via retardierte Tensorpotentiale $g_{\mu\nu}$: Bimetrische Theorie.
Th.Kaluza O.Klein, AE	1921 1927	fünfdimensionale Riemannsche Geometrie; zusätzliche, 5. Dimension ist kompakt (Zylinderwelt mit Periodizität 2π). Invarianz unter Drehung in 5. Dimension: $\Rightarrow$ Ladungserhaltung.
O.Veblen, B.Hoffmann	1930ff.	'Projective Relativity': Kaluza- Klein Theorie gedeutet als 4-dim. Theorie, basierend auf projektiver (statt affiner) Geometrie, die mit 5-komponentigen projektiven Tensoren operiert.
E.A.Milne	1935ff.	Ersetzung des Kovarianzprinzips durch das 'kosmologische Prinzip' (räumliche Homogenität im Weltall). $\Rightarrow$ Gleichberechtigung aller Orte im Kosmos, deren lokale Zeitmessung anhand atomarer Uhren mit Zeitskala T qualitativ anders verläuft als die kosmologischer Zeit t: $T = t_0 \cdot log(\frac{t}{t_0}) + t_0$. Für $t = 0 \equiv T = -\infty$: 'Schöpfung' als Zeitursprung.

Tabelle 1.2: Überblick zu einigen einschneidenden Modifikations- und Verallgemeinerungsversuchen betr. Einsteins ART, 1.Teil; Fortsetzung: s.u.

V.A. Fock	1939ff.	Auszeichnung einer Klasse von Koordinatensystemen über "harmonische Bedingung": $\Rightarrow$ Ablehnung der 'allgemeinen Relativität', aber Beibehaltung der formalen Struktur der ART.
P.A.M Dirac	1937ff.	Aus der Beobachtung, daß sich die bekannten Naturkonstanten in drei Clustern von dimensionslosen Zahlen ($\simeq 10^3, 10^{39}, 10^{78}$) verknüpfen lassen, ergibt sich die spekulative Voraussage, daß mit steigendem Alter des Universums die Gravitationskonstante G reziprok dazu fallen sollte.
P. Jordan	1938ff.	Ein hypothetischer Mechanismus der stetigen Verwandlung von Gravitationsenergie in Materie führt zum spekulativen Ansteigen der Gesamtmasse des Universums und vermöge weiterer Überlegungen wie bei Dirac ebenfalls zur Voraussage des Abnehmens der Gravitationskonstante mit der kosmischen Zeit. $\Rightarrow$ alle Himmelskörper müßten sich mit zunehmendem Alter des Universums ausdehnen.
Bondi/Gold F.Hoyle	1948 1948f.	'Steady-State-Theory': Milnes kosmologisches Prinzip wird für Raum und Zeit als gültig angesehen ('perfect cosmological principle'). Damit das Universum trotz Expansion zeitlich stabile Dichte hat, wird eine kontinuierliche Neubildung von Wasserstoffatomen aus dem Nichts mit der sehr kleinen Rate von $\frac{1H-Atom}{m^3 \cdot (3 \cdot 10^5 y)}$ angenommen.
J.A.Wheeler, C.W.Misner, Marzke	1957ff.	'Geometrodynamik': Massen (und Ladungen) werden als topologische Knoten der Raum-Zeit angesehen, die den klassischen Dualismus von Feldern und erzeugenden (singulären) Quellen durch eine monistische, rein-geometrische Feldtheorie ablösen.
Brans/Dicke	1961ff.	Gravitationskonstante G wird als nur lokal definiert angesehen, Machsches Prinzip als streng erfüllt vorausgesetzt.
F.Hoyle J.Narlikar	1964	Ein C-Feld mit negativer Energiedichte, das der Gravitationskraft durch Teilchenaustausch korrespondiert, wird eingeführt. Masse und Trägheit werden erst durch Summation über alle Teilchen des Universums erzeugt $\Rightarrow$ massenlose kosmol. Modelle sind physikalisch ausgeschlossen und die Gravitationskraft kann nur anziehend sein, aber Weltlinien sind i.a. keine Geodäten mehr. ART als 'smooth fluid approximation'.
R.Penrose St.Hawking	1965 1966ff.	Singularitäten der Raum- Zeit sind unter wahrscheinlichen kosmologischen Randbedingungen nicht vermeidbar ('Urknall' und 'Schwarze Löcher').

Kapitel 2

Ausgewählte Themata der Populärliteratur zur RT

2.1 Popularisierung oder Vulgarisierung ?

> Sie werden nächstens einmal einen Aufsatz über die Unzuständigkeit und
> Unzulänglichkeit der Leute bringen müssen, die sich jetzt mit der Popula-
> risierung der Relativitätstheorie [...] beschäftigen. [...] man sollte ihnen
> wirklich das Handwerk legen.
> A. Berliner an H. Reichenbach, 6. Oktober 1920.

Am 6. Oktober 1920 bedankte sich der Herausgeber der Zeitschrift *Die
Naturwissenschaften*, Arnold Berliner, bei dem Physiker und Philosophen
Hans Reichenbach für den Erhalt einer vernichtenden Buchbesprechung eines Traktats zur RT, das Berliner despektierlich als "Relativitätsrhapsodie"
umschrieb.[1] Daran schloß er folgende, sarkastische Betrachtung an:

> Ich glaube, Sie werden nächstens einmal einen Aufsatz über die Un-
> zuständigkeit und Unzulänglichkeit der Leute bringen müssen, die
> sich jetzt mit der Popularisierung der Relativitätstheorie, sei es durch
> Vorträge oder durch Aufsätze oder durch Broschüren, betätigen. Die
> meisten dieser Popularisatoren haben Ihre Weisheit natürlich aus ir-
> gend welchen popularisierenden Broschüren, denn dass sie die Ein-
> steinschen Originalarbeiten nicht lesen können, das ist ja klar, und
> man sollte wirklich diesen Leuten [als handschriftliche Anm. notiert
> Berliner am Briefrand: Pflüger, Schmidt, Moszkowski, Moszkowski,
> Moszkowski (sic)] das Handwerk legen. Kaum dass sie aus irgend ei-
> ner kleinen Broschüre das Notwendigste gelernt haben, schreiben sie
> selber schon eine, um das, was sie noch garnicht [sic] verdaut haben,

---

[1]gemeint war H.Schmidt [1920]; siehe Reichenbach [1920]b S. 925.

gleich wieder an den Mann zu bringen. Das sind die Leute, für die die Schillerschen Verse geschrieben sind, die ungefähr so lauten - 'Was sie gestern gelernt, wollen sie morgen schon lehren, ach, was haben die Herrn doch für ein kurzes Gedärm.'[2]

Berliner trifft mit seinen in vertraulicher Offenheit gefällten Bemerkungen genau die damalige Situation - in den darauf folgenden Jahren schnellte die Zahl immer neuer, und doch immer gleicher Schriften pro und contra RT noch steil nach oben - einen quantitativen Überblick dazu vermittelt der nächste Abschnitt 2.2. Dazu hatte freilich auch die Zeitschrift *Die Naturwissenschaften* und die von ihr mitherausgegebenen Buchreihe beigetragen.[3] Von Einstein wurde aber gerade Arnold Berliner anläßlich seines 70. Geburtstags das Kompliment gemacht, vorbildlich die "wissenschaftliche Orientierung der Forscher [...] in einer auch dem Nichtspezialisten zugänglichen Form" gefördert zu haben, und zwar dadurch, daß er "wissenschaftlich erfolgreiche Autoren" gewinnen konnte und ihnen hohe Standards an Klarheit, Übersichtlichkeit und Detailtreue abverlangte.[4]

Von den im Berliner-Brief erwähnten Autoren war keiner ausgebildeter Physiker, geschweige denn im Spezialgebiet Elektrodynamik oder Mechanik aktiv tätiger Forscher. Ein Autor wie Moszkowski hatte sich schon zuvor "vielfach auf Grenzgebieten [ge]tummelt, auf Feldern, die gleichzeitig vielen Disziplinen angehören, und keiner, - wo Leben und Kunst mit Naturkunde und Metaphysik in einem Nebel zusammenfließen", wie er selbst im 'Vorspruch' seiner *gemeinverständlichen Betrachtungen über die Relativitätstheorie und ein neues Weltsystem* wohl nicht ohne Stolz erklärte.[5]

Damit soll gewiß nicht gegen die vielseitigen Interessen so manches Autors polemisiert werden, wohl aber gegen die **mangelhafte Materialbasis und die resultierende Oberflächlichkeit dieser Broschüren**, die unvermeidlich war, wenn sich Autoren an das Thema 'Relativitätstheorie' wagten, die selbstbekundeten Horror vor höherer Mathematik hatten.[6] Dabei erreichten frühe Schriften wie die von Moszkowski [1921] immerhin noch eine gewisse Authentizität durch zahlreiche zugrundeliegende Gespräche mit Einstein oder wenigstens durch anerkennende Worte Einsteins über die grundlegende Richtigkeit des darin referierten.[7] In Pamphleten aus der

---

[2]ASP, Nachlaß Reichenbach, Sign. HR 015-49-35, S. 1

[3]darin erschien u.a. Born [1920/22].

[4]AE [1932] S. 913.

[5]Moszkowski [1921] S. 12; im französischen Sprachraum gilt ähnliches für Charles Nordmann - vgl. Metz' abfällige Bemerkung dazu in Metz [1923] S. 144.

[6]siehe z.B. Jontschow [1925] S. 7f.; Thedinga [1922] S. 3, Heinsohn [1933] S. 8.

[7]über Pflügers *Relativitätsprinzip* [1920] hat Einstein Moszkowski gegenüber geäußert: "eine recht gute Abhandlung!" .

Mitte der zwanziger Jahre und später findet sich aber immer öfter nur eine Art zweiter Aufguß des durch Harry Schmidt oder A.Pflüger behandelten, wie sich anhand der gegebenen Referenzen zeigen läßt.[8] Damit hätten wir dann folgende **vierstufige Text-Hierarchie:**

1. *Primär*literatur, z.B. von Einstein selbst, aber auch von Physikern wie Langevin, Eddington oder Mathematikern wie Minkowski oder Weyl mit rein fachlichem Einschlag

2. eigentliche *Sekundär*literatur, wieder z.B. von Einstein selbst [1917] oder Physiker-Kollegen wie v. Laue[1911], Langevin[1911], Born[1920], Eddington[1920] etc., alle wesentlich basierend auf der genauen Kenntnis der Primärliteratur, zu der die Autoren meist selbst beitrugen und anspruchsvoll in dem, was beim Leser vorausgesetzt wird

3. *Tertiär*literatur wie z.B. die allgemeinverständlichen Arbeiten von Alexander Brill [1912/20], A. Pflüger [1920], Ludwig Schlesinger [1920] u.a., in denen einige der für wesentlich gehaltenen Gedanken der Einsteinschen Theorien einem breiten Publikum meist unter vollständigem Verzicht auf Mathematik korrekt, mindestens ohne grobe Verzerrung von Sachverhalten dargelegt werden

4. *Quartär*literatur wie der überwiegende Teil der publizierten Texte zur RT, insb. auch der Zeitungsartikel, die zwar dem Titel nach Aussagen über die RT machen, tatsächlich aber nur ein halbgegorenes Gebräu aus Miß- und Unverstandenem bieten, vorwiegend basierend auf anderen Texten der 3. und 4. Kategorie.

Sehr brauchbar in diesem Zusammenhang finde ich eine z.B. von Biezunski [1982, S.506] benutzte Unterscheidung zwischen **Vulgarisierung** und **Popularisierung**.[9] Während letztere zur Transmission des Wissens von der kleinen Gruppe derer, die es erarbeitet haben auf die größere, aber durchaus begrenzte Gruppe all derer, die daran ernsthaftes Interesse haben führt, bewirkt erstere die Kenntnisnahme neuer wissenschaftlicher Entwicklungen durch weitaus größere Teile der Bevölkerung, allerdings unter Verlust der korrekten Wiedergabe. Die Popularisierung in diesem Sinne

---

[8]siehe z.B. Thedinga [1922] S. 3. Detaillierte Zitationsstudien zur RT stehen noch aus.

[9]in gleichem Sinne lesen sich z.B. Emile Borels Klagen über die "vulgarisateurs dont la science sera parfois de deuxième ou de troisième main." (Borel [1922]b S. 2; vgl. [1922]c) oder Ludwik Flecks Unterscheidung zwischen 'Popularisierung' und 'falscher Popularisierung' (Fleck [1936/83] S. 94f.). Kritischer steht zu dieser Unterscheidung Baudouin Jurdant[1975] S.152, bei dem sich auch weitere Sekundärliteratur zu allgemeinen Fragen der Wissenschaftspopularisierung nachgewiesen findet.

entspricht also etwa der Zielsetzung der Texte meiner 2. und 3. Kategorie, während Vulgarisierung bei den Texten der 4. Kategorie vorliegt. Die Grenzziehung würde ich nach dem **Kriterium der Adäquanz der Wiedergabe** treffen; Biezunski sieht sie in der Ernsthaftigkeit der Absicht, Wissen zu vermitteln, woraus er eine "différence entre *avoir l'air de savoir et savoir*" ableitet.

Das Problematische an jedwedem Versuch, "leicht-faßlich das Wesen der Relativitätslehre" darzulegen, wird übrigens von vielen Autoren von Schriften mit dieser Absicht durchaus gesehen und für gewöhnlich dann in deren Einleitung sogar thematisiert. So etwa bei Moszkowski:

> diese [Relativitäts]lehre, wie sie den Zusammenhang des Mathematischen mit den physikalischen Geschehnissen erweist, fußt im Mathematischen und findet hinsichtlich ihrer Darstellbarkeit hierin ihre Grenze. Wer es unternimmt, sie bequem faßlich, also gänzlich unmathematisch und dabei doch vollständig zu entwickeln, der begibt sich in ein undurchführbares Wagnis [...] es kann sich bei allen nach der Richtung der Allgemeinverständlichkeit unternommenen Versuchen immer nur um lose Andeutungen handeln, diesseits der mathematischen Grenze.[10]

Auf die sich dann stellende Frage, was dann eine populäre Darstellung überhaupt soll, hat Moszkowski folgende Antwort parat, die ihn gefährlich in die Nähe des "avoir l'air de savoir" der Vulgarisatoren bringt:

> Aber auch in solchen Hinweisen liegt Ersprießliches, wenn es gelingt, die Aufmerksamkeit des Lesers oder Hörers so einzustellen, daß sich ihm die Zusammenhänge, sozusagen die Haupt-Leitmotive der Lehre wenigstens ahnungsweise erschließen.[11]

Einstein selbst hat sich im Gespräch mit Moszkowski recht skeptisch in Bezug auf diese "rein feuilletonistische Methode" gezeigt, als beide die Mühen eines typischen Lesers einer Popularschrift durchspielten, und Moszkowski immer wieder für den Einsatz von "Kunstmitteln", "Gleichnissen und Allegorien" plädierte, die "ihn stützen werden, wenn er im Verlauf der Studien zum erstenmal erschrickt".[12] Noch 1948 aber hat Einstein, trotz seines Befundes, daß die populären Darstellungen meist entweder in den Fehler der Oberflächlichkeit oder den der fachgebundenen Unverständlichkeit verfielen, im Vorwort zu einer der "wertvollen Ausnahmen" von dieser Regel

---

[10]Moszkowski [1921] S. 21, vgl. S. 193f.; siehe z.B. auch Marshall [1914] S. 434, Berget [1917]c S. 178, Swann [1925] S. 183 sowie A. d'Abro [1950] S.v und Frank [1948/79]b S. 8.
[11]ibid, S.21; ganz ähnlich auch S. 198.
[12]ibid,S.193-198, Zitat S. 195.

deutlich gemacht, wie wichtig ihm die "sachkundige und verständliche" Unterrichtung der breiten Öffentlichkeit "über die Bestrebungen und Ergebnisse der wissenschaftlichen Forschung" war:

> Es genügt nicht, daß die einzelnen Resultate durch wenige Fachleute des entsprechenden Teilgebietes anerkannt, weiter bearbeitet und angewendet werden. Die Beschränkung der wissenschaftlichen Erkenntnisse auf eine kleine Gruppe von Menschen schwächt den philosophischen Geist eines Volkes und führt zu dessen geistiger Verarmung.[13]

Zu vielen ihm zugesandten Entwürfen für Broschüren und Aufsätze mit dieser Absicht, hat Einstein durch korrigierende und erläuternde Hinweise, manchmal sogar mit kurzen Vorworten beigetragen, selbst wenn der Autor Einstein offenbar grundlegend mißverstanden hatte.[14]

Freilich gab es auch ernsthaftere Versuche der Wissensverbreitung. So z.B. die Monographie Max Borns über *die Relativitätstheorie Einsteins und ihre physikalischen Grundlagen*, die den in Klammern gesetzten Zusatz "Gemeinverständlich" trug. In seiner Besprechung dieses Buches für die *Naturwissenschaften* vermerkt Max Jakob witzig, daß "Gemeinverständlich eben ein sehr relativer Begriff sei", um dann Borns Auffassung davon [im Sinne unserer Text-Kategorie 2] gegen andere [Kat. 3 u. 4] abzugrenzen.[15]

Zum ersten habe Born erkannt, daß die meisten populären Darstellungen unter einer ahistorischen Darstellung leiden, ohne daß die Kenntnis der vorangegangenen wissenschaftshistorischen Entwicklungen beim Leser vorausgesetzt werden könne. Dadurch falle das neue Wissen quasi vom Himmel, ohne daß der Leser in die Lage versetzt würde, nachvollziehen zu können, ob die von Einstein eingeleiteten Neuerungen wirklich unvermeidlich gewesen sind. Diese fehlende Motivation provoziere nur zusätzlichen, bei historischer Entwicklung des Wissensstandes vermeidbaren Widerstand. Zweitens sei der Verzicht auf mathematische Beweisführung eine weitere Schwäche gängiger Schriften, da der Leser dadurch ständig in die Situation versetzt werde, *glauben* zu müssen, *ohne prüfen oder doch verstehen zu können*. Born sei es demgegenüber gelungen, "mit so elementarer Mathematik fast alle Sätze, die in der Relativitätslehre eine Rolle spielen, in vereinfachter Form abzuleiten oder doch die Ableitung anzudeuten [...], es wird nicht nur über die Relativitätstheorie geredet, sondern es wird alles Wichtige, wenn auch in vereinfachter Form, formelmäßig mathematisch

---

[13]AE, Vorwort zu Barnett [1952] S. 5

[14]vgl. z.B. AEs Marginalien zum Manuskript E.G. Barters, Stiftung Preussischer Kulturbesitz, Sign I/439/1, verändert veröffentlicht von Barter[1953], sowie Riem [1920] S. 583 über AEs Korrekturen zu Hasse [1920].

[15]Jakob [1921] S. 372.

dargelegt".[16] Drittens wage sich Born auch auf die Ebene der Interpretation, denn es "war der über das Mathematische und Physikalische hinausgehende Sinn der Relativitätstheorie plausibel zu machen".[17] Diese komplimentreiche Auflistung der Vorzüge der Bornschen Abhandlung darf gleichzeitig als **Umschreibung des Idealtypus eines Sekundärtextes** im Sinne meiner obigen Klassifikation gelten, der einen "gründlichen Einblick in die Gedankenwelt *und* in fast alle Einzelheiten der Relativitätslehre"[18] zu vermitteln fähig ist.

Nicht alle Physiker waren 1921 von Sinn und Zweck von Popularisierungen so überzeugt wie etwa Born und Jakob. Als die Redaktion der *Zeitschrift des Vereins Deutscher Ingenieure* an den Begründer einer alternativen Gravitationstheorie,[19] Gustav Mie, mit der Bitte herantrat, einen Bericht über den Stand der RT zu verfassen, winkte er ab. Die Lektüre neuerer Aufsätze zu Einstein zeige ihm nur wieder aufs neue,

> daß diese äußerst schwierigen Dinge nur für jemand zugänglich sein können, der sich ganz intensiv in sie vertieft.[...]. Die ganze Frage [hat] zur Zeit gar kein praktisches Interesse. Es kann ja sein, daß sich in viel späteren Zeiten einmal Konsequenzen ergeben, die auch praktisch wichtig werden - wer will das wissen? [...] vorläufig wissen wir das nicht, und man kann wohl annehmen, daß dann, wenn die Fragen einmal praktisch aktuell werden sollten, auch ganz von selber ein Verständnis für sie weiter verbreitet werden wird, weil dann eben das Interesse dafür ein ganz anderes ist als jetzt.[20]

Und der altehrwürdige Fellow der Royal Society, Sir Oliver Lodge (1851-1940), persönlich ein erbitterter Gegner der Einsteinschen Theorien, leitete einen Vortrag vor der *British Association for the Advancement of Science* 1920 gar mit folgenden Befürchtungen über die möglichen Folgen einer Popularisierung der SRT ein:

> In using the phrase 'popular relativity', I indicate that what I am criticising is not Einstein's equations - which seem to have justified themselves by results - but some of the modes of interpreting them in ordinary language[...] threatening to land physicists in regions to

---

[16]ibid.; diese Zielsetzung lag auch meinem einführenden Kap. 1 zugrunde.

[17]ibid.; diese interpretierenden Passagen nahm Born in der späteren Neuauflage seines Werkes heraus - siehe Born u. Biem [1969], Vorwort.

[18]Jakob [1921] S. 373

[19]vgl. Abschnitt 1.5.

[20]Mie [1921]b; vgl. auch v. Mises [1922] S. 27 gegen eine Überbewertung des "Bildungswertes" der RT.

which they have no right of entry, and tempting them to interfere with metaphysical abstractions beyond their proper ken.[21]

Gelegentlich wurde die Feststellung der Schwierigkeiten einer angemessenen Popularisierung der RT auch verbunden mit der These, daß es sich hierbei um eine Theorie handele, die streng genommen nur einer kleinen Elite von Eingeweihten verständlich gemacht werden könne.[22]

Mehrheitsmeinung war dies jedenfalls nicht. Selbst der ebenfalls mit eigenständigen Ansätzen hervortretende Mathematiker Hermann Weyl[23] wollte seinem Kollegen Mie nicht zustimmen, als er im Vorwort zur fünften Auflage seines brillanten, aber sicher nicht 'allgemeinverständlichen' Werkes *Raum, Zeit, Materie* trocken vermerkte:

> Damals [zum Zeitpunkt der ersten Auflage, K.H.] war die Relativitätstheorie nur erst im Kreise der Zunft, derer, die täglich mit Integral und Feldstärke umgehen, bekannt. Seither ward sie populär wie selten eine wissenschaftliche Theorie und zum Gegenstand leidenschaftlicher, nicht immer sachlichen Gründen entspringender Parteinahme. Trotz mancher minder schönen Züge, die dabei in Erscheinung traten,[24] und ohne näher zu untersuchen, wie weit das wirkliche Verständnis geht, auf welches die Relativitätstheorie in der 'öffentlichen Meinung' gestoßen ist, scheint es mir im ganzen doch eine außerordentlich erfreuliche Tatsache zu sein, daß tiefe Erkenntnisprobleme bei unsern vielverschrieenen Zeitgenossen so lebendiges Interesse zu erregen vermochten. Der Theorie hat weder ihre Popularität noch die Kritik geschadet; beide haben nur dazu geführt, ihren gedanklichen Aufbau immer einfacher und deutlicher herauszustellen.[25]

In ähnlichem Sinn äußerte sich im Nachhinein auch Hans Reichenbach, der sich 1920 in der zu Anfang dieses Abschnittes von Berliner erwähnten vernichtenden Buchbesprechung noch über die "in populärer Naivität mit eingestreuten Goetheworten durch die Relativitätstheorie hindurch" stelzenden Darstellungen "in schöngeistigem Gewande" mokiert hatte.[26] 1926 sprach er unverhohlen vom "gesunden Kern gerade auch in der Popularisierung", der zur "Volkserziehung", "wenn auch unter Vergröberung des

---

[21]Lodge [1920]a S. 325; vgl. Lodge [1919]a-c.

[22]siehe z.B. Meyerson [1925] § 59 'L'opinion commune et l'élite'; vgl. ferner die Diskussion zwischen H.D.[1928] und McLennan [1929], Reid [1929], Campbell [1929], ob die Leser populärer Abhandlungen ihre "salvation by faith, and not by reason" erhalten.

[23]vgl. Abschnitt 1.5.

[24]eine Anspielung auf die polemischen Debatten z.B. auf der Bad Nauheimer Naturforscherversammlung und aufkommende antisemitische Hetzkampagnen; vgl. 3.2.

[25]Weyl [1918/23]c S. ix.

[26]Reichenbach [1920]b S. 925.

wissenschaftlichen Gehalts und wenn auch nur höchst unwissenschaftlichen Durchschnittsmenschen zum Nutzen".[27] Reichenbach bemühte sich denn auch immer wieder um eine allgemeinverständliche und dennoch lehrreiche Darlegung wissenschaftlicher Theorien, wovon in den Abschnitten 3.4.3. und 4.7. noch ausführlicher zu handeln sein wird. Insgesamt gesehen wird die deutschsprachige Populärliteratur sehr stark von Vertretern des Monismus (bzw. 'Positivismus' - vgl. Abschn. 4.8.) und des Logischen Empirismus (bzw. 'Neopositivismus' - vgl. Abschn. 4.7.) geprägt, denn auf die Initiativen von Vertretern dieser drei Richtungen geht auch der Ausbau der Institutionen zur Wissensverbreitung wie Volksbildungsvereine, Volkshochschulen etc. zurück.[28]

In den USA war durch alteingesessene Zeitschriften wie *Scientific American* [gegründet 1845!] mit angeschlossenem *Supplement, Science, Popular Science Monthly,* und mitgliederstarke Organisationen wie die *American Association for the Advancement of Science* ein guter Nährboden für eine zügige und adäquate Popularisierung neuerer Entwicklungen der Wissenschaften und der Technik geschaffen. 1909 z.B. war durch eine hochdotierte Preisausschreibung vom *Scientific American* ein Wettbewerb zum Verfassen eines populären Essays über höher-dimensionale Geometrien initiiert worden, die schon seit Edwin A. Abbotts *Flatland* [1884!] allgemeiner bekannt geworden waren. Nur 6 Monate nach Bekanntwerden der vorläufigen Bestätigung der ART durch die Messungen anläßlich der totalen Sonnenfinsternis entschloß sich der "Einstein Editor" des *Scientific American,* James Malcolm Bird, zu einer Wiederholung eines solchen Wettbewerbs, diesmal mit dem Thema 'Einsteins Relativitäts- und Gravitationstheorie'. Dies zu begründen fiel ihm nicht schwer:

> Today [...] we have with us a freshly-risen scientific topic of transcendent importance - one which has occupied a place in the public mind such as has never before been granted to any matter of abstruse scientific doctrine [...] We refer, of course, to what for want of a better name must still be called the Einstein Theory of Relativity, but which possesses such universal bearings that it really cries out for a name less suggestive of controversy and narrow bounds. Every person of intelligence wants to know about this theory; and it is highly important that every person of intelligence know something about it.[29]

---

[27]Reichenbach [1926]c S. 37f.; seine Beispiele für gelungene Versuche der "Zugänglichmachung dieser subtilsten Gedanken einer reifen Wissenschaft" sind: Thirring[1921], Beer[1920], Bloch[1920], Born[1920], Eddington[1920/23] sowie Schlick[1917], Cassirer[1921] und Reichenbach[1921/79] für Schriften philosophischen Charakters.

[28]vgl. dazu Szende [1921] S. 1086, Stadler [1982].

[29]Begründung der Preisausschreibung im *Scientific American* **123**, S. 32.

Um den potentiellen Bewerbern um den Preis, der immerhin mit 5000 $ dotiert war,[30] eine Orientierungshilfe zu geben, besprach er in einem der nächsten Hefte die bis dato vorliegende englischsprachige Sekundärliteratur. Das traurige Ergebnis dieser Sichtung war, daß überhaupt nur zwei Bücher und nur wenige Artikel[31] einer kritischen Prüfung halbwegs standhielten, so daß die Vorlage weiterer, wenn möglich noch besserer "popular expositions of the Einstein theories" dringend wünschbar sei.[32]

Nach Ablauf der Bewerbungsfrist, also in Kenntnis der gesamten Palette eingereichter Beiträge, erörterte Bird dann am 29. Januar 1921 die "divergent viewpoints as to what constitutes a 'popular' essay". Besonders interessant ist dabei seine Betrachtung über die in populären Abhandlungen voraussetzbaren Kenntnisse. Noch Faraday habe seine populären Vorlesungen nach dem Prinzip aufgebaut, daß schier gar nichts vorauszusetzen sei - wieweit war dieses Null-Niveau seither, seit dem Ausbau der Universitäten und Volkshochschulen, der öffentlichen Büchereien und etlichen Erziehungsreformen eigentlich angehoben worden? Mit anderen Worten:

What does a 'layman' know?[33]

Sicher ginge es zu weit, wenn einige der Kombattanten des Wettbewerbes Konzepte wie Tensoren, Differentialformen, Integrabilitätsbedingungen, totale und partielle Differentation u.s.w. voraussetzten, doch bedeute dies umgekehrt, daß nur eine vollständige Enthaltsamkeit von jedweder Mathematik, wie sie sich manch anderer Bewerber auferlegte, zu einer wirklich populären Abhandlung führen könne?

Die von Bird und den Juroren des Wettbewerbes verfolgte goldene Regel sei die des gesunden Kompromisses zwischen dem, was dem Leser als bekannt oder als mit eigenen Mitteln erlernbar vorausgesetzt werden könne und dem, was ihm als zu kompliziert nicht zugemutet werden dürfe.

the success of a popular essay on any scientific subject depends in very large measure upon the degree of judgment shown by the author in deciding just how far he may safely go into his subject. He has got to go far enough to make it seem worth while; he must not go further than his audience is equipped to follow him.[34]

---

[30]weitere Materialien hierzu in Bird (Hrsg.) [1922] und in Hentschel [1988]b.
[31]Eddington[1920] und Slosson [1920] bzw. Eddington [1919],[1918] sowie von Stewart [1920], Lotka [1920] und M.R. Cohen [1920].
[32]Bird [1920]a S. 200.
[33]Bird [1921]a S. 87.
[34]ibid. S. 87.

Aber auch nach der Veröffentlichung einiger der besten Einreichungen für den Wettbewerb[35] verringerte sich die Liste der jährlichen Neuerscheinungen nicht - offenbar riß der Bedarf an immer neuen Variationen über dasselbe Thema nicht ab.[36] Als die preisgekrönte Arbeit von Bolton, im *Scientific American* gefeiert als Offenbarung, im Prager Tagblatt auf knapp 3 Seiten im Feuilleton in deutscher Übersetzung abgedruckt wurde, begleiteten die Redakteure sie mit einer prophylaktischen Entschuldigung an all diejenigen, welche auch nach ihrer Lektüre nicht recht wüßten, woran sie seien:

> Viele werden auch nach dieser Aufklärung in den Kern der Einsteinschen Gedankenwelt nicht eingedrungen sein, aber das liegt wohl daran, daß schwierige mathematische Probleme, zumal wenn sie wissenschaftliches Neuland berühren, nicht allgemein verständlich erörtert werden können. Boltons Aufsatz mag darnach die derzeit relativ beste populäre Darstellung der Rel.Th. sein.[37]

Dieser Widerspruch ist kennzeichnend: einem Thema, von dem man 'eigentlich' meint, daß es "nicht allgemein verständlich erörtert" werden könne, wird ohne weiteres 3 Seiten eingeräumt; das Informationsbedürfnis der Leser, das dadurch 'eigentlich' befriedigt werden sollte, wird aber nur noch weiter angeheizt. Auch nach n erfolglosen Versuchen bleibt die Hoffnung auf eine Entwirrung in der (n+1)-ten Popularisierung. Deshalb entstanden immer neue Aufsätze und Pamphlete, jedesmal mit dem Anspruch auftretend, jetzt endlich die lang ersehnte Klärung (entweder pro- oder contra Relativitätstheorie) herbeizuführen; mit jeder Enttäuschung mußte beim unbedarften Leser dann die Verbitterung darüber, daß er nicht mehr mitkomme oder der Zorn auf die 'Propagandisten' all dieser 'Abstrusitäten' wachsen.[38] So kam es zur paradoxen Situation, daß trotz eines ständig wachsenden Aufkommens populärer Texte zur RT der Name Einsteins in der Öffentlichkeit als Synonym für Unverständlichkeit in Gebrauch kam.[39] Nach den Gründen für diesen 'Relativitätsboom' fragte sich 1924 das Mitglied des Londoner Polytechnikums, F.M. Denton:

> As a rule scientific theories are left to the experts, the ordinary man being content to steal what profit he can from their application but

---

[35]Bird(Hrsg.) [1922] sowie div. Einzelpublikationen im *Scientific American* 1922/23.

[36]vgl. Abschnitt 2.2 zu Statistiken der jährlichen Publikationsdichte.

[37]Huber [1924] S. 10.

[38]Russell McCormmach [1982/84] hat die Gemütslage eines alternden Physikers, collageartig rekonstruiert aus Dokumenten zu vielen Vertretern der Generation um Wilhelm Wien, Paul Ehrenfest u.a., geschildert.

[39]davon berichtet Frank [1948/79]b S. 9.

possessing seldom enough interest in the theories, or in their inventors, to wish either to understand the former or to reward the latter.

How comes it then, that the Theory or Relativity has aroused such universal interest? There never was a theory which gave so little promise of commercial application, nor was there ever one so difficult to understand.[40]

Er selbst sah die Gründe dann in einer künstlichen Aufstachelung des Interesses durch mißverständliche, sensationell aufgemachte Zeitungsschlagzeilen, wie sie seit 1919 ständig durch den Blätterwald geisterten.[41] Sich selbst setzte er in seinem knapp 300 Seiten umfassenden Werk dann folgendes 'Abschreckungs-Programm':

The object of this book is to explain the meaning of the theory of relativity - not in 'common-sense' terms, since this is impossible, but in reasonable terms such as may be followed by anyone who knows a little science and a little mathematics.

The theory can hardly have lasting interest for anyone who is entirely without scientific knowledge, and there are many possessing such knowledge whose first efforts to tackle the subject have brought discouragement - natural common-sense having been too severely shocked by the theory's 'absurd' demands.

It is hoped that the method of attack here followed may success in disclosing only new interest in those difficulties which usually have provided discouragement and exasperation.[42]

Ganz im Gegensatz zu dem optimistischen pragmatistischen Philosophen John Dewey, der die prinzipielle Popularisierbarkeit von Wissenschaft als Konsequenz der Verwandschaft von jedweder Wissenschaft mit Alltagsdenken und -Handeln für selbstverständlich ansah,[43] machte sich bei den meisten Beobachtern der immer weiter anschwellenden Literatur Skepsis über die schnelle Erfüllbarkeit dieser Verkündigung breit. So schrieb Bertrand Russell zu Beginn seines eigenen Versuches auf diesem Feld sarkastisch und als Engländer wohl auch nicht ohne Selbstironie:

---

[40]Denton [1924] S. 1; vgl. Meyerson [1925] Vorwort sowie §§ 56, 58.

[41]kurz nach Bekanntwerden der Resultate der Lichtablenkungstests während der Sonnenfinsternis las man etwa im Wochenjournal *Independent* die Überschrift: "The most sensational discovery of Science: The weight of light" (Slosson[1919] S. 136). Weitere Beispiele zitieren z.B. Pais [1982], S. 308. oder Crelinsten [1980]a - vgl. Abschn. 2.2.

[42]Denton [1924] S. 5.

[43]siehe dazu z.B. Tobey [1971] S. 131 sowie Kennedy [1954].

> Es stimmt zwar, daß es unzählige populäre Darstellungen der Relativitätstheorie gibt, aber im allgemeinen hören sie genau an dem Punkt auf, verständlich zu sein, wo sie anfangen, etwas von Bedeutung zu sagen.[44]

Während alle bislang vorgebrachten Erklärungen für das häufige Scheitern der Bemühungen um eine Popularisierung der RT die Schuld den unzureichenden Texten gaben, prangerte Paul Fechter 1934 eine seit der Jahrhundertwende um sich greifende "Trägheit des Denkens" auf der Seite des allgemeingebildeten Publikums an.[45]

In Anbetracht der Schwierigkeiten bei der Darlegung des Gehaltes der RT in populärer Form wundert es nicht, daß bald auch das Medium Film einbezogen wurde. Der eifrige Popularisator der RT, Rudolf Lämmel, verfaßte 1920 ein 'Film-Manuskript', das er der Berliner Film-Industrie und der staatlichen Kino-Reform-Zentrale anbot, und das im Sept. 1921 tatsächlich verfilmt wurde.

> Nur der Film vermag ein anschauliches Bild zu geben, wie bei Zunahme der Geschwindigkeit der Zeitverlauf ein 'hastigerer' wird und die Längenmaße zu schrumpfen beginnen. So bietet sich hier ohne Zweifel ein selten günstiges Feld für die Verwertung des Kinos. Da kommt das Sensationsbedürfnis des Publikums ebenso auf seine Rechnung wie der Wunsch nach ernster Kost, der angeblich die Kino-Reform-Kreise haben sollen.[46]

Damit will ich diesen Überblick abschließen und in den sich anschließenden Abschnitten einige der häufiger wiederkehrenden topoi und Argumente im Einzelnen behandeln, nachdem einige Angaben zur Publikationsdichte im nächstfolgenden Abschnitt referiert wurden.

---

[44]Russell [1925/73] S. 3/9; zu R. vgl. Abschn. 4.12.3 u. dortige Ref.

[45]Fechter [1934] S. 107: "Auch das gebildete Denken ist im Durchschnitt zu faul geworden, die Anstrengungen noch auf sich zu nehmen, die notwendig sind, um in den verdünnten Bereichen heutiger Forschung noch atmen zu können".

[46]Lämmel [1921]h S. 605; vgl. v.Laue [1922]a sowie zu Lämmel: 4.8.4.

2.2 Statistiken zu Texten über die RT

Nach dem bisher schon über den 1920 einsetzenden "Relativitätsrummel"[1] gesagten muß es interessieren, einige quantitative Aussagen über die Publikationsdichte zu bekommen. Für die bis Anfang 1924 vorliegende Literatur hat Maurice Lecat eine statistische Zählung im Anhang seiner *Bibliographie de la Relativité* durchgeführt.[2] Allerdings berücksichtigte Lecat vorwiegend fachspezifische Primärtexte und teilweise noch Sekundärliteratur der gleichen Autoren, also die von mir im vorigen Abschnitt definierten Text-Kategorien 1 und 2. Combridges *Bibliography of relativity and gravitation theory* [1965] erfaßt nur wissenschaftliche Primärliteratur von 1921-1937, und Goenners Aufsatz [1989]b nur deutschsprachige Buchpublikationen von 1908-1945.[3] Nach Ländern aufgeschlüsselt ergibt sich aus der Statistik Lecats folgende **Aufteilung der Fachpublikationen:**

Land	Anzahl d. Autoren	Anzahl d. Gesamtpubl.
Deutschland	350 (=30%)	1435 (=38%)
England	185 (=15 %)	1150 (=30,5 %)
Frankreich	150 (=13 %)	690 (=18,5 %)
USA	128 (=11 %)	-
Italien	65 (=5,5 %)	215 (=5,7 %)
Holland	50 (=4 %)	126 (=3,4 %)
Österreich	49 (=4 %)	-
Schweiz	37 (=3 %)	-
Rußland (UDSSR)	29 (=2 %)	38 (=1 %)

Tabelle 2.1: Verteilung der Fachpublikationen bis 1924 nach Nationen

Alle anderen Nationen wie etwa Irland, Schweden, Griechenland u.s.w. blieben unter etwa 1 % der gesamten wissenschaftlichen Publikationen. Die Absicht des französisch sprechenden Lecats bei Erstellung dieser Statistik war es offenbar, den Rang und die Intensität der Wissenschaftsausübung in Frankreich im internationalen Vergleich zu ermitteln, etwa so wie heute manche Soziologen mit Zitations- und Publikationshäufigkeiten arbeiten.

---

[1] ein von Arnold Sommerfeld geprägter Ausdruck; siehe Sommerfeld [1949/79]b S. 39; vgl. z.B. Moszkowski [1921] S. 26f. und verwandte Vokabeln wie 'Relativitätsfimmel', zit. in Westphal [1946] S. 10.
[2] Lecat[1924] S. 201-205.
[3] in diesem Sinn *ergänzt* meine Bibliographie die von Lecat, Combridge u. Goenner vorgelegten sowohl um Textsorten, als auch um zeitl. Phasen.

Sein Vergleich mit einer früheren Statistik über Facharbeiten zu trigono-
metrischen Serien ist interessant, wenngleich natürlich anfechtbar, da die
'scientific communities' der Mathematiker bzw. der Physiker keineswegs die
gleiche relative Stärke haben müssen (und damals wohl auch nicht gehabt
haben):

> 1) [...] l'Allemagne continue à détenir le premier rang et même ren-
> force son pourcentage d'auteurs, qui passe de 27 à 30 % 2)la France
> passe du second au 3e rang, le % baissant de 16 à 13 3)l'Angleterre
> passe du 3e au second rang, son % s'élevant de 13 à 15; 4)les États-
> Unis, qui occupaient seulement le 9e poste, arrivent au 4e, leur %
> passant de 3,5 à 11. Pour les autres nations, rien de remarquable.[4]

Diese Verteilung bestätigt sich auch beim Blick auf die Verteilung der
Aufsätze in Zeitschriften (wieder sind mit Ausnahme der *Times* nur die
exaktwissenschaftlichen Publikationsorgane berücksichtigt, also etwa nicht
Die Naturwissenschaften oder *Scientia*; ich benutze hier die Abkürzungen
des Abkürzungsverzeichnisses direkt vor meiner Bibliographie):
Phys. Z.: 206; *Nature*: 195; *Ann.Phys.*: 185; *CRAS*: 155; *Phil.Mag.*:
150; *Times*: 100; *Rend.Acc.Linc.*: 79; *ASPN*: 65; *VDPG*: 63; *AN*: 61;
Proc.Amst.: 58; *MNRAS*: 40; *SB.Berlin*: 37.

Interessante Aufschlüsse bietet die zeitliche Verteilung der Publikationen,
zu der man die Abbildung 2.1. vergleiche. Die von Lecat angegebene Verteilung (dicke schwarze Punkte in Abb. 2.1.) zeigt ein erstes Ansteigen ab
1908 bis auf etwa 175 Arbeiten 1911,[5] beruhend auf Arbeiten zur SRT[6] und
ein nach der kriegsbedingten Flaute 1914-17 erneutes, enormes Anwachsen
der jährlichen Veröffentlichungszahl bis zum Maximum von 550 Arbeiten
1922 (1923 nur noch etwa 350), beruhend auf Aufsätzen zur ART und ihrer
großen Popularität ab 1919. Daß Lecat 1923 nur noch etwa 350 wiss. Texte
aufführte, liegt wohl daran, daß er das letzte Quartal dieses Jahrganges wegen der Veröffentlichung seiner Bibliographie 1924 nicht mehr vollständig
erfassen konnte, so daß die rapide Abnahme der Texte nur ein Scheineffekt
ist. Tatsächlich zeigt Combridges Statistik der Primärtexte zur ART und
Differentialgeometrie (Kreuze in Abb. 2.1.) ein Maximum der Arbeiten im
Jahr 1923 und ein erneutes Maximum im Jahr 1933.

Sowohl Goenners Statistik der deutschsprachigen Bücher (kleine schwarze
Punkte) als auch meine eigene Statistik zu den Textkategorien 2-4 meiner
Klassifikation in englisch, französisch und deutsch (Sternchen in Abb. 2.1.)

---

[4]Lecat [1924] S. 201.
[5]von ihm zurückgeführt auf die Wirkung von Minkowskis Vortrag [1908].
[6]siehe dazu A.I. Miller [1981].

haben ein lokales Maximum etwa um 1912/13 und ihr absolutes Maximum im Jahr 1921, womit die schon von Lecat vermuteten Nachhall-Effekte der Veröffentlichung Minkowskis bzw. der Lichtablenkungsmessung wiederum bestätigt wären. Allerdings bewirkte meine Hinzunahme der fremdsprachigen Texte und anderer Textsorten im Vergleich zu Goenner [1989]b nicht nur eine erhebliche Erhöhung der Gesamtzahl der erfaßten Publikationen, sondern auch eine weniger prononcierte Ausprägung des Maximums um 1921. Bemerkenswert beim Vergleich zwischen Goenners und meiner Verteilung scheint mir ferner, daß sich die lokalen Peaks um die Jahre 1931 und 1938 tendenziell decken, während Goenners lokales Maximum im Jahr 1928 bei mir als ein lokales Minimum zeigt. Die Materialbasis Goenners scheint noch zu klein, um bei Jahren mit niedrigen Publikationszahlen bereits statistisch signifikante Trends ermitteln zu können, was z.B. den statistisch insignifikanten Einbruch im Jahr 1912 bei Goenner erklärt. Wenn ich meine Statistik auf die Textkategorien 3 und 4 beschränkt hätte, wäre das Minkowski-Maximum vom Hauptmaximum wohl kaum trennbar gewesen, da ein spürbares öffentliches Interesse und damit verbundene Zeitungsartikel über die RT erst nach 1919 einsetzten. Darum ist das erste Maximum meiner Verteilung auch sehr viel weniger ausgeprägt als das Hauptmaximum. Durch die Ausweitung der zeitlichen Rahmens auf die Jahre bis 1955 zeigt sich ferner in meiner Statistik erstmals das Wiederansteigen der publizierten Texte zur RT im Jahr 1955: einerseits 50-jähriges Jubiläum der SRT, andererseits das Todesjahr Einsteins. Beides gab vielfach Anlaß zu retrospektiven Artikeln über die RT und ihre mit AE unauflöslich verbundene Geschichte. Die beiden Ausreißer von der normalerweise glatten Textverteilung in meiner Statistik in den Jahren 1931 und 1949 ergeben sich nur wegen dem Umstand, daß ich die Texte der Sammelbände von Israel/Ruckhaber/Weinmann (Hrsg.) [1931] und Schilpp (Hrsg.) [1949/79] in meiner Bibliographie einzeln aufgeführt habe, da sehr wohl signifikant war, wer dafür jeweils Beiträge geliefert hat. Hätte man sie nicht einzeln statistisch mitgezählt, so würden beide Jahre genau im zeitlichen Trend der umgebenden Jahre liegen.

Obwohl also die vorläufig bestätigte Prognose der ART den Anlaß zum "Ruhm" abgegeben hatte, wurde in den populären Schriften schwerpunktmäßig die SRT von 1905 besprochen und die ART wenn überhaupt, dann nur oberflächlich (durch Betrachtungen über 'Endlichkeit oder Unendlichkeit des Weltraums', 'Hat Newton Unrecht' oder ähnliches) gestreift.

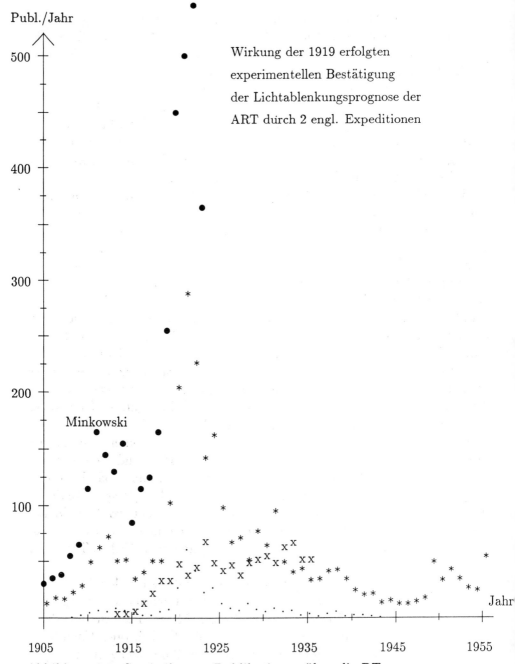

Abbildung 2.1: Statistiken zu Publikationen über die RT
a)wissenschaftliche Texte (nach Lecat [1924] {nur bis 1924}): Pattern: ●●●
b)Primärquellen zur ART und Differentialgeometrie (nach Combridge [1965] {nur
bis 1936}): Pattern: xxx c)deutschsprachige Bücher zur RT (nach Goenner [1989]a
{ nur bis 1945}): Pattern ... d)populäre und philosophisch interpretierende Texte
(nach dem 1. Teil der Bibliographie am Ende dieser Arbeit): Pattern ***

Das **erhebliche allgemeine Interesse der Öffentlichkeit** nach 1919 umschreibt besonders blumig z.B. Moszkowski:

> Nie zuvor war Ähnliches erlebt worden. Eine Hochflut des Erstaunens wogte über die Kontinente; tausende von Menschen die sich sonst ihr lebelang niemals um Lichtschwingungen und Gravitation gekümmert hatten, wurden von dieser Woge ergriffen und emporgetragen, wenn auch nicht zum Begreifen, so doch zu dem Wunsche nach Erkenntnis [...]. Kein Name wurde in dieser Zeit so viel genannt, wie der dieses Mannes. Alles verschwand vor dem Universalthema, das sich der Menschheit bemächtigt hatte. Die Unterhaltungen der Gebildeten kreisten um diesen Pol [...]. Die Zeitungen machten Jagd auf Federn, die ihnen Längeres oder Kürzeres, Fachliches oder sonst nur irgend etwas über Einstein zu liefern vermochten. An allen Ecken und Enden tauchten gesellschaftliche Unterrichtskurse auf, fliegende Universitäten mit Wanderdozenten, welche die Leute aus der dreidimensionalen Misere des täglichen Lebens in die freundlicheren Gefilde der Vierdimensionalität führten [...].[7]

Die Ausmaße dieser Veröffentlichungsflut überraschte Anhänger und Gegner der Theorie in gleicher Weise. Trotz ihrer grundverschiedenen Auffassung kamen z.B. Hans Reichenbach und Bruno Thüring in Anbetracht der unübersehbaren Anzahl der Publikationen ausnahmsweise einmal zur selben Einschätzung: **Massenpsychose**. Nach Lektüre der Lecatschen Statistik sprach Reichenbach 1926 von "massenpsychologischer Ausdehnung" der Literatur,[8] wofür er den Anstieg der populären Darstellungen nach 1919 verantwortlich machte, nicht wissend, daß die Lecatsche Statistik diese nur zu sehr kleinem Teil berücksichtigte und somit der von ihm angegebene Maximalwert von 550 Publikationen 1922 bei Einbeziehung dieser wohl getrost verdoppelt werden könnte. Den gleichen Fehler machte 1943 der Nationalsozialist Bruno Thüring, der in seiner Klage über die "ins Groteske gehende Überschwemmung" der "wissenschaftlichen Popularliteratur", die "auch gekauft [würden] und eine Art Massenpsychose erzeugten" sogar unterstellte, daß Lecats Angaben ausschließlich den Schriften gelte, "die es sich zur Aufgabe machten, Einsteins Theorie (d.h. also ihren Midrasch) in die Sprache des Alltags zu übersetzen".[9]

Mir sind noch zwei weitere Statistiken zu eng definierten Textsorten bekannt, die die bislang vorgestellten Verteilungen nach Lecat [1924], Com-

---

[7]Moszkowski [1921] S. 26f.; vgl. N.N. [1920]g, Riem [1920], Chandrasekhar [1979] S. 214f.

[8]Reichenbach [1926]c S. 36.

[9]Thüring [1943] S. 57; schon Gehrcke [1924]a hatte von 'Massensuggestion' gesprochen.

bridge [1965], Goenner [1989]a und meiner eigenen Statistik ergänzen können. Traute Braun hat in ihrer am Institut für Geschichte der Naturwissenschaften und Technik der Universität Stuttgart verfaßten Magisterarbeit
die Berichterstattung des *Berliner Tageblattes* und der *Täglichen Rundschau* für die Jahre 1919-23 ausgewertet und kam zu dem Ergebnis, daß
"in den Jahren 1920 und 1922 die Themengruppen RT und Anti-RT am
stärksten vertreten waren".[10] Auffällig ist ferner, daß 1920 in allen Wissen-
schaftsgebieten weitaus mehr Berliner Zeitungsartikel erschienen als z.B.
1919, während danach ein allmähliches Wiederabklingen erfolgt. Nennun-
gen der RT in *Berliner Rundschau* (bzw. *Tägliche Rundschau*): 1919: 2(1);
1920: 18(10); 1921: 4(7); 1922: 11(4); 1923: 8(- Erscheinen eingestellt) .

Michel Paty verzeichnet in seinem Überblick zur "Scientific Reception of
Relativity in France" die (großenteils fachspezifischen) Artikel der *Comptes
rendus des séances hebdomadaires* der Pariser Akademie der Wissenschaften
für die Jahre 1919-25:

1919: 8; 1920: 15; 1921: 23; 1922: 31[11]; 1923: 25; 1924: 15; 1925: 10,

also ein Maximum im Rekordjahr 1922, d.h. um ein Jahr verzögert
gegenüber der Gesamtverteilung aller Textsorten nach meiner Statistik.

Ein interessantes Maß für die Verbreitung, die die RT erfuhr, ist auch
die die Auflagenhöhe, die Einsteins populäre Schrift *Über die spezielle und
die allgemeine Relativitätstheorie* erfuhr. Die erste Auflage des Büchleins
bei Vieweg erfolgte 1917; mit der 10. Auflage wurde das 45.000 Exemplar gedruckt,[12] die 21. Auflage 1969 wurde bereits wieder etliche Male
nachgedruckt! Ähnliches gilt für seine Princeton-Lectures [1922]d-e.

Schließlich ist noch zu erwähnen, daß einzelne Verlegerpersönlichkeiten
in den zwanziger Jahren auch persönlich in der 'Publikationsschlacht' um
Einstein engagiert waren - auf der Seite der Pro-Relativisten agierten etwa
die Verlagshäuser von Julius Springer (Berlin) oder Vieweg (Braunschweig)
bzw. Gauthier-Villars (Paris), Methuen (London) und Cambridge University Press (Cambridge), für das andere Lager gab es z.B. die Verlage von
Hirzel oder Otto Hillmann (Leipzig) oder Reinhardt (München) mit jeweils
Dutzenden von Büchern in ihrem Verlagsprogramm zur RT.

Das zeitweise große öffentliche Interesse sollte jedoch nicht den irreführenden Eindruck erwecken, daß auch die Scientific Community ebenso
gebannt von der ART gewesen wäre. Dies läßt sich an den relativen Anteilen von Fachveröffentlichungen zur ART zeigen. Jean Eisenstaedt [1986,

---

[10]Braun [1979], Bd. 1, S. 24f.

[11]davon 22 zur Zeit des Einstein-Besuches in Frankreich; vgl. dazu Biezunski [1982],
[1987]

[12]nach Goetz u. Mottek [1979] S. 41.

S. 178] nennt die anhand von *Physics Abstracts* und *Physikalische Berichte* ermittelten Anteile der wissenschaftl. Veröffentlichungen zur ART in Relation zur gesamten wissenschaftlichen Publikationstätigkeit. Während der Hochphase der Forschungen zur ART in den frühen zwanziger Jahren lag dieser Anteil bei etwa 2 % , sank dann Ende der zwanziger Jahre auf knapp 1 % und Mitte der dreißiger Jahre noch weiter auf 0,5 % . In den fünfziger Jahren lag er sogar nur noch bei 0,3 % . Dies illustriert, daß die Gruppe derer, die *aktiv* Forschung in der ART betrieben haben, gemessen an der gesamten physikalischen scientific community eine sehr kleine Minderheit darstellten.

2.3   Einige Common-sense-Argumente

> In der Tat ist's eine große Gabe des Himmels, einen geraden [...] Men-
> schenverstand zu besitzen. Aber man muß ihn durch Taten beweisen,
> durch das Überlegte und Vernünftige, was man denkt und sagt, nicht
> aber dadurch, daß, wenn man nichts Kluges zu seiner Rechtfertigung
> vorzubringen weiß, man sich auf ihn, als auf ein Orakel beruft. [...].
> Und, beim Lichte besehen, ist diese Appellation nichts anderes, als eine
> Berufung auf das Urteil der Menge; ein Zuklatschen, über das der Phi-
> losoph errötet, der populäre Witzling aber triumphiert und trotzig tut.
> Immanuel Kant, Prolegomena, 1783, Vorrede, A 11.

Diesem scharfen und in seiner Auswirkung auf Deutschland später noch
zu diskutierenden Diktum Kants zum Trotz überrascht es nicht, daß in
zahlreichen populär gehaltenen Schriften zu beiden Relativitätstheorien,
besonders aber zur speziellen, immer wieder die Frage behandelt wurde,
wie die (dem Außenstehenden oft absurd anmutenden) Aussagen der Relativitätstheorie sich zu den Ansichten des 'Mannes auf der Straße' verhalten
würden, der die Dinge mit seinem 'gesundem Menschenverstand' beurteile.
Dennoch gibt es bislang keine umfassend sichtende Sekundärliteratur zu
diesem Typus von Argument in Anbetracht der RT.[1] Deshalb mache ich
hier den Versuch, diese Familie von Argumenten unter Berücksichtigung ihrer doch erheblich voneinander abweichenden Ausprägungen im englischen,
französischen und deutschen Sprachraum vorzustellen.

Zunächst zu den **USA und England**, wo der common sense im 18.
Jahrhundert durch die Diskussionen um die Aufklärungsphilosophen Locke,
Berkeley und Hume und ihrem Gegenpol Thomas Reid und der Schot-
tischen Schule ausdrücklich Gegenstand einer Philosophie wurde, in der
unter Berufung auf den "gesunden Menschenverstand" als allein gültigem
Beurteilungsstandard tabula-rasa gegenüber den als staubig empfundenen
Lehrgebäuden der Antike und des Mittelalters gemacht wurde.

In den ersten wissenschaftlichen Arbeiten, die zur RT im englisch-ameri-
kanischen Sprachraum entstehen, ist die Nachwirkung dieser Denktradition
noch deutlich zu spüren. So wird insb. sehr häufig ausdrücklich registriert, daß einige der Prinzipien und Resultate der Theorie dem gesunden
Menschenverstand zu widersprechen scheinen. Nachdem etwa der MIT-
Professor D.F. Comstock die Abhängigkeit des Resultats einer Längenmessung vom relativen Bewegungszustand zwischen Meßgerät (Beobachter)

---

[1]vgl. aber die knappe Übersicht nur zu amerikanischen Texten in Tobey [1971] S.
126-131, Goldberg [1970], Crelinsten [1980] zur angelsächsischen Rezeption und Goenner
[1989]a zu deutschen Autoren um 1920.

und zu vermessendem Objekt referiert hat, bemerkt er zum Ursprung des sich bei vielen Zeitgenossen spontan einstellenden Gefühls einer vermeintlichen Widernatürlichkeit der Lorentzeffekte:

> The reason this conclusion seems at first contrary to common sense is doubtless because we, as a race, have never had occasion to observe directly velocities high enough to make such effects sensible. The velocities which occur in some of the newly investigated domains of physics are just as new and outside our former experience as the fifth dimension.[2]

Diese, wie ich meine zutreffende, Einsicht wurde aber von vielen Kollegen und erst recht von außerfachlichen Landsleuten Comstocks nicht geteilt. In einer anderen frühen ausführlichen öffentlichen Stellungnahmen zur RT durch William Francis Magie (1858-1943), Prof. für Physik an der renommierten Princeton University, vor der *American Physical Society* und *Section B of the American Association for the Advancement of Science* im Dezember 1911, rekurriert Magie auf das Argument, daß die [spezielle] RT dem gesunden Menschenverstand widerspreche und somit abzulehnen sei. Nach einem historischen Rückblick auf die Entwicklung der "primary concepts of physics" kommt Magie zu folgender Aussage über die SRT (, die er als "principle of relativity" anspricht):

> Therefore, from my point of view, I can not see in the principle of relativity the ultimate solution of the problem of the universe. A solution to be really serviceable must be intelligible to everybody, to the common man as well as to the trained scholar. All previous physical theories have been thus intelligible. Can we venture to believe that the new space and time introduced by the principle of relativity are either thus intelligible now or will become so hereafter? A theory becomes intelligible when it is expressed in terms of the primary concepts of force, space and time, as they are understood by the whole race of man. When a physical law is expressed in terms of these concepts we feel that we have a reason for it, we rest intellectually satisfied on the ultimate basis of immediate knowledge. Have we not a right to ask of those leaders of thought to whom we owe the development of the theory of relativity, that they recognize the limited and partial applicability of that theory and its ability to describe the universe in intelligible terms, and to exhort them to pursue their brilliant course until they succeed in explaining the principle of relativity by reducing it to a mode of action expressed in terms of the primary concepts of physics?[3]

---

[2]Comstock [1910] S. 769f.
[3]Magie [1912] S. 293.

Hier werden bereits alle die Register gezogen, die auch in vielen anderen Stellungnahmen zur RT durch Vertreter des 'gesunden Menschenverstandes' bemüht worden sind und die ich unter dem Stichwort **common-sense Argument** zusammenfassen will:

- die Grundlagen der Naturwissenschaften sollen jedermann einsichtig und verständlich sein ("intelligible to everybody");

- alle bisherigen, historisch erfolgreichen Theorien weisen diese Eigenschaft angeblich auf;

- diese Verständlichkeit der Grundlagen sei dadurch erreichbar, daß mit jedermann vertrauten Konzepten formuliert und operiert werde, die zur Erklärung der wichtigsten Sachverhalte geeignet seien;

- Nichtfaßbarkeit wissenschaftlicher Aussagen mit den Mitteln des gesunden Menschenverstandes wird als Indiz für ihre Anfechtbarkeit, ja sogar als Indikator ihrer Falschheit gewertet.

Die SRT wurde in Amerika ab 1910 vereinzelt in Beiträgen für Zeitschriften wie *Science* oder *Scientific American Supplement* behandelt. 1917 argumentierte z.B. Alphonse Berget in einem aus dem Französischen übersetzten Beitrag, daß

> simple 'good sense' would have demanded that in view of the impotence of the experiments thus far made, new ones should be undertaken and their results awaited.[4]

Leider hätten die Autoren der RT diese Maxime empirischer Wissenschaft nicht befolgt. Die ganze Aufregung sei somit mindestens verfrüht und die von Protagonisten der Theorie aufgestellten Behauptungen überzogen.

Bis 1919 drang die ART in der angelsächsischen Welt nicht über die Diskussion in Fachkreisen und auf wissenschaftlichen Kongressen hinaus. Mit der Bestätigung der Einsteinschen Voraussage des 'Lichtablenkungseffektes' im Gravitationsfeld der Sonne änderte sich dies jedoch schlagartig. Mit sensationell aufgemachten Schlagzeilen berichteten (halbinformierte) Redakteure aller Zeitungen nun: "Einstein theory triumphs", nicht ohne gebührend auf die Unverständlichkeit für den Laien zu verweisen: "A book for 12 wise men".[5] Die verheerenen Folgen dieser Bemerkungen waren abzusehen. Der Herausgeber des *Scientific American*, einer der wenigen Zeitschriften, die sich ernsthafter um eine Popularisierung der ART Einsteins bemühten, schrieb dazu am 21. Mai 1921 folgendes:

---

[4]Berget [1917]b S. 411.

[5]N.N.[1919]g; vgl. N.N.[1919] l,m,[1920]a; siehe dazu Pais [1982] S. 308f.; Crelinsten [1980]; I.B. Cohen [1985] S. 417f., Eisenstaedt [1986] S. 147.

> the vocabulary of relativity, both with respect to its actual words and
> even more so with respect to the ideas which these words attempt
> to convey, is altogether new and strange to the layman. Things are
> done, offhand and without explanation or apology, which it would
> never occur to him were permissible. The shock to his common sense
> is too great[!] and the writers on the subject whose work we have
> seen have, with few exceptions, failed to make any sufficient effort to
> mitigate this shock by subjecting the reader to it gradually.[6]

Bemerkenswert ist, daß die hier von Bird der RT unterstellten Eigenheiten
recht genau mit dem übereinstimmen, was z.B. Duhem[7] ihr 1915 im Eifer
chauvinistischer Polemik bescheinigte- nur daß Duhem als Schwäche 'deutscher Wissenschaft' auffaßte, was für Bird 1921 ohne Wertung schon allge-
meintypisch für 'moderne Wissenschaft' geworden ist. Die Debatte darüber,
ob die RT mit dem common sense vereinbar ist, und wenn nein, welche Konsequenzen daraus zu ziehen sind, riß im angelsächsischen Sprachraum noch
bis tief in die zwanziger Jahre hinein nicht ab,[8] und erst die prononcier-
ten Stellungnahmen Bertrand Russells und Dentons Mitte der zwanziger
Jahre, auf die ich am Ende dieses Abschnittes zurückkomme, scheinen die
erhitzten Gemüter etwas beruhigt zu haben.

In **Frankreich** verlief die Rezeption in etwa analog - auch hier wurde
die (spezielle) RT durch Vorträge von Paul Langevin u.a. dem Interessierten ab ca. 1911 in groben Umrissen bekannt, etwa durch Langevins Artikel
in *Scientia*, in dem er seinen Lesern in einiger Ausführlichkeit vor Augen
zu führen versuchte, wo Abstriche gegenüber bisherigen Selbstverständlich-
keiten zu machen seien:

> Je n'ai développé ces spéculations que pour montrer par un exem-
> ple frappant à quelles conséquences éloignées des conceptions habi-
> tuelles conduit la forme nouvelle des notions d'espace et de temps.
> Il faut se souvenir que c'est là le développement parfaitement cor-
> rect de conclusions exigées par des faits expérimentaux indiscutables,
> dont nos ancêtres n'avaient pas connaissance lorsqu'ils ont constitué,
> d'après leur expérience ce que synthétisait le mécanisme, les catégories
> de l'espace et du temps dont nous avons hérité d'eux. A nous de pro-
> longer leur oeuvre en poursuivant avec une minutie plus grande, en

---

[6]Bird [1921] S. 418; vgl. die Sonderbeiträgen der Bände 123 und 124 (1921/22); siehe
dazu auch Hentschel [1988]b und Abschn. 2.1.

[7]vgl. Belege in Abschnitt 3.1. und im folgenden Absatz.

[8]vgl. z.B. Montague [1924] S. 157: "but before accepting a conclusion so revolutionary
as that of Einstein, common sense would seem to dictate a most careful re-examination of
the premises by which that conclusion is supported"; vgl. ferner Gilman [1927].

rapport avec les moyens dont nous disposons, l'adaptation de la pensée aux faits.[9]

Wenngleich ein Unterschied zum angelsächsischen Raum darin bestehen mag, daß sich in Frankreich schneller vereinzelte Anhänger fanden, so war doch die große Mehrheit beiderorts skeptisch - auch in Frankreich wurde Langevin während einer Sitzung der *Société Française de Philosophie* am 19. Oktober 1911 durch den Philosophen Milhaud entgegengehalten:

> Mais n'y-a-t-il pas là quelque chose de trop artificiel? Sans parler au nom d'un système philosophique ou métaphysique quelconque, ne peut-on dire que ces notions nouvelles choquent par trop le sens commun? Pouvons-nous vraiment renoncer au caractère absolu, par exemple, de la simultanéité ou de l'irréversibilité de deux événements dans le temps?...
>
> Bref, sans vouloir assurément que le sens commun suffise à faire rejeter une théorie scientifique quelle qu'elle soit, je me demande si du moins les conceptions nouvelles ne sont pas trop choquantes pour que nous nous contentions de les faire reposer sur le résultat négatif de quelques expériences.[10]

Besonders die in der SRT auf die Spitze getriebene Abkehr von dem Konzept des Äthers als Ausbreitungsmedium und Feldenergie tragendes Substrat verursachte einen intellektuellen Schock. In Duhems *Wandlungen der Mechanik* liest man über die dadurch ausgelösten Reaktionen folgendes Bekenntnis zur ungeschmälerten Anziehungskraft, die der 'Boden des gesunden Menschenverstandes' ausübte:

> In dem Augenblick, wo wir den festen Boden der Mechanik verlassen, um uns auf den Flügeln des Traumes emporzuschwingen und dieser Physik zu folgen, welche die Erscheinungen in einem von Materie leeren Raume sich abspielen läßt, fühlen wir uns *von einem Taumel erfaßt; darum klammern wir uns mit allen Kräften an den Boden des gesunden Menschenverstandes*; denn unsere höchsten wissenschaftlichen Erkenntnisse haben, wenn wir ihre Analogie bis zu Ende verfolgen, *keine andere Grundlage als das vom gesunden Menschenverstand*

---

[9]Langevin [1911] S. 53; siehe auch Paty [1987] S. 134: "Langevin anticipated and defused any criticism of the new concepts in the name of common sense. He was to say later that it was this common sense which had to follow the evolution of ideas and be revived. His description of a space traveller was just such an example of a renewed common sense."

[10]Milhaud [1912] S. 34ff.

gegebene.[11]

Und noch 1930 fühlte sich L. Pouquet in einem 100-seitigen Artikel über die RT für eine philosophische Zeitschrift zu einem "essai de conciliation avec le bon sens" aufgerufen, in dem er seiner offenbar noch immer skeptischen Leserschaft versicherte: "en dehors d'une modification assez profonde de notre notion familière du *Temps*, [...] la Relativité n'impose vraiment aucun renoncement 'au bon sens moyen de l'humanité' ".[12]

Der Bruch mit vielen für 'klassische Physiker' selbstverständlichen Denkgewohnheiten durch die Physik des 20. Jahrhunderts versetzte diese also, zumindest in den ersten Jahren der Konfrontation mit den neuen Theorien, in einen "Taumel" (wie Milhaud es ausgedrückt hatte). Angesichts der drohenden Orientierungslosigkeit griffen viele zum Rettungsanker des gesunden Menschenverstandes, dessen Maßstab die neueren Entwicklungen als Fehlentwicklung (fort von den eigentlichen Zielen der Wissenschaft, gelegentlich bis hin zum bewußt unternommenen "Schwindel" einiger "Volksverführer") ausgab.[13] Gerade in Frankreich überlagerte sich dieser allgemeinen Unzufriedenheit mit den 'modernistischen' Tendenzen der Wissenschaft noch ein nationalistisches Ressentiment speziell gegen die Deutschen, denen gerne unterstellt wurde, daß sie in ihrer Wissenschaftspraxis den 'esprit de finesse' gegenüber dem 'esprit de géometrie' zu sehr vernachlässigten und dadurch zur Konstruktion angeblich abstruser, hyperformalistischer 'Theorienungetüme' verleitet würden.[14] Ein neuer Schub von Argumenten dieses Typs folgte auf des Philosophen Henri Bergsons Veröffentlichung seines Buches *Durée et simultanéité à propos de la théorie d'Einstein* 1921, in dem er u.a. ausführte:

> La science ne heurte le sens commun que dans la mesure du strict nécessaire. Or, si tout le mouvement rectiligne et non accéléré est évidemment relatif, si donc, aux yeux de la science, la voie est aussi bien en mouvement par rapport au train que le train par rapport

---

[11]Duhem [1912] S. 174 (Hervorhebungen K.H.), siehe auch Duhems Beitrag in Petit/Leudet (Hrsg.) [1916] S. 137-152; vgl. ferner Boutroux (ibid., S. 51); E. Hartmann [1913] S. 171, Meyerson [1925] § 223 und Haller [1985] S. 347f. zur Bedeutung des 'bon sens' bei Duhem.

[12]Pouquet [1930] S. 2, Hervorh. Orig.

[13]die psychologische Situation dieser traditionsverhafteten Physiker in der Umbruchsphase nach der Jahrhundertwende beschreibt McCormmach [1984]; die spätere Konsolidierung erfaßt Reichenbach [1930]c S. 42: "angesichts einer grundlegenden Neuerung glaubt man zunächst den Boden unter den Füßen zu verlieren, aber nach einiger Zeit der Gewöhnung erkennt man, daß der Boden, auf dem man steht, viel fester und sicherer geworden ist".

[14]vgl. dazu die Beiträge Duhems u.a. in Petit/Leudet (Hrsg.) [1916] und Abschn. 3.1.

à la voie, le savant n'en dira pas moins que la voie est immobile; il
parlera comme tout le monde, quand il n'aura pas intérêt à s'exprimer
autrement.[15]

In **Deutschland** lagen die Dinge aufgrund einer anderen geistesgeschichtlichen Tradition zunächst anders. Hier stand nicht die schottische common-
sense-Philosophie, sondern der Idealismus Kant/Fichtescher Provenienz,
der sich gerade als Kritik der common-sense-Philosophie verstand, Pate
bei der Formulierung der ersten Reaktionen. Das eingangs als Motto dieses Abschnittes angeführte Kant-Zitat zeigt, in welch schlechten Kredit die
"Berufung auf den gemeinen Menschenverstand" durch Kant gekommen
war. Und daß auch zu Beginn des zwanzigsten Jahrhunderts die mahnen-
den Worte Kants noch keineswegs in Vergessenheit geraten waren, zeigen
Belege wie der folgende:

> Die Berufung auf den gesunden Menschenverstand ist billig; aber
> 'beim Lichte besehen, ist diese Appellation nichts anderes als eine
> Berufung auf das Urteil der Menge: ein Zuklatschen, über das der
> Philosoph errötet'. Die Relativitätstheorie hat so nachdrücklich, wie
> selten eine physikalische Theorie den Vorwurf zu hören bekommen,
> daß sie dem gesunden Verstand widerspreche. Muß sie sich da nicht,
> wieder den großen Kritiker der reinen Vernunft zitierend, gelegentlich
> in den Stoßseufzer flüchten: 'Wer diesen Plan [...] dunkel findet, der
> mag bedenken, daß es eben nicht nötig sei, daß jedermann Metaphysik
> studiere...'.[16]

Trotz dieses Nachwirkens der idealistischen Kritik am common sense beriefen sich ab etwa Mitte der zwanziger Jahre auch in Deutschland gerade die
nicht physikalisch vorgebildeten Autoren populärer Schriften gegen die RT
zunehmend auf den gesunden Menschenverstand. Daneben findet sich hier

---

[15]Bergson [1921], hier S. 40; vgl. Abschnitt 4.10. Diese Passage zitierte zustimmend und
mit weiteren spitzfindigen Ausführungen zum allgemein gebräuchlichen Sinn des Wortes
'Bewegung' Christian Cornelissen [1923] S. 16. Analog äußerten sich auch Moch [1921],
Berthelot [1922] und Picard- s.a. Savarit [1922].

[16]Reichenbach[1924]b S. 198; vgl. [1922]f S. 5ff. sowie das nach zahlreichen Gesprächen
mit Einstein zwischen 1918 u. 1920 entstandene Buch von Moszkowski [1921], in dem
Einstein, ähnlich gelagerte Auffassung referiert wird: "Dieses unausbleibliche und dem
wissenschaftlich geschulten Denken verständliche Resultat beleuchtet zugleich die Natur
des 'gesunden Menschenverstandes', den schon Kant als die letzte Instanz verworfen hat,
insofern dieser 'gemeine Verstand' unvermögend ist, über die Beispiele seiner eigenen Erfahrung hinauszugehen. Er bewegt sich, wie Einstein sagt, 'gefühlsmäßig und ausschließlich in Analogien'. Für einen Vorgang wie den zuvor geschilderten fehlt ihm die Analogie,
und da er nur mit den Regeln in concreto umzugehen weiß, so erscheint ihm manches als
paradox, was eine gesteigerte Abstraktion als begründet und notwendig erkennt"(S. 205).

aber auch eine interessante Variante des common-sense-Argumentes: die RT stehe im Widerspruch zur Logik, wobei mit 'Logik' dann das "gesunde logische Denken des Mannes auf der Straße" gemeint war. Beide Argumentationsvarianten seien im folgenden durch einige ausgewählte Beispiele belegt und kommentiert.

Zunächst zum herkömmlichen Einwand, 'die' RT [gemeint war fast ausschließlich die spezielle] stehe im **Widerspruch zum gesunden Menschenverstand**. In Folge der einschüchternden Wirkung der abfälligen Bemerkungen Kants betrat das common-sense-Argument die deutsche Arena eben nicht wie in Frankreich oder England als 'Jedermanns' Einwand gegen die RT, sondern indirekt als Teil eines Streits um die philosophische Ausdeutung, also nur als Argument gegen eine unter mehreren philosophischen Interpretationen. In Erwiderung eines Aufsatzes von Joseph Petzoldt [1913] zur SRT schrieb J.G. Vogt 1914 in einer der ersten als Broschüre gedruckten Publikation eine Art Gegendarstellung zu dieser, wie Vogt meinte, "subjektivistischen" Deutung, die für ihn auf die "aussichtslosesten Irrwege führt und [...] die vollständige Verkennung des Erkenntnisproblems [bekundet]."[17] Immer wieder rekurriert er auf die vermeintliche Unvereinbarkeit des Petzoldtschen "relativistischen Positivismus" mit dem gesunden Menschenverstand:

> Er [Petzoldt] versteift sich aber nur auf das Leugnen mit eigensinnigen Phrasen, er gibt keine Begründung und bietet keinen Ersatz für die *demolierte Logik des normalen menschlichen Denkens* [...].

> Das Wort Verirrung ist noch ein sehr nachsichtiges. Petzoldt räumt kurzerhand mit allem auf, was nicht nur dem einfachen Menschenverstande heilig, sondern auch durch die Wissenschaft tausendfältig erwiesen und bestätigt ist.[18]

Diese beiden Beispiele zeigen auch schon, daß 'gesunder Menschenverstand' und 'Logik' insoweit gleichwertig behandelt werden, als eine Verletzung des einen auch als Bruch mit dem anderen aufgefaßt wird. Ferner ist deutlich, daß nicht etwa ein Konflikt zwischen gesundem Menschenverstand und Wissenschaft behauptet wird, sondern lediglich einer zwischem 'normalen Denken' (auch in der Wissenschaft) und dem Petzoldtschen Weltbild. Dies wird auch für die späteren Vorkommnisse des Argumentes weiter gelten. Am Ende seiner Erwiderung schließt Vogt mit dem Wunsch, diese "positivistische Weltanschauung" möge so bald wie möglich aussterben. "Hoffen wir es zu Ehren des gesunden Menschenverstandes".[19]

---

[17]Vogt [1914] S. 5 u.7
[18]Vogt [1914] S. 66 u. 68; Hervorhebung K.H.
[19]Vogt [1914] S. 74.

Freilich wurde das common-sense-Argument bald auch gegen die RT selbst gerichtet, allerdings noch bis in die Anfänge der zwanziger Jahre mit bemerkenswerter Zurückhaltung, als nicht vollwertiges Argument, so, als ob man es zwar für richtig hält, aber genau weiß, daß die Pro - Relativisten es nicht akzeptieren werden. Der Grund hierfür liegt darin, daß schon in den ersten bekanntgewordenen Publikationen zu Einstein und seiner RT (zumeist seiner speziellen) quasi vorbeugend auf dieses Mißverhältnis zum gesunden Menschenverstand verwiesen worden war, wohl in der Absicht, etwaigen Kritikern von vornherein den Wind aus den Segeln zu nehmen. Ein schönes Beispiel hierfür ist in den weitverbreiteten *Einblicken in Einsteins Gedankenwelt* von Alexander Moszkowski zu finden, wo dieser nach der Referierung des Lichtablenkungseffektes in Sonnenoberflächennähe schrieb:

> Abermals stieß sich das landläufige Denken an eine harte Kante, und der 'gesunde Menschenverstand', der sich selbst sein Gesundheitsattest ausstellt, wollte rebellisch werden. Wie denn? Ein Sternstrahl sollte krumm werden können? [...] Aber für derlei vermeintliche Selbstverständlichkeiten ist in der Raumzeitwelt kein Platz mehr. Und hier galt es, ein angesagtes physikalisches Abenteuer zu prüfen.[20]

Einstein selbst hatte schon 1918 in einem fingierten "Dialog über Einwände gegen die Relativitätstheorie" einiges zum Thema 'gesunder Menschenverstand' ausgeführt, nachdem er auf das Lenardsche Beispiel vom Eisenbahnzug auf dem Bahngleis zu sprechen gekommen war. Für Lenard zeigte sich hier, daß ein dem gesunden Menschenverstand einleuchtender Unterschied zwischen beschleunigtem (gebremste Lokomotive) und nicht beschleunigtem System (Bahndamm) bestehe, so daß das verallgemeinerte Relativitätsprinzip (RP) vom common sense beanstandet werden müsse.

> Man lasse nun den gedachten Eisenbahnzug eine deutlich ungleichförmige Bewegung machen. Wenn hierbei durch Trägheitswirkung alles im Zug zu Trümmern geht, während draußen alles unbeschädigt bleibt, so wird, meine ich, *kein gesunder Verstand* einen anderen Schluß ziehen wollen, als den, daß es eben der Zug war, der mit Ruck seine Bewegung geändert hat, und nicht die Umgebung. Das verallgemeinerte Relativitätsprinzip verlangt es, seinem einfachen Sinne nach, auch in diesem Falle zuzugeben, daß es möglicherweise doch die Umgebung gewesen sei, welche die Geschwindigkeitsänderung erfahren haben, und daß dann das ganze Unglück im Zuge nur Folge dieses *Ruckes der Außenwelt* sei, vermittelt durch eine 'Gravitationswirkung' der Außenwelt auf das Innere des Zuges. Für die naheliegende Frage,

---

[20]Moszkowski [1921] S. 23.

warum denn der Kirchturm neben dem Zuge nicht umgefallen sei [...]
hat das [Relativitäts-]Prinzip anscheinend keine den einfachen Verstand befriedigende Antwort.[21]

Einstein konterte nun, indem er ausführte, daß dann ja auch das von Lenard zugestandene spezielle RP unrichtig sein müsse, da der 'gesunde Menschenverstand' des Lokomotiv-Führers ihn einwenden lassen wird, daß die
Lokomotive beheizt werden müsse und nicht die Umgebung.[22] Lenard erwiderte auf diesen Einwand, indem er in einer späteren Auflage[23] erklärte, daß
"dieser 'gesunde Verstand' (des eben gedachten Lokomotivführers) in Wirklichkeit keiner ist, da er bekannte Dinge übersieht, was einem gesunden,
bei voller Geisteskraft und Kenntnis befindlichen Menschen nicht passieren
darf." Damit war zugegeben worden, daß der gesunde Menschenverstand
also durchaus gelegentlich irre. Mit dieser nachgeschobenen Qualifikation
("bei voller Geisteskraft und Kenntnis") verliert allerdings die vorher so
suggestive Instanz des gesunden Menschenverstandes an Überzeugungskraft
- jetzt öffnen sich die Hinterausgänge, bei Widersprüchen entweder abstrei-
ten zu können, das 'volle Geisteskraft' vorliegt[24] oder 'vollständige Kenntnis' der erforderlichen Sachzusammenhänge abzustreiten.[25] Auch im September 1920 wies Einstein auf der Bad Nauheimer Naturforscherversammlung in seinem breite Wogen schlagenden 'Rededuell' mit Philipp Lenard
seinen Opponenten zurück, als dieser durch Bemängelung der ihm in der
RT fehlenden Anschaulichkeit die Diskussion auf das Niveau des common
sense ziehen wollte.

> Einstein: Was der Mensch als *anschaulich* betrachtet, ist großen Ver-
> änderungen unterworfen, ist eine *Funktion der Zeit*. Ein Zeitgenosse
> Galileis hätte dessen Mechanik auch für sehr unanschaulich erklärt.
> Diese 'anschaulichen' Vorstellungen haben ihre Lücken, genau wie der
> viel zitierte 'gesunde Menschenverstand'. (Heiterkeit.)[26]

Beachtenswert ist, daß Einstein hier keineswegs wie etwa Moszkowski die
völlige Außerkraftsetzung des gesunden Menschenverstandes verkün-

---

[21]Lenard [1918/21]a S. 122f. (Hervorhebungen Orig.); vgl. S. 125, wo Lenard von
"Zumutungen an den einfachen Verstand" spricht.

[22]Einstein [1918]b S. 701.

[23]Lenard [1918/21]c S. 23.

[24]eine Vorbereitung des später im NS-Schrifttums eintretenden Disqualifizierens min-
derwertigen Denkens- vgl. Abschn. 3.2.

[25]womit der aufklärerische, demokratische Impetus verlorengeht, der eben gerade *jedem*
Beurteilungsfähigkeit zusprach.

[26]Einstein, zit. in *Berliner Tageblatt*, 24. Sept. 1920, S. 3; vgl. Weyl [1920]c, Weyland
[1920]c, Pincussen [1920] S. 1212; zur Beziehung zwischen Lenard und AE vor 1920 siehe
Kleinert und Schönbeck [1978].

det, sondern lediglich dessen **zeitweise Unzulänglichkeit** behauptet. Besonders die Parallele zu Galilei zeigt, daß Einstein auch in Bezug auf die Akzeptanz der RT auf die heilsame Gewöhnung an alles Neue setzt. Wenn also die Zeitgenossen sich in ihrem gesunden Menschenverstand noch überfordert sehen mögen, so kann Einstein seine Hoffnung auf unvorbelastetere Folgegenerationen setzen.

Natürlich mußten diese entweder uneingeschränkten oder doch temporären Absagen an die Gültigkeit von "Jedermanns" Normen sehr provozierend wirken. Dies zeigen die zahlreichen 'Nachwehen' dieser Lenardschen Einwände in der Populärliteratur.[27] Doch sahen die Kritiker, deren Materialbasis häufig nur pro-relativistische Traktate wie z.B. Pflüger [1920], v.Laue [1911] oder eben das von Moszkowski waren, nach Lektüre von Passagen wie den eben zitierten ein, daß der bloße Verweis auf Widersprüche zum gesunden Menschenverstand kein belastbares Argument mehr darstellte. Eine direkte Aufnahme der eben zitierten Warnung fand ich in einer der vielen Broschüren Giulio Alliatas.

> Freilich, das Beispiel, [...] durch welches wir in populärer (sehr populärer) Weise beweisen wollten, daß die Einsteinsche Relativität nicht vorhanden ist, wird manchem ein mitleidiges Lächeln auf die Lippen geführt haben. Wie? Die Einsteinsche Theorie mit solch' naiven, unwürdigen Mitteln bekämpfen; ganz anderer Rüstung braucht es dazu! Nicht der gesunde Menschenverstand (von dem Moszkowski sagt, daß er sich selbst sein Gesundheitsattest ausstellt), nicht die Philosophie darf sich daran wagen.[28]

Dieser verhaltene Gebrauch des Argumentes findet sich z.B. auch bei Henry Gartelmann. In seiner *Kritischen Betrachtung* zur RT konstatiert er 1920 zwar die Unvereinbarkeit der RT mit dem "gemeinen Verstand", aber er verzichtet ausdrücklich darauf, diesen Umstand selbst als ein tragfähiges Argument gegen sie anzuführen, und zwar eben weil diese die Gültigkeit des common sense in ihrem Bereich suspendiert.

> Durch den Hinweis auf den 'gemeinen Verstand' [...] ist eine Widerlegung hier nicht möglich; denn der gemeine Verstand, der schon früher auf Reisen geschickt wurde, ist es gerade, der mit diesem seinem Satze aus der klassischen Mechanik angefochten wird.[29]

---

[27]siehe z.B. H.Schmidt [1920] S. 120, v. Laue [1921] 1. Sp. unten, Szende [1921] S. 1094, Riem [1921]b, Reichenbach [1922]d, Lauck [1931], Stodola [1931] S. 36, Heinsohn [1933] S. 16, 22; vgl. auch Goenner [1989]a.

[28]Alliata [1922] S. 23.

[29]Gartelmann [1920] S. 25.

So bleibt ihm 1920 nur die Suche nach "unmittelbaren Tatsachen der Erfahrung" oder nach "allgemeinen Denknotwendigkeiten"[30] zur Prüfung der relativistischen Behauptungen. Sieben Jahre später wird er weniger zimperlich bei der direkten Anwendung des Argumentes sein, und zwar mit folgender Begründung:

> [Einsteins Behandlung von Bewegungsvorgängen] muß jedoch als logisch ganz unstatthaft bezeichnet werden. Als selbstverständlich können immer nur Meinungen angenommen werden, die in allgemeiner Geltung sind, nicht aber solche, die zu der bisherigen Anschauungs- und Denkweise ausgesprochenermaßen in Gegensatz treten. Weicht man mit seiner Meinung von der überkommenen Anschauungs- und Denkweise ab, so muß man sie doch wohl begründen; solche abweichenden Meinungen als selbstverständlich hinstellen, kann nur bedeuten, daß man das nicht beweisen kann, von dem man vorgibt, daß man es nicht zu beweisen braucht.[31]

Ab 1921 ist die Mehrzahl der Autoren, die das common-sense-Argument bemühen, dieser Auffassung; es findet sich von nun ab in fast jeder populären Erwiderung auf Einstein eine Berufung darauf. Einige Beispiele. In einem Referat über die *Mißgriffe Einsteins* schreibt 1922 Joe Stickers:

> Jedenfalls ruft schon die Behauptung Einsteins betreffs einer 'Verkürzung' uns warnend zu: 'Vorsicht! Hier ist etwas mit dem gesunden Menschenverstande nicht in Einklang!' und sie muß notwendig das Mißtrauen gegen seine sämtlichen Darlegungen, selbst wenn diese weit verständlicher entwickelt wären, als sie es wirklich sind, wiederum verstärken [...].[32]

Im gleichen Jahr führt Eddo Thedinga im Anhang seiner Schrift *Einstein und wir Laien* en détail vor, wie ein (fruchtloser) Dialog zwischen Relativus und Kritikus aussehen könnte, in dem Relativus den armen Kritikus gar nicht schnell genug von seinen alten Denkgewohnheiten befreien kann, die letzteren immer wieder auf die Frage zurückkommen lassen, wie es zu all diesen dem gesunden Menschenverstand widersprechenden Ergebnissen kommen kann.[33]

Der gesunde Menschenverstand mußte sogar herhalten bei der Begründung der obskuren 'Urlichtlehre' des Dr. phil Johann Heinrich Ziegler, der

---

[30]ibid.
[31]Gartelmann [1927] S. 284.
[32]Stickers [1922] S. 50.
[33]Thedinga [1922] S. 53.

1923 fand, es sei höchste Zeit, dem "modernen, schwindelhaften und unmoralischen Relativitätsdusel" Einhalt zu gebieten, da "der einfache, brave gesunde Menschenversand zur Feststellung der übersinnlichen Grundlage aller Dinge vollkommen genügt."[34] Unfreiwillig komisch klingt es, wenn 1930 Lothar Mitis sich auf die klassische Behandlung von Bewegungsvorgängen beruft, indem er schrieb: "kein gesunder Mensch kann diese klassische Ideologie in Zweifel ziehen."[35] Der geheime Regierungsrat Theodor Fritsch setzte sich in seiner Schrift *Einstein's* [sic] *Truglehre* 1921 folgendes Programm

> Versuchen wir, mit unserem einfachen gesunden Menschenverstand in einer für jedermann verständlichen und kontrollierbaren Darstellungsweise dem gelehrten Manne in das Gebiet seiner verwegenen Spekulationen zu folgen. Die verwickelten Gleichungen aus der höheren Mathematik, die er zur Begründung seines Systems herbeizieht, werden wir uns versagen müssen; es wird sich aber bald zeigen, daß wir mit unserem einfachen natürlichen Vorstellungs-Vermögen recht gut auskommen.[36]

Fritschs Pamphlet war eine der ersten unverhüllt antisemitischen Schriften. Die Affinität des common-sense Argumentes mit solchen der Antisemiten ist öfter zu beobachten; sie erklärt sich aus dem Bedürfnis nach einer Erklärung für diese vermeintliche Abweichung vom 'natürlichen' Denken; ein billiger Verweis auf die 'rassische' Besonderheit des in Rede stehenden Denkers war offenbar ausreichend:

> Ein Mann, der sich mit den gewagtesten und scheinbar scharfsinnigsten Spekulationen beschäftigt, läßt hier also das einfachste, natürliche Unterscheidungs-Vermögen vermissen [...].
>
> Wir stoßen hier auf eine auffällige Unzulänglichkeit des jüdischen Denkens [...].[37]

Ich hatte bereits erwähnt, daß neben diesem weitverbreiteten common-sense-Argument in Deutschland noch eine Variante davon vertreten worden ist. Diesen Vorwurf des **Widerspruchs zur Logik** oder zum natürlichen Denken findet man gehäuft z.B. bei Josef Kremer.

> Weder ihr [der RT] Erfinder noch ihre Anhänger bemerken davon etwas anderes als die wunderlichen Widersprüche, in welche sie sich

---

[34]Ziegler [1923] S. 23, 21; analoges findet man z.B. bei Lamberty [1924],[1929] u.a. Cranks.

[35]Mitis [1930] S. 5.

[36]Fritsch [1921], hier S. 3; publ. unter dem Pseudonym Roderich-Stoltheim - vgl. 3.2.

[37]ibid.- vgl. Abschn. 3.2. zum Antisemitismus

mit den Folgerungen aus ihrem Grundwiderspruch verstricken und
über die sie sich der naiven Hoffnung hingeben, es werde irgendwann
einmal der Verstand sich diesen Irrgarten des Denkens gewöhnen.[38]

Auch Rudolf Weinmann kommt in allen seinen zahlreichen Aufsätzen und
Büchern über den 'Widersinn und die Überflüssigkeit' der SRT gern auf
dieses Argument zurück. Ein Beispiel dafür:

> Man mag die spezielle Relativitätstheorie betrachten von welcher Seite
> man will, man stößt auf absoluten Widersinn [...].
>
> Eine Emanzipation von Vernunft und Logik kann es nicht geben, eben-
> sowenig eine doppelte Logik, eine alte, 'veraltete', und eine neue, eben-
> sowenig eine für den 'gesunden', eine für den 'höheren' Verstand. Der
> 'gesunde Menschenverstand' deckt sich, wo er recht hat, mit dem Ver-
> stand aller gewesenen, gegenwärtigen und kommenden Physiker und
> Philosophen [...].
>
> Auch die R.-Th. argumentiert zwangsläufig in der Tendenz unserer
> einen Logik. Es muß als Gipfel der - Kühnheit, aber auch der Ver-
> zweiflung bezeichnet werden, als geradezu selbstmörderischer Ausweg,
> wenn die Unentwegten unter den Einstein - Propheten eine besondere,
> neue andere zweite Logik für sich in Anspruch nehmen [...].[39]

Überflüssig anzumerken, daß ein solcher Appell an eine neue Logik von
Seiten der Pro-Relativisten natürlich nicht stattgefunden hat, sondern nur
von den, der RT Fernstehenden in die Erläuterungen der Popularisatoren
und Verteidiger der RT hineingelesen worden ist. Die Berufungsinstan-
zen, auf die sich Außenseiter wie Kremer, Weinmann, Mellin, Ruckhaber,
Gartelmann u.v.a. stützten, waren die "urewige, reine Vernunft", die von
"übereifrigen Propagatoren vergewaltigte Logik",[40] und die Mittel, mit dem
sie dem beizukommen versuchten, waren die Anwendung des Satzes vom
Widerspruch[41] oder andere Notbremsen der "beleidigten menschlichen Logik":

> Wir stellen also Einstein und die Relativitätstheorie vor das Forum
> der einfachen, sozusagen naturwissenschaftlichen Logik und damit des
> praktisch-naiven Verstandes als der hier allein in Betracht kommen-
> den Instanz. Auf dieser geistigen Ebene sind Raum und Zeit nichts
> anderes als eben - Raum und Zeit.[42]

---

[38]Kremer [1921] S. 52; vgl. Kremer [1922] S. 6 u. [1923] S. 1; Mellin [1933] S. 3-5, Uller
[1937/38] S. 402.

[39]Weinmann [1929] S. 46, 48; vgl. Weinmann [1927] S. 263; [1922]a S. 6,9.

[40]beide Zitate aus Weinmann [1929] S. 48,47; vgl. Weinmann [1922]a S. 6.

[41]siehe z.B. Gartelmann [1927] S. 285 u. 287ff.

[42]Weinmann [1922]a S. 9, analog z.B. Mellin [1933] S. 13.

Auf dieser Ebene von Sophistik gerät den Kritikern die RT zu einem verbalen Ungeheuer, zum 'Hirngespinst', das mit in sich widerspruchsvollen Begriffen [vereinzelt als "Fiktionen" bezeichnet] operiert, ohne auch nur noch den leisesten Zusammenhang mit jedweder Erfahrung aufzuweisen:

> Ja, die R.-Th. ist sogar in einem besonders engen Sinne eine Sache der Logik (oder Unlogik), insofern ihre Position nirgends durch Beweis oder Messung gestützt oder auch nur stützbar ist, sondern auf rein deduktiver Konstruktion - aus klassischem Relativitätsprinzip und Konstanz der Lichtgeschwindigkeit - beruhen.[43]

Die sich hier auftuhenden Querverbindungen von dieser Position zum Fiktionalismus der Vaihinger-Schule und zur Argumentationsfigur, daß Relatives immer nur bezogen auf Absolutes behauptet werden könne, werde ich in den Abschnitten 2.4.2. und 4.4. wieder aufnehmen. Zum Abschluß dieses Referats der common-sense-Argumente *gegen* die RT sei nur noch festgestellt, **wie unglaublich verzerrt die RT in der zuletzt referierten Perspektive eines solchen gesunden Menschenverstandes erscheint**:

- sämtliche (vorhandenen) Bestätigungs-Zusammenhänge mit Beobachtungsmaterial werden übersehen oder geleugnet,

- die (unverstandenen) Begriffsbildungen und operationalen Definitionen der relativistischen Konzepte werden zu selbstwidersprüchlichen Chimären,

- die (mißverstandenen) relativistischen Aussagen wie etwa zur Zeitdilatation und anderen Lorentzeffekten werden als widervernünftig, unbegreiflich und unstimmig erklärt,

- der Maßstab der Beurteilung der Theorie wird so tief gehängt, daß eine detaillierte Auseinandersetzung mit ihr überflüssig wird, sondern verbale Sophistik als (Schein)argument ausreicht.

- Motto: was in den Kopf von "Jedermann" nicht hineinpaßt, kann so richtig nicht sein.

Umso beschämender ist es festzustellen, daß eine Richtigstellung all dieser Mißverständnisse und Unrichtigkeiten in populärwissenschaftlichem Werken des deutschen Sprachraums überhaupt nur dann ernsthaft versucht wurde, wenn sich damit andere Interessen verbanden. Die Abhandlung *Relativitätstheorie und Logik* von Karl Vogtherr etwa setzt sich nur eine Ausbesserung der gängigen Argumente gegen die (spezielle) RT zum Ziel, und

---

[43]ibid.

umgekehrt verbanden empiristische Autoren wie Reichenbach oder Petzoldt mit ihren Erwiderungen auf diverse 'gemeinverständliche Widerlegungen' immer gleich den Ausbau ihrer eigenen Interpretation.[44]

Im **englischen Sprachraum** sieht dies anders aus: Eine deutliche Absage an alle bis dato vorgetragenen Varianten des common-sense Argumentes erteilte 1924 der angewandte Physiker F.M. Denton in seinem Buch *Relativity and common sense*, das ich schon im Abschnitt 2.1. erwähnt hatte.

> A popular explanation means one that is expressed in ordinary commonsense terms, whereas the very basis of Einstein's theory lies in phenomena which are outside the range of common experience and therefore of common-sense. Our common-sense notions of space and time and things are simply wrong, for it is now known that the world of experience - the real world observed by all observers - contains no factors which correspond strictly to 'common-sense' notions. Modern scientific experience has gone far beyond the range of common experience and has shown common-sense to be at fault.[45]

Mitte der zwanziger Jahre begann sich vielerorts die Einsicht durchzusetzen, daß der Anspruch an eine moderne wissenschaftliche Theorie, allgemeinverständlich zu sein, vermessen sein könnte. In den seit Bacon induktiv argumentierenden angelsächsischen Ländern wurde besonders verwiesen auf die fernab von jeder Alltagserfahrung stehenden Experimente, die die RT stützten, seien es die hochempfindlichen optischen Meßapparaturen, die fast auf Lichtgeschwindigkeit beschleunigten Elektronen oder die seltsamen astronomischen Effekte wie Periheldrehung, Rotverschiebung oder 'Lichtablenkung'.[46] Konzepte wie 'Länge', 'Zeitdauer' und 'Gleichzeitigkeit' hatten ihren wohldefinierten Sinn, solange sie im Alltagsleben verwandt werden; das anfängliche Erstaunen darüber, daß sie nur begrenzte Anwendbarkeit finden, wich Mitte der zwanziger Jahre einer nüchterneren Gewöhnung an ihre unumgänglich scheinende Reformulierung bei relativistischen Anwendungen. So konstatierte der Philosoph Bertrand Russell im Einführungskapitel seines vielgelesenen *ABCs der Relativitätstheorie* 1925:

> Die Relativitätstheorie hängt weitgehend davon ab, daß man Vorstellungen los wird, die im normalen Leben, aber nicht für unseren aus

---

[44]vgl. dazu die Abschn. 3.4.3. u. 4.7. sowie z.B. Reichenbach [1922]f S. 10 oder v.Mises [1920/22]b S. 25.

[45]Denton [1924] S. 2; vgl. analog Lodge [1929] S. 161: "the universe is regulated by sense, no doubt, but not by common sense or uninstructed prejudice".

[46]siehe Abschnitt 1.3.

seiner Betäubung erwachenden Ballonfahrer nützlich sind. Aus verschiedenen, mehr oder weniger zufälligen Gründen leben die Verhältnisse auf der Erdoberfläche Vorstellungen nahe, die sich als ungenau herausstellen, obwohl sie uns nun schon als Denknotwendigkeiten
erscheinen.[47]

Und gemünzt an die Adresse der Kantianer, aber auch in diesem Kontext
gültig, führt er diesen Gedanken im Kapitel 'Philosophische Konsequenzen'
fort, daß es nach seiner Auffassung

> wahrscheinlich [sei], daß sich gewisse Änderungen in unseren Denkge-
> wohnheiten ergeben, die auf lange Sicht eine große Bedeutung erlan-
> gen werden, wenn man erst mit den in Einsteins Werk enthaltenen
> Ideen vertraut ist - und das wird sicher der Fall sein, wenn sie in den
> Schulen gelehrt werden.[48]

Im Rahmen des Operationalismus Percy W. Bridgmans erfuhr diese Auffassung der RT als Kanon von Vorschriften zur korrekten Erfassung von
Meßgrößen eines begrenzten Anwendungsgebietes ab 1927 sogar eine eigenständige philosophische Ausdeutung, die Gegenstand eines eigenen Abschnittes [4.9.] sein wird. Hier sei nur vorgreifend erwähnt, daß auch im
Operationalismus eine eingeschränkte Gültigkeit der Begriffe und Erwartungen des common sense nur für Alltagsvorgänge behauptet wurde.

Zum Abschluß dieses Kapitels will ich noch erwähnen, daß mindestens
einmal, 1962, also nach dem Ableben Einsteins und somit am Ende des dieser Arbeit zugrundegelegten Bericht-Zeitraums, versucht wurde, beide RT
Einsteins als sozusagen 'natürliche' Resultate des vergrößerten Datenmate-
rials zu deuten. *Relativity and Common Sense*, das sind für den Astrophysiker Hermann Bondi eben **nicht** mehr unvereinbare Gegensätze. Nachdem
nunmehr eine ganze Generation von Naturwissenschaftlern am Ausbau und
der Vervollkommnung der RT mitgearbeitet hat und eine Art Gewöhnung
statt gefunden hat, unternimmt Bondi es, diese Adaptierung an die gewan-
delten Umstände Schritt für Schritt vorzuführen:

> Adaptation to a new set of circumstances is always possible. Human
> beings are intelligent, which is equivalent to the statement that they
> are flexible. Once one has met enough of a new set of circumstances,
> one can order them and acquire a new understanding of them, in just
> the same way that one can learn a new language. It so happened
> historically that the physicists' instruments became sufficiently po-
> werful to outrun the range of validity of common sense at the end of

---

[47]B.Russell [1925/73] S. 11/5; zitiert nach der deutschen Übersetzung.
[48]ibid.

the nineteenth century and in the early years of the twentieth century.
Then, for the first time, results were derived clearly contrary to experience in our ordinary and very different circumstances, and a great
deal of heart-searching and trouble arose. Nowadays we know that
this is totally misplaced; the farther we range with our instruments,
the stranger the worlds we investigate, the more different they will
clearly be from what we are accustomed to.[49]

Dieses Zitat Bondis macht deutlich, wie **das einstmals dem gesunden
Menschenverstand völlig Unbegreifliche** nach einigen Jahrzehnten der
Gewöhnung und der fortwährenden Verzahnung mit anderen Wissensberei-
chen schließlich **zum völlig normalen Befund umgeschlagen** ist.

---

[49]Bondi [1964/80]b S. 63f.

2.4 Argumente gegen vermeintlichen 'Relativismus' und die Dialektik von Relativem und Absolutem

> The philosophical implications of this change from Absolute Space and Time to Relative Space and Time have been profound but have often not been properly appreciated. Lenin wrote a pamphlet attacking Relativity because he thought it was a threat to the absolute systems of Hegel and Marx. It is only in the last thirty years that the study of relativity has become respectable in the Soviet Union. Other people in the West reacted in a similar way. Einstein was accused of undermining moral standards by suggesting that everything was relative. However, this attack and that of Lenin were based on a misunderstanding of the Theory of Relativity: it is a mathematical model of space and time. It makes no statement about how human affairs should be conducted or organized.
>
> Stephen Hawking, in: Hawking u. Israel (Hrsg.)[1987] S. 4.

Der "Streit zwischen Relativisten und Absolutisten"[1] war nicht erst seit Einstein entbrannt. Ende des 19. Jahrhunderts war durch Ernst Machs historisch-kritische Untersuchungen zur *Mechanik* der alte Disput zwischen Leibniz und Clarke (als Fürsprecher Newtons) um die korrekte Erfassung von Bewegungsvorgängen wieder entfacht worden. Mach hatte seit 1868 verschiedenen Orts erklärt: "Für mich gibt es überhaupt *nur* eine relative Bewegung"[2], woraufhin sich Opponenten wie z.B. der 'Privatdocent für Philosophie und Pädagogik an der Universität Wien' Alois Höfler aufgefordert fühlten, „'dialektische' Argumente zu Gunsten wie Ungunsten des Relativismus in Sachen der Bewegung"[3] zu wälzen, um nach reinlicher Unterscheidung der verschiedenen Verwendungsweisen von 'relativ' schließlich zu einer 'Relativierung' der Machschen Aussage zu kommen, die sich bei Höfler dann so anhörte:

> Ist überhaupt die unzähligemale [sic] aufgestellte These richtig, daß '*Bewegung ein relativer Begriff* ' sei? - Ohne Widerrede - ja. Er ist nur eben 'relativ' sogar in mehr als *einer* Beziehung. Aber das ist keineswegs ein Gewinn für die Anhänger der relativen Bewegung, sobald sie meinen, schon durch die Behauptung und den Beweis der Relati-

---

[1] Höfler [1900] S. 122; die Wortwahl entschuldigend fügt Höfler bei: "wie wir sie füglich mit einem ebenso kurzen, wenn auch auf unserem Gebiete nicht ebenso gebräuchlichen Namen, wie es 'Relativist' ist, nennen können" (ibid.).

[2] Mach [1883]b S. 248; dort findet man auch Nachweise früherer, gleichartiger Aussagen.

[3] Höfler [1900] S. 126; vgl. Ders.[1913] S. 290f.; Hartmann [1913] S. 168f.

vität der Bewegung in *einer* Hinsicht zugleich auch schon die absolute Bewegung in *jeder* Hinsicht geleugnet und widerlegt zu haben.[4]

Nachdem Einsteins SRT und die sich herausbildene ART von den Herolden, die diese ab 1910 im deutschen Sprachraum fanden und auch vom frühen Einstein selbst als Fortsetzung der Machschen Ansätze[5] aufgefaßt wurde, geriet sie dann auch prompt in das Fahrwasser der alten Debatten. In seiner *Didaktik der Astronomie* opponierte Höfler folgerichtig auch gegen Einsteins RT, vermöge der "Machs Relativismus speziell in Sachen der Bewegung gerade in unseren Tagen die umfassendste Sanktion erhalten zu haben scheint".[6] Tatsächlich war das RP der Bewegung, das in der SRT noch beschränkt war auf Inertialsysteme, aber in der ART auch auf beschleunigte Bezugssysteme angewandt wurde, *der* Aufhänger für viele populäre Schriften wie z.B. der von Stettbacher, betitelt *Die neue Relativitätslehre oder der Untergang alles Absoluten* [1916].

Es war auch die unglückliche **Namensgebung der RT**, die Mißverständnisse oft geradezu provozierte. Bis 1910 war Einsteins Arbeit von 1905 oft als "Relativtheorie" (Planck, Sommerfeld) bzw. als "Relativitätsprinzip" bzw. als "principle of relativity" (Magie, More) angesprochen worden (sofern man sie überhaupt von der Lorentzschen Elektronentheorie unterschied), und Einstein selbst soll mit den Namen "Absoluttheorie" und "Kovarianztheorie" geliebäugelt haben.[7] Ab etwa 1915 setzte sich jedoch zunehmend die auch heute noch gebräuchliche Sprechweise "spezielle" bzw. "allgemeine Relativitätstheorie" durch, und zwar eben wegen der nun notwendig gewordenen Unterscheidung *zweier* RT. Den Kritikern aber machten diese Bezeichnungen die Polemik leicht: sie mokierten sich gern über die vermeintliche Paradoxie der Namensgebung:

> Es steht natürlich frei, eine Relativitätstheorie deshalb, weil sie *ausschließlich* 'Relativität', hier der Bewegungen und des Maßeinheitenbegriffs, behauptet, 'Absoluttheorie' zu nennen. Diese Paradoxie der Namensgebung teilt auch die Einsteinsche Theorie mit jedem 'Relativismus': seine eigenen Behauptungen gelten ihm natürlich 'absolut', denn alles kann für eine Theorie relativ sein, nur sie selbst nicht.[8]

Hier tritt wieder, wie schon bei Höflers Ausführungen, der **"Relativismus" als drohendes Gespenst** im Hintergrund auf, von dem die RT ein

---

[4]ibid, S. 129; ähnlich argumentierten E. Hartmann [1913] S. 168f., Kraus [1922] S. 335.
[5]siehe die erhaltenen Briefe Einsteins an Mach, reproduziert z.B. in Herneck [1966] oder in Blackmore/Hentschel [1984]; s.a. Holton [1968] sowie Abschn. 1.3, 1.4. u. 4.8.
[6]Höfler [1913] S. 290; vgl. z.B. Weinstein [1916] S. 109f.; s.a. Wolters [1987] S. 271
[7]siehe: I.B. Cohen [1985] resp. Feuer [1974] S. 59 sowie A.I. Miller [1981].
[8]Kremer [1921] S. 51

Spezialfall sei. Auffällig am vorstehenden Zitat ist auch, daß in ihm schon gar nicht mehr gesagt wird, welche Konzepte oder Aussagen durch die RT eigentlich 'relativiert' würden - "alles kann für eine Theorie relativ sein" heißt es schlicht. Tatsächlich wurde schon sehr bald nach der 1919 massiv einsetzenden Vulgarisierung die Phrase **Alles ist relativ** zum geflügelten Wort, das für den 'Mann auf der Straße' bald zur Quintessenz der neuen Theorie wurde, von der man ihm weismachte, daß er außer diesem Allgemeinplatz von ihr sowieso nichts verstehen könne.[9] Natürlich blieb auch diese Trivialisierung der RT vorwiegend durch oberflächliche Zeitungsartikel nicht ohne Wirkung. Empört stellte z.B. der Brünner Prof. Franz Karollus fest:

> [die RT] schreckte vor keiner Konsequenz zurück und kam dadurch auf immer schiefere Bahnen. So mußte sie schließlich in allem Relatives sehen, nur im Relativen nicht, das wirklich Relative hielt sie für absolut! [...] trotz des Widerstandes und der Warnung kühl rechnender und überlegener Denker [kannte] die Begeisterung keine Grenzen mehr und es wurde alles - relativ![10]

Doch selbst unter den erklärten Gegnern der Theorie machten doch viele diese Unterstellung einer "Relativitäts-Manie" nicht mit. Die absurde These der Relativität von allem und jedem schien ihnen nur die Ausgeburt "eines verblasenen Relativismus der philosophischen Phrase" bei einigen der "Anhänger und Propheten Einsteins".[11] Autoren wie z.B. Ernst Gehrcke oder Rudolf Weinmann entwickelten eine andere, geradezu konträre Strategie, indem sie die "rein physikalische und naturwissenschaftliche Relativitätstheorie" daraufhin untersuchten, ob sie nicht doch auf **versteckten "Absolutheiten"** basiere:

> sie [die SRT] ist nur dem Namen nach eine Relativitätstheorie, bei genauem Zusehen erweist sie sich als reine Absoluttheorie, in der Geschwindigkeiten und Beschleunigungen trotz aller gegenteiligen Behauptungen nur als absolute aufgefaßt werden können.[12]

Als **Kandidaten für "Rückfälle in absolutistische Wendungen und Gedankengänge" in der SRT** werden folgende Punkte genannt:

- die Gleichzeitigkeit als "absolute und selbstverständliche Identität eines Zeitpunktes, eines Augenblicks mit sich selbst" (Weinmann [1922] S. 15),

---

[9]siehe z.B. Rülf [1920] letzte Spalte; vgl. Westphal [1946] S. 10.

[10]Karollus [1921] S. 19f., analog z.B. Ripke-Kühn [1921] S. 123.

[11]Weinmann[1922] S. 8; vielleicht dachte er hierbei an Reichenbach [1922]f S. 57 (vgl. Abschn. 3.4.3.).

[12]Gehrcke [1914] S. 484; vgl. Weinmann [1922] S. 15; vgl. Joviçiç [1924] S. 21; Ziegler [1932] S. 37.

- die "Homogeneität und Absolutheit von Raum und Zeit" (Weinmann [1925], S. 13; vgl. Weinmann [1926] S. 19),

- "feste Bestände und Maßstäbe" (Weinmann [1926] S. 19),

- der "Begriff der Systemzeit" (Gehrke [1914] S. 484),

- die schlichte Einführung der Konzepte Geschwindigkeit und Beschleunigung,

- die "Projektion des Weltgeschehens auf die vierdimensionale Raumzeit" (Richter [1921] S. 13),

- Naturgesetze als Verkörperung einer "losgelösten, allgemeingültigen Erkenntnis" (Bäcker [1923] S. 31),

- die "Welt als Ganzes genommen" (Geppert[1923] S. 7; Petzoldt[1924] S. 143),

- die Ausführung von Differential- und Integraloperationen (Geppert[1923] S. 43),

- die Postulierung einer konstanten Vakuum-Lichtgeschwindigkeit für alle Bezugssysteme (z.B. Joviçiç [1924] S. 21),

- das kategorische ('absolute') Verbot absoluter Bewegung (ibid.)

- der Nullpunkt eines Koordinatensystems als "ruhender [absoluter] Ausgangspunkt" (Ruckhaber [1928] S. 19).

Wenn eine solche 'Absolutheit' aufgefunden und benannt worden war, wurde deren Charakter untermauert mit Versicherungen wie dieser: "Die 'Relativität' dieser Identität ist ein offenbarer Ungedanke",[13] natürlich ohne daß diese Aussage dann weiterer Evidenz bedurfte; bei anderen wurden dialektische Scheinbegründungen wie die folgende gegeben: "Selbst wenn sich herausstellen sollte, daß alles in der Welt relativ ist, so wäre diese Wahrheit doch nicht weniger absolut, an ihr gäbe es nichts zu vergleichen, nichts zu deuten und nichts zu rütteln".[14] 'Relativ' stand in den Tertiär- und Quartärtexten (vgl. meine Klassifizierung der Texthierarchien in Abschnitt 2.1.) oft synonym für 'subjektiv'; umgekehrt wurde 'absolut' als gleichbedeutend mit 'objektiv' angesehen, woraus sich wiederum leicht ein Argument *Vom Relativen zum Absoluten* ableiten ließ.

---

[13]Weinmann [1922] S. 15.
[14]Geppert[1923], S. 7; vgl. z.B. Joviçiç [1924] S. 22.

> Kopernikus' Verdienst liegt eben darin, daß er einen Schritt vorwärts
> machte in der Richtung vom Subjektiven (Relativen) zum Objektiven
> (Absoluten), entgegengesetzt dem, was Einstein tut.[...] Die neuere
> Relativitätstheorie [ist darum] nichts anderes als ein Rückgang zu
> Ptolomäus [sic] Zeiten.[15]

Mit der **Gleichsetzung von 'relativ' mit 'subjektiv'** und in Konsequenz davon der Ausdeutung der RT als gehobene 'Perspektivenlehre' oder
'Standpunktsphysik' verband sich dann natürlich umgehend der Vorwurf,
die Relativitätstheorie leiste dem Subjektivismus Vorschub,[16] gelegentlich
sogar bis zum Solipsismus - Verdacht gesteigert. Dies wird sich besonders
bei der Behandlung des Machianismus und insonderheit der Interpretation
Joseph Petzoldts in Abschnitt 4.8.3. zeigen.[17] Auch hierauf wurde natürlich
erwidert.[18] Auf die 'Relativierung aller Begriffe', die viele Kritiker der SRT
in der modernen Naturwissenschaft und Philosophie vorzufinden meinten,
reagierten sie mit einer Berufung auf **Instanzen des Absoluten**, an denen
diese Modetendenz ihre Schranke fände. Es wurden u.a. genannt:

- die "absolute Erfahrung", ein "Absolutes Objektives" (Ruckhaber [1928]
  S.20),

- die "Organisation unseres Geistes" (Doehlemann [1925] S. 383f.),

- der "Raum unserer inneren Anschauung" (ibid.),

- ja sogar völlig sachfremde topoi wie "Pflichttreue und Vaterlandsliebe" (ibid.).

Gerade die zunehmende Beliebtheit der Strategie, das Absolute im vermeintlich Relativen aufzuzeigen oder doch die Anwendbarkeit der Termini
auf Bewegungsvorgänge zu bezweifeln,[19] führte dazu, daß ab etwa 1923 Autoren beider Lager vereinzelt begannen, die **Brauchbarkeit dieser Termini sowie der Dichotomie 'absolut - relativ' in Zweifel zu ziehen**,
so z.B. der ungarische Einstein-Gegner Gusztav Pécsi [1923, S. 23]:

---

[15]Farsky [1925] S. vi, analog Zettl [1924/25] S. 253.

[16]vgl.z.B. Weiss-Jonak[1919] S. 1ff; Dickel[1921] S. 14; Wittig[1921] S. 33,37; Richter[1921] S. 12f.,25; Stickers[1922], S.53; Petraschek[1922] S. 30; Färber[1923] S.128; Wiskemann[1927] S. 292f.; Vogtherr[1935] S. 793,795; Thüring[1943] S. 27f.,45.

[17]vgl. z.B. Gehrcke [1914] S. 485f.

[18]vgl. z.B. Bergmann[1928] S. 393ff.,399; Wien[1921] S. 26; Becher [1915] S. 189,192;
und Eleutheropulos [1926] S. 100f.; Reichenbach [1930]c S. 41.

[19]siehe z.B. Drexler [1921] S. 122: "Von Relativität der Bewegung schlechtweg kann
keine Rede sein; damit kommt auch das Gegensatzglied 'absolut' der Alternative 'absolut-
relativ' von selber in Wegfall"; vgl. auch Petzoldt [1924] S. 143ff.

> Es ist kaum ein Wort, welches so elastisch wäre, wie das Wort 'relativ',
> kaum ein Begriff, der zu so vielen Mißverständnissen Anlaß geben
> würde, wie der Relativitätsbegriff. Namentlich jetzt im Zeitalter des
> Relativismus herrscht eine derartige Konfusion der diesbezüglichen
> Begriffe (und im Wirrwar fischt der Irrtum leicht), daß sich wenige
> mehr eigentlich auskennen.

Auch der in den zwanziger Jahren von Gegnern der RT wiederausgegrabene
Ungar Melchior Palágyi bemängelte in einem schon 1914 verfaßten, aber
erst 1925 in Deutsch publizierten Aufsatz, "daß der große Streit zwischen
'Absolutisten' und 'Relativisten' in der Mechanik als ein bloßer Wortstreit
betrachtet werden muß", der einigen Philosophen den "erwünschten Vorwand zur Entfesselung eines scheinbar tiefsinnigen, aber völlig inhaltslosen
Wortgefechtes" abgebe.[20] Und auch der Berliner Kollege und Fürsprecher
Einsteins Max Planck äußerte [1925, S. 53] sarkastisch Zweifel an der Präzi-
sierbarkeit der "allgemeinen Begriffsbestimmung der Worte 'relativ' und
'absolut' ", auf die er dann schlicht verzichtet, weil ihm (ein nochmaliger
Seitenhieb auf die gehaltlosen Verbalattacken mancher anderer Autoren)
an der Sache und nicht an der Bezeichnung liege.

Eine weitere Variante der Zurückführung von Relativem auf Absolutes
tauchte ab 1922 in der Tertiär- und Quartärliteratur auf: die **Relativität
der RT**. Zunächst findet es sich als unverbindliches Wortspiel und obendrein nur fragend wie bei Giulio Alliata [1922, S. 38]: "Erscheint uns die
Relativität selbst noch nicht als 'sehr relativ'? Vermag die Relativität sich
wirklich noch über Wasser zu halten?" bald aber auch als wirkungsvolle
Schlagzeile einer schroffen Polemik gegen "Vergewaltigung der Wahrheit
durch Trugschlüsse von ungeheuerlicher Unfolgerichtigkeit".[21] Voll entwickelt ist die Argumentationsvariante bei Hugo Dingler in seiner, sich
eigentlich als Grabrede[22] verstehenden *Bilanz der Relativitätstheorie*:

> was schließlich noch zur vollen Relativität gefehlt hatte: die Relati-
> vität der Relativitätstheorie. In der Tat ist der Zeitpunkt gekommen,
> wo man in steigendem Maße nach anderen Lösungen sucht. Man weiß
> schon wieder, daß alles Relative eines in seiner Art Absoluten bedarf,
> um überhaupt relativ sein zu können.[23]

---

[20]Palágyi [1925] S. 56; vgl. dazu Abschnitt 3.3.
[21]wie bei Josef Kremer [10. Dez. 1922 in der Wiener *Reichspost*].
[22]auf die durch D.C. Millers Experimente seiner Meinung nach endgültig widerlegte RT;
vgl. dazu die Replik von Reichenbach [1926]b auf die wiederholten Totsagungsversuche
einer trotz alledem quicklebendigen Theorie.
[23]Dingler [1925/26] S. 218.

Dabei konnte sich Dingler sogar auf einen pro-relativistischen Kronzeugen berufen - Max Planck hatte nämlich gerade einer Abhandlung über die Entwicklung der RT den überraschenden Titel *vom Relativen zum Absoluten* gegeben, wohl in der Absicht, dem nicht aufhörenden Gerede um die eingeleiteten Relativierungen unübersehbar entgegenzuhalten, daß "gerade eine Theorie der Relativität zur Bestimmung des Absolutwerts der Energie eines physikalischen Gebildes geführt hat".[24] Plancks Interpretation der RT verlieh dieser nämlich einen Ehrenplatz "im Laufe der fortschreitenden Entwicklung der Wissenschaft", die zur "selbständigen absoluten Bedeutung" früher nur relativer Begriffsbestimmungen führe,[25] bei der "hinter dem Abhängigen das Unabhängige, hinter dem Relativen das Absolute, hinter dem Vergänglichen das Unvergängliche" aufgesucht werde:

> So ist auch in der vielfach mißverstandenen Relativitätstheorie das Absolute nicht aufgehoben, sondern es ist im Gegenteil durch sie nur noch schärfer zum Ausdruck gekommen, daß und inwiefern die Physik sich allenthalben auf ein in der Außenwelt liegendes Absolutes gründet.[26]

Hier klingen unüberhörbar wieder die Register durch, die Planck schon um 1908/09 in seiner Kontroverse mit Ernst Mach um die Zielsetzung moderner Naturwissenschaft gezogen hatte.[27] Dieser Vortrag verfehlte die beabsichtigte Breitenwirkung nicht; die zahlreichen Bezugnahmen auf Planck sowie eine verbesserte Begriffsschärfe nach 1925 beweisen dies.[28]

Auch in einem sehr viel technischeren Sinn wurde in der Sekundärliteratur zur Entwicklung in der ART gelegentlich darauf hingewiesen, daß sich in ihrem Rahmen diejenigen Koordinatensysteme vor anderen dadurch auszeichnen, in denen die metrische Fundamentalform eine besonders einfache Gestalt hat. Die Diskussionen um diese Subtilität innerhalb der ART, die einige Theoretiker zu der These hinriß, daß die ART wieder ein Analogon zum 'absoluten Raum' habe,[29] ereigneten sich aber erst nach Einsteins Ableben und fallen somit nicht in den dieser Arbeit zugrundeliegenden Berichtzeitraum. Nur der Vollständigkeit halber wollte ich dies hier nicht unerwähnt lassen.

---

[24]Planck [1925] S. 56; vgl. ibid. S. 58 u. Gruner [1922] S. 19, 22.

[25]Planck [1925] S. 57

[26]ibid., S. 59.

[27]vgl. Mach [1910], Planck [1909], [1910] und Abschn. 4.8.

[28]vgl. z.B. E. Hartmann [1925] S. 194f., L.Hartmann [1925], Piaget [1950/72]b Bd. 2, S. 95-96 u. 105, sowie kritisch: Dingler [1938/39] S. 334.

[29]siehe dazu z.B. Dirac [1951]; Earman [1970]; Grünbaum [1964/74] S. 418ff.; Friedman [1975] S. 83.

Einige der Propheten, die vom neuen Einsteinschen "Weltsystem" in allgemeinverständlicher Manier sprachen, gingen so weit, einen Zusammenhang zwischen der "Einsteinschen Geistestat" und dem "Weltgeschehen" zu statuieren, der durch das '**Schlagwort Relativismus**' gegeben schien. So schrieb etwa Moszkowski, allerdings nicht ohne "leise Zweifel" anzudeuten:

> Wir haben das Ende des Absolutismus erlebt, die Maße der Machtfaktoren haben uns die Relativität, ihre Veränderlichkeit nach Standpunkt und Bewegung erwiesen [...]. Die Welt war in ihrer Anschauung reif geworden für eine abschließende Gedankenleistung, die das Absolute auch physikalisch-mathematisch, also restlos vernichtete. So zeigte sich Einsteins Entdeckung im Lichte der Notwendigkeit.[30]

Solche gewagten Parallelen zwischen Welthistorie und Wissenschaftsentwicklung, selbst wenn sie wie hier von Moszkowski in bester Absicht entwickelt worden waren, um dem Leser einen Eindruck vom historischen Stellenwert der neuen wissenschaftlichen Entwicklungen zu verschaffen, erreichten natürlich eher das Gegenteil: zu den fachwissenschaftlichen Einwänden und den Zweifeln an einzelnen Aussagen der neuen Theorien gesellten sich von nun an auch völlig irregehende allgemein-weltanschauliche Bedenken am modischen 'Relativismus'. Als direktes Resultat solcher fehlleitender Expositionen wurde von Opponenten der "Kampf gegen den Relativismus" erklärt, in dem der Heidelberger Physiker und Nobelpreisträger Philipp Lenard eine "Führerrolle" zugewiesen bekam.[31] Die Apotheose dieser Entwicklung bildet wohl die von der gleichgeschalteten Preußischen Akademie der Wissenschaften preisgekrönte Schrift von Eduard May *Am Abgrund des Relativismus* [1941], in der in epischer Breite mit den "inneren Gründen des Relativismus" abgerechnet wurde, unter dessen Emanationen der RT natürlich ein besonderer Rang eingeräumt wurde. Zur Leitfigur bei der für nötig befundenen "Überwindung des Relativismus" wurde hier Hugo Dingler erhoben, dessen dezisionistische Wendung dem Konventionalismus als angeblichem geistigem Nährboden des Relativismus den Garaus bereitet habe.[32] Im Zuge zunehmender Politisierung gesellte sich diesem Schreckgespenst des Relativismus[33] dann noch andere Reizwörter wie z.B. das des "wissenschaftlichen Bolschewismus"[34] oder das des "politischen Marxismus

---

[30]Moszkowski [1921] S. 95.

[31]siehe z.B. Palágyi [1925] S. 101; vgl. Abschn. 3.2.

[32]siehe May [1941] S. 137, 139, 143.

[33]siehe dazu z.B. Porstmann [1916], Eder [1924], Kraus [1929], Rotenstreich [1982].

[34]z.B. bei Lodge [1920] S. 326; Pécsi [1923] S. 65, vgl. S. 5,6; zum Bolschewismus-Syndrom siehe auch Lämmel [1921]d, [1926], Frank [1948/79]b S. 11, 320, 394 und I.B. Cohen [1985] S. 374.

und Liberalismus"[35] hinzu, die die Diskussion weiter emotionalisierten. Gelegentlich wurde sogar die zu diesem Zeitpunkt bereits fest eingeschliffene Terminologie verändert, wenn eingeschworene Gegner Einsteins deutlich machen wollten, was sich ihrer Auffassung nach hinter den mathematisch-physikalischen Kulissen verbarg: Gusztáv Pécsi etwa sprach polemisch vom 'speziellen' und 'allgemeinen' Relativismus.[36] Hans Henning betrachtete jedweden Relativismus als "eine Unterabteilung des Skeptizismus, welche vorzeitig darauf resigniert [sic], allgemeingültige Wahrheiten zu finden".[37]

Von besonneneren Gegnern wie auch von den präziser argumentierenden Pro-Relativisten wurde **jede Analogie zwischen der physikalisch motivierten Theorie und der weltanschaulichen Grundhaltung des Relativismus** entschieden **als unstimmig und verfehlt zurückgewiesen**. Ein amerikanischer Reporter berichtet über eine Stellungnahme Einsteins dazu:

> His voice was gentle, but his words were decisive when he smashed with one sentence the rash application of the term 'relativity' to philosophy and to life. "The meaning of relativity" he [AE] said "has been widely misunderstood. Philosophers play with the word, like the child with a doll. Relativity, as I see it, merely denotes that certain physical and mechanical facts, which have been regarded as positive and permanent, are relative with regard to certain other facts in the sphere of physics and mechanics. It does not mean that everything in life is relative and that we have the right to turn the whole world mischievously topsy-turvy".[38]

Von den Philosophen, über die Einstein sich da so mokierte, wird im vierten Kapitel noch gesondert gehandelt werden. Einstein könnte etwa an Joseph Geyser oder Jonas Cohn, die schon 1915 bzw. 1916 dialektisch mit dem Begriffspaar 'Relativität und Absolutheit' operiert hatten,[39] an Walter Del-Negro,[40] Max Faerber [1923, S.131], Paul F. Linke [1921], an Joseph Petzoldt oder Friedrich Lipsius[41] gedacht haben.

Es gab aber auch rühmliche Ausnahmen von dieser weitverbreiteten Verwechslung der RT mit der philosophischen Doktrin des Relativismus,

---

[35]Thüring[1943] S. 33; vgl. Frank [1948/79] S. 396.

[36]Pécsi [1923] S. 28 resp. 45f.; vgl. Ripke-Kühn [1920] S. 3f.

[37]Henning [1922] S. 11; vgl. Mohorovičić [1923] S. 61.

[38]Einstein [1929]g.

[39]Geyser [1915] S. 342 bzw. Cohn [1916] S. 240ff, zitiert in Abschnitt 4.1.3.(I-2).

[40]dem sich das "Spezialproblem, ob es absolute oder nur relative Bewegung gibt, weitet und vertieft zur erkenntnistheoretischen Grundfrage, ob es absolute oder nur relative Wahrheit gibt" [1924] S. 133.

[41]siehe Petzoldt [1924] S. 143f. bzw. Lipsius [1920]; vgl. Lipsius [1921] S. 444.

und zwar in fast allen Philosophenschulen, wie sich im 4. Kapitel noch
ausführlich zeigen wird. Hier nur wenige Beispiele dafür: Auf die Gefahr
einer "Begriffsverwechslung mit dem sophistisch-skeptischen Relativismus",
die nicht unterlaufen dürfe, wiesen durchaus nicht nur die Pro-Relativisten
wie z.b. der Machianer Rudolf Lämmel ([1921]c S. 281) hin, sondern etwa
auch der philosophierende Obergeneralarzt Bertholdt von Kern in einem
an Mediziner gerichteten Überblicksartikel [1920, S. 809] oder der Jesuit
Pater Theo Wulf in seiner populären Schrift [1921, S. 80f.]. Aus aus den
Kreisen des philosophischen Materialismus, die sich mit der SRT und ART
lange Zeit schwer taten, stellte J. Lenz in der *Arbeiterstimme* am 14. März
1929 anläßlich Einsteins 50. Geburtstag fest, daß die RT "nicht das geringste gemein hat mit jenem philosophischem Relativismus, der aus der
Relativität jeder einzelnen Erkenntnis den falschen Schluß auf die Relativität *aller* Wahrheit zieht". Eine sehr deutliche Zurückweisung erfuhr
eine Vermengung der RT mit dem Relativismus auch durch den Naturphilosophen Bernhard Bavink, der in seinem auch während der NS-Diktatur
mehrmals wiederaufgelegten Überblick zu *Ergebnissen und Problemen der
Naturwissenschaften*, dessen Passagen zur RT neutral referierend gehalten
waren, uneingeschüchtert feststellte:

> Von diesen ganzen Argumentationen scheiden zunächst diejenigen voll-
> ständig aus, die - und zwar sowohl zugunsten wie zu ungunsten der
> Relativitätstheorie - aus ihr einen Physik gewordenen 'Relativismus'
> im philosophischen Sinne dieses Wortes herausdestillieren wollten [...].
> Alle die so Argumentierenden gehen an dem eigentlichen Sinne der Re-
> lativitätstheorie vollständig vorbei, indem sie sich an ein bloßes Wort
> klammern, das einen ganz anderen Sinn hat, als den sie ihm beilegen
> wollen.[42]

Weniger überraschend als dieser unverblümte und mutige Widerspruch gegen die billigen Relativismus-Anschuldigungen vieler Nationalsozialisten
sind die Klarstellungen der Philosophen, die nach 1933 ins Exil gegangen waren und sich frei äußern konnten wie z.B. Hans Reichenbach, der in
seinem Beitrag zum Schilpp-Band zum 'Relativismus'-Topos ausführte:

> das, was man die Philosophie der Relativität genannt hat, [ist] weit-
> gehend die Frucht von Mißverständnissen der Theorie [...] Der Par-
> allelismus zwischen der Relativität der Ethik und der von Raum und
> Zeit ist nur als eine oberflächliche Analogie anzusehen [...].[43]

---

[42]Bavink [1913/40]b (= 6. Aufl. 1940), S.119; (8. Aufl.1944!); zu B. vgl. Abschn. 3.2.,
4.2.2.

[43]Reichenbach [1949/79]b S. 188; vgl. ibid. S. 194 und Frank [1948/79]b S. 10f.

Und in spürbarem Widerwillen gegen die sich auftürmenden Arbeiten, die ohne eigentliche Auseinandersetzung mit den Aussagen und Inhalten der RT nur "sprachanalytisch" an dem Ausdruck 'relativ' klebten, schrieb der prorelativistisch eingestellte Philosoph Paul Volkmann [1924, S. 103]:

> Vieldeutigkeit in den Worten läßt sich nicht vermeiden, und so legt der Nichtphysiker leicht einen anderen Sinn in die Worte, als der Relativitätstheoretiker mit ihnen verbindet. So besagt auch der Ausdruck 'Relativitätstheorie' keineswegs, daß nunmehr alles Absolute zu relativieren ist, wenn auch manches, was bisher für absolut gehalten wurde, mehr oder weniger relativiert werden muß.

Vereinzelt wurde sogar von erklärten Gegnern der RT die Vermengung mit dem Relativismus zurückgewiesen wie etwa vom Grazer Naturphilosophen Michelitsch [1923, S. 86]:

> Der gemeine Relativismus kann sich nicht auf Einstein berufen, weil dieser ganz bestimmte Größen kennt, die aber vom relativen Bewegungszustande abhängen.

Allen Mahnungen zum Trotz findet sich das Mißverständnis auch in späterer Populärliteratur und in Hetzschriften gegen Einstein immer wieder, z.B. in Lichteneckers *Glück und Ende einer weltbewegenden Theorie* [1925/26], wo dieser sich über das "mathematisch-metaphysische System" der RT beklagt, das bei der "fachunkundigen Öffentlichkeit [...] sogleich viel Unheil anrichtete, da sie das bloße Schlagwort 'relativ' als einzige Heilslehre daraus schöpfte und nun für 'mathematisch' erwiesen hielt, daß – 'alles relativ sei'." Da sich gerade das Mißverständnis der RT als Relativismus wie ein Orgelpunkt durch große Teile der populären Texte zieht und über diese auch in die philosophische Literatur Eingang fand, da es überdies bei Verfechtern wie Gegnern der Theorie gleichermaßen aufkam, liegt es nahe zu fragen, wie dies zu erklären sei. Eine naheliegende Erklärung wäre natürlich die, daß es tatsächlich einen **geistesgeschichtlichen Zusammenhang mit anderen Formen des 'Relativismus'** gäbe. Diese These versuchten 1921 der Soziologe Paul Szende und 1974 der Wissenschaftshistoriker Lewis Feuer plausibel zu machen. Schon Szende behauptete, daß "Relativität und Absolutität [sic] als integrierende Bestandteile unserer Weltanschauung mit der geschichtlich überlieferten Kultur, mit der Mentalität des Zeitalters, mit den sozialen Grundlagen der Gesellschaftsordnung vielfach verbunden und innigst verflochten sind."[44] Die RT markierte für ihn den Durchbruch der "phänomenalistischen Betrachtungsweise" und zugleich den Niedergang

---

[44]Szende [1921] S. 1087.

"absolutistisch-mechanistischer Wortbilder und Gedankengänge", die jahrhundertelang unser Handeln und Denken bestimmt hätten.[45] Laut Feuer ist die revolutionär gesinnte Gegenkultur der jungen Studenten und Intellektuellen im Zürich und Bern der Jahrhundertwende, die *Einstein and his generation of science* prägte, der Ursprung einer "isoemotional line" von Protestlern, die den dort aufgesogenen Zeitgeist dann in scheinbar so disparate Bereiche wie Politik und Physik transportiert hätten.[46] Feuer denkt etwa an den späteren Attentäter auf den österreichischen Ministerpräsident Graf Stürgck Friedrich Adler, der mit Einstein in dieser Zeit eng befreundet war und dessen Begeisterung für den Relativist Ernst Mach geteilt hat.[47] Feuer bleibt leider aber den Nachweis einer geistigen Parallele zwischen Adler und Einstein schuldig - Der Austromarxist Adler war eben kein Relativist im ethischen Sinn des Wortes, sondern ein an die alleinige Richtigkeit seiner Überzeugung glaubender Fanatiker. Auch Einstein, in seiner Persönlichkeitsstruktur ohnehin sehr verschieden von Adler, war alles andere als ein Relativist, wie im nächsten Abschnitt noch detailliert gezeigt werden wird. Feuer unterstellt die Existenz eines Kontinuums von marxistischen und machianistischen revolutionären Emotionen und Visionen vorab,[48] ohne deren innere Zusammengehörigkeit belegen zu können und ohne auch nur Indizien für diese Übersetzung von soziologischem Relativismus in physikalische Relativität aufweisen zu können. Die wenigen wissenschaftspsychologischen Studien, die zum Prozeß der Herausbildung der SRT geschrieben wurden,[49] können alle nur einen psychologischen Zusammenhang mit Gedankenexperimenten aus der Schulzeit Einsteins und diversen innertheoretischen Motivationen Einsteins belegen. Somit bleibt auch Feuers Aufwärmung der 'Relativismus'-These ebenso unverbindlich und spekulativ wie schon die Fabulierungen Moszkowskis. Meiner Überzeugung nach bestehen zwischen jedwedem ethischen oder historischem Relativismus und der Einsteinschen RT nicht im mindesten Affinitäten irgendwelcher Art. Das Mißverständnis ist durch die unglückliche Namensgebung provoziert und vielfach forciert

---

[45]ibid., S. 1087, 1089.

[46]Feuer [1974] S. 59: "The word 'relativity' and the expression 'the principle of relativity' became emotive symbols of the new generational mode of thought, symbols for the isoemotional line of generational rebellion".

[47]siehe zu Adler: Ardelt [1984] und Abschn. 4.8.4.

[48]Feuer [1974] S. 58: "Thus the mind of the young 'revolutionary genius' in physics would transform, sublime and finally express the Marxist-Machian revolutionary emotion and vision. The emotions that gave rise to sociological relativity might then seek to express themselves in a physical relativity; transposed and projected upon the study of the physical world."

[49]von Wertheimer [1945/59] und Wickert [1979]; s.a. Stachel [o.J.].

worden - eine Bezeichnung wie 'Invariantentheorie', konsequent und früh genug allgemeinverbindlich eingeführt, hätte es sicher unterbunden.

Bislang habe ich mich in diesem Abschnitt nur auf deutschsprachige Quellen gestützt - die ausländischen Äußerungen zu diesem Themenfeld unterscheiden sich inhaltlich aber nicht wesentlich. Beginnen will ich diesen Nachtrag mit einer Äußerung des spanischen Philosophen José Ortega y Gasset, der in seiner Exposition der *historischen Bedeutung der Theorie Einsteins* gezielt kontrapunktisch zu allen vorherrschenden Mißverständnissen formulierte:

> The most absurd misrepresentation which can be applied to the new mechanics is to interpret it as one more offspring of the old philosophic relativism, of which it is in fact the executioner. In the old relativism our knowledge is relative because what we aspire to know, viz. Space-time reality, is absolute and we cannot attain to it. In the physics of Einstein our knowledge is absolute; it is reality that is relative.[50]

Damit spielt Ortega y Gasset auf die besonders im angelsächsischen Sprachraum seit etwa 1910 tobenden Debatten um den Relativismus und seinen Konterpart, den 'philosophical absolutism', wobei dort unter 'relativism' die Behauptung folgender drei Aussagen verstanden wurde: "that no experience is selfsufficient, that no knowledge is absolutely certain, and that no knowledge is merely derived".[51] Die hochtheoretisierten Auswertungen von Meßergebnissen und die durch die RT eingeleitete Umwälzung des Naturverständnisses sowie der axiomatische Aufbau der SRT schienen diese drei Punkte zumindest bei oberflächlicher Betrachtung zu bestätigen. Das Erscheinen von Lord Viscount Haldanes *The Reign of Relativity* forcierte 1921 die Anwendung dieses "Relativismus" auf die RT. Haldane hatte bei seiner Aufnahme des Terminus 'Relativity' eine Art Standpunktsbezogenheit allen Wissens vor Augen ("Relativity of all Knowledge"), die er geistesgeschichtlich und metaphysisch zu belegen versuchte.[52] Besonders pointiert wehrte sich auch Bertrand Russell gegen diverse, mit dem Wörtchen 'relativ' in Zusammenhang stehende Mißverständnisse:

> Es gibt eine Sorte ungemein überlegener Menschen, die gern versichern, alles sei relativ. Das ist natürlich Unsinn, denn wenn *alles* relativ wäre, gäbe es nichts, wozu es relativ sein könnte. Ohne in

---

[50]Ortega y Gasset [1922/68] S. 149 (zit. nach dem Reprint der engl. Übersetzung); zum Kontext dieses Textes in der Reaktion der Spanischen Intelligentsia auf die SRT siehe Th.F. Glick in:Glick(Hrsg.) [1987] S. 248ff.

[51]zit. nach Wiener [1914] S. 567; vgl. auch Lovejoy [1914], Wiener [1914], Znaniecki [1915], F. Cohen [1939] u.v.a.

[52]Haldane [1921]: part I bzw. part II, S. 149ff.; vgl. Haldane [1927].

metaphysische Absurditäten zu geraten, läßt sich jedoch behaupten,
daß alles in der physikalischen Welt relativ zu einem Beobachter ist.
Diese Ansicht, sei sie zutreffend oder nicht, wird *nicht* von der Relativitätstheorie geteilt. Vielleicht ist die Bezeichnung unglücklich, und
sicher hat sie Philosophen und ungebildete Leute verwirrt. Sie stellen sich vor, die neue Theorie erweise *alles* in der natürlichen Welt
als relativ, obwohl sie sich im Gegenteil allein darum bemüht, alles
Relative auszuschließen [...].[53]

In Frankreich war schon bei einer der ersten Expositionen der SRT auf einer
Sitzung der philosophischen Gesellschaft ein Streit um die Frage entbrannt,
ob durch die Relativierung von physikalischen Aussagen auf Beobachter
in bestimmten Bezugssystemen eine "multiplicité subjective de systèmes
de mesure" eingeführt würde, (wie z.B. Léon Brunschvicg [1911, S. 42f.]
meinte) und man somit bei einem "degré de relativité de plus" angekom-
men sei (wie z.B. Darlu [1911, S. 44] spekulierte). Klarstellungsversuche von
Paul Langevin [1911, S. 3,5] oder Abel Rey [1911, S. 30] konnten die spätere
Wiederholung und Variation von Einwänden dieser Art nicht unterbinden.
Anatole France etwa äußerte im Gespräch mit Ségur [1927] seine Zweifel an
der Existenz "absoluter Wahrheiten" in folgender Form: "die Wahrheiten,
von denen wir sprechen, sind durchaus relative, ausgesprochen Einsteinsche Wahrheiten".[54] Die verderblichen Folgen dieses Mißverständnisses für
die theoretische Physik in der Sowjetunion geißelte der bedeutende relativistische Astrophysiker Stephen Hawking bereits im eingangs angeführten
Motto.

---

[53]Russell [1926/73] S. 18; Hervorhebungen Orig.

[54]dt. Übersetzung von Olga Sigall, *Berliner Tageblatt*, 20. August 1927. Der Meyerson-
Anhänger General André Metz mußte noch mehr als 60 Jahre nach der Formulierung
der SRT in einem Vortrag vor der Société française de Philosophie dieser Fehldeutung
vorbeugend entgegnen [1966, S. 35].

2.5   Die RT als Revolution - Einstein als Revolutionär

> There is support among many scientists and historians for Einstein's
> view of relativity as an extension and transformation of existing scientific
> ideas, just as there is no want of testimony that the theory of relativity
> has constituted one of the greatest revolutions of our century and a
> major revolution in science.   I.B. Cohen [1985] S. 445.

Die zuletzt diskutierte These von Szende und Feuer [1974, S. 52ff.] zum
Zeitgeist der "revolutionären Gegenkultur" im Züricher und Berner Studentenzirkel bildet eine gute Überleitung zum jetzt zu behandelnden Revolutions-Topos. Daß es die "Sublimation revolutionärer Emotionen" gewesen
ist, die den jungen Albert Einstein umgetrieben habe, ist im Falle der RT
nicht belegbar. Zahlreiche Äußerungen Einsteins aus späteren Jahren besagen eher das Gegenteil, aber da sie retrospektiv gefällt wurden, ist ihnen
nur beschränkte Aussagekraft gegeben. Feuers These mag aber richtig sein
in Bezug auf Einsteins andere Großtat aus dem Jahr 1905: Gegenüber Conrad Habicht äußerte er im März 1905 in einem Brief, daß seine Einführung
von Strahlungsquanten (später Photonen genannt) ihm "sehr revolutionär"
erscheine. Insofern hat auch Feuers Entgegensetzung von Max Planck und
Einstein in Bezug auf die Quantentheorie eine gewisse Berechtigung. Nicht
zufällig wurde Planck von L. Pearce Williams [1970, S. 50] "the most reluctant revolutionary of all times" genannt - der von ihm um 1900 eingeleitete
Entwicklung der Quantentheorie konnte er selbst nur innerlich widerstrebend unter dem Zwang experimenteller Befunde folgen. Einstein hingegen
hat die weitreichenden Konsequenzen seines Neuansatzes zunächst durchaus begrüßt und sich erst in den zwanziger Jahren *gegen* die Entwicklung
der Quantenmechanik gewandt. Einsteins Begeisterung für Männer wie
Josef Popper-Lynkeus oder Ernst Mach kann ich aber nicht als Indiz einer revolutionären Stimmung deuten - im Gegenteil haben beide Zeit ihres
Lebens für die Durchsetzung von **Reformen** plädiert, also für Änderungen innerhalb des Systems und **nicht** für **Revolutionen** als systembrechende Umwälzungen.[1] Es ist ebenso falsch, wenn Feuer von einer "common isoemotional line" spricht, die "the revolutionist in politics with the
revolutionist in physics" verbinde. Im Gegenteil hat Einstein, z.B. in einem Brief an Michele Besso, seine Abneigung gegenüber dem fanatisierten
Friedrich Adler bekannt.[2] In allen Vorträgen über die historische Entwick-

---

[1]vgl. z.B. Mach zur Schul*reform* und Popper-Lynkeus zur Ernährungs*reform*!
[2]datiert 29. April 1917; Speziali [1972] S. 105: "A. ist ein ziemlich steriler Rabbi-

lung der RT und in den semi-populären Aufsätzen und Büchern aus Einsteins Feder wird sowohl seine "ehrfürchtige Bewunderung" für Figuren wie Newton oder Maxwell[3] als auch die seiner Auffassung nach bestehende historische Kontinuität zwischen der Maxwellschen Elektrodynamik und der SRT bzw. zwischen der Newtonschen Mechanik und der ART betont. 1921 z.B. schrieb er für *Nature*:

> There is something attractive in presenting the evolution of a sequence of ideas in as brief a form as possible, and yet with a completeness sufficient to preserve throughout the continuity of development. We shall endeavour to do this for the theory of relativity and to show that the whole ascent is composed of small, almost self-evident steps of thought.[4]

Diese durchgängige Betonung der stufenweisen **Evolution** im Kontrast zur abrupten **Revolution** und Einsteins überdeutlich exponierte Bevorzugung der "organischen Fortbildung" passen so gar nicht zu Feuers Entwurf von "Einstein as a generational revolutionist". Weiter unten werde ich zeigen, daß dies nicht nur als Ausdruck der Bescheidenheit Einsteins gewertet werden kann,[5] sondern durchaus auch strategisch geschickt war. Gerade durch den oft unterstellten revolutionären Charakter der Theorie wurde die RT zum leicht angreifbaren Ziel der traditionsverbundenen Kritiker.

Einsteins bescheidener Selbstdarstellung zum Trotz wurde schon in den ersten weitverbreiteten Expositionen die SRT durch angesehene Wissenschaftler wie z.B. Max Planck, Max Born, Max von Laue und Paul Langevin oder Philosophen wie Henri Poincaré als einschneidende Neuerung dargestellt, die "einer Art von Revolution" gleichkäme. Nach dem Einsetzen verstärkten öffentlichen Interesses, forciert durch reißerische Zeitungsschlagzeilen über die ART ab 1919,[6] war dieses Motiv zentraler Bestandteil praktisch aller Quartär- und Tertiärschriften, und zwar von Anhängern *und* Gegnern der Theorie gleichermaßen. Die "Gloriole eines geistigen Revolutionärs und Neuschöpfers in so gewaltigen Ausmaßen",[7] die ihn danach in der Trivialliteratur allerorten umgab, war also ein ausdrücklich **gegen Einsteins Selbstverständnis auf ihn projiziertes Cliché.** So wenig

---

nerkopf, starrsinnig, ohne Sinn für das Wirkliche. Ultra-selbstlos mit starkem Stich ins Selbstquälerische, ja selbstmörderische. Eine richtige Märtyrer-Natur."

[3]AE [1934/77] S. 155; vgl. AE [1927]a sowie Moszkowski [1921] S. 51.

[4]Einstein [1921]a S. 782; im gleichen Sinne meldet die *NYT* vom 3. Dez. "improves on Newton" (AE [1919]g); vgl. dazu meinen Kommentar und weitere Belege in Hentschel [1984] Kap. 9, S. 101ff.

[5]wie z.B. von I.B. Cohen [1985] S. 443.

[6]vgl. Abschnitte 2.1., 2.2. und unten.

[7]Thüring [1943] S. 27; vgl. Mohorovičić [1923]b S. 11.

Feuers These also *individualpsychologisch* auf Einstein zutrifft, so plausibel ist sie *massenpsychologisch* umgedeutet. Die Bereitschaft, in Einstein den "generational revolutionary" zu sehen, scheint eine Gegner und Anhänger der RT trotz aller Verschiedenheiten verbindende "isoemotional line" zu sein.

Im folgenden bemühe ich mich, in Ergänzung (nicht Verdoppelung) der vorliegenden wissenschaftshistorischen Literatur zu Einsteins Selbstverständnis[8] und zur wissenschaftstheoretischen Literatur, die in der RT seit Kuhn gerne den Modellfall einer 'wissenschaftlichen Revolution' sieht,[9] eine **Übersicht zu den von mir ausfindig gemachten Varianten der topoi 'RT als Revolution' bzw. 'AE als Revolutionär'** in Schriften anderer zu geben. Anders als im vorigen Abschnitt finden sich diese Themata keineswegs nur in der trivialen Literatur, sondern auch in seriösen Sekundärtexten. Da mir keine regionalen Besonderheiten in der Behandlung des topos aufgefallen sind, werden hier, in Abweichung vom bisherigen Procedere in diesem Kapitel, die Texte der drei Sprachgruppen (dt., fr. und engl./amerik.) nicht getrennt behandelt.

In seinem Vortrag vor dem *Wissenschaftlichen Verein zu Berlin, Urania* am 13. Oktober 1910 begann der Mathematiker und Philosoph Henri Poincaré, der selbst durch Arbeiten zur Elektronentheorie um 1905 zu einer der SRT sehr ähnlichen Elektrodynamik gekommen war,[10] mit folgenden gewichtigen Worten den Hauptteil seiner Rede über *die neue Mechanik*:

> Ich habe mich entschlossen, über eine Art von Revolution zu reden, die das zu bedrohen scheint, was in der Wissenschaft bis dahin als das Sicherste galt, nämlich die Grundlehren der Mechanik, die wir dem Geiste Newtons verdanken.[11]

Zu bemerken ist, daß Poincaré hier noch einschränkend von einer "Art von Revolution" spricht, die bedrohlich "scheint". Tatsächlich hat Poincaré wohl bis zu seinem Tode 1912 diese Reserviertheit gegenüber Einsteins Theorien nicht abgelegt[12] - die Gründe dafür liegen in seinem erkenntnistheoretischen Konventionalismus, worüber im Abschnitt 4.5. noch zu sprechen sein wird. Hier soll uns nur interessieren, daß selbst ein Zweifler wie Poincaré auf die Vokabel 'Revolution' zurückgriff, auch wenn sich für ihn 1910 noch nicht erwiesen hatte, ob diese Revolution Bestand haben würde:

---

[8]Klein [1975]; Hentschel [1984] Kap. 9; Cohen [1985] Kap. 28.

[9]vgl. Kuhn [1962/79], sowie Griese/Wahsner [1975] und I.B. Cohen [1985].

[10]siehe die Abschnitte 1.1. u. 4.5. dieser Arbeit und dortige Referenzen.

[11]Poincaré [1911] S. 3; zu P. siehe Abschn. 4.5.1-2. und dortige Ref.

[12]vgl. etwa Goldberg[1970/71].

> Vor der Hand ist diese Revolution freilich nur erst ein drohendes Ge-
> spenst, denn es ist sehr wohl möglich, daß über kurz oder lang jene alt-
> bewährten Newtonschen dynamischen Prinzipien aus diesem Kampf
> als Sieger hervorgehen werden. Immerhin ist es doch eine bemer-
> kenswerte Tatsache, daß sie sich zur Verteidigung anschicken müssen,
> denn noch vor wenigen Jahren hätte kaum jemand dies für möglich
> gehalten.[13]

Die drastische Wortwahl rechtfertigt Poincaré damit, daß langbewährte
Konzepte von Bewegung, Zeit und Raum sowie Materie "plötzlich zusam-
menzubrechen scheinen",[14] was eine neue Festlegung der tradierten Grundbegriffe und eine Neuordnung der mit ihnen formulierten Grundlagen erforderlich mache. Bedrohlich wird dies für Poincaré jedoch erst dadurch,
daß nicht *irgendwelche* Disziplinen, sondern die über 200 Jahre in zahllosen Anwendungen bewährte Newtonsche Mechanik und die Maxwellsche
Elektrodynamik zur Diskussion stehen, also gerade zwei als besonders stabil geltende, bislang nahezu uneingeschränkt für gültig befundene, zentrale
Wissensbereiche der 'klassischen' Physik.[15] Wie Alexander Moszkowski als
einer der damaligen Zuhörer berichtet, verstand es Poincaré durchaus, seine
verbleibenden Zweifel an der Theorie, "die ihn selbst, wie er bekannte, in
seinen vormaligen Grundansichten stark aus dem Gleichgewicht gebracht
hatte", deutlich zu machen. "Und im weiteren Verlauf erklärte er wiederholt, daß er vor Ängsten kopfscheu würde angesichts der sich auftürmenden Hypothesen, deren Einordnung in ein System ihm schwierig bis zur
Grenze der Unmöglichkeit erschien".[16] Trotz aller Einschränkungen des
betagten Redners wurde sein Bericht wie "Enthüllungen" aufgenommen,
die "erschütternd" auf die Zuhörer wirkten.[17]

---

[13]Poincaré [1911] S. 3; vgl. dazu Pyenson [1987] S. 68.

[14]ibid.

[15]In ähnlicher Mischung von Bewunderung der Entschiedenheit und Reserviertheit sprechen die hochangesehenen theoretischen Physiker Max Planck [1910, S. 117] und Hendrik
Antoon Lorentz [1914, S. 6] unabhängig voneinander über Einsteins (spezielles) RP und
die damit verbundene neue Auffassung des Zeitbegriffs als einzigartiger "Kühnheit", wobei
Lorentz damit zugleich eine Empfehlung verbindet: "Es ist dies eine physikalische Hypothese, über welche schließlich die Beobachtung zu entscheiden hat. Übrigens empfiehlt sie
sich schon gleich wegen ihrer Kühnheit." (Vgl. auch S. 23 ibid.).

[16]Moszkowski [1921] S. 15, 16; vgl. auch Ders.[1911].

[17]ibid.; vgl. etwa S. 144 zur hervorgerufenen Konfusion: "Der Triumph der neuen Lehre
geht über Begriffsleichen, die auf der Wahlstatt unseres Denkens liegen und lange genug ein
spukhaftes Dasein fortführen. Noch wissen die wenigsten, welche weitere innere Revolution
uns auf Grund der Einsteinschen Erkenntnisse bevorstehen, nur im Unterbewußtsein regen
sich Ahnungen, die uns das Ende scheinbar unerschütterlicher Denkformen prophezeien."
(kritisch zu dieser Passage: Zettl [1924/25] S. 253).

Daß die Wirkung der SRT in eine Krisenphase physikalischer Theorienentwicklung fiel, zeigt auch eine Rede Max Plancks in Königsberg 1911, in der das Bewußtsein an einem "entscheidenden Wendepunkt" der Wissenschaftsgeschichte zu stehen, überdeutlich spürbar ist. Dort sagte der sonst wahrlich nicht zu Übertreibungen neigende theoretische Physiker mit Blick auf Relativitäts- und Quantentheorie:

> In erster Linie sind es die großen Fortschritte der experimentellen Technik, welche den *Umschwung* herbeigeführt haben [...] Aber auch den Theoretikern hat sich ein gutes Stück des bei Praktikern herangebildeten *Wagemutes* mitgeteilt, sie gehen jetzt mit einer für frühere Zeiten *unerhörten Kühnheit* ans Werk, kein physikalischer Satz ist gegenwärtig vor Anzweifelungen sicher [...] *Es sieht manchmal fast so aus, als wäre in der theoretischen Physik die Zeit des Chaos wieder im Anzuge.*[18]

Dabei war es vor allem die RT und die nach Planck mit ihr einhergehende Aufgabe der Prinzipien mechanischer Naturanschauung, die zu "dieser Revolution" und der durch sie "hervorgerufenen Krisis" geführt hat.[19] Die sofortige Aufnahme dieser von anerkannten Fachleuten wie Planck und Poincaré benutzten Vokabeln in populären Schriften[20] bestätigt die These von Pyenson [1987, S. 65], daß die Rezeption der SRT in Deutschland vom "Klima eines revolutionären Optimismus" bestimmt war, in dem jedermann grundlegende Umwälzungen erwartete. Gleiches gilt in abgeschwächter Form und unter Einrechnung einer gewissen zeitlichen Verzögerung der Rezeption der SRT dort auch von der Einschätzung der Situation der theoretischen Physik in den USA. Für den Prof. der Physik in Yale, H.A. Bumstead, bestanden in einem Überblicksreferat 1918 für die *American Association for the Advancement of Science* keinerlei Zweifel mehr: "there has been something very like a revolution in the ideas and methods of theoretical physics since the beginning of the twentieth century".[21] Zwar sei es keineswegs der erste innerwissenschaftliche Umschwung, den die Naturwissenschaft erlebe und den Zeitgenossen erschienen alle Änderungen stets einschneidender als im Nachhinein betrachtet, doch stand zweifelsfrei fest, daß gegenwärtig ein solcher Übergangszustand ("state of transition [...] with all the discomfort that such a state involves") vorliege.[22] Das RP hatte zur

---

[18]Planck [1911] S. 58; Hervorhebungen K.H.

[19]ibid., S.60; vgl. S. 68.

[20]etwa Moszkowski [1911] S. 255ff oder Hartmann [1913] S. 153ff, 164.

[21]Bumstead [1918] S. 52; im gleichen Jahr spricht Weyl [1918/23]a S. 1 vom "revolutionären Sturm, der jene Vorstellungen über Raum, Zeit und Materie, welche bis dahin als die festesten Stützen der Naturwissenschaft gegolten hatten, stürzte".

[22]ibid., S. 62.

Eliminierung des Ätherkonzepts aus der Elektrodynamik geführt - somit war jedes anschauliche Verständnis des Lichtausbreitungsvorgangs etwa im Sinne mechanistischer Äthermodelle à la Maxwell oder Kelvin unmöglich geworden.[23] Als ein noch viel radikalerer Bruch galt jedoch schon bald die "sehr tiefgreifende, man kann geradezu sagen: revolutionäre Konsequenz, zu der sie [die SRT] hinsichtlich der Auffassung des Begriffs der Zeit nötigt."[24] Am Ende seiner Rede vor der *Versammlung Deutscher Naturforscher und Ärzte* betonte Planck jedoch, daß

> das Prinzip der Relativität keineswegs lediglich zerstörend oder zersetzend [sei] - es wirft ja nur eine Form beiseite, welche durch die unaufhaltsame Erweiterung der Wissenschaft ohnedies schon gesprengt war - sondern in weit höherem Grade ordnend und aufbauend [sei].[25]

Dieser Schlußthese konnte natürlich nur folgen, wer die Notwendigkeit des Schrittes von der klassischen Elektrodynamik zur SRT wirklich durchschaut hatte. Diejenigen, die einerseits die inhärenten Schwierigkeiten und künstlich wirkenden Rettungsversuche der klassischen Physik durch FitzGerald, Lorentz oder Larmor nicht en detail kannten und die andererseits die vereinheitlichenden und häufig obendrein eleganten Problemlösungen der SRT (noch) nicht kennen konnten, begriffen allzu oft nur die erste Hälfte des z.B. von Poincaré, Planck oder Bumstead Gesagten, nämlich daß es sich um 'kühne', 'unerhörte', "im ersten Augenblick ganz unerheuerlich, ja geradezu unannehmbare [klingende]"[26] 'revolutionäre' Entwicklungen handelt. Für dieses einseitige Verständnis der bei aller subjektiven Begeisterung doch um Ausgeglichenheit bemühten Vorträge der Fachleute durch ihr Auditorium nun einige Beispiele.

In der ersten Notiz über 'the principle of relativity' im *Scientific American Supplement* am 11. Nov. 1911 sprach E.E. Fournier d'Albe bereits uneingeschränkt von einer "revolution in the fundamental concepts of physics". Eine Revolution könne sich entweder durch ein überraschenden, bislang unbekannten Effekt anzeigen, dessen Erklärung zum Abgehen von tradierten Prinzipien zwinge, oder, weniger auffällig, durch das Vorhandensein einer quantitativ geringfügigen, aber nicht wegzuerklärenden Anomalie hervorgerufen werden. In die erste Kategorie rechnete Fournier d'Albe z.B. die Entdeckung der Röntgenstrahlen oder der Radioaktivität, zur zweiten zählt er die seit Leverrier bekannte Perihelbewegung des Merkur und den Ausgang optischer Experimente von Michelson u.a.

---

[23]Bumstead [1918] S. 58.
[24]Planck [1911] S. 69.
[25]ibid., S. 74; vgl. Analoges in Bumstead [1918] S. 52, Weyl [1918/23]a S. 2,6.
[26]ibid., S. 70.

Die unscheinbare Arbeit Einsteins von 1905 über Elektrodynamik bewegter Körper habe eine Revolution des zweiten Typs ausgelöst, deren epochale
Bedeutung erst nachfolgenden Generationen ganz klar werden könne.[27] Interessant ist, daß hier mit der Merkurperihelanomalie zufällig bereits einer
der Effekte erwähnt wird, die ab 1915 durch die ART eine neue Erklärung
fanden. Wegen der spektakulären Wirkung, die die vorläufige Bestätigung
der Lichtablenkungs-Prognose Einsteins ab 1919 auslöste, müßte die ART
nach Fournier d'Albes Klassifikation dem ersten Typus von Revolution zugerechnet werden. Jedoch unterschätzte er ganz erheblich die Wogen, die
auch die SRT schon bald zu schlagen begann, wenngleich ihre experimentelle Basis in der Tat nur in hochpräzisen Messungen an exotischen Systemen wie schnellen Elektronen (Kathodenstrahlen) oder geschlossenen
optischen Lichtwegen bestand.

Die Tonart, in der von der [speziellen] RT gesprochen wurde, modu-
lierte aber schon bald in emphatischere Tonlagen. Noch im selben Jahr
hielt der Physiker Michele La Rosa in der *Biblioteca filosofica* von Palermo
einen Vortrag über die Geschichte der Ätherhypothese;[28] darin wird die
SRT mit folgenden, hier unter Verzicht auf längere Zitate nur aufgelisteten **Umschreibungen des revolutionierenden Charakters der SRT**
bedacht:

- "hohe Tragweite" der "neuen Zeit- und Raumbegriffe"; "enorme Tragweite
  der heutigen Bewegung",

- "hartnäckige Streiche" einer "Schar Theoretiker" gegen einen der "Pfeiler"
  der "mechanischen Weltanschauung",

- unter denen "das mit soviel Liebe und Mühe aufgerichtete Gebäude der
  mechanischen Auffassung in Trümmer geht und zerfällt",

- "Die Sturzwelle ist der Unermeßlichkeit der Katastrophe wohl würdig",

- "sie rüttelt an den Grundlagen der gesamten Physik und stößt sie um",

- "überflutet die Gebiete der Schwesterwissenschaften",

- "dringt uneingedämmt bis zu denjenigen der Erkenntnistheorie";

- "kein Seitenstück läßt sich zur gegenwärtigen umwälzenden Bewegung in der
  Geschichte der Wissenschaften der letzten Jahrhunderte finden";

---

[27]vgl. Fournier d'Albe [1911].

[28]La Rosa [1912]; nachfolgende Zitate S. 3-6, 114; übrigens hatte La Rosa seine Meinung
über die SRT erst Ende 1911 überdacht und war von einem Befürworter zum Gegner der
Theorie geworden, wobei sein 'revolutionäres Vokabular' nur eine andere Deutung erfuhr
als zuvor - siehe B.J. Reeves in Glick (Hrsg.) [1987] S. 193-195, 203 u. 226 Anm.62.

- "von der alten [Mechanik] bleibt also nichts mehr übrig; sie ist von Grund auf wieder aufzubauen und wieder aufzubauen ist die ganze sinnlich wahrnehmbare Welt, soweit sie mechanische Welt ist."

All diese von La Rosa angesagten Katastrophen beunruhigten natürlich den harmlosen Leser, weit mehr als von der Sachlage her angemessen gewesen wäre. Gerade diese etwas marktschreierische Anpreisung der SRT, nach 1919 auch der ART, mußte eine ebenso überzogene Gegenreaktion provozieren, die nicht lange auf sich warten ließ. Louis Trenchard More etwa mokierte sich schon 1912 über die einreißende Art und Weise der Berichterstattung zu neuen Entwicklungen in der Physik:

Both Professor Einstein's theory of Relativity and Professor Planck's theory of Quanta are proclaimed somewhat noisily to be the greatest revolutions in scientific method since the time of Newton.[29]

Wohlgemerkt nimmt er auf eine Umwälzung nicht in der Sache, sondern nur in der Methode Bezug. Indem er dann ausführt, daß diese Neuerung für ihn darin bestehe, daß mathematische Symbole an die Stelle der Wirklichkeit gesetzt würden und ein objektives durch ein subjektives Universum ersetzt werde, wird klar, daß er in seinem Verständnis der in Rede stehenden Theorie nicht über ein (vermutlich von Magie [1911] übernommenes) subjektivistisches Mißverständnis hinausgekommen ist. Der unbedarfte Zuhörer bzw. Leser aber war nicht der Lage, von sich aus zutreffende Bewertungen von unzutreffenden zu unterscheiden, da schon die Berichte (wie eben z.B. die von More oder La Rosa), aus denen er erst die Information über die in Rede stehende Theorie hätte beziehen können, diese Wertungen enthielten.

Noch 1924 wird der Österreicher Franz Huber in seiner *klärenden Beleuchtung der Grundprobleme der Relativitätstheorie in historisch-genetischer Entwicklung* und [sic!]*neuer Lösung nach Newton'schen Prinzipien* aus dem Gebrauch des topos 'Revolution' bei La Rosa u.a. Profit zu ziehen suchen. Seine übersteigerten Katastrophenmeldungen werden von Huber genüßlich zitiert im Sinne einer 'Kriegserklärung' im "Kampf der Geister, den die Einstein'sche Relativitätstheorie heraufbeschworen hat", und der die "Gelehrtengilde in zwei feindliche Lager getrennt" hat.[30] Natürlich wird der durch die Lorentz-Einsteinschen Transformations-Gesetze angesagten Revolution, dem "gänzlichen Zusammenbruch unserer bisherigen Naturerkenntnistheorie" dann Hubers Versuch einer "Klärung der relativistischen

---

[29]More [1912] S. 370; vgl. analog [1914] S. 595, aber auch den etwas kleinlauteren Verweis auf Poincaré, S. 599.

[30]Huber[1924] S. 3,7.

Grundprobleme ganz im Sinne Newton'scher Prinzipien" entgegengehalten.[31] Und der unvorbelastete Leser, nun vor die Wahl gestellt zwischen der Alternative: *entweder* die von pro- **und** contra-Relativisten als radikaler Bruch mit bewährten Sätzen, als Umwälzung, als Revolution, als Zusammenbruch bewährter Prinzipien dargestellte Einsteinsche RT *oder* der Ausbau bzw. die Modifikation des tradierten Systems, wie sollte er sich nicht für letzteres entscheiden? Was sollte ihn von der Unumgänglichkeit eines so tiefen Schnittes in die Substanz bisherigen Wissens überzeugen?

Auch der Franzose Alphonse Berget hatte in seinem zunächst für den *Larousse mensuel* geschriebenen Artikel, der bald auch im *Scientific American Supplement* in engl. Übersetzung erschien,[32] die (spezielle) RT als eine neue, revolutionäre Doktrin bezeichnet, die, wenn sie sich bewahrheiten würde, zu einem Kollaps der naturwissenschaftlichen Grundlagen führen würde, woraus sich für ihn natürlich die Ablehnung dieser Theorie ergab.

Nach 1919 findet sich in beinahe jeder populären Schrift, die man aufschlägt, an prominenter Stelle eine Festellung über den revolutionären Charakter der RT, wobei dann meist die ART gemeint ist. Zeitungen wie die *Times* und die *New York Times*, sonst bekannt für ihre zurückhaltende, unterkühlte Berichterstattung, schwelgten in Schlagzeilen wie: "Revolution in Science", "Newtonian Ideas Overthrown", "Einstein v. Newton", "Jazz in Scientific World" etc.[33] Diese Sensationsmeldungen von der neuen wissenschaftlichen Revolution sind allerdings meist *nicht* mehr (wie noch zwei Jahre zuvor bei Berget) an eine Ablehnung der Theorie eben wegen dieses revolutionären Charakters geknüpft, sondern eher ein Ausdruck der Bewunderung für die als 'Kühnheit' empfundene Konsequenz Einsteinschen Denkens.

Schon bald diffundierte der Topos des Revolutionärs Einstein aus der Quartär- und Tertiärliteratur in die ernsthafteren Sekundärtexte,[34] also entgegen der sonst üblichen Ausbreitungsrichtung. Bereits am 4. Dezember 1919, also nur einen Monat nach der Sitzung der Royal Society, auf der die Meßergebnisse zur Lichtablenkung in Sonnennähe bekannt gegeben wurden, schrieb etwa der auf dem Gebiet der Elektrodynamik selbst arbeitende E. Cunningham in *Nature* über die von Einstein seit 1906 aufgestellte Behauptung der Äquivalenz von Energie und Masse:

---

[31]Huber [1924] S. 64.
[32]Berget [1917]a,b,c; vgl. Abschn. 3.1.
[33]London *Times*, 7., 8. u. 15. Nov. 1919; siehe auch N.N.[1919]h,n; [1920]a, Fowler et al.[1919], Lodge [1919]a-c, Poor [1919]. Vgl. Crelinsten [1980], Pais [1982] S. 308f. und I.B. Cohen [1985] S. 417.
[34]siehe meine Klassifikation in Abschnitt 2.1.

The mere thought was revolutionary, crude though it be. For if at all possible it means reconsidering the hypothesis of the constancy of the velocity of light.[35]

Der Freund und Kollege Einsteins, Max Born, der seit 1907 bereits die Tragweite der SRT erkannt[36] und an ihrem Ausbau mitgewirkt hatte, veröffentlichte nach einem recht präzis informierenden Vortrag, der 1919 auch als Zeitungsartikel erschien,[37] 1920 erstmals sein mehrfach wiederaufgelegtes Buch über die *Relativitätstheorie Einsteins und ihre physikalischen Grundlagen*, in dessen Einleitung er diese als einen "Wendepunkt", "als das Ende der klassischen Periode oder als den Beginn eines neuen Zeitalters der Physik" bezeichnete, gegen die die normale Entwicklung der Naturwissenschaften als ein "im allgemeinen gleichförmiger, stetiger Vorgang" zu setzen sei.[38] 1925 konnte Bertrand Russell in seinem *ABC der Relativitätstheorie* die "erstaunlichen" Leistungen Einsteins bereits mit einem Verweis darauf beginnen, daß "allgemein anerkannt wird, daß er unser physikalisches Weltbild revolutionierte".[39]

Und die Kritiker und Gegner der RT sprachen angesichts der Omnipräsenz des Revolutions-Topos gar von einer **"Revolutionswelle der Wissenschaft"**,[40] womit dann neben der SRT und ART auch die durch Planck initiierte und durch Heisenberg und Schrödinger vorangetriebene Quantenmechanik gemeint waren, die in der Öffentlichkeit vielfach auf die gleichen Ressentiments wie die RT stießen, weil sie als ein weiterer tiefer Bruch mit klassischen Denktraditionen bewertet wurden. Dem wurde dann die Hoffnung entgegengestellt, daß "der Gedanke einer Evolution auch in der Entwicklung der Wissenschaft" sich wieder durchsetzen würde. Dies war gleichzeitig ein wirksames Argument gegen eine Theorie, die (den Darstellungen zufolge, die sie allerorten erfuhr) so radikal von diesem Schema einer allmählichen Entwicklung unter weitestgehender Beibehaltung des Altbewährten abwich. Es wurde sogar unterstellt, daß die "Unbefangenheit einer kritischen Nachprüfung" den Lesern "physikalischer Weltbild-Literatur" gezielt dadurch genommen würde, daß man den "absolut belanglosen Einfällen mathematischer Physiker die Größenordnung 'kopernikanischer' Entdeckungen" anhinge,[41] wodurch der Topos plötzlich nicht

---

[35]Cunningham [4.Dez. 1919] S. 356.

[36]vgl. Infeld [1950] S. 50 und I.B. Cohen [1985] S. 407, 410.

[37]*Frankfurter Zeitung*, 23. Nov. 1919 (= Born [1919]).

[38]Born/Biem [1920/69] S. 1; vgl. Gruner [1922] S. 3 zur "Neuorientierung der Physik", die "an den letzten Grundpfeilern unserer ganzen Naturwissenschaft rüttelt".

[39]Russell [1926/73] S. 5/9.

[40]Gehrcke [1925] S. VI.

[41]so etwa W. Müller [1940] S. 283.

mehr Ausdruck der Unkenntnis historischer Zusammenhänge und bestehender Kontinuitäten durch fachfremde Journalisten war, sondern zum raffinierten "Propaganda-Trick" der Prorelativisten "vom Schlage Eddingtons" hochstilisiert wird. Dabei konnten sich die Gegner allerdings nicht auf Einsteins eigene Schriften berufen, denn er hatte stets seine Theorie als eine natürliche Weiterentwicklung der klassischen Mechanik und Elektrodynamik dargestellt. Rückblickend, mit dem Wissen um all den Wirbel, den die Proklamation der RT als 'revolutionäre Neuerung' auslöste, erscheint Einsteins Darstellungsweise als ein strategisch geschickter Schachzug. Allerdings ist I.B. Cohen [1985, S. 414] rechtzugeben, wenn er die Heftigkeit der Attacken, die gerade gegen die RT gefahren wurden, geradezu zum Maßstab für die Tiefe der durch sie tatsächlich ausgelösten Revolution macht. Insofern hat vielleicht mancher Kritiker die Tragweite der Neuerungen Einsteins realistischer erfaßt als der (befangene und bescheidene) Schöpfer der Theorie selber.

Nur in den detaillierteren Schriften der eigentlichen Sekundärliteratur[42] wurde überhaupt präziser angegeben, **worin die Einsteinsche Revolution eigentlich besteht**. Dort wurden u.a. genannt:

- eine Revolution der Konzepte von Raum und Zeit in der SRT (z.B. Planck [1910] S. 117; Langevin[1911] S. 53; Hönigswald[1912] S. 94; Abraham[1914] S. 16; Weyl [1918/23]c S. 1,6; Bavink [1920] S. 131; B. Russell[1920] S. 11; Eddington [1920]d S. 145; Lovejoy[1930] S. 617; ...)

- die Ablehnung des klassischen Gegensatzes zwischen 'scheinbar' und 'wirklich' durch die relativistische Deutung der Lorentztransformationen (Pauli [1921/63] S.33; vgl. Grünbaum [1964/74] S.409).

- die Einführung nicht-euklidischer Maßbestimmungen für Raum-Zeit-Strukturen durch die ART (Cassirer [1921] S. 96; Gruner [1922] S. 3,15),

- die Ersetzung der Gravitation als Kraft durch die Struktur eines vierdimensionalen Raum-Zeit Systems, in dem sich Lichtstrahlen und Körper auf geodätischen Linien bewegen (z.B. Carnap [1966/86] S. 167),

- die Aussicht auf eine mathematische Erfassung der Struktur und Dynamik des Kosmos durch die kosmologische Anwendung der ART (z.B. Weyl [1918/23]c S. 1),

- ein vertieftes Verständnis des Zusammenhangs zwischen Masse und Energie (z.B. Langevin[1911] S. 53f.)

---

[42]vgl. meine Klassifikation in Abschnitt 2.1.

- und der Konstanz der Lichtgeschwindigkeit als Postulat im Rahmen der SRT (Cunningham[1919] S. 356; v. Horvath[1921] S. 34),

- eine Außerkraftsetzung der 'orthodoxen Dynamik' durch die Verschmelzung von Erhaltungssätzen (B.Russell [1922] S. 253).

Einsteins zeitweiliger Mitarbeiter Leopold Infeld ging soweit, von der SRT bzw. ART als 'erster bzw. zweiter Einsteinscher Revolution' zu sprechen.[43] Viele der genannten Physiker und Mathematiker waren sich jedoch des Umstandes bewußt, daß bei allen Unterschieden der SRT und ART zur klassischen Elektrodynamik und Newtonschen Mechanik auch zahlreiche historische Kontinuitäten vorhanden waren. **Mit anwachsendem zeitlichen Abstand** von der Periode der Formulierung der SRT und ART finden sich **zunehmend Texte, in denen der Auffassung dieser Theorien als revolutionär vehement widersprochen wird.** In einem Gespräch mit einem Redakteur der *Woche* äußerte Max Planck, befragt nach dem Grund dafür, "daß uns sozusagen von heute auf morgen Erkenntnisse, die alles bisher Anerkannte revolutionierten, beschert wurden",[44] seine entdramatisierte Sicht der Theorienentwicklung im zwanzigsten Jahrhundert:

> Dies hat eine einfache Erklärung.[...]. Unsere Meßmethoden vervollkommnen sich immer mehr.[...]. Die bisher bekannten Naturgesetze müssen daher ergänzt oder- wo dies nicht ausreichend geschehen kann - durch andere ersetzt werden. Anders gesprochen: da die Naturgesetze unserer Überzeugung nach unwandelbar sind, verändern wir eigentlich nicht die Gesetze, sondern nur unsere Meinung über sie. Für den Außenstehenden ist dies natürlich mit der völligen Abänderung der Gesetze gleichbedeutend. Wohlverstanden, nicht für den Laien allein. Würde Newton oder ein anderer Meister der klassischen Physik heute auferstehen, er würde vielleicht glauben, daß entweder er oder die modernen Physiker verrückt geworden seien. So sehr wurde das Weltbild verändert - vor allem vielleicht durch die Relativitäts- und Quantentheorie.[45]

Für Planck war es also erst die historische Distanz oder die **Unkenntnis verbindender Elemente durch den außenstehenden Laien, aus der heraus der Eindruck einer radikalen Wandlung, einer Revolution, aufkommen kann.** Für die beteiligten Forscher hingegen überwiegt häufig, zumal bei Temperamenten wie denen Plancks oder Einsteins, das

---

[43]Infeld[1950].
[44]in Planck [1931] S. 1419.
[45]Planck [1931] S. 1419; vgl. auch Reichenbach [1930]c S. 37-42; v.Aster [1932] S. 110.

Selbstverständnis, an graduellen Präzisierungen, Verfeinerungen, graduellen Modifikationen mitzuwirken.[46] Darin kann sicher auch eine etwa überpointierte Gegenreaktion auf die durch ständige Wiederholung schnell zur Platitüde heruntergekommene Rede von der Planckschen bzw. Einsteinschen Revolution gesehen werden.

Dessen ungeachtet bedienten sich **Philosophen** aus allen Gruppierungen in zahlreichen Fällen des topos der revolutionären Wandlung. Dies wundert nicht, denn die populären Schriften waren für die nicht fachlich vorgebildeten unter ihnen die einzige Informationsquelle. Das bereits in der Vulgärliteratur vorgefundene Thema wurde von den Philosophen dann natürlich aufgegriffen. Einige Beispiele seien hier vorgreifend auf Kap. 4 genannt:

- Der dem Fiktionalismus nahestehende Prager Philosoph Oskar Kraus referierte skeptisch die von Einstein geforderte Relativität der Gleichzeitigkeit als "revolutionäre These" und vermerkte zusätzlich, offensichtlich unter Hinweis auf die von ihm benutzte Sekundärliteratur: "und er wurde deswegen einem Kopernikus gleichgestellt." (Kraus [1920]b; vgl. 4.4. u. 5.3.).

- Für den kritischen Realisten Bernhard Bavink [1920, Sp. 131f.] ergab sich durch die "völlige Umwälzung", die die ART "hinsichtlich der Auffassung des Verhältnisses von Raum und Zeit zu den physikalischen 'Dingen' [herbeiführte,] ein großartiger Fernblick ins gelobte Land der Metaphysik" (vgl. 4.2.).

- Der Machianer Joseph Petzoldt verkündete mit Blick auf die SRT: "Die theoretische Physik bricht alle Brücken hinter sich ab" ([1921] S. 448ff.; vgl. 4.8.3.).

- Der keiner Schulphilosophie zuordnenbare mechanistisch argumentierende Däne Helge Holst betrachtete es zwar als "große Revolution in der Behandlung physikalischer Probleme", daß Einstein die Werte von Längen und Zeiten von den Umständen einer Messung abhängig macht und überdies nichteuklidische Resultate für möglich erklärt [1920, S.109], kam aber zu der Gesamtwertung, daß die SRT "weniger revolutionär als allgemein angenommen" sei ([1920] S. 38f.; [1919] S. 13f.).

- Der Operationalist Percy W. Bridgman sprach in seiner *Logik der heutigen Physik* ([1927/32] S. x) von einer "tiefgehenden Wandlung" der Begriffe von Raum und Zeit durch Einstein (siehe Abschn. 4.9.).

---

[46]vgl. die Belege zu Anfang dieses Abschnittes sowie z.B. Lorentz [1919], Carmichael [1919]. Für eine heutige traditionalistische Bewertung der ART vgl. etwa Weinberg [1987] S. 6: "In fact, it is fair to say that, not only does Einstein's theory not supplant Newton's theory, it explains Newton's theory. (I think this is a point not often appreciated.)"

- Der dialektische Rationalist Gaston Bachelard konstatierte [1949/79, S. 413]: "eine systematische Revolution der Grundbegriffe beginnt mit der Einsteinschen Wissenschaft".

- Der Fallibilist Karl Popper erklärte in einem Interview mit G.J. Whitrow [1967, S. 25], daß die "Einsteinsche Revolution" ihm bei der Ausbildung seiner Ansichten über Wissenschaftsentwicklung Modell gestanden habe (siehe 4.12.4.).

- Der Wissenschaftshistoriker und -theoretiker Thomas S. Kuhn führte in seiner Studie über *die Struktur wissenschaftlicher Revolutionen*[47] Einsteins RT als einen der Kronzeugen für den Prozeß der Ablösung wissenschaftlicher Normen und Musterlösungen ('Paradigmenwechsel') an.

- Meyerson sah in den Relativitätstheorien Instanzen seines evolutionären Modells vom Fortgang der Wissenschaft (siehe z.B. I.B. Cohen [1985] S. 381 und Abschnitt 4.11.).

Ein Unterschied im Gebrauch des Topos mag darin liegen, daß die Philosophen in der Entwicklung zur RT häufig eine Art Indiz für allgemeinere Tendenzen, z.B. einen Modellfall für wissenschaftsgeschichtliche Ablösungsprozesse sahen. Anders als in den Popularisierungsschriften war hier die Feststellung des Revolutionären kein Endpunkt der Argumentation, sondern eher ein Einstieg in Fragen wie: - Was wird durch die RT verändert? Revolutionär in welchem Sinn? Eine nützliche Präzisierung der Terminus 'Revolution' wird z.B. vom Harvard Historiker I.Bernhard Cohen geliefert, der [1985, Kap.2] eine **4-Stadien Feinstruktur von Revolutionen in der Naturwissenschaft** postuliert und in historischen Fallstudien (u.a. auch zu Einstein) belegen konnte. Die erste Phase, der geistige Durchbruch, datiert im Fall der SRT auf eine kurze Zeitspanne vor der Einreichung der berühmten 1905er Arbeit, natürlich vorbereitet von einer längeren 'Inkubationseit', die bei Einstein wohl bis in die Aarauer Schulzeit zurückreicht.[48] Mit der schriftlichen Fixierung beginnt die zweite Phase. Durch das baldige Interesse von Max Planck (Mitherausgeber der *Annalen der Physik*) und einiger anderer einflußreicher Physiker wie z.B. Arnold Sommerfeld beginnt die SRT in einem kleinen Kreis von Fachwissenschaftlern zu wirken, nach Cohen Kennzeichen der dritten Phase einer wissenschaftlichen Revolution, die erst dadurch zu einer 'richtigen' Revolution wird, daß sie, im vierten Stadium, auch weitere Verbreitung in der interessierten Öffentlichkeit findet. Erst durch diese Breitenwirkung der RT im letzten Stadium erweisen

---

[47]Kuhn [1962/79], darin z.B. S. 20,59,111.
[48]Material dazu etwa in Stachel [1980] und Stachel et al.(Hrsg.) [1987] Vol.1.

sich die RT Einsteins für Cohen als echte wissenschaftliche Revolution desselben Kalibers wie etwa die der Darwinschen Evolutionstheorie oder der Newtonschen Mechanik.[49]

Unter dem Chor all derer, die die RT als 'revolutionär' auffaßten und diese Überzeugung öffentlich vertraten und verbreiteten, waren die gegenläufigen Stimmen einiger weniger Fachwissenschaftler (inklusive der Einsteins) bis tief in die zwanziger Jahre hinein kaum vernehmlich.[50]

1926, also lange nach dem Abflachen der Flut von Schriften um 1922, "nachdem die heftigen Gegner der Theorie - Gott sei dank - viel stiller geworden sind", schrieb Hans Reichenbach, in bewußtem Gegensatz zu dem Lamento um wankende Fundamente, Verlust an Klassizität: "Kurz, die Relativitätstheorie ist klassisch geworden." Die Physiker seien längst zur Klärung der Struktur des Atoms übergegangen, wobei sich die RT als unstrittig vorausgesetzte Hilfsdisziplin bewähre. "Von der Relativitätstheorie spricht man dabei nur, indem man mit Selbstverständlichkeit dem Modell die 'Relativitätskorrektionen' hinzufügt, die es erst genau machen sollen [...] 'Der Wahrheit ist nur ein kurzes Siegesfest beschieden zwischen den beiden langen Zeiträumen, wo sie als paradox verdammt und als trivial geringgeschätzt wird' sagt Schopenhauer. Die Relativitätstheorie ist in das dritte Stadium eingetreten".[51]

Wenn Reichenbach auch sicher Recht damit hatte, daß die [spezielle] RT zu diesem Zeitpunkt von der überwiegenden Mehrzahl der Physiker nicht mehr als klärungsbedürftig angesehen wurde, sondern Spezialuntersuchungen wie etwa den relativistischen Korrekturen zum Sommerfeldschen Atommodell,[52] als undiskutierte Prämisse zugrundelag, so überzeugte er mit diesem Verweis auf wiederum exotische Anwendungsbereiche sicher nicht all diejenigen, die an ihrer Berechtigung unter Verweis auf ihre vermeintliche umstürzlerische Wirkung' oder 'Widersprüche zum gesunden

---

[49]ref. nach I.B. Cohen [1985]; eine gleichartige Aussage findet sich übrigens schon 1927 bei Gilman [S. 477]: "until laymen do understand what relativity means, and accept its premises and its conclusions, the doctrine will not have conquered mankind. Relativity will not have effected a revolution in general human thought about the physical world, but only a revolution in the intimate thought of a vanishingly small élite of humanity".

[50]umso bemerkenswerter sind darum die wenigen, nüchternen Kontrapunkte zum Revolutionstopos in Campbell [1907/13]b S. 371ff.; Study [1914/23] S. 18; Remy [1920] S. 95; Turner [1920] S. 606f.; Wulf [1921] S. 87f. oder v.Mises [1921] S. 426, wo z.B. die ART "durchaus nicht als revolutionär", sondern eher als "eine 'überklassische Mechanik' " bezeichnet wurde.

[51]Reichenbach [1926]c S. 38f.; vgl. analog Lämmel [1930]b S. 822: "das was damals, vor einem Vierteljahrhundert, das Ueberraschende und genial Ketzerische war, hat heute schon viel von seinem Stachel verloren" und Heisenberg [1943].

[52]diskutiert in Sommerfelds *Atombau und Spektrallinien* Bd.I, 5.Kap. (1. Aufl. 1919).

Menschenverstand' (vgl. Abschn. 2.3.) gezweifelt hatten. Auch dieses bonmot von der erreichten Klassizität der (speziellen) RT wurde von den Gegnern der Theorie nur wieder zum Anlaß genommen, die vermessenen Ansprüche der Relativisten zu geißeln.

Den ersten detailliert ausgeführten Bruch mit der Tradition, die RT in populären Texten als eine Revolution zu präsentieren, stellt Hermann Bondis, im Abschnitt über das common-sense Argument schon erwähnter "new approach to Einstein" dar. Im Vorwort schreibt John H. Durston dazu:

> This book differs radically from all previous attempts to explain Relativity to the lay audience. Where previous writers have tried to develop Relativity *in opposition* to the ideas of Isaac Newton, Professor Bondi derives Relativity *from* Newtonian Ideas. He pictures Relativity as being neither revolutionary nor destructive of classical dynamics but rather as being an organic growth, inevitable when man began to deal with velocities approaching the speed of light.[53]

Durch das gesamte zweite Kapitel zog sich das **Schema anfänglicher Aufregung und nachfolgender allmählicher Gewöhnung**. Bei der Frage, ob die SRT und ART wissenschaftliche Revolutionen waren oder nicht, kommt hinzu, daß schon bald nach dem Aufflammen öffentlichen Interesses für beide eine weitere Theorie, die Bohr-Heisenberg-Schrödingersche Quantenmechanik bekannt wurde, in der mit dem im 'gesunden Menschenverstand' mindestens ebenso fest verankerten Kausalitätsverständnis gebrochen wurde. Viele der in Kapitel 2 (und 3) behandelten Aspekte ließen sich deshalb auch an der Rezeption der Quantenmechanik nach 1925 untersuchen: auch hier findet man die Staffelung in Primär-, Sekundär, Tertiär und Quartärtexte, auch hier den Unterschied zwischen Popularisierung und Vulgarisierung, törichte Argumente unter Berufung auf den common sense und die marktschreierische Bewertung als Unerhörtes, nie Dagewesenes, radikal Neues. Jedoch war die Wirkung dieser ersten Reaktion einer breiten Öffentlichkeit auf die Philosophenschulen, die auf dieser Grundlage zu einer philosophischen Interpretation kamen, sehr viel weniger vielfältig und sie trat auch, unter anderem aus zeitpolitischen Gründen, erst viel später ein.

---

[53]Durston im Vorwort zu: Bondi [1962/80] S. vii.

Kapitel 3

Besondere Gesichtspunkte

Der Übergang von der Wissenschaft zur politischen Ideologie geschieht [...] durch die Vermittlung der Philosophie. Die allgemeinen Sätze der Philosophie werden zunächst in einer philosophischen Sprache ausgedrückt [...]. Dieselben Worte treten auch in den philosophischen Lehren auf [...]. Die allgemeinen Sätze der Wissenschaft gehen so allmählich in Sätze der Moralphilosophie und der politischen Philosophie über.   Philipp Frank [1949/79]b S. 394.

Wie keine zweite wissenschaftliche Theorie dieses Jahrhunderts wurde die RT Einsteins zum Gegenstand von Debatten, in die viele externe Gesichtspunkte hineinspielten. Daß gerade mit der RT in so einzigartiger Weise Mißbrauch getrieben worden ist, hängt mit der zeitpolitischen Situation zusammen, in die die Phase ihres Bekanntwerdens fiel. Nationale Rivalitäten waren durch den 1. Weltkrieg angestachelt worden, ohne daß der Friedensschluß 1918 zu ihrer Beilegung geführt hatte (Dolchstoßlegende). Der nie ganz erstickte Antisemitismus wucherte aufs Neue in den Organen der rechten Presse und ersten pränazistischen Organisationen. Die Vielfalt der Presseorgane in der Weimarer Republik und deren unerbittliche Konkurrenz untereinander führten darüber hinaus häufig zu einer sensationsgierigen, maßlos übertreibenden Darstellung der Aussagen der RT (vgl. Abschn. 2.1.), die von Seiten ihrer Kritiker als 'schamlose Propaganda' aufgefaßt wurde. Durch all diese zeitbedingten Mechanismen geriet die rein auf wissenschaftliche Zwecke abzielende RT in das Räderwerk der Tagespolitik, die die RT und ihren Begründer für ihre jeweiligen Zwecke instrumentalisierten: als abschreckendes Beispiel deutschen Spintisierertums im Ausland, als Produkt einer propagandistisch erzeugten Massenpsychose, und schließlich: als "Ausgeburt jüdischen Denkens". Diesen betrüblichen Mißverständnissen wenden wir uns in diesem Kapitel zu.

3.1 Deutschenhaß und chauvinistische Beurteilungen in ausländischen Stellungnahmen zur RT

Noch eine Art Anwendung des Relativitätsprinzips zum Ergötzen des Lesers: Heute werde ich in Deutschland als 'deutscher Gelehrter', in England als 'Schweizer Jude' bezeichnet. Sollte ich aber einst in die Lage kommen, als 'bête noire' präsentiert zu werden, dann wäre ich umgekehrt für die Deutschen ein 'Schweizer Jude' und für die Engländer ein 'deutscher Gelehrter'.

Albert Einstein in der Londoner *Times*, 28. Nov. 1919, dt. Übersetzung aus AE [1934/77]b S. 198.

Die Wirkung der RT auf ein breiteres Publikum fiel in die Jahre eines wiederentfachten Chauvinismus allerorten. Kurz nach dem Ausbruch des ersten Weltkrieges erschien in Berlin der sogenannte *Aufruf an die Kulturwelt*, unterzeichnet von insg. 93 Gelehrten, Künstlern und Repräsentanten des öffentlichen Lebens, in dem die expansive deutsche Militärpolitik durch den Verweis auf das 'Heil der ganzen Kultur Europas' gerechtfertigt wurde.[1]

Einstein brachte nicht nur die Zivilcourage auf, die von ihm erbetene Mitunterzeichnung zu verweigern, sondern er signierte sogar ein von C.F. Nicolai verfaßtes *Gegenmanifest*, das schon wegen der zu erwartenden Repressalien kaum weitere Mitunterzeichner fand.[2] Im Ausland wurde nur das erstgenannte Manifest bekannt und erregte dort schnell die durch den Weltkrieg ohnehin gereizten Gemüter der dortigen Wissenschaftler, die mit gleichartigen Pamphleten reagierten - ein "Krieg der Geister" war entbrannt,[3] der auch mit Beendigung des ersten Weltkrieges keineswegs bei-

---

[1]unter ihnen z.B.der Maler Max Liebermann, der Schriftsteller Gerhart Hauptmann und die Physiker Wilhelm Conrad Röntgen und Philipp Lenard sowie Einsteins Berliner Kollegen Walther Nernst und Max Planck; Textausschnitte und Kommentare in Nathan/Norden (Hrsg.) [1975] S. 21ff. und Kleinert [1978].

[2]Text und Materialien dieses "Aufrufs an die Europäer" in Nathan/Norden (Hrsg.)[1975] S. 22-23; wenn dieses Gegenmanifest zunächst auch ohne Wirkung blieb, so wurde Einsteins Engagement hierfür doch später bekannt. Zu Einsteins 50. Geburtstag las man etwa in der *Arbeiterstimme* "Das Proletariat aber weiß, daß Einstein niemals zu jenen reaktionären Propheten einer deutschen Wissenschaft gehört hat, die, was immer sie in ihrem Fach leisten mögen, in den großen Fragen der Menschheit stets nur den beschränktesten Chauvinismus und Klassendünkel bekunden. Mit jenem Professorenklüngel, der mit Recht 'die geistige Leibgarde der Hohenzollern' genannt wurde, hat Professor Einstein nichts gemein." (Lenz [14.III. 1929]).

[3]vgl. *Der Krieg der Geister. Eine Auslese deutscher und ausländischer Stimmen zum Weltkriege*, herausgeg. v. H. Kellermann, Dresden 1915.

gelegt war, sondern in wechselseitigen "Boykotts" (d.h. Ausschluß auswärti-
ger Mitgliedschaften in Akademien, Unterbindung des Versandes von Zeitschriften ins andere Lager u.s.w.) fortgesetzt wurde.[4] Tiefwurzelnde Vorurteile wie etwa der Mythos von der Erbfeindschaft zwischen Deutschen und
Franzosen konnten in diesem Klima wieder aufleben. Selbst in des Chauvinismus unverdächtigen Schriften wie etwa Max Borns elementarer Darstellung der RT Einsteins wurde daraufhin gelegentlich mit Nationalclichés operiert, so etwa wenn sich Born die Frage vorlegte, warum die RT seiner Auffassung nach bei den "alten Kulturvölkern des europäischen Kontinents" so
viel schneller und leichter aufgenommen wurde als bei den Engländern und
Amerikanern, die "zu konkreten Vorstellungen neigen" bzw. sich gerne an
mechanische Bilder und Modelle hielten.[5]

Im Zusammenhang mit meiner Themenstellung interessiert all dies insofern, als in viele der ausländischen insb. französischen Streitschriften zur
"Science allemande" spezifische Bemerkungen zur RT Einsteins eingefloch-
ten waren, an der dieses 'typisch deutsche' festgemacht wurde. Im folgenden werde ich einen kurzen Überblick mit einigen ausgesuchten Textbelegen
für diesen Typus von Stellungnahmen zur RT geben, aus dem hinreichend
deutlich werden sollte, daß hier **keine ernstzunehmenden Interpretationen vorliegen, sondern nur zeitgeschichtlich zu verstehende,
polemische Fehlinterpretationen.**[6]

Die früheste mir bekannt gewordene nationalistisch getrübte Äußerung
eines ausländischen Physikers zur RT stammt von Louis Trenchard More
(1870-1944), dem späteren Biographen Newtons, der in Reaktion auf die
Exposition der SRT durch W.F. Magie [1911] vor der *American Association
for the Advancement of Science* am 11.April 1912 seine Gedanken über die
beiden neuesten Theorien in der Physik darlegte: "The theory of quanta
by Prof. Max Planck of Berlin, and the Principle of Relativity by Prof.
Albert Einstein of Zurich [sic]. Both of these are abstruse and technical
in their development, but their underlying principles are simple enough."
Nach einem Referat dieser Prinzipien und einer Erörterung der Frage, ob
ihre marktschreierische Anpreisung als 'revolutionär' angemessen sei,[7] fährt
er wie folgt fort:

Undoubtedly the German mind is prone to carry a theory to its logical

---

[4]vgl. z.B. Grundmann [1965] und B. Schroeder-Gudehus, 'Isolation und Kooperation
der nationalen scientific communities', in: Nelkowski et al. (Hrsg.) [1979] S. 517-535.

[5]Born [1920/22] S. 172; diese Passage wurden übrigens in der späteren 5. Auflage dieser
Schrift 1969 ersatzlos gestrichen.

[6]Es gibt bereits Detailstudien zu diesem Phänomen, und zwar insb. für den französischen Sprachraum: siehe Kleinert [1978] für zusätzliche Belege und Literaturhinweise.

[7]vgl. hierzu Abschnitt 2.5.

conclusion, even if it leads into unfathomable depths. On the other hand, Anglo-Saxons are apt to demand a practical result, even at the expense of logic. As Professor Duhem once remarked, they wish to construct a tangible model of sticks and strings to illustrate their most profound ideas. And it is apparent that they are beginning to grow restive under the domination of this new transcendental method, and to question where all this metaphysical speculation is hurrying them.[8]

Noch über zwei Jahrzehnte später wird More im Abschnitt 'the effect of the *Principia*' seiner Newton-Biographie gegen Einstein polemisieren, dessen ART ihm erscheinen wird als

the boldest attempt towards a philosophy of pure idealism. [...] if it persists, it will cause the decadence of science as surely as the mediaeval scholasticism preceded the decadence of religion.[9]

Jedoch fehlen in diesem späteren Text (wie überwiegend im angelsächsischen Sprachraum) die unversöhnlich-chauvinistischen Töne, die More angeschlagen hatte. Vielleicht kam dies daher, daß die experimentelle Bestätigung, mit der Einstein erst Weltruhm erlangte, von einer englischen Expedition erbracht wurde:

Hier war ein Naturereignis, dessen Theorie ein deutscher Professor formuliert und englische Gelehrte [für] wahr befunden hatten. Hier gab es eine Zusammenarbeit von Gelehrten zweier Nationen, die noch vor 2 Jahren miteinander gekämpft hatten.[10]

Auf die deutsch-schweizerische Herkunft Einsteins wurde zwar im Ausland in populären Artikeln gerne hingewiesen,[11] jedoch nicht abwertend, sondern eher mit der harmlosen Absicht, die ohnehin exotisch-klingenden Aussagen noch weiter 'auszuschmücken'. Gleiches gilt etwa für den scherzhaften, einseitigen[!] Überblicksartikel *All about Relativity* im populären Journal *Vanity Fair* 1920, in dem etwa zu lesen ist:

And, anyway, Einstein is a German, and the whole thing is without doubt a German plot to regain control of the aniline dye trade.[...] He answers one query by putting another. But there is where the German of it comes in. If only this discovery could have been made

---

[8]More [1912] S. 370; vgl. More [1908] S. 880 und Goldberg [1970] S. 108f.
[9]More [1934/62] S. 333.
[10]Infeld [1955] S. 434.
[11]siehe z.B. Guillaume [1920] S. 210, Russell [1922] S. 253.

by a representative of one of the friendly Allies (question for collateral reading: name five Allies who are friendly at the present time.)[12]

Anders als bei Leuten wie More ist hier das Operieren mit Nationalitäten und den zugehörigen Clichés für Benchley fragwürdig, wird von ihm in scheinbarer Naivität gerade ad absurdum geführt.

Das letzte, sehr ernst gemeinte Zitat von More lehrt jedoch noch einiges über die Vorläufer einer derartigen, **nationale Charakteristika der Ausübung von Wissenschaft** unterstellenden Betrachtungsweise: More erwähnte Pierre Duhem (1861-1916), der bereits 1893 über die "École anglaise et les Théories physiques" geäußert hatte,[13] daß sich diese in der kunstreichen Erfindung mechanischer Modelle bewähre, während der "esprit de finesse" der französischen Denker für gewöhnlich den Ausbau abstrakter Theorien betreibe. Diesen Gegensatz baute Duhem weiter aus im vierten Kapitel seines Buches *La théorie physique, son objet et sa structure* [1906], das sehr bald ins Deutsche und ins Englische übersetzt wurde und sicher auch More bekannt war. Mit dem Aufkommen des 'Krieges der Geister' begann auch Duhem, sich in chauvinistischer Manier mit den neueren Entwicklungen in verschiedenen Zweigen der Wissenschaft, soweit sie durch Deutsche (mit)eingeleitet worden waren, zu beschäftigen. Der alte Gegensatz französische-englische Wissenschaft wich nun dem zwischen französischer und deutscher Form der Wissenschaftsausübung, die er allerdings, das sei am Rande erwähnt, nur als Idealtypen verstand, welche praktisch nie in reiner Form anzutreffen seien.

Unter dem Titel *Quelques Réflexions sur la Science allemande* erschien im Februar 1915 ein ausführlicher Aufsatz Duhems, in dem er als eklatante Beispiele für die **"prédominance de l'esprit géométrique sur l'esprit de finesse" in der "science allemande"** (S. 109) unter anderem anführte:

- die Entwicklung immer komplizierterer algebraischer Kalküle durch Weierstrass, Kronecker und Cantor bis zum Protest gegen den "usage trop exclusif de l'esprit géométrique" durch Felix Klein und seine Gefolgschaft (S. 112).

- die Ablösung der Geometrie von anschaulicher Intuition durch die Formulierung nichteuklidischer Geometrien insb. in der Riemannschen Form: "la doctrine de Riemann est une Algèbre rigoureuse [...]

---

[12]R.C. Benchley [1920] S. 61; ein ähnlich selbstironischer Ton findet sich etwa bei Edwin E. Slosson [16. April 1921], als dieser über die durch kriegsbedingte Vorurteile verzögerte Wirkung Einsteins in den USA berichtet (S. 400f.).

[13]*Revue des questions scientifiques*, Okt. 1893.

on développera des calculs algébriques qu'on appellera Géométrie"
(S. 117f.)

- die unbegründete, formalistische Aneinanderreihung von Hypothesen
  bei der Axiomatisierung von physikalischen Theorien wie etwa bei
  Gustav Kirchhoff oder Heinrich Hertz (S. 119f.).

Besonders frappant scheint Duhem diese Tendenz zum abgehobenen
Formalismus ohne Blick für physikalische und andere Randbedingungen bei
der durch Einstein, Hermann Minkowski und Max von Laue entwickelten
und ausgebauten SRT, die er in Abweichung vom heutigen Sprachgebrauch
stets als "principe de relativité" anspricht. Während es dem esprit de
finesse offensichtlich sei, daß die Lehre aus dem Nullresultat des Michelson-
Morleyschen Experimentes die sei, daß keine Optik in jeder Hinsicht richtig sein könne, ziehe der "esprit géométrique des physiciens allemands"
die überzogen radikale Konsequenz "de bouleverser les notions que le sens
commun nous fournit touchant l'espace et le temps"(S. 134). Diese These
Duhems sei im folgenden durch einen längeren Ausschnitt belegt, der für
viele ähnliche Texte, die ab 1915 in Frankreich publiziert wurden, stehen
kann:

> Die Tatsache, daß das Relativitätsprinzip alle Empfindungen des ge-
> sunden Menschenverstandes durcheinanderbringt, erweckt nicht das
> Mißtrauen der deutschen Physiker - ganz im Gegenteil. Es [das Prin-
> zip] zu akzeptieren bedeutet gleichzeitig, alle Lehrsätze umzustoßen,
> in denen von Raum, Zeit und Bewegung die Rede war, alle Theorien
> der Mechanik und der Physik. Eine solche Verwüstung hat nichts
> an sich, das dem germanischen Denken mißfallen könnte. Auf dem
> Gebiet, auf dem die alten Lehrsätze beseitigt wurden, wird der geo-
> metrische Verstand der Deutschen voller Freude eine ganze Physik neu
> errichten, deren Grundlage das Relativitätsprinzip sein wird. Wenn
> diese neue Physik unter Mißachtung des gesunden Menschenverstan-
> des allem widerspricht, was aufgrund von Beobachtungen und Erfah-
> rungen in der Mechanik des Himmels und in der irdischen Mechanik
> aufgebaut worden war, so werden die Anhänger der rein deduktiven
> Methode nur um so stolzer sein auf die unbeugsame Strenge, mit der
> sie die zerstörerischen Konsequenzen ihres Postulats bis zum Ende
> verfolgt haben werden.[...] So ist die Relativitätsphysik aufgebaut; so
> schreitet die deutsche Wissenschaft voran, stolz auf ihre algebraische
> Strenge und voller Mißachtung für den gesunden Verstand, den alle
> Menschen mitbekommen haben.[14]

---

[14]Duhem [1915]a S. 136 (ich zitiere die Übersetzung ins Deutsche durch Kleinert [1979]
S. 504); vgl. Duhem zustimmend Achalme (Hrsg.) [1916] S. 149f.

In sehr ähnlichem Tenor verurteilte ein Jahr später (1916) Pierre-Jean Achalme Relativitäts- und Quantentheorie ebenso pauschal zusammennehmend wie bereits More (1912) beide als typisch deutsche "mathematisch - metaphysische Delirien", die etwa mit den (ebenso abzulehnenden) Kunstströmungen des Futurismus und Kubismus zu vergleichen seien.[15] Achalme machte den 'unheilsamen Einfluß Kants und Hegels' dafür verantwortlich, daß es in Deutschland zu solchem "chaos où fusionnent en hurlant le concret et l'abstrait" kommen konnte.[16] Auch Alphonse Berget unterließ es in keinem seiner kurzen Überblicksartikel zum RP,[17] auf die Deutschstämmigkeit seines Begründers zu verweisen, und dessen ihm verwegen erscheinenden Angriff auf die Grundlagen der Wissenschaft als Indiz einer allgemeinen Tendenz deutscher Wissenschaftler zu werten, derzufolge diese ohne Rücksicht auf jedweden "bon sens" verfahre.

Bemerkenswert scheint mir, daß diese heftigen Antipathien, die in vorstehenden Äußerungen unverhüllt zum Ausdruck kamen, sich um 1921/22, als Einstein eine Auslandsreise nach Frankreich unternahm, um vor verschiedenen Gremien und Akademien zur ART vorzutragen,[18] doch sehr in den Hintergrund getreten waren. Um jedweden politischen Komplikationen vorzubeugen, war Einsteins Besuch als auf private Einladung hin erfolgt deklariert worden. Dennoch wurde vereinzelt die Befürchtung geäußert, daß "durch die Anwesenheit des Deutschen patriotische Empfindungen verletzt werden könnten".[19] In anderen Zeitungen erschienen Witze, die z.B. die Unfähigkeit Deutschlands zu Reparationszahlungen mit der RT verknüpften.[20] Das Äußere seiner Erscheinung betreffend, konstatierte man, daß "tout en lui dément ses origines germaniques", doch ernstgemeinte Einwände waren mit diesem Spiel um das Cliché vom "boche"

---

[15]Achalme (Hrsg.) [1916] S. 162, vgl. Kleinert [1979] S. 520.

[16]Achalme (Hrsg.) [1916] Kap. XI, S. 144 u. S. 13f.

[17]Berget [1917]a, b; in der ursprünglichen französischen Fassung überschrieben: "Relativité (la science allemande et le principe de)".

[18]vgl. dazu Frank [1948/79]b S. 310-324.

[19]*Écho du Paris*, 25. März 1922; zit. nach der Notiz dazu im *Berliner Tageblatt*, 25. März, Abendausgabe, die diese Meldung wie folgt kommentierte: "Diese Sorgen des *Écho du Paris* sind ganz unberechtigt. Die Bücher Einsteins sind in den Schaufenstern ausgestellt, sein Bild in allen Zeitungen erschienen. In vielen Kreisen wird seiner Lehre das stärkste Interesse entgegengebracht: er kann ruhig nach Paris kommen, ohne unangenehme Überraschungen befürchten zu müssen." Pikantermaßen würden diese Betrachtungen den Unmut des französischen Redakteurs sicher nicht beruhigt , sondern eher gesteigert haben!

[20]siehe *L'Œuvre*, 9. April 1922, zit. nach Biezunski [1982] S. 503: "C'est la faute d'Einstein si les Allemands ne paient pas. Il a dit que le temps n'existe pas; or, comme le temps c'est l'argent, l'argent n'existe pas."

nicht verbunden.[21]

Jedoch war der Aufenthalt Einsteins in Paris nur ein kurzes, durch Einsteins persönliche Autorität und Überzeugungskraft gemildertes Zwischenspiel in einer stark von Animositäten durchsetzten Rezeptionsgeschichte. Im Januar 1923 besetzten die Franzosen das Rheinland, um gegen die Verzögerung der deutschen Reparationszahlungen zu protestieren; der Boykott der deutschen Wissenschaft wurde fortgesetzt, und in der Literatur finden sich wieder die aufgewärmten Nationalstereotypen.[22] Christian Cornelissen z.B. schreibt am Ende seiner Kampfschrift gegen *Les Hallucinations des Einsteiniens* [1923, S. 82]:

> M. Einstein est incontestablement le plus audacieux parmi les physiciens-mathématiciens modernes, et la hardiesse avec laquelle il passe du domaine de la Science positive dans celui de la Métaphysique, où la 'pensé déductrice' a le jeu absolument libre, n'a pas de rivale.
>
> Ces capacités, de même que ses défauts, au point de vue scientifique, tiennent en partie, croyons-nous, à ses qualités originales de philosophe allemand. La philosophie abstraite de Hegel, quasi-intraduisible dans une langue latine, n'est-elle pas un produit spécifiquement allemand? Et ne devons-nous pas à la civilisation allemande la construction de vastes théories générales, dans plusieurs sciences spéciales?

Cornelissen fährt dann fort mit einem Vergleich zwischen den Gedankengebäuden von Einstein und Karl Marx - beiden gerieten vormals konkrete, bedeutungsvolle Begriffe (Raum, Zeit Materie bzw. Arbeit) unter ihren Händen zu inhaltslosen Worthülsen, mit denen in künstlichen Begriffsgebäuden formalistisch operiert werde.

Einsteins Frankreich-Reise wurde nicht nur in Frankreich kommentiert. Auch in Deutschland regten sich Stimmen, die diesen Besuch vor dem Hintergrund nationaler Erwägungen nicht für gut hießen. Waren es in Frankreich sein deutscher Geburtsort, so erregten sich die treu-deutschen Gemüter über seine bei diesen Gelegenheiten deutlich werdende 'Internationale Gesinnung'. Als ein Beispiel für viele seien Johannes Starks Bemerkungen wiedergegeben:

> In einem Artikel im Berliner Tageblatt hat sich Einstein zu internationaler Gesinnung bekannt. Gleichwohl ist es nicht zu verstehen, daß er ohne Rücksicht auf die furchtbare Bedrückung des deutschen Volkes durch die Franzosen einer französischen Einladung zu einem Vortrag

---

[21]zit. aus *Le Gaulois*, 1. April 1922; Einen Überblick zu den Reaktionen der französischen Öffentlichkeit auf den Einstein-Besuch in Paris gibt Biezunski [1982 und 1987].

[22]vgl. Langevin [1950] S. 271, Biezunski [1982] S. 503.

in Paris in diesem Frühjahre Folge geleistet, ja im Anschluß daran sogar darauf gehalten hat, auf einer Automobilfahrt sich die 'verwüste-
ten' Gegenden (les régions dévastées) zeigen zu lassen. Einstein lebt
doch in Deutschland, und ist Mitglied amtlicher deutscher Ausschüsse,
vor allem Direktor eines Kaiser-Wilhelm-Instituts; da hätte er mit
Rücksicht darauf soviel Takt haben müssen, die Reise nach Paris zu
einer Zeit zu unterlassen, wo der französische Druck besonders stark
war. Und wenn er dies nicht von selbst einsah, so hätten es ihm seine
Freunde, die ihm sonst so rasch beispringen, bedeuten sollen. Daß
über die Franzosenreise Einsteins große deutsche Tageszeitungen te-
legraphisch berichteten, daß sich nicht von selbst daran Kritik übten,
ja nicht einmal einen Einspruch dagegen aus physikalischen Kreisen
aufnahmen, ist ein trauriges Zeichen von dem deutschen Verfall.[23]

So gaben sich französischer Chauvinismus und deutsches Nachkriegs-Res-
sentiment gegenseitig das Stichwort. Die Aufregung über Auslandsbesuche
Einsteins wiederholte sich bei späteren Gelegenheiten: Konsulate wurden in
späteren Jahren sogar angewiesen, über die Einstein-Besuche und öffentliche Äußerungen Einsteins den deutschen Aufsichtsbehörden Bericht zu
erstatten.[24]

Zusammenfassend kann festgestellt werden, daß chauvinistische Argumente gegen die SRT und ART wohl am häufigsten im durch konservativ
eingestellte Eliten dominierten Frankreich zu hören waren, das durch den
1. Weltkrieg auch einer direkten nationalen Konfrontation mit Deutschland ausgesetzt gewesen war. In England und den USA sind vereinzelt
nationalistische Stimmen vernehmbar - es überwiegt dort aber eine ironi-
sche Haltung zu derlei Argumenten, die als sachfremd eingestuft werden. In
invertierter Form werden die gleichen Vorstellungen eines Zusammenhangs
zwischen Volkscharakter und Form der Wissenschaftsausübung auch in den
antisemitischen Texten deutscher Provenienz entwickelt, die die Herkunft
Einsteins getreu dem witzigen Motto, das diesem Abschnitt vorangestellt
war, einfach umdeklarierten. Darum soll es im folgenden Abschnitt gehen.

---

[23]Stark [1922] S. 15; vgl. Glaser [1939] S. 272.
[24]vgl. dazu z.B. Treder/Kirsten (Hrsg.) [1979] S. 225ff.

3.2 "Jüdische Propaganda" und antisemitische Hetzschriften zu Einstein

Beide RT Einsteins wurden von den Zeitgenossen verschiedentlich in Zusammenhang mit politischen Tendenzen gestellt, wie sich bereits im Abschnitt 2.4. über den Relativismus-Topos und im vorigen Abschnitt zu chauvinistischen Argumentationen gezeigt hatte. Die abstossenste Form davon waren die antisemitischen Angriffe gegen Einstein, auf die ich nun zu sprechen komme.

Der Antisemitismus, dessen geistesgeschichtliche Wurzeln insonderheit in der umfangreichen Untersuchung Léon Poliakovs zur *Geschichte des Antisemitismus*[1] beleuchtet worden sind, war eine um die Jahrhundertwende in vielen Bevölkerungsschichten durchaus verbreitete, wenngleich nicht immer offen zutage tretende Geisteshaltung, nicht nur in Deutschland, sondern etwa auch in Frankreich und besonders in Österreich-Ungarn. In Deutschland kam es nach der Niederlage im 1. Weltkrieg und den durch wirtschaftliche Not verstärkten sozialen Spannungen zu einer Wiederbelebung antisemitischen Gedankenguts. Zu den Verquickungen zwischen Politik und Wissenschaft in dieser Zeit liegen bereits einige Spezialstudien vor,[2] in aber noch keine Gesamtsichtung der Entwicklung antisemitischer Argumente gegen die RT von 1920-1945. Einiges Wissenswertes findet sich auch in Arbeiten zu Aspekten des Nationalismus und Zionismus[3] bzw. in Einstein-Biographien.[4] In einer der erwähnten Studien[5] wurde bereits bemerkt, daß die antisemitischen Argumente gegen die RT zum Teil eine Art **Inversion der** im vorigen Abschnitt referierten **Chauvinismen der ausländischen Einstein-Gegner** waren. Es ist kein Zufall, daß mit dem Wegfall der chauvinistischen Hetzkampagnen gegen den "Feind der Nation" eine neue Front aufgebaut wurde; Prügelknaben waren diesmal die "jüdischen Propagandisten" (Dolchstoßlegende), denen eine Störung des 'inneren Friedens' durch einseitige, irremachende Informationspolitik unterstellt wurde. Der vormalig internationale "Krieg der Geister" wurde nach 1918 mehr und mehr zu eine Art nationalem Bürgerkrieg, zum "Kampf"

---

[1] Orig. französisch, in deutscher Übersetzung erschienen bei Athenäum, 1977; vgl. auch die Anthologien Poliakov/Wulf(Hrsg.)[1955/83],[1959/83] sowie Kampmann [1963/79].

[2] Brüche [1946]; Perron [1946]; Wallach [1946]; Haberditzl [1963]; Beyerchen [1977/82]; Kleinert [1978], [1979]a; Grundmann [1967]; Richter [1978/79], Mehrtens/Richter (Hrsg.) [1980], Goenner [1989]a, Hentschel [1989]b, Walker [1989].

[3] etwa Tauber in: French (Hrsg.) [1980].

[4] z.B. Frank [1948/79]b, 11. Kap., S. 396, 408, Reichinstein [1935] Kap. V.

[5] Kleinert [1978], insb. S. 522.

um die RT,[6] der nun zwischen Linksintellektuellen, gelegentlich selbst jüdischen 'Einsteinianern' einerseits und Deutschnationalen, oft pränazistischen Einstein-Gegnern andererseits ausgetragen wurde.[7]

War die Rede von der **"science allemande"** im Munde von Duhem noch eine abschätzige Bezeichnung für eine dem 'esprit de finesse' minderwertig erscheinende nationale Ausprägung der Wissenschaftsausübung, so war die **"Deutsche Physik"**, von der der überzeugte Nationalsozialist Philipp Lenard (1862-1947) in seinem so betitelten, vierbändigen Kompendium[8] ehrfürchtig sprach, zu der dem 'Deutschen Geist' einzig adäquaten Denkform aufgestiegen. Der Maßstab des 'sens commun', auf den sich Duhem berufen hatte, wurde etwa von Lenard als "unverbildeter deutscher Volksgeist" angesprochen, ohne daß sich in der Sache etwas an der Berufung auf die Instanz des gesunden Menschenverstandes geändert hätte.[9] Was vormals von Ausländern der Verschrobenheit deutscher Spintisierer zugeschrieben worden war, wurde nun von einigen unter eben diesen Deutschen als Verstiegenheit des jüdischen Denkens erklärt. Geblieben ist die Denkfigur, die alles das, was nicht ins eigene Konzept oder Normenraster paßt, als Ausgeburt eines 'ungesunden' Denkens erklärt, das in Termini der Pathologie ('Krankheit', 'Irrsinn', 'Wahnsinn', ...) zu deuten sei, aber nicht 'begriffen' werden könne; geblieben ist die Rede von Phantastereien und Dogmatismus, die Unterstellung der Inhaltsleere, des bloß formalen Schematismus der modernen Physik. Diese Kritik wird gespeist vor allem aus einem tiefgehenden Unbehagen mit der weitgehenden Mathematisierung der theoretischen Physik im zwanzigsten Jahrhundert. Mit den Operationen "scharfsinniger Logik ohne Hinzunahme neuer Ideen" verbindet sich für die deutschen Kritiker 'nicht-arischen' Denkstils ebensowenig Realitätsanspruch wie für ausländische Zweifler am 'deutschen Hang zur Metaphysik'.

Gemeinsam ist beiden Gruppen zum einen die Instrumentalisierung externer Argumente (von Volks- und Rassenzugehörigkeit) gegen unliebsame Opponenten, zum anderen das Beharren auf klassischen Normen (wie z.B. Anschaulichkeit), denen Ablösung oder Einschränkung durch die Einsteinsche 'Revolution' zu drohen schienen. Diesem sich abzeichnenden Normen-

---

[6]so z.B. in der redaktionellen Vorbemerkung zu Planck [1931] S. 1419; vgl. z.B. Mohorovičić [1923] S. 53; siehe dazu auch Hermann [1977] sowie Abschn. 3.4.

[7]etwa *Die weißen Blätter*, *Berliner Tageblatt* und eine Verleger-Persönlichkeit wie Bruno Cassirer auf der pro- ; *Kölner Tageblatt*, *Völkischer Beobachter* und Personen wie Paul Weyland (siehe Weyland [1921]) auf der contra-Seite.

[8]1. Aufl. 1936; vgl. Wallach u. Brüche [1946], Kleinert [1978] S. 522 und Richter [1980].

[9]vgl. Abschnitt 2.3. dieser Arbeit.

und Paradigmenwechsel wurde Widerstand entgegengesetzt. Die Klagen über *Einsteins Umsturzversuch der Physik und seine innere Möglichkeiten*[10] mündeten so nahtlos ein in den Aufruf zum 'Aufbruch in eine andere (traditionsbehaftetere) Naturforschung',[11] die spätere 'Deutsche Physik'.[12]

Ein besonders interessanter Zug in der **Entfaltung der antisemitischen Argumente in Deutschland nach 1920** liegt aber darin, daß die ersten ausdrücklichen Erwähnungen der Worte "Anti-Semitismus" und "antisemitisch" soweit ich sehe von der Seite der Einstein-Anhänger (einschließlich Einstein persönlich) erfolgten.[13] Im Wintersemester 1919/20 offerierte Einstein an der Berliner Universität eine Reihe von populär gehaltenen Vorträgen über die RT, die sich großen Zulaufs, auch von nichtimmatrikulierten Personen erfreuten. Der Studentenausschuß protestierte gegen diese Ausweitung des Hörerkreises, woraufhin Einstein am 13. Februar 1920 in einer Aussprache mit seiner Zuhörerschaft seine Motive für die Duldung nicht-studentischer Zuhörer darzulegen suchte. Diese Besprechung endete aufgrund massiver Zwischenrufe in einem Tumult, woraufhin Einstein auf die Forsetzung der Vorlesungen in diesem Rahmen verzichtete. Am Tag darauf erschien in verschiedenen Berliner Tageszeitungen[14] eine Erklärung Einsteins zu den Vorfällen in seinem Kolleg, aus der klar wird, daß Antisemitismus am Jahresanfang 1920 zwar in der Luft lag, jedoch noch nicht unverblümt zum Ausdruck gebracht wurde:

> "Von einem Skandal, der sich gestern abgespielt haben soll, kann nicht die Rede sein, immerhin bewiesen manche *Äußerungen*, die fielen, eine gewisse *animose Gesinnung* mir gegenüber. *Antisemitische Äußerungen* als solche fielen nicht, doch konnte *ihr Unterton* so gedeutet werden". [Der Redakteur des *Vorwärts* fährt fort:] Professor Einstein hat mit Würde überhört, was seine Würde nicht verletzen konnte.[15]

Noch im gleichen Jahr wurden die Auseinandersetzungen heftiger und die antisemitischen Obertöne auch für Einstein unüberhörbar. Am 27. August 1920 reagierte Einstein im *Berliner Tageblatt* durch eine einspaltige Zeitungsnotiz auf anti-relativistische Vorträge von Ernst Gehrcke und Paul Weyland in der Berliner Philharmonie. Seine *Antwort auf die antirelativitätstheoretische G.m.b.H.* enthielt u.a. folgende Passage:

---

[10]Anspielung auf Thüring [1941/43].

[11]Anspielung auf A. Becker (Hrsg.) [1936].

[12]vgl. dazu Richter [1980] S. 128ff.

[13]zu diesem Resultat kommt auch Lewis Elton [1986] S. 100 in seinem Überblick zu deutschen Pressenotizen über Einstein 1919-1920; vgl. Reichinstein [1935] S. 154.

[14]z.B. im *Vorwärts*, 14. II.; vgl. dazu Treder/Kirsten (Hrsg.) [1979] Bd. 1, S. 136f..

[15]ibid., Hervorh. Orig. wie im *Vorwärts* abgedruckt; vgl. auch Goenner [1989]a.

> Ich bin mir sehr wohl des Umstandes bewußt, daß die beiden Sprecher
> einer Antwort aus meiner Feder unwürdig sind; denn ich habe guten
> Grund zu glauben, daß andere Motive als das Streben nach Wahrheit
> diesem Unternehmen zugrunde liegen. (Wäre ich Deutschnationaler
> mit oder ohne Hakenkreuz statt Jude von freiheitlicher, internationa-
> ler Gesinnung, so...).[16]

Hier fällt, wenn auch nicht zum ersten Mal, so doch an exponierter Stelle
in einem vielgelesenen Blatt, das Stichwort 'Jude'. Einstein geht, ohne
daß eine Notwendigkeit dazu bestanden hätte, sogar soweit, in einer Art
Selbstbezichtigung der Leserschaft der Tageblattes freimütig seine politischen Überzeugungen darzulegen. Mit der Unterstellung politischer Motive
für die Vorträge seiner Opponenten wird so von Einstein selbst ein, freilich
indirekter Nexus zwischen fachgebundener Theorie und weltanschaulicher
Überzeugung hergestellt, der in späteren Hetzschriften von seinen Gegnern
tatsächlich gern, allerdings dann *direkt* und gegen ihn gewandt, behauptet
worden ist. Die gegen Einstein verfaßten Arbeiten der bekanntesten physikalisch vorgebildeten Gegner der RT (wie Philipp Lenard, Ludwig Glaser und Ernst Gehrcke) enthielten bis 1920 eben *keine* persönlichen Angriffe und *keine* politischen oder gar antisemitischen Untertöne.[17] Auch
die veröffentlichten Vorträge von Gehrcke und Weyland [1920], die zu der
aufsehenerregenden Erklärung Einsteins im August 1920 geführt hatten,
enthielten zwar "direkte Unrichtigkeiten", "einseitige Auswahl der Materials" resp. "plumpe Grobheiten",[18] jedoch, mindestens soweit sich aus
den veröffentlichten Texten und Presseberichten entnehmen läßt, keine unverhüllt antisemitischen Passagen. Also verließ Einstein mit dieser Unterstellung den Bereich des Belegbaren und gab dadurch seinerseits seinen Opponenten die Gelegenheit, ihn persönlicher, ungerechtfertigter Angriffe zu
bezichtigen. Gewiß reagierte Einstein damit nur auf latent bereits vorhandenen Antisemitismus im Umkreis der *Arbeitsgemeinschaft deutscher Naturforscher zur Erhaltung reiner Wissenschaft*,[19] dennoch war diese Unter-

---

[16]AE [1920]d; zur Anti-AE-Kampagne siehe Grundmann [1967], Goenner [1989]a.

[17]für Lenard ist dies z.B. nachgewiesen in Kleinert [1979] S. 506; vgl. auch Neu-
mann/Putlitz [1985]; zu Gehrcke vgl. Goenner [1989]a S. 9ff., 19.

[18]Umschreibungen Einsteins im zuvor zitierten Zeitungsartikel, S.1.

[19]so berichtet z.B. der Redakteur des *Vorwärts* von der Vortragsveranstaltung: "Der
Anfang war häßlich und hatte mit Wissenschaft nichts zu tun, weder mit 'reiner' noch mit
'unreiner'. Am Tore wurden Hakenkreuze verkauft - solche, die man [an] die Rockklappe
stecken kann. Der erste Vortrag des Herrn Weyland paßte zu diesem Empfang."; vgl. auch
K.M. im *Acht-Uhr-Abendblatt*, ca. 25. Aug. 1920; zit. in Weyland[1920]b, S. 9 sowie den
Brief Max von Laues an Arnold Sommerfeld über die "Verquickung mit antisemitischer
Politik" auf dieser Veranstaltung, zit. in Hermann (Hrsg.) [1968] S. 65.

stellung vermuteter Hintergründe zu den vorgebrachten Argumenten (etwa
von Lenard) ein taktischer Fehler. Einstein sah dies auch sehr bald ein. An
Max Born schrieb er am 9. Sept. 1920:

> Jeder muß am Altar der Dummheit von Zeit zu Zeit sein Opfer dar-
> bringen, der Gottheit und den Menschen zur Lust. Und ich that[!]
> es gründlich mit meinem Artikel. Das beweisen die in diesem Sinne
> ungemein anerkennenden Briefe aller meiner lieben Freunde. Ein wit-
> ziger Bekannter sagte neulich: bei dem Einstein ist alles Reklame;
> sein neuester und raffiniertester Trick ist die Weyland G.m.b.H.[20]

Von der Gegenseite, die von der 'Reumütigkeit' Einsteins natürlich nichts
wissen konnte, wurden die Artikel AEs hingegen vollen Ernstes als das angesehen, wofür Einsteins witziger Bekannter sie im Scherz ausgegeben hatte:
als ein neuer "Propagandatrick". Auf diese Entwicklung reagierte man nun
mit Entrüstung: seriösen Gegnern wie etwa Ernst Gehrcke habe jedwede
außerwissenschaftliche Absicht völlig ferngelegen. In der Einführung zur
veröffentlichten Fassung seines Vortrages argumentierte z.B. der angegrif-
fene Weyland, daß es offenbar Teil der "Technik der Einsteinschen Regie"
sei, Kritiker dadurch zu entmündigen, daß man ihnen nicht vorhandene
Motive unterschöbe, anstatt ihnen sachlich zu erwidern:

> Da, wie gesagt, vermutet wurde, daß die Gegenpartei alles aufbieten
> wird, um der Aktion zu schaden, so haben wir zunächst auf sachliche
> Einwände gewartet. Diese sind ausgeblieben. Man schimpft. Man
> kommt mit dem schwarzen Mann, dem Antisemitismus. Was hat der
> schon bei schiefen Situationen helfen können.[21]

Antisemitismus, so wird also in diesem frühen Stadium der Auseinandersetzungen noch suggeriert, sei von den Gegnern durchaus nicht gemeint gewesen, hingegen von den Proponenten als "Rettungsanker" ergriffen worden,
um auf sachliche Repliken verzichten zu können.[22]

Und auch der zweite Redner, Ernst Gehrcke (1878-1960), reagierte analog, zudem mit mehr Berechtigung, da er sich in seinem Vortrag wenigstens
bemüht hatte, Platitüden und politische Anspielungen zu vermeiden.[23] Tatsächlich einte die drei selbst physikalisch qualifizierten Hauptgegner der RT,

---

[20]Born (Hrsg.) [1969] S. 59; ähnlich äußerte AE sich auch gegenüber Sommerfeld am
6. Sept. 1920: "Den Artikel hätte ich vielleicht nicht schreiben sollen. Aber ich wollte
verhindern, dass mein dauerndes Schweigen zu den Einwänden und Beschuldigungen, welche systematisch wiederholt werden, als Zustimmung gedeutet werden" (Hermann (Hrsg.)
[1968] S. 69).

[21]Weyland [1920]b S. 3; zu W.s antisem. Aktivitäten siehe Goenner [1989]a.

[22]ibid., S. 6, vgl. S. 10; analog z.B. auch Stark [1922] S. 7f.; W. Müller [1936] S. 53f.

[23]siehe Gehrcke [1920]b bzw. den Reprint in Gehrcke [1924] S. 54-67.

Gehrcke, Lenard und Stark, von Anfang an das **Unbehagen an der** durch
die RT (und Quantentheorie) **verstärkten Bedeutung der theoretischen Physik.** Alle drei waren Experimentalphysiker, alle drei klagten,
hierin durchaus sachlich motiviert, über die vom "Einfluß des Einsteinschen Kreises" ausgelösten Tendenzen, insb. die aus ihrer Sicht vorliegende
"Übertreibung der Formalistik". Für das "Überwuchern der Theorie in
der gegenwärtigen Physik, für die Unterschätzung der experimentellen Forschung und für die Vernachlässigung der angewandten Physik in Unterricht
und Forschung" machten sie, das ist durchaus nachvollziehbar, die durch
einseitige Propaganda ausgelöste Begeisterung für die theoretischen Entwicklungen verantwortlich.[24] So gesehen, mußten sich Gehrcke und Lenard, denen es zu diesem Zeitpunkt zunächst um eine Umverteilung der
Forschungsgelder und eine andere Prioritätensetzung ging, mißverstanden
fühlen, als Einstein das in ihrem Umfeld latent vorhandene faschistische
Potential auch auf sie übertrug.[25] Die stillschweigende Duldung politischer
Aktionen am Rande ihrer Vortragsveranstaltungen wich im Fall des Nobel-
preisträgers Lenard jedoch schon bald einer dezidierten Zustimmung. In die
Neuauflagen seiner Schriften arbeitete er ab 1921 immer unverhüllter antisemitische Passagen ein, so etwa das *Mahnwort an deutsche Naturforscher*
im Anhang seiner Veröffentlichung *Über Äther und Uräther* 1922.[26]

Auch die zweite Variante, in der antisemitische Argumente gegen Einstein ab 1920 zum Ausdruck kommen, wird in indirekter Form eingeführt,
und zwar als Klage über die "jüdische Propaganda" in "gewisser Presse" ,
als Empörung über die "Nachbeter" und "gut bezahlten Reklamemacher",
als Zurechtstellung der "in die Welt gestreuten Lügen der jüdischen Zeitungen und Zeitschriften".[27] Energisch wehrt sich schon am 11. Februar

---

[24]vorausgegangene Zitate in Stark [1922] S. 7; vgl. W. Müller [1936] S. 38ff.; Toepler
[1941]. Die hier zum Ausdruck kommende Frontlinie zwischen Theoretikern und Experi-
mentalphysikern wurde durch solche Äußerungen natürlich eher noch gefestigt; vgl. z.B.
die bissige Rez. v. Stark [1922] durch v.Laue [1923] sowie ergänzend Richter [1972].

[25]noch 1940 wetterte Wilhelm Müller in seiner Übersicht zur *Lage der theoretischen
Physik an den Universitäten* über die noch immer nicht ausgemerzten "Dogmen" der "Systemzeit" (der Weimarer Republik), gestützt durch Autoritäten wie insb. Planck, Sommerfeld, Heisenberg und v.Laue, die alle zu bekannt waren, um sie ihres Posten entheben
oder anderweitig 'absservieren' zu können. Für eine sozialgeschichtliche Analyse dieser
Machtkämpfe in der NS-Zeit vgl. insb. die Beiträge in Mehrtens/Richter (Hrsg.) [1980].

[26]Zitate in Kleinert [1979] S. 507; vgl. Lenards Kommentar zur Umarbeitung seiner
Schrift, angeführt von Weyland [1920]b S. 28, sowie Lenard/Stark [1924].

[27]vgl. z.B. Braßler[1920], Weyland[1920] S. 3, Mewes [1920/21] S. 70ff., Stark[1922] S. 7,
sowie Vortisch [1921] S. 5: "Es wird von gewisser Seite eine direkt widerliche Reklame für
ihn gemacht und er wird vielleicht gar als der größte Geist, der dem Judentum entstamme,
gepriesen! Das verdirbt einem von vornherein den Geschmack an der Sache".

1920, also noch vor dem Berliner Philharmonie-Skandal, im ultrarechten *Völkischen Beobachter* "phil. K. Braßler" über die Methode, mit der in Organen wie der "jüdischen Frankfurter *Fackel*" oder der *Jüdischen Rundschau* "die großartigste und tösendste Reklame gemacht worden ist", indem Juden wie Paul Ehrlich oder Albert Einstein mit allen Mitteln und in allen Volksschichten bekannt gemacht würden, ja sogar "an die Stelle des Ariers Jesus" gesetzt würden. So rieb man sich daran, daß z.B. im Vorwort des populären Werkes über die Einsteinsche SRT von Lucien Fabre ein 'Vorwort' Einsteins abgedruckt worden war, in dem Einstein erklärte, er sei nur in Deutschland geboren, sonst sei er ein Jude, Pazifist und Mitglied einer internationalen Vereinigung. Dazu schrieb Stjepan Mohorovičić [1923, S. 53]: "Es ist nicht schwer zu raten, warum Einstein dies gerade den Franzosen gegenüber gesagt hat (mit eigener Unterschrift)". Freilich konnten die Einstein-Gegner nicht wissen, daß dieses 'Vorwort' vom Autor ohne Wissen und Zustimmung Einsteins aus einem Brief an Fabre kollagiert worden war.[28] Nachdem sich Einstein beim Verlag über diese Erschleichung beschwert hatte, erschienen Neuauflagen dieses Buches ohne das 'Vorwort'. Sicher hatte sich Fabre gedacht, daß das Einsteinsche Bekenntnis zum Internationalismus die Annahme der RT im antideutsch gestimmten Frankreich erleichtern könnte, doch in Deutschland fielen solche Manöver natürlich auf Einstein zurück. Die Propaganda, die in Vorgängen wie diesem mit Einstein getrieben wurde, war für die Außenstehenden sehr bald zu der des Theoriebegründers selbst erklärt worden.

Sicher noch provozierender las sich die im *Boten aus Zion* als angeblich wörtliches Zitat wiedergegebene Erklärung Einsteins in einem Schreiben an den *Zentralverein deutscher Staatsbürger jüdischen Glaubens*, daß er "Jude und nichts als Jude, Rassenjude sein und mit dem Deutschtum nichts zu tun" haben wolle. Doch war dies de facto eine infame Verfälschung der tatsächlichen Äußerung Einsteins, die sich aus den *Mitteilungen der Jüdischen Pressezentrale Zürich* wie folgt ergibt:

> Ich bin nicht deutscher Staatsbürger ... aber ich bin Jude und freue mich dem jüdischen Volke anzugehören, wenn ich dasselbe auch nicht irgendwie für ein Auserwähltes halte [...].[29]

Aus dem biographisch bedingten und rein sachlich referierten Umstand,

---

[28]vgl. meine Belege dazu in Abschn. 2.1.

[29]für beide Referenzen siehe AE [1920]c. Die CPAE haben keinen Durchschlag dieses Briefes, aber Reichinstein ([1935] S. 155-156) gibt den vollständigen Wortlaut dieses Schreibens wieder, das ihm wohl von AE als Material für seine Biographie übergeben wurde.

daß Einstein zu diesem Zeitpunkt einen Schweizer Paß hatte,[30] wurde in der
Notiz des *Boten aus Zion*, welcher übrigens nicht von Juden, sondern von
Evangelischen Leitern des dortigen Waisenhauses herausgegeben wurde, die
völlig fehlgehende Behauptung, daß Einstein "mit dem Deutschtum nichts
zu tun" haben wolle, die die deutsche Leserschaft natürlich vor den Kopf
stossen und gegen Einstein mobilisieren mußte. Einsteins ausdrückliche
Zurückweisung der alttestamentarischen Auserwähltheit des Stammes Abraham fiel vollends unter den Tisch und auch das nazistische Wort vom
"Rassenjuden" gebrauchte Einstein in seinem Schreiben nicht, wenngleich
er die Vokabel 'Rasse' dort einmal benutzte in dem bemerkenswerten Satz
"Vielleicht verdanken wir es ihm (dem Antisemitismus), dass wir uns als
Rasse erhalten könne; ich wenigstens glaube es".[31] Es ist sehr zu vermuten,
daß auch diese teilweise Veröffentlichung eines Briefes von Einstein ohne vorige Rücksprache mit ihm geschehen war, denn Einstein wäre sich wohl bewußt gewesen, daß dies zu Mißverständnissen hätte Anlaß geben können.
Wie nachhaltig schon diese eine an die Öffentlichkeit gelangte Äußerung
Einsteins gegen ihn verwendet wurde zeigt der Umstand, daß noch 1939
eine wiederum durch Auslassungen entstellte Fassung dieses Textes in einem gehässigen 'Judenporträt Albert Einstein' auftauchte.[32]

Doch auch abgesehen von solchen **gezielten Manipulationen** Einsteinscher Äußerungen waren über Einstein, z.B. im *Jüdischen Echo* vom
19. Dez. 1919, tatsächlich auch Artikel erschienen, in denen Einstein für die
Ziele des Zionismus eingespannt worden war,[33] und die wiederum einen direkten Nexus zwischen Konfessionszugehörigkeit und Innerwissenschaftlichem
suggerierten, der auf Außenstehende provozierend gewirkt haben muß:

> *Professor Albert Einstein*, der neue Genius, den das jüdische Volk
> der Menschheit schenkte, ist in seinen Forschungen zu Ergebnissen

---

[30]AE, geboren 1879 in Ulm, besaß bis 1896 die württembergische Staatsangehörig-
keit, ab 1901 durch 'Einkauf' das Bürgerrecht der Stadt Zürich und damit die Schweizer
Staatsbürgerschaft. Durch die Vereidigung auf die Weimarer und Preussische Verfassung
1914 u. 1919 im Zuge seiner Anstellung bei der Preussischen Akademie der Wissenschaften
war er aber auch deutscher Staatsangehöriger - vgl. Herneck [1976] S. 58-67, insb. S. 61.

[31]AE [1920]c; hier wörtlich übereinstimmend mit der vollst. Fassung in Reichinstein
[1935] S. 156; siehe hierzu auch Hentschel [1989]b.

[32]siehe Redlin [1939] S. 3 unter der Überschrift: "Immer nur Jude !" (obendrein mit
dem Vermerk: "Nachdruck und Auswertung gestattet - Belegstück erbeten").

[33]N.N.[1919]p; dies gilt auch für die folgenden Jahre; siehe etwa *Mitteilungen der Jüdi-
schen Pressezentrale Zürich*, Nr. 111 (21. Sept. 1920), S. 5; AE: 'Wie ich Zionist wurde',
Jüdische Rundschau, 1921; Rosenberg [1921], Scherbel [1922]; *Jüdische Rundschau* 15.
III. 1929, S. 132: 'Einstein in Palästina' und *Jüdische Presse* 29. März 1929, S. 2: 'Wie
Einstein für Palästina gewonnen wurde'. Vgl. auch Tauber in: French (Hrsg.) [1980];
Herneck [1976] S. 302ff. und B. Hoffmann in Aichelburg/Sexl (Hrsg.) [1979] S. 177-184.

gelangt, die, wie die wissenschaftliche Presse einstimmig erklärt, 'den Erkenntnissen eines Kopernikus, Newton und Kepler gleichwertig sind.' 'Eine neue Epoche der Menschheitsgeschichte hebt an', sagt die *Berliner Illustrierte Zeitung*, die übrigens das Judentum Einsteins nicht erwähnt [...]. Die *Times* brachte einige Artikel über Einsteins Theorien, deren Bestätigung ungeheures Aufsehen erregt. Sie berichtete auch über Einsteins Persönlichkeit; er sei Zionist und habe starkes Interesse an der projektierten hebräischen Hochschule in Jerusalem.[34]

Und in Anbetracht der nach der 'Machtübernahme' der Nationalsozialisten 1933 eingeleiteten Vertreibung vieler Juden und Intellektuellen ins Exil und des Holocausts, verübt an denen, die nicht ins Ausland geflüchtet waren, ist es schon makaber, wenn Braßler [1920!] dann fortfährt:

> Jedenfalls haben auch noch andere das größte Interesse an der jüdischen Universität. Im Vertrauen gesagt, vielleicht werden wir auf diese Weise unsere mehr als zahlreichen jüdischen Lehrer und Studenten los; allerdings werden sie zum geringsten Teile Zionisten sein.[35]

Doch Braßler geht sogar noch weiter, indem er die geistige Autorschaft Einsteins anzweifelt. Durch den ungeheuerlichen "Bluff der jüdischen Presse" werde Einstein zu einem "Selbstschöpfer" gemacht, wohingegen er im Kern eigentlich nur ein "Nachbeter, ein Wissensschröpfer im wahrsten Sinne des Wortes" sei. Als wahrer Autor der "Raumzeitlichkeitslehre" führt Braßler allen Ernstes einen gewissen Rudolph Mewes an.[36] Diesen Prioritätsanspruch werde ich, im Verein mit einigen weiteren, in dieser Zeit von Bundesgenossen Braßlers wie Gehrcke und Lenard angeführten vermeintlichen Vorläufern im nächsten Abschnitt gesondert besprechen. Hier interessiert dies nur insoweit, als durch die bloße Benennung von (vergessenen) Vorläufern nicht nur Einsteins Leistung geschmälert werden sollte, sondern ein unehrenhafter geistiger Diebstahl unterstellt wurde, der Einsteins Integrität in Frage stellen soll. Das **Feindbild**, dem Leute wie Braßler hier offenbar unterliegen, ist eines von korrupten Schmarotzern im Wissenschaftsbetrieb. "Einstein ist, wie so viele andere jüdische sogenannte Intellektuelle" einer derer, "die ihren Titel lediglich ihren vorzüglichen Verbindungen oder ihren unergründlich tiefen Geldbeuteln verdanken".[37]

---

[34]N.N.[1919]p, auszugsweise wiedergegeben in Braßler [1920]; am 30. III. 1921 erschien in der *Jüdischen Rundschau* auch ein Interview mit AE über die Hebräische Universität Jerusalem.

[35]ibid.

[36]siehe Mewes [1920/21]; vgl. ferner Goenner [1989]a S. 23.

[37]alle Zitate in Braßler [1920].

1921 fungierte derselbe Paul Weyland, der schon bei der Organisation des Vortragsabends der 'Arbeitsgemeinschaft'[38] in der Philharmonie eine Schlüsselrolle hatte[39] als Herausgeber der *Deutsch-Völkischen Monatshefte*, in denen "der Fall Einstein", allerdings lediglich in einer Fußnote, als typisches Beispiel "contra-intuitiven Schaffens" angeführt wird.[40] **Massive antisemitische Hetze unter Verwendung der gesamten Arsenals antisemitischer topoi** und ihres typischen Umfeldes enthielt hingegen schon die Schrift *Einstein's Truglehre* von Th. Fritsch, veröffentlicht im gleichen Jahr 1921 bezeichnenderweise unter Pseudonym.

- Wieder wird zu Beginn Beunruhigung über die "Loblieder auf den neuen Erlöser" in "Hunderten von Zeitungen" geäußert, in denen alle Welt "dem Gelehrten wie einem neuen Heiland" huldige (S. 3). Darin äußere sich "instinktives Verwirrungs-Streben" und "sensationelle Großmannssucht" (S.13): **Propaganda**-Vorwurf.

- Die Absage an den "gesunden Menschenverstand", der Verlust "einfachsten natürlichen Unterscheidungs-Vermögens" (S. 6,13): **Common sense Argument**; (vgl. meinen Abschnitt 2.3.) führt (laut Fritsch) direkt in einen

- "Irrgarten von Wahnvorstellungen" (S. 6), in "Spekulationen und Selbstbespiegelungen" (S. 7) und "vermessene Hypothesenmacherei" (S. 12), zu "Täuschungen" (S. 7), "logischen Spitzfindigkeiten" (S. 8), "phantastischen Ungeheuerlichkeiten" (S. 12) und zur Verwechslung von "Einbildung mit der tatsächlichen Wirklichkeit" (S. 9): **Hirngespinst**-Vorwurf, sehr oft auch in Verbindung mit der **Fiktions**-Unterstellung; (vgl. meinen Abschnitt 4.4.).

- Vorstehendes seien kennzeichnende Eigenschaften für "Judengeist" und "Judengehirn", das "nicht ausreicht, um tiefgründige natürliche Dinge zu erfassen" (S. 9), für den "jüdischen Lückensucher-Verstand" (S.15): **rassistische Minderwertigkeits**-These.

- "Um das 'Zerstören aller Begriffe' scheint es den Wüstensöhnen und Trägern der Verwüstung wohl vor allem zu tun zu sein" (S. 9); die "Einstein'sche Lehre" laufe auf eine "Unterwühlung und Zerstörung der festen Lebensgrundlagen" hinaus (S. 22): **Nihilismus**-Vorwurf.

---

[38]in der Reihe *Schriften aus dem Verlage der Arbeitsgemeinschaft deutscher Naturforscher zur Erhaltung reiner Wissenschaft* erschienen soweit ich sehe drei Hefte: 1. Gehrcke[1920]; 2. Weyland[1920] und 3. Glaser[1920].

[39]vgl. das durch die Indiskretion eines Angeschriebenen veröffentlichte Rundschreiben, das er als 'Schriftwart der Einstein-Gegner' an einige Professoren unter Erwähnung eines potentiellen Gewinns "von etwa 10000 bis 15000 Mark" versandt hatte, in *Berliner Tageblatt*, 4. Sept. 1920, S. 3; vgl. dazu Riem [1920]a, Goenner [1989]a S. 20ff.

[40]Heft 1 (=einzig erschienenes Heft), S. 15.

- Die "wissenschaftliche Erkenntnis wird sich wohl auf diese talmudische Weisheit einlassen müssen" (S. 11): "alles , was ein Rabbiner sagt, ist unanfechtbar [**Dogmatismus**-Vorwurf, K.H.], und wenn zwei Rabbiner das Entgegengesetzte behaupten, so haben sie beide recht": **Relativismus**-Vorwurf (vgl. meinen Abschnitt 2.4.).

- Der gesunde Kern seiner Theorie wird auf deutschstämmige Vorläufer zurückgeführt, bei denen Einstein geistige Anleihen gemacht habe: **Prioritäts**-Ansprüche; (vgl. den folgenden Abschnitt).

Ab etwa 1921 also herrschte in der ultrarechten Presse und bei den von ihr aufgerüttelten Autoren der Pamphlete gegen Einstein dieser eisige, menschenverachtende Ton. Tagespressedebatten und der in ihnen ausgetragene 'Kampf um Einstein' führten, wie rückblickend Arnold Sommerfeld schrieb, zum " 'Relativitätsrummel', der gelegentlich in antisemitische Volksversammlungen ausartete".[41] Vom Einsetzen der ungebremsten antisemitischen Hetze 1921 bis zum Jahr 1943, in dem eine Hetzschrift von Bruno Thüring (geb. 1905) in zweiter Auflage erschien,[42] findet sich immer wieder diese Kette von Beschuldigungen ('Argumenten' möchte ich hier nicht mehr sagen), jedoch auch immer wieder Distanzierungen von Ablehnungen der RT, die aus "persönlicher Gehässigkeit gegen Einsteins Zugehörigkeit zum Judentum" resultieren.[43] Besonders nach der Zerschlagung der Weimarer Republik und der Machtübernahme der Nationalsozialisten 1933 findet sich in den einschlägigen Aufsätzen, erschienen in Organen wie z.B. der *Zeitschrift für die gesamte Naturwissenschaft* (gegründet 1935) oder in Festschriften für Lenard oder Stark ein nahtloser Übergang zwischen pseudoanthropologischen Erörterungen "rasseneigener psychischer Züge" und spezieller Polemik unter Berufung auf die Garanten "wissenschaftlicher Strenge".[44] Als Autoritäten werden zumeist Hugo Dingler als Philosoph in methodologischen Fragen[45] und Philipp Lenard als Verkörperung des Idealwissenschaftlers der "Deutschen Physik",[46] als Vorbild ei-

---

[41]Sommerfeld [1949/79], S. 40; vgl. etwa Dickel [1921], S. 114.

[42]Thüring [1941/43], institutionalisiert durch Einbeziehung in eine Reihe *Forschungen zur Judenfrage* des Reichsinstituts für Geschichte des neuen Deutschland.

[43]siehe z.B. Oesterreich [1923/28] Bd. 4, S. 584.

[44]z.B. Requard [1938/39] S. 349, [1940], Evola [1940] oder W. Müller [1936] 'Geist und Judentum' (S.7ff.), [1940] S. 292; vgl. Frank [1948/79]b S. 398-400 und Lindner [1980] über Bieberbach.

[45]z.B. Requard [1938/39] S. 346; W. Müller [1940] S. 285, [1941]; Thüring [1941]; zu Dingler siehe Abschn. 4.5.4 und dortige Ref.

[46]vgl. z.B. Menzel [1936], Bühl [1937] S. 10, Kubach [1936] S. 415f. W.Müller [1936] S. 48 und Starks Lenard-Festreden [1936], zit. in Kleinert [1978] S. 523f., sowie das Sonderheft in *ZgN* **8** [1942] anläßlich Lenards 80. Geburtstag mit Beiträgen von Kubach,

nes "aufrechten Deutschen und eines nationalsozialistischen Kämpfers"[47]
genannt. Umgekehrt wird Einsteins RT zum Paradebeispiel für "jüdische Physik",[48] und "talmudisches Denken"[49] zum "konzentrierten Sym-
bol des geistigen Ungeistes des internationalen Kulturjudentums".[50] Im
Schwarz-Weiß-zeichnenden Kontrast dazu wird dann die Vorstellung von
der "deutschen Art, Naturwissenschaft und im besonderen Physik zu treiben" entwickelt.[51]

> Es seien jetzt kurz Anschauungen und Arbeitsweisen der in Deutsch-
> land am weitesten verbreitesten 'Einstein-Physik' und der als ketze-
> risch verachteten, wie man sie einmal nennen darf, nordischen Physik
> gegenübergestellt.[...]. Die Sehnsucht des deutschen Forschers ist die
> Ergründung der Wahrheit, die wirkliche Erforschung der Natur. Nicht
> so, daß er versucht, das Naturgeschehen in ein willkürliches und ab-
> straktes Gedankengebäude einzuspannen, sondern durch genau präzi-
> sierte Fragen, die er an die Natur stellt [...]. Der Anfang des Forschens
> ist also beim nordischen Menschen die Beobachtung, und erst daraus
> werden Folgerungen über das Weltbild gezogen [...].[52]

Demgegenüber wird die 'jüdische Physik' zu einer "blutleeren", "gefühllo-
sen", "naturfremden" "spekulativen" Mischung von "guten, schon vorher
dagewesenen Erkenntnissen und einigen willkürlichen Zutaten mathematisch zusammengekoppelten 'Theorie' ohne Wirklichkeitsgehalt stilisiert.[53]
Nur sehr vereinzelt bemerken die Protagonisten der 'nationalsozialistischen
Weltanschauung', daß die bloße Negation von allem, was dem deutschen
Forscher nicht begreiflich ist, noch lange keine positive Leistung bedeutet.[54]

Stark, Wesch, Tomaschek, Teichmann u. A. Becker; vgl. Richter [1980] S. 201, 123.

[47]Weigel[1937] S. 3; vgl. Dingler [1942] sowie weitere Belege in Frank [1948/79]b S. 404.

[48]vgl. z.B. Lenard [1933], Menzel [1936] u. Bühl [1937] S. 12, 14f. sowie Fischer
[1937/38] S. 425; W. Müller [1939] S. 165f.

[49]vgl. Belege in Frank [1948/79]b S. 406-408.

[50]W. Müller [1936] S. 48; vgl. Glaser [1939], Thüring [1937/38], Bühl [1939].

[51]Zit. aus Müller [1936]; Stark[1936] spricht etwa vom "Kampf Lenards gegen den
Einsteinianismus" (S. 109), womit neben der SRT und ART auch Heisenbergs Matrizen-
mechanik, Schrödingers Wellenmechanik gemeint sind; vgl. Lindner [1980] S. 97 zu diesem
Mechanismus der Projektion alles Negativen auf den verfemten Gegentypus.

[52]Menzel [1936]; vgl. analog W. Müller [1936] insb. S. 56f. und weitere Belegstellen in
Frank [1948/79]b S. 402; zum aufschlußreichen Gegensatz zwischen 'verbreitester Einstein
Physik' und 'ketzerisch verachteter nordischer Physik' vgl. S. 146.

[53]Lenard [13. Mai 1933]; siehe auch W. Müller [1936] S. 37, 42f., Thüring [1936]a,b,
Fischer [1937/38] S. 42, Toepler [1941]. Vgl. Richter [1980] S. 125.

[54]man vgl. hierzu insb. die Kontroverse zwischen den NS-Ideologen Ernst Krieck und
Wilh. Müller über die 'Krise der Physik' im Jahr 1940!

Selbst im Medium Film wird mit diesen Stereotypen gearbeitet.[55] Erst mit dem Ende des zweiten Weltkrieges und der bedingungslosen Kapitulation Hitlerdeutschlands endete auch die systematische Denunziation der RT im inhumanen Jargon der nationalsozialistischen Rassenlehre.

Eine der mutigen **Zurückweisungen**, die diese Phraseologie nach der Machtergreifung 1933 erfuhr, stammt vom Naturphilosophen Bernhard Bavink, der u.a. in einem während der NS-Zeit mehrfach wiederaufgelegten Lehrbuch unmißverständlich die von Nationalsozialisten wie dem Pädagogen Ernst Krieck [1936, S.379] benutzten Begriffe und Denkmuster einer "großen völkisch-politischen Anthropologie als Teil einer Gesamtanschauung vom All-Leben" zurückwies:

> Ein rein für das Experimentelle veranlagter Forscher wird keine Relativitätstheorie oder Quantentheorie, ein rein theoretisch veranlagter keine großen experimentellen Entdeckungen in die Welt setzen. Daß in diesem Sinne also gewisse spezifische, vielleicht auch rassisch mitbedingte, notabene aber sicherlich auch bei unzähligen deutschen Forschern zu findende geistige Qualitäten auch an der Aufstellung der hier in Rede stehenden Theorie [R.T., K.H.] einen Anteil haben, versteht sich von selbst [...]. Vollkommen abwegig aber ist es, daraus zu folgern, diese Theorie sei demnach 'ein Einbruch jüdisch-bolschewistischen Denkens in die deutsche (arische) Wissenschaft'. Physikalische Theorien sind überhaupt weder arisch noch semitisch, weder europid noch mogolid, weder 'schizothym' noch 'zyklothym' u. dgl., sie sind einfach nur entweder falsch oder richtig [...].[56]

Auch ein anderes Buch von Bavink über *Naturwissenschaft auf dem Wege zur Religion* [1934] wurde von NS-Ideologen wie Lenard als "geschickt versteckte Anpreisung von Einstein und dessen Nachfolgern" angeprangert.[57] Doch da Bavink seit 1912 im höheren Schuldienst in Bielefeld arbeitete, war er Angriffen gegenüber weniger exponiert als Lehrstuhlinhaber.[58]

Der Normalfall war der, daß gerade obskure Schriften, die normalerweise keinerlei Beachtung gefunden hätten, durch griffige Hetztiraden ge-

---

[55]Im Film *Der Ewige Jude* [ca. 1935/36], in dem menschliche Verhaltensweisen zynisch mit denen von Ratten verglichen werden, erscheint in einer Reihe von kurz eingeblendeten Porträts auch das von Einstein, begleitet vom (sinngemäß zitierten) Text: 'Der Jude Einstein, der seinen Deutschenhaß hinter einer obskuren pseudowissenschaftlichen Lehre versteckte'.

[56]Bavink [1913/40]b, S. 109 (= 6. Aufl. 1940 !); vgl. z.B. auch Bavink [1935] S. 206 versus NS-'Rassenlehre' und Materialien in Hentschel [o.J.].

[57]und zwar in der Anlage eines Briefes von Lenard an Alfred Rosenberg, 9. I. 1936, vollständig zit. in Poliakov/Wulf (Hrsg.) [1959/83]b S. 296.

[58]erst mit Erreichung der Altersgrenze von 65 wurde Bavink in den Ruhestand versetzt-vgl. zu B. den Abschn. 4.2.2. sowie Wenzl [1953]a, Hermann [1978] und Hentschel [o.J.].

gen formalistische Mathematiker als "Schwarzkünstler" und "Einstein als
hervorragendstem Juden",[59] gegen die "ganz ungewöhnliche, freche Presse-
Anpreisung", das "ganze Reklamewesen" als Erfindung des Stammes Abrahams allgemein[60] und die Verheißung von Einstein als "ersehntem Mes-
sias" im besonderen,[61] angereichert wurden, um so deren (demagogische)
Überzeugungskraft zu erhöhen. Durch **pejorative Umschreibungen der
RT**, etwa als "talmudistischer Inflationsphysik" und "skrupellosester Wirk-
lichkeitsverfälschung", und Anbindung an andere, negativ besetzte topoi
(wie in "Nährboden des Marxismus" oder "kubistische Afterkünste") wurden zusätzlich Emotionen freigesetzt und ausgesprochene Haßgefühle gegenüber der als "dogmatisch-vergewaltigend" empfundenen Physik der RT
erzeugt.[62]

Gegen Spenglers *Untergang des Abendlandes* gerichtet, räsonnierte z.B.
bereits 1921 Otto Dickel über die 'Feinde der abendländischen Kultur', unter denen das 'Judentum' eine prominente Stelle zugewiesen bekam. Die Relativitätstheorie sei "ein Spiegelbild jüdischer Anschauungen, des Denkens
des reinen Verstandesmenschen"(S. 105), von "Kismet und Materialismus"
(S. 109). Die Entscheidung zwischen "zwei Physiken", einer "jüdischen und
einer abendländischen" (S. 111) wurde zur Schicksalsfrage hochstilisiert,
von der das Überleben des Abendlandes mitsamt seinem "planetarischen
Weltgefühl" abhinge. Kein Wunder, daß sich jeder Leser nun von der RT
'betroffen' fühlte; das Aufsehen wurde immer größer und erfaßte spätestens
über den Umweg der Politik auch diejenigen Philosophen, deren Themenfeld eigentlich weitab von Naturwissenschaft und Erkenntnistheorie lag.

Gerade die 'Lebensphilosophie', in geistiger Nähe zu Binding, inkor-
porierte in **geistigem Mitläufertum**, scheinbar auf der Ebene bloß an-
thropologischer Klassifikation bleibend, nahtlos die Klagen über die De-
fekte des "jüdischen Geistes mit seiner in zu geringer Anschauungsbeschwe-
rung gegründeten Losgelöstheit, Beweglichkeit und Hemmungslosigkeit des
Verstandes".[63] Dabei finden sich auch hier eingestreut die an verborgene
Ängste der Leser appellierenden Unterstellungen, etwa die vom "rechnerischen Weltbeherrschungsgedanken", vom Anspruch auf "moralische und
geistige Suprematie" der in Parallele zur "ausschlaggebenden finanziellen
Weltmacht" des Judentums gestellt wird.[64] Die "Gesamtansicht von Welt

---

[59]z.B. Iontschow [1928].

[60]z.B. Lenard im Vorwort zu Heinsohn [1933] S. 5.

[61]z.B. Ziegler[1923] S. 28

[62]W.Müller [1939] S. 292; Ders.[1941] S. 12; Thüring [1937/38] S. 69. Vgl. Frank
[1948/79]b S. 403 und Richter [1980] S. 124.

[63]Bäcker [1923] S. 33; vgl. W. Hentschel [1921] S. 72.

[64]ibid., vgl. etwa Ziegler [1923] S. 29.

und Mensch" wurde als eine Art heilsamer Perspektive gesehen, die ein Korrektiv zu den bedrohlichen Thesen der Einsteinianer biete:

> Nein, das Absolute, für die Wissenschaft ein Problem, ist für das Leben eine Notwendigkeit; die bloße Relation bringt uns den Tod.[65]

Das alte Cliché von der Blutleere des von Juden gepflegten Formalismus, angereichert mit Polemik gegen den 'Relativismus' und verziert mit der wohlbekannten Dialektik von 'absolut' und 'relativ' (vgl. Abschnitt 2.3.), hier findet sich alles im Kern eines breit ausgeführten Entwurfs über das "geistige und moralische Leben des Volkes", der den des Nationalsozialismus geistig vorbereitet.

Es muß aber auch festgehalten werden, daß selbst nach der politischen Entwicklung ab 1933, durch die der Antisemitismus quasi zur 'offiziellen' Doktrin aufgestiegen war, sich **die Mehrzahl der naturwissenschaftlich Forschenden antisemitischer Argumente enthielt.** Diese These läßt sich aus einer Vielzahl von Quellen belegen, darunter z.B. die öffentlichen und privaten Klagen der NS-Vordenker über den weiterhin "noch herrschenden undeutschen Geist in den Naturwissenschaften".[66] Der auf S. 143 angeführte Beleg von Menzel zeigte ebenso, daß dieser noch drei Jahre nach der 'Machtübernahme' durch die Funktionäre der NSDAP offenbar aus einer akademischen Minderheitsposition heraus gegen die RT argumentierte, da es nicht gelang, z.B. Plancks, Heisenbergs und v. Laues Einfluß auf die Führung der Kaiser-Wilhelm-Gesellschaft u.a. Institutionen restlos zu brechen. Unfreiwillig deutlich wird dies auch aus einem Passus eines in Helsinki veröffentlichten Aufsatzes des Antirelativisten Robert Hjalmar Mellin (1854-1933), der 1933 die Klage eines deutschen RT-Gegners über mangelnde Publikationsmöglichkeiten für seine Traktate wiedergibt:

> Die Sache verhält sich nämlich wenigstens in Deutschland so, dass die *einflussreichsten Stellen an den Universitäten und Hochschulen sowie an den verbreitetsten wissenschaftlichen Zeitschriften von Einsteinia-nern besetzt sind, die ihre Gegner zu verhindern suchen, solche Stellen zu erhalten und ihre einsteinfeindlichen Ansichten zu veröffentlichen.* Ich will diese allbekannte Tatsache durch einen Auszug aus einem Brief beleuchten. Ein hervorragender Gelehrter schreibt mir folgendes:

---

[65]Hentschel [1921] S. 72.

[66]zit. aus der Anlage zum Brief Lenards an Rosenberg, 6. Jan. 1936, abgedruckt in Poliakov/Wulf (Hrsg.) [1959/83] S. 296; vgl. auch Starks Kommentar zu N.N. über die "weißen Juden"[1937], abgedruckt ibid., S. 299f., sowie Thüring [1937/38], Dingler [1938/39], [1943]; W.Müller [1939], [1940] und eine Äußerung von Rudolf Hess, zit. in Richter [1978/79] S. 108.

> [...] Sie haben mir aus der Seele gesprochen [...]. Aber das dürften Sie
> heutzutage in Deutschland noch immer nicht drucken lassen. Dage-
> gen sind wir Anti-Einsteinianer vogelfrei. [...]. *Wer wagt, gegen die*
> *Rel.Th. zu schreiben, gefährdet seine Hochschulkarriere.*[67]

Den institutionellen Kampf um die Besetzung akademischer Positionen und
die geistige Führung der Universitäten, der hier aus der Perspektive der
unterlegenen Antirelativisten geschildert wird, hat der Nationalsozialismus
bis 1945 *nicht* gewonnen. Dies beweist u.a. eine 1947 veröffentlichte Eingabe von Ramsauer an Rust [1942], in der über das Ergebnis des vom NS-
Dozentenbund am 15. Nov. 1940 veranstalteten 'Münchener Einigungs-
und Befriedungsversuches' berichtet wird. Demzufolge hatte sich bei einer
Abstimmung zwischen Gegnern und Befürwortern der RT eine deutliche
Mehrheit dafür ausgesprochen, in Zukunft auf unqualifizierte, antisemitisch
motivierte Angriffe der RT zu verzichten, die "in ihr zusammengefaßten
Erfahrungstatsachen" als "festen Bestand der Physik" anzuerkennen und
die "vierdimensionale Darstellung von Naturvorgängen" als "brauchbares
mathematisches Hilfsmittel" zu respektieren.[68] Wenngleich daraufhin die
"Angreifer" zwar nicht dem 'Appell der Reichsdozentenschaft' folgten, "sich
in Zukunft jeglicher polemischer Veröffentlichungen zu enthalten", sondern
ihren "Kampf mit einer wachsenden Zahl polemischer Artikel" fortsetzten,
so taten sie dies doch aus einer Minderheitenposition heraus, und *nicht* im
Auftrage einer schweigenden Mehrheit. Insofern muß man wohl Poliakov
und Wulf recht geben, wenn diese im Vorwort zum 6. Kapitel ihrer Doku-
mentation *Das Dritte Reich und seine Denker* feststellten, daß "ein großer
Teil der deutschen Naturwissenschaftler - wie immer ihre Neigung oder politische Überzeugung auch gewesen sein mag - die Türen ihrer Laboratorien
vor dem Rassenwahn fest geschlossen hielten."[69]

   Im **Ausland** gab es auch schon um 1922 vereinzelt antisemitische Töne,
allerdings überwogen nationalistische Motive in der Beurteilung die religiösen, und nur in den Fällen, in denen chauvinistische und religiöse Vorurteile zusammenspielten, kam es zu ähnlich heftigen Attacken. Übrigens
waren es auch im deutschen Sprachraum oft gerade diejenigen, die eigentlich nicht-'arischer' Herkunft waren oder zumindest den Randbereichen des

---

[67]Mellin [1933] S. 10-11; Abkürz. Orig., Hervorhebungen K.H.

[68]siehe den vollst. Abdruck des 1940 zur Abstimmung stehenden Textes in Ramsauer
[1947] S. 46 (vgl. ferner Brüche [1946] S. 236). Den gleichen Tenor hat auch ein "Ak-
tenvermerk für den Reichsleiter" Rosenberg aus dem Jahr 1944 unterzeichnet 'Wagner',
abgedruckt in Poliakov/Wulf (Hrsg.) [1955/83] S. 315-317 sowie den 1943 (!) erschienenen Artikel von Heisenberg, insb. S. 211. Über ein späteres Treffen in Seefeld (1942)
mit ähnlichem Ausgang berichtet Beyerchen [1977]a S. 192.

[69]Poliakov/Wulf [1959/83]b S. 291.

'Großdeutschen Reiches' entstammten, die durch besonders laute Hetztiraden ihre Zugehörigkeit zum Deutschen Volk bekräftigten.[70]

In **Österreich** wurden sofort nach dem Einmarsch deutscher Truppen
in das per 'Volksabstimmung' ins 'Großdeutsche Reich' übernommene Land
die wissenschaftlichen Institutionen nach deutschem Muster umgekrempelt;
gegenseitige Verdächtigungen betr. nicht 'blutsreiner' Ahnen machten aber
auch schon zuvor, noch in der Zeit des rechten Dollfuß-Regimes (1935), die
Runde, wie folgende Passage aus einem Brief von Otto Neurath (1882-1945)
an Rudolf Carnap (1891-1970) über Moritz Schlick belegt:

> An sich ist bei niemandem klar, dass er nicht ganz in Ordnung ist,
> einer heisst wie der Aussenminister, der andere ist ein Nachkomme
> eines Abtes, polnische Namen decken überhaupt alles, und Moritz
> kann man heissen, auch ohne aus dem auserwählten Volke zu sein.
> Und dass der Fleischer Schlick in Bubenec ein Jude sein soll beweist
> wenig. Wo kein Kläger ist, ist kein Richter und M[oritz Schlick]. ist
> ja nicht zur internationalen Ahnenforschung verpflichtet.[71]

1936 wurde besagter Moritz Schlick von einem paranoiden Studenten er-
mordet. Diese Tat eines Wahnsinnigen war also nicht direkt politisch motiviert, wurde aber in der rechten Presse aufs infamste politisch ausgenutzt.
Darüber berichtet Philipp Frank (1884-1966) in einem Brief:

> Eine Zeitschrift behauptete: die Philosophie Schlicks sei so unchrist-
> lich, daß sie die Hörer zu Verbrechern erziehe, und Schlick sei selbst
> an seinem Tod schuld. Auch fügte die Zeitung hinzu: das Ganze ist
> eine Mahnung, daß man dem jüdischen Einfluß um und in Wien ein
> Ende machen müsse. Dieser Schluß ist umso sonderbarer, als weder
> Schlick noch sein Mörder Juden waren. Aber die Katze fällt immer
> auf die Füße.[72]

Die Anspielung Franks auf den Schmähartikel[73] der noch knapp zwei Jahre
vor dem Einmarsch deutscher Truppen und der Gleichschaltung von Presse

---

[70]z.B. Paul Lamberty [1925] S. 7; Melchior Palagyi, Hans Israel, Philipp Lenard. Zu
Lenards ungarischer Abstammung vgl. z.B. die spöttische Bemerkung in Achalme (Hrsg.)
[1916] S. 247.

[71]datiert 30. III. 1935, ASP, Sign. RC 029-09-65; zu Neurath und Carnap siehe 4.7.

[72]Ph. Frank an AE, 4. VIII. 1936, CPAE 11-085; zu F. und Schlick siehe 4.7.

[73]*Schönere Zukunft* 12. Juli 1936. Dort steht, unter dem bezeichnenden Pseudonym
'Prof.Dr. Austriacus' u.a.: "Auf die philosophischen Lehrstühle der Wiener Universität im
christlich-deutschen Österreich gehören christliche Philosophen [...] Man hat in letzter Zeit
wiederholt erklärt, daß die friedliche Regelung der Judenfrage in Österreich im Interesse
der Juden selbst gelegen sei, da sonst eine gewaltsame Lösung derselben unvermeidlich sei.
Hoffentlich beschleunigt der schreckliche Mordfall an der Wiener Universität eine wirklich
befriedigende Lösung der Judenfrage"; vgl. M. Siegert, 'Der Mord an Professor Moritz
Schlick', in L. Spira(Hrsg.) *Attentate, die Österreich erschütterten*, Wien 1981.

und Staatsapparat mit Hitlerdeutschland in Zeiten politischer Autonomie
Österreichs geschrieben wurde, zeigt, daß die später von den Nationalsozialisten vorgenommene 'Säuberung' Wiens von den ca. 300 000 zumeist
in der Leopoldstadt lebenden Juden im erzreaktionären Milieu antisemitischer Katholiken erschreckenderweise bereits gedanklich antizipiert, geradezu herbeigesehnt worden ist.[74]

In **Frankreich** gilt dies etwa für die rassistisch klassifizierenden Bemerkungen, die am 10. April 1922 anläßlich des Einstein-Besuches in Paris im *Intransigeant* gefällt wurden.[75] Auch der Redakteur der royalisti-
schen *Action française*, Léon Daudet, bemühte des öfteren die aufgelisteten antisemitischen topoi.[76] Während das Gros der scientific community
in Frankreich konservativ bis reaktionär eingestellt war,[77] wodurch eine gewisse Toleranz gegenüber solchen Hetzartikeln entstand, war in den **USA**
die überwiegende Reaktion auf die bekanntwerdenden Debatten in Deutschland und Frankreich eine der Ablehnung. Als der Außenseiter Arvid Reuterdahl 1920 im Provinzblättchen *Dearborn Independent* auch nur eines
der Steinchen in dem aus Deutschland bekannten Mosaik der Vorwürfe
aus ultrarechter, antisemitischer Feder übernahm und plakativ fragte: "Is
Einstein a plagiarist?" war schon dies dem Einstein-Redakteur des *Scientific American* eine Entgegnung wert, in der unmißverständlich klargestellt
wurde, woher der Wind in solchen Artikeln wehe:

> We expect this sort of thing from the anti-semites of Germany, and
> from those of the former Kaiser's loyal supporters who resent Dr.
> Einstein's refusal to have anything to do with the celebrated manifesto
> of the 93 Immortals.[78] But from a reputable American source - even
> one celebrated for its anti-Semitism - we should look for something a
> little different.[79]

Die hier bereits angedeutete Verbindung zwischen scheinbar unabhängig
voneinander auftretenden Zeittendenzen wird breit ausgeführt in einem sehr
interessanten Brief, den Otto Neurath im englischen Exil am 25. Sept. 1943
an Rudolf Carnap in Chicago schrieb.

> I see, how well-known philosophers in Germany, always quote Plato,
> when speaking of the ideal state, and I imagine how many young

---

[74]zur österreichischen Variante des Antisemitismus vgl. auch Popper [1974/76]b S. 104.

[75]zit.in Biezunski[1982] S.506: "Le type sémite de ce visage bouffi au teint terreux et
huileux, le perpétuel et léger sourire qui flotte, tout cela, if faut bien le dire, déroute et
contrarie."

[76]belegt in Biezunski [1982] S. 508f.

[77]siehe dazu Langevin [1950] S. 265, 268ff., Paty [1987].

[78]Anspielung auf das *Manifest an die Kulturwelt*[1914], kommentiert in Abschnitt 3.1.

[79]Bird[1921]d, 14. Mai, S. 382; vgl. Poor [1922] (mit Vorwort von Chamberlain).

people accepting that, became weakened against Fascism. [...]. He
supports censorship, allows only military music, doctors have not to
help ill people who are responsible for their illness, better for them
and for the community when they die, all people of Hellenic blood
should become united and then start the conquest of the barbarians,
the 'enemies by nature'[....]. I think that the metaphysical strain in
Germany is closely connected with the abstract ideals, transcendent in
eternity, Volkstum etc.[...]. I think that this merciless habit in history
very often is connected with absolutism in metaphysics and faith.[80]

Mit diesen bedenkenswerten Thesen über die geistigen Wurzeln des Faschis-
mus will ich diesen unerfreulichen Abschnitt beenden. Als Teilerklärung
dafür, wieso so viele Intellektuelle im geistesgeschichtlich tatsächlich stark
durch den Idealismus geprägten Deutschland zu Befürwortern oder doch
Mitläufern im 'Dritten Reich' wurden,[81] halte ich Neuraths Ausführungen[82]
für zutreffend. Sicher haben aber auch andere Faktoren, insb. die wirt-
schaftlichen Engpässe im Nachkriegsdeutschland und die Parteienzersplit-
terung der Weimarer Republik beigetragen. Es sollte sich deutlich gezeigt haben, daß *antisemitische Argumente gar nicht auf einzelne Konzepte,
Theoreme der RT eingingen, sondern im Kern ein Ausdruck grundlegender Unzufriedenheit mit den in ihr vorliegenden Tendenzen waren. Hoher
Formalisierungsgrad, Einsatz fortgeschrittener Mathematik (wie Gruppen-
theorie, Tensorrechnung), Abwendung von mechanistischen Erklärungsty-
pologien und exotische Anwendungsbereiche wurden von außen, im wahrsten Sinne des Wortes 'oberflächlich' festgestellt und als solche bemängelt.*
Somit handelt es sich **nicht** einmal mehr um **Miß**verständnisse, sondern
nur mehr um **Un**verständnis ohne auch nur noch den ernsthaften Willen
zum Verstehen der in Rede stehenden Theorie.

---

[80] ASP Sign. RC 102-55-03 (Orig. in engl. verfaßt). Die Übernahme von Vokabeln
idealistischer Philosophie durch die NS-Ideologen bemerkte auch Frank [1948/79]b S. 396;
vgl. Neurath [1981] S. 983ff.

[81] vgl. dazu z.B. Sontheimer [1962], Ollig [1979] S. 32, 40f., 81-83, 91; Dahms [1987].

[82] ähnlich übrigens auch vertreten von K.Popper im 1. Band von *Die offene Gesellschaft
und ihre Feinde,* (engl. Orig. 1945), in dt. Übersetzung: Bern, 1957.

3.3 Wissenschaftshistorische Wiederausgrabungen als Prioritätsansprüche gegen Einstein

> Das Relativitätsprinzip ist urarisch, Einstein hat nur in geschickter Weise seine Vorgänger hervorgeholt und verwertet.
> (F. Haiser [1920/21] S. 495).

In den zwanziger Jahren wurde verschiedentlich von Seiten dezidierter Gegner der RT der Versuch unternommen, Einstein als Plagiator hinzustellen. Diejenigen, die wissenschaftshistorische Wiederausgrabungen längst vergessener Arbeiten (meist durch verstümmelten Wiederabdruck) bekanntmachten, waren bereits zuvor als erbitterte 'Anti-Relativisten' in Erscheinung getreten, und ihre Prioritätsnachweise zu Einzelresultaten Einsteins fungierten als eine Art historisches Supplement zu ihren sonstigen Argumenten, die auch chauvinistische und antisemitische Register hatten.[1] Wie das Motto dieses Abschnittes zeigt, wurde Einsteins Autorschaft bei genau den Gedanken streitig gemacht, denen man auch unabhängig von der SRT und ART bleibende Gültigkeit zusprechen zu dürfen glaubte. Dazu zählten neben dem (speziellen, nicht dem allgemeinen!) RP auch die Lorentztransformationen und die Vorhersage einzelner experimenteller Effekte. Dieser polemische Gebrauch von Wissenschaftsgeschichte im 'Kampf' um die RT, in dem historische Dokumente nicht um ihrer selbst willen studiert wurden, sondern nur in ihrer Eigenschaft als Zusatzmunition gegen die ihrerseits vielfach überzeichnende 'Relativitätspropaganda',[2] ist ein wie ich finde interessanter Aspekt der Interpretationsgeschichte der RT. Die ungewöhnliche Funktion, die Wissenschaftsgeschichte hierbei zugewiesen bekommt, wurde soweit ich sehe noch in keiner Studie näher untersucht. Deshalb möchte ich anhand einiger in der zeitgenössischen Literatur häufiger angeführten Kandidaten für Vorwegnahmen der Leistungen Einsteins zeigen, *wie durch künstliche Isolierung einzelner Formeln oder Aussagen aus ihrem (klassischem Newtonisch-mechanistischen) Kontext der irreführende Eindruck erweckt werden konnte, es handele sich hierbei um eine Antizipation genuin relativitätstheoretischer Resultate.*

---

[1]dies gilt insb. für Philipp Lenard und Ernst Gehrcke in Deutschland, aber z.B. auch für den Navy-Captain T.J.J. See oder Arvid Reuterdahl in den USA; vgl. die Abschnitte 3.1. und 3.2. und die Ref. im folgenden.

[2]zur Stützung dieser These vgl. z.B. Jaki [1978] S. 932: "Clearly, Lenard was interested in Soldner only insofar as the latter could be used or rather abused as anti-Einsteinian ammunition."

Sicher war es kein Zufall, daß gerade während des ersten Weltkrieges, der eine starke Wiederbelebung chauvinistischen Gedankenguts mit sich brachte,[3] in der *Physikalischen Zeitschrift* ein Wiederabdruck der Arbeit des Göttinger Mathematikers Woldemar **Voigt** erfolgte, in der 1887 erstmals eine Transformation der Raum- und Zeitkoordinaten angegeben worden war, die bis auf einen gemeinsamen Faktor der später [1904] von dem Holländer Hendrik Antoon Lorentz angegebenen und von dem Franzosen Henri Poincaré nach Lorentz benannten Formel (1.4.) entsprach (siehe Abschn. 1.1.3.). Dieser vom Autor selbst mit zusätzlichen Fußnoten kommentierte Neuabdruck der Arbeit wurde durch folgende redaktionelle Fußnote eingeführt:

> Die Geburtstagsfeier des Relativitätsprinzips veranlaßt die Redaktion, den Lesern der Phys. Zeitschr. anbei einen gelegentlich in Vergessenheit geratenen, sehr frühzeitigen Vorläufer desselben vorzulegen. Tatsächlich wird in dieser, aus den Nachr. d. Kgl. Ges. d. Wiss. zu Göttingen, Sitzung vom 8. Januar 1887 stammenden Notiz die grundlegende Transformation der optischen Differentialgleichung schon klar formuliert.[4]

Am Ende des Wiederabdrucks der Arbeit erläuterte Voigt selbst dann in einer weiteren Fußnote, warum er damals diesen für ein optisches Spezialproblem formulierten Ansatz (1.4.) *nicht* weiter verfolgte und ausbaute, was ihn auf eine der Lorentzschen Elektronentheorie verwandte Elektrodynamik geführt hätte, und warum er sich *nicht* um ein physikalisches Verständnis der in (1.4.) behaupteten Verknüpfung zwischen Raum- und Zeitvariablen bemühte, was ihn unter Umständen lange vor Einstein zur SRT hätte führen können.

> Die weitere Verfolgung derartiger Probleme ist s[einer]. Z[eit]. unterblieben wegen der physikalischen Schwierigkeit einer vollständigen Realisierung der *Voraussetzungen der Arbeit* - Translation oszillierender Flächen oder Körper innerhalb des die Schwingungen fortpflanzenden Mediums - im *Gebiete der Elastizität*. Jene Schwierigkeit existiert nicht im Gebiete der *Lorentzschen Elektrodynamik*, welche den Äther durch alle ponderablen Körper hindurch erstreckt und letztere innerhalb des ersteren frei beweglich annimmt; jene ist demgemäß der Anwendung der oben auseinander gesetzten Methode viel günstiger.[5]

---

[3]vgl. Abschn. 3.1. und dortige Quellenangaben.
[4]Voigt [1887/1915]b S. 381; Abkürzungen Orig.
[5]ibid., S. 386; Hervorhebungen Orig.

Entgegen dem nationalen Stolz der Redaktion, die dem in 'Vergessenheit' geratenen deutschen 'Entdecker' der später von Ausländern etablierten Lorentztransformationen zu der ihm zustehenden Würdigung der Bedeutung seines Beitrages verhelfen wollte, wird aus dieser abschließenden Note des Forschers selbst erfreulicherweise klar, daß es eben *nicht* genügte, eine Formel anzugeben, auch wenn sich diese später als Zentralstück einer vielbeachteten und gut bewährten Theorie erweisen sollte. Voigts Transformation war vorgeschlagen worden im Rahmen einer Theorie, die elektromagnetische Wellen, zu denen auch die Lichtausbreitung zählt, als "Oszillationen eines elastischen, inkompressiblen Mediums", des Äthers, betrachtete.[6] In diesem theoretischen Rahmenwerk mußten die von Voigt selbst angeführten Idealisierungen, auf Grund derer überhaupt erst die Transformation (1.4.) zulässig war, als künstlich erscheinen,[7] weshalb ein Ausbau der Theorie aufgrund dieser Relationen oder eine nähere Beschäftigung mit möglichen physikalischen Interpretationen dieser Verknüpfungen zwischen Raum- und Zeitvariablen nicht in Frage kam. Demgegenüber gesteht Voigt zu, daß dies für die spätere Lorentzsche Elektronentheorie anders war, weil diese nicht nur den Raum zwischen den Körpern, sondern den gesamten Raum gleichmäßig mit imponderablem Äther erfüllt dachte. Und auch für die SRT Einsteins, die ganz auf den Äther als Ausbreitungsmedium verzichtete und nur das formale Gerüst mathematischer Relationen mit ihren klassischen Vorläufern gemein hatte, entfiel das für Voigt vorhandene Hemmnis. Die Fragwürdigkeit des Hochspielens von Voigt als Vorläufer Einsteins zeigt sich auch in dem Kuriosum, daß 1920 Friedrich Adler unter Berufung auf die Voigtsche Raum-Zeit-Transformationen in der Form (1.1.) die kinematische Definition eines vermeintlich ausgezeichneten Bezugssystems der Elektrodynamik betrieb, wodurch er indirekt nachwies, daß die von Voigt gefundenen Formeln keineswegs mit der späteren SRT harmonisierten.

Auch gegenüber denjenigen, die später, oft unter erstaunlicher Verleugnung ihres sonst so vordringlichen Chauvinismus, auf **Lorentz und Poincaré** als 'Entdeckern' der Lorentztransformationen bestanden, die von Einstein lediglich übernommen worden seien,[8] muß hier betont werden, daß es erst Einstein war, dem eine adäquate Einbettung dieser Variablentransformation in ein widerspruchsfreies Netzwerk von Postulaten, naturgesetzlichen Verknüpfungen und physikalischen Interpretationen theoretischer

---

[6]ibid., S. 381f.

[7]Voigt schränkte 1887 insb. ein: "Die Anwendbarkeit der obigen allgemeinen Betrachtungen auf Probleme der Optik ist beschränkt durch die Nebenbedingung (I')" [Gradientenfreiheit der Geschwindigkeiten, auch an Grenzflächen zwischen Medium und Körpern].

[8]vgl. z.B. Freytag [1937/38], Vahlen [1942] S. 20ff. für Texte aus der NS-Zeit sowie Le Roux [1937]b, Whittaker [1910/53], Hirosige [1976].

Konstrukte gelang.[9]

Der Gebrauch, der von den Schriften des Ungarn Melchior **Palágyi** (1859-1924), Dozent für "philosophische Erkenntnistheorie der Naturwissenschaften" in Klausenburg,[10] in den Zwanzigern betrieben wurde, zeugt von weitaus weniger Einsicht und Bescheidenheit in der Einschätzung von dessen Leistung. 1925 verhalf Ernst Gehrcke dem inzwischen Verstorbenen zu einem Wiederabdruck vieler seiner vormals völlig unbeachtet gebliebenen Aufsätze. Besonders seine 1901 erstmals veröffentliche Schrift *Neue Theorie des Raumes und der Zeit* wurde von ihm selbst wie auch von seinem Mentor Gehrcke als Beweis dafür angesehen, daß die von Minkowski gepredigte Union von Raum und Zeit schon *vor* Einstein in öffentlicher Form gefordert worden war.

> Dieser Gedanke von Palágyi, in seiner ganzen Tragweite und mit blendendem Vortrag entwickelt - er versucht sogar eine mathematische Formulierung und behaftet die Zeit-Koordinate mit der imaginären Einheit - ist die Grundlage der späteren Relativitätstheorie geworden.[11]

Bevor ich weiter auf Gehrckes Auswertung der Leistungen Palágyis eingehe, muß klargestellt werden, daß es sich bei diesem 'Versuch einer mathematischen Formulierung' um ein ziemlich obskures Traktat handelt, das in jeder Hinsicht mit den im schlechten Sinne metaphysischen Abhandlungen der zeitgenössischen Naturphilosophen vergleichbar war. Die "Einheit von Raum und Zeit" machte sich Palágyi zufolge in den zwei "Grundbeziehungen zwischen Raum und Zeit" bemerkbar, die da lauten: "α) Der Zeitpunkt ist der Weltraum. β) Der Raumpunkt ist der Zeitstrom." Den "tiefsten Grund dieser wunderbaren Tatsache" könne nur eine Theorie der Begriffspaare enthüllen, die er in seiner 'Grundlegung der Philosophie' zu liefern hoffe.[12] Seine Dimensionsbetrachtungen zu Raum und Zeit faßte er selbst so zusammen, "daß Raum und Zeit in der Frage nach der Dimension sich so verhalten, wie der Zähler und der Nenner eines Bruchs."[13] Der Gipfelpunkt seiner Erörterungen ist der Begriff des 'fließenden Raumes', der "sich dieser wechselseitigen Durchdringung von Natur- und Geisteswissenschaften, also einer einheitlichen Weltauffassung dienstbar machen" soll.[14] Was schließlich seine mathematischen Ansätze einschließlich der imaginären Zeitkoordinate anlangt, die von Gehrcke als besonderer Beweis der Vorwegnahme der Minkowskischen Raumzeit gewertet

---

[9]vgl. 1.1. sowie ferner Born [1956] S. 245-249, Goldberg [1967], Pais [1982] Kap. 8.

[10]zu Palágyi vgl. insb. Leisegang [1957] S. 101ff.

[11]Gehrcke, im Vorwort zu Palágyi [1901/25]b S. V.

[12]Palágyi [1901/25]b S. 6f.

[13]ibid., S. 17.

[14]ibid., S.33.

wurde, so beschränken sich diese auf die Feststellung, daß "die Koordinaten eines Punktes im fließenden Raume sich durch $x + it, y + it, z + it$ darstellen lassen".[15]

Diese wirren Betrachtungen eines Psychologie, Erkenntnistheorie, Logik und Physik vermengenden Philosophen haben nicht die geringste Verwandtschaft zu Minkowskis physikalischer Interpretation der SRT.[16] Neben einem völlig verschiedenen geistigen Hintergrund war auch die Zielsetzung, mit der Minkowski als Mathematiker der Göttinger Tradition sich den Fragen der Mechanik und Elektrodyamik zuwandte, eine völlig andere.[17] Rein technisch muß schließlich noch vermerkt werden, daß eine simple Addition von Raum- und Zeitkoordinaten, wie sie Palágyi vorschlägt, im Rahmen der Einstein/Minkowskischen SRT völlig unzulässig ist. Die Koordinaten eines Punktes der vier-dimensionalen Raumzeit sind dort (x, y, z, ict) und eine Verknüpfung von Raum- und Zeitkoordinaten tritt nur beim Wechsel von Bezugssystemen auf, der von Minkowski als Drehung der Koordinatenachsen in der Raumzeit aufgefaßt wurde.

Der Höhepunkt des intellektuellen Drahtseilaktes folgt jedoch erst noch. Einerseits steht es für Palágyi und Gehrcke fest, daß der Kern der SRT bereits durch Palágyi vorgedacht worden ist, andererseits sind aber beide entschiedene Gegner dieser Einstein/Minkowskischen SRT. Dazu Gehrcke:

> Man sollte denken, Palágyi wäre als philosophischer Begründer der Relativitätstheorie zum Anhänger dieser alle Welt bestrickenden Lehre geworden, aber dies ist nicht der Fall. Palágyis scharfem Verstande war die Undurchführbarkeit und das von Grund auf Verfehlte der Relativitätstheorie klar, und er rückte früh schon in eine gegensätzliche Stellung zu ihr, obgleich er eigentlich der geistige Vater der Theorie war. Er hat mir gegenüber mehrfach seinen Unwillen darüber geäußert, daß seine Gedanken über Raum und Zeit durch die Relativitätstheoretiker, besonders durch Minkowski, so verzerrt worden sind, und er konnte reichlich über die 'Naivität' der Rechner spotten, die den disparaten Charakter von Zeit und Raum zu verwischen trachteten.[18]

An diesem Punkt durchkreuzen Gehrcke und Palágyi, so meine ich, ihre eigene Strategie, einen glaubhaften Anspruch auf Priorität Palágyis in Puncto 'Union von Raum und Zeit' zu erheben. Entweder diese Priorität besteht, dann kann nicht gleichzeitig die Gültigkeit dieser 'Union' im Rahmen der SRT bestritten werden, oder sie besteht eben nicht, und dann bleibt Palágyis Schrift von 1901 einer unter vielen naturphilosophischen Traktaten zu Raum und Zeit um die Jahrhundertwende, die heute in der Mottenkiste

---

[15]ibid., S. 32.

[16]vgl. Abschnitt 1.2.

[17]vgl. dazu vor allem Studien von Pyenson [1985] Kap. 4-5 u. 7.

[18]Gehrcke, im Vorwort zu Palágyi [1901/25]b S. VI; vgl. Palágyi, ibid., S. 35f.

der geistesgeschichtlichen Kuriositäten verstauben. Aus dem zuvor gesagten wird klar, daß Palágyis Text ohne Zweifel der letzten Kategorie zuzurechnen ist und daß ein Anspruch auf Anerkennung von Priorität weder von Seiten Palágyis noch durch irgendeinen anderen Philosophen erhoben werden kann, der Raum und Zeit vor 1905/08 spekulativ in irgendeinen Zusammenhang brachte, wie dies etwa auch der zu seiner Zeit vieldiskutierte J.K.F. Zöllner[19] tat. Gleiches gilt auch für andere spekulative Betrachtungen, die durch Mathematiker und Physiker vor Einstein zu möglichen Verbindungen von Raum und Zeit angestellt wurden: ihnen allen gemeinsam ist die bloß aphoristische Andeutung möglicher Zusammenhänge, ohne daß diese Idee ausgeführt wurde oder in eine Theorie eingebracht worden wäre.[20]

Ein ebenso heftig gegen die RT wetternder Kollege Gehrckes, der Heidelberger Nobelpreisträger Philipp Lenard, war ebenfalls auf einen vermeintlichen Vorläufer Einsteins gestoßen worden, den Bayern Johann Georg **Soldner** (1776-1833), dessen 1801 veröffentlichte Schrift *Über die Ablenkung eines Lichtstrahls von seiner geradlinigen Bewegung durch die Attraktion eines Weltkörpers, an welchem er nahe vorbeigeht* er 1921 in Ausschnitten in den *Annalen der Physik* zum Wiederabdruck brachte.[21]

Das Ziel der Originalarbeit Soldners, die seinerzeit im *Berliner Astronomischen Jahrbuch für das Jahr 1804* erschienen war, bestand darin, abzuschätzen, ob eine etwaige Wechselwirkung zwischen Lichtstrahlen und anderer Materie zu einer meßbaren Verschiebung der beobachteten Orte von Fixsternen ('Weltkörpern') führen könnte. D.h. der theoretische Rahmen, in dem das Problem der Lichtablenkung von Soldner angegangen wird, ist ein Korpuskularmodell des Lichtes in Kombination mit dem Newtonschen Gravitationsgesetz, das eine universelle Kraftwirkung zwischen je zwei Massen postulierte. Über die Behandlung des Lichtstrahls als schweren Körper schreibt Soldner selbst gegen Ende seiner Arbeit, daß sich diese Annahme schon aus der Existenz des Aberrationseffektes rechtfertige, von dem er (fälschlicherweise) voraussetzte, daß er nur im Teilchenmodell erklärbar sei. Der materialistisch-mechanistische Hintergrund seiner Überlegungen wird dann überdeutlich aus der sich anschließenden Versicherung "Und überdies, man kann sich kein Ding denken, das existieren und auf unsere Sinne wirken soll, ohne die Eigenschaft der Materie zu haben",[22] der er noch ein Lukrez-Zitat folgen ließ. Schon

---

[19]zu Zöllner vgl. *DSB* **14**, S. 627-630 sowie eine demnächst erscheinende Studie von Christoph Meinel; zur Geschichte des vierdimensionalen Raumes vgl. Weitzenböck [1929/56].

[20]dies gilt insb. auch für Sir Hamiltons Spekulation über eine quaternionische Raum-Zeit-Verknüpfung, die E.H. Synges [1921] Kandidat für "the space-time-hypothesis before Minkowski" ist (S. 693). Vgl. ferner Weitzenböck [1929/56].

[21]zu wissenschaftshistorischen Kommentaren und Referenzen zu biographischen Notizen über Soldner vgl. insb. Jaki [1978].

[22]Soldner [1801/1921] S. 171/603f.

Newton hatte in einer seiner ' Queries' der *Optik* über die Existenz einen solchen Effektes spekuliert, aber Soldner war wohl der erste, der eine quantitative Rechnung veröffentlichte, worin er vermutlich durch den "jetzigen, so sehr vervollkommneten, Zustande der praktischen Astronomie" angespornt wurde, "um aus einer guten Beobachtung den Nutzen ziehen zu können, dessen sie an sich fähig ist".[23] Zu der Rechnung Soldners ist noch zu bemerken, daß seine Abschätzung nur für Strahlen gilt, die direkt an der Oberfläche des anziehenden Körpers entlangstreifen und einen nicht gerechtfertigten Faktor 2 in der Winkelablenkung mitzieht.[24]

Bei korrekter Durchführung der Soldnerschen Rechnung mit modernen Werten für die Naturkonstanten, heutigen Konventionen für die Gradeinteilung und unter Zugrundelegung der Korpuskulartheorie in Verbindung mit dem Newtonschen Gravitationsgesetz ergibt sich ein Wert von 0.87 Gradsekunden für die Ablenkung eines tangentialen Lichtstrahles von seiner geometrischen Verlängerung.[25] Soldner visierte keinerlei experimentelle Überprüfung dieses ihm 'unmerklich' scheinenden Wertes an und kommentierte sein Ergebnis im Sinne definitiver Ausschließung jedweden potentiellen Einflusses der Schwere von Lichtstrahlen auf astronomische Positionsbestimmungen:

> Uebrigens glaube ich nicht nöthig zu haben, mich zu entschuldigen, daß ich gegenwärtige Abhandlung bekannt mache; da doch das Resultat dahin geht, das[sic] alle Perturbationen unmerklich sind. Denn es muß uns fast eben so viel daran gelegen seyn, zu wissen, was nach der Theorie vorhanden ist, aber auf die Praxis keinen merklichen Einfluß hat; als uns dasjenige interessiert, was in Rücksicht auf Praxis wirklichen Einfluß hat.[26]

Nachdem rund 120 Jahre nach Soldners Abschätzung durch eine wesentlich verfeinerte Meßtechnik eine Positionsbestimmung in einer Genauigkeit von Bruchteilen von Gradsekunden möglich geworden war und eine solche Messung 1919 als Test von einer der experimentellen Voraussagen der ART durchgeführt worden war, gewann die alte Arbeit, einmal wieder ausgegraben, natürlich erneut an Interesse. Die Ergebnisse der beiden englischen Expeditionen von $1''98 \pm 6\%$ (Insel Sobral) bzw. von $1''44 \pm 0''87$ (Insel Principe)[27] wurden von Lenard unter Anspielung auf die ziemlich große Fehlerbreite des unter schwierigen Bedingungen ermittelten Resultats kurzerhand so ausgelegt, daß sie die klassische, Soldnersche Prognose

---

[23]Soldner [1801/1921] S. 161/600.

[24]siehe Trumpler [1923] S. 162, Klüber [1960] S. 47, u. Jaki [1978] S. 938.

[25]Eine übersichtliche Ableitung des Soldnerschen Resultats gibt: J.Weber in Chiu/Hoffmann (Hrsg.) [1964] S. 231f.

[26]Soldner [1801/1921]a S. 172.

[27]vgl. Dyson, Eddington u. Davidson [1920] sowie Abschn. 1.3.

bestätigen, "soweit die Genauigkeit dieser Beobachtungen geht."[28] Mit dieser Feststellung wurde der Umstand überspielt, daß der Zentralwert des von den englischen Experimentatoren Crommelin und Davidson resp. Eddington u. Cottingham genannten Intervalls wesentlich näher an der Voraussage Einsteins von 1915 lag. Diese spätere Voraussage, abgeleitet aus der ART, unterschied sich um den Faktor 2 von seiner früheren Prognose (1911), die mit der Soldnerschen für sonnennahe Strahlen numerisch in etwa übereingestimmt hatte, weil von Einstein damals noch keine durch große Massen induzierte 'Raumkrümmung' ins Auge gefaßt worden war. Lenard strapazierte Soldners Resultat aber in noch viel weitgehenderem Sinne - es war ihm nicht nur ein Beweis dafür, daß **ein scheinbar typisch relativistisches Resultat auch unter viel einfacheren, klassischen Voraussetzungen ableitbar** war, er legte sogar eine geistige Abhängigkeit zwischen der "älteren Leistung" mit Einsteins späterem Resultat nahe.[29] Somit sah sich Lenard vor die konstruierte Alternative gestellt, *entweder* eine "verwickelte Theorie mit sehr weitgehenden Behauptungen, die man zur Ableitung eines Resultats gar nicht nötig hat" *oder* ganz einfach die klassische Theorie als richtige anzunehmen. Selbst wenn er seinen Leser nun nicht schon von der Richtigkeit seiner eigenen Präferenzen für letztere überzeugt haben sollte, konnte er doch sicher sein, mindestens am bisherigen Glanz der ART gekratzt zu haben, da nun der spektakuläre Ausgang der Lichtablenkungsmessung nicht mehr zwingend als Bestätigung der ART angesehen werden brauchte, wie dies vielfach geschehen war.[30]

Gerade diese kaum mehr verhüllten Plagiatsvorwürfe des im In- und Ausland als hervorragender Experimentator bekannten Lenard erregten umgehend einiges Aufsehen. Nach 1921 erschien kaum mehr ein antirelativistisches Traktat, in dem nicht im Namen "geschichtlicher Gerechtigkeit [...] die Priorität dieses Gedankens" der Lichtablenkung Soldner zugesprochen

---

[28]Lenards Vorbemerkung zu Soldner [1921] S. 593.

[29]"Soldners Berechnung gründet sich auf die bloße, sehr einfache und klar hingestellte Annahme von Masse und dieser proportionalen Schwere des Lichtes. 110 Jahre später hat Herr Einstein dieselbe Ablenkung auf einem anderen, aber keineswegs einfacheren noch auch einwandfreieren Wege hergeleitet, nämlich mittels seiner, bekanntlich Raum- und Zeitbegriffe umwälzenden Relativitätstheorie, und zwar einer erweiterten Form derselben. Die Relativitätstheorie ist viel beachtet worden; es verdient demgegenüber auch Soldners so viel ältere Leistung der allgemein zugänglichen Hervorhebung, um so mehr als - wie stets in solchen Fällen- niemand sagen kann, in welchem Maße die ältere Leistung Anlaß und Stütze für spätere Beschäftigung mit demselben Gegenstand gewesen war." (ibid., S. 596)

[30]"sie [die ART] ist nur künstlich und zum Schein mit dem Resultat verwoben" (ibid., S. 597); vgl. z.B. Baumgardt [1921], Riem [1922], Mohorovičić [1923] S. 40f., 50f.; Houghton [1923], Bond et al.[1923], Gleich [1930] S. 71 und krit. dazu Freundlich [1931] S. 253f.

wurde.[31] In Texten aus der NS-Zeit ist gar die Rede von "wissenschaftlicher Geschichtsfälschung".[32] Darum wurde durch den Hauptvertreter der 'Deutschen Physik' (siehe Abschn. 3.2.), Philipp Lenard, im Jahre 1929 dann auch der Versuch unternommen, die Wissenschaftsgeschichtsentwicklung als Abfolge einschneidender Entdeckungen 'arischer' *Großer Naturforscher* darzustellen. Diese *Geschichte der Naturforschung in Lebensbeschreibungen* basierte auf der dem Rassendünkel selbstverständlichen Annahme, "daß es allemal die Großen, aus dem Indogermanentum kommenden Persönlichkeiten waren, denen die *entscheidenden* Erkenntnisse aufgingen".[33]

Doch zurück zu den Plagiatsvorwürfen. Auch im Ausland wurde in die durch Gehrcke und Lenard angelegte Kerbe gehauen. Der Leiter der technischen Abteilung des *Colleges St. Thomas* in Minnesota (USA), Arvid Reuterdahl (geb. 1876), verbreitete sich in amerikanischen Lokalzeitungen über die Frage 'Is Einstein a plagiarist?'[34] Ein anderer Landsmann, der Navy-Kapitain T.J.J. See (geb. 1866), verstieg sich (unter mehrfachem Hinweis auf Soldners Arbeit) und eigene Studien über eine neue Theorie des Äthers in polemischen Zeitungsartikeln der *New York Times* und im *San Francisco Journal* gar zu noch drastischeren Worten: "Einstein a second Dr. Cook? Naval scientist brands author of Relativity theory a Faker and Plagiarist; six errors pointed out".[35] Angeheizt wurde die Debatte noch, als auch ein Professor der *Columbia University*, Charles Lane Poor (geb. 1866), die Ergebnisse der Lichtablenkungsmessungen im Unterschied zur offiziellen Bewertung *nicht* als Bestätigung der Einsteinschen ART auslegte.[36] Über den Umweg einer Replik des 'Einstein Editors' des *Scientific Americans* erreichte die Nachricht über diese neuen Plagiatsvorwürfe auch Frankreich[37] und Deutschland.[38]

Aus einem Brief von Hermann Weyl an Einstein kurz nach Bekanntwerden der Lenardschen Anschuldigungen wird deutlich, wie an der Entwicklung der RT selbst beteiligte Forscher auf derlei Vorwürfe reagierten:

Bei Gelegenheit der Lenard-Soldnerschen Ausgrabung, über die hier

---

[31]Zitate aus Stark[1922] S. 13; analog Mewes [1921] S. 77.

[32]Zitat aus Müller [1940] S. 285; vgl. Ders.[1936] S. 49; Vahlen [1942] S. 25-31.

[33]May [1942] S. 153 (Hervorh. Orig.); vgl. z.B. Fischer [1937/38] S. 423f.; Kubach [1937/38]; Tomaschek [1937/38].

[34]siehe Reuterdahl [1920], [1921], [1923]a-c, [1931]; vgl. dazu Mewes [1921] sowie krit. Bird [1921]d S. 382, Bond [1923]a,b .

[35]Überschrift von See [1923]c, vgl. See [1923]a,b, [1924], [1929] sowie Repliken von Malisoff [1923], Dyson [1924], Eddington [1924] u. Eisenhart [1924].

[36]siehe Poor [1919], [1921], [1924], [1926].

[37]vgl. etwa *La Vieille France* no.225, 19.-26. Mai 1921 S.19: 'Einstein, plagiaire'.

[38]vgl. Mohorovičić [1923] S. 49.

ein törichter Artikel in der N[euen]. Z[ürcher]. Z[eitung]. von Kolch [Dez.1921] erschien, habe ich mal Newton selbst durchgeblättert, weil es mir sehr wahrscheinlich vorkam, daß er diese Konsequenz seiner Gravitations- und Lichttheorie gekannt habe. Aber er drückt sich höchst vorsichtig aus; ausgerechnet hat er freilich die Ablenkung eines Lichtstrahles, der an der Erde vorbeigeht, wie ich aus einer Stelle der Optik entnehme, um durch Vergleich mit der Ablenkung des Lichtes an der Grenze eines brechenden Mediums abzuschätzen, daß im letzten Fall eine Kraft wirksam sein müsse, die schon 10^{15} mal so groß ist wie die Anziehung der Erde; aber er spricht dann nicht von der Ablenkung des Lichtstrahles, sondern eines Körpers, der mit derselben Geschwindigkeit dahinfliegt wie das Licht.[39]

Den polemischen Verwendungen einer historischen Arbeit als Zündstoff im Prioritätenstreit um Einstein wurde schon bald energisch widersprochen. Besonders klar und umfassend ist eine Notiz von Robert Trumpler,[40] in der die u.a. von Lenard und See vorgebrachten Behauptungen unter **Klarstellung der Differenzen von Soldners und Einsteins Arbeiten** vollständig zurückgewiesen wurden. Bemerkenswert scheinen mir vor allem folgende Punkte:

- Die theoretischen Voraussetzungen Soldners sind vergleichbar denen von Einstein im Jahr 1911, aber nicht mehr 1915/16, da der zum Gesamtwert der späteren Einsteinschen Prognose zu 50 % beitragende nichteuklidische Effekt der Raumkrümmung durch Anwesenheit von Massen gänzlich außerhalb von Soldners Vorstellungswelt liegt.

- Die Absichten beider Arbeiten sind völlig verschieden: während Soldner nur eine Art prophylaktischer Störungsbetrachtung zur präzisen Position von Fixsternen anstellt, sucht Einstein bereits 1911 nach Bedingungen möglicher experimenteller Verifikation des Effektes und verweist auf Sonnenfinsternisse als günstigstes Anwendungsfeld.

- Die Rechnungen sind methodisch völlig verschieden, da Soldner nur tangentiale Strahlen betrachtet, während Einstein von vornherein den allgemeineren Fall endlichen Abstandes von der Oberfläche berechnet.

- Soldners Rechnung enthält darüber hinaus einen nicht gerechtfertigten Faktor 2. Einstein wiederholt diesen Fehler nicht.[41]

---

[39]H.Weyl an AE, 13. XII. 1921, CPAE Sign. 24 063; vgl. analog v. Laue [1921]b.

[40]Trumpler [1923]; vgl. die Entgegnung von See [1923]a und Trumplers Kommentar [1923], ibid, S. 372.; s.a. Bird [1921]d S. 382, Hilbert/Born [1921], Eisenhart [1923].

[41]Dies wurde in Lenards 'Wiederabdruck' durch Weglassen der gesamten Ableitungen und durch stillschweigende Umschreibung der Resultate in moderne Notation kaschiert.

- Der Mittelwert sowohl der zeitgenössischen als auch späterer Präzisions-
  messungen liegt sehr viel näher an Einsteins Prognose von 1915/16 als am
  klassischen Wert. Spätere Messungen konnten die Toleranzbreite soweit reduzieren, daß der klassische Wert heute ausgeschlossen werden kann.[42]

In sehr ähnlicher Weise wiederholte sich dieses Rollenspiel beim zeitgenössischen Streit um die Bedeutung einer Arbeit von Paul Gerber über *die
Fortpflanzungsgeschwindigkeit der Gravitation* [1902]. Einem Wiederabdruck in den *Annalen der Physik*, initiiert durch Ernst Gehrcke im Jahr
1917,[43] folgten Repliken von Hugo Seeliger, Paul Oppenheim und Max von
Laue, in denen die vermeintliche Vorwegnahme einer quantitativen Berechnung der Perihelbewegung des Merkurs als "auf einem elementaren Irrtum"
beruhend entlarvt wurde.[44] Ungeachtet des Streits um die Stimmigkeit der
Gerberschen Rechnungen wurde auch umgehend darauf hingewiesen, daß
durch die ART jedenfalls sehr viel mehr geleistet würde "was eine bloße
Gravitationstheorie schlechterdings nicht zu geben imstande ist".[45] Nachdem eine ganze Reihe solcher (bei näherer Prüfung stets sehr fragwürdiger)
Prioritätsansprüche angemeldet worden waren,[46] konnte in Schriften der
Relativitätsgegner scheinbar plausibel behauptet werden, daß *alle* Resultate
der SRT und ART entweder auch unter klassischen Voraussetzungen ableitbar seien und de facto vor Einstein bereits abgeleitet worden waren (Lichtablenkung: Soldner und Merkurperihel: Gerber), oder experimentell nicht
gesichert seien (Rotverschiebung).[47] Zwar gab es tatsächlich lange Zeit kein
unumstrittenes Experiment, das nicht *auch* durch eine klassische Hilfshypo-
these hätte erklärt werden können, doch war keine davon so wie Einsteins

---

[42]siehe z.B. Klüber [1960], Will [1972] zu Lichtablenkungsmessungen seit 1919.

[43]vgl. Gehrcke [1917] S. 267 sowie Mewes [1920], Weyland [1920]d.

[44]Seeliger [1917], Oppenheim[1917] und v. Laue [1917]; vgl. die etwas kleinlauteren
Bemerkungen danach in Lenard [1918/21]a S. 117-118 bzw. c S. 8, 20, 42; Mohorovičić
[1923] S. 41f.

[45]Rothe [1917]a S. 260; analog Jüttner [1917] S. 280-281.

[46]neben den schon erwähnten z.B. auch noch das RP der Bewegung mit den 'Vorläufern'
Mach, Eötvös und Riemann (z.B. Haiser [1920/21] S. 495, Zettl [1924/25] S. 250f., Richardson [1929] S. 135), die Ableitung der Energie-Masse Äquivalenz (1.8.) mit dem 'Vorläufer'
Hasenöhrl [1904] (siehe Lenards Vorbemerkung zu Soldner[1921] S. 595 oder Mohorovičić
[1923] S. 40, aber auch Born [1956] S. 250), und der Gravitationsausbreitung mit Lichtgeschwindigkeit mit den 'Vorläufern' Mewes [1888ff.] und erneut Gerber [1898] (siehe z.B.
N.N.[1919]g,h), die Ableitung der Merkurperiheldrehung bei Ritz [1908] (vgl. Reinhardt
[1920]) sowie schließlich der Sonderbehandlung des Lichtes mit dem 'Vorläufer' von Zieglers
"Urlichtlehre" (siehe z.B. Vortisch [1921] S. 7, Hirzel [1922]).

[47]so z.B. Gehrcke[1916], [1917], Weyland [1920]d Riem [1920], [1921] Stark[1922] S. 12f.,
Lenard-Vorbemerkung zu Soldner [1921] S. 596; Mohorovičić [1923] S. 42; Glaser[1920];
Gleich [1924] §3-5, [1930]; Thüring [1937/38] S. 67f.; Vahlen [1942] S. 25.

ART geeignet, alle diese Experimente mit einem Schlage zu erklären. Prioritätsansprüche zu erheben, war vollends irreführend, weil (wie gezeigt) weder wissenschaft*psychologisch* noch -*systematisch* Vorläuferrelationen bestanden. Aber welcher Leser konnte diese in den Raum gestellten Behauptung schon von sich aus prüfen und bewerten? Dem Nicht-Spezialisten blieb nur die Möglichkeit einer Wahl zwischen den einander kompromißlos widersprechenden Autoritäten.

Trotz des Vorteils, den die Anwälte der tradierten Physik bei diesem Entscheidungsprozeß des nicht-fachmännischen Lesers hatten, setzten sich ihre Prioritätskandidaten nicht durch. So schnell, wie die Hinweise auf vermeintliche historische Vorwegnahmen der Einzelresultate Einstein Anfang der zwanziger Jahre in der Literatur auftauchten, so schnell wurden sie, nach Richtigstellung des tatsächlichen Rangs und Kontexts dieser Arbeiten,[48] im Ausland auch wieder vergessen. Es ist symptomatisch, daß in Würdigungen der Leistungen Johann Georg von Soldners in neueren Nachschlagewerken wie etwa dem *Dictionary of Scientific Biography* seine Berechnung der Lichtablenkung nahe der Sonnenoberfläche ebensowenig erwähnt wurde wie in den biographischen Artikeln über Soldner vor 1920.[49] Selbst im NS-Deutschland von 1940 findet sich die Klage über die "Abwürgung unabhängiger Forscher von seiten der wissenschaftlichen Cliquen" als ein Indikator dafür, daß selbst unter diesen Umständen die wissenschaftshistorischen Umrangierungsversuche der Anti-Relativisten von der Öffentlichkeit nicht angenommen wurden. Somit scheiterte die sich schon im Motto dieses Abschnittes ankündigende Strategie, gemäß der das RP und andere Teile der RT als 'völkische', 'urarische' Einsichten beizubehalten seien und nur der zu formalistische 'jüdische' Ausbau zur RT durch eine andere, 'Deutsche Physik' zu ersetzen sei. Solche Versuche unternahmen nicht nur kleinere Lichter wie Haiser,[50] sondern (wenngleich aus ganz anderen Motiven) auch Pro-Relativisten wie Bernhard Bavink oder Pascual Jordan, die während der NS-Zeit immer wieder betonten, daß die RT ebensogut auch durch einen 'Arier' hätte gefunden worden sein können:

> Es ist nicht einmal richtig, wenn man, wie das heute oft geschieht, sagt, zum wenigsten sei typisch jüdisch jene mathematische raffinierte Methode, wie sie z.B. in der Relativitätstheorie Einsteins vorliege.

---

[48]durch Angehörige des 'Verteidigergürtels um Einstein' (vgl. Abschnitt 3.4.).

[49]für Referenzen siehe Jaki [1978].

[50]Haiser [1920/21] S. 495: "Es hat den Anschein, als ob man völkischerseits das Relativitätsprinzip, weil sich gegenwärtig zufälliger ein Jude damit befaßt hat, als eine spezifisch jüdische Weltanschauung hinstellen wolle. Doch das wäre in Anbetracht der Größe dieser philosophischen Frage nur tief zu bedauern".

> Jeder Sachkenner weiß, daß die darin steckenden Elemente großenteils bereits vor Einstein da waren [...]. An sich hätte H.A. Lorentz [...] ganz ebensogut auf die Relativitätstheorie kommen können wie der Jude Einstein, und auch mein verehrter alter Lehrer W. Voigt in Göttingen, ein wahres Musterbild eines echten germanischen Recken schon äußerlich, ist nahe genug daran gewesen, sie zu finden.[51]

Die These, daß Einstein sich bei der Formulierung seiner SRT und ART auf die besprochenen historischen Texte gestützt hätte, ist nicht nur unerwiesen, sondern bei Inbetrachtziehung des geringen Aufwandes, mit dem der junge Einstein Studien der älteren wissenschaftlichen Literatur betrieb, wissenschaftspsychologisch sogar höchst unwahrscheinlich.[52] Der grundlegendste Denkfehler der mit wissenschaftshistorischen Geschützen auffahrenden Anti-Relativisten war jedoch der, daß die These der Vorwegnahme irgendeines Einzelresultats den Zusammenhang übersieht, in dem dieses Resultat mit anderen Sätzen der Theorie steht. Solch eine **künstliche Isolation** wurde zwar in den Tertiär- und Quartärtexten[53] betrieben, z.B. wenn *eine* experimentelle Voraussage wie die der Lichtablenkung im Gravitationsfeld als *die* Sensation gefeiert wurde. Ein adäquates Verständnis einer Theorie (und zwar der klassischen nicht minder als der SRT und ART) eröffnet sich aber nur dem, der die quasi-organische Verbundenheit dieses Einzelresultats mit anderen Annahmen und Aussagen der Theorie übersehen kann. Vorausblickend auf meinen Vergleich der philosophischen Interpretationen der RT im nächsten Kapitel läßt sich deshalb festhalten, daß diejenigen Interpreten der SRT und ART, die sich bemühten, diesen neuen Gesamtzusammenhang in den Blick zu bekommen, in dem altbekannte Anomalien und konzeptuell Neues durch Einstein gestellt wurden, schon im Ansatz denen überlegen waren, die sich mit einer schlaglichtartigen Beleuchtung nur einiger zusammenhangloser Teile der Theorien oder ihrer experimentellen Konsequenzen begnügten.

---

[51]Bavink [1933]a S. 234 - vgl. Hentschel [o.J.]; siehe analog Jordan [1936/49]b S. 37 (vgl. Poliakov/Wulf (Hrsg.) [1959/83]b S. 315).

[52]in AE [1905] findet sich z.B. keine einzige Referenz auf irgendeine andere wissenschaftliche Arbeit, und die grundlegende Arbeit zur SRT liest sich über weite Strecken tatsächlich wie ein 'elementarer' Text; zu Einsteins ausgeprägter Eigenschöpferischkeit vgl. insb. Holton [1981] und Pais [1982] S. 165.

[53]vgl. meine Klassifikation von Texthierarchien in Abschnitt 2.1.

3.4 Der 'Verteidigergürtel' um Einstein

Ein letzter Gesichtspunkt soll in diesem Abschnitt noch behandelt werden, der für die Diskussion der philosophischen Interpretationen im folgenden Kapitel von besonderer Wichtigkeit sein wird und deshalb auch größerer Ausführlichkeit bedarf. Die RT war, besonders in den zwanziger Jahren, Gegenstand lebhaftester Debatten, an denen Vertreter verschiedenster philosophischer Grundüberzeugungen beteiligt waren. Dabei schälte sich sehr schnell eine Art Rollenverteilung heraus: die einen (ich denke etwa an Oskar Kraus, Ernst Gehrcke oder Stjepan Mohorovičić) profilierten sich durch immer heftiger werdende Angriffe sehr schnell als dezidierte Gegner der Theorie, woraufhin andere, schon durch den Umstand, daß sie diesen Überzeugungen widersprachen, in eine Art 'Verteidigerrolle' gepreßt wurden. Aus der Perspektive eines überzeugten 'Gegners' der RT stellte sich dieser Vorgang so dar:

> Die Vorwürfe haben nicht aufgehört; ja noch mehr, die Vorwürfe haben sich nach und nach von allen Seiten erhoben. Bald war *Einstein mit seinen Anhängern in der Verteidigungsstellung*, und der eiserne Ring um sie verengt sich immer mehr, so daß eine Festung nach der anderen fällt [...].[1]

Diese **martialischen Metaphern** von 'Kampf' und 'Krieg', 'Festung', 'Partisanen' und 'Feinden' stellten sich stets da ein, wo der Austausch sachlicher Argumente in eine Sackgasse geraten war. Belege dafür sind etwa die Diskussionen zwischen Schlick und Dingler[2] oder zwischen Frank und Kraus.[3] Interessant dabei ist, daß durch diesen, wenn man so will 'gruppendynamischen' Effekt sehr oft inhaltliche Verschiebungen der Diskussion generiert wurden. Gestritten wurde dann nicht mehr um das, was Einstein selbst über seine Theorie geäußert hatte, sondern um die durchaus eigenständigen, von Einsteins Selbstverständnis oft gravierend abweichenden Interpretationen der Einstein-Verteidiger. Dadurch, daß Personen wie z.B. Max von Laue, Joseph Petzoldt oder Philipp Frank oft in Vertretung von Einstein selbst nach bestem Wissen und Gewissen seine Interessen auf Kongressen oder durch Dispute in wissenschaftlichen Zeitschriften wahrzunehmen versuchten, wurde für die Opponenten Einsteins die Vermengung der Theorie selbst, um die es ging, mit bestimmten eigenwilligen Interpretationen geradezu unvermeidlich. Diesem Prozeß der zusätzlichen

---

[1] Mohorovičić [1923] S. 7.
[2] ref. in 4.5.4. - siehe Schlick [1921]c und Dingler [1922] S. 56 wo Schlick als "philosophischer Verteidiger der Relativitätstheorie" angesprochen wird.
[3] ref. in Abschnitt 5.3.

Überfrachtung der Diskussion um die RT mit Disputen um Interpretationen von ihr will ich im folgenden anhand einiger ausgesuchter Beispiele nachgehen.

Zunächst behandele ich die 'Ablösung' Einsteins durch Max von Laue im Bereich rein fachlicher Auseinandersetzungen um bestimmte Details seiner Theorie (3.4.1.), dann die Hintergründe zu einer Absage Einsteins von der anfänglich geplanten Teilnahme an einem Philosophenkongreß, beides um aufzuzeigen, wie es dazu kam, daß Einstein sich ab etwa 1920 immer seltener selbst verteidigte (3.4.2.). Dann behandele ich noch in einer Einzelstudie den Einsatz des aus der Physik kommenden Philosophen Hans Reichenbach, der in den zwanziger Jahren oftmals als Prüfer und Korrektor der Populärliteratur zur RT gewirkt hat (3.4.3.) und dabei ganz automatisch zur Rolle des Einstein-Verteidigers kam, die er schließlich auch ganz bewußt ausfüllte.

Überblickt man die um die RT geführten zeitgenössischen Diskussionen (vgl. Abb. 3.1.), so sieht man sofort, daß noch weitere Personen Verteidigerrollen übernahmen, so etwa die Zentralfigur des Wiener Kreises, Moritz Schlick, als Kritiker neukantianischer Thesen zur RT und der Meyersonianer André Metz als selbsternannter Verteidiger Einsteins gegen französische Opponenten der RT (5.2.). Das Beispiel der Debatte zwischen den in Prag lehrenden Professoren Oskar Kraus und Philipp Frank (später noch ergänzt um die Stimme Benno Urbachs) zeigt, wie sehr die Diskussionen zwischen Vertretern verschiedener Philosophenschulen unter wechselseitigen Mißverständnissen leiden, so daß man hier geradezu von **Inkommensurabilitätseffekten** sprechen kann. Zur Analyse dieser Diskussionen zwischen Vertretern verschiedener Schulen muß ich aber auf die von beiden Gruppen jeweils präsupponierten Normen und Interpretationen der Theorie zurückgreifen, um aufzeigen zu können, wie es zum wechselseitigen aneinander vorbeireden kam. Darum muß ich die Besprechung dieser drei Dispute auf das Kapitel 5 verschieben und vorher (in Kap. 4) die philosophischen Interpretationen und geistigen Hintergründe der beteiligten Disputanden darstellen.

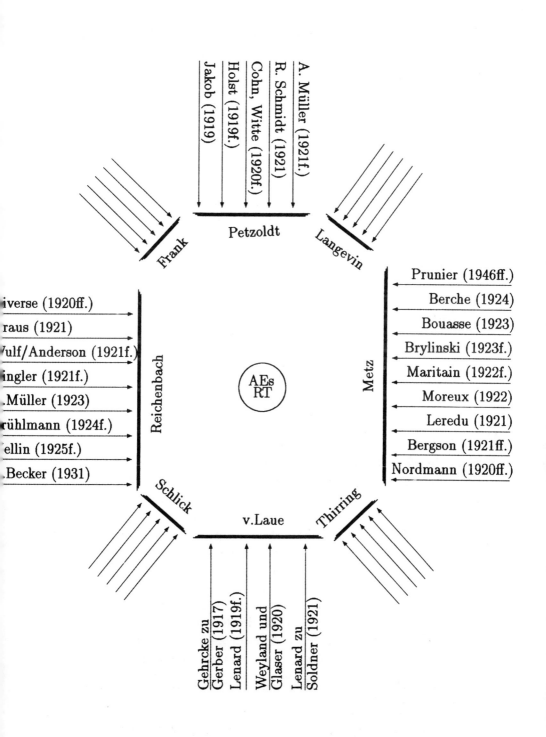

Abbildung 3.1: Schaubild zu zeitgenössischen Disputen um die RT und die wichtigsten dabei auftretenden Verteidiger Einsteins

3.4.1   Physikalische Fürsprecher Einsteins

Wenngleich es in dieser Arbeit um die *philosophischen* Interpretationen der RT geht, muß ich doch an dieser Stelle ganz knapp zunächst etwas zu den wichtigsten Fürsprechern Einsteins in *physikalischen* Disputen um die RT und einzelne ihrer Aussagen bemerken. Denn neben den spektakulären Bestätigungen der experimentellen Voraussagen der ART waren es vorallem die durch Zeitungsberichte bekanntgewordenen innerphysikalischen Querelen, die die RT in aller Munde brachte. Dabei ist z.B. an Lenards Einwände auf dem Naturforschertag in Bad Nauheim (1920) zu denken, deren Inhalt in 2.3. bereits besprochen wurde. Im Zusammenhang mit dem sog. 'Verteidigergürtel um Einstein' ist dabei jedoch noch zu bemerken, daß die Opponenten der RT sich von den "Einstein-Freunden" 'mundtot' gemacht fühlten. Paul Weyland etwa berichtet darüber unter der Schlagzeile "Erdrosselung der Einsteingegner":

> Statt daß es zu einer wissenschaftlichen Auseinandersetzung kam, wurde von der Vorstandsleitung unter dem Vorsitz von Max Planck dafür gesorgt, daß die Opposition einfach mundtot gemacht wurde. In stundenlangen Reden verbreiteten sich Weyl, Mie, v. Laue und Grebe über das Relativitätsprinzip, während den gegnerischen Rednern einschließlich Diskussion 15 Minuten zugebilligt wurden [...] der Apparat der Erdrosselung klappte so vorzüglich, daß tatsächlich die Diskussion ausschließlich von Einsteinleuten geführt wurde. [...].[4]

Freilich hatte es für die Tagungsleitung gute Gründe gegeben, den physikalischen Fachleuten zur RT, die eben auch Pro-Relativisten waren, die Hauptredezeit einzuräumen, denn die Gegner hätten nicht über eigenständige Forschungsarbeiten zur RT zu berichten gehabt. Doch bei den Opponenten wie z.B. Ernst Gehrcke, Mitglied der *Physikalisch-Technischen Reichsanstalt*, Berlin, und Experte für Optik, setzte sich aus solchen Erfahrungen das Bild fest, daß sie von "Einsteinleuten" "mundtot" gemacht würden. In dieses Bild paßte ferner, daß seit 1920 immer wieder dieselben Physiker anstelle von Einstein selbst (der aus den schlechten Erfahrungen 1919 gelernt hatte und sich fortan zurückhielt - siehe Abschn. 3.2.) das Wort ergriffen, wenn Kritik an der RT geübt wurde,[5] und daß es die gleichen Physiker waren, die obendrein auch ohne solchen Anlaß immer wieder über die RT Vorträge hielten[6] und allgemeinverständliche Schriften

---

[4]Weyland [1920]c.; zu Weyland, Gehrcke u.a. 'Einsteingegnern' vgl. Goenner [1989]a.
[5]siehe Schaubild 3.1.
[6]z.B. Laue u. Schlick auf dem Leipziger Naturforschertag 1922, vgl. dazu Mamlock [1922]; Born [1920], Langevin [1911], [1912], [1920/23], [1922/23], [1931].

veröffentlichten,[7] welche u.U. vom Verlag auch noch mit reißerischen Titeln versehen worden waren.[8]

Dieses unermüdliche Engagement besonders von Max Born (1882-1970), Max v. Laue (1879-1960), und in Frankreich auch von Paul Langevin (1872-1946), alle drei gute Freunde von Einstein wie ihre Korrespondenz mit ihm beweist, brachte sie bei den erbitterten Gegnern der RT in einen schlechten Ruf. In einer üblen Hetztirade über *Physik und Astronomie in jüdischen Händen* schreibt 1937 etwa Bruno Thüring in Revanche für die jahrelange Ohnmacht, zu der er und seine Bundesgenossen während der pluralistischen Phase der Weimarer Republik verurteilt waren:

> In der Tat sind die Konsequenzen der Ätherabschaffung von *Einstein und seiner jüdischen Hilfsmannschaft Max Born, Weyl* u.a. mit einer Frivolität und Brutalität gezogen worden, wie dies eben nur ein artfremder Eroberer im Lande seines Feindes tun kann.[9]

Wenn man Heisenberg, v. Laue, Bavink und anderen Verteidigern der RT während der NS-Zeit auch keinerlei 'nicht-arische' Verwandschaft nachweisen konnte, so war es nach 1933 doch bald üblich, diese Gruppe von NS-resistenten Wissenschaftlern "weiße Juden" zu nennen, deren Einfluß auf wichtige Wissenschaftsinstitutionen wie z.B. die *Kaiser-Wilhelm-Gesellschaft* man zu mindern suchte, wo immer es ging.[10] Dem Nationalsozialisten Lenard rechnete es sein Bundesgenosse Stark später hoch an, daß dieser sich "trotz des Eintretens von Laue für Einstein" nicht habe nehmen lassen, seine Angriffe gegen die RT fortzusetzen.[11]

In dieser aufgeheizten Atmosphäre, die schematische Zuordnung zu zwei Lagern nach dem Motto: 'wer nicht für uns ist, ist gegen uns' begünstigte, konnte es dann sogar passieren, daß Philosophen, die in diese Debatten verwickelt wurden, nur deshalb, weil sie für Einstein sprachen (bzw. zu sprechen glaubten), bereits diesem Verteidiger-Gürtel zugerechnet wurden, mit der fatalen Folge, daß ihre Deutung der RT von den Opponenten umgehend als *der* Gehalt der RT betrachtet wurde. Diesen Effekt belege ich im folgenden am Beispiel Joseph Petzoldts.

---

[7]siehe z.B. Laue [1911/52], [1921/23] u. [1961] und Reichenbachs stattliche Bibliographie zur RT, kommentiert in 5.1. Eine Studie zur Korrespondenz AE-Laue ist i.V.

[8]siehe z.B. v. H. Schmidt [1920]b, Laue [1921]a, Planck [1929], Reichenbach [1930]b u.a. zum "Weltbild" der modernen Physik.

[9]Thüring [1937/38] S. 62; Hervorhebung K.H.

[10]siehe z.B. Glaser [1939] S. 274 - daß man damit trotz der diktatorischen Politik insg. nur mangelhaften Erfolg hatte, wurde in 3.2. bereits belegt. Vgl. Richter [1971], [1972].

[11]Stark [1942] S. 101.

3.4.2 Warum Einstein nicht zur 'Als-Ob-Konferenz' nach Halle fuhr

Am 4. April 1920 wandte sich der Begründer der 'Philosophie des Als-Ob', Hans Vaihinger,[12] an Einstein mit einer Einladung, im Sommer an "einer Zusammenkunft von Interessenten der Philosophie des Als-Ob" in Halle teilzunehmen. Nachdem Einsteins Theorie "immer stärkere und längere Wellen geschlagen, bis in die Tagesblätter hinein, und alle Welt [...] trotz der politischen Wirren für die neuen Wege interessiert" ist, sei es jetzt an der Zeit, daß auch die Philosophie des Als-Ob sich des Themas annehme und untersuche, "in wieweit die methodischen Gesichtspunkte der Als-Ob Betrachtung der Fiktion in ihrem prinzipiellen Unterschied von der Hypothese auf Ihre [Einsteins] Idee" angewendet werden könne.[13] Dazu sei ein Vortrag des Physikers Dr. Bernhard Fliess, Aschersleben und ein Korreferat des Philosophen Arnold Kowalewski, Königsberg, geplant.[14] Man hoffe aber auf die Teilnahme, vielleicht sogar einen eigenen Vortrag Einsteins. In völliger Verkennung der Persönlichkeit Einsteins, dem es wahrlich nicht um eine Vermehrung des seit 1919 einsetzenden Personenkults und 'Relativitätsrummels' ging, fügte Vaihinger seiner sehr vorsichtig vorgetragenen Bitte hinzu:

> Auch ist es ja ganz natürlich, dass durch die Berichte über diese Tagung und über die Vorträge speciell über Ihre Theorie in den Zeitungen aufs neue Ihr Name wiederum in den Vordergrund des allgemeinen Interesses gerückt wird.[15]

Wenngleich genau dieser Umstand für Einstein eher *gegen* als *für* eine Teilnahme an der Konferenz gesprochen haben dürfte, antwortete er Vaihinger am 12. April: "Ich will gerne zu Ihrer wissenschaftlichen Zusammenkunft nach Halle kommen, um mich an der Diskussion zu beteiligen", allerdings nur unter der Einschränkung, daß er zu dieser Zeit nicht anderweitige Verpflichtungen habe. Der Grund dafür, daß Einstein, der mit Einladungen geradezu überschüttet wurde, vorläufig zusagte, ist wohl der, daß er erst knapp ein Jahr zuvor in einem Briefwechsel mit Vaihinger einige (kritische) Bemerkungen über den Fiktionalismus gemacht hatte, dazu angeregt durch die Lektüre eines Buches von Study.[16] An das dabei abgegebene Versprechen, "mündlich und schriftlich Auskunft zu geben über den Philosophen

---

[12]zu Vaihinger und seiner Philosophie siehe Abschn. 4.4. und dortige Ref.

[13]H.Vaihinger an AE, 4. IV. 1920, CPAE, Sign. 23 123-1; über die Ergebnisse dieser Untersuchungen berichte ich ausführlich in Abschnitt 4.4.2.

[14]beide sprachen dann aber nicht, statt dessen trugen andere Philosophen vor.

[15]CPAE, Sign. 23 123-2.

[16]vgl. Abschn. 4.4.3.

interessierende Dinge, die mein besonderes Fach betreffen"[17] fühlte er sich
zu diesem Zeitpunkt offenbar noch gebunden.

Am 24. April 1920 bedankte sich Vaihinger dafür durch Zusendung des
Zirkulars mit der Tagesordnung und den eingegangenen Vortragsanmeldun-
gen. Er schloß mit der Bekräftigung der besonderen Bedeutung, die gerade
die Anwesenheit Einsteins für die Konferenz habe:

> So ist zu hoffen, dass auch die Als Ob Konferenz von wissenschaftli-
> chem Werte sein wird, besonders wenn Sie, hochgeehrter Herr College
> uns die Ehre Ihres persönlichen Erscheinens schenken werden.[18]

Mitte Mai erreichte Einstein ein eindringlich warnender Brief des Gestaltpsychologen Max Wertheimer, mit dem Einstein seit seinem Wechsel nach
Berlin bekannt war. Dieser Brief gehört zum aufschlußreichsten, was ich in
den *Collected Papers of Albert Einstein* in Boston zum Verhältnis Physik-
Philosophie überhaupt gefunden habe, weshalb ich daraus ein längeres, keines Kommentares bedürfendes Zitat bringen möchte:

> Heut muss ich ein paar Worte zu der - seltsamen - Halle'schen Sa-
> che schreiben. Lieber, verehrter Herr Einstein - ja, wie sind denn
> nur die Leute -?! Und in was haben Sie sich in Ihrer unbegrenzten
> Gutmütigkeit von diesen Leuten hineinziehen lassen?!
>
> Im April, in Prag, hörte ich von dem "bevorstehenden *bedeutenden
> Congress über Einstein, wo Herr Prof. Kraus (!) die Hauptrolle zu-
> geteilt sei*, der jetzt (endlich) in aller Öffentlichkeit vom philosophi-
> schen Richterstuhl die elementaren Absurditäten der Einst. Theorien
> aufdecken werde, sodass nun klar werde, wie –".
>
> Hier finde ich eine Einladung der Kantgesellsch. vor: Herr Einstein
> wird auch in Halle sein! [...] Nun u.a. Vossische Zeitung: "Im An-
> schluss an die Generalversammlung der Kant-Gesellschaft... lässt eine
> Anzahl hervorragender deutscher Gelehrter, u.a. *Einstein, Abderhal-
> den, Kraus - Prag, Vaihinger* zu einer *wissenschaftl. Aussprache über
> den positivistischen Idealismus in der Richtung der 'Philosophie des
> Als-ob'* nach Halle ein" [...].
>
> Herrjemine, in was für Reklametendenzen sind Sie da hineingesetzt??
> Würden Physiker von entsprechendem Kaliber so etwas wagen?? Zum
> grössten Teil schwachseliges, träg wiederkäuendes, keifendes Mittel-
> mass und Leute wie Kraus: frech; und in solcher Reklamesüchtig-
> keit - Ja Herrgott, wenn man wenigstens denken könnte, es hätte
> doch irgend einen Sinn: in der 'Konferenz' würde irgendwas ernsthaft

---

[17]AE an Vaihinger, 12. IV. 1920, SuUB, Autogr. XXI,7 c.
[18]H.Vaihinger an AE, 24. IV. 1920, CPAE, Sign. 23 126-2.

vorwärtsgebracht werden können, oder auch nur ernsthaft behandelt - aber Sie, Guter, wissen Sie nicht, wie diese Leute sind und wohin sie wollen?! [...] Und wie kann sich die 'Konferenz' gestalten? Die Leute werden ihr Zeug in ihrem charakteristischen psychischen Habitus vortragen und Disputierkunststücke machen - und Sie werden ein paar gütige Worte sagen, und dann ein bisschen lächeln und schweigen - und die Leute - brrr. Das ist keine schöne Sache und ist kein Guts von ihr abzusehen.

So stehts mit diesen Philosophen - Nun kommt mal einer wie Sie - und was fangen die Leute damit an -! Herrjemine ! [...] (ein sonniger Tag im Wald oder eine Arbeiter Vorlesung statt dessen wär was viel schönres und bessres) [...].[19]

Der Brief Wertheimers hat Einstein in Holland erreicht, von wo er zusammen mit seinem engen Freund Paul Ehrenfest eine kleine Antwortpostkarte an Wertheimer verfaßte, in der Einstein ihm bestätigte: "Sie haben vollkommen recht, und ich finde es sehr lieb von Ihnen, dass Sie mich nicht auf den Leim gehen lassen wollen."[20] Auf der Rückseite fügte Ehrenfest hinzu, daß er sich seinerseits schon eine Woche lang "heiser darüber geredet" habe, um ihn vom Besuch dieser Konferenz abzuhalten, die er als "Hexensabbat der Als-ob-ologie" umschrieb.[21] Durch das Zureden von Wertheimer, Ehrenfest und zusätzlich auch seiner Frau, so berichtet Ehrenfest, "haben wir alle drei endlich seine Seele gerettet: am Halle-Tag wird Einstein sich (vor allen Als-Oboisten sicher bewahrt) im Schoße der Amsterdamer Akademie befinden".[22]

Einladungen zur Teilnahme an der Als-Ob-Konferenz mit Schwerpunktthema Relativitätstheorie ergingen aber auch an andere, mit ihr verbundene Physiker und Philosophen, so z.B. an Moritz Schlick,[23] der durchaus interessiert war, aber wegen der unzureichenden Bahnverbindungen zwischen Rostock und Halle, die ihn erst spät nachts hätten ankommen lassen, absagte. An Einstein schreibt er am 5. Juni, nach Beendigung der Konferenz:

Ich fürchtete, ich könnte unter diesen Umständen zu ermattet sein, um *Ihre Sache mit dem nötigen Schwung zu führen*, und dann schien es mir auch wahrscheinlich, daß die philosophischen Verkleinerer der Theorie ohnehin kaum etwas anderes davontragen könnten als eine Blamage. [...] Man kann den krampfhaften Bemühungen - besonders

---

[19]M.Wertheimer an AE, 15.5.1920, CPAE, Sign. 23-374-1,2.
[20]AE an Wertheimer, undat.,Poststempel: 21.5.1920, CPAE, 23-375-1.
[21]ibid. Sign. 23-375-2.
[22]ibid.
[23]zu Schlick siehe die Fallstudie 4.7.3. und dortige Ref.

der Kantianer - um die Relativität ja mit ziemlicher Ruhe zuschauen, da der baldige Sieg der Wahrheit so völlig sicher ist, aber *natürlich muß man alles tun, um den Kampf möglichst abzukürzen.*[24]

Auffällig daran ist, daß Schlick sich hier bereits selbst in der Rolle des Einstein-Verteidigers sieht, der in einem "Kampf" steht und darin 'Einsteins Sache' führt: er, stellvertretend für Einstein selbst 'den Sieg *der* Wahrheit' ohne Verzögerung durchfechtend. Die im Singular der einen Wahrheit, für die Einstein *und* Schlick stehen, zum Ausdruck kommende **vollständige Identifikation** Schlicks mit den Auffassungen Einsteins gilt genauso für andere, als Verteidiger Einsteins aufgetretene Physiker und Philosophen. An sich wäre dagegen nichts einzuwenden, doch immer wieder führte dies zum Übersehen oder mindestens zur Unterschätzung der bei allen Übereinstimmungen dennoch bestehenden Differenzen.[25]

Im Falle der Einladung Schlicks nach Halle hatte Vaihinger bereits durch die listige Art, in der er sich an Schlick gewandt hatte, auf das wachsende Selbstverständnis Schlicks als Einstein-Verteidiger spekuliert und es gleichzeitig weiter verstärkt. Er wandte sich zielgerichtet an Schlick, weil von ihm bekannt war, daß er in intensivem Gedankenaustausch mit Einstein über die RT stand und bereits mehrfach darüber publiziert hatte.[26] Um nicht noch eine Absage zu bekommen, versuchte sich Vaihinger dabei mit einer List, indem er Schlick gegenüber den Eindruck erweckte, Einstein selbst habe den Wunsch geäußert, daß Schlick ihn in Halle vertrete:

> Ich habe von Herrn Prof. Einstein erfahren, daß es ihm von großem Wert wäre, wenn Sie an der Debatte am 29. Mai gelegentlich des Vortrages von Prof. Kraus - Prag [...] teilnehmen würden. Es ist dies umso wünschenswerter, als einerseits Herr Prof. Einstein selbst, der gegenwärtig in Holland ist, vielleicht nicht zu dem genannten Termin in Halle sein kann, und andererseits der Vortrag von Herrn Prof. Kraus an der Einsteinschen Theorie von methodischen Gesichtspunkten aus Kritik üben wird.[27]

Es ist bemerkenswert, daß Vaihinger nicht verschweigt, daß Oskar Kraus[28] auf der Konferenz einen gegen die RT gerichteten Vortrag halten wird.

---

[24]M.Schlick an AE, 5. VI. 1920, VCF u. CPAE, Sign. 21 575; Hervorhebungen K.H.

[25]ausführlicher habe ich dies am Beispiel Schlick in meiner Magisterarbeit: Hentschel[1984] gezeigt.

[26]siehe Schlick [1915], [1917], [1920]b; vgl. dazu Hentschel [1984], [1985],[1988].

[27]H. Vaihinger an M.Schlick, 18. 5. 1920, VCF; ich danke Herrn Prof. A.J. Kox für die Übersendung einer Transkription des Briefes.

[28]zu Kraus siehe Abschn. 5.3. und dortige Ref.

Schlicks Teilnahme an der Konferenz ist dann schon aus dem Grunde wünschenswert, weil er diese Kraussche Kritik umgehend zurückweisen könnte, d.h. praktisch eine Verteidigerrolle zu übernehmen hätte. Einstein erfuhr von diesem Manöver Vaihingers erst später aus einer Nebenbemerkung in dem schon angeführten Brief Schlicks vom 5. Juni:

> Vaihinger teilte mir mit, daß Sie den Wunsch ausgesprochen hätten, ich möchte doch, wenn möglich daran teilnehmen, um in der Diskussion über die Relativitätstheorie das Wort zu ergreifen.[29]

Bis zu diesem Zeitpunkt bereits nach Ablauf der Konferenz mußte die Einladung durch Vaihinger für Schlick als von Einstein autorisiert erscheinen, ja, Schlick mußte sich sogar als von Einstein bestellter Fürsprecher vorkommen. Er wird sich durch diesen vermeintlichen Vertrauensbeweis Einsteins sogar geehrt gefühlt haben, zumal dieser ihm bereits mehrmals seine uneingeschränkte Zustimmungen zu seinen in Aufsätzen vorgebrachten Thesen zur Relativitätstheorie signalisiert hatte.[30] Daß er in diesem Fall aber nur durch Vaihinger getäuscht worden war, hat Schlick erst aus der prompten Antwort Einsteins erfahren:

> Mit der Einladung zum Philosophen-Kongress steht es doch wesentlich anders als es der geriebene Vaihinger glauben machen wollte. Er wollte wissen, wen er von Kennern der Theorie noch einladen könnte; da nannte ich natürlich Ihren Namen. Aber davon, dass ich Ihre oder sonst jemands Anwesenheit in Halle *gewünscht* hätte, kann gar keine Rede sein.[31]

Nach der eindringlichen Warnung durch Wertheimer und Ehrenfest ist es nur allzu verständlich, daß Einstein dann noch eine Andeutung seines Desinteresses an dieser Veranstaltung machte, die Schlick in seinem Verzicht auf die Fahrt nach Halle nachträglich bestärkt haben wird.[32]

Am 3. Juni entschuldigte sich Einstein bei Vaihinger für sein Nicht-Erscheinen, unter Wahrung der Formen der Höflichkeit ohne Nennung des wahren Grundes, mit seiner von Ehrenfest termingleich arrangierten Ernennung zum Mitglied der Amsterdamer Akademie der Wissenschaften, weshalb es ihm "leider unmöglich [war], zur Als-Ob-Konferenz zu kommen, die gewiss sehr interessant gewesen ist".[33] So kam es, daß schließlich nur

---

[29]M.Schlick an AE, 5. VI. 1920, VCF und CPAE, Sign. 21 575.

[30]vgl. dazu Hentschel [1985].

[31]AE an M. Schlick, 7. VI. 1920, VCF und CPAE, Sign. 21 635.

[32]ibid. "Mir war die ganze Sache wenig reizvoll, und ich war froh, eine trifftige Ausrede zu haben, um der ganzen Rederei dort zu entgehen."

[33]AE an H.Vaihinger, 3. VI. 1920, CPAE, Sign. 23 129.

Joseph Petzoldt[34] als Redner auf der Konferenz im Sinne Einsteins sprach. Die im Nachlaß Petzoldts erhaltene Einladung Vaihingers zeigt, daß dieser auch im Falle Petzoldts den Wunsch eines anderen vorschob, um seiner Einladung Nachdruck zu verschaffen. Und wieder benutzte er die Ankündigung des gegen die Relativitätstheorie gerichteten Krausschen Vortrags als 'Lockmittel', das die Anwesenheit Petzoldts schon zur Richtigstellung bzw. Erwiderung auf die Angriffe von Kraus erforderlich erscheinen ließ.

> Herr Professor Dr. Oskar Kraus aus Prag wird [...] hier in Halle
> einen Vortrag über res[p]. teiweisen [sic] gegen die Einsteinsche Rela-
> tivitätslehre halten. Er hat ausdrücklich den Wunsch ausgesprochen
> Sie möchten zu diesem Vortrage eingeladen werden. [...] Sie werden
> uns Allen willkommen sein, und besonders angenehm wird uns Ihre
> Teilnahme an der Debatte über den Vortrag von Kraus sein.[35]

Über den Verlauf des Kongresses wurde im Publikationsorgan der Vaihinger-Schule, den *Annalen der Philosophie*[36] ausführlich berichtet. Sowohl Raymund Schmidts "Vorbemerkung" als auch sein ausgeführter Konferenzreport[37] zeigen, daß Wertheimers Befürchtungen über die eitle Selbstdarstellung einiger Kongreßteilnehmer nur allzu berechtigt waren.

> Im Mittelpunkt dieser Veranstaltung stand ein Vortrag von Prof. Dr.
> Oskar Kraus - Prag über 'Fiktion und Hypothese in der Einsteinschen
> Relativitätstheorie'. Die Ausführungen von Prof. Kraus erregten die
> Aufmerksamkeit aller Beteiligten und führten eine Debatte herbei, in
> der die Herren Professoren: Linke, Lipsius und Petzoldt besonders
> hervortraten.[38]

Da es in diesem Abschnitt um die Rolle Petzoldts auf der Konferenz gehen soll, muß ich betr. der Details der Ausführungen von Kraus u.a. auf die Abschnitte 4.4.2. und 5.3. verweisen. Bei der Rekonstruktion des Kongreßablaufs ist zu berücksichtigen, daß der Vortrag von Kraus nur in veränderter Form zum Abdruck kam und die gegen Kraus gerichtete Erwiderung von Petzoldt im Sonderheft der Annalen zum Kongreß sogar vollständig ersetzt wurde durch einen Aufsatz zu Thesen des Physikers Holst.[39] Die ursprüng-

---

[34]zu Petzoldt siehe die Fallstudie in 4.8.3. und dortige Ref.

[35]H.Vaihinger an J.Petzoldt, 24. V. 1920, THBH, Sign. PE 31-2.

[36]Untertitel: Mit besonderer Berücksichtigung auf die Probleme des Als-Ob.

[37]R. Schmidt [1920]a,b.

[38]R.Schmidt [1920]a S. 333; vgl. auch *Berliner Tageblatt*, 30.5.1920.

[39]Belege dafür: R.Schmidt [1921]a S. 333 und O. Kraus [1921]b S.464: "Herr Petzoldt hat seine Hallenser Polemik gegen mich hier durch eine solche gegen den Physiker Helge Holst ersetzt, dessen Deutung der Relativitätstheorie der meinen verwandt ist." Einen Nachlaß von Kraus konnte ich nicht ausfindig machen.

liche Polemik Petzoldts gegen Kraus scheint nicht erhalten zu sein.[40] Im Petzoldt-Nachlaß hat sich eine Postkarte von Kraus an Petzoldt erhalten, verfaßt rund einen halben Monat nach Ablauf der Konferenz, aus der hervorgeht, daß Kraus nach der Halle-Tagung einige Abhandlungen Petzoldts erhalten hat, auf die er teilweise in den Anmerkungen seines Aufsatzes noch einzugehen versprach. Mehr dürfe Petzoldt aber auch nicht erwarten:

> Eine Verständigung über die Grundlagen der Erk[enntnis]theorie zwischen Ihrer und meiner 'versinkenden' Weltanschauung ist allerdings ausgeschlossen.[...] Wir wollen jeder das Seine zur Klärung der Frage beitragen - und den anderen - in Gottes Namen - seinen versinkenden oder aufsteigenden Weg gehen lassen.[41]

Ob die Ersetzung des Petzoldt-Manuskriptes wirklich auf Willen Petzoldts hin geschehen ist, oder nicht vielmehr auf Drängen von Kraus erfolgte, will ich dahingestellt sein lassen[42] - sicher stärkte dieses Vorgehen noch die Dominanz des in der veröffentlichten Fassung noch um "einige literarische Zutaten"[43] erweiterten [!] Beitrages von Kraus zur Konferenz.

Ein grobes Bild von der Debatte läßt sich jedoch zeichnen, wenn man zur ursprünglichen Argumentation Kraus' die von ihm "zur besseren Orientierung des Auditoriums und um die nachfolgende Debatte auf bestimmte Punkte zu lenken" verteilten Thesenzettel[44] zugrundelegt und betreffs der Replik Petzoldts neben dem knappen Bericht Schmidts[45] noch berücksichtigt, in welchen Punkten Kraus seine eigene Deutung der RT als der von Holst verwandt betrachtete.

Kraus *und* Holst faßten die RT als eine formale Theorie auf, die Regeln umfasse, wie mit "rechnerischen Symbolen" zu hantieren sei. Sie bestritten nicht die Brauchbarkeit der Theorie für bestimmte eng umgrenzte, innerphysikalische Aufgaben, wohl aber ihren Wirklichkeitsgehalt. Die Lichtgeschwindigkeit beispielsweise sei, ihnen zufolge, "nur eine Definitionsgröße in Relation zu dem zufälligen Koordinatensystem [...] das an sich nichts

---

[40]zumindest verzeichnet TUBH, wo der Petzoldt-Nachlaß aufbewahrt wird, kein thematisch zuordnenbares Manuskript aus dem Jahr 1920; jedoch findet sich eine gegen Holst gerichtete Passage in Petzoldt [1921]b S. 496ff.

[41]O.Kraus an J.Petzoldt, 15. VI. 1920, TUBH, Sign. Pe 59; einige offensichtliche Schreibfehler von Kraus wurden hier stillschweigend korrigiert, so z.B. hier 'wir' statt 'wor'.

[42]aufschlußreich ist, daß Kraus am Ende seiner Postkarte im Namen Vaihingers [!] um Beschleunigung der Einsendung Petzoldts drängt, da Vaihinger "schleunigste Drucklegung" wünsche, ibid.

[43]R.Schmidt [1921]a S. 333.

[44]wiedergegeben in R.Schmidt [1921]b S. 505f.

[45]R.Schmidt [1921]b S. 509-510.

mit der Lichtbewegung zu schaffen hat".[46] Die Theorie sei ihrem Wesen nach "unanschaulich", "nicht natürlich", "dem gesunden Menschenverstand zuwiderlaufend"[47] und sie negiere tradierte Prinzipien wie das
Kausalitätsprinzip, die Unabhängigkeit der Maßstäbe von den Umständen
der Messung[48] oder die Regel, Abweichungen von euklidischen Raummaß
durch Korrekturen der Maßstäbe und Uhren zu eliminieren.[49]

Petzoldt wandte sich in seinem Hallenser Vortrag hauptsächlich gegen
diese Tendenz, aus der physikalischen Theorie mit weitreichenden Konsequenzen für das moderne Wirklichkeitsverständnis eine mathematische
Hilfstheorie ohne jeden weitergehenden Anspruch machen zu wollen.

> Wer aber diese nun schon durch die Jahrhunderte gehende Entwick-
> lung in voller Anteilnahme durchlebt hat, der weiß auch, daß jene
> Theorie, auch wenn sie in ihrer heutigen Form nicht standhält, sich
> niemals mit der Rolle einer bloßen Rechenhilfe begnügen wird [...].[50]

Schon das Überblicksreferat der Kongreßvorträge von Raymund Schmidt zu
Anfang des Sonderheftes der *Annalen der Philosophie* zeigt, daß der Beitrag von Kraus unmißverständlich als Frontalangriff auf Einstein im "heftig tobenden Kampf der Meinungen, welcher durch die Relativitätstheorie
entfesselt worden ist"[51] verstanden wurde. Ihren vollen Sinn als Parallele zum Rededuell zwischen Einstein und Lenard auf der Bad Nauheimer
Naturforscherversammlung im gleichen Jahr hätte diese Attacke natürlich
nur dann entfaltet, wenn Einstein selbst direkt damit konfrontiert worden wäre, wie dies durch seine Einladung zum Kongreß ganz offensichtlich
beabsichtigt worden war. Durch seine Absage war dies vereitelt worden.
Bezeichnenderweise schließt Raymund Schmidt die Wiedergabe der Krausschen Ausführungen mit der Feststellung:

> Es ist außerordentlich bedauerlich, daß Prof. Einstein nicht zugegen
> war, um zu den Ausführungen des Prof. Kraus Stellung zu nehmen.[52]

Nachdem die nächsten beiden Vortragenden, die Professoren der Philosophie Linke und Lipsius "die Einwände von Prof. Kraus gegen Einsteins
Theorie im Prinzip" unterstützten[53] und sich somit ebenfalls auf die Seite

---

[46]Kraus [1921]b S.464; vgl. Holst [1920]a S. 38 sowie Abschn. 4.4.
[47]Kraus [1919]a, ;b, S.464; Holst [1920]b S. 109.
[48]Holst' "Eindeutigkeitsprinzip", vgl. Holst [1920] S. 109.
[49]Holst' "euklidisches Prinzip", ibid.
[50]Petzoldt [1921]a S. 450; vgl. seinen unten zitierten Brief an AE vom 6. VII. 1920.
[51]R.Schmidt [1921] S. 507.
[52]ibid.
[53]R.Schmidt [1921]b S. 507

der Gegner der Theorie geschlagen hatten, war es vorprogrammiert, daß
Petzoldt, schon allein dadurch, daß er den Vorrednern widersprach, in die
Rolle des Einstein-Verteidigers kam:

> Als dritter Debatteredner ergriff Prof. Petzoldt *die Partei Einsteins
> gegen Kraus.*[54]

Dadurch, daß Petzoldt als einziger unter den aktiven Kongreßteilnehmern
sich bemühte, die Sache Einsteins zu vertreten (so wie er sie verstand), verschob sich die Diskussion unvermittelt derart, daß *weniger die Relativitätstheorie selbst als die Petzoldtsche Interpretation von ihr diskutiert* wurde.
Neben diesem persönlichen Auftreten Petzoldts wurde dieser Effekt auch
durch die von Petzoldt in seine Aufsätze gerne eingestreuten Hinweise auf
die Zustimmung Einsteins verstärkt.[55] So kam es, daß Oskar Kraus seine
"Deutung des Einsteinschen verallgemeinerten (relativierten) Konstanzprinzips und der damit verknüpften Relativierung der Gleichzeitigkeit als
mathematische, komplementäre, fiktive Hilfssätze" in ausdrücklichem Gegensatz zur vorausgegangenen "Ablehnung des Versuches, es subjektivistisch-
phänomenalistisch-protagoräisch zu deuten" entwickelte,[56] womit er eindeutig auf Petzoldts 'relativistischen Positivismus' anspielte, den Petzoldt
selbst gerne auf den philosophischen Ahnherren Protagoras zurückführte.[57]
Wenn Kraus dann, ganz im Sinne Spenglers argumentierend, "neben den
Symptomen der Zersetzung" "in einer dekadenten Epoche" "den wachsenden Widerstand gegen den *relativistischen Protagoreismus*" als ein "Zeichen
des Aufstieges" deutet,[58] so ist hier schon nicht mehr der Widerstand speziell gegen Petzoldts phänomenalistische Deutung der RT gemeint, sondern
allgemein jeder Widerspruch gegen die Theorie selbst. Um das Zustandekommen genau dieses Effektes des *Verschwimmens der Grenzen zwischen
der physikalischen Theorie und der von ihren Verteidigern zugrundegelegten
Interpretation* ging es mir hier.

Nachzutragen bleibt nur mehr, daß Einstein mit dieser Stellvertretung
durch Petzoldt anfangs durchaus einverstanden gewesen zu sein scheint.
Anfang Juli 1920 berichtete Petzoldt Einstein in einem Brief beiläufig u.a.
auch über den Ausgang des Philosophenkongresses in Halle:

> Nun werden aber die erkenntnistheoretischen Fragen immer dringen-
> der und bedürfen der Klärung immer mehr. Das konnte ich bei der

---

[54]ibid., S. 509; Hervorhebung K.H.

[55]siehe z.B. Petzoldt [1921]b S. 494 Anm.

[56]zit. nach R. Schmidt [1921]b S. 506; vgl. Kraus [1921]a,c,d, [1929] S. 647ff.

[57]siehe 4.8.2. für Belege; hingegen erwähnt Einstein den Namen 'Protagoras', soweit ich
sehe, überhaupt nie.

[58]Kraus [1921]b S. 465; Hervorhebung K.H.; analog v. Weinberg [1922] S. 1ff.

Tagung der Kantgesellschaft in Halle sehen, zu der ich auf Vaihingers und Kraus' Einladung ging. Die dortigen Philosophen waren sich noch gar nicht einmal über die experimentellen Grundlagen der Theorie klar.[...]

Wie notwendig das alles [die Klärung in informellen Diskussionen im kleinen Kreis und in erkenntnistheoretischen Arbeiten, K.H.] ist, geht z.B. aus der Arbeit Helge Holsts hervor, die Sie wohl schon kennen. Sie will die Relt. auf die Stufe einer Rechenhilfe herabdrücken, und ähnliche Bestrebungen zeigten sich in Halle. *Ich bin dagegen aufgetreten.* [59]

Einstein antwortete, daß auch er Diskussionen im kleinen Kreis "erspriesslich" fände, charakteristischerweise einschränkend: "falls nur solche Leute dazu kommen, die wir selbst auffordern." Über den Aufsatz von Holst und Petzoldts Replik dazu schrieb er, sehr knapp (und wohl auch ohne Kenntnis der Holstschen Einwände aus erster Hand):

Die Arbeit von Helge Holst finde ich schwächlich, sie übersieht, dass man einer hoffnungslosen Mannigfaltigkeit von Möglichkeiten gegenüber steht, so bald man auf das Relativitätspostulat verzichtet, und dass man zugleich auf das Begreifen der Wesenseinheit von Trägheit und Schwere verzichtet. *Ihre Kritik der Holst'schen Arbeit ist zutreffend.*[60]

Sehr bald aber sollte sich für Einstein in seiner Korrespondenz mit Petzoldt zeigen, daß dieser keineswegs der ideale Stellvertreter in solchen Disputen war, da Petzoldt selbst eine sehr einseitige machianistisch getönte Deutung der RT vertrat und selbst nicht zu übersehende Verständnisschwierigkeiten bei der Aneignung der Theorien hatte (vgl. Abschn. 4.8.3.). Doch Petzoldt selbst hat dies nicht von seinem eigenen Selbstverständnis als Verteidiger Einsteins abbringen können.

---

[59]J.Petzoldt an AE, 6. VII. 1920, CPAE, Sign. 19 057-1,2; Hervorhebung K.H.

[60]AE an J.Petzoldt, 21.7.1920, Durchschlag CPAE, Sign. 19 058; tatsächlich ging es Holst nicht, wie Einstein unterstellt, um eine Ablehnung des Relativitätsprinzips, sondern nur um eine andere Interpretation des Transformationsverhaltens von Längen und Zeiten, gedeutet als reale Kontraktionseffekte in Bezug auf ein durch die Massenverteilung eindeutig definiertes "Neutralfeld" (vgl. z.B. Holst [1919] S. 49; [1920]a S. 34,36).

3.4.3   Reichenbach als Prüfer der Populärliteratur und der Einwände von Physikern und Philosophen

Man sieht aus diesen Bemerkungen, daß eine Kritik der Relativitätstheorie nur möglich ist, wenn man sie genau kennt, und wenn man das
gesamte Erfahrungsmaterial der Physik beherrscht. Es wäre doch rat-
sam, nicht, wie es jetzt so häufig geschieht, mit den primitiven Mitteln
des Laien eine Kritik der Relativitätstheorie zu versuchen. Man muß
sich Einstein nicht gerade als einen Mann vorstellen, der vor lauter Spin-
tisiererei einen ganz elementaren Schnitzer nicht bemerkt hat. Sondern
man versuche einmal ganz bescheiden, seine eigenen Vorstellungen von
Raum und Zeit zu kritisieren; und wenn man dann gemerkt hat, auf
wie hohlen Füßen diese anspruchsvoll auftretenden Begriffe eigentlich
stehen, dann gehe man zu Einstein, und lerne von diesem tiefen Denker
den Weg, aus dem schwankenden Boden der Vorstellungen dennoch zu
objektiven Erkenntnissen zu kommen.   Reichenbach [1920]d S. 592.

Der Name Reichenbachs fiel bereits im Zusammenhang mit einer vernichtenden Buchbesprechung eines der unzähligen populärwissenschaftlichen Bücher zur RT im Abschnitt 2.1. Tatsächlich war Hans Reichenbach, der
seit 1920 selbst zur RT publizierte, ab diesem Zeitpunkt bis etwa 1929
ihr emsigster und ausdauerndster Verteidiger gegen die unterschiedlichsten
Formen von Widersprüchen oder Angriffen. Den Gründen und Folgen dieses apologetischen Einsatzes von Reichenbach für die Sache Einsteins (so
wie er sie verstand) will ich im folgenden nachgehen. Dabei beschränke
ich mich hier auf die Besprechung der Kontroversen, die *ohne* Vorgriff auf
die im vierten Kapitel vorzunehmende Darlegung der im engeren Sinn philosophischen Interpretationen geschildert werden können. Reichenbach als
Kritiker der neukantianischen Deutung der RT wird das Thema eines separaten Abschnittes im darauffolgenden, fünften Kapitel sein.

Sicher war eine der Ursachen dafür, warum Einstein ab etwa 1920 sich
immer weniger mit der Beantwortung von Aufsätzen und Schriften gegen
die RT befassen konnte, einfach deren sprunghaftes Ansteigen seit 1919
(vgl. Abschnitt 2.2. zur Statistik). Ein zweiter Grund war der im vorigen
Abschnitt 3.4.2. am Beispiel der Als-Ob Konferenz belegte zunehmende
Mißbrauch, der schon mit der Reichung auch nur des kleinen Fingers des
zu Weltruhm gekommenen Einsteins verbunden war.[61] Im Falle Hans Reichenbachs aber stoßen wir auf einen weiteren, bislang nicht besprochenen
Grund, den ich in seinem Fall für entscheidend ansehe. **Reichenbach**

---

[61]Lucien Fabre beispielsweise publizierte Ausschnitte eines Antwortbriefes von Einstein
an ihn einfach als angeblich autorisiertes 'Vorwort' in Fabre [1921]a.

selbst provozierte viele Debatten durch aggressive Passagen schon in seinen ersten popularisierenden Artikeln über die *Einsteinsche Raum- und Bewegungslehre*. In der *Umschau*, einer *Wochenschrift über die Fortschritte in Wissenschaft und Technik*, zwischen Abhandlungen über die Rußplage in den Städten oder Fruchtsaft-Extrakte etwa, findet sich nach einer durchaus gelungen, allgemeinverständlichen Aufklärung über die von Laien oft gestellte Frage, warum das klassische Additionstheorem der Geschwindigkeiten nicht für die Lichtgeschwindigkeit gelte, folgender Passus:

> Das ist der wahre Sachverhalt, so wie ihn der Physiker erlebt hat — man wird jetzt vielleicht verstehen, mit welchem Unwillen der Physiker die Schriften der zahlreichen *Afterphilosophen* gelesen hat, die in den Tagen von Einsteins Berühmtheit wie Pilze aus dem Boden schossen und haarscharf bewiesen, daß Einsteins Theorie erstens ganz falsch, zweitens der größte Unsinn wäre und drittens von jedem Tertianer widerlegt werden könnte. 'Wenn zwei Ereignisse gleichzeitig sind, so können sie nicht ungleichzeitig sein, dies folgt aus der Definition der Gleichzeitigkeit', so schloß ein *besonderes Licht* dieser Sorte. Ein anderer schrieb sofort an die schwedische Akademie in Stockholm und verlangte den Nobelpreis, weil er den 'Rechenfehler' in Einsteins Theorie aufgedeckt hätte.[62]

Dieser "Unwillen", um nicht zu sagen Unmut, prägt also die Stimmungslage Reichenbachs schon zu Beginn seiner Beschäftigung mit der RT und den um sie entbrannten Diskussionen, zu einem Zeitpunkt, in dem die räudigsten Tonlagen noch gar nicht angespielt worden sind.[63]

Die getroffenen Hunde bellten. Oskar **Kraus**, Philosophie-Professor an der deutschen Universität Prag, bezog diese Worte Reichenbachs auf sich, weil er seine eigene Argumentationsführung im Reichenbachschen Beispiel über die Gleichzeitigkeitsdefinition wiedererkannt zu haben glaubte.[64]

> 'Ein besonderes Licht jener Sorte', die Herr Reichenbach als 'Afterphilosophen' dem Gelächter der Mit- und Nachwelt preisgibt, bin ich in unbelehrbarer Verblendung hiermit so kühn, auch gegen ihn meine Behauptung zu vertreten, daß die Einsteinsche Bewegungslehre auf Trugschlüssen beruht, physikalisch wertlos und philosophisch absurd ist.[65]

---

[62]Reichenbach [1921]e S. 504; Hervorhebungen K.H.

[63]vgl. Abschn. 3.2. zum Aufkommen der antisemitischen Argumente im Laufe der zwanziger Jahre.

[64]vgl. dazu Abschnitt 5.3; tatsächlich hatte Reichenbach übrigens nicht an Kraus, sondern an Ernst Gehrcke und Philipp Lenard gedacht - vgl. Reichenbachs Entgegnung [1921]f S. 684 auf Kraus [1921]b. Zu Kraus siehe ferner Abschn. 4.4., 5.3.

[65]Kraus [1921]b.

Der gereizte Ton, in dem Kraus seine Erwiderung formulierte, war geradezu konditioniert von der allgemeinen Aggressivität Reichenbachs, durch
die beider Diskussion von vornherein unsachlich geführt wurde, ja ins polemische abzugleiten drohte. Den Umstand, daß es für die Leser der *Umschau* so aussehen mußte, als ob Reichenbach in seiner Zurechtweisung der
Einstein-Gegner ohne Anlaß den Bogen überspannt hatte, wußte Kraus in
seiner Replik gehörig auszunutzen. Er ging sogar soweit, die Tatsache, daß
nicht noch mehr Gegner öffentlich aufgetreten seien, mit ihrer *Einschüch-
terung* durch zu jeder Polemik entschlossene Leute wie eben Reichenbach
zu erklären.

> Insgeheim möchten viele ähnlich denken, wie ich, aber der unerhörte
> *Terror der Einsteinfanatiker*, die (siehe die Blütenlese der Schimpf-
> wörter bei Reichenbach) selbst verdiente Greise wie den jüngst ver-
> storbenen Isenkrahe mit groben Beleidigungen nicht verschonen (Laue,
> Thirring),[66] schreckte viele ab, die empfindlicher sind als der Schreiber
> dieser Zeilen.[67]

Die Argumentationsfigur erinnert an die in der Anfangsphase antisemitischer Argumente gegen Einstein bemühte Strategie (vgl. Abschn. 2.2.).
Dort waren es angeblich nur Einstein und seine Bundesgenossen, die ihren Gegnern unbegründet antisemitische Beweggründe unterstellt hätten;
hier sind es wiederum nicht die Gegner der Theorie, sondern die Einstein-
Verteidiger, die zu 'Schimpfwörtern' und 'unerhörtem Terror' greifen. Natürlich entspricht diese Umkehrung nicht dem wirklichen Sachverhalt; richtig aber ist, daß Leute wie Reichenbach, die Einsteins Theorie zu verteidigen
suchten, in der Wahl der Mittel nicht immer glücklich waren - vereinzelt
anzutreffende Polemik der Einstein-Gegner,[68] auf die Einstein selbst eher
belustigt als gereizt reagierte, wurde von den Personen im Verteidigergürtel
überempfindlich registriert und unnötigerweise mit gleicher Münze heimge-
zahlt.[69] Dadurch gaben sie der Gegenseite nur Gelegenheit, indirekt auch
die Argumente mit ins Feld zu führen, die sonst nur zwischen den Zeilen
gestanden hätten. Der Klage Reichenbachs über chauvinistische Motive einiger Einstein-Gegner[70] folgte genau nach diesem Muster umgehend Kraus'
Replik:

---

[66]Anspielung auf eine Rezension von Isenkrahe [1921] durch Thirring [1921]b.

[67]Kraus [1921]b S. 684; Hervorhebung K.H.

[68]wie etwa auf den Bad Nauheimer bzw. Leipziger Naturforscherversammlungen 1920
bzw. 1922.

[69]Wenn man so will, ist dies ein Beispiel für das auch in anderen Bereichen des Lebens auftretende Phänomen, daß die 'Gefolgschaft' eines Lehr- oder Religionsbegründers
fanatischer denkt und handelt als ihr 'Lehrmeister'.

[70]Reichenbach[1921]e S. 504: "einige Herren, zu denen sich leider ein paar Physiker

Auf die Anschuldigung der Abladung politischer Instinkte gehe ich
nicht ein. Es wird die Zeit kommen, wo man jenen dankbar sein
wird, die Deutschlands wissenschaftliche Ehre gegen die von der Relativitätstheorie ausgehende 'Massensuggestion' und Massenverführung
verteidigt haben.[71]

Dabei hatte Reichenbach durchaus stechende *sachliche Argumente* auf die
von Kraus angeschnittenen Einwände, die er in seiner abschließenden *Entgegnung* dann auch in den Vordergrund zu stellen verstand:

- die Beharrung von Kraus auf dem Umstand, daß der negative Ausgang des
  Michelson-Morleyschen Versuchs für sich genommen auch durch eine Emissionstheorie des Lichts à la Ritz erklärt werden könne, sei zwar richtig, nur
  "verstößt die Durchführung dieses Gedankens so ziemlich gegen die gesamte
  optische Erfahrung".[72]

- Im Michelson-Versuch verwende man zwar keine Uhren, doch sei das durch
  die RT geforderte nichttriviale Transformationsverhalten von Zeiten dennoch eine "berechtigte physikalische Hypothese."[73]

- Die Uhrenverzögerung in bewegten Bezugssystemen [Zeitdilatation] sei durchaus auch Gegenstand eigener experimenteller Untersuchungen, die diesen
  'transversalen Dopplereffekt' nachzuweisen hätten.[74]

- Das Konzept 'Uhr' sei keineswegs undefiniert: "unter natürlicher Uhr versteht man einen abgeschlossenen periodischen Vorgang".[75]

- Die Konstanz der Lichtgeschwindigkeit im gravitationsfreien Raum sei eben
  mithilfe solcher natürlicher Uhren zumindest prinzipiell nichtzirkulär experimentell überprüfbar.[76]

- Die Relativierung der Gleichzeitigkeit für räumlich entfernte Ereignisse führe
  nicht, wie Kraus glaubt, auf logische Widersprüche oder kontravidente Aussagen. Die diesbezüglichen Schlußketten von Kraus beruhten "sämtlich auf
  Mißverständnis der Theorie".[77]

---

gesellten, mußten ihre politischen Instinkte gerade auf Einstein abladen, sprachen von
'wissenschaftlichem Dadaismus' und von 'wissenschaftlicher Räuberei' Einsteins".

[71]Kraus[1921]b S. 684 in Anspielung auf Gehrcke und Weyland.

[72]Reichenbach [1921]f S. 684 zitiert hier v.Laue [1913].

[73]Reichenbach [1921]f S. 684.

[74]dieser Nachweis glückte erstmals den Herren Ives und Stillwell in Meßreihen 1938 und
1941; heute gehört er, dank Messungen der Lebensdauern schnell bewegter instabiler Teilchen, erstmals durch Rossi und Hall 1941, zu den genauesten Bestätigungen relativistischer
Effekte überhaupt.

[75]Reichenbach [1921]f S. 684.

[76]vgl. dazu z.B. Tolman [1909],[1910]; Stewart [1911], de Sitter [1913]a,b.

[77]Reichenbach [1921]f S. 685.

Im darauffolgenden Jahr wandte sich Reichenbach erstmals von sich aus an die Adresse eines Kritikers der Relativitätstheorie, der im wesentlichen die schon von Lenard unter dem Banner des gesunden Menschenverstandes vorgebrachten Argumente gegen die (allgemeine) Relativitätstheorie, in Sonderheit gegen das allgemeine Relativitätsprinzip wiederholte- gemeint ist der Konventionalist Hugo **Dingler**.[78] In seiner *Erwiderung auf H[ugo]. Dingler* stellte Reichenbach klar:

- durch Einsteins Verallgemeinerung des RPs auf alle, auch beschleunigte Bewegungsvorgänge werde erst die empirisch durch Eötvös Experimente sehr genau bestätigte Gleichheit der trägen und schweren Masse verständlich, die Dingler gar nicht sauber getrennt habe. Das Äquivalenzprinzip besage nur, daß die Wirkung eines Gravitationsfeldes auf eine schwere Masse [lokal] die gleiche sei wie die einer gleichgroßen, entgegengesetzten Beschleunigung eines gravitationsfreien Systems auf eine (träge) Masse.[79]

- Während Dingler den Bewegungszustand des Inertialsystems Weltall *global* durch sukzessive Approximation aus immer größere Fixsterngesamtheiten ermitteln wolle, begnüge sich Einstein mit lokalen Aussagen über die Metrik an einem Weltpunkt, an dem sich das Gravitationsfeld durch geschickte Koordinatenwahl immer wegtransformieren lasse, wodurch ein *lokales* Inertialsystem definiert sei.[80]

- Gleichzeitigkeit für räumlich entfernte Ereignisse durch Uhrentransport zu definieren, wie Dingler dies vorschlage, führe zu mit der RT inkonsistenten Ergebnissen, da nach ihr "Uhren im allgemeinen bei dem zweiten Zusammentreffen nicht mehr synchron sind", wozu sie "zwar keinen direkten, aber sehr viele indirekte Beweise" habe.[81]

- Die RT sei eine empirisch bestätigbare Theorie "für die Wirklichkeit", weil sie widerspruchsfrei und einfach sei und "die Interpretation der empirischen Daten nach dem normalen Induktionsverfahren der Physik" erfolge.[82]

- über die Geltung der Geometrie könne nur dann keine empirische Entscheidung getroffen werden, wenn die Regeln für die Messung von Längen und Zeiten nicht fixiert seien. Die Anwendung natürlicher 'starrer Körper' in

---

[78]siehe Abschn. 2.4. zu Lenards Beispiel der gebremsten Lok auf dem Eisenbahngleis und den Meinungsverschiedenheiten darüber, was der 'gesunde Menschenverstand des Lokomotivführers' dazu wohl sagen werde; dies nimmt Dingler [1920/21]a S. 669,671 auf - vgl. Abschn. 4.5.3.

[79]Reichenbach[1921]b S. 380; vgl. Dingler [1920/21]a S. 669ff.

[80]ibid.; dies ist nicht ganz richtig, da Krümmungsradius und Gravitationsfelder eine Funktion der Ableitung der g_{ik} sind; vgl. dazu z.B. Ohanian[1977], Norton[1985] S. 207ff.

[81]Reichenbach [1921]b S. 381; vgl. Dingler [1920/21]a S. 672.

[82]ibid.; vgl. Dingler [1920/21]a S. 668, 673.

Dimensionen unseres Erfahrungsraumes lasse eine Entscheidung zwischen euklidischer und nicht-euklidischer Struktur nicht zu, dies gelte aber noch lange nicht für astronomische Größenordnungen.[83]

Schon diese Meinungsverschiedenheit zwischen Dingler und Reichenbach wurde in der *Zeitschrift für Physik* ausgetragen, die vorrangig eigentlich für physikalische und weniger für erkenntnistheoretische Arbeiten bestimmt war. In den zwanziger Jahren war dies jedoch noch durchaus üblich, wenngleich diese Praxis bei den engstirnigeren Fachgenossen auf Unmut stieß.[84] Reichenbach replizierte in den zwanziger Jahren auch in den *Astronomischen Nachrichten* auf Einwendungen, die Theo **Wulf** gegen die ART gemacht hatte. Wulf monierte, daß das allgemeine Relativitätsprinzip, von Einstein auch auf Drehbewegungen ausgeweitet, zu der ihm widerspruchsvoll vorkommenden Konsequenz führe, daß "die Auffassungen des bewegten Sternhimmels und der bewegten Erde gleich wahrscheinlich sind", auch wenn letzterer Fall rein kinematisch zu Überlichtgeschwindigkeiten für weit entfernte Fixsterne führe.[85] Wiederum unternahm Reichenbach es in seiner *Erwiderung* zu zeigen, daß Wulfs Einwände "sämtlich auf Irrtümern [beruhen], die sich in die Diskussion der Relativitätstheorie eigentümlicherweise eingeschlichen haben; darum scheint eine Aufklärung gerechtfertigt".[86]

- Das Auftreten von Überlichtgeschwindigkeiten bedeute keinen Widerspruch zur RT, "denn die Zahl $3 \cdot 10^{10} cm\ sec^{-1}$ bedeutet nur für Inertialsysteme eine obere Grenze. Überlichtgeschwindigkeiten gibt es aber, im strengen Sinne des Wortes, auch hier nicht, denn kein Körper bewegt sich rascher als ein Lichtsignal an der gleichen Raumstelle zur gleichen Zeit".[87]

- Das Äquivalenzprinzip Einsteins gelte nur für Koordinatensysteme zuzüglich ihrer Gravitations- bzw. Beschleunigungsfelder, die durch die Koordinatentransformation in ein Bezugsystem, das relativ zum Materietensor der

---

[83]ibid. S.382f.; diese Ausführungen hängen zusammen mit Reichenbachs Unterscheidung zwischen Geometrie und Zuordnungsdefinitionen, die nur zusammengenommen empirisch-physikalische Bedeutung haben - vgl. die Abschnitte 4.5 - 4.7.

[84]Die Folgen davon blieben auch nicht aus, wie ein Dokument in den CPAE, Sign. 14-014 zeigt: Der Herausgeber, Scheel, wird Einstein am 24. Dez. 1932 über einen Beschluß eines Gremiums der Deutschen Physikalischen Gesellschaft berichten, die "sehr auf eine Verringerung des Umfangs der Zeitschrift für Physik gedrungen hat". Praktisch lief dies auf die Erstellung einer schwarzen Liste von Autoren hinaus, "deren Arbeiten als minderwertig oder überflüssig zu betrachten seien." Damit sollten in erster Linie solche mehr philosophischen Arbeiten sowie unliebsame Autoren (wie L. Infeld) von der Publikation ausgeschlossen werden.

[85]Wulf [1921] Sp. 379.

[86]Reichenbach [1921]d Sp. 307.

[87]ibid.; vgl. Reichenbach [1920]d, [1921]g.

Fixsternmassen rotiert, entstehen.[88] Das Auftreten solcher Corioliseffekte im Innern rotierender Massenschalen sei durch Thirrings näherungsweise Lösung der Einsteinschen Feldgleichungen gezeigt worden.[89]

- Gravitation sei eben nicht mehr eine äußere Kraft wie bei Newton, sondern eine dynamische Wirkung der Massenverteilung, die eine Art Führungsfeld erzeugen, dem andere Massen und auch Lichtstrahlen unterworfen seien.

Am Ende seiner kurzen Replik konnte sich Reichenbach dann aber eine allgemeinere Bemerkung über die von Wulf (und anderen Physikern in ähnlicher Form) vorgebrachten Einwände nicht verkneifen:

> Es erscheint von vornherein aussichtslos, durch solche Überlegungen die Relativitätstheorie widerlegen zu wollen. Denn sie ist ja gerade aus diesen begrifflichen Problemen herausgewachsen. Was man bezweifeln könnte, wäre, ob diese begrifflichen Forderungen auch in die mathematische Formulierung der Theorie eingegangen sind. Aber dies erscheint [...] kaum noch zweifelhaft.[90]

Es ist interessant zu konstatieren, *wie außerordentlich gut sich Reichenbachs allgemeiner Ansatz, philosophische Betätigung als Klärung von Begriffen, d.h. Klärung ihrer Verwendungsweise und Verifikationsformen, aufzufassen, in seinen Erwiderungen bewährt.* Wulfs Überlichtgeschwindigkeitseinwand beispielsweise erweist sich als simples Mißverständnis sofort nach der Klarstellung, in welchem Sinne die RT das Auftreten von Überlichtgeschwindigkeiten überhaupt verbiete. Ferner zeigt sich, daß Reichenbach in seiner Replik ohne weiteres unterstellt, daß die Theorie aus eben diesem Bestreben begrifflicher Klärung 'herausgewachsen' sei, was so sicher nur die Interpretation des logischen Empirismus betrifft, nicht aber die aus vielerlei Motiven erwachsene Theorie selbst.[91] Während Theo Wulf auf eine öffentliche Weiterführung der Debatte verzichtete und es vorzog, sich mit weiteren Fragen in einem Brief direkt an Reichenbach zu wenden,

---

[88]Reichenbach [1921]d Sp. 307: "Es sind also äquivalent: einerseits das Koordinatensystem der Fixsterne, mit einem durchweg verschwindenden Gravitationsfeld, das nur in der Umgebung der Sterne sich knotenartig verdichtet, und andererseits das Koordinatensystem der Erde mit einem tensoriellen Gravitationsfeld, das den ganzen Weltraum stetig erfüllt und mit zunehmender Entfernung vom Erdmittelpunkt enorme Beträge erreicht"

[89]siehe Thirring [1918/21].

[90]ibid.

[91]unterschlagen wird von Reichenbach in dieser These beispielsweise die große Bedeutung von Rahmenbedingungen, die durch den mathematischen Apparat der Tensorrechnung bereits der in dieser Sprache formulierten Theorie entstehen - vgl. Zahar [1980] und Hentschel [1987].

erschien dennoch eine Fortsetzung der Debatte, fortgeführt von W. **Anderson**, der im Namen von Wulf und ohne eigentlich neue Argumente deren Kontroverse weiterführte.[92] Zu dem Brief Wulfs, der sich im Reichenbach-Nachlaß erhalten hat, gleich im Anschluß noch einiges. Auf die Andersonschen Einwände hin fühlte sich Reichenbach seinerseits genötigt, mit einer verschärften Wiederholung dessen zu antworten, was er schon gegen Wulf angeführt hatte. Ich belege auch diese Replik mit einem kurzen Zitat, weil sich darin deutlich zeigt, daß Reichenbach durchaus erkannt hat, wie wenig seine ihm selbst stimmig scheinenden Argumente bei seinen Widersachern auszurichten vermochten, wie sehr beide Seiten auch hier aneinander vorbei ins Leere redeten (vgl. Abschn. 5.3.).

> Der *einzige Einwand*, den man der Relativitätstheorie also machen könnte, wäre der, daß es unmöglich sei, Gravitationsfeld als relativen Begriff zu deuten. *Aber gerade dieser Einwand ist nicht zulässig*, weil die Theorie gezeigt hat, daß man mit diesem Begriff sehr wohl alle beobachtbaren Phänomene beschreiben kann, ja, sogar noch besser beschreiben kann als mit dem absoluten Begriff der Gravitation.[...] Ich muß deshalb noch einmal auf meine früher ausgesprochene Ansicht zurückkommen, daß es keinen Sinn hat, die Relativitätstheorie mit begrifflichen Einwänden zu bekämpfen. *Derartige Einwände entstehen immer nur für den, der sich in das Begriffssystem der Theorie nicht einleben kann.*[93]

Natürlich ließ sich die andere Seite keineswegs auf diesen 'einzigen', von Reichenbach 'zugelassenen' Einwand fixieren - dies würde ja voraussetzen, daß die Vorstellungen über Ziel und Struktur wissenschaftlicher Theorien und wissenschaftlicher Kritik an ihnen unstrittig wären, was sie keineswegs waren.[94]

Doch zurück zur Reichenbach-Wulf-Debatte. Wie gesagt schrieb besagter Professor der Physik Wulf nach verspäteter Kenntnisnahme der Reichenbachschen Replik auf seine Einwände einen höflichen Brief an diesen, in dem er Reichenbach bat, ihm "eine Frage um nähere Auskunft gefl. zu beantworten".[95] Dabei tat Wulf alles, um Reichenbach zu überzeugen, daß es ihm wirklich um sachliche Klärung und nicht um Polemik aus ganz anderen Motiven ging. Er bemerkte abschließend,

---

[92] Anderson [1921].

[93] Reichenbach [1922]c Sp. 376; Hervorhebung K.H.

[94] Diesem Inkommensurabilitätseffekt widme ich im fünften Kapitel noch einen eigenen Abschnitt, der dieses wechselseitige Blockieren jedweden Verständnisses durch Verwurzeltheit in völlig verschiedenen Denkstrukturen näher untersucht.

[95] Th.Wulf an Hans Reichenbach, 20.9.1921, ASP, Sign. HR 015-68-01.

daß Sie zu glauben scheinen, ich hätte vielleicht aus Abneigung gegen Einstein diese Einwände zusammengesucht. Das ist nicht so. Ich weiß mich vollkommen vorurteilsfrei und suche nur die Wahrheit. Und werde sie annehmen, auch wenn sie von Einstein kommt.[96]

Und trotz dieser offenherzigen und scheinbar "vollkommen vorurteilsfreien" Einstellung kam Wulf eben nicht aus den (von ihm nicht als solchen erkannten) Denkzwängen heraus, die ihm die RT als paradox und widersprüchlich erscheinen ließen. Einer dieser Denkzwänge im Brief an Reichenbach war die von ihm[97] bemühte Unterscheidung zwischen 'wirklicher' und 'scheinbarer' Bewegung. Und Wulf konnte auch nicht umhin, den Reichenbachschen Versuch, die Diskussion in die ihm einzig angemessene Bahn zu lenken, zu unterlaufen:

> Vor allem meine ich, daß Sie sich ihrerseits in 2 Punkten täuü-schen, wenn Sie andeuten, daß man es lieber aufgeben sollte, solche Schwierigkeiten zu machen. Keineswegs, solche ernste Schwierigkeiten müssen unbedingt geklärt werden. Und das sind bisher zum mindesten noch sehr empfindliche Lücken in der Darstellung. *Die unbedingten E[instein]-jünger sollten sich vielmehr freuen, daß man ihnen Gelegenheit gibt, alles klar zu stellen.*[98]

Kein Zweifel, zu diesem Zeitpunkt [1921] war **Reichenbach** bereits **in der Rolle eines "Einsteinjüngers"**. Wie die ehrlich gemeinte Anfrage Wulfs an Reichenbach zeigt, beantwortete er Anfragen zu technischen Details und Sachproblemen im Zusammenhang mit beiden RT und bemühte sich in zahlreichen Publikationen[99] und nicht publizierten Briefen[100] um Aufklärung scheinbarer Paradoxien und häufiger Mißverständnisse der Theorie. In der *Neuen Zürcher Zeitung* erschienen längere Artikel von Reichenbach, u.a. über *Die Relativitätstheorie in der Streichholzschachtel* und

---

[96]ibid.

[97]wie auch von vielen anderen, im Rahmen der klassischen, Newtonschen Mechanik argumentierenden Physikern, Philosophen und Laien; vgl. etwa Block[1912] S. 85; Vogt [1914] S. 7,26,58ff.; Geppert [1923] S.8f.; Gimmerthal [1926] S. 61; Zboril [1924] S. 7; Cornelissen [1923] S. 6f.,35; Holst [1919] S.4; Petraschek [1922] S. 3,13,22,37, 45ff.; Friedrichs [1920] S.23, 33, 40; Stickers [1922] S. 1, 7f. 44, 52; Larmor [1921] S. 796; Dunin [1921] S. 212; Zlamal [1924] S. 34. - in Replik darauf vgl. Reichenbach [1924] S. 197; Grünbaum [1963/73] S. 409.

[98]Wolf an Reichenbach, 20. Sept. 1921, s.o.; Hervorhebung K.H.

[99]ein wichtiges Beispiel hierfür ist Reichenbach [1922]f, wo er die ihm bis dato vorgekommenen Fälle für "objections préjudicelles" en détail widerlegt.

[100]Ein Durchschlag der Antwort Reichenbachs an Wulf hat sich im Reichenbach-Nachlaß nicht erhalten, wohl aber Durchschläge seiner Korrespondenz z.B. mit Driesch, Petzoldt, H.Friedmann, Bavink, Görland, Fried , Tomaschek Mellin u.v.a. über solche Fragen. Eine Studie zur Korrespondenz Reichenbach-Petzoldt ist i.V.

ein Kommentar über die Verleihung des Nobelpreises an Einstein.[101] Reichenbach berichtete in der *Physikalischen Zeitschrift* über seine *Axiomatik der Einsteinschen Raum-Zeit-Lehre*, publizierte mehrere Bücher zur RT[102] und erwiderte kontinuierlich auf Einwände und versuchte Widerlegungen der RT durch Außenseiter wie Brühlmann,[103] eingeschworene Kritiker der RT wie z.b. Dingler[1926] und Lichtenecker[1925/26][104] oder philosophisch vorbelastete Opponenten wie z.b. der Fiktionalist Aloys Müller.[105] Jede dieser Arbeiten war ihm eine willkommene Gelegenheit, exemplarisch "einige der häufigsten Mißverständnisse zu korrigieren, denen die Relativitätstheorie ausgesetzt ist"[106] *und*, so muß man hinzufügen, gleichermaßen die Überlegenheit der Klärung wissenschaftlicher Begriffe im Sinn des logischen Empirismus zu demonstrieren. Immer wieder betont er die Kohärenz des Programms seiner Philosophengruppe mit dem philosophischen Kern der RT, wie ihn diese Gruppe sah,[107] und gerne verbindet er die Widerlegung spezieller Einwände von irgendwelchen Schulphilosophen mit eindringlichen Warnungen vor einer Übernahme ihrer Deutungen der Theorie.

> Man hüte sich vor allzu billigen philosophischen Interpretationen der Relativitätstheorie. Was diese Theorie erkenntnistheoretisch bedeutet, ist nicht mit einer raschen Übersicht getan, sondern erschließt sich nur dem vorsichtigen und gründlichen Eindringen in den physikalischen Sinn der Theorie.[108]

Erbarmungslos demaskiert er das Versagen des Typs von Kathederphilosophie, die ohne solches Bemühen um ein sachliches Verständnis des Forschungsstandes durch Denken allein vorgehen zu können glaubt und dabei immer wieder in offene Widersprüche zur RT gerät:

> Nun wissen wir wenigstens, wie die antirelativistische Physik gemacht wird; ein Philosoph denkt sich aus, wie die Welt wohl sein könnte,

---

[101]Reichenbach [1922]e.

[102]Reichenbach [1920],[1924],[1928]; siehe die Abschn. 4.1.4. (R-3), 4.6, 4.7, 5.1.

[103]der glaubte, dadurch, daß jedem Subjekt ein eigener Äther zugeschrieben würde, alle absonderlichen Forderungen der RT als unnötig erwiesen zu haben; siehe Brühlmann [1924], vgl. auch Selliens Besprechung [1927].

[104]die, als selbsternannte Totengräber, ihr immer wieder "schnell das Grab schaufeln wollten" Reichenbach [1926]c S. 38.

[105]der die Konstanz der Lichtgeschwindigkeit als widerspruchsvolle, physikalisch unhaltbare Fiktion erklärte: z.B. A.Müller [1922]b, [1923]; Graetz [1923]; dagegen Reichenbach [1923] S. 31, [1927]a- vgl. auch Abschnitt 4.4.

[106]so wörtlich in Reichenbach [1924]b S. 195; vgl. [1922]f S. 5ff..

[107]"die philosophische Leistung der [Relativitäts]-Theorie besteht gerade darin, daß sie diese Begriffe [hier: 'Schein' und 'sein'] geklärt hat": ibid., S. 197.

[108]ibid., S. 197.

und fertig.[109]

Durch derartige Spitzen wurde der Teil der Antirelativisten, der sich von
diesem Vorwurf (berechtigtermaßen oder nicht, mag hier dahingestellt sein)
nicht betroffen fühlte, allerdings nur zu weiteren Angriffen angestachelt. So
blieb Reichenbach nichts übrig, als die Sache schließlich von ihrer humo-
ristischen Seite zu betrachten, und die nicht abebbende Flut 'unfreiwillig
komischer' Literatur voller 'Hunderter von Ahnungslosigkeiten' der Abteilung 'Irrgarten' seiner Bibliothek einzuverleiben.[110] Im nächsten Kapitel
(Abschn. 4.7.) wird sich zeigen, daß die logischen Empiristen in ihrer
eigenen Deutung der RT sehr viel behutsamer umgingen als in den oft pau-
schalisierenden Debatten mit Opponenten. Ihre Vorsichtigkeit und Gründ-
lichkeit des Eindringens in die Theorie vermißt man leider in vielen der
anderen Philosophenschulen.[111] Somit erklärt sich auch, wieso die meisten
Personen im 'Verteidigergürtel' um Einstein aus dem Lager des Berliner
oder Wiener Kreises kamen - jede Aufklärung von Mißverständnissen, jeder Aufweis von Scheinproblemen, jede Erläuterung des von Gegnern nicht
verstandenen Sinnes relativistischer Konzepte oder Aussagen war zugleich
auch Überlegenheitsbeweis gegenüber konkurrierenden Deutungen.   Nur
war dieser 'Beweis' eben nur für die schlüssig, die in der Wahl der Normen
für die Adäquanz einer Interpretation dieselbe Auffassung hatten.

Reichenbach reagierte auch auf experimentelle Entwicklungen: die Wiederholung des Michelson-Morleyschen Experimentes durch D.C. Miller im
Jahr 1925 mit einem überraschenden positiven Effekt veranlaßte ihn zu
einer Untersuchung der Frage, ob die RT, falls sich der Effekt bestätigen
sollte, damit hinfällig sei oder nicht. Entgegen Einstein selbst, der in diesem Fall das Prinzip der Konstanz der Lichtgeschwindigkeit als falsifiziert
betrachtet hätte, entwickelte Reichenbach eine "weniger radikale Ansicht",
gemäß derer der "Michelson-Versuch nur die Rolle eines Verbindungs glie-
des zwischen Lichtgeometrie und Geometrie der starren Stäbe" innehat,
so daß ein anderer Ausgang des Experimentes nur Veränderungen am Begriff der starren Maßstäbe in der SRT zur Folge hätten.[112] Durch diese
Omnipräsenz Reichenbachscher Erörterungen in wichtigen Publikationsor-

---

[109]Reichenbach [1931]c, gegen die Anhänger der Lichttheorie des Kantianers Ernst Marcus, die in Israel et al. (Hrsg.) [1931] dessen "neues wunderbares Lichtweltbild" feierten.
[110]ibid.
[111]zur Auswertung dieses Umstandes siehe Abschn. 6.1.
[112]Reichenbach [1926]b S.327f.; daß entsprechende Passagen in einem Aufsatz Reichenbachs [1925] S. 43ff. in den *Gesammelten Werken*, Bd.3 nicht aufgenommen wurden, bedeutet eine stillschweigende Abschwächung der Bedeutung, die Reichenbach als Verteidiger
der RT in den 20er Jahren gerade auch durch solche aktuellen Bezüge zu Tagesdebatten
innehatte!

ganen der zwanziger Jahre einerseits und die Zurückhaltung Einsteins, der in dieser Zeit nur in den *Sitzungsberichten der Preussischen Akademie* oder kleine Notizen in den *Naturwissenschaften* veröffentlichte, ist es erklärlich, daß sich die Kritik der Einsteinschen Theorie immer mehr auf die Schultern Reichenbachs abwälzte, der Einstein auf diese Weise von zeitraubender (und unfruchtbarer) Nebenbeschäftigung befreite. Dies bedeutete umgekehrt aber, daß *immer häufiger gleich die empiristische Interpretation der RT das Ziel der Kritik von Gegnern der Theorie wurde - die Trennungslinie zwischen Theorie und Interpretation verwischte sich im Laufe der zwanziger Jahren zunehmend.* 1926 veröffentlichte der Finne **Mellin** eine *Kritik der Einsteinschen Theorie an der Hand von Reichenbachs 'Axiomatik der relativistischen Raum-Zeit-Lehre'.* Für ihn bestand kein wesentlicher Unterschied zwischen der Einsteinschen Theorie und der Reichenbachschen Axiomatik, und tatsächlich folgte er damit auch nur der Reichenbachschen Zielsetzung, denn einer der Gründe für die Formulierung einer Axiomatik war der, daß Diskussionen und Einwände gegen die Theorie unter Zugrundelegung einer axiomatisierten Form genauer lokalisiert werden könnten.[113] In diesem Sinne schrieb Reichenbach nach Erhalt eines Sonderdrucks der Arbeit von Mellin:

> Ich begrüße es, daß hier von Ihrer Seite der Versuch unternommen wird, die grundsätzliche Kritik der Relativitätstheorie an den Formulierungen meiner Axiomatik vorzunehmen, *denn in der Tat muß die Relativitätstheorie mit dieser Axiomatik stehen und fallen.* Auch haben Sie ganz Recht mit der Annahme, daß Herr Einstein meine Axiomatik billigt.[114]

Reichenbach erweckt hier ganz gezielt den Eindruck, als sei seine Axiomatik der SRT nichts als eine Art präzisierter Ausdruck der Intentionen Einsteins. Demgegenüber muß erwähnt werden, daß Einstein selbst mit der von Reichenbach vorgelegten Axiomatisierung durchaus nicht glücklich war und seine Theorie nicht adäquat erfaßt fühlte.[115] Da diese reservatio mentalis auf Seiten Einsteins aber nicht öffentlich bekannt war, stand einer Identifikation der Reichenbachschen Interpretation mit der Ausgangstheo-

---

[113]vgl. Abschnitt 4.6. zum Vergleich einiger zeitgenössischer Axiomatiken und ihrer Zielsetzung sowie zu Einwänden dagegen von Mellin, Dingler oder Weyl.

[114]H.Reichenbach an Hj. Mellin, ASP, Sign. HR-015-12-02 (Hervorhebung K.H.).

[115]und zwar deswegen nicht, weil aus seiner straff organisierten 'Prinziptheorie' (vgl. Abschn. 1.2.) in Reichenbachs Axiomatik eine auf vielen voneinander unabhängigen Einzelannahmen basierende unübersichtliche Theorie geworden war- siehe dazu Abschn. 4.6. sowie z.B. die Korrespondenz AEs mit Schlick und die Kommentare dazu in Hentschel [1984] Kap. 12, insb. S. 150ff. sowie in Stachel (Hrsg.) Bd. 2.

rie, zumindest in den Augen der Kritiker, nichts im Wege - in Arbeiten wie der von Mellin ist sie bereits vollzogen.

Aus einem 1926 an Rademacher gerichteten Brief über die eben erwähnte Mellinsche Kritik an seiner Axiomatik wird deutlich, wie sich Reichenbach inoffiziell über diese Arbeit geäußert hat - auch die schärfsten Passagen in seinen veröffentlichten Repliken erscheinen dagegen zahm, nur mehr als Überrest eines viel größeren "Unmutes", der dort nur noch gefiltert durchschlägt:

> Die Arbeit von Mellin gegen mich, die er mir zusandte, ist in der Tat eine reichlich verworrene Sache und gehört in das Kapitel der Relativitätspathologie; aber es ist doch sehr erfreulich, daß er wenigstens höflich ist, ich bin sonst ganz anderes gewohnt.[116]

In gleichem Sinne klagt Reichenbach ein Jahr darauf in einem Brief an Scholz über "diesen fürchterlichen Aloys Müller",[117] gegen den er, nach seiner verspätet zum Abdruck gekommenen Replik [1927] auf weitere Dispute verzichten wolle.[118] Sein im gleichen Monat geschriebener Brief an Frank zeigt, daß sich Reichenbach keineswegs Illusionen über die Wirkung solcher Erwiderungen gemacht hat - wie schon oben ausgeführt, sollten ja weniger die Opponenten als vielmehr die noch unentschiedenen Leser der Dispute überzeugt werden; jedes Schweigen hätte nach stillschweigender Zustimmung oder ratlosem Verstummen angesichts der vorgetragenen Argumente ausgesehen.

> Ich lege auch ein Exemplar meiner Entgegnung gegen Mellin ein, damit Sie meine Arbeiten vollständig haben. Viel kommt ja bei solchen Streitereien nicht heraus, aber man muß nun mal antworten.[119]

Auf die erste Arbeit Mellins [1926] reagierte Reichenbach durch Übersendung seiner Entgegnung [1926]a und mit der für Mellin sicher wenig hilfreichen Bemerkung, daß seine Einwände "jedoch sämtlich auf Mißverständnissen zu beruhen" scheinen.[120] Daraufhin bekam er weitere Aufsätzen Mellins zugesandt, in denen dieser "die logische Unmöglichkeit der Relativitätstheorie glaub[t]e nachgewiesen zu haben".[121] In der bereits erwähnten

---

[116]H.Reichenbach an Rademacher, 11. VIII. 1926, ASP Sign. HR 015-16-08.
[117]H.Reichenbach an H.Scholz, 11.X. 1927, ASP, Sign. HR 015-41-16.
[118]"nachdem ich meine Meinung so deutlich gesagt habe", ibid.
[119]H.Reichenbach an Ph. Frank, 26. X. 1927, ASP Sign. HR 015-30-26.
[120]H.Reichenbach an Hj. Mellin, 2. IX. 1926, ASP, Sign. HR-015-12-02.
[121]Mellin an Reichenbach, 9. VII. 1931, ASP, Sign. HR-014-55-11.

um Höflichkeit bemühten Form fügte Mellin einer solchen Sendung die Bemerkung bei: "Es würde mich sehr interessieren, wenn Sie mir gefälligst mitteilen wollten, ob oder wie Sie meinen Nachweis glauben widerzulegen [sic!] können".[122] Da eine Antwort nun erneut unumgehbar schien, schrieb Reichenbach ihm am 15. Juli 1931 folgendes:

> Ich habe auf Ihre weiteren Veröffentlichungen nicht mehr geantwortet, weil mir die Antwort durch meine damalige Veröffentlichung bereits gegeben zu sein scheint; mit Ihrer neuen Veröffentlichung liegt es leider für mich nicht anders. Ihre Bemerkung [...], meine Behandlung des Gleichförmigkeitsproblems sei 'nonchalant', geht so völlig an dem Wesen der Sache vorbei, dass ich keine weitere Möglichkeit sehe, die Diskussion zwischen uns in fruchtbarer Weise weiter zu führen. Es tut mir sehr leid, die Diskussion mit Ihnen ablehnen zu müssen, aber es scheint mir eben in der Philosophie von Raum und Zeit gewisse, heute nicht mehr bestreibare Tatsachen zu geben, deren Anerkennung Voraussetzung ist, wenn eine sinnvolle Diskussion überhaupt möglich sein soll.[123]

Trotz solcher für beide Seiten unbefriedigenden Fehlschläge der Reichenbachschen Überzeugungsarbeit agierte dieser unermüdlich als Anwalt der RT weiter, was schließlich dazu führte, daß Hugo Dingler 1933 sarkastisch von Reichenbach als "Einsteins nominiertem Leibphilosophen" sprach, der die Festsetzungen des 'obersten Physikers' Einstein verteidige, so "daß dessen Theorie dabei richtig wird".[124] Er bemühte sich bis in die populären Medien Zeitung und Rundfunk hinein, über die RT und ihre philosophischen Implikationen zu berichten bzw. auch dort Verzerrungen und mißverständliche Darstellungen zu korrigieren. Im Dezember 1926 beispielsweise schrieb er einen entrüsteten Brief an die Schriftleitung des *Berliner Tageblattes* über einen "wissenschaftlich völlig unhaltbaren" Artikel zur vielumstrittenen Frage: "Gibt es eine vierte Dimension?"[125]

> Er stellt die ganze Problemlage in durchaus falschem Licht dar und enthält grobe Irrtümer. Ich möchte Ihnen deshalb vorschlagen, eine Berichtigung zu bringen, da Sie sicherlich Ihre Autorität als einer der hervorragendsten Berliner Zeitungen nicht in den Dienst dilettantischer Auffassungen stellen möchten. Ich wäre grundsätzlich bereit,

---

[122]ibid. Mellin war Finne, woraus sich die im Deutschen eher unhöflich klingende Verwendung von 'gefälligst' und der sprachliche Lapsus in 'widerzulegen' erklären.

[123]H.Reichenbach an Hj. Mellin, 15. VII. 1931, ASP, Sign. HR-014-55-10.

[124]Dingler [1933] S. vi; siehe die Replik dazu in Reichenbach [1934] S. 76; vgl. Zittlau [1981] S. 225ff.

[125]Wolff [1926]; bezeichnender Untertitel des Artikels: "Wo bleiben die Gespenster?"

eine berichtigende Darstellung für Sie zu schreiben.[126]

Die angesehene Tageszeitung zeigte sich in dann allerdings wenig bereit, "eine gelehrte Disputation zu weit auszuspinnen"[127] und offerierte die Weiterleitung seiner Einwände an den Autor, um so zu einer Verständigung über die divergierenden Auffassungen zu kommen. An einer derart privatisierten Fortführung war Reichenbach nun aber nicht interessiert - deshalb versuchte er es in seinem Antwortbrief nun mit folgender Wendung:

> ich bin ganz Ihrer Meinung, daß eine wissenschaftliche Diskussion nicht in Frage kommt. Es ist in der Tat viel richtiger, wenn ich eine allgemeinverständliche und interessante Darstellung des Problems, unter gleichem oder ähnlichen Titel schreiben würde, in der dann nur nebenbei auf die Darstellung von Dr. Wolff eingegangen wird.[128]

Reichenbachs tatsächliches Anliegen war es also, eine solche "allgemeinverständliche und interessante Darstellung des Problems" im vielgelesenen *Tageblatt* unterzubringen und nach dem Umweg über den (vorgeschobenen?) Anlaß Wolff-Artikel war er nun genau da, wo er hinwollte. Allerdings spielte die Redaktion sein Spiel wohl nicht mit: ein Antwortbrief auf diesen zweiten Brief Reichenbachs ist nicht erhalten und von einem erschienenen Zeitungsartikel Reichenbachs im *Berliner Tageblatt* ist mir nichts bekannt.[129] Mehr Erfolg hatte Reichenbach mit seiner Vortragsreihe *Von Kopernikus bis Einstein*, die 1927 in der Funk-Stunde gesendet wurde[130] und noch im gleichen Jahr in erweiterter Form auch als Buch gedruckt wurde.[131]

Der Eifer Reichenbachs wurde erst gedämpft, als es mit Einstein wegen eines Artikels in der *Vossischen Zeitung* 1929 zu einem Streit gekommen war. Der Hintergrund war der, daß Einstein Reichenbach anläßlich eines Besuchs von seinen neuen Versuch erzählte, eine vereinheitlichte Theorie zu formulieren. Als am 25. Januar 1929 eine Notiz Reichenbachs darüber in der *Vossischen Zeitung* erschien, reagierte Einstein darauf mit erbosten Briefen an die Zeitungsredaktion, später auch an Reichenbach selbst, in dem er sich über das gebrochene Vertrauen beklagte. Die vertraulichen

---

[126]H.Reichenbach an die Schriftleitung des *Berliner Tageblattes*, 13. XII. 1926, ASP, Sign. HR 015-02-20.

[127]Berliner Tageblatt an H.Reichenbach, 14. XII. 1926, ASP, Sign. HR 015-02-19.

[128]H.Reichenbach an *Berliner Tageblatt*, 15. XII. 1926, ASP, Sign. HR 015-02-18.

[129]Die Reichenbach Bibliographie im Band 3 der *Gesammelten Werke* führt nur einige Artikel in der *Neuen Zürcher Zeitung* [1922] und in der *Vossischen Zeitung* [1929] auf. Die vollständigste Bibliographie R.s findet man in Zittlau [1981] S. 293-309.

[130]vgl. die Bestätigung der getroffenen Vereinbarung, ASP, Sign. 015-06-18.

[131]Reichenbach [1927].

Mitteilungen seien nicht für die Öffentlichkeit bestimmt gewesen, und jetzt, nach dem Publikwerden würde er mit Anfragen und Belästigungen aller Art konfrontiert.[132] Reichenbach reagierte darauf mit Schreiben an die Feuilletonredaktion der *Vossischen Zeitung* und an Einstein selbst, in denen er die Motive für sein Handeln darlegte. Zunächst der Passus aus dem Dankbrief an die Zeitung für deren Übermittlung des Einstein-Schreibens, aus dem bereits unmißverständlich klar wird, daß Reichenbach sich als **Stellvertreter und Verteidiger Einsteins** gesehen hat:

> Sie können sich denken, wie tief mich Einsteins Vorgehen getroffen hat, nachdem ich in meinem Aufsatz wirklich das beste für ihn gewollt habe - und nachdem ich in jahrelanger Arbeit für seine Theorie und die Anerkennung seiner Person eingetreten bin.[133]

Weil Reichenbach im persönlichen Brief an Einstein auch die persönliche Bedeutung der kontinuierlichen Publikationstätigkeit im Dienste der Relativitätstheorie zur Sprache bringt, will ich aus diesem Brief einen längeren Abschnitt zitieren, der die Belegkette dieses Abschnittes beschließen soll.

> Die Vossische Zeitung übersandte mir heute den Brief, den Sie an sie gerichtet haben.[134]

> Ich bin durch Ihr Vorgehen gegen mich auf das tiefste verletzt. [...]. Soviel persönliche Achtung habe ich doch wohl verdient, *nach all dem, was ich für die Relativitätstheorie und die Anerkennung Ihrer persönlichen Leistung in der Öffentlichkeit getan habe,* daß Sie mich nicht einfach übergehen können. [...].

> Als ich neulich zu Ihnen kam, um mir von Ihnen über Ihre neue Theorie erzählen zu lassen, kam ich wirklich aus wissenschaftlichem Interesse - das dürfen Sie mir glauben. In den nächsten Tagen kamen verschiedene Anfragen an mich, die von den bis dahin veröffentlichten sensationellen Pressenotizen ausgingen und mich um Auskunft baten.[135] Nachdem ich sehr oft derartige Anfragen erhalte und ja auch viel in der Öffentlichkeit schreibe, habe ich selbstverständlich die gewünschten Aufsätze geschrieben. *Maßgebend war für mich dabei auch der Gedanke, daß ich damit in der Lage war, Ihnen einen*

---

[132]CPAE, Sign. 20-097-1 und 20-099.

[133]H.Reichenbach an Dr. M. Jakobs, Redaktion der *Vossischen Zeitung*, 27. I. 1929, CPAE Sign. 20-098.

[134]siehe vorige Anm.

[135]ich habe im ASP keine solchen Anfragen ausfindig machen können. Das im vorigen über das *Berliner Tageblatt* Berichtete macht es m.E. wahrscheinlich, daß Reichenbach von sich aus einen Artikel der *Vossischen Zeitung* angeboten hat.

Dienst zu erweisen; denn ich mußte annehmen, daß Ihnen die sensationelle Aufmachung der bisherigen Berichte unsympathisch sein mußte, und daß Ihnen an nichts mehr gelegen wäre, als die Öffentlichkeit von der Einmischung in eine Angelegenheit zurückzuhalten, die gewiß zunächst nur vor den Kreis der Fachwissenschaftler gehört. *Und wirklich: wenn einer berechtigt war, zu einer Angelegenheit der Relativitätstheorie Stellung zu nehmen, die inzwischen bereits eine öffentliche Angelegenheit geworden war, so war ich es; denn es gibt kaum einen, der sich so um das Verständnis weitester öffentlicher Kreise für die Relativtätstheorie bemüht hat wie ich.*[...]

Oder sind Sie deshalb verletzt, weil ich nicht mit derselben Wärme für die neue Theorie eingetreten bin, *wie ich die alte stets verteidigt habe?* [...]Sie könne mir glauben, daß diese Zurückhaltung bei mir gerade aus dem Wunsch entsprang, Ihre Arbeit vor der Entstellung durch das Sensationsbedürfnis der Presse zu bewahren.[...]

Aber Sie nennen mein Verhalten taktlos und brauchen dieses Wort sogar dritten gegenüber. Das - Herr Einstein, das habe ich nicht verdient. *Ich habe Jahre der Arbeit in die begriffliche Aufklärung der Relativitätstheorie hineingesteckt*, ich habe bei allem, was ich an Resultaten fand, stets die Bedeutung Ihrer ganz persönlichen Leistung in den Vordergrund gestellt, *und ich habe Ihre Person verteidigt*, wo immer ich Sie angegriffen fand. Ich habe mir durch mein Eintreten für die Relativitätstheorie meine akademische Laufbahn unter den Philosophen nahezu abgeschnitten, und ich habe Ihnen nie den leistesten Vorwurf gemacht, wenn ich trotz allem bei Ihnen nicht die Anerkennung und die Hilfe für meine Arbeiten fand, auf die ich gehofft hatte.[136]

Spätestens hier, so meine ich, ist endgültig gezeigt, daß sich Reichenbach während seiner Publikationstätigkeit über die RT in den zwanziger Jahren seinem Selbstverständnis nach als **Verteidiger der Person und geistigen Position Einsteins** betrachtet hat. Der letzte von mir zitierte Satz in seinem Brief an Einstein zeigt, daß dies durchaus nicht nur eine Entscheidung wie jede beliebige andere auch gewesen ist, sondern existentielle Tragweite für Reichenbach hatte, der lange kämpfen mußte, bis er (übrigens durch Vermittlung von Einstein, v.Laue u.a.) schließlich eine Professur in Berlin bekam.[137] Die Erregung, in der Reichenbach sich 1929 befand, als Einstein ihn (aus seiner Sicht) so brüskierte, und viele der von ihm angeführten Punkte (wie z.B. das Hoffen auf Anerkennung seiner Leistungen durch Einstein) sind noch ein Reflex der Fixierung auf die Person

---

[136]H.Reichenbach an AE, 27. I. 1929, CPAE, Sign. 20-096- Seite 1-4; Hervorh. K.H.
[137]vgl. dazu Hentschel [1984] Kap.12 sowie Hecht [1982].

und die RT Einsteins, der Reichenbach bis 1929 unterlag und die typisch für alle Personen ist, die ich dem 'Verteidigergürtel um Einstein' zurechne. Gleiches gilt etwa für Schlick, bei dem es ebenfalls im Laufe der zwanziger Jahre zu einer Entfremdung von Einstein kam.[138] Wenngleich beide Denker auch nach dieser abrupten Abkühlung ihrer Beziehung gelegentlich wieder Kontakt hatten, so markiert dieses Datum dennoch das Ende der Phase wirklich interessierten Ideenaustausches - Reichenbach arbeitete nach 1929 vornehmlich an der Ausfeilung einer Wahrscheinlichkeitslehre, der damit in Verbindung stehenden Interpretation der Quantenmechanik und an allgemeineren Fragen der Philosophie.

---

[138]vgl. dazu Hentschel [1984] und [1985].

Kapitel 4

Vergleich philosophischer Interpretationen der RT

> In eine fremde Gruppe übertragen, macht ein Gedanke
> Verschiedenes durch. Er kann zu einem mystisch unfaßba-
> ren Motiv werden, um das herum sich ein hintergründi-
> ger Kult gruppiert (Apotheose des Gedankens). In einem
> anderen Fall wird er lächerlich und Gegenstand des Spot-
> tes (Karikieren des Gedankens). Überwiegend befruchtet
> und bereichert er den fremden Stil, wobei er sich umstili-
> siert und assimiliert: Der Inhalt verändert sich bisweilen
> bis zur Unkenntlichkeit, selbst wenn das Wort das gleiche
> blieb.   Ludwik Fleck [1936/83]b S. 95.

In diesem Kapitel werden die Interpretationen der RT, die von ca. einem
Dutzend verschiedener zeitgenössischer Philosophenschulen vorgelegt wurden, besprochen. Bislang wurde dieses Unterfangen nur in Ansätzen, und
nur durch Personen, die selbst einer dieser Schulen angehören, angepackt.[1]
Über dieses eine Ziel, eine brauchbare, übersichtliche, nicht-parteiische philosophiehistorische Übersicht zu heute großteils vergessenen Texten zu liefern hinaus, bezwecke ich mit diesem zentralen Kapitel meiner Arbeit aber
noch ein weiteres. Ich will demonstrieren, daß viele der zunächst kontingent
erscheinenden Positionen, die von Philosophen zur SRT und ART einge-
nommen wurden, keineswegs Resultat einer willkürlichen Einschätzung der
zu interpretierenden Theorie durch den einzelnen Philosophen waren, sondern daß die **Auswahl** dessen, was überhaupt interpretiert wurde ebenso
wie die **philosophische Deutung** dieser selektierten Teile der Theorien

---

[1]Reichenbach [1921/79], Wenzl [1924], Zlamal [1924], Fürth [1938].

durch sehr allgemeine Grundannahmen der Philosopheme fixiert wurden. Wenn man möchte, kann man darin eine konzeptuelle Variante dessen sehen, was Fleck mit seiner wissenssoziologisch verstandenen These vom 'Denkzwang' innerhalb von auf einen 'Denkstil' eingeschworenen 'Denkkollektiven' meinte und durch medizinhistorische Beispiele untermauerte.[2] Es geht mir in dieser Arbeit *nicht* um eine mit soziologischem Werkzeug operierende Ermittlung von Fragen wie etwa dem Zustandekommen und der genauen Umgrenzung von Philosophenschulen. Es wird sich zeigen, daß die Frage danach, zu welcher Schule ein Philosoph zu zählen ist, in den hier interessierenden Fällen zumeist problemlos und unstrittig zu klären ist, da diese entweder durch Selbstbekundungen der Philosophen offengelegt wurde oder aus seinen Schriften unzweifelhaft folgt. Überdies weiß ich mich in allen von mir zugrundegelegten Zuordnungen in Übereinstimmung mit den kodifizierten Aussagen in philosophiehistorischen Übersichtswerken, auf die ich den an zusätzlichen biographischen oder philosophiegeschichtlichen Informationen interessierten Leser verweisen muß.[3]

Mein **Vorgehen in diesem Kapitel** wird deshalb sein, vom Textbestand der jeweils zu einer Gruppe zählenden Philosophen[4] ausgehend, zunächst zentrale Prämissen innerhalb dieses Philosophems herauszupräparieren, die einerseits allen diesen Denkern gemeinsam waren und ihre philosophische Grundanschauung in Abgrenzung zu anderen Schulen hinreichend charakterisieren, und die andererseits den Denkrahmen definierten, in dem SRT und ART philosophisch interpretiert wurden. Dieser **Interpretationsvorgang** wird sich im Rahmen meiner konzeptuellen Rekonstruktion als eine **mehrstufige Spezialisierung** erweisen:

- Die zentralen Prämissen[5] haben weitere, allgemein- philosophische Aussagen (etwa über das Verhältnis Physik- Philosophie, das Raum- und Zeitverständnis oder die unterstellte Struktur physikalischer Theorien) zur Konsequenz, die ebenso wie die Kernannahmen selbst von den Mitgliedern der jeweiligen Philosophengruppe geteilt werden.

- Diese wiederum führen direkt oder in einem weiteren Zwischenschritt fortschreitender Spezialisierung schließlich auf Aussagen, die über die in Rede stehende Theorie (hier die SRT oder ART) im Sinne einer

---

[2]siehe das Motto dieses Kapitels- siehe z.B. Fleck [1935/83] sowie meine Bemerkungen am Ende von Abschnitt 5.3.

[3]etwa Oesterreich [1923/28], Moog [1922], Ollig [1979], Schnädelbach [1983] u.a.

[4]soweit sich diese entweder zur RT äußerten oder als Schulgründer fungierten.

[5]wenn man so will: der 'philosophische Kern' in Analogie zum 'Theorienkern' der Lakatos'schen Wissenschaftstheorie.

Deutung aus der Perspektive dieser Philosophenschule gemacht werden.

Der Übergang von einer Abstraktionsebene zur jeweils niedrigeren wird für die Mitglieder der jeweiligen Philosophengruppe als selbstverständlich vollzogen, hat also für diese jeweils 'Zwangscharakter' ganz im Sinne von Flecks 'Denkzwang'. Deshalb kommen Angehörige derselben Philosophenschule immer wieder zu voneinander unabhängigen, aber gleichwertigen Deutungen und Bewertungen einzelner, von dieser Schule bevorzugter Punkte der Theorie, während andere chronisch fehlbewertet oder gar kollektiv ausgeblendet werden. Andere Bewertungsmöglichkeiten der Theorie eröffnen sich nur, wenn durch Aufgabe oder Modifikation einiger der Kernannahmen und Aussagen des Philosophems neue Freiheitsgrade eröffnet werden.[6] Zur Verdeutlichung meiner Ausführungen werden die dargelegten und belegten Zusammenhänge der verschiedenen Abstraktionsebenen innerhalb der philosophischen Systeme am Ende jedes Abschnittes dieses Kapitels noch durch jeweils einseitige Graphiken illustriert, die auch den Vergleich verschiedener Schulinterpretationen erleichtern sollen. Dieses Mittel zur Veranschaulichung von Zusammenhängen wurde von mir in Anlehnung an die Datenflußdiagramme der Informatik und die Netzwerkanalyse wissenschaftlicher Theorien meines Wissens erstmalig auf diesen philosophie- und wissenschaftshistorischen Anwendungsbereich übertragen.

An dieses materialreiche Kapitel schließe ich ein kurzes Kapitel an, in dem die Wechselwirkungen zwischen den vorher künstlich isoliert behandelten Philosophenschulen in Form ausgewählter Debatten zur Sprache kommen werden. Danach werden die in Kap. 4 und 5 gewonnenen Erkenntnisse systematisch im Hinblick darauf ausgewertet, was daraus allgemein über den Vorgang einer (philosophischen) Interpretation (physikalischer) Theorien zu lernen ist.

---

[6]Diese Alternative zwischen per 'Denkzwang' bei starrem Festhalten am 'Denkstil' erzeugten Immunisierungsstrategien einerseits und durch Modifikation des Denkstils ermöglichten Revisionsstrategien andererseits wird insb. im Abschnitt über den Neukantianismus deutlich werden; sie bildet eine Analogie zu der wissenschaftstheoretischen Entgegensetzung von paradigmengeleiteter 'Normalwissenschaft' und der Phase 'wissenschaftlicher Revolutionen' (Kuhn [1961]).

4.1 Neukantianismus

> Vor der Philosophie unseres Jahrhunderts steht, wie ein ragendes Bau-
> werk, die Vernunftkritik Immanuel Kants. Wer über philosophische
> Dinge etwas zu sagen hat, wer selbst ein System philosophischen Den-
> kens aufgerichtet hat in den letzten 150 Jahren, der ist einmal durch die
> Schule Kants gegangen, und selbst wenn er weiterhin zum Gegner der
> Kantischen Philosophie geworden ist, hat er doch einmal bei Kant phi-
> losophisches Denken gelernt. Wer nicht das Kantische System bewußt
> fortsetzt, beweist seinen Kontakt mit Kantischer Denkweise zumindest
> dadurch, daß er sich mit Kantischen Gedankengängen kritisch auseinan-
> dersetzt und in solcher Kritik die eigenen Thesen begründet.
> Reichenbach [1932]a S. 2.

Die zahlenmäßig stärkste Gruppe von Philosophen, die sich zur SRT und
ART äußerten, waren die ihrem Selbstverständnis nach in der Tradition
des Königsbergers Immanuel Kant (1724-1804) denkenden 'Neukantianer',
deren Lehrgebäude in der Literatur oft auch als 'Kritizismus' oder als 'kritischer Idealismus' benannt wird.[7] Da der schulprägende, kanonische Text
Kants, die *Kritik der reinen Vernunft*, im Jahr 1781 geschrieben wurde,[8]
verwundert es nicht, daß es unter der großen Gruppe seiner Nachfolger um
1900 noch etliche Differenzierungen innerhalb des Neukantianismus gab.[9]
Gelegentlich werden sieben Schattierungen der akademischen Philosophie
seiner Zeit unter diesem Begriff subsummiert.[10] Diese Unterschiede der um

---

[7]Belege für die Begriffsgeschichte dieser seit ca. 1875 in der philosophischen Literatur
vorkommenden Termini findet man insb. in Holzhey [1984]; Materialien zur Genese und
zum Selbstverständnis der Neukantianismus findet man z.B. bei Natorp [1912], Kern [1913],
Oesterreich [1923/28] Bd. 4, S. 416-482, Cassirer [1929] und in Ollig [1979], Köhnke [1986].

[8]im folgenden abgekürzt: KrV; eine veränderte Neuauflage folgte 1786; bei Zitaten gebe
ich die Seitenzahlen der Erst (A)- und Zweitausgabe (B) an, die allen späteren Neuauflagen
beigefügt sind. Ferner schlossen sich an die KrV eine *Kritik der praktischen Vernunft* und
der *Urteilskraft* an, die für die Gebiete der Ethik und Ästhetik ebenso kanonisch wurden
wie die KrV für die Erkenntnistheorie.

[9]die Klage über die Brauchbarkeit des Terminus 'Neukantianer' ist fast so alt wie dieser selbst. Schon Erdmann warnte, daß streng genommen bei jedem "die Berechtigung
dazu nachgewiesen werden [müßte...], weil bei dem Einen das 'Neu', bei dem Anderen der
'Kantianer' nicht zu passen scheint" (zit. nach Holzhey [1984] S.749). Köhnke [1986, S.
213ff.] spricht sogar vom Neukantianismus nur als heterogener Bewegung, nicht als scharf
umrissener Schule.

[10]1. die physiologische Richtung (Helmholtz, Lange), 2. die metaphysische Richtung
(Liebmann, Volkelt), 3. die realistische Richtung (Riehl), 4. die logizistische Richtung
(Marburger Schule), 5. der werttheoretische Kritizismus (Südwestdeutsche oder badische
Schule), 6. die relativistische Umbildung des Kritizismus (Simmel), 7. die psychologische,
welche an Fries anknüpft (Nelson) [erstmals in Oesterreich [1923/28] Bd. 4, S. 416-477];

regionale Zentren[11] orientierten Schulen werden sich aber als für meine Betrachtungen zweitrangig erweisen, denn innerhalb der Teilgruppe der hier als 'Neukantianer' behandelten Philosophen, die sich ausdrücklich zur RT äußerten, überwiegen die bei aller Verschiedenheit in Detailfragen großen Gemeinsamkeit in grundsätzlichen Voraussetzungen, die sie von anderen Gruppierungen unterschieden.[12]

Die beiden für meine Betrachtung entscheidenden Punkte, die *alle* im folgenden von mir als Neukantianer behandelten Philosophen als *zentrale* Prämissen ihres Denkens anerkannt haben, sind:

1. der **transzendentalphilosophische Ansatz**, für den es die wichtigste Aufgabe theoretischer Philosophie ist, die "Bedingungen der Möglichkeit von Erfahrung schlechthin" zu ermitteln.[13]

2. die **Unterstellung der Existenz 'apriorischer' Strukturen des menschlichen Erkenntnisvermögens**, die in die Ding- und Eigenschaftsbestimmung als unverzichtbarer Bestandteil neben kontingenten 'aposteriorischen' Anteilen einfließen.[14]

Beide Punkte werden im folgenden historischen Rückblick auf Kants Zielsetzung näher erläutert. Die erwähnten Philosophenschulen *innerhalb* der 'Bewegung' des Neukantianismus unterscheiden sich voneinander zumeist nur in der Akzentuierung von Konsequenzen aus 1. und 2., gelegentlich auch in etwaigen weiteren Prämissen, die *neben* diesen beiden ergänzend noch gemacht wurden; gemeinsam war ihnen jedoch die Anerkennung der zentralen Bedeutung gerade dieser beiden Grundvoraussetzungen als *konstitutiv für das, was ihr Philosophieren ausmacht*. Dies muß hier deshalb besonders betont werden, weil es Anfang des 20. Jahrhunderts noch eine große Zahl weiterer Philosophen gab, die sich ebenfalls auf Kant als ihren geistigen Ahnherren beriefen, sich aber von der hier als Neukantianer behandelten Gruppe darin unterschieden, daß ihr philosophischer Kern durch die beiden aufgeführten Punkte nicht mehr hinreichend erfaßt wird, weil *zusätzliche* Denkvoraussetzungen für diese **Kantianismus-Abkömmlinge**

---

vgl. z.B. Köhnke [1986] S. 305f.

[11]wie insb.   Marburg (Cohen, Natorp) und Südwestdeutschland (Windelband u. Rickert)- vgl. zu diesem Aspekt: Ollig [1979] S. 29ff., 53ff.; Köhnke [1986] S. 314ff.

[12]von den sieben Gruppen haben sich detaillierter nur Vertreter von (3.) und (4.) zur RT geäußert, wobei (3.) zu diesem Zeitpunkt bereits als eigenständige Schule auftrat und hier auch separat im Abschnitt 4.2. ('kritischer Realismus') behandelt werden wird.

[13]wie Kant dies in seiner KrV unternommen hatte; vgl. etwa die bündige Formel von Cassirer[1921] S.49: "Die Form der subjektiven Organisation geht in all unsere sogenannte objektive Ding- und Eigenschaftserkenntnis als notwendiger Bestandteil ein".

[14]vgl. etwa Cassirer[1921] S. 85, Geiger [1921] S. 25ff.

eine mindestens ebenso zentrale Bedeutung erhielten. Obwohl also auch die Philosopheme etwa des Konventionalismus, des Fiktionalismus, der Phänomenologie oder des kritischen Realismus unstreitig geistige Wurzeln im Kantianismus aufweisen, werden sie von mir[15] als separate philosophische Schulen behandelt und gleich im Anschluß in Abschn. 4.2.-4.5 besprochen.

4.1.1 Rückblick auf Kants Thesen[16]

Den historischen Kern jedweden 'Kantianismus' bilden die Schriften Immanuel Kants, insonderheit diejenigen Werke, in denen der Königsberger Philosoph seit etwa 1781 nach seiner gedanklichen Auseinandersetzung insbesondere mit Leibniz und Hume zu einer eigenständigen philosophischen Position gefunden hatte, welche in Anspielung auf die Titel seiner drei Hauptwerke auch als 'kritische Philosophie' bezeichnet wird. Natürlich kann und will ich hier keine umfassende philosophiegeschichtliche Rekonstruktion des Kantianismus unternehmen.[17] Es wird sich aber als nützlich erweisen, einen gedrängten Überblick zu Äußerungen Kants über die Struktur von Raum und Zeit sowie über andere physikalisch relevante Themen zu geben, wie sie sich verstreut in seinem Werk finden.

Die Leibnizianischen *Gedanken von der wahren Schätzung der lebendigen Kräfte* aus dem Jahr 1746 führten Kant u.a. zu einer spekulativen Verknüpfung der Dimensionszahl des Raumes mit der Form des Gesetzes für die Abnahme der Gravitationskraft zwischen zwei Körpern. Die von Newton kanonisierte Abnahme der Gravitationskraft umgekehrt proportional zum Quadrat des Abstandes läßt sich nämlich nur im *dreidimensionalem Raum* anschaulich über die entsprechende Zunahme der Oberflächen kugelförmiger Äquipotentialflächen rund um ein Gravitationszentrum erklären.[18] Diesem zu seiner Zeit als gesichert geltenden empirischen Befund zum Trotz erklärt er ausdrücklich, daß "eine Wissenschaft von allen diesen Raumesarten [gemeint sind Räume verschiedener Dimensionszahl, K.H.] [...] unfehlbar die höchste Geometrie [wäre, K.H.], die ein endlicher Verstand unternehmen könnte".[19] Schon in dieser Frühschrift unterscheidet Kant also zwischen **kontingenten Fakten** einerseits, die aus der empirischen Naturforschung zu entnehmen sind (hier die Form des Kraftgesetzes bzw. die Dreidimensionalität des

---

[15]wie übrigens auch von den meisten Übersichts- und Nachschlagewerken- vgl. Anm. 1.

[16]Dieser Unterabschnitt kann übersprungen werden.

[17]vgl. z.B. Arbeiten von Adickes, H.Cohen, König [1907], Bauch [1912], Kries [1920], Gent [1926/30] Bd. 2 Kap 1-5 u. weitere Ref. in Köhnke [1986].

[18]im Faradayschen Kraftlinienbild als wie $1/r^2$ abfallende Dichte von radialen Kraftlinien auf Kugelschalen vom Radius r illustrierbar.

[19]Kant [1746/1977] S. 13f./35.

Raumes),[20] und 'reinen', nicht-kontingenten Struktureigenschaften andererseits, die ohne Ansehung irgendwelcher empirischer Befunde untersucht und aufgeklärt werden können (hier der Zusammenhang zwischen Kraftgesetz $\sim 1/r^n$ und n-Dimensionalität des Raumes). In späteren Schriften der sog. 'kritischen Periode' wird dieser Gegensatz ausgebaut durch die Unterscheidung a posteriorischen Erfahrungswissens und a priorischen Eigenschaften des menschlichen Verstandes, die unabhängig von konkreten Erfahrungen bereits feststehen. In einzelnen menschenmöglichen Erfahrungen sieht Kant umgekehrt dann ein Zusammenspiel beider Komponenten, die vermöge der integrativen Leistung der menschlichen Vernunft in jedem Subjekt zu einem einheitlichen Ganzen verschmolzen werden. Dieses Kantische Verständnis von Erfahrung als Vermittlung von Empirie und Ratio ist kennzeichnend für sein Bestreben, zu einem Ausgleich zwischen den einseitigen Positionen des Empirismus und Rationalismus zu kommen.[21]

Einen weiteren Schritt weg von der philosophischen Tradition seiner Zeit vollzieht Kant um 1770, als er das Verhältnis zwischen der Sinnlichkeit des Menschen (das heißt bei Kant soviel wie dem menschlichen Auffassungsvermögen für Sinneseindrücke) und den vom menschlichen Verstand ermittelten Naturgesetzen wie folgt umschreibt: "Die Gesetze der Sinnlichkeit werden die Gesetze der Natur sein, soweit sie in die Sinne fallen kann".[22] Damit meint Kant, daß die Art und Weise, wie der Mensch sich durch seine fünf Sinne Eindrücke von seiner Umwelt verschafft, bereits prägend für die Verknüpfungen sein wird, die der menschliche Verstand zwischen solchen Eindrücken in Form von Naturgesetzen formulieren wird. Wenn Kant also behauptet, daß der Teil der Natur, welcher durch das Sensorium des Menschen erfaßbar ist, mit Naturgesetzen behaftet sein wird, die durch die Struktur dieses Anschauungsvermögens prädeterminiert sind, so schließt er doch damit nicht aus, daß nicht-beobachtbare Ausschnitte der Natur (z.B. Räume atomarer oder kosmologischer Größenordnung) gänzlich andere Strukturen aufweisen könnten.[23]

Kants fast 1000-seitige Hauptschrift von 1781 brachte eine Präzisierung der von ihm eingeführten Begriffen wie dem der 'Gesetze der Sinnlichkeit'. Ihr Titel *Kritik der reinen Vernunft* (KrV) läßt sich wie folgt aufschlüsseln:

- 'Vernunft' steht hier als eine Art Sammelbegriff für "das ganze obere Erkenntnisvermögen", das den 'Verstand' als "das Vermögen, den Gegenstand sinnlicher Anschauung zu denken" und die 'Anschauung' als "diejenige Vorstellung, die vor allem Denken gegeben sein kann", umfaßt.[24]

---

[20]Kant [1746/1977] bemerkt dazu ausdrücklich, daß "dieses Gesetz willkürlich sei, und daß Gott davor ein anderes, zum Exempel der umgekehrten dreifachen Verhältnisse hätte wählen können" (ibid.).

[21]in der KrV (A51, B76) fand er dafür die berühmte Formel "Gedanken ohne Inhalt sind leer, Anschauungen ohne Begriffe sind blind."

[22]Kant [1770/1977] Bd. 5, S. 65 (Korrolar zu § 15E in *de mundi sensibilis [...]*).

[23]vgl. Kant [1746/1977] S. 14/35f.

[24]KrV A835 B863 bzw. B132.

- 'rein' steht hier im Unterschied zu 'empirisch' ganz im Sinn des eben referierten Gedankens seiner Frühschrift von 1747; die 'reine Vernunft' enthält nach Kant also alle die "Prinzipien, etwas schlechthin a priori zu erkennen".[25]

- 'Kritik' steht für Kants neuartige Zielbestimmung der theoretischen Philosophie, gemäß der es ihre vorrangigste Aufgabe ist, die menschliche Vernunft "in Ansehung aller reinen Erkenntnis a priori" zu untersuchen,[26] also eine Art "Architektonik aller Erkenntnis aus reiner Vernunft zu entwerfen", in deren formalen Bauplan sich das empirische Wissen als Material einfügt.[27]

Die KrV bezweckte also eine Analyse der Vernunft des Menschen, soweit dies *ohne* Rekurs auf Erfahrungstatsachen der Naturwissenschaften möglich ist; eine Konkretisierung dieser formalen Betrachtungen in der KrV durch eine systematische Sichtung der empirischen Erkenntnisse in den Naturwissenschaften erfolgte erst in den nachkritischen Schriften Kants bis hin zum opus posthumum (s.u.).

Daß Kant eine solche zweistufige Vernunftanalyse überhaupt für sinnvoll hielt, grenzte ihn schon gegen die englisch-schottische Tradition des Empirismus ab, für die der 'reine', nicht-empirische Teil dieses Unterfangens sinnlos gewesen wäre. Während nämlich Locke oder Hume der Auffassung waren, daß alles nichttriviale Wissen der Erfahrung entstammen müsse, behauptete Kant mit seiner zu Anfang angegebenen Kernprämisse (2.) ja, daß es Wissen über die menschliche Vernunft gäbe, das nicht der Erfahrung entstamme. Genauer: er unterschied zwischen **drei Typen von Urteilen**:

1. inhaltsleeren, formalen, sog. **'analytischen'** Urteilen (z.B. den Tautologien der Mathematik wie A = A),

2. den **'synthetischen Urteilen a posteriori'** als den üblichen Erfahrungsurteilen über Sachverhalte, wie sie auch der Empirismus anerkennt,

3. den **'synthetischen Urteilen a priori'** als Gegenstand seiner 'reinen' Vernunftanalyse.

Zentrale Aufgabe der von ihm ins Leben gerufenen 'Transzendentalphilosophie' war es, eben diese synthetischen Aprioris im menschlichen Erfahrungsbestand herauszupräparieren. Aber nicht nur in dieser Voraussetzung der Existenz einer dem Empirismus verschlossenen Erkenntnisquelle setzte sich Kant von seinen philosophischen Vorgängern ab; er brach mit einem noch tieferen erkenntnistheoretischen Denkmuster, das die gesamte vor-Kantische Philosophie durchzogen hatte und

---

[25]KrV A10 B24.

[26]KrV A841 B869.

[27]KrV A835 B863; vgl. KrV A147 B187: "Also sind die Kategorien, ohne Schemata, nur Funktionen des Verstandes zu Begriffen, stellen aber keinen Gegenstand vor. Diese Bedeutung kommt ihnen von der Sinnlichkeit, die den Verstand realisiert, indem sie ihn zugleich restringiert."

nach Auffassung Kants dafür verantwortlich war, daß gerade auch der Rationalismus etwa Leibniz' in Schwierigkeiten kam, sobald es um die Frage ging, wie denn eigentlich über materielle Gegenstände durch immaterielle Begriffe mit Erkenntnisgewinn etwas ausgemacht werden kann.

> Bisher nahm man an, alle unsere Erkenntnis müsse sich nach den Gegenständen richten; aber alle Versuche über sie a priori etwas durch Begriffe auszumachen, wodurch unsere Erkenntnis erweitert würde, gingen unter dieser Voraussetzung zu nichte. Man versuche es daher einmal, ob wir nicht in den Aufgaben der Metaphysik damit besser fortkommen, daß wir annehmen, *die Gegenstände müssen sich nach unserem Erkenntnisvermögen richten*, welches so schon besser mit der verlangten Möglichkeit einer Erkenntnis derselben a priori zusammenstimmt, die über Gegenstände, ehe sie uns gegeben werden, etwas festsetzen soll.[28]

In seiner 'Transzendentalen Elementarlehre' als Kernstück der KrV behandelte Kant diese apriorischen Vorbedingungen für menschliche Erkenntnis nach verschiedenen Typen getrennt. In der 'transzendentalen Ästhetik' enthüllte Kant apriorische Züge der dem Menschen möglichen Anschauungen von Gegenständen. Raum und Zeit als "reine Formen der Sinnlichkeit"[29] sind dabei wohl unterschieden von der "empirischen Anschauung desjenigen, was im Raum und in der Zeit unmittelbar als wirklich, durch Empfindung, vorgestellt wird".[30] Folglich ist das 'im-Raum-und in-der-Zeit-Sein' aller Gegenstände der Anschauung eines der gesuchten Strukturmerkmale menschlicher Erkenntnis über die Realität, aus dem Kant im weiteren Verlauf seiner systematisch angelegten Untersuchung dann noch weitergehende 'synthetische' also Erkenntnisgewinn tragende Grundsätze ableiten wird, und zwar die 'Axiomen der Anschauung',[31] die 'Antizipationen der Wahrnehmung'[32] und die drei 'Analogien der Erfahrung', deren gemeinsames Prinzip ist, daß "Erfahrung nur durch die Vorstellung einer notwendigen Verknüpfung der Wahrnehmungen möglich" ist.[33] In natürlicher Entsprechung zwischen drei von Kant unterschiedenen 'Modi der Zeit' kommt er auf die vom Menschen in seine Wahrnehmungswelt automatisch implantierten Grundsätze der Beharrlichkeit von Substanzen,[34] der

---

[28]KrV B XVI [Hervorhebung K.H.]; man hat diese Passage oft als 'zweite Kopernikanische Wende Kants' bezeichnet - vgl. dazu jedoch I.B.Cohen [1985] S. 241.

[29]KrV A19f. B33f.

[30]KRV B146.

[31]die Aussage, daß Anschauungen 'extensive' Größen sind, daß sie also aus der Vorstellung ihrer Teile im Ganzen vorstellbar werden; KrV A 162ff., B 202.

[32]die Aussage, daß alle Erscheinungen 'intensive', d.h. kontinuierliche, nicht gequantelte Größen sind; KrV A166ff., B207ff.

[33]KrV A176 B218.

[34]"deren Quantum" "bei allem Wechsel der Erscheinungen" "in der Natur weder vermehrt noch vermindert wird." KrV A182 B224.

Zeitfolge von Erscheinungen nach dem Gesetze der Kausalität[35] und des Zugleich-
seins, nach dem Gesetze der Wechselwirkung, oder Gemeinschaft.[36]

Wenngleich alle diese Ausführungen in der KrV noch reichlich formal klingen, so ist doch, gerade bei den zuletzt referierten 'Analogien der Erfahrung'
unübersehbar, daß Kant dabei den **Denkhorizont der Newtonschen Mechanik** vor Augen hatte.[37] Seine erläuternden Kommentare führen nicht zufällig etwa
beim Substanzerhaltungsprinzip die Erhaltung des Quantums der Materie (also
der Newtonschen Masse) auf.[38] Auch seine zweite Analogie, vermöge der zeitlich
aufeinander folgende Sinneseindrücke vom Menschen stets in kausale Verknüpfungen gebracht werden, ist ein getreues Abbild des zu seiner Zeit ungebrochenen
Vertrauens in einen im Prinzip vollständigen Determinismus.[39] Am augenfällig-
sten aber wird diese Fixierung Kants auf das Imago der *principia* in seiner dritten
Analogie. Das 'Zugleichsein', also modern gesprochen, die 'Gleichzeitigkeit', ist für
Kant dadurch charakterisiert, daß 'Substanzen als zugleich wahrgenommen werden
können', und nirgendwo erwägt Kant auch nur die Möglichkeit eines verzögerten
Eintrittes von Wirkungen auf weit entfernte Ursachen; seine 'durchgängige Wech-
selwirkung' ist auch als 'instantane Wechselwirkung' gedacht. Dies ist genau die
für die klassische Mechanik so charakteristische Vernachlässigung der endlichen
Geschwindigkeit der Wirkungsausbreitung.[40]

Zeitgleich mit der zweiten Auflage der KrV erschien eine weitere Schrift Kants,
in der er die allgemeinen Ausführungen seiner Hauptschrift auf den Gegenstandsbereich der Naturwissenschaft hin spezialisierte und inhaltlich konkretisierte. Dabei hatte er noch deutlicher als zuvor Newtons 1687 publizierte *Philosophiae naturalis principia mathematica* vor Augen, an deren Lehrsätze, Erklärungen und
erläuternden Anmerkungen er direkt anschloß, indem er viele der von Newton
getroffenen Aussagen über die faktische Beschaffenheit von Naturprozessen für
apriorisch gewiß erklärte. D.h. für Kant war der von Newton in geschlossener

---

[35] "alle Veränderungen geschehen nach dem Gesetze der Verknüpfung der Ursache und
Wirkung" KrV A188 B232.

[36] vermöge der "alle Substanzen, so fern sie im Raume als zugleich wahrgenommen werden können, [...] in durchgängiger Wechselwirkung" stehen; KrV A211 B256.

[37] siehe z.B. H.Cohen: *Kants Theorie der Erfahrung* [1879] und Cassirer [1921] S. 82.

[38] KrV A185 B228; es sei daran erinnert, daß dieser Erhaltungssatz in der SRT nicht
mehr gilt, sondern mit dem der Energie verschmilzt - siehe Abschn. 1.3. zu $E = mc^2$.

[39] der in Visionen wie der vom Laplaceschen Dämon seinen Ausdruck fand. Daß die
für streng kausale Determinierung nötigen Anfangsbedingungen nicht hinreichend genau
meßbar sind, war dem klassischen Physiker eine rein praktische, keine theoretische Limitierung wie seit der Bohr-Heisenbergschen Quantenmechanik angenommen wird.

[40] Erst mit dem Aufkommen retardierter Potentiale in der Elektrodynamik und der Relativierung des Gleichzeitigkeitsbegriffes in der SRT wird die Endlichkeit der Lichtgeschwindigkeit als oberer Grenze für die Übermittlung von Signalen und Wirkungen ins Kalkül
gezogen - für die Anwendungen der Newtonschen Mechanik auf Systeme nicht größer als
das Sonnensystem und zumeist kleine Geschwindigkeiten hatte eben die implizite Annahme
$c = \infty$ stets genügt; vgl. dazu auch Abschn. 1.3. u. 1.4.

Form angegebene Wissenskanon über mechanische Vorgänge nicht bloß vorläufig
gesichertes 'Wissen', sondern unumstößliche 'eigentliche Wissenschaft', "deren Ge-
wißheit apodiktisch ist".[41] Deshalb wurden Kants *Metaphysische Anfangsgründe
der Naturwissenschaft*[42] von einigen seiner Exegeten auch als Versuch einer philosophischen Überhöhung der klassischen Newtonschen Mechanik verstanden.[43]
Kants konzeptuelle Anlehnung an Newton wird z.B. deutlich in seiner Übernahme der Newtonschen Unterscheidung zwischen absoluter (wahrer, mathematischer) und relativer (scheinbarer und gewöhnlicher) Zeit, ebenso zwischen abso-
lutem und relativem Raum.[44] "Der Raum, der selbst beweglich ist, heißt der materielle, oder auch der relative Raum; der, in welchem alle Bewegung zuletzt gedacht
werden muß (der mithin schlechthin unbeweglich ist) heißt der reine, oder auch der
absolute Raum".[45] In seiner Frühschrift über den *Neuen Lehrbegriff der Bewegung
und Ruhe* von 1758 hatte er, noch unter dem Einfluß von Leibniz und Huygens,
eine rein relative Auffassung von Bewegungsvorgängen vertreten, die ab 1769 einer
sich ganz an den Leibniz-Opponenten Newton anlehnenden Überzeugung gewichen
war.[46] Genau wie Newton unterschied nun auch Kant kategorisch zwischen (kinematisch betrachteten) geradlinig gleichförmigen Bewegungen, die er im Abschnitt
Phoronomie behandelt, und (dynamisch aufgefaßten) beschleunigten Bewegungen
wie z.B. der Kreisbewegung, zu denen er im Abschnitt *Dynamik* kommt. Für erstere Bewegungsform kommt er, wie schon Newton und Leibniz,[47] zu dem Schluß,
daß diese stets nur relativ zu beschleunigungsfreien Bezugssystemen definiert ist,
die selbst wieder in Bewegung relativ zu weiteren Inertialsystemen seien können.

> Also ist alle Bewegung, die ein Gegenstand der Erfahrung ist, bloß
> relativ [...]. Der absolute Raum ist also *an sich* nichts und gar kein
> Objekt, sondern bedeutet nur einen jeden andern relativen Raum, den
> ich mir außer dem gegebenen jederzeit denken kann, und den ich nur
> über jeden gegebenen ins Unendliche hinausrücke, als einen solchen,
> der diesen einschließt, und in welchem ich den ersteren als bewegt
> annehmen kann.[48]

Der 'absolute Raum', dem schon Newton seine Objekthaftigkeit absprach, als er
prädizierte, er sei "ohne Beziehung auf einen äussern Gegenstand"[49] wird auch von

---

[41]Kant[1786/1977] S.A V/12 (Vorrede).

[42]Kant[1786/1977]; im folgenden zitiert als MAdN, gefolgt von der Seitenzahl der Erst-
ausgabe, die späteren Ausgaben beigefügt ist.

[43]siehe insb. Cohen [1879], zit in Anm. 31; vgl. z.B. Wenzl [1924] S. 106.

[44]vgl. Newtons *principia* [1687/1963] Anm. nach 8. Erklärung S. 25.

[45]MAdN A1, Erklärung 1.

[46]zu Kants gedanklicher Entwicklung in diesem Punkte siehe etwa Cassirer [1921] S. 77f.

[47]ibid.

[48]MAdN A3, Anm.3 zur 1. Erklärung der Phoronomie; vgl. auch A140 (Lehrsatz 1 der
Phänomenologie).

[49]ibid.

Kant nicht als Begriff von einem wirklichen Objekt, sondern als eine regulative Idee begriffen.[50] Doch sobald beschleunigte Bewegungen und Kräfte auftreten, ist Kant sicher, daß wahre von scheinbarer Bewegung eindeutig zu unterscheiden ist. Ein angeführtes Beispiel zeigt, daß er das berühmte Eimerexperiment vor Augen hatte, mit dem Newton zwingend demonstriert zu haben meinte, daß beschleunigte Bewegungen stets mit dem Auftreten von Kräften relativ zum absoluten Raum gekoppelt seien, woraus im Umkehrschluß folgte, daß das Vorhandensein von Kräften untrügliches Indiz für das Vorliegen absoluter Bewegung sei.[51]

> Die Kreisbewegung einer Materie ist, zum Unterschiede von der entgegengesetzten Bewegung des Raumes ein wirkliches Prädikat derselben.[52]

Nach dieser vollständigen Übernahme des begrifflichen Gerüstes zu Bewegungsprozessen aus der Newtonschen Mechanik kommt Kant zur philosophischen Ausdeutung einer strukturellen Eigenart dieses Gefüges, die ihm ein Beispiel für das Vorliegen nichtempirischer Denknotwendigkeiten ganz im Sinne seines Apriorismus ist. Der absolute Raum wird von Kant gedeutet als dasjenige nicht-empirische, dennoch denknotwendige Bezugssystem, welches die Vorstellung relativer Bewegungen von ineinander verschachtelten empirischen Räumen erst möglich macht. Dadurch wird er von Kant philosophisch überhöht zu einer apriorischen Vorbedingung für die Möglichkeit und gleichzeitig Garantie einer eindeutigen Bestimmtheit der Erfahrung von räumlicher Bewegung.

> Der absolute Raum ist also nicht, als ein Begriff von einem wirklichen Objekt, sondern als eine Idee, welche zur Regel dienen soll, alle Bewegung in ihm bloß als relativ zu betrachten, notwendig, und alle Bewegung und Ruhe muß auf den absoluten Raum reduziert werden, wenn die Erscheinungen in demselben in einen bestimmten Erfahrungsbegriff (der alle Erscheinungen vereinigt) verwandelt werden soll.[53]

Dem Dualismus zwischen Bewegung als kinematischer Beschreibung des Raumes in der Phoronomie einerseits und als dynamischem Vorgang unter dem Einfluß von Kräften und Beschleunigungen in der Mechanik andererseits entspricht im Kantischen Denken dann eine ebensolche Entgegensetzung von frei wählbaren, empirischen, zueinander relativen Räumen (Bezugssystemen) und dem eindeutig bestimmten absoluten Raum als nicht-empirischem Garant für die Möglichkeit einer Veranschaulichung räumlicher Verhältnisse.[54] Die phoronomische Relativität

---

[50]siehe etwa MAdN A149, Allg. Anm. zur Phänomenologie; übrigens waren für Newton als Anhänger Henry Mores theologische Motive leitend bei der Einführung dieses Konzeptes in die Mechanik: der absolute Raum stand für das 'sensorium Dei'.
[51]vgl. Ray [1987] Kap. 1., dortige Ref. und Abschn. 1.1. dieser Arbeit.
[52]MAdN A143; Lehrsatz 2 der Phänomenologie.
[53]MAdN A149.
[54]vgl. z.B. Ripke-Kühn [1920] S. 19-21.

der geradlinig gleichförmigen Bewegungen in Inertialsystemen ist daher für Kant
ebenso selbstverständlich wie die (nicht-relative) Eindeutigkeit der Bewegung in
der Dynamik.[55]

Auch auf andere Konzepte aus den *Mathematischen Prinzipien der Naturlehre* wie z.B. den Begriff der Materie, das Konzept des elastischen Stoßes und des
Kräfteparallelogramms wendet Kant in den MAdN seine transzendentalphilosophische Methode an, immer auf der Suche nach Instanzen für apriorische Vorbedingungen des Erfahrungswissens der Naturwissenschaft, die die Mechanik Newtons als
"eigentliche Naturwissenschaft" ausweisen. Die Beharrlichkeit der Substanz etwa
war für ihn im Rahmen der Newtonschen Mechanik in der Konstanz der Masse
und in den Erhaltungssätzen für Energie, Impuls und andere Erhaltungsgrößen realisiert; ebenso fand er die Gesetze der Kausalität und das Zugleichsein nach dem
'Gesetz der durchgängigen Wechselwirkung oder Gemeinschaft' im klassischen Determinismus bestätigt als "synthetische Grundsätze des reinen Verstandes".[56]

4.1.2   'Zurück zu Kant' im 19. und 20. Jahrhundert

> Eine letzte Deutung über die Voraussetzungen [der RT] vermissen wir
> noch. Die suchen wir Philosophen bei Kant, auf den man uns mahnt
> zurückzugehen. Aber leider finden wir sie hier keineswegs, weshalb
> dann auch die Anhänger der modernsten Physik zum Teil sich auf die
> Kritik der reinen Vernunft berufen, zum Teil diese als veraltet verwer-
> fen.   J. Schultz [1935] S. 10.

Mein skizzenhafter Überblick zum historischen Kern des Kantianismus zeigt
bereits, daß zwischen einem Kantianischen *Programm*, (dargelegt etwa in
der KrV,) und seiner inhaltlichen *Auffüllung* (in den MAdN und im *opus
postumum*) unterschieden werden muß. Zwar wurde beides von ein und
derselben philosophiehistorischen Person nacheinander vorgelegt, doch ist
nicht erwiesen, daß Kants nachkritische Schriften tatsächlich eine konsequente Erfüllung seines eigenen Programmes darstellte und schon gar nicht,
ob der formale Rahmen der KrV überhaupt umfassend und präzis genug
ist, um die eindeutige Bestimmbarkeit genau eines Kanons mit der KrV
verträglicher apriorischer Prinzipien zu gewährleisten.

An genau dieser Frage scheiden sich denn auch die Geister derjenigen
Philosophen, die im frühen 20. Jahrhundert auf den methodischen An-
satz der Transzendentalphilosophie eingeschworen waren (siehe Motto). Die
Mehrheit unter ihnen bejahte beide Fragen, war also der Auffassung, daß

---

[55]dieser Umstand wirkte sich für die Neukantianer direkt in der gegensätzlichen Bewertung der Relativitätsprinzipien der SRT und ART aus - s.u.

[56]vgl. KrV A176ff.

die Kantischen Ausführungen auch mehr als 100 Jahre nach ihrer Formulierung in formaler *und* inhaltlicher Hinsicht weiter Bestand hätten. Die andere, kleinere Teilgruppe bestand aus Philosophen, die zu der Überzeugung gekommen waren, daß mindestens die erste dieser Fragen zu verneinen ist. Wohlgemerkt, beide Teilgruppen waren insofern 'Neukantianer', als sie bemüht waren, das "Zurück zu Kant" in ihren Arbeiten zu realisieren, und ihrem Selbstverständnis nach dadurch, "daß sie auf Kant *zurück*gingen, die wissenschaftliche Philosophie zugleich erheblich *vorwärts* führten".[57]

Die Haltung in der Frage, ob nur die Methode oder auch die Kantischen Inhalte beibehalten werden sollten, war immer dann bedeutsam, wenn die fortschreitende Naturwissenschaft und Mathematik zu Ergebnissen kam, die zu Aussagen Kants im Widerspruch standen bzw. zu stehen schienen. Wenn dieser Fall eintrat, mußten die Vertreter der ersten Untergruppe demonstrieren, daß die alten Thesen Kants ungeschmälert weiterhin Gültigkeit hätten: entweder, indem sie die neuen Ergebnisse als irrtümlich entlarvten, oder indem sie aufzeigten, daß es sich nur scheinbar um Widersprüche handelte, weil von verschiedenen Dingen die Rede sei. Ich will diese beiden Reaktionsweisen als **Immunisierungsstrategie**[58] bezeichnen, weil das Ziel dieser Aktivitäten im Kern das war, die für richtig gehaltenen Auffassungen 'immun' gegen widerstreitende Aussagen zu machen, sei es durch 'Abtötung' (sprich Widerlegung) des bedrohenden Erregers oder durch 'Impfung' (sprich Unempfindlich-Machen) des bedrohten Philosophems. Demgegenüber hatten Angehörige der zweiten Untergruppe der Kantianer bei jedem derartigen Fall die Option zu prüfen, ob nicht die Änderung einiger der von Kant seinerzeit getroffenen Feststellungen, soweit diese inhaltliche Details betreffen, angebracht sein könnte. Ich will dieses Vorgehen als **Revisionsstrategie** bezeichnen.[59] Damit sollen sowohl das vereinzelte Zugeständnis der Korrektur eines als Irrtum erkannten Teils als auch die damit oft, aber nicht notwendig verbundene, Bereitschaft zu eventuellen weiteren zukünftigen Revisionen erfaßt werden.

Das erste Mal trat ein solcher Konflikt mit dem sich erweiternden Wissensstand auf, als im Laufe des 19. Jahrhunderts sich unter Mathematikern die Einsicht durchzusetzen begann, daß es neben der einen, antiken Geometrie des Euklid noch weitere, nicht minder widerspruchsfreie, formal ebenso

---

[57]zit. nach Holzhey [1984] S. 749; vgl. Köhnke [1986] S. 17, 179ff., 213ff.

[58]Der Terminus 'Immunisierung' wurde soweit ich sehe von Hans Albert eingeführt und durch Popper bekannt, später z.B. auch von Topitsch(1969) zur Kennzeichnung einer ideologiebestimmten Haltung, allerdings wieder in ganz anderem Zusammenhang, gebraucht; vgl. dazu Popper [1972] S. 38, Schäfer [1988] S. 63 und Abschn. 4.12.5.

[59]ähnliche Unterscheidungen philosophischer Reaktionsweisen finden sich auch bei Frank [1949] S. 23: "fundamentalist' versus 'modernist attitude', und Fowler [1975] S. 159.

zulässige 'nicht-euklidische' Geometrien gibt.[60] Die Nachfolger Kants reagierten darauf teils mit Skepsis, Spott und Hohn, teils indem sie in dieser Entwicklung die Auslotung formal zulässiger Denkmöglichkeiten sahen, ohne daß für sie eine fruchtbare physikalische Anwendung solcher Geometrien denkbar gewesen wäre. Nur Hermann v. Helmholtz (1821-1894) und Friedrich Albert Lange (1828-1875) unternahmen den weitergehenden Versuch einer physiologischen Umdeutung der Thesen Kants, derzufolge seine Ausführungen über die Anschauungsformen nur Reflexionen über die durch die menschlichen Sinne bedingten Eigenschaften des Seh- und Tastraums seien.[61] Wegen der engen Kantischen Verschränkung zwischen den Bedingungen für die Existenz von räumlichen Objekten mit den Bedingungen der subjektiven Erfahrung (Wahrnehmung) dieser Objekte reichte den meisten Neukantianern zur Begründung ihrer ablehnenden Haltung schon der Verweis auf die Unanschaulichkeit Nicht-Euklidischer Geometrien.[62]

Beide Einsteinschen RT waren weitere Fälle, in denen ein offener Widerspruch zwischen Kants Ausführungen und Ergebnissen der modernen Naturwissenschaft aufzutreten schien. Dadurch, daß die SRT und ART den Neukantianern bekannt wurden, als die Debatten um die Entwicklungen in der Geometrie gerade erst abgeflaut waren, erklärt sich wohl, daß schon sehr viel mehr Personen als bei der vorausgegangenen Geometrie-Debatte sich mit Revisionsansätzen beschäftigten. Die Bereitschaft zu diesem Schritt, der ja zunächst die Preisgabe von lange für unumstößlich gehaltenen Aussagen erforderte, wurde sicher dadurch gefördert, daß sich mit der SRT und ART abzuzeichnen begann, daß dieser Zweifel an inhaltlichen Bestimmungen Kants kein vereinzelter war, sondern sich an vielen, voneinander unabhängigen Stellen regte. Ferner muß berücksichtigt werden, daß sich fast nur jüngere Neukantianer[63] zu den RT äußerten, von denen man eher erwarten würde, daß sie weniger starr reagieren. Daß dennoch der überwiegende Teil der Mitglieder der philosophischen Bewegung des Neukantianismus wiederum zu weitgehenden Immunisierungen neigte, erkläre ich damit, daß vom Zugeständnis der historischen Gebundenheit von immer mehr inhaltlichen Bestimmungen Kants zur weitergehenden Einsicht

---

[60]siehe Abschnitt 4.6. (Axiomatik).

[61]siehe dazu etwa Helmholtz [1921]; vgl. Ziegenfuß/Jung (Hrsg.) [1949/50] Bd. 1, S. 502 und Köhnke [1986] S. 151ff., 233ff.

[62]zur Geometriedebatte unter Neukantianern siehe u.a. Helmholtz [1921], Hönigswald [1908],[1915]; Hamel [1909]; Mansion [1909], Cassirer [1910] Kap. III; Natorp [1910] S.266ff.; Cassirer [1921] S.9 u. Kap. VI; Röver [1923] S.64ff.; Wenzl [1924] S. 111; Doehlemann [1925]; Vogtherr [1937/38] S. 213ff.; vgl. Toth [1979] u. 4.3.2.

[63]Marck [1949] und Ollig [1979] S. 3 unterscheiden "ältere" Neukantianer (Cohen, Natorp, Windelband, Rickert) von "jüngeren" (Cassirer, Bauch, Cohn, Hönigswald).

in die Gebundenheit des gesamten Kantischen Ansatzes in die Problemsituation seiner Zeit nur noch ein kleiner Schritt war. Nicht zufällig markiert das Aufkommen der Quantenmechanik nach 1925, mit der etliche weitere Kantische und Neukantianische Apriori- Kandidaten fielen, dann auch das Ende des Neukantianismus als philosophischer Bewegung. Die wiederholten Rückzüge hatten seine inhaltlich überdauernde Substanz gewaltig abmagern lassen, immer mehr vormalige Anhänger waren abtrünnig geworden und in die Lager der anderen Philosophenschulen abgewandert.

In welchen Punkten klaffte nun ein **Widerspruch zwischen Kant und Einstein?**[64]

- Kant hatte Raum und Zeit als wesensverschiedene Formen der Anschauung behandelt - in der SRT sind Raum und Zeit nurmehr Koordinaten einer "Union von Raum und Zeit" (Minkowski-Welt: siehe 1.3.).

- Die Dreidimensionalität des Raumes galt Kant als apodiktisch - demgegenüber war die Dimensionszahl der Raum-Zeit für Einstein als 3+1 rein kontingent; in seiner Nachfolge wurde auch mit mehrdimensionalen Räumen und kompakten Zusatzdimensionen operiert (Kaluza-Klein: siehe 1.5.).

- Kant hatte die Zeitvorstellung der klassischen Mechanik verinnerlicht, vermöge der Gleichzeitigkeit auch für räumlich getrennte Ereignisse unmittelbar gegeben ist (Fernwirkung) - in der SRT mußte eine Vorschrift für die Herstellung von Synchronizität bei räumlich getrennten Uhren formuliert werden, da Signalausbreitung nur mit Lichtgeschwindigkeit erfolgen kann (Nahewirkung).

- Bei Kant war die Euklidizität des Raumes, wenngleich zumeist nur implizit, vorausgesetzt - in der ART wurde die Struktur der vierdimensionalen Raum-Zeit durch eine i.a. nicht-euklidische Metrik beschrieben (siehe 1.4.).

- Raum und Zeit waren für Kant der Erfahrung vorgeordnete Formen der Anschauung - die ART operierte mit ihnen nicht mehr im Sinne von vorausgesetzten Grundgrößen, sondern definierte (setzte) Raum-Zeit-Strukturen über Lösungen der Feldgleichungen zu vorgegebenen Materieverteilungen.

- Während das spezielle RP der SRT noch mit den Aussagen Kants über die Relativität im Rahmen der Phoronomie (s.o.) vereinbar schien, klaffte ein offener Widerspruch zwischen der Newton/Kantschen Prädizierung der Eindeutigkeit von beschleunigten Bewegungsformen und der allgemeinen Relativität in der ART.

---

[64]für eine komplementäre Übersicht hierzu aus der Sicht der Kantianischen Kategorienlehre siehe Kranichfeld [1922] S. 597.

- Erhaltungssätze, die Kant als Instanzen seines Prinzips der Substanzerhaltung aufgefaßt hatte, erwiesen sich in der SRT als nichtrelativistische Näherungen für allgemeinere Invarianzprinzipien. Insbesondere die Erhaltung des Quantums der Materie (Masse) verliert ihre Gültigkeit; statt ihrer gelten Konstanz der Ruhemasse und Erhaltung des Viererimpulsquadrats (Energie-Massen-Invarianz; siehe Abschn. 1.3.).

- Die Gravitationskraft, deren Potentialverhalten Kant noch spekulativ mit der Dreidimensionalität des Anschauungsraumes verknüpft hatte, wurde in der ART zur dynamischen Konsequenz der Veränderung der Raumstruktur durch die Anwesenheit von Massen die Geometrie des Raumes und die in ihm geltende Physik waren durch die Feldgleichungen der ART in eine völlig neue Beziehung gerückt worden.

Wie reagierten nun die Neukantianer auf diese vielfältige Herausforderung durch den neuen Problem- und Wissenshorizont der SRT und ART?

4.1.3   Immunisierungsstrategien

Es gibt einen Weg, die Kantische Philosophie vor der Relativitätstheorie zu schützen: wenn man beweist, daß die Aussagen der Relativitätstheorie sich auf ein anderes Objekt beziehen als die Behauptungen der transzendentalen Ästhetik. (H. Reichenbach [1921/79] S. 341/367f.)

Insgesamt gesehen war der Kantische Apparat der Kategorien, Schematismen und Anschauungsformen ein so rigide festgeschriebenes gedankliches Gerüst, daß die überwiegende Zahl der Neukantianer bei neu auftauchenden Konflikten mit modernen Theorien dazu tendierten, am altbewährten, vermeintlich apodiktisch Gültigen festzuhalten und die Legitimität oder die Relevanz der neuen Befunde in Abrede zu stellen.[65] Im folgenden bespreche ich die drei häufigsten Varianten dieser Reaktionsform (I-1 bis I-3).

I-1. Die prominenteste Argumentationsfigur, die sich in der Mehrzahl aller von Kantianern verfaßten Texte zur RT findet, bemühte eine Unterscheidung der Kantischen 'reinen' Anschauungsformen von Raum und Zeit einerseits von den 'empirischen' (Maß)Räumen der Physik und Psychologie andererseits. Raum und Zeit im Sinne der transzendentalen Ästhetik Kants hätten mit Raum und Zeit im Sinne Einsteins und Minkowskis nichts zu tun, folglich könnten naturwissenschaftliche Erkenntnisse und Einsichten

---

[65]siehe etwa Wenzl [1924] S. 18: "Am starrsten verhält sich naturgemäß der Apriorismus zu neuen Theorien"; vgl. auch Geiger [1921] S. 31 und Abschn. 6.4.

über letztere nicht gegen ihre transzendentalphilosophischen Namensvettern ins Felde geführt werden. Soweit ich sehe, geht diese Immunisierungsvariante zurück auf Paul Natorp[66] (1854-1924), aus dessen Ausführungen über *Die Logischen Grundlagen der exakten Wissenschaften* [1910] auch bereits der enge Zusammenhang seiner Position in dieser Sache mit grundlegenden Prämissen Kantischen Denkens deutlich wird:

> Die *Zeit und der Raum 'selbst'* sind, wie wir oben schon mit Kant zu betonen hatten, überhaupt nicht 'Gegenstände der Wahrnehmung'. Von Wahrnehmung abhängig ist dagegen jede *empirische Zeit- und Raummessung*. Also kann es sich um die letztere hier [in vorhergehend zitierten Ausführungen von Minkowski, K.H.] überhaupt nur handeln; also nicht um die 'Begriffe' des Raumes und der Zeit selbst, wie es erst lautete. Die reinen, 'absoluten' Begriffe der Zeit und des Raumes sind überhaupt die Voraussetzungen jeder empirischen Zeit- und Raumbestimmung, also durch diese selbst auf keine Weise abänderlich.[67]

Für Natorp *erzwingt* das Kantische Verständnis von Raum und Zeit als Bedingungen, nicht Gegenständen der Wahrnehmung eine Abgrenzung zwischen 'reinen, absoluten' und 'empirischen' (und relativen, s.u.) Räumen und Zeiten. Von letzteren konzediert er ausdrücklich, daß sie "nicht empirische Wirklichkeiten [...], sondern reine Abstraktionen von bloß mathematischer, nicht physikalischer Geltung" sind.[68] Die **Unterscheidung zwischen apriorischen Anschauungsformen und aposteriorischen Maßräumen und -zeiten** wird nach Natorp in praktisch allen Immunisierungsstrategien bemühenden Texten wiederaufgenommen, häufig unter Verweis auf Natorp. Wir finden sie u.a. bei Bruno Bauch,[69] Richard Hönigswald,[70] Max Frischeisen-Köhler,[71] Ewald Sellien,[72] Leonore Ripke-

---

[66] zu Natorp siehe Ollig [1979] S. 37-44, Ziegenfuß/Jung (Hrsg.) [1949/50] Bd. 2, S. 187-192 und dortige Ref.

[67] Natorp[1910] S. 396; Hervorhebungen K.H.

[68] ibid.

[69] Bauch [1911] S. 8f.; zu Bauch vgl. Ollig [1979] S. 73-81 und dortige Ref.

[70] [1912, S. 91f.]: die RT stellt "nicht sowohl eine Theorie von dem Begriff der Zeit als vielmehr eine solche von dem Begriff der Zeitbestimmung dar [...] Sie will den Begriff der 'empirischen', d.h. der 'erfüllten' Zeit mit aller Schärfe definieren [...] 'Relativiert' wird also durch die RT nicht der Zeitbegriff selbst, sondern vielmehr dessen Determination in der Erfahrung der Zeitmessung"; vgl. Ders.[1915] S. 310. Zu Hönigswald siehe (I-2).

[71] [1912] S. 326f. bzw. [1913] S. 164: "Welche Bedeutung daher die Einsteinsche Zeitdefinition in rechnerischer Hinsicht beanspruchen darf: in philosophischer Hinsicht dürfte sie, da sie nur auf einen Zeitinhalt, nicht auf die Zeit selbst geht, tatsächlich keinen grundlegenden Umsturz hervorrufen".

[72] [1919] S. 56: "Beim Raum-Zeit-Problem handelt es sich um Probleme der Messung, nicht um den Raum und die Zeit als Formen unserer Anschauung"; vgl. [1921]a S. 138,

Kühn,[73] Hermann Kranichfeld[74] u.a.[75] Auch dem Kantianismus nahestehende Mathematiker und Physiker kamen zu Verträglichkeitsattesten zwischen SRT und (Neu)kantianismus vermöge eben dieser Unterscheidung,[76]
allen voran der enge Freund Einsteins und überzeugte Kantianer Max von
Laue:

> Darin liegt gerade die Kühnheit und die hohe philosophische Bedeu-
> tung des Einsteinschen Gedankens, daß er mit dem hergebrachten
> Vorurteil einer für alle Systeme gültigen Zeit aufräumt. So gewaltig
> die Umwälzung auch ist, so liegt doch nicht die mindeste erkenntnis-
> theoretische Schwierigkeit in ihm. Denn die Zeit ist wie der Raum
> in Kants Ausdrucksweise eine reine Form unserer Anschauung; ein
> Schema, in welches wir die Ereignisse einordnen müssen [...]. Diese
> Einordnung kann nur auf Grund der empirischen Kenntnis der Natur-
> gesetze vollzogen werden.[77]

Die bei aller Bandbreite innerhalb des Neukantianismus erstaunliche Einigkeit bei der Interpretation der SRT zeigt sich nicht nur in den vielfach *übereinstimmenden* Aussagen, etwa zu diesem Punkt des Raum-Zeit Verständnisses, sondern auch in der *übereinstimmenden Gewichtung*. Gerade diese
Frage wird vielfach als so zentral empfunden, daß andere potentielle Widersprüche zwischen Kant und Einstein nur mehr am Rande, sofern überhaupt
behandelt werden. Eine noch weiter ausspannende Behandlung weiterer
Aspekte der Theorie gibt es in frühen Immunisierungstexten gar nicht. Dies
zeigt, wie stark der Druck war, unter dem die Neukantianer zuvorderst die
transzendentale Ästhetik als das Kernstück des kanonischen Textes ihrer
Schultradition vor zersetzender Kritik zu bewahren hatten. Bestes Beispiel hierfür ist vielleicht der Zeitungsartikel von Julius Mainzer über *Kant
und Einstein*, in dem, entgegen der vielversprechend breiten Überschrift
ausschließlich über Raum und Zeit, und ihren Sturz aus "angemaaßten,

---

[1921]b S. 279, [1924]b S. 110.

[73][1920] S. 3f., [1921] S. 124.

[74][1922] S. 599: "Die Kantsche Auffassung der reinen Anschauungsformen von Raum
und Zeit [...] wird dadurch nicht berührt. Das Wie? kann nur Resultat der physikalischen
Untersuchung sein. Nur in diesem weicht Einstein von Kant ab. Ob diese Abweichung
berechtigt ist, muß auf dem Wege der Induktion bzw. Verifikation, also nicht durch die
Philosophie, sondern die empirische Forschung, entschieden werden."

[75]Alois Höfler [1922] S. 89, Georg Röver [1923], Ilse Schneider [1923] S. 66, Dimitry
Gawronsky [1924] S. 43ff., Ernst Marcus [1925], Julius Schultz [1935] S. 18f.

[76]etwa Guillaume [1918] S. 283, [1919], Hamel [1920] S. 71-73; Vogtherr [1924] S. 609,
[1926] S. 38, [1928] S. 102, [1937/38] S. 146, 151, 156; Doehlemann [1925] S. 375; Uller
[1937/38] S. 462; W. Müller [1941] S. 16.

[77]v.Laue [1911], S. 36f., s.a. [1911/52] 1. Bd. S. 1, 7; vgl. Hönigswald [1912] S. 95f.,
Cassirer [1921] S. 81, Cohn [1926] S. 207ff.

unbedingten, absoluten Höhen in den Abgrund des bedingten, nur relativen Seins" berichtet wird. Nach Ansicht des Verfassers sei die Behandlung gerade dieses Punktes dringend nötig,

> weil bei der Erörterung von Einsteins Theorie immer wieder zu beobachten ist, daß das Verständnis der Einsteinschen Gedanken hauptsächlich an einer Vermengung der Begriffe Raum und Zeit scheitert, an dem, was der Philosoph Verwechslung völlig heterogener, wesensverschiedener Begriffe und Gebiete nennt.[78]

Nach dieser aus der Perspektive des überzeugten Kantianers sicher schlagend einfachen Erklärung für die bisherigen Mißverständnisse gerät seine Argumentation dann doch wieder in das von Natorp kanalisierte Fahrwasser:

> Der physikalische, mathematischer Erfassung zugängliche Newtonsche Raum, die physikalische, mit Maßstab und Uhr feststellbare, meßbare Raum- und Zeitstrecke, Raum- und Zeitgröße, mit anderen Worten der naturwissenschaftliche Begriff von Raum und Zeit werden kurzerhand mit 'dem' Raum, 'der' Zeit, das heißt je nach Bildung und Neigung des Ueberlegenden mit dem psychologischen Raum, der psychologischen Zeit, oder dem philosophischen Raum, der philosophischen Zeit identifiziert. Empirisch erfaßbare Strecken, physischen Ereignissen anhaftende, meßbare Größen, bekommen plötzlich psychologische oder metaphysische Züge.

> Man kann den Einsteinschen Raum, die Einsteinsche Zeit, mit anderen physikalischen, mathematisch erfaßbaren Raum- und Zeitgebilden vergleichen, etwa dem Newtonschen, aber nicht mit dem Raum und der Zeit der Psychologen und Transzendentalphilosophen. Kants Raum und Zeit sind ja gar keine der Messung zugängliche Größen, sondern Formen, Qualitäten. [79]

Quer durch die gesamte Tertiär- und Quartärliteratur zur RT ziehen sich fortwährende, immer weiter abstumpfende Wiederaufnahmen dieses Argumentes (I-1), bis hinein in die obskuren Schriften von Außenseitern[80] und bemerkenswerterweise auch in das nationalsozialistische Schrifttum zur RT.[81] Als in einer Sammelschrift von *100 Autoren gegen Einstein* wiederum von Seiten einiger "Tempelwächter des Kant-Heiligtums" über die "unsühnbaren Verbrechen gegen die ewige Unfehlbarkeit Kants"[82] geklagt wurde,

---

[78]Mainzer [1921] Sp. 3f.; analog z.B. Marcus [1925].
[79]ibid., Sp. 4.
[80]z.B. Sandgathe [1934] S. 98ff.
[81]siehe z.B. Thüring [1937/38] S. 56, 63- vgl. Abschn. 3.2.
[82]Brunn [1931] S. 254f. in einer Rezension von Israel et al.(Hrsg.) [1931].

schrieb ein Rezensent (obwohl selbst kein Anhänger der RT) in einer bissigen Buchbesprechung:

> 90 % der 'Autoren' sind rabiate Kantianer, die von der erkenntnistheoretischen Notlage, in die die modernen Physiker [...] geraten waren, keinen blassen Schimmer haben. Ihr Gepolter und Geschimpfe hat deshalb das Gewicht null. [...]. Sie hätten sich sagen müssen, daß, ebensowenig, wie die Richtigkeit der Einsteinschen Theorien durch Mehrheitsbeschlüsse von Damenkaffeekränzchen erhärtet werden kann, die Akkumulierung von 'Urteilen' von Autoren, die ein wenig die Phraseologie von Kants kritischer Philosophie beherrschen, von seinem Geiste aber keinen Hauch verspürt haben, gegen die Relativitätstheorie entscheiden kann.[83]

Doch zurück zu Natorp, dem diese zwei Jahrzehnte spätere Verflachung und damit verbundene Diskreditierung des Arguments (I-1) natürlich nicht vorgeworfen werden kann. Auch in anderer Hinsicht waren seine Betrachtungen über die *logischen Grundlagen der exakten Wissenschaften* wegweisend für die Haltung der Neukantianer: entgegen allen Beteuerungen insb. durch Minkowski, daß die vormals unabhängigen Grundgrößen Raum und Zeit in der SRT "für sich völlig zu Schatten herabsinken und nur noch eine Art Union der beiden" Selbständigkeit bewahre,[84] hielt Natorp an der These einer strikten qualitativen Verschiedenheit beider Komponenten fest, wie sie in Kants transzendentaler Ästhetik bereits vorgezeichnet worden war.

> Gleichartig wird damit aber der Zeitparameter den Raumkoordinaten nicht; seine Beziehung zu jeder der letzteren bleibt grundverschieden von der Beziehung dieser unter sich; die 'Union', von der Minkowski spricht, liegt nur darin, daß alle vier Parameter miteinander und in bestimmter Abhängigkeit voneinander der gleichen Relativierung verfallen.[85]

Auch in die Interpretation der Lorentztransformationen (1.4.) fließt also die kategoriale Abgrenzung empirischer Einzelzusammenhänge (wie hier der genauen Form der 'Abhängigkeiten der Variablen voneinander') von nicht-empirischen 'Wesenszusammenhängen', die durch die Transzendentalphilosophie vorab ermittelt worden sind bzw. zu ermitteln sind. Wiederum wurde diese Natorpsche These der verbleibenden qualitativen Verschiedenheit von Raum und Zeit trotz ihrer formalen Zusammenfassung in einer

---

[83]Brunn [1931] S. 255.
[84]Minkowski [1908] in Sommerfeld (Hrsg.) [1923] S. 54; vgl. Natorp[1910] S. 396.
[85]Natorp [1910] S. 398.

vierdimensionalen Raum-Zeit für die empirischen Zwecke der Naturwissenschaft auch vielfach nach ihm geäußert.[86]

I-2. Eine zweite Immunisierungsvariante findet sich im Rahmen der philosophischen Literatur im engeren Sinne soweit ich sehe erstmals 1912 bei Richard Hönigswald[87] (1875-1947). Anders als (I-1) und (I-3) war sie später aber auch in Populärtexten besonders bei Gegnern der Theorie sehr beliebt-in Abschnitt 2.4. habe ich dies bereits ausführlich belegt. Es geht in (I-2) um die Behauptung, daß 'Relatives' nur durch dahinter stehendes und implizit mitbehauptetes 'Absolutes' hinreichend begrifflich festgelegt sei. Während in (I-1) also über die Gültigkeit der Aussagen der SRT keine Aussage gemacht wurde, wird in (I-2) ein aus Neukantianischer Sicht unabdingliches Korrektiv an ihnen ausgesprochen, während (I-1) die SRT in ihrer Aussagekraft restringiert, kritisiert (I-2) deren Behauptungen als zumindest unvollständig, wenn nicht gar als unrichtig. Bei Hönigswald [1912, S.92] liest sich dies so:

> Geradezu gefordert aber und vorausgesetzt wird durch den Begriff einer Raum- und Zeitbestimmung derjenige von Raum und Zeit selbst. Es gibt gar keinen Begriff einer Zeit- und Raumbestimmung ohne die Begriffe jener letzten Bezugssysteme der absoluten Zeit und des absoluten Raumes, wie denn auch nur unter der Voraussetzung einer prinzipiellen Forderung einer absoluten Zeit der Begriff einer durchgängigen Relativierung des Begriffs der Zeitbestimmung einen definierbaren Sinn erhält.

Dieses Argument muß aus der Sicht der Neukantianer deshalb so schlagend erschienen sein, weil darin Kants Konzeption des absoluten Raumes als erkenntnistheoretischer Vorbedingung für empirische Räume aufgenommen worden ist. Die nur relativ zueinander bestimmbaren räumlichen und zeitlichen Erscheinungen waren für Kant und seine Nachfolger somit nur der "Sphäre des rein Phänomenalen" zuzurechnen, die in einer transzendentalphilosophisch garantierten eindeutigen, absoluten Wirklichkeit ihren Konterpart hatten. In den zur Debatte stehenden Raum- und Zeitkonzeptionen wurde nur ein Beispiel gesehen für eine ganz allgemein konstatierbaren Verweisungszusammenhang des Absoluten auf das Relative und umgekehrt. Als Beispiel hierfür mögen etwa die quasi-poetischen Begriffs-

---

[86]so etwa von Hartmann [1913] S. 155, Mainzer [1921] u.a. Eine Ausnahme bildet darin Kranichfeld [1922] S. 599, der in diesem Punkt mit einer Strategie wie in (I-3) ansetzt.

[87]zu Hönigswald siehe Marck [1949] S. 147-159, Ziegenfuß/Jung (Hrsg.) [1949/50] Bd. 1, S. 553-554 sowie Ollig [1979] S. 88-94 und dortige Ref.

verschränkungen bei Jonas Cohn[88] (1869-1947) stehen:

> Das Absolute ist absolut nur relativ zu einem Relativen. Das Relative ist, soweit es in seiner Relativität bestimmt ist, absolut bestimmt. [...]. Die Dialektik des Absoluten und Relativen kann ohne diese Rücksicht [auf die Abhängigkeit vom Erkennen] nicht dargestellt werden, sonst klappert man mit leeren Worthülsen.[89]

Besonders Einsteins ART wurde als Frontalangriff auf die "Sphäre des Realen" empfunden, der die Kantische Hierarchie zwischen relativen und absoluten Wesenheiten ins Wanken bringe.[90]

> Hat Einstein den 'Absolutismus' gestürzt, so hat er die wissenschaftliche Wahrheit gestürzt, den theoretischen Wirklichkeitsbegriff in seiner notwendigen Eindeutigkeit zertrümmert. Wir mögen alternativ meinen, Hypothesen aufstellen - aber voraussetzen müssen wir, daß das Festzustellende auch 'fest' ist, unabhängig von einem Standpunkt, eben 'absolut'. Sonst schöpfen wir Wasser in ein Sieb und können unser Denken überhaupt aufgeben. Wenn etwas nicht nur verschieden erscheinen kann, sondern auch an sich 'verschieden' 'ist', selbst 'relativ' ist, d.h. abhängig vom Standpunkt und Zustand des Beschauens- nicht nur etwa in den Maßbedingungen, sondern im Gemessenen selbst, so hört jedes Denken auf. Der Rest ist Skepsis, Verwirrung, Relativismus.[91]

In der gleichberechtigten Behandlung aller Bewegungsvorgänge in der ART sah Leonore Ripke-Kühn genau diesen Fall verwirklicht. Die Übertragung des RP aus dem Bereich kinematischer Beschreibungen "auch auf die Sphäre, wo Ursache und Wirkung mit hineinbezogen werden," sei "tödlich für das eindeutige Denken".[92] Da somit eine der Kernthesen der ART, das allgemeine RP, von dem konservativsten Flügel der Neukantianer rundweg abgelehnt wurde, blieb diesen gar keine andere Wahl mehr als die Verwerfung aller damit zusammenhängenden Aussagen und Folgerungen der "wissenschaftsmordenden Theorie", deren "automatische Zersetzung des Realitätsbegriffs" für sie einem "vollkommenen Barbarismus- aus Superklugheit" gleichkam.[93]

---

[88]zu Cohn siehe Marck [1949] S. 159-164, Ziegenfuß/Jung (Hrsg.) [1949/50] Bd. 1, S. 296-297 sowie Ollig [1979] S. 82-89 und dortige Ref.

[89]Cohn [1916] S. 248; vgl. Gawronsky[1924] S. 43 (Anm.); Schultz [1935] S. 19.

[90]vgl. z.B. Ripke-Kühn [1920] S. 6; E. Hartmann [1913] S. 168 u. Beispiele in Abschn. 2.4.

[91]Ripke-Kühn [1920] S. 6f.; analog [1921] S. 123.

[92]Ripke-Kühn [1920] S. 24.

[93]ibid. S. 40, 37, 30.

Den Anhängern der RT konnte eine derart überdrehte Polemik, in der so wenig über Sachzusammenhänge und soviel über rein-verbale Verküpfungen zwischen 'Relativ' und 'absolut' die Rede war, wenig Eindruck machen. Ausführungen dieser Art waren für sie "törichte" Mißverständnisse, die durch den in der Populärliteratur weit verbreiteten Topos 'RT als Relativismus' (Abschnitt 2.4.) genährt worden waren.[94] Das Grundübel all der Texte, in denen (I-2) dominiert, war in der Tat die sehr oberflächliche Auseinandersetzung mit der in Rede stehenden Theorie und die automatische Gleichsetzung physikalischer Termini mit Begriffen der philosophischen Tradition. Es lag Einstein z.B. völlig fern, zugleich mit der These freier Wählbarkeit von Bezugssystemen zu behaupten: "die reale Ursache kann eine oder die andere sein" wie ihm dies fälschlicherweise unterstellt wurde.[95] Im Gegenteil zählten gerade Kausalrelationen zu den Größen der ART, die von der Wahl dieses Systems unabhängig waren. Die 'Eindeutigkeit' physikalischer Vorgänge war durch die RT in keinster Weise tangiert - im Gegenteil lieferte sie ja Transformationsvorschriften für die Übersetzung von Beschreibungen physikalischer Prozesse in Beobachtungsgrößen verschiedener Bezugssysteme, wodurch die einheitliche Rekonstruierbarkeit des Geschehens für alle Beobachter garantiert wurde. Das Begreifen dieses Umstandes war jedoch blockiert, wenn die Revision einer Newton/Kantischen Aussage über den Status beschleunigter Bewegungen sofort mit einer "unberechtigten Relativierung des theoretischen Wirklichkeits- und Wahrheitsbegriffs überhaupt" in Zusammenhang gebracht wurde.[96] Die verführerische Äquivokation von 'Relativierung' (als Inbeziehungsetzung von Maßen aus relativ zueinander bewegten Bezugssystemen bzw. als - von SRT und ART nichtgemeinte- Negierung der Existenz jedweder absoluter Größen) war es, die in (I-2) zur irregehenden Verurteilung der ART als 'Relativismus' geführt hat. In den immunisierenden Stellungnahmen von Kantianern nach 1920 ist der Einfluß antirelativistischer Populärliteratur mit externer Motivation deutlich aufzeigbar,[97] und es muß den Autoren dieser Texte vorgeworfen werden, die darin vorgefundenen Wertungen nicht nur unkritisch aufgenommen, sondern auch noch philosophisch untermauert zu haben.

---

[94]vgl. etwa das sarkastische P.S. im Brief AEs an Schlick, 17. Okt. 1919, VCF u. CPAE, Sign. 21-623: "Die Philosophen sind schon eifrig bemüht, die allgemeine Relativitätstheorie ins Kant'sche System hineinzupressen. Haben Sie die ziemlich thörichte [sic] Dissertation von Sellien gesehen (Riehl- Schüler)?".

[95]Ripke-Kühn [1920] S. 24.

[96]ibid., S. 14.

[97]etwa bei Ripke-Kühn [1920] S. 7, die auf die im Frühjahr 1920 "ans Licht [getretene] 'Denkempörung' gegen Einstein" und ausdrücklich Gehrcke erwähnt - siehe 2.1. u. 3.2.

I-3. Die in (I-1) und I-2) vorgestellten Argumentationsstrategien muten vielfach wie eine Art Rückzug des Neukantianismus aus den Gefilden der Naturwissenschaft an, demzufolge Philosophie und Naturwissenschaft mit jeweils anderen kategorisch geschiedenen 'universes of discourse' nebeneinanderherlaufen, ohne daß sich ihre Gegenstandsbereiche wechselseitig tangierten. Um diesem nicht erwünschten Eindruck vorzubeugen, stellte schon Paul Natorp seiner Variante von (I-1) eine offensivere, begleitende Aussage an die Seite. Ganz im Geist der MAdN beließ es Natorp nicht bei einem unvermittelten Nebeneinander der apriorischen Anschauungsformen und der empirischen Realisierungen, sondern er behauptete, daß erstere die "Voraussetzung", wenn man so will, die "Bedingung für die Möglichkeit von Erfahrung" der letzteren seien. Wegen dieses von Natorp unterstellten Bedingungsverhältnisses eröffnet sich auch nicht die Aussicht, Philosophie und Physik zukünftig vollständig zu entkoppeln, sondern Philosophie behält ihre die Möglichkeit von Einzelwissenschaft allererst begründende zentrale Position. Das praktische Beispiel hierfür ist Natorp direkt im Anschluß hieran zu geben bemüht, indem er zu demonstrieren versucht, daß es für den "erkenntniskritisch geschulten Leser ein durchaus nicht unerwartetes Ergebnis [ist], daß wir [...] in der Welt (nämlich der Physik) überhaupt nicht mehr 'den' Raum, sondern unendlich viele Räume haben (und entsprechend nicht 'die' Zeit, sondern unendlich viele)".[98] Denn schon Kant hatte in den MAdN gezeigt, daß die Wahl von Bezugssystemen für bestimmte empirische Aufgaben niemals eindeutig sein könne. Dabei verkennt Natorp nun freilich, daß es nicht nur die freie Wahl des inertialen Bezugssystems war, die in der SRT gefordert wird, sondern daß darin auch nicht-klassische Transformationsformeln für Raum- und Zeitkoordinaten angegeben werden. Diese "Kritische Beleuchtung des Relativitätsprinzips und Bestätigung des Idealismus"[99] gipfelt in der zusammenfassenden These, daß das Einstein-

> Minkowskische Relativitätsprinzip nur die konsequente Durchführung des bereits von Newton aufgestellten, von Kant festgehaltenen und schärfer gefaßten Unterschieds der reinen, absoluten, mathematischen von der empirischen, physikalischen Zeit- und Raumbestimmung [ist], welche letztere nur relativ sein kann.[100]

Wegweisend für viele spätere Kant-Anhänger ist die hier von Natorp vorexerzierte Strategie, gleichsam den Spieß umzudrehen, und neben die erwar-

---

[98]Natorp [1910] S. 397.

[99]ibid., S. 399.

[100]ibid., S. 399; vgl. kritisch dazu Hartmann [1913] S. 155, 166.

teten Aussage der *Verträglichkeit* der RT mit dem Neukantianismus (I-1) die überraschende Aussage der *Bestätigung* seines Philosophems durch die Einsteinschen Resultate zu stellen. Gerade nachdem im Laufe der philosophischen Diskussionen um die RT zunehmend behauptet worden war, daß Widersprüche zwischen Kant und Einstein klaffen, mußte eine rhetorische Wendung besonders aufreizend wirken, deren Kern sich dahingehend paraphrasieren ließe, daß durch die RT nur die lange gehegten Ahnungen der Kantianer bestätigt worden seien.

> Gerade Kants Grundauffassung [...] wird durch die neue Theorie auffallend bestätigt. [...] Gerade das, was, wie es scheint, für die Entdecker des Relativitätsprinzips selbst das am meisten Überraschende war: diese gänzliche Relativierung der Zeitbestimmung, ist somit *nur* die Bestätigung eines der fundamentalsten Sätze Kants, und *für den, der dessen [Kants] Thesen durchdacht hat, genau nur das was man erwarten mußte.*[101]

Freilich finden sich später kaum wieder derartig überzogene Stellungnahmen wie hier bei Natorp, der mindestens durch die Einfügung des Wörtchens 'nur' den Bogen doch etwas überzogen hatte. Denn Einsteins operationale Synchronizitätsdefinition und seine mathematische Diskussion der Transformation von Feldgrößen der Elektrodynamik war sicher doch mehr als man nach Kenntnis von Kants Thesen über die Ordnung gemäß den Relationen des Nebeneinander (Raum) und Nacheinander (Zeit) "erwarten mußte". Besonders von Neukantianern außerhalb der Marburger Schule wurde dieser Natorpschen These denn auch schon bald widersprochen, so etwa vom Breslauer Philosophen Richard Hönigswald [1912, S.97f.]:

> So wahr es also ist, daß der [empirische] Begriff der Zeitbestimmung erst innerhalb der Relativitätstheorie einen streng objektiven, d.h. wissenschaftlichen Sinn erhält, so wenig darf man doch aus diesem Umstande [...] auf eine unmittelbare Bestätigung der Forderungen der Kantischen Philosophie durch die Relativitätstheorie und umgekehrt schließen. [...]. Die Kantische 'Zeit' ist, wenngleich eine formale Bedingung, so doch niemals der zureichende Grund für die Relativierung des Begriffs der Zeitbestimmung.

Hinter dieser Meinungsverschiedenheit über einen Detailaspekt der Interpretation der SRT steht eine Uneinigkeit innerhalb der großen Gruppe der Neukantianer darüber, wie eng Naturwissenschaft und Philosophie aneinander gebunden werden sollten - eine Frage, die durch Rückgriff auf das

---

[101]Natorp [1910] S. 403; Hervorhebung K.H.

facettenreiche Werk Kants, in dem sich Anhaltspunkte für sehr weit auseinander liegende Haltung hierzu finden lassen, nicht hinreichend genau
festgelegt war. D.h. **genau dort, wo der Denkstil der Gruppe nicht
genau fixiert ist, treten dann auch Differenzen in der Bewertung
einzelner Punkte der physikalischen Theorie auf, deren Interpretation durch den Standort im Denkstil-Spektrum bestimmt ist.**
Im Gegensatz zu dem logizistischen Idealisten Natorp, dessen Schwerpunkt
gerade in der Aufweisung der Durchdringung der Mathematik und Naturwissenschaft mit synthetisch-apriorischen Grundsätzen lag, ergab sich für
den Riehl-Schüler Hönigswald eher ein Bild von einander ausschließenden
"Kompetenzen" beider Wissensgebiete, die zueinander im Verhältnis der
"Ergänzung" stehen.[102] Trotz des frühen Protestes, den Natorps Ansatz
zu (I-3) hervorrief, wurde immer wieder auf diese Immunisierungsstrategie
(I-3) zurückgegriffen. So etwa vom Schweizer K. Merz, der fast ebenso frech
wie Natorp behauptete:

> Die Relativitätstheorie gibt also ein vorzügliches Beispiel für den kri-
> tischen Idealismus und führt notwendig zur Annahme von Raum und
> Zeit als reinen Formen, welche durch die Beziehung des Beobachters
> zum Vorgang in ihren Maßbeziehungen erst bestimmt werden.[103]

Noch absurder als diese These, die sich so ja schon bei Natorp fand, wird
es aber, wenn Merz dann fortfährt:

> Ferner wird die Vermutung Kants, daß der eigentliche Grund zu den
> Gesetzen des euklidischen Raumes in dem Gravitationsgesetz Newtons
> liege, durch Einstein bestätigt und noch verallgemeinert, indem seine
> Gravitationstheorie den gekrümmten Raum Riemanns bedingt.[104]

Natürlich ist dies ein in mehrfacher Hinsicht groteskes Mißverständnis: das
Newtonsche Gravitationsgesetz bildet nicht den 'eigentlichen Grund zu den
Gesetzen des euklidischen Raumes', bestenfalls läßt sich seine Ausprägung
mit der Anzahl der Dimensionen dieses Raumes in Verbindung bringen,
aber dies wäre keinesfalls eine Begründung seiner geometrischen Struktur -
fernerhin bleibt unklar, inwiefern die in 4.1.1. referierte Vermutung Kants
in diesen Zusammenhang 'verallgemeinerbar' ist oder gar von Einstein verallgemeinert worden sei.

Die Immunisierungsvariante (I-3) bleibt aber nicht beschränkt auf den
Kreis schlechtinformierter philosophierender Außenseiter, sie findet sich

---

[102]Hönigswald [1912] S. 98.
[103]Merz [1922] S. 60f.
[104]ibid.

auch bei sachkundigeren Personen, die dem Kantianismus nahestanden. Etwa beim Privatdozent für Physik an der Universität Kasan, Clemens v. Horvath, für den es nach Erinnerung an die Kantischen allgemeinen Definitionen von Raum und Zeit "nicht mehr das Zeichen einer im physikalischen Sinne gemeinten revolutionären Gesinnung" sondern ein "Ding der Selbstverständlichkeit" war, den relativen Charakter raumzeitlicher Meßergebnisse zu behaupten.[105]

Abschließend hierzu noch eine Bemerkung, die zum nächsten Unterabschnitt überleiten wird. Es fällt auf, daß schon in den ersten Vorkommnissen der Immunisierungsversuche ein auffällig gereizter, beleidigter Ton angeschlagen wird, obgleich damals noch gar kein polemischer Gebrauch von den Ergebnissen der SRT durch gegnerische Philosophenschulen gemacht worden war. Offenbar hatten die Erfahrungen der vorangegangenen Geometrie-Debatte die Neukantianer bereits soweit sensibilisiert, daß sie in den zumeist über Minkowskis Vortrag von 1908 zu ihrer Kenntnis gelangten Thesen sofort den potentiellen Krisenherd erkannten. Ein Beispiel hierfür sind etwa Hönigswalds Ausführungen gegen Ende eines Buches (das schwerpunktmäßig den Grundlagenstreit der Mathematik behandelte!):

> In Wahrheit freilich bietet die Relativitätstheorie so wenig eine Handhabe für eine kritische Ablehnung des Zeit- und des Raumbegriffes der Kantischen Philosophie, wie es die naturwissenschaftliche Erfahrung überhaupt tut; Relativitätstheorie und naturwissenschaftliche Erfahrung fordern vielmehr selbst erst, hinsichtlich ihrer erkenntnistheoretischen Struktur durchaus gleichgeartet, die Begründung und Rechtfertigung ihrer begrifflichen Voraussetzungen durch die 'Transzendentalphilosophie'.[106]

In den späteren Texten verwundert dieser agressive Ton weniger, da die Strategien (I-1) - (I-3) bald zum Gegenstand der Kritik nicht nur von Seiten anderer Philosophenschulen, sondern auch aus den eigenen Reihen, wurden. Die massive externe Kritik werde ich in Abschnitt 5.1. besprechen, um die selbst dem Neukantianismus zuzurechnenden Kritiker an den Immunisierungsstrategien geht es im folgenden Unterabschnitt.

---

[105]v.Horvath [1921] S. 46; in einer Rez. für die *Kantstudien* wurde dann genau diese Aussage in dem ansonsten technischen Büchlein herausgegriffen: "Eine gelegentliche Bemerkung verrät die Bekanntschaft des Verf. mit der transzendentalen Ästhetik, in deren Gedankengängen er [...] eine *glänzende philosophische Grundlage erblickt, von aus die relativistische Anschauung selbstverständlich wird.*" (Stammler [1925] S. 190; Hervorh. K.H.).

[106]Hönigswald [1912] S. 95.

4.1.4   Revisionsstrategien

> Die Einsteinsche Relativitätstheorie zwingt die Philosophie zu einer Revision ihrer Prinzipien.   Reichenbach [1921]a, S. 493.

Die bislang besprochenen Texte der Neukantianer waren oft nur hastig in Neuauflagen vorliegender Schriften oder Manuskripte eingefügte Passagen und kürzere Aufsätze, in denen schon aus Platzgründen nicht mehr als eine knappe Rechtfertigung der eigenen Position zu erwarten war. Nach dem Abflauen dieser ersten Welle kantianisch geprägter Stellungnahmen zur SRT 1910-13 und dem Bekanntwerden der noch komplexeren und schwieriger zu überschauenden ART nach 1919 erschienen einige gründlichere, ausgefeiltere Deutungen dieser Theorien aus neukantianischer Perspektive. Gemeinsam war ihnen, daß ihre Autoren zuvorderst um ein genaues technisches Verständnis der Konzepte, Aussagen und Prinzipien der in Rede stehenden Theorien gerungen hatten (oft über Jahre hinweg). Viele von ihnen hatten sogar Kontakt zu Einstein selbst oder zu einer der Personen des 'Verteidigergürtels' um ihn (vgl. Abschnitt 3.4.) aufgenommen, um sich von diesen einzelne schwierige Punkte erläutern zu lassen. Da viele der Korrespondenzen aus dieser Zeit erhalten sind, läßt sich in diesen Fällen der jeder Interpretation vorgelagerte Prozeß der Wissensaneignung durch neukantianische Philosophen genauer studieren. Das erfreuliche Resultat dieser ernsthaften Bemühungen um eine umfassendere und stimmige Deutung, unternommen von Cassirer, Reichenbach, Carnap, Winternitz, Elsbach und anderen, waren philosophische Interpretationen der RT, die selbst von den schärfsten Kritikern des kritischen Idealismus ernstgenommen werden konnten, auch dort, wo sie anderer Auffassung waren.[107] Wie schon das Motto dieses Unterabschnitts zeigt, war eine weitere Gemeinsamkeit der vier im folgenden vorgestellten Revisionsstrategien, daß sie die Resultate der RT als vorläufig gesicherten Bestand des Wissens ihrer Zeit auffaßten, dem die Philosophie Rechnung zu tragen habe, auch wenn dies nur durch ein Überdenken (und notfalls Revidieren) von liebgewonnenen Denkgewohnheiten möglich ist.

R-1. Diese selbstkritische Einstellung bei der Sichtung und Auswertung der durch die RT gewonnenen Erkenntnisse findet sich vorbildlich ausgeprägt

---

[107]vgl. Abschnitt 5.1. für die Bemerkungen Schlicks über Cassirer und das Ende dieses Abschnittes für Einsteins Beurteilung von Elsbach.

im Werk von Ernst Cassirer[108] (1874-1945). In Anbetracht der grundlegenden Abweichungen beider RT von der Newtonschen Mechanik umschrieb
er die seiner Untersuchung zugrundeliegende Haltung so:

> So stellt die Relativitätstheorie, gegenüber dem klassischen System
> der Mechanik, ein neues wissenschaftliches Problem auf, *vor welchem*
> *auch die kritische Philosophie sich von neuem zu prüfen hat.* [...].
> Erwiese es sich, daß die neueren physikalischen Anschauungen über
> Raum und Zeit schließlich ebensoweit über Kant wie über Newton
> hinausführten: *dann wäre der Zeitpunkt gekommen, an dem wir, auf*
> *Grund der Kantischen Voraussetzungen, über Kant fortzuschreiten*
> *hätten.*[109]

Zur Klärung von eigenen Verständnisschwierigkeiten nahm Cassirer schon
1920 mit Einstein persönlich Kontakt auf und übersandte ihm ein Manuskript, bei dem er zu diesem Zeitpunkt nicht einmal an eine Veröffentlichung
dachte, sondern eher an die eigene Klarwerdung über den Gehalt und die
Implikationen beider RT.[110] Einsteins kritische Bemerkungen dazu nahm
er in vielen Fällen in dessen Endfassung auf, dankbar für dessen Belehrung
und Korrektur sachlicher Irrtümer. Auch in der Bescheidenheit, mit der er
es im Vorwort als das "Ziel dieser Schrift" bezeichnete, "in Fragen, über
welche das Urteil der Philosophen und Physiker noch weit auseinandergeht,
eine wechselseitige Verständigung zwischen beiden anzubahnen", ohne eine
vollständige bzw. endgültige Deutung der RT vorlegen zu können,[111] war
Cassirers Abhandlung deutlich verschieden von den bislang vorgestellten
selbstsicheren ex cathedra-Stellungnahmen seiner Kollegen.

Ein erstes Ergebnis dieser umsichtig prüfenden Studien Cassirers war
sein *Widerspruch gegen platte Mißverständnisse und Fehlinterpretationen*
der RT wie z.B. die landläufige Gleichsetzung mit einem allgemeinen Relativismus, die auch in von seinen Kollegen vorgetragene Äußerungen hin-
eingespielt hatte.[112] Auch gegen ihm bekannt gewordene Interpretationen
der RT durch andere Philosophenschulen bezog Cassirer Stellung,[113] und
selbst Mitglieder aus den eigenen Reihen wurden von ihm zurechtgewiesen,

---

[108]zu C. siehe den 1. Teil von Elsbach [1924] und Ziegenfuß/Jung (Hrsg.) Bd. 1, S.
176-178 sowie H.Kuhn [1957], Ollig [1979] S. 44-50, 118-121 und dortige Ref.
[109]Cassirer [1921] S. 12; Hervorhebungen K.H.; das Komma hinter 'Voraussetzungen'
wurde erst in späteren Reprints ergänzt. Zur Revisionsbereitschaft vgl. 6.1.
[110]vgl. die Korrespondenz AE-Cassirer im Frühjahr 1920, zit. in Abschn. 6.1.
[111]ibid., S. 5; für zeigenössische Beurteilungen siehe Schlick [1921]a, Schneider [1921]b,
Hartmann [1924/25] S. 51-53.
[112]siehe z.B. Cassirer [1921] S. 40 versus (I-2).
[113]ibid. S.56 (versus Petzoldt) und S. 97 oder 123 (versus Empirismus).

wenn sie zu nicht haltbaren Aussagen gekommen waren.[114] Dennoch verstand sich Cassirer als Philosoph in der kritischen Tradition, als ein dem Marburger Flügel nahestehender Neukantianer. Er operierte mit Kants transzendentalphilosophischer Methode und suchte wie dieser nach apriorischen Bedingungen der Möglichkeit von Erfahrung, im Wissensbereich der RT. Jedoch machte er diese nicht dort aus, wo Kant sie 200 Jahre zuvor aufgefunden zu haben glaubte; insofern war er bereit zu einer inhaltlichen Revision des Kantischen Kanons apriorischer Grundlagen der Naturwissenschaft. Diese **Suche nach einer aktualisierten, dem wissenschaftlichen Fortschritt angepaßten Form des Kantianismus** hatte bei Cassirer bereits *vor* seiner Rezeption der SRT begonnen, initiiert durch Entwicklungen vorallem der Mathematik. In seinem Buch *Substanzbegriff und Funktionsbegriff* [1910] häufte er Belege für eine seiner Auffassung nach vorhandene geistesgeschichtliche Tendenz, gemäß der mit zunehmendem Fortschritt des Wissens immer mehr dinghafte, gegenstandsgebundene Begriffe durch nicht gegenstandsbezogene, formale Begriffe abgelöst würden. 'Materie, Substanz, Sein' würden ersetzt durch 'Form, Funktion, Maß' - entscheidend sei nicht mehr die Benennung irgendeines Wirklichkeitsausschnittes als unveränderliche Substanz im Sinne Kants, sondern die naturgesetzliche Erfassung des funktionalen Zusammenhangs zwischen solchen Objekten.[115]

Vor diesem Hintergrund mußte Cassirer natürlich aufhorchen, als ihm zu Ohren kam, daß in der SRT die klassischen Newtonschen Erhaltungsgrößen, die von Kant ja als Substanzen aufgefaßt worden waren, durch neuartige, abstrakte Invarianten ersetzt worden waren, konnte dies doch eine neue Bestätigung der von ihm vermuteten allgemeinen Entwicklungstendenz sein. So verwundert es nicht, daß für ihn die Forderung allgemeiner Kovarianz und die formale Konstruktion von Invarianten "im eigentlichen Mittelpunkt der allgemeinen Relativitätstheorie" standen:

> Jetzt erkennen wir, wo ihre wahrhaft letzten Konstanten, wo die Angelpunkte liegen, um die sie die Erscheinungen dreht. Sie sind nicht in besonderen gegebenen Dingen zu suchen, die als bevorzugte Bezugssysteme aus allen anderen herausgehoben sind - wie die Sonne für Copernicus, der Fixsternhimmel für Galilei und Newton noch solche Systeme waren. Wahrhaft invariant sind niemals irgendwelche Dinge, sondern immer nur gewisse Grundbeziehungen und funktionale Abhängigkeiten, die wir in der symbolischen Sprache unserer Mathe-

---

[114]wie etwa seinerzeit diejenigen Kantianer, die den "Pseudogeometrien" jedwede "positive Erträglichkeit" abgesprochen hatten: Cassirer [1921] S. 113 u. S. 100.

[115]siehe Cassirer [1910]; vgl. dazu z.B. den 1. Teil von Elsbach [1924].

matik und Physik in bestimmten Gleichungen festhalten.[116]
Ganz im Gegensatz zu den vielen populären Darstellungen der RT, in
denen dieser formalistische Zug, die Unanschaulichkeit von rechnerischen
Erhaltungsgrößen, die aus qualitativ verschiedenen Größen zusammengesetzt sind, bemängelt wurde, stellte sich dieses Charakteristikum der SRT
und ART in Cassirers Perspektive als eine ganz natürliche, selbstverständliche Sache dar. Sehr charakteristisch für die von Cassirer der RT gegenüber
eingenommene Haltung ist dann die Bewertung, die diese verblüffende Harmonie zwischen einzelwissenschaftlichem Resultat und allgemeiner geistes-
geschichtlicher Tendenz erfährt:

> Dieses Ergebnis der allgemeinen Relativitätstheorie aber ist vom Stand-
> punkt der Erkenntniskritik so wenig paradox, daß es vielmehr als *das*
> *logische Resultat und als der natürliche logische Abschluß einer Ge-*
> *dankenbewegung angesehen werden kann, die für das gesamte philoso-*
> *phische und naturwissenschaftliche Denken der neueren Zeit charak-*
> *teristisch ist.*[117]

Diese Deutung eines Aspektes der zu interpretierenden physikalischen Theorie als Resultat, als 'natürlicher, logischer Abschluß einer Gedankenbewegung' wurde von Cassirer bei seiner Behandlung der RT mehrmals angewandt - weitere Instanzen davon sollen sogleich folgen. Ich fasse sie unter
dem Kürzel (R-1) zusammen. Sie unterscheiden sich von der Immunisierungsstrategie (I-3) dadurch, daß hier *nicht* behauptet wird, bei Kant seien
diese Einsichten im wesentlichen schon vorhanden gewesen. Cassirer behauptet lediglich, daß eine **flexible Fortschreibung des Kantischen
Gedankenguts möglich** sei, die der nicht geleugneten wissenschaftsgeschichtlichen Fortentwicklung durch **Revision Kantischer Bestimmungen** gerecht werden kann. Also: man ersetze das, was Kant über 'Substanz' und deren Zeitunabhängigkeit schrieb, durch Cassirers Äußerungen
über 'Funktion' und Einsteinsche Invarianzprinzipien, heraus kommt eine
Deutung der RT als 'kritischer Umgestaltung der Physik' im Geiste (nicht
im Wortlaut) Kants.[118]

Eine ähnliche Wendung vollzog Cassirer bei seiner Deutung der speziellen und allgemeinen RPs. In der SRT hatte er ein Nebeneinander von
materialen und formalen Prinzipien (in Gestalt des Lichtgeschwindigkeits-
konstanz-Postulats und des speziellen RPs resp.) gesehen - im Übergang

---

[116]Cassirer [1921] S. 40; vgl. [1920] S. 1338 zum "Wandel des Gegenstandsbegriffs, der
sich in der Relativitätstheorie vollzieht".
[117](nämlich die 'Gedankenbewegung' der Ablösung von Substanz- durch Funktionsbegriffe); ibid., Hervorhebungen K.H.
[118]vgl. Cassirer [1921] S.33, 39, 43, 59, 96.

zur ART konnte er eine Überordnung der formalen Forderung an die Form der Naturgesetze über die materiale Aussage zur empirischen Größe einer Naturkonstante sehen - denn die Konstanz der Lichtgeschwindigkeit im Vakuum war aufgehoben worden, während das RP nun ohne Einschränkung allgemein postuliert worden war. Die Forderung Einsteins, daß alle Naturgesetze so beschaffen sein müssen, daß sie ihre Form bei Wechsel des Bezugssystems beibehalten, wurde von Cassirer als eine Verkörperung jener 'apriorischen' Vorbedingungen an wissenschaftliche Erfahrung schlechthin interpretiert. Allgemeine Relativität der Bewegung, das war für ihn kein empirisch induzierter Satz, sondern ein der Empirie vorgeordnetes verstandesmäßiges Postulat.[119]

Mit der durchgängigen Anwendbarkeit des allgemeinen RPs sei erst eine Unabhängigkeit der Naturgesetzlichkeit von der Willkür der Standortwahl bei ihrer Beschreibung garantiert, sei eine eindeutige und objektive Beschreibung des Naturgeschehens, eine "Synthesis des Mannigfaltigen der Vorstellungen" im Sinne Kants erreichbar. Gerade durch die relativistischen Vorschriften zur Übersetzung von Beobachtungsgrößen in jedwedes Bezugssystem sah Cassirer eine Einheitlichkeit der Erfassung des "Natursystems" gegeben, die über die von Kant inaugurierte Einheit weit hinausging.

> Statt gegebener, endlicher Bezugskörper verwenden wir jetzt nur noch 'Bezugsmollusken', wie Einstein es genannt hat; aber der gedachte Inbegriff aller dieser 'Mollusken' genügt andererseits erst wahrhaft der Forderung einer eindeutigen Beschreibung des Naturgeschehens. Denn das allgemeine Relativitätsprinzip fordert, daß alle diese Systeme mit gleichem Rechte und gleichem Erfolge bei der Formulierung der allgemeinen Naturgesetze als Bezugskörper verwendet werden können [,...so] will sie eben damit nur zu einer höheren Objektform, zur echten *Systemform* der Natur und ihrer Gesetze vordringen.[120]

Auch hier sah Cassirer also wieder die Verwirklichung eines Kantischen Gedankens in einer von Kant ungeahnten, modernen Form, auch hier wieder die Revision einer Newton/Kantischen Unterstellung (der Identität von Variablen für alle Beobachter) zugunsten der Adaptation der Transformationsformeln der SRT und ART.

Eine zentrale Bedeutung hatte auch für Cassirer die Frage der Deutung der relativistischen Behandlung von Raum und Zeit und ihres Zusam-

---

[119]Cassirer [1921] S.38: "daß sich in ihr nun der allgemeine Grundsatz dem besonderen, der 'formale' dem 'materialen' überordnet – darin besteht, rein erkenntnistheoretisch gesprochen, der wesentliche Schritt, den die allgemeine Relativitätstheorie vollzieht."

[120]Cassirer [1921] S. 73; Hervorhebung Orig. Vgl. analog Cassirer [1920] S. 1353.

menhanges mit den Kantischen Anschauungsformen. Freilich erwies sich
Cassirer gerade in dieser Frage als waschechter Neukantianer, denn auch
er entwickelte hier immunisierende Argumente im Sinne von (I-1), einmal
mehr meine These vom kollektiven Denkzwang, dem in dieser Hinsicht alle
Neukantianer ausgesetzt waren, untermauernd.[121] Dennoch bemühte er bei
der Deutung der Aussagen der SRT und ART über empirische Räume und
Zeiten auch wieder die für ihn so typische Revisionsstrategie (R-1), und
zwar in Bezug auf die Minkowskische Raum-Zeit-Union, die vielberufene
Unanschaulichkeit der Raum-Zeit und die Aufhebung des klassischen Dualismus von Raum und Materie durch die ART.

Besonders im ersten Punkt verstand es Cassirer, die Strategien (I-1)
und (R-1) geradezu virtuos zu verbinden, indem er behauptete:

> die ideelle Trennung des reinen Raumes und der reinen Zeit von den
> Dingen (genauer von den empirischen Erscheinungen) duldet nicht
> nur, sondern fordert geradezu ihre empirische 'Union'. [...]. Dem
> Verhältnis von Erfahrung und Denken, das in der kritischen Lehre
> festgestellt wird, aber widerstreitet dies Ergebnis keineswegs, sondern
> es bestätigt vielmehr dies Verhältnis und bringt es nochmals zu schärf-
> stem Ausdruck.[122]

Die nähere Begründung dieser neuen Anwendung von (R-1) sieht so aus:
ideell seien Raum und Zeit als reine Ordnungen gemäß dem Neben- und
Nacheinander kategorisch verschieden und auch getrennt voneinander erör-
terbar (KrV). in der "konkret–gegenständlichen Erkenntnis" jedoch würden
Raum und Zeit immer nur in "systematischer Gemeinschaft und Gesamtheit", in einem "faktischen Ineinander" aufzufinden seien, was schon Kant
gewußt habe.[123] Diese Interpretation der Raum-Zeit-Union durch Cassirers
überzeugt freilich sehr viel weniger als seine bisherigen Deutungen, denn
hier vermengt er ein triviales psychologisches Faktum (daß unsere Wahrnehmungen raum- und zeitbehaftet gleichermaßen sind) mit einer nichttrivialen physikalischen Vorschrift über die Transformation von Raum- und
Zeitkomponenten von Vierervektoren einer vierdimensionalen Minkowski-
welt.

---

[121]siehe Cassirer [1921], S. 91, 101, 124 u. S. 75: Es "ist und bleibt die Grundansicht
über Raum und Zeit, die die Relativitätstheorie entwickelt, eine Lehre vom empirischen
Raum und der empirischen Zeit, nicht vom reinen Raum und der reinen Zeit. Was diesen
Punkt betrifft, so ist über ihn nicht wohl eine Meinungsverschiedenheit möglich: und in der
Tat scheinen alle Beurteiler, die die Kantische und die Einstein-Minkowskische Raum- und
Zeittheorie miteinander verglichen haben, hierüber im wesentlichen zu demselben Ergebnis
gelangt zu sein."
[122]ibid., S. 94, vgl. auch S. 92f.
[123]siehe Cassirer [1921] S. 92f.; vgl. [1920] S. 1352f.

Auch über den zweiten Punkt ließe sich Analoges ausführen. Denn Cassirers Kommentar zu Einsteins These, daß durch die RT dem Raum und der Zeit der letzte Rest physikalischer Gegenständlichkeit genommen werde, arbeitet wieder mit der Unterstellung, daß neben den relativistischen Aussagen über Raum-Zeit-Strukturen noch prä-relativistische, apriorische Ordnungsprinzipien vorhanden seien, auf die die Relativitätstheorie bereits zurückgreife.[124] Kronzeuge in diesem Argumentationsgang Cassirers waren die Begriffe des Ereignisses und der Koinzidenz, auf die Einsteins operationale Definition der Gleichzeitigkeit als Elementarbegriffe rekurrierte. Während nämlich die Physik mit diesen Begriffen als 'mots primitifs' operiere, könne die Erkenntnistheorie auch diese Begriffe auf innewohnende Denkvoraussetzungen hinterfragen. Dabei käme heraus, daß Raum und Zeit als Verknüpfungs- und Ordnungsformen "durch die Messung nicht erst geschaffen, sondern [...] in ihr und durch sie nur näher determiniert und mit einem bestimmten Inhalt erfüllt [werden]. Wir müssen den Begriff des 'Ereignisses', als eines zeitlich-räumlichen, erfaßt, wir müssen den in ihm ausgedrückten Sinn verstanden haben, ehe wir nach der Koinzidenz von Ereignissen fragen und sie durch spezielle Methoden der Messung festzustellen versuchen können".[125] Weil die RT auf den Elementarbegriff 'Ereignis' führe und dieser wiederum auf rein formale Ordnungsstrukturen zurückverweise, eben darum müsse auch die Relativitätstheorie ungegenständlich, formal wirken. Doch diese Argumentation Cassirers fällt zusammen, wenn man ihm die Notwendigkeit des Rückgangs vom Ereignisbegriff auf noch tiefer liegende raumzeitliche Präsumptionen bestreitet, wie dies u.a. durch axiomatische Fundierungen der RT, den logischen Empirismus und andere Philosophenschulen getan wurde.

Was den Komplex 'Raum, Zeit, SRT' angeht, komme ich also zu dem Schluß, daß Cassirers Ansätze für Revisionsstrategien à la (R-1) sehr viel schlechter griffen als in den anderen Punkten, vielleicht nur, weil der Sprung zwischen sehr abstrakten Erörterungen Kants in seiner *transzendentalen Ästhetik* und relativistischen Formeln der Einsteinschen ART doch zu groß war, um die These zu rechtfertigen, daß letztere "nur dem Standpunkt des kritischen Idealismus die bestimmteste Anwendung und Durchführung innerhalb der empirischen Wissenschaften selbst verschafft".[126] Sobald Cassirer jedoch dieses Problemfeld verließ und zu Interpretationen anderer Aspekte der RT kam, zeigte sich die volle Stärke seiner revisionsfreudigen

---

[124]siehe Cassirer[1921] S. 79.

[125]ibid., S. 88; analog [1920] S. 1351.

[126]Cassirer [1921] S. 79; vgl. dazu die Kritik an Cassirer als "Cämpen Einsteins" bei Schultz [1935] S. 10-12 sowie Abschn. 3.4. zum Verteidigergürtel um AE.

Haltung. Neben den schon behandelten Punkten

- allgemeine Kovarianz (allgemeines RP) als Garant der synthetischen Einheit der wissenschaftlichen Erfahrung und

- Invarianten als moderne Form des Substanzbegriffs

seien nur noch erwähnt seine

- Deutung der Feldgleichungen der ART als Aufhebung des Dualismus von Raum und Materie, also als Befreiung von einer weiteren gedanklichen Fessel, der Kant noch unterworfen war[127] und die

- umsichtige Erfassung der komplexen Beziehungen zwischen der ART und der SRT[128] bzw.

- der SRT zu zeitgenössischen alternativen Theorien.[129]

Als erster Neukantianer erfaßte er ein breiteres Spektrum von Aussagen der SRT und ART, im wesentlichen ohne diese verfälscht wiederzugeben und unter Erreichung eines beachtlichen Ausmaßes an Geschlossenheit der Darstellung. Auf diese Qualitäten seiner philosophischen Interpretation der RT werde ich im Kapitel 6 noch zurückkommen.

R-2. Angeregt durch Cassirer traten sehr bald auch andere Denker auf, die ebenso wie Cassirer zu einer Revision des Kantischen Kanons an apriorischen Prinzipien bereit waren. Ebenso wie dieser verstanden auch sie die Etablierung der RT als eine **begrüßenswerte Aufdeckung einer voreiligen** wenngleich historisch verständlichen **Identifikation der 'Bedingungen der Möglichkeit von Erfahrung schlechthin' mit den speziellen Denkvoraussetzungen der Newton/Eulerschen Mechanik,** wie sie durch Kant erfolgt war. Statt den von Kant benannten Struktureigenschaften müßten, so die Vertreter der Revisionsstrategie, die ich kurz (R-2) nennen will, andere gefunden werden, die wahrhaft Anspruch auf apodiktische Gültigkeit für jedwede Wissenschaft erheben können. Erst diese neu zu benennenden Aprioris seien die wahre inhaltliche Auffüllung des Kantischen Programmes, an dessen methodischem Rahmen sie unverändert festhielten.

127ibid., S.61f.
128ibid., S. 38; vgl. Abschn. 1.3. dieser Arbeit.
129ibid., S. 11, 36; vgl. die Abschnitte 1.1. und 1.5. dieser Arbeit.

> Keinesfalls besteht da die einfache Alternative: [...] Entweder die
> Kantsche Philosophie oder die Einsteinsche Theorie ist unrichtig. Man
> hat vielmehr bei den verschiedenen Problemen immer zu untersuchen,
> *einerseits, welche Antwort Kant hier tatsächlich gegeben hat, anderer-*
> *seits, welche Antwort aus den allgemeinen Prinzipien seiner Philoso-*
> *phie folgt.*[130]

Ernst Cassirer fällt zwar selbst unter diese Kategorie von Revisionsstrategie, jedoch entwickelte er sie zumeist verbunden mit der nur für ihn
typischen Substanz-Form Entwicklungsthese, weshalb ihm in (R-1) eine
Sonderkategorie gewidmet wurde. Bei seinen Kollegen entfiel dieses gei-
stesgeschichtsphilosophische Beiwerk, und die Revision des Apriori-Kanons
war ihnen etwas kleinlauter einfach ein Anpassungsversuch ihres philosophischen Systems an eine veränderte Problemsituation durch Rückgang auf
weiter gefaßte, allgemeinere und universellere Prinzipien. Im einzelnen wurden folgende Vorschläge dazu unterbreitet:

- Bauch [(1910), 1924], Bollert [1923, S. 126f.]: Naturgesetzlichkeit, d.h. ge-
  setzmäßiges Verhalten der Naturobjekte, als Voraussetzung für die Begreif-
  lichkeit der Natur,

- Reichenbach [1920, Kap. VII]: die wissenschaftsanalytische Methode als
  metatheoretische Bestimmung des Verhältnisses der Erkenntnistheorie zur
  Einzelwissenschaft (vgl. Abschnitt 4.7.),

- Cassirer [1910, 1921]: Die Ablösung von Substanz- durch Funktionsbegriffe,
  parallel dazu der Fortgang von der Abbildtheorie der Erkenntnis zur Funk-
  tionstheorie (S. 55),

- das 'Apriori des Raumes' als Ordnung des Nebeneinander, als "Räumlichkeit
  überhaupt" und Analoges für die reine Zeit als Ordnung im Nacheinander
  (ibid., S. 55ff.),

- Bollert [1923, S. 152, 149]: die 'Grundvoraussetzung', raum-zeitliche Koinzidenzen experimentell, aber beobachterinvariant feststellen zu können,

- die Sonderstellung der euklidischen Raumstruktur im unendlich Kleinen als
  "Voraussetzung für die Vermeßbarkeit der inhomogenen Mannigfaltigkeiten"
  (ibid., S. 142ff., 151) und für die Existenz des ART-Limes zur SRT (ibid.,
  sowie Bollert [1921] S. 62-65),

---

[130]Winternitz [1923] S. 198; vgl. z.B. Bollert [1923] S. 127 oder Hilbert [1930] S. 961f.:
"die Grenze einerseits zwischen dem, was wir a priori besitzen, und andererseits dem,
wozu Erfahrung nötig ist, müssen wir anders ziehen als Kant; Kant hat die Rolle und den
Umfang des Apriorischen weit überschätzt [...]. Bei der Aufnahme in den apriorischen
Bestand ist die äußerste Vorsicht am Platze".

- Reichenbach [1921/79] S. 346: Stetigkeits- und Lagerungseigenschaften der Riemannschen Mannigfaltigkeiten als Prämisse der ART,

- Carnap [1922] S. 24f.: topologische Eigenschaften der Minkowskischen Raumzeit (Lichtkegelstruktur, Eindeutigkeit der Kausalketten in der SRT),

- Winternitz [1923 (1920)]: Denkvoraussetzungen der Kausalität (S. 15, 217), des Satzes vom zureichenden Grunde (S. 206), der Räumlichkeit und Zeitlichkeit des Wirklichen (S. 204), der Stetigkeit und der Existenz von Erhaltungssätzen (S. 206).

So verschiedenartig diese Kandidaten auch aussehen mögen, gemeinsam war ihnen, daß sie vorgeschlagen wurden in dem Bestreben, das "Verfahren des Kritizismus" aufrechtzuerhalten durch eine Reformierung der Inhalte der Aprioris. Dieses methodische Erbe Kants wurde darin gesehen,

> dasjenige Minimum von Voraussetzungen zu ermitteln, das von Seiten des Objektes erfüllt sein muß, um eben noch Objekt einer möglichen Erfahrung sein zu können.[131]

Diese Revisionsvorschläge wurden von Seiten traditionell orientierter Philosophen zumeist energisch zurückgewiesen, und zwar weniger aufgrund der Inhalte dieser Vorschläge als vielmehr wegen der darin zum Ausdruck kommenden Methode einer gleichsam dem Fortschritt ständig nachhinkenden Anpassung der Vernunftkritik an die empirischen Fortschritte. Die markigsten Worte hierfür fand Julius August Heinrich Schultz (geb. 1862):

> Die Anhänger des Meisters [Kant] nun, die aus seinen Schriften einseitig die epistemologische Seite herauslesen, die Marburger voran, dürfen jede beliebige Phase jeder beliebigen Wissenschaft mit den Sätzen der Vernunftkritik vereinigen. Denn irgendeinen 'Zusammenhang mit dem Denkprozeß' wird ja selbst die verstiegenste physikalische Lehrmeinung behaupten. [...]. Nur freilich, auf das stolze Vorrecht, das Kant für seine Metaphysik in Anspruch nahm: zwischen Wissenschaften zu richten, verzichten Denker wie Cassirer oder Winternitz; *aus dem Tribunal wird eine Registratur.*[132]

Darin zeigen sich tief gehende Meinungsverschiedenheiten über die Stellung und die Rechte von Philosophie angesichts einzelwissenschaftlicher Befunde, auf die ich in Kap. 6 zurückkommen werde.

---

[131] Bollert [1923] S. 126.
[132] Schultz [1935] S. 10f.; Hervorh. K.H. Vgl. Born [1912/33]b S. 83.

Auch von Seiten der Nicht-Kantianer wurden diese Revisionsvorschläge eher skeptisch aufgenommen. Eine kritische Einschätzung der Erfolgsaussichten dieser Strategien insgesamt und eine Detailkritik an einigen speziellen Apriori-Kandidaten aus obiger Liste vor dem Hintergrund neuester Entwicklungen in der Quantenmechanik unternahm schon wenig später insb. Moritz Schlick.[133] Nachdem durch Entwicklungen innerhalb der theoretischen Physik wiederum einige der Apriori-Kandidaten sich zumindest als fragwürdig, wenn nicht gar nur für einen beschränkten Gegenstandsbereich brauchbare Annahmen erwiesen hatten, war die Revisionsstrategie (R-2) allzu bald nach ihrer Anwendung angesichts der Herausforderung durch die RT schon wieder diskreditiert. Weder die Stetigkeit von Naturprozessen, noch die Kausalität noch der Satz vom zureichenden Grunde schienen sich in der Bohr-Heisenbergschen Quantenmechanik zu bewähren. Die vermeintlich unumstößlichen Aprioris waren, kaum inthronisiert, schon wieder vom Sockel zeitloser und universeller Gültigkeit gestoßen worden. Das Versagen dieser Haltung (R-2) rief deshalb notgedrungen noch weitergehende Versuche hervor, den Sinn des Kantischen Aprioris durch Aufweichung der sich überschlagenden Theorienentwicklung anzupassen, die von Reichenbach (R-3) und Elsbach (R-4) vorgetragen wurden.

R-3. In schroffer Opposition zu allen Varianten der in 4.1.3. behandelten Immunisierungsmanövern formulierte Hans Reichenbach[134] (1891-1953) in seinem ersten Buches zur RT mit dem bezeichnenden Titel *Relativitätstheorie und Erkenntnis a priori*: eine noch sehr viel radikalere Revisionsstrategie (R-3), die eine **Wandlung von Aprioris innerhalb historischer Zeiträume, begleitet von wissenschaftlichen Umwälzungen** zuläßt.

> Apriori bedeutet: *vor* der Erkenntnis, aber nicht: für alle Zeit, und nicht: unabhängig von der Erfahrung.[135]

Aus seiner Selbstanzeige dieses Buches 1921 stammt auch das diesem Unterabschnitt 4.1.4. vorangestellte Motto. In Erfüllung dieser programmatischen Aussage benannte Reichenbach zunächst einige der beliebtesten 'Hinterausgänge' der auf Kant zurückgehenden Schulphilosophien (wie sie im vorigen vorgestellt wurden) und erklärt sie allesamt für enttäuschende Irrwege, deren Beschreitung in jedem Fall am Gehalt der RT vorbeigehen ließe.

---

[133]Schlick [1929] S. 311-314; vgl. auch die Abschnitte 4.7. u. 5.1.
[134]zu Reichenbach siehe meine Ref. in 3.4.3., 4.5.3., 4.7. und 5.1.
[135]Reichenbach [1920]a S. 100; Hervorh. Orig.

Zunächst wehrte sich Reichenbach gegen den Versuch, die Bedeutung der RT auf physikalisches Terrain zu limitieren, da sie seiner Auffassung nach weitreichende erkenntnistheoretische Konsequenzen habe, die die Philosophie zur Kenntnis zu nehmen habe.[136] Einsteins Aussagen in der ART zielten ebenso auf den "Raum der wirklichen Dinge" wie Kants Räsonnement in der *transzendentalen Analytik*; somit stünden Einsteins Aussage der Nichteuklidizität dieses Raumes, (induziert durch Raumkrümmung hervorrufende Massen,) und die Kantianische Aussage der Euklidizität[137] in ausdrücklichem, unversöhnbaren Widerspruch zueinander. Damit stellt er sich ausdrücklich gegen die Immunisierungsstrategien (I-1) und (I-3). Eine besonders vernichtende Meinung hatte er von (I-2), da deren Wortgeklingel seiner Meinung nach auf sachliches Unverständnis der physikalischen Theorien rückschließen ließ. Die völlige technische Beherrschung des behandelten Gegenstandes war für Reichenbach aber Vorbedingung für ernsthaftes Philosophieren; deshalb stand auch er wie Cassirer mit Einstein in brieflichem und persönlichem Kontakt über diffizile Punkte der RT.[138] Auch der Deutung der RT als (bloß-formaler) Fiktion durch die, sich ebenfalls auf Kant berufende Vaihinger-Schule, für die die RT also ihrem Geltungswert nach nicht den gleichen Status habe wie auf (realistischen) Hypothesen beruhende andere physikalische Theorien widersprach Reichenbach ausdrücklich.[139]

Somit führte für Reichenbach nichts vorbei an einer "Entscheidung zwischen Einstein und Kant."[140] Kein Zweifel, Reichenbach votierte *für Einstein* in dem Sinn, daß die Richtigkeit der Einsteinschen Theorie[141] nicht angezweifelt wird und somit die von Kant gefällten, angeblich apriorisch geltenden Aussagen[142] fallen gelassen werden. Dennoch ist Reichenbachs Entscheidung *nicht* zugleich auch eine Entscheidung *gegen Kant*, und zwar in dem Sinne nicht, als sich für den Reichenbach des Jahres 1920 noch die

---

[136]Reichenbach [1921]a S. 493: "Man kann diese Theorie nicht mehr mit der Bemerkung abtun, daß sie nur *physikalische* Auffassungen ändern konnte, sondern hier sind *philosophische* Grundpfeiler umgeworfen worden."

[137]übrigens nicht explizit in der *KrV*, wohl aber später bei den Nachfolgern Kants - vgl. z.B. Hamel [1909].

[138]siehe zur Korrespondenz AE-Reichenbach die Abschnitte 3.4.3. und 4.7.

[139]"Fiktiv ist jede Theorie und ihr Geltungswert erweist sich erst an der experimentellen Bestätigung ihrer Konsequenzen. Die Einsteinsche Welterklärung macht denselben Anspruch auf Realität wie jede andere physikalische Hypothese" (Reichenbach [1921]a S. 493).

[140]ibid.

[141]d.h. hier nichts weiter als ihre Überlegenheit im Vergleich mit der klassischen Mechanik und Elektrodynamik sowie konkurrierenden Theorien.

[142]siehe 4.1.2.

Möglichkeit einer Revision des ursprünglichen Kantischen Apriori-Begriffes ergibt, die den "logischen Charakter des Apriori als konstitutiver Bedingung der Erfahrung" beibehält.

> Es stellt sich dabei heraus, daß die Relativitätstheorie auf lauter Prinzipien beruht, die in demselben Sinne apriori und evident genannt werden können, wie Kant den euklidischen Raum und die absolute Zeit apriori nannte.[143]

Unter diesen Prinzipien sind einige Aussagen über die Beschaffenheit des Gegenstandsbereiches der RT, aber auch einige Aussagen über die Form zulässiger Aussagen über diesen Gegenstandsbereich; letztere waren Reichenbachs Kandidaten für apriorische Prinzipien. R.S. Cohen umschrieb dies prägnant als **Wandlung vom materialen**, (also inhaltsbestimmten), zeitlich durch apodiktische Aussagen ein für allemal festgeschriebenen Apriori **zum nur mehr formalen**, (also inhaltlich unbestimmten), mit der Wissenschaftsentwicklung sich wandelnden **Apriori**. Letzteres ist das Destillat einer immer wieder neu zu vollziehenden "wissenschaftsanalytischen" Sichtung der modernsten wissenschaftlichen Theorien, die Reichenbach 1920 eben in Bezug auf die RT vornahm. Angeregt durch deren philosophische Ausdeutung kam er somit zu einer interessanten, weittragenden Transformation des Kantischen Apriori-Begriffes, die er selbst als "tiefgehende Wandlung" bezeichnete:

> daß der apriorische Satz unabhängig von jeder Erfahrung ewig gelten soll, können wir nach der Ablehnung der Kantischen Vernunftanalyse nicht mehr aufrecht erhalten. Um so wichtiger wird dafür seine andere Bedeutung: daß die apriorien [sic] Prinzipien die Erfahrungswelt erst konstituieren.[...] allerdings gibt es apriore [sic] Prinzipien, welche die Zuordnung des Erkenntnisvorgangs erst eindeutig machen. Aber es ist uns versagt, diese Prinzipien aus einem immanenten Schema zu deduzieren. Es bleibt uns nichts als sie in allmählicher wissenschaftsanalytischer Arbeit aufzudecken, und auf die Frage, wie lange ihre spezielle Form Geltung hat, zu verzichten.[144]

Diese Variante der Revisionsstrategie wurde von Reichenbach nur sehr kurze Zeit vertreten. Auf ihre Weiterentwicklung, die Reichenbach unter dem Einfluß Schlicks zum logischen Empirismus führte, und die vielfältige Kritik, die in dieser Auffassung ein vollständiges Abgehen vom Kernbestand des Kritizismus sah, gehe ich in Abschnitt 5.1. ausführlich ein.

---

[143]Reichenbach [1921]a S. 493; für seine spätere Entwicklung vgl. 4.5.6, 4.7., 5.1.
[144]Reichenbach [1920]a S. 74; vgl. dazu Wenzl [1924] S. 109-111.

R-4. Den letzten Schritt in dieser schrittweisen **Selbstauflösung des Apriori** als einer der beiden zentralen Begriffe des Neukantianismus[145] vollzog der holländische Neukantianer Alfred C. Elsbach (geb. 1896) in seinen 1924 erschienenen *Untersuchungen über das Verhältnis der modernen Erkenntnistheorie zur Relativitätstheorie.* Der zentrale Anspruch aller Kantianer vor ihm: zeitlose, apriori (also ohne Ansehung konkreten, empirischen Wissens) gültige Prinzipien und Strukturen menschlichen Erkennens durch die transzendentale Methode zu ermitteln und zu benennen, wird aufgegeben. Erkenntnistheorie bekommt von Elsbach nur mehr die Aufgabe zugewiesen, die Rechtfertigung der jeweils für richtig gehaltenen, wissenschaftshistorisch aber wandelbaren und einander ablösenden Konzepte und Prinzipien der Wissenschaft zu leisten.

> Die Aufgabe der Erkenntnistheorie ist eine unendliche, weil ihr Objekt andauernd besser bekannt wird und die Naturwissenschaft sich immer weiter entwickelt, was mit sich bringt, daß *auch Elemente, die zuvor als invariant erschienen, Veränderungen unterworfen* sind.[146]

Daß war natürlich zunächst einmal nichts anderes als die nüchterne Bilanz des Prozesses, der in den vorangegangenen Reaktionen der Neukantianer auf Einsteins RT eingetreten war - immer wieder hatte sich seit der Geometriedebatte im 19. Jahrhundert gezeigt, daß für apriori gehaltene, scheinbar unveränderliche Anteile naturwissenschaftlicher Forschung eben durch diese als veränderlich, als nur begrenzt oder genähert gültig erwiesen worden sind. Doch mit dieser ungeschminkten Anerkennung der Fragwürdigkeit des Auszeichnens irgendeines Erkenntnisanteils als apriorischer Komponente war ein Kernbestandteil des (Neu-)Kantianismus getroffen. Von außenstehenden Beobachtern wurde diese Selbstzersetzung des Kantianismus auch sofort konstatiert. Noch im Jahr des Erscheinens von Elsbachs Thesen reagierte Albert Einstein selbst auf Elsbachs Thesen mit einer schroffen Ablehnung der zeitlichen Aufweichung apriorischer Invarianten unter dem Banner der Kant-Nachfolge:

> Ich glaube, daß der Verfasser [gemeint ist Elsbach, K.H.] sich hier weder mit Mohammed noch mit den Propheten in Übereinstimmung befinden dürfte. Nach meiner Überzeugung war es Kants und aller Kantianer Ziel, diejenigen apriorischen (d.h. nicht aus der Erfahrung deduzierbaren) Begriffe und Relationen aufzufinden, welche

---

[145]siehe 4.1.1., Punkt 1. und 4.1.2.
[146]Elsbach [1924] S. 229; Hervorhebung K.H.

> jeder Naturwissenschaft zugrunde liegen müssen, weil ohne sie Natur-
> wissenschaft überhaupt nicht denkbar ist. [...] Hält man aber die-
> ses Ziel nicht für erreichbar, so sollte man sich wohl nicht Kantianer
> nennen.[147]

Dieses Diktum wurde später übrigens genüßlich auch von denjenigen Kantianern zitiert, denen die Reformkantianer mit ihren Revisionsvorschlägen
schon zu weit gegangen waren und, wenn auch aus anderen Gründen, ebensowenig wie AE bereit waren, in Elsbachs Auffassungen noch Kantianismus
zu sehen.[148] Auch Hans Reichenbach, der sich während einer kurzen Phase
seiner intellektuellen Entwicklung zu einem zeitlich variablen Aprioribegriff bekannte, ließ sich von Moritz Schlick von der Unvereinbarkeit dieser
Apriori-Auffassung mit dem Kantischen Programm überzeugen.[149] So markiert das Auftreten der sicher radikalsten Revisionsstrategie um 1924 auch
das Ende des Neukantianismus als einer geschlossenen Denkbewegung, die
mit den Kernprämissen (1) und (2) meines Abschnittes 4.1.1. als zentraler
Philosopheme stand und fiel. Das Versagen des Aprioribegriffs motivierte
die jüngeren, sachkundigen Neukantianer zum Überwechseln in den Konventionalismus bzw. logischen Empirismus (siehe 4.5.-4.7, 5.1.), die anderen
wiederholten die alten Argumente oder verstummten angesichts der ihnen
fremd gewordenen Theorienentwicklung in den Naturwissenschaften.

Anklänge an den kantischen Apriorismus finden sich unter den fachwissenschaftlichen Kollegen AEs neben v. Laue vor allem im Werk A.S. Eddingtons (vgl. dazu Abschn. 4.12.1.). Auch Carl Friedrich von Weizsäcker
hat in seinen philosophischen Schriften dazu aufgerufen, "auf Grund der
modernen Physik Kants Probleme auf neue Weise an[zu]greifen", wobei er
allerdings besonders an die Analogien der Erfahrung der KrV dachte.[150]

Abbildung 4.1: Übersicht zu Positionen des Neukantianismus:
2. → 3. Zeile: Immunisierungsstrategien;
2. → 4. Zeile: Revisionsstrategien

---

[147]Einstein [1924]b Sp. 1688; für Erörterungen des Einsteinschen Kant-Verständnisses
und weitere Informationen zum originellen, von Einstein in dieser Buchbesprechung entwickelten Argument gegen den Aprioribegriff des Kantianismus siehe Hentschel [1987].

[148]siehe z.B. Marcus [1925] 1. Teil, Sp. 2.

[149]siehe Abschnitt 5.1.

[150]Weizsäcker [1939] S. 104, vgl. Ders. [1971] sowie Strohmeyer [1980], Kerszberg [1987]b.

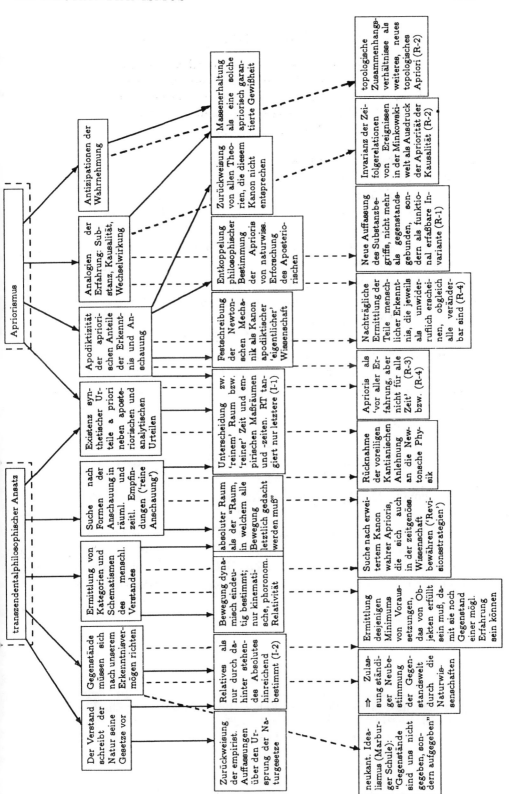

4.2 Kritischer Realismus

> Natürlich wird es keinem Physiker einfallen zu leugnen, daß überhaupt
> ein Etwas da ist, was die Welt vom Nichts, von einem leeren (vierdimen-
> sionalen) Ordnungsschema x,y,z,t unterscheidet. In diesem Sinne wird
> gerade der Physiker immer Realist bleiben, der 'absolute Idealismus' ist
> für ihn unannehmbar [...].   Bavink [1933/34]b S. 33.

Der Neukantianismus, besonders der Marburger Schule um Cohen und
Natorp, hatte sich als 'kritischer Idealismus' verstanden, der das Denken als wesentlichsten Anteil am menschlichen Erkenntnisvermögen ansah.
Die wichtigsten Vertreter dieses Kritizismus beschäftigten sich dementsprechend schwerpunktmäßig mit geisteswissenschaftlichen Themen wie etwa
Cassirer in seiner *Theorie der symbolischen Formen*. Selbst Natorps *Logi-
sche Grundlagen der exakten Wissenschaften* war vorrangig ein Buch zur
Philosophie der Mathematik und nur am Rande streifte es auch die Ergebnisse der modernen Naturwissenschaften, insb. der Physik. Gegen diese,
Ende des 19. Jahrhunderts vorherrschende "antirealistische Strömung" und
die zunehmende Entzweiung der Philosophie und der empirischen Wissenschaften wandten sich einige Kantianisch geprägte Philosophen, darunter
Friedrich Paulsen, Eduard von Hartmann, Alois Riehl und sein Schüler
Richard Hönigswald, der Dilthey-Schüler Max Frischeisen-Köhler sowie Rudolf Weinmann, in dem Bestreben, diesen "einseitigen Intellektualismus"
zu überwinden.[1] Dieses gelegentlich als "Neokritizismus" bezeichnete Programm, Kants Werke realistisch zu interpretieren, führte sie auf die Dop-
pelstrategie, Raum, Zeit und Kausalität zwar als apriorisch im Sinne Kants
anzusehen, in ihnen zugleich aber eine Widerspiegelung realer Strukturen
anzuerkennen. Die Apriorität von Anschauungs- und Denkformen erklärte
sich für sie dann aus deren optimaler Anpassung an objektive Gegebenheiten der Außenwelt. Weil die genannten Philosophen jedoch nach wie vor
einen Schwerpunkt ihrer Arbeit in der "Deduktion der apriorischen Prinzipien der Naturwissenschaft" sahen, ließen sie sich von mir im vorigen
Abschnitt noch guten Gewissens unter den Neukantianismus (siehe 4.1.1.)
subsumieren.

---

[1]so umschrieb es z.B. Frischeisen-Köhler [1912] Vorwort; vgl. die Übersichten bei
Oesterreich [1923/28] Bd. 4, S. 429-434, 569ff. u. Moog [1922] S. 194-197, Cassirer
[1929] S. 216 - s.a. Schultz [1935] S. 12, W.Hartmann [1966] und Ollig [1979] S. 21-28.

4.2.1 Die Grundprämissen des kritischen Realismus[2]

Dies gilt nicht mehr für den Wundt-Schüler Oswald Külpe (1862-1915), selbst
ursprünglich aktiv forschender Psychologe.[3] Er unternahm den weitergehenden
Versuch, kritizistisches Gedankengut mit einer realistischen Grundposition zu einem 'kritischen Realismus' zu verbinden.[4] Dadurch wurde der Apriori-Begriff in
seiner Bedeutung zurückgedrängt gegenüber dem nun als zentral empfundenen
Realitätsproblem. Külpes Hauptwerk *Die Realisierung*[5] widmete sich dem von
ihm als für die Philosophie zentral angesehenen Problem, wie der Mensch durch
empirische und rationale Argumente zu der Annahme der Existenz einer von ihm
unabhängig bestehenden Außenwelt kommen könne. Dabei separierte er die Frage
der Zulässigkeit einer *Setzung* des Realen von der Frage nach der Möglichkeit seiner
näheren *Bestimmung.* Zwar verwarf er die tradierten philosophischen Argumente
für die Existenz einer realen Außenwelt, meinte aber seinerseits durch Anführung
von solchen Gründen, in denen sich empirische und rationale Komponenten verbinden, ein haltbares Argument gefunden zu haben, das den Einwänden des Idealismus und Phänomenalismus stand halten könne.[6] **Realismus** im Sinne Külpes
bedeutet, daß er das Erkennen als das geistige Erfassen eines Gegenstandes auffaßt, der unabhängig vom Erkennenden vorausgesetzt ist, also nicht erst durch den
Erkenntnisvorgang allererst konstituiert wird wie dies die Idealisten angenommen
hatten.[7] Mit dieser Auffassung des Erkenntnisprozesses in den Realwissenschaften
verband sich zwangsläufig die **Unterscheidung dreier Typen von Entitäten:**[8]
der realen, idealen bzw. der phänomenalen Gegenstände, die erfaßt, geschaffen
bzw. abgebildet würden. Mit den menschlichen Sinnen erfaßte Phänomene waren für Külpe also im Bewußtsein gegenwärtige Erscheinungen der realen Objekte,
während die idealen Gegenstände kein 'Dasein' besäßen.[9]

---

[2]Dieser Unterabschnitt kann übersprungen werden.

[3]zu K. vgl. Ziegenfuß/Jung (Hrsg.) [1949/50] Bd. 1, S. 695-698 u. dortige Ref.

[4]der Terminus scheint von Riehl zu stammen; allg. Orientierungen bieten z.B. Moog
[1922] S. 130-141, Oesterreich [1923/28] Bd. 4, S. 569-586, Hilckmann [1926] und Messer
[1923]; zur Abgrenzung gegenüber dem "Neorealismus" ("new realism" bzw. "critical
realism") im Ausland: Ritter (Hrsg.) Bd. 6 (1984) Sp. 758f. u. Wenzl [1949/79]b S. 427f.

[5]nur der erste Band erschien noch zu Lebzeiten Külpes (Leipzig, 1912); aus dem Nachlaß
veröffentlichte sein Schüler Messer 1920 bzw. 1922 noch die Bände 2 und 3.

[6]diese umfangreichen Untersuchungen Külpes referieren bündig Külpe [1911] und Messer [1923]; vgl. dazu Wien [1921] S. 220f. Eine ähnliche Zielsetzung wie Külpe verfolgte
auch Frischeisen-Köhler [1912]; siehe insb. S. 468-476.

[7]siehe Külpe [1911] S. 8f, [1912] S. 1f, Messer [1923] S. 1,15-25; Study [1914/23] S. 33f.

[8]siehe dazu Külpe [1912] S. 2; Messer [1923] S. 8f.,13,37; Moog [1922] S. 134f.

[9]Mit dieser ontologischen Dreiteilung grenzte sich Külpe bewußt ab gegen die naiven
Realisten, die die Ding-Erscheinungen nicht von den realen Dingen unterschieden, gegen
die subjektiven Idealisten, die ideale und phänomenale Größen nicht unterschieden, und
schließlich auch gegen den objektiven, kritischen Idealismus, der reale Objekte erst über
die anderen beiden Gegenstandsklassen konstituierte - siehe dazu Messer [1923] S. 19, 55;
Moog [1922] S. 135; Study [1914/23] S. 42f. Becher u. Bavink sprechen auch von einer

Im Gegensatz zu der Akzentsetzung des Neukantianismus interessierten sich Oswald Külpe, sein Münchner Nachfolger Erich Becher[10] (1882-1929) und deren Schüler besonders für die Untersuchungen der Realwissenschaften[11] und die dort entwickelten Methoden und Ergebnisse der 'Realsetzungen'. Die Naturwissenschaften wurden als ein Unterfangen mit dem immer nur in Annäherung erreichbaren Ziel der Erkenntnis der Strukturen der realen Außenwelt angesehen, und die Aussagen der forschenden Naturwissenschaftler als tentative Bestimmungen der Eigenschaften der uns umgebenden Wirklichkeit. Der Wert solcher Aussagen ergab sich für den kritischen Realismus aus ihrer inneren Konsistenz *und* der Übereinstimmung des Ausgesagten mit der Wirklichkeit. Wegen des präsupponierten Erkenntnismodells, das die Dinge selbst von ihren Wahrnehmungsvorstellungen unterschied, bewahrte der kritische Realismus jedoch stets die Transzendenz des An-sich-Existierenden gegenüber jedweder, also auch wissenschaftlicher, Erkenntnis. Alle Befunde der Naturwissenschaften konnten somit nicht mehr als Indizien für die Beschaffenheit der Wirklichkeit darstellen. Als erste Aufgabe der Philosophie sahen Külpe und seine Schüler darum die "Ausbildung einer wissenschaftlich begründeten Weltansicht [an], die als Abschluß und Zusammenfassung der wissenschaftlichen Erkenntnis zugleich dem praktischen Bedürfnis nach einer Orientierung über die Stellung des Menschen in der Welt genügt."[12] Dieses Unterfangen bezeichneten Külpes Nachfolger auch als **Naturphilosophie**[13] bzw. als **induktive Metaphysik**, d.h. als ein mit den durch die Realwissenschaften zusammengetragenen Erfahrungen bestverträgliches, verantwortbares, einheitliches Weltbild.[14] Da besonders diese Denkprämisse die Auseinandersetzung der kritischen Realisten mit der RT prägte (und zwar im guten wie im schlechten, wie ich im nächsten Unterabschnitt zeigen werde), muß ich hierzu noch etwas ausführen. Bemerkenswert an dieser Rehabilitierung der Metaphysik gegen alle Angriffe, der sie seit Kant insb. durch die Positivisten und logischen Empiristen ausgesetzt war (vgl. Abschn. 4.7., 4.8.) ist zunächst, daß hier die **Ergebnisse der Naturwissenschaften als das Material der Metaphysik** angesehen werden, und zwar als ein Material, das es zunächst unverändert und so umfassend wie möglich zu übernehmen und auszuwerten gilt, um es nach dieser Sichtung "unter Auswahl des Wesentlichen" in einen einheitlichen, orientierenden Zusammenhang stellen zu können, der nur als "hypothetische Konstruktion" verstanden wird.[15]

"Läuterung des physikalischen Realismus" (Bavink [1927] S. 264,272).

[10]zu Becher vgl. Ziegenfuß/Jung (Hrsg.) [1949/50] Bd. 1, S. 94-96; Wenzl [1953]b.

[11]verstanden als Gegensatz zu Idealwissenschaften wie etwa der Mathematik - siehe dazu insb. Becher [1921] S. 24-31 und Oesterreich [1923/28] Bd. 4, S. 574.

[12]Külpe [1895]c S. 408.

[13]siehe z.B. Becher[1907],[1914],[1921]; Oesterreich [1923/28] Bd. 4, S. 576.

[14]siehe z.B. Wenzl [1934/51] S. 3,5f,26; [1935/49] S. vii, 1-20; [1949/79] S. 428; Becher [1921] S. 318ff.: "Die Metaphysik als eine auf das Gesamtwirkliche eingestellte Realwissenschaft"; vgl. Moog [1922] S. 131; Oesterreich [1923/28] Bd. 4, S. 576.

[15]siehe z.B. Becher [1921] S. 319, [1926], [1928]; Bavink [1933/34]b S. 77.

Auf diese Denkvoraussetzung führe ich den Umstand zurück, daß sich zumindest einige kritischen Realisten besser als viele ihrer Kollegen aus anderen Philosophenschulen über physikalische Theorien informierten, die sie philosophisch auszuwerten gedachten, und erst *nach* dieser gründlichen Wissensaneignung mit der philosophischen Deutung im Sinne ihrer induktiven Metaphysik begannen. Diese Bemerkung gilt schon für die *Naturphilosophie* [1914] von Ernst Becher, und in noch höherem Maße für die nicht umsonst vielfach wiederaufgelegte Übersicht zu *Ergebnissen und Problemen der Naturwissenschaften* [1913/40] von Bernhard Bavink. Hingegen ging das Selbstverständnis der kritischen Realisten noch nicht so weit, die Philosophie als eigenständige Disziplin mit eigenem Gegenstandsgebiet in Frage zu stellen,[16] denn nach der Arbeitsphase der Sachkundigmachung setzte die Prüfung und Bewertung des gesammelten Materials ein. Diese beinhaltete für Külpe und seine Schüler nicht nur die "Untersuchung der Voraussetzungen aller Wissenschaft", und die "Ermittlung der Bestandteile des Gesamtwirklichen" sondern auch die "hypothetische Ausfüllung der Lücke zwischen den Einzelwissenschaften" und dadurch letztlich sogar die "Vorbereitung neuer Einzelwissenschaften und einzelwissenschaftlicher Erkenntnisse".[17] In diesem Sinne sei die Erkenntnistheorie berufen, "die Wissenschaft zu begleiten, nicht aber hinter ihr zurückzubleiben" als ein bloßer Appendix. Bei solch einer "friedlichen und zweckmäßigen Verteilung der Aufgaben" fielen laut Külpe der Erkenntnistheorie die Funktionen zu, den Realismus der Wissenschaft verständlich zu machen, seine Voraussetzungen und Methoden aufzuweisen und zu systematisieren und ihm damit zugleich gewisse Grenzen zu ziehen.[18] Damit war nicht bloß eine Ablehnung des den von Naturwissenschaftlern häufig vertretenen naiven Realismus gemeint, gemäß dem sie alle ihnen nützlichen Denkwerkzeuge sogleich für Abbilder realer Strukturen erklären, sondern eine noch weitergehende Autonomie der Philosophen bei ihrer Arbeit an einer 'wissenschaftlichen Metaphysik'. Besonders Bavink betonte hierbei die Stützung des Realismus durch den häufigen Befund des Konvergierens unabhängig voneinander gewonnener wissenschaftlicher Resultate verschiedener Disziplinen auf einen bestimmten objektiven Befund.[19] Wegen der für kritische Realisten unabdinglichen Einheitlichkeit des wissenschaftlichen Weltbildes schien es ihnen in Konfliktfällen durchaus erlaubt, einzelne Resultate, die sich nicht harmonisch einfügen ließen, in Frage zu stellen oder die Aussagen von Theorien in höchst eigenwilliger Weise auszudeuten. Meinungsverschiedenheiten mit den Fachwissenschaftlern waren in solchen Fällen völlig irrelevant.[20] Insb. dann,

---

[16]im Unterschied zu den logischen Empiristen (Abschn. 4.7.) ordnen die kritischen Realisten der Metaphysik also einen eigenen Gegenstandsbereich, die "Gesamtwirklichkeit" zu; vgl. kritisch dazu Reichenbach [1927]c.

[17]siehe Külpe [1895]c; Becher [1921] S. 319, 326f.; vgl. krit. dazu Moog [1922] S. 132f.

[18]alle Zitate im vorigen aus Külpe [1911] S. 40f.; vgl. Köhnke [1986] S. 35ff. zur Begriffsgeschichte des Terminus 'Erkenntnistheorie'.

[19]siehe insb. Bavink [1947]; vgl. dazu Otte [1948] S. 24.

[20]vgl. Külpe [1911] S. 38, 40; Becher [1921] S. 318ff.

wenn Konsequenzen einer Theorie so paradox schienen, daß fraglich wurde, ob dies noch mit einer "realistischen Weltauffassung vereinbar ist", fühlten sich kritische Realisten zu einer Deklassifizierung dieser Theorie als "wertvolles Hilfsmittel der mathematischen Physik" berufen, ohne ihr die Berechtigung zuzubilligen, Aussagen über die Wirklichkeit zu machen, aus denen irgendwelche philosophisch relevante "allgemeine Wahrheiten" folgern könnten.[21] Das dabei zutage tretende Wirklichkeitsverständnis, an dem wissenschaftliche 'Realisierungen' gemessen werden, ist dann wieder das des common-sense, der über diese Hintertür Einzug in den kritischen Realismus fand,[22] und so leider zu einer häufigen Verflachung der vorgetragenen Deutungen führte. Für all dies werde ich nun anhand der vorgebrachten Interpretationen der RT durch die kritischen Realisten Belege anführen.

4.2.2 Interpretationen der RT durch die Kritischen Realisten

Eine der ersten umfangreicheren Übersichten zur SRT und zugleich die wohl informativste und sachlichste aller von kritischen Realisten überhaupt vorgelegten Deutungen der RT findet man in dem naturphilosophischen Hauptwerk des bei Woldemar Voigt in der theoretischen Physik ausgebildeten Gymnasiallehrers Bernhard Bavink[23] (1879-1947). Auf Bavinks Zurückweisung populärer Mißverständnisse und der rassistisch getönten Argumente gegen die RT habe ich in 2.4. und 3.2. schon hingewiesen. Bavink wendet aber die RT auch als Waffe gegen das "Lager des Kantschen Apriorismus", indem er ausführt, daß der Neukantianismus "in seiner traditionellen Form [...] ohne Zweifel mit der Relativitätstheorie nicht zu vereinen" ist.[24] Kants Fehler war es Bavink zufolge, daß er ohne empirische Prüfung die Strukturen unseres Anschauungsraumes mit denen des physikalischen Raumes gleichsetzte - demgegenüber sei es das erkenntnistheoretisch folgenreiche Resultat der ART, daß *"tatsächlich die objektive 'Ordnung' der vierdimensionalen Welt (x,y,z,t) eine andere als die des Anschauungsraumes ist"*.[25] Da Bavink als kritischer Realist in den Aussagen der Naturwissenschaft Hinweise auf die Beschaffenheit der Wirklichkeit sieht, wertet er diesen Befund der Nichteuklidizität der Metrik in der ART ebenso als Anzeichen

---

[21]Zitate im vorigen aus Spielmann [1919] S. 266-270.

[22]sehr deutlich ist dies zu sehen in der *Rehabilitierung des vorwissenschaftlichen Weltbildes* des dem kritischen Realismus nahestehenden Philosophen Theodor Haering [1923].

[23]zu B. vgl. Otte [1948], Ziegenfuß/Jung (Hrsg.) [1949/50] Bd. 1, S. 92-93, Wenzl [1953]a, [1957], Hermann [1978], Hentschel [o.J.] u. dortige Ref.

[24]Bavink [1913/40]b S. 121, 133; analog Bavink [1920] Sp. 134.

[25]Bavink [1913/40]b S. 125, Hervorhebung Orig.; diese Unterscheidung dreier Raumtypen übernimmt Bavink von Carnap [1922].

der "objektiven physikalischen Ordnung der Dinge" wie die Raum-Zeit-Union Minkowskis in der SRT. Entgegen den Fiktionalisten (siehe 4.4.) und anderen idealistischen Philosophenschulen beharrte Bavink darauf, daß die Raum-Zeit-Konzeption der RT ebenso wie die früherer physikalischer Theorien "den Sinn durchaus real gemeinter [...] Vorstellungen" habe, also "Ausdruck einer Wirklichkeitsbeziehung" seien.[26] In der ART habe AE die "Wirklichkeitsbedeutung jenes vierdimensionalen 'metrischen Feldes' als einer physikalischen Eigenschaft der Materie" aufgedeckt.[27]

Doch die 'Gesamtwirklichkeit' besteht nicht nur aus den physikalisch erfaßbaren Komponenten, und Bavinks Problem besteht darin, diesen physikalischen Befund einer Raum-Zeit-Union mit dem gänzlich anderen Resultat der Psychologie zu versöhnen, die zeigt, daß "die phänomenale Zeit so wesentliche Verschiedenheiten von dem phänomenalen Raum aufweist".[28] Das andere Erleben des Zeitlichen im Vergleich zum bloß räumlichen Erfassen, die Gerichtetheit der Zeit, die Gegenwärtigkeit immer nur eines Zeitpunktes, dies alles sind ebenso Indizien von "Struktureigentümlichkeiten der Dinge" wie der physikalische Befund der untrennbaren Verknüpfung von Raum und Zeit. Die Ontologie des kritischen Realismus bietet Bavink aber einen gangbaren Ausweg. Der phänomenale Raum und die phänomenale Zeit werden von ihm als "bloße Abbilder einer 'topoiden' und 'chronoiden' (besser zusammen einer 'kinematoiden') Ordnung der Dinge an sich" angesehen - sie liegen somit in einer anderen 'Wirklichkeitsschicht', nämlich der der phänomenalen Objekte im Unterschied zu den realen Gegenständen.[29] Bavink umgeht unter Berufung auf diesen ontologischen Dualismus geschickt alle die Punkte, in denen sich die Disziplinen Physik und Physiologie überschneiden wie etwa das Einsteinsche Gedankenexperiment zu den verschieden alternden Zwillingen. Dadurch, daß beide Wirklichkeitsformen von Bavink unverbunden nebeneinander gestellt werden, erweckt er den Eindruck, als könnten die Aussagen zeitgenössischer Physiker *und* Physiologen ohne Widerspruch in *ein* metaphysisches Bild von der Beschaffenheit der Gesamtwirklichkeit integriert werden. Der dadurch überbügelte Konflikt, etwa zwischen relativistischer Zeitdilatation, die *auch* für belebte Materie behauptet wird und den Vorstellungen der Physiologen und Psychologen der Zeit über eine Außerkraftsetzung physikalischer Gesetzmäßigkeiten in beseelten Wesen, wird bei anderen kritischen Realisten

---

[26]Bavink [1920] Sp. 133; vgl. dazu Remy [1920] Sp. 102f., Gluer [1921] Sp. 83ff., Bavink [1933/34]b S. 33.

[27]Bavink [1920] Sp. 137.

[28]Bavink [1927] S. 265, vgl. [1913/40]b S. 134f.

[29]Bavink [1913/40]b S. 135, [1927] S. 267.

dann offen zu Tage treten und zu Ungunsten der SRT entschieden werden.

Neben diesem einen Thema 'Struktur der Raum-Zeit' behandeln Bavink wie auch Becher schwerpunktmäßig nur noch ein weiteres Thema im Zusammenhang mit der RT (und später auch der QM), nämlich den Status der **Kausalität.** Die Minkowski-Welt bedeutet für Bavink eine Befreiung von der "Bindung an die Zeitvorstellung", weil hier das, "was für uns in der Zeit nach einander abläuft 'quasi uno aspectu' nebeneinander vorhanden sein muß".[30] Wieder sieht Bavink hierin eine Wesenseigenschaft der physikalischen Wirklichkeit, nämlich die "Zeitlosigkeit der Noumena".[31] Die kausale Aufeinanderfolge zweier Ereignisse, in der SRT restringiert auf zueinander zeitartige Ereignisse, ist für ihn dann nicht mehr dasselbe wie bloße zeitliche Aufeinanderfolge. Einem echten Kausalzusammenhang liegt, so Bavink, ein "transzendent realer, ebenso gesetzlicher Zusammenhang zugrunde". Von dieser "realen Ordnung" vermöge die zeitlich empfundene Aufeinanderfolge nur ein Abbild zu geben, auf das man das Wesen der Kausalität aber nicht reduzieren dürfe.[32] Gegenüber dieser geradezu neo-aristotelischen Unterscheidung von Wesens- und Wirkgründen (causa efficiens) muß vermerkt werden, daß die Tendenz der exakten Naturforschung gerade umgekehrt dahin ging, diesen metaphysischen Sinn von Kausalität zu verdrängen und statt dessen mit den bloßen Zeitfolge-Relationen zu arbeiten. Dies wird sich insb. im Abschn. 4.6. über die Axiomatiken der SRT zeigen.

Bavinks Überblick zu *Ergebnissen und Problemen der Naturwissenschaften* hatte die eigene Deutung weitgehend zurückgestellt und sich über weite Strecken auf die sachliche Referierung der Befunde beschränkt. Seine kenntnisreiche Materialsichtung überzeugte sogar den sonst mit Kritik wahrlich nicht zimperlichen Reichenbach, der in seiner Rezension der 4. Auflage des Werkes von Bavink sogar die These vertrat, daß Bavink "von dem Standpunkt des heutigen Positivismus nicht mehr allzu fern ist, oder sagen wir besser, von demjenigen Standpunkt, auf den hin heute ebenso Positivismus wie Realismus zu konvergieren scheinen".[33] Wie spätere Werke Bavinks zeigen, hatte er damit den Grad der Übereinstimmung zwischen logischem Empirismus und kritischem Realismus doch überschätzt, denn Bavinks Handbuch war für letztere nur als ein erster Schritt im oben geschilderten philosophischen Arbeitsprogramm à la Külpe zu werten. Die Stärken des

---

[30]Bavink [1927] S. 271; Weyl u.a. sprachen auch vom Block-Universum, in dem die zeitliche Entwicklung eines Zustandes durch eine entzeitlichte Weltlinie dargestellt ist; vgl. dazu Čapek [1955/56], [1966], [1975] sowie S. 253.

[31]ibid.; vgl. ferner Bavink [1920] Sp. 137 zu theologischen Implikationen.

[32]Bavink [1927] S. 270f.; in diesem Punkt unterscheiden sich die Meinungen Bavinks und Bechers: vgl. Bavink [1927] S. 267ff.

[33]Reichenbach [1931]e S. 470.

Bavinkschen Textes, so könnte man pointiert formulieren, liegen gerade in dem Verzicht auf die nächsten Stufen der 'induktiven Metaphysik'.[34] Sehr viel problematischer wird die Deutung der RT durch den kritischen Realismus, wenn man sich Beispiele dafür anschaut, wie praktisch in seinem Namen die von Külpe als nächster Schritt geforderte erkenntnistheoretische Prüfung der RT auf "Sinn" und "Wahrheitsgehalt" ihrer Grundsätze betrieben wurde. Für die SRT unternahm dies z.B. ein Leipziger Doktor der Ingenieurwissenschaften F. Spielmann [1919]. Diesem unterliefen in seinem Aufsatz gleich mehrere der für die Populärliteratur zu Einstein typischen Mißverständnisse,[35] doch charakteristisch für die durch sein Philosophem induzierten Probleme bei Verständnis und Ausdeutung der SRT sind seine Bemerkungen zur relativistischen Längenverkürzung bewegter Objekte. Daß dies ein Effekt ist, der bei Messung von relativ zu einem Inertialsystem bewegten Körper auftritt, während die Ruhelänge unverändert ist, wird von ihm zugespitzt zu der irreführenden Aussage, daß "je nach den Umständen [, ... ob] die Endpunkte zweier Strecken, die in einer geraden Linie liegen, zusammenfallen oder nicht [...,] wir der gleichen Größe einmal den Wert Null, ein anderes Mal einen endlichen Wert beilegen müssen".[36] Denn nur sein erkenntnistheoretischer Realismus berechtigt ihn zu der Rede von *der einen immer gleichen Größe* - tatsächlich sind ja für den Relativisten die Ruhelänge eines Körpers und dessen Länge gemessen in einem relativ zu ihm bewegten System *nicht* von *gleicher Größe*, doch Spielmann ist einfach unfähig, diesen Unterschied einzusehen, er ist blind gegen ihn, geblendet von dem Denkzwang seiner Philosophems. So kommt es dann zwangsläufig zu der folgenden Polemik:

> Was wir, auf ein Raumsystem bezogen, als eine Linie von messbarer Ausdehnung ansehen, schrumpft in anderer Beziehung zu einem ausdehnungslosen Punkte zusammen. Ob dieses Ergebnis der Relativitätstheorie noch mit einer realistischen Weltauffassung vereinbar ist, erscheint doch fraglich. [...]. Wenn man aber etwas in einer Beziehung als ein außer uns existierendes Ding, in anderer Beziehung dagegen als ein Nichts betrachtet, so liegt darin doch wohl mehr als eine Annahme über die Grenzen unserer Naturerkenntnis. Unser messendes Verfolgen der Naturerscheinungen hat doch jedenfalls den Zweck, uns Kunde von objektiver Wirklichkeit zu geben, und wenn eine Messung nichts über das Dasein eines Objektes andeutet, das eine andere Messung

---

[34]in diesem Sinne bescheinigte etwa Oesterreich [1923/28] (Bd. 4, S. 583) Bavinks Buch, daß es "philosophisch besonnen" sei.

[35]insb. das der angeblichen logischen Widersprüchlichkeit der SRT und der angeblich in ihr fehlenden Definition absoluter Bezugsgrößen - vgl. dazu Kap. 2 dieser Arbeit.

[36]Spielmann [1919] S. 266.

erkennen läßt [...], so dürfte nicht mehr behauptet werden, daß beide
Messungen richtige Ergebnisse liefern.[37]

Dieser Abschnitt wurde deshalb so ausführlich belegt, weil in Spielmanns
Argumenten seine erkenntnistheoretischen Motive, die ihn zu dem Verdacht
der Widersprüchlichkeit der SRT führten, so klar benannt werden. Es war
seine Prämisse, daß jeder Körper in Wirklichkeit genau eine bestimmte
Länge hat, die alle Messungen an ihm mehr oder weniger exakt bestätigen
müßten, und diese Prämisse war in der Tat bei der SRT verletzt worden.

Doch die Konsequenz, die Spielmann daraus zog, war nicht etwa die,
seine Vorstellungen über den Zusammenhang von Meßgröße, beobachtetem
Objekt und Beobachtungssituation kritisch zu überprüfen, sondern die einer
Abqualifizierung der SRT als willkürliches Formelwerk, das nur als
Hilfsmittel zur Darstellung eines einzelnen Naturgesetzes nützlich sei:

> Es bedeutet eine Verkennung des Verhältnisses zwischen Naturbe-
> trachtung und Wirklichkeit, wenn man, anstatt das Verhalten der
> Formeln der Relativitätstheorie als eine natürliche Folge der Willkür
> ihrer Aufstellung hinzunehmen, die durch die Theorie ausgedrückten
> Beziehungen als allgemein gültige Wahrheiten betrachtet.[38]

Damit war die eigentlich fällige Prüfung der eigenen Voraussetzungen ersatzlos entfallen und die SRT in die Nähe der ebenfalls als irreal durch-
schauten Äthermodelle etwa Lord Kelvins zurückversetzt, offenbar ganz
entgegen ihrer unstrittigen Bedeutung für das Wirklichkeitsverständnis des
20. Jahrhunderts, zu dem eben auch das Wissen um die Abhängigkeit von
Raum- und Zeitmessungen von der relativen Bewegung zwischen Bezugssystem und vermessenem Objekt gehört, ob kritische Realisten wie Spielmann
dies nun wahrhaben wollten oder nicht.

An dem Aufsatz von Spielmann sieht man noch einen weiteren für Deutungen der SRT durch kritische Realisten typischen Zug. Eben weil die
Aussagen der SRT widersprüchlich schienen, wenn man Realismus so verstand, wie dies Spielmann oben getan hatte, unterstellte er der SRT im
Umkehrschluß, daß diese eben vorauszusetzen scheine, "daß man von Bewußtsein unabhängige Realitäten nicht gelten lassen will".[39] Im Anschluß
an diese These, die die SRT in die Ecke ihrer phänomenalistischen Interpreten vom Schlage Joseph Petzoldts stellte,[40] entfaltete Spielmann eine

---

[37]ibid.

[38]ibid., S. 270.

[39]ibid., S. 266.

[40]vgl. Abschn. 4.8; daß dies nicht zufällig geschah, hängt mit der Verteidigerrolle
zusammen, in die Petzoldt zu diesem Zeitpunkt hineinwuchs - siehe Abschn. 3.4.2.

Unterscheidung zweier Seinsbereiche, wiederum ganz im Sinne von Külpes Unterscheidung dreier Entitäten (s.o.), und sprach der SRT nur Gültigkeit für materielle, reale Objekte, nicht aber für phänomenale Größen (hier insb. Zeitempfinden) zu, und dies mit einer Begründung, die man ihm selbst bei gutem Willen nicht abnehmen könnte:

> Die Relativitätstheorie sagt nur etwas aus über die Zeit, soweit sie in Beziehung zu Orten oder körperlichen Vorgängen steht, nicht aber über die Zeit, in der sich Bewußtseinsvorgänge abspielen. Inhalte des Bewußtseins können nicht auf ein Raumsystem bezogen werden, also kann auch für sie das Relativitätsprinzip nicht gelten [...] Der Gleichzeitigkeitsbegriff der Relativitätstheorie, der für Ereignisse in der Körperwelt ausschließlich gelten soll, hat keine Beziehung zu dem Begriffe der Gleichzeitigkeit von Bewußtseinsinhalten. Wir kommen also nicht ohne den Begriff einer absoluten Gleichzeitigkeit [aus].[41]

Mit dieser Dichotomie zweier Zeiten, einer körperlichen und einer psychischen, näherte sich Spielmann nicht nur dem französischen Intuitionsphilosophen Henri Bergson, er sprach der SRT damit auch ebenso wie Bergson jedwedes Recht ab, ihre für Uhren legitimen Aussagen etwa auch auf lebende Organismen zu beziehen. Darum war z.B. das vielumstrittene Zwillingsparadoxon für Spielmann nur aus ungerechtfertigter Anwendung von Aussagen der physikalischen SRT auf den ihr verbotenen Bereich psychischen Geschehens entstanden: es konnte nicht sein, was nicht sein durfte. So verwundert es nun vielleicht nicht mehr, daß in die induktive Metaphysik der kritischen Realisten auch die Schriften des Neovitalisten Hans Driesch Eingang fanden, der in seiner *Philosophie des Organischen* auf dieser strengen Dichotomie zweier Seinsbereiche mit gänzlich anderen Gesetzen bestand und gegen den Physikalismus polemisierte.

Damit komme ich schon zum dritten und unerquicklichsten Teil meiner Besprechung der Deutungen der RT durch den kritischen Realismus, nämlich zum **dezidiert metaphysischen Ausbau ihrer Befunde**, am eindringlichsten wohl im Werk Aloys Wenzls (1887-1967). Zunächst durchzieht alle einschlägigen naturphilosophischen Schriften der kritischen Realisten der von Driesch übernommene **Dualismus von organischer (belebter) und anorganischer (toter) Welt**. Schon dadurch werden sie vielfach auf eine verzerrende Bewertung der relativistischen Aussagen etwa über die Lorentztransformationen geführt.[42] Doch anders als z.B. Spiel-

---

[41]Spielmann [1919], S. 266f.

[42]vgl. Spielmann [1919] (s.o.), Becher [1915] S. 188-195 und Wenzl [1935/47]; bei Bavink [1913/40] kommt er aufgrund der selbstauferlegten Neutralität seiner Darstellung nicht so zum Tragen- vgl. aber Kap. III 'Materie und Leben'.

mann versteht sich Wenzl nicht als Kritiker der Theorie - er weist ihr nun
den ihr seiner Meinung nach gebührenden Platz zu, an dem sich die "ganz
eigenartige metaphysische Bedeutung der Relativitätstheorie" dann in Zusammenschau mit anderen Disziplinen entwickeln lasse.[43] Und darum ist es
für Wenzl auch kein Widerspruch, wenn er einerseits ausführlich die Minkowskische "Raum-Zeit-Ganzheit" für den Gegenstandsbereich der SRT anerkennt und andererseits auf die psychologische Sonderstellung der Zeit für
Organismen verweist;[44] ebenso kann er einerseits zustimmend die Gründe
referieren, die die Physiker zur Annahme nichteuklidischer Raumstruktu-
ren im Rahmen der ART geführt haben, und dennoch auf der ausgezeichneten Rolle des euklidischen Raumes für unser Wahrnehmungsvermögen
bestehen.[45] Freilich entzieht Wenzl schon mit dieser Sowohl-als-auch Haltung, mit der er kontradiktorischen Aussagen begegnet, den Physikern die
Universalität ihrer Aussagen: die Zeitdilatation und Längenkontraktion der
SRT gelten aber unabhängig davon, ob sie auf Systeme mit belebten Beobachtern oder nur unbelebten Meßapparaturen angewandt werden.

Noch weitaus problematischer aber ist die Art und Weise, wie Wenzl aus
einigen ihm metaphysisch belangvoll scheinenden Aussagen der SRT und
ART das "unanschauliche Weltbild" der "anorganischen Welt im großen"
herauszudestillieren versucht.[46] Zunächst stellt er im Hinblick auf die (von
ihm nicht beklagte, sondern nur zur Kenntnis genommene) fortschreitende
Mathematisierung der Physik fest: "die **anorganische Welt** ist in radikal-
ster Deutung ihres Gleichungssystems ein **realisiertes mathematisches
Gebilde**, sozusagen gefrorene Mathematik".[47] Realisierung ist hier ganz
im Sinne Külpes zu lesen - aus dem mathematischen Gebilde der Minkowskischen Raumzeit etwa wird also eine Wirklichkeit erschlossen, die dahinter als wahrscheinlicher Seinsgrund steht. Und dieses Herauslesen der unserem Wissensstand nach als wahrscheinlich anzunehmenden Wirklichkeit
geschieht, so betont Wenzl immer wieder, unter Wahrung des "Zusammenhangs mit dem ontologischen Mutterboden".[48] Im Falle der Raumzeit etwa
resultiert dann, daß Wenzl Minkowskis eigener visionärer Ausdeutung der
physikalischen Welt als zeitlosem Block-Universum widerspricht zugunsten
eines nicht minder spekulativen Wirklichkeitsentwurfs, nämlich als einer
sich verwirklichenden Potentialität:

---

[43]siehe z.B. Wenzl [1935/49]b S. 149.

[44]siehe z.B. Wenzl [1934/51]b S. 31f., [1935/49]b S. 136f, [1958]; Bavink [1927] S. 265.

[45]siehe z.B. Wenzl [1949/79]b S. 437.

[46]siehe Wenzl [1935/49]b insb. S. 127-154 und 180ff.; analog gibt ihm die Quantentheorie
die Folie ab für die Metaphysik der "anorganischen Welt im kleinen" (ibid., S. 154-179).

[47]Wenzl [1935/49]b S. 148; Hervorhebung Orig.

[48]ibid., S. 136.

Also entweder, im vierdimensionalen Kontinuum geschieht nichts [...],
d.h. die vierdimensionale Welt ist 'zeitlos'-ewig. Oder, wenn wir uns
gegen diese Konsequenz sträuben - und wir haben das Gefühl, das
wir uns aus guten (im nicht-physikalischen Teil noch darzulegenden)
Gründen dagegen sträuben könnten - dann ist 'wirklich' jeweils nur ein
dreidimensionaler Ausschnitt, über den wir uns freilich nicht einigen
können. *Dann ist das vierdimensionale Kontinuum eine potentielle
Welt, die sich zeitlich verwirklicht.*[49]

Die 'guten Gründe', von denen Wenzl hier spricht, sind natürlich wieder
sinnesphysiologische. Die zeitbehafteten Verwirklichungen, an die Wenzl
denkt, sind die einzelner Beobachter mit ihren jeweils eindeutigen Raum-
und Zeitempfindungen und den daraus abgeleiteten Maßen. Mit diesem
Schema vieler ausschnitthafter Realisierungen ein und der gleichen **Potentialität** meint er den scheinbaren Widerspruch zwischen den differierenden
Meßresultaten dieser zueinander bewegten Beobachter aufgelöst zu haben-
beide stehen lediglich in "verschiedenen Verwirklichungsphasen".[50]

Mit diesem an Platon oder den späten Heisenberg erinnernden Schema
einer systemübergreifenden und als solche 'absoluten', aber "entwirklich-
ten" idealen Potentialität einerseits und realen, aber relativen, Aktualisie-
rungen andererseits arbeitet Wenzl auch bei der Deutung anderer Aspekte
der RT. So ist ihm auch der Äther infolge der mißlungenen Versuche seiner materiell–mechanistischen Fixierung keine materielle Realität mehr,
sondern lediglich ein "Möglichkeitsfeld",[51] in der relativistischen Zusammenfassung von Energie und Masse sah er eine Zusammenschau beider als
"Potenz für mögliches Geschehen",[52] selbst die Lichtgeschwindigkeit c sah
er als bezugssystemunabhängiges, "übersystemales" Signal, das vermöge
der Konstanz von c in der SRT "unparteiisch, nicht materiell, sondern po-
tentiell" sei.[53] Die Lichtgeschwindigkeitskonstanz der SRT betrachtete er
im Unterschied zu Einstein und den Deutungen fast aller anderen Philosophenschulen nicht als willentlich gesetztes Postulat, sondern als Ausdruck einer realen Eigenschaft der Raum-Zeit-Union.[54] Auch im Falle des
Äquivalenzprinzips der ART wandte sich Wenzl gegen konventionalistische
Deutungen und betonte seinen hypothetischen Charakter, also die dadurch
erfaßten Eigenschaften der Wirklichkeit, insb. die Gleichheit der trägen
und schweren Masse. Dabei verkannte er freilich, daß es erst diese axioma-

---

[49]Wenzl [1935/49]b S. 137; Hervorhebungen von mir modifiziert.
[50]Wenzl [1935/49]b S. 138.
[51]Wenzl [1949/79]b S. 432.
[52]ibid., S. 433; vgl. [1951] S. 9f.
[53]Wenzl [1949/79]b S. 431, [1945/49]b S. 185f., [1958] S. 226f.
[54]Wenzl [1935/49]b S. 138.

tisch geforderten Sätze waren, die anderen Aussagen der RT Realitätsgehalt verliehen.

Wenzls metaphysisches Destillat aus einem im übrigen ziemlich kleinen Bestand einiger relativistischer Aussagen umfaßte somit merkwürdig inkohärente Teile der Theorie, die in ihrer relativen Ordnung und Gewichtung zueinander völlig verschoben wurden. Seine Reflexionen über "den transzendenten Sinn der Räumlichkeit und Geschehnisdauer" oder die "universelle Weltkonstante c [... als] Ausdruck der Allverbundenheit"[55] hatten mit der RT wenig mehr gemein - der Stil näherte sich insg. bedenklich den Phantasien eines August Vetter über die *dämonische Zeit* [1919]. Das lag zum einen an dem an sich anerkennenswerten, aber hier doch völlig fehlgehenden, weil keiner Seite gerecht werdenden Bemühen um die Verbindung der Resultate völlig verschiedener Wissensbereiche,[56] zum zweiten an dem Rekurs auf völlig fachfremdes Vokabular und wenig hilfreiche Kategorien der traditionellen Philosophie (potentia, Ganzheit), und letztlich wohl auch an einer nicht ausgeräumten Skepsis Wenzls und vieler anderer kritischer Realisten in den Fragen, ob denn die RT "1. wirklich gesichert genug ist, 2. wirklich realistisch aufzufassen ist".[57] Selbst der kenntnisreichste unter ihnen, Bernhard Bavink, diskutiert die erkenntnistheoretische Relevanz der RT auch noch 1940 nur unter dem Gesichtspunkt ihrer physikalisch erwiesenen *Denkmöglichkeit* und sichert sich somit ausdrücklich gegen die eventuelle zukünftige experimentelle Widerlegung relativistischer Befunde ab.[58] Trotz der vielversprechenden Ansätze zur sachlichen und unverblendeten *Aneignung* der RT als Wissensmaterial (besonders bei Bavink, s.o.) komme ich deshalb am Ende dieses Abschnittes zu der Feststellung, daß der kritische Realismus keine überzeugende *Deutung* der SRT oder ART hat vorlegen können, sondern in Fehlinterpretationen abglitt. AE ließ Wenzls Aufsatz für den Schilpp-Sammelband, in dem dieser die "Verträglichkeit der Relativitätstheorie mit dem kritischen Realismus" nachzuweisen versucht hatte, inhaltlich völlig unbeantwortet und notierte lapidarisch:

> Philosophie sucht die Klärung der Begriffe und des Denkens. Philosophie sucht auch verschiedenartig erscheinende Ideen und Erkenntnisse unter einheitliche Gesichtspunkte zu bringen. Sie soll aber bei Verfolgung des zweiten Zieles das erste nicht preisgeben.[59]

---

[55] Wenzl [1935/49]b S. 140.

[56] in [1935/49] behandelt Wenzl u.a. RT und QM, aber auch das Leib-Seele Problem, die Willensfreiheit, das Theodizeeproblem sowie Parapsychologie und -physik.

[57] Wenzl [1935/49]b S. 151; vgl. Becher [1915] S. 188ff. und Weinstein [1915] S. 313.

[58] siehe Bavink [1913/40]b S. 133 "(einerlei, ob die Physik bei ihr bleiben wird oder nicht)" und Bavink [1927] S. 271f.

[59] CPAE, Sign. 2 064.

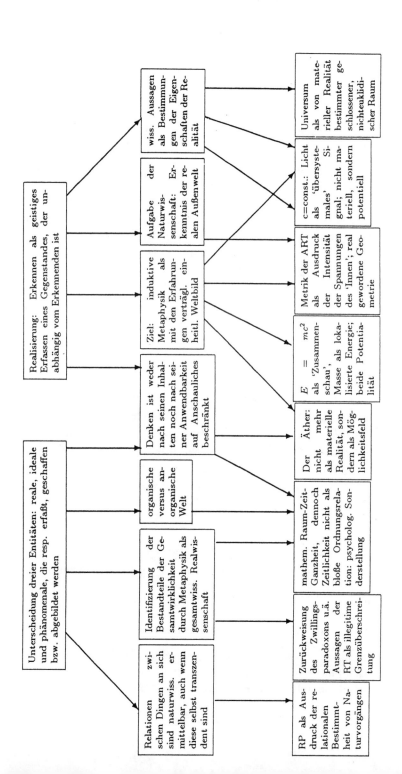

Abbildung 4.2: Übersicht zum kritischen Realismus (Külpe-Schule)

4.3   Phänomenologie (Husserl-Schule)

4.3.1   Grundzüge phänomenologischer Philosophie[1]

'Zu den Sachen.' (Maxime Edmund Husserls)

Immanuel Kant hatte mit dem Terminus 'Phaenomenon' (bzw. Plural: 'Phainomena' im Unterschied zu 'Noumena') die Erscheinungen bezeichnet, wie sie uns vermittels unserer Sinne gegeben sind. Während bei Kant gerade der Kontrast zu den *nicht* sinnlich erfahrbaren 'Dingen an sich' das Besondere der Phänomene ausmachte, versuchten später insb. Fichte und Hegel diesem Dualismus zu entgehen. Hegel untersuchte in seiner *Phänomenologie des Geistes* [1807] die Entwicklungsstufen, die der Geist durchläuft, wenn er aus der Anschauung von 'Phainomena' Schritt für Schritt zum Bewußtsein seiner Selbst als 'Noumenon' kommt. Der daraus resultierende Idealismus hatte freilich mit der alltäglichen Gegenstandswelt nur noch wenig zu tun und uferte in eine spekulative, häufig kontrafaktische 'Naturphilosophie' aus, die diese Disziplin Ende des 19. Jahrhunderts in nachhaltigen Verruf brachte.

Als der ausgebildete Mathematiker Edmund Husserl[2] (1859-1938), der Begründer der modernen "Phänomenologie",[3] den Terminus 'Phänomenologie' Anfang des 20. Jahrhunderts als Kurzbezeichnung seiner eigenen Philosophie wiederaufnahm, gab er ihm selbst erneut eine andere, engere Bedeutung: Phänomenologie war für ihn die Bezeichnung einer bestimmten Methode des Philosophierens, für ihn die einzig legitime Form strenger, wissenschaftlicher Philosophie.[4]   Die Vorstellungen Husserl darüber, was die phänomenologische Methode eigentlich ausmacht, haben sich mehrmals gewandelt[5] - darum beschränke ich mich hier auf eine knappe Umrißzeichnung nur der Charakteristika, die in vielen dieser Phasen und Varianten von

---

[1]Dieser Unterabschnitt kann übersprungen werden.

[2]zu Husserl siehe insb. seine Selbstbiographie in Ziegenfuß/Jung (Hrsg.) [1949/50] S. 569-575; vgl. z.B. Brecht [1957/78], R. Schmitt [1967]a, Claesges [1974], Sommer [1985].

[3]vgl. zu Übersichten und Einführungen hierzu Husserl [1929], [1949/50], Moog [1922] S. 248-255, Oesterreich [1923/28] Bd. 4, S. 503ff., O. Becker [1930], Aster [1935] S. 54-82, Diemer [1956], R. Schmitt [1967]b, Spiegelberg [1973].

[4]siehe z.B. Husserl [1910/11] "Philosophie als strenge Wissenschaft"; [1929] S. 702: "phenomenology, the universal science".

[5]für einen Bericht hierüber vgl. insb. R. Schmitt [1967]a, Spiegelberg [1973]. Brecht [1957/78] spricht von 3 Phasen im Werk Husserls: der Hallenser Periode (1887-1901), der Göttinger Periode (-1916) und der Freiburger Periode (ab 1916).

Phänomenologie beibehalten wurden.[6] Als Schüler von Franz Brentano[7] übernahm Husserl von Brentanos 'Psychognosis' dessen Charakterisierung mentaler Zustände durch ihre **"Intentionalität"**, d.h. ihre Gerichtetheit auf äußere Objekte. Im Unterschied zu physischen Dingen oder Prozessen, deren Bestehen niemals mit letzter Sicherheit, sondern nur hypothetisch behauptet werden könne, existiere dasjenige, was ein Subjekt psychisch empfinde, begehre, liebe, hasse etc. unzweifelhaft eben als Gegenstand dieser Empfindung, wenngleich nicht notwendig auch als intersubjektiv erfaßbares Objekt.[8]

> In prinzipieller Allgemeinheit: die wirkliche Welt, jedes ihrer Bestandstücke und alle Bestimmungen an ihnen, sind und können nur gegeben sein als intentionale Objekte von Bewußtseinsakten. Das schlechthin Gegebene sind die Bewußtseinserlebnisse, die ich habe - so wie ich sie habe.[9]

Wegen dieses besonderen, von äußeren Kontingenzen entkoppelbaren Seinsmodus interessierten sich Husserl und seine Nachfolger schwerpunktmäßig für klassische Themen der Psychologie und psychologischer Aspekte der Erkenntnistheorie.[10] Aus dieser Interessenlage ergibt sich ein äußeres Kennzeichen phänomenologischer Texte die "korrelative Betrachtungsart", mit der die Husserlianer psychologische Beobachtung, begriffliche Differenzierung und logische Analysen miteinander verflochten.[11] Den Schwerpunkten phänomenologischer Studien im Bereich der Geisteswissenschaften und der Psychologie kann meine Übersicht nicht nachgehen, sondern sie muß sich auf die Vorstellung derjenigen Merkmale phänomenologischer Philosophie beschränken, die für die Interpretation der RT relevant sind, insb. die Behandlung von Raum und Zeit (4.3.2.).

Zunächst zur Erläuterung der These Husserls von der "radikalen Neubegründung

---

[6]als am ehesten kanonischer Text gelten seine *Ideen zu einer reinen Phänomenologie und phänomenologischen Philosophie*, deren 1. Band 1913 im von Husserl zusammen mit Schülern herausgegebenen, neugegründeten *Jahrbuch für Philosophie und phänomenologische Forschung* erschien, während Husserls Entwürfe des 2. und 3. Bandes erst posthum 1952 im Rahmen der *Husserliana*-Gesamtausgabe als Bände IV und V veröffentlicht wurden - vgl. Husserl [1949/50] S. 573, Brecht [1957/78] S. 441f.

[7]zu Brentano vgl. Abschn. 5.3.

[8]siehe z.B. Husserl [1949/50] S. 517, vgl. hierzu z.B. Diemer [1956] S. 12ff., 45ff., 57ff., R. Schmitt [1967]b S. 144-145 und kritisch Natorp [1917/18] S. 235.

[9]Weyl [1918/21]c S. 3; zu Weyl vgl. 4.3.4.

[10]Findlay [1962] S. 700 spricht von Husserls Philosophie als direktem Abkömmling der Brentanoschen Psychologie.

[11]siehe dazu Husserl [1949/50] S. 570, 572.

der Philosophie" durch die Phänomenologie: in Abgrenzung zu den philosophie-historischen Systemen Kants und Hegels suchte Husserl *nicht* von einem vorge-gebenen Denkrahmen aus sich der Wirklichkeit zu nähern, sondern den umge-kehrten Weg zu gehen, und aus einer peniblen Erfassung der Charakteristika der menschlichen Erfahrungswelt ("Deskription") und sorgfältige Analyse der Fest-stellungen, die darüber getroffen werden können, Schritt um Schritt diesen Erfah-rungsbestand auf in ihm offenbar werdende Regelstrukturen untersuchen und so am Einzelnen die Wesenszüge alles Erkennbaren herauszuarbeiten ("konstitutive Phänomenologie").[12] Husserls oft zitierter Leitspruch, der hier als Motto dieses einführenden Abschnittes gedient hat, und auch seine Rede von der phänom-enologischen Philosophie als 'echtem Positivismus' hatten deshalb zuvorderst den Sinn: zurück zu einer detailgetreuen, theoretisch und konzeptuell unvorbelaste-ten Beschreibung der Eigenheiten unserer Lebenswelt und der Erfahrungen, die wir darin machen. In diesem Motiv der Hinwendung zum Studium der Vielfalt des Gegebenen, den 'Sachen selbst', berührten sich Husserls Absichten mit denen Avenarius' oder Machs,[13] und doch darf dies *nicht* als Umschreibung eines Pro-grammes mißverstanden werden, in dem es um eine Imitierung oder Verdopplung der empirischen Methoden der Naturwissenschaften gehen würde. Im Gegenteil, Husserl wußte, daß jede empirische Aussage nur an der Empirie zu prüfen sein würde, daß sich also aus empirischen Sätzen und darauf aufbauenden Verallgemei-nerungen niemals unumstößliche Gewißheiten ergeben könnten. Doch er suchte genau nach einem solchen 'fundamentum inconcussum' einer von theoretischem Ballast gereinigten **wissenschaftlichen Philosophie**, die auf logisch und psycho-logisch "letztgeklärten Grundlagen" beruhte, nach einem 'Archimedischen Punkt', von dem aus sich die Wesenszüge des menschlichen Erkennens mit unzweifelhaf-ter Sicherheit ein für allemal ergaben.[14] Wegen der hypothetischen Gültigkeit aller empirischen Aussagen und der projektierten Einbeziehung nicht-empirischer Werte, Gedanken, Gefühle etc. mußte **die phänomenologische Methode** also **nicht-empirisch** sein. Die Philosophie konnte Husserl zufolge nur dann zu einer "strengen Wissenschaft" werden, wenn ihr eine apriorische Basis gegeben wer-den konnte, d.h. wenn man aufwies, daß in ihr vermöge der phänomenologischen Methode **voraussetzungslos und autonom von den empirischen Einzel-wissenschaften** vorgegangen werden konnte. Wegen der methodischen Verschie-denheit von Naturwissenschaft und Philosophie forderte die Phänomenologie ihre "notwendige Sonderung".[15] Dieses den Thesen der Machianer und logischen Em-

---

[12]Spiegelberg [1973, S. 812] spricht von der Phänomenologie als "philosophy 'from be-low', not 'from above'." Vgl. ferner Lewin [1927] S. 76f.

[13]vgl. dazu insb. Sommer [1985], insb. S. 10ff. Sommer in: Haller/Stadler (Hrsg.) [1988] S. 309ff. sowie Brecht [1957/78] S. 447, Spiegelberg [1973] S. 811f.

[14]siehe z.B. Husserl [1910/11] S. 337: "eine radikale, von unten anhebende, in sicheren Fundamenten gründende und nach strenger Methode fortschreitende Wissenschaft"; vgl. z.B. Husserl [1949/50] S. 570, Claesges [1974] S. 88, R. Schmitt [1967] S. 97.

[15]Husserl [1910/11] S. 336; vgl. Diemer [1956] S. 20.

piristen zum engen Wechselverhältnis von Physik zu Philosophie frontal entgegenstehende Plädoyer für eine Entkopplung beider wird sich später in der Deutung der RT etwa durch Linke sehr deutlich auswirken (siehe S. 263).

Husserl und seine Schüler gingen davon aus, daß es durch eine spezielle Erkenntnisform, die **Intuition** oder **Wesensschau** (auch "anschauliches Bewußthaben" oder "Ideation" genannt) möglich sein müsse, **das Wesentliche, d.h. das notwendig-so-und-nicht-anders-Sein** zu erfassen und vom Kontingenten zu trennen. Durch die Hypostasierung dieses speziellen Erkenntnisvermögens sahen die Husserlianer die Autonomie der Philosophie als einer Disziplin, die die Grundlagen des gesamten menschlichen Wissens abklärt, gesichert.[16]

> Allgemein ist als Grundcharakter dieser 'Phänomenologie' zu bemerken, daß sie alle Feststellungen ausschließlich aus der rein immanenten Intuition schöpft und jedes Überschreiten dieser Sphäre anschaulicher Selbstgegebenheit verwehrt. Diese intuitive Evidenz kann aber nicht eine bloße empirisch-psychologische sein; alle ihre Einsichten sind apodiktische Wesenseinsichten.[17]

Um bei der Betrachtung des einzelnen sich nicht in dessen Zufälligkeiten zu verlieren, sondern zur darin verborgenen 'Essenz' vorstoßen zu können, empfahl Husserl die sog. **phänomenologische Reduktion**, gemäß der bei der Deskription die Seinsvoraussetzungen des betrachteten Gegenstandes gedanklich aufgehoben werden.[18] Dadurch erhofften sich die Phänomenologen die Aufhebung bestimmter impliziter Annahmen, die bei der Erfassung irgendwelcher Gegebenheiten normalerweise ('in natürlicher Einstellung') stets unbewußt mitgemacht werden - das Resultat dieser Reduktion, dieser 'Einklammerung', sollte ein 'reines Phänomen' sein, an dem dann in einem zweiten Schritt das Verfahren der **'freien imaginativen Variation'** greifen kann, bei dem gedanklich bestimmte Eigenschaften des Phänomens variiert werden, um zu prüfen, ob das Vorliegen dieser dem untersuchten Phänomen wesentlich anhaftet oder nicht.[19]

---

[16]z.B. Husserl [1910/11] S. 314f.; Brecht [1957/78] S. 447 berichtet, daß Husserl nach einem Vortrag über Bergson in Anspielung auf die mit diesem übereinstimmende Wertschätzung der 'Intuition' erklärte: Wir [die Phänomenologen] sind die echten Bergsonianer'; vgl. dazu Abschn. 4.10. sowie Oesterreich [1923/28] Bd. 4, S. 511, z.B. Messer [1923] S. 5, R. Schmitt [1967]a S. 98. bzw. kritisch Natorp [1917/18] S. 227f., Schlick [1918/25] § 18-20, Moog [1922] S. 252f..

[17]Husserl [1949/50] S. 572; analog z.B.[1910/11] S. 316.

[18]siehe z.B. Husserl [1929] S. 700: "instead of the matters themselves, the values, goals, utilities, etc, we regard the subjective experiences in which these appear" bzw. dt. Urfassung [1925/62] S. 279; vgl. Moog [1922] S. 252, Messer [1923] S. 5ff., sowie Mays [1970] S. 512 zu Parallelen zwischen Husserl und Whitehead.

[19]siehe Husserl [1929] S. 700, Sp. 2 bzw. [1925/62] S. 282ff., 288ff.; R. Schmitt [1967]b bringt das Beispiel, daß vermöge gedanklicher Reduktion der Anzahl der Sinne des Menschen ermittelt werden kann, daß ein Mensch ganz ohne jedwede Sinne nicht mehr als Mensch angesehen würde, so daß das mit Sinnen-behaftet-sein als konstitutiv für das

> Die universale Epoché hinsichtlich der bewußt werdenden Welt (ihre 'Einklammerung') schaltet aus dem phänomenologischen Feld die für das betreffende Subjekt schlechthin seiende Welt aus, oder, was dasselbe [ist], es tritt an die Stelle der Welt bzw. des einzelnen Weltlichen schlechthin der jeweilige Bewußtseinssinn in seinen verschiedenen Modis (Wahrnehmungssinn, Erinnerungssinn usw.).[20]

Die Suche nach einem einheitlichen theoretischen Rahmen für seine Einzelstudien (insb. über die 'Wesensgesetze' der Logik im Unterschied zu den 'Tatsachengesetzen' der empirischen Psychologie) brachte Husserl nach Abschluß seiner *Logischen Untersuchungen*, [Halle, Niemeyer, 1900/01] in noch stärkere Nähe zum Neukantianismus. Schon dort hatte er im ersten Band (mit dem auf Kants *Prolegomena* anspielenden Untertitel *Prolegomena zur reinen Logik*) von der "Idealität" bzw. "Apriorität der reinen Logik" gesprochen und damit ebenso wie die Neukantianer unter analoger Berufung auf das 'reine Denken' Stellung gegen den Psychologismus bezogen.[21] Im 2. Band der *logischen Untersuchungen* nahm er die Kantianische Urteilslehre durch die Unterscheidung analytischer und synthetischer Urteile a priori auf, und in Kants Rekurs auf die 'reine Anschauung' sah Husserl eine Entsprechung für seine eigene Vorstellungen vom Prinzip der Wesensschau.[22] In späteren Jahren verstand Husserl seine eigenen Ansatz ganz im Sinne Kants als eine moderne Form der **Transzendental-Philosophie**, vermöge der der Mensch trotz seines Behaftetseins in der Subjektivität in die Sphäre des vom Subjekt unabhängigen 'Seins' vorstoßen könne. Phänomenologie wurde nun von ihm als eine Art Metawissenschaft angesehen, als "systematische Einheit aller erdenklichen apriorischen Wissenschaften", als "das prinzipielle Organon für eine streng wissenschaftliche Philosophie".[23] Diese Phase der Philosophie Husserls, die bei einigen seiner früheren Schüler auf Kritik stieß, weil sie hierin ein Abgehen vom ursprünglichen Programm der Phänomenologie sahen, bezeichnet man auch als **transzendentalen Idealismus** bzw. als *transzendentale Phänomenologie*.

> Innerhalb der Positivität fordert echte (relativ echte) empirische Wissenschaft die methodische Fundamentierung durch eine entsprechende apriorische Wissenschaft. Nehmen wir das Universum aller möglichen empirischen Wissenschaften überhaupt und fordern eine *radikale*, von allen Grundlagenkrisen befreite Begründung, so führt das

---

Menschsein gelten kann.

[20]Husserl [1925/62] S. 282; vgl. [1929] S. 700, [1949/50] S. 573; Natorp [1917/18] S. 234f..

[21]vgl. dazu z.B. Husserl [1949/50] S. 570f., Moog [1922] S. 249f., Oesterreich [1923/28] Bd. 4, S. 504ff., Brecht [1957/78] S. 440.

[22]vgl. z.B. Husserl [1949/50] S. 571 u. Natorp [1917/18] für weitere Parallelen zum Neukantianismus, dessen Vertreter Husserls Thesen interessiert verfolgten.

[23]Husserl [1925/62] S. 296, 277; vgl. engl. Fassung [1929] S. 702, 699 sowie Moog [1922] S. 250: eine 'Theorie der Theorien', die 'nach den Bedingungen von Wissenschaft überhaupt' fragt. Vgl. krit. dazu Natorp [1917/18] S. 226.

auf das universale Apriori in der radikalen, das ist phänomenologischen Begründung.[24]

In den Interpretationen der RT etwa durch Linke und Weyl werden diese Vorbehalte gegenüber den Grenzen der empirischen Wissenschaften und die der Philosophie und ihrer intuitiven Wesensschau zugesicherte Priorität bestimmenden Einfluß nehmen (siehe insb. S. 265 u. 276).

Für meine Einordnung der Phänomenologie Husserls als eine der Varianten Kantianischen Gedankenguts neben dem kritischen Realismus (4.2.) und dem Fiktionalismus (4.4.) war ausschlaggebend, daß eine der beiden Kernannahmen Husserls, nämlich die **Voraussetzung der Existenz einer eidetischen Intuition (Wesensschau) in Entsprechung** steht **zu der Kantianischen Prämisse der Existenz von synthetischen Aprioris.** So, wie der Neukantianer durch philosophisch-begriffliche Analyse des Erfahrungsmaterials der Wissenschaften darin unabänderliche Aprioris ausmachen zu können glaubte, so sah sich der Phänomenologe in der Lage, durch Wesensschau zur Essenz des zeitlosen Seins vorzudringen.[25] **Gegenüber dem Neukantianismus verändert ist die Methode**, mit der diese Aprioris herausgearbeitet werden: während diese dort in 'transzendentaler Deduktion' aus allgemeinem Räsonnement über die 'reine Vernunft' bestimmt worden waren, praktizierten die Anhänger Husserls die phänomenologische Methode. Darum muß die Phänomenologie als eine eigenständige Schulphilosophie angesehen werden, die sich aus dem Kantianismus entwickelte.[26] Diese beiden Kernsätze der Phänomenologie sind es auch, von denen ich im folgenden zeigen werden, wie sie die Haltung der Husserl-Schüler gegenüber der RT und den dort gemachten Behauptungen bestimmten.

---

[24]Husserl [1925/62] S. 198; vgl. [1929] S. 701 sowie insb. Husserls *Die Krisis der europäischen Wissenschaften und die transzendentale Phänomenologie*, 1936 teilw. veröffentlicht in *Philosophia* [Belgrad], erst 1954 als Bd. 6 der *Husserliana* vollständig publiziert. Vgl. ferner Brecht [1957/78] S. 446ff.

[25]Wenzl [1924, S. 16] faßt deshalb unter 'Apriorismus' die kritizistischen und phänomenologischen Ansichten zusammen.

[26]zu diesem Ergebnis kommen etwa auch Geiger [1921] S. 31, Moog [1922] S. 249, 252; Aster [1935] S. 54ff.; vgl. ferner Natorps [1917/18] Kritik der Abweichungen Husserls von Kantianischem Terrain.

4.3.2 Phänomenologie des Raumes und der Zeit

Spätestens seit Husserls 1905 verfaßter und im Schülerkreis verbreiteter *Phänomenologie des inneren Zeitbewußtseins*[27] waren die Themen Zeit und Raum eines der wichtigsten Studienfelder des Brentano-Schülers und der sich um sammelnden Phänomenologen geworden. Dies gilt übrigens auch für den anderen Zweig der Brentano-Schule um Anton Marty (1847-1914) und seinen Nachfolger Oskar Kraus, in deren Philosophie Elemente der Phänomenologie, des Fiktionalismus und des Neukantianismus in etwas anderer Weise als bei Husserl verbunden werden.[28] Das eigentliche Motiv für die nähere Beschäftigung Husserls und seiner Schüler mit diesem Thema mag die Aussicht gewesen sein, das positivistische Dogma von Empfindungen als irreduziblem, elementarem Gegebenen dadurch erschüttern zu können, daß man nachweist, wie in ihnen bereits ein sie allererst konstituierendes Zeitbewußtsein wirkt.[29] Doch Raum und Zeit waren auch deshalb interessant, weil in diese topoi die empirischen Resultate der Wahrnehmungspsychologie und -physiologie ebenso hineinspielten wie theoretische Aussagen etwa der Geometrie (über nichteuklidische Räume) oder der modernen Physik (SRT). Die gesamte phänomenologische Literatur zu Raum und Zeit wird beherrscht von einem darin durchgängig anzutreffenden **Dualismus je zweier Zeiten und zweier Räume**, deren Polarität je nach Kontext bzw. Autor durch die Begriffspaare in Tabelle 4.1. bezeichnet wird:[30] Einer nicht quantifizierbaren 'ursprünglichen Räumlichkeit' als einer nur durch phänomenologische Wesensschau erschließbaren Qualität wird ein abgeleiteter, uneigentlicher metrisierter Raum der empirischen Wissenschaften gegenübergestellt; ebenso kontrasiert eine 'wesenhafte Zeitlichkeit' mit einer 'öffentlichen Zeit der Alltäglichkeit', die durch Uhren angezeigt und gemessen werden kann. Diese Polarität erinnert an die kategorische Abgrenzung der Zeit und des Raumes verstanden als Anschauungsformen a priori von den gemessenen Zeiten und gemessenen Räumen, die im Neukantianismus die verbreitetste Immunisierungsstrategie (I-1) bestimmt hatte (siehe dazu Abschn. 4.1.3 (I-1)) sowie an die Zeitauffassung Bergsons (Abschn. 4.10.) Das letzte Wortpaar zeigt insb. an, daß die Phänomenologen ebenso

---

[27]erschienen 1929 im 9. *Jahrbuch für Philosophie und phänomenologische Forschung*, herausgegeben vom Husserl-Schüler Martin Heidegger.

[28]siehe z.B. Marty [1916], O. Kraus (Hrsg.): 'Zur Phänomenognosie [sic] des Zeitbewußtseins. Aus dem Briefwechsel Franz Brentanos mit Anton Marty [...]', *Archiv für die gesamte Psychologie* **75** [1930], S. 1-24 sowie zu Kraus Abschn. 5.3.

[29]dies behauptet jedenfalls Brecht [1957/78] S. 443.

[30]vgl. dazu z.B. die Übersicht in Gent [1930] S. 351ff. insb. S. 357; natürlich ist das Vorliegen dieses Dualismus kein hinreichendes, wohl aber ein notwendiges Kriterium für die Zurechnung eines Autors zur phänomenologischen Schule.

wie das Gros der Neukantianer der nicht-metrisierten Zeit und dem nicht-metrisierten 'eigentlichen' Raum eine Vorrangstellung einräumten. Entsprechend vertraten sie auch die Auffassung, daß die Phänomenologie als die Wissenschaft, die diese 'primären' Anschauungsformen untersucht, gegenüber der Mathematik und Physik methodische Vorrangstellung habe.

primär	sekundär	Autor
phänomenologisch	kosmisch	Husserl
erscheinend	naturalistisch	"
präempirisch	empirisch	"
immanent	objektiv	"
Erlebniszeit	Weltzeit	"
Zeitbewußtsein	Zeit der Natur	"
Raum: Ausbreitung	Ausdehnung	"
(v. Empfindungen)	(v. Raumdingen)	
Wahrnehmungsraum	objektiver Raum	"
eigentlich	uneigentlich	Heidegger
ursprünglich	vulgär	"
wesenhaft	abkünftig	"
Innerzeitigkeit	Uhrenzeit	"
	Naturzeit	Becker
Zeit: Form des Erlebnis-	zeitlicher	Weyl
bzw. Bewußtseinsstromes	Ablauf	
Dauerndes Jetzt mit	abstrakte Zeit	"
wechsendem Inhalt	(homogen)	
Raum: Form der körper-	Form der	"
lichen Wirklichkeit	Außenwelt	
wahre Zeit	Scheinzeit	Conrad-Martius
vital	avital	Scheler
phänomenal	transphänomenal	Linke
erlebt	gedacht	Spengler
Zeit: Prozeß der	Aufzeichnung des	M. Merleau-Ponty
Selbsterzeugung	Zeitverlaufs	

Tabelle 4.1: Raum- und Zeitdualismus in der Phänomenologie

1923 legte der Husserl-Adept Oskar Becker (1889-1964) seine *Beiträge zur phänomenologischen Begründung der Geometrie und ihrer physikalischen Anwendung* vor. Bemerkenswert hieran war insb. der Versuch Beckers, in einer ganz in Kantischer Manier durchgeführten "transzendentalen Deduktion" nachweisen zu wollen, daß die Dreidimensionalität des homogenen Raumes der klassischen Physik eine der "Bedingungen der Möglichkeit einer Welt überhaupt" sei.[31] Für ihn ergab sich die der homogene Raum der Physik aus einer Erweiterung der Orientierungsräume, die der Mensch aus Erfahrungen mit den Bewegungen seines Leibes abgeleitet habe. Durch die stufenweise Rekonstruktion der allmählichen Herausbildung der Raumanschauung aus 'präspatialen Schichten" der menschlichen Erfahrungswelt glaubte Becker zeigen zu können, daß der homogene Raum der Physik als "anschaulicher Rahmen jeder möglichen intersubjektiven Welt" notwendig euklidisch sein müsse.[32] Nichteuklidische Geometrien wie z.B. die sphärische Geometrie Riemanns oder die hyperbolische Bolyai-Lobatschevskis hatten für Becker nur symbolische Bedeutung, da sie seiner Überzeugung nach nicht anschaulich vorstellbar waren.[33] Dieser These Beckers von der anschaulichen Bevorzugung der Euklidizität[34] widersprach insb. Hans Reichenbach, der nicht nur aufzeigte, daß der Schluß von einer etwaigen Sonderstellung der euklidischen Geometrie auf ihre notwendige Realisierung in der Natur ungerechtfertigt war, sondern auch die These der Unanschaulichkeit nicht-euklidischer Geometrien durch einige Gegenbeispiele zu widerlegen suchte.[35] Nachdem Reichenbach in seiner *Raum-Zeit-Lehre* die euklidische Struktur des Anschauungsraumes damit begründet hatte, daß es nur die Beschaffenheit unserer lokalen Umgebung war, die den Menschen gerade diese Geometrie im Laufe seiner Evolution bevorzugen ließ, reagierte Becker mit einem erneuten Versuch, die Struktur des Anschauungsraumes apriorisch, also ohne Ansehung solcher kontingenten Eigenschaften und entwicklungspsychologischer Argumente, durch Wesensanschauung zu begründen. Doch Reichenbach bestand weiterhin auf der Überzeugungskraft seiner 'anschaulichen' Beispiele für nichteuklidische Geometrien (u.a. eine Torusgeometrie und eine um eine Farbskala ergänzte Geometrie, die für ihn bewiesen, "daß die euklidische Geometrie auch in Bezug auf Anschau-

---

[31]Becker [1923] S. 492ff. sowie kritisch dazu Gent [1930] S. 360f.

[32]ibid., S. 497.

[33]ibid., S. 509, 552.

[34]wiederum eine bemerkenswerte Parallele zu neukantianischen Thesen im Rahmen der sog. Geometriedebatte Ende des 19. Jahrhunderts - vgl. Belege in Abschn. 4.1.2.

[35]Reichenbach [1928]a S. 57: "Was logisch widerspruchsfrei ist, ist auch anschaulich vorstellbar".

lichkeit keine absolute Vorzugsstellung innehat.[36] Das problematische an
den Thesen von Phänomenologen wie Becker zur Struktur von Raum und
Zeit war die **Vermengung psychologischer Befunde** über die Struktur
optischer, haptischer und akustischer Wahrnehmungsräume **mit Aussagen über den physikalischen Raum** als idealisierter Mannigfaltigkeit
zur Darstellung von Naturprozessen. Auf die Verschiedenheit dieser Raumtypen wies besonders nachdrücklich Rudolf Carnap hin.[37]

Bemerkenswert scheint mir, daß es nicht die Orientierung auf Themen
der empirischen *Psychologie* wie eben Zeitempfinden und Raumanschauung
gewesen sein kann, die zu der systematischen Verzeichnung der *physikalischen* Aspekte von Raum und Zeit geführt hat. Aus der **Schule des experimentellen Psychologen** Carl Stumpf (1848-1936) hervorgegangene
Studien der Gestalttheoretiker Max Wertheimer (1880-1943) und Wolfgang
Köhler (1887-1967) über den psychologischen Ursprung der Raumvorstellung, die Gestalterfassung von Bewegungsvorgängen und die Eigentümlich-
keiten der Wahrnehmungsräume[38] machten diese Vermengung verschiedener Raumtypen ebensowenig mit wie die Psychologen um Jean Piaget,[39]
weil sie anders als die Phänomenologen eben keine transempirische Erkenntnisquelle neben den einzelwissenschaftlichen Forschungen zuließen.

4.3.3   Die Interpretationen der RT durch Linke und Geiger

Paul Ferdinand Linke[40] (1876-1955) kam aus der experimentellen Psychologie zur Phänomenologie Husserls, zu der er insb. erkenntnistheoretische
Studien beitrug. Auf dem Als-Ob-Kongreß trug der in Jena als Professor für Philosophie lehrende Linke seine *Betrachtungen über Relativitätstheorie, Logik und Phänomenologie* vor, in denen er grob gesagt für eine
durchgängige "Arbeitsteilung" zwischen Physik und Philosophie
plädierte, und zwar ganz im Sinne des Husserlschen Plädoyers für die Sonderung von Ideal- und Realwissenschaften (siehe S. 258).

> Soweit [...] das Einsteinsche Formelsystem also empirisch bestätigt
> ist, besteht [...] keinerlei Zweifel an der Richtigkeit der Einsteinschen

[36]Reichenbach [1933]b S. 42, siehe auch Reichenbach [1928]a, [1931]a, Becker [1930]
sowie Wenzl [1924] S. 113ff., Strohal [1928] S. 44, Grelling [1930] S. 119f.; vgl. Zittlau
[1981] S. 103ff., 223f. und dortige Ref.

[37]Carnap [1922]; zu Carnap vgl. Abschn. 4.7. sowie z.B. Grelling [1928] S. 110.

[38]siehe z.B. Oesterreich [1923/28] Bd. 4, S. 523ff. sowie Stumpf [1873], Köhler [1920],
Wertheimer [1945/59]; vgl. ferner Schmied-Kowarzik [1910].

[39]zu Piaget vgl. Abschn. 4.12. sowie z.B. Piaget [1948/74]c S. 10.

[40]zu Linke siehe Oesterreich [1923/28] Bd. 4, S. 514.

Theorie. Sie ist wirklich die außerordentliche Bereicherung der mathematischen Physik, für die sie ausgegeben wird. [...] Diese Physik arbeitet unter Ausschluß der Philosophie. Das bedeutet natürlich alles andere als ein Vorwurf, denn die Physik hat ein Recht Physik und nur Physik zu sein. Wohl aber bedeutet es eine Ergänzungsbedürftigkeit nach anderer Richtung.[41]

Diese 'andere Richtung' wurde natürlich für Linke durch das Gebiet der 'reinen Phänomene' vorgegeben, das nur der phänomenologischen Methode zugänglich ist und "allen anderen Wissenschaften transzendent ist".[42] Solange die Physiker bei ihren Leisten (sprich Maßstäben zur Raum- und Uhren zur Zeit*messung*) blieben und nicht den Anspruch erhöben, Aussagen über den Raum als 'ideellen Gegenstand' zu machen, war für den Phänomenologen Linke alles beim besten,[43] doch sobald darüber hinausgehende Ansprüche (etwa auf eine Revision der Konzepte von Raum und Zeit) angemeldet würden, müsse er Widerspruch einlegen, denn damit sei die ausschließliche Domäne der Phänomenologen berührt. Für die von ihr erfaßten 'ideellen Gegenstände" vermöge sie nämlich, "unmittelbar aus sich selbst heraus [zu] entscheiden [...], ob ein Satz zu Widersinn führt und darum falsch ist - auf Grund des bloßen korrekten Denkens im Hinblick auf eine bestimmte, klar gegebene (zur Selbstgegebenheit gebrachte) Sache".[44]

Und dieses als voraussetzungslos ausgegebene, vermeintlich 'bloß korrekte Denken' Linkes führte ihn angewandt auf das Thema 'Zeit' zu folgender 'Beweisführung' gegen die "verbreitetste und beliebteste Ausdeutung" der RT als Weltanschauungs-erschütternder Theorie:

die Zeit kann phänomenologisch erschaut werden: ich bedarf sogar der individuellen Gegenstände der wirklichen Welt in keiner Weise, um zu wissen, was Zeit ist. [...] Am konkret gegebenen Geschehnis können die richtigen die Zeit unmittelbar konstituierenden Eigenschaften erschaut werden [...]. [...] jedes beliebige Geschehnis führt zu demselben durch ganz identische Merkmale ausgezeichneten ideellen Etwas, das wir eben Zeit nennen. M.a.W.: es gibt nur eine Idee 'Zeit'.[45]

Das klingt noch immer wie eine harmlose Erörterung über eine metaphysische Idee 'Zeit', die sich die Phänomenologen aus 'Wesensschauung' ihres

---

[41] Linke [1921] S. 404.

[42] ibid., S. 431.

[43] darin äußert sich die Verwandtschaft mit dem Neukantianismus - vgl. 4.1.3. (I-1).

[44] ibid, S. 433, 426; Linke unterschied zwischen logischem Widerspruch (von dem er die RT freisprach) und 'phänomenalem Widersinn', den er in ihr gegeben sah [1921, S. 437]. Vgl. Kommentare dazu in Abschn. 2.3 und in Wenzl [1924] S. 89f.

[45] Linke [1921] S. 434, 435; vgl. dazu Wenzl [1924] S. 91ff.

Bewußtseins einschließlich der phantasierten oder geträumten Erlebnisse frei definierten, doch im nächsten 'Beweis'schritt forderte Linke, daß auch die empirische Zeit dieser Idee ebenso zu subsummieren sei, wie das empirische Rot der Idee Rot untersteht:

> auch die empirisch-physikalische Zeit [ist] nur ein empirisches Etwas, das eben der Idee Zeit untersteht und folglich unbedingt die Eigenschaften haben muß, die auch der ideellen Zeit zukommen.[46]

Mit dieser Aussage über die vorausgesetzte Isomorphie zwischen 'ideeller' und 'empirischer' Zeit geriet Linke aber in frontalen Kollisionskurs mit Aussagen der RT, die dann auch kurzerhand als 'unmöglich', als 'unzulässig' abgelehnt wurden:

> Damit ist natürlich die Relativität der Gleichzeitigkeit unmöglich gemacht. Denn wenn die Zeit überall und immer gleichartig ist und es folglich keine verschiedenen 'Systemzeiten' gibt, müssen alle zeitlichen Distanzen in allen Bezugs-Systemen dieselben bleiben; was hinsichtlich des einen gleichzeitig ist, kann nicht hinsichtlich des anderen zeitlich auseinandergezerrt sein.
>
> [...]. Die Möglichkeit einer Verschiedenartigkeit des Zeitverlaufes [...] muß auf Grund der Lehre von der Homogenität der Zeit abgelehnt werden. [...]. In diesem Sinne muß die Zeit ohne Frage absolut genannt werden.[47]

Die gleiche Homogenität wurde von Linke in ausdrücklichem Widerspruch zur ART mit ihrer ortsabhängigen Riemannschen Geometrie auch für den Raum behauptet, der sich von der in ihm befindlichen Materie ihm zufolge gerade dadurch wesensmäßig unterscheide, daß dessen Raumteile voneinander ununterscheidbar seien.[48] Auch wenn Linke bemüht war zu betonen, daß er sich nicht gegen die RT als solche, sondern nur gegen die populären und philosophischen Interpretationen von ihr wendete, die in ihr Aussagen von philosophischer Relevanz sahen, so muß doch vermerkt werden, daß die RT nach diesem 'Beweis'gang zu einem empirisch bestätigten Formelsystem degradiert, dem ausdrücklich verwehrt war, in die Belange der höherrangigen Phänomenologie einzugreifen. Nicht umsonst kam Linke am Ende seines Vortrages, ratlos ob der Frage, wieso eine Theorie, die wesenhaften Einsichten über Zeit und Raum so fundamental widersprach so gut

---

[46]ibid., S. 437. Im Gegensatz dazu stellt Wenzl [1924, S. 97] fest: "Über die Zuordnung eines konkreten Falles zu einem ideellen Merkmal ist a priori nichts zu sagen".

[47]Linke [1921] S. 437.

[48]Linke [1921, S. 437] verweist hier auf Stallo [1901] S. 234; vgl. dazu kritisch Wenzl [1924] S. 111f.

bewährt sein konnte, auf den Gedanken, daß es sich in der RT vielleicht um Fiktionen im Sinne Vaihingers (siehe Abschn. 4.4.) handeln könne, denn eine etwaige Wirklichkeitsgeltung der RT ließ sich mit der unterstellten Isomorphie von phänomenologisch bestimmter Idee und empirischer Realität nicht mehr vereinbaren.

Vereinzelt wurde an dieser Stelle die phänomenologische Methode dadurch zu verteidigen gesucht, daß man den nicht physikalisch vorgebildeten Phänomenologen, die wie Linke zumeist aus der Psychologie kamen, ein ihrer Unkenntnis entsprungenes Überspannen der Absichten des Programmes der Phänomenologie bescheinigte, und die legitimen Aussagen der Phänomenologie auf ein engeres Feld beschränkte:

> ob die Welt von der Art ist, daß die Wirklichkeit jeweils durch einen Momentanzustand in einem dreidimensionalen Raum gegeben ist, das zu entscheiden, überschreitet die Kompetenz auch der phänomenologischen Erfahrung. Wir können über Raum und Zeit als über ideelle Gegenstände auf Grund phänomenologischer Erfahrung mancherlei aussagen [...]. Das Jetzt, Früher-Später, die Unterschiedslosigkeit, Stetigkeit, Fortsetzbarkeit, das gilt natürlich auch für die Systemzeiten, aber diese Systemzeiten sind unwirklich nur wenn 'die Zeit' wirklich ist. [...]. Ob die Systemzeit oder die absolute Zeit als Fiktion zu werten ist, darüber entscheidet also nach unserer Auffassung auch die phänomenologische Erfahrung nicht.[49]

Man kann Wenzls Revisionsvorschlag in Analogie zur Strategie (R-2) der Neukantianer sehen, weil auch hier ein 'Rückzug' auf allgemeinere Aprioris unternommen wird, über die von Seiten der Philosophen weiterhin 'ungefährdet' von einzelwissenschaftlichen Forschungsresultaten Aussagen gemacht werden können. Doch wie beim Neukantianismus zeigt die Häufigkeit, mit der aus phänomenologischer Perspektive Vorbehalte gegenüber der Raum- und Zeitauffassung in der ART resp. SRT geäußert wurden, daß hier ein *systematisch* bedingter Interpretationsdefekt lag, der *nicht* einfach mit Unkenntnis erklärt werden kann. Dies wird insb. meine Fallstudie zu Weyls Interpretation der RT und seiner theoretischen Variante in 4.3.4. erweisen.

Moritz Geiger[50] (1880-1937), ursprünglich Schüler Wilhelm Wundts und Theodor Lipps, später einer der Hauptvertreter der "deskriptiven Phänomenologie", behandelte vorwiegend Themen der Ästhetik unter phänomenologischem Gesichtspunkt. Im tradierten Sinne der Ästhetik als 'Anschauungslehre' war es nur konsequent, daß er sich in den 20er Jahren auch der Geometrie und den beiden RT mit ihren neuen (Minkowskischen

---

[49]Wenzl [1924] S. 99f.
[50]zu G. vgl. Moog[1922] S. 256, Oesterreich[1923/28] **4**, S. 515f., Zeltner[1960],[1964].

bzw. Riemannschen) Raumzeitgeometrien zuwandte. Auf Geigers interessante *systematische Axiomatik der Euklidischen Geometrie* [1924] kann ich hier nicht weiter eingehen.[51] Doch so wie Geiger die Ausführungen Hilberts zur axiomatischen Grundlegung der Geometrie gereizt hatten, über die Gründe nachzudenken, mit denen Axiomensysteme aufgestellt werden und eine Ordnungsmöglichkeit der verschiedenen Axiomensysteme gemäß dem Grad ihrer Angemessenheit an die zu beschreibende Gegenstandswelt in einer "Wesensaxiomatik" zu erwägen, so reizte ihn auch die philosophische Auseinandersetzung mit den nicht minder provozierenden Setzungen der RT. Nichteuklidische Geometrien und die Relativierung des Zeitbegriffes waren gleichermaßen als Umsturz des ganzen Denkens ausgegeben und zum Beweis der Unbrauchbarkeit der alten kantischen Kategorien angeführt worden.[52] Typisch für die philosophiehistorische Stellung, die die Phänomenologie als Abzweiger des kritischen Idealismus einnimmt, ist die Antwort, die Geiger auf diese Herausforderungen gibt:

> Es ist in Wahrheit *nicht* so, daß entweder die Relativitätstheorie fallen muß oder der Apriorismus. Gewiß, bestimmte extreme Ausprägungen des Apriorismus sind mit der Relativitätstheorie nicht vereinbar. Aber der Apriorismus - selbst kantischer Färbung - zeigt verschiedene Formen, und ich glaube, daß ein gemäßigter Apriorismus sich ebensogut mit der Relativitätstheorie vereinen läßt, wie Positivismus und empirischer Realismus. Und eine solche Deutung im Sinne des Apriorismus möchte ich Ihnen geben - *im Sinne eines Apriorismus freilich, der sich nicht mehr in Kantischen Bahnen bewegt.*[53]

Diese Deutung der RT lief kurz gesagt darauf hinaus, daß Geiger eine **phänomenale und eine transphänomenale Sphäre** voneinander unterschied. Für die phänomenale Welt der Anschauung gelten apriorische, von der Phänomenologie bestimmbare, Gesetzmäßigkeiten wie etwa die Dreidimensionalität und Euklidizität des Raumes, die Einzigkeit der Zeit und die absolute Bedeutung der Gleichzeitigkeit. Die Physik hingegen versuche sich im Erfassen einer transphänomenalen Wirklichkeitsschicht, in der die Anschauungsformen von Raum und Zeit durch ein unanschauliches vierdimensionales Kontinuum ersetzt würden. Jeder Eingriff der Physik in

---

[51]siehe insb. Fraenkel [1924] Stammler [1927].

[52]"Der extreme Apriorismus hat es schwerer, sich mit der Relativitätstheorie in ihren relativistischen Bestandteilen abzufinden: daß es eine unabhängige objektive Zeit gibt, scheint ihm ein apriorischer Satz, und daß der Raum ein euklidisches Gebilde ist desgleichen - wie soll eine solche Anschauung mit der Relativitätstheorie in Übereinstimmung gebracht werden?".

[53]Geiger [1921] S. 31, Hervorhebung K.H.

die phänomenale Schicht verbiete sich, so Geiger, ebenso wie umgekehrt die vorwitzigen Versuche derer, die ihre anschaulichen Einsichten in der Physik wiederzufinden verlangen:

> Die Physik kann die apriorischen Gesetzmäßigkeiten nicht widerlegen, weil sie nicht widerlegbar sind. [...] Die Beschaffenheit des Phänomenalen ist nur im Phänomenalen selbst erkennbar.[54]

Aufgrund dieser Entkopplung von naturwissenschaftlich bestimmter Empirie und apriorisch erfaßbarer Phänomenologie kommt Geiger auch zur scharfen Zurückweisung der Deutung der RT als revolutionärem oder relativistischem Umsturz des Denkens.[55] Entgegen dem 1921 weitvertreteten Mißverständnis der SRT als Relativismus erkannte Geiger sehr wohl, daß Raum und Zeit nur deshalb relativiert wurden, um forminvariante (wenn man so will: absolute) Naturgesetze zu erhalten. Die im Vergleich mit zeitgenössischen Traktaten ungewöhnlich ausgewogene Darstellung der 'relativistischen' und 'absolutistischen' Komponenten der SRT, der Relativierung herkömmlicher Begriffe mit dem Effekt der "Verabsolutierung der Naturgesetze",[56] und die Untersuchung des Bedeutungswandels von 'absolut' bei der Ablösung der klassischen Physik durch die RT bilden sicher die stimmigsten Teile der Geigerschen Abhandlung über die *philosophische Bedeutung der Relativitätstheorie*, während sein Versuch der Einordnung der RT in den Apriorismus nur den überzeugen kann, der den für die gesamte Phänomenologie so bezeichnenden durchgängigen Dualismus von 'phänomenal' und 'transphänomenal' mitzumachen bereit ist.

Andere Schüler und Philosophen im Umkreis Husserls[57] haben sich, soweit ich sehe, nicht ausdrücklich zur RT geäußert. Dies gilt insb. auch für den Freiburger Nachfolger Husserls, Martin Heidegger (1889-1976), dessen Hauptwerk *Sein und Zeit* gedankliche Elemente der Phänomenologie und des Existentialismus verband. Die RT wurde in dieser breit angelegten Untersuchung zur "Zeitlichkeit des Daseins" mit folgender Anmerkung abgespeist:

> Auf das relativitätstheoretische Problem der Zeitmessung ist hier nicht einzugehen. Die Aufklärung der ontologischen Fundamente dieser

---

[54] Geiger [1921] S. 34.

[55] die SRT und ART "rechtfertigen nicht jene abenteuerlichen Folgerungen, die man in populären Artikeln für unsere Erkenntnistheorie gezogen hat" (Geiger [1921] S. 39). Für Beispiele hierfür siehe Belege in Abschn. 2.5.

[56] Geiger [1921] S. 12; vgl. für kontrastierende Beispiele Abschn. 2.4.

[57] Zur phänomenologischen Schule und ihrem Umfeld vgl. z.B. Oesterreich [1923/28] Bd. 4, S. 513ff., R. Schmitt [1967]b S. 150, Spiegelberg [1973] S. 811.

Messung setzt schon eine Klärung der Weltzeit und der Innerzeit-
lichkeit aus der Zeitlichkeit des Daseins und ebenso die Aufhellung
der existenzial[!]-zeitlichen Konstitution der   Naturentdeckung und
des zeitlichen Sinnes von Messung überhaupt voraus. Eine Axiomatik der physikalischen Meßtechnik fußt auf diesen Untersuchungen und
vermag ihrerseits nie das Zeitproblem als solches aufzurollen.[58]

Für den Einfluß der Phänomenologie auf andere Philosophenschulen sei
insb. auf Aloys Wenzl (siehe Abschn. 4.2.) und Max Scheler (siehe Abschn.
4.10.) verwiesen, die Bindeglieder zum kritischen Realismus bzw. zur Lebensphilosophie darstellten.[59] Angesichts der am Beispiel Heideggers noch
einmal deutlich gewordenen **Außerachtlassung der RT durch die meisten Phänomenologen** (mit den besprochenen Ausnahmen Linkes und
Geigers) ist es umso überraschender, daß Husserls Werk Anklang bei einem
der brillantesten Mathematiker dieses Jahrhunderts gefunden hat, auf dessen 'Implementation' der Husserlschen Philosophie in seiner eigenen, sehr
detaillierten Behandlung der RT ich jetzt noch in einer Fallstudie eingehe.

4.3.4   Fallstudie Hermann Weyl

> Ihr Gedankengang ist von wunderbarer Geschlossenheit. [...] Abgese-
> hen von der Übereinstimmung mit der Wirklichkeit ist es jedenfalls eine
> grandiose Leistung des Gedankens.
> AE an H.Weyl, 8. April 1918, CPAE Sign. 24-016.

Ich war bereits im Zusammenhang mit der Besprechung von Alternativen
zur ART in Abschn. 1.5. auf Hermann Weyl[60] (1885-1955) zu sprechen
gekommen. In einigen Passagen seiner Schriften, "zwischen schwer mit
mathematischen Formeln beladenen Seiten versteckt wie die Märchenprin-
zessinnen zwischen Drachengefahren",[61] und in seiner Korrespondenz mit
AE lassen sich Wirkungen der Phänomenologie Husserls nachweisen. Am
deutlichsten ist eine Anmerkung zur Einleitung seines für mathematisch
vorgebildete Leser sehr empfehlenswerten Buches über die ART *Raum,
Zeit, Materie*,[62] wo Weyl im Anschluß an eine erkenntnistheoretische Passage feststellt: "Die präzise Fassung dieser Gedanken lehnt sich aufs eng-

---

[58]Heidegger [1925/27]a S. 417-418.
[59]siehe dazu auch Moog [1922] S. 256, Oesterreich [1923/28] Bd. 4, S. 512, Aster [1935].
[60]zu Weyl vgl. Ziegenfuß/Jung (Hrsg.) [1949/50] Bd. 2, S. 866, Hölling [1971] S. 19-25,
Dieudonné [1976].
[61]Weyl (Ref.) [1922] Sp.1.
[62]1. Aufl. 1918. AE nannte dieses Werk nach Lektüre der Druckfahnen am 8. III. 1918
in einem Brief an Weyl begeistert eine "Meister-Symphonie" (CPAE, Sign. 24-009-1).

ste an Husserl an".[63] Diese Fallstudie zu Weyl wird im Rahmen meiner Dissertation der einzige Fall sein wird, wo die Rückwirkung einer philosophischen Haltung auf die einzelwissenschaftliche Forschungsarbeit belegt werden kann. Im folgenden werde ich also zu zeigen versuchen, wie Weyl einige der Motive der Philosophie Husserls in seiner Suche nach einer stimmigen Alternative zur ART Einsteins konstruktiv aufnimmt.

Zunächst findet sich bei Weyl wie bei allen anderen phänomenologisch argumentierenden Autoren auch der charakteristische Dualismus zweier Räume und zweier Zeiten, wobei eine davon dem "reinen Bewußtsein" als "Sitz des philosophischen a priori" zugeordnet wird und ausdrücklich der rationalen Begreifbarkeit enthoben wird:

> Die Urform des Bewußtseinsstromes ist die Zeit. Es ist eine Tatsache, sie mag noch so dunkel und rätselhaft für die Vernunft sein wie sie will, aber sie läßt sich nicht wegleugnen und wir müssen sie hinnehmen, daß die Bewußtseinsinhalte sich nicht geben als seiend schlechthin [...] sondern als *jetzt-seiend*, die Form des dauernden Jetzt erfüllend mit einem wechselnden Gehalt [...]. Reißen wir uns in der Reflexion heraus aus diesem Strom und stellen uns seinen Gehalt als ein Objekt gegenüber, so wird er uns zu einem *zeitlichen Ablauf*, dessen einzelne Stadien in der Beziehung des *früher und später* zueinander stehen.[64]

Die gesamte Einleitung zu Weyls Lehrbuch ist in diesem 'dunklen' phänomenologischen Stil geschrieben, der dann mit dem Themenwechsel von der Zeit zum Raum im Kapitel 1 recht schnell in eine überaus sachliche und klare Sprache des Mathematikers Weyl wechselt, als der er fast ausschließlich gewirkt hat.

Nun zu den Spuren phänomenologischer Philosophie in der Raumauffassung Weyls. Ich hatte in Abschn. 1.5. bereits erwähnt, daß die markanteste Abweichung der theoretischen Alternative Weyls zur ART darin bestand, daß er Nichtintegrabilität der Länge forderte, d.h. daß sich in Weyls Theorie die Länge eines Maßstabes i.a. änderte, wenn man diesen im Raum verschob. Der philosophische Hintergrund dieser Annahme, daß Längen- und Richtungsänderungen bei Transport in Weyls "Weltmetrik mit Infinitesimalgeometrie" zugelassen wurden, ist darin zu sehen, daß eine unmittelbare Feststellung der Länge eines Körpers für Weyl nur dadurch gegeben sein konnte, daß man einen Maßstab zu diesem transportierte und an diesen anlegte. Durch 'Wesensanalyse' des räumlichen Meßvorganges kam Weyl also zu dem Schluß, daß Längenangaben nur lokal, im unmittelbaren Umkreis des Vermessenden, phänomenal gegeben sind, während die

---

[63]Weyl [1918/23]c S. 325; Weyl zitiert dann Husserls *Ideen* Bd. 1 (1913).
[64]Weyl [1918/23]c S. 5, Hervorh. Orig.

in Einsteins ART gemachte Annahme einer direkten Meßbarkeit entfernter Objekte von Weyl als unbegründet zurückgewiesen wurde. In dieser Argumentation zeigt sich genau das von Husserl geforderte 'Zu den Sachen', d.h. der Wunsch nach vorurteilsfreier Erfassung des 'reinen Seins der Dinge' unter Elimination aller unnötigen theoretischen Prämissen, die der 'natürlichen Einstellung' oft unbewußt zugrundeliegen.

In der SRT Einsteins sah Weyl bereits einen ersten Schritt in dieser Richtung, hatte doch Einstein aufgeräumt mit der unklaren Prämisse des unmittelbar Gegebenseins einer absoluten Gleichzeitigkeit. In seiner Alternative zur ART sah Weyl konsequenterweise die direkte Fortsetzung dieses von AE eingeschlagenen Weges - was dieser für die Zeit geklärt hatte, wollte Weyl für den Raum nachholen, bei dessen Analyse Einstein Weyl zufolge noch in den Vorurteilen des common-sense befangen gewesen sei.

Wie in Abschn. 1.5. bereits belegt, reagierte Einstein auf diese Thesen Weyls skeptisch, indem er die Plausibilität der Nichtintegrabilität von Maßstäben in Zweifel zog. Er wies darauf hin, daß bislang nie eine solche Abhängigkeit der Maßstäbe von ihrer Vorgeschichte bemerkt worden sei. Zwei gleichlange Maßstäbe wären nach Transport auf verschiedenen Wegen bei Zusammenführung stets wieder gleichlang und die Frequenzen der Spektrallinien chemischer Elemente wären ebenfalls (abgesehen von der relativistischen Abhängigkeit vom Gravitationspotential) ortsunabhängig. Die gleiche Transportunabhängigkeit zeige sich auch bei der Ganggeschwindigkeit von Uhren:

> So schön Ihr Gedanke ist, muss ich doch offen sagen, dass es nach meiner Ansicht ausgeschlossen ist, dass die Theorie der Natur entspricht. Das ds selbst hat nämlich reale Bedeutung. Denken Sie sich zwei Uhren, die relativ zueinander ruhend nebeneinander gleich rasch gehen. Werden sie voneinander getrennt, in beliebiger Weise bewegt und dann wieder zusammen gebracht, so werden sie wieder gleich rasch gehen, d.h. ihr relativer Gang hängt nicht von der Vorgeschichte ab.[65]

Doch Weyl beharrte auf seiner Ansicht, daß das Verhalten von Uhren und Maßstäben in starken elektromagnetischen Feldern in einer allgemeinen Relativitätstheorie nicht vorab festgesetzt werden dürfe, sondern sich aus der Dynamik der physikalischen Gesetze ergeben müsse, weshalb er für die Messung der Raum-Zeit-Metrik nur die Beobachtung von Lichtstrahlen voraussetze und darum nur Verhältnisse der g_{ik} zueinander bestimmen könne.

> Es ist zu beachten, daß der *mathematisch-ideale* Prozeß der Vektor-Verschiebung, welcher dem mathematischen Aufbau der Geometrie

---

[65]AE an Weyl, 15. April 1918, CPAE Sign. 24-020; vgl. etwa den Nachtrag AEs zu Weyl [1918] S. 478.

zugrunde zu legen ist, nichts zu schaffen hat mit dem *realen* Vorgang
der Bewegung einer Uhr, dessen Verlauf durch die Naturgesetze bestimmt wird.

Die hier entwickelte Geometrie ist [...] die wahre Nahegeometrie. Es
wäre merkwürdig, wenn in der Natur statt dieser wahren eine halbe
und inkonsequente Nahegeometrie mit einem angeklebten elektromagnetischen Felde realisiert wäre. Aber natürlich kann ich mit meiner ganzen Auffassung auf dem Holzwege sein; es handelt sich hier
wirklich um reine Spekulation: der Vergleich mit der Erfahrung ist
selbstverständliches Erfordernis.[66]

Diese 'reine Spekulation' Weyls, die dieser mit solcher Beharrlichkeit und
dem inneren Gefühl, der Intuition, daß es eigentlich nur so sein könne,
vertrat, erinnert stark an die analogen Versuche etwa Oskar Beckers, bloß
das Weyl natürlich sehr viel mehr mathematische Raffinesse und auch Ausdauer genug besaß, um seine 'Spekulationen' zu einer in sich stimmigen
theoretischen Alternative zur ART auszuarbeiten.[67]

Weyls detaillierte Beschäftigung mit der RT brachte ihn auch zu Reflexionen über die Frage, warum es gerade das quadratische Linienelement
ds^2 war, daß in ihr eine so bedeutende Rolle spielte und nicht etwa andere Potenzen wie z.B. ds^4, die formal zunächst ebensogut zu Invarianten
erklärt werden könnten. Seine Antwort hierauf war die, daß das quadrierte
Abstandsmaß (die 'pythagoräische Maßbestimmung) insofern 'einzigartig'
war, als nur unter Zugrundelegung quadratischer Differenzen zwischen Koordinaten als Abstandsmaß eine freie Drehung von Körpern im Koordina-
tenraum möglich war, die die Abstände fester Punkte darauf invariant ließ.
Diese Invarianz unter Drehungen bliebe auch im Formalismus der RT erhalten, nur daß dort ein vierdimensionaler Bezugsraum mit indefiniter Metrik
zugrundegelegt werde.[68] Weyls Erörterungen hierüber lesen sich wie eine
weitere Exemplifikation der phänomenologischen Methode: durch Abse-
hen von allen kontingenten Eigenschaften der mathematisch beschriebenen
Körper sucht Weyl nach gruppentheoretisch untermauerter Erfassung der
Essenz des quadratischen Linienelementes, nach dem Wesensgrund seiner
Auszeichnung. Sein Versuch, eine Variante zur ART zu konstruieren, die
neben der Invarianz von ds^2 zusätzliche eine zweite lineare Fundamentalform $d\phi := \phi^i dx_i$ invariant läßt, wird vor dem philosophischen Hintergrund

---

[66]Weyl [1918] (Erwiderung auf Einsteins Nachtrag), S. 480 (Hervorh. K.H.); vgl. z.B.
Weyl an AE, 19. Mai 1919, CPAE, Sign. 24-036-4.

[67]auch in Weyl [1918/23]c S. vi sprach Weyl selbstironisch vom "Geranke der Spekulation", das er in der Neuauflage seines Werkes zu beschneiden versucht habe.

[68]siehe dazu Weyl [1922], [1923]b.

zu einer 'freien imaginativen Variation'.

Und auch in der Berufung auf die Intuition als Quell unerschütterbarer 'Einsichten' entsprach Weyls Vorgehen ganz dem Husserlschen Programm. Dies zeigt sich vielleicht am besten im folgenden Ausschnitt eines Briefes von Weyl an Einstein, denn in veröffentlichten Arbeiten wurde von Weyl natürlich jeder direkte Verweis auf den intuitionistischen Hintergrund seiner Thesen vermieden, da dessen Konzedierung nicht dem Stil mathematisch-physikalischer Veröffentlichungen entsprochen hätte.

> [...] daß Sie von der Sache so gar nichts wissen wollen [...] beunruhigt mich natürlich sehr, weil durch Erfahrung feststeht, daß man sich auf Ihre Intuition verlassen kann; so wenig *Einleuchtendes*, wie ich gestehen muß, Ihre bisherigen Gegengründe für mich haben. So bin ich *eingeklemmt zwischen dem Glauben an Ihre Autorität und meiner Einsicht.* [...] Freilich, die Infinitesimal-Geometrie werde ich so aufbauen wie in der Math[ematischen]. Zeitschrift, sodaß also die Riemannsche als ferngeometrischer Spezialfall erscheint; das kann ich einfach nicht anders, wenn ich nicht mein *mathematisches Gewissen* mit Füßen treten soll. [...] (Übrigens müssen Sie *nicht glauben, daß ich von der Physik her dazu gekommen bin*, neben die quadratische noch die lineare Differentialform $d\phi$ in die Geometrie einzuführen; sondern ich wollte wirklich *diese 'Inkonsequenz', die mir schon immer ein Dorn im Auge gewesen war, endlich einmal beseitigen und bemerkte dann zu meinem eigenen Erstaunen: das sieht so aus, als erklärte es die Elektrizität.* Sie schlagen die Hände über dem Kopf zusammen und rufen aus: Aber so macht man doch keine Physik! Und in der Tat verstehe ich Ihren Zorn [...], wenn Sie sehen, daß auf Bahnen, die Sie gewiesen, der es mit der Wirklichkeit stets so ernst genommen, Schwärmer und Spekulanten ihr Unwesen zu treiben beginnen. [...]).[69]

Wenn sich Weyls Variante der ART auch nicht gehalten hat, so war sie historisch dennoch von großer Wichtigkeit, denn in ihr wurde der Gedanke der **Eichinvarianz** als einer zusätzlichen Invarianzforderung neben der der Kovarianz erstmals konsequent eingesetzt (siehe Abschn. 1.5.). Später wurde dieser Gedanke im Zusammenhang mit der Quantenmechanik wieder aufgenommen und erwies sich dort als ungleich fruchtbarer denn in der ART; heute gehört er zu den wichtigsten Konstruktionsprinzipien von Feldtheorien, worüber Weyl zweifellos nicht minder 'erstaunt' gewesen wäre.

Es ist interessant, daß man im Werk Weyls auch eine Entsprechung für die auffällige Beschränkung findet, die die Phänomenologen dem Gehalt

---

[69]H.Weyl an AE, 10. XII. 1918, CPAE Sign. 24-053-1,2,3; Hervorhebungen K.H.

der Aussagen der RT als naturwissenschaftlicher Theorie auferlegten. Am
Ende seiner mathematischen Einführung in die ART schreibt Weyl:

> Je weiter sich die Physik entwickelt, um so deutlicher wird es, daß
> die Beziehungen zwischen der Wirklichkeit, die jeder von uns kennt,
> und jenen objektiven Wesenheiten, von denen die Physik in mathe-
> matischen Symbolen handelt, durchaus nicht so einfach sind, wie es
> der naiven Auffassung erscheint, und daß von dem *Inhaltlichen* je-
> ner unmittelbar erfahrenen Wirklichkeit in die physikalische Welt im
> Grunde nichts eingeht. [...]. Die Physik, das stellt sich damit heraus,
> handelt gar nicht von dem Materiellen, Inhaltlichen der Wirklichkeit,
> sondern, was sie erkennt, ist lediglich deren *formale Verfassung* [...].
> Ihre Gesetze werden ebensowenig in der Wirklichkeit jemals verletzt,
> wie es Wahrheiten gibt, die mit der Logik nicht im Einklang sind, aber
> über das inhaltlich-Wesenhafte dieser Wirklichkeit machen sie nichts
> aus, der Grund der Wirklichkeit wird von ihnen nicht erfaßt.[70]

Nach dem vorher Gesagten kann wohl kein Zweifel mehr daran bestehen, daß Weyl im Anschluß an Husserl die Bestimmung dieses 'inhaltlich-
wesenhaften' der Wirklichkeit der phänomenologischen Methode vorbehielt.[71]
Aber anders als bei Linke bleibt der Physik für Weyl wenigstens eine sinn-
volle Aufgabe, nämlich die der Bestimmung der formalen Rahmenbedingungen, der sich Naturobjekte zu fügen haben. Weyl sieht diese Aufgabe in
offensichtlicher Parallele zur Methode der phänomenologischen Reduktion:
so wie die Phänomenologie durch 'Einklammerung' der Seinsbestimmung
ihrer Beispiele zu einer universalen apriorischen Bestimmung der Phänomene kam, so sollte auch die Physik unter Verzicht auf alle konkreten,
wirklichkeitsnahen 'Inhalte' in die Lage versetzt werden, universal gültige
'formale' Aussagen über Strukturgesetze (die 'formale Verfassung der Wirklichkeit') zu machen.[72]

---

[70]Weyl [1918/23]c S. 226f. (Hervorh. Orig.); vgl. ibid. S. 3.

[71]siehe Weyl [1918/23]c S. 2: "Die philosophische Klärung bleibt eine große Aufgabe
von völlig anderer Art, als sie den Einzelwissenschaften zufällt.

[72]Am Ende dieser Fallstudie muß noch vermerkt werden, daß die Hochschätzung der
Intuition als eigenständiger Erkenntnisquelle auch den *Mathematiker* Weyl geprägt hat.
In der Grundlagendebatte der Mathematik zwischen den Formalisten um Hilbert und den
Intuitionisten um den Holländer L.E.J. Brouwer verteidigte Hilbert den Intuitionismus
gegen die vorherrschende axiomatisch-formalistische Grundlegung der Mathematik - siehe
dazu Weyl [1927]a sowie Grelling [1928] S. 99-101 und dortige Ref.

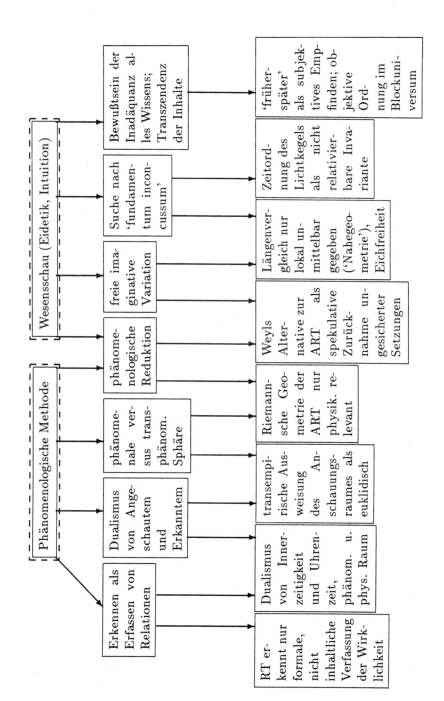

Abbildung 4.3: Übersicht zur Phänomenologie (Husserl-Schule)

4.4   Fiktionalismus (Philosophie des Als-Ob)

4.4.1   Vaihingers Philosophie des Als-Ob[1]

> Wie kommt es, dass wir mit bewusstfalschen[sic] Vorstellungen doch
> Richtiges erreichen?   Hans Vaihinger [1911/20] S. XII.

Eine Vermittlung zwischen den verfeindeten Lagern des Idealismus und Positivismus (vgl. Abschn. 4.1. bzw. 4.8.) strebte der Philosoph Hans Vaihinger (1852-1933) an, der seine eigenen Ansichten "positivistischen Idealismus" bzw. invertiert "idealistischen Positivismus" oder "kritischen Positivismus" nannte[2] und sich selbst das Ziel setzte, "das Berechtigte in beiden sich bekämpfenden und teilweise ganz verständnislos sich gegenüberstehenden Richtungen herauszuarbeiten und auf diese Weise eine fruchtbare Berührung und Ineinander-Wirkung zu ermöglichen".[3] Als Ahnherren seiner Philosophie betrachtete Vaihinger darum sowohl Hume und Comte als auch Kant, unter dessen Nachfolgern im 19. Jahrhundert er sich selbst einen Platz "auf der äußersten Linken des Kantianismus" zuwies. Er wollte also sehr wohl "auch ein 'Kantianer' sein, aber ein Kantianer des 20. Jahrhunderts". Dieser originäre Versuch einer Symbiose des Links-Außen-Kantianers Vaihingers und seiner Schule mit dem Positivismus macht es erforderlich, sie hier in einem separaten Abschnitt als eine weitere Splittergruppe unter den Kant-Nachfolgern zu besprechen. In Abgrenzung zu anderen Zweigen des Neukantianismus adoptierte Vaihinger "gemäss seinem sich durchaus an das Gegebene, Erfahrene haltenden, alles Transcendente leugnenden Positivismus" "Kants Ideenlehre in deren radikalerer Form, die halbkritische, dogmatisierende entschieden ablehnend".[4] An die Stelle der Kantischen Apriori-Begriffe rückte bei Vaihinger der der **Fiktionen**, "d.h. der willkürlichen und falschen Annahmen, welche aber dem Denken nicht blos [sic] etwa negativ unentbehrlich sind, (indem sie ein notwendiger, das Denken begleitender Schein sind), sondern demselben positiv unentbehrlich sind, indem sie ihm die besten Dienste leisten".[5]

Zu einer zwischen 1911 und 1920 sehr in Mode gekommenen Philosophie avancierten Vaihingers Ansichten unter dem zum Schlagwort gewordenen Titel seines

---

[1]Dieser Unterabschnitt kann übersprungen werden.

[2]siehe Vaihinger [1911] S. 112f., [1921] S. 21f.; allgemeine Einführungen geben Kronenberg [1915], Moog [1922] S. 41-50, Oesterreich [1923/28] Bd.4, S. 410-416.

[3]Vaihinger [1911/20] S. IX; zu V. vgl. Ziegenfuß/Jung (Hrsg.) [1949/50] Bd. 2, S. 767-768.

[4]alle Zitate im vorigen aus Vaihinger [1911] S. 113; auch Vaihinger schreibt 'ss' stets aus und vermeidet, wie AE, das 'ß'.

[5]ibid., S. 112; Orig.-Hervorhebungen weggelassen. rund 120 Seiten seines Hauptwerkes wurden von Vaihinger dann auch dazu benutzt nachzuweisen, daß schon Kants Œuvre vollgespickt mit Fiktionen bzw. Als-Ob-Betrachtungen sei. Ein verwandter Gedanke findet sich auch bei Heinrich Hertz, der in der Einleitung zu seinen *Prinzipien der Mechanik* von den "inneren Scheinbildern oder Symbolen der äußeren Gegenstände" sprach.

Buches "Philosophie des Als-Ob". Dessen Kernthese war, daß Fiktionen, (bzw. damit gleichwertig als deren sprachlicher Ausdruck) "daß das Als Ob, daß der Schein, daß das Bewußt-Falsche eine enorme Rolle in der Wissenschaft, in der Weltanschauung und im Leben spielt".[6] Vaihingers Auffassung nach war für jegliche menschliche Denkarbeit die Einführung von Fiktionen, d.i. bewußt-falschen Vorstellungen bzw. Urteilen, als "innere Verarbeitungen und Überleitungen [...], die schließlich nur dem praktischen Zwecke dienen, dem Handeln",[7] unumgänglich. Daraus entnimmt man, daß Vaihinger mit den Positivisten und Pragmatisten die Überzeugung teilte, alle vom Menschen gebildeten Konzepte und Vorstellungen seien nützliche Instrumente, die dabei helfen könnten, sich "in der Wirklichkeitswelt besser zu orientieren", aber nicht mit dem Anspruch versehen werden dürften, "ein Abbild der Wirklichkeit zu sein".[8] Ähnlich wie für Mach (siehe Abschn. 4.8.1.) war auch für Vaihinger das gesamte "theoretische Tun der Menschen" ein "blosser Durchgangspunkt, dessen endliches Ziel die Praxis ist", die Psyche wurde mit einer Maschine verglichen, die kraftsparend durch zweckmäßige Hilfskonstruktionen Denkoperationen mit dem Zweck der Erhaltung des Organismus ausführte,[9] der Denkvorgang wurde für Vaihinger zu einem raffinierten Zusammenspiel von entgegengesetzt wirkenden, sich gegenseitig korrigierenden Fehlern, zum "beständigen Lavieren gegen einen ungünstigen Wind", zum "regulierten Irrtum".[10]

Unter diesen Hilfskonstruktionen unterschied Vaihinger zwei große Gruppen: **die Fiktionen und die Hypothesen.** Erstere würden erfunden, 'fingiert' als bloß zweckmäßiges, aber irreales Hilfsmittel des Denkens, letztere würden entdeckt als solche Resultate des Denkens, mit denen sich ein Anspruch auf tatsächlichem Vorhandensein in der Wirklichkeit verbinden ließe, erstere wären nur nützlich und bedürften bei ihrer Einführung darum lediglich einer **Justifizierung** dieser ihrer Zweckmäßigkeit, letztere seien wahrscheinlich und müßten darum der **Verifikation** unterworfen werden.[11] Weil die Fiktionen nach vollbrachter Denkarbeit im Resultat nicht mehr auftauchen, sondern darin 'herausfallen',[12] glaubte Vaihinger von ihnen prädizieren zu können, daß sie entweder in sich selbst widerspruchsvoll seien (als Beispiele für solche *echte Fiktionen* behandelte er u.a. die Begriffe 'Atom', 'Ding an sich' u.v.a.) oder zumindest doch der uns gegebenen Wirklichkeit widersprechen (wichtigste Beispiele solcher *Semifiktionen* waren die

---

[6]ibid.

[7]Vaihinger [1911/20] S. II. Hier zeigt sich bes. die Verwandtschaft zum Pragmatismus - dies sahen u.a. auch Study [1914] S. 52f. und Oesterreich [1923/28] Bd. 4 S. 42, der Vaihingers Philosophie "pragmatischen Fiktionalismus" nennt.

[8]Vaihinger [1911/20] S. 22.

[9]Vaihinger [1911/20] S. 176f; "Die Begriffe sind als Durchgangspunkte gleichsam die Scharniere, durch welche die Verbindung der Empfindungen hergestellt wird" (ibid.).

[10]ibid., S. 208, 217; vgl. ridikülisierend dazu Study [1914] S. 53.

[11]siehe Vaihinger [1911/20] S. 102, 143ff.(Kap.21); vgl. [1921] S. 22.

[12]Vaihinger [1911/20] S. 105f.

'künstlichen Klassifikationen').[13] Vaihingers Hauptwerk, das er bereits ab 1876 als Habilitationsschrift entworfen hatte, aber aus persönlichen Gründen erst 1911 in unveränderter Form veröffentlichen konnte, verstand sich als breit angelegtes Kompendium der Vorkommnisse von "theoretischen, praktischen und religiösen Fiktionen der Menschheit" in allen nur erdenklichen Wissensgebieten. Aus der Mathematik und Physik benannte er u.a. folgende von ihm als Fiktionen aufgefaßte Konzepte: Punkt, Gerade, usw.; Differentiale u. Integrale; leerer Raum, absoluter Raum, absolute Zeit; Atom, starrer Körper, Schwerpunkt, Fernwirkung, Kräfte überhaupt, etc.[14]

In seiner systematischen Untersuchung zu den diversen Typen wissenschaftlicher Fiktionen kam er auf folgende, **allen Fiktionen gemeinsame Hauptmerkmale:**[15]

1. willkürliche Abweichungen von der Wirklichkeit (Semifiktionen) bzw. logische Selbstwidersprüchlichkeit (bei den echten Fiktionen);

2. der "Ausfall der echten Fiktionen im Laufe der Denkrechnung" als Konsequenz ihrer provisorischen Einführung, denn "widerspruchsvolle Begriffe können also schließlich nur zur Elimination da sein";

3. das ausdrücklich ausgesprochene Bewußtsein der Fiktivität ohne Anspruch auf Faktizität;

4. ihre Einführung als (bloß nützliches) Mittel zum Zweck.

Die ersten drei Punkte bedürfen jedoch noch weiterer Erläuterung. (ad 1. u. 2.) Vor dem Hintergrund moderner Logik mag es seltsam erscheinen, daß Vaihinger davon ausgegangen war, daß es tatsächlich sinnvoll sei zu behaupten, daß man mittels widerspruchsvoller Begriffe auf richtige, widerspruchsfreie Resultate kommen könne, denn der einfache Aussagenkalkül lehrt, daß aus falschen Annahmen alles logisch abgeleitet werden kann. Doch Vaihinger meinte ja mit widerspruchsvoll nicht syntaktisch kontradiktorische Aussagen des Typs 'a und nicht-a', sondern semantische Unstimmigkeiten bei der Zuordnung von Fiktionen zur Wirklichkeit, die z.B. auf Antinomien der Erfahrung führen könne. Die "Elimination" des in diesem Sinne widersprüchlichen Anteils von Denkoperationen dachte sich Vaihinger so, daß dabei "die in ihnen begangenen Widersprüche rückgängig gemacht werden", etwa durch Kompensation zweier entgegengesetzt sich auswirkender Fehler oder durch nachträgliche "Korrektur willkürlich gemachter Differenzen" zwischen künstlichen Begriffssystemen und der Wirklichkeit.[16]

---

[13]ibid. S. 24, 172; vgl. dazu A. Müller [1917] S. 241f.

[14]interessanterweise findet sich auch bei anderen, von Vaihinger unabhängigen Autoren nach 1900 die Ausweisung einzelner Konzepte als Fiktionen, so etwa die des Kausalgesetzes bei Philipp Frank [1907], insb. S. 447 - vgl. Kowalewski [1921].

[15]siehe Vaihinger [1911/20] Kap. 24 S. 171ff.

[16]ibid., S. 105, 173 u. insb. Kap. 26 S. 194ff.

(ad 3.) Vaihinger war sich bewußt, daß die allerwenigsten Autoren bei der Einführung bzw. Operation mit Fiktionen genau diesen Terminus verwandt hatten. Darum untersuchte er in sprachanalytischen Teilen seines Hauptwerkes synonyme Wörter, die ebenfalls das Vorhandensein von Fiktionen anzeigten. Eine sehr wichtige Gruppe waren die Sätze, die die Partikel 'Als-Ob' oder 'wie wenn' bzw. gleichwertige Einschränkungen wie z.B. 'Quasi-, Hilfs-, Kunst-,' enthielten oder durch einfache sinnkonservierende Umformulierung in diese Form gebracht werden konnten - daraus leitete Vaihinger übrigens den Namen 'Philosophie des Als-Ob' ab. Andere **Synonyme für 'Fiktion'** waren nach Meinung Vaihingers: 'Finte, Einbildung, Erdichtung, Hirngespinst, Kunstgriff, Rechenmarke, Interimsbegriff, Vehikel; künstlicher, imaginärer, phantastischer Begriff' u.v.a.

Doch auch nach dieser Einbeziehung all dieser Termini gab es noch viele Fälle, in denen nach Auffassung Vaihingers eine Fiktion vorlag, ohne daß dies dem Text des Autors, der sie benutzte, anzumerken war, ja oftmals behaupteten gerade die Naturwissenschaftler, daß dort eine Hypothese sei, wo nach Prüfung der obigen Kriterien 1, 2 und 4 tatsächlich bloß eine Fiktion vorläge. Vaihinger sah darin den wissenschaftsgeschichtlich sehr häufigen Fall, daß die Urheber neuer Begriffe diese irrtümlich als Repräsentanten wirklicher Strukturen verstünden, während sich später dann herausstelle, daß diese Ansprüche illusorisch waren. Darum sah Vaihinger es als eine wichtige Aufgabe an, das Bewußtsein der Fiktivität eines Großteils menschlichen Wissens zu verbreiten und die Irrtümer der Wissenschaftler gegebenenfalls zu korrigieren.[17]

Dieser "Steckbrief" von vier Hauptmerkmalen der Fiktionen einschließlich der Liste sprachlicher Äquivalenzen und der von mir referierten ergänzenden Qualifikationen war die Grundlage von Vaihingers Sichtung des gesamten Wissens seiner Zeit mit dem erklärten Ziel einer großangelegten Deutung im Sinne der 'Anatomie, Physiologie und Biologie des Als-Ob'.[18]

Trotz seiner besessenen Suche nach Vorkommnissen von Fiktionen hat sich Vaihinger selbst nie direkt zu den RT Einsteins geäußert. Anläßlich der 'Als-Ob-Konferenz' 1920 ließ er durch seinen Schüler Raymund Schmidt über die Gründe für diese Zurückhaltung verlautbaren:

> Er selbst, so betone Vaihinger, habe zunächst weder ein positives noch ein negatives Verhältnis zu Einsteins Theorie, er sei durch Alter und Erblindung wesentlich an einer eingehenden Prüfung derselben gehindert [...].[19]

Ob diese vorgebrachten Altersbekundungen nicht doch eher ein Vorwand waren, mit dem Vaihinger geschickt die Konfrontation mit AE umging, zu dem er persönliche Kontakte unterhielt, mag dahingestellt bleiben. Die dadurch entstandene Situation ist aber für meine Zwecke besonders interessant, denn nun mußten die

---

[17]siehe z.B. Vaihinger [1911/20] S. 103, 173f. sowie Kap. 27.
[18]siehe z.B. Vaihinger [1921] S. 21; [1911/20] S. 175.
[19]zit. aus dem Kongreßbericht von R.Schmidt [1921]b S. 504.

Anhänger Vaihingers *ohne* sich auf des Meisters Wort in dieser Sache berufen zu können, *allein* aufgrund der philosophischen Kernprämissen ihres Lehrgebäudes zu einer Deutung der RT finden. Die Einhelligkeit, mit der sie eine überschaubare Gruppe von Annahmen vorwiegend der SRT als Fiktionen auswiesen, ohne in den Details sich an die Autorität anlehnen zu können, belegt deutlich den auch von diesem Philosophem ausgehenden 'Denkzwang'.

4.4.2   Kandidaten für Fiktionen in der RT

> Auch die Einsteinsche Relativitätstheorie als Ganzes läßt sich unter dieser Form als eine einzige größer angelegte Fiktion auffassen, denn sie ist ja nichts anderes als die Verallgemeinerung der Lorentzschen Fiktion, nur daß bei Einstein die fiktive Natur unter dem scheinbaren Schutze philosophisch- erkenntnistheoretischer Erwägungen Deckung sucht.   Höpfner [1921]a S. 470.

Einzelne Aspekte der RT, insb. die vielumstrittene Längenkontraktion und Zeitdilatation, wurden schon bald nach ihrem Bekanntwerden daraufhin untersucht, ob diese Effekte nur fiktiv, scheinbar, bestünden oder tatsächliche, reale Veränderungen in bewegten Systemen erfaßten.[20] Diese Debatten endeten jedoch meist in fruchtlosen Gegenüberstellungen miteinander unverträglicher Wirklichkeitskriterien, ohne daß dabei die Als-Ob Philosophie ausdrücklich herangezogen wurde.[21]

Die Hochphase ausdrücklich fiktionalistischer Deutung der RT (überwiegend der SRT) wurde erst durch die sog. "Als-Ob"-Konferenz in Halle am 29. Mai 1920 eingeleitet, bei der die fiktionalistische Deutung der Einsteinschen Theorien das Schwerpunktthema der Tagung darstellte.[22] Die meisten dort gehaltenen Vorträge wurden veröffentlicht im 2. Band des Hausorgans der Fiktionalisten, den *Annalen der Philosophie mit besonderer Berücksichtigung auf die Probleme des Als-Ob*.[23] Eine weitere Gruppe

---

[20]siehe dazu u.a. Block [1912] S. 85; v. Laue [1913]; Holst [1919] S. 4; Handmann [1920/21] S. 391; Kremer [1921] S. 16ff, 39, 44f.; Mie [1921], Schönherr [1921], Höpfner [1921], Wittig [1921] S. 23, 26f.; Handmann [1922], insb. S. 447, 566-577; Petrascheck [1922], insb. S. 45ff.; Stickers [1922] S. 7f., 44-52; Weinmann [1922] S. 22; Straßer [1923] S. 8f, 36-58; Lampa [1924]; Sandgathe [1926] S. 58f. Vogtherr [1926] S. 25, [1935] S. 791ff. v. Dantzig [1927] u. die Debatte zwischen Berche [1924],[1925] (insb. S. 101f.) u. Metz [1925].

[21]vgl. Abschn. 2.4. und Reichenbach [1922]f S. 6f.

[22]vgl. den Abschnitt 3.4.2. zu den Hintergründen von AEs Nichtteilnahme und der dort gefestigten Verteidigerrolle Petzoldts.

[23]vgl. R. Schmidt [1921]a,b; Kraus [1921]c,d; Linke [1921], Lipsius [1921], Petzoldt [1921], *BT*, 30.V.1920, und die Rez. des Sonderheftes durch Sellien [1925].

von Quellen zur Rezeption der RT durch die Vaihinger-Schüler stellen die Schriften dar, die zum unmittelbar danach ausgeschriebenen und mit 5000 Reichsmark dotierten Preisausschreiben *über die philosophischen Grundlagen der Relativitätstheorie mit besonderer Rücksicht auf die Probleme der Als-Ob-Betrachtung* eingereicht wurden.[24]

Mehrere Redner auf der Als-Ob-Tagung entstammten eigentlich anderen Philosophenschulen, doch insb. der   Brentano-Schüler   Oskar Kraus verstand es in seinem Einleitungsvortrag, die fiktionalistischen Ansichten aufzugreifen und in seine Deutung der RT nahtlos einzubauen. Ähnliches gilt für Friedrich Lipsius, der ebenso wie übrigens auch der französische Philosoph Bergson zu einer "bedeutsamen Übereinstimmung mit der Fiktionslehre und Hans Vaihingers Als-Ob-Lehre in der Deutung der Relativitätslehre" kam.[25] Ganz im Sinne des im gleichen Jahr verfaßten Mottos zu diesem Unterabschnitt setzte Kraus auch bei dem vermeintlichen, von Anhängern Einsteins so häufig betonten Unterschied zwischen Lorentz und Einstein an. Die von Lorentz nur als fiktive Hilfsgröße eingeführte 'Ortszeit' werde, laut Kraus, von Einstein in den Rang einer Hypothese erhoben. Um zu einer stimmigen Erklärung der Experimente zu kommen sähe sich Einstein aber genötigt, in der SRT weitere Forderungen (insb. die der Lichtgeschwindigkeitskonstanz im Vakuum) zu stellen, die Einstein wiederum als Hypothesen verstehe. Im Gegensatz dazu beharrte Kraus darauf, daß beide Einsteinschen Annahmen für sich betrachtet widersprüchlich, paradox seien. Daraus ergab sich für ihn die

Deutung des Einsteinschen verallgemeinerten (relativierten) Konstanzprinzips und der damit verknüpften Relativierung der Gleichzeitigkeit als mathematische, komplementäre, fiktive Hilfssätze, deren Paradoxien einander gegenseitig fordern.[26]

Damit glaubte er genau den Sinn des Fiktionsbegriffes bei Vaihinger getroffen zu haben, denn dieser hatte ja eben eine solche gegenseitige Fehlerkompensation vor Augen, als er vom Sichaufheben der Widersprüche der einzelnen Fiktionen im Verlauf der Rechnungen, von der "Methode der

---

[24]so etwa die Bücher von Wenzl [1924] u. Winternitz [1923]; zur Ausschreibung vgl. R.Schmidt [1921]a S. 333f.; Preisrichter waren Ernst v. Aster, Max von Laue und Moritz Schlick. In den Korrespondenzen Einsteins mit Vaihinger (13.7.1920, CPAE, Sign. 23 133) und Schlick (Juni 1920, CPAE, Sign. 21 580) finden sich Hintergrundinformationen zum Preis-Stifter Victor Altmann und zur Auswahl der Preis-Richter.

[25]so stellte dies 1927 der Schwede Alf Nyman fest - vgl. Abschn. 4.10., insb. S. 446.

[26]so der 8. Punkt eines von Kraus auf der Tagung als Zusammenfassung seines Vortrags ausgeteilten Flugblattes, zit. in R. Schmidt [1921]b S. 506; vgl. Kraus [1921]c S. 361ff; Nyman [1927] S. 183ff., 204.

entgegengesetzten Fehler" gesprochen hatte.[27]

Auch der mathematischen Ausformung, die die SRT durch Minkowski erfahren hatte, bescheinigte Kraus "fiktiv-symbolischen Charakter [...]. Sie ist rein mathematisch-geometrisch." Im Gegensatz zur Minkowskischen Union von Raum und Zeit beharrte Kraus, hier ganz Schüler Brentanos, auf einer "Wesensverschiedenheit der zeitlichen und räumlichen Bestimmungen" und auf einer "Notwendigkeit der Emanzipation vom Sinnenschein und vom Beobachtbaren."[28] Zu der ART schließlich bemerkte Kraus, daß sie eine wiederum nicht physikalisch-wirklich anzusehende formale "Verallgemeinerung des symbolischen analogischen Äquivalenzverfahrens [sei]. Die Verallgemeinerung besteht in der Benutzung verallgemeinerter fiktiver Geometrien als heuristischer Konstruktionen".[29]

Auch spätere Deutungen der RT aus fiktionalistischer Sicht kristallisierten sich um diese drei, von Kraus herausgestellten Themenkomplexe:[30]
- Lichtgeschwindigkeitskonstanz und Gleichzeitigkeit,
- Minkowski-Welt und Vierdimensionalität, bzw.
- Äquivalenzprinzip und Nichteuklidizität.

Bei weiteren Kandidaten für Fiktionen in den RT wie etwa der relativistischen Aussage über die Zeitverläufe im Zwillingsparadoxon bei Langevin oder den von Lenard durch Betrachtung radialer Geschwindigkeiten in rotierenden Systemen konstruierten Widerspruch zur Aussage, daß die Lichtgeschwindigkeit c eine Grenzgeschwindigkeit sei, stellte sich bald heraus, daß es sich hierbei um "scheinbare Fiktionen und unechte Widersprüche" handelte, die durch "ungerechtfertigte Anwendung der Theorie" entstanden waren.[31] So hatte z.B. Lenard übersehen, daß c nur im Rahmen der SRT eine Grenzgeschwindigkeit war, während für rotierende Systeme die ART bei Vorhandensein hinreichend großer Beschleunigungsfelder ein weiteres Anwachsen von c voraussagte (siehe Abschn. 1.3. hinter (1.14)).

Die soweit ich sehe umfassendste Inventarisierung der "mathematischen und physikalischen Fiktionen in der Einsteinschen Relativitätstheorie" un-

---

[27]zu einer übereinstimmenden Aussage über die SRT kam z.B. auch Walter Del-Negro [1924] S. 143f.: "Der erste Fehler ist der, daß in den Michelson-Versuch die Konstanz der Lichtgeschwindigkeit für alle Systeme [...] hineingedeutet wird; dieser Fehler wird wieder gutgemacht durch den zweiten, der in der Relativierung aller Raum- und Zeitwerte (und der Gleichzeitigkeit) besteht." Kritik daran äußerte insb. A. Wenzl [1924] (s.u. 4.4.3.).

[28]Punkt 11 des in der vorletzten Anm. spezifizierten Flugblattes von Kraus; vgl. Kraus [1921]c S. 376ff.; Lipsius [1921] S. R. Schmidt [1921]a S. 506, 508; Nyman [1927] S. 194-200.

[29]ibid., Punkt 12 des Flugblattes, vgl. Kraus [1921]c S. 384ff.; Nyman [1927] S. 202-204, Schultz [1935] S. 41, 74.

[30]siehe z.B. Berche [1924], [1925]; Nyman [1927] und kritisch dazu Wenzl [1924] S. 19-58.

[31]siehe dazu Wenzl [1924] S. 20f. oder Reichenbach [1922]f S. 6.

ternahm der Fiktionalist Ludwig Höpfner. Offenbar für ihn selbst überraschend, zeichnete sich die RT durch einen "gewissen Reichtum an Fiktionen" aus; allein in der SRT benannte er durch die charakteristische Umformulierung in *Als-ob-Klauseln* die folgenden sechs:[32]

1. Bei der Behandlung von Bewegungsvorgängen operiere die SRT ständig mit der Fiktion, daß sie die Bewegung eines Massenpunktes in einem ruhenden Koordinatensystem so betrachte *als ob* er sich in einem zweiten Koordinatensystem in Ruhe befände, das relativ zum ersten in Bewegung ist.

2. Durch das RP der Bewegung *fingiere* Einstein die Unbhängigkeit (Kovarianz) der Naturgesetze gegenüber der Wahl des Koordinatensystems, d.h. er würde sie formelmäßig so fassen, *als ob* sie von allen Koordinatensystemen unabhängig wären.

3. Die Lichtgeschwindigkeit c würde durch das 2. Postulat der SRT so behandelt, *als ob* sie eine absolute Naturkonstante wäre.

4. Einstein *fingiere* ferner für alle relevante Weltpunkte das Vorhandensein von Uhren und davor befindlichen Beobachtern, um so Gleichzeitigkeit innerhalb eines Bezugssystems und dadurch auch Zeitlängen definieren zu können.

5. In seinem Synchronisationsverfahren für den Zeitvergleich von zueinander bewegten Bezugssystemen gehe er so vor, *als ob* die für ruhende Uhren aufgestellte Gleichzeitigkeitsdefinition auch für zueinander bewegte Uhren Geltung besitze.

6. Bei der Berechnung der Zeitdauer der Lichtfortpflanzung längs eines bewegten Körpers setze Einstein die Formeln so an, "*als ob* die Verschiedenheit der Zeitdauer beim Vorbeigehen eines Lichtstrahles im Hin- und Rückgang ihre Ursache habe in den Zeigerstellungen der an den Enden des Körpers angebrachten Uhren", woraus sich die *Fiktion* ergäbe, daß relativ zueinander bewegte Uhren einen voneinander verschiedenen Gang aufwiesen.

Durch diese Umformulierung einiger Sätze der Relativitätstheorie in 'Als-Ob' Sätze hatte er bereits den ersten der von Vaihinger geforderten **methodischen Nachweise für das Vorliegen wahrhafter Fiktionen** geführt, denn er war der Überzeugung, bei dieser Umformulierung dem ursprünglichen Sinn der relativistischen Aussagen gerecht geworden zu sein, ja, deren latent vorhandenen fiktionalistischen Kern erst richtig herausgearbeitet zu haben. Freilich mußte Höpfner eingestehen, daß ein zweites, von Vaihinger als hinreichend, aber nicht als notwendig angesehenes Kriterium nicht erfüllt war, denn Einstein selbst hatte an keiner Stelle seiner Arbeit von

---

[32]Höpfner [1921]a S. 466ff.

1905 selbst mit Als-ob-Klauseln operiert oder gar selbst eine fiktionalistische Deutung seiner Aussagen nahegelegt. Doch hierzu ergab sich leicht
der schon von Vaihinger angedeutete Ausweg, in solchen Fällen dem Autor
einer wissenschaftlichen Theorie einfach mangelndes "Bewußtsein der Fiktivität seiner Aussage"[33] zuzuschreiben, denn die Verwechslung fingierter
begrifflicher Konstruktionen mit realen Strukturen sei ein häufig zu beob-
achtender Fehler, der auch einem Einstein unterlaufen könne.

Zu klären blieb nun nur noch die Erfüllung der anderen in 4.4.1. referierten Merkmale, die die sechs vermeintlichen Fiktionen der SRT aufweisen
sollten.[34] In Höpfners Versuch einer Beweisführung in dieser Sache zeigt
sich spätestens die **Fragwürdigkeit seiner fiktionalistischen Deutung**
der SRT. So reicht es ihm etwa aus, das Abweichen der vermeintlichen
Als-Ob–Aussagen Einsteins von der Wirklichkeit damit zu begründen, daß
Einstein selbst quasi-axiomatisch vorgegangen sei, als er die beiden Postulate der SRT eingeführt habe. Da alle sechs Punkte "nach mathematischer
Art durch Definitionen gewonnen sind", seien sie allesamt "im Sinne der
Philosophie des Als-Ob als Fiktionen zu bezeichnen".[35] Tatsächlich hatte
er damit keineswegs irgendeinen Widerspruch zur Wirklichkeit nachgewiesen - im Gegenteil besagten die Einsteinschen Postulate und die daraus
gezogenen Konsequenzen ja, daß sich die Wirklichkeit so verhalte wie darin
gefordert, wenn nicht, würden sie auf Widersprüchen mit experimentellen
Tatsachen geführt haben. Ein Vorgehen wie das von Höpfner bedeutete
also eine enorme Aufweichung des ersten Merkmals von Fiktionen - jeder
allgemeinere Satz einer naturwissenschaftlichen Disziplin konnte mit solcher Argumentationsführung als Fiktion erwiesen werden - eine Abgrenzung
zwischen Hypothesen und Fiktionen, die Vaihinger selbst ja noch aufrechtzuerhalten versucht hatte, wurde hier verwischt.

Auch das Merkmal der Selbstwidersprüchlichkeit wurde von Höpfner
bis zur Unkenntlichkeit gedehnt. Vaihinger hatte dabei ja an Kompensation von an sich widersprüchlichen Annahmen gedacht, die im Resultat
nur deswegen nicht bemerkbar seien, weil sich die widersprechenden Anteile gegenseitig sozusagen herausgekürzt hätten.[36] Höpfner aber versuchte
erst gar nicht, solche immanenten Widersprüchlichkeiten und ihre wechselseitige Kompensation im Resultat nachzuweisen, sondern begnügte sich
mit der diffusen Feststellung, daß die Einsteinschen Fiktionen "ja nur Mit-

---

[33]Höpfner [1921]a S. 471; vgl. ebenso Del-Negro [1924] S. 144.
[34]siehe Vaihinger [1911/20] Kap. 24; vgl. Höpfner [1921]a S. 471f.
[35]ibid., S. 472.
[36]Vaihinger [1911/20] Kap.26; dieser Gedanke hat Verwandtschaft mit den Vorstellungen
Poincarés über die Gründe für das Nichtauftreten von Ätherwindeffekten.

tel zum Zweck der Rechnung waren und daher mit dem letzten Resultat der Rechnung logischerweise ihre weitere Existenzberechtigung verlieren".[37] Solch eine Beweisführung war gleichfalls auf jede beliebige Prämisse in wissenschaftlichen Schlüssen anwendbar. Wiederum sah sich Höpfner also gezwungen, die verhältnismäßig eingegrenzten Vorstellungen Vaihingers stark zu verwässern, um die erwähnten sechs Punkte der SRT als Fiktionen gelten lassen zu können.

Zum Merkmal der Zweckmäßigkeit der vermeintlichen Fiktionen stellte Höpfner fest, daß alle sechs Fiktionen nur dazu eingeführt worden seien, um mit ihrer Hilfe eine Elektrodynamik bewegter Körper unter Einschluß der Lorentztransformationen konstruieren zu können, mit der dann die elektrodynamischen Experimente unter "Beilegung des zwischen der theoretischen und experimentellen Ätherphysik ausgebrochenen Konfliktes" erklärt werden könnten.[38] Dazu muß einschränkend gesagt werden, daß er mit dieser instrumentalistischen Auffassung der SRT zumindest nicht deren Interpretation durch Einstein selbst getroffen hatte, für den die Abdeckung des Michelson-Morley-Experimentes und anderer Befunde ein eher nebensächliches Resultat war, während er gerade in den durch die von Höpfner aufgeführten sechs Punkten und der dadurch erreichten Einheitlichkeit der Naturbeschreibung den Schwerpunkt setzte.[39] In Überhöhung seiner bislang referierten Resultate zog Höpfner aus seinen Ausführungen ein Fazit, das diesem Unterabschnitt als Motto vorangestellt wurde. An anderer Stelle kam er sogar zu der Empfehlung an Einstein, seine Theorie künftig von vornherein nur als Inbegriff von Fiktionen darzustellen, da sie sich andernfalls dem berechtigten Vorwurf aussetze, die durch sie erreichte fiktionale Beschreibungsform ungerechtfertigt als hypothetische Aussage über die Wirklichkeit auszugeben.

> Aus allem Bisherigen geht hervor, daß Einsteins Lehre hauptsächlich an ihrer mehr oder weniger dogmatischen Form leidet. Als Fiktion im Sinne der Philosophie des Als Ob vorgetragen, würde sie so berechtigt sein wie andere Fiktionen und ihr schließlicher Wert würde nur davon abhängen, ob sie besser als andere Methoden [ist].[40]

Zusammenfassend kann, so meine ich, über die vorgetragenen fiktionalistischen Deutungen der SRT gesagt werden, daß sie weder den Ambitionen Einsteins und anderer relativistischer Physiker noch auch nur den ursprünglichen Intentionen Vaihingers zu einem methodisch sauberen Nach-

---

[37]ibid., S. 472.
[38]ibid., S. 472.
[39]vgl. dazu insb. Holton [1969].
[40]Höpfner [1921]b S. 484.

weis des Vorhandenseins von Fiktionen gerecht wurden, weil sie einerseits die Geltungsansprüche der RT zu weit zurückschrauben wollten, andererseits aber die Vaihingerschen Merkmale für Fiktionen über alle Gebühr aufweichten und den Fiktionalismus dadurch eher entstellten als ihn auszubauen. Es wundert nicht, daß das Ungenügen fiktionalistischer Deutungen auch von zahlreichen zeitgenössischen Philosophen anderer Orientierung bald bemerkt und moniert wurde (siehe 4.4.3.).

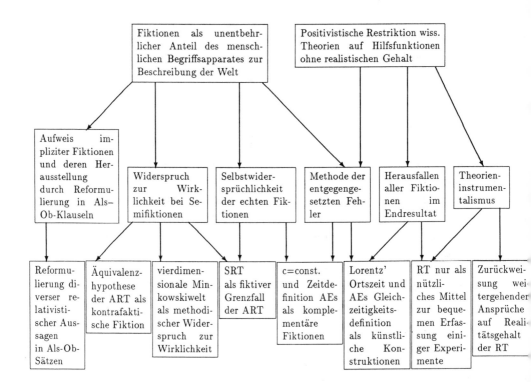

Abbildung 4.4: Übersicht zum Fiktionalismus (Vaihinger-Schule)

4.4.3   Kritiker des Fiktionalismus

> Einsteins Großtat war die Fortlassung des 'Als-Ob'.
> Max von Laue [1911/1952] S. 6.

Vaihingers großangelegter Entwurf stieß auf vielfachen Widerspruch, besonders heftig von Seiten der Mathematiker, die sich vehement gegen seine These wehrten, die Mathematik ruhe auf unzähligen, in sich widersprüchlichen Fiktionen. Schon 1914 amüsierte sich E. Study über Vaihingers These, die Infinitesimalrechnung "ist Unsinn, aber es ist Methode darin",[41] - ein schlimmeres Sakrileg als den Angriff auf die innere logische Widerspruchsfreiheit der Mathematik hätte Vaihinger gar nicht begehen können. Immerhin gestand ihm Study durchaus zu, daß "Fiktionen wirklich eine große Bedeutung für die Wissenschaft wie im Leben haben", Vaihinger habe bloß den Fehler begangen, den Begriff zu sehr auszuweiten und sei dadurch in pauschale Übertreibungen verfallen.[42] Die pointierten Aphorismen Studys wurden ausgeführt und vertieft von Aloys Müller, der ebenso wie Study die Behandlung der Mathematik durch Vaihinger für völlig unzureichend hielt,[43] ihm aber zubilligte, daß ein geeignet präzisierter Fiktionsbegriff in der Naturwissenschaft, insb. in der Physik durchaus dienlich sein könne. In Abgrenzung von Hypothesen und Idealisierungen definierte Müller Fiktionen als einen "nichtwirklichen Gegenstand, der benutzt werden kann, um die Erkenntnis der Wirklichkeit zu erleichtern".[44] Dabei wurden die Vaihingerschen Fiktions-Merkmale der Selbstwidersprüchlichkeit und bloßen Zweckmäßigkeit aufgegeben, wodurch die meisten der von Vaihinger behandelten Kandidaten für Fiktionen nun keine mehr waren, wohingegen sich aus Müllers Definition nun z.B. verbreitete physikalische Verfahren wie das der Zusammensetzung bzw. Zerlegung von Vektoren als Fiktionen darstellten und auch eine freilich weniger inflationäre Anwendung des Fiktionsbegriffes auf die RT weiter möglich schien.[45]

---

[41]Study [1914] S. 53; vgl. den veränderten Text der Neuauflage 1923 S. 58-68 sowie Volkmann [1924], Grelling [1928] S. 100, 105.

[42]ibid., S. 52: "Was wird nicht alles zur Fiktion degradiert! Und obendrein sollen noch in allen Fiktionen Widersprüche stecken!".

[43]A. Müller [1917] S. 347: "Die Selbstwidersprüche, die Vaihinger in den mathematischen Begriffen findet, werden entweder bloß behauptet oder entspringen einer seltsamen Metaphysik oder beruhen auf Unkenntnis des heutigen mathematischen Wissens."

[44]ibid., S. 362.

[45]vgl. A. Müller [1922] u. [1923] zur SRT; mit gleichem Tenor wandten sich auch Kronenberg [1915, S. 307], Moog [1922, S. 48], Linke [1921, S. 400] und Reichenbach [1923] S. 31 gegen eine so übertrieben weite Fassung des Fiktionsbegriffes, die auf "Abirrungen und heillose Widersprüche" führe und ihn "zuletzt selbst aufhebt".

An den quasi-Lichtenbergschen Bemerkungen Studys über den "philosophischen Mäuse- und Rattenfang" Vaihingers ergötzte sich 1919 auch Einstein, der daraufhin sein Exemplar des Buches an Vaihinger mit der Bitte um Lektüre weitergab. Daraufhin beklagte sich Vaihinger Ende April 1919 insb. über die Parallele, die Study zwischen ihm und den Pragmatisten gezogen hatte; zu den mathematischen Grundbegriffen führte er aus, daß die "neueren Mathematiker" (gemeint sind David Hilbert und Felix Klein) zwar versucht hätten, "diese Begriffe zu rationalisieren, und sie behaupten, es sei ihnen auch gelungen, aber in ihren anscheinend rationalen Definitionen stecken die alten Widersprüche in versteckter Form".[46] Schließlich äußerte Vaihinger auch noch die Hoffnung, daß Einsteins "eigene originelle Gedankengänge in der Mathematik und Mechanik [sic] eine innere Beziehung haben zu der Fiktionslehre, die in der 'Phil. des Als Ob' entwickelt ist."[47] Nun war Einstein gezwungen, Farbe zu bekennen - in seiner Replik äußerte er zu den erwähnten Punkten folgendes:

> Dass Ihnen Study nicht gerecht geworden ist, sehe ich ein. Ich habe Ihnen das Büchlein nur deshalb mitgegeben, weil es so witzig und amüsant geschrieben ist, nicht weil ich für die Tendenz eintreten wollte. [...]
>
> Wenn ich gegen gewisse von Ihnen bezüglich der 'Fiktionen' aufgestellte Behauptungen etwas auszusetzen finde, so ist es hauptsächlich die, dass die Fiktionen widerspruchsvoll seien. Der Begriff 'Punkt' z.B. ist nach meiner Ansicht nicht widerspruchsvoll, wenn man sich vergegenwärtigt, dass es sich hier nicht um einen Gegenstand der Anschauung sondern eben nur einen Begriff handelt. Ich sehe durchaus nicht, dass dieser Begriff innerhalb des Systems, dem er angehört, zu einander widersprechenden Urteilen führt.[...]
>
> An Ihrem Buch finde ich viel Freude und gedenke es mir so nach und nach zu eigen zu machen. Ich finde darin eine Art, die Dinge anzusehen, die mir sehr nahe liegt [48]

Wenn man Einsteins Strategie kennt, inhaltliche scharfe Differenzen durch versöhnliche Worte zu umranken, so ist dieser Brief trotz der milden Schlußworte eine Absage an Vaihingers Hoffnung auf Einstein als neuen Verbündeten bei der Durchsetzung der Fiktionslehre. Der Mittelteil machte unmißverständlich klar, daß Einstein wie Study u.v.a. sich an dem Merkmal der

---

[46]H. Vaihinger an AE, 27. April 1919, CPAE, Sign. 23 122, S. 4.
[47]ibid., S. 7.
[48]AE an H. Vaihinger, 3. Mai 1919, UBB, Hervorhebungen Orig.; vgl. den weiter unten zitierten Brief AEs an A. Wenzl!

logischen Widersprüchlichkeit rieb, das Vaihinger allen Fiktionen beigelegt hatte.

Diese vermeintliche Selbstwidersprüchlichkeit der echten Fiktionen war in der Tat das größte Problem der Als-Ob-Philosophie insgesamt, wie ja schon Aloys Müllers Betrachtungen 1917 gezeigt hatte. Daß dieser Schwachpunkt auch die Anwendung der Fiktionenlehre auf die RT beeinträchtigte, zeigte insb. die von der *Gesellschaft der Freunde der Philosophie des 'Als-Ob'* preisgekrönte Untersuchung Aloys Wenzls über das Verhältnis der RT zu einigen Philosophenschulen. Wenzl griff u.a. Höpfner an, der sich ja einfach auf die Position zurückgezogen hatte, daß die SRT schon deswegen fiktional sei, weil sie axiomatisch formuliert worden war. Denn dies galt ja genauso für viele andere Theorien, und die SRT sei insoweit "nicht mehr und nicht weniger fiktional als irgendein anderes System der Naturbeschreibung".[49] Ferner fielen auch die relativistischen Axiome keineswegs aus den Rechnungen heraus wie die Fiktionalisten dies immer wieder unterstellten, und für den Nachweis des Vorliegens von Semifiktionen müßten sie die Abweichungen von der Wirklichkeit nachweisen, also einen von der RT unabhängigen Zugang zur physikalischen Wirklichkeit haben, wozu sich aber bestenfalls dürftige Ansätze etwa in Lenards "Uräther" oder Holsts "Neutralfeld", aber keine ausgebaute Theorie fände.[50] Im Falle der Äquivalenzhypothese zeige die beobachtete Identität der schweren und trägen Masse im Verein mit der "Geschlossenheit und restlosen Durchführbarkeit des Gedankens" in der ART, daß es sich hier entgegen den Beteuerungen der Fiktionalisten wohl eher um eine gut bestätigte Hypothese als um eine bloß zweckmäßige Fiktion handele.[51]

Auch der einzige Fall, bei dem die Fiktionalisten überhaupt die wechselseitige Aufhebung von Widersprüchen durch Vaihingers Methode der entgegengesetzten Fehler en détail anzugeben versucht hatten, nämlich die Kompensation von Lichtgeschwindigkeitskonstanz einerseits und relativierter Zeit- und Längenmessung andererseits, wurde von Wenzl kritisch untersucht. Sein Ergebnis war folgendes:

> In Wahrheit aber entsprechen das Konstanzprinzip einerseits und die relativierte Messung andererseits nicht den Anforderungen, die die Als-Ob–Theorie an die entgegengesetzten Fehler stellen muß. Die beiden Fehler, wenn wir sie so ansprechen, sind *nicht unabhängig* von-

---

[49]Wenzl [1924] S. 24.

[50]ibid., S. 25, 28, 47; immerhin kann man in diesen Untersuchungen den Versuch sehen, aus fiktionalistischen Überzeugungen heuristisch brauchbare Anregungen für die erforderlichen Alternativen zur SRT und ART abzuleiten.

[51]ibid., S. 54.

einander. *Sie sind* auch *nicht entgegengesetzt.* Ihr Verhältnis ist vielmehr durch das Wort komplementär gut gekennzeichnet, sie ergänzen einander. Der Fehler fällt auch in Wirklichkeit gar nicht heraus. [...].

Wir sehen also, daß hier, ohne der Relativitätstheorie *und* der Als-Ob-Philosophie Gewalt anzutun, nicht eingesetzt werden kann, daß das System von Fehler und Gegenfehler hier nicht gesucht werden kann.[52]

Nach Erhalt des Buches von Wenzl reagierte Einstein auf diese Passagen in einem Schreiben an Wenzl vom 22. Nov. 1924 mit einer erneuten Bestätigung seiner Ablehnung des Fiktionsbegriffes in der Fassung, die ihm von Vaihinger und seiner Schule gegeben worden war:

Der verhältnismässig grosse Raum, der von Ihnen der 'Als Oberei' gewidmet worden ist, ist wohl nur der besonderen Gelegenheit zu verdanken, der zu ihrer Publikation Anlass gegeben hat. Ich muss gestehen, das [sic] mir die 'Fiktion' im Vergleich zu den altehrwürdigen [sic] 'Begriff' nichts neues gibt und dass sich widerspruchsvolle Begriffssysteme, wie sie in der Fiktionslehre als wesentlich hingestellt werden, nicht als berechtigt ansehen kann.Dabei will ich aber nicht leugnen, dass Vaihinger's Werk seine Meriten hat, die nach meiner Meinung aber nicht im System, sondern in den Einzelheiten liegen.[53]

Diese entschiedene Zurückweisung der fiktionalistischen Deutungen durch Wenzl, der ich mich ohne Vorbehalt anschließe, konnte auch in den apologetischen Bemerkungen Nymans [1927, S. 183-187] nicht widerlegt werden, in denen nur aufs Neue behauptet wurde, daß der Widerspruch in den Aussagen $c + v = c = c - v$ nur durch die gleichfalls selbstwidersprüchlichen Raum- und Zeittransformationen behoben worden sei. Daß noch 1927 nicht einmal der Unterschied der relativistischen Geschwindigkeitsaddition (1.6.) zur klassischen vektoriellen Addition begriffen wurde, zeigt einmal mehr, wie stark die Verständnis-Hemmnisse bei denen waren, die von vornherein bei der Aneignung des "Formelmaterials"[54] der Relativitätstheorie aus gängigen Lehrbüchern nach vermeintlichen Widersprüchen Ausschau hielten und solche an all den Punkten gefunden zu haben glaubten, bei denen der gesunde Menschenverstand anderes erwarten ließ.[55]

Angesichts der deutlichen Kritik, die fiktionalistische Deutungsansätze von vielen Seiten erfuhren, gab es vereinzelt auch Kompromißversuche, so

---

[52]Wenzl [1924] S. 39f.; Hervorhebungen Orig.

[53]AE an A. Wenzl, zit. nach dem Durchschlag in CPAE, Sign. 23 372.

[54]Nyman [1927] S. 187 (unter Verweis auf Einstein [1917] und Born [1920]).

[55]Nyman selbst beanspruchte für die fiktionalistische Deutung ausdrücklich "gegenüber den oft schwindelnden Abstraktionen einen gesunden und begreiflichen Standpunkt" ([1927] S. 201) - vgl. Abschn. 2.3. dieser Arbeit.

z.B. die Schlußworte von Julius Schultz nach den heftigen Debatten zwischen Kraus und Petzoldt auf der 'Als-Ob-Tagung'. Dieser hoffte, beiden Seiten gerecht geworden zu sein, indem er behauptete, daß

> Prof. Petzoldt mit seiner Ablehnung des fiktionalen Einschlages bei Einstein Recht habe, solange er sich auf den isolierten Standpunkt rein physikalischer Interessen stelle und solange ihm also philosophische Gesichtspunkte völlig gleichgültig seien. Vom philosophischen Standpunkt aus müsse andererseits Herrn Prof. Kraus zugestimmt werden. Philosophisch interpretiert habe die Einsteintheorie nur fiktive Bedeutung.[56]

Dieser Vermittlungsversuch war jedoch sehr unglücklich angelegt, denn natürlich waren weder Petzoldt "philosophische Gesichtspunkte völlig gleichgültig", noch war Kraus bereit, einen "isolierten Standpunkt rein physikalischer Interessen" anzuerkennen. Doch zeigt sich hierin unfreiwillig deutlich, daß die fiktionalistische Deutung der RT letztlich hinauslief auf eine vollständige **Entkoppelung der Auffassungen der Wissenschaftler und der Philosophen über den Status der Theorie.** Die Aufweichung des Fiktionsbegriffes hatte es zwar möglich gemacht, die RT in den Rahmen der Philosophie des Als-Ob einzugliedern, doch war dies so sehr auf Kosten der Konturen des Philosophems gegangen, daß das Resultat kaum jemand hätte überzeugen oder auch nur interessieren können. Schon durch die Aussage, daß es sich bei den Einsteinschen Postulaten um irreale Fiktionen im Unterschied zu Hypothesen mit Realitätsanspruch handele, setzten sich die Fiktionalisten in Widerspruch mit den Ansprüchen und dem Selbstverständnis der meisten mit der RT operierenden Fachwissenschaftler, die insb. das Merkmal der Widersprüchlichkeit ihrer Arbeitsmittel zurückwiesen. Daher war es natürlich, daß die überwiegende Zahl der Anhänger Vaihingers sich zu erklärten Gegnern auch der in Rede stehenden Theorie selbst entwickelten. Auch etliche anti-relativistisch argumentierende Physiker wie z.B. Ernst Gehrcke, Philipp Lenard, Johannes Stark oder Stjepan Mohorovičić übernahmen contra-relativistische Aussagen der Vaihinger-Schule und deren Tendenz, alles zu Fiktionen zu erklären, wann immer es in ihr eigenes Konzept paßte.[57]

---

[56]zit. nach dem Bericht über die mündl. Debatte von R. Schmidt [1921]a S. 511; den gleichen Tenor vertrat Schultz auch noch [1935] S. 33-41, 74.

[57]vgl. z.B. Gehrcke [1914] S. 482; Lenard [1918/21]; Stark [1922] S. 9, 11; Mohorovičić[1922] S. 320ff., Uller [1944] S. 10 sowie ironisch dazu: v.Brunn [1931] S. 255: "warum in aller Welt soll deshalb diese Theorie 'absurd', 'widersinnig', ja 'blödsinnig' sein, wo es doch den unverbesserlichen Philosophen im Notfalle immer noch freisteht, die Aussagen der Relativitätstheorie im Sinnes des Vaihingerschen 'Als Ob' zu deuten!".

Darum komme ich am Ende dieses Abschnittes zu einer Bestätigung der schon 1924 von Wenzl vertretenen zusammenfassenden These einer **Unverträglichkeit des Fiktionalismus mit beiden RT**:

> Die sonst gegenüber fiktiven Theorien geübte bedingte Annahme durch die Als-Ob-Philosophie reduziert sich hier auf ein fast ganz negatives sehr kühles Urteil. Der wahre Grund hierfür liegt wohl in der, soweit ich sehe, nirgends klar herausgeschälten Tatsache, daß *die Relativitätstheorie sich eben auch der fiktionalen Methode nicht zwanglos einordnen läßt*. Die Als-Ob-Philosophie kann mit der Theorie wenig anfangen [...]. *Ihre eigentliche Grundfrage aber:* "Wie kommt es, daß wir mit bewußt falscher Vorstellung Richtiges erreichen' *kann sie auf die Relativitätstheorie gar nicht anwenden*; der angebliche Fehler fällt ja auch in den Resultaten nicht heraus.[58]

Es wäre interessant, einmal den Gründen für das Aus-der-Mode-kommen der Als-Oboisten ab etwa 1927 nachzugehen. Die unter der Redaktion der Fiktionalisten stark abgewirtschaftete Zeitschrift *Annalen der Philosophie* wurde ab 1930 unter dem neuen Titel *Erkenntnis* unter Herausgeberschaft logischer Empiristen weitergeführt - damit war das 'Aussterben' der Philosophie des Als Ob besiegelt.

---

[58]Wenzl [1924] S. 42f.; Hervorhebungen K.H.

4.5 Konventionalismus

Sind die zeiträumlichen etc. Formen, die auch der Relativitätstheorie 'a priori' zu Grunde liegen, nur passende, als Konventionen zu wertende Beschreibungsmittel oder sind sie durch den Charakter des menschlichen Denkens schlechthin notwendige, im Einzelnen unabänderliche Gegebenheiten? Ich selbst stehe auf dem ersteren, z.B. auch von Helmholtz und Poincaré vertretenen Standpunkt, während mir scheint, daß Kants Standpunkt mehr der letztere gewesen ist.

AE an Zschimmer, zit. in Zschimmer [1923] S. 24.

4.5.1 Historische Vorbemerkungen

Die philosophische Position des Konventionalismus hat ihre Ursprünge in der Geschichte der Mathematik, insb. der Geometrie, denn der Hauptvertreter des Konventionalismus, Jules Henri Poincaré[1] (1854-1912), hatte sie zunächst im Hinblick auf die Ende des 19. Jahrhunderts entbrannte Geometriedebatte formuliert, später dann aber auch auf andere Gebiete der Mathematik und Physik übertragen.[2] Einer seiner Hauptvertreter in Deutschland, Hugo Dingler, ging so weit, im Konventionalismus "ein Kind der Entdeckung der nicht-euklidischen Geometrien" zu sehen.[3] Deshalb muß ich mit einem kurzen Rückblick auf die Geschichte der Geometrie beginnen,[4] der vom darüber informierten Leser übersprungen werden kann.

Das älteste bekannte Axiomensystem ist die Geometrie des Euklid (ca. 300 v. Chr.). Dieser faßte das Wissen seiner Zeit über die Beziehungen von Punkten, Geraden und Figuren in der Ebene in der Weise zusammen, daß er einige wenige Postulate, sog. Axiome, an den Anfang stellte, und von diesen ausgehend, alle bekannten Theoreme der ebenen Geometrie deduzierte. Damit war eine ungeheure Systematisierung des Wissens erreicht, da nun sofort ersichtlich war, welches die

---

[1]zu Poincaré siehe z.B. Wien [1921] S. 99ff., Ziegenfuß/Jung (Hrsg.) [1949/50] Bd. 2, S. 301-302, Goldberg [1967] und Ref. in 4.5.2-3.

[2]zur Geschichte des Konventionalismus vgl. die Artikel 'Konvention' u. 'Konventionalismus' in: Ritter (Hrsg.) sowie Diederich [1974] Kap. 1-2; das Etikett 'Konventionalismus' stammt selbst übrigens nicht von Poincaré, wurde aber bald als Bezeichnung seiner Thesen allgemein gebräuchlich. Systematische Untersuchungen zum Konventionalismus in der Physik der Raum-Zeit und RT findet man z.B. in Diederich [1974] Kap. 3ff., Mittelstaedt [1976], Friedman [1983] Kap. 7.

[3]Dingler [1953] S. 199.

[4]vgl. z.B. Russell/Whitehead [1910], Robertson [1949/79], Menger [1949/79], insb. S. 339; Carnap [1966/86] Abschn. 14. sowie Freudenthal [1960] u. Toth [1979], [1980].

Voraussetzungen waren, auf denen die Aussagen über Winkelsummen, Parallelität, Anzahl von Schnittpunkten wie auch die Methoden zur Konstruktion von ebenen Körpern ruhten.

Das Bestreben der Mathematiker, möglichst wenig voneinander logisch unabhängige Voraussetzungen zu machen, führte zu einem jahrhundertelangen Streit darüber, ob das sogenannte Parallelenaxiom Euklids (also die Forderung, daß bei Vorgabe einer Gerade G und eines weiteren, nicht auf ihr liegenden Punktes P genau eine Parallele zu G durch P existiert) nicht aus den anderen Axiomen Euklids bereits ableitbar sei, denn es erschien vielen als sehr viel weniger elementar. Doch diese Ableitung des V. euklidischen Postulats aus den anderen Axiomen wollte nicht gelingen; ebensowenig wie der Versuch, aus der Negation dieses Axioms einen inneren Widerspruch abzuleiten. Im Laufe des 19. Jahrhunderts stellte es sich heraus, daß Geometrien angebbar sind, die statt des euklidischen Parallelenaxioms andere Axiome forderten. Bolyai und von ihm unabhängig Lobatschevski konstruierten ca. 1830-1835 eine Geometrie mit der Eigenschaft, daß zu jeder Geraden G unendlich viele Parallelen durch P existieren und um 1850 bemerkte Riemann, daß auch eine Geometrie ohne eine Parallele von G durch P konstruiert werden kann. Man nannte diese Geometrien nicht-euklidisch, zumal sie auch in anderen Eigenschaften von der des Euklid abwichen, z.B. ist die Winkelsumme in Dreiecken für Riemannsche Geometrien größer 180 Grad und für Lobatschevskische Geometrien kleiner als 180 Grad. Riemann betrachtete um 1850 auch als erster nicht-euklidische Räume, deren Krümmung von Punkt zu Punkt variierte. Die Widerspruchsfreiheit der nicht-euklidischen Geometrien konnte auf die Widerspruchsfreiheit der euklidischen Geometrie zurückgeführt werden,[5] und diese wurde 1900 von Hilbert auf die Widerspruchsfreiheit der Zahlentheorie reduziert. Zunächst wurden alle nicht-euklidischen Geometrien als rein mathematische Kuriosa angesehen, da man die Gültigkeit der euklidischen   Axiome bei Anwendungen auf reale Räume als *evident* ansah.[6] Doch im Laufe des 19. Jahrhunderts stellten Denker wie Gauss und Helmholtz auch die Frage, ob es denn wirklich so gewiß sei, daß der reale Raum von euklidischer Struktur sei, wie dies jahrhundertelang als selbstverständlich vorausgesetzt worden war. Während Gauss die Messung der inneren Winkel eines irdischen Dreiecks, markiert durch drei Bergspitzen, als von ihm vorgeschlagenen Test zur empirischen Entscheidung über die Frage, welche Raumstruktur in Erdoberflächennähe vorliegt, wohl nicht durchführte, machte Karl Schwarzschild 1900 tatsächlich den Versuch, etwaige Abweichungen von der euklidischen Raumstruktur aus astronomischen Daten über Parallaxen weit ent-

---

[5]vermöge einer vollständigen Abbildung ihrer Aussagen auf die der Euklidischen Geometrie, gezeigt durch Beltrami (1868) sowie Cayley u. Klein (1871) - vgl. Poincaré [1902/04]b S.42ff. sowie die Anmerkungen Nr. 17-24, insb. 22, von Lindemann.

[6]vgl. dazu z.B. Max Planck noch [1910] S. 117: "und doch beansprucht das Relativitätsprinzip im Gegensatz zur euklidischen Geometrie, die bisher nur für die reine Mathematik ernstlich in Betracht kommt, mit vollem Recht reelle physikalische Bedeutung"; siehe ferner z.B. Reichenbach [1933]b S. 42.

fernter Sterne zu ermitteln.[7] Damit war der Graben zwischen kontrahierenden Auffassungen der Geometrie noch tiefer geworden: den einen war sie das Resultat einer Setzung von Axiomen, aus denen durch rein logische Ableitungen *analytische* Aussagen gewonnen werden konnten, die nicht mehr und nicht weniger 'wahr' seien als die vorausgesetzten Axiome; den anderen zufolge konnte die 'wahre', d.h. tatsächlich vorliegende Geometrie des Raumes aus empirischen Untersuchungen unter mehreren denkmöglichen Kandidaten ermittelt werden und war in diesem Sinne *synthetisch a posteriori*. Die Kantianer selbst blieben zum Großteil bei ihrer Auffassung der Geometrie als *synthetisches Apriori*, die dadurch gestützt schien, daß sich nur mit den Axiomen der euklidischen Geometrie ein Evidenzgefühl verbinden ließ. Die Verbreitung der formalistischen Auffassung der Mathematik Hilberts nach 1900 stärkte aber die Position derer, die behaupteten, daß es sich bei allen Axiomen der *Geometrie als Disziplin der Mathematik* nur um willkürliche Setzungen handele, bei denen gegenstandslose Begriffe wie Punkte, Gerade, Fläche etc. in ihren Relationen zueinander durch implizite Definitionen erklärt würden.[8]

Zeitgleich damit wurde aber auch deutlich, daß diese formalistische Auffassung *nicht* auch für die *Geometrie als Zweig der Physik* galt, da hier zu den formalen Axiomen noch physikalische Meßvorschriften ergänzend hinzutraten, kraft derer ihre Aussagen überprüfbaren Wirklichkeitsgehalt erlangten. Diesen **Gegensatz zwischen Mathematik und Physik** traf Einstein in seinem Akademievortrag über *Geometrie und Physik* [1921] in folgender Kontraposition:

> Insofern sich die Sätze der Mathematik auf die Wirklichkeit beziehen, sind sie nicht sicher, und insofern sie sicher sind, beziehen sie sich nicht auf die Wirklichkeit.[9]

Diese Disjunktion von analytisch wahren aber inhaltsleeren Aussagen einerseits und synthetischen Aussagen mit Wirklichkeitsgehalt andererseits, die aber nur empirisch zu rechtfertigen seien, setzte sich in den zwanziger Jahren dieses Jahrhunderts zunehmend durch. Damit war dem Kantischen Verständnis der Geometrie der Boden abgegraben, da die Existenz der dritten Aussagenklasse, der synthetischen Urteile a priori, zu denen Kant die euklidischen Axiome gerechnet hatte, bestritten wurde.[10] **An die Stelle**

---

[7]er gab als untere Grenze für den Krümmungsradius 64 Lichtjahre an - siehe Schwarzschild [1900], Poincaré [1902/04] und Robertson [1949/79] S. 215ff. sowie Toth [1979]; von noch früheren Überlegungen Laplaces berichtet Dittrich [1911] S. 95.

[8]vgl. dazu z.B. Schlick [1918/25] 1. Teil, Abschn. 7., Reichenbach [1920]a S. 33, AE [1921]b S. 5; kritisch: Frege [1903] und A. Müller [1923]b. Zu Hilbert vgl. Abschn. 4.6.1.

[9]AE [1921]b S. 3f.; vgl. Reichenbach [1922]f S. 60 sowie Dingler [1922]a S. 49-56.

[10]siehe z.B. Reichenbach [1921/79] S. 161/241.

des Apriori rückte nun vielfach das via Übereinkunft unter Maß-
gabe von Randbedingungen wie z.B. Einfachheit Gesetzte, die
Konvention.

4.5.2   Poincarés Konventionalismus - die Einfachheit der Euklidischen Geometrie[11]

Die Schriften des französischen Mathematikers Henri Poincaré markieren eine
wichtige Phase der Klärung dieses Unterschieds zwischen mathematischer und physikalischer Geometrie. Poincaré interessierte sich lebhaft für die Grundlagen der
Geometrie, nicht zuletzt provoziert durch eine Debatte mit Bertrand Russell über
dessen aprioristisches Frühwerk *An essay on the foundations of geometry* (1897).[12]
In seiner Auffassung der Geometrie wandte er sich zwar gegen die Überzeugung
der Neukantianer, aber im gleichen Atemzuge auch gegen die Ende des 19. Jahrhunderts bereits Mode gewordene Auffassung, daß die Geometrie des Raumes der
Erfahrung entnommen werden könne. Seiner Meinung nach waren die geometrischen Axiome ein Drittes, für das er die Bezeichnung "conventions", dt. übersetzt
als "**Konventionen**" bzw. synonym dazu: "auf Übereinkommen beruhende Festsetzungen", wählte:

> Die geometrischen Axiome sind also weder synthetische Urteile a priori
> noch experimentelle Tatsachen. Es sind auf Übereinkommen beru-
> hende Festsetzungen;[...]. Mit anderen Worten: die geometrischen
> Axiome [...] sind nur verkleidete Definitionen.[13]

Natürlich wußte Poincaré, daß diese 'Festsetzungen' nicht willkürlich erfolgen
konnten, wenn sich die Geometrie praktisch anwenden lassen soll, sondern daß
schon eine empirische Motivierung für die Wahl der "définitions déguisées", der
'verkleideten Definitionen', vorlag, bloß daß diese viel weniger zwingend war, als
Gauss, Helmholtz und Schwarzschild sich dies vorgestellt hatten:

> unter allen möglichen Festsetzungen wird unsere Wahl von experi-
> mentellen Tatsachen geleitet; aber sie ist frei und ist nur durch die
> Notwendigkeit begrenzt, jeden Widerspruch zu vermeiden. In dieser
> Weise können auch die Postulate streng richtig bleiben, selbst wenn
> die erfahrungsmäßigen Gesetze, welche ihre Annahme bewirkt haben,
> nur annähernd richtig sein soll.[14]

---

[11]Dieser Unterabschnitt kann übersprungen werden.
[12]vgl. dazu Freudenthal [1960] S. 17-19; Diederich [1974] Abschn. P.3.
[13]Poincaré [1902/04], S. 51f.; Orig.-Hervorhebungen hier weggelassen. Orig. franz.
Wortlaut u. weitere Kommentare hierzu in Diederich [1974] S. 23; vgl. ferner Piaget
[1950/72]b Bd. 1, S. 181ff., Bd. 2, S. 290ff.
[14]ibid.; vgl. Diederich [1974] S. 15f.

Was die Möglichkeit betraf, daß der empirische Raum nicht-euklidische Struktur trage, war er ganz anderer Auffassung als die Göttinger Mathematiker Gauss und Schwarzschild, die eine empirische Klärung dieser Frage zumindest prinzipiell für möglich hielten. Für ihn lag darin ein grundlegendes Mißverständnis über die Funktion der Mathematik bei der Naturbeschreibung. Am Beispiel der Untersuchung Schwarzschilds versuchte er den Denkfehler aufzuzeigen, der dabei seiner Meinung nach unterlaufen war. Gesetzt einmal den Fall, Schwarzschild hätte durch seine Analyse der, durch die Erdbewegung erzeugten, scheinbaren Verschiebungen der Fixsternörter (Parallaxen) Indizien für das Vorliegen positiver bzw. negativer Raumkrümmung gesammelt (endliche bzw. negative Parallaxen), dann:

> hätte man die Wahl zwischen zwei Schlußfolgerungen: wir könnten der euklidischen Geometrie entsagen oder die Gesetze der Optik abändern und zulassen, daß das Licht sich nicht genau in gerader Linie fortpflanzt. Es ist unnütz hinzuzufügen, daß jedermann diese letztere Lösung als die vorteilhaftere ansehen würde. Die euklidische Geometrie hat also von neuen Erfahrungen nichts zu befürchten.[15]

Man müsse also in diesem unterstellten Fall nur die der Schwarzschildschen Untersuchung stillschweigend zugrundeliegende Prämisse aufgeben, daß gerade Linien der Geometrie in astronomischen Größenordnungen durch die Bahn von Lichtstrahlen dargestellt werden. Prinzipiell, so Poincaré, könne so *jeder empirische Befund, der zunächst gegen die Gültigkeit der euklidischen Geometrie spräche, aufgefangen werden durch eine geeignete Änderung der Konventionen*, die bei der Anwendung der Geometrie auf die Wirklichkeit zugrundegelegt worden sind. Diese These Poincarés machte klar, daß "die Prinzipien der Geometrie keine Erfahrungs-Tatsachen sind",[16] sondern erst vermöge der hinzutretenden, konventionellen Gebrauchsanweisungen Erfahrungsgehalt erhielten. Dies bedeutete, daß kein empirisches Datum zur Annahme einer Geometrie als *der* Geometrie des Raumes zwingen konnte, daß also auch die Aussage, der Raum habe die und die geometrische Struktur in diesem Sinne eine Frage der Konvention sei. Damit war die Empirie der Rolle der Entscheidungsinstanz enthoben und ihre Bedeutung darauf eingeschränkt, den Anstoß zu geben für die Entwicklung geeigneter, bequemer Konzepte. In dieser bescheideneren Funktion wirke sie aber als Regulativ, welches verhindere, daß alle formal zulässigen Raumbeschreibungen gleichberechtigt ohne jedwedes Vorzugskriterium nebeneinanderstünden:

> Die Erfahrung leitet uns in dieser Wahl, zwingt sie uns aber nicht auf; sie läßt uns nicht erkennen, welche Geometrie die richtigste ist, wohl aber, welche die *bequemste* ist.[17]

---

[15]Poincaré [1902/04], S. 74f.; vgl. Diederich [1974] S. 32ff., 45f.

[16]ibid., S. 73; vgl. ibid. S. 81: "es bleibt unmöglich, mit dem Empirismus in der Geometrie einen vernünftigen Sinn zu verbinden"; s.a. Diederich [1974] S. 25.

[17]ibid.; Hervorhebung Orig.; vgl. ibid., S. 52, 90; vgl. analog S. 138 zur Bequemlichkeit der Prinzipien der Mechanik oder Poincaré[1906/21] S. 95-100 zur Bequemlichkeit der

Diese **Bequemlichkeit** ("commodité") der Beschreibung gebe also schließlich den Ausschlag bei der Entscheidung zwischen all den konkurrierenden formal widerspruchsfreien Geometrien. Dabei stand für Poincaré fest:

> die Euklidische Geometrie ist die bequemste und wird es immer bleiben.[18]

Im Unterschied zum Apriorismus der (Neu)Kantianer war die Universalität dieser Aussage aber *nicht* dadurch garantiert, daß "eine Form a priori existierte, die sich unseren Sinnen aufdrängte", sondern lediglich durch die größte Bequemlichkeit der Konventionen 'Euklidizität, Dreidimensionalität etc.' garantiert.[19] Die Ermessung des Bequemlichkeitsgrades z.B. einer Geometrie vollzog Poincaré aufgrund von insg. **drei Kriterien**, die eine **komparative Bewertung dieser Bequemlichkeit** ermöglichen:

1. *Einfachheit*: ein Vergleich aller bis dato erdachten Geometrien zeigte Poincaré, daß die Euklidische Geometrie die einfachste Geometrie sei, da alle Nichteuklidischen Geometrien einen zusätzlichen Parameter, das Krümmungsmaß, aufwiesen, der deren Formeln komplizierter mache.[20]

2. *Anpassung an die Eigenschaften natürlicher, fester Körper*: Die Euklidische Geometrie gewährleiste die problemlose Verschiebbarkeit von geometrischen Körpern wie sie auch im realen Raum an starren Körpern beobachtet werde. Ferner läßt sich auch die Ähnlichkeitstransformationen wie z.B. die maßstabstreue Verkleinerung von Körpern bei Formerhalt zu, während z.B in der Lobatschevkischen Geometrie zu einer vorgegebenen Figur keine zu ihr ähnliche in größeren oder kleineren Dimensionen angegeben werden kann.[21]

3. *Phylogenetische Vorteile der Handhabung*: Auch die leichtere Überschaubarkeit und unkomplizierte Anwendbarkeit der Euklidischen Geometrie, welche schließlich nicht umsonst 2000 Jahre vor allen anderen Geometrien systematisch erforscht war, führte Poincaré als einen Vorzug auf. Diese Argumentationsschiene hatte einen oft geradezu biologistischen Unterton wie im folgenden Zitat:

> man will vielmehr sagen, daß unser Verstand sich durch natürliche Zuchtwahl den Bedingungen der äußeren Welt *angepaßt* hat, daß er diejenige Geometrie angenommen hat, welche für die Gattung am *vorteilhaftesten* war, oder mit anderen Worten: die am *bequemsten* war. Das ist mit unseren obigen Schlußfolgerungen durchaus im Einklang; unsere Geometrie ist nicht wahr, sondern sie ist vorteilhaft.[22]

Annahme der Dreidimensionalität des Raumes.

[18]ibid., S. 52; vgl. Diederich [1974] S. 48 für weitere Belege.

[19]siehe z.B. Poincaré [1906/21] S. 96; diese Ablösung des Apriori-Begriffs durch die Konventionen wurde später insb. von Schlick u. Grelling konstatiert - s.u. Abschn. 4.5.6.

[20]ibid., S. 52.

[21]ibid., S. 38., 52, 62ff.; vgl. dazu Dittrich [1911] S. 96, Kottler [1922]a S. 13f.

[22]ibid., S. 90; vgl. Poincaré [1906/21] S. 162ff.; diese dritte Argumentationsschiene wird in der Sekundärliteratur zumeist übersehen.

In zahlreichen Aufsätzen und drei erkenntnistheoretischen Büchern bemühte sich Poincaré um den Nachweis, daß überall in den exakten Wissenschaften Konventionen anzutreffen seien, keineswegs nur in den Gebieten der Mathematik, insb. der Geometrie, aus dem die bisherigen Beispiele kamen. **Kandidaten für 'auf Übereinkommen beruhende Festsetzungen'** waren ihm u.a. auch alle allgemeinen Prinzipien der Mechanik wie z.b. das Energieerhaltungsprinzip, das Prinzip der Gleichheit von Wirkung und Gegenwirkung, das Trägheitsgesetz, der zweite Hauptsatz der Thermodynamik u.s.w.[23] Wenn man verblüfft einwandte, daß alle diese Naturgesetze und -prinzipien doch empirischen Ursprungs seien, so konterte Poincaré wieder mit obigen Figur, daß sie zwar durch empirische Resultate nahegelegt seien, aber durch ihren großen Allgemeinheitsgrad längst mehr seien als nur verallgemeinerte Erfahrungstatsachen. So sei der Sinn des Energieerhaltungsprinzips eigentlich nur der, eine versteckte Definition der an der Energiebilanz teilhabenden Energiearten zu geben;[24] der zweite Hauptsatz z.B. definiere eigentlich nur den Zusammenhang zwischen Entropie und Zeitverlauf.[25] Entscheidend bei all diesen naturwissenschaftlichen Konventionen sei es, daß physikalische Größen und ihr Zusammenhang erst durch sie erklärt würden. Darum würden bei unstimmigen experimentellen Befunden auch nicht die allgemeinen Prinzipien (wie z.B. Energieerhaltung) über Bord geworfen, sondern lediglich Korrekturen bei den Entsprechungsregeln zwischen physikalischen Größen und der Wirklichkeit vorgenommen (z.B. durch Postulierung eines neuen Teilchens, das die unbeobachtete Energie wegträgt). Diese Poincarésche These der Konventionalität eines so stattlichen Anteils von dem vermeintlich empirischen Wissen erregte schnell einiges Aufsehen - Poincarés Werke wurden bald auch ins Deutsche übersetzt und wirkten z.B. stark auf den jungen Philipp Frank, der 1907 den Kausalsatz als eine solche Konvention im Sinne Poincarés behandelte.[26] Die vielfach überzeichnende und übertreibende Rezeption Poincarés rief bald auch kritische Stimmen auf den Plan, die darauf beharrten, das Willkürliche in der Wissenschaft auf ein unverzichtbares Minimum zurückzudrängen.[27]

Am Ende meines Referats der Kernprämissen des Konventionalismus muß noch zweierlei klargestellt werden:

A. Poincaré zielte mit seinem Begriff der 'Konventionen' *nicht* ab auf den trivialen Umstand, daß die Wahl eines Namens für einen Gegenstand bzw. die Wahl einer Maßeinheit für eine quantifizierte Größe eine Sache der Definition ist und im Prinzip jederzeit durch einen anderen Namen bzw. eine andere Maßeinheit ersetzt

---

[23]siehe z.B. die Übersicht Lindemanns im Vorwort zu Poincaré [1902/04]c S. iv sowie Diederich [1974] S. 50ff.

[24]ibid., S. 131ff.

[25]ibid., S. 137.

[26]siehe Frank [1907], [1908]a,b und Kowalewski [1921]; vgl. Diederich [1974] S. 120, Haller [1985] S. 352. Zu Frank vgl. 4.7.

[27]so insb. Hessenberg [1908]a,b, Study [1914/23] S. 53-57, Haldane [1927] S. 2; vgl. ferner z.B. Bridgman [1959] S. 524f. sowie die Abschnitte 4.5.6-7.

werden kann.[28] Poincarés Hinweis auf die Konventionalität naturwissenschaftlicher Prinzipien meint also *nicht* die Trivialität, daß rein semantische Umbenennungen möglich sind, sondern betrifft vielmehr den Zusammenhang zwischen diesem semantischen Regeln für wissenschaftliche Termini und der Theorie, die mit diesen Termini arbeitet. Sein Hinweis, daß die Geometrie des Raumes von der verwendeten Kongruenzdefinition abhängt, zeigt ja z.b. das Änderungen der Kongruenzdefinition nicht nur eine oberflächliche Namensänderung sind, sondern eine tiefgreifende Abänderung der Geometrie zur Folge haben. Nur in diesem Sinne soll im folgenden von 'Konventionen' die Rede sein.[29]

B. Poincarés Rede von 'verschleierten Definitionen' (s.o.) darf aber auch nicht umgekehrt überbewertet werden. Es ist keineswegs so, daß er damit etwa Hilberts 'implizite Definitionen' antezipiert, wie man spätestens aus Poincarés Verblüffung über Hilberts formalistische Auffassung der Axiome der Geometrie in seiner Buchbesprechung hiervon [1902] sehen kann.[30] Für Poincaré hingegen ist Geometrie noch eine mathematisierte Naturwissenschaft, und Konzepte wie Punkt, Ebene und Gerade werden von ihm als außermathematisch bestimmbar gedacht.

4.5.3   Welche Punkte der RT sind als Konventionen im Sinne Poincarés deutbar?

Poincaré selbst hat sich niemals öffentlich zur SRT oder ART geäußert, auch wenn seine *Derniers Pensées* keinen Zweifel daran lassen, daß er ihren Aussagen bis zu seinem Tode nicht zugestimmt hat.[31] Dies läßt sich auch stützen durch die veröffentlichten Statements Poincarés über die Lorentzsche Elektrodynamik, verstanden nicht als Vorläufer, sondern als theoretische Alternative zur SRT. Nach einem Referat der Anpassungsschritte, die die Lorentzsche Elektronentheorie durchlaufen hatte, um den verschiedenen experimentellen Befunden gerecht zu werden, stellte er 1902 fest, daß neuartige Phänomene in Lorentz' Theorie mit Leichtigkeit ihren Platz fänden, da sich stets Hypothesen fänden, um Erklärungen anomaler Effekte im Rahmen einer konventionell gesetzten Theorie zu geben.

> diese Leichtigkeit beweist zur Genüge, daß die Lorentzsche Theorie kein künstlicher, zur Auflösung bestimmter Bau ist. Man muß sie

---

[28]Auf die Notwendigkeit einer nichttrivialen Deutung des Poincaréschen Konventionsbegriffs hat bes. Adolf Grünbaum [1963/73] S. 27ff, 117ff. hingewiesen; s.a. Reichenbach [1949/79] S. 192 u. Diederich [1974] S. 46.

[29]ein Beispiel für eine Verwechslung beider Formen von Konventionalität findet sich in Spielmann [1919]; vgl. die Replik von Weber [1920].

[30]vgl. dazu Freudenthal [1960] S. 17, 19ff. u. Diederich [1974] S. 28ff, 42.

[31]zu Poincaré u. RT siehe insb. Le Roux [1937]b, Goldberg[1967] S. 938ff.,[1970/71], Zahar [1983] u. Abschn. 1.1.3.

vermutlich modifizieren, aber man braucht sie nicht zu zerstören.[32]

Nach dem Tode Poincarés 1912 wurde diese Lücke fehlender expliziter Stellungnahmen zur SRT und ART jedoch geschlossen und verschiedentlich untersucht, welche Implikationen der konventionalistische Standpunkt für die Interpretation beider RT habe. Konventionalistische Aspekte beider RT und ihre Diskussion etwa bei Dingler, Reichenbach, Schlick u.a. umfaßten vorwiegend drei Themenfelder. Als **(nichttriviale) Konventionen im Sinne Poincarés in den RT** wurden insb. aufgefaßt:

1. die Definition der Gleichzeitigkeit für räumlich getrennte Ereignisse (im Rahmen der SRT);

2. die Kongruenzdefinition durch die Verweisung auf starre Körper und deren Verschiebung unter Voraussetzung der Erhaltung von Streckengleichheit (als Eigenschaft der ART im Unterschied zur Weylschen Theorie)[33] sowie

3. die Wahl eines solchen Bezugssystems, in dem die Metrik eine besonders einfache Gestalt hat, bei Anwendungen der ART.

Dazu folgende Erläuterungen:

(ad 1) In Abschnitt 1.1. hatte ich bereits angedeutet, daß Poincaré schon *vor* der Formulierung der SRT im Jahr 1898 klargemacht hatte, daß die Gleichzeitigkeit für räumlich entfernte Ereignisse nicht unmittelbar gegeben, sondern erst per Definition herzustellen sei:

> En général, on néglige la durée de la transmission et on regarde les deux événements comme simultanés. Mais, pour être rigoureux, il faudrait faire encore une petite correction par un calcul compliqué [...]. La simultanéité de deux événements, ou l'ordre de leur succesion, l'égalité de deux durées, doivent être définies de telle sorte que l'énoncé des lois naturelles soit aussi simple que possible. En d'autres termes, toutes ces règles, toutes ces définitions ne sont que le fruit d'un opportunisme inconscient.[34]

Denselben Gedanken verfolgte auch Einstein [1905] im § 1, indem er eine Vorschrift beschrieb, mit der es möglich war, alle im Raum verteilt gedachten Uhren eines Bezugssystems widerspruchsfrei und eindeutig miteinander zu synchronisieren (siehe Abschn. 1.2. dieser Arbeit). Damit war gezeigt

---

[32]Poincaré [1902/04] S. 176, s.a. S. 248; vgl. A.I. Miller [1982]a zu dieser, von Miller 'Modifikationismus' genannten Haltung (im Gegensatz zum Radikalismus Einsteins).

[33]siehe etwa Einstein [1921]b S. 9f., Kottler [1922]a S. 12f.

[34]Poincaré [1898] S. 13, in dt. Übers. auch in Poincaré [1906/21] S. 43.

worden, daß ein Konzept, von bislang stets angenommen worden war, daß
es ohne Hinzuziehung einer menschenerdachten Definition bereits natürlich
vorgegeben sei, eben ohne eine solche konventionelle Beifügung nicht eindeutig, also physikalisch unbestimmt war. Daß diese Erkenntnis nicht auf
Einstein, sondern auf Poincaré zurückgeht, blieb sehr lange wenig bekannt.
So erfuhr Hans Reichenbach dies aus einem Brief von Stillman Drake an
ihn vom 6. Aug. 1951, dem diese Arbeit Poincarés in Abschrift beilag.[35]
Daraufhin schrieb er an Drake am 10. August 1951:

> It is amazing to see that Poincaré went so far as to include simultaneity
> into his considerations. His attempts at showing that simultaneity is
> a matter of definition is astonishing. And yet one cannot give him full
> credit because he has not seen that all this hinges on the assumption
> that light is the fastest signal, an assumption introduced seven years
> later by Einstein. So Poincaré's work remains a very stimulating
> suggestion, but I could not regard it as a solution of the problem.[36]

Daraufhin konnte Drake erwidern, daß Poincaré auch den ausgezeichneten
Status der Lichtgeschwindigkeit ebenfalls noch vor Aufstellung der SRT
erkannt habe.[37] Hingegen waren sich beide einig darin, daß die Andeutun-
gen Poincarés, begleitet von Worten wie 'perhaps' und Einschränkungen
wie "we only succeed in catching a glimpse", mit der ausgeführten Theorie Einsteins nicht auf eine Stufe zu stellen sind, wie dies etwa durch Sir
Edward Whittaker 1953 dann unternommen wurde (vgl. dazu Abschnitt
3.3.), hingegen höchst bemerkenswerte Antizipationen Einsteinscher Ideen
darstellten.[38] Es ist sicher kein Zufall, daß es gerade der Konventionalist
Poincaré war, der als erster bemerkt hatte, daß der Begriff der Gleichzeitigkeit für räumlich getrennte Ereignisse eben eine solche Konvention
darstellte. Durch sein Interesse an konventionellen Setzungen in naturwissenschaftlichen Theorien war er prädestiniert dazu, die impliziten Voraussetzungen der klassischen Aussagen über lokalen Zeitverlauf (Lorentz'
Ortszeit) und dem Vergleich mit entfernten Ereignissen herauszuarbeiten.
Da die Relativierung der Gleichzeitigkeit in der SRT Einsteins eine wichtige

---

[35]ASP, Sign. HR-037-18-39; noch 1949 hatte Reichenbach behauptet, daß erst Einstein
diese Entdeckung gemacht habe: [1949/79] S. 193.

[36]ASP, Sign. HR-037-18-38.

[37]und zwar in Poincaré [1904b, S. 253]: "From all these results, if they were to be
confirmed, would issue a wholly new mechanics which would be characterized above all
by the fact that there could be no velocity greater than that of light." vgl. Drake an
Reichenbach, 20. Aug. 1951, ASP, Sign. HR-037-18-36, S. 2, Goldberg [1967] S. 939 sowie
weitere Belege Abschn. 1.1.3. S. 12 dieser Arbeit.

[38]Reichenbach an Drake, 4. Sept. 1951, ASP, Sign. HR-037-18-37.

Rolle spielt, stützte dies natürlich diejenigen, die diese Theorie konventionalistisch interpretierten.

(ad 2) Wie im vorigen Unterabschnitt gezeigt, war dieses Interesse Poincarés an definitorischen Setzungen durch seine Beschäftigung mit der Geometrie erwachsen. Mit der Formulierung der ART durch Einstein im Jahr 1915 wurde auch dieser Ideenstrang im Werk Poincarés plötzlich wieder aktuell, hingegen nicht so, wie sich Poincaré dies wohl gewünscht hätte. Denn Einstein hatte vor genau dem Problem gestanden, daß sich Poincaré um die Jahrhundertwende gestellt hatte. Er hatte die Wahl zwischen den Alternativen: entweder Aufgabe der Euklidizität des Raumes oder Aufgabe der direkten Entsprechungsrelationen zwischen geometrischer Gerade und Lichtstrahl, euklidischem (geometrischem) Körper und realem Körper, geometrischer Länge und Maßstabslänge. Doch anders als Poincaré dies prophezeit hatte, entschied sich Einstein für die Einführung einer nichteuklidischen Metrik der Raumzeit. Dieser Befund war für die Anhänger des Poincaréschen Konventionalismus ein ebenso tiefes Problem wie manche andere Revisionen es für die Neukantianer gewesen waren. Die apodiktische Aussage des Schulbegründers war in einem naturwissenschaftlichen Einzelresultat Lügen gestraft worden, der Forscher war den 'Anweisungen' bzw. 'Prophezeiungen' des Erkenntnistheoretikers nicht gefolgt. Die eine Gruppe um den Philosophen Dingler reagierte auf diese Entwicklung durch prompte Ablehnung der ART (s.u.). Von Seiten derer, die zu einer Revision der Ausführungen Poincarés bereit waren, mußte daraufhin natürlich neu überdacht werden, wie der ohne Zweifel richtige Kern der Thesen Poincarés über die Existenz von Konventionen in naturwissenschaftlichen Theorien mit dem neuen Sachstand in der Physik vereinbart werden kann. Dabei übernahm eine führende Rolle der Wissenschaftsphilosoph Hans Reichenbach (vgl. Abschnitt 4.1.4. (R-3) zu seiner Revisionshaltung in Bezug auf den Neukantianismus).

Reichenbach übernahm dabei den als richtig erkannten Ausgangspunkt Poincarés, nämlich die These, daß mit der Aussage darüber, welche Geometrie in einem Raum vorliege, erst dann ein nachprüfbarer Sinn verbunden werden kann, wenn auch spezifiziert wird, wie die Entsprechung zwischen geometrischen Grundbegriffen 'Punkt, Gerade, Länge' und der Wirklichkeit hergestellt werden soll. Diese Erkentnis nahm Reichenbach auf, indem er die physikalische Geometrie von der mathematischen Geometrie dadurch abgrenzte, daß in ersterer neben den impliziten Definitionen (**Axiomen**) des Formalismus noch **Zuordnungsdefinitionen** spezifiziert werden müßten. Ein und demselben Raum könnten so ohne weiteres durch verschiedene Geometrien beschrieben werden, je nachdem, welche Zuordnungsdefinitionen man wähle. Diesen Umstand, der der wesentliche Anlaß für die Entstehung des Konventionalismus gewesen war, "daß sich jedes empirische Tatsachenmaterial in jeder Geometrie deuten läßt"[39] bezeichnete Reichenbach als **"Relativität der Geometrie"**.[40] Doch Reichenbach kam von diesem, mit Poincaré geteilten Befund zu völlig anderen Konklusionen. Entgegen der These Poincarés, daß die euklidische Geometrie als einfachste Geometrie in Anwendungen stets vorzuziehen sei, ergab sich für Reichenbach ein ganz anderes Resultat:

> Es handelt sich also für die Physik nicht darum, welche Geometrie einfacher ist, sondern welche Zuordnungsdefinition einfacher ist.[41]

Während also der Mathematiker Poincaré nur die syntaktische Einfachheit des mathematischen Formalismus im Auge gehabt hatte, interessierte sich Reichenbach für die praktische Anwendbarkeit des Gesamtsystems Geometrie und Zuordnungsdefinitionen.in praktischen Anwendungen erweise sich so beispielsweise die Zuordnung des Begriffs 'Gerade' zur Bahn eines Lichtstrahls eben allen anderen, zulässigen aber unpraktischen, Entsprechungsvorschriften als überlegen, weil die vereinfachte Meßbarkeit gerader Linien in unzähligen astronomischen Anwendungen der ART höher zähle als die in Kauf zu nehmende Verkomplizierung des geometrischen Rahmens, in dem diese Meßresultate gedeutet würden. Doch selbst in dem Fall, daß eine physikalische Theorie kompliziertere Zuordnungsdefinitionen benütze, ließe sich daraus nicht eo ipso schließen, daß diese weniger 'wahr' sei.

> Daß die euklidische Geometrie, oder auch umgekehrt, die Einsteinsche, 'wahrer' wäre, weil sie zu einfacheren Maßverhältnissen führt, ist ein großer Irrtum.[...] Man wird zwar immer das einfachere System bevorzugen, so wie man lieber mit Metern und Zentimetern mißt als mit Ellen und Fuß, aber das ist wirklich nur eine Ökonomie, mit der man Kräfte sparen will, ohne damit eine Aussage über die Realität machen zu wollen. *Eigenschaften der Realität trifft man erst durch Kombination einer Maßaussage mit der zugrundeliegenden Zuordnungsdefinition.*[42]

Mit dieser empiristischen Wahrheitstheorie brach Reichenbach gleichermaßen mit den philosophischen Kernprämissen des Neukantianismus wie des Konventionalismus, denn ersterem erschloß sich die Wahrheit einer Geometrie über deren erkenntnistheoretische oder anschauliche Apriorität,[43] letzterem aber durch das

---

[39]Grelling [1930] S. 111.

[40]Reichenbach [1928] §8, S. 41ff., insb. S. 48; vgl. die Anmerkungen Kamlahs dazu in Reichenbach [1977]ff. Bd. 2 [1977] S.409f. sowie Scholz [1933], Diederich [1974] S. 101-107 und die Aufsätze von Kamlah, Lehrer und Beauregard in *Synthese* 34 [1977].

[41]Reichenbach [1928]a S. 46.

[42]ibid., S. 47; Hervorh.Orig.; vgl.[1930]c S. 41 u. krit.: A.Müller [1923]b S. 446f.

[43]siehe Abschnitt 4.1.1. und z.B. Reichenbach [1928]a S.42ff.

Auswahlkriterium der Einfachheit, das im Konventionalismus die Funktion der kantianischen Apriorität übernommen hatte.[44]

Die Prophezeiung Poincarés, die der euklidischen Geometrie eine immerwährende Vorzugsstellung garantieren zu können glaubte und schon einige Jahre später durch die Formulierung und experimentelle Bestätigung der ART als Irrtum entlarvt worden war, zeigte jedoch deutlich, daß eine gründlichere Analyse der Zuordnungsdefinitionen und ihrer Bedeutung beim Zusammenwirken von syntaktischen und semantischen Anteilen der naturwissenschaftlichen Theorien fällig war. Diese Analyse unternahm Reichenbach im Zuge seiner Studien zur Axiomatik der RT (siehe Abschn. 4.6.5. u. 4.6.6.) [1921-1925], die schließlich dann konvergierten in die wissenschaftsanalytische Methode des logischen Empirismus.[45] Hier bleibt zunächst festzuhalten, daß Reichenbachs Revisionsbemühungen zu einer Art Läuterung der Position des Konventionalismus führte, da sie statt der wissenschaftshistorisch fehlgehenden Bevorzugung der euklidischen Geometrie zu einer stimmigen Haltung gegenüber der ART führte (vgl. 4.5.6.) (ad 3) Ein letztes Themenfeld, das oft im Zusammenhang mit dem Konventionsbegriff Poincarés berührt wurde, ist das der Wahl des Bezugssystems in praktischen Anwendungen der ART. Das allgemeine RP besagte ja, daß prinzipiell jedes Bezugssystem zur Beschreibung der Naturvorgänge zulässig sei, und daß die fundamentalen Naturgesetze sich unter Wechsel zwischen solchen Bezugssystemen kovariant transformieren müssen. Einsteins Äquivalenzprinzip sicherte ferner zu, daß die lokalen Wirkungen eines Gravitationsfeldes von denen eines gleichgroßen, aber entgegengesetzt gerichteten Beschleunigungsfeldes nicht zu unterscheiden sind, wodurch z.B. die Transformation von einem irdischen Bezugssystem in das eines in Richtung auf die Erdoberfläche frei fallenden Fahrstuhls möglich wird. Trotz dieser prinzipiellen Beliebigkeit bei der Wahl der Koordinaten war es offensichtlich, daß praktisch stets eine Klasse von Koordinatensystemen ausgezeichnet war, die den Inertialsystemen der SRT entsprachen. Die Vorzugsstellung dieser Inertialsysteme im Rahmen der ART[46] kommt dadurch zustande, daß die Metrik nur in ihnen auf diagonale Gestalt gebracht werden kann und die Tensoren R_{ik} und T_{ik} in besonders einfacher Gestalt vorliegen.[47]

---

[44]vgl. dazu u.a. Diederich [1974], Schäfer [1974] Kap. 4 sowie Abschn. 4.1.4. (R-3).

[45]vgl. Abschnitt 4.7. sowie ergänzend Frank [1949]a S. 8ff.

[46]also im obigen Beispiel: die Vorzugsstellung des frei fallenden Fahrstuhls vor dem irdischen Bezugssystem - siehe dazu z.B. Süssmann [1965] S. 38; Sexl [1970] S. 45.

[47]z.B. gibt es in kosmologischen Anwendungen der ART genau ein Koordinatensystem, "relativ zu welchem die Materie als dauernd ruhend angesehen werden darf" und in dem nur die 4-4-Komponente des Energieimpulstensors den nichtverschwindenden Wert der Materiedichte ρ aufweist (siehe z.B. AE [1917] S. 148.

Einer der ersten, die über dieses Mißverhältnis zwischen verbaler Äquivalenz aller und praktischer Auszeichnung einiger Bezugssysteme stutzten, war der Physiker Gustav Mie (1868-1957),[48] der am 5. Febr. 1918 in einem Brief an Einstein darüber Klage führte. Es schien ihm so, als ob Einstein

> über dem mathematischen Zauber der Eigenschaft der allgemeinen Transformierbarkeit der physikalischen Gleichungen die hausbackene Logik aus den Augen verloren habe[n]. Denn man kann doch tatsächlich die beiden Koordinatensysteme [...] nur dann als ganz gleichwertig erklären, wenn man eine Welt, die mit einem willkürlich fingierten, nicht von Materie verursachten Gravitationsfeld gesetzmäßig erfüllt ist, für ebenso annehmbar ansieht, wie eine Welt, deren Raum-Zeit-Schema an sich gleichförmig ist, und in der nur von Materie verursachte Gravitationsfelder auftreten. Ich kann wenigstens keine andere Möglichkeit sehen, und vermag diese beiden Schemata nicht als gleichwertig zu betrachten.[49]

Mit anderen Worten sah Mie in der Gleichwertigkeit aller Bezugssysteme, die in der Einsteinschen ART gefordert wurde, einen Widerspruch zur physikalischen Auszeichnung einzelner Bezugssysteme mit spezifischem Bewegungszustand. Er verglich diese Forderung Einsteins mit der Poincaréschen Diskussion über die Austauschbarkeit der Geometrien. Auch diese sei zwar "mathematisch widerspruchsfrei", "aber noch keineswegs gleich mit logisch einwandfrei". Denn nur um die euklidische   Geometrie aufrechtzuerhalten, müßte Poincaré zahlreiche physikalische Größen wie z.B. die Lichtgeschwindigkeit und andere Naturkonstanten sowie diverse Konventionen über Längen- und Zeitmessung abändern und "an verschiedenen Stellen der Welt Unterschiede als tatsächlich vorhanden annehmen, ohne dafür einen andern Grund angeben zu können, als die mathematische Vorschrift".[50] AE wehrte sich gegen diesen Angriff Mies im Antwortbrief vom 8. Febr. 1918:

> Alle physikalischen Beschreibungen sind prinzipiell gleichberechtigt, welche dieselben beobachtbaren Relationen (Koinzidenzen) ergeben, vorausgesetzt, dass auch für beide Beschreibungen dieselben Naturgesetze zugrunde gelegt sind. Die Koordinatenwahl nach dem Gesichtspunkt der Übersichtlichkeit der Beschreibung kann grosse praktische Bedeutung haben; prinzipiell ist sie völlig bedeutungslos. Dass bei einer[?] Koordinatenwahl 'willkürliche Gravitationsfelder' auftreten, hat nichts zu sagen; nicht die Felder an sich beanspruchen Realität. Sie sind nur analytische Hilfsmittel zur Beschreibung von Realitäten;

---

[48]zu Mie siehe Mehra [1974] sowie Abschn. 1.5. und dortige Ref.
[49]CPAE, Sign. 17-215-4; vgl. analog Mie [1921]d S. 336-339.
[50]ibid., S. 3.

über letztere erfährt man eigentlich im Prinzip nur durch Eliminieren
der Koordinaten etwas.[...]. Von einem Verstoss gegen die Logik ist
keine Rede.[...Mies Einwand] entspricht genau dem von Philosophen
gelegentlich schon der speziellen Rel. Theorie entgegengehaltenen
Einwand, derselbe Körper könne nicht ruhend und zugleich bewegt
sein.[51]

Der letzte Passus im Einstein-Brief bezieht sich auf die vielleicht etwas
unglückliche Entgegensetzung von 'mathematisch' bzw. 'logisch einwandfrei' durch Mie, denn natürlich war das Äquivalenzprinzip auch logisch
in Ordnung. Mie leugnete aber keineswegs die Zulässigkeit aller Bezugssysteme, sondern nur ihre physikalische Äquivalenz. In eigenen Arbeiten
bemühte er sich, die Existenz dieser "vernunftgemäßen Koordinatensysteme
in der Einsteinschen Gravitationstheorie" herauszustellen.[52] Mies Haltung
der ART gegenüber ist vergleichbar der Poincarés in der Geometriedebatte: beide meinten, aus strukturellen Vergleichen der konkurrierenden
Beschreibungsformen ein Kriterium für die praktische Bevorzugung einer
Gruppe von Konventionen vor anderen herausdestillieren zu können. Einstein hielt dem entgegen, daß Mies Thesen zur Bevorzugung derjenigen Bezugssysteme, die ohne fingierte, willkürliche Gravitationsfelder auskämen,
genausowenig zutreffen wie Poincarés Zuversicht in die allzeitige Überlegenheit der euklidischen Geometrie. Die noch sehr positivistisch geprägte
Stellungnahme Einsteins in diesem Brief von 1918 wich freilich bald ganz
anderen Überzeugungen. Das "Gespenst des absoluten Raumes", das er
im Brief Mies Anfang Februar 1918 gesehen hatte, holte ihn schnell ein -
schon 1921 war es bereit zuzugestehen, daß die ART in gewissem Sinne ein
Analogon zum Newtonschen Konzept des absoluten Raumes besitze. Denn
wenn durch das Kovarianzprinzip auch alle Bezugssysteme als prinzipiell
gleichberechtigt etabliert worden waren, so ließ sich doch die Metrik lokal
nur für jeweils eine Klasse von Bezugssystemen, die bis auf gleichförmige
geradlinige Translationen bestimmt war, auf Diagonalform bringen. Ferner
mußte man für die vollständige Lösung der Feldgleichungen teilw. Randbedingungen im Unendlichen angeben, die einer Fixierung des Bezugssystems
gleichkamen und der Auszeichnung inertialer Bezugssysteme in der klassischen Mechanik entsprachen.[53]

---

[51]CPAE, Sign. 17-217-5; das Fragezeichen markiert einen unleserlichen Einschub, den
ich sinngemäß ergänzt habe.

[52]siehe z.B. Mie [1920] u. [1921]d S. 336, 339.

[53]siehe z.B. Einstein [1920]a S. 15; vgl. Schlesinger [1967], Earman [1970], Grünbaum
[1971], Friedman [1983] Kap. 6.

4.5.4   Fallstudie zu Dinglers 'kritischem Konventiona- lismus'

> Dieses Buch [Dinglers, K.H.] stellt eine der Grundschriften des heute meist sogenannten erkenntnistheoretischen 'Konventionalismus' vor, der eine Art von Kreuzung des Kantischen Apriorismus mit dem Mach- schen Empirismus ist. Dinglers Grundthese, mit der er Gedanken von H. Poincaré weiterführt, ist die, daß am Anfang alles wissenschaftlichen Erkennens in der Physik die Konvention, d.i. die willkürliche Festset- zung bestimmter Normen, steht.   Bavink [1924]c S. 214.

Schon seit seiner Abhandlung über die *Grundlagen der angewandten Geo- metrie* [1911] war der Münchner Philosoph Hugo Dingler[54] (1881-1954) an dem von Poincaré untersuchten Zusammenhang zwischen Kongruenzdefini- tion und Geometrie des Raumes interessiert, und konventionalistische Ideen lassen sich bis in sein Erstlingswerk *Grundlinien einer Kritik und exakten Theorie der Wissenschaften* [1907] zurückverfolgen.[55]   Seine eigene Posi- tion nannte Dingler 1921 *kritischen Konventionalismus*. Darin sollte sich Zustimmung in die "tiefen Einsichten, die dieser geniale Geometer offen- bart" mit einer konsequenteren Durchführung des von Poincaré verfolgten Gedankenganges verbinden.[56]

Euklidizität, starrer Körper und Konstitutionshypothesen

Wie Poincaré glaubte auch Dingler, daß fundamentale Prinzipien der Na- turwissenschaft auf Konventionen beruhen, und wie dieser berief sich auch Dingler bei der Begründung für deren Auswahl unter mehreren denkba- ren Alternativen auf das Kriterium der Einfachheit. Darunter ragten die sogenannten **"Konstitutionshypothesen"** als besonders wichtige Fälle hervor:[57]
- die euklidische Geometrie als einfachste aller formal konstruierbaren Geo- metrien[58] bzw. der starre Körper als das einfachste Naturgebilde[59] und

---

[54]zu Dingler vgl. Helmuth Dingler [1957], Rossi-Landi [1967], Schuster [1967], Achinstein [1967], Hoelling [1971] S. 168ff. sowie Dinglers Selbstbiographie in Ziegenfuß/Jung (Hrsg.) [1949/50] Bd. 1, S. 248-249.

[55]bes. prägnant in Dingler [1908].

[56]siehe z.B. Dingler [1921], S. 144, [1922]b S. 48, [1925/26] S. 217, [1953] S. 200f.; vgl. ferner Diederich [1974] S. 134-140; Schäfer [1974] S. 107, Wolters [1984] S. 62.

[57]Dingler [1921] Teil 2, Kap.2; siehe die Kommentare dazu von Dingler [1922]a S. 56, Carnap [1923] S. 90-93 u. Schlick [1921]c S. 778.

[58]siehe z.B. Dingler [1921], [1920]b S. 432-435; vgl. oben angeführte Belege v. Poincaré.

[59]siehe z.B. Dingler [1921] Kap.2; vgl. Poincaré[1902/04]c S. 62ff.

- das Newtonsche Gravitationsgesetz als das einfachste Wirkungsgesetz.[60]

Jede Naturerklärung würde, so Dingler, auf diesen Prämissen basieren; eventuelle Abweichungen davon könnten stets durch Zusatzannahmen wie z.B. die Einführung verborgener Massen, oder veränderte Definitionen der involvierten Begriffe (Gerade) aufgefangen werden. Ein Abgehen zukünftiger Naturwissenschaft von diesen Voraussetzungen hielt Dingler für ebenso ausgeschlossen wie sein Vorgänger. Diese in "reiner Synthese" ermittelten Bausteine garantierten also "die Existenz eines in sich völlig konsequenten, in seinen Grundlagen absolut dauerhaften Systems der Physik".[61]

Hingegen stimmte Dingler *nicht* überein mit Poincaré in der Begründung für die Vorzugsstellung dieser drei Punkte. Bei Poincaré ergäbe sich diese durch den Vergleich der Einfachheitsgrade aller denkbaren Alternativen, doch sein Verweis auf die größte Bequemlichkeit der einfachsten Geometrie schien Dingler nicht hinreichend. Denn warum sich das Konzept starrer, euklidischer Körper besser bewähre als die nichteuklidischen, vermöge Poincaré nicht zu sagen. Doch Dingler sah sich in der Lage, auch diese, von Poincaré ausgeklammerte Frage beantworten zu können, "warum es seit 2200 Jahren gelungen ist, alle Abweichungen von der euklidischen Geometrie zu entfernen, und warum dies für alle Zeiten weiter gelingen wird."[62] Der 'naive Konventionalismus' Poincarés setze unbegründeterweise voraus, daß der naturwissenschaftlichen Forschung eine Wahl zwischen verschiedenen möglichen Geometrien zulasse, tatsächlich aber sei dies eine irrige Annahme:

> Trotzdem also die Geometrie vom Menschen aus, d.h. subjektiv bestimmt ist, liegt dennoch für die Wirklichkeit nur eine *einzige* Möglichkeit vor: nämlich die euklidische.[63]

Tatsächlich waren die zu treffenden Festsetzungen nach Dingler also keineswegs *willkürlich*, sondern "lediglich *freiwillig*, insofern, als es in unserem Belieben liegt, überhaupt Festsetzungen zu machen".[64] Anstelle der Poincaréschen *Willensfreiheit* tritt bei Dingler also schon 1919, in späteren Schriften noch akzentuierter der, keiner Wahlmöglichkeit offenstehende *Entschluß*. Mit dieser zunehmenden Abgrenzung von Poincaré hat man Dinglers Position ab 1925 auch als "dezisionistischen Konventionalismus",

---

[60]siehe z.B. Dingler [1921], [1920]b S. 435-436; vgl. Poincaré [1902/04]c S.99ff.

[61]Dingler [1925/26] S. 217.

[62]Dingler [1920]b S. 491.

[63]Dingler [1953] S. 204; Hervorhebung Orig.

[64]Dingler [1919/23] S. 12; Hervorhebung K.H.

'Dezisionismus' bzw. als "Dezernismus" oder "Voluntarismus" bezeichnet.[65] Zur Begründung dieser These betrachtete Dingler sehr viel detaillierter als der Mathematiker Poincaré die Verfahren zur Herstellung z.B. von Ebenen oder starren Maßstäben, da die Geometrie des Raumes mit diesen Werkzeugen, dem Empirismus zufolge, vermessen werden soll. Die Art und Weise ihrer Herstellung aber bedinge bereits, daß mit ihnen stets euklidische Strukturen gefunden würden.[66] Die Fokussierung auf praktische Verfahren zur Herstellung von Konzepten wie Gerade bzw. starrer Körper rückt Dingler auch in die Nähe des Operationalismus à la Bridgman (vgl. Abschnitt 4.9.), doch ich habe mich für seine Besprechung an dieser Stelle entschieden, da diese Affinität erst in späteren Schriften Dinglers offenkundig wird und Dingler sich selbst nie dem Operationalismus zugerechnet hat.[67]

Diese Interdependenz zwischen starren Körpern und Geometrie führt Dingler wie folgt aus: Zunächst einmal sei das wissenschaftliche Konzept des starren Körpers das Endprodukt einer langen Kette zunehmender Verfeinerungen, angefangen vom 'groben starren Körper' des Alltags, an dem erste vorwissenschaftliche Erfahrungen über Verschiebungs- und Deformationseigenschaften gesammelt würden, über den 'feinen starren Körper' als speziell hergestellten Maßkörper mit vorbildlichen Härte- u. a. Konstanzeigenschaften. Alle wissenschaftliche Präzisierungsbemühungen würden immer auf den 'autogenen starren Körper' als dem genauesten momentan herstellbaren Körper hinzielen, der in den Fabriken der feinmechanischen und optischen Präzisionsindustrie hergestellt würde.[68] Dingler betrachtete nun einen Konstrukteur solch eines Maßkörpers und unterstellte den Fall, daß dieser eine Abweichung von euklidischen Eigenschaften daran beobachte. Darauf könne er theoretisch auf zweierlei Art reagieren:
- entweder er würde dies als Indiz für eine nichteuklidische Raumstruktur werten
- oder er würde die beobachteten Abweichungen auf das Konto einer noch unbekannten Ursache schieben, und diese Abweichung solange studieren, bis es ihm gelingt, sie zu unterbinden. Sowohl theoretisch als auch praktisch würde stets die zweite Strategie eingeschlagen, und zwar keineswegs nur aus Bequemlichkeitsgründen, sondern, so Dingler, aus innerer Folgerichtigkeit. Denn,

um einen Körper durch das Experiment, die Messung, als starr zu erkennen, [muß] ich mich immer bereits eines mindestens ebenso starren Körpers bedienen, als die zu findende Starrheit des untersuchten

---

[65]siehe Dingler [1953] sowie Hoelling [1971] S. 168, Diederich [1974] S. 17, 134ff., Schäfer [1974] S. 107.
[66]siehe z.B. Dingler [1911] S. 19ff., insb. S. 21 Anm., [1921] Teil 1; [1953].
[67]siehe etwa Dingler [1938], [1952].
[68]siehe z.B. Dingler [1911] S. 20f., [1920]a S. 489.

Körpers betragen soll. Also kann ich ihn auf diesem Wege nicht selbst finden. Da nun also das Experiment keinerlei Einfluß auf den starren Körper haben kann, so steht es mir frei, seine Definition selbst zu bestimmen. Es ist selbstverständlich, da ich durch keinerlei andere Rücksichten gebunden bin, daß ich zu der logisch einfachsten Wahl greifen werde.[69]

In dieser Beweisführung sah Dingler eine ganze prinzipielle Widerlegung der empiristischen Auffassung, der zufolge der starre Körper auf experimentellem Wege bestimmbar sei. Der Empirist übersähe, so Dingler, dabei die stillschweigenden Voraussetzungen, die schon durch die Verwendung euklidisch konstruierter Apparate und Meßinstrumente in jedwedes Experiment einfließe:

experimentelle Tatsachen sind also nicht irgendwelche unbeeinflußte Naturvorgänge, sondern sind schon durch die dabei verwendeten Meßinstrumente mit der bisherigen Wahl der euklidischen Geometrie im Empirischen behaftet.[70]

Eine unabhängige Prüfung der Geometrie sei also schon *prinzipiell* unmöglich; *praktisch* würde eine stetig wachsende Übereinstimmung zwischen hergestellten Maßkörpern und präsupponierter Geometrie durch das **Exhaustionsverfahren** erzielt:

Der starre Körper kommt in den Präzisionsfabriken durch Exhaustion der euklidischen Geometrie zustande, indem von zwei Körpern derjenige als der starrere oder bessere starre Körper betrachtet wird, welcher den Gesetzen der euklidischen Geometrie genauer gehorcht.[71]

Poincarés 'Entscheidung aus Bequemlichkeit' wurde bei Dingler also zu einem intensiven Selektionsdruck in Richtung euklidischer Geometrie, erzeugt durch die fixe Erwartung der Ingenieure, Euklidizität anzutreffen bzw. wiederherzustellen, zu einem "durch einseitigen und bestimmt gerichteten Willen gekennzeichneten Vorgehen, das nicht nach einer objektiven Feststellung, sondern nach einem bestimmten vorgesetzten Ideal strebt".[72] Als ein immer wieder angeführtes Beispiel benannten Dingler und die sich später auf ihn berufenden Philosophen das sog. 'Dreiplatten-Schleifverfahren' zur Herstellung planer Flächen: das paarweise Aneinander-Abreiben dreier Schleifplatten sei eine solche Handlungsanweisung, deren Befolgung eindeutig zu einer euklidischen Ebene führe, die somit operativ vor nichteuklidischen ausgezeichnet sei.[73]

---

[69]Dingler [1922]b S. 50.
[70]ibid., S. 51; vgl [1920]a S. 491.
[71]Dingler [1922]b S. 49; vgl. [1920]a S. 491.
[72]Dingler [1920]a S. 492.
[73]siehe z.B. Dingler [1933], [1938] S. 100ff.; vgl. v.Weizsäcker [1939]a u. c, u.v.a.

Die Exhaustionsmethode garantierte Dingler auch bei den anderen beiden
Konstitutionshypothesen deren unabänderliche Gültigkeit. Bei der euklidischen Geometrie ist dies wegen des direkten Zusammenhangs zwischen
starren Körper, damit erklärter Kongruenzdefinition und über diese definierte Metrik ohnehin klar - aber auch das Newtonsche Gravitationsgesetz
erfüllte laut Dingler die Funktion eines obersten Prinzips der Wissenschaft,
"wo alles Weitere erst als Differenz zu ihm festgestellt wird, tatsächlich die
Freiheit gegeben ist, ihn unabhängig von allen anderen Erscheinungen nach
einem bestimmten Gesetz festzusetzen".[74] Dies exemplifizierte Dingler z.B.
bei der astronomischen Anwendung des Gesetzes auf die Planetenbewegungen dadurch, daß die Massen der Planeten sich ja erst aus der Voraussetzung der Gültigkeit des Gesetzes errechnen ließen, so daß keine Prüfung des
Attraktionsgesetzes möglich sei, die dieses nicht schon vorausgesetzt habe.

Bewertung der RT durch Dingler

Abgesehen von zwei nur referierenden Rezensionen von Werken über die
RT [1913 bzw. 1914] äußerte sich Dingler erstmals 1920 prononciert zur RT
Einsteins. Seine *kritischen Bemerkungen über die Grundlagen der Relativitätstheorie* auf der Bad Nauheimer Naturforscherversammlung erfuhren
einige Beachtung, da dieser Tagung durch das Rededuell Einstein-Lenard
ungewöhnliches Interesse in der Öffentlichkeit widerfuhr.[75] Wenn sich auch
die Schärfe seiner Äußerungen in späteren Jahren noch steigerte, so blieben
seine Aussagen zur Deutung der Theorien Einsteins seither doch im Kern
unverändert.

Typisch für Dingler war zunächst das Insistieren auf dem Zusammenhang des Aufkommens dieser Theorie mit dem Zeitgeist. Für ihn war
dieser geprägt durch "völlige Ungeklärtheit und Desorganisation", durch
ein "Chaos der Prinzipien",[76] und Einsteins Theorie habe das Verdienst,
"mit rücksichtsloser Konsequenz aus den bestehenden völlig unbewiesenen
Tagesmeinungen über die Grundlagen der Physik die Folgerungen" gezogen zu haben.[77] Symptomatisch für diese Verwirrung sei es z.B., daß
in der SRT eine der klassischen Mechanik völlig wesensfremde Festsetzung über die Lichtausbreitung mit einem mechanischen Prinzip kombiniert

---

[74]Dingler [1920]a S. 492.
[75]vgl. dazu Abschnitt 2.3. und 3.2.
[76]Dingler [1920/21]a S. 669 bzw. 674; vgl. Dingler [1921] S. 150; [1938] S. 392.
[77]ibid., S. 668; diese Unterstellungen werden später auch in die NS-Literatur übernommen - vgl. etwa Thüring [1941] und Abschn. 3.2.

werde. Ihrem Wesen nach sei die SRT eine "Lichttheorie", woraus sich auch die unnatürliche Definition der Gleichzeitigkeit bei Einstein erkläre.[78] Aufgrund klassisch-mechanischer Überlegungen stellte Dingler dieser seine "natürliche Zeitdefinition" entgegen, die auf dem Transport von Uhren zwischen den räumlich getrennten Ereignissen basierte.[79] Indem Einstein diese natürliche Zeitdefinition willkürlich durch eine andere Gleichzeitigkeitskonvention ersetze, im übrigen aber mit dem klassischen Konzept des starren Körpers operiere, erwecke er "letzten Endes den Anschein, als ob die Relativitätstheorie (d.h. eine Abweichung von der Newtonschen Mechanik) durch Experimente prüfbar sei."[80] Besonders die in Klammern gesetzte Umschreibung der RT zeigt, daß er auf beide RT genau die Argumente anwandte, die schon seine Argumentation zur Exhaustionsmethode ausgefüllt hatten. Sein Vertrauen in die zeitlose Geltung der Konstitutionshypothesen machte für ihn also auch jede relativistische Abweichung von vornherein unmöglich. Damit sei nicht ausgeschlossen, daß eine solche nicht-klassische Mechanik widerspruchsfrei formuliert werden könne, doch die Geltung der Theorie in der Wirklichkeit sei nur erreicht, wenn man "Klarheit über die Geltung und Auswahl der dabei benutzten Prinzipien" habe.[81] Und seine eigene Methodenlehre zeige, daß eben nicht durch Erfahrung, wie die Relativisten irrtümlich meinten,[82] sondern nur in "reiner Synthese" eine "eindeutige und endgültige Entscheidung" darüber getroffen werden könne, welche unter den formal zulässigen Prinzipien die Grundlage der Physik zu bilden haben.[83] Diese einfachsten Konstitutionshypothesen seien ein für alle mal die klassisch-Newtonischen und nicht die relativistisch-Einsteinschen. Der Gipfelpunkt seiner Argumentation gegen den "reinen Empirismus", der den Relativisten die Illusion gebe, ihre "sozusagen in der Luft schwebende Wissenschaft" durch Experimente beweisen zu können, erreichte er 1921 in einem Abschnitt seines Buches, überschrieben:

Warum Relativitätstheorien immer falsch sein müssen.

Relativitätstheorie im Gebiete der messenden Physik müssen ihrem Wesen nach stets folgenden Sinn haben: Es gibt für das betr. Gebiet keine Messungsbasis, keinen 'Nullpunkt'. Nun gibt es aber keine Messung ohne Nullpunkt.[84]

---

[78][1920/21]a S. 671; vgl. [1921] S. 152, 161f.

[79]ibid., S. 672; vgl. Dingler [1921] S. 160.

[80][1920/21]a S. 673; vgl. [1921] S. 165.

[81][1920/21]a S. 673f.

[82][1920/21]a S. 668, 673; vgl. [1921] S. 175f.

[83]ibid., S. 674; vgl. [1921] S. 174 sowie die Diskussion bei Sellien [1921] S. 280f.

[84]Dingler [1921] S. 172.

Spätestens hier dürfte klar sein, daß Dingler hier dem in der Populärliteratur grassierenden Mißverständnis der RT als Relativismus unterlag (siehe Abschnitt 2.4.). Wie in 1.2. und 1.3. gezeigt, war die Absicht Einsteins, ganz im Gegenteil Maße zu finden, die bei Transformationen zwischen Inertialsystemen (SRT) bzw. bei Transformationen in beliebige Bezugssysteme invariant blieben. Aber nicht nur in diesem Punkt, sondern beispielsweise auch in Dinglers Schreckgespenst des 'reinen Empirismus' wollte sich keiner der Anhänger Einsteins wiedererkennen. Dingler war durch seine, aus Studien der Geometrie entwickelte 'Wissenschaft von den Prinzipien' zu einer so verzerrten und verfälschten Auffassung der RT gekommen, daß seine Rezeption bei Physikern, die mit der Theorie arbeiteten, durchweg von Ablehnung, ja Verachtung bestimmt war.[85] Weil seine Opponenten aus dem prorelativistischen Lager zumeist empiristische Verteidigungen der RT unternahmen, wurde seine eigene Argumentation ab 1921 zum erklärten 'Kampf gegen den Empirismus', den er "zuletzt alles in allem zu einem *Antiempirismus* auszubauen" gedachte.[86] Mit dieser Extremposition schuf er sich natürlich weitere Feinde. Wegen der grundsätzlichen Abfuhr, die er beiden RT erteilte, war er jedoch umgekehrt bald der Heros all derer, die ohnehin bereits antirelativistisch eingestellt waren, und in Dinglers Ausführungen die geeignete philosophische Untermauerung ihres Eindrucks sahen.[87]

In der NS-Zeit wurde Dingler dann zum Pionier einer "Überwindung des englisch-jüdischen Empirismus" bzw. zum "Retter vor dem drohenden Abgrund des Relativismus" hochstilisiert, weil er in seiner reinen Synthese nach den 'absoluten Fundamenten' gesucht habe.[88] Da es vorzüglich der Konventionalismus Poincaréscher Prägung war, in dem nationalsozialistische Autoren die philosophische Untermauerung des Relativismus sahen, wurde Dingler als vermeintlichem 'Überwinder' dieses Relativismus umgekehrt nun das Etikett 'Konventionalist' aberkannt.[89]

---

[85]vgl. z.B. Schlick an AE, 22. IV. 1920, VCF u. CPAE, Sign. 21-573: "H.Dingler in München hat ein Buch über die 'Grundlagen der Physik' geschrieben, in das ich mit einer gewissen Erschütterung hineingesehen habe. Ein früher vielversprechender Geist scheint hier (durch den Krieg?) völlig zerrüttet zu sein."

[86]Dingler [1921] S. vi, Hervorhebung Orig.

[87]vgl. z.B. Mohorovičić [1923] S. 15f.; Gehrcke, Lenard, Wiechert u.a..

[88]so z.B. Wilh. Müller [1941] S. 150; vgl. May [1941] u.a., aber auch die kritischen Stimmen insb. v. Weizsäckers [1939] und Kratzers [1940].

[89]siehe May [1941] S. 143, Vogtherr [1937/38] S. 152ff.

Kritik Dinglers durch Carnap und Andere

Nach Kenntnisnahme der Aufsätze und Bücher Dinglers bis 1921 schrieb der junge Philosoph Rudolf Carnap einen teils zustimmenden, teils kritischen Brief an Dingler. Auch Carnap ging davon aus, daß der Konventionalismus im Kern richtig war: "der Aufbau der Physik kann nicht auf Grund der Experimente allein geschehen, sondern erfordert frei gewählte Setzungen; der auf Grund dieser Festsetzungen nach der Exhaustionsmethode aufgeführte Bau kann durch Experimente weder zwingend bewiesen noch widerlegt werden"[90] und wie Dingler vermißte auch Carnap eine Berücksichtigung dieses Umstandes in erkenntnistheoretischen bzw. naturphilosophischen Erörterungen zur Physik. Neben dieser grundsätzlichen Übereinstimmung, vermöge welcher auch der junge Carnap als ein Konventionalist angesehen werden kann, notierte er aber auch Meinungsverschiedenheiten, insb. was die Verwendung des Kriteriums der Einfachheit (bzw. Einfachstheit) bei Dingler betraf. Zweifellos läge in diesem Kriterium der Maßstab für die Zweckmäßigkeit der Theorie, doch sei damit noch lange nicht ausreichend bestimmt, wie die Entscheidung zwischen theoretischen Alternativen auszufallen habe:

> ich sehe hier zwei mögliche Wege: entweder wir wenden das Kriterium der Einfachstheit auf die ersten, zu Beginn des Aufbaues festzusetzenden *Grundannahmen* an (die Grundsätze des Raumes, der Zeit, der Abhängigkeitsbeziehung), oder auf den *Gesamtbau* der verschiedenen Fundamentaltheorien, die sich aus der Zusammenwirkung dieser oder jener Festsetzungen einerseits und der Erfahrung andererseits ergeben.[91]

Dingler habe den ersten Weg gewählt, er selbst, Carnap, neige eher dem zweiten Wege zu, doch beide hätten ihre Vor- und Nachteile. Wenngleich also keiner der beiden falsch sei, gälte es doch zu entscheiden, welcher der beiden "zweckmäßiger sei, welchen die Wissenschaft einschlagen solle."[92] Dinglers Option garantiere, daß die fundamentalen Gesetze unumstößlich feststehen, während sie für Carnap nur provisorische Geltung aufwiesen. Doch dies sei ja wissenschaftshistorisch keineswegs selten der Fall, und auch die "Nachteile der späteren Umänderung der Grundfestsetzungen [sind] nicht so schwerwiegend [...], wie sie auf den ersten Blick zu sein scheinen." Denn die Ergebnisse der historischen Vorläufertheorien würden durch ihre

---

[90]Carnap an Dingler, 19. Mai 1921, ASP, Sign. RC-28-12-10, S. 1; große Teile des Briefes finden sich wörtlich wieder in Carnap [1923], hier S. 90.

[91]ibid., S. 2.; Hervorhebungen Orig.; vgl. Carnap [1923] S. 93f.

[92]Carnap [1923] S. 94; vgl. den Brief, S. 3.

Nachfolger nicht gänzlich verworfen, sondern "nur umgedeutet", also in ein verändertes, theoretisches Rahmenwerk eingeordnet.[93]

Carnaps entscheidendes Argument war aber nicht wissenschaftshistorischer, sondern -theoretischer Natur: der dem tatsächlichen Wissenschaftsfortschritt adäquate Sinn der Einfachheit läge in der Einfachstheit des Gesamtsystems von fundamentalen Axiomen *und* speziellen Aussagen über den Zusammenhang der daraus resultierenden physikalischen Vorgänge mit Empfindungen, *nicht* in der Einfachstheit der Axiome allein. Carnap behauptete also:

> daß nämlich der Vorzug der einfacheren Gesamtdarstellung praktisch doch wohl immer den Ausschlag geben dürfte. Und auch wohl mit Recht; denn die Aufgabe der Wissenschaft besteht doch nicht darin, von möglichst einfachen *Grundfestsetzungen* ausgehend trotzdem nicht weniger als das gesamte Material der Erfahrung irgendwie zur Darstellung zu bringen, sondern die Darstellung der gesamten Erfahrung in einem einheitlichen Gefüge mit möglichst grossem Leistungskoeffizienten zu geben, [...] also ein in seiner Gesamtgestalt möglichst einfaches Gefüge.[94]

In Bezug auf die ART implizierte dieses veränderte Verständnis von 'Einfachheit' eine radikale Änderung ihrer Bewertung. Während die ART für Dingler wegen ihres Rekurses auf nichteuklidische Geometrie eo ipso abzulehnen war, kam Carnap zu ihrer Befürwortung:

> Die R.-T. dagegen trifft nicht jene einfachsten Grundfestsetzungen, erhebt aber dafür den Anspruch, das einfachste *Gesamt*gefüge zu sein, d.h. die die Gesamtheit der physikalischen Vorgänge bestimmenden Naturgesetze durch einfachere Differentialgleichungen darstellen zu können, als irgend eine andere bisher bekannte Theorie. [...] Aus dem früher bei der allgemeinen Erörterung zugunsten des zweiten Weges Gesagten geht hervor, dass mit das Verfahren der R.-T. (ihre Einfachheit immer vorausgesetzt) das grundsätzlich Richtigere zu sein scheint.[95]

Der Brief des gerade promovierten, noch völlig unbekannten Carnap aus Buchenbach in Baden war nicht ungeschickt geschrieben - alle Abweichungen zwischen ihm und Dingler waren von ihm als 'Differenzen zweiter Ordnung' bezeichnet worden und Dingler konnte durchaus meinen, einen Bundesgenossen vor sich zu haben, den es nur noch auf den rechten Weg zu

---

[93]Carnap an Dingler, s.o., S. 5, 6.

[94]ibid., S. 6, Hervorhebungen Orig.; vgl. Carnap [1923] S. 104.

[95]ibid., S. 8; dieser Passus fehlt in Carnaps Kantstudienaufsatz [1923].

bringen gälte. Seine briefliche Antwort an Carnap liegt mir nicht vor, doch gibt es einige Passagen in seinen Aufsätzen und Büchern nach 1921, die auf Punkte aus dem Schreiben Bezug nehmen. Dabei denke ich insb. an die seit 1922 in Dinglers Schriften anzutreffende Unterscheidung zwischen "außen- und innenbestimmter Einfachheit", die Carnaps zwei Wege der Interpretation von Einfachstheit in gewissem Sinn aufnimmt. Wie Carnap in seinem Brief, so befindet nun auch Dingler, daß es zwei Möglichkeiten gibt, den Begriff 'einfachst' aufzufassen:

> I. Dieses Schema wird bestimmt durch die Forderung, auf einfachste Weise die vorhandenen 'Tatsachen' darzustellen.
> II. Dieses Schema wird bestimmt durch die Forderung, daß seine eigenen Grundlagen nach logischen Regeln und nach rein praktischen, von jeder generellen Erfahrung unabhängigen Gesichtspunkten, die einfachst denkbaren sind.[96]

Die zweite Variante, die **innenbestimmte Einfachheit** ist Dinglers altes (und neues) Auswahlkriterium, die erste hingegen ordnet er dem Ahnherrn des Konventionalismus, Poincaré, zu, doch er könnte auch Carnap unter den Anhängern dieser Interpretation von **außenbestimmter Einfachstheit** aufgeführt haben.[97] Dingler glaubte sich 1922 im Besitz eines schlagenden Argumentes gegen die Variante (I), denn die Unterstellung unbelasteter 'Tatsachen', (in Anführungsstriche gesetzt) bedeutete für Dingler eine Wiederholung des empiristischen Fehlers. Der Begriff der außenbestimmten Einfachheit entbehrte für Dingler jedes klaren Sinnes, da es für ihn keine 'Tatsachen' gab, sondern "alles der freien Setzung in dieser Hinsicht unterliegt".[98] Tatsächlich trügen ja alle Apparaturen und die damit ermittelten Befunde schon alle Konstitutionshypothesen als implizite Prämissen in sich, könnten also das darauf aufgebaute Wissenssystem nur bestätigen, niemals wiederlegen. Die von Konventionen unabhängige Prüfung an der Erfahrung sei also eine unhaltbare empiristische Fiktion.

Dingler ergriff also den ihm von Carnap dargebotenen Strohhalm nicht, der es ihm ermöglicht hätte, ohne der Inkonsequenz gescholten zu werden, auf die Seite der Befürworter der ART überzuwechseln. Die Aufrechterhaltung seiner Deutung des Begriffs der Einfachstheit *zwang* ihn zu einer Ablehnung der ART unbeschadet aller Eigenschaften dieser Theorie, al-

---

[96]Dingler [1922]b S. 48 bzw. Dingler [1922]a S. 8, [1922]a S. 74ff.

[97]tatsächlich findet die Korrespondenz mit Carnap keinerlei Erwähnung in diesem oder anderen thematisch verwandten Aufsätzen Dinglers; vgl. Diederich [1974, S. 136f.] für Kommentare zu den veröffentlichten Texten beider.

[98]Dingler [1922]a S. 75f.; zur Kritik daran siehe z.B. Wenzl [1935/49] S. 142, 106f., Kratzer [1940] S. 84.

lein aufgrund des Vorkommens von nichteuklidischen Maßbestimmungen und der darin vollzogenen Ablösung von Newtonschen Gravitationsgesetz.[99] Auch der mildernde Umstand, daß Euklidizität im Lokalen und der Newtonsche Limes in fast allen Anwendungen der ART auf klassische Systeme zu annähernd klassischen Ergebnissen führten, waren bei solcher Einstellung irrelevant. Die Weichen zur Rolle Dinglers als wichtigster deutschsprachiger Opponent gegen die ART aus dem Lager der Philosophen waren somit endgültig gestellt, und zwar in der scheinbar weitentfernten Region allgemeiner erkenntnistheoretischer Erörterungen über den Konventions- und Einfachheitsbegriff.

Nachdem Carnap das Scheitern seiner Bemühungen registrieren mußte, Dingler zu einer anderen Beurteilung der ART zu bringen, wurde er in seiner Buchbesprechung von Dinglers *Physik und Hypothese* am 26. Juli 1921 noch deutlicher. Daß Dinglers kritischer Konventionalismus zu einer Ablehnung der RT führe, sei "mindestens vom Standpunkt dessen, der die Relativitätstheorie anerkennt [...] bedauerlich: es könnten sich hiervon Anhänger der Relativitätstheorie von der näheren Prüfung des weit wichtigeren, grundsätzlichen Teiles des Buches abhalten lassen."[100] Um dieser etwaigen Diskreditierung der Position der Konventionalismus insg. durch Dinglers Auffassung vorzubeugen, betonte Carnap am Ende seiner Rezension, "daß man, von der These der freien Verfügbarkeit über die obersten Naturgesetze ausgehend, einen anderen Weg einschlagen kann, der im Gegensatz zu Dingler gerade zur Relativitätstheorie führt."[101]

Dingler bemühte sich, seine Thesen bei Physikern bekannt zu machenwährend eine Gruppe angewandter und experimenteller Physiker (z.B. Ernst Gehrcke, Ludwig Mach oder Ludwig Zehnder) sich in ihren Ambitionen von Dingler verstanden fühlte, konnte er bei den meisten Theoretikern ebensowenig Beifall finden wie bei den empiristisch gesonnenen Philosophen, gegen die er polemisiert hatte. Nach einem Vortrag Dinglers über *die Rolle der Konvention in der Physik* vor der Physikalischen Gesellschaft ergriff Hans Reichenbach das Wort. Er wandte ein, daß Dinglers Definition des starren Körpers über die vorausgesetzte Gültigkeit der euklidischen Geometrie nicht die einzige mögliche Definition sei. Definiere man ihn als "abgeschlossenes System", so sei die Euklidizität der Welt nicht mehr triviale Konsequenz des Existenz starrer Körper, sondern es sei dann "eine empirische

---

[99]typisch hierfür ist die Anmerkung am Ende von Dingler [1920]a S. 492.

[100]Carnap [1921] Sp. 4.

[101]ibid., Sp. 5; zu Carnaps Aufnahme konventionalistischer Ideen siehe Grelling [1928] S. 111ff., Grünbaum [1962], Diederich [1974] S. 98ff. Bavink [1924]b,c kritisierte sowohl Carnaps als auch Dinglers Variante des Konventionalismus.

Frage, ob die Welt der starren Körper euklidisch ist".[102] Eine derartige empirische Auflösung konnte Dingler nicht zulassen - er witterte in dem Begriff 'abgeschlossenes System' und der dabei unterstellten Freiheit von äußeren Einflüssen einen abermaligen erkenntnistheoretischen Zirkel.[103]

Doch Einwände diesen Typs, in denen auf Punkte hingewiesen wurde, in denen Dinglers 'reine Synthese' empirische Anteile wissenschaftlicher Erkenntnis übersähe, oder doch zu gering einschätze, häuften sich. Dabei wurde Dingler zunehmend unversöhnlicher, härter ins Gericht genommen.

Moritz Schlick störte sich an Dinglers Exhaustionsmethode, da sie "dem Geiste der wahren wissenschaftlichen Methode widerstreitet, die natürlich nicht diejenigen Grundannahmen als die 'einfachsten' wählt, die sich auf den ersten Blick als solche zu empfehlen scheinen, sondern vielmehr diejenigen, welche bei ihrer Durchführung das einheitlichste physikalische Weltbild liefern".[104] In diesem Einfachheitsverständnis war er mit Reichenbach und Carnap völlig einig. Schlick korrigierte aber auch eine ganze Reihe sachlicher Unrichtigkeiten in dem Buch Dinglers, die bewiesen, daß sein Autor vom sachlichen Verständnis der RT noch "sehr weit entfernt" sei.[105] Schon durch diese Unkenntnis disqualifiziere sich Dinglers 'kritische Analyse der Fundamente der Relativitätstheorie', die Schlick "wahrhaft grotesk anmutet".[106] Dingler setzt sich gegen diese Rezension in einer längeren Anm. eines Buches zur Wehr, indem er darauf hinwies, daß der verschwommene Begriff 'einheitlich', den Schlick der Dinglerschen Einfachheit vorziehe, von Schlick wohlweislich nicht definiert worden sei.[107] Die polemischen Ausfälle in Schlicks Rezension konterte Dingler nicht minder aggressiv - er fühlte sich in Details mißverstanden, irreführend wiedergegeben und im Kern unverstanden:

> Schlick bewährt sich hier als Dogmatiker. Eine wissenschaftliche Begründung seiner recht auf der Oberfläche liegenden Behauptungen erspart er sich vollkommen. [...]. Es ist nun bemerkenswert, daß Schlick sich in der ganzen Besprechung nur an sekundäre, für meinen

---

[102]Reichenbach in der Diskussion zu Dingler [1922]b S. 52.

[103]da äußere Einfüsse zu Deformationen, und diese wiederum zu Abweichungen von der Starrheit führen würden, sind die Konzepte voneinander abhängig: ibid.; vgl. auch die Weiterführung dieser Debatte zwischen Reichenbach und Dingler in: Dingler [1921], [1922]a S. 62 u. Reichenbach [1921]b, Dingler [1933], Reichenbach [1934] sowie dazu: Zittlau [1981] S. 225-231.

[104]Schlick [1921]c S. 778f.

[105]ibid., S. 779.

[106]"vielleicht wird unser Hut durch unsere über Dinglers Behauptungen sich sträubenden Haare herabgeworfen?", ibid., S. 779.

[107]Dingler [1922]a S. 57.

Standpunkt nebensächliche Punkte hält. Auf das Prinzipielle geht er nicht ein, offenbar vermag er nichts wirklich durchschlagendes dagegen vorzubringen. Ich gehe wohl nicht irre, wenn ich einem gewissen Gefühl dieses Unvermögens den etwas nervösen Ton der Rezension [...] zuschreibe.[108]

Damit war das Kriegsbeil zwischen empiristisch orientierten Philosophen und dem erklärten Anti-Empiristen Dingler[109] ausgegraben - die Chance auf ein gütliches Einvernehmen endgültig vertan.[110]

Vernichtende Rezensionen der beiden Auflagen von Dinglers *Physik und Hypothese* schrieben der Berliner Philosoph Kurt Grelling und der Wiener Philosoph Edgar Zilsel, beide spätere Vertreter des logischen Empirismus, sowie der Wiener Physiker Hans Thirring. Alle drei störten sich an Dinglers Überschätzung des Verfahrens der Exhaustion, da die darin ausgesprochene quasi automatische Eliminierung aller störenden Befunde "den eigenartigen Widerstand nicht würdigt, den die Natur unseren Erkenntnisversuchen entgegenstellt."[111] Dadurch, daß die in "reiner Synthese" ermittelten Konstitutionshypothesen durch die Exhaustion vor jeder Korrektur bewahrt bleiben, würde Wissenschaft der "Charakter der Wirklichkeitserkenntnis überhaupt" abgesprochen und die Naturgesetze zu gehaltlosen Tautologien.[112] Dinglers Exhaustionsprinzip schaffe ein Instrumentarium, mit dem sich ein Naturgesetz auch dann halten ließe, wenn es seine Kraft als Mittel zur Aufstellung präziser Voraussagen des Naturgeschehens eigentlich längst verloren habe - es führe zu unwissenschaftlichen Immunisierungsmanövern:

> Wenn es nun irgendwo an der Erfahrung nicht stimmt, so geniert das den reinen Synthetiker gar nicht. Er hält für diesen Zweck Atome erster, zweiter, dritter und vierter Art [...] bereit, und, wenn etwas nicht in Ordnung ist, so läßt sich dies leicht auf 'Störungen' durch die Materie vierter Stufe (die man nach Ansicht des Verfassers nie wahrnehmen kann) zurückführen und die Gesetze der reinen Synthese sind wieder gerettet.

> Man sieht also: der magische Spuk von anno dazumal heißt im Jahre 1919 'Materie vierter Stufe' und darf dafür in einem wissenschaftlichen Verlag erscheinen.[113]

---

[108]ibid., S. 57,58.

[109]Dingler [1921] Vorwort S. vi.

[110]hier liegt ein Fall vor, in dem eine Diskussion zwischen Vertretern inkommensurabler Positionen völlig danebengeht - vgl. Abschnitt 5.3 für ein anderes, ausgeführtes Beispiel.

[111]Zilsel [1924] Sp. 1751.

[112]ibid. sowie Grelling [1921] Sp. 632; vgl. Grelling [1928] S. 107ff.

[113]Thirring [1921] S. 373.

Wie schon bei der Besprechung der Immunisierungsstrategien des Neukantianismus, so wurde auch im Falle des Konventionalismus von dessen Kritikern der Spieß umgedreht. Daß Dinglers kritischer Konventionalismus der ART entgegenstehe, spräche keineswegs gegen die physikalische Theorie, sondern nur für die Unfähigkeit Dinglers, seine konventionalistische Position an die Wissenschaftsentwicklung, die zur ART geführt habe, anzupassen. Dadurch würde aber das Faktum der Durchsetzung der ART gegenüber ihren klassischen Alternativen zum Argument gegen den Konventionalismus:

> In Wirklichkeit verhält es sich jedoch so, daß die Relativitätstheorie so wenig konventionalistisch ist, daß sie geradezu die schlagendste Widerlegung des Konventionalismus ist.[114]

Spätere Diskussionen zwischen Dingler und Personen im Umkreis des logischen Empirismus (insb. Th. Vogel, E.v. Aster, K.R. Popper) gerieten vollends zu unfruchtbaren wechselseitigen Austrocknungsversuchen des gegnerischen "Sumpflandes".[115] Eine detailliertere Kritik Dinglers nach Erscheinen seiner *Methode der Physik* [1938] unternahm insb. Carl Friedrich v. Weizsäcker. Sein Hauptargument gegen Dingler war folgendes:

> [...] der Physiker, der etwa an die Gültigkeit einer nicht euklidischen Geometrie in der Natur auf Grund gewisser Erfahrungen glaubt, wird eben deshalb überzeugt sein, daß Dinglers Verfahren der Herstellung einer Ebene [Dreiplatten-Schleifverfahren, s.o.] und eines deformationsfreien Körpers an denjenigen Stellen praktisch undurchführbar wird, an denen die Abweichung der in der Natur herrschenden Geometrie von der euklidischen Metik merklich wird.[116]

Von Weizsäcker bestritt also sowohl die Eindeutigkeit als auch die Ausführbarkeit der Handlungsvorschriften Dinglers für genau die Anwendungen, die für die ART interessant waren: euklidische Platten der Größenordnung Quadratmeter sind untauglich bei der Überprüfung etwaiger Abweichungen von der Euklidizität in Dimensionen unseres Planetensystemes oder gar des Kosmos insgesamt.[117] Dinglers Replik auf v.Weizsäcker zeigt, .daß er nicht bereit war zuzugeben, daß man z.B. auch mit euklidischen Meßinstrumenten nichteuklidische Strukturen im Großen feststellen könne: er beharrte auf der Vorrangstellung der euklidischen Geometrie

---

[114]Grelling [1921] Sp. 638.

[115]siehe Dingler [1933] Vorwort sowie die Replik Reichenbach [1934], den Überblick in Diederich [1974] S. 140-143 sowie Schäfer [1974] S. 107.

[116]v.Weizsäcker [1939]c S. 411; vgl. [1939]a und Kratzer [1940].

[117]siehe v.Weizsäcker [1939]a S. 100.

vermöge ihrer Einfachstheit. In der Schule der Konstruktivisten um Paul Lorenzen wurden diese Vorbehalte Dinglers gegenüber der ART anfänglich mitübernommen;[118] erst in den letzten Jahren zeichnet sich dort ein Sinneswandel ab.[119]

4.5.5   Andere Autoren konventionalistischer Prägung

> Zwar haben Gelehrte vom Range eines Poincaré, Dedekind, Weber sich wohlweislich gehütet, die Konsequenzen ihres 'Konventionalismus' auf die Spitze zu treiben. Aber was hilft die Zurückhaltung der Meister, wenn die vom naseweisen Lehrling entfesselten Besengeister das reinigende Bad wissenschaftlicher Kritik in eine Überschwemmung von Gedankenlosigkeit 'verwässern'. (Hessenberg [1908]a S. 161)

> Das Wort 'willkürliche Festsetzung' scheint für Hessenberg überhaupt ein rotes Tuch zu sein, auf das er losstürmt, ohne sich dessen Bedeutung eigentlich klarzumachen. (Frank [1908]a S. 229)

Besonders im Heimatland Poincarés, Frankreich, und im deutschsprachigen Raum gab es einige Mathematiker und Physiker, die die RT konventionalistisch behandelten. Ich kann hier aus Platzgründen nicht personenweise vorgehen, sondern bespreche nur kurz die wichtigsten konventionalistischen Aspekte in den Aufsätzen von Nicolas v. Raschevsky, Gerold v. Gleich und der Franzosen Paul Painlevé und Emile Borel.[120]

a)Im Anschluß an Dingler behauptete u.a. auch der Prager theoretische Physiker Nicolas v. Raschevsky (1899-1972), daß über die Gültigkeit der RT nicht experimentell entschieden werden könne. Dies wurde mit dem angeblich rein **konventionellen Charakter der Relativitätspostulate** begründet:

> die Relativitätspostulate sind keine physikalischen Aussagen über Erscheinungen, sondern nur rein mathematische Konventionen, welche zur Darstellung der physikalischen Erscheinungen nötig sind, und die Relativitätstheorie kann ebensowenig richtig oder falsch sein als das eine oder das andere Koordinatensystem.[121]

Die polemische Spitze in dieser Behauptung war natürlich, daß die drei spektakulären Bestätigungen relativistischer Effekte der ART seit 1919, die

---

[118]siehe dazu Lorenzen [1961/74], [1976/77], [1977].

[119]siehe z.B. Pfarr (Hrsg.)[1981], Audretsch/Mainzer (Hrsg.) [1988].

[120]Zu Eddingtons Implementation konventionalistischer Ideen in seiner Wissenschaftsphilosophie siehe Abschn. 4.12.1. sowie Dambska [1956] S. 315-319.

[121]Raschevsky [1924] S. 439; [1923]a S. 108.

in praktisch allen populären Schriften zur ART als Indiz ihrer Richtigkeit gewertet worden waren, hier plötzlich belanglos wurden.

b)Gerold von Gleich (1869-1938) und Paul Painlevé (1863-1933) gingen aber noch weiter und untersuchten die teils impliziten Prämissen in relativistischen Deduktionen, die zur Ableitung dieser drei Effekte, insb. zur Merkurperihelbewegung und zur Lichtablenkung geführt hatten. So würden einige apriori **unbestimmte Parameter** der Einsteinschen Formeln ohne Begründung so festgesetzt, daß die Ergebnisse der Rechnung mit den Resultaten übereinstimmten - die ART an sich aber sei so allgemein ausgefallen, "daß sie nur noch scheinbar etwas bestimmtes, eindeutiges" aussage.[122] Von Gleich, Painlevé u.a. zeigten auch, daß die Einsteinschen Hypothesen keineswegs die einzigen sind, die diese experimentellen Befunde abzuleiten gestatten. Denn mit demselben Recht, mit dem Einstein seine freien Parameter adjustiere, ließen sich z.B. auch in die (klassischen) Rechnungen von Soldner bzw. Gerber zusätzliche kleine Parameter so einführen, daß diese Berechnungen im Endeffekt auf die richtigen Ergebnisse führen.[123] Die mitunter zugegebene, größere Willkürlichkeit der Parameterbestimmung in klassischen Rechnungen spielte keine Rolle, wenn man von der Überzeugung (a) ausging, daß ohnehin alle konkurrierenden Theorien gleichermaßen konventionell seien. Es blieb die erfolgreiche Aufbrechung des Vorurteils, daß sich die ART 'beweisen' lasse:

> Selbst wenn die von der Einsteinschen Theorie verkündeten, zahlenmäßig überaus geringfügigen Effekte mit den Beobachtungen übereinstimmen, so liegt darin noch lange kein Beweis für die Tatsächlichkeit der Einsteinschen Welt. Alle diese Effekte lassen sich mindestens ebenso zwanglos durch andere Ursachen erklären, mithin fehlt auch der Schimmer eines kausalen Zusammenhangs mit Einsteins Hypothese.[124]

c)Neben der Wahl von Randbedingungen im Unendlichen, der Festsetzung freier Parameter sahen Einsteins konventionalistische Kritiker noch weitere **"offenkundige Willkürlichkeiten** in Einsteins mathematischen Entwicklungen":[125]

---

[122]Gleich [1925].
[123]zu Soldner [1801] u. Gerber [1902/17] siehe Abschnitt 3.3.; deren Ansätze werden wiederbelebt und an die experimentellen Befunde angepaßt in Gleich [1924] S. 239ff, 242ff., [1926] Sp. 388ff; Gehrcke [1916], [1923]; Mohorovičić[1923]b S. 41 - daran kritisierte Bucherer [1924], daß die dazu nötigen Annahmen (wie z.B. diejenige Gehrckes, daß das Licht doppelt so schwer ist als andere Materie) noch weitaus willkürlicher seien als diejenigen Einsteins (S. 1530).
[124]Gleich [1924] S. 241.
[125]zit. nach Gleich [1924] S. 230.

- er postuliere die Invarianz der quadratischen Differentialform, ohne die Wahl gerade der zweiten Potenz weiter begründen zu können,[126]

> pour les einsteiniens, le ds^2 a une signification mystique et universelle [...] Ma conclusion c'est que c'est pure imagination de prétendre tirer du ds^2 des conséquences de cette nature.[127]

Wegen der Einbeziehung der Zeitkomponenten seien die normalen euklidischen Regeln zur Abstandsmessung nicht mehr gültig. Auf die Möglichkeit, beim Übergang vom geometrischen zum physikalischen Raum eine andere Differentialform zu wählen, wiesen zwischen 1921 u. 1922 z.B. Emile Borel (1871-1956), Jean Le Roux, Villey und Trousset hin. Aber keiner von ihnen betonte die durch solche Transformationen erzwungenen Änderungen der praktischen Bedeutung der Konzepte 'Gerade, Ebene' etc. gerade dies aber hätte gezeigt, daß ihrem Verweis auf die grundsätzliche Arbitrarität der Wahl der Geometrie praktisch wenig Bedeutung zukommt, da die Gebrauchsanweisungen schon für die elementaren Konzepte nach solchen Transformationen beliebig kompliziert werden.[128]
- Ferner zeigte insb. Painlevé, daß die räumliche Komponente r in der Schwarzschildmetrik (1.16.) nicht ohne weiteres gleich dem räumlichen Abstand sein müsse, sondern durch $\rho = r[1 + \epsilon(r)]$ ersetzbar sei. Somit sei weder die Metrik noch das damit formulierte Gravitationsgesetz wirklich eindeutig bestimmt und eine geeignete Wahl von ϵ könne sogar zur Restaurierung einer quasi-euklidischen Geometrie der Raumzeit führen.[129]
- Einstein präsupponiere die Beschreibbarkeit des physikalischen Raumes durch die mathematischen Mittel der vierdimensionalen Differentialgeometrie, ohne deren Anwendung prinzipiell rechtfertigen zu können.[130] Die so eingeführte Nichteuklidizität sei aber eine artifizielle, rein mathematische Eigenschaft, und es ließen sich andere, ggfls. auch euklidische Formulierungen geben, wenn man nur dem metrischen Tensor eine andere Interpretation gebe.[131]
- Einstein fälle Aussagen über die Lichtgeschwindigkeit (wie z.B. das Postulat der Konstanz der Lichtgeschwindigkeit im Vakuum in der SRT), die

---

[126]siehe z.B. Gleich [1924] S. 230, [1929] Sp. 170; eine Begründung dieser Wahl unternahm, soweit ich sehe, erstmals Hermann Weyl bereits 1923, und zwar unter Verweis auf die gewünschte Invarianz unter Drehungen im Minkowskiraum.

[127]Painlevé [1921]a S. 679, 680; vgl. [1921]b S. 878ff.

[128]für Beispiele siehe Reichenbach [1928], Carnap [1966/86] Kap. 17, Grünbaum [1963/73] Kap. 3 u. 4.

[129]Painlevé [1921]b S. 884f, 887, [1922] S. 1142f: "le point de vue qui précède [...] conserve (conformément aux conceptions de Poincaré) la géométrie euclidienne".

[130]Gleich [1924] S. 230ff, 237; [1926] Sp. 387, 394.

[131]Raschevsky [1923]a S. 146f; Painlevé [1922] S. 1142f.

nur eine Konvention seien, da mit diesen Aussagen auch die Messung der Zeit und Geschwindigkeit erst definiert wären, wodurch eine unabhängige Prüfung dieser Aussagen unmöglich wird.[132] Dieses 2. Postulat der SRT nannte Raschevsky 1923:

> den "ersten und wichtigsten Kern der Konventionalität der Relativitätstheorie, denn die wirkliche, 'wahre' Lichtgeschwindigkeit ist eine Größe, die nicht nur bisher, sondern prinzipiell nicht bestimmbar ist.[133]

Seit 1921 studierte er, motiviert durch sein Wissen um die Willkürlichkeit von diesem Postulat, eine alternative, "allgemeine Elektrodynamik", die mit diesem Postulat der SRT breche und eine anisotrope Lichtausbreitung zulasse, aber ebenso wie die SRT alle bekannten Experimente der Elektrodynamik zu erklären vermöge.[134] Übrigens ist dies der einzige Punkt, in dem auch pro-Relativisten wie z.B. Hans Reichenbach den Argumenten der Konventionalisten zugestimmt haben.[135] Es wurde von beiden anerkannt, daß die Messung der Einweg-Lichtgeschwindigkeit eine dringend erwünschte Prüfung des 2. Postulats der SRT sei, da die vorliegenden Experimente wie insb. auch das von Michelson-Morley nur die gemittelte Hin-Rück-Lichtgeschwindigkeit erfaßten und somit alternative Postulate wie z.B. das von Raschevsky nicht auszuschließen vermögen.

Hier zeigt sich auch, daß der **Aufweis konventioneller Anteile in SRT und ART nutzbringend** wirken konnte, nämlich immer dann, **wenn er betrieben wurde, um alternative Theorien zu entwickeln**, die einige dieser Konventionen durch andere, ebenfalls zulässige ersetzten. An den Aufsätzen Painlevés etwa fällt auf, daß die Voraussetzungen der Newtonschen bzw. Einsteinschen Physik darin quasi-axiomatisch gegeneinandergestellt werden - in der Anerkennung der Erfordernis einer solchen Aufdeckung aller Denkprämissen etwa im Sinne axiomatischer Darstellungen waren sich z.B. die Antagonisten Dingler und Carnap trotz aller sachlichen Differenzen einig.[136] Dabei spricht es für die Aufrichtigkeit z.B. des Theoretikers Raschevsky, wenn dieser in der Zusammenfassung seiner *Kritischen Untersuchungen zu den physikalischen Grundlagen der Relativitätstheorie* zugestand, daß die Postulate der SRT die zurzeit "geignetsten und die bequemsten für die Darstellung aller physikalischen Erscheinungen

---

[132]siehe z.B. Raschevsky [1922] S. 216, [1924] S. 440, [1923]a S. 114.
[133]Raschevsky [1923]a S. 109, vgl. S. 118.
[134]siehe insb. Raschevsky [1921], [1922].
[135]siehe z.B. Reichenbach [1925]c.
[136]siehe z.B. Dingler [1920/21]a S. 674f., Carnap [1923] S. 104f.; vgl. Abschnitt 4.6.

sind".[137] Daß er es für wahrscheinlich ansah, daß "bei weiterer Entwicklung der Experimentalphysik die Deutung der Versuchsergebnisse auf Grund der Relativitätspostulate viel zu kompliziert sein wird",[138] ist ihm m.E. zuzubilligen, wenngleich er sich mit dieser historischen Prognose ebenso irrte wie andere Konventionalisten, die die Ablösung wissenschaftlicher Konventionen durch andere unter Verweis auf Einfachstheitserwägungen ablehnten.[139] Mit zunehmender Polarisierung der Diskussionen um die RT wurden freilich auch die verhältnismäßig ausgewogenen Stellungnahmen etwa Raschevskys durch Dingler u.a. Anti-Relativisten instrumentalisiert für deren 'Kampf' gegen die RT.[140]

4.5.6 Weiterentwicklung und Kritik der ursprünglichen Position Poincarés durch Reichenbach und Schlick

Während sowohl Reichenbach als auch Schlick den Thesen des 'kritischen Konventionalisten' Dingler schon wegen seines Anti-Relativismus gänzlich ablehnend gegenüberstanden und den Aufsätzen der anderen, konventionalistisch argumentierenden Physiker wenig Beachtung schenkten, empfanden beide doch Respekt für den Begründer der Position des Konventionalismus, Poincaré. Deshalb schlossen sie sich der in 4.5.4. belegten, pauschalen Widerlegung des Konventionalismus durch Grelling *nicht* an, sondern suchten nach dem gesunden Kern dieses Philosophems, den es bei aller Kritik an unsachlichen Übertreibungen zu erkennen und zu retten gälte.

Moritz Schlick widmete einen ganzen Abschnitt der zweiten Auflage seiner *Allgemeinen Erkenntnislehre* der Begriffsklärung der Termini 'Definition, Konvention, Erfahrungsurteil'. Bemerkenswert ist hier zunächst, daß Schlick sich in der Lage sah, zu begründen, warum gerade die für die RT so wichtigen Raum- und Zeitmessungen durch den Konventionalismus behandelt worden waren. Die Bedingungen der Möglichkeit von (nichttrivialen) Konventionen lägen genau da vor,

> wo die Natur eine lückenlose, stetige Mannigfaltigkeit gleichartiger Beziehungen darbietet, denn aus einer solchen lassen sich stets beliebige gewünschte Komplexe von Relationen herausheben. Von dieser

---

[137]Raschevsky [1924] S. 149; vgl. S. 115.
[138]ibid.
[139]Aufschluß über Einweg-Lichtgeschwindigkeiten geben u.a. Experimente von Bonch-Bruelich(1960) an Sonnenrandstrahlen - vgl. Grünbaum [1964/73] S. 395.
[140]vgl. z.B. Dingler [1925/26] S. 217f.

Art sind aber die raum-zeitlichen Beziehungen; sie bilden daher die eigentliche Domäne der Konventionen.[141]

Die Existenz solche 'Konventionen' bei der Zuordnung von realen Raum-Zeit−Relationen zu Konzepten der SRT und ART wurde von Schlick zugestanden; er erläuterte ihre Existenz und ihren Unterschied gegenüber der expliziten Definition sogar am für die SRT so wichtigen Beispiel der Zeitmessung. Und er schloß sich weiter an Poincaré an, indem er auch dessen These über das Vorhandensein von Konventionen in der 'Wissenschaft vom Raume' zustimmend referierte und als einen wichtigen Schritt in der Abkehr von der Neukantianischen Auffassung geometrischer Axiome als synthetisches apriori begrüßte:

> In der Klasse der Definitionen [...] sind es besonders manche Konventionen, die sich nur bei sehr sorgfältiger Analyse als Konventionen offenbaren, während sie dem oberflächlichen Blick als auf Definitionen nicht zurückführbar, und das heißt ja als synthetisch erscheinen. Dazu gehören die Axiome der Wissenschaft vom Raume.[142]

Vermeintliche synthetische Aprioris waren also, Schlick zufolge, durch Poincarés scharfsinnige Analyse als Konventionen entlarvt worden. Der Konventionalismus Poincarés wurde von Schlick also schon 1918 als schulphilosophischer Abkömmling des kritischen Idealismus Kants und der Konventionsbegriff als Nachfolger des durch die Geometriedebatte diskreditierten synthetischen Apriori aufgefaßt.[143] Als Hans Reichenbach 1920 Anstrengungen unternahm, diesen Kantischen Begriff in Ansehung der Resultate der SRT zu revidieren (siehe Abschnitt 4.1.4. R-2), registrierte Schlick dies als einen Rückfall in eine schon überwunden geglaubte Begrifflichkeit. Sofort ergab sich ihm der Verdacht, daß auch die Reichenbachschen Apriori-Kandidaten recht besehen bloß Konventionen im Sinne Poincarés seien. Denn Reichenbach hatte den Kanon der als synthetisch a priori ausgezeichneten Sätze soweit aufgeweicht, daß sich Schlick außerstande sah, herauszufinden, "worin sich Ihre Sätze a priori von den Konventionen eigentlich unterscheiden,"[144] zumal Reichenbach keine Forderung nach Evidenz dieser Prinzipien erhob, womit sie in den Rang der Beliebigkeit, der Austauschbarkeit bei Bedarf zurückfielen. Doch Reichenbach hatte bewußt auf den Konventionsbegriff verzichtet; da ihm Poincarés Terminus eine iso-

---

[141]Schlick [1918/25]c S. 92; vgl. Diederich [1974] S. 90ff. und 122ff.

[142]Schlick [1918/25]c S. 95; vgl. Abschnitt 5.1.

[143]vgl. neben Schlick [1918/25] 1. Teil, Kap. 11 auch Schlick [1929] S. 314 Anm. u. Grelling [1921] S. 632.

[144]Schlick an Reichenbach, 26. XI. 1920; ASP, Sign. HR-15-63-22, S. 2 (s.a. S. 5).

lierte, jederzeit willkürlich veränderbare Zuordnung etwa im Sinne einer Namensgebung suggeriere:

> Sie fragen mich, warum ich meine [Lücke im Durchschlag; sinngemäß: 'Prinzipien a priori', K.H.] nicht *Konventionen* nenne. Ich glaube, über diese Frage werden wir uns sehr leicht einigen. Obgleich mehrere Systeme von Prinzipien möglich sind, ist doch immer nur eine *Gruppe* von Prinzipien-Systemen möglich; und in dieser Einschränkung liegt eben doch ein Erkenntnisgehalt. Jedes mögliche System besagt in seiner Möglichkeit eine *Eigenschaft* der Wirklichkeit. Ich vermisse bei Poincaré eine Betonung, dass die Willkürlichkeit der Prinzipien eingeschränkt ist, sowie man Prinzipien *kombiniert*. Darum kann ich den Namen 'Konvention' nicht annehmen. Auch sind wir nie sicher, dass wir nicht zwei Prinzipien, die wir heute nebeneinander als konstitutive Prinzipien bestehen lassen und die also beide nach Poincaré *Conventionen*[sic] sind, morgen wegen neuer Erfahrungen trennen müssen, sodass[sic] zwischen beiden Konventionen die Alternative als synthetische Erkenntnis auftritt. Ich gehe wohl nicht fehl, wenn ich annehme, damit Ihre Meinung ebenso zu treffen.[145]

In der Tat war auch Moritz Schlick der Auffassung, daß die 'Systeme von Prinzipien' in ihrem Zusammenwirken als Gesamtheit, als Ganzes, erfaßt werden müßten,[146] doch anders als Reichenbach wollte er nicht glauben, daß Poincaré dies nicht auch schon gewußt hatte:

> Wenn Poincaré nicht ausdrücklich betont hat, daß Konventionen nicht voneinander unabhängig, sondern immer nur gruppenweise möglich sind, so würde man ihm natürlich doch sehr unrecht tun, wollte man glauben, er sei sich dieses Umstandes nicht bewußt gewesen. Selbstverständlich war dies der Fall, und den Unfug, den z.B. Dingler unter Verkennung jenes Umstandes mit dem Konventionsbegriff treibt, würde er mit Spott zurückgewiesen haben. Der Beibehaltung des Terminus steht also m.E. nichts im Wege.[147]

In den Schriften Reichenbachs findet sich eine Bezugnahme auf Poincarés Konventionalismus erstmals 1920, als er die Verwendung von Geometrien zur Beschreibung der Wirklichkeit behandelte. Er referierte dort im Haupttext ohne Nennung Poincarés dessen Auffassung der Geometrie und kommentierte diese dann in der Anmerkung 1 am Ende des Buches sehr kritisch unter Hinweis auf den konträren Befund in der ART:

---

[145] Reichenbach an Schlick, 29. Nov. 1920, ASP, Sign. HR-015-63-20, S. 4; Hervorhebungen Orig.; vgl. Diederich [1974] S. 97f.

[146] dies war eine der Thesen seiner *Allgemeinen Erkenntnislehre* [1918/25]c S. 93.

[147] Schlick an Reichenbach, 11. Dez. 1920, ASP, Sign. HR-015-63-19; dieser Kritik an Dinglers Form des Konventionalismus schloß sich auch Grelling [1921] S. 638 an.

von mathematischer Seite [wurde] geltend gemacht, daß es sich in der
Geometrie nur um konventionelle Festsetzungen, um ein leeres Schema
handelte, das selbst keine Aussage über die Wirklichkeit enthielte,
sondern nur als ihre Form gewählt sei, und das mit gleichem Recht
durch ein nichteuklidisches Schema ersetzt werden könnte. [Anm.
dazu:]

Poincaré hat diese Ansicht vertreten. [...] Es ist bezeichnend, daß er
für seine Äquivalenzbeweise die Riemannsche Geometrie von vornherein ausschließt, weil sie die Verschiebung eines Körpers ohne Formän-
derung nicht gestattet. Hätte er geahnt, daß gerade diese Geometrie
von der Physik einmal aufgegriffen würde, so hätte er die Willkürlichkeit der Geometrie nicht behaupten können.[148]

An dieser Passage störte sich Moritz Schlick, der Reichenbach am 26. Nov.
1920 eine ausführliche Stellungnahme zu dessen neuester Publikation zu-
sandte. Bezugnehmend auf den letzten zitierten Absatz schrieb er zunächst,
daß Poincaré andernorts die Willkürlichkeit der Geometrie auch ganz allgemein, ohne Ausschluß der Riemannschen Geometrie, behauptet habe, wie
vor ihm auch schon Helmholtz.[149] Nach Auffassung Schlicks führte kein
Weg daran vorbei, mit Poincaré zunächst zuzugestehen:

In der Tat kann man die physikalischen Gesetze stets so wählen, daß
sie mit jeder Geometrie in Einklang bleiben. Man gelangt zwar zu
einer verrückten Physik mit ev. tollen Deformationen der Körper-
aber es ist doch nötig zu betonen, daß darin prinzipiell keine Unmöglichkeit liegt; und ich vermag mit Poincaré kein anderes Motiv zu
finden, das uns von einer derartigen Interpretation der Wirklichkeit
abhält, als den Gesichtspunkt der Einfachheit.[150]

Damit war Schlick direkt auf ein, für seinen eigenen philosophischen Werdegang entscheidendes Konzept gekommen, das für ihn in Übereinstimmung
mit Einstein *das* Kriterium bei der Wahl zwischen äquivalenten Beschreibungen darstellte.[151] Reichenbach gestand Schlick in seiner postwendenden
Antwort zunächst zu, daß es zwar theoretisch möglich sei, die euklidische
Geometrie zu retten, wenn man andere Prinzipien wie z.B. das der Relativität der Bewegung aufzugeben bereit sei, praktisch aber würde bei einer
solchen Alternative eher die Geometrie als das RP geopfert. Hingegen

---

[148]Reichenbach [1920] S. 3 bzw. 104; vgl. 4.1.4. (R-3) u. 5.1.
[149]dessen erkenntnistheoretische Schriften bereitete Schlick zusammen mit Paul Hertz in
dieser Zeit gerade für einen kommentierten Wiederabruck vor - siehe Helmholtz [1921].
[150]Schlick an Reichenbach, 26. XI. 1920, ASP Sign. HR-015-63-22, S. 2; Hervorh. Orig.
[151]vgl. Belege in Abschnitt 4.7.–Fallstudie Schlick sowie etwa Schlick [1918/25]c S. 93.

äußerte Reichenbach Unbehagen über Schlicks Verweis auf die Einfachheit
als Entscheidungskriterium:

> Die Physik wählt allerdings die *erste* Entscheidung, und ich muss Ih-
> nen offen zugeben, dass ich nicht recht weiss, wie ich das begründen
> soll, so sehr ich mit meinem physikalischen Gefühl derselben Meinung
> bin. Sie, und Poincaré, würden sagen, um der Einfachheit halber: und
> Sie haben in Ihrem Buche dieses Prinzip sehr schön von dem Oekono-
> mieprinzip der Positivisten als ein <u>logisches</u> Prinzip geschieden. Aber
> ich habe ein starkes Misstrauen gegen diesen Begriff. Ich halte es für
> vorläufig sicherer, genau zu analysieren, um welcher Einzelprinzipien
> willen [...] man eine bestimmte Entscheidung wählt. Nach welcher
> *Rangordnung* hier entschieden wird, weiss ich vorläufig einfach nicht.
> Mir ist das Einfachheitsprinzip nicht klar genug formulierbar, und es
> erscheint mir nicht eindeutig.[152]

Übrigens versuchte sich Reichenbach in seinen späteren Schriften dann in
einer Präzisierung dieses vagen, aber bei Physikern wie Einstein so belieb-
ten, Kriteriums, indem er **deskriptive** und **induktive Einfachheit** unterschied. Erstere habe zu tun mit Wahl der Beschreibungsmittel, würde also
z.B. durch Zugrundelegung der euklidischen Geometrie erhöht - doch diese
deskriptive Einfachheit sei irrelevant für die Auswahl zwischen physikalischen Hypothesen.[153] Diese werde aber durch den Vergleich der induktiven
Einfachheit getroffen, in der es um die Anwendbarkeit des Gesamtsystems
von Axiomen und Zuordnungsdefinitionen auf reale Systeme gehe.[154] Poincarés Konventionalismus wurde vor dem Hintergrund dieser 1928 erreichten
Präzisierung des Einfachheitsbegriffs nun vorgeworfen, fälschlicherweise nur
die deskriptive Einfachheit ins Auge gefaßt zu haben, welche durch Wahl
anderer Beschreibungskonventionen willkürlich verändert werden könnte.
Doch bei der empirischen Theorie der Raum-Zeit gehe es eben nicht nur
um diese Wahl der willkürlichen Festsetzungen, sondern gerade um die
mit ihrer Hilfe dann festgelegten, objektiven Aussagen über physikalische
Maße.[155]

> Die Wahl einer Geometrie ist nur so lange willkürlich, als noch keine
> spezifizierte Definition der Kongruenz vorliegt. Sobald diese Defi-
> nition aufgestellt ist, wird es eine empirische Frage, *welche* Geome-
> trie für einen physikalischen Raum gilt. [...] Die Kombination ei-

---

[152]Reichenbach an Schlick, 29. XI. 1920, ASP, Sign. HR-015-63-20, S. 3; Hervorh. Orig.

[153]siehe z.B. Reichenbach [1924]c §2, [1927]c S. 164-168, [1928]a S. 47; [1949/79]b S. 194f.;
vgl. auch Diederich [1974] S. 103f.

[154]ibid.; vgl. den Komm. Kamlahs in Reichenbach [1977]ff. **2**, S. 408 und dortige Ref.

[155]Reichenbach [1928]a S. 49.

ner Aussage über die Geometrie mit einer Aussage über die verwendete Zuordnungsdefinition der Kongruenz unterliegt der empirischen Nachprüfung und drückt so eine Eigenschaft der physikalischen Welt aus. Der Konventionalist übersieht die Tatsache, daß nur die unvollständige Aussage über eine Geometrie, in der eine Bezugnahme auf die Definition der Kongruenz unterlassen wurde, willkürlich ist.[156]

Diese Kritik an Poincaré war der Grund dafür, warum er das Etikett des 'Konventionalismus' auf seine Auffassung der Geometrie in ihrer physikalischen Anwendung zurückwies:

> Wir sollten lieber von der Relativität der Geometrie als von Konventionalismus sprechen.[157]

In seiner *Philosophie der Raum-Zeit-Lehre* brachte er noch einen anderen Gedanken ein, zu dem er durch die kritische Auseinandersetzung mit Poincaré gekommen war. Und zwar hatte er einmal den von Poincaré betrachteten Fall durchgedacht, daß tatsächlich die euklidische Geometrie durch Änderungen physikalischer Zuordnungsdefinitionen aufrechterhalten würde. Dann müßten zur Erklärung der Deformation von Körpern bei Transport in Schwerefeldern neue Scheinkräfte eingeführt werden, die genau die Effekte bewirken, die in der konkurrierenden Beschreibung durch die nichteuklidische Metrik induziert würden. Diese neuen Kräfte müßten auf alle Körper gleichermaßen wirken, könnten also auch nicht abgeschirmt oder durch unabhängige Meßkörper nachgewiesen werden; sie wären also **universelle Kräfte** im Gegensatz zu differentiellen Kräften, die z.B. den Einfluß von Parametern wie Temperatur (abschirmbar) oder chemischer Zusammensetzung (beeinflußbar) angäben.[158] Die von Poincaré verworfene alternative Beschreibung durch nichteuklidische Metrik kommt, was die ART Einsteins angeht, aber ohne solche 'universellen Kräfte' aus, da die Weltlinien aller inertialen Körper und Lichtstrahlen raumzeitliche Geodäten sind, also Zeit- und Längenskalen durch die metrischen Koeffizienten schon eindeutig bestimmt sind. In diesem *Verzicht auf universelle Kräfte* sah Reichenbach den wesentlichen Vorzug beider RT gegenüber den klassischen Alternativen:

- die SRT *verzichte* in diesem Sinne auf die 'Lorentzkontraktion' als einer solchen universellen Kraft zugunsten der Herleitung von Kontraktions- und

---

[156]Reichenbach [1949/79]b S. 195; vgl. Reichenbach [1922]f S. 14, 19, 35ff.

[157]Reichenbach [1949/79]b S. 196; vgl. Zittlau [1981] S. 232ff.

[158]zu dieser Abgrenzung siehe Reichenbach [1928]a § 6, [1951/77] S. 154/234 sowie Carnap im Vorwort zu Reichenbach [1928]a bzw. Scholz [1933], Grünbaum [1963/73] S. 85ff. für Zustimmung bzw. Kritik dazu und Diederich [1974] S. 101-107 sowie Zittlau [1981] S. 237-251 für weitere Kommentare.

Dilatationseffekten aus den kinematischen Lorentztransformationen allein;
- die ART *verzichte* auf die Einführung ominöser, orts- und richtungs-
abhängiger Kräfte zugunsten der Einführung neuer Feldgleichungen, die
die Bewegungsgleichungen für alle Körper unabhängig von ihrer Zusammensetzung bereits vollständig beinhalten. Wegen der paradigmatischen
Bedeutung der RT war Reichenbach auch bereit, in dieser wissenschaftshistorischen Entwicklung das Indiz eines allgemeingültigen, wissenschaftstheoretischen Auswahlkriteriums zu sehen, demzufolge diejenige Formulierung einer wissenschaftlichen Theorie den Vorzug verdient, welche ohne
universelle Kräfte auskommt. Diese methodologische Forderung schränke
die Auswahl unter vielen zulässigen Konventionen für Meßverfahren automatisch ein, da nur *eine* Gruppe eine widerspruchsfreie Erfassung der
Realität *ohne* Hypostasierung universeller Kräfte ermögliche.[159]

Damit waren der konventionalistischen These Poincarés empiristische
Ergänzungen zugefügt worden und die weitreichenden Aussagen Poincarés
auf ein erkenntnistheoretisch vertretbares Maß zurückgeschraubt. Die im
Jahrzehnt zwischen 1918 und 1928 durch Reichenbach erreichte Präzisierung des Konventionsbegriffs kam einer **Läuterung des Konventionalismus** gleich: berechtigte Aussagen waren von unberechtigten, überzogenen Aussagen geschieden, **konventionalistische und empiristische
Erkenntnisse miteinander verschmolzen** worden.[160]

Der intensive Gedankenaustausch zwischen Reichenbach und Schlick
hatte eine Präzisierung dreier Punkte stimuliert, die in den Schriften Poincarés nicht gestellt worden waren oder zumindest doch unklar geblieben waren, aber ab 1921 von beiden eingehender untersucht wurden, und schließlich zu wichtigen Themata der Diskussionen des Berliner und Wiener Kreises (vgl. Abschnitt 4.7.) wurden:

- In welchem Sinne ist 'Einfachheit' die Entscheidungsgrundlage zwischen äquivalenten Beschreibungen? Welcher Sinn von 'Einfachheit'
  ist hierbei gemeint, welcher nicht? Sind Einfachheitsvergleiche for-
  malisierbar?

---

[159]Zittlau [1981] S. 287 sieht hierin einen 'überempirischen' Anteil.

[160]Sehr typisch hierfür ist folgende Passage aus Reichenbach [1951/77] S. 155/235: "Poincaré hatte Recht, wenn er sagen wollte, daß die Wahl einer Beschreibung innerhalb einer
Klasse gleichwertiger Beschreibungen eine Sache der Konvention ist. Er hatte aber unrecht, wenn er glaubte, daß die Bestimmung der natürlichen Geometrie [...] eine Sache der
Konvention ist. Diese Geometrie kann man nur empirisch finden."; vgl. auch Carnap im
Vorwort der engl. Ausg. von Reichenbach [1928]a, (in deutscher Übersetzung: [1977] S.
4), Feigl [1929] S. 109f., Frank [1930] S. 136f., Reichenbach [1930]c S. 41 sowie Diederich
[1974] S. 116ff., Zittlau [1981] S. 232 und schließlich Abschn. 4.7. dieser Arbeit.

- Was ist der tatsächliche Grund für die Bevorzugung eines Systems von Geometrie und zugehörigen Zuordnungsdefinitionen vor anderen, deskriptiv gleichwertigen Systemen?

- Wie wirken Konventionen (bzw. Axiome und Zuordnungsdefinitionen) in wissenschaftlichen Theorien zusammen bei der Erfassung der Wirklichkeit? Inwieweit erzwingt Ihre Setzung Änderungen an anderen Stellen des theoretischen Gefüges?

4.5.7 Ausblick auf spätere Diskussionen

Eine interessante Episode der Konventionalismus-Diskussion ereignete sich, als Einstein in seiner Replik auf die Beiträge zum Schilpp-Band die Aufsätze Reichenbachs und Robertsons kommentierte mit einer fingierten Diskussion zwischen Reichenbach und Poincaré.[161] Dort legt Einstein nämlich dem letzteren die These in den Mund, daß eine isolierte Prüfung der Geometrie nicht denkbar sei, da das "gesamte zugrunde gelegte System der physikalischen Gesetze" in jeder Verifikation einer physikalischen Aussage über die Geometrie des Raumes hineinspiele.

> Mußt du nicht zugeben, daß den einzelnen Begriffen und Sätzen einer physikalischen Theorie überhaupt keine 'meaning' in deinem Sinne zukommt, dem ganzen System aber insoweit, als es das in der Erfahrung Gegebene 'intelligibel' macht?[162]

Wie meine Belege aus dem Briefwechsel zwischen Reichenbach und Schlick in den Abschnitten 4.5.6. und 5.1. zeigen, wußte der real existierende Reichenbach im Gegensatz zu dem fingierten 'Reichenbach' im Einstein-Dialog sehr wohl um diese Interdependenz zwischen den verschiedenen Setzungen.[163] Beide Korrespondenten waren sich schon 1920 einig in der Auffassung wissenschaftlicher Erkenntnis als Zuordnung eines Netzwerks theoretischer Annahmen zu komplexen Ausschnitten der Wirklichkeit und in der Ablehnung einer künstlichen Isolation einzelner Zuordnungen.[164] Dies steht übrigens in ausdrücklichem Gegensatz zu dem Bild, das von

---

[161] AE [1949/79]b S. 502-504, wobei P. später ersetzt wurde durch einen anonymen 'Nicht-Positivisten' "aus Respekt des Schreibenden vor Poincarés Überlegenheit als Denker und Schriftsteller"; zu allgemeinen konventionalistischen Motiven bei AE siehe Diederich [1974] S. 108 u. Howard [o.J.].

[162] AE [1949/79]b S. 503; ich bin ebenso wie Adolf Grünbaum ([1963/73]b S. 132f.) der Meinung, daß diese Thesen weniger Poincaré als vielmehr Duhem zuzuordnen sind, doch mein Punkt hier ist, daß auch Reichenbach in der Gegenrolle hierzu fehlbesetzt ist.

[163] vgl. dazu z.B. Hentschel [1984] Kap. 11.

[164] siehe z.B. Schlick [1918/25]c S. 89, 125ff. sowie Hentschel [1984].

Seiten der Kritiker des logischen Empirismus oft entworfen wurde. Mehr noch: zur präziseren Erfassung eben dieser Wechselbeziehungen zwischen verschiedenen Gruppen theoretischer Setzungen und der Auswirkung eventueller Änderungen in diesem Gefüge, wählte Reichenbach ab 1921 die axiomatische Darstellungsmethode (siehe nächster Abschnitt).

Nach der Veröffentlichung dieses fingierten Dialoges arbeitete Reichenbach in sein philosophiehistorisches Werk über den Aufstieg der wissenschaftlichen Weltauffassung noch eine Passage ein, die seine von Einstein mißverstandene Position verdeutlichen sollte.[165] Wieder arbeitete er mit der Unterscheidung universeller und differentieller Kräfte und zeigte, daß seine Forderung der Elimination universeller Kräfte zur eindeutigen, objektiven Beschreibung der Welt führe. Drake hatte diese Forderung ihrerseits als eine "fundamental convention" bezeichnet, also als eine Art Metakonvention, die vorschreibt, welche Konventionen bei der Wahl von Meßvorschriften zu bevorzugen sind.[166] Dem stimmte Reichenbach zu, doch er betonte, daß man bei allem Zugestehen der Existenz von (methodologischen und messungstechnischen) Konventionen nicht aus den Augen verlieren dürfe: "after making all the necessary conventions, there remains an empirical investigation to be made".[167] Sein schon in 4.5.3. unter Punkt (1) herangezogener Briefwechsel mit Stillman Drake zeigt übrigens auch, daß er überrascht war, von Einstein so angegriffen zu werden.[168] Einsteins unveröffentlicht gebliebener handschriftlicher Entwurf der Replik zu Reichenbach [1949/79] ist sehr viel weniger scharf, z.B. beginnt er mit folgendem Kompliment: "Was Reichenbach von so vielen seiner Kollegen auszeichnet, ist der Umstand, dass er Allgemeinheit der Erkenntnis niemals erkauft durch Opferung der Klarheit."[169] Tatsächlich unterschätzten alle logischen Empiristen das Ausmaß, mit dem Einstein seit 1924 holistische Thesen vertrat, wie er sie 1949 im Dialog irreführenderweise Poincaré untergeschoben hatte.[170] Hingegen bestand ein breiter Konsensus zwischen Einstein und den deutschsprachigen Rezipienten des Konventionalismus über die Berechtigung und die Bedeutung von Konventionen im Rahmen empirischer Wissenschaften. Die Kritik, die der Konventionalismus durch Schlick, Reichenbach und Carnap erfuhr, war also eine konstruktive Kritik, dem Selbstverständnis nach entweder ein Ausbau (Carnap) oder eine

---

[165] Reichenbach [1951/77] S. 156/236.

[166] Drake an Reichenbach, 20. Aug. 1951, ASP, Sign. HR-037-18-36.

[167] Reichenbach an Drake, 4. Sept. 1951, ASP, Sign. HR-037-18-37.

[168] "it is strange enough that Einstein himself does not accept this very precise formulation, but tries to defend Poincaré against me." ASP, Sign. HR-037-18-37.

[169] CPAE, Sign. 2-057.

[170] zum Holismus in Einsteins Erkenntnistheorie vgl. Hentschel [1987] und Howard [o.J.].

Läuterung (Schlick, Reichenbach), doch sicher keine schroffe Ablehnung, wie sie anderen Schulphilosophien zuteil wurde.

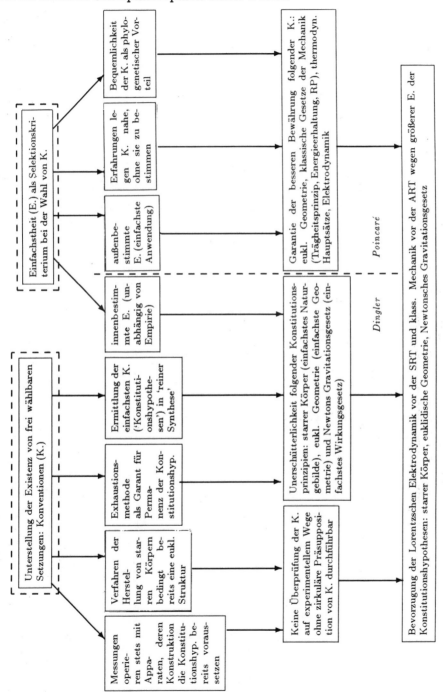

Abbildung 4.5: Übersicht zum Konventionalismus a)Varianten Poincaré und Dingler (Contra-Relativisten)

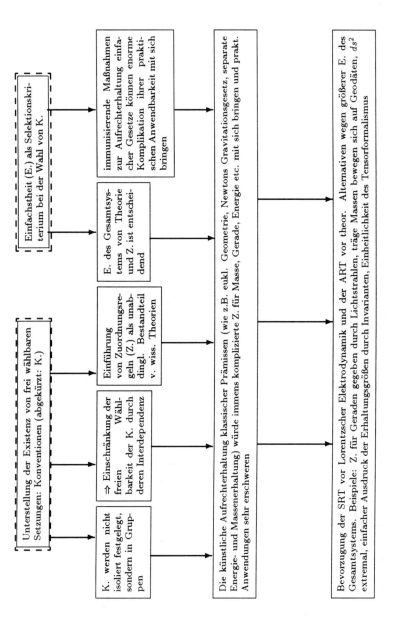

Abbildung 4.6: Übersicht zum Konventionalismus; b)Variante Carnap u.a.

4.6 Axiomatik der SRT im Vergleich

> Die größte Kunst im Lehr- und Weltleben besteht darin, das Problem
> in ein Postulat zu verwandeln, damit kommt man durch.
> Goethe an Zelter, zit. nach Cassirer [1921] S. 30.

Dieser Abschnitt über den Vergleich einiger zeitgenössischer Axiomatisierungen der SRT mag manchem hier im Kapitel über philosophische Interpretationen der RT deplaziert vorkommen. In der Tat hätte ich ihn sehr wohl auch ans Ende meines Überblicks zur fachwissenschaflichen Entwicklung der SRT und ART stellen können, denn axiomatische Rekonstruktionen wissenschaftlicher Theorien markieren für gewöhnlich den Punkt in ihrer Entwicklung, an dem ihre wesentlichen Probleme geklärt, ihr Geltungsanspruch gesichert sind. Dennoch habe ich mich entschieden, an dieser Stelle, direkt *nach* der Vorstellung der Position des Konventionalismus und noch *vor* der Besprechung des logischen Empirismus auf die axiomatischen Reformulierungen der SRT einzugehen. Es wird sich nämlich zeigen, daß einerseits die Erkenntnisse des Konventionalismus (Abschn. 4.5.) in ihnen einflossen, andererseits Vertreter des axiomatischen Ansatzes wie insb. Reichenbach und Carnap später zu einflußreichen Protagonisten der 'wissenschaftlichen Weltauffassung' des logischen Empirismus (Abschn. 4.7.) wurden. Deren Axiomatierungsversuche führten, wie auszuführen sein wird, zu einer 'Läuterung des Konventionalismus', die den Weg bereitete für die spätere Wissenschafts- und Theorienauffassung des Berliner und Wiener Kreises. Wegen deren historischer Mittlerstellung erschien mir ein Eingehen auf die vergleichsweise technischen Arbeiten hier unvermeidlich.[1]

4.6.1 Vorbemerkungen[2]

Zur Entwicklung des ältesten bekannten Axiomensystem, der Geometrie des Euklid, hatte ich bereits im vorigen Abschnitt ausführlicher berichtet.

Nachdem in der Mathematik Ende des 19. Jahrhunderts die axiomatische Methode in immer mehr Wissensgebieten Einzug fand, wurde zunehmend auch von der modernen Physik verlangt, daß sie ihre Ergebnisse in eine axiomatische Ordnung bringe. Schließlich waren ja schon Newtons *Philosophiae naturalis principia mathematica* [1687] als kanonischer Formulierung der Grundlagen der klassischen Mechanik in der Darstellungsform bewußt an Euklid angelehnt; Newtons

---

[1] zur allg. Orientierung über Axiomatik und Axiome siehe z.B. den diesbezügl. Artikel in Ritter (Hrsg.) **1** (1971) sowie Freudenthal [1960]; einen vergleichenden Überblick zu Axiomatiken der RT gibt es, soweit ich sehe, bislang noch nicht.

[2] Dieser Unterabschnitt kann übersprungen werden.

'Erklärungen' lasen sich für die an Hilberts *Grundlagen der Geometrie* [1. Aufl. 1899] geschulten mathematischen Physiker wie implizite Definitionen der mechanischen Grundbegriffe, mit denen dann in einem zweiten Schritt die 'Grundsätze oder Gesetze der Bewegung' formuliert wurden. Freilich war ein Axiom *vor* der durch David Hilbert[3] (1862-1943) eingeleiteten "Wende zur Axiomatik" meist als eine evidente, keines Beweises bedürfende Wahrheit angesehen worden. Erst nachdem Hilbert die systematische Austauschbarkeit ganzer Gruppen von Axiomen der Geometrie durch andere, alternative Axiome vorexerziert hatte, setzte sich allmählich die formalistische Auffassung der Mathematik durch,[4] für die ein Axiom keine evidente Wahrheit, sondern lediglich eine willkürliche Setzungen war, durch die die darin vorkommenden Relata implizite definiert würden.[5] Noch Poincaré hatte die Geometrie als mathematisierte Naturwissenschaft betrachtet,[6] und bis weit ins 20. Jahrhundert hinein gab es vereinzelt zweifelnde Stimmen, die darauf beharrten, daß es "notwendige Axiome" gäbe, die "von der Natur des Realen bestimmt" seien,[7] oder gar eine "Wesensaxiomatik" forderten.[8]

Wenn Georg Hamel nach der Jahrhundertwende anmahnte: "Was wir jetzt vor allem brauchen, ist eine strenge Begründung der klassischen Mechanik"[9] und in seinen eigenen Arbeiten einen Versuch in dieser Richtung sah, so stand er damit in der Tradition der Arbeiten zu den Grundlagen der Mechanik, die im deutschen Sprachraum durch die Werke von Heinrich Hertz, Ludwig Boltzmann und Gustav Jaumann, in Frankreich über Painlevé noch weiter historisch zurückführte bis auf d'Alembert und Lagrange. Kennzeichnend für diese Werkgruppe war der Verzicht auf erkenntnistheoretische Erörterung zugunsten rein technischer, "nüchterner Darstellung der notwendigen Axiome"[10] unter Einschluß der Frage ihrer Unabhängigkeit und Widerspruchslosigkeit. Die axiomatische Form wird von diesen Autoren gewählt, weil in ihr verborgene, implizit gemachte Voraussetzungen, die in anderen Textformen 'eingeschmuggelt' werden können, vermieden werden.

Bemerkenswerterweise unterzogen sich im 19. Jahrhundert gelegentlich auch noch Philosophen der Aufgabe einer Sichtung der Prinzipien, wenngleich im Unterschied zur vorigen Gruppe mit der Zielsetzung einer Ableitung der geometrischen und mechanischen Prinzipien aus allgemein philosophischen Prämissen.[11] Natürlich umfaßten Wundts *Prinzipien der mechanischen Naturlehre* auch in ihrer Neuauflage 1910 ebenso wie die Lehrbücher der Mechanik seiner Physiker-Kollegen

---

[3]zu H. vgl. Freudenthal [1960], [1972]a,b sowie z.B. Piaget [1950/72]b Bd. 1, S. 193ff.
[4]siehe dazu z.B. Hilbert [1930].
[5]vgl. dazu z.B. Schlick [1918]c S. 49ff.; Reichenbach [1920]a S. 33.
[6]vgl. dazu Abschn. 4.5.1. Poincaré [1902] sowie Freudenthal [1960] S. 13, 16f. und Diederich [1974] S. 20-27.
[7]A. Müller [1923]b; zu Müller vgl. Abschn. 4.4.
[8]so insb. Geiger [1924]; zu Geiger vgl. Fraenkel [1924], Stammler [1927]; s.a. 4.3.3.
[9]Hamel [1909] S. 350.
[10]ibid., S. 354.
[11]so z.B. der vielseitige Wilhelm Wundt [1866/1910]; vgl. z.B. Köhnke [1986] S. 157.

nur klassische Konzepte, da sich zu jener Zeit die SRT erst unter Nichtfachleuten herumzusprechen begann. Unter Experten setzten aber in genau diesem Jahr 1910 die ersten Versuche ein, sich der SRT unter axiomatischen Fragestellungen zuzuwenden. Nach etwa zehn Jahren rein fachlicher Debatte über die relativistischen Axiome, ihren Bewährungsgrad und etwaige alternative Sets von Axiomen erschienen ab 1920 dann die ersten philosophisch-wissenschaftstheoretisch motivierten axiomatischen Studien zur SRT, ab 1924 vereinzelt auch zur ART. Bevor ich mit meinem Referat einiger Axiomatisierungsansätze aus beiden Entwicklungsphasen beginne, sei der Vollständigkeit halber noch vermerkt, daß es auch erklärte, ja leidenschaftliche Gegner der axiomatischen Betrachtungsform in Mathematik und Physik gab, so z.B. den philosophierenden Mathematiker Eduard Study, der gegen den Wahn, alles in axiomatische Form zu bringen (von ihm scherzhaft "Axiomiasis" genannt) zynisch polemisierte.[12]

Doch die Mehrzahl der aktiven Forscher sah im axiomatischen Zugang ein nützliches Instrument, "stillschweigend und unbewußt gemachte" und deshalb "gefährliche Hypothesen" explizit zu machen und dadurch zur konsequenten Verbesserung der "auf vielfache Hypothesen gegründeten Theorien" beizutragen.[13] Einstein selbst sah den durch die Axiomatik erzielten Fortschritt darin, "daß durch sie das Logisch-Formale vom sachlichen oder anschaulichen Gehalt sauber getrennt wurde."[14] In seiner Arbeit zur SRT von 1905 bemühte er sich selbst um eine klare Herausarbeitung der beiden Postulate (siehe Abschn. 1.2.), allerdings ohne dabei ganz in die axiomatische Darstellungsmethode zu verfallen, die er auch später selbst, soweit ich sehe, niemals anwandte.

4.6.2 Erste Schritte zur axiomatischen Betrachtung der SRT um 1910 in den USA

Der SRT näherte man sich ab etwa 1910 zunehmend unter den folgenden, axiomatisch relevanten Fragestellungen:

- Welches sind die notwendigen und hinreichenden Grundannahmen der Theorie?

- Lassen sie sich durch andere, ebenfalls notwendige und hinreichende Axiome ersetzen?

---

[12]die "zurzeit übliche Überschätzung dieser Art von Untersuchung" war für Study eine "wissenschaftliche Modekrankheit", die gleich allen Moden von selbst aufhören werde (Study [1914] S. 127f, 134); vgl. [1902/06] I S. 314 und die mildere Bewertung in [1914/23] S. 34f. u. [1923] S. 15.

[13]die Zitate stammen aus Poincaré [1902/04]b S. 153.

[14]AE [1921]b S. 4; vgl. dazu auch Gruner [1922] S. 12f. 20; Schlick [1918/25]b S. 326 u. Diederich [1974] S. 93f.

- Wie hängen diese Postulate mit empirischen bestätigten Aussagen über den Ausgang von Experimenten zusammen?

- Welche Axiome sind bewährt (gut bestätigt), welche nicht?

- Durch welche Experimente ließen sich einzelne Postulate auf ihre Berechtigung hin prüfen?

Eine der ersten Arbeiten, in der Fragen dieses Typs gestellt wurden, war ein Aufsatz der am M.I.T. wirkenden Forscher Richard Chase Tolman (1881-1948) und Gilbert Newton Lewis (1875-1946), die, noch ganz im Fahrwasser der Einsteinschen Originalarbeit, 1. **das (spezielle) RP** und 2. **das Postulat der Konstanz der Lichtgeschwindigkeit im Vakuum als die beiden zentralen Postulate der SRT** identifizierten. Über den Status der SRT[15] und ihrer beiden Grundannahmen schrieben sie 1909:

> These two laws together constitute the *principle of relativity*. They generalize a number of experimental facts, and are inconsistent with none. In so far as these generalizations go beyond existing facts they require further verification. To such verification, however, we may look forward with reasonable confidence, for Einstein has deduced from the principle of relativity, together with the electromagnetic theory, a number of striking consequences, which are remarkably self-consistent.[16]

Und was den empirischen Gehalt der Theorie betraf, notierten sie unter ausdrücklicher Bezugnahme auf die Experimente an schnell bewegten Elektronen von Bucherer:

> in as far as present knowledge goes, we may consider the principle of relativity established on a pretty firm basis of experimental facts.[17]

Das spezielle RP wurde von ihnen ausgesprochen in der Variante, daß "absolute uniform translatory motion can neither be measured nor detected";[18] dieses erste Axiom erschien Tolman u. Lewis als eine natürliche, nicht anzweifelbare Übertragung eines mechanisch bewährten Prinzips auf die Elektrodynamik. Die zweite Annahme Einsteins schien ihnen demgegenüber sehr viel problematischer zu sein, da ihr Hintergrund rein elektromagnetischer Art war, nämlich die Notwendigkeit einer Erklärung des Michelson-Morley-Experimentes, mit Anwendungen auf mechanische Systeme zunächst nichts

---

[15]angesprochen in der damals üblichen Form als "principle of relativity", ibid.
[16]ibid.; Hervorhebung Orig.
[17]ibid., S. 512.
[18]Lewis u. Tolman [1909] S. 511.

zu tun zu haben schien. Ferner schien ihnen die Einführung dieses zweiten
Postulats die Ursache für all die erstaunlichen Effekte wie z.B. Längenkontraktion und Zeitdilatation zu sein.[19] Deshalb setzten sie sich 1909
das *Programm, ohne Bezugnahme auf dieses 2. Axiom, nur unter Voraussetzung des 1. Axioms und der üblichen mechanischen Erhaltungssätze
alle die Konsequenzen abzuleiten,* für die Einstein *beide* Axiome gefordert
hatte. Dabei konnten sie zurückgreifen auf eine Studie von Lewis aus dem
Jahr 1908, in der er die Äquivalenz von Energie und Masse im Sinne von
(1.8.) aus Impuls- und Energieerhaltung bei der Reflexion von Licht am
Spiegel abgeleitet hatte.[20] Ebenso ließe sich, so Lewis und Tolman, aus
den jüngsten Untersuchungen von Bucherer zum Massenzuwachs schnell
bewegter Elektronen gemäß $m = m_0 \cdot 1/\sqrt{1 - \frac{v^2}{c^2}}$ durch Extrapolation der
gemessenen Massenzuwachskurven der Parameter c entnehmen, welcher die
Grenzgeschwindigkeit sei, bis zu der die Massen überhaupt nur beschleunigt
werden könnten.

> By a slight extrapolation we may find with accuracy from the results of
> Bucherer that limiting velocity at which the mass becomes infinite, in
> other words, a numerical value of c which in no way depends upon the
> properties of light. *Indeed merely from the first postulate of relativity
> and these experiments of Bucherer we may deduce the second postulate
> and all further conclusions obtained in this paper.*[21]

Somit sei die von Einstein geforderte Konstanz der Lichtgeschwindigkeit
als Axiom ablösbar durch die Extrapolierung von Messungen der Grenzgeschwindigkeit von Elektronenstrahlen. Sinn der Übung war es, von dem
unplausibel scheinenden Postulat der Konstanz der Lichtgeschwindigkeit
wegzukommen und statt dessen den engen Bezug der SRT zu experimentell
gesicherten Befunden sinnfällig zu machen. Denn gerade im angelsächsischen Sprachraum war es dieser Zusammenhang der Theorie mit Experimenten, der die Wissenschaftler von der Richtigkeit und Notwendigkeit der
Theorie trotz ihrer "strange conclusions"[22] überzeugen konnte.

Auch bei der nächsten axiomatischen Darstellung der SRT durch Daniel
Frost Comstock (geb. 1885), übrigens ebenfalls vom M.I.T. und ausdrücklich inspiriert von der Arbeit Lewis u. Tolmans, stand das Bestreben im
Vordergrund, die Einführung der Einsteinschen Axiome in zwingenden logischen Zusammenhang mit ihren experimentellen Auswirkungen zu brin-

---

[19]ibid., S. 512f.; analog Tolman [1910]b S. 39.

[20]die Ableitung wurde von ihnen verallgemeinert wiederholt auf S. 520ff.; vgl. dazu die
Debatte zwischen Lewis und Speyers [1909]).

[21]ibid., S.519 (Hervorh. K.H.); analog: Tolman [1910]a, b S. 36.

[22]ibid., S. 513; analog in Tolman [1910]b.

gen. Die SRT wird von Comstock [1910] rundheraus vorgestellt als der bislang erfolgreichste Versuch, den negativen Ausgang all der Experimente zu erklären, die die Bewegung der Erde durch den Äther hätten nachweisen sollen.

> It generalizes this universal negative result into its first postulate, which is, *the uniform translatory motion of any system can not be detected by an observer traveling with the system and making observations on it alone.*

> The second postulate is that *the velocity of light is independent of the relative velocity of the source of light and observer.*[23]

Seine Umschreibung des 1. Axioms vermeidet bereits den relativistisch sinnlosen Begriff der 'absoluten Bewegung', auf den Lewis und Tolman noch ein Jahr zuvor zurückgegriffen hatten; deshalb muß er die Beobachtungen dann auf das System des Beobachters beschränken, denn relative Bewegungen sind selbstverständlich direkt nachweisbar. Und Comstocks ausdrückliche Erwähnung möglicher Relativbewegungen zwischen Lichtquelle und Beobachter zeigt auch, daß er das 2. Axiom Einsteins als Ausschließung jeder Emissionstheorien des Lichts à la Ritz interpretiert. Tatsächlich war einer der Schwerpunkte physikalischer Untersuchungen in diesem Gegenstandsbereich nach 1910 die Prüfung solcher Emissionstheorien mit einer Abhängigkeit der Lichtgeschwindigkeit von der Bewegungsform der Lichtquelle.[24] Somit haben beide Postulate Einsteins für Comstock direkten empirischen Gehalt, und zwar im Sinne von Verboten bestimmter, theoretisch denkbarer Resultate. Neben diesen beiden, wenn man so will *negativen* Konsequenzen der SRT zeigte er aber auch vier *positive* Folgerungen aus den beiden Axiomen auf, wobei er sich sehr bemühte, deren Ableitung so elementar wie möglich zu halten, damit jeder Leser die Unumgehbarkeit der Folgerungen einsehe, wenn er die Prämissen erst einmal angenommen hat.

- Die Gleichzeitigkeit räumlich getrennter Ereignisse sei kein elementarer Begriff mehr, sondern würde für zueinander bewegte Beobachter anders festgelegt.

- Die Länge eines Objektes würde von der relativen Bewegung zwischen Beobachter und vermessenem Objekt abhängig (Längenkontraktion).

- Die Zeit in einem bewegten System erschiene dem ruhenden Beobachter im Vergleich zu seinen Uhren gedehnt (Zeitdilatation).

---

[23]Comstock [1910] S. 767; Hervorhebungen Orig.

[24]siehe etwa Ritz [1911], Tolman [1912], de Sitter [1913]a,b, La Rosa [1912]b und Fox [1965] für die moderne "evidence against emission theories".

- Für die Addition von Geschwindigkeiten gelte nicht mehr die naive Vektoraddition, da numerische Werte für Geschwindigkeitsgrößen, die in zwei zueinander bewegten Systemen ermittelt worden wären, zuerst in ein System transformiert werden müssen, bevor sie verknüpfbar sind.

Comstock war sich bewußt, daß alle diese Folgerungen 'at first contrary to common sense" seien,[25] und er gestand ebenso zu, daß für die SRT wie für jedes Axiomensystem gilt:

the results of the principle of relativity are as true and no truer than its postulates. [...] If either of these postulates be proved false in the future, then the structure erected can not be true in its present form. The question is therefore an experimental one.[26]

Jedoch befand Comstock, daß die Beweislast bei denen läge, welche die SRT für falsch hielten, da bereits viele Hinweise dafür vorlägen, daß die Voraussagen der SRT mit den experimentellen Ergebnissen übereinstimmten.

Die Frage der empirischen Bewährung des Postulates der Konstanz der Lichtgeschwindigkeit im Vakuum wurde 1910 von Tolman am Beispiel der Lichtstrahlen, die von den Sonnenrändern ausgesendet werden, untersucht. Wegen der Eigendrehung der Sonne sollten die ballistischen Theorien des Lichtes zu einer Abhängigkeit der Lichtgeschwindigkeit von der Relativgeschwindigkeit zwischen dem jeweils Licht emittierenden Teil der Sonnenoberfläche und dem irdischen Beobachter führen. Ein solcher Dopplereffekt wurde jedoch nicht beobachtet. Daraus schloß Tolman, daß beide relativistischen Postulate empirisch bewährt seien. Hingegen kam Stewart [1911] aufgrund seiner Analyse desselben Anwendungsbeispiels zu der These, daß die experimentellen Ergebnisse auch mit der Thomsonschen elektromagnetischen Emissionstheorie verträglich seien, also mit dem RR, aber nicht mit der Lichtgeschwindigkeitskonstanz verträglich seien. Diese beiden konträren Aussagen Tolmans und Stewarts zum 2. Axiom der SRT waren der Auslöser für den nächsten Beitrag zur axiomatischen Grundlegung der SRT.

Auch diese erste ausgefeiltere Axiomatik der SRT wurde von einem US-Amerikaner aufgestellt. Eine Aufsatzserie von Robert Daniel Carmichael (geb. 1879) in den Jahren 1912-13, die später auch als Buch [1913/20] erschien, knüpfte direkt an die im vorigen referierten Arbeiten an.[27] Car-

---

[25]ohne daß er dies als zulässiges Argument erachtet hätte: Comstock [1910] S. 769 - vgl. Abschnitt 2.3.

[26]ibid., S. 769; 771.

[27]Carmichael [1912] S. 159; übrigens wurden weder diese Arbeiten von Carmichael noch die von Comstock [1910], Stewart [1911] oder Robb [1911ff.] im sonst sehr guten Buch

michael bemühte sich als erster um eine streng axiomatische Analyse der SRT, die Postulate mit Buchstabenkürzeln indizierte und bei allen daraus abgeleiteten Theoremen oder Korrolaren in Klammern die Kürzel der Postulate mitangab, die zu ihrer Ableitung herangezogen worden waren. Aus seiner Rechtfertigung für dieses Unterfangen möchte ich den folgenden Abschnitt zitieren, da die Motivation Carmichaels auch die der nachfolgend zu besprechenden Forscher sein wird, aber von diesen nicht immer so deutlich expliziert worden ist.

> This analysis of the postulates of relativity was undertaken in order to ascertain on just which of the postulates certain fundamental conclusions of the theory depend. A moment's reflection will convince one of the importance of such an analysis. Some of the conclusions of relativity have been attacked by those who admit just the parts of the postulates from which the conclusions objected to can be derived by purely logical process. In this paper I have sought to establish some of the most fundamental and most readily accessible conclusions of the theory on the smallest possible foundation from the postulates.[28]

Die Darstellung der SRT als geschlossenes System von Axiomen und logischen Folgerungen daraus sei also, so Carmichael, ein geeignetes **Instrument zur Rechtfertigung** von Konsequenzen der Theorie. Da nicht jedes Theorem mit jedem Postulat zusammenhinge, sei die Widerlegung all derjenigen möglich, die bestimmte Prämissen ausdrücklich anerkennen, deren Folgerungen aber ablehnten, auch dann, wenn diese Gegner der Theorie andere ihrer Axiome nicht akzeptierten. Diese **Klarheit über die Implikationsverhältnisse** räume also Mißverständnisse und inkonsequente Einwände aus dem Weg. Ferner fördere sie die Aufdeckung aller auch der eventuell nur implizit gemachten Prämissen, und schließlich führe sie zu einer **Beschränkung auf den kleinstmöglichen Satz von Axiomen**, die zur Ableitung der Theoreme benötigt würden, also zu einer Art logischer Ökonomie. Besonders der Gedanke der Heranziehung axiomatischer Rekonstruktionen von wissenschaftlichen Theorien zu ihrer Rechtfertigung in wissenschaftlichen Disputen und zur Präzisierung der in diesem Rechtfertigungskontext vorgebrachten Argumente wird später auch für Reichenbachs Axiomatik prägend sein (siehe 4.6.5.).

---

von A.I. Miller [1981] aufgeführt bzw. besprochen, was ein echtes Versäumnis darstellt; hingegen erwähnt Miller an einer Stelle (S. 251) die Feststellung des Mathematikers E.G. Bell (1945), daß viele amerikanische Wisenschaftler zu Anfang dieses Jahrhunderts den Wert axiomatischer Betrachtungen erkannt hätten, während Europäer zu diesem Zeitpunkt diese eher vermieden.

[28]Carmichael [1912] S. 153.

Nach dieser prinzipiellen Erörterung des Sinnes von axiomatischen Darstellungen fertig formulierter Theorien nun aber zu der speziellen Zielsetzung Carmichaels. Die Diskussion zwischen Tolman und Stewart hatte
bei Carmichael den Eindruck hinterlassen, daß die beiden Axiome der
SRT von sehr verschiedener Tragweite seien, und deshalb auch verschieden gut bestätigt seien. Um sich darüber systematischen Überblick zu
verschaffen, untersuchte er insb. den Zusammenhang der beiden Axiome
mit den bekannten relativistischen Effekten. Sein Augenmerk richtete sich
dabei auch auf die Fragen, ob erstens diese **Effekte vielleicht auch aus
logisch äquivalenten Annahmen ableitbar** seien, die ihrerseits ein-
sichtiger seien und ob zweitens diese **Postulate ihrerseits aus logisch
schwächeren Annahmen zusammensetzbar** seien.

> It thus appears that some of the most striking conclusions of the
> theory depend on only a part of the postulates [...] In the present
> analysis of the postulates of relativity attention has been given to
> determining some of their important logical equivalents - especial at-
> tention has been given to those postulates which may replace the
> so-called second postulate of relativity (our Postulate R). A remark
> in this direction has already been made by Tolman.[29]

Die Standardversion der SRT rekonstruierte Carmichael als basierend auf
insg. *fünf*, nicht zwei, grundlegenden Postulaten, von denen eines (H) stets
als eine Annahme angesehen werde, die jedweder physikalischen Theorie
zugrundeliege, während die letzten beiden (V, L) stets nur implizit vorausgesetzt würden.[30] Das fundamentalste Postulat "concerning the nature of
space and time which underlie all physical theory" war die Homogenitäts-
annahme H, die z.B. auch in der klassischen Mechanik präsupponiert wird,
und deshalb nicht als eigenständiges Axiom der SRT aufzufassen ist.
Postulat **H**: Dreidimensionaler Raum und eindimensionale Zeit sind homogen.[31]
Diese scheinbar harmlose Voraussetzung zieht laut Carmichael für die SRT
z.B. schon die Konsequenz nach sich, daß deren Raum-Zeit Transformationen linear sein müssen, da sonst bestimmte Raum-Zeit Punkte vor anderen
ausgezeichnet würden. Als die beiden Postulate der SRT in der Darstellung, die sie seit AE [1905] immer erfahren habe, gab auch Carmichael das
Relativitätsprinzip und das Postulat der Konstanz der Lichtgeschwindigkeit im Vakuum an:
Postulat **M**: Die unbeschleunigte Bewegung eines Bezugssystems S kann

---

[29]ibid., S. 153–155; gemeint ist Tolman [1910].
[30]ibid., S. 156 bzw. 162.
[31]ibid.; von Carmichael als Postulate H1 und H2 untergliedert.

nicht durch Beobachtungen allein in S mit Maßeinheiten aus S ermittelt werden.[32]

Postulat **R**: Die in einem unbeschleunigten System S mit Einheiten aus S gemessene Vakuumlichtgeschwindigkeit ist unabhängig von der Relativgeschwindigkeit zwischen S und der als unbeschleunigt vorausgesetzten Lichtquelle *und* unabhängig von der absoluten Geschwindigkeit von S.[33]

Neben diese beiden gemeinhin als *die* Postulate der SRT angesehenen Forderungen stellte Carmichael aber noch zwei weitere, die zumeist vorausgesetzt würden, ohne offen ausgesprochen zu werden. Damit kam er seiner Zielsetzung nach, *alle* Prämissen aufdecken zu wollen, die in relativistischen Schlüssen gemacht würden, da nur so Klarheit über die Stimmigkeit und eventuelle Anfechtbarkeit der Aussagen zu erreichen sei. Diese impliziten Annahmen betreffen den Vergleich quantitativer Bewertungen von Meßgrößen in zueinander bewegten inertialen Bezugssystemen S und S':

Postulat **V**: Die Beobachter in S und S' stimmen überein in der Angabe des Betrags der Relativgeschwindigkeit ihrer Bezugssysteme.[34]

Postulat **L**: Beide stimmen auch überein in der Angabe von mit Maßstäben aus ihren jeweiligen Bezugssystemen vermessenen Längen, wenn diese sich transversal zu ihrer relativen Bewegung erstrecken.[35]

Das Postulat V gewährleistet die Reziprozität beider Bezugssysteme, da sich sonst deren Koordinaten nicht wechselseitig ineinander überführen ließen; die Forderung L schränkt einige der zunächst freien Parameter der Lorentztransformationen ein und schließt dadurch z.B. die Transformationen aus, die von Voigt [1887], Adler [1920] oder Mohorovičić [1922] angegeben wurden und sich durch einen Faktor $\gamma = 1/\sqrt{1 - v^2/c^2}$ von den Lorentztransformationen (1.4.) unterscheiden (vgl. Abschn. 1.1.3.). Soweit die Offenlegung verborgener Annahmen durch Carmichael. Das zweite Ziel seiner Untersuchung war die Klärung der Implikationsverhältnisse zwischen den nun explizierten Postulaten und relativistischen Theoremen.

Seine zweiteilige Formulierung des Postulats R zeigt, daß er dieses aus zwei logisch unabhängigen Teilen zusammengesetzt ansieht, die er als Postulate R' bzw. R" bezeichnete:

Postulat **R'**: Die Vakuumlichtgeschwindigkeit ist unabhängig von dem Be-

---

[32]ibid., S. 158; dies ist fast wörtlich die Formulierung, die schon Comstock [1910] benutzt hatte, vermeidet also insb. die Rede von absoluter Bewegung.

[33]ibid., S. 161; zu beachten ist, daß hier von der absoluten Geschwindigkeit von S die Rede ist, was prinzipiell zulässig ist, da die beiden Axiome ja unabhängig voneinander sind.

[34]ibid., S. 162.

[35]ibid., S. 163.

wegungszustand der unbeschleunigten Lichtquelle.[36]
Postulat **R"**: Die Vakuumlichtgeschwindigkeit ist unabhängig vom absoluten Betrag der Geschwindigkeit des Bezugssystems S.

Aus der Kombination der Postulate M und R' folgerte Carmichael u.a.
bereits, daß die Vakuumlichtgeschwindigkeit c keine Abhängigkeit von der
Richtung der Bewegung von S aufweisen dürfe, also genau die Eigenschaft,
die z.B. im Michelson-Morley-Experiment getestet würde. Diese Rich-
tungsunabhängigkeit von c war somit das erste Theorem der Carmicha-
elschen Axiomatik, deren Unterscheidung zwischen Quellen- und Beobach-
terunabhängigkeit der Vakuumlichtgeschwindigkeit also das erste Ergebnis
erbracht hatte, daß das Postulat R' sehr viel tragendere Bedeutung habe
als das Postulat R":

> the experimental evidence for or against the whole theory of relativity
> must center around postulates M and R' [...] In view of our theorem
> I above [...] it is now clear, that the strangeness in the conclusions of
> relativity is due to that part of R which is contained in R'.[37]

Aus der Kombination von M, L, V, und R' konnte Carmichael viele ty-
pischen Aussagen der SRT ableiten, für die bislang immer die strengere
Prämisse R (anstelle von R') gemacht wurde, so z.B. die Zeitdilatation
(Theorem III), und die Längenkontraktion (Theorem V).

> the most remarkable elements in the conclusions of the theory of re-
> lativity are deducible from postulates M,V,L,R' alone and yet these
> are either generalizations from experiment or statement of laws which
> have usually been accepted. Hence we conclude: *The theory of rela-
> tivity, in its most characteristic elements, is a logical consequence of
> certain experiments together with certain laws which have for a long
> time been accepted.*[38]

Nachdem Carmichael etliche Theoreme aus der Kombination von M,V,L,
und R' abgeleitet hatte, untersuchte er, welche neuen Sätze aus der Hinzunahme von R", noch dazugewonnen werden konnten. Dies waren insb.
Sätze über die relativistische Addition von Geschwindigkeiten, gemäß der
z.B. die Zusammensetzung der Lichtgeschwindigkeit mit irgendeiner Geschwindigkeit wieder auf die Lichtgeschwindigkeit führt und gemäß der die

---

[36]ibid., S. 159; die Beschleunigungsfreiheit von S und der Lichtquelle sind vorauszusetzen, da für Beschleunigungen nicht mehr gilt c = const, wie sich in der Entwicklung der
ART schon ab 1907 zeigte.
[37]ibid., S. 162.
[38]ibid., S. 168; Hervorhebung Orig.; vgl. [1913]b S. 180.

Geschwindigkeit eines materiellen Systems die Lichtgeschwindigkeit nur annähernd, niemals vollständig erreichen kann. Nach der Ermittlung dieser Konsequenzen von (M,V, L, und R), also des vollständigen Satzes der Standardprämissen der SRT, gab er deren logische Äquivalente an, also die Gruppen von Postulaten, deren Voraussetzung ebenfalls auf alle relativistischen Theoreme und Korrolare führten.[39] Da bei Verzicht auf das umstrittene Postulat R an dessen Stelle Theoreme oder Postulate rückten, die sehr viel plausibler schienen als die paradox anmutende Annahme der Konstanz der Lichtgeschwindigkeit, stützte auch dieses Ergebnis seiner Axiomatik die zentrale, von ihm selbst hervorgehobene These Carmichaels im letzten Zitat. Erstmalig betrachtete Carmichael neben dem *kinematischen* Teil der SRT auch die resultierende *Dynamik*, also den relativistischen Zusammenhang zwischen Masse, Kraft und Energie, unter axiomatischem Gesichtspunkt. So wurden nun auch die relativistische Energie-Massen-Äquivalenz und die relativistische Massenzunahme für schnell bewegte Elektronen thematisiert.[40] Das Endergebnis auch dieser Untersuchung war wieder eine Zustimmung zu Einsteins aufsehenerregender These "that matter is merely one manifestation of energy",[41] wobei Carmichael allerdings nicht darauf verzichten wollte, auch einen Vorschlag für eine mögliche mechanistische Erklärung dieses Zusammenhangs durch Spannungen im Äther beizufügen, wodurch er wieder etwas in den Stil der vielen nicht-axiomatischen, aber typisch angelsächsischen Modellvorschläge geriet.[42] Immerhin machte diese supplementierende Modellvorstellung es Carmichael möglich, sich relativistische Effekte wie Massenzunahme, c als Grenzgeschwindigkeit für materielle Körper und sogar Bezüge zu späteren topoi der ART wie Lichtablenkung und Gravitation zu veranschaulichen und ihnen den Anstrich von contra-Intuitivität zu nehmen:

Hence we conclude that there is nothing *a priori* improbable in the conclusions of relativity concerning the nature of mass.[43]

---

[39]ibid., S. 174ff.; vgl. Carmichael [1913]a S. 170.

[40]Carmichael benutzte die damals noch übliche Unterscheidung zwischen transversaler und longitudinaler Masse, was den Vergleich mit heutigen Darstellungen der Dynamik der RT etwas erschwert.

[41]Carmichael [1913]a S. 177.

[42]siehe Carmichael [1913]a S. 178: "the beam of light sets up a strain in the ether (whence its mass)"; [1913]b S. 193: "Let us suppose that the mass of a piece of matter is due to a kind of strain in the ether".

[43]ibid., [1913]b S. 193; Hervorheb. Orig.

4.6.3 Robbs Axiomatik der konischen Ordnungsrelation 'früher-später'

Ein völlig neuer Ideenstrang wurde von dem Cambridger Mathematiker Alfred Arthur Robb (1873-1936) begründet. Dieser war durch Einsteins Thesen zur Relativität der Gleichzeitigkeit angeregt worden, sich die Aussagen der SRT auf seine Weise plausibel zu machen, da er die Einsteinsche Auffassung nicht akzeptieren wollte.

> That 'a thing cannot both be and not be at the same time' has long been accepted as one of the first principles of reasoning, but there it appeared for the first time in science to be definitely laid aside, and although many of those who accepted Einstein's view saw that there was something which was psychologically very strange about it, yet this was allowed to pass in view of the beauty and symmetry which seemed, in this way, to be brought about in the mutual relations of material systems. To others, however, this view of Einstein's appeared too difficult to grasp or analyse, and to this group the writer must confess to belong.[44]

Deshalb bemühte sich Robb von 1911 an um eine Fundierung der Theorie, die auf den problematischen Begriff der Gleichzeitigkeit für räumlich getrennte Ereignisse vollends verzichtete, den Einstein durch Angabe des Synchronisationsverfahrens für Uhren an verschiedenen Orten neu definiert hatte. Zu diesem Vorgehen Einsteins, physikalische Zeit lokal durch Uhren zu definieren und deren Gang dann in einem zweiten Schritt durch ein vorgeschriebenes Verfahren zu synchronisieren, notierte Robb abfällig:

> It does not appear a satisfactory mode of procedure to found a philosophical theory upon a complicated mechanism like a clock without any precise definition of what constitutes equal intervals of time.[45]

Statt dessen suchte Robb nach einem anderen Charakterisikum der Raum-Zeit, das geeignet sei, Grundlage einer axiomatischen Formulierung der Theorie zu werden. Er fand es in einer **Invarianzeigenschaft der Minkowskischen Raumzeit**, der zufolge die zeitliche Reihenfolge von Ereignissen bei Wechsel des Bezugssystems auch jedem anderen Beobachter in der Relation 'früher-später' erschienen, so daß die **topologische Zeitordnung unter Lorentztransformationen invariant** bleibt.

> According to the theory here put forward, we avoid both these difficulties and base the logical superstructure upon the ideas of *before*

---

[44]Robb [1914] S. 5; zu Robb vgl. insb. Briginshaw [1979].
[45]ibid., S. 12.

and *after*, giving to them the philosophical and physical meanings above described. Thus instead of starting from ordinary geometric cones with a definite angle and giving thereby an interpretation to *before* and *after*, it is proposed to reverse this process, and, starting from the ideas of *before* and *after*, to formulate in terms of them a system of postulates and definitions, and thereby building up a system of geometry.[46]

Die **Relation 'früher-später'** ist Robb zufolge also eine, in diesem Sinne "absolute" zweistellige Relation zwischen 'zeitartigen' Ereignissen wie z.B. der Emission und Absorption eines Teilchens; gleichfalls galt für zueinander 'raumartige' Ereignisse, das diese für kein Bezugssystem zueinander in ein kausales Verhältnis gebracht werden konnten. Die Grenze zwischen beiden wurde durch den gleichfalls invarianten **Lichtkegel** gebildet, der die zueinander 'lichtartigen' Ereignisse verband, die von einem Ereignis ausgehend durch Lichtemission erreichbar waren. Robbs "system of geometry", das er selbst[47] als "non-metric Euclidean Geometry" bezeichnete, begann also mit dem nichtdefinierten Grundbegriff Ereignis [event] (in Analogie zum Punkt der Geometrie), und zweistelligen Relationen von 'früher-später' zwischen einzelnen dieser Ereignisse (nicht allen). Aus dieser Vorgabe von Ereignissen mit der primitiven Ordnungsrelation konstruierte er die zu jedem Ereignis gehörigen Lichtkegel (null cones). Die Abstände zwischen Ereignissen wurden dann klassifiziert als entweder zeitartig (inertial), raumartig (separate) oder lichtartig (optical), je nachdem, ob zwischen ihnen Relationen von 'früher-später' erklärt werden waren oder nicht.[48] All diese Schritte waren vollziehbar, ohne daß eine Abstandsfunktion ds und damit eine Metrik im Ereignisraum hätte eingeführt werden müssen. Auch nach Abschluß dieser klassifikatorischen Vorarbeit tat dies Robb nur für die drei Teilklassen separat, also unter ausdrücklichem Verzicht z.B. auf den Längenvergleich raumartiger mit zeitartigen Abständen.[49]

Bislang handelt es sich nur um eine eigenwillige geometrische Konstruktion, doch deren physikalische Interpretation war einfach. Bei den zeit- bzw. lichtartigen Abständen zwischen Ereignissen handelte es sich schlicht um die Minkowskischen Weltlinien von materiellen Teilchen bzw. von Lichtstrahlen. Diese Teilchen waren unbeschleunigt genau dann, wenn

---

[46]ibid., S. 12; Hervorhebungen Orig.

[47]Robb [1936]; vgl. Briginshaw [1979] S. 316; der heute übliche Begriff 'Topologie' war damals noch nicht verbreitet.

[48]Analog wurden auch Ebenen und Hyperebenen in einander ausschließende Unterklassen eingeteilt; vgl. Briginshaw [1979] S. 318.

[49]Bei vollständiger Metrisierung gemäß $d(x,y) = |x-y|$ wäre die Minkowskische Raum-Zeit das Resultat gewesen - vgl. Briginshaw [1979] S. 317.

ihre Weltlinie eine "inertial line" war. Aus zueinander senkrechten inertialen Weltlinien ließ sich ein Inertialsystem konstruieren, von denen aus
Geschwindigkeiten anderer materieller Teilchen durch die Neigung von deren Weltlinien zu den Achsen des Inertialsystems eindeutig bestimmt waren. Schließlich war aus dieser Geometrie der Raum-Zeit zusammen mit
den Informationen über kausale Beziehungen zwischen Ereignispaaren und
Homogeneitätsannahmen sogar die Lorentztransformationen ableitbar.[50]
Robbs originelle Axiomatik blieb lange unverdientermaßen unbeachtet,
vielleicht wegen des traditionalistischen Anstriches, den Robb seiner Untersuchung durch seine kritischen Worte zur Einsteinschen Grundlegung der
SRT gegeben hatte, vielleicht auch, weil seine Veröffentlichung von 1914 aus
politischen Gründen in Deutschland nicht bekannt wurde und seine späteren Publikationen (ab 1920) in eine Zeit fielen, in der die SRT von Seiten
der aktiven Theoretiker bereits ad acta gelegt worden war.[51] Sie zeigt aber
eine wichtige Eigenschaft axiomatischer Formulierungen wissenschaftlicher
Theorien, nämlich die schlaglichtartige Ausleuchtung genau der Zusammenhänge,[52] auf die bei der Wahl der Grundbegriffe abgezielt wird. Hinter
der scheinbar technischen Frage der Wahl der undefinierten Begriffe und der
Auswahl der Axiome stehen so gerade bei Robb philosophische Absichten.
Einerseits betonte Robb selbst als den wesentlichen *erkenntnistheoretischen*
Vorzug seiner Axiomatik gegenüber der Einsteinschen Auffassung der SRT,
daß seine Resultate **unabhängig von den speziellen Beobachtern** seien
"and therefore truly physical and devoid of the subjectivity which seems to
cling to Einstein's theory".[53] Andererseits verfolgte er auch eine geradezu
metaphysische Absicht, nämlich die Grundlagenforschung der Physik auf
die Entitäten zu gründen, die ihm als besonders elementar vorkamen. Dies
waren für Robb die Ereignisse und deren zeitliche Relationen zueinander:

> it thus appears that the theory of space becomes absorbed in the
> theory of time, spatial relations being regarded as the manifestation
> of the fact that the elements of time form a system in *conical order*:
> a conception which may be analysed in terms of the relations of *after*

---

[50]Dies wurde in der Nachfolge Robbs insb. durch Zeeman [1964] u. Nanda [1976] gezeigt.

[51]zur Rezeption Robbs vgl. Briginshaw [1979] S. 320; wie wenig er in Deutschland
gewirkt hat, zeigt schon der Umstand, daß ich einige seiner als Pamphlete gedruckten
Schriften über den Fernleihverkehr nicht erhalten konnte.

[52]hier der raum-zeitlichen Wirkungsketten und der weitreichenden Implikationen dieser
"conical order" für die SRT.

[53]Robb [1920] S. 599; dabei konnte Robb nicht wissen, daß Einstein selbst der subjektivistischen Interpretation der SRT etwa durch Petzoldt sehr ablehnend gegenüberstand und
selbst den Invarianzgedanken für sehr viel wichtiger hielt, als dies zahllose Darstellungen
der SRT aus seinem Umfeld erkennen ließen.

and *before*.[54]

4.6.4   Carathéodorys Axiomatik der SRT von 1924

Wohl ohne die Arbeiten von Robb zu kennen, hatte auch Einstein erkannt, daß die Invarianz der zeitlichen Relation 'früher-später' in der RT einer näheren Beleuchtung bedarf. An den griechischen Mathematiker Constantin Carathéodory (1873-1950), mit dem er 1916 im Zuge seiner Untersuchungen über die Ableitbarkeit seiner Feldgleichungen aus dem Hamiltonschen Prinzip über die Ableitung der Hamilton-Jacobischen Beziehung korrespondierte, schrieb Einstein am 6. Sept. 1916 in einem Nachsatz:

> Wollen Sie nicht noch etwas über das Problem der geschlossenen Zeitlinien nachdenken? Hier liegt der Kern des noch ungelösten Teiles des Raum-Zeit Problems.[55]

Im Dezember desselben Jahres wiederholte er seine Bitte eindringlicher:

> Wenn Sie aber die Frage nach den geschlossenen Zeitlinien lösen, werde ich mich mit gefalteten Händen vor Sie hinstellen ... Hier steckt etwas dahinter, des Schweisses der besten würdig.[56]

Auslöser des Einsteinschen Interesses war die damals ungeklärte Frage, ob es Lösungen der Feldgleichungen der ART gäbe, die 'geschlossene Zeitlinien', also in sich selbst zurücklaufende Kausalketten beinhalten, oder ob dies ausgeschlossen sei. Dies klärte sich übrigens erst 1949, als Kurt Gödel eine Lösung angab, bei der tatsächlich einige Weltlinien in sich zurücklaufen.[57] Da die relativistische Raumzeitstruktur der ART jedoch *lokal* auf die der Minkoswkischen Raumzeit zurückführbar war, weil die Raumkrümmung für hinreichend kleine Bezirke angenähert konstant ist, mußte Carathéodory seine Untersuchung dieser Frage notwendig bei der SRT beginnen. Seine Resultate dieses ersten Teils der Untersuchung, bei der er sich ausdrücklich auf "beschränkte Gebiete" der Raum-Zeit stützte, um "den Weg zur allgemeinen Relativitätstheorie nicht zu verschließen"[58] erschienen 1924 auf Betreiben Einsteins in den *Sitzungsberichten der Preussischen Akademie der Wissenschaften*. Die bei der Einreichung der Arbeit von Einstein persönlich verfaßte "kurze Zusammenfassung" ist ebenfalls erhalten geblieben und soll meinen Kurzbericht hierzu einleiten:

---

[54]Robb [1914] S. 15f.; Hervorhebung Orig.

[55]CPAE, Sign. 8 334-3.

[56]CPAE, Sign. 8 343; die Auslassungspunkte sind Orig. AE.

[57]siehe Gödel [1949],[1949/79], [1950] sowie z.B. Grünbaum [1963/73]b S. 201-202.

[58]Carathéodory [1924] S. 14.

> Es wird eine axiomatische Darstellung der Raum- Zeit- Lehre der speziellen Relativitätstheorie gegeben, welche nur auf Voraussetzungen über das Verhalten des Lichtes gegründet ist, von der Idee des starren Körpers aber nicht unmittelbar Gebrauch macht.[59]

In diesem von AE hervorgehobenen Charakteristikum stimmt der Ansatz Carathéodorys genau mit dem von Robb überein, dessen Arbeiten ihm wohl nicht bekannt waren.[60] Carathéodorys Elementarbegriffe, von denen er meinte, daß sie "als Rohprodukte der unmittelbaren Erfahrung nicht weiter erklärt werden können"[61] sind: materielle Punkte, die zeitlichen Relationen von früher und später zwischen diesen, definiert über die Aussendung bzw. den Empfang von Lichtsignalen, und die zeitliche Relation der Gleichzeitigkeit, allerdings nur im selben Punkt. Von diesen ausgehend, kam er in einem dreistufigen Schlußverfahren zur Raum-Zeit-Struktur der SRT:

1. Axiome der Lichtausbreitung (I.) und der Zeitfolge (II.) führten ihn zum Konzept einer "Lichtuhr", mit der die Zeitfolge zwischen Ereignissen und (durch Vergleich mit Lichtpolygonzügen) zeitliche Abstände vermessen werden konnten. Somit war die gesamte Kausalstruktur der Theorie auf "Zeitbeobachtungen allein" gegründet.[62] Die Hinzunahme von (III.) topologischen Annahmen über beschränkte Bereiche des "uns umgebenden Raumes" ermöglichte dann bereits die Einführung von Koordinatensystemen, in denen die Annahmen über die Lichtausbreitung in Polygonzügen "uns von selbst ein natürliches Längen- und Winkelmaß liefern".[63] Somit habe er eine "ganz natürlichen Wege zur Einführung der Minkowskischen vierdimensionalen Welt" gefunden,[64] allerdings mit einer weiteren Gruppenstruktur (s.u.2.).

2. Im nächsten Schritt untersuchte er die zu einem solchen Koordinatensystem "äquivalenten Räume mit normaler Lichtausbreitung",[65] also alle die Bezugssystem, in denen sich dieses Koordinatensystem transformieren ließ, ohne die Forderungen aus (I) und (II) zu verletzen. Er fand, daß die Transformationsgruppe, die diese äquivalenten Räume ineinander überführte als Untergruppe alle (linearen) Transformationen der Lorentzgruppe beinhal-

---

[59]CPAE Sign. 8 333.
[60]Auf diese Verwandtschaft wies erstmals Hermann Weyl in einer Nebenbemerkung seiner Rezension von Reichenbach [1924] hin.
[61]Carathéodory [1924] S. 13.
[62]ibid., S. 12.
[63]ibid., S. 12; vgl. S. 15.
[64]ibid., S. 22.
[65]ibid., S. 18.

tete, zusätzlich aber noch nichtlineare Transformationen, die einer Spiege-
lung der Koordinaten x, y, z und t am 'Radius' $x^2 + y^2 + z^2 - t^2$ entsprach.[66]

3. Um diese nichtlinearen Transformationen auszuschließen und auf die Lorentzgruppe der SRT zu kommen, forderte Carathéodory im letzten Schritt
   die Gültigkeit des "speziellen Einsteinschen Relativitätsprinzips", dem er
   die Form gab, daß "nicht nur die Lichtausbreitung normal bleibt, sondern
   auch sämtliche Naturgesetze kovariant transformiert werden".[67] Durch die
   letzte Forderung wurden die nichtlinearen Transformationen ausgeschlossen.
   Dadurch blieben nur die Translationen, Rotationen und Lorentztransformationen als lineare Transformationen übrig und die Gruppenstruktur der
   Raum-Zeit war nun genau die der Einsteinschen SRT.

In den öffentlichen Beurteilungen dieser sehr eleganten, mit gruppentheore-
tischen Beweismethoden souverän operierenden Axiomatik Carathéodorys
wurde anerkennend vermerkt, daß seine Wahl der Axiome zu einem geschlossenen und mathematisch überzeugenden Aufbau der SRT führen würde, doch andererseits festgestellt, daß diese logische Ökonomie auch zu
Nachteilen beim praktischen Gebrauch dieser Axiomatik, z.B. bei der Überprüfung der Aussagekraft einzelner Experimente führen würde:

> [...] zur Überprüfung der Anwendungen auf die Empirie dagegen ist er
> nicht besonders geeignet. Reichenbach andererseits hat gerade durch
> die Formulierung seiner Axiome schon im Hinblick auf die Empirie,
> durch ihre bewußte Zerstückelung in möglichst 'elementare' Tatsa-
> chenbehauptungen die Grundlage für seine so ausgezeichnete Dis-
> kussion der Tragweite und empirischen Verifikation der [SR]Theorie
> geschaffen.[68]

Dieser hier von Edgar Zilsel als Konterpart zu Carathéodorys Axiomatik
angeführten Axiomatik Reichenbachs werde ich mich nun zuwenden.

4.6.5   Reichenbachs 'konstruktive Axiomatik' der Raum Zeit-Lehre 1921-25

Hans Reichenbach verstand seine 1921-1924 veröffentlichten Arbeiten auf
diesem Gebiet nie als Versuch einer Überbietung, sondern als eine nützliche
Ergänzung zu der Tätigkeit des Physikers oder Mathematikers.[69] Schon die

---

[66]ibid., S. 24 Formel (24); Diese Transformation wurde erstmals von Cunningham und
Bateman [1910] untersucht; Weyl nannte die zugehörige Gruppe Möbius-Gruppe.
[67]ibid., S. 25.
[68]Zilsel [1925] S. 409; vgl. analog Grelling [1928] S. 114.
[69]zu Reichenbach vgl. die Abschnitte 3.4.3., 4.1.4. (R-2), 4.8., 5.1. sowie Zittlau [1981].

Originalarbeiten Einsteins waren für ihn von axiomatischem Charakter, da Einstein selbst ja die beiden Postulate des Relativitätsprinzips und der Lichtgeschwindigkeitskonstanz an den Anfang seiner Überlegung gestellt hatte. Für ihn als Philosophen aber gab es eine andere Zielsetzung:

> Allerdings ist der Gesichtspunkt, unter dem der Physiker seine Prinzipien aufstellt, noch verschieden von dem Gesichtspunkt des Philosophen. Der Physiker will möglichst einfache und umfassende Annahmen an die Spitze stellen, der Philosoph aber will diese Annahmen ordnen und gliedern in spezielle und allgemeine, in Verknüpfungs- und Zuordnungsprinzipien.[70]

Nur durch diese analytische Zergliederung der allgemeinen Axiome des Physikers Einstein (bzw. seiner physikalischen und mathematischen Kollegen) in viele selbstständige Einzelbehauptungen mit direkterer Verbindung zur Empirie könne deren Arbeit nachträglich präzisiert und verfeinert werden, nur so "gelangt man über unscharfe Allgemeinbehauptungen hinaus zu einem Minimum von Voraussetzungen, und erst so wird die Grundlage einer exakten Kritik geschaffen."[71] In seinem ersten Buch zur Relativitätstheorie hatte sich Reichenbach noch mit einer nicht formalisierten Untersuchung begnügt, in der herausgestellt worden war, welche Prinzipien durch die SRT bzw. ART als "gemeinsam unvereinbar mit der Erfahrung nachgewiesen worden waren".[72] Schon diese Darlegungen waren von Schlick als ein "ganz hervorragender Beitrag zur Axiomatik der Theorie und der physikalischen Erkenntnis überhaupt" begrüßt worden.[73] Ab 1921 ging Reichenbach dann dazu über, die Zergliederung der RT in streng axiomatischer Form vorzunehmen, mit **vielen logisch unabhängig nebeneinanderstehenden Axiomen als Erfahrungstatsachen** an der Spitze. 1924 fand Reichenbach für diesen, von der herkömmlichen *deduktiven* Axiomatik grundverschiedenen Typus von Axiomatik die Bezeichnung **konstruktive Axiomatik** und behauptete, daß gerade die konstruktive Form den Zwecken der Physik als Erfahrungswissenschaft angemessener sei als ein abstrakter Aufbau, dessen empirischen Gehalt man nicht überblicken könne:

> Ein gewisser Verlust an formaler Eleganz wird dann durch die logische Übersichtlichkeit ausgeglichen; man erkennt den prinzipiell empirischen Charakter der Axiome sogleich, und man übersieht, welche

---

[70] Reichenbach [1920]a S. 72.

[71] Reichenbach [1921]c S. 687.

[72] Reichenbach [1920]a, Abschnitt II bzw. III.

[73] M.Schlick an AE, 9. Okt. 1920, VCF u. CPAE, Sign. 21 580; zu den Differenzen zwischen Schlick und Reichenbach siehe Abschn. 4.5. u. 5.1.

> Folgerungen man aus der Bestätigung oder dem Versagen einzelner von ihnen zu ziehen hat.[74]

Während die Darstellung der SRT im Sinne der deduktiven Axiomatik bereits durch Einstein selbst unternommen worden war, sah Reichenbach bei ihrer konstruktiven Erfassung aus vielen speziellen Axiomen als "prinzipiell empirischen Behauptungen"[75] seit 1920 Handlungsbedarf.[76] Dabei war sich Reichenbach durchaus im Klaren darüber, daß diese Tatsachenbehauptungen, sofern sie geeignet waren, zu einem Axiom seiner konstruktiven Axiomatik erhoben zu werden, selbst schon theoretisch interpretierte Wahrnehmungsinhalte waren, hingegen meinte er unterscheiden zu können zwischen stark theoriebeladenen Tatsachen und elementareren Tatsachen, für deren Feststellung die theoretischen Hintergrundvorstellungen weitgehend irrelevant seien. Letztere seien für eine Axiomatisierung geeignet, weil ihre Feststellung die jeweils zu axiomatisierende Theorie noch nicht voraussetzen würde, womit ein logischer Zirkel vermieden wäre.

> In diesem Sinne sind in der vorliegenden Untersuchung elementare Tatsachen als Axiome an die Spitze gestellt; es sind alles Tatsachen, deren Interpretation aus einem vorliegenden Experiment mit einfachen theoretischen Hilfsmitteln erfolgen kann.[77]

Dadurch, daß es ihm gelungen sei, die SRT (1924 auch die ART) so zu axiomatisieren, daß sie nur mehr auf solchen "Erfahrungssätzen" basiere, sei auch erwiesen, daß die RT eben nicht 'unvorstellbare Tatsachen' behaupte wie viele ihrer Kritiker meinten, sondern nur prärelativistisch zulässige Tatsachenbehauptungen in neuer Weise kombiniere.[78]

Bei der SRT teilte Reichenbach die ihr zugrundeliegenden 'Erfahrungssätze' in zwei Gruppen ein. Die reine Raum-Zeit Lehre Einsteins ließ sich nach Reichenbach schon aus Aussagen über die physikalischen Eigenschaften des Lichtes allein rekonstruieren, die in den **Lichtaxiome** zusammengestellt waren. Für die Anwendung der SRT auf reale mechanische Systeme mußten zusätzlich die **Materialaxiome** der zweiten Gruppe gefordert werden. Beide Gruppen von Axiomen waren voneinander aber logisch völlig

---

[74]Reichenbach [1924]c S. 2; vgl. [1925]c S. 32.

[75]Reichenbach [1921]c S. 683.

[76]vgl. z.B. Reichenbach [1920] S.105, wo er die Schrift Freundlichs [1916] als einzigen ihm bekannten Versuch erwähnt, prinzipielle Forderungen und spezielle Erfahrungen zu unterscheiden; vgl. auch Reichenbach [1921]b S. 384.

[77]Reichenbach [1924]c S. 4.

[78]ibid.; zur Rolle Reichenbachs als Kritiker solcher populären Einwände gegen die RT siehe Abschn. 3.4.2.

unabhängig. Als wichtigstes Ergebnis seiner Untersuchung bezeichnete Reichenbach in seinem Bericht von 1921 die Erkenntnis, daß "diese Trennung möglich ist, daß also auch ohne die Geltung der Materalaxiome, deren empirische Bestätigung noch nicht restlos durchgeführt werden konnte, die Relativitätstheorie eine gültige und vollständige physikalische Theorie ist."[79]

Offenbar waren auch Reichenbach Robbs Arbeiten von 1914 und 1921 unbekannt geblieben - sonst hätte er sicherlich auf die Ähnlichkeit dieser seiner "Lichtgeometrie" mit der konischen Ordnung bei Robb hingewiesen. Beide Denker erkannten in der Zeitfolgestruktur der Minkowskischen Raumzeit den Ansatzpunkt einer Axiomatik der SRT. Deshalb standen an der Spitze der "Lichtaxiome" Reichenbachs Aussagen über Signalzugverbindbarkeit zwischen zwei (und mehr) Ereignissen: Axiome der Zeitfolge (1.). Ebenso wie bei Robb waren diese Axiome rein topologischer Natur. Anders als Robb war unter seinen *undefinierten Grundbegriffen* jedoch nicht die früher-später Relation, sondern nur die Begriffe 'Realpunkt', 'Signal' und 'Gleichzeitigkeit in einem Realpunkt'. Das 'Früher und später in einem Realpunkt' wurde dann über den Abgang und die Rückkehr eines geschlossenen Signalzuges erklärt. Und im Unterschied zu Robb verzichtete Reichenbach auch nicht auf den Begriff der 'Uhr', den er in den Axiomen des Zeitvergleichs als Hilfsbegriff einbrachte (2.) und dann auf den Begriff 'Normaluhr' einschränkte, mit denen er dann die Gleichzeitigkeit für räumlich entfernte Ereignisse nach Einsteinscher Manier einführen konnte (5. Def.). Nach dieser Festlegung der zeitlichen Metrik konnte er in seinen metrischen Axiomen (3.) gerade Linien durch Lichtstrahlen und Streckengleichheit durch zeitliche Gleichheit der Signalzeiten entlang dieser Strecken definieren (6.Def.). Wegen der Sonderstellung der Lichtsignale, über deren Austausch die zeitlichen Ordnungsrelationen, räumliche Geraden, zeitliche und schließlich auch räumliche Abstände definiert worden waren, nannte Reichenbach die so formulierte Theorie 'Lichtgeometrie'. Im Unterschied zur Einsteinschen Darstellung war das Prinzip der Konstanz der Lichtgeschwindigkeit bei Reichenbach nicht eines der vorausgesetzten Axiome, sondern wurde umgekehrt aus den Lichtaxiomen ableitbar. Ähnlich wie schon Carmichael hatte also auch Reichenbach damit gezeigt, daß dieses Postulat "auf gewissen Erfahrungstatsachen" beruht.[80] Auch das andere SRT-Postulat, das spezielle RP, war nicht unter den Axiomen Reichenbachs, wie Philipp Frank schon in der Diskussion des *Berichtes* von Reichenbach 1921 feststellte.[81] Die Lorentztransformationen, die Einstein in seiner Arbeit

---

[79]Reichenbach [1921]c S. 684.
[80]Reichenbach [1921]c S. 685f.
[81]siehe den Abdruck der Diskussion im Anschluß an Reichenbach [1921]c S. 687.

von 1905 aus Homogenitätsannahmen und seinen beiden Postulaten abgeleitet hatte, führte Reichenbach auf insg. drei definitorische Aussagen über
Längen- und Zeitvergleiche in zueinander bewegten Systemen zurück, ein
Manöver, das verständlich wird, wenn man sich vergegenwärtigt, daß der
transversale Dopplereffekt als eine der Konsequenzen dieser Transformationen damals experimentell nicht direkt getestet werden konnte.[82] Durch
die zweite Axiomengruppe, die "Materialaxiome", ermöglichte Reichenbach
die Anwendung der Lichtgeometrie auf materielle Gegenstände, die durch
starre Körper und physikalische Uhren als Meßinstrumente metrisch erfaßt
wurden. Von diesen "natürlichen Uhren" hatte er z.B. zu fordern, daß sie
"gleichmäßig" laufen (Axiom IX), um die Identität der"natürliche Metrik"
mit der "Lichtmetrik" gewährleisten zu können.[83]

Auf Reichenbachs Axiomatik der ART will ich hier nicht so ausführlich
eingehen, da dies zu weit führen würde. Im wesentlichen untersuchte er
das Verhalten der Metrik bei infinitesimalen Raum-Zeit-Transformationen,
da er wie schon Carathéodory von dem Gedanken ausging, daß sich seine
Resultate zur Axiomatik der SRT als Aussagen die über die Raum-Zeit
Struktur der ART im Lokalen eignen müßten. Die Einsteinsche Forderung
allgemeiner Kovarianz der Naturgesetze und seine Aussagen über Gravitation, Trägheit, Machsches Prinzip etc. wurden nicht behandelt. Nachdem
sich die Interessen Reichenbachs nach 1924 allmählich auf das Kausalitäts-
problem zu verlagern begannen, umschrieb er selbst die Bedeutung der
Untersuchungen von Robb, Carathéodory und ihm selbst wie folgt:

> Dabei hat sich ergeben, daß die Weiterführung der Einsteinschen Zeit-
> lehre zu einer Verschmelzung der Begriffe Raum und Zeit mit dem
> Begriff der Kausalität führt; die Raum-Zeit-Ordnung enthüllt sich
> als die Form der Kausalstruktur der Welt. Mit diesem Resultat [...]
> hat die Relativitätstheorie ihre letzte philosophische Rechtfertigung
> erfahren.[84]

4.6.6   Bedeutung der Reichenbachschen Axiomatik für die Entwicklung des Empirismus

Aus meinem ausführlicheren Referat seiner Axiomatik der SRT sollte jedoch schon klar geworden sein, daß sich Reichenbach von der Reformulie-

---

[82]ibid., S. 686; vgl. § 24 in Reichenbach [1924]c; die erste direkte Bestätigung dieser
relativistischen Voraussage gelang erst 1941 Rossi u. Hall durch Messung der Lebenszeit-
verlängerung an schnell bewegten π−Mesonen bekannter Zerfallszeit.

[83]ibid., S. 686.

[84]Reichenbach [1926]d S. 419; vgl. [1925]a, [1928]a.

rung wissenschaftlicher Theorien im Stil seiner 'konstruktiver Axiomatik'
zweierlei versprach:

- eine "Klärung der Grundbegriffe",[85] so z.B. des Begriffs der Zeit durch
  seine Axiome der Zeitfolge und des Zeitvergleichs[86] im Sinne einer
  anzustrebenden "Reinlichkeit des Denkens".[87]

- die Erleichterung der Untersuchung, welche Behauptungen der Theorie experimentell bestätigt sind bzw. einer experimentellen Bestätigung noch bedürfen.[88]

Auch die Rezensionen der Axiomatik Reichenbachs nach 1924 zeigen, daß
es diese beiden Punkte waren, in denen man sich gerade von der Reichenbachschen Variante der Axiomatik mehr versprach als von den deduktiven Axiomatiken Carmichaels oder Carathéodorys. Dies zeigten ja schon
die Wertungen Zilsels am Ende des vorletzten Abschnittes über Reichenbachs "ausgezeichnete Diskussion der Tragweite und empirischen Verifikation der Theorie".[89] Aus Zilsels Vergleich der *mathematisch* motivierten
Axiomatik Carathéodorys mit der *physikalisch* motivierten Axiomatik Reichenbachs wird ersichtlich, daß letztere der Diskussion um den Empirismus
neuen Schwung gab, da mit ihr plötzlich klar geworden war, daß empirisch
nachprüfbare Anteile von willkürlichen ("konventionellen") Bestandteilen
wissenschaftlicher Theorien wenigstens prinzipiell sehr wohl trennbar schienen, daß also das Poincarésche Diktum von der Auffangbarkeit empirischer
Befunde durch Änderungen der Konventionen keineswegs unbegrenzt richtig sei. Darum waren gerade die "kritischen Betrachtungen" Reichenbachs,
in denen er die theoretischen und experimentellen Konsequenzen der denkbaren Änderungen solcher Konventionen untersuchte, ein tragender Teil der
Reichenbachschen Axiomatik.[90]

Die Anwendung des Axiomensystems auf die Empirie, d.h. jene Stellen, an denen sich das rein logische Begriffsnetz mit anschaulichen
Erlebnissen zur Deckung bringen läßt, behandelt Caratheodory nicht

---

[85]z.B. Reichenbach [1921]c S. 683.

[86]z.B. Reichenbach [1924]c S. 11f.

[87]das in Reichenbach [1924]c erreichte Ausmaß ließ dem späteren Wiener-Kreis Mitglied
Edgar Zilsel [1925] S. 408 "das Herz im Leibe lachen".

[88]z.B. Reichenbach [1924]c S. 71f.; Zilsel [1925] S. 408.

[89]Zilsel [1925] S. 409; vgl. 408, 1. Spalte.

[90]in § 22ff. untersuchte er z.B. Möglichkeiten, zu mit der SRT verträglichen Definitionen
einer absoluten Zeit zu kommen, und zwar im Hinblick auf Adlers Versuch [1920], solch
eine "absolute Transportzeit zu definieren; den besonderen Wert gerade dieses Abschnittes
erkennt selbst Reichenbachs kompetentester Kritiker Hermann Weyl [1924, Sp.2127] an.

näher. Gerade diese Stellen will dagegen Reichenbach untersuchen, gerade sie beansprucht er in seinen Axiomen formuliert zu haben.[...Er reißt] bewußt seine Axiomatik von den mathematischen Axiomensystemen los, denn bei Hilbert z.B. sind ja Axiome und Definitionen gleich willkürlich.[91]

Mit Reichenbachs Axiomatik beginnt also eine **Läuterung der Einsichten des Konventionalismus durch den Empirismus** in dem Sinn, das zwar das Vorhandensein konventioneller Anteile in wissenschaftlichen Theorien anerkannt wird, aber deren Rolle im Wechselspiel zwischen 'logischem Begriffsnetz' und 'Anschauung' sehr viel genauer ins Auge gefaßt wurde, und sich schließlich als sehr viel bescheidener als von Poincaré behauptet herausstellte.[92] Daß der 'Empirismus' durch Reichenbachs Befunde herausgefordert worden war, seinen Standpunkt angesichts dieses komplizierten Verhältnisses zwischen Erfahrung und begrifflicher Konstruktion neu zu präzisieren, sieht man auch aus den Rezensionen derer, die dem Empirismus nicht freundlich gesonnen waren wie z.B. Alois Müller [1924] oder Ewald Sellien [1925]. Letzterer wies besonders auf die von Reichenbach hypostasierten "elementaren Tatsachen" als einen Schwachpunkt hin, der symptomatisch sei für die Mängel, "die notwendig mit jedem Empirismus in der theoretischen Physik und in der Erkenntnistheorie verbunden sind".[93] Aber auch viele dem Empirismus zuneigende Denker waren sich in der Beurteilung der Bedeutung der Reichenbachschen Axiomatik unschlüssig. So z.B. Moritz Schlick, der am 29. Jan. 1922 nach Erhalt des *Berichtes* über seine Axiomatik an Reichenbach sichtlich verblüfft schrieb:

> Sie wissen, wie lebhaft der Gegenstand mich interessiert. Die Möglichkeit einer reinen Lichtmetrik ist in der Tat höchst überraschend. Dass man ohne Maßstäbe auskommt, hat mich zwar nicht so erstaunt, dass aber <u>ausserdem</u> noch auch die Uhren entbehrt werden können, ist überaus bemerkenswert. Allerdings habe ich noch nicht die Muße gehabt, Ihre Axiome so durchzudenken, dass ich ihre Eindeutigkeit und

---

[91]Zilsel [1925] S. 408, 2. Spalte; vgl. Reichenbach [1925]c S. 37; übrigens stimmte Reichenbach dieser Kontrastierung beider Axiomatiken durch Zilsel in einem Brief an diesen vom 7. Mai 1925 nachdrücklich zu, vermerkte aber, daß trotz unterschiedlichster Motivation einzelne Axiome "fast wörtlich identisch" seien. (ASP, Sign. HR-016-24-07).

[92]vgl. dazu Abschnitt 4.5. und Diederich [1974].

[93]Sellien [1925]a S.24; "Auch der Koinzidenz kann er nicht mehr unbedingt grundlegenden Charakter zumessen, da 'objektive' Koinzidenzen stets erschlossen, nicht direkt wahrgenommen werden. In ihnen steckt wie in jeder 'Tatsache' bereits eine Interpretation. Damit werden wichtige Einwände der Gegner des Empirismus als richtig zugegeben, und R. kann diesen nur dadurch wenigstens praktisch aufrechterhalten, daß er die Existenz 'elementarer Tatsachen' und 'relativer Invarianten' behauptet" (ibid.).

> Vollständigkeit restlos eingesehen hätte. [...] -, aber ich will einstweilen gern glauben, dass alles seine Richtigkeit hat.[94]

Und auch am 29. April 1922 äußerte Schlick gegenüber Reichenbach über dessen neue Studie zur 'absoluten Transportzeit' in der SRT wieder nur ein vorsichtiges Urteil, in dessen wohlwollendem Tenor durchaus auch der Eindruck mitschwingt, daß die ableitbaren Aussagen der Axiomatik so aufregend nicht sind:

> Der neue Beitrag zur Axiomatik ist wieder gut gelungen und hat mich sehr interessiert. Es ist überaus beruhigend und befriedigend, die Zusammenhänge in strenge logische Form gebracht zu sehen, selbst bei solchen, an denen man von vornherein nicht zweifelte.[95]

Auch später, nach Schlicks Umzug von Rostock nach Wien und der Konsolidierung des Wiener Kreises, behielt Schlick diese Reserviertheit bei. Symptomatisch dafür ist ein Brief Schlicks an Einstein vom 27. Dez. 1925, in dem er anläßlich einer weiteren Untersuchung Reichenbachs *über die physikalischen Konsequenzen der relativistischen Axiomatik* einige Bemerkungen über "die Grenzen der axiomatischen Methode" machte, die sich wohl auch mit Einsteins eigenem Eindruck zur Reichenbachschen Axiomatik deckten. Reichenbach hatte mit scharfen Worten der gängigen Behauptung widersprochen, daß die Lorentzsche Erklärung des Michelson-Versuchs durch die Lorentzkontraktion eine "ad hoc ersonnene Hypothese" sei, wohingegen sie bei Einstein durch die Relativierung des Gleichzeitigkeitsbegriffs "auf die natürlichste Weise erklärt sei".[96] Reichenbachs Gegenthese dazu war, daß "in der Einsteinschen Theorie, genau so wie in der Lorentzschen, ein meßbar anderes Verhalten der starren Stäbe als in der klassischen Theorie behauptet [wird], das mit der Gleichzeitigkeitsdefinition gar nichts zu tun hat."[97] Die Lorentzsche Theorie fordere eine Kontraktion des bewegten Stabes, gemessen im Ruhesystem dieses Stabes, im Vergleich zum ruhenden Stab ('Lorentzverkürzung'); Die SRT hingegen beinhaltet die Verkürzung eines Stabes, wenn dessen Länge in einem dazu bewegten Bezugssystem gemessen wird ('Einsteinverkürzung'). Trotz der zufällig übereinstimmenden Faktoren für das Maß dieser Verkürzung seien sie streng voneinander zu trennen. Seiner Axiomatik zufolge gelte für die SRT aber, daß in ihr, außer

---

[94]ASP, Sign. HR-015-63-17, S.1-2; Hervorhebung Orig.

[95]ASP, Sign. HR–015-63-15; die Gründe für Schlicks moderate Tonlage, in der seine (vorhandenen) Bedenken kaum anklangen, werden klar im Abschnitt 5.1.

[96]Reichenbach [1925]c S. 43; diese Passage des Aufsatzes von Reichenbach wurde in Bd. 3 der *Gesammelten Werke* weggelassen - vgl. jedoch § 31 in Bd. 2: [1928]a S. 225ff.

[97]Reichenbach [1925]c S. 44.

der Einsteinschen Verkürzung auf die Lorentzverkürzung vorkomme, und letztere "wird dort ebensowenig 'erklärt' wie in der Lorentzschen Theorie, sondern einfach axiomatisch angenommen."[98] Man sieht in dieser Passage, wie zwei physikalisch durchaus verschieden motivierte Aussagen wie die von Lorentz bzw. Einstein zur Längenverkürzung vom Axiomatiker Reichenbach unterschiedslos als axiomatische Prämissen interpretiert werden. Damit setzte sich Reichenbach in ausdrücklichen Gegensatz zur Auffassung Schlicks, aber auch Einsteins, die beide von dem 'ad-hoc-Charakter' der Lorentzschen Kontraktionshypothese überzeugt waren, und im Einsteinschen Hinweis auf den Einfluß der Zeitpunkte, zu denen Anfangs- und Endpunkt festgelegt würden sehr wohl eine 'Erklärung' für das Zustandekommen der Längenverkürzung bei Messung mit Relativgeschwindigkeit zwischen Objekt und Beobachter sahen. In diesem Sinne schrieb Schlick:

> Die Ausführungen S. 43 ff. sind zwar logisch in Ordnung, zeigen aber m.E. nur, dass die reine Axiomatik zwischen der spez. Rel.theorie und der Lorentzschen Theorie (mit der Kontraktionshypothese) überhaupt keinen Unterschied finden kann, was mir selbstverständlich erscheint, da die Gleichungen in beiden ja dieselben sind. Der wirkliche Unterschied zwischen beiden Theorien, der eben ein philosophischer und auf dem rein logischen Wege der Axiomatik nicht fassbar ist, wird wohl gerade durch die von Reichenbach verworfene Sprechweise, es handle sich bei Lorentz um eine ad hoc ersonnene Hypothese, recht treffend angedeutet. Denn wenn auch, logisch gesprochen, die spez. Rel.theorie ebenso viele Grundannahmen machen muss wie die Lorentzsche, so fügen sie sich doch bei der ersteren ganz von selbst in den Rahmen des Relativitätsgedankens ein und die Kontraktionshypothese ist psychologisch tatsächlich nicht <u>ad hoc</u> ersonnen, während sie bei Lorentz-Fitzgerald als ein ad hoc eingefügtes Stück auftritt.[99]

Auch in einem zweiten Punkt konnte Schlick Reichenbachs Aussagen über physikalische Konsequenzen der Axiomatik nicht zustimmen. Dieser hatte im Hinblick auf die spektakuläre Wiederholung des Michelson-Morleyschen Experimentes durch D.C. Miller mit vermeintlich positivem Befund,[100] untersucht, welche Teile der SRT revidiert werden müßten, wenn sich dieses Experiment bestätigen sollte. Reichenbach war zu dem Ergebnis gekommen, daß die Einsteinsche Zeitlehre (1. und 2. Axiomengruppe) und die

---

[98]ibid., S. 45.

[99]M.Schlick an AE, 27. XII. 1925; VCC u. CPAE; vollständig wiedergegeben in Hentschel [1984] S.142f.; Hervorhebung Orig. Zu ad-hoc-Hypothesen vgl. 4.12.5.

[100]also geglücktem Nachweis der Existenz eines Ätherwindes; siehe etwa D.C. Miller [1925], [1933] sowie Swenson [1972].

daraus konstruierte "Lichtgeometrie" von Experimenten dieses Typs gar nicht betroffen sei. Nur die 'Körperaxiome', also die Annahmen über "die Einstellung der materiellen Gebilde auf die Lichtgeometrie" müßten revidiert werden. "Das würde aber die relativistische Physik nicht so sehr erschüttern", denn es sei ohnehin nicht zu erwarten gewesen, daß so unterschiedliche physikalische Systeme wie Lichtstrahlen und materielle Körper den gleichen Axiomen genügen.[101] Schlick schrieb über diesen Teil des Aufsatzes von Reichenbach, der bedenklich in die Nähe einer Immunisierung der SRT rückte, an Einstein:

> Auch die letzten Ausführungen des Aufsatzes - über die mögliche Interpretation der Millerschen Versuche - scheinen mir den philosophischen Kern der Sache nicht zu treffen. Wenn durch jene Versuche wirklich bewiesen wäre (was ja gewiss nicht der Fall ist), dass eine bestimmte Richtung (die des 'Ätherwindes') ausgezeichnet wäre, so würde man gewiss die relativistische Physik aufgeben, und wenn es auch möglich sein sollte, die Relativität durch Annahme bestimmter 'Körperaxiome' aufrecht zu erhalten, so würde man doch diesen Weg nicht einschlagen. Aber hiergegen verhält sich eben die axiomatische Betrachtung indifferent. Es scheint mir daher, dass man in ganz strengem Sinne von physikalischen Konsequenzen der Axiomatik doch nicht sprechen kann.[102]

Auch hierin war sich Schlick mit Einstein selbst einig, der unumwunden feststellte, daß die SRT bei Bestätigung der Millerschen Resultate zu verwerfen sei, aber wie Schlick erwartete, daß zukünftige Untersuchungen die Richtigkeit der negativen Befundes durch Michelson und Morley belegen würden.[103] Auch wenn Reichenbach von dieser sehr weitgehenden Kritik Schlicks nichts erfahren haben dürfte, so werden ihm die Schwächen seines axiomatischen Zugangs in persönlichen Diskussionen mit Einstein und Schlick schon klar geworden sein. Seine Korrespondenz mit Einstein aus den Jahren 1921-24 beinhaltet leider keinerlei inhaltliche Auseinandersetzung hierzu, sondern zeigt nur, daß Einstein von Reichenbach über seine jeweiligen Fortschritte in der Axiomatik unterrichtet wurde und später als Ver-

---

[101]Reichenbach [1925]c S. 47; die Unterschlagung dieser sehr aufschlußreichen Passage über die Konsequenzen eines einzelnen Experimentes im Wiederabdruck der *Gesammelten Werke* Reichenbachs kommt einer Verzerrung seines Profils gleich, zu dem es eben gerade auch gehörte, in die Tagesdebatten um Details der Theorie einzugreifen - vgl. Abschn. 3.4.2.

[102]Schlick an AE, 27. XII. 1925, VCC u. CPAE, vollständig wiedergegeben in Hentschel [1984] S. 142ff.

[103]vgl. dazu Hentschel [1984] S. 149ff.

mittler bei der Publikation der ausgeführten Axiomatik [1924] auftrat.[104] Nach 1925 verzichtete Reichenbach auf die rigorose Axiomatik, mit der er nur einen sehr kleinen, "unter Mathematikern, Physikern und Philosophen verstreuten" Leserkreis erreichen konnte,[105] und glich die Form seiner Abhandlungen dem informelleren Stil Schlicks an.

Die beiden zu Anfang dieses Unterabschnittes herausgestellten zentralen Reichenbachschen Anliegen aber mündeten direkt in die Kernprämissen des 'logischen Empirismus',[106] an dessen Konsolidierung Reichenbach im Laufe der 20er Jahre in Berlin lebhaft beteiligt war. Und auch die anderen Themen seiner Aufsätze (wie z.B. das Verhältnis der Lorentzschen zur Einsteinschen Theorie, der Sinn von ad-hoc-Annahmen oder die Bedeutung von Zuordnungsdefinitionen für empirische Theorien), wurden nach ihrer Aufnahme durch Schlick, Zilsel u.a. zu Standardthemen der Diskussionen im Berliner und Wiener Kreis. In Reichenbachs *Philosophie der Raum-Zeit-Lehre* von 1928 fanden sie die wohl umfassendste und gelungenste Erörterung, bei der er von seinen Erfahrungen aus den axiomatischen Studien sehr profitierte und die Kritik seiner Kollegen einarbeitete (siehe Abschn.4.7. und 6.5.).

4.6.7   Ausblick auf andere axiomatische Studien zur RT

In den zwanziger Jahren entstanden im Anschluß an Robbs bzw. Reichenbachs teils axiomatische Studien zur Raum-Zeit-Topologie noch einige weiterführende Arbeiten. Reichenbach selbst untersuchte 1925 den Zusammenhang zwischen der Kausalstruktur der Welt und dem für menschliche Beobachter vorhandenen Unterschied zwischen Vergangenheit und Zukunft in einem Aufsatz, den übrigens Carathéodory der Bayerischen Akademie der Wissenschaften vorlegte, was nahelegt, daß beide nach der Publikation ihrer voneinander unabhängigen Forschungen 1924 in Kontakt getreten waren. Auch Rudolf Carnap trat mit Aufsätzen zu verwandten Themen in Erscheinung - allerdings erschienen seine Überlegungen zu einer, mit rein topologischen Mitteln operierenden Axiomatik der Raum-Zeit erst 1954 als Anwendungsbeispiel seiner *Einführung in die symbolische Logik*.[107] Eine

---

[104]siehe CPAE, Sign. 20 077 bis 20 082.

[105]zit. aus dem Brief Reichenbachs an AE, 14.4.1923, S. 1 (CPAE, Sign. 20-079-1), in dem er über die Schwierigkeiten berichtete, einen Verleger für die Axiomatik zu finden.

[106]nämlich Logizismus und Empirismus - siehe Abschnitt 4.7.

[107]Carnap demonstrierte die Möglichkeit dreier verschiedener axiomatischer Fundierungen: (1.) basierend auf Koinzidenz und Zeitfolge, bzw. unter alleiniger Zugrundelegung von (2.) Eigenzeitrelationen auf Weltlinien oder (3.) von Wirkungsrelationen.

andere Gruppe von Studien zu topologischen Eigenschaften der Raum-Zeit wurde angeregt durch den Logiker Heinrich Scholz (1884-1956) in Münster, der u.a. die Dissertation von Schnell [1937] und die *Axiomatik der allgemeinen* [=relativistischen] *Mechanik* von Hermes [1938, vgl. 1959] betreute und auch selbst darüber publizierte [1924, 1955]. A.A. Robbs Untersuchungen fanden in den zwanziger und dreißiger Jahren im angelsächsischen Sprachraum eine Fortsetzung in Arbeiten von Whittaker, Milne, McVittie, Whitrow und Walker. Z.B. schlug Whittaker 1927 eine **axiomatische Grundlegung der ART** vor, bei der weder auf Maßstäbe noch auf Uhren Bezug genommen würde, da beide im Grunde schon hochkomplexe, auf fragwürdigen Idealisierungen wie Starrheit beruhende Konzepte seien. Demgegenüber schlug er, dabei stark von Robb inspiriert, vor, mit Ereignissen und ihnen zugeordneten räumlichen und zeitlichen Koordinaten als undefinierten Grundgrößen zu beginnen, mit ihrer Hilfe die Weltlinien beliebig kleiner Körper festzulegen, und dann über diese Weltlinien folgende drei Axiome zu fordern:

(i) Die Weltlinien von Körpern im Gravitationsfeld sind Geodäten, deren zugeordnete quadratische Differentialform minimal ist ($\delta \int ds = min.$),

(ii) Lichtstrahlen beschreiben Null-Geodäten (ds=0),

(iii) Einsteins Kovarianzforderung an alle Naturgesetze ergänzt noch durch die Konstruktion eben dieser Naturgesetze (insonderheit der Feldgleichungen der ART) durch ein geeignetes Minimumprinzip wie erstmals durch Hilbert im Hamilton-Formalismus gezeigt.[108]

Bis weit in die dreißiger Jahre hinein gab es immer wieder vereinzelte Vorstöße zu einer anderen Wahl der Grundaxiome der Elektrodynamik, oft von Außenseitern oder gar von Verfechtern der "tenets of classical physics" vorgebracht,[109] und gelegentlich auch kritisch kommentiert durch Anhänger der 'orthodoxen' Axiome Einsteins.[110] Die fünfziger Jahre brachten einen starken Aufschwung der axiomatischen Methode, der in dem Sammelband von Henkin, Suppes und Tarski dokumentiert ist. Die Axiomatik der relativistischen Mechanik, für Reichenbach noch ein technisches Mittel zur Präzisierung des Verständnisses der RT, war nun zu einem selbständigen Studienfeld geworden, das in seiner spezialisierten Behandlung technischer Details nichts mehr mit meinem Rahmenthema zu tun hat.

---

[108]vgl. zur Interpretation dieser Minimaleigenschaft: Abschn. 1.5.

[109]z.B. Papperitz [1916], Painlevé [1922]b, Zaremba [1922], Ives [1945], insb. S. 401.

[110]vgl. z.B. die Arbeiten von Broszko u. Hueber [1929], Meurers [1936], Barbulescu u. v.Weizsäcker [1939].

	Tolman & Lewis, Comstock u.a.	Carmichael	Robb	Reichenbach	Carathéodory
Jahr	1910	1912f.	1914ff.	1921-1925	1924
Elementarbegriffe	Meßkörper und Uhr, Inertialsystem, u.v.a.	nicht spezifiziert.	Ereignisse ('events'), order relation 'before-after' ('Conical order').	Realpunkt, Signal, Gleichzeitigkeit in einem Realpunkt, Kausalkette.	materielle Punkte, Ereignisse, Lichtsignale, 'früher-später', Gleichzeitigkeit im selben Punkt.
Axiome	1. RP (es gibt keine abs. Bewegung), 2. c=const. (Konstanz der Vakuumlichtgeschwindigkeit in Inertialsystemen).	H: Homogenitätseigenschaften von Raum und Zeit, M: RP, R: c=const., V,L,...: zusätzl. Postulate (siehe dazu Text).	i) Def. v. Ebene, Linie, Hyperebene; ii) Konstruktion des Lichtkegels ('nullcone'); iii)Klassifikation von (i) in - 'optical, - 'inertial' u. - 'separation'; iv) separate Metrisierung der drei Klassen.	a)Zeitordnung (topolog.); b)Zeitvergleich; c)Metrik (Längenmaß und Geradheit über Signalzüge u. Zeitvergleiche); d)Lorentztransformationen.	α) Lichtausbreitung (I) und Zeitfolge (II), umgebender Raum (III); β) äquivalente Räume mit normaler Lichtausbreitung ('Möbius-Gruppe'); γ) spez. RP: Lichtausbreitung bleibt bei Transf. normal, Naturgesetze sind kovariant.
Bemerkungen	enge Angliederung an AEs eigene Arbeit von 1905	logische Zergliederung des Postulats R in zwei Teilaxiome: R': c unabhängig von Geschw. der Lichtquelle; R'': c unabhängig von der Geschwindigkeit des Inertialsystems, in dem c gemessen wird.	Interpretation der Modelle der 'non-metric' euclidean geometry'. Bei Wahl von $ds^2 = dr^2 - dt^2$ führt Robbs Zugang auf die Standard-SRT zurück.	Erst in einem zusätzlichen Schritt wird die Raum-Zeit-Geometrie (a-d) um e)Materialaxiome (über natürliche Uhren und starre Körper) ergänzt, die die 'Lichtgeometrie' auch auf materielle Körper anwendbar machen.	Erst im letzten Schritt werden die Transf. der reziproken Radien ausgeschlossen und die Lorentzgruppe erhalten.
Ziel der Axiome	Mögliche Ersetzung von (2.) durch empirisch gesicherte Aussagen über Limesgeschw. aus e/m-Experimenten an schnellen Elektronen.	Demonstration, daß die wichtigsten Anwendungen der SRT nur von M,V,L,R' abhängen, nicht von R; Suche nach log. Äquivalenten von (M,V,L,R).	Vollständiger Aufbau der Raum-Zeit-Geometrie ohne den Gleichzeitigkeitsbegriff und ohne die Idealisierungen 'starrer Körper, ideale Uhr' allein auf der absoluten 'konischen Ordnung' der Ereignisse zueinander	Strenge Abgrenzung der Licht- von der Körpergeometrie; sog. 'konstruktive' Axiomatik mit 'Erfahrungssätzen' an der Spitze.	Sukzessive gruppentheor. Einschränkung der Raum-Zeit-Struktur bis zur SRT als Endstufe dieses Spezialisierungsprozesses.

Tabelle 4.2: Vergleich der Axiomatiken der SRT bis 1925

4.7 Logischer Empirismus

4.7.1 Einführung

An der Vielfältigkeit der Bezeichnungen, die die hier im folgenden zumeist als 'logische Empiristen' benannten Philosophen selbst vorschlugen,
läßt sich bereits ersehen, daß es auch in dieser Gruppe Meinungs- und
Standpunktsverschiedenheiten gegeben hat. Neben dieser wohl häufigsten
Bezeichnung liest man auch Benennungen wie 'konsequenter Empirismus'
bzw. 'consistent empirism',[1] 'kritischer Empirismus'[2], 'Neopositivismus'
bzw. 'logischer Positivismus'[3] und auch die Sammelbezeichnung 'wissenschaftliche Weltauffassung' in betonter Abgrenzung zu jedwedem 'ismus',
also zu Schulphilosophien im tradierten Sinn.[4] Teilweise rührten diese terminologischen Differenzen von einer verschiedenartigen Gewichtung her, die
historischen Philosophemen von Seiten der Vertreter des logischen Empirismus beigelegt wurden. So signalisiert **Empirismus** die bewußte An-
knüpfung an die Gedanken der englischen Aufklärungsphilosophen, insb.
John Lockes, mit dem die 'logischen' bzw. 'konsequenten' Empiristen übereinstimmten in der Wertschätzung des empirisch gewonnenen Wissens gegenüber dem spekulativen oder intuitiven Erfassen der zeitgenössischen Metaphysik.

> Wir bekennen uns als Fortsetzer der empiristischen Richtung in der
> Philosophie, stehen somit in entschiedenem Gegensatze zu allem Ra-
> tionalismus [...]. Vielmehr glauben wir, daß nur die Erfahrung, nur die
> Beobachtung uns Kenntnis vermittelt von den Tatsachen die die Welt
> bilden, während alles Denken nichts ist als tautologisches Umformen.[5]

Positivismus hingegen verweist auf die (damals noch weniger inflatio-
när gebrauchte) Bezeichnung für diejenigen (Natur-)Wissenschaftler, die
sich Erkenntnisgewinn durch den Fortschritt der "positiven" (Erfahrungs-)
Wissenschaften und nicht durch metaphysische Spekulation versprachen.[6]

---

[1]Hahn [1930/88] S. 39, Schlick[1936].

[2]Grelling [1928] S. 108.

[3]Reichenbach [1933]c S. 199, Morris (1934), Frank [1941] S. 5, 12, [1949/79], Piaget
[1950/72]b Bd. 2, S. 257, Feigl [1969], [1981] S. 57.

[4]vgl. die programmatischen Artikel von Grelling [1928], Neurath et al.[1929], Neurath
[1930/31], Hahn [1930/88], Schlick [1930], [1936], Scholz [1935], Reichenbach [1936]a und
spätere Arbeiten von Frank [1941] S. 12-13, Kraft [1950/68], Joergensen [1951], Feigl [1981]
S. 57. Für die Auseinandersetzung der logischen Empiristen mit anderen Philosophen siehe
die Abschn. 4.5.6. u. 5.1. (Reichenbach u. Schlick), 4.8. (Frank), 4.11. (Blumberg).

[5]Hahn [1930/88] S. 38.

[6]zum Ursprung dieses Terminus bei Saint-Simon u. Comte siehe z.B. Abbagnano [1967],
Schädelbach [1971] S. 95f.; vgl. den Abschn. 4.8. zu Mach.

Besonders der österreichische Physiker und Physiologe Ernst Mach war
den 'logischen Positivisten' eine Galeonsfigur, ein Vorbild für ein Philosophieren, das auf der Basis der genauen Kenntnis des wachsenden Wissensstandes der Naturwissenschaften stand. Nicht zufällig war der in Wien
im November 1928 gegründete *Verein Ernst Mach*, dessen primäre Zielsetzung die Verbreitung naturwissenschaftlicher Erkenntnisse (etwa im Sinne
der heutigen Volkshochschulen) war, eine der wichtigsten organisatorischen
Plattformen, aus denen der logische Empirismus erwuchs.[7] Bei einigen Vertretern, z.B. Philipp Frank oder Richard von Mises blieb zeit Lebens eine
starke geistige Affinität zu Positionen des Machianismus bestehen.[8] Das
ergänzende Adjektiv **logisch** markierte dann dasjenige, was nach Auffassung der 'logischen Empiristen bzw. Positivisten' ihre Bewegung von den
tradierten Schulen unterschied, nämlich die neu erkannte Bedeutung der
formalen Logik und anderer Grundlagendisziplinen der Mathematik.

> In der Tat, das Verständnis von Logik und Mathematik war immer
> das Hauptkreuz des Empirismus [...]. Durch die (erst der jüngsten Zeit
> entstammende) Aufklärung der Stellung von Logik und Mathematik
> [...] wurde erst konsequenter Empirismus möglich.[9]

Zumeist berief man sich dabei auf die *Principia Mathematica* von Bertrand
Russell und Alfred North Whitehead [1910-13], in der erstmals etliche
Teilgebiete der Mathematik aus sehr wenigen logischen Konzepten und
Axiomen abgeleitet wurden.[10] Jedoch waren auch Hilberts *Grundlagen
der Geometrie* [1. Aufl. 1899] und die damit in Zusammenhang stehenden Bemühungen um axiomatische Fundierungen anderer formalisierbarer
Theorien von großer Bedeutung. Im vorangegangenen Abschnitt hatte ich
ja bereits diskutiert, wie besonders die SRT etlichen Versuchen einer axiomatischen Formulierung unterzogen worden war. Besonders Hans Reichenbach ist in diesem Zusammenhang interessant, da er später im Rahmen des
logischen Empirismus über beide RT arbeitete.[11] In diesem Sinne mündet
also ein Zweig der Axiomatik direkt in den logischen Empirismus, der die
systematische Klärung von Implikationsbeziehungen und die Klarwerdung

---

[7]siehe dazu insb. Stadler[1982] sowie nächster Abschnitt.

[8]siehe etwa Frank [1917], [1937/38], [1941] S. 6-7, 11, [1949]a S. 6ff. 14ff. u. [1949/79],
Neurath et al.[1929] S. 10f./82 und Abschn. 4.8. dieser Arbeit. Reichenbach [1933]c nennt
z.B. Carnap [1928] eine 'Synthese von Mach und Russell'; für weitere Belege der Wirkung
Machs siehe Stadler [1982] S. 111-125 und Haller/Stadler (Hrsg.) [1988] S. 34ff. 53.

[9]Hahn [1930/88] S. 39; vgl. z.B. Neurath et al. [1929]b S. 87, Feigl [1981] S. 81.

[10]siehe Abschn. 4.6.; vgl. etwa Hahn [1988], [1932/88] und Gödel [1944/86].

[11]auch Carnap findet sich unter den Protagonisten des logischen Empirismus an prominenter Stelle, jedoch äußerte er sich weniger häufig öffentlich zur SRT und ART.

über die zugrundeliegenden Prämissen aus dem Bereich mathematischer Disziplinen und formalisierter Theorien auf die Naturwissenschaften insgesamt zu übertragen versuchte. Wegen deren empirischem Gehalt ergab sich aus der Anwendung der axiomatischen Methode auf Naturwissenschaften die Option, die in deren praktischer Ausübung nicht auseinandergehaltenen, aber erkenntnistheoretisch grundverschiedenen empirischen und konventionellen Anteile säuberlich zu trennen.[12]

Wenn einige seiner Vertreter das Wort 'logisch' lieber durch andere Adjektive ersetzt sahen, so ist dies durchaus als Indiz dafür anzusehen, daß diesen die formale Logik im engeren Sinne und auch axiomatische Rekonstruktion als Instrument der Wissenschaftsanalyse weniger hilfreich erschien. Darum plädierte z.B. Moritz Schlick, der selbst in keinem seiner Aufsätze formallogische Symbolik bemühte, eher für die Bezeichnung **konsequenter Empirismus**,[13] die sich aber nicht durchsetzte. Unabhängig von diesem Disput über das anzustrebende Ausmaß an "Logisierung"[14] mathematischer und naturwissenschaftlicher Disziplinen bestand innerhalb der Gruppe Einigkeit über die schwächere Lesart des Wörtchens 'logisch' im Sinne etwa des 'Bekenntnisses' von Hahn [1930]:

> Ein Bekenntnis zu den Methoden der exakten Wissenschaft, insbesondere der Mathematik und Physik, ein Bekenntnis zu sorgfältigem logischem Schließen (im Gegensatz zu kühnem Gedankenfluge, zu mystischer Intuition, zu gefühlsmäßigem Bemächtigen).[15]

Auch regional läßt sich eine Differenzierung innerhalb der Gruppe der logischen Empiristen vornehmen. Die vielleicht wichtigste Keimzelle war eine Gruppe von philosophisch interessierten Naturwissenschaftlern und Mathematikern um Hans Hahn die sich in Wien zu regelmäßigen Zusammenkünften getroffen hatte, um Grundlagenprobleme ihrer Disziplinen und interdisziplinäre Fragen zu diskutieren.[16] Nach seiner Berufung auf den einst für Ernst Mach eingerichteten Lehrstuhl für 'Philosophie, insb. Geschichte und Theorie der induktiven Wissenschaften' im Jahr 1922 wurde Moritz Schlick zur Integrationsfigur dieses sog. **Wiener Kreises**.[17] Auch in

---

[12]siehe etwa Neurath et al.[1929]b S. 95, Grelling [1928] S. 114, vgl. Diederich [1974] S. 116ff. u. Abschn. 4.5.6.

[13]siehe z.B. Schlick [1936]; vgl. Feigl [1981] S. 76.

[14]Hahn [1930]b S. 44; vgl. Neurath et al. [1929]b S. 91f. insb. 96.

[15]Hahn [1930]b S.38; vgl. z.B. Neurath et al.[1929]b S. 87; Carnap [1966/86]b S. 7.

[16]zu diesem sog. 'Ersten Wiener Kreis' vgl. z.B. Frank [1941] S. 6-9, [1949]a S. 1ff.; die Bezeichnung stammt von Haller [1985].

[17]siehe z.B. Neurath [1930/31] S. 312, Frank [1949]a S. 26ff.; vgl. Hentschel [1984] Kap. 10, Dahms (Hrsg.) [1985].

Berlin hatte sich ein vergleichbarer Diskussionskreis gebildet, dessen orga-
nisatorische Ursprünge in der *Gesellschaft für positivistische Philosophie*,
gegründet von Joseph Petzoldt u.a. 1912, zu sehen sind. Als Nachfolge–
Gesellschaften gründete sich später eine Berliner Ortsgruppe der *Internationalen Gesellschaft für empirische Philosophie* bzw. eine auf Berlin beschränkte *Gesellschaft für empirische Philosophie*, ab 1931 auf Betreiben
Hilberts umbennant in: *Gesellschaft für wissenschaftliche Philosophie*.[18]
Hans Reichenbach, Kurt Grelling, Walter Dubislav u.a. jüngere Philosophen und Naturwissenschaftler sowie die Gestaltpsychologen Kurt Lewin
und Wolfgang Köhler hatten bald zentrale Positionen in diesem sogenannten **Berliner Kreis**.[19] Ab 1930 übernahmen Reichenbach und Carnap,
also ein Berliner und ein zu diesem Zeitpunkt in Prag ansässiger Philosoph, zusammen die Herausgeberschaft der Zeitschrift *Erkenntnis*, die
zum Hausorgan für Aufsätze im Sinne der 'wissenschaftlichen Weltauffassung' wurde. Längere Abhandlungen wurden in der von Moritz Schlick und
Philipp Frank herausgegebenen Sammlung *Schriften zur wissenschaftlichen
Weltauffassung* herausgebracht. Außer diesen beiden Ortsgruppen gab es
noch eine kleine Gruppe von Zugehörigen in Prag um Philipp Frank, der
dort theoretische Physik lehrte, und Rudolf Carnap, der 1921 ebenfalls von
Wien nach Prag zog, um dort Philosophie zu lehren. Die intensive Zusammenarbeit aller drei Teilgruppen wurde nach 1933 im Exil weitergeführt,
in das fast alle Mitglieder des logischen Empirismus wegen der Machtübernahme durch die Nationalsozialisten gehen mußten.[20] In den USA setzten
mehrere der jüngeren Mitglieder ihre Lehr- und Forschungstätigkeit fort, so
insb. Herbert Feigl (Iowa u. Minnesota), Hans Reichenbach (Californien),
Rudolf Carnap (Chicago) und Philipp Frank (Harvard).[21]

Zusammenfassend sei nicht verhehlt, daß hinter den terminologischen
und regionalen Differenzierungen teilweise also auch unterschiedliche Auffassungen vom relativen Rang einzelner Arbeitsmethoden stehen, daß also
auch hier (wie etwa schon beim Neukantianismus) bei genauem Hinsehen
eine Feinauflösung in Untergruppen möglich ist. Ich werde jedoch zeigen,
daß dieser Meinungsverschiedenheiten in einzelnen Punkten zum Trotz der
logische Empirismus nach außen hin als eine relativ geschlossene Philosophengruppe auftrat, deren Interpretation der RT ungeachtet aller Varianten der Darstellungsform recht einheitlich war. Der Grund hierfür ist

---

[18]vgl. dazu z.B. Jörgensen [1951] S. 890-900 sowie Stadler [1982] S. 207ff., Hecht u.
Hoffmann [1988] und Hentschel [i.V.].

[19]siehe z.B. M.Strauss [1963], Hecht/Hoffmann [1982], [1988].

[20]siehe Feigl [1981] Kap. 4, Thiel [1984], Dahms (Hrsg.) [1985] S. 307ff., Hegselmann
[1988]b.

[21]vgl. dazu z.B. Carnaps Autobiographie [1963] sowie Feigl [1969], [1981].

zum einen, daß sich alle seine Vertreter auf einen gemeinsamen Kern von Denkprämissen geeinigt hatten, vermöge deren sie sich, im ausdrücklichen Unterschied zu den anderen zeitgenössischen Philosophenschulen, um "wissenschaftliche Philosophie" bemühten, d.h. um ein Philosophieren, das in seinen Standards der Intersubjektivität, Nachprüfbarkeit, Sachlichkeit, Präzision denen exaktwissenschaftlicher Forschung in nichts nachstand.[22] Zum anderen waren die logischen Empiristen auch darauf bedacht, interne Meinungsverschiedenheiten und Flügelkämpfe nicht öffentlich auszutragen.[23]

Ich werde diesen Interpretationsrahmen zunächst soweit wie möglich personenübergreifend vorstellen, von zwei Grundannahmen ausgehend bis zu deren Auswirkungen auf die philosophische Interpretation von SRT und ART, und dann noch eine Fallstudie zu Moritz Schlick nachschieben, an der auch das Ausmaß der Abweichungen vom zuvor gezeichneten Raster deutlich werden soll. Zur Orientierung vergleiche man das Diagramm 4.7, aus dem die hier zu diskutierenden Implikationen sehr allgemeiner Annahmen für spezielle Aussagen zu den RT leicht abzulesen sind.

4.7.2 Grundgedanken des 'logischen Empirismus'[24]

Entsprechend einer Tradition, die mindestens bis auf W.v.O. Quine [1951] zurückgeht, wähle ich zwei Prämissen als Kernprinzipien des logischen Empirismus, und zwar die des **Logizismus** und des **Empirismus**, die auch dem von mir bevorzugten Namen der Gruppierung zugrundeliegen. Wie schon in der Einführung erwähnt, empfanden es die Vertreter des logischen Empirismus selbst als das entscheidend Neue, diese beiden Grundsätze als Basis einer "wissenschaftlichen Philosophie" zusammengebracht zu haben.[25]

Erkenntnis setzt sich also für die Vertreter des 'wissenschaftlichen Weltauffassung' zusammen aus zwei Anteilen: den aus Beobachtungen gewonnenen Erfahrungsurteilen einerseits und den tautologischen Umformungen des Denkens andererseits. Ersteres ist der materiale, letzteres der formale Anteil - in Kantianischer Terminologie: synthetische Urteile a posteriori und analytische Urteile a priori. Entscheidend für die Abgrenzung der logischen Empiristen von den div. Schattierungen des Kantianismus aber ist, daß sie die **Existenz des materialen**

---

[22]siehe z.B. Neurath et al.[1929]b S. 99; Scholz [1935] 29. Sept., Reichenbach [1936].

[23]vgl. z.B. den Brief Reichenbachs an Schlick, 16. Nov. 1931, ASP, Sign. HR-13-30-22: "vielleicht ist es richtiger, von dieser Aussprache [über Fragen der Wahrscheinlichkeit, K.H.] vorerst noch die weitere Öffentlichkeit auszuschließen, denn der Öffentlichkeit würde es nur zu angenehm sein, von den Differenzen in unserem Lager zu hören".

[24]Dieser Unterabschnitt kann übersprungen werden.

[25]siehe z.B. Grelling [1928], Neurath et al.[1929]b S. 90, Scholz [1935] sowie die Belege in 4.7.1.

(synthetischen) a priori leugneten.

> Eine Erkenntnis a priori erkennen wir nicht an, schon deshalb nicht, weil wir sie nirgends benötigen: wir kennen kein einziges synthetisches Urteil a priori, wüßten auch nicht, wie es zustande kommen sollte; und was die sogenannten analytischen Urteile der Logik (und Mathematik) anlangt, so sind sie Anweisungen zu tautologischen Umformungen.[26]

Diese Position implizierte jedoch noch weit mehr als nur die Ablehnung der Metaphysik oder der Transzendentalphilosophie tradierten Typs - es bedeutete eine viel weitergehende **Rücknahme der Ansprüche und Möglichkeiten einer Philosophie, die sich 'wissenschaftlich' nennen darf:**

> eine Abgrenzung gegen die Philosophie im üblichen Sinne, als einer Lehre von der Welt, die beansprucht, gleichberechtigt neben den einzelnen Fachwissenschaften oder gar höher berechtigt über ihnen zu stehen. - Denn wir sind der Meinung: was sich überhaupt sinnvoll sagen läßt, ist Satz einer Fachwissenschaft, und Philosophie treiben heißt nur: Sätze einer Fachwissenschaft kritisch danach prüfen, ob sie nicht Scheinsätze sind, ob sie wirklich die Klarheit und Bedeutung besitzen, die die Vertreter der betreffenden Wissenschaft ihnen zuschreiben; und heißt weiter: Sätze, die eine andersartige, höhere Bedeutung vortäuschen als die Sätze der Fachwissenschaften, als Scheinsätze entlarven.[27]

Daher erklärt sich das starke Interesse, das die logischen Empiristen den Entwicklungen der Naturwissenschaften, insb. der formalisiertesten unter ihnen, der Physik, entgegenbrachten, aber auch umgekehrt ihr Desinteresse an den Wissensgebieten, in denen solche kritische Prüfung nicht möglich war oder zum Resultat führte, daß es sich um Scheinwissenschaften, um Scheinsätze, um Scheinprobleme handelte (etwa in der Freudschen Psychologie).[28]

> [...] die durch die strengen Fragestellungen exakter Wissenschaft verschärften Probleme erfordern auch wesenhaft neue Methoden philosophischer Forschung. Diesen Weg wird deshalb nur eine Philosophie gehen können, welche sich nicht mehr in der Auseinandersetzung mit traditionellen philosophischen Systemen gründet, sondern ihre eigenen, durch die sachlichen Probleme bestimmten Wege sucht.[29]

---

[26]Hahn [1988] S.39; vgl. Neurath et al.[1929/79]b S. 89: "Gerade in der Ablehnung der Möglichkeit synthetischer Erkenntnis a priori besteht die Grundthese des modernen Empirismus"; s.a. Schlick [1931]; Carnap [1966/86] Abschn.18, insb. S. 179.

[27]Hahn [1988] S.38 (Orig. 1930); vgl. z.B. Grelling [1928] S. 97, Neurath et al.[1929/79]b S. 99; Schlick [1930].

[28]vgl. etwa Carnap [1928/66] sowie den Rückblick Carnaps [1966/86] S. 20.

[29]Reichenbach [1930]c S. 141.; vgl. [1926]d S. 419.

Die strenge Fokussierung auf eine 'wissenschaftsanalytische' Behandlung der Probleme exaktwissenschaftlicher Disziplinen hat man gelegentlich als "Szientizismus" bezeichnet; da die Physik als fundamentalste und weitentwickeltste Naturwissenschaft oft der Modellfall, das Paradigma darstellte, sprachen einige Vertreter auch vom "Physikalismus",[30] jedoch blieb umstritten, inwieweit alle Probleme etwa der Biologie nach Methoden der Physik erschlossen werden könnten. Hingegen stimmten alle Mitglieder überein in der Feststellung einer grundlegenden methodologischen Einheitlichkeit des Vorgehens in den Naturwissenschaften, die zukünftig durch Übertragung von erfolgreichen Lösungsstrategien von einem Wissensgebiet auf ein anderes in einer **Einheitswissenschaft** konvergieren würden.

> Als Ziel schwebt die Einheitswissenschaft vor. Das Bestreben geht dahin, die Leistungen der einzelnen Forscher auf den verschiedenen Wissenschaftsgebieten in Verbindung und Einklang miteinander zu bringen.[31]

Auch darum wurde der Klärung von Spezialproblemen in Einzelwissenschaften so großes Interesse beigelegt, weil durch eine erkenntnistheoretische bzw. methodische Analyse des Vorgehens dort vielleicht allgemeinere methodologische Erkenntnisse gewinnen ließen, die auch für andere Wissenszweige bedeutsam werden könnten. Das Vorgehen der logischen Empiristen hierbei war, im Nachhinein eine **Rekonstruktion der Theorienstruktur** und ggfls. ihrer Veränderung durch eine Innovation zu unternehmen, wobei Details und Umwege des historischen Prozesses, des "Entdeckungszusammenhangs", gezielt ausgeblendet wurden.

> Der Naturphilosoph ist nicht so sehr an den gedanklichen Prozessen interessiert, die zu wissenschaftlichen Entdeckungen führen. Er sucht vielmehr nach der logischen Analyse der fertigen Theorie, einschließlich der Beziehungen, die ihre Gültigkeit garantieren. Er ist also nicht am Zusammenhang der Entdeckungen selbst, sondern an dem ihrer Rechtfertigung interessiert.[32]

Dieses Desinteresse an den verschlungenen, oft unergründlichen Pfaden, die bei der Entdeckung beschritten werden, zeigt z.B. auch ein Brief Reichenbachs an Carnap vom 2. Dez. 1935, in dem Reichenbach Carnaps Hinweis auf einen unauflöslichen Rest von pragmatischen Momenten wie Intuition bei der Rechtfertigung der Wahl von wissenschaftlichen Theorien entgegenhält, daß diese nichtformalisierbaren Ahnungen in ihrer wissenschaftsanalytischen Rekonstruktion keinen Platz

---

[30]Neurath [1931], Juhos [1934],[1935], Carnap [1931]b u.a.
[31]Neurath et al.[1929]b S. 87; vgl. Frank [1937/38] und kritisch dazu Piaget [1950/72]b Bd. I, S. 53.
[32]Reichenbach [1949/79]b S. 191, vgl. [1927]c, [1929]a, [1977]ff. Bd. 1, Schlick [1925], [1948], Feigl [1981] S. 76 sowie Zittlau [1981] S. 44.

haben.[33] Je genauer in dieser schematischen Rekonstruktion die komplexen Zusammenhänge zwischen einzelnen theoretischen Annahmen, der Bedeutung von Termini und experimentellen Erkenntnissen klargemacht werden konnten, desto präziser war der erreichte wissenschaftstheoretische Aufschluß. Eben darum griffen einige Mitglieder der Gruppe zum Mittel der axiomatischen Reformulierung der Theorie,[34] eben darum wurde von anderen die Unterscheidung zwischen Theorien- und Beobachtungssprache als zwei Ebenen der wissenschaftlichen Theorien eingeführt,[35] eben darum explizierten wieder andere die von den Wissenschaftlern selbst häufig nur implizit vorausgesetzten Zuordnungsregeln von Termini zu beobachtbaren Gegenständen oder Prozessen.[36] Allen ging es um die möglichst präzise Erfassung wissenschaftlicher Theorien und die Erklärung für ihren Erfolg bei der Anwendung auf Naturprozesse. Dabei wurde es als das Charakteristische der wissenschaftlichen Sätze angesehen, daß sie einer empirischen Überprüfung im Experiment zugänglich seien, was für die pseudowissenschaftlichen Sätze nicht zuträfe. Die **Verifizierbarkeit** wurde somit zum **Sinnkriterium** erklärt.[37] Da wissenschaftliche Theorien einander immer wieder ablösen bzw. ihren Vorläufertheorien einen nur mehr eingeschränkten Gültigkeitsbereich zuweisen, war ein wichtiges Thema von Studien des Berliner und Wiener Kreises der Theorienvergleich. Dabei verstanden sie unter einer **wissenschaftlichen Theorie** die Gesamtheit von *syntaktischen Verknüpfungen* zwischen Aussagen verschiedenen Allgemeinheitsgrades einerseits und den Verbindungen dieses Theorienkomplexes mit der Wirklichkeit durch *semantische Regeln* andererseits. Das Vorhandensein solcher Anweisungen zum praktischen Anwendung von Begriffen, den sogenannten **Zuordnungsregel bzw. Korrespondenzregeln**, unterscheidet Erfahrungswissenschaften wie z.B. die Physik von der formalen Mathematik, weil in ihnen angegeben werden muß, wie Elementen dieses Relationsgefüges 'Theorie' Gegenstände bzw. Prozesse der Natur 'zugeordnet' werden sollen.[38] Daß in der Angabe dieser semantischen Gebrauchsanweisungen eine gewisse Wahlfreiheit steckt, lernten die Vertreter des logischen Empirismus vom Konventionalisten Poincaré, ohne allerdings dessen Schlußfolge-

---

[33] "Ich habe den Eindruck, dass Ihre Einwände herrühren aus einer Verwechslung von 'Auffindungszusammenhang' und 'Rechtfertigungszusammenhang'. Beim Auffinden von Theorien mag der Physiker ja seine Ahnungen benutzen, so gut wie der Seemann bei der Wettervoraussage. Die Frage aber, ob ein gegebenes Beobachtungssystem eine bestimmte Theorie als günstigste auszeichnet, muss allein mit den Mitteln der Wahrscheinlichkeitsrechnung entscheidbar sein; hier gehören Ahnungsgefühle des Menschen nicht hinein. Dass man die letzteren praktisch noch nicht entbehren kann, ist kein Einwand." (ASP, HR-013-41-16, S. 2.).

[34]siehe die Ausführungen zu Reichenbach u. Carnap im Abschnitt 4.6.

[35]siehe insb. Carnap [1936] sowie [1966/86] Abschn. 23ff.

[36]siehe die Fallstudie zu Schlick in 4.7.3.

[37]siehe z.B. Blumberg [1932] S. 66, Carnap [1931]a, [1936].

[38]siehe dazu etwa Schlick [1915] S. 149, 155; Reichenbach [1924] § 4; Kopff [1924], Carnap [1966/86] Abschn. 17, 24; vgl. z.B. Zittlau [1981] S. 117ff.

rungen zu teilen.[39] Der empiristische Theorienvergleich konnte also einerseits auf Vereinfachungen im theoretischen Gefüge abzielen, andererseits ein Leistungsvergleich in Hinsicht auf den empirischen Gehalt der konkurrierenden Theorien sein - er eröffnete sowohl die Aussicht auf ein rationales Verständnis wissenschaftshistorischer Ablösungsprozesse, als auch die Möglichkeit einer rationalen Rekonstruktion der Gründe für die Wahl von Wissenschaftlern unter mehreren zeitgleich zur Auswahl stehenden theoretischen Alternativen.

Bis jetzt habe ich den Denkrahmen des logischen Empirismus nur gemäß seiner inneren Logik sozusagen von oben nach unten ohne Erwähnung irgendwelcher konkreter Anwendungen entwickelt. Jedoch wurden viele der obigen Aussagen im Zusammenhang mit Studien zu einzelnen Wissensgebieten gewonnen bzw. präzisiert. Die SRT und ART waren hierbei von besonderer Bedeutung, da beide Theorien zum Zeitpunkt der Entstehung des logischen Positivismus bereits fertig ausformuliert und von der Mehrzahl der Wissenschaftler anerkannt waren, sich also eine 'Rekonstruktion' der Gründe für die Überlegenheit der RT gegenüber ihren Vorläufern und Alternativen geradezu anbot.

- So wurde etwa die Untersuchung der Unterschiede zwischen der Lorentzschen und der Einsteinschen Elektrodynamik zum Paradigma des Theorienvergleiches überhaupt, aber auch der Vergleich der Einsteinschen ART mit zeitgenössischen Alternativen wurde (z.B. von Reichenbach) thematisiert.

- Da durch die SRT einige klassische Konzepte (wie z.B. das der Gleichzeitigkeit für räumlich getrennte Ereignisse oder das der Länge) einem Bedeutungswandel unterliefen, waren sie ideale Objekte für Untersuchungen der Funktion von Zuordnungsregeln und der Tragweite ihrer Veränderung.

- Durch die Abhängigkeit der Raumzeitmetrik von der Materieverteilung im Rahmen der ART wurden weitere Korrespondenzregeln der klassischen Physik reformuliert. Das zunächst undurchsichtige Geflecht von Geometrie und Physik, von formaler und materialer Raumstruktur, forderte eine Untersuchung des verbliebenen Grades von Konventionalität bei der Wahl der semantischen Zuordnungen geradezu heraus.

- Wegen der zentralen Stellung der SRT im Rahmen der Physik des 20. Jahrhunderts, der interessanten Limesrelationen zur klassischen Mechanik und Elektrodynamik, und des fundamentalen Charakters der durch sie aufgeworfenen Fragen war sie ein ideales Studienfeld für die Vertreter der wissenschaftlichen Weltauffassung, die gerade an dieser Wechselwirkung von Erkenntnistheorie und Erfahrungswissenschaft lebhaft interessiert waren.

---

[39]vgl. dazu z.B. Schlick [1918/25] 1. Teil, Kap.11; Neurath [1981] S. 685, 687; Carnap [1966/86] Abschn. 15 sowie Abschn. 4.5. dieser Arbeit.

- An dem häufig verwickelten Zusammenhang relativistischer Voraussagen mit hochempfindlichen Experimenten ließen sich Modelle der logischen Empiristen über die Prüfung von Theorien an der Erfahrung einer Bewährungsprobe unterziehen.

- Dies gilt nicht nur für die Bewertung der Bestätigungen relativistischer Prognosen als erfolgreicher Verifikationen, nach deren Durchlaufen die SRT und ART für die logischen Empiristen zum Musterbeispiel naturwissenschaftlichen Theorien wurden, die sich gegenüber ihren Konkurrenten durch bessere Bewährung bewahrheitet habe, sondern eben auch für ihre Diskussionen von zeitgenössischen Experimenten, die als mögliche Falsifikationsinstanzen der SRT und ART angesehen wurden.[40]

- Die Erschließung neues Wissensgebiete wie insb. der relativistischen Kosmologie durch die ART war ein geeignetes Studienfeld für Untersuchungen der Art der Ausweitung des empirischen Gehalts von Theorien.

- Das dem Empirismus sympathisch gesonnene Selbstverständnis des Theoriebegründers Einstein in jungen Jahren war ein zusätzlicher Motor für weitere Auseinandersetzung, nicht zuletzt, da einige Empiristen mit ihm in persönlichem, ja freundschaftlichem Kontakt standen.[41]

- Diese Vielzahl von Berührungspunkten zwischen systematischen (wissenschaftstheoretischen) Interessen der logischen Empiristen und faktischen (wissenschaftshistorischen) Entwicklungen, die durch die RT eingeleitet wurden, sprachen einige gar von der RT als "Triumph eines solchen radikalen Empirismus [...] der nur die Sinnesempfindungen und die analytischen Prinzipien der Logik als Quelle der Erkenntnis anerkennt".[42]

4.7.3 Fallstudie Moritz Schlick

An niemandem ließen sich diese Thesen besser illustrieren als an Moritz Schlick[43] (1882-1936). Er war nicht nur unter den späteren Vertretern des logischen Empirismus einer der ersten, die sich der SRT philosophisch interpretierend zuwandten, darüber hinaus war er, wie schon angedeutet, auch von besonderer Bedeutung als Integrationsfigur bei der Konsolidierung des

---

[40]insb. Reichenbach[1925]c zu D.C.Miller[1925] sowie Popper[1934] (siehe 4.12.5.).

[41]siehe insb. die Korrespondenzen AEs mit Schlick, Reichenbach, Carnap und Frank, aus denen im folgenden noch zitiert werden wird.

[42]Reichenbach [1949/79]b S. 206f.

[43]vgl. zur Biographie bzw. Bibliographie Schlicks u.a. Ziegenfuß/Jung (Hrsg.) [1949/50] Bd. 2, S. 462-464 (reproduziert in Hentschel [1988]b) sowie Stadler [1982] S. 251 Anm. 580; Hentschel [1984] S. 271ff., 297f.

Wiener Kreises. Der ausgebildete Physiker, der bei Max Planck 1904 promoviert hatte, war mit Einstein schon in Zürich zwischen 1907 und 1910 bekannt geworden.[44] In dieser Zeit entschied er sich auch, in die Philosophie abzuwandern und verfaßte Studien über das Wahrheitsproblem und andere, klassische Themen der Philosophie. Seit 1915 behandelte er schwerpunktmäßig die SRT, ab 1917 auch die ART in Aufsätzen und Büchern unter erkenntnistheoretischer Perspektive. Noch bevor ich einzelne Thesen Schlicks behandele, will ich darauf hinweisen, daß Einstein nach Kenntnisnahme seiner ersten Aufsätze umgehend begeisterte Briefe an Schlick als den Interpreten schrieb, der seine Theorien bislang am besten erfaßt habe. Der erste erhaltene Brief Einsteins an Schlick zeigt, daß er sich in dieser Phase seines Denkens auch in seiner erkenntnistheoretischen Position von Schlick richtig verstanden fühlte:

> Ich habe gestern Ihre Abhandlung erhalten und bereits vollkommen durch studiert. Sie gehört zu dem Besten, was bisher über Relativität geschrieben worden ist. Von philosophischer Seite scheint überhaupt nichts annähernd so klares über den Gegenstand geschrieben [worden] zu sein. [...].
>
> Das Verhältnis der Relativitätstheorie zur Lorentz'schen Theorie ist ausgezeichnet dargelegt, wahrhaft meisterhaft das Verhältnis zur Lehre Kants und seiner Nachfolger. Das Vertrauen auf die 'apodiktische Gewissheit' der 'synthetischen Urteile a priori' wird schwer erschüttert durch die Erkenntnis der Ungültigkeit nur eines einzigen dieser Urteile. Sehr richtig sind auch Ihre Ausführungen darüber, dass der Positivismus die Rel-Theorie [sic] nahe legt, ohne sie indessen zu fordern. Auch darin haben Sie richtig gesehen, dass diese Denkrichtung von grossem Einfluss auf meine Bestrebungen gewesen ist, und zwar E. Mach und noch viel mehr Hume.[45]

Aus dieser zwischen 1915 und 1920 sehr intensiven Korrespondenz[46] ergaben sich für Schlick die Möglichkeit zur Präzision von unklaren Punkten, Korrektur von eingeschlichenen Fehlern und Anregungen zur Beschäftigung mit bislang übersehenen Punkten.[47] Daraus erklärt sich sicher die besondere Ergiebigkeit der Beiträge Schlicks, die m.E. nur noch vom Werk Rei-

---

[44]Laut brieflicher Mitteilung von Schlicks Tochter an Friedrich Stadler, siehe Stadler [1982] S. 119 u. 251 Anm. 582.

[45]AE an M. Schlick, 14. Dez. 1915, VCF u. CPAE, Sign. 21-611, vollständig zitiert in Hentschel [1984] S.22f.

[46]großteils wiedergegeben in Hentschel [1984]; vgl. die veröffentl. Kurzfassung [1985].

[47]die von mir hier bewußt ausgeklammerte Frage der Wirkung Schlicks auf AE wird behandelt in einer in Arbeit befindlichen Studie Don Howards zur Philosophie AEs; vgl. auch Howard [1984] und Hentschel [1985].

chenbachs übertroffen wird. Als sich später das Selbstverständnis Einsteins
(durch stärker werdende Sympathie mit dem Rationalismus Meyersons) wie
auch Schlicks (durch dessen Wittgenstein - Rezeption) wandelte, versiegte
der Gedankenaustausch. Deshalb konzentriere ich mich hier auf Schlicks
Aufsätze von 1915-1923.

Die Beschäftigung Schlicks mit der SRT ab etwa 1914 markierte für
ihn einen Einschnitt in seinem philosophischen Selbstverständnis. Die SRT
war ein Korpus neu entdeckter naturwissenschaftlicher Prinzipien von offenbar weittragender "prinzipieller Bedeutung". Nach intensivem Studium
der SRT stellte Schlick *Über die philosophische Bedeutung des Relativitätsprinzips* 1915 fest:

> In dem Verhalten zu neu entdeckten Prinzipien haben wir also gleich-
> sam ein Kriterium für die Tüchtigkeit einer Philosophie [...] Nun ist
> die Physik der letzten Jahre wieder auf Fragen von so prinzipieller Be-
> deutung gestoßen, daß sie sich dadurch mit einem großen Schritt mit-
> ten in die Erkenntnistheorie hineinbegeben hat: sie stellte das 'Rela-
> tivitätsprinzip' auf [...]. Mit diesem Prinzip scheint also ein Prüfstein
> gegeben zu sein, an dem die Haltbarkeit verschiedener erkenntnistheo-
> retischer Ansichten erprobt werden kann.[48]

Diese Maxime führte ihn natürlich zunächst zur Prüfung und Kritik der
zu diesem Zeitpunkt bereits vorliegenden philosophischen Interpretationen,
bes. der frühen Texten des Neukantianismus und Positivismus zur SRT,
über die andernorts die Rede sein soll.[49] Wichtig ist hier jedoch, daß er
über eine erkenntnistheoretische Beleuchtung der SRT auch einen Ausblick
erhoffte "auf die Richtlinien, denen die Erkenntnistheorie folgen muß, um
die Errungenschaften des gegenwärtigen physikalischen Denkens sich ganz
zu eigen zu machen - einen Ausblick auch auf das Verhältnis der Gedan-
kenbildungen der Philosophie zu den Ergebnissen der Einzelwissenschaft
überhaupt."[50] Diese von Schlick 1915 erkannten 'Richtlinien' betrafen besonders Fragen des Kompetenz von Philosophie und der Art ihrer Auseinandersetzung mit Resultaten der Naturwissenschaften. Durch sein Studium
der SRT und der unzureichenden philosophischen Interpretationen vor ihm
erkannte Schlick, daß Philosophie entgegen ihrem klassischen Verständnis
als krönende Dachwissenschaft im Wissenschaftskanon eben *nicht* eine Wissenschaft neben oder über anderen Wissenschaften ist.[51] Durch Selbstbe-

---

[48]Schlick [1915] S. 130.
[49]vgl. die Abschnitte 5.1. und 4.8.
[50]ibid., S.131; vgl [1917] S. 162; [1922] S.60f.
[51]Schlick [1915] S. 148: "vielleicht ist es weiser, die Philosophie zu betrachten nicht
als etwas von den Wissenschaften Verschiedenes, sondern als etwas in ihnen, an dem sie

schränkung auf die Läuterung fachwissenschaftlicher Aussagen waren von vornherein die ihm unerwünschte Möglichkeit unterbunden, daß fachfremde Philosophen Naturwissenschaftlern aus philosophischem Räsonnement heraus Vorschriften machten oder gar deren Resultate für unzulässig erklärten. Philosophie habe, so Schlick, keine eigenen, spezifischen Erkenntnismittel- ihr Material beziehe sie ausschließlich aus den Erfahrungswissenschaften, deren Aussagen sie erkenntnistheoretisch auswerte bzw. logisch auf Stichhaltigkeit der Argumente hin prüfe. Dieses neue Selbstverständnis Schlicks wurde später von seinen Gesinnungsgenossen übernommen und findet sich z.B. in den oben referierten programmatischen Thesen Hahns [1930] beinahe wörtlich wieder. Reichenbach prägte hierfür die Bezeichnung **wissenschaftsanalytische Methode**.[52] Mit dieser neuen Zielgebung verband sich allerdings auch der Umstand, daß die logischen Empiristen zu den unerbittlichsten Kritikern all derer wurden, die dem herkömmlichen Philosophieverständnis verpflichtet, anders geartete Interpretationen von Naturwissenschaft, speziell der RT, unternahmen. Auf den Anteil Schlicks hieran komme ich im Abschnitt 5.1 zurück.[53]

Auch in seiner Auffassung **wissenschaftlicher Theorien als Zeichensysteme** und ihres **Zusammenhangs mit der Wirklichkeit als Zuordnungsrelationen** beschritt Schlick 1915 neue Wege. Dabei war er zweifellos durch seine eigenen Untersuchungen zum Wahrheitsproblem[54] und Poincarés Auffassung der Geometrie stimuliert worden, doch ergaben sich bei Schlicks Übertragung der im Hinblick auf die Geometrie formulierten konventionalistischen Thesen auf die Physik quasi automatisch einige wichtige Modifikationen.[55] Die Auffassung der wissenschaftlichen Theorie als ein syntaktisches Gefüge, als ein "Zeichensystem"[56] eröffnete sofort die Möglichkeit einer Anwendung des Instrumentariums, das von Frege, Peirce, Russell, Whitehead u.a. für die gegenstandlose Disziplin 'Mathematik' erdacht worden war, auf formalisierte Theorien der Naturwissenschaft, insb. natürlich der Physik. Widerspruchsfreiheit der Theorie war somit

in verschiedenem Grade teilhaben. Jede Wissenschaft birgt wohl das Philosophische in sich als eigentliches Lebensprinzip, der Philosoph aber ist der Schatzgräber, der es ans Tageslicht bringt und läutert." - vgl. auch Schlick [1910] und Abschn. 6.4.

[52]Reichenbach[1920] S. 72; [1921/79] S. 350/376.

[53]vgl. auch Carnap [1966/86]b S.20 sowie die Abschn. 3.4.3 und 5.1.

[54]Schlick [1910].

[55]siehe dazu Schlick [1915] S. 150ff. und [1917] S. 162ff. sowie Abschnitt 4.5. und Diederich [1974] S. 90ff., insb. S. 95.

[56]Schlick [1915] S. 149.

nur eine Frage der Konsistenz der zugrundeliegenden Syntax.[57] Der Unterschied der empirischen Wissenschaften zur Mathematik wurde von Schlick darin gesehen, daß erstere zusätzlich zum Relationsgefüge von Axiomen, impliziten Definitionen, Theoremen und anderen abgeleiteten Sätzen noch Gebrauchsanweisungen für die benutzten Termini enthielten, die angeben, wie die Verbindung zur Wirklichkeit herzustellen ist. Diese semantischen Zusätze zum syntaktischen Theorieteil wurden von Schlick **Zuordnungsregeln** genannt.[58] Die "Wahrheit" einer Theorie war für Schlick 1915 gleichbedeutend damit, daß die Zuordnung von Gegenständen bzw. Prozessen der Realität zu Termini bzw. Aussagen der Theorie "vollständig eindeutig" durchführbar ist.[59] Nun wußte Schlick, nicht zuletzt aus den Untersuchungen Poincarés, daß ein Zeichensystem durch die Vorgabe des zu Bezeichnenden keineswegs eindeutig bestimmt war - es war möglich, von ein und demselben Sachverhalt strukturell verschiedene, aber sachlich äquivalente Beschreibungen abzugeben.[60] Dies hatte die interessante Konsequenz, daß prinzipiell zugleich mehrere konkurrierende Theorien in diesem Sinne 'wahr' sein konnten[61] - diesen Fall sah Schlick bei seinem Vergleich der Elektrodynamik von Lorentz und Einstein eintreten. Beide rekurrierten auf dasselbe Formelmaterial (z.B. erkennen beide die Lorentztransformationen (1.4.) als gültig an), jedoch verbänden sich völlig verschiedene Deutungen der beschriebenen Vorgänge mit beiden Theorien. Lorentz setze physische Kontraktionen und Dilatationen für den Fall an, daß Bewegung relativ zum absoluten Raum, dem Äther, vorliegt, während für Einstein die Rede von 'absoluter Bewegung' gar keinen Sinn mache, also auch keinem empirisch aufweisbaren Faktum zugeordnet werden könne. Ungeachtet der Tatsache, daß Lorentzsche und Einsteinsche Elektrodynamik gleichermaßen eindeutig der Wirklichkeit zugeordnet werden können, damit also gleichermaßen 'wahr' sind, konstatierte Schlick einen Unterschied zwischen beiden Theorien, auf den er seine Präferenz der Einsteinschen SRT begründete.

Die Theorien leisten also beide das gleiche, aber die Einsteinsche ist sehr viel einfacher - benutzt sie doch nur ein einziges Erklärungs-

---

[57]die Begrenztheit der formallogischen Kalküle durch das Gödel-Theorem über formal unentscheidbare Sätze [1931] stand damals noch nicht zur Debatte.

[58]z.B. Schlick [1915] S. 149.- vgl. Reichenbachs gleichartiges Konzept der Zuordnungsdefinition, z.B. in Reichenbach [1924], Paragraph 4; siehe auch Anm. 38.

[59]Schlick [1915] S. 149. Kopff [1924, S. 241] zitiert zur Stützung dieser Auffassung aus AEs Nobelpreisrede [1923/67]: "Begriffe und Unterscheidungen sind nur insoweit zulässig, als ihnen beobachtbare Tatbestände eindeutig zugeordnet werden können".

[60]sehr ausführlich illustriert dies Carnap [1966/86]b S.146ff. am Beispiel euklidischer bzw. nicht-euklidischer physikalischer Geometrien.

[61]ibid.; vgl. S. 155.

prinzip, während die andere einer Reihe eigentümlicher Hypothesen
bedarf.[62]

Das **Kriterium der Einfachheit** wird also dann zum Selektionsprinzip,
wenn die Entscheidung zwischen konkurrierenden wissenschaftlichen Theorien nicht durch Bezug auf cruciale Experimente zu treffen ist, weil diese
in ihrem empirischen Leistungsvermögen gleich stark sind. Das präzisere
Verständnis des etwas vagen Einfachheitskriteriums war eines der Themen
der Korrespondenz Schlicks mit Einstein, der sich hocherfreut zeigte, daß
Schlick gerade diesen ihm selbst so wichtigen Vorzug seiner SRT gegenüber
ihren theoretischen Alternativen herausgestellt hatte.[63] Das Changieren
des Sinnes von 'Einfachheit', zumeist verstanden als 'Minimum logisch unabhängiger Hypothesen',[64] gelegentlich aber auch als 'Minimum unabhängiger Elemente' bzw. 'unabhängiger Grundbegriffe'[65] oder 'Übersichtlichkeit
der theoretischen Relationen zwischen diesen'[66] wurde von Schlick später
bemerkt und veranlaßte ihn zu der Feststellung, daß Einfachheit ein "halb
pragmatischer, halb ästhetischer Begriff" sei.[67] Das changieren
An diesem anhaltenden Bestreben, die Bedeutung eines Begriffes aufzu-
hellen, Bedeutungsvarianten aufzudecken und nach einer möglichst präzisen
Einengung des korrekten Gebrauchs zu suchen, erkennt man schon einen
weiteren Wesenszug der Schlickschen Arbeiten. Auch seine Klärung des Sinnes des 'Relativitäts*prinzips*'[68] oder seine Abgrenzung der grundverschiedenen Bedeutungen ein und desselben Wortes 'Zeit' für die Disziplinen Psychologie bzw. Physik[69] entspringen dem gleichen Bedürfnis nach intellektu-
eller Sauberkeit und Klarheit, gleichzeitig sind sie konkrete Instanzen der
programmatisch versprochenen Sinnklärungsarbeit der Philosophen, der die
vom Naturwissenschaftler oft naiv benutzten Konzepte 'wissenschaftsana-
lytisch' untersucht.
Unter den vielen Beispielen hierfür greife ich im folgenden nur noch
eines auf, das von Schlick wiederholt behandelt worden ist, nämlich der

---

[62]Schlick [1915] S. 141; vgl. S. 145 u. Diederich [1974] S. 96. Ausgeführt wird dies z.B.
bei Kopff [1924] S. 242f.

[63]vgl. dazu Hentschel [1984], [1985], Howard [1984] und Abschn. 4.5. dieser Arbeit zu
Diskussionen um den Einfachheitsbegriff in konventionalistischem Kontext.

[64]z.B. Schlick [1915] S. 141, 144; vgl. [1917] S. 178.

[65]Schlick [1915] S. 154.

[66]Schlick [1917] S. 165.

[67]Schlick [1931] S. 148; schon 1915 erkannte er: "wo freilich die 'Einfachheit' in anderen
Momenten besteht, versagt jede logische Begründung"(S.154; vgl. Popper[1934]b S.97ff.).

[68](auch im Unterschied zur 'Relativitäts*theorie*'), nämlich als eines experimentell fundierten Gesetzes versus einer darauf aufbauenden Theorie, [1915] S. 142.

[69]ibid., S. 143f.

verschiedene Status, den das **Kausalprinzip** in der Newtonschen bzw. der Einsteinschen Begründung für das Auftreten von Zentrifugalkräften bei Rotation zugewiesen bekommt. Einsteins Auffassung war hierbei, daß Newton durch seine Postulierung von Kräften bei Beschleunigungen gegenüber dem absoluten Raum der Forderung der Kausalität "nur scheinbar Genüge" leistete,[70] weil der absolute Raum zwar beobachtbare Effekte bedinge, aber selbst in keinster Weise durch diese beeinflußt werde, also quasi nur Verursacher, nicht auch Verursachtes sei.[71] Demgegenüber bemerkte Schlick, daß den Newtonschen Ausführungen auch ein anderer Sinn beigelegt werden könne:

> Man braucht die Newtonsche Lehre wohl nicht so aufzufassen, als erkläre sie den Galileischen Raum, der ja freilich keine beobachtbare Sache ist, für die Ursache der Zentrifugalkräfte, sondern man kann die Redeweise vom absoluten Raum wohl auch als eine Umschreibung der bloßen Tatsache des Daseins dieser Kräfte betrachten [...] Die absolute Rotation braucht nicht als die Ursache der Abplattung bezeichnet zu werden, sondern man kann sagen: jene ist eben durch diese definiert. Ich glaube also, daß Newtons Dynamik hinsichtlich des Kausalprinzips ganz in Ordnung ist; gegen den Einwand, sie führe bloß fingierte Ursachen ein, könnte sie sich wohl verteidigen, wenn auch Newtons eigene Ausdrucksweise nicht korrekt war.[72]

Diese Argumentationsfigur ist schon sehr typisch für das Bestreben der späteren logischen Empiristen, nach einer optimalen, oftmals idealisierten Rekonstruktion wissenschaftlicher Theorien zu suchen, auch wenn diese wissenschaftshistorisch nicht haltbar ist. Die wissenschaftshistorischen Passagen, mit denen Schlick seine populärer gehaltenen Aufsätze gern einführte, sind denn oft auch sehr holzschnittartige Vergröberungen von eigentlich komplizierteren Entwicklungen.[73] Einstein bemerkte übrigens in einem Brief an Schlick vom 21. März 1917 zustimmend:

> Mit Ihrer Kritik [...] haben Sie Recht. Die Forderung der Kausalität ist eben bei genauem Hinsehen keine scharf umgrenzte. Es gibt verschiedene Grade der Erfüllung der Kausalitätsforderung. Man kann nur sagen, dass die Erfüllung der allgemeinen R.-Th. in höherem Maasse geglückt ist als der klassischen Mechanik. Die sorgfältige

---

[70]AE [1916] S.771ff. - vgl. Schlick [1917] S.178.
[71]dieser Auffassung schloß sich etwa auch Freundlich [1916] S. 30 an.
[72]Schlick [1917] S. 178.
[73]siehe z.B. Schlick [1915] S. 133; [1917] S. 161f.; [1921] S.105f.; vgl. auch Reichenbach [1929] sowie meine Kritik dazu in Hentschel [1984] Kap. 9.

Durchführung dieses Gedankens wäre vielleicht eine lohnende Aufgabe für einen Erkenntnis-Theoretiker.[74]

Die von Einstein somit selbst angeregte weitere Verfolgung der Sinnklärung von Kausalität durch Schlick erfüllte jedoch nicht dessen Erwartungen, zumal sich Schlick nach 1925 der Kopenhagener Interpretation der Quantenmechanik ebenso aufgeschlossen zeigte wie vormals der RT.[75] Ebenfalls richtungsweisend ist Schlicks vielerorts eingestreutes Herausstellen der experimentellen Basis der SRT (bzw. ab 1919 auch der ART), so etwa schon 1915 über das spezielle RP:

> Auf Grund bestimmter experimenteller Erfahrungen wurde es aufgestellt und in allen Fällen bestätigt gefunden, wo eine erfahrungsmäßige Prüfung überhaupt möglich war; seine Anwendungen auf alle Gebiete der Physik sind wenigstens im Prinzip vollständig durchgeführt, und es wird deshalb von den berufenen Vertretern der theoretischen Physik als sicherer Besitz dieser Wissenschaft angesehen.[76]

Es fiel auf, daß des Empiristen Schlicks Bezugnahme auf experimentelle Bestätigungen hier doch noch sehr pauschal und ungenau war - die meisten Experimentalphysiker betrachteten die Angelegenheit durchaus noch nicht als beendet und empfahlen noch bis in die zwanziger Jahre hinein die Weiterführung, Verfeinerung und Modifikation der Standard-Experimente. Noch 1925/26 gab es um eine Wiederholung der Michelson-Morley-Experimentes durch D.C. Miller wegen eines vermeintlichen Nachweises des Ätherwindes einigen Wirbel. Auch die theoretische Interpretation der vorliegenden Experimente war in allen Fällen noch lange sehr umstritten.[77] Deshalb spiegelt wohl auch die merkwürdige Berufung Schlicks auf die Gilde der Theoretiker im vorigen Zitat seinen eigenen Theorie-Überhang, den viele andere logische Empiristen ebenfalls aufwiesen.[78] Deshalb konnte es sich Einstein am Ende seiner ersten Briefes an Schlick dann doch nicht verkneifen, einige Prüfungsmöglichkeiten der ART zu benennen

> Mit der empirischen Kontrollierbarkeit der Theorie steht es nicht ganz so traurig, wie Sie angeben. Die Theorie erklärt die von Leverrier aufgefundene Perihelbewegung des Merkus quantitativ. Der

---

[74]VCF sowie CPAE, Sign. 21-614; wiedergegeben in Hentschel [1984] S. 61.

[75]vgl. z.B. Schlick [1931] sowie Hentschel [1984] Kap. 5, 8 u. 13. Analoge Ausführungen von Frank (1928) wurden krit. kommentiert in Piaget [1950/72]b Bd. 2, S. 7, 297ff.

[76]Schlick [1915] S. 132.

[77]vgl. dazu z.B. Arbeiten von Wiechert, Mohorovičić, Gleich, D.C. Miller, sowie Swenson [1972].

[78]Eine Ausnahme hierbei ist Reichenbach, der sich auch über die Deutung und die Konsequenzen einzelner Experimente detaillierter ausließ-vgl. dazu Abschn. 4.6.,3.4.3.

von der Theorie geforderte Einfluss des Gravitationspotentials auf die Farbe des emittierenden Lichtes wurde durch die Astronomie bereits qualitativ bestätigt (Freundlich). Auch besteht gute Aussicht auf Prüfung des Resultats betr. die Krümmung der Lichtstrahlen durch das Schwerefeld.[79]

Schon in seinem nächsten Aufsatz zur RT 1917 baute Schlick ausführliche Passagen über die drei astronomischen Tests der ART ein[80] und nach dem Bekanntwerden der Britischen Experimente zur Lichtablenkung 1919 wurde die ART im Schrifttum des logischen Empirismus gar zum Paradebeispiel einer Theorie, die sich durch erfolgreiche experimentelle Prüfungen ihren Konkurrenten als überlegen erwiesen hatte. So liest man in der dritten Auflage seiner Schrift *Über Raum und Zeit in der gegenwärtigen Physik* [1920] folgende begeisterte Lobeshymne:

> die von Einstein prophezeite scheinbare Änderung der Sternörter [war] tatsächlich vorhanden, und zwar genau in dem von ihm vorausberechneten Betrage. Diese Bestätigung ist gewiß einer der glänzendsten Triumphe des menschlichen Geistes [...] Die allgemeine Relativitätstheorie hat damit die härtesten Proben bestanden; die wissenschaftliche Welt beugt sich vor der siegenden Kraft, mit der die Richtigkeit ihres physikalischen Gehalts und die Wahrheit ihrer erkenntnistheoretischen Grundlagen sich in der Erfahrung bewährt.[81]

Der erbitterte Kritiker der RT, Stjepan Mohorovičić (geb. 1890), zitierte später genau diese Passage Schlicks als ein Beispiel dafür, wie "man für Einstein Reklame gemacht und wie man die Tatsachen verdreht hat".[82] Denn schließlich war der bei ungünstigen Wetterbedingungen ermittelte Wert der Lichtablenkung keineswegs "genau" der von Einstein prognostizierte (vgl. Abschn. 1.3., S. 35) und auch die "härtesten Proben", nämlich noch präzisere Wiederholungen der Lichtablenkungs- und Rotverschiebungsmessungen standen der ART im Jahr 1920 zweifellos erst noch bevor. Angesichts dieser zu diesem Zeitpunkt sicherlich verfrühten und unsachlich übertreibenden 'Siegeshymne' versteht man die Verärgerung Mohorovičićs, der dem Schlick-Zitat nachschickte: "Jetzt verstehe ich, warum mir ein - in diesem Kampf wenig exponierter - Träger des Nobelpreises von der Einsteinschen Rabulistik schreibt".[83] Freilich übersah er dabei, daß Einstein

---

[79]VCF und CPAE, vollst. zitiert in Hentschel [1984] S. 22-23.

[80]Schlick [1917] S.185.

[81]Schlick [1917]d S. 66-67; analog in Schlick [1920]c "Kein Zweifel mehr: die allgemeine Relativitätstheorie ist glänzend bestätigt; einer der größten Triumphe des menschlichen Geistes ist errungen".

[82]Mohorovičić [1923]b S. 52.

[83]ibid., S. 53; gemeint ist höchstwahrscheinlich Philipp Lenard.

selbst, für den experimentelle Bestätigungen nie diesen von Schlick bei-
gemessenen Stellenwert hatten, für die Übertreibungen seines Interpreten
Schlick nicht direkt verantwortlich zu machen war. Schlicks Begeisterung
wiederum war verständlich, denn im Denkrahmen des Empirismus war gerade die "Prüfung der Theorie durch die Beobachtung" von besonderer Bedeutung. Über eben diesen Erfahrungsgehalt empfing jede wissenschaftliche Theorie ihre Legitimation, und gerade die erfolgreiche Bestätigung eines
qualitativ neuen Effektes nach dessen (riskanter) theoretischer Voraussage
mußte das Vertrauen der Empiristen in die Richtigkeit der Theorie entscheidend stärken. Schlick war sogar bereit, darin einen "Beweis der Richtigkeit
ihres physikalischen Gehaltes und der Wahrheit ihrer erkenntnistheoretischen Grundlagen" zu sehen,[84] denn nach der empiristischen Wahrheitstheorie war eine eindeutige Zuordnenbarkeit der Theorie zur Wirklichkeit
einzige Bedingung ihrer Richtigkeit.[85] Auch hieran erzürnten sich natürlich
die Kritiker des logischen Empirismus, denn nur für den, der wie Schlick,
v. Aster oder andere logische Empiristen den "Sinn einer Behauptung"
an die "Methode ihrer empirischen Nachprüfung" koppelte,[86] konnte diese
empiristische Interpretation der RT plausibel sein.

Doch Schlick trieb diese empiristische Interpretation noch weiter. Spätestens ab 1922/23 verknüpfte Schlick mit dieser These der "Verankerung der
scheinbar so abstrakten [R]Theorie in der Erfahrung"[87] eine weitergehende
Vereinnahmung der RT als einer der "Denkrichtung des Empirismus" ver-
pflichteten Theorie, die "die Forderung, in das System der Weltbeschrei-
bung keine andern Größen aufzunehmen als erfahrbare, [...] als *den* Grundgedanken der reinen Erfahrungsphilosophie" implementiert habe.[88] Der
entscheidende Unterschied zu anderen Philosophenschulen ist allerdings,
daß es sich bei dieser Behauptung *nicht um eine simple 'Annektierung'
der RT als geistiges Terrain des Empirismus handelt, sondern daß sich für
Schlick mit dieser Einordnung der RT in die Geistesströmung des Empirismus auch eine Verfeinerung und Korrektur von dessen philosophischen
Kernthesen verbindet:*

> [die Relativitätstheorie] ordnet sich im allgemeinen den empiristischen
> und positivistischen Gedankenreihen ein, aber die innerhalb dieser

---

[84]Schlick [1917] S. 185.

[85]vgl. in gleichem Sinne E.v. Aster [1932, S. 116] über die SRT: "Sie beschreibt in mathematischer Form der Zusammenhang dieser Beobachtungstatsachen [...]. Die Wahrheit
der Formeln ist gleichbedeutend mit dem Eintreffen der in ihnen enthaltenen Voraussagen".

[86]siehe zu diesem empiristischen Sinnkriterium z.B. v.Aster [1921] S. 758.

[87]Schlick [1917] S.185.

[88]Schlick [1922]b S. 62; analoge Passagen finden sich z.B. bei Reichenbach [1949/79]b S.
189, 206f.

Richtungen in der Geschichte der Philosophie entwickelten 'relativistischen' Ideen sind keineswegs alle geeignet, die Einsteinsche Theorie verständlich zu machen und zu begründen, ja sie stehen zum Teil in Widerstreit mit ihr. Daraus folgt, daß die Relativitätslehre uns dazu dienen kann, das Berechtigte an jener Philosophie vor dem Übereilten und Verkehrten zu sondern. Die Theorie gestattet keinen wilden, unkritischen Empirismus oder Positivismus, sondern nötigt diese philosophischen Richtungen zu einer prägnanten Formulierung ihrer Grundthesen, schließt sie in ganz bestimmte Grenzen ein und reinigt und klärt ihre Prinzipien.[89]

Diese geistige Haltung steht in Parallele zu der jener, die vom Standpunkt des Neukantianismus aus sich für Revisionsstrategien entschieden, also bereit waren, Teile ihres Philosophems bei einer Anpassung an neues Erfahrungswissen zu revidieren.

Einige der Punkte, in denen Schlick, Reichenbach und andere den Denkrahmen des Positivismus und Empirismus umgebaut hatten, waren schon in 4.7.1. zur Sprache gekommen. Neben der Logisierung war dies vor allem eine Präzisierung einzelner zunächst noch sehr vager Begriffe (wie z.B. dem des Naturgesetzes im Zusammenhang mit Einsteins Kovarianzforderung und einer Analyse der Ursache-Wirkungsstrukturen in der relativistischen Raum-Zeit),[90] aber z.B. auch von der im Positivismus[91] als 'Elemente' oder 'Gegebenes' bezeichneten empirischen Basis: als 'konsequenter Empirist' mußte Schlick schließlich benennen können, was es sei, auf das sich die hochtheoretischen Aussagen der SRT und ART nach stufenweiser Elimination aller theoretischen Anteile schließlich empirisch zurückführen ließen. Ab 1917 gab er auf die Frage danach, was nach Zugrundelegung der RT eigentlich Messung bedeute, zur Antwort: Beobachtung von **Koinzidenzen**.

Solche Koinzidenzen sind also streng genommen das einzige, was sich beobachten läßt, und die ganze Physik kann aufgefaßt werden als ein Inbegriff von Gesetzen, nach denen das Auftreten dieser zeiträumlichen Koinzidenzen stattfindet. Alles, was sich in unserem Weltbilde nicht auf derartige Koinzidenzen zurückführen läßt, entbehrt der physikalischen Gegenständlichkeit und kann ebenso gut durch etwas anderes ersetzt werden. Alle Weltbilder, die hinsichtlich der Gesetze jener Punktkoinzidenzen übereinstimmen, sind physikalisch absolut gleichwertig.[92]

---

[89]Schlick [1922]b S. 66.

[90]vgl. z.B. Frank [1922]b S. 15f., Schlick [1920]a, [1925], [1931], [1948], Reichenbach [1925]a, [1929] u.a.

[91]vgl. dazu den Abschnitt 4.8.1. dieser Arbeit.

[92]Schlick [1917] S. 181; vgl. [1922]b S. 65, [1918/25]c S. 308ff.; Geiger [1921] S. 19.

Damit war ein Grundkonzept der SRT zu *dem* Schlüsselbegriff bei der Analyse des Zusammenhangs zwischen Theorie und Erfahrung überhaupt erklärt worden, und die Fusion zwischen der RT und dem logischen Empirismus auf die Spitze getrieben. Während Zeitmessungen im allgemeinen nämlich implizit bereits theoretisch vorbelastet waren (z.B. durch Rekurs auf Einsteins Synchronisationsverfahren für räumlich entfernte Uhren), so glaubten die Empiristen im raumzeitlichen Zusammenfallen von Ereignissen ein 'elementares Faktum', ein theorienunabhängiges Beobachtungsdatum vorzufinden, das als empirische Basis für physikalische Theorien tauglich sei. Durch Beobachter könnte eine solche Koinzidenz in der Form von **Protokollsätzen** des Typs 'An dem-und-dem Raumpunkt ereignete sich zu der-und-der Lokalzeit das folgende Ereignis ...' in wissenschaftliche Aussagen transformiert werden, die dann das Rohmaterial für wissenschaftliche Schluß- und Verallgemeinerungsprozesse abgeben sollten. Doch sollte sich diese Konzeption nicht lange halten- dabei waren es weniger die Diskussionen um die richtige Form solcher prä-theoretischer "Basissätze" bzw. "Konstatierungen", die von logischen Empiristen unter dem Stichwort 'Protokollsatz-Debatte' geführt wurde, als vielmehr die Einsicht der QM Bohr-Heisenbergscher Prägung, daß auch die Raumzeitpunkte der SRT, an denen solche Ereignisse lokalisiert gedacht wurden, nur eine Idealisierung waren, da sich bei Streuprozessen im mikroskopisch kleinen zeigte, daß nicht Ort *und* Zeit eines Ereignisses beliebig genau festlegbar waren.[93]

Zusammenfassend läßt sich deshalb über die philosophische Auseinandersetzung der logischen Empiristen mit der RT sagen, daß diese Gruppe wohl am meisten aus den Ergebnissen der RT zu lernen versucht hat - zunächst in dem Sinn, daß sie die intensivsten Bemühungen unternahmen, den Inhalten der SRT und ART ohne Verzerrung gerecht zu werden und dann in den eigenen Schriften klar und allgemeinverständlich darzulegen, schließlich aber auch in dem Sinn einer Ausrichtung ihrer ganzen Grundkonzeption auf solche Punkte, die sie aus beiden Theorien als methodisch bedeutsam heraushoben (vgl. die Übersicht 4.7.) Das Resultat ihrer interpretativen Bemühungen war eine 'verwissenschaftliche (= wissenschaftsanalytische) Naturphilosophie' (auch wenn einige logische Empiristen dieses Wort wegen des Anklanges an die abgelehnte romantische (= spekulative) 'Naturphilosophie' nicht benutzten.[94] Auf diese Vorzüge der darin praktizierten "Anschmiegung" einer philosophischen Interpretation an die zu deutende(n) physikalische(n) Theorie(n) komme ich im abschließenden Kapitel 6 meiner Arbeit noch zurück.

---

[93]vgl. dazu Schrödinger [1931], Rosen/Vallarta [1932].

[94]vgl. z.B. Schlick [1948], Dubislav [1933], Reichenbach [1927], [1929]d,g, [1930].

4.7.4   Ausblick auf die weitere Entwicklung

Durchgängig im log. Empirismus der Vorkriegsphase ist das noch ungebrochene Vertrauen in die Existenz theoretisch unvorbelasteter 'Konstatierungen' (wie eben bei Schlick in punkto Koinzidenzen aufgezeigt). Einer derer, die an der so verführerisch klaren Trennung zwischen Theorien- und Beobachtungssprache Kritik übten, war der schärfste zeitgenössische Kritiker der Empiristen, Karl Popper.[95] Andere Einwände regten sich auch von Seiten der Konventionalisten in der Duhem-Nachfolge, die dessen These von der Theorienbeladenheit der Erfahrung aufgriffen. Neuere Arbeiten zur RT und zur Philosophie der Raum-Zeit, die diese Einsichten einbeziehen und so zu einer von den Zeitgenossen Einsteins nicht erreichten Präzision und Tiefe der Interpretation kommen, sind z.B. die Publikationen des Reichenbach-Schülers Adolf Grünbaum (siehe insb. Grünbaum [1963/73]) und von Michael Friedman [1983]. Seit etwa 1960 wird auch vermehrt eine stärkere Berücksichtigung der tatsächlichen historischen Abläufe gegenüber systematischen Rekonstruktionen gefordert (Toulmin, Hanson, Kuhn u.a.). In der heutigen Wissenschaftstheorie, die Einsichten der log. Empiristen *und* ihrer Kritiker aufgreift,[96] wird ein sehr viel komplexeres Wechselspiel zwischen empirischen und theoretischen Anteilen gezeichnet.[97]

---

[95]zu P. vgl. Abschn. 4.12.4. und dortige Ref.

[96]vgl. z.B. Achinstein/Barker (Hrsg.) [1969].

[97]siehe z.B. Achinstein/Hannaway (Hrsg.) [1985].

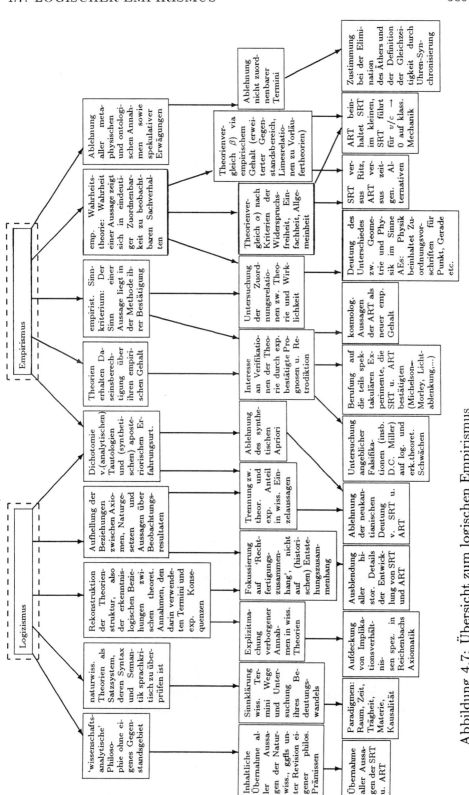

Abbildung 4.7: Übersicht zum logischen Empirismus

4.8   Neutraler Monismus, Phänomenalismus und relativistischer Positivismus

> Tatsache ist, daß Mach durch seine historisch-kritischen Schriften, in denen er das Werden der Einzelwissenschaften mit viel Liebe verfolgt und den einzelnen auf dem Gebiete bahnbrechenden Forschern bis ins Innere ihres Gehirnstübchens nachspürt, einen großen Einfluß auf unsere Generation von Naturforschern gehabt hat. Ich glaube sogar, daß diejenigen, welche sich für Gegner Machs halten, kaum wissen, wieviel von Mach'scher Betrachtungsweise sie sozusagen mit der Muttermilch eingesogen haben. (Einstein im Nachruf auf *Ernst Mach* [1916] S. 102).

Keine Gruppe von Philosophen und philosophierenden Naturwissenschaftlern hat mit solchem Nachdruck behaupten können, daß ihr Lehrherr zu den geistigen Großvätern der (allgemeinen) RT zu zählen sei, wie die Anhänger der österreichischen Philosophen-Physikers und Sinnesphysiologen Ernst Mach[1] (1838-1916). Nicht nur die engen Vertrauten Machs wie z.B. der Berliner Avenarius-Schüler Joseph Petzoldt oder der Empirist Philipp Frank sondern auch Fernerstehende wie z.B. der Berliner Wissenschaftsphilosoph Hans Reichenbach vertraten die Auffassung, daß Mach als Vorläufer der ART anzusehen ist.[2] Auch Einstein selbst hatte in der Phase der Entwicklung der ART diese Überzeugung gewonnen.[3] Wegen dieses starken Einflußes, den der Machianismus unstrittig auf die Entwicklung der ART gehabt hat, waren die meisten Anhänger Machs überzeugte Pro-Relativisten. Der engagierteste unter ihnen war wohl Joseph Petzoldt, von dem ich in Abschnitt 3.4.1. schon berichtet hatte, wie er zur Rolle eines Einstein-Verteidigers kam. Weniger eindeutig wurde die Situation, als 1921 ein antirelativistisches Vorwort zur posthum veröffentlichten *Optik* bekannt wurde. Da Mach bislang allseits als Befürworter der RT gegolten hatte, war die Irritation groß. Einerseits wandte sich Einstein in seinen eigenen erkenntnistheoretischen Überzeugungen mehr und mehr ab von den Auffassungen Machs, andererseits formierte sich nun auch eine Gruppe von Mach-Verehrern, die antirelativistische Positionen vertraten, allen voran

---

[1] zu bio- und bibliographischen Informationen über Mach siehe Blackmore [1972], Thiele [1978], Hentschel [1986], Wolters [1987] Haller/Stadler (Hrsg.) [1988] und dortige Ref.

[2] Petzoldt [1921]b, Frank [1917] bzw. Reichenbach [1921/79] S. 328/354f.; weitere Beispiele für die Vorläufer-These sind u.a. zu finden in: Hering [1920], Neurath et al.[1929] S. 10f./82f.; Höfler [1913] S. 290; v. Mises [1938], [1922] S. 11.

[3] siehe die Abschnitte 1.3. u. 1.4. dieser Arbeit sowie insb. Holton [1968].

der 'kritische Konventionalist' Hugo Dingler, in dessen Kielwasser auch Ludwig Mach, der Herausgeber der spektakulären *Optik* lief. Erst in diesem Jahrzehnt wurde begründeter Zweifel laut, ob das antirelativistische Vorwort Machs wirklich von diesem selbst verfaßt wurde - Gereon Wolters vertritt in dieser Debatte die These, daß es vom Mach-Sohn Ludwig gefälscht wurde.[4] Dieser Authentizitätsstreit braucht uns hier aber nicht weiter zu interessieren, da die Frage, was der greise Ernst Mach nun 1913 de facto geschrieben und gedacht hat, hier irrelevant ist. Für meine Arbeit kommt es vielmehr darauf an, welche Implikationen sich bei systematischer und konsequenter Auswertung von Machs allgemeinen ontologischen und epistemologischen Prämissen im Hinblick auf die Deutung der RT ergeben. Dabei interessieren die Argumente Machs ebenso wie die seiner Anhänger aus beiderlei Lager.

Dabei gibt es in diesem Abschnitt noch ein weiteres Problem: Ernst Mach selbst hat es nämlich stets abgelehnt, als Kopf einer eigenen Philosophenschule angesehen zu werden, ja er wies es sogar zurück, ihn überhaupt als Philosophen anzusprechen.[5] Wenn ich mich über dieses Machsche Selbstverständnis im folgenden hinwegsetze und ihn dennoch so behandele wie z.B. Kant in Abschnitt 4.1. oder Vaihinger in Abschnitt 4.4., dann deshalb, *weil das Werk Machs für seine Adepten ebenso eine Leitfunktion ausgeübt hat, wie Kants oder Vaihingers Schriften für andere.* Diese These werde ich vor allem in der Fallstudie zu Joseph Petzoldt belegen. Doch zunächst muß ich wieder knapp den Denkrahmen vorstellen, in den später die Anhänger Machs die RT einzuordnen hatten.

4.8.1   Auswirkungen des Phänomenalismus in Machs Kritik der Newtonschen Mechanik[6]

Machs erkenntnistheoretische und methodologische Auffassungen wurzeln in seinen eigenen experimentellen Forschungen, besonders in der experimentellen Physik und Sinnesphysiologie. Anders als die meisten seiner Fachkollegen hatte er aber "ein starkes Bedürnis, die Vorgänge zu durchschauen, durch welche er seine Kennt-

---

[4]siehe insb. Wolters [1987], [1988] und die Replik v. Blackmore [1988], [1989], [o.J.].

[5]siehe insb. Machs Vorwort zu [1905], S. vii: "Ich habe schon deshalb ausdrücklich erklärt, daß ich gar kein Philosoph, sondern nur Naturforscher bin. Wenn man mich trotzdem zuweilen, und in etwas lauter Weise, zu den ersteren gezählt hat, so bin ich hierfür nicht verantwortlich." (und in der Anmerkung zu dieser Passage:) "Es gibt vor allem keine Machsche Philosophie, sondern höchstens eine naturwissenschaftliche Methodologie und Erkenntnispsychologie, und beide sind, wie alle naturwissenschaftlichen Theorien, vorläufige, unvollkommene Versuche". (Orig.-Hervorh. wurden hier unterdrückt).

[6]Dieser Unterabschnitt kann übersprungen werden.

nisse erwirbt und erweitert".[7] In diesem Sinne sind seine *Beiträge zur Analyse der Empfindungen* die Auswertung seiner sinnesphysiologischen Forschungen, die er in Wien und Prag betrieben hatte,[8] und das Sammelwerk *Erkenntnis und Irrtum* die Frucht seiner jahrzehntelangen Bemühung, an sich selbst und seinen Kollegen durch Reflexion über das eigene Tun bzw. aufmerksame Beobachtung "die einzelnen, den Forscher leitenden Motive zu erspähen".[9] Dieser Ansatz Machs, aus systematischen Beobachtungen der Forschungs*praxis* ein Modell der wissenschaftlichen Methode und der sich abspielenden Erkenntnisvorgänge zu gewinnen, unterscheidet sich grundlegend von den Versuchen der anderen, bislang vorgestellten Philosophen, mit einer *Theorie* zur Logik der Forschung aufzuwarten, und ggfls. dann zu überprüfen, ob sich diese praktisch bewährt. Mach verstand seine eigenen methodologischen Reflexionen somit als *deskriptive* (nicht normative) Wissenschaftstheorie bzw. als **Erkenntnispsychologie (nicht -theorie)** im Sinne einer "biologisch-psychologischen Untersuchung" der Genese wissenschaftlicher Theorien im Unterschied zur "logischen Analyse" rekonstruierter ahistorischer Idealformen.[10] Aus dieser Motivation Machs erklärt sich auch die Entstehung seiner wissenschaftsgeschichtlichen Abhandlungen über die Entwicklung der Mechanik [1883], der Wärmelehre [1900], der Optik [posthum 1921] und ideengeschichtlicher Studien u.a. zum Energieerhaltungssatz [1872].

Erkenntnistheoretisch stand Mach den Positionen des Empirismus (Hume, Locke) bzw. Positivismus (Comte) nahe, vermöge derer die Quelle alles menschlichen Wissens das Erfahrbare, das Tatsächliche, das 'positiv' bestimmbare Sinnesdatum sei.[11] Wegen des mißbräuchlichen und pejorativen Verwendung des Terminus 'Positivismus' gebrauche ich im folgenden nur die Bezeichnung **Phänomenalismus** als Kurzbezeichnung für seine erkenntnistheoretische Grundüberzeugung. Damit ist angezeigt, daß für Mach wissenschaftliche Aussagen in letzter Instanz direkt an Beobachtbarem, an 'Phänomenen' überprüfbar sein mußten, um sich als legitim auszuweisen - umgekehrt galt für ihn aber auch, daß alle Konzepte bzw. Hypothesen, deren Ursprung und Zweck nicht am Erfahrbaren erwiesen werden kann, als 'metaphysisch', als 'sinnlos', als 'überflüssig' aus Wissenschaft und ihren Methoden zu entfernen sind.[12] Mach sprach im Zusammenhang mit diesem Bestreben, die Wirklichkeit auf den Bereich des Wahrnehmbaren zu be-

---

[7]Mach [1905] S. v.

[8]vgl. z.B. Heller [1964] S. 13-22; Wolters im Vorwort zum Reprint von Mach[1886].

[9]Mach [1905] S. v; vgl. Mach [1883]b S. 526.

[10]siehe z.B. Mach [1883]b S. 527; zum Wissenschaftshistoriker Mach siehe z.B. Hentschel [1988] und die dortigen Referenzen.

[11]vgl. zur Definition des Terminus 'Positivismus' z.B. Abbagnano [1967] sowie Schnädelbach [1971] S. 95f.; Hentschel [1984] Kap. 10.

[12]siehe z.B. Mach [1883]b S. v, 234; vgl. Cekič [1981], Ray [1987] S. 23f. bzw. Blackmore [1988] S. 48f. zur Klärung der Bedeutung des Terminus 'Phänomenalismus' im Unterschied zur direktem und indirektem 'Realismus'.

schränken,[13] auch von einer **anti-metaphysischen Tendenz** seiner Schriften[14]
- die tradierten philosophischen Lehrgebäude, insonderheit das des Kantianismus,
mit ihrem Nebeneinander von Phainomena und Noumena, genügten diesem Machschen Klärungs- und Reinigungsanspruch natürlich nicht, weshalb er offen gegen
sie Stellung bezog.[15] Seiner Überzeugung nach erzeugten diese altüberkomme-
nen philosophischen Traditionen nicht nur unbotmäßige Verwirrung, sondern auch
"Pseudoprobleme" z.B. durch unangepaßtes Vokabular ("begriffliche Ungetüme"),
unangemessene Denkschablonen etc., weshalb diese "Schutthalden" nichts besseres
verdienten als beseitigt zu werden.[16] Dieser Rigorismus sollte jedoch nicht als Phi-
losophiefeindlichkeit schlechthin mißverstanden werden - im Vorwort zu seinem
erkenntnistheoretischen Hauptwerk betonte er ausdrücklich, daß er erfreut sei,
mit seinem "naturwissenschaftlichen Standpunkt namhaften Philosophen" nahe
gekommen zu sein.[17]

Soweit dieses Referat des vorwiegend negativ-kritischen Anteils der Auffassungen Machs. Bei der Darlegung der positiv-aufbauenden Vorstellungen setzt
man, so meine ich, am besten bei seiner *Analyse der Empfindungen* an.[18] In
Übereinstimmung mit den Empiristen betrachtete auch Mach die direkte sinnliche
Erfahrung als Ausgangspunkt und Ziel alles menschlichen Wissens. Unmittelbar gegeben sei zunächst eine Vielfalt von Sinneseindrücken, die Mach 'Empfindungen' nannte.[19] Diese komplexen Empfindungskonglomerate aber seien für die
erkenntnistheoretische Analyse ungeeignet, da sich in ihnen viele, jeweils anders
gemischte elementarere Anteile zusammenfänden. Alltägliche Beobachtungen und
Vergleiche vieler solcher Komplexe aber führten auf zumindest provisorisch angebbare Elementarempfindungen, den sog. **Elementen**.[20] Durch Beobachtung

---

[13]ähnlich der Formel Berkeleys "esse est percipi", von dem sich Mach selbst jedoch abgrenzte - siehe etwa Mach [1883]b S. 540. Wien [1921, S. 219] spricht von
"Konszientialismus".

[14]siehe z.B. Mach [1883]b S. v,540 [1886] Kap.1: 'Antimetaphysische Vorbemerkungen'.

[15]vgl. z.B. Vorworte von Mach [1886], [1905] s. vii Anm.

[16]siehe z.B. Mach [1883]b S. v, [1905] S. viii, 5.

[17]ibid., S. vii; vgl. S. 4. Mach ibid. nannte u.a. dem Empiriokritizisten Avenarius, den Im-
manenzphilosophen Schuppe und den Naturphilosophen Ziehen; vgl. z.B. Thiele [1978] u.
Blackmore/ Hentschel [1986] für Korrespondenzen zwischen Mach und einigen ihm nahestehenden Philosophen sowie Blackmore [1972] u. Wolters [1987] zu Machs zweischneidigen
Philosophieverständnis.

[18]Mach [1886]; der Zusammenhang dieser Werkes mit späteren Arbeiten Machs wurde
oft bestritten - vgl. z.B. Feyerabend [1980], [1984], Zahar [1981] S. 267, doch ich behaupte
dementgegen die enge Verbundenheit der darin dargelegten Gedanken Machs mit späteren;
für Belege vgl. Hentschel [1985] sowie die folgenden Ausführungen des Haupttextes. Eine
andere Mach-Auffassung vertritt R. Haller in Haller/Stadler (Hrsg.) [1988] S. 64ff., 342ff.

[19]Locke hätte eher von 'einfachen Ideen (ideas)' gesprochen, Hume wohl von 'Eindrücken
(impressions)', aber trotz dieser terminologischen Differenzen ist allen gemeinsam die (an-
greifbare) Unterstellung der Existenz vor-theoretischer, unbelasteter, unmittelbarer Erfahrung durch die menschlichen Sinne.

[20]eingeführt wird dieser Terminus in Mach[1886] S. 4; er findet sich aber auch in späteren

beständiger Kopplung einiger solcher Elemente aneinander würde ferner das Konzept unveränderlicher Gegenstände und Körper entstehen. In einer weiteren Stufe würde so schließlich das Modell eines Objekte wahrnehmenden Subjekts ('Ich') nahegelegt. Doch Mach betonte 1886, daß das unmittelbar Gegebene zunächst subjektlos, 'neutral' vorhanden sei; die Vorstellung eines wahrnehmenden Ichs als Knotenpunkt in der "zähen Masse des Meeres von Empfindungen" sei eine nachträglich gebildete.[21] Die Elemente seien weder materiell noch geistig, weder nur-empirisch noch nur-rational, sondern aus einer, bezüglich dieser Unterscheidungen 'neutralen' Bausteinsorte werde das ganze Gebäude des Wissens errichtet. Deshalb nannte Mach diese ontologische Position auch **neutralen Monismus**, mit der er die Einseitigkeiten des Idealismus und Realismus überwunden zu haben glaubte.[22]

Das Wissen des Alltags wie auch dessen systematisierte Form des exakten, naturwissenschaftlichen Wissens, bestand laut Mach in der Aufweisung bestimmter gesetzmäßig angebbarer Relationen zwischen den Elementen. Die Disziplinen Physik, Physiologie und Psychologie unterschieden sich für Mach nur in der Auswahl der Klassen von Elementen, die sie miteinander korrelierten, nicht aber in der einheitsstiftenden Eigenschaft, solche funktionalen Abhängigkeiten so präzis wie möglich anzugeben.[23] Dabei sprach Mach ausdrücklich *nicht* von **kausalen** Verknüpfungen wie in der Naturphilosophie seiner Zeit üblich, sondern nur von **funktionalen**, denn in der Rede von Kausalität schwinge noch der alte Aristotelische Sinn von 'Realursachenbeziehung' mit, die empirisch niemals nachzuweisen sei - beobachtet würden stets nur gesetzmäßig angebbare Relationen zwischen Elementarempfindungen, niemals dahinter verborgene Seinsbeziehungen.[24]

Auch in den Klassifikationssystemen, die in der wissenschaftlichen Terminologie entwickelt würden, um Ähnlichkeitsrelationen beobachteter Gegenstände (z.B. Pflanzen) zu beschreiben, und in den Naturgesetzen, die in formalisierten, quantifizierten Wissenschaften wie z.B. der Physik aufgestellt würden, um Naturvorgänge zu erfassen, seien nicht etwa Eigenschaften der Wirklichkeit an sich erfaßt, sondern nur nützliche Instrumente geschaffen, komplexe Sachverhalte übersichtlich zu erfassen. Die Aufgabe der Wissenschaft sei also nicht zu erklären, sondern nur, sachgerecht und bündig zu beschreiben. Neben der Erfassung immer neuer und der Präzisierung schon bekannter Gesetzlichkeiten sei eine weitere Aufgabe die der

---

Auflagen der *Mechanik*, z.B. [1883]b S. 512; vgl. zur Kritik z.B. Schlick [1918/25] S. 231f.

[21]Mach [1886]; Avenarius nannte diesen Vorgang 'Introjektion'.

[22]vgl. z.B. Mach [1886]; Mach grenzte sich dabei ausdrücklich gegen die Monismen eines Häckel oder Ostwald ab - vgl. Thiele [1978], Blackmore [1988] S. 49f.

[23]siehe insb. Mach [1886] S.26ff.

[24]siehe z.B. Mach [1886] S. 28: "Der Spuk verschwindet jedoch sofort, wenn man die Sache sozusagen in mathematischem Sinne auffaßt, und sich klar macht, daß nur die Ermittlung von Funktionalbeziehungen für uns Wert hat, daß es lediglich die Abhängigkeiten der Erlebnisse voneinander sind, die wir zu kennen wünschen" (Orig. Hervorhebungen weggelassen).

Vereinheitlichung und Vereinfachung des Begriffssystems, mit dem diese wissenschaftliche Beschreibung operiere. Diesen aus einem Gedankenaustausch mit dem
Nationalökonomen Herrmann erwachsene Gedanke nannte Mach die **Denkökonomie** der Wissenschaft.[25]

> Die Wissenschaft kann daher selbst als eine Minimumaufgabe angese-
> hen werden, welche darin besteht, möglichst vollständig die Thatsa-
> chen mit dem *geringsten Gedankenaufwand* darzustellen.[26]

Suggeriert diese Formulierung zunächst die Gleichsetzung von Machs Forderung
nach Denkökonomie mit dem Verlangen nach psychologisch einfacher Begreiflich-
keit, ja mit Denkfaulheit, so ergibt sich die Bedeutung des Terminus an anderen
Stellen eher als logische Ökonomie (im Sinne minimaler unabhängiger Annahmen)
oder als formale Ökonomie (Bündigkeit der wissenschaftlichen Beschreibungen).
Tatsächlich verstand Mach seinen Terminus wohl als Oberbegriff zu all diesen
Bedeutungsschattierungen.[27]

In der **instrumentalistischen Beschränkung wissenschaftlicher Theorien** auf die Ermittlung möglichst einfacher, funktionaler Abhängigkeiten schlägt
sich die pragmatische Haltung Machs nieder, die wissenschaftliche Theorien nur
als Hilfsmittel zur übersichtlichen, 'denkökonomischen' Erfassung vielfältiger Einzelheiten duldete.[28] Wissenschaft war für ihn kein Selbstzweck, betrieben etwa um
der Schönheit, der Eleganz des Formelwerkes willen, sondern zu rechtfertigen nur
durch den Gewinn, den sie der Menschheit durch gesteigerte Naturbeherrschung
und verbesserte Voraussagemöglichkeit bot.[29] Wegen der Gemeinsamkeit aller wissenschaftlichen Disziplinen, funktionale Zusammenhänge zwischen Elementen zu

---

[25]erstmals erwähnt in einer historischen Studie Machs zum Energieerhaltungsprinzip
[1872] und ausgeführt in einem Wiener Festvortrag über *die ökonomische Natur der physikalischen Forschung* [1882]; über die Entwicklung dieses Gedankens berichtet Mach selbst
in [1883]b S. 524-528; dagegen polemisierten u.a. Planck [1909], [1910] und Höfler [1913]
S. 290. Vgl. Cekič [1988] sowie Haller u. Sommer in Haller/Stadler (Hrsg.) [1988].

[26]Mach [1883] S. 519 (Hervorhebung Orig.); vgl. ibid., S. vi.

[27]diese Vieldeutigkeit der 'Denkökonomie' zeigt besonders prägnant die Formulierung
in Mach [1910]: "Je weiter, eingehender man die wissenschaftlichen Methoden, den systematischen, ordnenden, vereinfachenden, logisch-mathematischen Aufbau analysiert, desto
mehr erkennt man das wissenschaftliche Tun als *ökonomisches*.[...] In kürzester Art ausgedrückt erscheint dann als Aufgabe der wissenschaftlichen Erkenntnis: *Die Anpassung
der Gedanken an die Tatsachen und die Anpassung der Gedanken aneinander*" (Hervorhebungen Orig.); vgl. auch Blackmore [1972] S. 173-174 u. Ray [1987] S. 30-37.

[28]vgl. z.B. Mach [1905] S. 455: "Naturwissenschaft ist eine Art Instrumentensamm-
lung zur gedanklichen Ergänzung irgendwelcher teilweise vorliegender Tatsachen oder zur
möglichen Einschränkung unserer Erwartung in künftig sich darbietenden Fällen".

[29]siehe z.B. Mach [1886] S. 29f.: "Die biologische Aufgabe der Wissenschaft ist, dem
vollsinnigen menschlichen Individuum eine möglichst vollständige Orientierung zu bieten.
Ein anderes wissenschaftliches Ideal ist nicht realisierbar und hat auch keinen Sinn." (Orig.
Hervorhebungen weggelassen); vgl. auch die Planck-Mach-Debatte über die Aufgabe der
Naturwissenschaft [1909 - 1910], ref. z.B. in Heller [1964] S. 134.

erforschen, sah sich Mach dazu aufgerufen, nach methodischen Ähnlichkeiten zwischen den Grundlagendisziplinen zu suchen, von denen er erwartete, daß sie mehr und mehr zu einer Einheitswissenschaft mit einer abgerundeten, wissenschaftlichen Weltauffassung konvergieren würden.[30] Obwohl seine eigenen Arbeitssschwerpunkte zeitlebens in der Physik und Physiologie und ihrer Geschichte lagen, erwartete Mach in späteren Jahren besonders von der Biologie neue Aufschlüsse über den Weg zur methodischen Einheit der Wissenschaft.[31] Deshalb wäre es verfehlt, von Machs Methodologie als 'Physikalismus' zu sprechen, zu dem sie später unter Federführung von Machverehrern wie Otto Neurath weiterentwickelt wurde,[32] und selbst ihre Umschreibung als 'Szientizismus' scheint mir problematisch, weil dies vergessen macht, daß das Alltagswissen von den Erkenntnissen der Naturwissenschaften durch Mach nicht prinzipiell, sondern nur graduell unterschieden wurde.[33]

Soweit mein Referat der grundsätzlichen Positionen Machs. Nun will ich zeigen, wie diese Wurzeln ansetzten und Sprossen trieben in seiner Kritik der zeitgenössischen Wissenschaft, speziell der klassischen Newton-Eulerschen Mechanik. Diese Passagen in Machs *historisch kritischer Entwicklung* der Mechanik [1883] beeinflußten (vgl. Abschn. 1.4. und 1.5.) zwei Jahrzehnte später die Genese der speziellen und allgemeinen RT nachhaltig.[34]

4.8.2 Die Berührungspunkte zwischen Machs Kritik der Mechanik und der RT

Da ich auf die Auswirkung phänomenalistischer Prämissen in der Interpretation beider RT hinaus will, gestatte man mir eine getrennte Behandlung der Berührungspunkte mit der SRT und ART - dies entspricht natürlich nicht der originalen Argumentationskette Machs, die aber oft genug in ihrem ursprünglichen Kontext behandelt wurde.[35]

---

[30]dieses Ideal wurde später im Wiener *Verein Ernst Mach* weiter gepflegt - siehe Frank [1937/38] S. 250ff.; vgl. Stadler [1982] S. 167 und Abschnitt 4.7. dieser Arbeit zur Rezeption Machs im Geiste der 'Wissenschaftlichen Weltauffassung'.

[31]dies zeigen Machs letzte Aufsätze ebenso wie seine Korrespondenz des letzten Lebensjahrzehnts, in Auswahl in Blackmore/Hentschel [1986].

[32]siehe Neurath [1931] sowie Abschnitt 4.7. dieser Arbeit; vgl. Frank [1937/38] S. 252.

[33]vgl. z.B. Mach [1905] "Der Naturforscher kann zufrieden sein, wenn er die bewußte, psychologische Tätigkeit des Forschers als eine methodisch geklärte, verschärfte und verfeinerte Abart der instinktiven Tätigkeit der Tiere und Menschen wiedererkennt, die im Natur- und Kulturleben täglich geübt wird"; vgl. [1883]b S. 541.

[34]siehe z.B. die Briefe AEs an Mach, vollständig zitiert in Herneck [1966] u. Blackmore/Hentschel [1985].

[35]vgl. z.B. Blackmore [1972], Feyerabend [1980],[1984], Zahar [1981], Cekič [1981], Hentschel [1985],[1986], Wolters [1987].

Sensualistische Kritik von Newtons Absoluta und SRT

An den Newtonschen Konzepten der 'absoluten Zeit' und des 'absoluten Raumes' exemplifizierte Mach in seiner *Mechanik* seine Forderung nach kritischer Elimination all der 'begrifflichen Ungetüme', die in keinen Zusammenhang mit Beobachtbarem zu bringen seien. Da Newton selbst in seiner *Principia* [1687] bestimmt hatte: "die absolute, wahre und mathematische Zeit verfließt an sich und vermöge ihrer Natur gleichförmig, *ohne Beziehung auf irgend einen äussern Gegenstand*",[36] brauchte Mach diesen nicht-empirischen Status dieses Konzeptes gar nicht mehr nachzuweisen, sondern konnte sogleich behaupten:

> Die absolute Zeit kann an gar keiner Bewegung abgemessen werden, sie hat also auch gar keinen praktischen wissenschaftlichen Werth, niemand ist berechtigt zu sagen, dass er von derselben etwas wisse, sie ist ein müssiger, 'metaphysischer' Begriff.[37]

Damit ergab sich für Mach sofort weiter, daß auf die Benutzung dieses Begriffes verzichtet werden müsse und statt seiner nur die "Ermittlung der Abhängigkeiten der Erscheinungen voneinander" anzustreben sei, wie dies sein funktionalistisches Methodenideal besagte.[38] Aus Machs sensualistischer Beschränkung der Naturwissenschaften auf solche Begriffe, die direkt mit Meßbarem in Zusammenhang zu bringen sind, ergab sich umgehend auch die **Ablehnung des absoluten Raums bei Newton**, denn:

> Ueber den absoluten Raum und die absolute Bewegung kann niemand etwas aussagen, sie sind blosse Gedankendinge, die in der Erfahrung nicht aufgezeigt werden können. Alle unsere Grundsätze der Mechanik sind [...] Erfahrungen über relative Lagen und Bewegungen der Körper.[...]. Niemand ist berechtigt, diese Grundsätze über die Grenzen der Erfahrung hinaus auszudehnen. Ja, diese Ausdehnung ist sogar sinnlos, da sie niemand anzuwenden wüßte.[39]

Der Wortlaut beider Ausschnitte aus Machs Kritik der Newtonschen Ansichten über Raum, Zeit und Bewegung beweist, daß es nicht irgendein spezielles physikalisches oder mathematisches Argument war, das Mach gegen die Newtonschen Konzepte vorbrachte, sondern lediglich elementare erkenntnistheoretische Bedenken zu deren transempirischem Charakter, die

---

[36] Newton [1687] Anm. zur Erklärung 8; die gleiche, von mir hervorgehobene Eigenschaft sprach er auch dem 'absoluten Raum' zu (ibid.).
[37] Mach [1883]b S. 234.
[38] ibid., S. 240.
[39] Mach [1883]b S. 240; für Machs Kritiker war dies gleichbedeutend mit einem "Relativismus" - vgl. z.B. Höfler [1913] S. 290.

ihm bereits hinreichend zu begründen schienen, warum ohne diese Konzepte auszukommen sei. Da Mach nun mit dem klassischen Dogma der Existenz eines eindeutigen (absoluten) Bezugssystems gebrochen hatte,[40] ergab sich zwangsläufig die Auffassung von Bewegungsvorgänge als Bewegung eines Körpers relativ zu anderen Körpern.[41] Damit war Mach schon 1883 zu einem der beiden Grundgedanken der RT vorgedrungen, den Einstein dann 1905 in seinem speziellen RP und 1915/16 im allgemeinen RP zum Postulat erhob. Doch was Mach fehlte war die Einsicht, daß neben diesen einen Gedanken noch eine Aussage über den Ausbreitungsmodus des Lichtes gestellt werden mußte, um dann zu tragfähigen Vorschriften über den Zeit- und Längenvergleich in zueinander bewegten Systemen fortschreiten zu können. Dieser elektrodynamische Ideenstrang war jenseits seines eher von mechanischen und thermodynamischen Themen bestimmten physikalischen Denkhorizontes und wurde erst durch Poincaré, Larmor und den jungen Einstein eingebracht, die alle drei gerade auf diesem Gebiet bewandert waren. Einstein selbst umschrieb dieses Hemmnis, das Mach davon abhielt, die SRT schon Ende des 19. Jahrhunderts zu entwickeln, wie folgt:

> Es ist nicht unwahrscheinlich, daß Mach auf die Relativitätstheorie gekommen wäre, wenn in der Zeit, als er jugendfrischen Geistes war, die Frage nach der Bedeutung der Konstanz der Lichtgeschwindigkeit schon die Physiker bewegt hätte. Beim Fehlen dieser aus der Maxwell-Lorentzschen Elektrodynamik fließenden Anregung reichte auch Machs kritisches Bedürfnis nicht hin, um das Gefühl der Notwendigkeit einer Definition der Gleichzeitigkeit örtlich distanter Ereignisse zu erwecken.[42]

Aus der Perspektive der fertigen Theorie stellte es sich also für Einstein so dar, daß Mach zwar den *negativen* Teil, nämlich die Aufbrechung der klassischen Dogmen und die Kritik "längst geläufiger" und mit "allzu großer Autorität" behafteter Konzepte, bewältigt hatte, aber den *positiv* aufbauenden Teil, nämlich die Angabe der Postulate, die an die Stelle der überkommenen zu treten haben, schuldig geblieben war.[43]

---

[40]und zwar nicht nur in der mechanischen Variante 'absoluter Raum', sondern auch ihrem elektrodynamischen Konterpart 'Äther' - vgl. [1883]b S. 241.

[41]ibid., S. 240f, 248.

[42]AE [1916]e S. 103; vgl. den Kommentar von Petzoldt [1921]b S. 501.

[43]vgl. z.B. AE an M. Besso, 13. Mai 1917, zit. in Speziali (Hrsg.) [1972] S. 114: "Ueber das Mach'sche Rösslein schimpf ich nicht; Du weisst doch, wie ich darüber denke. Aber es kann nicht Lebendiges gebären, sondern nur schädliches Gewürm ausrotten".

Denkökonomie bei der Behandlung von allgemeiner Relativität, Massenträgheit und Gravitation - die Royal road zur ART ?

Die Forderung nach allgemeiner Relativität, zu der Mach durch die simple Feststellung gekommen war, daß nur relative Bewegungen von Körpern gegen Referenzkörper beobachten ließe, war so gesehen, ebenfalls nur eine negative Aussage, nämlich ein Verbot der Heranziehung des transempirischen, absoluten Raums zur Naturbeschreibung. Doch hier ergab sich eine Herausforderung an Mach dadurch, daß Newton den absoluten Raum zwar nicht direkt als sinnlich erfahrbar ansah, wohl aber davon ausging, daß Wirkungen dieses absoluten Raumes nachweisbar sind. In seinem sog. Eimerargument wähnte sich Newton im Besitz eines schlagkräftigen Argumentes, das die Unverzichtbarkeit dieses Konzeptes erweise, weil genau dann, wenn Materie sich relativ zum absoluten Raum in beschleunigtem Bewegungszustand befinde, Kräfte an dieser Materie aufträten, so z.B. Fliehkräfte von der Axe der Bewegung im Falle eines rotierenden, mit Wasser gefüllten Eimers.[44] Darum mußte Mach dieses Eimerargument Newtons entkräften, um die schadlose Eliminierung des absoluten Raumes aus der Mechanik verlangen zu können. Er tat dies, indem er auf den seit Newton übersehenen Umstand hinwies, daß sehr wohl ein sinnlich wahrnehmbares Bezugssystem angebbar sei, relativ zu dem sich der Eimer drehe, nämlich der Fixsternhimmel als der beobachtbare Teil sämtlicher Massen des Universums.

> Der Versuch Newtons mit dem rotierenden Wassergefäß lehrt nur, daß die Relativdrehung des Wassers gegen die Gefäßwände keine merklichen Zentrifugalkräfte weckt, daß dieselben aber durch die Relativdrehung gegen die Masse der Erde und die übrigen Himmelskörper geweckt werden. Niemand kann sagen, wie der Versuch verlaufen würde, wenn die Gefäßwände immer dicker und massiger und zuletzt mehrere Meilen dick würden.[45]

Nichts zwinge zu der Newtonschen Konklusion, daß die Realität des absoluten Raumes erwiesen sei, denn der Fixsternhimmel könne in keinem praktischen Experiment weggezaubert werden. Wenn aber Rotation relativ zu den kosmischen Massen zum Auftreten von Fliehkräften führe, so sei dies ein aufschlußreicher funktionaler Zusammenhang zwischen lauter direkt beobachtbaren Größen ganz im Sinne seines methodischen Funktionalismus, der die Hypothese nahelege, daß die Trägheit von Massen durch Interaktion mit anderen Massen zu erklären sei. Somit war Mach durch seinen

---

[44]siehe Newton [1687/1872] S.28f.;vgl. Ray [1987] S.3-10 zur präzisen Rekonstruktion von diesem sowie einem weiteren Argument Newtons sowie für weitere Texte hierzu.

[45]ibid., S.242f.; vgl. z.B. Ray [1987] S. 12-23 für eine genaue Analyse der Argumentation Machs.

sensualistisch begründeten Anspruch, bei der Behandlung von Rotations-
bewegungen auf dem "Boden der Thatsachen" zu bleiben[46] auf eine später
für die Entwicklung der ART heuristisch fruchtbare Hypothese geführt worden, der zufolge "man alle Massen als untereinander in Beziehung stehend
betrachten" sollte, um mittels dieser allseitigen Wechselwirkung das empirisch beobachtete Trägheitsverhalten begründen zu können, ohne zu dessen Erklärung einen "besonderen absoluten Raum" einführen zu müssen.[47]
Diesen Gedanken Ernst Machs, Massenträgheit vollständig durch die Wechselwirkung von Massen zu erklären, bezeichnete Einstein später als **Machsches Prinzip**. Über Einsteins wiederholten Versuche zwischen 1909 und
1917, diesen Gedanken in seine ART zu implementieren und sein letztend-
liches Scheitern habe ich in 1.4. und 1.5. berichtet.[48]

Zu diesen Ausführungen Machs (aus dem Jahr 1883!) schrieb nach
Albert Einstein 1916 in seinem Nachruf auf Mach, zu diesem Zeitpunkt
noch in der Hoffnung, dieses Machsche Programm erfüllen zu können:

> Die zitierten Zeilen zeigen, daß Mach die schwachen Seiten der klassi-
> schen Mechanik klar erkannt hat und nicht weit davon entfernt war,
> eine allgemeine Relativitätstheorie zu fordern, und dies schon vor fast
> einem halben Jahrhundert. [...].

> Die Betrachtungen über Newtons Eimerversuch zeigen, wie nahe sei-
> nem Geiste die Forderung der Relativität im allgemeinen Sinne (Re-
> lativität der Beschleunigungen) lag. Allerdings fehlt hier das leb-
> hafte Bewußtsein davon, daß die Gleichheit der trägen und schweren
> Masse der Körper zu einem Relativitätspostulat im weiteren Sinne
> herausfordert, indem wir nicht imstande sind, durch Versuche darüber
> zu entscheiden, ob das Fallen der Körper relativ zu einem Koor-
> dinatensystem auf das Vorhandensein eines Gravitationsfeldes oder
> auf einen Beschleunigungszustand des Koordinatensystems zurück-
> zuführen sei.[49]

Diese Passage seines Nachrufs habe ich hier ausführlich wiedergegeben, da
sie nicht nur deutlich macht, wo Mach der ART nahe kam, sondern in
ihrem zweiten Teil auch aufzeigt, daß es nach Überzeugung Einsteins die
Einsicht in die Äquivalenz von Gravitations- und Beschleunigungsfeld war,
die bei Mach noch fehlte und schließlich den Ausbau der ART durch Einstein möglich machte. Es ist aber zu ergänzen, daß zusätzlich auch die

---

[46]ibid., S. 242.

[47]ibid., S. 246.

[48]siehe Abschn. 1.4. u. 1.5. für Belege; vgl. z.B. Hönl [1966], Goenner [1966], Ray
[1987] für weitere Erläuterungen.

[49]AE [1916]e S. 103; vgl. Petzoldt [1921]b S. 501 und den rückblickenden Brief AEs an
Besso, 6. Jan. 1948, zit. in Speziali (Hrsg.) [1972] S. 386ff u. in Wolters [1987] S. 102-103.

durch seinen Phänomenalismus und Theorieninstrumentalismus genährte Abneigung Machs gegen kompliziertere mathematische Formalismen eine Barriere gebildet hat, die eine differentialgeometrische Erfassung des Zusammenhangs zwischen Raum-Zeitmetrik und Materieverteilung im Sinne der Feldgleichungen der ART durch ihn undenkbar machte.[50]

4.8.3 Fallstudie Joseph Petzoldt

> He [Petzoldt] tried to bring together the followers of Avenarius and Mach under the banner of 'positivism' and the advocates of philosophical and scientific 'relativism' under the slogan of 'relativistic positivism'.
> Blackmore [1972] S. 191.

Petzoldts Biographie und philosophische Kernprämissen

Joseph Petzoldt[51] (1862-1929) hatte 1891 mit einer Arbeit über 'Maxima, Minima und Ökonomie' in Göttingen bei G. E. Müller promoviert, in der Petzoldt eine eigentümliche Synthese des (Machschen) Konzepts der Denkökonomie mit dem (Avenariusschen) Prinzip des kleinsten Kraftmaßes unternimmt. Die darin schon deutlich werdende Verbundenheit mit dem Werk seines Mentors Richard Avenarius und verwandten Anschauungen des philosophierenden Physikers Ernst Mach, in dessen Bannkreis er seit Erscheinen der Machschen *Mechanik* geraten war, prägten Petzoldts eigenes philosophisches Programm zeitlebens. Wie seine erhaltene Korrespondenz beweist, hatte er mit beiden Denkern zu deren Lebzeiten in engem, freundschaftlichem Verhältnis gestanden, und von beiden edierte er nach deren Ableben einzelne Werke, offenkundig in dem Bestreben, die philosophische Tradition seiner Lehrer fortzuführen.[52] Ab 1888 unterrichtete

---

[50]siehe z.B. Machs Bemerkungen über nichteuklidische Geometrien und höherdimensionale Räume, die er als "mathematisch-physikalische Hülfsmittel" anerkannte und in jungen Jahren selbst probeweise benutzt hatte, von denen er aber ausschloß, daß sie der physikalischen Realität entsprechen könnten - [1883]b S. 522-524; vgl. Wolters [1987] § 30.

[51]Allgemein Biographisches zu Petzoldts findet man z.B. in: Dubislav [1929], Hermann [1929], Ohmann [1930], Müller [1966], Thiele [1969] u. [1971] sowie in dortigen Ref.

[52]vgl. z.B. das Motto dieses Unterabschnitts. Diese Mittelstellung Petzoldts zwischen Avenarius und Mach umschreibt er selbst in einem Brief an Ernst Mach (6. V. 1906, EMI) wie folgt: " Man bezeichnet mich immer als Schüler von Avenarius. Das ist aber einseitig. Genausosehr wie Avenarius fühle ich mich Ihnen verpflichtet. Ja, während ich Avenarius' Schüler gewesen bin, und nichts wesentliches Neues mehr ihm lernen werde [Averarius starb 1896, K.H.] bin ich Ihnen gegenüber in anderer Lage. Von Ihnen lerne ich noch fortwährend neues, und es fehlt noch viel, bis ich alles Gold, das in ihren Schriften in so reichem Masse enthalten ist, geschürft habe. Ja, ich fürchte, dass ich an Ihnen nie

Petzoldt zunächst an Berliner Gymnasien, erst 1904 habilitierte er sich im Fach Philosophie in Berlin nach Erscheinen des zweiten Bandes seines philosophischen Hauptwerkes über die *Philosophie der reinen Erfahrung.* Seine darin zusammengefaßten erkenntniskritischen Studien der Entwicklung naturwissenschaftlicher Theorien (nach dem Vorbild Machs) hatten ihn neben der Ausarbeitung der schon bei Mach und Avenarius ausgesprochenen Ansätze auf zwei weitere grundlegende Prinzipien geführt, die seiner Meinung nach Struktur und Entwicklung wissenschaftlicher Theorien bestimmten: die **Tendenz zur Stabilität** und das **Gesetz der Eindeutigkeit.** Dieser zweite Band (1904) trug den bezeichnenden Untertitel *Auf dem Weg zum Dauernden* und definierte die Hypothese der Tendenz zur Stabilität durch folgendes Entwicklungsgesetz:

> Jedes sich selbst überlassene, in Entwicklung begriffene System mündet schließlich in einen mehr oder weniger vollkommenen Dauerzustand aus oder doch in einen Zustand, der in sich selbst entweder überhaupt keine Bedingungen für eine weitere Änderung mehr trägt oder solche wenigstens eine geraume Zeit hindurch nur noch in geringfügigem Grade enthält.[53]

Der letzte Halbsatz des Zitats, in dem er die Möglichkeit offenließ, daß sich die Wissenschaft auch aus einem scheinbar stabilen Fixpunkt heraus wieder weiter entwickeln kann, sollte es ihm später einfacher machen, die durch die SRT und ART offenkundig gewordene Instabilität klassischer Prinzipien der Mechanik und Elektrodynamik anzuerkennen. Diese Offenheit für zukünftige Änderungen und Revisionen ist typisch für alle von Mach beeinflußten Philosophen, da Mach selbst in seinen historisch-kritischen Studien ja die Hinfälligkeit vieler bereits dogmatisch anerkannter Grundsätze aufgezeigt hatte. Gleichsam als Ergänzung zu Machs Ausführungen über funktionale Beschreibungen als das Ziel wissenschaftlicher Betätigung formulierte Petzoldt sein zweites Grundprinzip, das 'Gesetz der Eindeutigkeit', das garantieren sollte, daß dieses methodische Ideal Machs praktisch stets und mit eindeutigem Ergebnis anwendbar war:

> Jeder Naturvorgang ist in allen seinen Teilen vollkommen bestimmt; nirgends treffen wir auf eine Unbestimmtheit, gleichsam auf eine Willkür im Naturgeschehen [...]. Für jeden Vorgang lassen sich Bestimmungsmittel auffinden, durch die er eindeutig bestimmt ist [...]. Es giebt[!] keine Handlung, und es giebt keinen Gedanken, für den die Bestimmtheit der Natur nicht die unerlässliche Voraussetzung wäre.

---

auslernen werde."

[53]Petzoldt [1899/1904] Bd. 2, S. 9; vgl. den Kommentar Machs in [1883]b S. 539.

> Die Unbestimmtheit ist für die Natur das Chaos, für das Denken der
> Wahnsinn [...] nur das Bestimmte kann begriffen werden.[54]

An diesen Vorstellungen über die Eigenart des Naturgeschehens sollte auch
die RT nichts ändern, wohl aber die wenig später von Bohr, Heisenberg
u.a. entwickelte Quantenmechanik, mit deren Interpretation sich der greise
Petzoldt demzufolge sehr viel schwerer tun mußte als mit der RT, die vor
dem Hintergrund dieses Gesetzes nur einen Wandel in der Wahl der 'Be-
stimmungsmittel' bewirkte, indem z.B. die SRT mit Vierervektoren und
daraus gebildeten Invarianten bzw. die ART mit Tensoren und Differentialgeometrie operierte, um Naturvorgänge 'eindeutig' zu beschreiben.

Seit dem Wintersemester 1904/05 hielt Petzoldt an der Technischen
Hochschule Berlin Vorlesungen über Erkenntnistheorie, Naturphilosophie,
Pädagogik und Methodenlehre der Naturwissenschaften und Technik.[55] Obwohl sich Ernst Mach nach seiner Emeritierung in Wien für Petzoldt als
seinen Wunschnachfolger einsetzte,[56] kam es nicht zu einer Berufung an
den dortigen Lehrstuhl für 'Philosophie, insb. Geschichte und Theorie
der induktiven Wissenschaften'. Erst 1922, also im Alter von 60, kam
er zu einer außerordentlichen Professur an der *TU Berlin-Charlottenburg*,
die er bis zuletzt ausübte. Ab dem Sommersemester 1912 behandelte
er in seinen Lehrveranstaltungen schwerpunktmäßig erkenntnistheoretische
Aspekte der (speziellen) RT, ein Thema, das sich bald auch in zahlreichen
seiner Aufsätze und einer Monographie zum Thema (1921) niederschlug
und ihn bis zuletzt beschäftigte.[57] Neben dieser akademischen Lehrtätig-
keit war Joseph Petzoldt noch in anderer Hinsicht prägend für die Philosophie in Berlin: er war der Begründer und 1. Vorsitzende der Berliner
Gesellschaft für positivistische Philosophie [1912-1921] und einer der Mit-
begründer der *Internationalen Gesellschaft für empirische Philosophie* mit
Berlin als erster Ortsgruppe [1927],[58] deren Programm grob gesagt darin
bestand "eine umfassende Weltanschauung auf Grund des Tatsachenstof-
fes vorzubereiten, den die Einzelwissenschaften aufgehäuft haben, und die
Ansätze dazu zunächst unter den Forschern selbst zu verbreiten". Wenngleich der Fokus Petzoldts stets auf den drei Disziplinen Physik, Physiologie

---

[54]ibid., Bd. 1, S. 34, 39ff.

[55]zu Abfolge der Themenschwerpunkte in Petzoldts Werk siehe insb. Müller [1966].

[56]dies zeigt die sehr umfangreiche Korrespondenz Petzoldts mit Ernst Mach, die ebenfalls erhalten geblieben ist - vgl. Hentschel [o.J.] sowie die Briefauswahl in: Black-
more/Hentschel (Hrsg.) [1985].

[57]Müller [1966] berichtet über eine Vorlesungsankündigung Petzoldts im Wintersemester 1929/30 zu den 'erkenntnistheoretischen Grundlagen der Relativitätstheorie (mit
Diskussion)'.

[58]vgl. dazu z.B. Hecht/Hoffmann [1988] S.28 sowie Hentschel [o.J.].

und Biologie gelegen hat, setzte er allen drei Gesellschaften den unspezifischen Zweck "alle Wissenschaften untereinander in lebendige Verbindung zu setzen, überall die vereinheitlichenden Begriffe zu entwickeln, und so zu einer widerspruchsfreien Gesamtauffassung vorzudringen".[59] Als Unterzeichner dieses Aufrufs werden u.a. genannt: die Mathematiker David Hilbert und Felix Klein, Göttingen; der Physiker und Physiologe Ernst Mach, Wien; der Astronom Ritter Hugo v. Seeliger, München; der Energetiker Gustav Helm, Dresden und last but not least auch der damals noch in Prag ansässige Albert Einstein. Trotz dieses Kompromißcharakters des 'Aufrufs', der die weit auseinandergehenden erkenntnistheoretischen Vorstellung von Wissenschaftlern aus verschiedensten Disziplinen unter einen Hut zu bringen unternahm, enthält er einige, die Position Petzoldts kennzeichnende Punkte:

- zunächst dokumentiert er das damals von vielen geteilte Interesse an einer "umfassenden Weltanschauung" auf der Basis exaktwissenschaftlicher Forschungsresultate (Szientizismus).

- Dabei wurde keineswegs nur die Physik ins Auge gefaßt, sondern ausdrücklich auch andere Naturwissenschaften - wie sich zeigen wird, dachte Petzoldt (übrigens ebenso wie der späte Ernst Mach) dabei insb. an die Biologie.

- Durch interdisziplinären Gedankenaustausch von Vertretern verschiedenster Naturwissenschaften und naturwissenschaftlich interessierter Philosophen sollte die Findung und Entwicklung "vereinheitlichender Begriffe" und methodischer Gemeinsamkeiten gefördert werden. Als anzustrebendes Ziel wurde eine fachübergreifende, "widerspruchsfreie Gesamtauffassung" über Grundsatzfragen und wissenschaftliche Methodik anvisiert (regulatives Postulat einer Einheitswissenschaft).

- Den Philosophen wurde hierbei die Beschränkung auferlegt, daß sie ihre Lehren auf den gesicherten Resultaten der empirischen Wissenschaften aufbauten, nicht etwa auf davon logisch unabhängigen Spekulationen oder 'metaphysischen' Erörterungen (Positivismus).

Man muß Petzoldt zugute halten, daß er selbst diesen erstrebten fachübergreifenden Dialog wo er nur konnte selbst betrieben und gefördert hat. Er selbst publizierte, obgleich von Hause aus 'nur' Philosoph, über biologische, physikalische, erkenntnistheoretische und pädagogische Themen und korrespondierte mit Vertretern zahlreicher akademischer Disziplinen.

---

[59]beide Zitate aus dem 'Aufruf' zur Gründung der 1. Gesellschaft [1912], abgedruckt z.B. in *Physikalische Zeitschrift* **13**, S. 735-736; weitere Belege und Details hierzu siehe Hentschel [o.J.].

Verständnisschwierigkeiten zwischen den beteiligten Mitgliedern sehr verschiedener scientific communities führten 1921 dazu, daß die *Gesellschaft* in die Kantgesellschaft aufging. In einem zweiten Anlauf riefen 1927 Petzoldt, der Radiotechniker Graf Georg von Arco (1869-1940), der Mediziner Friedrich Kraus (1858-1936) u.a. später noch einmal alle an philosophisch bedeutsamen Fragen der Wissenschaft" interessierten Wissenschaftler und Philosophen zum Beitritt in einer vergleichbaren Organisation auf, der sogenannten *Berliner Ortsgruppe* einer *Internationalen Gesellschaft für empirische Philosophie* [1927], ein Jahr darauf umgewandelt in die *Berliner Gesellschaft für empirische* (ab 1931: *wissenschaftliche) Philosophie.*[60]

Phänomenalistische Zustimmung zu Prinzipien der RT

> Ich betrachte es nun als meine Aufgabe, die Quellen der Einsteinschen und Minkowskischen Relativitätstheorie, soweit sie in den Machschen Anschauungen liegen, im einzelnen aufzuweisen, die Leistungen Einsteins und Minkowskis möglichst scharf abzugrenzen, und im Geiste des Machschen Werkes zu dieser neuen Theorie Stellung zu nehmen. (J. Petzoldt [1921]b S. 494).

Petzoldts Anlehnung an den Phänomenalismus Machs ließ eine Unterscheidung zwischen Sein und Schein, zwischen Existenz und empirischer Feststellbarkeit, nicht zu - ein ins Wasser getauchter Stab ist optisch geknickt *und* haptisch gerade, nicht 'eigentlich' gerade und nur 'scheinbar' geknickt. Physikalische Gegenstände und Prozesse waren für Petzoldt gleichzusetzen mit funktionalen Zusammenhängen zwischen Sinnesempfindungen, nicht etwa mysteriöse 'Dinge an sich'.

> Die *absolut* beharrende Substanz ist nie Gegenstand der Erfahrung, ist aber auch zum Verständnis der Erfahrung nicht erforderlich [...] Der Begriff des Dinges oder Körpers muss aller *absoluten* Momente entkleidet werden. Er bezeichnet nur noch *relative* Zusammenhänge der Elemente".[61]

---

[60]auch hier nahmen biologisch-medizinische Disziplinen wieder einen breiten Raum eindies kann man schon einem Flugblatt entnehmen, das im Gründungsjahr 1927 verteilt wurde (CPAE Sign. 19 063); auch die Liste der vor diesem Forum zwischen 1927 und 1933 gehaltenen Vorträge, veröffentlicht in Stadler [1982] S. 209-211, bestätigt dies; vgl. Hecht u. Hoffmann [1988] für weitere Informationen zur Geschichte dieser Gruppierungen u. Hentschel [i.V.] zu AEs Weigerung, diesen Vereinigungen beizutreten.

[61]Petzoldt [1906/21] S. 47; Hervorhebungen K.H.

Dabei ist es kein Zufall, daß Petzoldt in diesem Passus die Worte 'absolut' bzw. 'relativ' ins Spiel bringt - diese hier erhobene Forderung der Abstreifung aller 'absoluten Momente' und Konzentration auf die 'relativen Zusammenhänge' galt ihm nicht nur in diesem allgemein erkenntnistheoretischen Zusammenhang, sondern ebenso in allen speziellen Fällen, wo Rudimente dieser Absoluta sich noch in wissenschaftlichen Theorien haben halten können. Zwangsläufig übertrug er dies auch auf den Newtonschen Bewegungsbegriff:

> Wer erkannt hat, daß die sinnlich gegebene Natur die einzige ist, über die wir hinreichend begründete Aussagen machen können, dem wird eine kurze Besinnung sagen, daß es darin nur relative Bewegung geben kann. Sahen wir doch, daß die Erfahrung weder absoluten Raum noch absolute Zeit kennt. Absolute Bewegung aber setzt beides voraus. Und beobachten wir irgend einen Bewegungsvorgang [...] so erfahren wir stets nur die Verschiebung eines Sehdinges gegen die anderen Sehdinge des Sehraumes, und die Geschwindigkeit einer und derselben Bewegung hängt ganz und gar von dem Standpunkt ab, von dem aus wir sie verfolgen.[62]

Das RP der Bewegung wird in Petzoldts radikalem Phänomenalismus also eine triviale Konsequenz des physiologischen Umstandes, daß die Wahrnehmung von Bewegung nur in einer relativen Verschiebung eines Sehdinges gegen die anderen Sehdinge des Sehraums besteht und sich auch für Tastempfindungen nur ebensolche Verschiebungen relativ zum Beobachter wahrnehmen lassen.[63] Für alle, die in ihrer Berufung auf Mach dessen phänomenalistische Prämissen teilten, war das RP ebenso selbstverständlich und problemlos wie schon für Mach selbst (s.o.) bzw. hier für Petzoldt. Indem Einsteins SRT dieses RP zu einem der beiden Grundprinzipien erklärte, war sie für Petzoldt einer "ganz natürlichen Entwicklung der physikalischen Theorie" gefolgt, die bereits von Mach eingeleitet, aber von Einstein übertroffen worden sei:

> Denn vor allem ist es ihr [der SRT, K.H.] gelungen, das von Mach seit Jahrzehnten geforderte Relativitätsprinzip in der einfachsten Weise aufzunehmen, in einfacherer, als Mach es dachte.[64]

Diese Aufnahme der Machschen These von der Relativität der Bewegung im RP der RT stellte sich aber nur deshalb für Petzoldt als so reibungslos dar,

---

[62]Petzoldt [1921/23]b S. 71.

[63]zur Gleichberechtigung von Seh- und Tasteindrücken siehe Petzoldt [1921/23]b S. 103; vgl. [1912]a S. 76. Kritik an diesem "perzeptiven Egozentrismus" übte z.B. Piaget [1950/72]b Bd. 2, S. 99.

[64]Petzoldt [1921]b S. 497; vgl. S. 501f.

weil er der **Relativität** (im folgenden abgekürzt 'R') eine etwas andere Bedeutung zuschrieb als Einstein und seine Physikerkollegen: R. wurde bei Einstein stets benutzt als synonym zu 'R. in Bezug auf die Wahl der Bezugssystems', war für die Machianer jedoch synonym mit 'R. in Bezug auf den *Beobachter* in einem Bezugssystem'. Denn *nur durch diesen Beobachter konnten die Sinneswahrnehmungen registriert werden, also war für einen Phänomenalisten solange keine eindeutige Beschreibung gegeben, wie nicht spezifiziert worden ist, von welchem Beobachter, aus welcher Perspektive, sie abgegeben wurde.*

> Alle unsere Aussagen, soweit sie haltbar sind, gelten jeweils nur für ein bestimmtes Bezugssystem, alle sind relativ, bedingt, konditional, keine absolut [...] dieser Verzicht auf absolute Wirklichkeit bedeutet zugleich Einsicht in die Unerläßlichkeit eines Standpunktes, eines Koordinatensystems.[65]

Diese von erkenntnistheoretischen Prämissen determinierte Interpretation der RT baute Petzoldt nun aber weiter aus - das allgemeine RP der ART erschien ihm als spezieller Fall eines noch allgemeineren "relativistischen Prinzips, aus dem Einsteins Theorie in ihrem erkenntnistheoretischen Kern erst hervorgegangen ist", nämlich der Protagoräischen Weisheit, daß die Welt für jeden so sei, wie sie ihm erscheine. Ein Unterschied zwischen 'Sein' und 'Schein' bestand für Petzoldt nicht mehr - sein universe of discourse kannte **nur gleichberechtigte Erscheinungen** (aus der Perspektive irgendeines Beobachters). Das allgemeinste RP nahm somit die Form an, daß es keine absoluten Qualitäten mehr gäbe, und zwar weder primäre noch sekundäre.[66] In der Formulierung der SRT und mehr noch der ART sah Petzoldt also eine willkommene Unterstützung der relativistischen und positivistischen Bestrebungen anderer Forscher und Philosophen vor ihm, die Petzoldt unter das Banner des **relativistischen Positivismus** zu vereinen versuchte.[67]

> Die Relativitätstheorie hat die Mission, die primären Qualitäten Raum, Zeit und Bewegung, die von der Philosophie und der Sinnesphysiologie schon aufgelöst sind, nun auch für die grundlegende Naturwissenschaft zu beseitigen und damit *den sinnesphysiologischen Relativismus zur Grundlage der Naturwissenschaft zu machen.*[68]

---

[65]Petzoldt [1912] S. 1058; vgl. [1918] S. 191.

[66]siehe Petzoldt [1906/21]b S. 189f.; [1914] S. 37ff., [1918] S. 194, [1921]b S. 515; kritisch dazu z.B. v. Weinberg [1922], Kraus [1929].

[67]vgl. das Motto dieses Unterabschnittes von Blackmore und Petzoldt [1906/21].

[68]Petzoldt [1906/21]b S. 216f.; Hervorhebung K.H.; vgl. [1921]b S. 494.

Beide RT waren somit eingeordnet, hatten ihren Platz im Entwurf einer von
Petzoldt für unaufhaltsam angesehenen Entwicklungstendenz. So großartig
dieser Deutungsversuch auch sein mochte, so fragwürdig war doch die von
ihm getroffene Platzanweisung, denn weder die SRT noch die ART standen
ihrer Genese nach in irgendeinem Zusammenhang mit Sinnesphysiologie
oder phänomenalistisch begründetem 'Relativismus'.[69] Mit Petzoldts Verzicht auf die für Realisten übliche Unterstellung der Existenz genau einer,
in diesem Sinn 'absoluten Wirklichkeit' wurde die Realität in eine Vielzahl
'relativer Wirklichkeiten' gespalten, 'relativ' in Bezug auf ebensoviele zueinander bewegte Beobachter, die alle mit ihren Beobachtungen eindeutige
und vollständige Beschreibungen abgaben, ohne daß eine vor der anderen
Vorrang haben könnte:

> Die Erfahrungen des 'mitbewegten' Beobachters, der seine Körper-
> gestalten ungeändert und seine Uhren synchron finde, sind *genau so*
> *wirklich und wahr* wie die des 'ruhenden', der jene Gestalten kontra-
> hiert und die Uhren den seinen nachgehend und asynchron feststellt.
> Ein logischer Widerspruch liegt darin nicht, weil ja die Beobachtun-
> gen unter verschiedenen Umständen gemacht werden [...] Aber diese
> Wirklichkeiten sind eben nicht eine, sondern viele, so viele, wie sich
> Systeme 'gegeneinander bewegen'.[70]

Damit hatte Petzoldt zwar die Mißverständnisse umschifft, die einige Anti-
Relativisten zu der These aufgebracht hatten, das RP der Bewegung sei ein
Widerspruch gegen die Logik (vgl. Abschnitt 2.4.), doch mit seinem extre-
men Perspektivismus, der Rede von mehreren, nebeneinander bestehenden
Wirklichkeiten, stand er nun seinerseits an der Schwelle einer mißverste-
henden Ausdeutung des Gehaltes der RT, den er darin erblickte, daß **jeder**
Beobachter sein eigenes Raum-Zeit System habe, das mit dem der
anderen, relativ zu ihm bewegten Beobachter nichts mehr zu tun habe.

> Keiner macht die Erfahrungen des anderen; hierauf ist der Nachdruck
> zu legen. Jeder von zwei gegeneinander bewegten Beobachtern lebt
> in einem Raum-Zeit-System für sich, und in dieser Hinsicht ist er der
> Spinoza-Leibnizschen Monade zu vergleichen.[71]

> Die Monaden haben keine Fenster. Was der jeweils als 'ruhend' be-
> trachtete Beobachter als 'bewegtes' System wahrnimmt, ist nur ein
> 'Bild', eine 'Abbildung', eine 'Projektion' des 'bewegten' Systems -

---

[69]vgl. Abschn. 2.4. sowie den übernächsten Unterabschnitt zur Kritik an dieser Petzoldtschen Deutung der RT.

[70]Petzoldt [1921/23]b S. 101; vgl. [1921]b S. 516, [1924] S. 148.

[71]ibid.

dessen, was der 'mitbewegte' Beobachter wahrnimmt - auf seinen 'ruhenden' Raum.[72]

Auch andere dem Phänomenalismus nahestehende Autoren wie z.B. Hans Witte verfielen in dieses Mißverständnis und sprachen von "unendlich vielen verschiedenen, gleichberechtigten 'Standpunktswelten' oder 'Weltbildern'."[73] Diese Hypostasierung monadologisch getrennter Beobachter und die damit verbundene subjektivistische Tendenz seiner Deutung erregten Widerspruch bei all denen, die zu einer solchen Aufspaltung der Realität in eine Unzahl verschiedener Perspektiven nicht bereit waren - dies galt insb. für all diejenigen, die Wirklichkeit nicht erst durch Sinnesempfindungen konstituierten, sondern von der beobachterunabhängigen Existenz genau einer Realität überzeugt waren. Der kritische Realist Gluer etwa forderte emphatisch ein "überindividuelles Gesetz, das die Standpunktswelten der Individuen ordnet und verbindet", und der Entwicklungspsychologe Jean Piaget verlangte eine wachsende "subjektive Dezentration", der der egozentrische Phänomenalismus nicht gerecht werden könne.[74]

Phänomenalistische Kritik an Prinzipien der RT

Bislang behandelte ich nur die Aspekte der RT, bei denen Petzoldt aufgrund seiner philosophischen Vorbelastung emphatisch zustimmen konnte, die ihm geradezu als Erfüllung positivistischer Maximen erscheinen mußten. Doch es gab auch Teile der SRT und ART, bei denen Petzoldt (teils erhebliche) Schwierigkeiten hatte, sie überhaupt zu begreifen, geschweige denn, sie mit seinen philosophischen Grundüberzeugungen in Einklang zu bringen. Einer davon ist das Postulat der Konstanz der Vakuumlichtgeschwindigkeit in der SRT, denn dieses schien methodisch genau das Gegenteil von dem, was er selbst in Bezug auf den Bewegungsbegriff als das vorrangige Ziel naturwissenschaftlicher Betätigung herausgestellt hatte. In diesem Postulat wurde eben nicht ein bloß relativer Zusammenhang konstatiert, sondern eine absolute, für alle Beobachter in Inertialsystemen gleichermaßen geltende Aussage über eine physikalische Größe getroffen. In Briefen an Ernst Mach äußerte er 1910 und 1911 denn auch deutliche Zweifel an der erkenntnistheoretischen Berechtigung dieses Postulats, in dem er zu diesem Zeitpunkt einen Rückschritt hinter die ansonsten konsequente 'Abstreifung von absoluten Momenten' durch Einstein sah.

---

[72]Petzoldt [1921]b S. 510; vgl. [1906/21]b S. 210; [1912] S. 1062; [1918] S. 191; [1924] S. 147. Zur Klärung der Rolle des Beobachters in der Einstein-Minkowskischen Raum-Zeit siehe z.B. Stein [1968] S. 12,16.

[73]Witte [1914]; vgl. krit. dazu Gluer [1921] Sp. 88.

[74]siehe Gluer [1921] Sp. 88 bzw. Piaget [1950/72]b Bd. 2, S. 102.

> Fraglich ist mir aber, ob er [Einstein] sich ganz vom Absoluten los-
> gemacht hat. Ich sehe z.B. noch nicht, warum die Lichtgeschwindig-
> keiten c und c' gleich sein sollen. Mir will es scheinen, als habe es
> erkenntnistheoretisch gar keinen Sinn, c und c', die ja letzte Bezie-
> hungsmaße sind, zu vergleichen [...].[75]

Dabei ist festzuhalten, daß es keineswegs das verbreitete Mißverständnis
war, daß die beiden Postulate der SRT einander *logisch* widersprechen
würden, das Petzoldt zu seiner **Skepsis bezüglich der Lichtgeschwindigkeitskonstanz** führte, sondern lediglich der *erkenntnistheoretisch* motivierte Zweifel an der Verträglichkeit dieses Postulats mit der hypostasierten Entwicklungstendenz der Wissenschaft weg von allem 'Absoluten'. Dies
zeigt insb. ein Passus in einem der ersten publizierten Aufsätze zur SRT
1912, in dem Petzoldt ausdrücklich die Verträglichkeit beider Axiome der
SRT mit den Prinzipien der Logik und auch mit den bekannten elektrodynamischen Experimenten anerkennt.[76] Jedoch kann er sich nicht verkneifen,
nach dieser Feststellung anzumerken, daß über das 2. Postulat noch nicht
endgültig entschieden sei:

> Ob es gelingen wird, angesichts der zu erhoffenden Experimente über
> Interferenz von Licht aus irdischen und kosmischen Quellen die Kon-
> stanz der Lichtgeschwindigkeit aufrecht zu erhalten, ist eine Frage,
> an der die Erkenntnistheorie nicht in erster Linie interessiert ist. Ihr
> liegt vielmehr weit vor allem anderen an der entschiedenen und kon-
> sequenten Durchführung des Relativitätsprinzips.[77]

Es ist bemerkenswert, daß diese entschiedenere Durchführung des RP, an
der AE seit 1907 arbeitete, und die ihm schließlich 1915/16 in der ART
gelang, schließlich auch zur Aufhebung der Konstanz der Lichtgeschwindigkeit führte, die fortan nur noch lokal bei Abwesenheit von Schwere- und
Beschleunigungsfeldern als Grenzfall der ART galt.[78]

   Während durch die rein physikalische Entwicklung schließlich eine 'Relativierung' auch dieses Konzeptes erreicht wurde, hatte Petzoldt seinerseits

---

[75]z.B. Petzoldt an E. Mach, 22.9.1910, vollst. zit. in Blackmore/Hentschel [1985] S. 84;
vgl. 1.6. 1911 (ibid., S. 91): "Eine sonderbare 'naive' Rolle scheint mir immer noch die
konstante Lichtgeschwindigkeit zu spielen [...]".

[76]Petzoldt [1912]b S. 1061; vgl. krit. dazu z.B. Geiger [1921] S. 21, Hartmann [1924/25]
S. 59: "Die Absolutierung der Naturgesetze ist das Alpha und Omega der Relativitätstheorie. Für diese konstruktive Seite kann der Positivismus kein Verständnis haben".

[77]ibid., S. 1062.

[78]siehe die Formel hinter (1.14.) in Abschnitt 1.4.; dazu Petzoldt [1921]b S. 506: "Wir
setzen im Anschluß an die Erfahrung fest: im gravitationsfreien Feld ist die Lichtgeschwindigkeit konstant. Im Gravitationsfeld finden wir sie nicht mehr konstant, und das schreiben
wir nun [...] 'störenden Umständen', den Gravitationspotentialen, zu".

nach angestrengtem Studium der Gründe für die Einführung des $c = const.$ Prinzips seinerseits einen Weg gefunden, wie er es erkenntnistheoretisch legitimieren könnte: ab 1914 hatte er zunächst den axiomatischen Status des Prinzips begriffen, demzufolge es eine formale Voraussetzung sei, über die andere Größen wie Zeiten, Längen etc. erst definiert werden könnten. Somit sei das Konstanzprinzip ein "präsumptives Naturgesetz", das seine Rechtfertigung nur im Erfolg erhalten könnte, mit dem die auf diesem Prinzip basierende Theorie praktisch angewendet werden könnte.[79] Als nützlich erwies sich bei diesem philosophischen Rechtfertigungsversuch auch das Machsche Denkökonomieprinzip, denn es war offensichtlich, daß die Kombination der beiden Axiome der SRT zur widerspruchsfreien und möglichst einfachen Beschreibung der mechanischen und elektrodynamischen Naturprozesse führten, mithin waren beide von instrumentellem Wert, auch wenn das zweite weniger unmittelbar einleuchtete als das erste. Später verteidigte Petzoldt sogar das $c = const.$- Prinzip gegen Angriffe Hugo Dinglers bzw. Aloys Müllers als "einfachster direkt beschreibender Ausdruck" von elektrodynamischen Experimenten.[80]

> Wieder von relativ größter Einfachheit wählte Einstein die andere Grundlage der speziellen Relativitätstheorie: als unmittelbar beschreibenden Ausdruck des Ergebnisses jener beiden Versuche [Michelson bzw. Fizeau, K.H.] die Konstanz der Lichtgeschwindigkeit im gravitationsfreien Felde. Denn weder der 'ruhende' Beobachter Fizeau noch der 'mitbewegte' Michelson bemerken eine Änderung der Lichtgeschwindigkeit.[81]

Für Petzoldt bestand nun, 1921, also kein Zweifel mehr, daß die "von Mach begründete Theorie des Erkennens gegen diese [...] dem Machschen Ökonomieprinzip im höchsten Maße entsprechende Lehren nichts einzuwenden hat"[82] - damit war der Weg für die Anerkennung einer größeren Gruppe von Aussagen der SRT und ART frei geworden.

Doch auch nach dieser Änderung der Einstellung in diesem Punkt erschwerte die Verselbständigung des RPs in Petzoldts 'relativistischem Positivismus' ihm die Anerkennung wichtiger Teile der SRT und mehr noch der ART, da er nach wie vor die Erwartung hegte, daß Fortschritt der Wissenschaften mit der Auflösung immer weiterer 'Absoluta' in bloß relative Zusammenhänge und immer weitgehenderen Beschränkung auf bloße

---

[79]siehe insb. § 21 in Petzoldt [1914]: 'Die Bedeutung der universellen Konstanz der Lichtgeschwindigkeit'.
[80]siehe Petzoldt [1921]b S. 505 bzw. [1924] S. 147.
[81]Petzoldt [1921]b S. 498; vgl. [1924] S. 146.
[82]ibid.

Beschreibung des Wahrnehmbaren einhergehen müsse. So wies er beispielsweise die Einsteinsche Auffassung der Lichtgeschwindigkeit c als Grenzgeschwindigkeit für Signaltransport energisch zurück, weil Einstein damit "die Tragweite unserer Sinnesorgane" überschreite und in den "rationalistischen Fehler Kants" zurückfalle, für den "die Dinge sich nach dem Denken richten mußten.[83] Darum bestritt er der ART die Berechtigung, Aussagen über die Endlichkeit bzw. Unendlichkeit des Universums als Ganzes machen zu dürfen und darum äußerte er zu der mathematischen Form der ART folgende Kritik:

> Der Drang nach dem Absoluten [...] fand namentlich in der allgemeinen Relativitätstheorie noch einen anderen, durchaus entbehrlichen Ausdruck. Man machte die die natürlichen Zusammenhänge beschreibenden Formen, die von den ganz beliebigen Transformationen dieser Theorie unberührt blieben, zu absoluten Invarianten, zu absoluten Naturgesetzen [...]. Mit der Forderung absoluter Naturgesetze würde die Physik wieder eine Kompetenzüberschreitung begehen.[84]

Damit war nun freilich das gesamte mathematische Rüstzeug der ART, die auf dem Tensorkalkül basierte und als wesentlichen Bestandteil die Bildung von Invarianten durch Verjüngung der Tensoren beinhaltete,[85] von Petzoldt angegriffen worden. In diesem Passus wehrte sich Petzoldt vorallem gegen die Interpretation der ART durch die Göttinger Mathematiker Hilbert und Klein und einige theoretische Physiker wie z.B. Planck, die in der Existenz von physikalischen Invarianten als Resultat formaler mathematischer Operationen in der Tat eine Renaissance der pythagoräischen Harmonie zwischen Mathematik und Physik witterten und bereit waren, den formal als invariant ausgezeichneten Größen physikalisch absolute Geltung zuzuschreiben.[86]

Verständnisschwierigkeiten Petzoldts am Beispiel der rotierenden Scheibe

An einem von Einstein ersonnenen Gedankenexperiment soll noch exemplarisch demonstriert werden, wie stark die erkenntnistheoretischen Prämissen Petzoldts in sein Verstehen bzw. Mißverstehen einzelner Aussagen der zu interpretierenden Theorie eingegangen sind - in diesem Fall werden wir

---

[83]Petzoldt [1920] S. 473; vgl die Kritik daran bei Reichenbach [1921/79] S. 336/362.
[84]Petzoldt [1906/21]b S. 214f.
[85]vgl. z.B. die Formel (1.13) zur Bildung von R durch Kontraktion aus $R^i_{j\,k\,l}$ in 1.4.
[86]siehe z.B. Hilbert [1915,1917], Planck [1925] u. Abschnitt 2.4.; vgl. zu den philos. Hintergründen des "Göttingen approach to physical reality" Pyenson [1985] Kap. 6 u. 7.

sehen, daß sein phänomenalistisch verallgemeinertes RP ihm den Zugang zu Einsteins Argumentation total verbaute und ihn systematisch zu Miß-verständnissen verleitete, die m.E. allein auf das Konto seiner erkenntnis-theoretischen Vorurteile gehen.

Um anschaulich zu begründen, warum in Systemen mit beschleunigter Bewegung keine euklidische Geometrie mehr herrschen kann, betrachtete Einstein eine rotierende Scheibe von Radius R aus dem Bezugssystem K' eines mitrotierenden Beobachters und aus einem Bezugssystem K, in dem sie mit der Winkelgeschwindigkeit ω um eine Drehachse durch ihren Mit-telpunkt rotiert. Einsteins Aussage war nun, daß sich das Verhältnis des Umfangs der Scheibe zum Durchmesser bei einer Messung mit relativ zu K' ruhenden Maßstäben nicht mehr als π ergäbe, sondern eine Zahl größer als π sei, weil die Maßstäbe entlang der Peripherie eine Lorentzkontraktion erfahren, nicht aber die radial angelegten Maßstäbe. Gegen diese Aussage, die auch in den populären Schriften von Bloch, Schlick und Weyl wieder-gegeben worden war, wandte Petzoldt ein:

> Eine Messung *innerhalb* des Systems K' kann aber doch nur π er-geben, da eben Peripherie und Maßstab, von K aus beurteilt, sich gleichmäßig verkürzen, für K' aber eine Veränderung überhaupt nicht besteht.[...]. Für die Uhren gilt natürlich das Entsprechende: der ge-strichene Beobachter merkt nichts von einem nachgehen.[87]

Hintergrund seines Einwands war seine Deutung des allgemeinen RPs als Aussage über die **grundsätzliche Gleichberechtigung aller Bezugssy-steme**. Was für einen Beobachter auf einer ruhenden Scheibe galt, mußte auch für einen Beobachter im Zentrum einer rotierenden Scheibe gelten, wenn sich dieser auf die Ablesung von Maßstäben in seinem, für ihn ruhen-den Bezugssystem K' beschränkte. Diese Reziprozität beider Betrachtungs-formen wurde in der ART aber geleugnet, da wegen des Vorhandenseins eines Beschleunigungsfeldes (bzw. via Äquivalenzprinzip: eines Gravitati-onsfeldes) ein rotierendes Bezugssystem sich in einer objektiven Eigenschaft von dem nichtrotierenden unterschied, nämlich dem Nichtverschwinden der Invariante R und damit in der Nichteuklidizität der Geometrie in K'. Doch diesen 'absoluten' Unterschied war Petzoldt eben nicht bereit zuzugeben, da sich an der relativen Ruhe von Beobachter und kreisförmig umgebenden Maßstäben phänomenal nichts dadurch änderte, daß man diese Scheibe in Rotation zur Umgebung versetzte. Einstein glaubte zunächst, diesen Ein-wand Petzoldts durch eine ausführlichere Herleitung seines Resultats für Petzoldt nachvollziehbar widerlegt zu haben.

---

[87]J. Petzoldt an AE, 26.7.1919, CPAE, Sign. 10 055.

Es ist wohl zu beachten, daß eine ruhende starre Kreisscheibe wegen der Lorentz-Verkürzung der tangentialen Phasern und der Nichtverkürzung der radialen zerbrechen müßte, wenn sie in Rotation versetzt wird. Ebenso müßte eine im rotierenden Zustand (durch Gießen hergestellte) starre Scheibe infolge der inversen Längenänderungen zerspringen, wenn man sie in den Ruhezustand versetzen wollte. Wenn Sie diesen Sachverhalt voll würdigen, verschwindet ihr Paradoxon.

Der rotierende Beobachter merkt sehr wohl, daß von seinen beiden gleichen Uhren die im Umfang postierte langsamer läuft als die im Centrum postierte.[88]

Nachdem Petzoldt aber auch in seiner umgehend erfolgten Antwort wieder auf seiner phänomenalistischen Gleichsetzung der Beobachtungsresultate beider Beobachter beharrte, erkannte Einstein in seinem zweiten Antwortschreiben, daß Petzoldts Mißverständnis zu grundlegend war, um durch schriftlichen Austausch von Argumenten aus der Welt geschafft zu werden:

Ich glaube auch, dass nur eine mündliche Auseinandersetzung wirklich Klarheit schaffen kann. [...]. Was Sie über Peripherie-Maßstäbe und -Uhren sagen, ist ganz unhaltbar. Es handelt sich da um ungerechtfertigte Übertragung von Sätzen der speziellen Relativitätstheorie auf (relativ zu den Inertialsystemen) beschleunigte Bezugssysteme. [...]. Nach Ihrer Schlußart könnte man ebensogut folgern, dass jeder Lichtstrahl sich relativ zu einem beliebig rotierenden System geradlinig ausbreiten müsse etc. Ihr Missverständnis ist ein ganz fundamentales.[89]

---

[88]AE an J. Petzoldt, 19.8.1919, vollst. zit. in Thiele [1971].
[89]AE an J. Petzoldt, 23. 8. 1919, TUB, Sign. Pe 40-3.

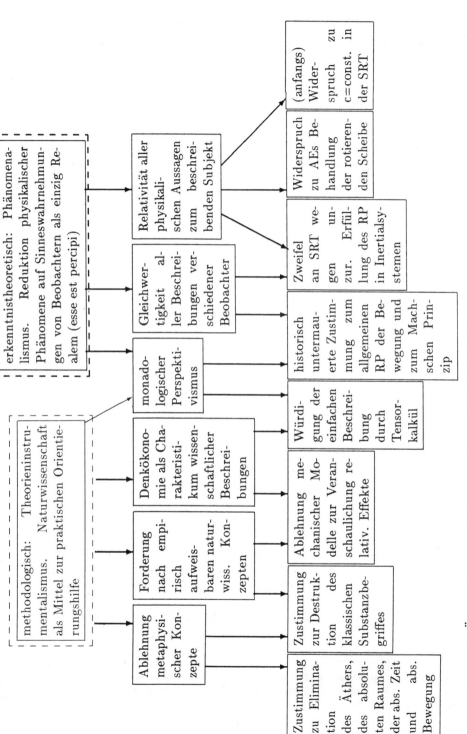

Abbildung 4.8: Übersicht zum Phänomenalismus (Mach-Schule)

Wie bereits im vorigen Unterabschnitt gezeigt, tat sich Petzoldt in der Tat auch in anderer Hinsicht schwer mit der ART, die eben nicht nur eine Verallgemeinerung der SRT, sondern in vieler Hinsicht auch deren Aufhebung war. Petzoldts allgemeine Relativität als Gleichberechtigung der Perspektiven aller (auch beschleunigter) Beobachter würde ihn so bei konsequenter Fortführung tatsächlich auf die Aussage geführt haben müssen, daß für *alle* Beobachter die Lichtausbreitung geradlinig zu sein habe, da dies für *einen* gelte. Daß die Korrespondenz beider seit 1920 ins Stocken geriet und eine erneute Kontaktaufnahme Petzoldts 1927 auf ziemlich barsche Ablehnung Einsteins führte, liegt sicher daran, daß Einstein sich von Petzoldt spätestens seit 1919 weitgehend mißverstanden fühlen mußte.

Kritik an Petzoldts 'relativistischem Positivismus' durch Cassirer, Schlick u. Reichenbach und Petzoldts Repliken

Wie bereits angedeutet, erregte Petzoldts Deutung der RT im Sinne seines phänomenalistischen Wissenschaftsverständnisses heftigen Widerspruch, vorallem bei Vertretern anderer Epistemologien. Auf die Deutung der Lorentztransformationen als Ausdruck der Multiplizität vollkommen gleichberechtigter Beschreibungen aus "monadologisch getrennten Systemen" durch Petzoldts[90] reagierte der Reformkantianer Ernst Cassirer (vgl. Abschn. 4.1.4. (R-1) u. 5.1.) mit folgender Replik:

> In dieser Hinsicht hat das Relativitätsprinzip der Physik mit dem des 'relativistischen Positivismus' [...] kaum etwas anderes als den Namen gemein [...]. Denn nicht, das jedem wahr sei, was ihm erscheint, will die physikalische Relativitätstheorie lehren, sondern umgekehrt warnt sie davor, Erscheinungen, die nur von einem einzelnen bestimmten System aus gelten, schon für Wahrheit im Sinne der Wissenschaft, d.h. für einen Ausdruck der umfassenden und endgültigen Gesetzlichkeit der Erfahrung zu nehmen. Diese wird weder durch die Beobachtung und Messung eines Einzelsystems, noch selbst durch diejenigen beliebig vieler solcher Systeme, sondern nur die wechselseitige Zuordnung der Erlebnisse aller möglichen Systeme erreicht und gewährleistet.[91]

In der Verschiebung der Akzentsetzung in der Interpretation ein und dergleichen Formel für die Transformation von Raum- und Zeitkoordinaten

---

[90]vgl. z.B. Petzoldt [1921/23]b S. 107: "Von jedem der monadologisch getrennten Systeme aus erhalten wir prinzipiell einen Überblick über das ganze Naturgeschehen, wie wir ihn früher von der mechanischen Naturauffassung nur in einem einzigen Exemplar vorgelegt bekamen".

[91]Cassirer [1921] S. 56; analog reagierte z.B. auch E. Hartmann [1913] S. 155f, 167.

zeigen sich die gegenläufigen Absichten Petzoldts und Cassirers. Petzoldt betonte die Abhängigkeit der quantitativen Bestimmungen physikalischer Größen wie Koordinaten und davon abhängiger Größen (Längen, Zeiten, Felder) vom Bewegungszustand des Beobachters, weil seine Erkenntnistheorie ihn genau dies ohnehin erwarten ließ; Cassirer hingegen forcierte die Bedeutung der Übersetzbarkeit der Größen aus einem System in die jedes anderen zulässigen Bezugssystems, welche durch die Lorentztransformationen garantiert ist und darüber hinaus die Existenz von Invarianten als der bezugssystemunabhängigen Größen, die diese Übersetzbarkeit relativer Größen erst möglich machen. Mit seinem bissigen Verweis auf die bloße Namensverwandtschaft zwischen Petzoldts Philosophem und der RT am Anfang des vorigen Zitats verweist Cassirer auf die Verschiebung der Bedeutung des Wortes 'Relativität' aus dem physikalischen Kontext hin zur 'epistemologischen Relativität', die Petzoldt stets an deren Stelle setzt-bei seiner dann folgenden Gegeninterpretation denkt Cassirer aber seinerseits schon wieder an eine tieferliegende Aussage seiner eigenen Philosophie, nämlich seine Prognose der zunehmenden Ersetzung unabhängiger Substanzen durch invariante Funktionen im Fortschritt der modernen Naturbeschreibung. Denn die "wechselseitige Zuordnung der Erlebnisse aller möglichen Systeme" ist genau ein solcher, von den relativistischen Transformationsformeln beschriebener funktionaler Zusammenhang. *Der Kritiker wie der Kritisierte sind in ihrer Deutung derselben Vorgabe also gleichermaßen festgelegt durch ihr jeweiliges erkenntnistheoretisches Modell, das sie in die RT 'hineinsehen' - ihre Argumente prallen am Opponenten ab und werden mit gleichfalls daneben gehenden Gegenargumenten gekontert.* Dies gilt auch für Petzoldts Reaktion auf diese Kritik Cassirers. Petzoldt monierte, daß Cassirer offenbar das Wesen des Äquivalenzprinzips nicht verstanden habe, dem er die Bedeutung beimesse, daß "schon von jedem einzelnen System aus muß man mit Hilfe der Transformationsgleichungen die entsprechenden Vorgänge in allen anderen, beliebig gegen das erste bewegten Systemen eindeutig bestimmen können. Also muß der eindeutige Zusammenhang [...] schon in jedem einzelnen System bestehen und gefunden werden können" und dies decke sich wiederum mit dem Sinn des **Protagoräischen Relativismus**.[92]

Noch heftigere Kritik erfuhr Petzoldt von Seiten derer, die erkenntnistheoretisch den Standpunkt des Realismus vertraten wie z.B. der Mathematiker Stallo oder der junge Moritz Schlick in seiner *Allgemeinen Erkenntnislehre*. Im Gegensatz zu Petzoldts Auffassungen zum 'allgemeinen Relati-

---

[92]Petzoldt [1906/21]b S. 208; vgl. kritisch dazu z.B. Wien [1921] S. 285, v.Weinberg [1922] S. 1, Fock [1955] S. 756.

vitätsprinzip' schrieb Schlick nicht der Relativierung, sondern der Bildung
von Invarianten die zentrale Bedeutung zu:

> [...] die Relativierung ist für die Theorie überhaupt nur Mittel zum
> Zweck. Alle Größen, die sich relativieren lassen, mußten relativiert
> werden, um gerade die ruhenden Pole in der Erscheinungen Flucht,
> die sogenannten Invarianten, rein herauszustellen [...].

> Dies übersieht der Positivismus in derjenigen extremsten Fassung, in
> der er jeden Gedanken einer absoluten Wirklichkeit mit dem Schlag-
> wort 'Alles ist relativ' erschlagen zu können glaubt. Er findet jeden-
> falls in der Relativitätstheorie keine Stütze. Es ist durchaus wich-
> tig zu betonen, daß dieser übertriebene relativistische Positivismus
> tatsächlich zu Behauptungen geführt hat, die den Voraussetzungen
> der Relativitätstheorie, ja der Physik überhaupt widersprechen.[93]

Auf diese Kritik hin erwiderte Petzoldt, daß Schlicks Unterstellung einer
Welt transzendenter Objekte als Ursache der Phänomene eine "unnötige
Verdopplung" von Entitäten sei. Er, Petzoldt, habe entgegen Schlicks Kritik keine Probleme mit der unabhängigen Existenz nicht wahrgenommener
Dinge, denn Existenz sei eine absolute Eigenschaft, wohingegen die Existie-
rendem zugemessenen Qualitäten stets nur relativ seien. Das von Schlick
angeführte Schlagwort träfe seine Ansichten somit nicht.[94] Darauf reagierte
Schlick mit einer Ausweitung seiner Kritik des Mach/Petzoldtschen Phänomenalismus, der monadologischen Weltbetrachtung durch Petzoldt und einer Präzisierung des Sinnes der Unterscheidung zwischen Ding und Erscheinung mit Zurückweisung der Petzoldtschen Kritik unnötiger Verdopplung
in der zweiten Auflage seines erkenntnistheoretischen Hauptwerkes.[95] Als
ein Beispiel für Widersprüche zwischen der RT und ihrer Deutung durch
Petzoldt führte Schlick **Petzoldts Probleme mit dem Zwillingsparadoxon** an, denn Petzoldt hatte in einigen frühen Arbeiten moniert, daß
die Beschreibungen beider Zwillinge erkenntnistheoretisch gleichberechtigt
seien, also nach seiner Interpretation des 'allgemeinen Relativitätsprinzips'
zur Reziprozität des Effektes für beide Zwillinge führen müsse, während
Einsteins Resultat eine asymmetrische Verkürzung der Zeit für den in Start-
und Wendephase beschleunigten Zwilling war.[96]

---

[93]Schlick [1922]b S. 64f.; vgl. [1918/25] c)S. 241.

[94]siehe Petzoldt [1906/21] S. 188-191 Anm.

[95]Schlick [1918/25]c § 26 (insb. S. 240ff.), 259 bzw. § 27 S. 271f. resp.

[96]Schlick [1922]b S. 65 in Bezug auf Petzoldt [1914] S. 50; vgl. Petzoldt [1918] S. 193 zu
Sommerfelds Sonnen- und Erdenmensch; ein weiteres Beispiel Schlicks hätten Petzoldts
Ausführungen zur rotierenden Scheibe sein können, die auf dem gleichen philosophisch
motivierten Mißverständnis basierten.

Unter dem Druck der Kritik von praktisch allen Seiten erhobenen Kritik an seiner noch bis 1921 Deutung der Bezugssysteme als 'fensterloser Monaden'[97] nahm Petzoldt Ende 1921 die Spitze dieser These zurück und gestand nun zu, daß zumindest die 'Fensterlosigkeit' nicht behauptet werden kann, da ja die Transformation auf andere Bezugssysteme (also der Blick auf andere Monaden) möglich sei. Er beharrte jedoch auf der Brauchbarkeit der Metapher von den 'Monaden', denn es gab ja für jeden Beobachter zu jedem Zeitpunkt nur jeweils genau eine Beschreibung der Welt:

> Deutlich zeigt Minkowskis vierdimensionale Konstruktion die monadologische Geschiedenheit und doch zugleich, *daß das keine absolute ist* wie bei Leibniz [...] so sind unsere 'Monaden' durch die gleiche Art von Gesetzen untereinander verknüpft zu denken, die innerhalb jeder einzelnen herrscht. *Sie sind also zuletzt nicht fensterlos.* Erst eine Mehrzahl solcher Beschreibungen vermag ein zutreffendes Bild des Naturgeschehens zu geben.[98]

Damit war die Deutung zwar von dem Verdacht des Solipsismus gereinigt, der gegen die früheren Aufsätze Petzoldts zur RT gelegentlich erhoben worden war,[99] jedoch war auch der verbliebene subjektivistische Unterton in den Ausführungen Petzoldts weiter ein Stein des Anstoßes. Interessanterweise existiert eine spätere Stellungnahme zu genau diesem Disput zwischen Petzoldt und Cassirer aus der Feder des Vertreters einer weiteren Philosophengruppe, die sowohl zum relativistischen Positivismus als auch zum kritischen Idealismus in kritischer Distanz stand. In seinem Überblick zum *gegenwärtigem Stand der Relativitätsdiskussion* plädierte Hans Reichenbach wie zu erwarten, für eine weitere, nämlich empiristische, Deutung der Lorentztransformationen, derzufolge es gerade diese Zuordnung der Meßwerte verschiedener Bezugssysteme zueinander ist, die empirischen Gehalt in sich birgt, weil erst durch sie Nachprüfbarkeit der Messungen eines Beobachters von Anderen und somit Intersubjektivität ermöglicht wird.

> Petzoldt übersieht, daß eben in der Kenntnis der Transformationsformeln das Moment liegt, das über die Messung des *einen* Systems hinausweist. Die Transformationsformeln sind nicht leere Definitionen, sondern selbst Erkenntnisse; sie vermitteln den gesetzmäßigen Zusammenhang der Beobachtungen in verschiedenen Systemen. Wenn nur die Messungen in einem System gegeben sind, so sind damit die Transformationsformeln und die Messungsergebnisse des anderen Systems

---

[97]z.B. Petzoldt [1921]b S. 510; [1906/21] S. 210; [1912] S. 1062f.
[98]Petzoldt [1921/23]a S. 107; vgl. [1921]b S. 516, [1924] S. 147f.
[99]z.B. von Gehrcke [1914] S. 486, Mohorovičić[1923] S. 57.

noch nicht gegeben. Ob man, wie Cassirer es tut, in den Messungen eines Systems *und* hinzugefügten Transformationsformeln den objektiven Zusammenhang charakterisiert, ist natürlich gleichgültig; aber beides besagt, daß die Welt, so wie sie einem Beobachter erscheint, noch nicht erschöpfend charakterisiert ist.[100]

Und auch Petzoldts Skepsis bezüglich des Auszeichnung invarianter Größen durch die ART stieß bei Reichenbach auf ein Ablehnung. In dieser Geringschätzung des Wertes theoretisch motivierter Erkenntnisse, die aus syntaktischen Operationen im zugrundegelegten Kalkül resultierten und nicht primär experimentell begründet seien, würde die große Bedeutung dieses theoretischen Teils der Naturforschung verkannt:

> Petzoldts Endurteil über die Theorie [die auf Invarianten fußt, K.H.] kommt einer Verkennung ihres logischen Charakters gleich, der durchaus ein Suchen nach *objektiver* Geltung bedeutet.[101]

Dieser **Theorieninstrumentalismus**, den Petzoldt von seinem Vorbild Mach übernahm, führte Petzoldt, darin schließe ich mich dem Urteil Reichenbachs an, zwangsläufig zu einer systematischen Unterschätzung des Stellenwerts formaler (differentialgeometrischer) Operationen. Da er an diesem essentiellen Teil der ART überhaupt nicht interessiert war, blieben Petzoldt große Teile der Theorie verschlossen und, schlimmer noch, es verblieb auf Seiten Petzoldts eine Reserviertheit bezüglich der Berechtigung dieser Operationen, da kein direkter Zusammenhang mit sinnlich wahrnehmbaren Gegebenheiten bestand. Dies galt auch für Resultate der mathematischen Untersuchungen Einsteins und seiner Fachgenossen: als Einstein sich in seinen ersten Arbeiten zur Kosmologie Hoffnungen machte, mathematische Gründe dafür angeben zu können, warum das Universum endlich sein müsse, konnte ihm Petzoldt darin schon aus erkenntnistheoretischen Gründen nicht folgen, denn eine Aussage über die Welt als Ganzes entbehre jeder empirischen Grundlage.[102]

4.8.4   Zu Positionen anderer Anhänger Machs

Bis zum Jahr 1921 überwiegten unter den sich öffentlich äußernden Anhängern Machs die Zahl derer, die zu einer pro-relativistischen Einstellung zur RT gekommen waren. Unter den Briefen an Ernst Mach finden sich zustimmende und vorsichtig ablehnende Stellungnahmen in etwa gleicher Menge.

---

[100]Reichenbach [1921/79]a S. 335; Hervorh. Orig.; analog Gluer [1921] S. 88.

[101]Reichenbach [1921/79]a S. 337, Hervorh. Orig.; analog Winternitz [1923] S. 211, E. Hartmann [1924/25] S. 57f.

[102]siehe die Korrespondenz Petzoldt-AE im Juli 1920, CPAE Sign. 19 057 bzw. 19 058.

Zu den frühen Befürwortern der SRT, später auch der ART zählten Philipp Frank, der 1917 die Bedeutung der Schriften Machs für das "Geistesleben der Gegenwart" analysierte und sich der auch von Petzoldt, Hering u.a. vertretenen Auffassung von Mach als Vorläufer Einsteins anschloß. Auch der Prager Physiker Anton Lampa schrieb am 1. Mai 1910 an Einstein, daß "die Relativitätstheorie die Einleitung zu einer phänomenologischen Epoche der Physik ist".[103] Mach selbst erbat von mehreren kompetenten Kollegen, darunter August Föppl, Georg Pick, Friedrich Adler und Philipp Frank, nähere Informationen über die Einsteinsche SRT, über die er in einem Brief an Einstein geäußert haben muß, daß sie ihm Vergnügen bereite.[104]

Einer der eifrigsten Popularisatoren der RT war Rudolf **Lämmel** (1879-1972), der AE schon seit seiner Studienzeit kannte, seinen *Annalen*-Aufsatz zur SRT noch 1905 gelesen hatte und später auch die Vorträge AEs in der *Physik. Gesellschaft* bzw. in der *Naturforschenden Gesellschaft, Zürich* persönlich besucht hatte.[105] Vermutlich waren es diese Informationen aus erster Hand, die ihn davor bewahrten, in die Mißverständnisse seiner phänomenalistischen Bundesgenossen zu verfallen.[106]

Nachdem 1921 das antirelativistische *Optik*-Vorwort bekannt wurde, erhöhte sich die Zahl derer, die in einer Ablehnung beider RT die konsequente Umsetzung Machschen Gedankenguts sahen. Neben diesem von Pro-Relativisten wie Sommerfeld oder v. Laue ([1921]c) überrascht aufgenommenen Vorwort waren vor allem die Schriften zweier Mach-Anhänger Leitstern aller späteren Antirelativisten: die des Münchner Methodologen Hugo Dingler bzw. des Wiener Sozialistenführers Friedrich Adler.

Da ich **Dingler** bereits als Fallstudie im Abschnitt 4.5. abhandelte, kann ich mich bei ihm hier kurz fassen. In seinem Werk fanden konventionalistische, positivistische und operationalistische Gedanken eine eigenartige Symbiose. Von Mach übernahm Dingler insb. dessen hohe Wertschätzung der Denkökonomie, von ihm verstanden als methodologischer Leitsatz, vermöge dem stets die *einfachste* konzeptuelle Grundlage zu wählen ist. Mit einem so interpretierten Ökonomieprinzip standen aber die SRT und besonders die ART in krassem, unversöhnlichem Widerspruch, da hier die ver-

---

[103]A. Lampa an E. Mach, EMI, vollst. zit. in Blackmore/Hentschel [1985] S. 80.

[104]dies geht hervor aus dem Antwortschreiben AEs, 17.8.1909, zit. in Herneck [1966] u. Blackmore/Hentschel [1985] S. 60.

[105]darüber berichtet Lämmel in Lämmel [1921]e S. 306.

[106]in Lämmel [1921]c und d warnt er z.B. vor dem Relativismus-Mißverständnis, in [1921]d und [1926] ridikülisiert er das Bolschewismus-Syndrom; nur zur Lichtgeschwindigkeitskonstanz im Vakuum und zur "Sonderstellung des Lichtes" äußerte er anfangs typisch machianische Bedenken ([1921]b S. 95, 104).

gleichsweise komplizierte nichteuklidische statt der einfachsten euklidischen Geometrie zugrundegelegt worden waren. Dingler stand aber mit diesem Verständnis der Machschen Denkökonomie recht allein da - die unorthodoxe Einengung des ursprünglich weitgefaßten pragmatischen Denkökonomieprinzips durch Dingler, der aus ihm einen rein logisches Maß des Einfachheitsgrades der formalen Grundlagen wissenschaftlicher Theorien machte, geißelte z.B. Petzoldt.[107] Da Petzoldt wie auch die anderen Machianer anders als Dingler die (Machsche) Denkökonomie nicht auf (Poincarésche) Einfachheit reduzierten, kann als typische Folgerung aus dem Werk für die Deutung der RT mit Petzoldt festgehalten werden:

> Die Relativitätstheorie widerspricht nicht nur nicht dem in Machs und überhaupt im relativistisch positivistischen Sinne aufgefaßten, d.h. nur in Beziehung auf vorgefundene tatsächliche Zusammenhänge geltenden Ökonomieprinzip, sondern erfüllt es angesichts der heute vorliegenden Tatsachenmenge in bisher unübertroffener Weise.[108]

Der Österreicher Friedrich **Adler**[109] (1879-1960) unterschied sich von Dingler schon durch seine Wertschätzung der Person Einsteins, dem er trotz seiner Detailkritik an der SRT insg. eine "geniale Kühnheit" zusprach[110] und für den er sogar auf eine Professur für theoretische Physik an der Universität Zürich verzichtete.[111] In seiner 1918 bereits vorläufig beendeten aber erst 1920 im Druck erschienenen *Untersuchung über die Lorentzsche und Einsteinsche Kinematik* legte er in überaus umständlicher Form dar, warum er zu der Überzeugung gekommen war, daß es ein "ausgezeichnetes Bezugssystem der Elektrodynamik" gebe. Diese Erörterung verstand Adler selbst als von allen erkenntnistheoretischen Fragen unabhängige Kette rein physikalischer Beweise. Dem Anspruch nach handelte es sich also um eine alternative Theorie der Elektrodynamik und nicht um eine Interpretation der Einsteinschen SRT. Dennoch erweisen sich einige der Thesen Adlers, gerade im Vergleich mit den betont erkenntnistheoretisch eingefärbten Überlegungen Petzoldts, als relevant für meine Frage nach typisch machianischen Verständnisproblemen bei der Kenntnisnahme der SRT.

Typisch Machianisch ist schon der in Adlers Vorwort vorgetragene Anspruch, alle in der Einsteinschen Kinematik "enthaltenen metaphysischen

---

[107][1921]b S. 503.
[108]Petzoldt [1921]b S. 509.
[109]zur Biographie siehe insb. Ardelt [1984] sowie Kann [1977].
[110]Adler [1920] S. xv; vgl. Reichenbach [1921/79] S. 341/367.
[111]siehe Kann [1977] sowie das Brieffragment Adlers an seinen Vater, Victor Adler, zit. in Blackmore/Hentschel (Hrsg.) [1985] S. 51. Laut Mitteilung von Herrn Dr. Fölsing hat Adler lediglich auf besondere Protektion verzichtet.

Zutaten zu eliminieren",[112] typisch ist auch die irrige Interpretation des RPs als einer Aussage über die vollständige Gleichwertigkeit aller Bezugssysteme. Daraus hatte sich für Petzoldt die Ablehnung des asymmetrischen Resultats der Zeitmessungen beim Zwillingsparadoxon ergeben, und auch Adler verband damit die Aussage, daß die Ergebnisse in zueinander relativ bewegten Systemen stets reziprok zueinander sein müßten.[113] Darüber hinaus bezeifelte Adler genau wie Petzoldt die Berechtigung des 2. Postulats der SRT, der Konstanz der Lichtgeschwindigkeit im Vakuum, die er als "Trugschluß" Einsteins entlarvt zu haben glaubte.[114] Anders als Einstein wollte Adler die Zeiteinheiten in voneinander entfernten Orten nicht über Lichtsignalaustausch synchronisieren, sondern über Uhrentransport.[115] Der Vergleich der somit erklärten 'Ortszeiten' für verschiedene, relativ zueinander bewegte Systeme führte dann auf Klassen untereinander gleichwertige Systeme sowie auf genau ein aus der Perspektive aller möglichen Bezugssysteme ausgezeichnetes Referenzsystem, das Adler rein kinematisch definieren zu können glaubte.[116] Dies schlug sich physikalisch in der Wahl anderer Transformationsformeln der Raum-Zeit Koordinaten nieder, für die Adler die erstmals von Voigt betrachtete Transformation (1.2.) und nicht die Lorentztransformation (1.4.) wählte.[117]

Schon vor Veröffentlichung des Manuskripts hatte Einstein in mehreren Briefen Adler von der Unhaltbarkeit seiner theoretischen Alternative angesichts der vorliegenden experimentellen Befunde zu überzeugen versucht,[118] und auch eine andere einfache Betrachtung in Einsteins Brief vom 29. Sept. 1918 (ebenfalls AFA, Wien), in dem er die Koeffizienten der Lorentztransformation aus der Konjunktion von RP und Isotropie des physikalischen Raumes herleitet, vermöge der eine Kugelwelle durch die gesuchte Raum-Zeit-Transformation wieder in eine Kugelwelle transformiert werden muß, konnte Adler nicht überzeugen.

Weil sich Adler an den gleichen Stellen wie Petzoldt in Widersprüche zur

---

[112]Adler [1920] S. xii.

[113]siehe z.B. Adler [1920] S. 171 u. 177: "Auf dem Boden der Relativität, d.h. der Gleichwertigkeit aller Bezugssysteme, könnte man - soweit die Gangdifferenzen in Frage kommen - nur bleiben, wenn nicht reziproke Gangdifferenzen überhaupt ausgeschlossen wären."(Hervorhebungen des Orig. hier weggelassen).

[114]Adler [1920] S. 191ff, zit. z.B. S. 195.

[115]ibid., S. 66ff. sowie zur Kritik daran Reichenbach [1922]b, [1921/79]a S. 341, 364.

[116]ibid., S. 208ff.

[117]ibid., S. 4, 48ff. - vgl. die Abschn. 1.1. und 3.3. dieser Arbeit.

[118]siehe AE an F. Adler, 4. Aug. 1918 (AfA u. CPAE), wo Einstein argumentiert, daß die Versuchsergebnisse von Fizeau, Michelson sowie die Tatsachen der Aberration und das Bewegungsverhalten schneller Elektronen im elektromagnetischen Feld zusammengenommen zur SRT zwingen.

SRT verrannte, wurde Einstein und ihm nahestehenden Nicht-Machianern schnell klar, daß "es letzten Endes doch erkenntnistheoretische Motive sind, die Adler zu seiner Ablehnung der Relativitätstheorie veranlassen".[119] Dies gilt auch für spätere Aufsätze anderer im Geiste Machs argumentierender Philosophen, für die das Prinzip der Konstanz der Lichtgeschwindigkeit ein Haupttarget ihrer Kritik wurde.[120] Zu dieser Standard-Reibungsfläche zwischen Machianern und der SRT kamen bald noch die Probleme Einsteins mit dem Machschen Prinzip, von dem er noch 1917 felsenfest überzeugt war, aber dann erkennen mußte, daß seine Erfüllung im Rahmen der ART im allgemeinen nicht möglich sein wird.[121] Mit dieser späteren Absage Einsteins war der Punkt, in dem der Machianismus lange die stärkste Stütze seiner Deutung der ART als Erfüllung des Machschen Programmes hatte, schließlich weggefallen. Doch zu diesem Zeitpunkt waren die jüngeren, empiristisch eingestellten Wissenschaftsphilosophen ohnehin schon zum logischen Empirismus übergelaufen, der die Überzeichnungen phänomenalistischer Erkenntniskritik vermied.[122]

---

[119]Reichenbach [1921/79] S. 340/366; vgl. AE an Besso, 29. April 1917, (zit in Speziali (Hrsg.) [1972],) wo sich Einstein über den "ziemlich sterilen Rabbinerkopf" Adler beschwert, der "den Mach'schen Klepper bis zur Erschöpfung" reitet.

[120]statistisch hat dies Blackmore [1988b, S. 71] untersucht.

[121]vgl. Abschn. 1.4 und 1.5 dieser Arbeit und dortige Ref.

[122]siehe z.B. Frank [1937/38] S. 247ff., [1941] S. 7.

4.9 Operationalismus (Bridgman)

These points of view had their origin in the attempt to understand and generalize the methods by which physicists had successfully met the conceptual crisis brought about by the discovery in the early years of this century of new experimental facts in the domains of relativity and quantum phenomena. Bridgman [1949] S. 479.

4.9.1 Bridgmans 'Logik der modernen Physik'

Im Jahr 1927 legte der amerikanische Experimentalphysiker Percy William Bridgman[1] (1882-1961) seine *Logik der heutigen Physik* vor, die zumindest im amerikanischen Sprachraum große Beachtung fand. Der "Abstecher eines Physikers, dessen Arbeiten bisher fast ganz auf die experimentelle Forschung beschränkt waren, in das Gebiet der Grundlagenkritik" war durch Bridgmans "dringendes Bedürfnis nach einem tieferen Verständnis der Fundamente der physikalischen Wissenschaft" motiviert.[2] Neben der zu dieser Zeit in rascher Entwicklung befindlichen Quantenmechanik war es vor allem die SRT Einsteins, die Bridgman zu seinen Darlegungen inspiriert hatte. Der 1946 mit einem Nobelpreis für seine Studien über das Verhalten von Materie bei sehr hohen Drucken prämierte Physiker empfand angesichts der durch RT und Quantenmechanik ausgelösten "bleibenden Veränderungen, die die Physik durch diese Theorien erfahren hat", eine ungestillte Unruhe ("disquietude").[3] Die ihm bekannten Deutungen konnten ihn nicht zufriedenstellen, und so entwickelte der Harvard-Professor während eines Freisemesters seine eigene Sicht als eine Art **methodischer Generalisierung** der durch die RT vermittelten Einsichten "from an operational point of view".[4] Er selbst hat seine methodologischen Ausführungen nie als ein geschlossenes philosophisches System betrachten wollen und sich auch gegen die Einführung der Vokabeln 'Operationalismus' bzw. 'operationism' gewandt.[5] Wenn ich dennoch im folgenden diesen Terminus 'Operationa-

---

[1] zu B. siehe G. Schlesinger [1967]a,b; Frank (Hrsg.) [1956] S. 39-96, Kimble et al.[1970].

[2] Bridgman [1927/32]b S. v, vi; vgl. [1936] S. 5.

[3] Bridgman [1927/32]b S. 2 bzw. [1959] S. 519.

[4] Bridgman [1927/32]b S. vii.

[5] siehe z.B. Bridgman [1938] S. 114f., 130 in Replik auf Lindsay [1937] sowie Bridgman [1954] S. 35, [1956] S. 74. Diese Zurückweisung eines philosophischen Selbstverständnisses hat Bridgman mit Ernst Mach gemeinsam (vgl. Abschn. 4.7.1. und Zahar [1981] S. 267f.). Dieser Auffassung des Operationalismus schlossen sich später Feigl ([1945] S. 250, 258), G. Bergmann und Margenau (beide in Frank (Hrsg.) [1956] S.89f.) an.

lismus' aufgreife, dann nur als Kürzel für 'Bridgmans Einsichten in die Methode operationaler Sinnklärung'. Insofern sich Bridgmans Einsichten in engstem Zusammenhang mit den modernen Theorien der Naturwissenschaft entwickelten, ist sein Operationalismus dem logischen Empirismus (Abschn. 4.7.) verwandt. Mit den Vertretern des Wiener und Berliner Kreises verband ihn auch sein **empiristisches Selbstverständnis**, an dem er überhaupt keinen Zweifel ließ:

> Die Einstellung des Physikers muß also eine rein empiristische sein. Er erkennt keine Grundsätze a priori an, die die Möglichkeit neuer Erfahrung bestimmen oder einschränken. Erfahrung wird nur durch Erfahrung bestimmt.[6]

In dieser Auffassung fühlte er sich gerade durch die RT bestätigt, die für ihn einmal mehr gezeigt hatte, daß die Etablierung neuer, unerwarteter Erfahrungstatsachen außerhalb unseres gewohnten Erfahrungsbereichs immer möglich sei und nicht durch aprioristische Spekulation ausgeschlossen werden könne.[7] Der Übersetzer der 1932 erschienenen deutschen Ausgabe von Bridgmans Hauptwerk weist zurecht darauf hin, daß als ideengeschichtliche Wurzel dieses Anti-Apriorismus bei Bridgman der amerikanische Pragmatismus William James' angesehen werden muß, da Bridgman vom logischen Empirismus erst später Kenntnis bekam.[8]

Die zweite Säule in Bridgmans "Ansätzen zu einer systematischen Philosophie der gesamten Physik" wird markiert durch sein spezielles Interesse für "Handlungen innerhalb der aktuellen Physik und die Ziele, auf die diese Handlungen gerichtet sind".[9]. In dieser operationalen Analyse von wissenschaftlichen Konzepten und Verfahren durch Bridgman liegt das wesentlichste und originärste Element seines Denkens, für das bestenfalls in Dinglers Schriften noch ein Vorläufer gesehen werden kann.[10] Der Kern dieses **Operationalismus** Bridgmans liegt in der Auffassung von Begriffen als Zeichen, die ihren Sinn nur durch die Angabe von den Handlungsanweisungen erhalten, welche mit diesem Begriff gleichbedeutend ("synonymous") sind: "Der Begriff ist mit der Reihe der ihm entsprechenden Operationen

---

[6]Bridgman [1927/32]b S. 3; vgl. ibid., S. vi, 158.

[7]ibid.

[8]siehe den Anhang Krampfs in Bridgman [1927/32]b S. 158; zu Bridgmans Stellung zum log. Emp.: siehe die Belege aus seiner Korrespondenz mit Carnap in 4.9.3.

[9]Bridgman [1927/32]b S. xii.

[10]in der Vorrede zu Bridgman [1927/32]b hat Dingler auf diese Verwandtschaft hingewiesen, zugleich aber auch die verbleibenden Unterschiede betont - schließlich war Dingler ein vehementer Gegner der RT, Bridgman hingegen hat deren Berechtigung nie bestritten. Rossi-Landi [1967] S. 407 nennt Dingler einen Vertreter des ' kontinentalen' im Unterschied zu Bridgmans 'amerikanischem Operationalismus'.

gleichbedeutend",[11] oder wie er an anderer Stelle ausführte: "What a man means by a term is to be found only by observing what he does with it, not by what he says about it".[12] Bridgman bestand also, gerade was den wissenschaftlichen Diskurs betrifft, auf der ausschließlichen Verwendung solcher Termini, bei denen eine Zuordnung zu Gruppen von Operationen an erfahrbaren, meßbaren Objekten möglich ist. Bei Verletzung dieses 'operationalistischen Sinnkriteriums' sah er, hierin wieder ganz ähnlich den logischen Empiristen, die dringende Gefahr des Abgleitens in unbeantwortbare, unzulässige oder selbst widersprüchliche Fragen bzw. unlösbare, sinnlose Scheinprobleme:

> Wenn eine bestimmte Frage einen Sinn hat, muß es möglich sein, Operationen zu finden, durch die eine Antwort auf sie gegeben werden kann. Man wird in vielen Fällen finden, daß solche Operationen nicht existieren können und die Frage deshalb keinen Sinn hat.[13]

Besonders in späteren Aufsätzen hat Bridgman betont, daß er in seinem Hauptwerk von 1927 den Akzent etwas zu einseitig nur auf instrumentelle, meßtechnische Operationen gelegt habe, während z.B. auch mentale oder verbale ("paper and pencil"-) Operationen ein legitimer Teil wissenschaftlicher Handlungszusammenhänge seien.[14] Wenngleich Bridgman also *nicht* einem physikalischen Instrumentalismus das Wort redete, für den nur Meßbares existierte, so beharrte er doch umgekehrt auf der Unentbehrlichkeit eines instrumentellen *Anteils* in den Operationen, die naturwissenschaftliche Termini definieren, weil nur so Aussagen über die Wirklichkeit gemacht werden können:

> I think our experience shows, in the case of those concepts which ostensibly deal with the external world, that we require that our analysis of meaning must eventually emerge into contact with the external world, so that we can free ourselves from the verbal encumbrance. [...] Thus the concepts of absolute space and absolute time of Newton proved not capable of emergence beyond the verbal, whereas the local time and optical length of Einstein do thus emerge.[15]

---

[11]Bridgman [1927/32]b S. 5; vgl. ibid. S. 19; [1945] S. 246; [1949] S. 480 sowie kritisch dazu G. Bergmann in Frank (Hrsg.) [1956] S. 50, Zittlau [1981] S. 114f.

[12]Bridgman [1938] S. 117; vgl. [1951/52] S. 257 und z.B. Epstein [1942]a S. 1: "a physical concept is not completely defined until an instrumental operation is described which permits of reducing the concept to precise measurements".

[13]Bridgman [1927/32]b S. 19; vgl. [1959] S. 519, [1962] S. 47.

[14]siehe insb. Bridgman [1959] S. 522 sowie [1938] S. 123-128; [1949] S. 483, 501; [1950] S. 256; [1951/52] S. 160, 258; vgl. dazu Lindsay in Frank (Hrsg.) [1956] S. 69ff.

[15]Bridgman [1949] S. 485; vgl. [1938] S. 127; [1951/52] S. 260, [1956] S. 78.

Neben der Ablehnung solcher Termini, die eben nicht durch eine solche Folge nachvollziehbarer, teils instrumenteller, teils verbaler bzw. mentaler Operationen festlegbar sind, war eine zweite Konsequenz das durch Bridgmans Operationalismus verstärkte Interesse an Handlungen und Prozessen, also an dynamischen Aspekten der Wissenschaft gegenüber der sonst üblichen Fokussierung auf statische Situationen oder Objekte. Während also etwa die logischen Empiristen bevorzugt die erkenntnislogischen Implikationsbeziehungen in ihren starren Rekonstruktionen wissenschaftlicher Theorien untersuchten, fragte Bridgman eher nach **Handlungszusammenhängen** der damit als Instrument zur Vorhersage experimenteller Ergebnisse operierenden Physiker.[16]

Eine interessante Folgerung aus seinem Beharren auf einer operationalen Sinnzuweisung war die, daß für ihn ein Konzept wie 'Länge' zerfiel in verschiedene Konzepte, je nachdem, welche Operationen man zur Messung von Längen durchführt:[17]

- das Anlegen von starren Maßstäben im Alltagsgebrauch,
- der Aufbau komplizierter Interferenzapparate, die Vielfache einer vorgegebenen Wellenlänge bestimmen, oder z.B.
- astronomische Längen- (bzw. Entfernungs-)bestimmungen, die mittels Zeitverzögerungen nach Signalreflexion bzw.
- Doppler-Rotverschiebungen (in Verbindung mit der Annahme eines linearen Zusammenhangs zwischen Entfernung des Objektes und der spektralen Rotverschiebung) arbeiten.

Diese verschiedenen Längenmessungsverfahren führen laut Bridgman zu jeweils für andere Größenordnungen definierten Längenkonzepten:

> one never has the 'same' construct defined by two independent operations [...], but [...] there are properly two constructs which may be proved by experiment to give results indistinguishable within certain margins of experimental error and within certain ranges of phenomena. But it is never safe to assume that they will continue to be equivalent in a new range as yet unexplored.[18]

So müßig diese Auseinanderklamüserung von gemeinhin ununterschiedenen Konzepten hier zunächst erscheinen mag, die Anwendung dieses Verfahrens

---

[16]vgl. Bridgman [1949] S. 489: "an analysis into activities or happenings"; [1950] S. 255ff.; [1959] S. 522; [1962] S. 20.

[17]siehe dazu Bridgman [1938] S. 121; [1949] S. 487; [1950] S. 254f.; [1954] S. 32f.

[18]Bridgman [1945] S. 247; vgl. [1949] S. 481; kritisch dazu: L.J. Russell [1928] S. 366.

auf die Deutung der Lorentzkontraktion der SRT brachte dann das überraschende Resultat zutage, daß die scheinbare Paradoxie dieses Effektes nur dadurch auftrat, daß vom common sense irrtümlicherweise die Anwendbarkeit des ersten eben aufgelisteten Längenmessungsverfahrens vorausgesetzt wurde, während das zur Längenkontraktion der SRT führende Verfahren tatsächlich zur Festlegung der Gleichzeitigkeit der Messung von Anfangs- und Endpunkt der zu vermessenden Strecke dort zweier synchronisierter Uhren bedarf, die bei der Standardoperation der Längenmessung wegen geringen Entfernungen und minimalen Geschwindigkeiten entfallen.[19] Schon dieses Beispiel zeigt, wie eng verwoben Bridgmans allgemeine methodische Ausführungen mit speziellen Erkenntnissen der RT sind, deren Deutung durch Bridgman wir uns jetzt zuwenden.

4.9.2   Die operationalistische Interpretation der RT

Bridgmans Paradigma seiner operationalistischen Sinnanalyse war das Vorgehen Einsteins bei der **Klärung des Gleichzeitigkeitsbegriffes für räumlich entfernte Ereignisse.** An diesem Modellfall hatte Bridgman die Bedeutung einer Explizitmachung des Meßverfahrens zur Überprüfung des Sinnes von Aussagen kennengelernt, und in kaum einer Arbeit Bridgmans nach 1927 fehlt der Verweis auf dieses Standardbeispiel. Ich zitiere im folgenden aus Bridgmans erstmaliger Bezugnahme hierauf 1927:

> Wir wollen am Beispiel der Behandlung des Gleichzeitigkeitsbegriffes durch Einstein zeigen, daß die wahre Bedeutung eines Begriffes künftig in seiner Anwendung gesehen wird.
>
> Vor Einstein wurde der Gleichzeitigkeitsbegriff durch Angabe seiner Eigenschaften definiert. [...] Einstein unterzog also den Begriff der Gleichzeitigkeit einer Kritik. Sie bestand im wesentlichen in dem Nachweis, daß die Operationen, welche dazu führen, zwei Ereignisse als gleichzeitig zu beschreiben, die Messungen des Beobachters involvieren. [...]. Indem Einstein auf diese Weise den Inhalt eines Urteils über Gleichzeitigkeit untersucht und sein Interesse dem Beobachtungsakt als dem Kernproblem zuwendet, gewinnt er in der Tat einen neuen Gesichtspunkt für die Beurteilung physikalischer Begriffe, nämlich den operativen Gesichtspunkt.[20]

Somit ist also für Bridgman Einstein selbst der Pionier des Operationalismus. Nach seiner Überzeugung war es genau diese methodische Ein-

---

[19]siehe dazu Bridgman [1962] S. 92.
[20]Bridgman [1927/32] S. 6-7; vgl. z.B. [1936] S. 7f.; [1949] S. 479f.; [1949/79]b S. 225; [1954] S. 32f. und die Debatte Epstein-Dingle [1942/43].

sicht, die Einstein in die Lage versetzte, zur großen Überraschung vieler
eine Umwälzung der Begriffe der klassischen Physik einzuleiten, die zuvor als unwandelbar festgeschrieben worden waren. Bridgman ging 1927
sogar soweit zu behaupten, daß eine rechtzeitige Reflexion auf die operationale Bedeutung des Begriffes 'Gleichzeitigkeit' für räumlich entfernte Ereignisse die Einsteinschen Leistungen auf recht bequemem Wege ohne einen
solch plötzlichen Einschnitt vorbereitet hätte. In einer Anwendung der nun
durch Einstein vermittelten Einsicht auf *alle* Grundbegriffe der Physik sah
Bridgman die Chance, "eine nochmalige Änderung unserer Anschauungen,
gleich derjenigen Einsteins, für immer zu verhindern. Man wird vielleicht
die grundlegende Änderung unserer Denkweise entschuldigen. Die Physik
ist ja schließlich noch eine junge Wissenschaft und die Physiker sind sehr
ungestüm gewesen. Es würde aber gewiß sehr zu bedauern sein, wenn derartige Umwälzungen sich immer wieder als notwendig erweisen sollten".[21]
In diesem Sinne verstand Bridgman seine operationalistische Sinnklärung
als eine **Vorbeugemaßnahme zur Verhinderung zukünftiger Revolutionen in der Physik.** Diese ihrerseits jugendlich-ungestüme Zuversicht, allen zukünftigen Umwälzungen durch eine umfassende Sinnanalyse
begegnen zu können, nahm Bridgman freilich dreißig Jahre später in einem Rückblick gänzlich zurück.[22] Hingegen rückte er bis zu seinem Tode
nicht von der These ab, daß die operationale Sinnklärung geeignet sei, viele
der Mißverständnisse, die im Namen des common sense gegen die RT erhoben worden waren, aufzuklären.[23] Ferner sah er in seiner Methode ein
brauchbares Mittel, um Ambiguitäten von den aus der Alltagssprache in
die Physik übernommenen Vokabeln aufzuzeigen.[24]

Das Hauptunterfangen Bridgmans ab 1927 aber war es, die offenbar erfolgreiche Methode der operationalen Sinnklärung auch auf andere physikalische Konzepte anzuwenden. Insb. sein *Sophisticate's Primer of Relativity*,
der erst 1962 posthum erschien, führte diese operationalistische Sinnklärung
in extenso an allen für die SRT grundlegenden Begriffen durch. U.a. behandelte Bridgman auch die von Einstein und fast allen Kommentatoren nach
ihm als trivial vorausgesetzte Methode der Koordinatenzuordnung und der
praktischen Bestimmung inertialer Bezugssysteme,[25] die verschiedenen Me-

---

[21]Bridgman [1927/32] S. 2; analog in [1945] S. 247; [1949] S. 481; zur Kritik hieran vgl.
insb. Grünbaum in Frank (Hrsg.) [1956] S. 89f.

[22]siehe Bridgman [1959] S. 520.

[23]siehe insb. Bridgman [1959] und [1962] S. 23, 50f., 83, 85f., 102f., 135, 141, 151.

[24]vgl. insb. Bridgman [1962] S. 15f.('starr'); 23f.('Bewegung'); 37ff.('Hier'); 151f. ('Materie') sowie [1950].

[25]Bridgman [1962] Kap. 2, S. 13ff.

thoden zur Messung von Längen, Zeiten und Geschwindigkeiten[26] und die
daraus resultierende Mehrdeutigkeit in der Bedeutung der Lichtgeschwindigkeit.[27] Er wies die Gleichwertigkeit der Lorentztransformationen (1.4.)
mit einer Gruppe von insg. 7 mathematischen Eigenschaften nach, die direkte (d.h. operationale) "physical significance" haben,[28] zeigte aber auch,
daß es falsch sei, die SRT ganz auf die Lorentztransformationen reduzieren
zu wollen, wie dies verschiedentlich versucht worden war, da diese Transformationsformeln noch ergänzt werden müßten um die Angabe der mechanischen Grundgrößen, die unter der Lorentzgruppe invariant bleiben sollen,
denn dies sind nicht mehr die klassischen Größen Kraft, Impuls, Energie
etc. sondern aus diesen klassischen Konzepten gebildete Vierervektoren.[29]
Das RP spreche zwar von der Invarianz aller allgemeinen Naturgesetze unter Koordinatentransformation, doch dies sei noch keine scharf bestimmte
Aussage - was in diesem Sinne als ein "allgemeines Naturgesetz" zu gelten habe, sei ja umgekehrt erst nach erfolgreicher Überprüfung in einem
experimentellen Test dieser vermuteten Invarianzeigenschaft definiert.

> The first postulate [of SRT, K.H.] thus appears to contain a concealed
> definition of 'law of nature'. By applying the criterion of the first
> postulate, we can determine whether an ostensible law is really a law
> or not.[30]

An diesem Beispiel zeigte Bridgman auf, daß es grundsätzlich irrig sei, eine
physikalische Theorie auf deren mathematische Struktur oder rein formale
Axiome reduzieren zu wollen, da sie nur dann in Handlungsanweisungen
umsetzbar sei, wenn die Formeln durch einen erläuternden "Text" begleitet
würden, der angibt, in welchem Sinn die physikalischen Größen im Experiment konkret zu bestimmen sind.

> Not until we have specified the details of the physical application do
> we have the right to speak of the equations as part of a physical
> 'theory'.[31]

Sehr hilfreich bei der Aufklärung vieler Mißverständnisse der SRT sind etwa
Bridgmans Erläuterungen zum operationalen Sinn der relativistischen Ge-

---

[26]Bridgman [1962] S. 91–107.

[27]je nachdem, ob man eine Einweg- oder eine Zweiweg-Geschwindigkeit (als Mittelwert
aus Hin- und Rückweg eines Signals nach Reflexion) meint; siehe Bridgman [1962] S. 42ff.

[28]ibid., S. 7-9; vgl. S. 149.

[29]ibid., S. 118-126.

[30]ibid., S. 120; vgl. 112ff.

[31]ibid., S. 10; Bridgmans "text" wurde von ihm selbst als äquivalent zu Dingles 'Korrespondenzregeln', Margenaus 'epistemischen Regeln' oder Reichenbachs 'Zuordnungsdefinitionen' angesehen (ibid., S. 11 - vgl. Abschn. 4.7.2.).

schwindigkeitsaddition (1.6.), die sich auf zwei Geschwindigkeiten bezieht, wie sie in je einem von zwei zueinander bewegten Koordinatensystemen mit jeweils darin ruhenden Instrumenten gemessen werden, *nicht* etwa auf die numerische Addition von Geschwindigkeiten, die in *einem* Bezugssystem gemessen werden.[32]

Bridgmans Absicht bei seiner Analyse der SRT war nicht etwa die, einen verborgenen Fehler in Einsteins Räsonnement aufzufinden - im Gegenteil setzte er hier ausdrücklich und ohne Vorbehalt ihre Bewährtheit voraus;[33] seine minutiöse Zergliederung grundlegender Begriffe in die ihnen zugrundeliegenden Operationsabfolgen zielt vielmehr auf eine Art **Minimalinterpretation der RT** ("minimum point of view").[34] Während Einstein Konzepte wie 'Einheitsmaßstab', 'Uhr', 'Bezugssystem', 'Ereignis', 'Naturgesetz' einfach als mots primitifs voraussetzt und damit die Frage danach, was z.B. eine Uhr oder ein Ereignis sei, nicht mehr beantworten kann, geht Bridgman dem operationalen Sinn dieser Konzepte nach, um die von Einstein offen gelassene Lücke zu stopfen und eine unzweideutige Anwendung der RT auf konkrete experimentelle Anordnungen zu garantieren:

> We have tried to find a minimum point of view which would read into the theory no more than is necessarily implied in the various successful applications of the theory to concrete situations. We have accepted the theory as giving correct experimental results and to the extent not needing criticism of revision. *But various conceptual attitudes toward the theory are possible without involving experimental inconsistencies. We have been concerned here to find the conceptual attitude which would demand the least commitment on our part.*[35]

Zeigte sich Bridgman in Bezug auf die SRT als ein begeisterter Anhänger, der die durch sie erzielten methodologischen Einsichten emphatisch begrüßte, so war er in Bezug auf die ART zeitlebens deutlich zurückhaltender. In seinem Beitrag zum Schilpp-Band für Einstein 1949 behauptete er sogar, daß "Einstein die Lehren und Gedanken, die er uns in der speziellen Relativitätstheorie entwickelt hat, nicht in seine allgemeine übernahm".[36] Seine **Kritik an Einsteins Vorgehen in der ART** konzentrierte sich vor allem auf drei Punkte, auf die ich jeweils kurz eingehe:

---

[32]ibid., S. 107f.

[33]Bridgman [1962] S. 5: "The theory as ordinarily understood is accepted without question as a working tool which, in its ostensible universe of discourse, gives the best control we have yet been able to acquire of phenomena".

[34]Bridgman [1962] S. 4, 142.

[35]Bridgman [1962] S. 142; Hervorhebung K.H.

[36]Bridgman [1949/79]b S. 225.

1. mangelnder operationaler Gehalt des Kovarianzprinzips,

2. unbefriedigende Trennung von Materie und Feld,

3. zu weitgehende Extrapolation (z.B. in der relativistischen Kosmologie).

(ad 1) Schon Erich Kretschmann hatte 1917 darauf hingewiesen, daß die Forderung der allgemeinen Kovarianz der Naturgesetze unter Koordinatentransformationen eine Eigenschaft sei, die physikalisch nichtssagend ist, weil jedes (auch jedes klassische) Naturgesetz in kovariante Form umgeschrieben werden kann.[37] Die eigentlich entscheidende Voraussetzung sei darum, so Bridgman, nicht die Kovarianzforderung, sondern die Forderung nach mathematischer Einfachheit der Feldgleichungen als linearer Gleichungen zweiter Ordnung, die bei bestimmten Grenzbedingungen zudem in die klassischen Gleichungen übergehen müssen.[38] Bridgman folgerte weiter, daß die von Einstein an die Kovarianzforderung geknüpfte These der Gleichwertigkeit aller Bezugssysteme überzogen sei, da faktisch z.B. schon durch die Notwendigkeit einer operationalen Festlegung des Koordinatensystems bevorzugte Bezugssysteme unumgänglich seien:

> It cannot be too strongly emphasized that there is no getting away from preferred operations and a unique standpoint in physics; the unique physical operations in terms of which interval has its meaning afford one example.[39]

In Übereinstimmung mit Ernst Mach führte Bridgman gegen Einstein den Fixsternhimmel als Beispiel für ein solches ausgezeichnetes System an.[40] (ad 2) In engem Zusammenhang hiermit kritisierte Bridgman den "Feld-Gesichtspunkt", unter dem die ganze ART stehe, den der sei es, der Einstein dazu führe, die ausgezeichnete Bedeutung der Fixstern*massen* zu leugnen und statt dessen auf das durch sie induzierte Trägheits*feld* zu verweisen.

> Nach dem Feld-Gesichtspunkt müssen örtliche Vorgänge bedeutungsmäßig in Korrelation gesetzt werden, und zwar nicht mit entfernten Vorgängen, sondern mit Vorgängen oder physikalischen Bedingungen in der unmittelbaren Nachbarschaft, deren Summe das 'Feld' konstituiert.[41]

---

[37]siehe Kretschmann [1917] u. AE [1918]d sowie Bridgman [1949/79]b S. 234, [1936] S. 81f. und Abschn. 1.3.
[38]siehe Bridgman [1949/79]b S. 234f.; [1936] S. 89ff. und Abschn. 1.3. und 1.4.
[39]Bridgman [1936] S. 83; vgl. [1949/79]b S. 238ff.
[40]siehe Bridgman [1961] sowie [1949/79]b S. 239; [1962] S. 76ff., 146.
[41]Bridgman [1949/79]b S. 240.

Der Vorteil dieser Betrachtungsart sei zwar der, daß in ihr auf Fernwirkungen verzichtet würde, weil nur die Nahewirkungen des Trägheitsfeldes auf die in ihm eingeschlossene Masse relevant sei, doch damit sei noch nicht die vertrackte operationale Bedeutung des Feldes geklärt, die durch die Kraft auf Testteilchen erklärt werde, welche wiederum umgebender Instrumente zu ihrem Nachweis bedürfe. Bridgman schlug vor, an die Stelle der klassischen Dichotomie von Feld und Materie den Begriff des Instruments zu stellen, aus dessen Meßergebnissen die feldartigen bzw. materieartigen Eigenschaften des gemessenen Etwas bestimmt werden. Schließlich seien ausschließlich instrumentelle Meßgrößen das Rohmaterial, aus dem wir in komplizierten, vielstufigen Schlußketten unsere Vorstellung von der Beschaffenheit der Welt bildeten.[42] In diese naturphilosophischen Betrachtungen Bridgmans floß seine eigenwillige Auffassung der Quantenmechanik ein, auf die ich hier nicht weiter eingehen kann.

(ad 3) Bridgman warnte trotz der beachtlichen Erfolge der jungen Disziplin der relativistischen Kosmologie (siehe Abschn. 1.4.) vor einer unvorsichtigen Extrapolation von Erkenntnissen, die an Systemen der Größenordnung unseres Sonnensystems gewonnen worden seien, auf kosmische Dimensionen. Aussagen wie z.B. über die etwaige Variabilität der Gravitationskonstanten würden bei Anwendung auf astronomische Distanzen ihre scharfe Bedeutung verlieren. Weder seien kosmologische Aussagen durch wiederholbare Experimente überprüfbar, noch wären die anderen impliziten Voraussetzungen der ART im kosmischen Maßstab gültig.

> [...] we view with serious misgivings any attempts to set up any theory applicable to the entire universe. [...] It would therefore appear that at present conceptual machinery is not in existence applicable to the problem of the entire universe.[43]

Aus dieser engen Anbindung wissenschaftlicher Theorien an den Gegenstandsbereich, für den sie experimentell gesichert Gültigkeit haben, folgerte Bridgman übrigens weiter, daß entgegen der Hoffnungen der meisten Theoretiker seiner Zeit die Fusion von ART und Quantenmechanik für ihn höchst unwahrscheinlich sei, da die Gegenstandsbereiche, für die sie aufgestellt wurden, zu verschieden sind:

> So erscheint die Auffassung ganz natürlich, daß das Versagen der allgemeinen Relativitätstheorie im mikrophysikalischen Bereich kein Zufall ist, sondern dem fundamentalen Gegensatz zwischen den Voraussetzungen und der geistigen Grundhaltung der allgemeinen Theorie

---

[42]siehe Bridgman [1962] S. 151f., 154ff.; [1949/79]b S. 239f.; vgl. dagegen AEs Bemerkungen in einem Brief an Pirani, zit. in Abschn. 1.4.

[43]Bridgman [1936] S. 88f.; vgl. [1949/79] S. 242.

einerseits und dem tatsächlichen Aufbau der Natur andererseits zugeschrieben werden muß.[44]

Über die Reaktion Einsteins auf diese provokante Absage an das von ihm
verfolgte Programm einer Ausweitung des feldtheoretischen Ansatzes der
ART in den Bereich des Mikrokosmos werde ich im nächsten Unterabschnitt
berichten. Angesichts des bis heute nicht gelösten Problems der Zusammenführung von Quantenfeldtheorie und ART scheint mir diese Bridgman-
sche These aber doch nach wie vor bedenkenswert, und zwar ganz unabhängig von der Bewertung der jetzt vorzutragenden, teilweise recht grundsätzlichen, Einwände gegen Bridgmans Betrachtungsweise.

4.9.3   Wirkung und Kritik des Operationalismus

Auf den Beitrag Bridgmans für den Schilpp-Sammelband reagierte Einstein
mit ungewöhnlicher Ausführlichkeit. Wenn er den Standpunkt Bridgmans
auch nicht teilte, so nahm er dessen Thesen doch wenigstens ernst, und
zwar so, wie man als fehlerhaft erkannte Ansichten, denen man früher selbst
anhing, eben besonders intensiv kritisiert, wenn man sich mit ihnen aufs
Neue konfrontiert sieht.

Dieser Standpunkt [Bridgmans] erscheint mir heute zugleich fruchtbar und unhaltbar. Fruchtbar nämlich erscheint er insofern, als er
zu einer kritischen Haltung gegenüber der in der Theorie benutzten
fundamentalen Begriffe zwingt, unhaltbar aber, weil er dem fiktiven
Charakter jeglicher Begriffsbildung gegenüber blind ist.

Gleich im Anfang zitiert der Autor zustimmend eine von mir herrüh-
rende *Bemerkung über die Definition der Gleichzeitigkeit, die ich bald
nachher als primitive Vereinfachung, d.h. als Halbwahrheit erkannte.*
Es wird nämlich dort zu Unrecht der Standpunkt vertreten, eine theoretische Einzelaussage sei nur dann zulässig, wenn ihr Zutreffen oder
Nicht-Zutreffen in einer konkreten Situation durch experimentelle Manipulationen festgestellt werden kann. Was nämlich jene Definition
tatsächlich leistet, ist dies: sie führt den Begriff der Gleichzeitigkeit
distanter Ereignisse auf die Begriffe 'starrer Körper', 'Inertial-System'
und 'zeitlich scharfes Lichtsignal' zurück, Begriffe, deren fiktiver Charakter unschwer erkannt wird; denn es erweist sich als unmöglich,
für diese letzten Begriffe eine erschöpfende 'operationale' Basis zu
schaffen. Die Definition erscheint aber trotzdem überzeugend, wenn
man die Einführung dieser letzteren Begriffe für weniger problematisch hält als den der Gleichzeitigkeit distanter Ereignisse. Insofern,

---

[44]Bridgman [1949/79]b S. 235; vgl. [1936] S. 86.

aber *nur* insofern, erscheint das Ergebnis jener Überlegung operational begründet, nach welchem Gleichzeitigkeit distanter Ereignisse nur inbezug auf ein bestimmtes Inertialsystem sinnvoll ausgesagt werden kann.

Was mir an der Forderung des 'Operationalismus' als berechtigt erscheint, das ist die Forderung, dass die Theorie *als Ganzes* unzweideutige kontrollierbare Aussagen über die experimentellen Tatsachen liefert; diese Forderung sollte aber nicht gestellt werden an die einzelnen Begriffe und Aussagen, die in der Theorie vorkommen.

Die Forderung, welche der Operationalism [sic] an eine Theorie stellt, ist insofern fruchtbar, als sie dazu Veranlassung gibt, die Beziehung des theoretischen Gebäudes zu der Erfahrung genau zu untersuchen. Es gibt aber nach meiner Überzeugung überhaupt keine physikalische Theorie, welche der Forderung strenge[sic] gerecht wird. Die allgemeine Relativitätstheorie bildet hierin keineswegs eine Ausnahme.[45]

Aus diesen Worten Einsteins wird sein seit 1920 eingetretener Sinneswandel deutlich, der ihn von einer Begeisterung für den Machschen Phänomenalismus in jungen Jahren zu einer gegenteiligen Auffassung geführt hatte, die dem Holismus Duhems und dem Rationalismus Meyersons nahestand.[46] Darum verwundert es nicht, daß sich Einstein selbst 1949 von Bridgman nicht mehr adäquat verstanden glaubte.

Erstaunlicher ist hingegen, daß auch die meisten anderen Interpreten der RT nicht mit Bridgmans Deutung übereinstimmten. Obwohl der Operationalismus in engstem Bezug auf die SRT entwickelt worden war, blieb seine Wirkung auf die im Rahmen der RT arbeitenden Physiker sehr beschränkt.[47] Schon *vor* Erscheinen von Bridgmans Hauptwerk 1927 hatte es vereinzelt operationalistisch klingende Deutungsansätze gegeben, so etwa bei Gustav Mie,[48] doch waren diese Bridgman wohl nicht bekannt geworden. Umgekehrt werden die wenigen operationalistischen Deutungsansätze *nach* 1927 ohne Verweis auf Bridgman vorgetragen.[49] Die wenigen ausdrücklichen Zustimmungen zu Bridgmans Deutung der RT kamen zumeist

---

[45]maschinenschriftl. Skizze der AE-Replik auf Bridgman mit handschriftl. Zusätzen, CPAE, Sign. 2-030, teilw. veröffentlicht in Schilpp (Hrsg.) [1949/79] (1. Hervorh. K.H.).

[46]vgl. Holton [1980], [1981], Hentschel [1984] Kap. 5, [1988], Howard [o.J.] und 4.11.

[47]eine Ausnahme bildet Paul Epstein [1942]a S. 1: "it is the opinion of the present writer that any presentation of the theory of relativity intended for wider circles should particularly emphasize its operational aspects".

[48]Mie [1921] S. 174f. zur 'Kongruenz-Operation' und S. 330f. zur Konstruktion eines 'natürlichen' Koordinatensystems; vgl. z.B. Wenzl [1935/49]b S. 151f.

[49]etwa Ives [1951] S. 127ff. zur Bedeutung der Lorentztransformationen; Berenda [1951] zur Zeitdefinition in der Kosmologie; Juhos [1968] S. 266 zum Uhrenparadoxon; Misner, Thorne und Wheeler [1972] Teil 11.3 zur operationalen Definition des Riemann-Tensors.

von denen, die seine skeptische Haltung gegenüber der ART begrüßten, nicht etwa seine emphatische Zustimmung zur SRT.[50] Und auch die vermeintliche Stärke der Bridgmanschen Interpretation, nämlich ihre Deutung der Einsteinschen Gleichzeitigkeitsdefinition als Paradigma operationaler Sinnklärung, wurde in Frage gestellt. Adolf Grünbaum zufolge ist nämlich die wichtigste Errungenschaft der SRT die Erkenntnis, daß die temporale Ordnung von Ereignissen eben *nicht* Beobachter-abhängig ist, sondern daß kausale Abfolgen bei Lorentztransformationen *invariant* bleiben.

> [...] the relationships between the events that *are* the termini of physically possible influence chains are *not* generated by the operations performed by human beings and do not depend in any way upon the activities of human beings or upon their presence in the cosmos. [...] Thus, the upshot of Einstein's analysis concerning the issue before us is *not*, as Bridgman would have it, that the concepts of science refer to our operations instead of to the properties and relationships of physical events.[51]

Für ihn erweist sich die operationalistische Methodologie zwar als ein bemerkenswerter Beitrag zur Aufhellung der Wissenschafts*pragmatik*, aber als irrelevant für die Klärung der *Semantik* wissenschaftlicher Konzepte wie z.B. dem der Gleichzeitigkeit räumlich entfernter Ereignisse. So muß man wohl Gustav Bergmann Recht geben, wenn dieser feststellte:

> [...] with the Einsteinian revolution consummated, the physical sciences did not stand in great need of the operationist discipline.[52]

Hingegen hatten Bridgmans Schriften großen Einfluß auf die Entwicklung der Psychologie (Behaviourismus).[53]

Ein weiterer Grund für die Zurückhaltung der Physiker in der Anwendung der Bridgmanschen Thesen war der, daß das **operationalistische Sinnkriterium offenbar zu eng** war, um den vielschichtigen Anforderungen wissenschaftlicher Praxis gerecht werden zu können. Schon bald nach Erscheinen der Arbeiten Bridgmans wurde in Rezensionen und kritischen Artikeln bemerkt, daß offenbar nicht alle konzeptuellen Bestandteile

---

[50]siehe z.B. Milne [1936] S. 342: Professor Bridgman has many illuminating things to say about probability, wave mechanics and the theory of relativity. His scepticism about the validity of the bases of 'general' relativity and his distinction between that and 'special theory' appeal strongly to the reviewer".

[51]Grünbaum in Frank (Hrsg.) [1956] S. 87f. (Hervorhebungen Orig.); vgl. Grünbaums Epilogue in Bridgman [1962] S. 165ff.

[52]G. Bergmann in Frank (Hrsg.) [1956] S. 48.

[53]vgl. dazu insb. das Sonderheft der *Psychological Review* 52[1945], Feigl [1945] S. 254f. und G. Schlesinger [1967]b S. 544f.

moderner wissenschaftlicher Theorien den methodologischen Forderungen
Bridgmans unterworfen werden dürften.

> What we are insisting on is the right [...] of using in the construction of
> theories concepts which are not defined directly in terms of laboratory
> operations.[54]

Von anderer Seite wurde bemerkt, daß auch eine noch so vollständige operationale Definierbarkeit eines Konzeptes nicht dessen faktische Brauchbarkeit garantieren könne[55] und daß es neben der operationalen Definition noch
andere, ebenso wichtige und unentbehrliche Sinnkriterien gäbe.[56] Nachdem Bridgman sein anfangs sehr einseitig auf *instrumentelle* Operationen
abzielendes Sinnkriterium unter dem Druck massiver Kritik[57] in späteren
Arbeiten erweiterte und auch *symbolische* Operationen zuließ, stellte sich
die Frage, ob damit der Operationalismus nicht sämtliche Konturen verloren habe, die ihn von anderen Gruppierungen wie insb. dem logischen
Empirismus unterschieden hatten.

Schon seit 1934 hatten sich Bridgman und Carnap in ihrem Briefwechsel die Frage nach dem **Verhältnis des Operationalismus zum logischen Empirismus** gestellt. Bridgman schätzte die Ansichten Carnaps
sehr[58] und lokalisierte lediglich Unterschiede in einer anderen Auffassung
der menschlichen Sprache und des Denkens, für Bridgman nicht ganz feh-
lerfreie Werkzeuge zur Bewältigung von Problemen, die sich mal mehr, mal
weniger gut bewähren.[59] Doch Carnap konnte dem durchaus zustimmen,[60]
fand hingegen an anderer Stelle Einwände gegen Ausführungen Bridgmans,
nämlich an dessen Voraussetzung der Existenz einer physikalischen Re-

---

[54]Lindsay [1938] S. 458f.; vgl. L.J. Russell [1928] S. 356.

[55]G. Bergmann und R.J. Seeger in: Frank (Hrsg.) [1956] S. 48 bzw. 81.

[56]Margenau in: Frank (Hrsg.) [1956] S. 40.

[57]siehe z.B. L.R. Russell [1928]; Lindsay [1938] S. 457, 470; vgl. dazu Margenau und
Lindsay in: Frank (Hrsg.) [1956] S. 39 bzw. 69.

[58]Bridgman an Carnap, 19. IX. 1934, ASP, Sign. RC-102-31-07: "In general I have
taken great satisfaction in the writings of the Viennese circle, including many of your own,
as being more nearly akin to my own views than nearly any other analytical writing with
which I am acquainted".

[59]ibid.: "Logic is a tool of human thought wielded by human beings. I do not think it
is a perfect tool, and I believe that there will always be conceptual situations which can
never be contemplated with complete logical serenity".

[60]Carnap an Bridgman, 14. IV. 1935, ASP, Sign. RC-102-38-06.

alität[61] und bei der Rede Bridgmans von 'paper and pencil operations'.[62] Dieser Aufforderung nach Präzisierung des Gemeinten kam Bridgman in seinem Antwortbrief nach; die betreffende Passage lautet:

> The distinction between 'paper and pencil' operations and physical operations is not clean cut, but I think it is usually clear in practise. A 'paper and pencil' operation is an operation in which there is a large element of mathematical calculation. [...]. In general I did not make any essential distinction between the operations of mathematics and of theoretical physics.[63]

Wie man hier sieht, war das Verhältnis beider Denker zueinander von gegenseitigem Interesse und wechselseitigem Verstehen-Wollen geprägt. In der Tat waren es in den Vierziger und Fünfziger Jahren die logischen Empiristen, die den Operationalismus gegen überzogene und einseitige Auslegungen verteidigten und für einen "operationalism wisely understood" plädierten.[64] Diese sophistizierte Auslegung der Thesen Bridgmans führte zu einem **Aufgehen des Operationalismus im amerikanischen logischen Empirismus**, der alle am ursprünglichen Operationalismus unhaltbaren Anteile, insb. den Instrumentalismus, ablöste und somit "sense and nonsense in operationism"[65] voneinander schied. Das vormalige operationalistische Sinnkriterium wurde zur Forderung nach zumindest partieller Verifizierbarkeit umgemünzt,[66] und Carnaps Vorstellungen über Beobachtungs- und Theoriensprache als hierarchisch getrennter Anteile wissenschaftlicher Theorien eingebaut.[67]

---

[61]Carnap an Bridgman, 7. VI. 1942, ASP, Sign. RC-102-38-05: "there is the concept of physical reality. You express yourself some doubts about it. I am still not clear what actually is meant by it. Would it not be better to avoid it entirely? Is it not entirely superfluous for the theory and even for the practice of science?"

[62]ibid.: "Further I am not quite clear about what exactly you mean by "paper and pencil operations'. [...] I think it would be very helpful if you would explain in some future publication what exactly you mean here, especially whether you mean mathematics or theoretical physics."

[63]Bridgman an Carnap, 7. VII. 1942, ASP, Sign. RC-102-38-04.

[64]Zitat aus Feigl [1945] S. 256; vgl. [1981] S. 83, 171ff. u. Frank [1941] S. 5.

[65]so der Titel des Aufsatzes von G. Bergmann in: Frank (Hrsg.) [1956] S. 41-52.

[66]vgl. z.B. G. Bergmann u. Hempel in: Frank (Hrsg.) [1956] S. 43, 50f. bzw. 63; vgl. G. Schlesinger [1967]b S. 545.

[67]vgl. dazu insb. Carnap [1936].

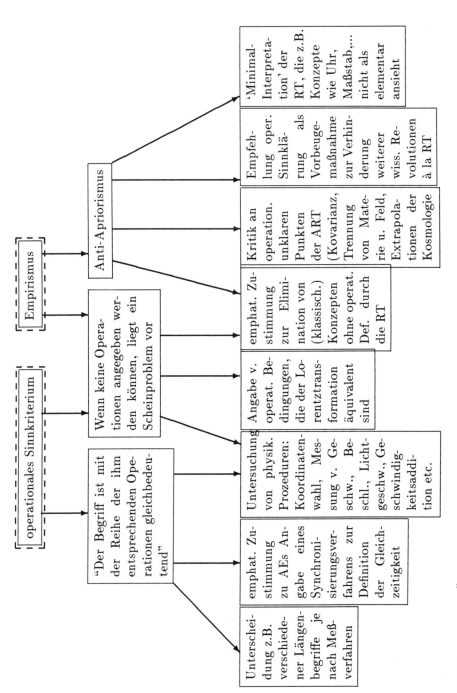

Abbildung 4.9: Übersicht zum Operationalismus (Bridgman)

4.10 Intuitions- und Lebensphilosophie

[...] instinct and intellect became more or less separated. They are
never wholly without each other, but in the main intellect is the mis-
fortune of man, while instinct is seen at its best in ants, bees, and
Bergson. The division between intellect and instinct is fundamental
in his philosophy, [...] with instinct as the good boy and intellect as
the bad boy. Instinct at its best is called intuition.
B. Russell [1912] S. 323f.

4.10.1 Hauptmerkmale der Philosophie Bergsons[1]

Wegen seines in den zwanziger Jahren besonders in Frankreich vielbeachte-
ten Buches über die SRT muß ich in diesem Abschnitt auf die Philosophie
Henri Bergsons[2] (1859-1941) zu sprechen kommen, dessen umfangreiches
Werk allerdings vornehmlich ganz anderen Schwerpunkten gewidmet war,
so insb. der Biologie und philosophischen Problemen der Evolution, der
Besonderheit des Lebendigen, des Verhältnisses von Materie zu Geist, von
Leib zu Seele etc. Ohne auf diese Aspekte seiner Philosophie weiter eingehen zu können sei hier nur erwähnt, daß Bergson für die sprachlich ge-
wandte Behandlung dieser Themen, die weite Leserkreise erreichte, 1927
den Literatur-Nobelpreis bekam.

Im Zentrum der Philosophie Bergsons steht ein **ontologischer Dualismus**
zwischen Belebtem und Unbelebtem, Leben und Materie, Geist und Körper. Den
grundlegenden Unterschieden beider Gegenstandsbereiche entsprechen **zwei grund-
verschiedene Erkenntnisquellen**, mit denen der Mensch sich in ihnen orientiert.
Einerseits hat er für die praktische Orientierung in seiner Umwelt das Instrument des **Verstandes ("entendement")** zur Verfügung. Dieser Verstand
(bzw. Intellekt) arbeitet durch analytische Zergliederung und logische Auswertung
der ihm vorliegenden Informationen, wobei er dynamische, komplexe Situationen
auflöst in idealtypische, statische Teilprobleme. Durch fortwährende Abstraktion
von allen dynamischen und irreversiblen Aspekten der ihn umgebenden Lebenswelt
kommt der systematisch forschende Mensch schließlich zu quantifizierbaren Konzepten und zu rationalen Hypothesen über die Beschaffenheit der Welt wie z.B. der

---

[1]Der klein gesetzte Teil dieses Unterabschnittes kann übersprungen werden.
[2]vgl. zu Bergson: Goudge [1967], Carr [1909/10], Russell [1912], Ziegenfuß/Jung
(Hrsg.) [1949/50] Bd. 1, S. 110-112, Gunter (Hrsg.) [1969] sowie die *Actes du Xe Congrès
des Sociétés de Philosophie et de Langue Française [Congrès Bergson]*, Paris, 1959 (2 Bde.)
und die dortigen Referenzen für weitere Primär- und Sekundärliteratur.

des Determinismus. Das verstandesmäßige Vorgehen, für Bergson am reinsten in den Naturwissenschaften, insb. der Physik vorzufinden, bewährt sich bei Anwendung auf Probleme der Beschreibung des Verhaltens von anorganischen Körpern, versagt aber bei dem Versuch, mit dieser Methode auch zu einem Verstehen der Welt des Lebendigen zu kommen.

Die Biologie und Anthropologie sowie die auf ihnen aufbauende **Lebensphilosophie**[3] erweise, daß dort entgegen den abstrakten, statischen oder reversiblen Idealisierungen der Physik alles fließend, irreversibel und konkret sei, und daß die dort interessierenden Wesenheiten wie z.B. Bewußtsein, Gedächtnis, Kreativität allesamt unmeßbar, in kontinuierlichem Fluß, seien.[4] Zur Erfassung der Eigenheiten dieser Wirklichkeitssphäre postuliert Bergson die Existenz einer zweiten, dem Verstand überlegenen Erkenntnisquelle, die **Intuition**, als deren animalischen Vorläufer er den Instinkt der Tiere ansieht. Das fortwährende Werden alles Lebendigen sowie menschliche Eigenschaften wie die der Freiheit, der Kreativität usw. seien eben mit den Mitteln des Verstandes nicht erfaßbar, und jeder Versuch, dies doch zu tun, ende notwendig in Aporien oder Antinomien wie denen Zenos oder Kants. Hingegen sei es möglich, sich diesem organischen Werden durch einen Moment konzentrierter, angespannter Aufmerksamkeit 'intuitiv', also direkt und unmittelbar, zu vergegenwärtigen.[5]

Für sein Philosophieverständnis hatte dieser ontologische und epistemologische Dualismus weitreichende Folgerungen. Denn entgegen dem üblichen Versuch, auch in der Philosophie mit den Mitteln des Verstandes zu operieren, forderte Bergson eine Hinwendung zur **Intuition als neuer Methode einer Metaphysik**, da nur so den Eigenheiten der Welt des Lebendigen gerecht zu werden sei.[6] Diese Abwertung der Leistungen des Intellektes wurde vielfach einseitig als 'Irrationalismus' oder 'Anti-Intellektualismus' verstanden - in der Tat dürfte ein Großteil der nachhaltigen Wirkung Bergsons im Europa der zwanziger Jahre auf dieser Überzeichnung beruhen.[7] Hingegen ist es wohl richtig festzuhalten, daß Bergsons Fokus auf Problemen des Lebendigen ihn dazu führte, das aus den quantifizierenden Naturwissenschaften erwachsene rational-mechanistische Weltbild in Frage zu stellen und auf der Notwendigkeit einer Ergänzung durch eine intuitiv arbei-

---

[3]dieser Terminus hat sich insb. in Deutschland als Kurzbezeichnung der Philosophie Bergsons durchgesetzt; über die Wurzeln der 'Lebensphilosophie' bei Schelling und Schlegel sowie ihre Ausprägungen bei Nietzsche, Spengler, G. Simmel, J. Müller, Keyserling u.a. siehe Leisegang [1928] S. 77ff.; vgl. Abschn. 4.3. zu Max Scheler und Anm. 37f.

[4]siehe z.B. Bergsons *Matière et Mémoire*, Paris, 1896; vgl. Carr [1909/10] S. 879, Russell [1912] S. 324.

[5]vgl. z.B. Bergsons *Essai sur les données immédiates de la connaissance*, Paris, 1889 sowie *L'Énergie spirituelle*, Paris, 1919; zur Kritik daran siehe z.B. Russell [1912] S. 342ff., Schlick [1918/25]c Kap. 11f., 19f.

[6]siehe z.B. Bergson [1934/50]b S. 33; man vergleiche Abschn. 4.3. zu Parallelen in der Phänomenologie.

[7]siehe Carr [1909/10] S. 875, Carus [1912], Russell [1912] (Motto dieses Abschnittes).

tenden Metaphysik des Lebendigen zu beharren.[8] Somit wird die Bedeutung der Wissenschaft beschränkt auf die pragmatische Bereitstellung von Orientierungsmitteln - ein darüber hinausgehender Anspruch mancher Wissenschaftler auf exklusive Rechte an der Bildung einer Weltanschauung wird von Bergson hingegen zurückgewiesen (Anti-Szientizismus).[9]

Dieser durchgängige Dualismus in der Philosophie Bergsons soll hier nur noch an einem im folgenden wichtigen Beispiel näher erläutert werden, nämlich dem der **zweifachen Bedeutung der Zeit bei Bergson.** Zum einen kannte Bergson eine allen Lebewesen unmittelbar gegebene, im Erleben direkt erfahrene innere Zeit, die **durée réelle** (auch 'durée universelle' oder 'durée pure' genannt). Jedes lebende Individuum habe, Bergson zufolge, in dieser (wie man mit Carnap sagen könnte) psychologischen Zeit eine absolute, vorwärtstreibende Lebensquelle in sich, durch die es von der unbelebten Materie wesensmäßig getrennt sei. Zum anderen aber habe der menschliche Intellekt durch ständige Konfrontation mit wiederkehrenden Vorgängen ein begriffliches Surrogat entwickelt, die metrische Zeit ("**temps scientifique**"), die durch periodisches Verhalten einiger materielle Körper (Uhren) meßbar sei. Um auch den letzten Anklang an die 'durée pure' auszulöschen, werde diese physikalische Zeit in den abstrakten Untersuchungen des menschlichen Intellekts durch eine verräumlichte ('also entzeitlichte') Gerade dargestellt; das Verhalten von Materie kann dann naturwissenschaftlich durch eine Abfolge von künstlich isolierten Zuständen in Abhängigkeit von einem artifiziellen Zeitparameter t beschrieben werden.[10] Bergson bestritt vehement die Abbildbarkeit des einen Typus' von Zeit auf den anderen– weder sei die 'durée pure' metrisierbar, noch sei die Zeit der Physik etwa nur ein präzisierter Ausdruck des psychologischen Zeitempfindens; die beiden seien wesensverschieden, irreduzibel. Insb. aus der Teilhaftigkeit des Lebenden an der 'durée pure' zog Bergson weitreichende metaphysische Folgerungen bis hin zur Willensfreiheit des Menschen, zum Gottesbegriff und anderen topoi traditioneller Philosophie.[11] Die Affinitäten Bergsons zur Phänomenologie, zum Neoplatonismus und Neothomismus erklären sich zum Teil aus dem Umstand, daß auch dort zwei Zeitbegriffe unterschieden werden.[12]

---

[8]siehe z.B. Bergson [1934/50]b S. 42f.; vgl. Goudge [1967] S. 292, Jacobson [1965] S.v.

[9]vgl. z.B. Wiener [1914] S. 567f. zum Verhältnis des Bergsonismus zum Pragmatismus und Relativismus.

[10]vgl. dazu z.B. Guillaume [1922]c, Chari [1937] S. 179, Watanabe [1951], Čapek [1966].

[11]siehe dazu insb. Bergsons *Essais ...*[1889] (s.o.), in engl. Übers. mit dem Titel *Time and free will* [New York, 1910]; vgl. z.B. Lovejoy [1912], Jacobson [1965] S. ix.

[12]nämlich 'eigentliche und uneigentliche Zeit', 'temps physique' und 'temps primordial' (bzw. 'éternité'); vgl. dazu z.B. Picard [1921] S. 356 sowie Maritain [1920],[1922],[1924] und den Abschn. 4.12.6. sowie die Tabelle 4.1. in Abschn. 4.3.

4.10.2 Bergsons eigenwillige Ausdeutung der SRT

Als Bergson aus der Popularisierung der SRT durch Langevin für den *Internationalen Kongreß für Philosophie* in Bologna 1911 von der RT Einsteins erfuhr, meinte er in ihr sogleich das Vorliegen der von ihm schon zuvor umrissenen Eigenschaften und Beschränkungen naturwissenschaftlicher Abstraktionen wiedererkennen zu können. Weil aber dennoch in vielen Popularisierungen sehr weitreichende 'weltanschauliche' Folgerungen aus der RT abgeleitet wurden, konnte er es sich nicht versagen, in einer 1921 erschienenen Abhandlung über *Durée et simultanéité à propos de la théorie d'Einstein* auf die Beschränktheit der RT in diesem Sinne hinzuweisen. Im folgenden werde ich die wichtigsten von Bergson behandelten Punkte vorstellen, die alle der SRT entstammen; die ART analysierte Bergson nicht im einzelnen.

Zunächst war Bergson überhaupt nicht überrascht, daß der Gedanke der **Relativität** von Raum- Zeit- und Bewegungsbestimmungen durch die SRT zu solcher Tragweite ausgebaut worden war, denn er selbst hatte schon seit 1896 festgestellt, daß Lagen- und Bewegungsmessungen stets nur *relativ* zur diese vermessenden Person erfolgen können.[13] Insofern war das Einsteinsche RP für ihn nur der triviale Ausdruck einer "réciprocité de déplacement".[14] In der SRT Einsteins sah Bergson gegenüber der Lorentzschen Elektrodynamik sogar den Vorteil, daß in ihr die Sonderstellung des Äthers aufgegeben werde. Das RP sei bei Lorentz nur "unilateral" gewesen, da dort die Lorentzkontraktion und Zeitdilatation als reale Veränderungen der physikalischen Größen bei Bewegung relativ zum ruhenden Äther verstanden worden wären, während Einsteins RP "bilateral" sei, wodurch eine **vollständige Reziprozität aller relativistischen Effekte** hergestellt worden sei.[15]

Ebenfalls als typisch für naturwissenschaftliches Vorgehen empfand Bergson die in den Minkowski-Diagrammen offen zutage tretende **Verräumlichung der Zeit** durch ihre Darstellung als eine, den Raumkoordinaten gleichberechtigte ct-Achse. Darin manifestiere sich, so Bergson, nur eine andere Variante der Zeitbehandlung, wie sie auch schon den klassischen xt-Diagrammen zugrundegelegen habe.[16] Wie auch beim ersten Punkt

---

[13]für Belege siehe z.B. Nyman [1927] S. 188; vgl. Carr [1909/10] S. 875.

[14]Bergson [1922] S. 40.

[15]siehe dazu die Kap. I und II in Bergson [1922] sowie z.B. Guillaume [1922]c S. 574.

[16]Bergson sprach von "image cinématographique du monde", in das die Wissenschaft das Geschehen wie beim Film in eine Abfolge starrer Momentaufnahmen auflöse - siehe z.B. Bergson [1934/50]b S. 37; vgl. Russell [1912] S. 338, Jacobson [1965] S. vi, Dingle [1965] S. xxxvii.

ging es Bergson hier *nicht* etwa um eine Bestreitung der Legitimität dieser Darstellungsform für Zwecke der theoretischen Physik, sondern nur darum aufzuzeigen, daß in dieser Behandlung eben die für ihn existierenden Unterschiede zwischen Raum und Zeit unter den Tisch gefallen waren. Denn entgegen der Äußerung Minkowskis über die unauflösliche Union von Raum und Zeit[17] bestand Bergson auf der strengen Dichotomie beider im Sinne seiner allgemeinen Ontologie. Insofern stellte er sich hier gegen die von Minkowski vertretene *Interpretation* der SRT, aber noch nicht gegen die Theorie selbst.

> En somme, il n'y a rien à changer à l'expression mathématique de la théorie de la relativité. Mais la physique rendrait service à la philosophie en abandonnant certaines manières de parler qui induisent le philosophe en erreur, et qui risquent de tromper le physicien lui-même sur la portée métaphysique de ses vues.[18]

Auch wenn Bergson sich selbst zur ART nicht mehr geäußert hat, so paßte doch auch die dort extensiv angewendete **Geometrisierung** (für ihn gleichbedeutend mit **"Entzeitlichung"**) durch die Anwendung der differentialgeometrischen Methoden Riccis und Levi-Cività genau in Bergsons Vorstellungen über die Methoden der Naturwissenschaft. Von Anhängern Bergsons wurde dies im Zusammenhang mit Äußerungen Cunninghams, Silbersteins oder Weyls über den Kosmos als zeitloses "Block-Universum",[19] in dem alles Geschehen durch Vorgabe der Trajektorien in einer vierdimensionalen Mannigfaltigkeit fixiert ist, diskutiert. Vertreter der Göttinger Schule hatten schon bei Diskussion der Minkowskischen Diagramme darauf hingewiesen, daß die zeitliche Abfolge von Positionen eines Teilchens im Minkowski-Diagramm einfach zu einer 'zeitlosen' Linie, der "Weltlinie" dieses Teilchens, geworden war; nach der Entwicklung der relativistischen Kosmologie wurde eine solche räumliche Veranschaulichung der gesamten zeitlichen Entwicklung auch für die Welt als Ganzes möglich,[20] für Bergsons Anhänger ein erneuter Beweis für die aller Naturwissenschaft innewohnende Tendenz zur 'Entzeitlichung'.[21]

---

[17]Minkowski [1908]b S. 54, zit. am Ende von Abschn. 1.2.

[18]Bergson [1922] S. 278 (Anh. III); auf den Umstand, daß Bergson im Gegensatz zu vielen anderen Kritikern der SRT deren mathematisches Gerüst nicht in Zweifel stellte, hat bes. Čapek [1980] S. 315 hingewiesen.

[19]siehe dazu Abschn. 1.4. sowie z.B. Cunningham [1914]b S. 191, Silberstein [1914] S. 134 (beide zitiert in Čapek [1985] S. xxxvii; vgl. ferner Weyl [1927], Robertson [1932], Tolman [1932] und die folgende Anm.

[20]siehe Abschn. 1.4. und dortige Ref. zu Weyl, Robertson u.a.

[21]siehe dazu z.B. Costa de Beauregard [1947], Čapek [1966],[1971] Kap.7, [1975], [1985] xxxvii.

4.10.3 Konfliktzonen zwischen Bergson und Einstein

Bislang habe ich nur die Punkte besprochen, in denen Bergson zwar Einseitigkeiten der physikalisch-mathematischen Darstellungsform konstatieren zu müssen glaubte, aber wenigstens keine Zweifel an der Berechtigung dieses Verfahrens für die bescheidenen Zwecke der Naturforschung anmeldete.[22] Doch ist es bei dieser reservatio mentalis nicht geblieben; den offenen philosophisch begründeten Widersprüchen zwischen Einstein und Bergson wende ich mich jetzt zu.

1. Obwohl Bergson ein RP als Ausdruck der Beliebigkeit der Wahl der Bezugssystems für die Zwecke beschreibender Naturforschung anerkannte, bestand er doch darauf, daß das unmittelbare Erleben jedes Beobachters in einem solchen, relativ zu ihm ruhenden Bezugssystem, ein absolutes, unumstößliches, nicht relativierbares Kriterium für das Vorliegen oder Nicht-Vorliegen von Bewegungen biete:

> Il faut donc choisir; et du moment que vous avez choisi telle ou telle figure déterminée, vous érigez un physicien vivant et conscient, réellement percevant, le physicien attaché au système de référence d'où l'univers prend cette figure: les autres physiciens, tels qu'ils apparaissent dans la figure d'univers ainsi choisie, sont alors des physiciens virtuels, simplement conçus comme physiciens par le physicien réel. Si vous conférez à l'un d'eux (en tant que physicien) une réalité, si vous le supposez percevant, agissant, mesurant, son système est un système de référence non plus virtuel, non plus simplement conçu comme pouvant devenir un système réel, mais bien un système de référence réel; il est donc immobile, c'est à une nouvelle figure du monde que vous avez affaire; et le physicien réel de tout à l'heure n'est plus qu'un physicien représenté.[23]

Sobald also einmal ein Bezugssystem (inkl. darin ruhenden Beobachtern) zugrundegelegt worden ist, seien die dortigen Angaben absolut, alle anderen Werte nur mehr 'fiktiv', 'irreal'. Damit war die in der SRT ja gerade behauptete Gleichwertigkeit der Beschreibungen in allen inertialen Bezugssystemen wieder aufgehoben, also der physikalische Gehalt des RP negiert. Die Aufnahme des Topos' der Fiktivität rückt Bergson zunächst in die Nähe der Vaihinger-Schule:[24] auch er degradiert die SRT zu einem "effet de mirage", zu einem Trugbild ("image artificielle et fausse des phénomènes"),

---

[22]vgl. etwa Dingle [1965] S. xxxv: "Bergson was willing to grant the physicists everything that did not directly menace his own philosophy" und analog Berteval [1942, S. 17] "Bergson pense n'avoir rien fait pour la pensée moderne que combler une lacune".

[23]Bergson [1934/50]b S. 38-39; vgl. z.B. Nyman [1927] S. 190.

[24]vgl. Abschn. 4.4. sowie insb. Nyman [1927].

zur Phantasmagorie ("image fantasmatique"). Die Einsteinsche Relativierung der Gleichzeitigkeit beträfe also, Bergson zufolge, lediglich eine "simultanéité fictive", die durch künstliche Konventionen (Lichtsignalaustausch) und Beschränkung auf die in nur einem Bezugssystem vorliegenden Informationen zustandekäme, nicht aber die davon unberührte "simultanéité réelle".[25]

In diesem Beharren auf der nicht-fiktionalen Realität der Sinneseindrücke und Messungen jedes einzelnen, durch Wahl seines Bezugssystems ausgezeichneten Beobachters und einer allen möglichen Beobachtern gemeinsamen, nicht-relativierbaren, 'universalen Zeit' unterscheidet sich Bergson von den Fiktionalisten:

> Les thèses d'Einstein ne paraissent pas contredire, mais encore elles confirment la croyance naturelle des hommes à un *temps unique et universel* [...]. La suppression du système privilégié est l'essence même de la théorie de la relativité. Donc cette théorie, bien loin d'exclure l'hypothèse d'un *temps unique*, l'appelle et lui donne une intelligibilité supérieure.[26]

Als die unbestrittene **Quintessenz der SRT** blieb für Bergson nur das rein mathematische Faktum (wenn man so will: Kuriosum), daß sich aus der Kombination von beobachteten Größen dieses einen für Bergson qua Auswahl bevorzugten Bezugssystems Invarianten errechnen lassen, die numerisch übereinstimmen mit den entsprechenden Kombinationen der für Bergson fiktiven Maßgrößen der anderen denkbaren Bezugssysteme.

> La théorie de la Relativité a précisément pour essence de nous garantir que l'expression mathématique du monde que nous trouvons de ce point de vue arbitrairement choisi sera identique, si nous nous conformons aux règles qu'elle a posées, à celle que nous aurions trouvée en nous plaçant à n'importe quel autre point de vue. Ne retenez que cette expression mathématique, il n'y a pas plus de Temps que de n'importe quoi. Restaurez le Temps, vous rétablissez les choses, mais vous avez choisi un système de référence et le physicien qui y sera attaché. Il ne peut pas y en avoir d'autre pour le moment, quoique tout autre eût pu être choisi.[27]

2. Der in 4.10.1. referierte strenge Dualismus von Belebtem und Unbelebtem *mußte* Bergson dazu führen, die **Berechtigung jedweder naturwissenschaftlicher, also auch relativistischer Aussagen über lebende**

---

[25]vorstehende Zitate aus Bergson [1922]; vgl. z.B. Nordmann [1924]a S. 489, 497.

[26]Bergson [1922] S. 6, 165; Hervorhebung K.H.

[27]ibid., S. 39.

Wesen strikt abzulehnen. Solange Einstein also nur über Uhren und die durch sie angezeigten Meßergebnisse sprach, konnte Bergson sich mit der Behauptung einer relativistischen Zeitdilatation durchaus zufrieden geben, sobald aber auch gefordert wurde, daß diese Transformationsformeln auch für das Alter lebender Wesen zu gelten haben, meldete er Widerspruch an. Nun hatte Einstein durch sein berühmtes Zwillingsparadoxon, das durch Langevin schon 1911 auch in Frankreich bekannt geworden war,[28] aber eben diesen Anspruch auf universelle Gültigkeit seiner Formeln auch für 'lebende Uhren' erhoben. Ebenso wie die Schwingungen einer mechanischen Uhr den relativistischen Transformationen unterworfen waren, galt dies für Einstein auch von den physiologischen Vorgängen, die das Alter des Menschen bestimmen. Der Zweifel an dieser in den Augen Bergsons ungerechtfertigten Ausweitung des Anwendungsbereiches der RT war in der Tat der Auslöser, der Bergson erst zu einer intensiveren Beschäftigung mit der SRT bewog.[29]

3. Nun könnte man versucht sein, diesen Teil der Ausführungen Bergsons einfach als ein idiosynkratisches Mißverständnis anzusehen, in dem Bergson eben korrigiert werden müsse.[30] Doch handelt es sich tatsächlich um einen ganz unvermeidbaren Interpretationsdefekt, denn Bergson hätte die Gleichbehandlung mechanischer und organischer Uhren nicht zugeben dürfen, ohne gleichzeitig das Fundament seiner gesamten Philosophie preiszugeben. Denn es war seine Grundüberzeugung, daß die 'durée pure' naturwissenschaftlichen Aussagen grundsätzlich unzugänglich sein müsse (s.o.). Insbesondere kam für Bergson eine 'Relativierung' dieses individuellen Zeitempfindens nicht in Betracht.[31] Weil die innere, das Lebensalter bestimmende Zeit beider Zwillinge des Einsteinschen Gedankenexperimentes gleichermaßen absolut war, *mußte* Bergson darauf bestehen, daß nach der Rückkehr des space-travellers beide wieder das gleiche Lebensalter aufweisen und sich damit in ausdrücklichen Gegensatz zu Aussagen der SRT stellen, denn nur so konnte seine metaphysische Prämisse von der Existenz einer universellen Zeit aufrechterhalten werden.

> Nous prétendons que le Temps unique et l'Étendue indépendante de la durée subsistent dans l'hypothèse d'Einstein prise à l'état pur: ils restent ce qu'ils ont toujours été pour le sens commun.[32]

---

[28]Langevin [1911]; vgl. zur Geschichte dieses Gedankenexperimentes Marder [1971/79].

[29]siehe Jacobson [1965] S. x.

[30]auf dieser Linie liegen die Arbeiten von Čapek über Bergson - siehe 4.10.4.

[31]vgl. z.B. Sellars [1932], Dingle [1965] S. xvi, Čapek [1980] S. 335f.

[32]Bergson [1922] S. 33, vgl. ibid. S. 98-112 für seinen Versuch einer detaillierten Behandlung des Zwillingsparadoxons in seinem Sinne ohne Netto-Altersdifferenz nach Rückkehr

4. Die Debatten, die nach 1921 zwischen dem Lager der Bergsonianer einerseits und den Verteidigern Einsteins andererseits geführt wurden (siehe 4.10.4. und 5.2.), zeigen jedoch noch eine weitere Konfliktzone auf. Selbst wenn Bergson prinzipiell bereit gewesen wäre, seine eigenen ontologischen Überzeugungen zu revidieren, so hätten doch auch die besten Argumente der Pro-Relativisten nicht vermocht, einen solchen Sinneswandel bei Bergson einzuleiten. Denn die Methode, die, Bergson zufolge, für den Bereich des Lebendigen zu Erkenntnissen führt, ist nicht die des rationalen Diskurses, sondern die des intuitiven Erfassens. Noch so stimmige Argumente, noch so gute empirische Stützungen hätten also nicht vermocht, Bergson zum Einlenken zu bewegen, denn er erwartete spontane (metaphysische) Einsicht, nicht schrittweise (physikalische oder logische) Argumentation. Umgekehrt konnten auch die Appelle Bergsons und seiner Anhänger an die andere Seite nichts fruchten, da man dort auf sachliche Argumente und Entkräftung der eigenen Argumente wartete. Durch seine Auffassungen von der Zweigleisigkeit menschlicher Erfahrungsquellen hatte sich Bergson also auch epistemologisch ins Abseits manövriert.[33]

4.10.4 Spätere Debatten über 'Bergson ou Einstein?'

Das im vorigen am Beispiel Bergsons ausgeführte gilt in ähnlicher Form auch für die Arbeiten derer, die nach 1922 zumindest einzelne Bergsonsche Thesen aufnahmen, so etwa der Genfer Physiker Edouard Guillaume (1861-1938), der Neo-Thomist Jacques Maritain (1882-1973), der Astronom Charles Nordmann (1881-1940) und insb. Bergsons Schüler Edouard Le Roy (1870-1954) in Frankreich bzw. die Philosophen Herbert Wildon Carr (1857-1931) oder A.O. Lovejoy (1873-1962) in England und den USA.[34] Auch zwischen Bergson und Whitehead bestanden gewisse Affinitäten in ihrer Zeit- und Naturauffassung,[35] und selbst der Rationalist Meyerson sympathisierte mit Bergsons Zeitverständnis.[36] In Deutschland rückte die 'Lebensphilosophie'[37] seit 1920 in bedenkliche Nähe zu präfaschistischem

---

des space-travellers; siehe dazu ferner Bergson [1924]a,b sowie z.B. Nordmann [1924]a S. 502ff.; Metz [1966]; Dingle [1965] S. xvi.

[33]Wie sehr die Argumente beider Seiten tatsächlich ins Leere gingen zeigt insb. mein Referat der Diskussion zwischen Bergson und Metz in Abschn. 5.2.

[34]siehe Guillaume [1917]-[1922]c, Maritain [1920],[1922],[1924], [1944] Kap. 3, Nordmann [1924]a,b; Le Roy [1937], Carr [1913/14], [1921]a, [1921/22], [1923], Lovejoy [1930], [1931], [1932].

[35]vgl. insb. Whitehead [1920] S. 172-192, [1923]a, Northrop [1941] S. 168ff. sowie Abschn. 4.12.2.

[36]vgl. Abschn. 4.11. sowie Čapek [1985] S. xliv ff.

[37]vgl. Anm. 3 sowie Dahms [1987] für die Zeit von 1917-1950.

Gedankenpotential, das sich mit philosophisch begründetem Anti-Relativismus reibungslos verbinden ließ.[38]

Auffällig ist beim Vergleich der Interpretationsversuche von Bergsonisten zunächst, daß (wie schon bei anderen Philosophenschulen aufgezeigt, so auch hier) eine Art 'Denkzwang' vorgelegen hat: alle Anhänger Bergsons versuchten in genau die von ihm vorgezeichnete Kerbe zu hauen, indem sie wie Bergson die vermeintlichen Paradoxien der relativierten Gleichzeitigkeit durch Unterscheidung einer zweifachen Bedeutung von Zeit ("durée", auch "le temps universel" versus "les temps fictifs" bzw. "temps relativs") zu lösen versuchten. Repräsentativ hierfür die Symbiose von Idealismus und Bergsonismus im Werk Herbert Wildon Carrs. Die daraus resultierende Deutung der SRT bindet die äußere Realität der räumlichen und zeitlichen Dinge an die Existenz eines lebendigen Bewußtseins, dessen Sensorium erst die ihm eigene Welt bestimme. Ähnlich wie auch bei Petzoldt (siehe 4.8.3.) zählt auch hier nur das jeweils einzig wirkliche Erleben des einzelnen Beobachters, doch anders als bei ihm wird für den Bergsonisten die monadologische Aufspaltung in eine Vielzahl von Wirklichkeiten dadurch vermieden, daß sie alle an dem einen überpersönlichen Leben, der durée, teilhaben:

> there is only one reality [...], the reality we know as life or as consciousness. No other answer is possible, and it is the Principle of Relativity which shows us why. The external universe, the world we look out upon and whose laws we study in physical science has no absolute standard of reference within it, no unit of absolute extension, no unit rate of time flow. It is ordered for each observer by axes which radiate from his centre and which are relative to the system of reference to which he is bound. [...] What then is left? [...] Clearly the life itself. Life is a movement, or change, or duration which is not a quantity; it is not an aggregate [...]. The physical world is the reflection outwards of what in itself, in its absolute nature, is psychical duration.[39]

So verlockend diese Deutung aller Raum-Zeit-Metrik als beobachterabhängige Projektion zunächst auch scheinen mag, so natürlich die metrischen Abweichungen quantitativer Messungen für zueinander bewegte Beobachter sich auch zu ergeben scheinen, bei der Relativierung der Eigenzeit der lebenden Organismen hat diese Interpretation ihre Verstehensgrenze erreicht - hier stößt sie auf das für Bergsonianer unaufhebbare Philosophem:

---

[38]siehe dazu Abschn. 3.2. sowie z.B. Dickel [1921] S. 267, 289; W. Hentschel [1921], Chamberlains Vorwort zu Poor [1922] u.v.a.

[39]Carr [1913/14] S. 424.

Time seems to have something necessarily absolute about it.[40]

Der Konflikt der Interpretation mit der zu deutenden Theorie ist somit unumgehbar vorprogrammiert.

Darin zeigt sich einmal mehr die **Denkstilgebundenheit** philosophischer Interpretationen, wie sie uns z.b. auch schon in den Abschnitten 4.2, 4.8. in der Form einzelner, für die jeweilige Philosophenschule typischer, Fehlinterpretationen begegnet waren. Auch hier blieben die Dispute, die zwischen Anhängern und Kritikern der Bergsonschen Zeitauffassung ausgefochten wurden,[41] ergebnislos, denn es stand ein unverzichtbares Philosophem, die Existenz einer alle Lebewesenden umspannenden "temps universel", zur Diskussion.

Der in anderen Abschnitten des Kapitels 4 übliche Ausblick auf Kritiker des jeweiligen Philosophems mag hier kürzer als sonst ausfallen, da die Grenzen und Schwächen der Bergsonschen Interpretation im vorigen Unterabschnitt schon deutlich geworden sind. Die beiden wichtigsten Kritiker Bergsons in Frankreich waren die Physiker und Einstein-Exegeten Jean Becquerel (1878-1953) sowie sein Schüler André Metz (1891-19..), an Schärfe nur noch übertroffen von der späteren Monographie A. d'Abros über *Bergson ou Einstein* [1927]. Im Frühjahr 1923, also knapp ein Jahr nach Erscheinen des Buches von Bergson, wandten sich sowohl Becquerel als auch Metz an die Öffentlichkeit, die sie von der Unstimmigkeit und Unhaltbarkeit der Bergsonschen Deutung der SRT zu überzeugen versuchten.[42] Den gravierendsten Fehler Bergsons lokalisierten beide in dessen Versuch, zwischen 'reellen' und 'fiktiven' Größen zu unterscheiden und die RT auf die Behandlung letzterer zu restringieren.

> Au fond, tout le livre de M.Bergson repose sur l'erreur commise au sujet de la réciprocité des systèmes [...], erreur qui l'a empêché de comprendre que *les dimensions et les temps des formules de Lorentz sont les dimensions et les temps réellement mesurés*.[43]

Dieses grundlegende Mißverständnis käme dann zum Tragen, wenn die Reziprozität beider Bezugssysteme eben *nicht* mehr gewährleistet sei wie im Falle des Einsteinschen Zwillingsparadoxons. Darum habe Bergson in seiner Behandlung des Zwillingsparadoxons übersehen, daß der reisende Zwilling

---

[40]ibid., S. 422.

[41]siehe z.B. die Lovejoy-MacGilvary-Kontroverse zwischen 1930 und 1932 sowie dazu Stevens [1938].

[42]siehe z.B. Metz [1923] sowie Becquerel [1923]; vgl. ferner Nordmann [1924] und George [1930] sowie Metz [1959],[1966],[1967]a.

[43]Metz [1923]b S. 74f.; vgl. Abschn. 4.11.3.

durch die Beschleunigungen beim Start, bei der Landung auf der Erde und bei der Umkehr im Weltraum Prozessen unterworfen war, die die Rezipro-zität der Zeitdilatationen während der rein translatorischen Bewegungs-phasen zerstören, so daß ein Altersunterschied zwischen beiden Zwillingen nach der Rückkehr des space-travellers nichts Paradoxes an sich habe.

Doch Bergson und seine Anhänger ließen sich von diesen Argumenten nicht beeindrucken - die zweite Auflage von *Durée et simultanéité* [1923] enthielt in einem Anhang eine Antwort auf die Angriffe von Metz. Dieser spitzte seine Kritik weiter zu in einem Artikel im Februarheft der *Revue de Philosophie* des Jahres 1924. Daraufhin erschien ebenda zunächst eine Antwort Bergsons auf die Kritik von Metz, dann eine Replik von Metz und eine Gegendarstellung von Bergson. Diese Polemik hatte jedoch ein-zig die Wirkung, die gegenseitigen Fronten zu verhärten, ohne daß neue Sachargumente vorgebracht wurden.[44] Nach diesem fruchtlosen Ausgang der Debatte zwischen Metz und Bergson versuchten sich andere Autoren an einer Vermittlung zwischen beiden Kontrahenten.[45] Am verblüffendsten ist zweifellos der vom Astronomen Charles Nordmann (1881-1940) unter-nommene Versuch, die zunächst vollkommen unvereinbaren Aussagen und Bergsons miteinander zu versöhnen:

> [...] un Einstein et un Bergson puissent se cantonner sans conciliation possible dans les positions catégoriques et opposées qu'ils ont prises, et en se retranchant pareillement derrière la seule raison et derrière les mêmes faits, c'est là une chose déconcertante et peut-être sans précédent.
>
> Il nous a semblé qu'il devait y avoir là quelque colossal malentendu, quelque équivoque monstrueuse qu'il suffirait peut-être de découv-rir et de dévoiler pour mettre tout le monde d'accord et pour que bergsoniens et einsteiniens se déclarent également convaincus.[46]

Dieses Versprechen versuchte Nordmann dadurch einzulösen, daß er zwi-schen der (korrekten) SRT und ihrer (fälschlichen) Vulgarisierung unter-schied. Denn das Zwillingsparadoxon sei von Einstein und Langevin über-haupt nur als eine eingängige Illustration für den Effekt der Zeitdilatation eingeführt worden. So widerspruchsfrei und experimentell bewährt die RT an sich sei, so fehlerhaft sei doch ihre Anwendung in gerade diesem Gedan-kenexperiment, doch dies zeige laut Nordmann nur, wie schwer es eben sei, eine unverzerrte Popularisierung einer Theorie vorzulegen.

---

[44]vgl. Bergson [1924]a,b und Metz [1924]a,b sowie Komm. dazu in Abschn. 4.11., 5.2.
[45]so z.B. Nordmann [1924], Berteval [1942], Busch [1949].
[46]Nordmann [1924]a S. 490.

> Dans cette entreprise de vulgarisation, Einstein a assurément échoué
> sur ce point particulier. Sa démonstration pour tout le monde (ge-
> meinverständlich)[47] ne peut pas échapper aux justes critiques de M.
> Bergson. Et ceci souligne les difficultés auxquelles on se heurte parfois
> en tentant de vulgariser des notions qui impliquent une démonstra-
> tion mathématique. [...] Les critiques de M. Bergson et de Maritain
> sont parfaitement fondées lorsqu'elles s'adressent à Einstein vulgari-
> sateur; leurs conclusions seraient justes si elles affirmaient qu'Einstein
> a mal vulgarisé sa théorie. Mais ces conclusions tombent entièrement
> lorsqu'elles s'attaquent à la théorie elle-même. Einstein a donné une
> image défectueuse et déformée de sa démonstration par le calcul. Seule
> cette image est critiquable,- et non pas celui-ci. Elle seule d'ailleurs a
> été critiquée.[48]

Nordmann ging dann sogar soweit, ein modifiziertes Gedankenexperiment
zu entwickeln, das eine vollständige Reziprozität der Dilatationseffekte erweisen sollte.[49] In der Tat waren zu Nordmanns oberlehrerhafter 'Korrektur' des Zwillingsparadoxons keine Bergsonschen Einwände mehr möglich,
doch war es dummerweise eben auch keine Illustration der RT, da in ihm
Kernpunkte der RT (wie die Beschränkung der SRT auf inertiale Bezugssysteme oder der Einfluß von Gravitations- bzw. Beschleunigungsfeldern
auf die Raum-Zeit-Metrik) sträflich vernachlässigt wurden. Daß sich die
Bergsonianer in Reaktionen wie der von Nordmann also letztlich ihre eigene RT zusammenbastelten, die mit der von Einstein nicht mehr viel gemein hatte, wurde dann auch von Metz u.a. unmißverständlich zum Ausdruck gebracht.[50] Auch Einstein selbst konnte der Versöhnungsstrategie
von Nordmann nicht folgen, wie ein Brief AEs an Metz beweist, den dieser
in späteren Auflagen seines Buches *La Relativité* zitierte:

> Nordmann a aussi essayé de réfuter Bergson, mais il n'a pas, à ce
> qu'il me semble, saisi le nœud de la question [...] Bergson oublie que
> la simultanéité *qui affecte un seul et même sujet* est quelque chose

---

[47]Anm. K.H.: Anspielung auf AE [1917]a, in franz. Übersetzung als *La théorie de la relativité restreinte et généralisée à la portée de tout le monde*, Paris, Gauthier-Villars, 1921 (Unterstreichung K.H.).

[48]Nordmann [1924]b S. 501f.

[49]ibid., S. 502: "je me propose de montrer maintenant qu'en changeant peu de chose à ce passage on peut, je crois, donner, rien qu'avec des mots, une démonstration, intelligible à tous, une démonstration de la relativité de la simultanéité qui échappe complètement aux objections bergsoniennes".

[50]siehe z.B. den Beleg von Metz, zit. in Abschn. 5.2. sowie Metz [1923]b S. 66: "Il semble bien que M. Bergson se soit fait 'un Einstein particulier' et bien différent de l'Einstein réel..."; vgl. Metz [1926], George [1930] S. 58f.

d'absolu, indépendant du système choisi.[51]

Im angelsächsischen Sprachraum waren sicher Hugh Samuel Roger Elliot (1881-1930) und Bertrand Russell die einflußreichsten und schärfsten Kritiker Bergsons, und zwar schon seit 1912, also bevor Bergsons (Fehl)Deutung der SRT erschienen war.[52] In jüngeren Publikationen hat sich selbst bei denen, die den Thesen Bergsons nicht von vornherein ablehnend gegenüberstehen, die Einsicht in die Unhaltbarkeit der originären Bergsonschen Deutung der SRT durchgesetzt, ohne daß damit die Bedeutung der Schriften Bergsons für andere Wissensbereiche geschmälert werden soll.[53] In die *Œuvres. Edition du Centenaire* Bergsons[54] wurde bezeichnenderweise sein Werk über die SRT nicht mit aufgenommen.[55]

Von Seiten experimentell arbeitender Psychologen wie insb. Jean Piagets wurden später die oft überzogenen Folgerungen, zu denen Bergson durch sein introspektives und intuitives Vorgehen z.B. über die Bedeutung der inneren Dauer gekommen war, korrigiert.[56]

---

[51]AE an Metz, 2. VII. 1924, zit. nach Metz [1923]b, S. 145, 154; Hervorhebung Metz (das Original hat sich im AE- und Metz-Nachlaß nicht erhalten); vgl. ferner George [1930] S. 59.

[52]vgl. Russell [1912] sowie Carus [1912] zu Elliots *Modern science and the illusions of Prof. Bergson* [London, 1912]; Zustimmung erhielt Russells Bergson-Kritik z.B. auch von Study [1914/23]b S. 81. Zu Russell vgl. Abschn. 4.12.1.

[53]siehe z.B. Costa de Beauregard [1947], Dingle [1965], Čapek [1971],[1975], [1980], Prigogine [1971].

[54]herausgegeben v. Robinet und Gouhier, Paris, 1959.

[55]vgl. dazu auch Metz [1967]b S. 52, Čapek [1980] S. 313.

[56]siehe z.B. Piaget [1946/74]c S. 10, 275ff. u. 392-396, insb. S. 396 zur Kritik der "merkwürdig schwachen Diskussion" der RT durch Bergson. Zu Piaget vgl. 4.12.4.

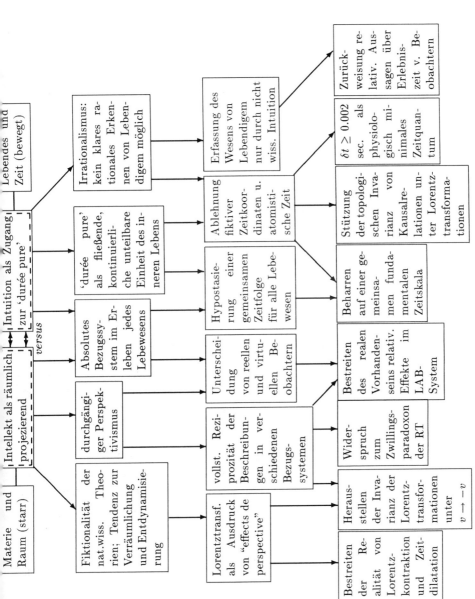

Abbildung 4.10: Übersicht zur Intuitions- und Lebensphilosophie (Bergson-Schule)

4.11 Rationalismus Meyersonscher Ausprägung

> It is not, I think, too inaccurate to say that while the Special Theory reduces geometry to physics and is offensively destructive and phenomenalistic in its conception of the world, the General Theory reduces physics to geometry and its tone and temper are rationalistic and constructive. The muddy prose of Hume and Mach gives place to the clear poetry of Riemann and Clifford. (W.P. Montague [1924] S. 168).

4.11.1 Meyersons 'realistischer Rationalismus'[1]

Die mit langer philosophiehistorischer Tradition behaftete Position des Rationalismus wurde im 20. Jahrhundert besonders markant und wirkungsvoll durch den in Lublin (damals Rußland, heute Polen) geborenen, seit 1882 in Frankreich lebenden Philosophen Émile Meyerson (1859-1933) vertreten.[2] In Heidelberg hatte er zuvor bei Bunsen eine Ausbildung als Chemiker erhalten,[3] interessierte sich in der Folgezeit aber mehr für die historischen, methodologischen und erkenntnistheoretischen Grundlagen der Naturwissenschaft, da er in der Wissenschaftsgeschichte einen "code cristallisé de la pensée humaine" sah, den es nur herauszupräparieren galt. Schon in seinem ersten Werk, *Identité et Realité* [1907], hatte er seine erkenntnistheoretische Thesen durch wissenschafts- und philosophiehistorische Belege zu untermauern versucht; noch stärker setzte er diesen Versuch, die Charakteristika des rationalen Verstehens durch eine historisierende Darstellungsform herauszuarbeiten, in seinen späteren, materialreichen Studien *De l'Explication dans les Sciences* [1921] und *Du Cheminement de la Pensée* [1931] fort. Aus der Ideengeschichte etwa des Atomismus, des Mechanismus oder der naturwissenschaftlichen Erhaltungssätze glaubte er die These begründen zu können, daß **Erkennen**, zumal in der Wissenschaft, stets bedeute, zu **verstehen**, also **rational zu erklären**.[4] Damit eine Erklärung als befriedigend akzeptiert wird, müsse erreicht werden, daß in den vorgefundenen komplexen Prozessen versteckte Gemeinsamkeiten aufgewiesen werden, die die ursprünglichen Verschiedenheiten vereinheitlichen und im Ideal-

---

[1] Dieser Unterabschnitt kann übersprungen werden

[2] zu Meyersons Philosophie vgl. u.a. Lalande [1922], Brunschvicg [1926], Metz [1928]a, [1934], [1961], Gutenbaum(1932) in Biezunski [1983], Piaget [1950/72]b Bd. I, S. 282, Blanché [1967].

[3] vgl. zu Meyersons Biographie insb. Lefevre [1926], Metz [1961], Blanché [1967] S. 307.

[4] (im Unterschied zu bloßem Beschreiben wie der Positivismus es gefordert hatte) - siehe z.B. Meyerson [1908]c S. 60: "la loi [...] ne content pas l'esprit, qui cherche, au delà d'elle, une explication du phénomène"; vgl. z.B. L. Russell [1922], Metz [1934] S. 38f.

fall als eine Einheit ("identité") begreiflich machen.[5] So seien Naturgesetze der Versuch, die Mannigfaltigkeit der Naturprozesse durch kausale Erklärungen auf die Uniformität von Ursache-Wirkungsbeziehungen zurückzuführen.[6] Die gesamte neuzeitliche Wissenschaft verfolge dabei die 'Vision des Descartes', alle 'echten Erklärungen' in mathematischer Form auszudrücken. Meyersons historische Studien insb. zur Geschichte der Chemie bestärkten ihn in seinem Vertrauen auf die Existenz einer durchgängigen Kontinuität der rationalen Erkenntnisprinzipien ("unité essentielle de la raison dans le temps").[7] Daß die Wirklichkeit tatsächlich in solch hohem Maße der Mathematisierung, speziell der Geometrisierung offensteht, begründete Meyerson mit einem "accord entre le mathématique et le réel".[8] Der Erfolg etwa der geometrischen Beschreibung von Bewegungsvorgängen durch Koordinatensysteme oder von Atommodellen in der Chemie war für ihn ein Hinweis darauf, daß ganz allgemein die Geometrie als Paradigma deduktiver Wissenschaft zu gelten habe: je rigoroser der Zusammenhang zwischen Theorie und Erfahrung sei, desto zwingender würden die unzähligen Details der Wirklichkeit aus dieser Theorie verständlich.[9] Das **methodische Ideal Meyersons** war also die **rationale Konstruktion und Optimierung von streng deduktiven Theorien**. Deren oberste Setzungen waren für ihn nicht etwa *a priori* vorgegeben (wie im Kantianismus - vgl. Abschn. 4.1.), aber auch nicht *a posteriori* aus der Übereinstimmung der Konsequenzen der Theorie mit der Erfahrung zu begründen (wie im frühen Empirismus und Positivismus - vgl. Abschn. 4.8.); sie hatten für ihn aber 'plausibel' zu sein, d.h. sie mußten sich für eine vereinheitlichende Aufhellung der Vielfalt unserer Erfahrungswelt eignen.[10]

In scharfem Gegensatz zum Positivismus Comtes oder Machs betrachtete Meyerson die wissenschaftliche Theorie *nicht* als bloße Hilfsmittel für die ökonomische Beschreibung der Fakten, sondern als wesentlichen, ja zentralen Bestandteil von Wissenschaft.[11] Meyerson bemühte sich aber auch, diese Betonung der rationalen Komponente nicht in einen blutleeren Rationalismus à la Wolff abgleiten zu lassen - darum wies er auf die Notwendigkeit hin, das deduktive Theoriengebäude in seinen daraus ableitbaren Folgerungen an der Wirklichkeit zu testen, und bei

---

[5]siehe z.B. Meyerson [1930]a S. 321ff.; zu den Ursprüngen dieses Erkenntnismodells (Aufweis der Identität) bei Hegel vgl. Brunschvicg [1926] S. 49ff., Gutenbaum (1932) in Biezunski [1983], Zahar [1980] Abschn. 2 sowie kritisch: Schlick [1918/25]c S. 101ff (§ 12), Høffding [1925] S. 491.

[6]siehe z.B. Meyerson [1908]c S. 35; vgl. Blumberg [1932] S. 73, Metz [1934] S. 45, 203.

[7]vgl. dazu Høffding [1925] S. 484f., Metz [1934] S. 184, 191ff.

[8]Meyerson [1925] § 23, 24.

[9]Meyerson [1924]b S. 29 bzw. [1925/85] § 43: "comprendre, expliquer, nous le savons, veut en physique dire: déduire". Vgl. dazu z.B. Høffding [1925] S. 488.

[10]vgl. z.B. Meyerson [1924]a bzw. [1925] § 216 sowie L. Russell [1922] S. 514ff., Høffding [1925] S. 485f., Metz [1934] S. 214-218, Čapek [1985] S. xxviii, xlix.

[11]siehe z.B. Meyerson [1925] § 21; vgl. ibid. § 19, 45, 50 sowie Broad [1925] S. 505, Brunschvicg [1926], AE [1928]d S. 162, Blumberg [1932] S. 73ff., Metz [1934] S. 12f. u. 201, Čapek [1985] S. xlvi.

Nichtzutreffen der theoretischen Voraussagen auch zu modifizieren. Insofern sich wissenschaftliche Konzepte wie z.B. Elektron, Atom etc. innertheoretisch und bei der Anwendung der Theorie auf die Realität bewähren, waren sie für Meyerson mehr als bloße Werkzeuge des Intellektes: sie waren Bestandteile einer beobachterunabhängigen, rationaler Analyse zugrundeliegenden Realität. Der alltägliche gesunde Menschenverstand, Wissenschaft und Philosophie waren für Meyerson verschiedene Wege in Richtung auf ein und dasselbe Endziel: Realität zu verstehen, begreiflich zu machen. So schreibt Meyerson beispielsweise an AE im Juli 1927:

> worin meine Auffassung sich von der ueblichen positivistischen scheidet [...] namentlich in der Festhaltung eines (philosophischen) Realismus. Das ist die Hauptsache, die Differenzen [zwischen Meyerson u. AE, K.H.] laufen, glaube ich, wesentlich darauf hinaus, dass Sie das Ganze eben mehr als Physiker auffassen, der das Wissen kreiert und, dessen augenblicklicher Phase stark bewusst, dem der es bis an den Grenzbegriff forttreiben will, widerstrebt. Hingegen ich, als Epistemologe, mich eher gezwungen sehe, das Wesen der Theorien aus ihren letzten moeglichen Consequenzen abzuleiten. Dass ich dabei in die Irre gehen kann, bin ich mir wohl bewusst. Um so willkommener ist mir die Moeglichkeit, solche Anschauungen zu diskutieren.[12]

Daß diese Spannung zwischen rationalem Verstehen-Wollen und vollkommen nicht-rationaler Wirklichkeit in der neuzeitlichen Wissenschaft so weitgehend zugunsten einer 'Assimilation der Vielfalt der Phänomene' in straffen Theoriengerüsten aufgelöst werden konnte, bezeichnete Meyerson als "paradoxe épistémologique".[13] Zusammenfassend könnte man die Position Meyersons im Hinblick auf diese beiden darin auf originäre Weise miteinander verschränkten Kernannahmen, Rationalismus und Realismus, vielleicht als **realistischen Rationalismus** bezeichnen.[14]

---

[12]E.Meyerson an AE, 20. VII. 1927, CPAE, Sign. 18 283-2, Hervorh. und Orthographie Orig. Meyerson und AE korrespondierten in Deutsch, das Meyerson praktisch perfekt beherrschte. Vgl. ferner Abschn. 6.1. zur sich hier offenbarenden Bescheidenheit und Lernbereitschaft Meyersons bei seiner Interpretation.

[13]Meyerson [1921] Bd. 2, S. 199; vgl. L. Russell [1925] S. 515ff., Høffding [1925] S. 487f., Lalande [1922] S. 267ff., [1926] S. 166, 176f., Lefevre [1926] S. 3.

[14]siehe dazu z.B. Meyerson [1925/85] S. 6, § 11, 20, Kap. II; Høffding [1925, S. 489] spricht von "konsequentem Rationalismus", AE [1928]d von Meyerson als "Rationalist" in Kontrast zum Empirist, Metz [1928]a von "causalisme".

4.11.2 Die RT in ihrer Deutung durch Meyerson

> [...] le relativisme est conforme à mon schéma. J'ai réussi au point qu'on a pu dire en plaisantant que M. Einstein avait inventé le relativisme pour donner une justification moderne à mes doctrines.
>
> Meyerson in einem Interview mit Lefevre [1926] S. 4.

Wie die vorstehende mündlich getroffene Äußerung Meyersons deutlich macht, stand im Hintergrund seiner Untersuchung der *Déduction relativiste* [1925] sein Bemühen, nachzuweisen, daß seine zuvor entwickelten Thesen nicht etwa nur die Umschreibung historischer Tendenzen der Naturwissenschaften sind, sondern daß sie auch in der RT als einem Beispiel zeitgenössischer Wissenschaft unverändert gültig sind.[15]

Tatsächlich hat er in seiner Monographie, obwohl nicht speziell physikalisch vorgebildet, eine stattliche Anzahl von Lehrbüchern und populären Texten (zumeist also Primär- und Sekundärliteratur im Sinn meiner Textklassifikation in Abschn. 2.1.) studiert und teilw. Zitate daraus als Belege für seine Deutung darin eingearbeitet.[16] Zur Stützung seiner These, daß es sich bei der RT entgegen den weitverbreiteten idealistischen und phänomenalistischen Deutungen um eine Theorie handele, die auf eine **Beobachterunabhängige Wirklichkeitsbeschreibung** aus sei, führt er u.a. Ausschnitte aus Schriften von Eddington, Planck, Wien, Weyl, Becquerel, Borel, Marais de Donder und Langevin an.[17] Aus dem gründlichen Studium all dieser Quellen zur RT ergab sich für ihn:

> si le relativiste tient à préciser ainsi la part de l'observateur, c'est pour fournir une représentation du phénomène valable pour tous les observateurs, quels qu'ils soient.[18]

Dieser ausdrückliche anti-phänomenalistische Hinweis auf die Absicht der RT, zu invarianten Aussagen zu kommen, widersprach nicht nur ganz offen den damals weitverbreiteten Mißverständnissen um den Sinn der 'Relativierungen', wie sie z.B. im Anschluß an Petzoldts subjektivistische Deutung vertreten worden waren, er traf damit zugleich in hervorragender Weise das Selbstverständnis AEs, der seit der Entwicklung der ART in der Ko-

---

[15]siehe Meyersons Vorwort zu [1925]; vgl. Costello [1925] S. 640f., Lalande [1926] S. 167: Meyerson "montre comment la physique einsteinienne confirme l'épistémologie que développaient non seulement sa récente étude sur *L'explication dans les sciences*, mais même son premier et puissant ouvrage, *Identité et Réalité*, conçu certainement avant toute influence einsteinienne".

[16]vgl. dazu insb. Meyerson [1925] § 45-49, 63-69.

[17]siehe Meyerson [1924]b S. 30ff. bzw. [1925/85] S. 25, 47ff.; vgl. Metz [1967]b S. 34ff.

[18]Meyerson [1924]b S. 42 bzw. [1925] § 53.

varianz der Gleichungen eine der wichtigsten Eigenschaften seiner Theorie sah.[19]

Auch Meyersons **Akzentuierung der historischen Kontinuität zwischen der RT und den klassischen Vorgängern** war ein Aspekt seiner Deutung, der bei den praktizierenden Relativisten ein Aufatmen auslöste. Für Meyerson war diese Einschätzung der RT eine eher selbstverständliche Konsequenz seines historisierenden Erkenntnistheorie, derzufolge die Wissenschaftsgeschichte eine Folge von Verfeinerungen des rationalen Instrumentariums zur Begreifung der Realität war, doch für Einstein war Meyersons These "relativity is not quite as revolutionary as it might seem at first glance"[20] eine erholsame Abwechslung von der (die Populärliteratur dominierenden) These der Revolutionarität der RT, die seiner eigenen Einschätzung des historischen Ortes der RT als Abschluß der Entwicklungslinie Newton-Faraday-Maxwell-Lorentz sehr viel näher kam.[21]

Die Fusion der klassischen Erhaltungssätze in umfassenderen, tensoriellen Erhaltungsgrößen war für Meyerson z.B. eine integrative Verstandesleistung, die ganz in der Tendenz zu immer weitergehenderen Vereinheitlichung der physikalischen Theorie stehe,[22] die neue Raum-Zeit-Union der Minkowski-Welt und die Geometrisierung der Materie in den Feldgleichungen der ART waren für Meyerson ebenso Instanzen der allgemeinen Tendenz zur Reduktion von physikalischen Unterschieden auf räumlich-geometrische Relationen.[23] Die ART ebenso wie ihre mathematischen Verallgemeinerungen durch Eddington und Weyl waren für Meyerson allesamt willkommene Beispiele für den **Panmathematismus**, in den die Suche nach 'Identität im Räumlichen' im 20. Jahrhundert seiner Auffassung nach münde.[24] Während die überwiegende Mehrzahl der populären und philosophisch ausdeutenden Arbeiten zur RT ihren Schwerpunkt in der SRT hatten, fokussierte Meyerson seine Monographie keineswegs zufällig auf die ART, denn es war deren Einbettung in den absoluten Differentialkalkül, die gerade diese Theorie als Erfüllung der Meyersonschen Methodenideale

---

[19]siehe Meyerson [1924]b S. 30 bzw. [1925] § 44f. sowie z.B. Broad [1925] S. 504: "Wherever there is a pitfall, M. Meyerson sees it and avoids it"; vgl. Costello [1925] S. 641, Høffding [1925] S. 490 und die Abschn. 2.4. und 4.8.3.

[20]Meyerson [1925/85] S. 66 (§ 63); vgl. ibid., S. 4, § 49, 181 sowie Čapek [1985] S. xlvii.

[21]vgl. Abschn. 1.5., 2.5. sowie AE [1928]d; die Entwurfsfassung zu dieser Rez. zeigt, daß Einstein Meyerson in diesem Punkt zunächst mißverstanden hat (s.u.).

[22]Meyerson [1925] § 181.

[23]siehe Meyerson [1925] § 93; vgl. dazu AEs Bemerkungen (s.u. S. 464) sowie Čapek [1985] S. xxxi, xliv, xlvii.

[24]siehe Meyerson [1925] Kap. 1, § 10 sowie § 62, §§ 155-159; vgl. Gutenbaum (1932) in Biezunski [1983] S. 140ff., Čapek [1985] S. xlv.

erscheinen lassen mußte.[25]

Für Einstein, der seit dem vorläufigen Abschluß der ART bis zu seinem Lebensende versucht hatte, eine die ART und die Elektrizität umfassende vereinheitlichte Feldtheorie zu finden, war die Darstellung der RT als "système de déduction globale" durch Meyerson[26] ein angenäherter Ausdruck der Überzeugungen, zu denen er im Verlauf seiner Suche nach einer Prinzipientheorie selbst gekommen war - unter dem unmittelbaren Eindruck der Lektüre der Meyersonschen Interpretation besuchte AE Meyerson 1926 um ihm, dem "démon de l'explication", seine Anerkennung und Zustimmung auszusprechen.[27] Einsteins 1928 veröffentlichte emphatische Rezension des Werkes von Meyerson und die 1927 geführte Korrespondenz mit dem Philosophen über Gemeinsamkeiten und Unterschiede ihres Verständnisses der RT zeigt das Ausmaß, mit dem er sich und seine Motive in dieser Schaffensphase in Meyersons *déduction relativiste* verstanden fühlte.[28] Im bislang unveröffentlichten deutschsprachigen Entwurf zu dieser Rezension schreibt AE etwa, inhaltlich vollkommen mit Meyerson übereinstimmend, über dessen antipositivistische Theorieauffassung:

> Blosse Konstatierung von empirischen Zusammenhängen zwischen experimentellen Thatsachen kann nach dem Verfasser [Meyerson, K.H.] nicht als alleiniges Ziel der Wissenschaft hingestellt werden. Erstens nämlich sind Zusammenhänge so allgemeiner Art, wie [wir] sie in unseren Naturgesetzen ausdrücken, überhaupt nicht blosse Konstatierung von Erlebbarem; sie sind überhaupt erst formulierbar und ableitbar auf Grund einer begrifflichen Konstruktion, welche aus der Erfahrung als solcher nicht gewonnen werden kann. Zweitens aber begnügt sich die Wissenschaft überhaupt nicht mit der Formulierung von Erfahrungsgesetzen. Sie sucht vielmehr ein auf möglichst wenigen Prämissen ruhendes logisches System aufzubauen, welches alle Naturgesetze als logische Konsequenzen enthält. Dieses System, bzw. in diesem auftretende Gebilde, werden den Gegenständen der Erfahrung zugeordnet; die Vernunft sucht dies[es] System, welches der Welt der realen Dinge der vorwissenschaftlichen Weltanschauung entsprechen soll, so aufzustellen, dass es der Gesamtheit der Erfahrungsthatsachen bzw. Erlebnisse entspricht. Aller Naturwissenschaft liegt also

---

[25]vgl. Montague im Motto dieses Abschnittes sowie insb. Zahar [1980].

[26]siehe Meyerson [1925] § 43, 85.

[27]vgl. dazu Metz [1934] S. 179f. sowie AE an Else Einstein, 17. I. 1926 (CPAE, Sign. 18 278) und Metz an AE, 29. I. 1927, CPAE Sign. 18 257.

[28]siehe AE [1928]d; fünfzehn Jahre früher wäre diese Zustimmung angesichts der starken phänomenalistischen und empiristischen Überzeugungen Einsteins zu dieser Zeit undenkbar gewesen - zu AEs philosophischer Entwicklung vgl. Holton [1981], Howard [o.J.].

ein philosophischer Realismus zugrunde. Die Zurückführung aller Erfahrungsgesetze auf logisch Deduzierbares ist nach Meyerson letztes Ziel alles wissenschaftlichen Forschens - ein Ziel, nach dem wir immer streben, und von dem wir doch dunkel überzeugt sind, dass wir es nur unvollständig erreichen können.[29]

Einstein wie Meyerson sahen in der **Stärkung der Interdependenzen von Konzepten**, die zuvor unverbunden nebeneinanderstanden (wie etwa Gravitation und Trägheit, Materieverteilung und Geometrie, schwere und träge Masse, Naturgesetz und Kovarianz u.s.w.) den **Hauptvorzug der ART** vor deren theoretischen Alternativen,[30] beide sahen in der Existenz empirischer Bestätigungen nur eine erforderliche Nebenbedingung, die an korrekte Theorien zu stellen ist, um den deduktiven Zusammenhang als Ganzes aufrechterhalten zu dürfen, während sie das Hauptgewicht auf letzteren setzten,[31] beide sahen in der ART und ihren Verallgemeinerungen den Abschlußpunkt in einer historischen Linie von Forschern, die um ein *rationales* Verstehen der Welt bemüht waren:

> le réel de la théorie relativiste est, très certainement, un absolu ontologique, un véritable être-en-soi, plus absolu et plus ontologique encore que les choses du sens commun et de la physique préeinsteinienne.[32]

Trotz der insg. großen Zustimmung, die Meyerson gerade beim Theoriebegründer selbst fand, sollte nicht vergessen werden, daß Meyersons Interpretation der RT sich keineswegs konfliktfrei zu den diversen Aussagen von und über die RT stellte. Die Korrespondenz zwischen Meyerson und AE zeigt, daß sich beide ihrer sehr unterschiedlichen Perspektiven auf ein und dieselbe Theorie bewußt waren.[33]

Im folgenden sollen vier Problemfelder eingehender besprochen werden, in denen Meyersons Deutung auf den Widerspruch Einsteins oder anderer kompetenter Interpreten stieß.

(1) Ein erstes Beispiel für diese Restdifferenzen war die verschiedenartige **historische Einordnung der RT**. Meyerson als Philosoph sah in ihr eine neuzeitliche Variante der rationalen Systeme Descartes und Hegel, während Einstein eher an Newton und Maxwell als geistige Vorläufer dachte.[34] Über

---

[29]AE im Entwurf von [1928]d, CPAE, Sign. 18 282:1-2; zum Beweis der Übereinstimmung mit AEs eigenen epistemologischen Überzeugungen in diesen Jahren vgl. z.B. seine Briefe an Schlick, zit. in Hentschel [1984], [1985] u. Howard [1984] sowie Holton [1981].

[30]vgl. Meyerson [1925] § 61, 194.

[31]siehe Meyerson [1925/85] S. 5, 194 sowie § 216.

[32]Meyerson [1924]b S. 43 bzw. [1925] § 53.

[33]siehe insb. Meyerson an AE, 20. VII. 1927, CPAE, Sign. 18 283-2; zit. auf S. 458.

[34]siehe Meyerson [1924]a S. 161f. bzw. [1925] § 194; vgl. Broad [1925], Lalande [1926]

diese für empiristische Gemüter sehr provozierende These einer geistigen Parallele zwischen Descartes, Hegel und Einstein schrieb AE im Entwurf seiner Rezension:

> Für Meyerson war es wichtig, dass das Gedankensystem der Physik durch die Anpassung an das Relativitätsprinzip in viel höherem Grade als bisher den Charakter eines logisch geschlossenen deduktiven Systems erhalten hat. [...] Dieser deduktiv-konstruktive Charakter veranlasst Meyerson, die Relativitätstheorie in sehr geistreicher Weise mit Hegels und mit Descartes' System zu vergleichen. Der Erfolg aller drei Theorien bei den Zeitgenossen wird auf die logische Geschlossenheit, den deduktiven Charakter zurückgeführt: der menschliche Geist will nicht nur Beziehungen aufstellen, sondern er will begreifen. Den Vorzug der Relativitätstheorie vor den beiden genannten Theorien sieht Meyerson in der quantitativen Durchbildung und in der Anpassung an viele Erfahrungsthatsachen.[35]

(2) Meyersons Bestreben nach Aufweisen historischen Kontinuitäten hatte ihn auch dazu geführt, in der ART eine Wiederaufnahme der Cartesianischen Idee der Reduktion aller Termini der Theorie auf geometrische Konzepte zu sehen, sie als neuen Versuch in der Tradition all der Forschungsprogramme zu verstehen, die **Physik auf Geometrie zurückführen**. Dazu schrieb AE im Entwurf seiner Rezension einen kritischen Passus, der auch nach der teilweisen Ausgleichung von Meinungsverschiedenheiten und Mißverständnissen in die endgültige Version übernommen wurde, bei dem also eine ungeschlichtete Meinungsverschiedenheit zwischen Meyerson und AE offenkund wurde:

> Auf diesen letzteren Punkt möchte ich näher eingehen, weil ich hier entschieden anderer Meinung bin. Ich kann nämlich nicht zugeben, dass die Behauptung, die Relativitätstheorie führe die Physik auf Geometrie zurück, einen klaren Sinn habe. Man kann mit mehr Recht sagen, dass die Relativitätstheorie es mit sich gebracht habe, dass die (metrische) Geometrie gegenüber den Gesetzmässigkeiten, welche man stets als physikalische bezeichnet habe, ihre Sonder-Existenz eingebüsst habe. Auch vor Aufstellung der Relativitätstheorie war es ungerechtfertigt, die Geometrie gegenüber der Physik als eine Lehre 'a priori' zu betrachten. Dies kam nur daher, dass man meist vergessen hatte, dass die Geometrie die Lehre von den Lagerungsmöglichkeiten starrer Körper sei. Gemäss der allgemeinen Relativitätstheorie

---

S. 171ff., Lefevre [1926] S. 3, Brunschvicg [1926] S. 49, 54, AE [1929]c (5. II.), Gutenbaum (1932) in Biezunski [1983] sowie Čapek [1985] S. xliv zu den "cartesian overtones in general relativity".

[35]AE im Entwurf zu [1928]d, CPAE, Sign. 18-282:3-4.

> bestimmt der metrische Tensor das Verhalten der Messkörper und
> Uhren sowie die Bewegung frei beweglicher Körper bei Abwesenheit
> elektrischer Wirkungen. Dass man diesen metrischen Tensor als 'geo-
> metrisch' bezeichnet, hängt einfach damit zusammen, dass das be-
> treffende formale Gebilde zuerst in der als "Geometrie" bezeichneten
> Wissenschaft aufgetreten ist. Dies rechtfertigt es aber keineswegs,
> dass man jede Wissenschaft, in welcher jenes formale Gebilde eine
> Rolle spielt, als "Geometrie" bezeichnet, auch dann nicht, wenn man
> sich bei der Veranschaulichung vergleichsweise jener Vorstellungen be-
> dient, welche man aus der Geometrie gewohnt ist.[36]

Überspitzt könnte man sagen, daß Einstein gegenüber Meyerson darauf
beharrte, daß **die Essenz der ART ebensogut als 'Physikalisierung
der Geometrie'** umschrieben werden kann, weil die raumzeitlichen Strukturen (der Geometrietensor $G_{\mu\nu}$) in der ART durch naturwissenschaftliche
Gesetze (die Feldgleichungen) in Abhängigkeit zu physikalischen Größen
(der Energie-Materieverteilung, beschrieben durch den Tensor $T_{\mu\nu}$) gesetzt
würden, während sie zuvor davon unabhängig waren.

(3) Im Gegensatz etwa zu den Thesen Cassirers, der in der RT den Gipfelpunkt einer zunehmenden Ablösung des Substanzbegriffes durch den Funktionsbegriff gesehen hatte,[37] weigerte sich Meyerson, das tradierte **Konzept
der Substanz** aufzugeben und sich lediglich mit der Existenz von Erhaltungssätzen und Invarianten als deren Ersatz zufriedenzugeben. Auch für
die ART gelte:

> Il reste encore [..] quelque chose, une substance, qui est immuable
> et crée les phénomènes par son déplacement - puisque la matière est
> faite d'énergie, et que celle-ci est censée se conserver.[38]

Insb. von Seiten logischer Empiristen wurden an dieser (aus Meyersons
Präferenz für historische Kontinuität resultierenden) These heftig Kritik
geübt.[39]

(4) Die Hauptkonfliktzone aber bestand zwischen Meyersons Zeitauffassung
und der 'entzeitlichten' Deutung der SRT durch Minkowski u.a. Schon auf
der Sitzung der *Société Française de Philosophie* am 6. April 1922 war es
Meyerson und nicht etwa der ebenfalls anwesende Bergson, der Einstein die

---

[36]AE im Entwurf zu [1928]d, CPAE, Sign. 18 282:4-5; vgl. AE an Meyerson, 31. VIII.
1927 und Meyerson an AE, 27. X. 1927, CPAE, Sign. 18 284 bzw. 18 289 sowie z.B. AE
[1921]b und Literatur dazu in Abschn. 4.6.

[37]siehe Cassirer [1921], [1910] sowie Abschn. 4.1.4. (R-1).

[38]Meyerson [1925] S. 249 (§ 179); vgl [1930]a S. 343 (Anm.).

[39]siehe insb. Blumberg [1932] S. 69; vgl. Feigl [1981] S. 69, Costello [1925] S. 643 sowie
Piaget [1950]b, Bd. II. Abschn. V,5, Čapek [1985] S. xxviii.

Frage nach der Berechtigung für die **Gleichbehandlung von Zeit- und Raumdimensionen** im Minkowskischen Formalismus gestellt hatte, worauf dieser nur sehr knapp feststellte, daß im vierdimensionalen Kontinuum nicht alle Richtungen gleichwertig seien.[40] Dabei dachte AE ausschließlich an die Auszeichnung der Zeitachse vor allen Raumachsen vermöge des Lichtkegels und der damit zusammenhängenden Kausalstruktur der relativistischen Raum-Zeit wie dies eine spätere Passage aus seiner Rezension Meyersons beweist:

> Mit Recht betont Meyerson ferner, dass in vielen Darstellungen der Relativitätstheorie mit Unrecht von einer "spatialisation du temps" die Rede sei. Raum und Zeit werden zwar zu einem einheitlichen Kontinuum verschmolzen, aber dieses Kontinuum ist nicht isotrop. Es bleibt der Charakter des räumlichen Benachbartseins von dem des zeitlichen Benachbartseins unterschieden, und zwar durch das Vorzeichen des Abstands-Quadrates benachbarter Weltpunkte.[41]

So richtig diese Aussage als Korrektiv gegen die seit 1921 in Frankreich heftig diskutierten Bergsons zur SRT auch gewesen sein mögen, sie ließen Meyersons sehr viel weitergehende Einwände über die Ungleichartigkeit von Vergangenheit und Zukunft, zu der die RT keine Aussage macht, unberührt. Offenbar hat Einstein 1928 bei aller Emphase für die sonstigen Vorzüge der Meyersonschen Deutung nicht bemerkt, in welchem Ausmaß Meyerson sich in diesem Punkt der Zeitauffassung Bergsons verpflichtet fühlte und sich dessen Skepsis betr. jedweder statischen, 'entzeitlichten' Erklärungsversuche anschloß.[42] Für Meyerson war der Umstand, daß die SRT wie auch die ART keinerlei Anhaltspunkte für das Zustandekommen des 'Pfeils der Zeit' lieferten, ein Indiz für das faktische Bestehen des Irrationalen, wissenschaftlicher Erklärung noch nicht Zugänglichen, oder wie Høffding es umschrieben hat, für ein "Gebiet, auf welches hin die physische Realität sich vor der geometrischen Überschwemmung geflüchtet hat".[43]

---

[40]siehe dazu J. Langevin und M. Paty [1979] sowie Bergson [1922], Brunschvicg [1926] S. 59, Čapek [1985] S. xxxvii-xlv.

[41]AE im Entwurf zu [1928]d, CPAE, Sign. 18 282-5.

[42]vgl. dazu Čapek [1985] S. xxxviii sowie Abschn. 4.10.

[43]Høffding [1925] S. 491.

4.11.3   Die weitere Ausfüllung des interpretativen Rahmens durch Metz

> Somme tout, en défendant la théorie d'Einstein contre ses adversai-
> res, j'ai été conduit (et je crois que tout autre à ma place y serait
> arrivé) à faire ressortir un point de vue comportant un minimum de
> 'réalisme' en entendant par là le réalisme que, selon Meyerson, le scien-
> tifique applique lorsqu'il fait la science, et qui, parti du 'sens commun',
> remplace les unes après les autres les données de celui par d'autres
> 'réalités crées ou plutôt découvertes par lui. (A.Metz [1967] S. 229).

Der Franzose André Metz (geb. 1890) füllte, nachdem er 1924 begeistert
eine Vorfassung des 1925 erschienenen Werkes von Meyerson gelesen hatte
und bald darauf zum erklärten Adepten der Philosophie Meyersons geworden war,[44] in den folgenden Jahren die interpretativen Lücken, die
von Meyerson in seiner Monographie 1925 noch gelassen worden waren.
Während dieser aus Rücksicht auf die allgemeine Verständlichkeit den Gebrauch jedweder Formel vermieden hatte (und u.a. auch nichts zu den
Lorentztransformationen, nichts zur Bedeutung der Lichtgeschwindigkeitskonstanz oder zum relativistischen Additionstheorem gesagt hatte), ließ
sich der bei Jean Becquerel zum theoretischen Physiker ausgebildete Metz
zu all diesen Punkten u.a. in Fachpublikationen zu Spezialproblemen der
SRT wie auch in philosophischen Disputen mit Interpreten anderer philosophischer Gruppierungen en détail aus. Im Abschn. 5.2. werde ich noch
darauf zu sprechen kommen, wie sich Metz' Deutung der RT durch Kritik
fiktionalistischer, phänomenalistischer und positivistischer Interpretationen
dem Realismus und Rationalismus Meyersons näherte. In dem Umstand,
daß er ganz unabhängig von Meyerson und zudem auf völlig anderem Weg
zu übereinstimmenden Ansichten gekommen war, sah Metz ein zusätzliches
Indiz für die Stimmigkeit ihrer Interpretation der RT:

> On pourrait objecter, à l'encontre de l'interprétation par M. Meyer-
> son de la 'Relativité', que les théoriciens qui ont, comme lui, des idées
> préconçues ont tendance ensuite à déformer les faits qu'ils étudient
> de manière à les faire cadrer avec leurs idées, et cela le plus sou-
> vent en toute bonne foi. M. Meyerson, ayant établi sa théorie de la
> science et de l'esprit scientifique avant d'étudier la doctrine relativiste

---

[44]so schreibt Metz z.B. am 8. I. 1926 an AE: "Je suis entré depuis quelque temps en
relations avec M. Meyerson, dont vouz avez apprécié (d'après ce que j'ai entendu dire)
les œuvres de philosophie scientifique; je suis devenu son disciple et je travaille, sous sa
direction, à répandre ses idées." (CPAE, Sign. 18 256-2). Vgl. dazu Metz [1926], [1961]
sowie das nachfolgende Zitat.

comme un *fait* concernant cet esprit n'a-t-il pas été tenté de *tirer à lui* l'interprétation de ce fait?

Et bien, non. Qu'il me soit permis ici de me mettre en scène bien que le moi soit toujours haïssable. C'est que j'ai fait, personnellement, le chemin en sens inverse: avant même de connaître M. Emile Meyerson et son œuvre, j'avais cherché à approfondir l'interprétation philosophique de la théorie d'Einstein, et cela par pure curiosité intellectuelle, sans aucune idée préconçue. Or, j'étais arrivé à des résultats identiques à ceux de M. Meyerson, du moins sur tous les points que j'avais abordés moi-même, car j'étais loin d'avoir conçu dans leur ampleur les problèmes traités par ce philosophe. Et lorsque plus tard j'ai appris à le connaître [...] j'ai été conduit à lui dire: 'Je suis persuadé que si j'avais poussé plus loin mes études et mes réflexions philosophiques, *j'aurais dû tomber* sur toutes vos idées.[45]

Wenngleich Metz mit dieser Schilderung seiner 'Konversion' zum Meyersonismus sicherlich eine zutreffende Beschreibung der Entwicklung seines Selbstverständnisses abgab, so muß man doch Skepsis zeigen bei seiner Behauptung, er selbst habe sich der Interpretation der RT ohne irgendwelche philosophischen Prämissen ("sans aucune idée préconçue") genähert. In Abschn. 5.2. wird detailliert gezeigt, wie Metz sehr wohl bereits den Denkrahmen eines (ontologischen) Realismus und (epistemologischen) Rationalismus in seine Interpretation zugrundelegt. Doch waren ihm die dabei gemachten Voraussetzungen eben nicht als solche bewußt, so daß er guten Gewissens von sich selbst annehmen konnte, 'gänzlich vorurteilsfrei' vorgegangen zu sein, eine fehlgehende Selbsteinschätzung übrigens, die er mit vielen anderen Autoren der verschiedensten philosophischen Tendenzen gemein hatte. Niemand geringeres als Meyerson selbst hat übrigens darauf hingewiesen, daß die Wissenschaftler selbst (also auch der Theoretiker Metz) stets mit unbewußten metaphysischen Annahmen und Denkvoraussetzungen operieren.[46]

Während Meyerson der Philosophie Bergsons (vielleicht aus persönlicher Sympathie) merkwürdig wohlwollend gegenübergestanden hatte,[47] wurde Metz zu Bergsons schärfstem Kritiker, indem er dessen Anti-Rationalismus

---

[45]Metz [1934] S. 178f., Hervorhebungen Orig.

[46]Meyerson [1924]b S. 41f. bzw. [1925] § 52.

[47]u.a. spricht Meyerson im Vorwort von [1925] von Bergsons [1922] als "Œuvre magistral" - vgl. ferner Bergson [1909/72], Meyerson [1930]a S. 499, 508f., Metz [1961] S. 101ff. zu persönlichen Beziehungen zwischen Bergson und Meyerson, sowie Tonnelat [1970] S. 280-293, Čapek [1985] xlvii.

mit den Konsequenzen des Meyersonschen Rationalismus konfrontierte.[48]

Die Reaktion von AE auf Meyersons Buch zur RT hatte gezeigt, daß Meyersons Bezeichnung der RT als 'relativisme' leicht zu Mißverständnissen Anlaß geben konnte. Schon AE selbst hatte nämlich in dieser Namensgebung eine Anspielung auf die These gesehen, daß es sich bei der RT um eine Spielart des weltanschaulichen 'Relativismus' handele.[49] Es gelang Meyerson dann aber, AE davon zu überzeugen, daß ihm die Auffassung der RT als Relativismus gänzlich fern gelegen habe, da er sich ja selbst ausdrücklich gegen dieses Mißverständnis gewandt hatte und selbst eher auf die Betonung der Kontinuität zur bisherigen Physik aus gewesen sei.[50] Konsequenterweise vermied Metz dieses Mißverständnis, indem er in seinen eigenen Schriften stets von 'théorie de la relativité' sprach. Er ging sogar soweit, daß er in Zitaten von Äußerungen und Schriften Meyersons ebenfalls 'relativisme' durch die sachlich angemessenere Umschreibung ersetzte- durch diese Eigenmächtigkeiten müssen Metz' Meyerson-"Zitate" allerdings cum grano salis genommen werden.[51]

Aus den zahlreichen 'Ausfüllungen' der Lücken des interpretativen Rahmens, der durch Meyersons Monographie zur RT vorgegeben war, durch den Meyerson-Adepten Metz nach 1924 will ich nur drei Punkte herausgreifen:
(i) die Behandlung der Geometrie auf der rotierenden Scheibe,
(ii) die Bewertung der Bedeutung empirischer Bestätigungen der RT am Beispiel der D.C. Millerschen Wiederholungen des Michelson-Morley-Experiments, und
(iii) die Vorlage eines eigenen Popularisierungsversuches zur RT 1928.

(ad i) Metz stritt mit seinem Lehrer Jean Becquerel um die korrekte Behandlung des Ehrenfestschen Paradoxons, demzufolge die Geometrie einer im Ruhezustand euklidischen Scheibe, die in Rotation versetzt wird, nicht mehr euklidisch ist, da tangentiale Fasern des Umfangs eine Lorentzkontraktion erfahren, während radiale Fasern unkontrahiert bleiben. Metz'

---

[48]siehe dazu Abschn. 4.10. u. 5.2. sowie Metz [1923]b S. 141ff., [1924]a,b, [1926], [1959], [1966], [1967].

[49]vgl. den handschriftl. Entwurf der Rezension [1928]d, CPAE, Sign. 18 282-2: "Meyerson sieht in der Relativitätstheorie ein gegenüber der bisherigen Physik *neues* deduktives System der Physik; er bezeichnet es - um seine Neuheit formell zu kennzeichnen - als 'Relativismus'. Hiermit ist er nach meiner Meinung zu weit gegangen. Die Relativitätstheorie beansprucht keineswegs, ein neues System der Physik zu sein" (Hervorh. Orig.).

[50]vgl. Meyerson [1925] Kap. 5, insb. § 53, sowie die Korrespondenz Meyersons mit AE um die Endfassung der Rezension 1927, a.a.O.

[51]für ein Beispiel dieser 'Korrektur' von Meyersons Wortwahl siehe Metz' Wiedergabe eines veröffentlichten Meyerson-Interviews von Lefevre [1926] in Metz [1934] S. 173. Zu seiner Abgrenzung von 'relativité et relativisme' siehe Metz [1926].

These war, daß

> si on assujettit tous les éléments de la circonférence du disque à avoir
> même longueur propre [sic], il faut que le disque craque. - Si, d'autre
> part, on assujettit au contraire le disque à ne pas craquer, il faut que
> la longueur propre totale du disque augment [sic],[52]

womit er Becquerels Behandlung widersprach, in der die Verkürzung des
Radius als ein reiner Beobachtereffekt (ohne faktische Verkürzung) gedeutet worden war. Wie schon bei der Interpretation der Kontraktions- und
Dilatationseffekte bei gleichförmig geradliniger Relativbewegung zweier Systeme, so bestimmte auch hier der philosophische Realismus von Metz
seine Deutung des relativistischen Effektes als Aussage über die tatsächliche Veränderung der Geometrie der rotierenden Scheibe.[53] Die Einführung
eines 'Beobachters' in den populären Texten Einsteins u.a. zur RT sei nur
als ein Hilfsmittel der Darstellung zu verstehen und dürfe nicht etwa als
Argument dafür angesehen werden, daß dessen Konstatierung eines Meßer-
gebnisses dessen Realität erst konstituiere:

> il ne fallait pas exagérer le rôle de la méthode de mesure dans l'appro-
> che des réalités physiques; la mesure révèle des propriétés, mais ces
> propriétés existent avant toute opération de mesure.[54]

Es sei angemerkt, daß diese für die Interpretation der RT noch unproble-
matische Prämisse die Meyersonianer später bei ihren Interpretationsversu-
chen zur Quantenmechanik in arge Schwierigkeiten brachte, da sie offen mit
der Bohr-Heisenbergschen Interpretation in Widerspruch stand. Übrigens
hat sich Meyerson selbst nach 1925 nicht wieder zur RT geäußert, sondern
seine Arbeitskraft auf das Studium der Quantenmechanik verwandt, deren
nichtklassische Eigenschaften sich seinen Assimilierungsversuchen vor dem
Hintergrund seines Rationalismus, Realismus und seiner Kontinuitätser-
wartungen sehr viel mehr widersetzten als die RT dies getan hatte.[55]
(ad ii) Nachdem durch D.C. Miller ab 1925 Wiederholungen des Interfe-
renzexperiments vom Michelson-Morleyschen Typ ausgeführt worden waren, die kleine positive Ergebnisse ergeben hatten, war allerorten die zuvor zumeist schon für selbstverständlich angesehene Frage der empirischen

---

[52]Metz an AE, 30. IV. 1924, CPAE, Sign. 18 250-4.

[53]zu diesem nicht trivialen Anwendungsbeispiel der RT siehe z.B. Stodola [1931], Metz
[1951], [1952], und dazu Metz an AE, 24. VI. 1952, CPAE, Sign. 18 257; Grünbaum/Janis
[1977], Stachel [1980] und dort zit. Lit.; vgl. ferner Abschn. 1.4., 4.8.3.

[54]Metz [1967]a S. 228.

[55]siehe dazu Meyerson [1925] § 113-114, 127, 285, [1930]a S. 329ff. und Meyersons *Le
réel et le déterminisme dans la physique quantique* [1933]; vgl. Čapek [1985] S. xlviii.

Bestätigung der RT an der Erfahrung wieder ins Gespräch gekommen. Die verschiedensten Hypothesen über die möglichen Gründe für den Ausgang des Millerschen Experimentes wurden erwogen - Metz' Hypothese hierzu und die daran anschließende allgemeinere Ausführung über den Zusammenhang der RT mit der Erfahrung will ich hier nicht vorenthalten, da sie zeigt, daß der Rationalist Metz keineswegs unbekümmert nur die theoretischen Aspekte der RT sah, sondern sehr wohl die empirische Prüfung als notwendige Randbedingung im Auge behielt. An Einstein schrieb er 1924:

> Il semble donc qu'une anisotropie de l'air du laboratoire, due à l'ionisation ou à quelque phénomène tellurique, suffisait à rendre compte des effets observés ... si ceux sont bien réels.
>
> Je n'ai malheureusement pas assisté à vos conférences au Collège de France, mais j'ai entendu dire que vous aviez au contraire beaucoup insisté sur le caractère expérimental de la théorie de [unleserlich] la Relativité.
>
> Toute "théorie" part de postulats posés comme hypothèses. Mais la théorie de la Relativité part d'un minimum de postulats, car elle marque au contraire un effort prodigieux pour la suppression de tous les absolus et de tous les postulats arbitraires. Et il est très important de montrer, que, tout en étant déduite logiquement de quelques postulats très simples, elle se trouve être vérifiée par l'expérience. Je serais heureux si vous pouviez démentir, en quelques mots, la phrase au sujet de la théorie basée uniquement sur des postulats & non sur l'expérience.[56]

(ad iii) Entgegen dem Meyersonschen Diktum, daß eine adäquate Popularisierung der RT nicht möglich sei,[57] versuchte sich Metz dennoch mit einem eigenen Beitrag hierzu, der im Jahr 1928 unter dem Titel *Temps, espace, relativité* erschien. An Einstein schrieb er hierüber am 14. April 1927, daß es sich dabei um ein Werk handele, daß im Unterschied zu seinem ersten Buch, *La Relativité* [1923], wie folgt beschaffen sei: "un peu vulgarisé, mais beaucoup plus didactique que le premier (qui était presque uniquement un ouvrage de polémique)".[58] Bemerkenswert an diesem Popularisierungsversuch ist, daß er auch die Alternativen zur ART von Weyl und Eddington (vgl. Abschn. 1.5.) miteinbezog, die sonst fast stets unbehandelt blieben. Natürlich wurden diese neuesten Entwicklungen unter typisch

---

[56]Metz an AE, 14. VI. 1924, CPAE, Sign. 18 252-3; Hervorh. und Abkürz. Orig.

[57]siehe Meyerson [1924]b S. 44 bzw. [1925] § 56: "les théories de M. Einstein sont des conceptions mathématiques qui, à notre avis du moins, ne peuvent être réellement comprises en dehors du formalisme qu'impose cette science".

[58]Metz an AE, 14. IV. 1927, CPAE, Sign. 18 258.

Meyersonschem Blickwinkel als vorläufige Höhepunkte einer Tendenz zur "unification de la science" beleuchtet:

> L'idée qui a présidé à ces généralisations successives est toujours la même: exprimer, par des relations ne contenant que de l'absolu, les lois primordiales de la matière, en supprimant toutes les restrictions non nécessaires et en restant fidèle aux données expérimentales. Avec la théorie d'Eddington on peut dire qu'on atteint le summum de la généralisation dans ce sens.[59]

Andere Anhänger und Schüler Meyersons, darunter auch der berühmte Wissenschaftshistoriker Alexandre Koyré (1892-1964), haben sich, soweit ich sehe, nicht zur RT geäußert. Kritik an einzelnen Punkte der Meyersonschen Interpretation wurde insb. vom Neoidealisten Léon Brunschvicg (1869-1944) und vom 'dialektischen Rationalisten' Gaston Bachelard (1884-1962) geübt, obwohl Meyersons Position insgesamt mit beiden einiges gemein hat.[60] Auf andere philosophische Strömungen wie z.B. den log. Empirismus scheint der Meyersonianismus kaum gewirkt zu haben. Vielleicht lag dies u.a. auch daran, daß keines seiner Werke ins Deutsche übersetzt wurde und erst spät englische Übersetzungen vorgelegt wurden, sicherlich aber ist ein weiterer Grund der, daß die rationalistische Interpretation der Quantenmechanik die Meyersonianer in eine Position nicht unähnlich der der Neukantianer angesichts der RT brachte. Daß gerade Einstein ihrer Gesamtauffassung so vehement zugestimmt hatte, änderte hieran nichts, denn auch er war in Anbetracht der indeterministischen Quantenmechanik Kopenhagener Interpretation ein vereinzelter Zweifler, über dessen auf ontologischem Realismus beruhende Skepsis die Forschungsentwicklung hinwegschritt.

---

[59]Metz [1928]b S. 186; vgl. Metz [1929]b S. 398, 403.
[60]siehe dazu insb. Brunschvicg [1922], [1926] S. 49, 61ff., Lalande [1926] S. 176, Bachelard [1929]; vgl. Metz [1934] S. 173, Piaget [1950/72]b Bd. 2, S. 7, 95-99, 305ff., Elevitch [1967].

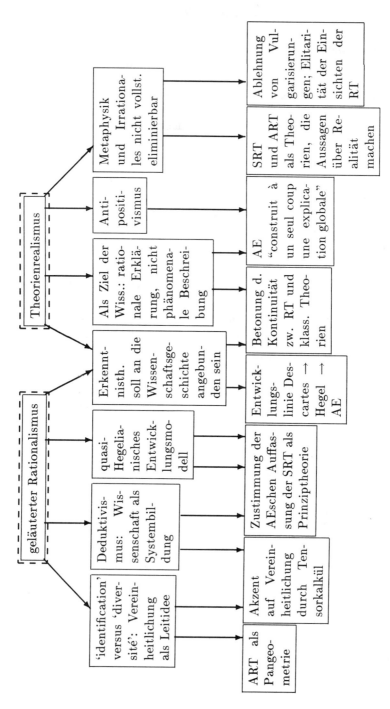

Abbildung 4.11: Übersicht zum realistischen Rationalismus (Meyerson, Metz)

4.12 Mischformen, Splittergruppen und idiosynkratische Einzelfälle

4.12.1-3: Das englische Triumvirat

Manchen Leser mag es verwundert haben, daß bis jetzt drei der zumindest im angelsächsischen Sprachraum einflußreichsten Philosophen noch gar nicht systematisch behandelt worden sind. Dies liegt daran, daß die Naturphilosophien der drei jetzt zu besprechenden Engländer philosophiehistorisch gesehen Mischformen darstellen, in denen Elemente des Monismus (bes. bei Russell), des Idealismus (bes. bei Eddington) und anderer philosophischer Richtungen (etwa des Holismus und Bergsonismus bei Whitehead) zu einer jeweils recht idiosynkratischen Position verbunden werden. Darum mußte ich zunächst die schulgebundenen Interpretationen behandeln, um jetzt hier deren Einbindung in andere Zusammenhänge verständlich machen zu können.

4.12.1 Eddington

> The intervention of mind in the laws of nature is, I believe, more far-reaching than is usually supposed by physicists. I am almost inclined to attribute the whole responsibility for the laws of mechanics and gravitation to the mind, and deny the external world any share in them. [...] So far as I can see, all that Nature was required to furnish is a four-dimensional aggregate of point-events [...].
> Eddington [1920]d S. 155.

Der englische Astronom, Astrophysiker und Naturphilosoph Sir Arthur Stanley Eddington[1] (1882-1944) war schon verschiedentlich erwähnt worden. Er war einer der wenigen, die von der ART Einsteins trotz der Unterbrechung der wissenschaftlichen Kontakte zwischen England und Deutschland noch während des 1. Weltkrieges auf dem Umweg über Holland erfuhren, hatte daraufhin in England die Ausrüstung zweier Expeditionen zur Messung der von Einstein prognostizierten Lichtablenkung vorgeschlagen und durchgesetzt und war selbst an einer davon maßgeblich beteiligt.[2] Ferner machte er durch zahlreiche semi- und populärwissen-

---

[1]zu E. vgl. z.B. Slosson [1921]c, Meyerson [1925] § 46, Spencer-Jones et al.[1944], Whittaker [1951/52], Dambska [1956], [1959], Stachel [1982]b, Ray [1987] sowie weitere Ref. in Heilbron/Wheaton [1981] S. 59-60.

[2]siehe dazu Eddington [1919]a,c [1920]c, Dyson et al. [1920] sowie den ausführlichen Bericht in Eddington [1920]e bzw. [1920/23]; vgl. ferner Crommelin [1919], [1920] sowie

schaftliche Vorträge, Aufsätze und Bücher[3] nach 1919 im gesamten angelsächsischen Sprachraum weite Bevölkerungskreise mit dem Gedankenkreis der ART bekannt, und schließlich hatte er selbst ab 1921 eigene Versuche einer Erweiterung der ART in Richtung auf eine affine Feldtheorie vorgelegt und Beiträge zur Entfaltung der relativistischen Astrophysik geliefert.[4]

All dies betrifft die Aktivitäten des Naturwissenschaftlers Eddington. In diesem Abschnitt will ich die philosophische Interpretation besprechen, die er aus dieser langjährigen Beschäftigung mit der ART entwickelte. Diese sind schon deshalb so schwer einer Schulphilosophie zuordnenbar, weil Eddington, fern der philosophischen Terminologie, stets bemüht war, von seinen Deutungen zu zeigen, "how they are approached from the physical side".[5] Dabei mag es zunächst überraschen, daß gerade einer der Wissenschaftler, die an der experimentellen Prüfung der ART maßgeblich beteiligt waren, in seiner Interpretation dieser Theorie die Bedeutung von deren empirischer Komponente auffällig in den Hintergrund rückte, anstatt sie in empiristisch-positivistischer Manier hervorzuheben:

> To those who are still hesitating and reluctant to leave the old faith, these deviations [vom Newtonschen Gravitationsgesetz] will remain the chief centre of interest; but for those who have caught the spirit of the new ideas the *observational predictions form only a minor part of the subject*. It is claimed for the theory that it leads to an understanding of the world of physics clearer and more penetrating than that previously attained.[6]

Dieses Zitat zeigt deutlich, daß die Personalunion, in der Eddington ebenso wie Weyl, Born, v.Laue und letztlich auch Einstein selbst wissenschaftliche und philosophische Aspekte der RT behandelten, noch durchaus nicht eine Übereinstimmung der dabei gesetzten Akzente garantiert.

Wie das Motto dieses Unterabschnittes zeigt, betonte Eddington in seiner Deutung der ART die Bedeutung der gedanklichen Vorprägung der Erfahrung ("intervention of mind") durch nicht-empirische, ideelle (wenn man so will apriorische) Schemata. Naturgesetze werden *nicht* verstanden als Umschreibung der Eigenschaften von ('Natur')objekten bzw. -prozessen, sondern sind ihm Ausdruck der vom menschlichen Verstand *ohne*

Chandrasekhar [1969], Earman/Glymour [1980]b und dort zit. Lit.

[3]vgl. meine Bibliographie zu Eddington sowie z.B. N.N.[1919], Slosson [1921]c und insb. Graham [1982] S. 111-120 zu Eddington als einflußreichem Popularisator der RT.

[4]vgl. dazu Abschn. 1.5.

[5]Eddington [1920]d S. 145; vgl. in gleichem Sinne Dambska [1956].

[6]Eddington [1923/25]a S. v; Hervorheb. K.H.; vgl. analog Whitehead [1920] S. 164.

Ansehung empirischer Befunde an die Natur herangetragenen Verstehens-Raster.[7] Insofern stellt seine Naturphilosophie zweifellos eine **Variante des Idealismus** dar, doch ist sie bei aller Verwandtschaft mit dem Apriorismus doch so verschieden vom Neukantianismus (wie in Abschn. 4.1. besprochen), daß Eddington besser als idiosynkratischer Spezialfall zusammen mit zwei anderen, ebenfalls schlecht einordnenbaren Philosophen besprochen wird, zumal diese drei untereinander sehr viel mehr Bezüge und Parallelen aufweisen, als zu allen Schulphilosophien. Dieses Verständnis von Eddingtons Erkenntnistheorie teilt auch Izydora Dambska [1956, S. 313ff., 328ff.], die Ansätze von selektivem Subjektivismus, Konventionalismus, Strukturalismus und Apriorismus bei Eddington nachweist.

Die einzige Entität, die Eddington als 'naturgegeben', als 'real' voraussetzt, ist die des Ereignisses ("event" bzw. "point-event"), d.h. eines auf einen Raum-Zeitpunkt lokalisierbaren Vorgangs. Dabei geht Eddington *nicht* (wie etwa der common-sense) davon aus, daß räumliche und zeitliche Komponenten zusammen die Ereignisse konstituieren, sondern **das vierdimensionale Ereignis ist das Primäre**, seine Zerlegung in Raum- und Zeitkomponenten hingegen nur ein Derivat.

> In the relativity theory of nature the elementary analytical concept is the 'point-event'. In ordinary language a point-event is an instant of time at a particular point in space; but this is only one aspect of the point-event, and must not be taken as a definition, because the space and time of experience are derived concepts of considerable complexity. [...] it will be understood that the point-event is necessarily undefinable and its nature is outside the range of human understanding. The aggregate of all the point-events is called the 'world'; and we postulate that this aggregate is four-dimensional.[8]

Von diesen Ereignissen als elementaren Bausteinen der relativistischen Welt ("space-time") ausgehend rekonstruiert Eddington dann Schritt für Schritt die SRT und ART,[9] immer wieder betonend, daß es letztlich *nur* die Registrierungen ("pointer-readings") solcher Ereignisse sind, die die *empirische* Basis für diese Theorien abgeben, während sich deren *formale* Eigenschaften seiner Auffassung nach gänzlich aus nicht empirischen Randbedingun-

---

[7]vgl. unter diesem Aspekt z.B. Eddingtons Behandlung der Metrik als konventionelles "Maschensystem", gegenüber dem die "inneren Eigenschaften" der Raum-Zeit invariant sein müssen: Eddington [1920/23] S. 192f.

[8]Eddington [1920]d S. 147 bzw. [1920/23] S. 189; vgl. ibid., S. 47 sowie z.B. B. Russell [1927/29]b S. 298.

[9]vgl. z.B. Eddington [1919]d S. 642, [1920]e bzw. [1920/23] Kap. 3 sowie B. Russell [1927/29]b S. 57ff.

gen an die befriedigende Erfassung der Relationen zwischen den Ereignissen ableiten lassen.[10]

Dabei war es besonders im Hinblick auf die Förderung der Akzeptanz der RT in England wichtig, daß Eddington bemüht war, den meistumstrittensten Effekten der SRT, nämlich der Längenkontraktion und Zeitdilatation, ihren "schreckeinflößenden Charakter" zu nehmen. Vor dem Hintergrund seines eben geschilderten philosophischen Ausgangspunktes war dies nicht allzu schwierig, denn für Eddington waren ja **Länge und Zeitdauer selbst keine der Außenwelt inhärente Eigenschaften**, sondern nur abgeleitete die Beziehung der Außenwelt zum Beobachter charakterisierende Größen, bei denen es selbstverständlich schien, daß ihre Größe mit einer Änderung der Relation zwischen Außenwelt und Beobachter sich ebenfalls veränderte.

> Die reale dreidimensionale Welt ist abgeschafft, an ihre Stelle tritt die vierdimensionale Raum-Zeitwelt mit nichteuklidischen Eigenschaften. [...] Die vierdimensionale Welt ist keine bloße Erläuterung, sie ist die wirkliche Welt der Physik, zu der man auf den allgemein anerkannten Wegen gelangt ist, auf denen die Physik stets (mit Recht oder Unrecht) nach der Wirklichkeit gestrebt hat.[11]

Eddingtons Interpretation der ART hängt eng zusammen mit seiner **Ablehnung des herkömmlichen Dualismus zwischen Materie und Feld**. Einstein selbst und die meisten seiner populären und philosophischen Ausdeuter sahen in den Feldgleichungen der ART den Ausdruck der Wechselbeziehungen zwischen der Energie- und Materieverteilung einerseits (repräsentiert durch den Tensor $T_{\mu\nu}$) und der Raumzeitmetrik (repräsentiert durch den Einstein-Tensor $G_{\mu\nu}$). Eddington aber konnte sich nicht dafür begeistern, zwei unabhängige Entitäten, nämlich Feld *und* Materie, in die ART einzuführen:

> I think there is something incongruous in introducing an object of experience (matter) as a foreign body disturbing the domestic arrangements of the analytical concepts from which we have been building a theory of nature. It leads to a kind of dualism. [...] There is a redundancy, and whenever we have an unnecessary multiplication of entities we are liable to find spurious laws of nature which are in reality only identifications. [...] Matter does not cause an unevenness

---

[10]Dambska [1956, S. 313] spricht sogar von einer "théorie opérationelle des concepts de la physique".

[11]Eddington [1920/23] S. 184, siehe analog z.B. Eddington [1919]d S. 642f.; vgl. z.B. E. Hartmann [1924/25] S. 376.

in the gravitational field; the unevenness of the field *is* matter.[12]

Wie in Abschn. 1.5. gezeigt, stand Eddington mit diesem Programm, Materie als eine Art Singularität im Feld darzustellen, nicht allein, und seine eigenen Versuche einer Verallgemeinerung der ART waren sicher ebenso von diesem heuristischen Gedanken inspiriert wie die von Mie oder Hilbert. Doch anders als die vorgenannten Forscher untersuchte Eddington auch die Konsequenzen dieses feldtheoretischen Forschungsprogrammes für das philosophische Verständnis des Sinnes der relativistischen Feldgleichungen (1.14.). Und zwar glaubte er, die dualistische Interpretation umgehen zu können, wenn er letztere einfach als eine Definitionsgleichung für den Einsteintensor $G_{\mu\nu}$ auffaßte.

> Das Gravitationsgesetz ist nicht ein Gesetz in dem Sinne, daß es dem tatsächlichen Verhalten des Substrats der Welt Beschränkungen auferlegt. Es ist nur die Definition eines Vakuums. [...] Das Verschwinden der $R_{\mu\nu}$ *bedeutet* Leere.[13]

Dieser interpretative Ausweg stand ihm deshalb offen, weil er, anders als Einstein und die orthodoxen Relativisten, in seiner Grundlegung der Raum-Zeit-Lehre auf eine Definition der Metrik durch Uhren und Maßstäbe verzichtet hatte.

> The general course is to start with the 'interval' as something immediately measurable practically, and the equations are of the type normally encountered in physics in which all the quantities involved are measurable. But in a strict analytical development the introduction of scales and clocks before the introduction of matter is - to say the least of it - an inconvenient proceeding. Thus in our development $G_{\mu\nu}$ is not merely of unknown nature but unmeasurable.[14]

Damit wurden ihm die **Feldgleichungen der ART zu reinen Definitionsgleichungen, zu einer notwendigen Identität**, bei deren Anwendung auf die Wirklichkeit die bislang völlig konventionellen Komponenten der Tensoren wie in "einer Art Wörterbuch [...] in die Sprache der gewöhnlichen Mechanik übersetzt werden". Nicht die formalen Gesetze, sondern

---

[12]Eddington [1920]d S. 151f. bzw. [1920/23] S. 194; Hervorh. Orig.

[13]Eddington [1920/23] S. 194 u. 193.

[14]Eddington [1920]d S. 152; die Ablehnung der Konstruktion der ART auf der Grundlage imaginärer im Raum verteilter Uhren und Maßstäbe hat Eddington mit Robb gemein, dessen Arbeiten er neben denen Weyls (im Vorwort zu Eddington [1920] bzw. [1920/23] S. vii) als "Fundament" seiner eigenen Studien bezeichnet.

deren 'Ausfüllung' durch die vorgenommenen "Identifizierungen" (Zuordnungen) "müssen sich später an der Erfahrung prüfen lassen".[15] Im Falle der Feldgleichungen sei der Geometrietensor so konstruiert, daß er einfachen Erhaltungssätzen genüge, und die Invarianzeigenschaften der einen Seite relativistischer Gleichungen eo ipso auch für die andere gelten. Daher sei schon durch die Stipulation der Feldgleichungen gesichert, daß auch der Materietensor diesen Erhaltungssätzen genüge.[16] Letztlich sei durch dieses kunstvolle Operieren mit den Tensoren bei der Formulierung der ART also erreicht worden, daß der geistigen "predilection for living in a more or less permanent universe" Genüge getan sei. Darin sah Eddington einen der Fälle, von denen er im Motto dieses Unterabschnittes gesprochen hatte. Der Geist konstruiere sich eben die ihm passenden Naturgesetze:

> [...] the mind has picked out from the external world a universe built from permanent elements (matter), and it is pleased to regard this as the real world. This [...] involves a specialised way of measuring space and time; and so compelling is the desire for permanence that we have adopted this special space and time instinctively and find it hard to realize that it is not the only one.[17]

Es mag erwähnt werden, daß diese eigenwillige Auffassung des Sinnes der Feldgleichungen nicht unwidersprochen blieb. Gegen die Eddingtonsche These "Einstein's gravitational field-equations and Maxwell's electromagnetic field-equations are not controlling laws, but mere truisms, the violation of which is unthinkable" wandte sich z.B. der Whitehead-Schüler Sir Edmund Whittaker[18] (1873-1956), und auch Bertrand Russell hielt Eddington an diesem Punkt entgegen, daß mit dessen quasi-aprioristischer Interpretation "die Notwendigkeit, empirische Beobachtungen anzustellen", um das faktische Zutreffen spekulativer Überlegungen zu sichern, "nicht wirklich verringert" wird.[19]

Ein weiteres Feld sehr umstrittener Thesen Eddingtons liegt im Bereich seiner Äußerungen zur Kosmologie. In eben dem Geist, in dem er dem menschlichen Geist eine Präferenz für stabile Materie unterstellte, glaubte

---

[15]Eddington [1920/23] S. 196f; vgl. dazu das Konzept der Zuordnungsregel bei Reichenbach, diskutiert in Abschn. 4.5. Zum Konventionalismus bei Eddington vgl. Dambska [1956] S. 315-319.

[16]vgl. dazu Eddington [1923/25] § 52,54,66 und B. Russell [1927/29]b S. 86-88.

[17]Eddington [1920]b S. 154 bzw. [1920/23] S. 200ff.: "Der Geist filtert die Materie aus dem Mischmasch der Qualitäten, der keine Bedeutung hat, aus [...]. Der Geist hebt das Beständige auf den Schild und straft das Unbeständige mit Verachtung"; vgl. dazu ferner Eddington [1928] S. 242ff. sowie Dambska [1956] S. 321, Graham [1982] S. 113.

[18]Whittaker [1929] S. 5; zu Whittaker vgl. Trenn [1976] sowie Abschn. 4.6.

[19]Russell [1927/29]b S. 91 - vgl. Abschn. 4.12.3.

Eddington auch prädizieren zu können, daß das Modell eines Kosmos ohne raumzeitlichen Anfang (Urknall) aus philosophischen Gründen vorzuziehen sei.[20] Quantenmechanische Annihilationsprozesse sollten Eddington da später in dem ersten Punkt ebenso widerlegen wie eine Unzahl von Indizien für die Richtigkeit der big-bang-Kosmologie seine zweite These zu Fall brachten.[21] Schließlich erntete Eddington auch viel Widerspruch mit seinen quasi-pythagoräischen Versuchen, die Größe dimensionsloser Naturkonstanten (wie z.B. die Feinstrukturkonstante $\alpha \simeq 1/137$) in aprioristischer Manier abzuleiten.[22]

All diese höchst idiosynkratischen Thesen Eddingtons werden nur verständlich aus dem religiösen Kontext, in dem die Schriften des gottesfürchtigen Quakers Eddington stehen.[23] Sein anti-materialistischer Idealismus wie auch sein Insistieren darauf, daß die Naturwissenschaft bei aller Perfektion "niemals über die Form hinausgelangen" kann,[24] all dies waren für ihn Hinweise auf die Unentbehrlichkeit einer Ergänzung wissenschaftlicher Erkenntnisse durch die Religion, der er dadurch, daß er der Wissenschaft die Grenzen steckte, den Weg freimachte:

> Die Relativitätstheorie hat die ganze Physik Revue passieren lassen. Sie hat die großen Gesetze miteinander vereinigt, die wegen ihrer präzisen Formulierung und der Genauigkeit ihrer Anwendung der Physik ihre heutige glänzende Stellung innerhalb des menschlichen Wissens erobert haben. Und doch ist dieses Wissen, was die Natur der Dinge anbelangt, nur eine leere Hülle - eine symbolische Form. Es ist ein Wissen um die Struktur, nicht um den Inhalt. Die ganze physikalische Welt ist erfüllt von diesem unbekannten Inhalt, der das Material unseres Bewußtseins sein muß. Hier deutet sich ein Weg an, der zu tiefen Einblicken in die Welt der Physik führt, und den wir doch nicht mit den Methoden der Physik verfolgen können. Und überdies haben wir gesehen, daß da, wo die Wissenschaft am weitesten vorgedrungen ist, der Geist aus der Natur nur wieder zurückgewonnen hat, was der Geist in die Natur hineingelegt hat.[25]

---

[20]siehe Eddington [1931]: "philosophically, the notion of a beginning of the present order of nature is repugnant for me"; vgl. dazu Lemaître et al.[1931] und Eddington et al.[1931].

[21]vgl. ferner E.Hartmann [1924/25] S. 379 für weitere Differenzen zwischen Eddington und 'kontinentalen' Relativisten.

[22]so etwa in Eddington [1928/31], [1931]a S. 448, [1931]b S. 613 sowie in späteren Werken wie etwa *Fundamental Theory* ...; vgl. dazu z.B. Whittaker [1929] S. 4, Infeld [1949/79]b S. 362.

[23]vgl. dazu insb. Graham [1982] S. 111, 116ff.

[24]siehe nachfolgendes Zitat sowie Dambska [1956] S. 323, 337.

[25]Eddington [1920/23] S. 204; vgl. zu religiösen Deutungen der RT den Abschn. 4.12.6.

Ungeachtet aller Verstiegenheiten und religiös gefärbter Mystizismen, in die Eddingtons Naturphilosophie mündete, will ich rückblickend nochmal auf die **Kernthese Eddingtons zu RT** zurückkommen. Ihm zufolge bestand die Essenz der RT darin, daß in ihr all die Hypothesen aufgegeben worden seien, die einerseits "durch keine bekannten Tatsache gefordert werden", andererseits dem "Verständnis der Einfachheit der Natur" teils über Jahrhunderte hinweg im Wege standen. Somit sah Eddington in der RT einen Meilenstein in der Annäherung des menschlichen Intellekts an einen Kanon minimaler, unverzichtbarer, apriorischer Annahmen über die Beschaffenheit des Begriffsnetzes, mit dem wir die Wirklichkeit erfassen.

> Denjenigen aber, die glauben, daß die Relativitätstheorie eine vorübergehende Phase in der Geschichte des wissenschaftlichen Denkens ist und unter dem Druck künftiger experimenteller Entdeckungen umgestoßen werden könnte, wollen wir entgegenhalten, daß sie sich wohl wie andere Theorien entwickeln und verbessert werden kann, daß ihr aber ein gewisser Mindestgehalt an Wahrheit eigen ist, der einen nicht mehr rückgängig zu machenden Fortschritt darstellt. Gewisse Hypothesen gehen in alle physikalische Beschreibungen und Theorien, die bisher gang und gäbe waren, ein, einige seit 2000, andere seit 200 Jahren. Man kann nun beweisen, daß diese Hypothesen nichts mit irgend einer bereits beobachteten Erscheinung zu tun haben und nichts zu der Deutung irgend einer bekannten Tatsache beitragen. Das ist gewiß eine Entdeckung von der größten Wichtigkeit- ganz abgesehen von jeder Frage, ob die Hypothesen tatsächlich falsch sind.[26]

Mit dieser 'Entdeckung' hatte der sich seine Philosophie selbst strickende Naturwissenschaftler Eddington den Kantischen Gedanken synthetischer Urteile a priori[27] für sich neu entdeckt - nicht umsonst wurde sein von religiösem Mystizismus geprägter Idealismus von Kritikern wie z.B. seinem russischen Fachkollegen, dem überzeugten Materialisten Vladimir Alexandrovitch Fock (1898-1974), oft mit dem Neukantianismus zusammen in einen Topf 'subjektivistischer und idealistischer Deutungen der RT' geworfen.[28]

---

[26]Eddington [1920/23] S. 30f. bzw. [1920]d S. 157; vgl. z.B. E. Hartmann [1924/25] S. 375.

[27]eine Art 'philosophischer Rückseite des Mondes' - vgl. Abschn. 4.1.

[28]zu Fock vgl. Abschn. 1.5. sowie insb. Graham [1982] S. 120-129.

4.12.2   Whitehead

> We must avoid vicious bifurcation. Nature is nothing else than the
> deliverance of sense-awareness. [...]. Our sole task is to exhibit in one
> system the characters and inter-relations of all that is observed.
> Whitehead [1920] S. 185.

Der Mathematiker und Philosoph Alfred North Whitehead[1] (1861-1947)
war als Fellow des Trinity Colleges der Universität Cambridge und Professor der Philosophie an der Harvard University besonders in der angelsächsischen Sprachsphäre von großem Einfluß. Von seinem bedeutendsten, zusammen mit Bertrand Russell verfaßten Werk *Principia Mathematica* war
bereits in den Abschn. 4.6. und 4.7. die Rede, da die dort entwickelte Logisierung der Mathematik[2] große Bedeutung für die Stärkung der Tendenz
zur Axiomatik insgesamt und speziell auch für das Programm des logischen
Empirismus hatte. Hier soll es jedoch um die Naturphilosophie Whiteheads
gehen, in deren Denkrahmen ab ca. 1919 auch die RT plaziert wurde.

Im Zentrum der Whiteheadschen Philosophie steht sein **Plädoyer für
eine Überwindung der "bifurcation of nature"** (Motto), die eingetreten sei, als sich eine Naturauffassung durchsetzte, die eine ontologische
Dualität zwischen Materie und Geist, zwischen primären und sekundären
Qualitäten, physikalischen Prozessen und psychologischen Wahrnehmungen
behauptete.

> What I am essentially protesting against is the bifurcation of nature
> into two systems of reality, which, in so far as they are real, are
> real in different senses. One reality would be the entities such as
> electrons which are the study of speculative physics. This would be
> the reality which is there for knowledge; although on this theory it is
> never known. For what is known is the other sort of reality, which is
> the byplay of the mind.[3]

Diesem in der Naturwissenschaft seit Locke und Galilei häufig zugrundegelegten dualistischen Seinsverständnis hielt Whitehead einen **ontologischen
Monismus** entgegen, der all diese Spaltungen ('Bifurkationen') vermeide
und Natur als Einheit begriff. Dualistische Sprech- und Denkweisen wollte
er, wenn überhaupt, nur noch im Bewußtsein ihrer Künstlichkeit zulassen,

---

[1]zu Whitehead vgl. z.B. Schilpp (Hrsg.) [1941], darin insb. Northrop [1941], Ushenko
[1949/79]b S. 455ff., [1950], Whittaker [1951/52] S. 58, Grünbaum [1953], [1962]b, Mays
[1970], Hölling [1971] S. 64-82, 219-228, Fowler [1975] und insb. Barker et al. [1976].

[2]vgl. z.B. Whitehead [1911] und dortige Ref.

[3]Whitehead [1920] S. 30; vgl. ibid., S. 20f., 24, 70 sowie kritisch dazu Northrop [1941],
Grünbaum [1963/73]b S. 48ff. In Replik darauf: Mays [1970] S. 515ff.

die fundamentalen Begriffe der Naturwissenschaft aber sollten in direktem Zusammenhang mit den unmittelbaren Sinneswahrnehmungen des Menschen ("direct perception") stehen ("immediate for sense-awareness").[4]

Daraus ergab sich auch eine klare (wenngleich strittige) Vorstellung Whiteheads davon, was Wissenschaft seiner Auffassung nach zu leisten vermag und was nicht: der letzte Satz des Whiteheadschen Mottos, verstanden als Umschreibung der Aufgabe der Naturwissenschaft, nähert sich sehr dem Wissenschaftsideal des Phänomenalismus Machscher Prägung. (Natur)Wissenschaft als rein deskriptive Erfassung der funktionalen Zusammenhänge - Whitehead selbst schien aber eher an den Pragmatismus und Behaviourismus gedacht zu haben.[5]

Wie schon für Eddington, so war auch für Whitehead (und seine Epigonen wie insb. A.P. Ushenko) die Entität, aus der die Welt zusammengesetzt werden kann, das nicht auf einen Zeitpunkt, sondern eine endliche Dauer bezogene Ereignis ("non-instantaneous event"). An die Stelle des dualistischen Substanz-Akzidenz-Schemas traten für sie die gleichermaßen realen wie mentalen "events which are in some sense the ultimate substance of nature".[6] In diesen ausgedehnten Ereignissen, den Raum-Zeit-Klumpen ("lumps") seien Raum und Zeit nun unauflöslich miteinander verbunden ("interconnected"), ganz im Sinne des vielzitierten Anfangs der Rede Minkowskis über die Raum-Zeit-Union.[7] Diese allgemein-philosophische Überzeugung implantierte Whitehead in seine Deutung der RT, indem er in einem Zwischenschritt von dem sinnlich unmittelbaren Ereignis, das noch zeitlich gedehnt ist, über 'Einschließungsreihen' zum idealisierten 'Punkt-Ereignis' ("event-particle") überging.[8] Durch diese naturwissenschaftliche Verfahren, daß er als **extensive Abstraktion** bezeichnete, war also das faktische Ineinander von Raum und Zeit in eine Folge von räumlich erfaßbaren Zeit-Punkten ("a mere spatial point-flash of instaneous duration")[9] aufgelöst worden. Durch diese Überlegung wähnte

---

[4]siehe z.B. Whitehead [1919] S. 45f. vgl. Palter [1956] S. 121f., 131 sowie zur Kritik dieses 'Perzeptualismus' insb. Grünbaum [1963/73]b S. 48ff.

[5]Whitehead [1920] S. 185: "our attitude towards nature is purely 'behaviouristic', so far as concerns the formulation of physical concepts"; vgl. ibid., S. 167, 172, 142.

[6]Whitehead [1920] S. 19, s.a. S. 24, 52, 100, 165ff.; [1919] Teil II, vgl. z.B. B. Russell [1927/79]b S. 298, Ushenko [1937] S. 8ff., Blackwell [1963/64] S. 64 und Palter [1956] S. 122f. zu den 6 'principal charateristics of an event' nach Whitehead.

[7]Minkowski [1908]b S. 54, zit. in Abschn. 1.2.; vgl. Whitehead [1920] S. 124 sowie Seaman [1955, S. 225], der in Whiteheads Verzicht auf infinitesimale Raum-Zeit-Punkte die wichtigste Leistung Whiteheads sieht, und Mays [1970].

[8]soweit ich sehe erstmals in Whitehead [1916] S. 435ff.

[9]ibid., S. 172 bzw. Whitehead [1927]; vgl. dazu auch B. Russell [1927/29]b S. 58, 301ff., Mays [1970] S. 517f., Barker et al.[1976] S. 307, 310 sowie kritisch Grünbaum [1953].

Whitehead nicht nur den Umstand aufgehellt, daß die klassische Trennung von Raum und Zeit in der SRT einer Raum-Zeit-Union (Minkowski) gewichen sei, sondern auch alle scheinbar paradoxen Konsequenzen der Lorentztransformationen der SRT verschwanden für ihn nach Durchführung des Gedankens, daß jeder Beobachter in der Raumzeit zu einer, seiner Bewegungsform entsprechenden, künstlichen Aufspaltung in Räumliches und Zeitliches kommen müsse:

> These event-particles are the ultimate elements of the four-dimensional space-time-manifold which the theory of relativity presupposes. You will have observed that each event-particle is as much an instant of time as it is a point of space. I have called it an instantaneous point-flash. Thus in the structure of this space-time manifold space is not finally discriminated from time, and the possibility remains open for diverse modes of discrimination according to the diverse circumstances of observers. It is this possibility which makes the fundamental distinction between the new way of conceiving the universe and the old way. The secret of understanding relativity is to understand this.[10]

Dieses Natur- und Zeitverständnis Whiteheads steht in engem Zusammenhang zu verwandten Ideen des Holismus und Bergsons (vgl. 4.10.): an ersteren erinnert Whiteheads Insistieren auf der 'Ganzheit' ("whole"), in die partikulare Aussagen einzelner Beobachter eingeordnet werden müßten, um sinntragend zu werden,[11] von letzterem übernimmt Whitehead u.a. den Begriff der 'Dauer' ("duration") als Kennzeichen des "continuous stream of occurrences", des "creative advance of nature" in ausdrücklicher Abgrenzung gegen die künstliche, nur je auf ein System bezogene metrische Zeit der Physik.[12] Ähnlich wie bei Bergson findet sich auch bei Whitehead ein Insistieren auf einem 'intuitiv verständlichen Sinn der begrifflich undefinierbaren Ereignisse' sowie einer durch Sinneserfahrungen von Beobachtern 'absolut' bestimmten Gleichzeitigkeit ("presentational immediacy") in ausdrücklichem Gegensatz zu AEs Behauptung der Konventionalität der Gleichzeitigkeit für räumlich getrennte Ereignisse.[13]

> Simultaneity is the property of a group of natural elements which in some sense are components of a duration. A duration can be all nature present as the immediate fact posited by sense-awareness. [...]

---

[10]Whitehead [1920] S. 173, vgl. ibid., S. 37, 124, [1915/16] S. 119f. sowie Palter [1956] S. 129ff.

[11]siehe z.B. Whitehead [1920] S. 142.

[12]siehe z.B. Whitehead [1920] S. 53f., 72, 186, 172f., 177f., 190ff., [1915/16] S. 107f., [1929/87] - vgl. Abschn. 4.10. sowie Ushenko [1937] S. 16ff., Hölling [1971] S. 68.

[13]zum Einfluß Bergsons auf Whitehead siehe insb. Northrop [1941] S. 168ff.

> Any concept of all nature as immediately known is always a concept
> of some duration though it may be enlarged in its temporal thickness
> beyond the possible specious present of any being known to us as
> existing within nature. Thus simultaneity is an ultimate factor in
> nature, immediate for sense-awareness.[14]

Neben diesen Bergsonistischen Anklängen findet man aber auch aprioristische Elemente bei Whitehead, insb. in seinem Zugang zur SRT und der damit zusammenhängenden Behandlung der Lorentztransformationen (1.4.), deren Form er (erstmals 1915/16 in einem Beitrag für die *Aristotelian Society London*, ausführlicher dann in seinem Buch *The principle of relativity* [1919]) aus wenigen Annahmen über die Konstruktion von Geometrien und Koordinatenvergleichen ableitet.[15] Entsprechend einer zunehmenden Verschärfung der Aussagen über 'extension in space and extension in time' geht er dabei in folgender Schrittfolge vor:

- jedem Ereignis werden vier Koordinaten zugeordnet,

- Zusammenhangsverhältnisse zwischen Ereignissen werden auf Relationen der Koordinaten der Ereignisse stetig abgebildet (Topologie).

- Entfernungen der Ereignisse in der vierdimensionalen Welt zueinander werden durch Angabe eines Linienelementes als Funktion der Differenzen der Koordinaten dieser Ereignisse ausgedrückt (Metrik).

- aus Überlegungen zur 'Übersetzung' der Koordinaten von Ereignissen in andere Systeme von Koordinaten und Beachtung der Erfordernisse der 'kinematischen Symmetrie' werden dann Transformationsformeln abgeleitet, bei denen nur ein freier Parameter c^2 unbestimmt bleibt.

- Die Wahl von c^2 als negativ, positiv oder unendlich führt dann auf sog. 'elliptische, hyperbolische oder parabolische' Typen von Kinematik, von denen Whitehead zeigt, daß erstere praktisch unanwendbar ist, während der zweite Fall auf die üblichen Lorentztransformationen führt und der dritte Fall auf die Galileitransformation zurückführt, die der klassischen Mechanik zugrundeliegt.

---

[14]Whitehead [1920] S. 56; vgl. z.B. Whitehead [1923] und weitere Belege z.B. in Palter [1956] S. 124, Mays [1970], Blackwell [1963/64], Fowler [1975] S. 161ff. Kritik dazu in Grünbaum [1963/73]b S. 344ff.

[15]siehe dazu Whitehead [1915/16] S. 108ff ('diverse Euclidean measure systems'), [1916], [1919] S. 159, [1920] S. 175ff.; vgl. Fowler [1975] S. 164f. und Palter [1956] S. 125ff. zur Gegenüberstellung des Zugangs vom AE und Whitehead zur Ableitung der Lorentztransformationen.

• aus dem Ungenügen der klassischen Transformationsformeln in elektrodynamischen Anwendungen wird dann auf das Vorliegen des zweiten Falls geschlossen: "experiment has, so far, pronounced in favor of the hyperbolic type".[16]

Whiteheads formalistischer Zugang zur SRT brachte es mit sich, daß die Konstante c mit der Dimension einer Geschwindigkeit, die in den Lorentztransformationen als Invariante auftaucht, für ihn *nicht* von vornherein identisch mit der Lichtgeschwindigkeit im Vakuum ist, da er keinerlei spezielle elektrodynamischen Vorgaben benutzt hatte, um die Lorentztransformationen abzuleiten.

[...] the critical velocity c which occurs in these formulae has now no connexion whatever with light or with any other fact of the physical field [...]. It simply marks the fact that our congruence determination embraces both times and spaces in one universal system, and therefore, [...] their ratio will be a velocity which is a fundamental property of nature expressing the fact that times and spaces are really comparable. [...]. The Michelson-Morley and analogous experiments show that within the limits of our inexactitude of observation the velocity of light is an approximation to the critical velocity 'c'.[17]

Dieser Versuch Whiteheads, die Struktur der SRT von ihrem empirischen Gehalt so weit wie möglich abzukoppeln, indem die Theorie zunächst ganz unabhängig von all den elektrodynamischen Befunden entwickelt wird, die einst zu ihr Anlaß gegeben hatten, und nur nachträglich eine Anpassung der freien Konstanten an die experimentellen Werte vorgenommen wird, blieb ebensowenig unwidersprochen wie Eddingtons (in dieser Hinsicht parallele) Deutung der RT als Ausdruck der Einfachheitsbedürfnisse des menschlichen Geistes.[18] Zwar setzte sich die Interpretation der SRT durch Whitehead deutlich von anderen ab, doch war er mit seinem von der projektiven Geometrie her zur quasi-euklidischen Raumzeit fortschreitenden Zugang immerhin auch zu der Standardform der Lorentztransformationen als dem Kernstück der SRT gekommen.[19]

In seiner Deutung der ART verstand sich Whitehead gegenüber dem üblichen Verständnis der Theorie als "Häretiker",[20] denn hier führte ihn die weitere Verfolgung seiner Auffassung von der adäquaten Grundlegung

---

[16]Whitehead [1919] S. 164.

[17]Whitehead [1920] S. 193, 195; vgl. ibid., 131, [1915/16] S. 117.

[18]Vorbehalte äußerten Hoskyn [1930, S. 574], Murray [1927, S. 215], Northrop [1941].

[19]zur konzeptuellen und methodischen Abgrenzung zwischen AE und Whitehead vgl. Palter [1956] S. 127ff.

[20]Whitehead [1920] S. vii, 165.

der RT auf eine **theoretische Alternative zur ART**.[21] Während Einstein von der Vorstellung ausging, daß die Raum-Zeit-Struktur bei Anwesenheit von Materie 'deformiert' wird, d.h. Abweichungen von der materiefreien pseudoeuklidischen Struktur des Minkowskiraumes zeigt, mochte Whitehead die unbestrittenen Veränderungen im Verhalten von Testteilchen in der Nähe großer Massen *nicht* durch die Annahme veränderter Raumstruktur erklären, sondern er zog es vor, statt dessen eine **veränderte Wechselwirkung zwischen Masse und Testteilchen** zu postulieren. Daß Whitehead seine Gravitationstheorie unbedingt im Rahmen einer Minkowskischen Raumzeit formulieren wollte, hatte wiederum tiefliegende philosophische Wurzeln, denn für ihn ergab sich die Uniformität der raumzeitlichen Relationen der Ereignisse zueinander aus der Überlegung, daß ohne eine solche Homogenität jedwede Messung von Raumzeit-Intervallen unmöglich sei, da Messung eine Vergleichbarkeit von Strecken an verschiedenen Raumzeitstellen voraussetze:

> As the result of a consideration of the character of our knowledge in general, and of our knowledge of nature in particular [...] I deduce that our experience requires and exhibits a basis of uniformity, and that in the case of nature this basis exhibits itself as the uniformity of spatio-temporal relations. This conclusion entirely cuts away the casual heterogeneity of these relations which is the essential of Einstein's later theory.[22]

Während AE gelegentlich so weit, davon zu sprechen, daß in der ART die Geometrie eine empirische Wissenschaft geworden sei (womit er meinte, daß die Anwendung der Geometrie auf das physikalische Problem der Raum-Zeit-Metrik bei Anwesenheit von Materie empirische Informationen über die Energie-Materie-Verteilung benötigt, *bevor* die Geometrie spezifiziert werden kann, während zuvor die Geometrie unabhängig vorgegeben wurde),[23] beharrte Whitehead auf seiner **Auffassung der Geometrie als einer von allen Kontingenzen der wirklichen Welt unabhängigen Disziplin**:

> It is inherent in my theory to maintain the old division between physics and geometry. Physics is the science of the contingent relations of nature and geometry expresses its uniform relatedness. [...]

---

[21]vgl. Abschn. 1.5. sowie Fowler [1975] S. 166ff., Barker et al.[1976] und dort zit. Lit.

[22]Whitehead [1922] S. v-vi; vgl. [1920] S. 173f., 181, [1929/87]a S. 501f. sowie Fowler [1975] S. 163ff., Barker et al.[1976] S. 308 und kritisch dazu Grünbaum [1963/73]b S. 48-65, 425ff.

[23]siehe Abschn. 1.4. und z.B. AE [1921]b, [1923/67], Hilbert [1930] S. 962.

If congruence merely meant relations between contingent adjectives of appearance, there would be no measurement of spatial distance or of temporal lapse without knowledge of actual intervening appearances, and no meaning for such distance in the absense of these adjectives. For example, the 'distance of the star Sirius' would be a phrase without meaning.[24]

Die gegenüber der Riemannschen Geometrie einfachere Raumzeitstruktur brachte für Whitehead aber an anderer Stelle eine erhebliche Komplikation mit sich, denn neben dieser für die Gravitationskraft relevanten quasieuklidischen Metrik mußte er eine zweite Metrik einführen, in die die von Ort zu Ort variierenden Kontingenzen der Materieverteilung eingehen, und die z.B. auf elektromagnetische Wellen und deren Ausbreitung Einfluß nimmt.[25] Um nicht Verwechslungen zu provozieren, nannte Whitehead diese zusätzliche Wechselwirkung 'impetus'.

We have got to find the way of expressing the field of activity of events in the neighbourhood of some definite event-particle E of the four-dimensional manifold. I bring in a fundamental physical idea which I call the 'impetus' to express this physical field. [...]. Where I differ from Einstein is that he conceives this quantity which I call the impetus as merely expressing the characters of the space and time to be adopted and thus ends by talking of the gravitational field expressing a curvature in the space-time-manifold. I cannot attach any clear conception to his interpretation of space and time. My formulae differ slightly from his, though they agree in those instances where his results have been verified.[26]

Im Kern bestand Whiteheads theoretische Alternative zur ART in einer Wiedereinführung des Konzeptes einer bewegungsbestimmenden Fernwirkung, eine Modellvorstellung, die in Einsteins ART gerade überwunden worden war, da hier die Bewegung von Teilchen durch die raumzeitlichen Geodäten bereits bestimmt vollständig war.[27] Durch diesen Kunstgriff konnte Whitehead zwar eine Gleichförmigkeit der Raum-Zeit auf Kosten verkomplizierter Kraftfelder zwischen wechselwirkenden Materieteilchen aufrechterhalten, doch verzichtete er dabei auf die Inkorporierung

---

[24]ibid. S. vi und S. 65; vgl. AE [1921]b und die Debatte zwischen Grünbaum [1963/73]a und Whitbeck [1969] um die Frage, ob der Raum metrisch amorph ist oder nicht.

[25]Misner-Thorne-Wheeler [1973] S. 430 sprechen von Whiteheads Alternative zur ART als 'two-metric-theory'; vgl. ferner Barker et al.[1976] S. 306.

[26]Whitehead [1920] S. 181f.; zum Vergleich der Formeln von AE und Whitehead und Möglichkeiten einer empirischen Entscheidung zwischen beiden siehe Eddington [1924] und Abschn. 1.5.

[27]vgl. dazu AE [1927]f und AE/Infeld/Hoffmann [1938/40] sowie Abschn. 1.3.

der heuristisch so wertvollen Prinzipien der Kovarianz und der Äquivalenz von träger und schwerer Masse. Obwohl Whiteheads Theorie sich in sehr kleinen Effekten wie z.B. räumliche Anisotropien oder Anomalien der Mond- und Planetenbewegungen von den Voraussagen der ART unterscheidet, stimmen die beiden Theorien in Bezug auf die drei klassischen Tests der ART (vgl. 1.3.) überein.[28] Schon wegen der größeren konzeptuellen Einfachheit der 'orthodoxen' (Einsteinschen) ART wurde jedoch in der Folgezeit deren massenverteilungsabhängige (in diesem Sinne 'inhomogene') Geometrie, in der Körper sich aber auf Geodäten bewegen, vorgezogen;[29] seit 1971 gilt die Whiteheadsche Theoriealternative durch geophysikalische Tests zu Anisotropie- und siderischen Gezeiten-Effekten auch physikalisch als widerlegt.[30]

Es ist umstritten, inwieweit sich Whitehead in seinem letzten großen naturphilosophischen Werk *Process and reality* [1929] tatsächlich dazu durchgerungen hat, statt einer Alternativen ART nur mehr eine alternative Interpretation der Standard-ART zu geben.[31] Zwar ist unstrittig, daß er hier nicht mehr wie zuvor die These vertritt, daß Geometrie einen von der Physik entkoppelten, primäreren Status habe, sondern im Sinne der ART zuläßt, daß die Materie-Energie-Verteilung die Geometrie des Raumes bestimmt, doch ist nun vertretene Ansicht von der atomistischen Struktur der Raum-Zeit mit den differentialgeometrischen Methoden der ART in einem vierdimensionalen Kontinuum m.E. nicht minder unverträglich. Im Hinblick auf die von der Quantenmechanik her zu gegebene Limitierung der Orts- und Zeitbestimmung eines Ereignisses mag Whiteheads Naturphilosophie zwar bedenkenswert sein, doch handelt es sich dann eher um eine philosophische Interpretation der Quantenmechanik in genau dem Bereich, in dem letztere die ART zu limitieren scheint,[32] nicht jedoch um eine philosophische Interpretation der ART.

---

[28]siehe dazu Eddington [1924], Synge [1952], Palter [1956] S. 135, Will [1972], Barker et al.[1976] S. 306 und die Referenzen in Abschn. 1.5.

[29]siehe z.B. B. Russell [1927/79]b S. 82, zit. auf S. 491 sowie Grünbaum [1963/73]b S. 48-65, 425ff., Misner-Thorne-Wheeler [1973] S. 429.

[30]siehe dazu z.B. Will [1972] S. 28, [1981] S. 139, 199 und dortige Ref.

[31]dies behauptet Seaman [1955] S. 222; vgl. kritisch dazu Barker et al.[1976].

[32](und der bis heute nicht befriedigend harmonisiert ist) - vgl. für zwei Versuche dazu: Schrödinger [1931], Rosen/Vallarta [1932].

4.12.3 Bertrand Russell

> Wir betrachten die Physik als ein deduktives System, das aus gewissen Annahmen über undefinierte Gegenstände abgeleitet ist. [...]
> Wenn ich nicht irre, so wird sich herausstellen, daß die Gegenstände, die in der Physik mathematisch ursprünglich sind, Elektronen, Protonen und Weltpunkte, logisch betrachtet, komplizierte Konstruktionen darstellen, die aus metaphysisch ursprünglicheren Elementen aufgebaut sind, die man passend als 'Ereignisse' bezeichnen kann.
> B.Russell [1927/29]b S. 9f. (Orig. Hervorh. unterdrückt).

Lord Bertrand Russell (1872-1970) hatte zusammen mit Whitehead die *Principia Mathematica* verfaßt und war durch diesen aufsehenerregenden Beitrag zur Philosophie der Mathematik ebenso wie durch streitbare Thesen zum Positivismus und zur Sozialphilosophie zu einem der bekanntesten Philosophen des 20. Jahrhunderts geworden.[1] Stärker noch als bei Whitehead spürt man in Russells Interpretation der RT den logizistischen Hintergrund seines Philosophierens. So unternimmt er im ersten Teil seiner *Philosophy of matter* [1927] den ausdrücklichen Versuch, "die Physik als ein in sich abgeschlossenes deduktives System zu entwickeln. Nach diesem Standpunkt ist, praktisch gesehen, die ganze theoretische Physik eine ungeheure Tautologie".[2] Hingegen grenzt sich Russell gegenüber den Eddingtonschen Thesen wieder ab, indem er in dieser Darstellungsform nur den *einen* von zwei zueinander komplementären Zugängen zum Gehalt der Aussagen der Physik sieht. Neben dieser deduktivistischen Betrachtungsweise anerkennt Russell ausdrücklich auch die empirische, die sich auf die Verifikation von Aussagen der Theorie und die Fragen der praktischen Zuordnung von theoretischen Termini zu materiellen Gegenständen oder Prozessen konzentriert. Der "Einfachheit des deduktiven Gebäudes" stellt er die "Kompliziertheit der empirischen Physik" an die Seite.[3]

Auch in anderer Hinsicht unterscheidet sich Russells Naturphilosophie von der Eddingtons und Whiteheads. Anders als bei Eddington, wurzelt die seine *nicht* in einer idealistischen Ontologie, sondern in einem **neutralen Monismus**, sehr verwandt dem von Ernst Mach.[4]

Ich bin der Ansicht, daß die Materie weniger materiell und der Geist

---

[1]zu Russell siehe Schilpp (Hrsg.) [1944], darin insb. AE [1944/77], sowie Cogan [1975].

[2]Russell [1927/79]b S. 85; vgl. z.B. ibid., S. 2ff., 5, 49, 56, 82, das Motto dieses Unterabschnittes sowie Eddington [1923/25]c S. 171.

[3]vgl. dazu z.B. Russell [1927/29]b S. 5, 91.

[4]siehe Abschn. 4.7. sowie z.B. Russell [1914/26], [1945] und vgl. z.B. Reichenbach [1933] , E.Hartmann [1926]b S. 441.

weniger spirituell ist, als man gewöhnlich annimmt.[5]

Sowohl Materie als auch Geist waren für Russell logische Konstrukte, deren Ausgangsmaterial er als "neutralen Stoff" bezeichnete. Wie auch Eddington und Whitehead benannte er die vierdimensionalen Ereignisse als Kandidaten für diese 'neutralen', weil gleichermaßen physischen wie psychischen Bausteine der Welt.[6] Doch kritisierte Russell Whiteheads Methode zur Konstruktion von Punktereignissen als Gesamtheit der einen Punkt enthaltenden Vorkommnisse und schlug statt dessen einen anderen, topologischen Zugang über 'Punktzonen' und deren Nachbarschaftsrelationen vor.[7]

In diesem Sinn war für ihn ebenso wie für Eddington die **Essenz der SRT** in der "Verschmelzung von Raum und Zeit zur 'Welt' " gegeben.[8] Bei Russells Entwicklung der ihm wesentlich scheinenden Konsequenzen der SRT und ART betonte er sehr stark die eng mit der mathematischen Formulierung der Theorien mittels Tensoren zusammenhängenden Eigenschaften wie die Existenz von Invarianten, Erhaltungssätzen, wobei er hier (wie übrigens in seiner gesamten Deutung der RT) sehr stark auf Arbeiten Eddingtons aufbaut.[9] In einem separaten Abschnitt unternimmt er eine **"Erklärung der Tensormethode"**, bespricht das Transformationsverhalten von kontra- und kovarianten Komponenten der Tensoren und den Grund dafür, warum sich durch Tensorgleichungen auf so elegante Weise Tatsachen ausdrücken lassen, die von der Wahl des Bezugssystems unabhängig sind.[10] Dabei praktiziert er nicht nur eine m.E. hervorragende Popularisierung von für die ART zentralen Methoden (die vor ihm in kaum einem populären Buch zur ART ernsthaft angegangen wurden), sondern er rührt auch an einen Punkt, der später ganz im Sinne seiner Vermutungen gelöst wurde. Und zwar fragt er, ob es denn eigentlich für die Feststellung fundamentaler Naturgesetze überhaupt nötig und wünschenswert sei, jeweils zunächst spezielle Koordinaten für alle zu beschreibenden Ereignisse einzuführen, um dann, über den Umweg der Invarianzeigenschaften der Tensorgleichungen, schließlich in der Lage zu sein, die Kovarianz dieser Naturgesetze, also deren Unabhängigkeit von der speziellen Koordinatenwahl, zu beweisen.

Die Frage liegt nahe, ob man nicht die Koordinaten überhaupt entbehren kann, da sie doch zu wenig mehr als einem systematisch zuge-

---

[5]Russell [1927/29]b S. 7f. (Orig. Hervorh. unterdrückt); vgl. ibid. S. 283f.
[6]siehe z.B. Russell [1927/29]b S. 11, 298ff. sowie das Motto dieses Unterabschnittes.
[7]siehe z.B. Russell [1927/29]b S. 22, 58, 104, 301-315 bzw. 315ff.
[8]Russell [1927/29]b S. 49; vgl. Grelling im Vorwort, ibid., S. 10 Anm.
[9]neben Eddington [1920]e vorallem [1923/25] sowie dazu Russell [1927/29]b S. 85-88.
[10]siehe Russell [1927/29] Abschn. VII.

ordneten konventionellen Namen herabgesunken sind. Vielleicht wird dies eines Tages möglich sein; vorläufig aber fehlen uns noch die dazu nötigen mathematischen Begriffsbildungen.[11]

In der Tat wurde später (durch die Anwendung von Differentialformen und auf diese wirkenden Operatoren) diese **Vision Russells von einer koordinatenfreien Fassung der Relativitäts- und Gravitationstheorie** Einsteins verwirklicht.[12] Dies ist eines der in dieser Arbeit leider seltenen Beispiele dafür, wie durch philosophisch motivierte Spekulation eine spätere Weiterentwicklung der RT antizipiert wurde.

Ein anderer, bemerkenswerter Zug der Russellschen Deutung betrifft seine Auffassung der ART als einer Theorie, die bei dem Vergleich unmittelbar benachbarter ansetze, um auf der Basis solcher lokaler Aussagen dann eventuell Schlüsse auf globale Strukturen zu ermöglichen. Diese Betrachtungsweise paßte sich einerseits sehr gut der differentialgeometrischen Raumzeitauffassung an, die der ART in tensorieller Form zugrundeliegt, andererseits öffnete sie Russell auch den Blick für die Erkenntnis der großen Bedeutung der durch 'Kausallinien' vorgegebenen Raum-Zeit-Ordnung und ihrer Beschreibung durch Naturgesetze in Form von Differential-, nicht Integralgleichungen.[13] Dieser Teil der Betrachtungen Russells über die "Struktur der physischen Welt" rückt ihn sehr in die Nähe der axiomatischen Raum-Zeit-Analysen Robbs und Reichenbachs (vgl. Abschn. 4.6.), wenngleich Russell anders als vorgenannte Axiomatiker in den Alternativen zur ART von Weyl und Eddington eine noch konsequentere Erfüllung dieses Programmes reiner Nahewirkungsgesetze und rein lokaler Größenvergleiche sah.[14] In der **Debatte zwischen Eddington und Whitehead** um die Frage, ob man wie Einstein einen veränderlichen Raum einführen solle oder diesen auf Kosten komplizierterer Wechselwirkungen zu verwerfen habe, versuchte Russell, einen vermittelnden Standpunkt einzunehmen, indem er die Streitfrage nicht als Sachfrage, sondern als eine um die vorzuziehende Konvention auffaßte:

> Ich sehe deswegen keinen Grund, eine variable Geometrie wie die Einsteinsche zu verwerfen. Andererseits sehe ich allerdings auch keinen Grund für die Behauptung, daß die Tatsachen eine solche Geometrie nötig machen. Nach meiner Meinung handelt es sich dabei lediglich um eine Frage der logischen Einfachheit und Durchsichtigkeit. Un-

---

[11]Russell [1927/29]b S. 70.
[12]vgl. dazu insb. Misner/Thorne/Wheeler [1972].
[13]vgl. dazu insb. Russell [1927/29] Abschn. XXVII-XXXI.
[14]zu Weyls Theorie der Längenänderung bei Parallelverschiebung siehe Abschn. 1.5. sowie 4.3. und Russell [1927/29] Abschn. X, Eddington [1923/25]c S. 323.

ter diesem Gesichtspunkt ziehe ich den veränderlichen Raum, in dem
die Körper Geodätische beschreiben, dem euklidischen vor, der mit
einem Kraftfeld verbunden ist. Aber ich kann diese Frage nicht als
eine Tatsachenfrage ansehen.[15]

Mit dieser Einschätzung hat er Recht behalten. Whiteheads Theorienalternative zur ART konnte sich gegen diese ebensowenig behaupten wie die
Lorentz-FitzGeraldsche Kontraktionshypothese gegen die SRT - in beiden
wurden spezielle Effekte ad hoc eingeführt, um andere Konzepte (den Äther
bzw. die quasi-euklidische Raumzeit) beibehalten zu können. Doch hat sich
in beiden Fällen die Theorie durchgesetzt, die ohne ad-hoc Annahmen allen empirischen Erfahrungen sozusagen in einem Guß, bei größtmöglicher
Einfachheit des theoretischen Gesamtgefüges, gerecht wurde.

Aber auch da, wo sich Russell aus heutiger Perspektive geirrt haben
mag, sollte ihm das m.E. nicht zum Vorwurf gemacht werden, da er selbst
deutlich bemüht war, spekulative ("metaphysische") Bewertungen des zeitgenössischen Kenntnisstandes der Naturwissenschaften einerseits und die
populärwissenschaftliche, gleichwohl philosophisch motivierte Durchsichtig-
machung der gesicherten naturwissenschaftlichen Erfahrungen andererseits
voneinander zu trennen, und gerade bei ersteren stets auf ihre Vorläufigkeit
und Korrigierbarkeit hingewiesen hat.[16] Die 'Metaphysik' im Sinne Russells ist in diesem Sinn schon sehr verwandt der 'Naturphilosophie', wie sie
Reichenbach und andere logische Empiristen auf der Grundlage der 'wissenschaftsanalytischen Methode' praktizierten, weshalb die Vertreter der
'wissenschaftlichen Weltauffassung' Bertrand Russell stets gerne unter den
Ahnherren ihrer eigenen Bewegung aufführten.[17]

---

[15]Russell [1927/29]b S. 82; vgl. Abschn. 1.5. und 4.12.2. zu Whiteheads Variante der
ART.

[16]in diesem Sinn unternimmt Teil I seiner *Philosophie der Materie* eine "Logische Zergliederung der Physik", Teil III hingegen den Versuch einer "Metaphysik der Materie"-
siehe Russell [1927/29]b S.12 bzw. 285: "Ich werde aber versuchen jeweils kenntlich zu machen, ob das, was ich vortrage, meiner Meinung nach ein wohlbegründeter Induktions- oder
Analogieschluß ist, oder ob es sich lediglich um eine beispielmäßige Hypothese handelt,
die zeigen soll, welche Möglichkeiten mit dem aus der Physik zu entnehmenden abstrakten
Wissen vereinbar sind".

[17]siehe Belege in Abschn. 4.7. sowie z.B. Grellings Vorwort zu Russell [1927/29].

4.12.4 Genetische Erkenntnistheorie (Piaget)

> Die Bestimmung der Art, wie Erkenntnis wächst, erfordert die methodische Untersuchung aller Erkenntnis unter dem Blickwinkel ihrer zeitlichen Entwicklung [...]. Die genetische Methode gelangt also dazu, die Erkenntnisse als Funktion ihrer realen oder psychologischen Entstehung zu untersuchen und jegliche Erkenntnis als relativ zu einem gewissen Niveau ihres Entwicklungsmechanismus zu betrachten.
> Piaget [1950/72]b Bd. I, S. 18-19.

In den Abschn. 4.8. und 4.11. waren wir bereits historisch-genetischen Betrachtungsweisen der Wissenschaftsentwicklung begegnet. Eine Art psychogenetisches Pendant hierzu lieferte der Genfer Experimentalpsychologe und Leiter des dortigen *Internationalen Instituts für genetische Epistemologie* Jean Piaget[1] (geb. 1896). Während die wissenschaftshistorische Betrachtungsweise Machs, Meyersons u.a. erst bei schon sehr ausgeprägten Konzepten ansetzten und deren Weiterentwicklung untersuche, widmete Piaget sein Lebenswerk der Frage ihrer ursprünglichen Herausbildung beim Kinde. In diesem Sinne sprach er von "geistiger Embryologie" bzw. von "Embryologie der Vernunft".[2] So untersuchte er u.a. das Entstehen der Wirklichkeitsvorstellung beim Kleinkind, die Genese der Sprache und des Denkens, des moralischen Urteils, des Raum-, Zeit- und Geschwindigkeitsverständnisses. Aus diesen für die moderne Psychologie und Pädagogik wegweisenden experimentalpsychologischen Untersuchungen leitete er dann auch allgemeinere epistemologische Schlüsse über den "Anpassungsprozeß des Denkens an die materielle Objektwelt" ab, für die er den Terminus "genetische Erkenntnistheorie" einführte.[3]

Folgt man Piagets Ausführungen,[4] so war es AE selbst, der 1928 auf einer internationalen Tagung für Philosophie und Psychologie in Davos die Anregung gab, die Entwicklung des Zeitbegriffes beim Kinde mit den Mitteln der experimentellen Psychologie zu untersuchen. Das Resultat dieser Studien von Piaget und Mitarbeitern wurde 1946 publiziert. Die Hauptthese Piagets ist, daß **in der Herausbildung des Zeitbegriffes beim Kinde drei idealtypische Entwicklungsphasen** voneinander abgegrenzt werden können, die er durch viele sehr lesenswerte, teilw. verblüffende Tests an 5- bis 10-jährigen aufwies:[5]

(i) ungegliederte, 'amorphe' Anschauung (jünger als etwa 7 Jahre),

---

[1]zu Piaget vgl. Mays [1970], Furth [1969/72], Gethmann [1980].
[2]Piaget [1950/72]b Bd. I, S. 21,22.
[3]Zitat aus Piaget [1950/72]b Bd. II, S. 11; vgl. ibid., S. 8, sowie Piaget [1970/73].
[4]z.B. in Piaget [1946/74]c S. 9 bzw. in [1950/72]b Bd. II, S. 46.
[5]vgl. insb. Piaget [1946/74]c S. 140-143, 256, 347; [1950/72]b Bd. II, S. 110.

(ii) gegliederte Anschauung (7-8 Jahre durchschnittlich) und
(iii) operative (systematische) Gruppierung (älter als etwa 9 Jahre).
In der Phase (i) werden die Gegenstände und Zeitabläufe isoliert wahrgenommen und unmittelbar auf die eigene Handlung zentriert (unumkehrba-
rer Egozentrismus), momentane, kontingente Gesichtspunkte werden ver-
absolutiert und ein nachträgliches Abrücken oder Korrigieren hiervon ist
unmöglich. Die Dauer wird dem durchlaufenen Weg bzw. der verrichteten
Arbeit angeglichen – die Zeit wird noch nicht von ihrem jeweiligen Inhalt
abgelöst. Während der Phase (ii) hingegen sind einzelne Phasen eines beobachteten Vorgangs bereits rekonstruierbar, doch fehlt noch die Fähigkeit
der schlüssigen In-Beziehung-Setzung zu anderen Phasen des Ablaufs. Piaget erklärt dies damit, daß noch keine einheitliche Zeit vorliege, in die alle
wahrgenommenen Teilvorgänge eingegliedert werden. Erst in der dritten
Phase bildet sich die Fähigkeit heraus, in systematischer Weise (d.h. ohne
Herumzuprobieren) mit vorgegebenen Zeitreihen zu operieren und diese gedanklich in beiden Zeitrichtungen zu durchlaufen. Das Denken wird frei von
der erlebten Dauer und kommt zu der Vorstellung einer homogenen Zeit,
die unabhängig von den Schwankungen des eigenen Zeitempfindens stetig
verläuft. Piaget spricht hier von der "**Dezentrierung**", mit der frühkind-
licher Egozentrismus überwunden wird.[6]

> Dezentrieren heißt: die Relationen umkehren und ein System von Re-
> ziprozitäten konstruieren, das qualitativ, verglichen mit der Ausgangs-
> handlung, neuartig ist. Das Objekt wird somit von der unmittelbaren
> Handlung abgelöst und in ein System von Beziehungen zwischen den
> Dingen gesetzt.[7]

Auf die Zeit angewandt bedeutet dies, daß (1.) zeitliche Folgen nun in
beiden Richtungen abrollbar sind und daß (2.) verschiedene Prozesse in
einem einheitlichen Zeitablauf koordiniert werden: die Reihenfolge wird
aus der Einschachtelung von Zeitstrecken ableitbar und umgekehrt.[8]
    Aus der dritten Phase ergibt sich noch später dann der Wunsch nach
einem quantitativen Maß für Zeitabstände, daß durch die "eigentlich metrischen Operationen" (wie Uhrenablesung, Stoppen etc.) befriedigt wird.
Erst hier trennt sich die physikalische Zeit (als "Koordination der äußeren
Geschwindigkeiten") von der psychologischen Zeit (als "Koordination der
Geschwindigkeiten der Handlungen"), doch beiden gemeinsam ist, daß die
Zeit dem Begriff der Geschwindigkeit beigeordnet ist,[9] denn das

---

[6]siehe z.B. Piaget [1946/74]c S. 77-78, 172-173, 256-257, 285-286.
[7]Piaget [1950/72]b Bd. II, S. 111.
[8]siehe Piaget [1946/74]c S. 369, 388.
[9]siehe Piaget [1950/72]b Bd. II S. 49 sowie z.B. Piaget [1946/74]c S. 65-66 und unten.

Kind entdeckt "die Erhaltung gleichförmiger Geschwindigkeiten und das Zeitmaß gleichzeitig und zwar durch die gleichen Operationen".[10] All dies wäre nur eine hochinteressante, aber für unsere Zwecke belanglose Untersuchung der *psychologischen Zeit*, wenn Piaget nicht diese psychologisch ermittelte "Folge von immer größeren subjektiven Dezentrationen" auch im *physikalischen* Denken festzumachen versucht hätte. So wie schon die homogene und stetige Zeit der klassischen Physik eine Art Korrektur der unbefangenen Anschauungen bedeutete, so seien die Revisionen der physikalischen Begriffe von Raum und Zeit durch die SRT "nur eine Erweiterung dieser Korrektur":

> [Die] Relativität der Dauer [fordert] eine Koordinationsanstrengung, um die Gesichtspunkte der mit verschiedenen Geschwindigkeiten bewegten Beobachter anzugleichen, die nur eine Fortsetzung der Koordinationsanstrengung darstellt, die das Kind durchführen muß, um die heterogenen Dauern, die es den Bewegungen mit verschiedenen Geschwindigkeiten zuordnet, in eine einzige gemeinsame Zeit zusammenzufassen. So paradox es erscheint, die relativen Dauern und die Eigenzeiten der Einsteinschen Theorie verhalten sich zur absoluten Zeit wie diese zu den Eigenzeiten oder den Lokalzeiten der kindlichen Anschauungen.[11]

Aus dieser bemerkenswerten Parallelisierung der *onto*genetischen Zeitentwicklung im heranwachsenden Kind mit der *phylo*genetischen Entwicklung der Zeitauffassungen ergeben sich interessante **Perspektiven für ein evolutionäres Verständnis der Herausbildung der RT.** So werden etwa die hartnäckigen Widerstände der Anti-Relativisten gegen eine Relativierung der Zeit plötzlich verständlich als ein Verhaftetsein bzw. als Rückfall in "falsche egozentrische 'Absolutheiten' ",[12] wie sie sich auch bei kleinen Kindern finden, die starr an den Zufälligkeiten ihrer Wahrnehmungsabfolge festhalten. Das typische Beharren auf der Forderung nach Anschaulichkeit ist ein weiteres Indiz der Infantilität antirelativistischer Argumentationen, denen Piaget entgegenhielt: "auf dem Gebiet der psychologischen Zeit ebenso wie auf dem der physikalischen Zeit wirkt die Anschauung deformierend".[13]

Ferner ist für Piaget der Umstand, daß die SRT gerade ein Postulat über das Verhalten der Licht*geschwindigkeit* zu einem der Axiome der Theorie

---

[10]Piaget [1946/74]c S. 387; vgl. ibid. S. 358.

[11]Piaget [1950/72]b Bd. II, S. 47.

[12]ibid. S. 48.

[13]Piaget [1946/74]c S. 352; "man kann sich sogar fragen, ob eine 'unmittelbare' Anschauung der Dauer in selbständigen Folgen überhaupt existiert", ibid., S. 67 (vgl. S. 80).

machte, ein ganz natürlicher Ausdruck der Vorrangstellung von Geschwindigkeit vor dem Zeitbegriff: so wie die Zeitvorstellung sich psychologisch erst aus den Anschauungen des durchlaufenen Raumes und der Geschwindigkeit "herausdifferenziert", so werden auch in der SRT aus dem RP und der Lichtgeschwindigkeitskonstanz die Aussagen über die Zeittransformation abgeleitet.[14] Für den Zeitbegriff der SRT ergibt sich daraus folgende evolutionäre Deutung:

> Wenn aber die Gleichzeitigkeiten relativ zu den Geschwindigkeiten sind, hängt auch die Zeitmessung von der Koordination dieser selben Geschwindigkeiten ab. Somit stellt die Zeit der Relativitätstheorie mit ihrem Bezug auf große Geschwindigkeiten und auf den Sonderfall der Lichtgeschwindigkeit nur eine Ausdehnung eines Prinzips dar, das schon in den bescheidensten Anfängen des physikalischen und psychologischen Zeitbegriffs, bei der frühkindlichen Genese der Zeit, seine Gültigkeit hat.[15]

Daß die RT eine Relativierung vormals absoluter Begriffe bewirkte, paßte Piaget überaus gut in sein allgemeines Verständnis des Wandels von Begriffen "von der egozentrischen Absolutheit zur relativistischen Dezentration".[16] Raum und Zeit, bei Newton noch "sensorium Dei", von Kant schon zum "sensorium hominis" umgedeutet, seien durch Einstein endgültig ihrer anschaulichen Wurzeln enthoben, kein einfacher vorgegebener Behälter mehr, sondern auf die Stufe operational definierter Konzepte gerückt.[17] Erst in der SRT sei die Konsequenz aus der Tatsache gezogen worden, "daß der Begriff der Gleichzeitigkeit außerhalb der tatsächlichen materiellen Zusammenhänge keinen Sinn hat", weshalb er durch Lichtsignalaustausch *definiert* werden muß und nicht unmittelbar anschaulich gegeben sein kann.[18] Zeit und Raum, das gesamte Universum, seien so an die Operationen des Subjektes "assimiliert" worden, in dessen aktiven "Kompositionsprozeß", mit dem sich der Mensch eine Erklärung der Vorgänge erarbeite, einbezogen.[19]

Nun sahen aber trotz dieser Relativierungen einige Theoretiker wie insb. Max Planck in der RT gerade einen Schritt vom Relativen zum Absoluten",[20] da neue Invarianten angegeben würden, die über einen umfangreicheren Anwendungsbereich hin brauchbar seien und auf ein in der

---

[14]siehe Piaget [1946/74]c S. 66.
[15]ibid., S. 397.
[16]Piaget [1950/72]b Bd. II, S. 69.
[17]ibid., S. 92, 99.
[18]Piaget [1946/74]c S. 52.
[19]Piaget [1950/72]b Bd. II, S. 106-107.
[20]Planck [1925] - vgl. dazu Abschn. 2.4. und Piaget [1950/72]b Bd. II S. 94ff. Plancks

Außenwelt liegendes Absolutes verwiesen. Aus dem relativistischen Ansatz der genetischen Erkenntnistheorie (Motto) ergab sich für Piaget in Anbetracht solcher Deutungen der RT die Frage, "ob das Absolute, das durch die Relativitätstheorie sichtbar wurde, definitiv sei, oder, zumindest, ob es von derselben Natur sei wie die Absolutheiten, die aus den Interpretationen der früheren historischen Stufen hervorgegangen sind."[21] Es verwundert nicht, daß ihn seine psychogenetische und historisch-kritische Methode zu der Antwort führte, daß jede wissenschaftliche Theorie seit Aristoteles innerhalb ihres Referenzsystemes nach unveränderlichen Größen gesucht habe - lediglich die benannten Kandidaten für diese Absoluta seien in Wandel begriffen:

> Kurz, alles bleibt erhalten, aber in einer neuen Form, die einen Physiker von 1880 in Erstaunen versetzt hätte; gewisse alte Absolutheiten sind relativ geworden, und umgekehrt haben gewisse bisher im wesentlichen relative Realitäten eine Absolutheit erreicht, wie die Relativgeschwindigkeit des Lichts, die die Bedeutung einer Maximalgeschwindigkeit erhielt.[22]

Neben Piaget als Entwicklungs*psychologe* hat sich vor allem der Verhaltensforscher (wenn man so will: der Entwicklungs*biologe*) Konrad Lorenz (1903-1989) um eine Begründung einer verwandten Epistemologie verdient gemacht, die er "**evolutionäre Erkenntnistheorie**" nannte. Doch beziehen sich Lorenz' Studien auf noch tieferliegende Schichten der Erkennens in tierischen Verhaltensmustern, so daß sie für mein Thema keine Relevanz haben.

In neueren Arbeiten von Vertretern der evolutionären Erkenntnistheorie (Rupert Riedl, Gerhard Vollmer) wird herausgestellt, daß die biologische Anpassung des Menschen an seine Umwelt sich ausschließlich im 'Mesokosmos', (d.h. in der Welt mittlerer Größenordnungen und kleiner Geschwindigkeiten) vollzogen hat. Im Mikro- und Makrokosmos versagen die biologisch-artbedingten Erkenntnisraster - eben darum ergeben sich bei den diesbez. Theorien der Quantenmechanik bzw. der ART und der relativistischen Kosmologie solche hartnäckigen Verständnisschwierigkeiten.

Auffassung der Wissenschaftsentwicklung als zunehmende Elimination von anthropomorphen Elementen war wohl eines der Patenkinder von Piagets These der 'Dezentrierung'.

[21]ibid., S. 95.

[22]Piaget [1950/72]b Bd. II, S. 96.

4.12.5 Kritischer Rationalismus (Popper)

> Aber gerade solche möglichst leicht falsifizierbare Theorien aufzustellen ist das Ziel der theoretischen Naturbeschreibung. Sie sucht den Spielraum der erlaubten Vorgänge auf ein Minimum einzuschränken- wenn möglich so weit, daß *jede* weitere Einschränkung, die man etwa vornehmen wollte, an der Erfahrung tatsächlich scheitern müßte.
> Popper [1934]b S. 78.

In der Philosophie Karl Raymund Poppers[1] (geb. 1902) finden sich gedankliche Elemente vieler der im vorigen besprochenen Schulphilosophien wieder, ohne daß sie deswegen einer davon zuzurechnen ist. Poppers Werdegang als Philosoph ähnelte zunächst dem vieler logischer Empiristen (vgl. Abschn. 4.7.): wie diese hatte er nicht eine philosophische Ausbildung durchlaufen und interessierte sich für die von den Naturwissenschaften, insb. der Physik, tatsächlich ausgeübten Methoden, wie diese suchte auch er eine wissenschaftstheoretische Rekonstruktion dieses Vorgehens.

Wenngleich seine *Logik der Forschung* 1934 als Bd. 9 der von logischen Empiristen herausgegebenen Reihe *Schriften zur wissenschaftlichen Weltauffassung* erschien, so wäre es doch falsch, den in Wien geborenen und aufgewachsenen vielseitigen Philosoph dem Wiener Kreis zuzurechnen, an dessen Diskussionen er zwar teilnahm, zu dessen Positionen er jedoch stets in kritischer Distanz blieb.[2] Inhaltlich trennte ihn von dem Kreis um Schlick von vornherein sein Festhalten an der Auffassung der Philosophie als eigenständiger Disziplin, die fähig ist, etwas "zu dem Wissen über diese Welt beizutragen", ohne sich in "Selbstverstümmelung" dieses Recht selbst abzusprechen.[3] Schon hier verweist er auch auf Einstein, für den ebenso wie für andere große Naturwissenschaftler "rein metaphysische Ideen - und daher philosophische Ideen - von größter Bedeutung" gewesen sind.[4] Überhaupt hat neben Tarski wohl AE einen entscheidenden Einfluß auf seine eigenen philosophischen Überzeugungen gehabt, "in the long run perhaps the most important influence of all".[5]

Wenn er also nicht wie die Machianer (4.8.) und Neo-Empiristen metaphysische Probleme ab initio zu sinnlosen Scheinproblemen erklärt, so gesteht er doch zu, daß **wissenschaftliche Theorien sich von pseudowissenschaftlichen durch rationale Kriterien unterscheiden** lassen

---

[1]zu P. vgl. Quinton [1967], Schilpp(Hrsg.)[1974], Schäfer [1988] u. dortige Ref.

[2]siehe Popper [1934]b S. xxiii; rückblickend betrachtete Popper sein Hauptwerk sogar als Todesstoß für den log. Empirismus; vgl. Schäfer [1988] S. 19f., 47 u. Abschn. 4.7.4.

[3]siehe Popper [1934]b S. xviii; vgl. ibid. S. 11.

[4]Popper [1934]b S. xix (Feld); vgl. [1972] S. 42 (Realismus), 184 (Verstehen).

[5]siehe Popper [1974/76]b S. 37; vgl. Schäfer [1988] S. 16.

müssen. Man kann diese Suche Poppers nach einem sog. **Abgrenzungskriterium** als ein Erbe ansehen, daß er wie die log. Empiristen auch
vom Kantianismus übernimmt.[6] Das besondere an der wissenschaftlichen
Methodik sieht Popper darin, daß ein "**rational begründbares**" bzw.
"**vernünftiges Fürwahrhalten bzw. Ablehnen wissenschaftlicher
Theorien** möglich ist, d.h. daß sie an der Erfahrung "kritisch" geprüft
werden können.[7] Aus den hier gefallenen Adjektiven setzt sich auch die
gängigste Kurzbezeichnung der Philosophie Poppers, **kritischer Rationalismus**, zusammen, doch man könnte ebensogut von "skeptischem Empirismus" sprechen. 'Empirismus' insofern, als alle Theorien letztinstanzlich
nur an der Erfahrung geprüft und bewährt werden können, 'skeptisch' insofern, als dadurch keine Theorie von sich beanspruchen kann, unumstößliches Wissen zu produzieren.[8] Die Ablösung einer jahrhundertelang un-
angefochtenen Theorie (der Mechanik und Gravitationstheorie Newtons)
durch eine verbesserte Folgetheorie (die Einsteinsche **ART**) war für Popper geradezu das **Musterbeispiel für wissenschaftlichen Fortschritt
durch Falsifikation** (Motto), da es zeigte, daß auch die bestbewährte-
sten Theorien stets revidierbar bleiben.[9] Hier zeigt sich auch ein weiterer
Unterschied zum logischen Empirismus: während etwa Schlick oder Reichenbach den Akzent auf die Frage gelegt hatten, in welcher Weise die
RT durch die Experimente bestätigt ('verifiziert') wird, betonte Popper
in seinen Untersuchungen die Widerlegung ('Falsifikation') der Vorgänger-
theorien, denn keine Theorie sei endgültig verifizierbar, jedoch seien alle
endgültig falsifizierbar.[10] An die Stelle des empiristischen *Sinn*kriteriums
tritt also Poppers *Abgrenzung*skriterium der Falsifizierbarkeit.[11] Daraus
ergab sich für Popper ein bestimmtes Entwicklungsmuster für den **wissenschaftlichen Fortschritt als Ablösungsprozeß**, bei dem die Nachfolge-
theorie ihren Vorgänger als Grenzfall, als Approximation, mitbeinhaltete.
Auch diese Limesrelationen zwischen historisch aufeinanderfolgende Theorien fand Popper an der RT aufs beste bestätigt: einerseits war die ART so
konstruiert worden, daß sie für schwache Gravitationsfelder und geringe Ge-

---

[6]Popper selbst nennt das Abgrenzungsproblem auch 'kantisches Problem' [1934] S. xxiv,
9; zu weiteren Wurzeln Poppers im Kantianismus siehe insb. Schäfer [1988] S. 38, 47, 65ff.

[7]"ein empirisch wissenschaftliches System muß an der Erfahrung scheitern können"
(Popper [1934]b S. 15; vgl. Schäfer [1988] S. 62, 27, 72.

[8]Popper [1934]b S. xxv: "Sicheres Wissen ist uns versagt. *Unser Wissen ist ein kritisches Raten; ein Netz von Hypothesen; ein Gewebe von Vermutungen.* Diese Einsicht
mahnt zur intellektuellen Bescheidenheit" (Hervorh. Orig.); analog [1972] S. 9.

[9]siehe z.B. Popper [1934]b S. xxii, 73, 325, 354; [1974/76]b S. 37-38, 69, 104, 200ff.

[10]siehe Popper [1934]b S. 8, 15f. 40, 214; [1972] S. 52ff., 258.

[11]das er nie als *Sinn*kriterium verstanden wissen wollte: Popper [1934]b S. 15.

schwindigkeiten in die Newtonsche Theorie überging, andererseits bestand auch eine Limesrelation der SRT zur klassischen Mechanik für $v/c \to 0$.[12]

Die methodologische Einsicht in die "Asymmetrie von Verifikation und Falsifikation" münzte Popper nicht nur in ein Modell der Wissenschaftsentwicklung um, sondern auch in eine normative Forderung an die Wissenschaftler, ihre Theorien immer der Prüfung offenzuhalten, sie nicht abzuschotten (zu "immunisieren") durch Anhäufung von immer mehr ad hoc postulierten Hilfsannahmen, sondern bewußt so zuzuspitzen, daß sie einer Widerlegung fähig sind und bleiben.

> Einstein, for example, said that if the red shift effect (the slowing down of atomic clocks in strong gravitational fields) was not observed in the case of white dwarfs, his theory of general relativity would be refuted.[13]

Ferner ergab sich daraus auch die **Wünschbarkeit theoretischer Alternativen** zu der jeweilig bestbewährten Standardtheorie, welche auch mit dem bereits bekannten Datenmaterial vereinbar sind, aber in anderen meßbaren Voraussagen von ihr abweichen. Dadurch erhält sein Philosophieren einen pluralistischen und anti-dogmatischen Impetus, obgleich natürlich gerade die normative Setzung einer solchen "anti-konventionalistischen Maßregel" selbst eine Konvention darstellt.[14] Auch dieses Verbot von Immunisierungsstrategien läßt sich an einem Beispiel illustrieren, daß dem Umfeld der SRT entstammt, und zwar an Poppers **Kritik der konventionalistischen Deutung der RT** (vgl. Abschn. 4.5.). Nach einem Passus, in dem er dem Konventionalismus Poincaré-Dinglerscher Ausprägung widerspruchsfreie Durchführbarkeit zugestanden hat, begründet Popper, warum er die Dinglersche Forderung nach 'Letztbegründung' und die daraus resultierende Haltung gegenüber neuen Theorien dennoch ablehnt:

> Jedesmal, wenn ein gerade 'klassisches' System durch Experimente bedroht ist, die *wir* als Falsifikationen deuten werden, wird der Konventionalist sagen, das System stehe unerschüttert da. Die auftretenden Widersprüche erklärt er damit, daß wir es noch nicht zu handhaben verstehen, und beseitigt sie durch ad hoc eingeführte Hilfshypothesen oder durch Korrektur an den Meßinstrumenten.[15]

Das Paradigma für einen solchen Fall war für Popper die Einführung der Kontraktionshypothese durch Lorentz und unabhängig von ihm durch Fitz-

---

[12]z.B. Popper [1972] S. 16, 175, 269; vgl. Abschn. 1.3., 1.4. sowie z.B. Havas [1964].
[13]Popper [1972] S. 38.
[14]z.B. Popper [1934]b S. 50, 85; vgl. dazu Schäfer [1974], [1988] S. 63.
[15]Popper [1934]b S. 49.

Gerald (siehe Abschn. 1.1.2.). Beide seien zu dieser Hypothese nur deswegen gekommen, weil sie den unerwarteten negativen Ausgang des Michelson-Morley-Experimentes (siehe ibid.) mit der Maxwell-Hertzschen Elektrodynamik und mit den 'klassischen' Definitionen von Raum, Zeit und Feldern harmonisieren wollten. Diese Hilfsannahme war für Popper "unbefriedigend", da der 'Falsifizierbarkeitsgrad' der gesamten Theorie nicht erhöht worden ist: "erst die Relativitätstheorie erzielte einen Fortschritt, denn sie prognostizierte neue Konsequenzen, neue Effekte und eröffnete damit neue Überprüfungs- bzw. Falsifikationsmöglichkeiten".[16]

Übrigens wurde ab Ende der 50er Jahre diese ursprüngliche Poppersche Auffassung der **Lorentz-FitzGerald-Kontraktion als ad-hoc-Hypothese** wieder kontrovers diskutiert, da Adolf Grünbaum aufgezeigt hatte, daß diese Hypothese sehr wohl unabhängiger Prüfung zugänglich und insofern nicht ad hoc gewesen sei.[17] In einer der 6. Aufl. neu hinzugefügten Fußnote nahm Popper die These, daß die Kontraktionshypothese "keinerlei falsifizierbare Konsequenzen hatte, sondern nur die Übereinstimmung zwischen Theorie und (Michelson-)Experiment wiederherstellte", zurück und führte statt dessen "**Grade der Ad-hoc-heit**" ein, denn die Lorentz-FitzGerald-Hypothese sei "in geringerem Maße nachprüfbar" als die Raum-Zeit-Transformationen der SRT.[18]

In Bezug auf die ART erinnert die Poppersche Behandlung der konventionalistisch besetzten These von der größten Einfachheit der euklidischen Geometrie (vgl. Abschn. 4.5.2.) an die Läuterung des Konventionalismus, die auch Reichenbach und Schlick betrieben hatten (4.5.6.). Popper warf den Konventionalisten vor, daß deren Auffassung von 'Einfachheit' wissenschaftlich unbrauchbar war, da z.B. eine Theorienalternative zur ART, die nicht die Riemannsche Geometrie, sondern die 'einfachere' euklidische Geometrie benutze, durch Anhäufung von immer mehr Hilfshypothesen, die notwendig würden, um das Datenmaterial erklären zu können, auf Dauer "höchstkompliziert" würde.[19] Demgegenüber schlug er vor, '**Einfachheit**' **als synonym zu 'guter Prüfbarkeit'** zu betrachten, woraus sich eine Theorienselektion ergab, die mit Poppers methodischen Regeln (sparsamster Hypothesengebrauch, hoher Falsifikationsgrad) konform war.

Ein letzter hier noch zu behandelnder Ideenstrang im Werk Poppers betrifft die **evolutionäre Perspektive**, die seine Wissenschaftstheorie von

---

[16]Popper[1934]b S. 51; vgl. S. 169 u.u.; krit. dazu z.B. Eisenstaedt[1986] S. 132.

[17]siehe dazu Grünbaum[1959]a,[1960]b,[1961],[1963/73]; Popper[1959]; Keswani[1960], Dingle[1959],[1960], Brush[1966], Evans [1969], Zahar[1973/76],[1978] Miller[1974].

[18]Popper [1934]b S. 51.

[19]Popper [1934]b S. 104f.; vgl. das Beispiel der Whiteheadschen Theorie in Abschn. 1.5.

Anfang an hatte, da einer ihrer Schwerpunkte ja gerade das Studium der historischen Abfolgen von Theorien war. Durch den Ausbau dieser Perspektive in späteren Studien über "the growth of knowledge" rückte Popper sehr in die Nähe der evolutionären Erkenntnistheorie von Konrad Lorenz (vgl. voriger Unterabschnitt).[20] Im Zuge der späteren Entwicklung seiner Philosophie tritt neben das (negative) Abgrenzungskriterium der Falsifizierbarkeit ferner immer stärker die (positive) Wahrheitsähnlichkeit ('**verisimilitude**'),[21] was sich insb. in Poppers Ablehnung der Kopenhagener Interpretation der Quantenmechanik bemerkbar machte, worauf ich hier nicht weiter eingehen kann. Wie Popper selbst stolz vermerkte, stand er sowohl mit seinem erkenntnistheoretischem Realismus als auch mit dem hohen Rang, den er wissenschaftlichen Theorien gegenüber ihrer Beobachtungsbasis (den "Basissätzen") einräumte, AEs eigenen Überzeugungen in späteren Jahren sehr nahe.

> I believe that theory [...] comes first; that it always precedes observations; and that the fundamental role of observations and experimental tests is to show that some of our theories are false, and so to stimulate us to produce better ones.[22]

Einsteins Einsicht in die Notwendigkeit einer Definition der Gleichzeitigkeit für räumlich entfernte Ereignisse war für Popper ein gern angeführtes Beispiel für eine solche, von Experimenten angeregte (aber nicht aus ihnen induktiv ableitbare!) Verbesserung einer Theorie:

> Es ist oft nur Sache des wissenschaftlichen Instinkts des Forschers (und des nachprüfenden Probierens), welche Sätze [...] er für harmlos hält und welche für abänderungsbedürftig: Gerade die Abänderung der harmlos aussehenden (unseren Denkgewohnheiten gut entsprechenden) ist oft der entscheidende Schritt (Einsteins Abänderung des Gleichzeitigkeitsbegriffs!).[23]

Trotz der augenfälligen Parallelen zwischen den Auffassungen Poppers und AEs[24] darf nicht vergessen werden, daß Popper die **RT stets nur als Beispiel** anführt, also **keine systematische Interpretation** von ihr vorlegte.

---

[20]Besonders deutlich wird diese Tendenz in *Objective knowledge. An evolutionary approach* [1972] S. 67ff. u. Kap. 7; vgl. [1974/76]b S. 44f., 167ff.; Schäfer [1988] S. 161.

[21]siehe insb. die Anhänge zur 7. Aufl.: Popper [1934]c S. 428ff. sowie [1972] S. 52-60.

[22]Popper [1972] S. 258; vgl. ibid. S. 72f., [1934]b S. 33, 83 sowie Schäfer [1988] S. 58 zu den Ursprüngen dieser Auffassungen in Duhems These der "Theoriebeladenheit der Erfahrung".

[23]Popper [1934]b S. 46; vgl. ibid., 33, 73, [1974/76]b S. 30f., 96f., 198.

[24]vgl. insb. AE [1919]d sowie z.B. AE [1933]a,b, [1934/77], [1950/79].

4.12.6   Stellungnahmen aus religiöser Perspektive

Da das Thema meiner Arbeit die *philosophischen* und nicht die *theologischen* Interpretationen der RT sind, kann ich hier lediglich eine Literaturübersicht zu den in meiner Bibliographie mitenthaltenen Texten geben, auf die der an diesem Aspekt näher interessierte Leser verwiesen sei.

Ich sehe im wesentlichen fünf Gruppen von Texten zur Deutung der RT mit religiös-theologischem Hintergrund:

1. Arbeiten von ausgebildeten Physikern bzw. Mathematikern zur relativistischen Kosmologie, in denen nach einer Verbindung zwischen persönlichem Bekenntnis und physikalischen Resultaten gesucht wurde.

2. Populäre Texte zur RT, verfaßt von Jesuiten (erkennbar an den angehängtem Kürzel 'S.J.' hinter den Verfassernamen) oder Abbés,

3. Neothomistische Literatur, in der Resultate moderner Wissenschaft kommentiert und interpretiert wurden,

4. Stellungnahmen evangelischer Pastoren oder Philosophen, und

5. Äußerungen zum Zusammenhang zwischen RT und Judentum, einerseits von pro-zionistischer bzw. philosemitischer Seite, andererseits auch aus dem antisemitischem Umfeld.

Der ersten Gruppe sind die Werke A.S. Eddingtons zuzurechnen, der ein überzeugter Quäker war,[1] aber auch Publikationen der engagierten Katholiken George Lemaître (selbst Abbé) sowie E.A. Milnes, der über die Zusammenhänge zwischen kosmologischer Zeit und biblischer Schöpfung spekulierte.[2] Reiches Material zu theologischen Konsequenzen der relativistischen Kosmologie bietet z.B. das *Supplement* vom 24. Okt. 1931 zur Zeitschrift *Nature*.[3]

Eine relativ sachliche Popularisierung der Aussagen der RT, häufig allerdings unter auffälliger Betonung der These, daß dies alles von keinerlei Belang für das philosophische Verständnis der Natur sei, findet man in den Publikationen von Pater Theodor Wulf S.J.[1920], [1921]a,b (vgl. dazu Ruster [1923]), R. Handmann S.J. [1920/21], [1922] und J.A. Perez de Pulgar S.J. [1925/26] sowie in den neuthomistisch inspirierten Werken Jacques

---

[1]vgl. Belege in Abschn. 4.12.1. sowie Graham [1982].
[2]zu Lemaître vgl. Abschn. 1.4. sowie Kragh [1987], zu Milne siehe Abschn. 1.5. sowie insb. Milne [1952].
[3]Bd. 128, Nr. 3234, S. 699-722.

Maritains [1920]-[1924], [1935/38]c S. 61ff. oder Edouard Le Roys [1937].[4]

Von evangelisch-lutheranischer Seite sind mir verhältnismäßig wenige veröffentlichte Äußerungen bekannt, so von Pastor Lettlau [1920/21] (sowie dazu Riemeier [1920/21]) und Vortisch [1921], der eine Fülle oberflächlichster Analogien zwischen RT und 'christlicher Weltanschauung' entwickelt. Im Gegensatz zu der sehr zurückhaltenden Tonlage katholischer Autoren finden sich hier allerdings auch eifernde Stellungnahmen, in denen von dem Befund ausgehend, daß die RT wie jede physikalische Theorie nur ein 'Bild' der Welt liefern könne, die unerschütterliche 'Absolutheit' des Glaubens gegen die 'Relativität' physikalischer Beschreibungen ausgespielt wird:

> Trotz aller Relativität unserer Erscheinungswelt und der wissenschaftlichen Erkenntnis derselben ruht tief in allen Menschen das Sehnen und der Glaube an das Absolute. Es ist undenkbar, daß diesem unausrottbaren Glauben nicht auch eine Wahrheit und Wirklichkeit entsprechen und daß es für jenes Sehnen nicht einen gangbaren Weg geben sollte. Beides kann nur auf dem Gebiet des religiösen Glaubens liegen.[5]

Die Argumentation mit den Schablonen 'absolut' und 'relativ' fällt hier wieder in das in 2.4. an vielen Beispielen belegte Mißverständnis der RT als Relativismus zurück, vor dessen Schreckgespenst dann das "Allerinnerste der Seele" bewahrt werden soll. Der einzige mir bekannte ernsthafte Versuch, solche 'Ignorabimus-Apologetik' zu vermeiden und dennoch nicht auf eine religiöse Ausdeutung der RT zu verzichten, stammt vom Lutheraner Bernhard Bavink, der in seinem Werk über die *Naturwissenschaft auf dem Wege zur Religion*[6] die Methode einer induktiven Metaphysik, wie sie der kritische Realismus forderte (siehe 4.2.), auch auf den Bereich des Religiösen zu übertragen versuchten.

Auf die widerwärtigen antisemitischen Hetzschriften bin ich in Abschn. 3.2. bereits eingegangen - geht man den dort genannten Belegen für angebliche 'jüdische Propaganda' nach, so stößt man häufig auf überraschend nüchterne, durchaus nicht propagandistische Texte - siehe etwa Rosenberg [1921] oder Scherbel [1922], so daß es sich bei dem Vorwurf einer massiven spezifisch-jüdischen Propaganda für Einstein um eine Legende handelt.[7]

---

[4]zum Neu-Thomismus vgl. Moog [1922] S. 262ff., Frank [1949] S. 23f., Grünbaum [1963/73]b S. 147-151.

[5]Dennert [1923] S. 79; vgl. analog Schröder [1920] S. 142 - beide veröffentl. in *Geisteskampf der Gegenwart. Monatsschrift für christl. Bildung und Weltanschauung.*

[6]Bavink [1933/34]c S. 78-79; vgl. ferner [1920] S. 137-138, [1923]; Bavinks Thesen übernimmt Siebert [1921] S. 38ff.

[7]vgl. Hentschel [1989]b,c.

Kapitel 5

Ausgewählte Debatten zwischen Philosophen

> Wurde die [Relativitäts-]Theorie anfangs von den Physikern teils mit begeisterter Zustimmung, teils mit schroffer Ablehnung aufgenommen, während die Philosophen sich von der Diskussion zurückhielten, so ist im Lauf ihrer Entwicklung die Zahl ihrer Gegner aus dem physikalischen Lager wohl gesunken, die Auseinandersetzung über die Theorie ist immer mehr auf das philosophische Gebiet verlegt worden und auf diesem vorwiegend spielt sich nun der Kampf zwischen ihren Anhängern und Kritikern ab.
>
> A. Wenzl [1924] S. 13.

In diesem Kapitel sollen einige ausgewählte Debatten zwischen Vertretern verschiedener philosophischer Schulen behandelt werden, die ich nicht vor der systematischen Exposition der Interpretationen dieser Schulen diskutieren konnte. Dabei beschränke ich mich aus Platzgründen auf drei Beispiele, die allerdings alle die Gruppen berühren, die sich als besonders disputierfreundlich erwiesen, nämlich die logischen Empiristen (darunter viele Freunde Einsteins) in Abschnitt 5.1., die Meyersonianer und namentlich den späteren General André Metz in 5.2. und schließlich Oskar Kraus als Brentano-Schüler in Abschnitt 5.3. Es ließe sich jedoch ein ganzes Buch nur über diese zumeist gescheiterten wechselseitigen Versuche einer Kritik anderer Deutungen der RT schreiben - für die an diesem Aspekt eingehender interessierten sei deshalb an dieser Stelle besonders auf das besonders reichhaltige Material hierzu in Reichenbach [1921/79], ferner auf Wenzl [1924] und Fürth [1938] hingewiesen. Bei Wenzl, der selbst der Schule der kritischen Realisten zuzurechnen ist, findet sich auch schon ein Hinweis auf den Grund dafür, daß bei allem Bemühen um eine Überzeugung des Diskussionspartners zumeist aneinander vorbeigeredet wurde, wobei jeder glaubte, den anderen zwingend widerlegt zu haben, sich selbst aber völlig mißverstanden fühlte. Wenzl spricht vom **heuristischen Zirkel**, in dem die Opponenten beider Lager befangen waren: bei der Kritik der Argumente der Gegenseite wurden die eigenen Argumente durch Annahmen gestützt, die dem eigenen Philosophem entstammen, aber vom Widersacher nicht geteilt wurden. Da diese Stützungen selbst aber zumeist nicht selbst Gegenstand der Debatte waren, sondern implizit, unausgesprochen einwirkten, entstand das so häufig zu beobachtende vordergründige Erscheinungsbild von Disputen, in denen Argument und Gegenargument sich zueinander wie nicht schneidende Geraden verhielten. Im Abschn. 5.3 werde ich dieses Phänomen mit dem wissenschaftstheoretischen geläufigen, aber meines Wissens noch nie auf die Interpretationsanalyse angewandten Konzept der **Inkommensurabilität** in Verbindung bringen.

Die Kommunikationsversuche waren spätestens dann endgültig gescheitert, wenn man die Opponenten "als nicht ernst zu nehmende Irrlehrer hingestellt und mit sehr unparlamentarischen Ausdrucksweisen abgetan" hatte.[1] Doch auch ohne solche Eskalationen bleibt es ein erstaunliches Phänomen, wie häufig in zeitgenössischen Debatten aneinander vorbeigeredet wurde. Mit erfrischender Ironie schreibt hierüber nach zwanzigjähriger Beobachtung und Teilhabe an solchen Disputen Hans Thirring (1888-1976):

> Es sei hier nur der folgende, vom allgemein wissenschaftlichen Standpunkt aus interessante Tatbestand festgestellt: Gewisse Gedankengänge (wie z.B. Einsteinsche Gleichzeitigkeitsdefinition, Minkowskische Raum-Zeit-Union, Additionstheorem der Geschwindigkeiten) werden von einer ganzen Reihe von Physikern, Mathematikern und Philosophen heute schon nicht nur als einwandfrei und durchaus einleuchtend, sondern geradezu schon als elementare, nahezu trivial gewordene Wahrheiten betrachtet, während sie auf der anderen Seite von einer Anzahl namhafter Gelehrter ihres Faches als grundfalsch und indiskutabel verworfen werden. Woraus hervorgeht, daß nicht nur auf dem Gebiete der Politik, sondern auch bei den als exaktest gehaltenen Wissenschaften diametral entgegengesetzte Ansichten von führenden Männern vertreten werden.[2]

---

[1]Zit. aus Valentiner [1914] S. 769, der ebenda auch noch zu berichten weiß: "So hat der Verfasser einer solchen Schrift [...] nichts geringeres verlangt, als daß der Staat für diese Lehrer und deren Anhänger ein Narrenhaus bauen müßte, in das sie alle hineingesperrt werden sollten, bis sie ihre [sic] Theorie abgeschworen hätten."

[2]Thirring [1931] S. 256.

5.1 Die Abwendung vom Neukantianismus bei Reichenbach und Schlick

Kant, wer rettet dich vor den Kantianern? Ich glaube, Kant ginge heute lieber zu seinem grossen Gegner Schlick, als zu Ilse Schneider und Riehl und Sellien und zur Kantgesellschaft.
H.Reichenbach an A.Berliner, 22. 4. 1921.

Die Exposition der Interpretationen der RT durch Schulphilosophien im letzten Kapitel hatte gezeigt, daß die Neukantianer (im weiten Sinne des Wortes) die zahlenmäßig größte Gruppe darunter bildeten. Ich hatte auch schon erwähnt, daß die separat diskutierte Interpretation des Berliner und Wiener Kreis sehr offensiv gegen genau diese dominierende kantianische Deutung vorging. Dieser prägenden Rolle, die dieser Stoßrichtung *gegen* den Neukantianismus besonders in der Frühphase der philosophischen Auseinandersetzung mit der RT durch Reichenbach und Schlick zuwuchs, will ich in diesem Abschnitt jetzt als Nachtrag zu der künstlich isolierten Vorstellung des Neukantianismus in 4.1. und des logischen Empirismus in 4.7. nachgehen. Dabei kommt es mir darauf an zu zeigen, daß der Neukantianismus nicht nur *negativ*, sozusagen als abschreckendes Beispiel, von Bedeutung war, sondern daß die Erwiderungen, Richtigstellungen und Revisionen, die von Reichenbach, Carnap und Schlick in den frühen zwanziger Jahren den kantianischen Argumentationsvarianten entgegengehalten wurden, auch *positiv* zur Ausformung der empiristischen Alternativ-Interpretation beitrugen. Alle Protagonisten der späteren empiristisch orientierten Diskussionszirkel in Wien, Berlin und Prag, also Moritz Schlick, Hans Reichenbach und Rudolf Carnap resp., hatten einen kantianisch geprägten geistigen Hintergrund, der in frühen Manuskripten[3] und in den ersten Publikationen[4] auch noch unmißverständlich zum Ausdruck kommt.

Im Falle **Reichenbachs** war es die Beschäftigung mit den erkenntnistheoretischen Aspekten der RT, die ihn zu einer zunehmenden Abwendung von den traditionellen Argumentationstypen führte, wie sie von verschiedenen sich an Kant orientierenden Schulphilosophen seiner Zeit auch in Anwendung auf moderne (nach-kantische) Themenfelder wie z.B. nicht-euklidische Geometrie und beide RT vorgetragen wurden.[5] In seinem ersten Buch zum Thema entwickelte er in ausdrücklichem Gegensatz zu allen Varianten der von Neukantianern eingeschlagenen Reaktionsweisen seine

---

[3]vgl. z.B. Schlicks frühe Manuskripte, unpubliziert, VCF.

[4]Reichenbach[1920], kommentiert in 4.1.4.(R-2), sowie Carnap[1922]; vgl. Hecht [1982], Kamlah in Reichenbach [1977]ff Bd. 1, S. 471ff. sowie M. Reichenbach [1965].

[5]vgl. Abschn. 3.4.2., 4.6. und Hecht [1982].

sehr eigenwillige Neudeutung des Apriori-Begriffs als einer historisch wandelbaren Bedingung menschlicher Erkenntnis wie in (R-3) des Abschnittes 4.1.4. referiert. Diese Neufassung des transzendentalphilosophischen Programmes als wissenschaftsanalytischer Aufdeckung der jeweils gültigen Erfahrungsprinzipien ist eine interessante **Symbiose aus kritizistischen und empiristischen Ansätzen**: Reichenbach hält 1920 noch fest an der *kritizistischen Grundidee*, daß in gegenstandsbezogenen Urteilen Voraussetzungen "über die Darstellbarkeit des Gegenstandes durch eine Raum-Zeit-Mannigfaltigkeit und seinen funktionellen Zusammenhang mit anderen Gegenständen" eingehen,[6] daß also Erfahrung nur möglich ist aufgrund erfüllter 'Bedingungen für jede mögliche Erfahrung' und analog Wissenschaft als systematisierter Erfahrung auf der Beachtung von Regeln zur Bildung formal korrekter wissenschaftlicher Aussagen beruht. Reichenbach verbindet dies aber mit der *empiristischen* Komponente, daß alles Wissen über die Natur nur aus naturwissenschaftlichen Experimenten und darauf aufbauenden Theorien stammen kann und nicht aus einer danebenlaufenden eigenständigen (natur-)philosophischen Naturbetrachtung. Form und Inhalt der jeweils als gültig erkannten Prinzipien der Naturbeschreibung können also nur den jeweils gültigen naturwissenschaftlichen Theorien entnommen werden und nicht mehr aus Kategorientafeln und Schematismen des reinen Verstandes deduziert werden. Deshalb bleibt Reichenbach gar nichts anderes, als auch auf die zeitliche Unveränderlichkeit dieser Prinzipien zu verzichten, da die Theorien, aus denen sie extrahiert sind, historischen Wandlungs- und Ablösungsprozessen unterworfen sind.

Diese Revision des Kantianischen Programmes erregte bei den traditioneller argumentierenden Kantianern schnell Aufsehen. In eine Anmerkung ihres 1921 erschienenen Buches zum *Raum-Zeit-Problem bei Kant und Einstein* fügte Else Schneider eine kurze Bemerkung über Reichenbachs Publikation ein, in der sie bestritt, daß reichenbach mit seiner Aufweichung des Kantischen Apriori noch auf dem Boden des Kantianismus stünde.

> Die Kantauffassung, von welcher Dr. Hans Reichenbach [...] ausgeht, entspricht nicht dem von Kant nachdrücklich betonten Sinn der Transzendentalphilosophie und berücksichtigt überhaupt nicht die für unsere Fragestellung höchst bedeutsamen Formulierungen der 'Metaphysischen Anfangsgründe der Naturwissenschaft', so daß eine Notwendigkeit der Auseinandersetzung mit seinen Endergebnissen für mich auch dann nicht bestanden hätte, wenn seine Schrift vor Beendigung meiner Arbeit erschienen wäre. [7]

---

[6]ibid.

Es ist übrigens richtig, daß von empiristischer Seite aus nicht unterschieden wurde zwischen den allgemein gehaltenen Bemerkungen über Raum-Zeit-Strukturen in der *transzendentalen Ästhetik* von Kants *Kritik der reinen Vernunft* [1781/87] und den *Metaphysischen Anfangsgründen* [1786], doch bleibt unverständlich, wieso dies dazu berechtigen könnte, eine Auseinandersetzung für überflüssig zu halten, da der Widerspruch zwischen Einstein und Kant beim Vergleich der stark auf der Newton-Eulerschen Mechanik basierenden *Anfangsgründen* mit Einsteins RT nur noch eklatanter wird.

Im Frühjahr 1921 hatte Reichenbach mit dem schon mehrmals erwähnten Herausgeber der *Naturwissenschaften*, Arnold Berliner, eine Korrespondenz, in der anläßlich des Gedankenaustauschs über diverse Neuerscheinungen auch die Rede auf Ilse Schneiders Buch kommt. Reichenbachs Bemerkungen dazu sind so aufschlußreich zur Rekonstruktion dessen, was er zu dieser Zeit tatsächlich vom Neukantianismus gehalten hat, daß ich hieraus kurz zitieren möchte, bevor ich auf Reichenbachs nächste einschlägige Veröffentlichung zu sprechen komme, deren Aussagen zum Thema doch sehr viel vorsichtiger, diplomatischer sind.

> Ich habe jetzt übrigens Ilse Schneiders Buch gelesen. Es ist doch recht schwach, und kommt über Kant–Philologie nicht heraus. Wissen Sie, es kommt mir immer ganz merkwürdig vor, zu sehen, wie diese Philosophen immer noch nicht gemerkt haben, dass ihre Zeit vorbei ist. Jetzt wollen sie beweisen, dass ihre Weisheiten durch Einstein gar nicht berührt worden wären. Sie merken garnicht [sic], dass sie ihre Lehren dadurch nur völlig leer machen, denn wenn sie die Naturwissenschaft nichts angeht, sind ihre vielen Thesen inhaltslos. Ich möchte mal sehen, wie der alte Kant sich da gegen [sic] wehren würde, dass sein Raum nicht der von Einstein wäre. Ja, was soll denn der apriorische Raum, wenn man ihn nicht zur Erkenntnis gebraucht? Ist der bloss zum Ansehen da? Kant, wer rettet dich vor den Kantianern? Ich glaube, Kant ginge heute lieber zu seinem grossen Gegner Schlick als zu Ilse Schneider und Riehl und Sellien und zur Kantgesellschaft.[8]

Mit dieser Klage fand Reichenbach bei Berliner ein offenes Ohr; aus seiner uneingeschränkt zustimmenden Antwort im Mai 1921 erfahren wir ferner einiges Interessantes über die Hintergründe, die überhaupt zur Publikation des Buches von Ilse Schneider [1921] bei genau dem Verlag, der auch *Die Naturwissenschaften* herausgab, führten.

---

[7]Schneider [1921] S. 73; analog spricht Sellien [1924]b S. 111 von einer "Verengung der Kantischen Lehre, die abgelehnt werden muß".

[8]H.Reichenbach an A.Berliner, 22.4.1921, ASP, Sign. HR-15-49-26.

Ganz und gar stimmen wir überein in der Beurteilung des kleinen
Buches von Ilse Schneider. Ich weiss sehr wohl, dass ich ein Aussen-
seiter bin, und dass ich nicht bis in das Innerste eindringen kann, wie
Sie es tun, aber ich habe mir fast alles das und zwar ebenso gesagt,
wie es in Ihrem Briefe steht. Diese in der Wolle gefärbten Kantianer,
die, wie Sie schreiben, ihre Weisheiten durch Einstein garnicht[sic]
berührt sehen, erinnern tatsächlich an Dingler mit seinem Prinzip der
"Exhaustion", und ich glaube auch, dass Sie recht haben mit ihrer
Behauptung, dass Kant lieber zu Schlick als zu Ilse Schneider ginge.
Hoffentlich sind Sie darüber unterrichtet, dass nicht ich Schuld bin an
dem Erscheinen der Ilse Schneiderschen Arbeit im Verlage von Springer. Ich habe es seiner Zeit abgelehnt, mich dafür bei Springer zu
verwenden, aber Laue hat sich dafür verwendet.[9]

Dies zeigt, daß die bereits im Abschnitt 3.4.1. erwähnte Verteidigertätigkeit
Max von Laues sich bis in die Einflußnahme auf philosophische Literatur zur
RT erstreckte.[10] Gewiß hat der philosophisch zeitlebens dem Kantianismus
zugeneigte theoretische Physiker v. Laue eine Ausnahme dargestellt - im
Umkreis der physikalischen Fachgenossen Einsteins dominierte, spätestens
seit dem Einsetzen des Einstein-Rummels, der auch zu einer erheblichen
Steigerung der Anzahl kantianischer Deutungen der RT führte, Spott und
Verachtung für Schriften wie die von Schneider oder Sellien.[11] In dieser
Situation erwuchs für Reichenbach der Plan, das **Versagen der Schulphilosophie**, besonders der auf Kant zurückgehenden Philosopheme des
Neukantianismus und Fiktionalismus, in einer gesonderten Abhandlung zu
brandmarken. Als er im April 1921 an Berliner schreibt, fragt er auch
vorsichtig an, ob Berliner ihm einen solchen Aufsatz abnehmen könnte:

Ich habe mir überlegt, man müsste doch mal etwas schreiben, wie
die Philosophie sich zur Relativitätstheorie einstellt, Ganz sachlich
nachweisen, wie die ganze Schulphilosophie entscheidend versagt hat,
als in der Physik endlich mal was Philosophisches passiert. Würden
Sie ev. einen derartigen Aufsatz nehmen? Ich glaube, die Physiker
würden aufatmen.[12]

Aus der Wortwahl Reichenbachs wird bereits klar, daß er an eine vernichtende Kritik der von anderen Schulen vorgelegten Deutungen der RT

---

[9] A.Berliner an H.Reichenbach, 3. V. 1921, ASP, Sign. HR-015-49-25.

[10] Es sei noch erwähnt, daß Ilse Schneider, die seit ihrer Heirat unter dem Namen Ilse
Rosenthal-Schneider weiter zur RT publizierte, auch später noch von der ihr freundlich
gesinnten Haltung v. Laues Gebrauch machte: siehe Rosenthal-Schneider [1981/88].

[11] man vergleiche die Bemerkungen AEs über Sellien und Schneider, zit. in 4.1.3.

[12] H.Reichenbach an A. Berliner, 22. IV. 1921, ASP, Sign. HR-015-49-26.

dachte. Bei dem 'Nachweis des entscheidenden Versagens' würde er sicher keine Rücksichten nehmen, auch nicht auf den Umstand, daß ihm dieses tabula rasa Unterfangen späteres berufliches Fortkommen in eben diesen Kreisen von Berufsphilosophen erheblich erschweren könnte.[13] Vor dieser Konsequenz seines Planes warnte ihn Berliner in seiner Antwort, nachdem er grundsätzliche Bereitschaft zur Aufnahme des Aufsatzes signalisiert hatte:

> Haben Sie auch bedacht, dass Sie sich dabei alle Kantianer auf den Hals ziehen werden? Die Kant-Gesellschaft wird Sie offiziell verfluchen, und Herr Liebert wird Sie im Besprechungsteil der Kantstudien umbringen, und von Herrn Lieberts Hand zu sterben denke ich mir besonders unerfreulich. Ich habe den Mann zwar nie gesehen, aber er ist mir besonders widerwärtig.[14]

1921 aber ließ sich Reichenbach von diesen warnenden Worten Berliners nicht abschrecken - nur ein Jahr später erschien sein Überblick zum *gegenwärtigen Stand der Relativitätsdiskussion*, allerdings wohl wegen dessen Länge nicht in den *Naturwissenschaften*, sondern in der Prager Zeitschrift *Logos*.

Da er durch Ilse Schneider direkt angegriffen worden war, wundert es nicht, daß eine volle Breitseite gleich zu Anfang seines Berichtes über die "neukantische Auffassung" gegen ihre Auffassung des Ziels der Transzendentalphilosophie abgehoben von jedwedem Erfahrungsbezug abgeschossen wurde:

> Für Kant ist die reine Anschauung keineswegs losgelöst von der empirischen, sie ist ihre Form, sie bestimmt wieder die empirische; und es ist der tiefe Sinn seiner Philosophie, daß er die Geltung der apriorischen Gesetze nicht einfach als Tatsache hinnimmt, sondern aus der Möglichkeit der Erfahrung ableitet. Auch Ilse Schneider ist *dieser* Sinn der Transzendentalphilosophie verborgen geblieben.[15]

---

[13]Tatsächlich erschwerte es ihm eine spätere Berufung auf einen philosophischen Lehrstuhl; dies kam bereits am Ende des Abschnittes über Reichenbach als Kritiker der Populärliteratur zur Sprache.

[14]A.Berliner an H. Reichenbach, 3.5.1921, ASP, Sign. HR-015-49-25.

[15]Reichenbach [1921/79] S. 342/368; Hervorhebungen Orig.; in einer Anmerkung dazu schreibt er weiter: "Diese Verfasserin hat von der Relativitätstheorie nicht viel verstanden, aber sie ist immerhin so ehrlich, die Theorie energisch abzulehnen." (ibid.); auch Schlick übte an Details von Ilse Schneiders Buch Kritik, so etwa an ihrem Versuch, Kant als Vorahner eines Zusammenhangs zwischen Geometrie und Physik zu deuten: Schlick[1921]a S. 104f. vgl. ferner Sellien [1924]a S. 18f.

Die Immunisierungsstrategien,[16] die die Kantische Philosophie dadurch "vor der Relativitätstheorie zu schützen" beabsichtigten, daß sie eine Entkoppelung zwischen Vernunft und Erfahrung, zwischen Philosophie und Naturwissenschaft vornahmen, werden nun von Reichenbach ebenso unverblümt des Verrats am Kantischen Geist gescholten wie Schneider dies umgekehrt mit Reichenbach getan hatte.[17] Auch die Eigenschaft der Evidenz, die in der Reichenbachschen Interpretation Kants den apriorischen Prinzipien automatisch beigelegt werden muß, wurde von einigen Neukantianern nicht mehr gefordert.[18] In diesen Aufweichungen von Kantischen Denkprämissen sah Reichenbach 1920 eine voreilige Schwächung der Kantischen Lehre in ihrer ursprünglichen Form, die nur unter Beibehaltung dieser Kerngedanken für die Interpretation der modernen Physik fruchtbar sei.[19]

Doch Reichenbach versucht nicht nur negativ zu argumentieren, wie man Kant *nicht* interpretieren dürfe, sondern er zeigt auch auf, wie eine dem Geist *und* Inhalt der Kantischen Bestimmungen treue Fortführung seines Ansatzes aussehen müßte.[20]

> Wenn man trotzdem die Kantische Raum-Zeit-Lehre verteidigen will, so wäre zu beweisen, daß für die Anwendung der nichteuklidischen Geometrie und der relativierten Zeit doch wieder die Geltung der kantischen reinen Anschauungsformen vorausgesetzt werden muß. Es fehlt aber jeder Versuch auf neukantischer Seite, dies zu beweisen. Man liest nur immer wieder, daß eine empirische Theorie die reine Anschauung gar nicht berühren kann - aber das ist eine ganz dogmatische Behauptung. An keiner Stelle wird der Nachweis versucht, das leere und unberührbare Apriori in eine Beziehung zur erfahrbaren Welt, zur tatsächlichen Erkenntnis zu bringen. Ein solcher Nachweis wäre auch ganz unmöglich.[21]

Natürlich spiegelt diese Reichenbachsche Forderung nach Herstellung einer Relation zwischen 'reiner Anschauung' und Empirie seine empiristische Grundüberzeugung, daß theoretische Begriffe nur durch Zuordnung zu beobachtbaren Größen oder Prozessen 'sinnvoll' werden können. Hier steckt

---

[16]vgl. Abschnitt 4.1.3., bes. (I-1).

[17]"man darf nicht glauben, daß man sich mit einer so leeren Definition noch auf kantischem Boden befindet" (Reichenbach [1921/79] S. 342/368).

[18]auch dagegen wendet sich Reichenbach [1920] S. 54 u. 106 Anm. 17, [1922]f S. 41ff.

[19]ibid., S. 106-107 Anm. 17; dort liest man immerhin noch folgendes Bekenntnis zum Urkantianismus: "Denn ich glaube, daß diese Lehre in bisher unerreichter Höhe über aller anderen Philosophie steht".

[20]davon ist zu unterscheiden die Fortführung Kantischer Methoden unter Aufgabe der historischen Inhalte, wie dies etwa Cassirer[1921] unternahm; vgl. dazu Reichenbach [1921/79] S. 346/372.

[21]Reichenbach [1921/79] S. 343/369; vgl. [1922]f S. 51.

aber der Haken, der auch diesen Versuch eines Sich–Eindenkens in die Argumentation des Gegenübers ebenso scheitern ließ wie Reichenbachs gleichartige Entgegnungen auf Physiker und Popularisatoren (wie z.B. Wulf - vgl. Abschnitt 3.4.2.). Denn dieses empiristische Sinnkriterium wurde von seinen neukantianischen Kontrahenten eben nicht gleichermaßen vorausgesetzt wie es für Reichenbach selbstverständlich war.[22] Für den logischen Idealismus der Marburger Schule war nämlich 'reine Anschauung' in Abweichung von der Kantischen Auffassung, der transzendentalen Logik untergeordnet, hatte also mit 'Anschauung' gar nichts zu tun, sondern war dem Bereich des Denkens zugeschlagen worden.[23]

Deshalb mußte für jene die Reichenbachsche Forderung nach Zuordnung sinnleer erscheinen. Vollends in den Schwanz beißt sich seine Argumentation aber, wenn er sie abschließt mit dem Hinweis, daß dieser Nachweis "ganz unmöglich" wäre - warum sollten seine Kontrahenten sich dann darum bemühen, einmal vorausgesetzt, sie würden in der Akzeptanz des Sinnkriteriums mit ihm übereinstimmen? Während er diese zweite Tür also gleich selbst wieder zuschlug, (oder besser: als trompe-l'œil enttarnte), wurde die im ersten Satz des letzten Zitats angedeutete Argumentation im Rahmen des Konventionalismus wie in Abschnitt 4.5. gesehen, tatsächlich unternommen. Konzentriert man sich nach diesen Bemerkungen über Reichenbach als Kritiker des Neukantianismus nun auf die Passagen seiner Schrift von 1921, in denen aus kritischen Bemerkungen über andere seine eigene Haltung deutlich wird, so sieht man, daß sich Reichenbach nach 1920 noch weiter vom Kantianismus abgesetzt hat. Dies zeigt schon die Ausweitung seiner Kritik nicht nur an der neukantianischen Aktualisierung Kants, sondern an Kants ureigenstem Ansatz, der 1920 noch geschont worden war.[24]

Die Position des Neukantianers Ernst **Cassirer**,[25] die seiner eigenen von 1920 noch am nächsten kommt, referiert Reichenbach zwar ausführlich und er anerkennt durchaus "die große Leistung Cassirers, den Neukantia-

---

[22]Dies wird sich in Cassirers Replik auf Schlicks gleichsinnige Äußerungen erweisen (s.u.); vgl. hierzu Wenzl [1924] S. 105-111, 117f.

[23]dies erkannte z.B. Schlick schon in seiner Rezension von Natorp [1910]: siehe Schlick [1911]a S. 255, Reichenbach [1922]f S. 12, 51 nannte dies 'intuition pure' (reine Intuition) - vgl. dazu ferner Sellien [1924]b S. 110 u. Abschn. 4.3. und 4.10.

[24]"Es ist das erste Problem der Kantischen Erkenntniskritik, zu untersuchen, wie über diese beiden unerfahrbaren Formen der Erscheinung [dem Raum und der Zeit] Aussagen gemacht werden können; aber es war die große Unterlassungssünde Kants, den Inhalt dieser Aussagen einfach zu übernehmen, ohne ihn zu kritisieren. Der Fehler war von der neukantischen Schule unbemerkt übernommen worden". Reichenbach [1921/79] S. 341/367.

[25]zu C. siehe Abschnitt 4.1.4. (R-1) sowie Elsbach [1924] 1. Teil.

nismus von dem 'dogmatischen Schlummer' befreit zu haben, in dem ihn seine anderen Anhänger so sorgam vor der Relativitätstheorie zu bewahren suchten."[26] Trotzdem fügt er dieser wohlwollenden Besprechung von Cassirers "geistvoller und formvollendeter [...] Fortbildung des Kantianismus" eine "kritische Bemerkung"[27] hinzu, an deren Ende die Aussage steht, daß "das 'synthetisch a priori' zerbrochen ist, und daß es keine andere Rettung gibt als den Verzicht auf den apodiktischen Charakter erkenntnistheoretischer Aussagen".[28] Aus dem Befund, daß durch die Durchsetzung der RT einige der von Kant als synthetisch apriori ausgewiesenen Zusammenhänge über Raum und Zeit (Existenz absoluten Raumes und absoluter Zeit, Euklidizität, Aporien von End- und Unendlichkeit des Weltalls) als veränderlich, als kontingent erwiesen haben, wird ein **Bruch mit dem Kantischen Ansatz** begründet, der sich als unzuverlässig erwiesen hat.

> Wenn jetzt einzelne dieser Urteile gefallen sind, so ist deshalb mehr gefallen als diese Urteile allein: es ist die Sicherheit der transzendentalen Methode zerbrochen, und es besteht keine Gewähr, daß die bisher noch unangetasteten Axiome sich ewig bewähren werden.[29]

Dieser Argumentationsführung stimmte Einstein, der die Druckfahnen zu diesem Aufsatz erhalten hatte, vorbehaltlos zu.[30] Reichenbachs spekulativer Verweis auf die Entwicklungen der Quantenmechanik sollte sich schon wenige Jahre später bewahrheiten: tatsächlich fiel in der Kopenhagener Deutung der Quantenmechanik durch Bohr und Heisenberg der nächste Kandidat der neukantianischen Philosophen, nämlich die Kausalität als Schema naturwissenschaftlicher Aussagen zugunsten allgemeinerer, statistischer Verknüpfungen.

Diese Breitseite gegen den Kantianismus, die vergröbert darauf hinausläuft, daß **keiner der Apriori-Kandidaten gegen Ablösung im Laufe wissenschaftshistorischer Entwicklungen gesichert** ist und somit die "ewige Gültigkeit derartiger Urteile für die Naturerkenntnis" nicht behauptet werden darf,[31] findet sich auch in den Schriften Schlicks und vieler anderer Nicht-Kantianer geradezu standardisiert immer wieder. Die spätere Zentralfigur des logischen Empirismus in Wien, Moritz **Schlick**, hatte schon 1915, also fünf Jahre vor Reichenbachs erster Publikation zur

---

[26]Reichenbach [1921/79] S. 345/371.

[27]Reichenbach [1921/79] S. 349/375.

[28]Reichenbach [1921/79] S. 351/377; vgl. (R-3) und (R-4) in Abschnitt 4.1.4.

[29]Reichenbach [1921/79] S. 350/376; vgl. [1922]f S. 50ff.

[30]AE an Reichenbach, CPAE, Sign. 20-114-2: "Ihre kritischen Auseinandersetzungen billige ich fast restlos, besonders bez. Kantianismus, und finde sie vorbildlich klar".

[31]ibid., vgl. z.B. [1928]d, [1932]a, [1949/79] S. 189.

Relativitätstheorie den "Kantischen Kritizismus" und den "logischen Idealismus der Marburger Neukantischen Schule" mit der *philosophischen Bedeutung des Relativitätsprinzips* konfrontiert.[32] Nach einem kurzen Referat der ersten Stellungnahmen zur RT aus kantianischem Umfeld,[33] kommt er zum bündigen Ergebnis, daß sich die RT "mit dem Marburger Kantianismus nicht recht vertragen will".[34] Dem Schulhaupt der Marburger Schule, Paul Natorp hatte er bereits 1911 in einer eingehenden Buchbesprechung quittiert, daß dessen "Darstellung des Einsteinschen Relativitätsprinzips und die daran geknüpften Betrachtungen [...] einen etwas unsicheren Eindruck [machen]".[35] Und auf die andere Frage "Wie steht es mit ihrem Verhältnis zum echten, Königsberger Kant?" antwortet er mit dem Verweis auf die Verwurzeltheit Kants in der klassischen Mechanik, die er eben in ihrer Newton-Eulerschen Ausprägung vor Augen hatte, als er seine apodiktischen Aussagen über Raum, Zeit und Bewegung fällte.

> Die Kantsche Anschauungsform a priori ist - dies kann nicht genug betont werden - die Newtonsche Zeit. Und so gewiß die Physik der Relativitätstheorie nicht die Newtonsche Physik ist, so gewiß kann sie nicht in der Kantschen Ansicht untergebracht, geschweige denn aus ihr abgeleitet werden. [...]. Der Kantsche Zeitbegriff erweist sich als zu eng, um die prinzipiellen Fortschritte der Naturwissenschaft in sich aufzunehmen.[36]

Genau wie beim jungen Reichenbach und frühen Carnap verbindet sich mit dieser vernichtenden Kritik an der traditionellen Ausprägung des Kantischen Systems auch für Schlick in dieser Denkphase durchaus noch die Möglichkeit, eine den Fortschritten der Wissenschaft gerecht werdende Modifikation der Inhalte der Aprioris unter Beibehaltung des Ansatzes durchzuführen, die er 1915 dann so umreißt:

> Als subjektive, notwendige, apriorische Form des Anschauens sind mithin nur die rein qualitativen Eigenschaften der Zeit und des Raumes zu betrachten, kurz das eigentlich zeitliche an der Zeit, das spezifisch räumliche am Raum. Damit wird die Kantsche Lehre in ihrem Kern nicht aufgehoben, wohl aber ergibt sich die Notwendigkeit, sie in wesentlichen Stücken zu modifizieren.[37]

---

[32]Schlick [1915] S. 129,155.; eine noch frühere Andeutung der Emanzipation Schlicks von seinen kantianischen Wurzeln findet sich in seiner Buchbesprechung von Natorp [1910].

[33]etwa von Natorp[1910] S. 392ff., Cassirer[1910] S. 426, Hönigswald [1912].

[34]Schlick[1915] S. 159.

[35]Schlick [1911] S. 260.

[36]Schlick [1915] S. 159, 162.

[37]ibid.; vgl. Schlick [1917] S. 51ff., Hilbert [1930] S. 962, Frank [1949]a S. 23f.

Die Ausführung dieses Gedankens findet sich dann etwa bei Carnaps Studie zum Raumproblem [1922], die bezeichnenderweise in einem Ergänzungsheft der *Kantstudien* erschien und in der genau diese **topologischen Eigenschaften von Raum und Zeit als erfolgversprechendere Kandidaten für Aprioris** erklärt wurden.[38]

Dieser empiristischen Tendenz bei Reichenbach und Schlick, den 'Anschauungsraum Kants' als psychologischen Raum der optischen und haptischen Empfindungen und Vorstellungen zu interpretieren, um Kants Ausführungen so zwar empirischen Gehalt im Rahmen der qualitativen Wahrnehmungspsychologie zubilligen zu können, ohne ihnen andererseits Relevanz für den physikalischen Raum als begrifflich konstruiertem Maßraum zumessen zu müssen, wurde von Seiten des Neukantianismus heftig widersprochen. **Cassirer** befand, daß diese terminologischen Bestimmungen nichts mit dem Gebrauch des Wortes 'Anschauung' bei Kant zu tun hätten, sondern zu einer "psychologischen Verkennung des Sinns und Gehalts der Kantischen Begriffe" führe.

> Die 'reine Anschauung' spielt bei Kant die Rolle einer ganz bestimmten grundlegenden *Methode der Objektivierung*: sie fällt mit der 'subjektiven', d.h. der psychologisch-erlebbaren Zeit und mit dem psychologisch-erlebbaren Raum in keiner Weise zusammen.[39]

Diese allzu freie Umdeutung der Terminologie Kants führte in den Augen Cassirers zu einer unangemessenen Kritik am Begriff der 'reinen Anschauung' von Seiten Reichenbachs und Schlicks,[40] die sich aus Cassirers Perspektive bei der Adaptation Kantischen Vokabulars ebenso begriffsstutzig benahmen, wie manche seiner Kollegen dies in Punkto RT taten.

Schlicks erste Analyse des Verhältnisses zwischen moderner Physik und den Varianten des Kantianismus erfolgte noch vor Erscheinen der ersten gründlichen Studien dazu aus kompetenter Feder. Nach Erscheinen von Cassirers Buch *Zur Einsteinschen Relativitätstheorie* [1921] und Reichenbachs Buch über *Relativitätstheorie und Erkenntnis a priori* [1920] schrieb Schlick einen längeren Buchbesprechungs-Essay für die *Kantstudien*,[41] in der auch diese Kritik Cassirers an seiner früheren Ineinssetzung von Anschauungsformen und psychologisch-physiologischen Vorbedingungen von Wahrnehmungen aufgenommen wurde. Schon der Titel des Aufsatzes *Kritizistische oder empiristische Deutung der neuen Physik?* signalisiert, daß

---

[38]vgl. Carnap [1922],[1924],[1925].

[39]Cassirer[1921] S. 124; vgl. auch Sellien[1919] S. 19,39 und Wenzl [1924] S. 118.

[40]Reichenbach [1921/79] S. 342/368 bzw. Schlick [1918] S. 297ff.

[41]deren Redaktion ihn dazu aufgefordert zu haben scheint - dies ergibt sich aus Schlick[1921] S.109.

es Schlick um den Leistungsvergleich zweier konkurrierender Interpretationen der RT ging. Da sich der Kantianismus um 1920 in der Frage der Einstellung zur Relativitätstheorie nicht unbeträchtlich aufgefächert hatte, stellte Schlick an den Anfang seiner Untersuchung eine Art **Minimaldefinition des 'Kritizismus'** durch ein "unentbehrliches Merkmal", das für ihn eine differentia spezifica jeder philosophischen Überzeugung darstellte, die als Kantianismus bezeichnet werden kann.

> Das Wesentliche des kritischen Gedankens sehe ich nun in der Behauptung, daß jene konstitutiven Prinzipien synthetische Urteile a priori seien, wobei zum Begriff des Apriori das Merkmal der Apodiktizität (der allgemeinen, notwendigen, unumgänglichen Geltung) unabtrennbar gehört.[42]

Nach dieser Fixierung des unscharf gewordenen Begriffes 'Kritizismus' auf eine allen Varianten gemeinsame Kernbedeutung, geht Schlick [1921] in folgenden Schritten vor:

1. Die SRT ist u.a. mit den Newtonschen Raum-, Zeit- und Bewegungskonzepten und der Galileischen Kinematik, die ART u.a. mit einer euklidischen Beschreibung des physikalischen Raumes unvereinbar.[43]

2. Aus (1.) folgert er: "Wer die Einsteinsche Theorie annimmt, muß die Lehre Kants in ihrer ursprünglichen Form ablehnen; man muß, wie Cassirer auch mehrfach betont, einen Schritt über Kant hinaus tun" (S.99). Damit ist all denen das Wasser abgegraben, die nach der Jahrhundertwende in die Rufe 'Zurück zu Kant' einstimmten und Immunisierungsstrategien vortrugen.[44]

3. An die Adresse aller derer, die zu einer Modifikation der ursprünglichen Ausfüllung des Kantischen Programmes bereit waren, richtet er die Forderung: "wer die Behauptung des Kritizismus aufstellt, der muß, sollen wir ihm Glauben schenken, die Prinzipien a priori auch wirklich angeben, die den festen Grund aller exakten Wissenschaft bilden müssen".[45]

4. Angewandt auf die RT bedeutet dies, daß auch in ihr die "synthetisch-apriorischen Prinzipien" aufgedeckt werden müssen; "jeder andere Versuch, Kant mit Einstein zu versöhnen [...] ist von vornherein als gescheitert zu betrachten, weil er nicht einmal zu der richtigen Problemstellung vorgedrungen

---

[42]Schlick[1921] S. 98.
[43]Schlick [1921] S. 99; vgl. Schlick [1929] S. 310.
[44]vgl. Abschnitte 4.1.1. und 4.1.2.
[45]Schlick [1921] S. 100; vgl. Schlick [1929] S. 311.

ist".[46]

5. In den dann noch möglichen, sehr allgemeinen Bestimmungen,[47] sieht Schlick seine Befürchtung bewahrheitet, daß die "unvermeidliche Folge einer zu großen Umfangsweitung des kritischen Gedankens" eingetreten sei - "nun dürfte es nicht mehr möglich sein, jemals eine physikalische Theorie als Bestätigung der kritizistischen Theorie anzusprechen".[48]

6. Daraus ergibt sich das abschließende Urteil über Cassirers Form der Revision der Kantischen Aprioris: "die Lehre von den synthetischen Urteilen a priori als den konstruktiven Prinzipien der exakten Naturwissenschaft erfährt durch die neue Theorie keine unzweideutige Bestätigung. Cassirers Darlegungen scheinen mir keine überzeugende Anweisung zu geben, wie die Wunde geheilt werden kann, die der ursprünglichen Ansicht durch den Umsturz der Euklidischen Physik geschlagen ist."[49]

7. Der noch weitergehenden Umbildung des Aprioribegriffs, in der auch das Merkmal der Apodiktizität fallengelassen wird,[50] hält Schlick im Sinne von Punkt 1 seiner Argumentationskette entgegen, daß sie nicht mehr unter der Bezeichnung 'Kantianismus' bzw. 'Kritizismus' laufen dürfe, da in ihr das konstituierende Merkmal aufgegeben sei. [51]

Ich habe dieser Belegkette in den Anmerkungen jeweils noch eine Parallelstelle in einem 8 Jahre später erschienenen Aufsatz angefügt, um zu demonstrieren, daß sich die von Schlick 1921 eingenommene Position in der Folgezeit nicht mehr wesentlich verändert hat. Die Frontlinie war nun, nach einigen zögernden Vermittlungsversuchen in den Jugendjahren, bei aller persönlichen Freundschaft, die Reichenbach und Schlick mit dem Marburger Neukantianer Cassirer pflegten, doch scharf und unverrückbar gezogen. Aufschlußreich für die guten persönlichen Beziehungen zwischen ihnen ist z.B. ein Brief Schlicks an Reichenbach vom 6. Oktober 1924, in dem die ungeschönten Privatansichten Schlicks und Einsteins über Cassirer zum Ausdruck kommen:

---

[46]Schlick [1921] S. 100; man erkennt hierin wieder den bei Reichenbach schon des öfteren nachgewiesenen Versuch, die Argumentationsmöglichkeiten des Opponenten von vornherein zu kanalisieren und zu restringieren; vgl. krit. dazu z.B. Sellien [1924]a S. 18f., [1924]b S. 111.

[47]die z.B. Cassirer[1921] vorschlug- vgl. Abschn. 4.1.4. unter (R-2).

[48]Schlick [1921] S. 102; vgl. Schlick [1929] S. 311ff. zu später vorgeschlagenen Apriori-Kandidaten.

[49]Schlick [1921] S. 103; vgl. Schlick [1929] S.313 zu Winternitz[1923].

[50]siehe 4.1.4. unter (R-4).

[51]Schlick [1921] S. 111; vgl. Schlick [1929] S. 315 zu Elsbach[1924], Reichenbach [1932]a.

Gestern war ich eine Stunde mit Cassirer zusammen [...]. Man kann sich gut mit ihm verständigen. Einstein [...] nannte ihn (Cassirer) freilich einen "Volksverführer", weil er durch seinen guten Stil die Leute zum Kantianismus überrede.[52]

Wenn Schlick also etwa in einem Aufsatz aus dem Jahr 1922 vom Kantianismus als "ernstem - und einzig beachtenswerten - Gegner einer empiristischen Auslegung der Relativitätstheorie" sprach,[53] so war dies eine Gegnerschaft ohne die sonst so häufigen persönlichen Antipathien, im Gegenteil: geprägt von einer Achtung für die Position des anderen.[54] Einstein stimmte dieser sachlich unerbittlichen, aber fairen Argumentationsführung gegen Cassirer in einem Brief an Schlick übrigens emphatisch zu[55] - eine von Schlick und Reichenbach abweichende Kantauffassung entwickelte er erst ab 1924.[56]

Die Empiristen, die sich ab 1922, nach Schlicks Berufung auf den Lehrstuhl in Wien, um ihn zu sammeln begannen, erkannten sehr wohl, daß ihr Hauptgegner schon institutionell der (Neu)kantianismus war, der in Deutschland die Vergabe fast aller freiwerdenden Lehrstühle in der Hand hatte, nicht nur in seinen Hochburgen Marburg (F.A. Lange, H. Cohen, P.Natorp) oder Berlin (Liebert), Hamburg (Cassirer), sondern etwa auch in Heidelberg (Hönigswald) und Südwestdeutschland (Windelband und Rickert), Freiburg (v.Kries) oder Halle (Frischeisen-Köhler).[57]

Dabei waren sich Reichenbach und Schlick zu Anfang der zwanziger Jahre zunächst durchaus nicht vollends einig über ihre Haltung gegenüber dem Kantianismus. Der letzte Punkt in Schlicks 'review-essay' 1921 galt eben dieser Kritik an Reichenbachs Thesen von 1920. Seiner Auffassung nach hatte Reichenbach 1920 mit seinem "Umbildung des Aprioribegriffs" die Grenzen zum benachbarten Philosophem des Konventionalismus überschritten.

Nach dem oben [...] Gesagten scheint mir der Boden des Kritizismus

---

[52]Schlick an Reichenbach, 6. X. 1924, ASP, Sign. HR-16-42-15.

[53]Schlick [1922] S. 68.

[54]zu den Konsequenzen für die Qualität der Interpretation Cassirers vgl. Abschn. 6.1.

[55]10. Aug. 1921, CPAE, Sign. 21-638: "Heute Morgen habe ich Ihre Abhandlung über Cassirer mit wahrer Begeisterung gelesen. So scharfsinnig und wahr habe ich schon lange nichts gelesen." (vgl. dazu den Kommentar in Hentschel [1984]).

[56]vgl. dazu Hentschel [1987].

[57]Über Berufungsangelegenheiten und den Einfluß div. Gruppen hierauf findet man einiges Interessantes in den Korrespondenzen Reichenbach-AE und Schlick-AE, a.a.O.; gegenüber Heinrich Scholz preiste AE 1921 genau diese Selbständigkeit Schlicks "gegenüber den Dogmen der Kantischen Philosophie" (CPAE, Sign. 21-583.). Zum Neukantianismus siehe Abschn. 4.1. sowie insb. Köhnke [1986].

damit vollständig verlassen zu sein; und Reichenbachs Prinzipien a priori würde ich als Konventionen im Sinne Poincarés bezeichnen.[58]

Daß Schlick sein Einstein gegenüber gegebenes Versprechen, diese Meinungsdifferenz mit Reichenbach durch brieflichen Gedankenaustausch klären zu wollen eingelöst hat, zeigt schon sein Aufsatz [1921], an dessen Ende Schlick ausdrücklich vermerkte: "Selbst in den Fragen, in bezug auf welche er [Reichenbach] in der Schrift gegen mich Stellung nimmt, besteht in Wahrheit keine tiefgehende Verschiedenheit der Meinungen, wie eine briefliche Erläuterung beider Standpunkte nachträglich ergeben hat".[59] Diese **Korrespondenz zwischen Reichenbach und Schlick** Ende 1920 hat sich in VCF und ASP erhalten und soll demnächst im Rahmen einer Auswahledition der Reichenbach-Korrespondenz der Öffentlichkeit zugänglich gemacht werden. Deshalb beschränke ich mich hier auf Wiedergabe weniger Kernsätze aus den viele Schreibmaschinenseiten langen Briefen. Schlick bekundete bereits am 25. September 1920 seine grundsätzliche Zustimmung zu "sehr wesentlichen Punkten" und bekannte, daß er die Hoffnung hege, daß diese Übereinstimmung "durch kleine Zugeständnisse noch mehr zu vergrößern" sei.[60] Darauf reagierte Reichenbach am 17. Oktober mit einer Einschätzung ihrer beider Positionen zum Kantianismus, die Schlick am 26. November 1920 sehr prägnant zusammenfaßte:

> Wie Sie ganz richtig bemerkten, habe ich in meinem Verhältnis zur Kantschen Philosophie hauptsächlich die negative Seite betont, während Sie alles Haltbare daran in der freundlichsten Weise hervorkehren; und dadurch erscheint die Kluft zwischen uns größer als sie in Wirklichkeit ist. Sie werden mir gewiß glauben, daß ich im Grunde vor dem alten Königsberger einen gewaltigen Respekt habe. Aber ich muß bekennen, daß mir in allen seinen großen Kritiken doch ein reaktionärer Geist am Werke zu sein scheint.[61]

---

[58]Schlick [1921] S. 111; im gleichen Sinne schrieb Schlick am 9. Okt. 1920 an AE: "Reichenbach scheint mir der Konventionslehre von Poincaré gegenüber nicht gerecht zu sein; was er apriorische Zuordnungsprinzipien nennt und mit Recht von den empirischen Verknüpfungsprinzipien unterscheidet, scheint mir vollkommen identisch mit Poincarés 'Konventionen' zu sein und keine darüber hinausgehende Bedeutung zu haben. R.s Anlehnung an Kant scheint mir genau betrachtet nur rein terminologisch zu sein." VCF u. CPAE, Sign. 21-580; vgl. Abschnitt 4.5. dieser Arbeit.

[59]Schlick[1921] S. 111; auf diese Verwandtschaft weist auch Wenzl [1924, S. 109] hin.

[60]M.Schlick an H.Reichenbach, 25. IX. 1920, ASP, Sign.HR-015-63-23.

[61]M.Schlick an H.Reichenbach, 26. XI. 1920, ASP, Sign. HR-015-63-22; vgl. analog Haller [1985, S. 354] über Franks spätere Hervorkehrung des Gegensatzes zu der Kantischen Auffassung des Kausalgesetzes.

Dann entwickelte Schlick seine Sicht der Motivation und Zielsetzung Kants sowie die Ursprünge und Wechselbeziehungen der beiden Bedeutungen, die 'Apriori' im Kantischen Begriffsgefüge hat:

1. 'apriori' im Sinne von 'evident', 'apodiktisch gültig' bzw.

2.   ”   ”   ”   ”   'den Gegenstandsbegriff bestimmend'

Nach dieser Betrachtung, die seiner Festlegung der "unentbehrlichen Merkmale" des Kritizismus im Aufsatz von 1921 schon sehr nahe kommt, zeigt er Reichenbach, daß er, wenn er erst einmal die unauflösliche Zusammengehörigkeit dieser beiden Aprioris zugegeben hat, nicht mehr innerhalb des Kantianischen Programmes anzusiedeln ist, sondern seinen Rahmen gesprengt hat:

> in der Vereinigung der beiden von Ihnen sehr richtig unterschiedenen Begriffe des Apriori, scheint mir ein so wesentlicher Gedanke des Kritizismus zu liegen, daß man nicht daran rütteln kann, ohne sich weit außerhalb der Kantischen Philosophie zu stellen. Da sie nun jene Identifizierung mit derselben Energie ablehnen wie ich, so sind wir m.E. beide weit davon entfernt, Kantianer zu sein.[62]

Während Schlick im allgemeinen ebensowenig Erfolg wie Reichenbach hatte mit Argumenten des Typs 'Wer A sagt, muß auch B sagen', weil seine Adressaten meist eben nicht A zu sagen sich gezwungen sahen, so überzeugte er doch diesmal, denn Reichenbach hatte ja tatsächlich den 1. Teil der Doppelbedeutung von 'apriori' aufgegeben, als er eine zeitliche, historische Variabilität zuließ. Die Voraussetzung dieser geglückten 'Überzeugungsarbeit' war also die weitgehende Übereinstimmung in den erkenntnistheoretischen und methodischen Prämissen beider Denker. Reichenbach antwortete Schlick am 29. November 1920:

> Ueber die Beurteilung der Kant'schen[sic] Philosophie sind wir uns nun, glaube ich, im wesentlichen einig. Dass meine Kritik einen Bruch mit einem sehr tiefen Prinzip Kants bedeutet, glaube ich auch [...]. Wenn es mir trotzdem schien, dass meine Auffassung als eine neuere Fortführung der Kant'schen angesehen werden kann, so liegt das wohl daran, dass mir die Betonung des konstitutiven Charakters im Objektbegriff immer als das Wesentlichste bei Kant erschienen ist [...]. Dann wieder scheint es mir, dass er [Kant] sich der Doppelbedeutung des

---

[62]Schlick an Reichenbach, 26. XI. 1920, ASP, Sign. HR-015-63-22; diese Unterscheidung übernimmt Reichenbach schon in [1922]f S. 50ff.

a-priori—Begriffes nicht klar bewusst gewesen ist, sondern beide Bedeutungen vermengte - ähnlich, wie man vor Einstein das Problematische in der Identität von schwerer und träger Masse nicht beachtet hat, obgleich diese Trennung nicht unbekannt war. Auch glaube ich, aus meiner grossen Hochachtung gegen Kant heraus, dass er, wenn er heute lebte, die Relativitätstheorie anerkennen würde, und seine Philosophie ändern würde, und ich würde Kant gern vor den Kantianern bewahren. - *Aber, ob man meine Ideenrichtung dann noch Kantianismus nennen soll, ist nur noch eine terminologische Frage, und wohl besser zu verneinen.*[63]

Mit diesem letzten Zugeständnis Reichenbachs an Schlicks beharrlicher Kritik an seiner begrifflichen Selbsteinschätzung war Schlick am Ziel: Reichenbach hatte sich sozusagen vom Kantianismus losgesagt. Am 11. Dezember 1920 beeilte sich Schlick, Reichenbach in den anderen Punkten wie z.B. der Spekulation über Kants Einstellung gegenüber der RT beizustimmen.[64]

Mit dieser Klärung der Differenzen zwischen Reichenbach und Schlick als bloßer Unterschiede der Betonung war die Bahn frei für eine ab 1921/22 eingetretene weitgehende Angleichung ihrer Thesen zum Kantianismus. Diese, auch durch 'kleine Zugeständnisse' nicht ohne Mühe hergestellte Übereinstimmung in ihrer Haltung anderen philosophischen Gruppierungen gegenüber war eine der entscheidenden Voraussetzungen dafür, daß sie später trotz weit auseinander liegender Wirkungsstätten (Berlin resp. Wien) und wichtigen verbleibenden Meinungsunterschieden in vielen Fragen (Wahrscheinlichkeitstheorie, zugrundeliegende Ontologie) zumindest von ihren Opponenten als *eine* philosophische Gruppierung unter dem Banner 'konsequenter Empirismus' angesehen wurden.[65]

Diese Standardposition des logischen Empirismus und seines Umfeldes (also neben den Zentralfiguren Schlick und Reichenbach etwa noch Max Born und zeitweise Albert Einstein selbst) gegenüber den div. Schattierungen des Kantianismus läßt sich knapp auf **zwei** immer wieder bemühte **anti-Kantianische Standardargumente** zusammenfassen, deren Genese ich im vorigen ausführlich belegt habe:

- Die Kantischen Bestimmungen werden in enge Nähe zur klassischen Mechanik gerückt, die dem philosophischen System Kants Modell

---

[63]H.Reichenbach an M.Schlick, ASP, Sign. HR-015-63-20; Hervorhebung K.H.

[64]M. Schlick an H.Reichenbach, 11.XII. 1920, ASP, Sign. HR-015-63-019.

[65]Es ist interessant zu sehen, daß wenn später Meinungsdifferenzen auftraten, sehr darauf geachtet wurde, diese nicht zu sehr öffentlich bekannt werden zu lassen, um den Gegnern nicht offenkundig werden zu lassen, wie wenig homogen die Auffassungen innerhalb ihrer Gruppierung waren. vgl. dazu den Beleg am Beginn von Abschn. 4.7.

gestanden hat.[66] Daraus ergibt sich unmittelbar die Unhaltbarkeit der ursprünglichen Kantischen Schemata und Kategorien in Anbetracht der naturwissenschaftlichen Wandlungen seit Kant (Geometrie, Wahrscheinlichkeitstheorie und Quantenmechanik, RT).

- Der wiederholte Rückzug der Verfechter des kantianischen Ansatzes auf immer allgemeinere Prinzipien, die sie als apriori gültig ausweisen, wird als methodisch unsauberer Rettungsversuch eines fragwürdig gewordenen Programmes abgelehnt.[67] Damit ist auch die zweite mögliche Reaktion auf die naturwissenschaftlichen Neuerungen getroffen.

Weil durch die RT an mehreren dogmatischen Behauptungen des Kantianismus zugleich gerüttelt wurde, wurde ihr vom empiristischen Lager ein wichtiger Platz in der Entwicklung der Wissenschaft 'weg von der Kantischen Metaphysik' eingeräumt:

> Die Prinzipien, die Kant als synthetisch a priori angesehen hatte, erwiesen sich von fragwürdiger Wahrheit.[...] In diesen Prozess der Auflösung des synthetischen a priori müssen wir die Relativitätstheorie einordnen, wenn wir sie vom Gesichtspunkt der Philosophiegeschichte aus beurteilen wollen.[...]. *Die Einsteinsche Relativitätstheorie gehört also zur Philosophie des Empirismus.*[68]

Wie der letzte Satz dieses Zitats zeigt, waren mit dieser Standortzuweisung zwei Fliegen mit einer Klappe geschlagen: nicht nur die Ansprüche einiger Neukantianer (z.B. Cassirers) auf eine Deutung der RT als Kanon revidierter Aprioris war zurückgewiesen, sondern der unterstellte "Auflösungsprozess des synthetischen a priori" bahnte gleichzeitig auch den Weg für ihre eigene Auffassung der **Theorien Einsteins als "Triumph eines solchen radikalen Empirismus"**.[69]

Einstein selbst schloß sich dieser wesentlich auf *historischen* Entwicklungen basierenden Argumentation wie belegt, zunächst an, entwickelte aber 1924 in einer Buchbesprechung eine ganz eigenständige, *systematische* Argumentation gegen Versuche der Aufrechterhaltung des Kantischen Ansatzes, die grob skizziert darauf hinausläuft, daß in jeder Situation die Auszeichnung beinahe *jeden* Elementes wissenschaftlicher Theorien

---

[66]vgl. etwa Reichenbach[1921/79] S. 344/370; [1933] S. 603, Schlick [1915] S. 129; [1921] S. 96, Born [1912/33]b S. 82; diese Einsicht wurde von vielen Kantianern geteilt - vgl. z.B. Cohens *Kants Theorie der Erfahrung*, Berlin, 1871, Sellien [1924]b S. 109.

[67]vgl. etwa Reichenbach [1933]a S. 605; Schlick [1921] S. 101ff.

[68]Reichenbach [1949/79]b S. 204ff., Hervorhebung K.H.

[69]ibid., S. 207, vgl. Reichenbach [1922]f S. 59. Kritisch gegen diesen Versuch, "Kants Lehre von der Naturwissenschaft aus beizukommen": Marcus [1925] 2. Teil, letzte Sp.

als apriori gewiß möglich ist, wodurch die Leere der Kantianischen Behauptung, daß solche apriorischen Elemente existieren, augenfällig wird.[70]
Diese Verselbständigung der Position Einsteins ereignet sich in etwa in dem
Zeitraum, in dem die logischen Empiristen zunehmend derartige Verein-
nahmungsversuche mit ihrer Kritik anderer Philosopheme verbanden, und
Einsteins vielzitierte Bemerkungen über "das wertvolle, was neben heute
offenbaren Irrtümern in seiner[Kants] Lehre steckt"[71] sind m.E. auch als
eine Retourkutsche auf Reichenbachs im letzten Zitat belegte Thesen zu
verstehen.

Die Attacken der logischen Empiristen auf den Neukantianismus wurden auch nach dem Abebben der Literaturschwemme zur RT fortgeführt.[72]
Noch in den Jahren 1932 und 1933, also kurz bevor Reichenbach wie viele
andere 'nicht-arische' Intellektuelle auch zur Aufgabe ihres Lehrstuhls bzw.
zur Emigration gezwungen wurden, erschienen Reichenbachs letzte direkte
Auseinandersetzungen mit dem Kantianismus, und zwar u.a. wieder in
den *Naturwissenschaften,* deren Redaktion sich einer 'Gleichschaltung' mit
dem Nationalsozialismus noch lange erfolgreich widersetzte. Weil in diesen
Aufsätzen noch einige neue, in der Standardposition nicht vorkommende
Punkte berührt werden, will ich aus diesen Aufsätzen noch kurz einige Belege anführen.

Reichenbach [1933, S. 601] fragte: Woher rührt diese **weitreichende
Auswirkung der Philosophie Kants**, noch 150 Jahre nach deren Formulierung? Dieser Frage gewann Reichenbach eine aus seinem Munde
ganz unerwartete Seite ab: er betrachtete sie **als "soziologisches Phänomen"**: die vielfältigen Abwandlungen, in denen der Kantianismus alle zeit-
geschichtlichen und naturwissenschaftlichen Wandlungen seit Kant immer
wieder durchschlug, waren ihm ein Indiz des "Wunsches nach einer ganz
bestimmten geistigen Haltung in den Bildungsschichten [...], ohne daß diese
selbst davon etwas wüßten".[73] Die "Suggestivkraft" der durchgefeilten Architektonik des Kantischen Systems habe zur irrtümlichen Überschätzung
des Vernunftanteils der Erkenntnis" gegenüber dem Erfahrungsanteil geführt.[74] Die einzige Konsequenz, die Reichenbach 1933 in Bezug auf den
Kantianismus noch für folgerichtig hielt ist die, "den Kantschen Gedanken

---

[70]Einstein [1924]b; aufgenommen wurde dieser Gedanke nur von Schlick: [1929] S. 315;
vgl. dazu Schlick an Reichenbach, 6.Okt. 1924, ASP Sign. HR-16-42-15 sowie Hentschel
[1987].
[71]AE [1949/79]b S. 505; vgl. dazu Hentschel [1987].
[72]vgl. Schlick [1929] und die Belege im folgenden.
[73]Reichenbach [1933]a S. 601; analog [1932]a.
[74]ibid., S. 604, 624.

eines Systems letzter Erkenntnisse vollständig fallen" zu lassen.[75] Wie das erhaltene Manuskript zu diesem Aufsatz zeigt, wurden einige der schroffesten Sätze der Urfassung nachträglich noch abgemildert. So wurde etwa aus dem sehr despektierlichen Satz "sein [Kants] System bedeutet uns nichts mehr" die doch sehr viel schwächere Aussage: "sein System besitzt für uns keine Geltung mehr".[76]

Im Nachlaß Reichenbachs fand ich ferner das Manuskript eines weiteren Aufsatzes zu diesem Thema, der am 23. August 1932 in der *Frankfurter Zeitung* erschien.[77] Die ersten Sätze dieses Entwurfs waren bereits als Motto zu Abschn. 4.1. zitiert worden. Sie unterstützen meine zu Anfang dieses Abschnittes aufgestellte These des innigen Zusammenhangs zwischen der Kritik am (Neu)Kantianismus und der Entwicklung des empiristischen Gegenkonzeptes. Wie im *Naturwissenschaften*-Aufsatz führt Reichenbach auch hier die "Kraft in den Gedankengängen dieses letzten Scholastikers" darauf zurück, daß es ihm gelungen sei, "den Erkenntnisbegriff seines Zeitalters in eine Formel zu pressen", und wie in den Aufsätzen Einsteins[1924] und Schlicks [1929] verweigert hier auch Reichenbach den vielfältigen Versuchen zur Aufweichung bzw. Erweiterung des Kantischen Systems die Bezeichnung 'Kantianismus'.[78] Damit ist auch der leiseste früher verbliebene Anklang an einen Restkern kritizistischer Philosophie im 'konsequenten Empirismus' der dreißiger Jahre getilgt.

Unwillkürlich erinnern die kühlen Worte Reichenbachs über 'eine ganz bestimmte geistige Haltung in den Bildungsschichten' an den gegen Ende des Abschnittes zum Nationalsozialismus angeführten Zusammenhang, den Otto Neurath 1936 in einem Brief zwischen idealistischer Philosophie und Nationalsozialismus konstruiert hat. Auch hier spricht jemand kühl analysierend, schon wie aus der Vogelperspektive, so als ob Reichenbach nicht auch selbst in seinen früheren Arbeiten eben dieser 'Suggestivkraft' verfallen war und an der "Umbildung der Gedanken historischer Vorgänger" mitgewirkt hätte, die er nun als Pyrrhusdienst am geistigen Erbe dieser historischen Größe Kant anprangerte. Die Distanz, aus der dieses Urteil gefällt wurde, war hier, 1933, nur eine künstliche, vielleicht erklärbar als

---

[75]ibid., S. 625.

[76]ASP, Sign. HR-026-01-01, S. 26 bzw. Reichenbach [1933]a S. 626.

[77]Ich sehe ein Desideratum in der Zusammenstellung der vielen kleinen Artikel und Buchbesprechungen als ein Supplementband der *Gesammelten Werke*, in denen diese 'Varia' leider nicht aufgenommen wurden.

[78]ASP, Sign. HR-026-01-06: 5 Seiten, S. 1 u. 2 bzw. [1932]a 3. Spalte: "an Versuchen zur Erweiterung des Kantischen Systems in unseren Tagen fehlt es nicht; aber man hat das Gefühl, daß hier soviel von Kantischer Denkweise preisgegeben wird, daß man das übrigbleibende allzu weite Netz nicht mehr als Kantianismus bezeichnen sollte".

eine Art geistiger Vorbereitung der bereits absehbaren Notwendigkeit, das Land mitsamt seinem intellektuellen Horizont einer 150-jährigen geistesgeschichtlichen Dominanz kantianischer Philosophie bald zu verlassen.

Mit der Emigration der überwiegenden Teils der Vertreter des Berliner, Wiener und Prages Kreises in das nicht-deutschsprachige Ausland bot sich kein weiterer Anlaß, speziell gegen den Kantianismus Stellung zu nehmen, dessen herausragende Vertreter entweder selbst in die Emigration gezwungen wurden (ohne sich dort so harmonisch einpassen zu können wie die Empiristen in den USA)[79] oder zu wenig rühmlichen Mitläufern im gleichgeschalteten Hitlerdeutschland wurden.[80]

---

[79]dieses Schicksal widerfuhr etwa Ernst Cassirer, der erst isoliert in Göteborg, später noch in den USA nach Wirkungsmöglichkeiten suchte, und bald darauf starb; vgl. dazu etwa die Korrespondenz Reichenbachs und Carnaps mit Cassirer.

[80]leider gibt es noch keine Gesamtdarstellung der Geschichte der Philosophie während der NS-Zeit; vgl. jedoch die in Anm. 20 von Abschn. 4.7. genannten Arbeiten zum log. Empirismus sowie Kamlah [1983], Dahms [1987], Hentschel [.o.J.].

5.2 André Metz' Rundumschläge

Je fais en ce moment pas mal d'articles pour défendre la théorie relativiste contre ceux qui ne l'ont pas comprise, et qui encombrent les revues de leur prose ...
A. Metz an AE, 25. V. 1924, CPAE, Sign. 18 254.

Nachdem die Verteidigerrollen Hans Reichenbachs und Joseph Petzoldts in 3.4.2 und 3.4.3. belegt worden sind, wende ich mich hier der Figur zu, die in der französischen Öffentlichkeit eine vergleichbare Position innehatte. Gemeint ist der "ancien élève de l'école Polytechnique" André Metz[1] (geb. 1891), der in seiner Exposition der Einsteinschen RT [1923] und etlichen weiteren Aufsätzen in den unterschiedlichsten Publikationsorganen tatsächlich einen Rundumschlag gegen alle ihm untergekommenen französischen Vulgarisierungen und vermeintlichen Widerlegungen unternahm, als er seine "réfutation des erreurs contenues dans les ouvrages les plus notoires" vorlegte.[2] Die Einführung dazu schrieb sein akademischer Lehrer, der pro-relativistische Physiker Jean Becquerel, der selbst schon zwei semi-populäre Bücher zur RT geschrieben hatte. Bezeichnenderweise begann er mit der Pflichtübung, das Erscheinen eines weiteren Buches zur RT zu rechtfertigen, was ihm natürlich angesichts der 'Mission' dieses Buches, endlich mit allen Mißverständnissen aufzuräumen, nicht schwer fiel.

Encore un livre sur la relativité! Mais celui-ci était nécessaire et je voudrais qu'il fût accueilli par le public avec tout le succès qu'il mérite.

M. André Metz s'est proposé de combattre les idées fausses, qui à propos de la théorie d'Einstein ont été depuis deux ans répandues à profusion dans un nombre d'ouvrages.[3]

Damit fiel Becquerel natürlich in genau das Cliché, das auch viele der von Metz widerlegten Autoren bemüht hatten, um ihrerseits ihre Bücher zu rechtfertigen,[4] doch bestand der Unterschied für ihn eben darin, daß Metz wisse, wovon er rede, während die von Metz widerlegten Autoren Mißverständnissen aufgesessen seien, die er auf nicht abgestreifte "bagage d'idées préconçues" zurückführte.[5]

M. Metz n'est guère bienveillant à l'égard des contradicteurs d' Einstein; ce n'est certes pas moi qui l'en blâmerai. Les personnes qui

---

[1]Zitat aus Vorrede zu Metz [1966] S. 33; zu Metz vgl. Referenzen in Abschn. 4.10.3.
[2]so der Untertitel von Metz [1923]a.
[3]Becquerel [1923]a S. v.
[4]vgl. dazu Abschnitt 2.1.
[5]Becquerel [1923]a, S. vi.

> se sont élevées contre les conceptions nouvelles sont celles qui ne les
> ont pas comprises, celles qui ont cru qu'il s'agissait d'une fiction ima-
> ginée et développée par de purs mathématiciens et n'ont pas vu que
> la théorie d' Einstein est, au contraire, une théorie essentiellement
> physique, imposée par tout l'ensemble de nos connaissances; ce sont
> aussi les personnes coupables de graves erreurs de raisonnement; fait
> étrange, parmi ces dernières il en est qui sont pourtant très familia-
> risées avec les mathématiques.[6]

Daß Becquerel mit diesem Eindruck sicher weitgehend recht hatte, wurde
durch meinen Vergleich der philosophischen Interpretationen des RT im
Kap. 4 ja bereits belegt.[7] In diesem Abschnitt soll es nun vorrangig darum
gehen, *wie* sich Metz den bis 1923 vorliegenden Interpretationen der RT
gegenüber näherte, und *wie* er gerade aus der Kritik anderer Schulphilosophien gleichsam ex negativo seine eigene Position entwickelte und präzi-
sierte, von der er 1924 dann feststellte, wie sehr sie mit der von Meyerson
übereinstimmte. Die erstaunliche Affinität der philosophischen Deutung
der RT durch den Theoretiker Metz und den Epistemologen Meyerson zeigt
einmal mehr, wie sehr die spezielle Interpretation einer Theorie durch sehr
allgemeine philosophische Prämissen (wie hier die des Realismus und Rationalismus) fixiert ist. Während ich Meyersons Deutung in Abschn. 4.11.
Schritt für Schritt spezialisierend aus diesen Kernannahmen, sozusagen 'von
oben nach unten', entwickelt habe, möchte ich den umgekehrten Weg gehen und vorführen, wie sich Metz' Deutung aus einer Vielzahl unabhängiger
Dispute um Detailfragen der RT nach und nach herausgebildet hat.[8]

Auch Metz' Vorwort macht unmißverständlich den kämpferischen Charakter seiner Schrift deutlich: er wehrt sich gegen all diejenigen, die unter dem Vorwand der Erläuterung der RT diese nur vulgarisierten und sie
dadurch einer breiten Öffentlichkeit nur als Zerrbild vor Augen führten.
Damit tritt er einen 'Dreifrontenkrieg' an:

- zuvörderst gegen die Flüchtigkeiten und Mißverständnisse der jour-
  nalistischen Vielschreiber,

- dann auch gegen die aus anderen Motiven sich nährende Feindlichkeit
  ("hostilité") derer, die die RT durch ihre Widerlegungen zu vernichten
  suchen und

---

[6]ibid.; vgl. auch S. xiii.

[7]man vergleiche etwa die Abschnitte 4.10. und 4.11. Frankreich-Teil des Abschnittes
2.4. zu common sense Einwänden.

[8]vgl. dazu den Beleg zu Metz' Selbstverständnis, zit. in Abschn. 4.11.3.

- schließlich auch gegen die Flut all der durch die Elaborate der ersten beiden Gruppen zu eigenen Stellungnahmen provozierten Laien unterschiedlichster geistiger Herkunft, vom Abbé Théophile Moreux bis zum ehrwürdigen Greis Worms de Romilly.

Er verteidigte übrigens nicht nur Einstein selbst sondern ausdrücklich auch seine französischen 'Apostel' Jean Becquerel und Paul Langevin[9] gegen Angriffe aus diesen drei Lagern, und zwar mit der Begründung, daß diese theoretischen Physiker zwar durchaus Manns genug seien, sich selbst zu verteidigen, aber einfach nicht dazu kämen, sich mit der Flut populärer Aufsätze und Einwendungen zu ihren eigenen Popularisierungen zu beschäftigen.

> Les savants qui ont fait des travaux personnels sur la question, MM. Becquerel, Langevin, etc. seraient bien mieux désignés que moi pour cette défense; malheureusement, ils sont tellement absorbés par les recherches qui leur permettent de faire progresser leur science, qu'ils n'ont guère le temps de discuter devant le public les objections de leurs détracteurs. Je ne suis, à ce point de vue, qu'un amateur qui, après avoir fait beaucoup d'objections lui-même, a fini par comprendre où se trouvait la vérité et cherché, à son tour, à la faire comprendre aux autres.[10]

Diese bescheidene Begründung für *sein* Auftreten als Verteidiger anstelle derer, die eigene Fachbeiträge zur RT beigesteuert haben, verschweigt doch einiges Erwähnenswertes:

1. es war keineswegs nur Zeitmangel, der Langevin und Becquerel davon abhielt, neben den fachlichen Kontroversen über technische Details der RT auch in Dispute über grundlegendere 'philosophische' Aspekte der Theorie auszufechten - die Publikationen, auf die Metz 1923 reagierte, waren in den Augen seiner älteren Fachkollegen unwürdiges Geschreibsel, das keines Kommentares und schon gar keiner Erwiderung bedurfte.[11]

2. Umgekehrt hatte gerade der philosophischer veranlagte Metz allen Grund, gerade bei den philosophisch motivierten Mißverständnissen und Verzerrungen in den diversen Interpretationen der RT anzusetzen, denn er konnte durch vernichtende Kritik daran zugleich eine eigene Deutung der Theorie entwickeln und deren Überlegenheit demonstrieren.

---

[9]vgl. Abschnitt 3.4.1. sowie Abschn. 4.10.3. zu Becquerel.
[10]Metz [1923]b S. 158.
[11]vgl. z.B. AEs Bemerkung über Berche, zit. auf S. 539.

Der zweite Punkt läßt sich gut belegen an einem Passus, der am Anfang
der Erweiterung der fünften[!] Edition seines Buches steht, die erschien,
nachdem Metz aufgrund der zahlreichen Übereinstimmungen mit Meyersons Deutung bereits zum überzeugten Meyersonianer konvertiert war:

> Après les premières vulgarisations - un peu hâtives de l'aveu même
> de leurs auteurs - l'ère est venue des discussions plus sérieuses. Les
> philosophes se sont mis de la partie. Plusieurs d'entre eux, et non des
> moindres, se sont montrés nettement opposés aux théories nouvelles,
> soit qu'ils les combattent directement, soit qu'ils prétendent les in-
> terpréter, mais d'une manière telle que les physiciens 'relativistes' se
> refusent à reconnaître leur enfant dans le monstre qu'on leur présente
> ainsi. [...] si quelques-uns d'entre eux, comme M. Meyerson se sont
> complètement assimilé les théories relativistes, la plupart semblent
> avoir mal compris ou travesti étrangement ces théories.[12]

Nach diesem Befund aus der Feder von Metz verwundert es nicht, daß
der überwiegende Teil seiner *réponses* entweder direkt an die Adresse von
französischen Philosophen gerichtet sind, die sich zur Relativitätstheorie
äußerten, oder sich gegen solche Punkte in den populären Schriften von
Physikern oder Laien wandten, die später von Philosophen übernommen
worden sind. Nachfolgend referiere ich einige der wichtigsten Streitpunkte,
geordnet nach Personen und unter besonderer Berücksichtigung derjenigen
Aspekte, in denen philosophische Differenzen im Hintergrund standen.

Sehr ausführlich behandelte Metz die 1921 erstmals erschienene Schrift
Henri **Bergson**s zur [speziellen] Relativitätstheorie, was angesichts der
breiten Wirkung, die *Durée et Simultanéité* im französischen Sprachraum
ausgelöst hat, nur konsequent war.[13] Das paradoxe Resultat, daß Bergson
in vielerlei Hinsicht in Widerspruch zu Einstein stehe, obwohl er sich selbst
als 'Relativist' ansehe, erklärte Metz damit, daß sich Bergson ein verzerrtes
Bild von den Motiven und Zielen der SRT gemacht habe, "un Einstein particulier, et bien différent de l'Einstein réel".[14] Am Rande sei vermerkt, daß
diese These meiner Auffassung über Bergsons Deutung der SRT, die ich
in Abschnitt 4.10. entwickelt hatte, durchaus nahekommt - ich hatte dort
von einer 'Projektion' der Einsteinschen Theorie auf die Verständnisebene

---

[12]Metz [1923]b S. 141f.

[13]"La notoriété de cet éminent philosophe, l'aspect convaincant de ses raisonnements,
sa dialectique persuasive ont assuré á son livre un grand succès." Metz[1923]b S. 65;
im weiteren Verlauf weist Metz verschiedentlich auf die Wurzeln der Mißverständnisse
einzelner Autoren in den irreführenden Thesen Bergsons hin. Vgl. auch die späteren
Arbeiten von Metz [1924]a,b; [1926], [1959], [1966], [1967].

[14]Metz [1923]b S. 66; vgl. ibid., S. vii und Metz [1924]g S. 401.

Bergsons gesprochen. Metz' Referat und begleitende Kritik an Bergson
wäre dann eine 'Projektion 2. Ordnung', weil in ihr Bergsons Interpretation
der RT nun wiederum von einer völlig anders gelagerte Verständnisebene
aus, nämlich der des Rationalismus, beurteilt wird.

Bergsons Auffassung der relativistischen Raum- und Zeit–Konzepte als
fiktiver, irrealer Hilfsgrößen erscheint Metz als völlig verfehlt - immer wieder
hielt Metz dem entgegen: "c'est justement des temps réellement mesurés
qu'il s'agit dans la 'Relativité' ".[15] Darin deutet sich schon eine weitere Affinität zu Meyerson an, denn auch dieser hatte auf dem Realitätsanspruch
bestanden, der sich mit bewährten wissenschaftlichen Konzepten verbindet. Diese grundlegende Meinungsverschiedenheit über den Geltungsanspruch fundamentaler Begriffe der Theorie wurde von Metz als "une erreur
initiale" Bergsons gewertet, aus dem sich andere Mißverständnisse Bergsons erklären ließen.[16] Dies gilt insb. für das von Langevin eingeführte Zwillingsparadoxon, das Bergson unter Hinweis auf die seiner Meinung
nach vorhandene Reziprozität der Bewegungen anzweifelte. Demgegenüber
wies Metz [korrekt] immer wieder auf die Asymmetrie hin, die durch die
notwendige Beschleunigung des Raumfahrers zwischen Hin- und Rückfahrt
eingeführt würde.[17] Bergsons Probleme mit dem Verständnis des relativistischen Gleichzeitigkeitskonzeptes für räumlich entfernte Ereignisse, des
restringierte RP der SRT, des Anwendungsbereiches und der Deutung der
Lorentztransformationen u.v.m.[18] all dies war Metz eine Folge der fundamentalen Verkennung des Wirklichkeitsanspruches der Theorie, die seiner
Auffassung nach Beziehungen zwischen objektiven Gegebenheiten und nicht
zwischen chimärischen Erscheinungen herstelle.[19]

> La théorie d'Einstein, dite 'de la Relativité', qui est une théorie phy-
> sique rendant compte des phénomènes réels n'a rien de commun avec
> celle de M. Bergson, inapplicable au monde réel.[20]

Metz widersprach Bergson noch in einem weiteren Punkt, der in diesem
Zitat durch das "dite de la Relativité" bereits anklingt: die RT war für ihn
eben keine Instanz einer diffusen philosophischen Relativität, in der alle
Absoluta abgeschafft würden, sondern umgekehrt basiere die RT gerade
auf unveränderlichen Größen ('Absoluta') wie der Lichtgeschwindigkeit im

---

[15]ibid., S. 67.; vgl. S. 74, Metz [1924]g S. 404 und Abschn. 4.10.4.
[16]Metz [1923]b S. 65.
[17]ibid., z.B. S. 69, 209, 218; vgl. Belege in Abschn. 4.10.4. sowie Marder [1971/79].
[18]ibid., z.B. S. 69,74, 192f., 200f.
[19]ibid., S. 212.
[20]ibid., S. 220.

Vakuum oder den zahllosen Invarianten, die aus kontrahierten Tensoren gebildet werden können.

> Car la théorie de la Relativité (celle d' Einstein) ne supprime pas l'absolu. Comme toute théorie physique, rendant compte de faits réels, elle le postule et s'y réfère en dernière analyse.[21]

Auch diese These von Metz steht in direkter Korrespondenz zu Meyersons Überzeugung, daß die Wissenschaft auf das Auffinden und Kodifizieren solcher objektiver Zusammenhänge hinauslaufe.[22] In dieser wissenschaftshistorischen Lehre, die laut Metz aus der RT zu ziehen ist, sah er geradezu eine Chance für die 'gesunde Philosophie', ihren Wissensstand durch Aufnahme dieses neuen Fachwissens zu erneuern und zu erweitern. Diese Chance habe Bergson mit seiner starren Adaptierung der RT in sein sachfremdes, anti-intellektualistisches Begriffsgefüge verpaßt.[23] Mit dieser klaren Frontlinie gegen die Interpretationen der RT durch Bergson selbst und dessen Adepten[24] vollzog Metz m.E. sehr viel konsequenter als Meyerson die Konsequenzen des Rationalismus.[25]

Gegenüber vielen anderen Autoren, darunter keineswegs etwa nur Bergsonianer, wiederholt Metz die im vorigen aufgeführten Argumente. Besonders Bergsons Herabwürdigung der Geltung relativistischer Konzepte wurde vielerorts übernommen, so etwa vom Popularisator Lucien **Fabre**, dessen Rede von "monstrosités scientifiques" Metz ebenso verwirft wie Jacques **Maritain**s Versuch, den relativistischen vom 'vulgären Zeitbegriff' abzugrenzen.[26] Wer nicht erkenne, daß mit den relativistischen Aussagen über Zeitdilatation, Längenkontraktion etc. das Verhalten realer, meßbarer Zeiten bzw. Längen gemeint sei, habe den Gehalt der Theorie eben nicht erfaßt.[27] Auch diese dezidiert realistische, anti-phänomenalistische und anti-fiktionalistische Deutung der Bedeutung der Lorentztransformationen für das Verständnis der Konzepte 'Länge' und 'Zeit' paßte ausgezeichnet in den Denkrahmen des 'realistischen Rationalismus' Meyersons, der sich selbst nicht detaillierter über die SRT ausgelassen hatte, obwohl

---

[21]ibid., S. 220; vgl. S. 222.

[22]vgl. Abschnitt 4.11.

[23]ibid., S. 218, 226.

[24]z.B. Guillaume, Le Roy, Dupont u.a. - vgl. Abschn. 4.10.4.

[25]Meyerson selbst hat an Bergsons Anti-Rationalismus gegenüber niemals deutliche Kritik geübt - vgl. dazu Abschn. 4.11.

[26]S. 94 u. 200 bzw. S. 196. Analog in Metz [1924]g versus Dupont u. Malet [1924].

[27]So schreibt Metz etwa über Fabre: "Mais malgré ces multiples exposés, on a l'impression que l'auteur parle de choses extérieures à lui, qu'il ne s'est pas bien assimilées." ibid., S. 93.

gerade dieser Aspekt der SRT sich für eine Illustration der Konsequenzen
seines 'Realismus' geradezu anbot.

An Marcelin **Dubroca**s Einwänden bemängelt Metz insb., daß dieser
nicht begriffen habe, wie die vielen Aussagen, die aus der RT zu einzelnen
Experimenten ableitbar seien, alle in einer einheitlichen und sehr ökonomi-
schen Prinzipientheorie wurzeln. Es handele sich eben nicht um ein verein-
zeltes "miracle algébrique", sondern der "valeur explicative remarquable"
der Theorie müsse anerkannt werden. Metz spricht sogar von der RT als der
"synthèse rationelle la plus puissante qui ait vu le jour jusqu' ici".[28] Auch
hier ist es wieder unverkennbar die Perspektive des späteren Meyersonia-
ners, der sich gegen eine vereinzelte Betrachtung von Sätzen der Theorie
ohne Berücksichtigung des Systemzusammenhangs mit anderen Sätzen und
Prinzipien der Theorie wehrt und die streng deduktive Einheit des theoretischen Systems betont.

Eine verwandte Streitfrage kommt in Metz' Erwiderungen auf die Physiker J. **Le Roux**, Henri **Bouasse** und Alphonse **Berget** zur Sprache. Allen dreien gegenüber bemängelt Metz eine künstliche Isolierung einer von
vielen realisierten experimentellen Bestätigungen der SRT. Das Michelson-
Morley-Experiment habe zwar durch seine Erwähnung in nahezu ausnahmslos allen Traktaten zur RT eine besondere Berühmtheit erlangt, sei aber
keineswegs die einzige experimentelle Stütze der RT, die auf einem gut
gesicherten und über viele Phänomenbereiche gestreuten Erfahrungswissen beruhe. Bergets Hinweis auf die endliche Genauigkeit der historischen
Experimente von 1881/87 entgegnet Metz mit dem Vermerk, daß dieser Typus von Interferenz-Experiment danach mehrmals mit jeweils verbesserter
Beobachtungsgenauigkeit und sophistizierterer methodischer Auswertung
wiederholt worden sei und daß das ursprüngliche Resultat [bis auf die umstrittene Meßreihe D.C. Millers] stets bestätigt worden ist. Dem Versuch
des theoretischen Physikers **Le Roux**, eine elektrodynamische Alternative
zu Einsteins SRT zu formulieren, die einen Äther ["milieu fixe"] beinhaltete und die Lichtgeschwindigkeit vom Bewegungszustand der Lichtquelle
abhängig machte, hielt Metz entgegen, daß keine Experimente auf einen
derartigen Effekt hindeuteten, während die RT nicht nur die beobachtete
Isotropie der Lichtausbreitung bei konstanter Geschwindigkeit im Vakuum
sondern darüber hinaus auch noch viele weitere Experimente an ganz anders
gearteten Systemen zwanglos erfasse.[29] Angesichts dieses breiten Basis von
bekannten Prozessen, die sämtlich keine eindeutige Auszeichnung eines Sy-

---

[28]ibid., S. 85.

[29]ibid., S. 79; Metz erwähnt ausdrücklich Bucherers Messungen des Massenzuwachses bei
beschleunigten Kathodenstrahlen, Guye u. Lavanchys elektrodynamische Experimente.

stems als ruhend erlaubten, wären Einsteins spezielles Relativitätsprinzip und sein Postulat der Konstanz der Lichtgeschwindigkeit geradezu erzwungene Aussagen über die Beschaffenheit realer physikalischer Systeme:

> Et puis ce ne ne sont pas là des postulats, mais des affirmations nécessitées par les bases expérimentales les plus certaines de l'électromagnétisme et par bien d'autres phénomènes encore, et ces affirmations n'ont reçu jusqu'ici de l'expérience que des confirmations.[30]

Auch diese Einbindung eines rationalistischen Theorienverständnisses in die Empirie, die Forderung nach experimenteller Kontrolle als unverzichtbarer Nebenbedingung an erfolgreiche Theorien, einte Metz mit Meyerson.[31]

Übrigens kam Metz auch außerhalb seines Buches auf die Frage der korrekten Interpretation des Michelson-Morley-Experimentes zurück, und zwar in einer Kontroverse mit E. **Brylinski**, die in den *Comptes Rendus* der französischen Akademie der Wissenschaften ausgetragen wurde.[32] Darin ging es neben der technischen Frage, wie die Reflexion am halbdurchlässigen Spiegel in die richtige Ableitung des zu erwartenden Resultats zu implementieren ist auch um die vieldiskutierte Wiederholung des Experimentes durch den Amerikaner Dayton C. Miller.[33]

An den Erwiderungen auf Gaston **Moch** interessiert hier vorallem Metz' Bemerkungen zu Mochs These, daß Einsteins kosmologische Aussagen über die Endlichkeit des Universums grundsätzlich nichtverifizierbar sei. Metz hielt dem entgegen, daß Moch seinen eigenen "positivistischen" Grundsätzen widerspräche, wenn er zukünftigem Erfahrungswissen durch ein rein verbales (Vor)Urteil vorzugreifen versuche. "Ne dites pas d'une assertion qu'elle est 'à jamais invérifiable' ".[34] Neben diese grundsätzliche Skepsis gegenüber Mochs Grundhaltung stellte Metz noch den Hinweis, daß sich im speziellen Falle der Frage nach der Endlichkeit des Universums und seiner Struktur durch Messungen der Rotverschiebung der entferntesten Spiralnebel vielleicht sogar schon bald eine Entscheidung zugunsten eines der

---

[30]ibid., S. 133.

[31]zu Meyersons Vorstellungen hierzu vgl. insb. AE [1928]d, teilw. zit. in Abschn. 4.11.2.; Belege von Metz sind zitiert in Abschn. 4.11.3.

[32]Brylinski [1922],[1923]a und b, [1924] bzw. Metz [1924]c,d.

[33]D.C. Miller[1922]; Brylinskis Anspruch, den quantitativ kleinen positiven Effekt mit einem Restterm $\sim v^3/c^3$ in der von ihm abgeleiteten Formel erklären zu wollen, wurde von Metz unter Verweis auf die verschwindende Kleinheit dieses Terms und eine verbleibende Unstimmigkeit zu der beobachteten Periodizität des Effektes erklärt. Vgl. dazu ferner die Briefe Metz' an AE, 25. V. 1924, 14. VI. 1924 und 8. I. 1926, CPAE Sign. 18-251, -252 und -256, teilw. in Abschn. 4.11.3.

[34]Metz [1923]b S. 103.

mathematisch möglichen Modelle des Universums ergeben könnte.[35] Mit dieser Kritik der positivistischen Interpretation der RT durch Moch war auch das letzte Charakteristikum des Meyersonschen Rationalismus, sein vehementer Anti-Positivismus, auf dem von Meyerson gänzlich unabhängigen Weg der Detailkritik von Metz erreicht worden.

In Repliken auf Daniel **Berthelot** und den Abbé Th. **Moreux** weist Metz neben weiteren Detailfehlern auch den in ihren Schriften durchklingenden Antisemitismus zurück, von dessen Aufkommen nach 1920 auch in Frankreich ich bereits in Abschnitt 3.2. berichtet hatte. In seiner Darstellung wird dieser Punkt jedoch nur am Rande beiläufig gestreift - die diesbezüglichen Passagen werden als völlig deplazierte Verirrungen der Autoren gebrandmarkt und ironisch geringschätzend kommentiert, ohne dabei in Gegenbeschuldigungen zu verfallen: "Pardon, M. l'abbé, les questions de religion n'ont rien à voir là-dedans...".[36] Gelegentliche Versuche, einen Widerspruch zwischen SRT und common sense zu konstruieren, konterte Metz unter Anwendung des gleichen Gedankengangs, indem er demonstrierte, daß die vermeintlichen Alternative einer auf einem Äther beruhenden Elektrodynamik nicht minder unverträglich mit dem gesunden Menschenverstand sei.[37] Mit dieser sehr souveränen und strategisch geschickten Art der Zurückweisung sachfremder Argumente religiösen oder auch volkstümlichnaiven Charakters trug Metz sicher dazu bei, daß diese Argumentationstypen in der Folgezeit in Frankreich sehr viel seltener bemüht wurden als in Deutschland, wo Einstein und seine Anhänger mit sehr viel aggressiverer Reaktion unbeabsichtigt noch zur Anfachung der öffentlichen Erregung beigetragen hatten.

Der einzige Autor, der von Metz mit etwa gleicher Ausführlichkeit behandelt wird wie der prominente Philosoph Bergson ist der Verfasser zahlreicher Popularisierungen der Einsteinschen Theorie, Charles **Nordmann**. In der ersten Auflage seines Buches beschränkt sich Metz noch auf eine allgemeine Polemik gegen Nordmanns oberflächliche Art und Weise der 'Vulgarisierung' der Theorie, die er zunächst in seinem eigenen Stil ironisch wie folgt paraphrasiert:

M. Nordmann, dis-je, semblait tout désigné pour "chasser ces monstres, armé du fouet éclatant qu'est le verbe, et accéder jusqu'aux

---

[35]ibid.; zu dieser Zeit konkurrierten de Sitters hyperbolische und Einsteins zylindrische Lösung der Feldgleichungen - siehe Abschn. 1.4.

[36]Metz [1923]b S. 117 zu Th. Moreux [1922]; vgl. S. 110 zu Berthelot [1922].

[37]ibid., S.125: "il me semble, que l'hypothèse d'un éther qui vibre transversalement comme un solide, et qui néanmoins n'offre aucune gêne au mouvement des corps, contredit le sens commun ... mais passons".

splendeurs einsteiniennes par le clair et noble escalier du langage français",[38]

um dann sogleich anzufügen, daß Nordmann diesem anfänglichen Eindruck bei näherer Prüfung eben nicht gerecht wird, sondern sogar in unbeabsichtigt anti-relativistische Denkweise zurückfällt.[39]

Die fünfte Auflage der Schrift von Metz beinhaltet dann in einem hinzugefügten Anhang auch den Abdruck einer dreiteiligen Artikelserie, die ursprünglich in der Zeitschrift *Université* erschienen war, und in der Metz eine Neuerscheinung Nordmanns verreißt. Hier ging es Metz offenbar darum, den **Kampf um die Verteidigerrolle in Frankreich** gegen einen potentiellen Konkurrenten aufzunehmen, denn auch Nordmann war in seiner neuesten Veröffentlichung als Verteidiger Einsteins gegen ungerechtfertigte Angriffe aufgetreten. In aufeinanderfolgenden Abschnitten referiert Metz zuerst Nordmanns Thesen, dann Einsteins Reaktion darauf sowie schließlich die seiner Auffassung nach korrekte Behandlung des strittigen Punktes, nämlich der Vorschrift zur Synchronisation voneinander entfernter Uhren. Bis in die Überschriften hinein benutzt Metz dabei absichtlich ein juristisches Vokabular, das ausdrücklich auch den Terminus 'Verteidiger (avocat)' miteinschließt:[40] Schon die Wortwahl bestätigt also die im Kapitel 3 anhand anderer Personen belegte These, daß div. Figuren im Umkreis Einsteins ihrem Selbstverständnis nach als 'Verteidiger' agierten und auch so verstanden wurden. Kronzeuge von Metz in seiner Beweisführung dafür, daß Nordmann sich den Titel des Einstein-Verteidigers unrechtmäßig erschlichen hat, ist Albert Einstein selbst, der mit Metz in brieflichen Kontakt stand und ihm am 2. Juli 1924 u.a. geschrieben hatte:

Nordmann a aussi essayé de réfuter Bergson, mais il n'a pas, à ce qu'il me semble, saisi le nœud de la question.[41]

Diese Absage Einsteins wertet Metz dann für seine Zwecke wie folgt aus:

Ainsi l'avocat plaide 'coupable', là où le client voudrait qu'on plaide 'innocent'... En matière civile ou criminelle, on peut récuser des juges ou des experts; dans le procès qui est ainsi institué devant le public éclairé, Einstein récuse son avocat, ou plutôt celui qui se présente comme tel devant ce vaste jury. [...] il est facilement comprehensible qu'Einstein demande à être défendu par d'autres avocats.[42]

---

[38]Metz [1923]b S. 87.

[39]ibid., vgl. S. 90.

[40]"M. Nordmann, avocat d'Einstein"; "Einstein récuse son avocat"; "Les pièces du procès", ibid., S. 143, 145, 147.

[41]zit. nach Metz [1923]b S. 145.

[42]ibid., S. 145, 147.

An wen mag Metz da wohl gedacht haben?

Nachdem (der zu dieser Zeit aufgrund seiner Verdienste im 1. Weltkrieg bereits im militärischen Rang eines 'capitaine' stehende, später noch zum General aufsteigende)[43] Metz auf diese Art und Weise seine Kombattanten im Kampf um die Rolle des Stellvertreters Einsteins in Frankreich, zumindest in Sachen Philosophie der RT, ins Aus befördert hatte, blieb ihm die Anerkennung als autorisierter Fürsprecher Einsteins durch angesehene Physiker nicht versagt. Unter dem häufig benutzten Pseudonym 'Ph. du P.' besprach der Promotor der RT in Frankreich und enge Freund Einsteins Paul Langevin das Buch von Metz im Jahr nach seinem erstmaligen Erscheinen.[44] Er lobte die Präzision des eigenen kurzen Exposition der RT durch Metz im ersten Teil des Buches und hob, wie schon Becquerel im Vorwort, ebenfalls die Notwendigkeit einer eingehenden Kritik der vielen Mißverständnisse in der Populärliteratur hervor, die Metz mit sicherem Gespür für die Schwachstellen und überdies mit einigem Witz richtiggestellt hatte:

> la partie que l'ont dite la plus amusante du volume est la troisième où, avec une critique non moins impitoyable que pénétrante il fait justice des erreurs plus ou moins graves et des fausses interprétations qui émaillent diverses publications déjà parues sur le sujet, les unes en vue de combattre les idées d'Einstein, les autres, ce qui est encore plus navrant, en vue soi-disant de les vulgariser tout en leur faisant inconsciemment subir des déformations qui en altèrent singulièrement le sens.
>
> Détail qui ne manque pas de piquant, l'auteur, sans peut-être même y avoir pris garde, réfute chacun de ces auteurs dans un style qui n'est pas sans quelque parenté avec celui de cet auteur.[45]

Über dieses dicke Lob hinaus zitiert der Rezensent noch Ausschnitte zweier Briefe an Metz, die ihm sicher von diesem selbst zugespielt worden waren. Zunächst der Brief Einsteins an Metz, der, da er sich bisher nicht im Original aufgefunden hat, hier vollständig so wiedergeben wird, wie er in der Buchbesprechung angeführt wurde:

> Sehr geehrter Herr,
> Sie haben mit Ihrem kleinen Buche ein wirkliches Bedürfniss[sic] befriedigt. Die Darlegung der Theorie ist ausgezeichnet in ihrer Kürze und Prägnanz; die Widerlegung unrichtiger Behauptungen anderer

---

[43]siehe Langevin [1924], S.254 "le capitaine Metz" und Metz [1966] S.34: "le général A.M."

[44]Langevin [1924].

[45]ibid., S. 254.

Autoren gewissenhaft und geistreich und - was die Hauptsache ist - durchweg richtig.

Mit freundlichen Grüssen an Sie und Herrn Becquerel und - wenn Sie ihn persönlich kennen - an meinen lieben verehrten Freund Langevin

Ihr ergebener A. Einstein[46]

Ferner führt Langevin alias Ph. du P. noch einen Brief Eddingtons an Metz an, der das Erscheinen der Metzschen Publikation ebenfalls sehr begrüßt hatte.

Dear Sir, I am very pleased to receive a copy of your book. The hasty misconceptions of opponents of the theory, and - still worse - the well-meaning but shallow writings of some of its friends have created a good deal of confusion in the mind of the public, which your book should help to disperse.

Wishing you a wide circle of readers, I remain
    Yours very truly   A. S. Eddington

Metz blieb nach dieser vielversprechenden Kontaktaufnahme mit Einstein in brieflichem Gedankenaustausch.[47] Metz versäumte es nicht, Einstein Bericht zu erstatten, wann immer er sich wieder einmal in einem Disput über Aspekte der RT befand, so etwa mit Brylinski über die Interpretation des Michelson-Experimentes[48] oder mit Berche über dessen fiktionalistische Deutung der RT.[49] Über letzteren Aufsatz schrieb er in der Skizze zu seiner Erwiderung an den Direktor der *Revue de Philosophie*:

Il faudrait des volumes pour réfuter toutes les erreurs enchevêtrées qui se trouvent dans l'article en question. Je me bornerai (puisque l'auteur a particulièrement insisté sur ce qu'il appelle la fiction einsteinienne) à indiquer le point de vue relativiste en ce qui concerne la réalité ou la fiction de la contraction des longueurs et de la dilatation des durées.[50]

---

[46]ibid., S. 255. Bislang scheint die Existenz dieser Wiedergabe des im Original verschollenen Einstein-Briefes nicht bemerkt worden zu sein - ich habe die Buchbesprechung im Rahmen meiner Literatursuche ermittelt.

[47]erhalten sind Briefe aus den Jahren 1924 - 1952, zumeist von Metz an Einstein, alle CPAE, teilw. zit. im folgenden bzw. in Abschn. 4.11.3.

[48]in der *Revue d'Electricité* und in den *Comptes Rendus*; vgl. Metz' Brief an AE, 14. VI. 1924, CPAE, Sign. 18 252.

[49]in der *Revue de Philosophie*, 1924/25 - siehe Metz [1925]b, Berche [1924], [1925]; vgl. Abschn. 4.4. sowie Metz' Brief an AE, 23. XI. 1924, CPAE, Sign. 18 253 - teilw. zit. im folgenden.

[50]A. Metz an E.Peillaube, o.Datum, CPAE, Sign. 18 254.

Der Herausgeber der Zeitschrift scheint es in diesem Fall jedoch erforderlich gehalten zu haben, daß Einstein selbst seine Meinung zu der Kontroverse zwischen Berche und Metz äußerte, bevor Metz' Erwiderung erscheinen konnte. Die Autorisierung von Metz durch die vorausgegangenen Diskussionen war ihm offenbar nicht klar genug, und er befürchtete den Anfang eines erbitterten Meinungsstreites in Form von immer neuen Gegendarstellungen wie er sich ja in dieser Zeit oft genug zwischen Vertretern verschiedener Philosophenschulen abspielte.[51] So war Metz also gezwungen, sich diesmal schon vor der Publikation seiner Erwiderung an Einstein zu wenden und ihm über Berche, seine geplanten Erwiderung und die notwendige Stellungnahme zu berichten.

> Cet article [von Berche, K.H.] est très long, mais un simple coup d'œil suffira à vous montrer que l'auteur ne sait pas ce qu' est réellement la théorie de la Relativité, et que ses injures tombent à faux.
>
> Le directeur de la Revue me demande si vous voulez bien donner votre approbation à ma réponse, ou ajouter quelques mots de votre cru.[52]

Und nichts ahnend von der Öffentlichkeitsphobie, die Einstein aufgrund schlechter Erfahrungen mit der Presse und der 'interessierten Öffentlichkeit' seit dem Einsetzen des 'Relativitätsrummels' gemacht hatte,[53] fügte Metz dann auch noch hinzu, daß der erbetene Brief Einsteins selbstverständlich seiner Erwiderung beigefügt würde. Im übrigen habe Metz schon immer besten Gebrauch von den gütigen Briefen Einsteins gemacht (womit er offenbar auf die vollständige Wiedergabe des ersten Briefes von Einstein an ihn in der Buchbesprechung Langevins anspielte). Auch wenn Einsteins Reaktion dies nicht ausdrücklich feststellt, muß diese Offenbarung Einstein doch zumindest irritiert haben. Seine Antwort an Metz fiel entsprechend kühl aus und war eigentlich eher eine Andeutung, daß Einstein die Mühe, die sich Metz mit der Ausarbeitung einer ausführlichen Replik auf den Artikel Berches machte, nicht recht begriff.

> Lieber Herr Metz!
> Eingehenden Studiums scheint mir der Artikel von Herrn Berche nicht würdig zu sein. Wie Sie in Ihrer Entgegnung richtig andeuten, ist es dem Verfasser des Artikels nicht klar geworden, dass die Grundlage und der Inhalt der Relativitäts-Theorie neben Konventionen (Gleichzeitigkeit) auch Prämissen enthält, die dem Charakter physikalischer Hypothesen (Aussagen über die Wirklichkeit, die entweder zutreffen

---

[51]ein repräsentatives Beispiel dazu im folgenden Abschnitt!
[52]A. Metz an AE, 23. XI. 1924, CPAE, Sign. 18 253.
[53]vgl. die Abschnitte 2.1., 2.2.

oder nicht zutreffen) entsprechen. An Ihrer Antwort ist die Behauptung, dass die Hypothesen von der Abhängigkeit der Lichtgeschwindigkeit vom Bewegungszustande der Lichtquelle (sogenannte Ritz'sche Hypothese) seit einem Jahrhundert erledigt sei, nicht zutreffend. Darauf wird wohl am unmittelbarsten aus den spektroskopischen Erscheinungen an Doppelsternen widerlegt, wobei besonders De Sitter aufmerksam gemacht hat.

Mit vorzüglicher Hochachtung[54]

Einstein teilte zu diesem Zeitpunkt längst die Auffassung Langevins oder Borns, daß solche Erwiderungen auf unwürdige, von Mißverständnissen und Invektiven strotzende Arbeiten nutzlos seien. Darüber hinaus bemerkte er auch noch einen sachlichen Irrtum, der Metz im Entwurf seiner Replik unterlaufen war, so daß diese übereifrige Versuch von Metz, Einstein in seinen Feldzug einzubeziehen, diesmal eher schädliche Folgen hatte. Diese Abkühlung des persönlichen Verhältnisses zwischen beiden nach einer durch Übereifrigkeit ausgelösten Verstimmung Einsteins ist übrigens auch bei der deutschen Parallelfigur zu Metz, Hans Reichenbach, eingetreten.[55]

Trotzdem trat Metz auch noch in hohem Alter, lange nach dem Tode Einsteins, z.B. in Diskussionen der *Société française de Philosophie* 1966 oder in rückblickenden Artikeln, *für* seine Meyersonianische Interpretation der RT und *gegen* konkurrierende Schulinterpretationen wie die Bergsons, der logischen Empiristen oder den Operationalismus Bridgmans ein.[56] Der zu Anfang dieses Abschnittes als Motto zitierte Satz, den Metz 1967 formulierte, möge auch als das letzte zusammenfassende Wort über seine lebenslange Verteidigertätigkeit gelten.

---

[54]AE an A. Metz, 27. XI. 1924, CPAE Sign. 18 255.
[55]vgl. Abschn. 3.4.3.
[56]vgl. Metz [1959], [1967] S. 229 bzw. S. 226f. resp.

5.3 Inkommensurabilitätseffekte in der Debatte zwischen Oskar Kraus, Philipp Frank und Benno Urbach

> Sie werden aneinander vorbei und nicht zueinander sprechen: sie gehören anderen Denkgemeinschaften bzw. *Denkkollektiven* an, sie haben einen anderen *Denkstil.* Was für den einen wichtig, sogar wesentlich ist, ist für den anderen Nebensache, keiner Erwähnung wert. Was der eine für evident hält, das hält der andere für Unsinn. [...] Schon nach einigen Sätzen stellt sich das eigentümliche Gefühl der Fremdheit ein, das die Divergenz der Denkstile bestätigt [...]. Solche Denkgruppen (Gemeinschaften, Kollektive), die Träger von mehr oder weniger gesonderten Denkstilen sind, gibt es sehr viele. Sie werden durch mannigfache besondere Formen kollektiven Denkens geschaffen, z.B. von bestimmten Disziplinen wie der Physik [...]. Von den philosophischen Systemen bestimmter Schulen, von der Weltanschauung des sog. gesunden Menschenverstandes usw.
> Ludwik Fleck [1936/83] S. 87f. u. S. 91.

Ich hatte bereits verschiedentlich angedeutet, daß die höchst unterschiedlichen allgemein-philosophischen Auffassungen und die aus ihnen resultierenden Interpretationen der RT von Philosophen verschiedener Schulzugehörigkeit im einzelnen die Verständigung verschiedener Philosophen miteinander sehr schwierig machte. Kritiker und Verteidiger der RT appellierten an jeweils andere Normen - Argument und Gegenargument lagen auf (bildlich gesprochen) verschiedenen, sich nicht schneidenden Geraden - keiner fühlte sich durch die Replik des anderen verstanden, aber jeder meinte, den Opponenten richtig verstanden zu haben.[1] Dieses **wechselseitige sich Mißverstehen und aneinander Vorbeireden**, das in vielen schulübergreifenden Diskussionen zu beobachten ist, wird überdeutlich in einer zwischen 1920 und 1922 ausgetragenen Debatte zwischen Oskar Kraus, Philipp Frank und Benno Urbach, an der ich dies im Sinne einer Fallstudie näher untersuchen will. Es wird sich zeigen, daß die Meinungsverschiedenheiten, die oberflächlich betrachtet ganz spezielle Punkte betreffen, zurückführen auf ganz grundlegende Differenzen im Wirklichkeits- und Theorienverständnis der Beteiligten. Die "merkwürdigen Mißverständnisse", die wechselseitig dem anderen unterstellt werden, sind also das Indiz einer viel tiefer liegenden **Inkommensurabilität** der philosophischen Denkstrukturen, die

---

[1] z.B. Theo Wulf und Hans Reichenbach [3.4.2.], Study und Vaihinger in [4.4.], Cassirer und Schlick in [5.1.] oder Metz und Bergson in [5.2.].

nicht nur die jeweilig eigene Argumentation prägen, sondern auch das Verstehen (oder eben nicht-Verstehen) des jeweils anderen bestimmen. In diesem Sinne wird also hier die philosophische Deutung der RT durch Oskar Kraus[2] (1872-1942) als Brentano-Schüler von unten nach oben entwickelt und nicht wie in Kapitel 4 von den allgemeinen Prämissen ausgehend. Zur Orientierungshilfe vergleiche man jedoch bei Bedarf die Übersicht 4.8. (zum logischen Empirismus, hier vertreten durch Frank) sowie das Schema 5.1. am Ende dieses Abschnittes.

Ausgangspunkt der Debatte war ein Vortrag des Nachfolgers von AE auf dem Lehrstuhl für theoretische Physik der deutschen Universität Prag, Philipp Frank über *Die Einsteinsche Relativitätstheorie* im November 1919,[3] in dem der in halbpopulären Vorträgen zur RT geübte Frank einmal mehr die für den frühen logischen Empirismus typische Interpretation der RT zur Diskussion stellte.[4] Daraufhin fühlte sich der ebenfalls in Prag Philosophie dozierende Kraus offenbar zu einer Replik aufgerufen, die in Form und Inhalt ähnlich seinem im selben Jahr in Halle gehaltenen Vortrag[5] gewesen sein dürfte.[6] Eine abgewandelte Variante dieses Vortrags des Brentanoschülers Kraus erschien im Publikationsorgan des *naturwissenschaftlich-medizinischen Vereins LOTOS* in Prag unter dem Titel *über die Deutung der Relativitäts-Theorie Einsteins* . Direkt im Anschluß daran folgte eine Replik Franks[7] *Zur Relativitäts-Theorie Einsteins* und dahinter war noch angehängt eine ergänzende *Abwehr der vorstehenden Erwiderung Professor Franks* von Kraus. Nachdem knapp zwei Jahre später, angeblich "von medizinischer Seite aufgefordert" auch noch der promovierte Mediziner und Philosoph Urbach *kritische Bemerkungen zur philosophischen Bekämpfung der Einsteinschen Relativitätstheorie durch Prof.Dr. O. Kraus* in der naturwissenschaftlichen Zeitschrift publiziert hatte,und Kraus auch dagegen Stellung genommen hatte,wurde die Diskussion durch den Herausgeber von *Lotos*, Prof. Dr. L. Freund, geschlossen. Seine Begründung für die Verweigerung der Publikation weiterer Erwiderungen auf Erwiderungen auf ... zeigt schon, mit welch ungewöhnlicher Heftigkeit hier gestritten worden

---

[2]zu Kraus siehe Ziegenfuß/Jung (Hrsg.) [1949/50] Bd. 1, S. 681f., Oesterreich [1923/28] Bd. 4, S. 502f. sowie Holz [1980].

[3]siehe Vortragsübersicht in *Lotos* **67/68** (1919/20) S. 27.

[4]vgl. Abschnitt 4.7.;der Vortrag wurde in dieser Form nie gedruckt, vgl. jedoch Frank [1909], [1910/11], [1919/20].

[5]Kraus[1920]a; vgl. Abschnitt 3.4.2.

[6]ein Zeitungsreferat des Vortrages von Kraus in Prag und der sich anschließenden Diskussion, an der sich neben Frank auch J. Winternitz beteiligte, gab am Tag darauf das *Prager Tagblatt*, 27. Febr. 1920.

[7]vermutlich eine erweiterte Fassung seiner Bemerkung nach dem Kraus-Vortrag.

war:

> Die Form, in welcher dieselbe hier veröffentlicht wird, weicht von
> dem bei uns gehandhabten Usus in ihre nahezu persönlich werden-
> den Schärfe ab, für die dem Autor allein die Verantwortung obliegt.[8]

Von der Replik Urbachs auf Kraus (wegen der vom Herausgeber verfügten
Zäsur nicht mehr publiziert) hat sich nur durch Zufall ein Fragment erhalten.[9] Als Ergebnis dieses Vorberichtes zum vorhandenen Material dieser
Diskussion will ich festhalten: es wurde mit **unerbittlicher Ausdauer**
gestritten - jeder gegen ihn gerichteten Äußerung ließ Kraus eine scharfe
Erwiderung folgen; insg. dreimal - und die Tonlage der Dispute war äußerst
gereizt, ja aggressiv. Als Urbach zu Beginn seines Artikels feststellte, daß
"auf beiden Seiten nicht bloß **auffallend starke Kampflust**, sondern sogar **ausgesprochener Vernichtungswille** als das treibende Motiv der
Polemik zu erkennen ist",[10] stimmte Kraus ihm nur höhnisch bei: "Herr
Urbach beschuldigt mich des Vernichtungswillens gegenüber der Einsteinschen Relativitätstheorie (R.Th.).- Ich bekenne mich schuldig!"[11]

Worum wurde nun im einzelnen gestritten? Die Hauptstoßrichtung des
Krausschen Vortrages war bereits nicht so sehr gegen AE selbst als vielmehr
gegen den empiristischen Protagonisten der RT in Prag, Philipp Frank,
gerichtet, wie folgendes Zitat zeigt:

> Der Irrtum der Relativisten [nicht der Einsteins! K.H.] besteht darin,
> daß sie all dies mathematische Rüstzeug falsch auffassen, die Fiktio-
> nen für Wirklichkeiten nehmen, und so, während sie metaphysische
> Annahmen möglichst auszuschließen beabsichtigen, eine Metaphysik
> einführen, die an Paradoxie alles bisher von Philosophen geleistete in
> den Schatten stellt. [...] Dieses sogenannte rein beschreibende Ver-
> fahren wird dem forschenden Menschenverstande, dem quantitative
> Beziehungen als solche die kausalen nicht ersetzen können, auf die
> Dauer unmöglich genügen. Eine 'metaphysikfreie Naturforschung' ist
> eine contradictio in adjecto.[12]

Kraus widerspricht hier eindeutig der Maxime empiristischer Philosophen
vom Schlage Petzoldts und Franks, die in der Nachfolgetradition Ernst

---

[8]im Anschluß an Kraus [1922] S. 342.

[9]Einstein notierte auf die Rückseite eines Bogens der Urbach-Replik (S. 9) einen Entwurf zu einem Brief an Murray, 1924, CPAE Sign. 34 808-1,2.

[10]Urbach [1922] S. 309; Hervorhebungen K.H.

[11]Kraus [1922] S. 333.

[12]Kraus [1919/20] S. 152.

Machs auf die immer weitergehende Elimination von als metaphysisch ge-
brandmarkten Konzepten aus der Naturwissenschaft drangen,[13] und er versucht sogar, ganz in Brentanoscher Manier, seine Opponenten mit ihrer eigenen Maxime zu schlagen, indem er ihnen seinerseits metaphysische Fehldeutung der Theorie vorwirft. Während sich für die 'Relativisten' mit der
RT ein Wirklichkeitsanspruch verbindet, möchte Kraus die Bedeutung der
Theorie "in die ihr gebührenden Schranken"[14] verweisen.

> Einstein und seine Anhänger mißdeuten die Formeln und Symbole ih-
> rer Theorie, wenn sie die sog. Relativierung der Zeit, die Vierdimen-
> sionalität des Raumzeitkontinuums, und die Krümmung des Raumes
> für etwas anderes als für Symbole und Fiktionen halten, die vielleicht
> geeignet sind, als rechnerische, beschreibende und heuristische Hilfs-
> mittel der theoretischen Physik gewisse Dienste zu leisten.[15]

An den bislang zutage getretenen Meinungsverschiedenheiten in dem speziellen Punkt des der RT zugesprochenen Geltungsgrades zeigen sich bereits
folgende viel tiefer liegenden Differenzen:[16]

- Kraus und Frank haben völlig verschiedene Vorstellungen von dem, *was*
  eine naturwissenschaftliche Theorie überhaupt zu leisten vermag, und *wie*
  sie dieses kann [empirisch prüfbare Hypothesen versus irreale Fiktionen],

- ob in einer solchen Theorie 'metaphysische Elemente' vorhanden sind bzw.
  sogar zu dulden sind [antimetaphysische Tendenz versus Metaphysik als un-
  entbehrlicher philosophischer Dachdisziplin],

- wie der Philosoph sich zu ihren Aussagen zu stellen hat [Szientizismus versus
  autonome Wertung und ggfls. Kritik des Philosophen].

Aber sie sprachen eben *nicht* über diesen metatheoretischen Normenkon-
flikt, sondern stritten um Einzelheiten ihrer Deutung, die aus Setzungen
wie diesen folgten. Deshalb erstaunt es nicht, daß diese Diskussionen um
die Zulässigkeit und den Sinn einzelner Konzepte der RT einfach *nicht* zu
wechselseitigem Verständnis führte,[17] wie sich anhand des jetzt zu referierenden Wortwechsels über die 'Relativität der Gleichzeitigkeit und der
Bewegung' zeigen wird.

---

[13]siehe z.B. Petzoldt [1902] u. Abschn. 4.8.3 sowie Frank [1917] sowie Abschn. 4.7.

[14]Kraus [1919/20] S. 150.

[15]ibid.

[16]vgl. die Abbildungen 4.7. und 5.1.

[17]vgl. dazu Stallo [1914/23] S. 30: "Denn es ist ungeschickt, über Einzelheiten disputie-
ren zu wollen, wenn die Grundansichten weit verschieden sind, und die Ansicht der Einzelheiten eben von der Grundansicht abhängt. Das ist eine alte Regel praktischen Verhaltens,
durch deren Befolgung viel Kraftvergeudung und Verdruß erspart werden könnten."

Anknüpfend an das, was schon sein philosophischer Ahnherr, Franz Brentano[18] (1838-1917), und einer seiner Schüler, der Sprachphilosoph Anton Marty[19] (1847-1914), über Raum und Zeit verkündet hatten,[20] führt Kraus aus:

> diese Forschungen lassen nicht den geringsten Zweifel daran aufkommen, daß derjenige etwas Absurdes behauptet, der lehrt, es könne für den A etwas anderes gleichzeitig sein als für den B und hiebei unter 'gleichzeitig' das verstehen will, was, wie der Alltagsmensch, auch der Philosoph mit normalem Menschenverstand darunter versteht.[...]

> Sagt der Gegner: Ja, ich verstehe unter 'Definition der Gleichzeitigkeit' nicht eine Definition im Sinne einer Begriffsbestimmung der überlieferten Logik, sondern Definition im Sinne von 'Zeigerstellungen von Uhren' oder dergleichen, *so reden wir aneinander vorbei.*[21]

Dieser Appell an die Gültigkeit des tradierten Gleichzeitigkeitsverständnisses konnnte Frank natürlich nicht sehr imponieren. Für ihn war es bereits selbstverständlich, daß Begriffsbestimmungen im Rahmen naturwissenschaftlicher Theorien eben nicht mehr dem Procedere der "überlieferten Logik" folgen, sondern empirisch zu begründen und zu bewähren haben. Immerhin zeigt der letzte Satz des vorigen Zitats, daß die Disputanten nun bemerkt haben, daß sie mit ihren Stacheln nicht durch die Haut des Opponenten durchzudringen vermocht haben. Auch Frank nimmt diesen Punkt auf, indem er nun seinerseits ausführt, wie Kraus argumentieren müßte, um ihn überzeugen zu können:

> Es müßte also irgendwie entweder experimentell gezeigt werden, daß bewegte Uhren ihren Gang nicht ändern, oder daß diese Änderung in logischem Widerspruch mit einem allgemein als wahr anerkannten Satze steht.[22]

Doch Kraus denkt natürlich gar nicht daran, sich darauf einzulassen, schließlich kritisiert er die RT ja als Philosoph und nicht als Experimentalphysiker- sein Philosophem erlaubt ihm dies auch dann, wenn kein experimenteller Befund bekannt ist, der der RT widerspricht, sofern ihre Aussagen dem metaphysischen Bild der Gesamtwirklichkeit widersprechen, das er entworfen

---

[18]zu Brentano vgl. Ziegenfuß/Jung (Hrsg.) [1949/50] Bd. 1, S. 145-148 sowie Oesterreich [1923/28] Bd. 4, S. 497-500.

[19]zu Marty vgl. Ziegenfuß/Jung (Hrsg.) [1949/50] Bd. 2, S. 127-128, Oesterreich [1923/28] Bd. 4, S. 500-501 u. 502: "Durch Marty wurden indirekt zu Anhängern Brentanos seine Schüler Kastil, Kraus, Eisenmeier, H. Bergmann, [...]".

[20]vgl. Brentano [1920] (ed. Kraus), Marty [1916] und Abbild. 5.1.

[21]Kraus[1919/20] S. 148; Hervorhebung K.H.

[22]Frank [1919/20] S. 156.

hat. Dieses Vorgehen wiederum ist für den Empiristen Frank indiskutabel. Doch zurück zu Kraus - er kontert in dieser Streitfrage, indem er die Aufforderung seines Opponenten als Zumutung erklärt, der er sich nicht zu stellen habe:

> Allein Einstein behauptet noch mehr als die Relativität der zeitlichen Bestimmungen, er lehrt die Relativität der *Gleichzeitigkeit*. Das ist so unerhört, daß es sehr kühn genannt werden muß, von dem Gegner den Beweis der Falschheit zu verlangen.[23]

Natürlich appelliert Kraus eben nicht an die Instanz empirischer Nachprüfung, denn ihm geht es ja gar nicht um die Entwicklung irgendwelcher Vorschläge für cruciale Experimente, die die RT falsifizieren könnten, da der Philosoph, seinem Selbstverständnis zufolge, ja nur auf der Ebene sprachphilosophischer Analyse argumentiert. So entsteht die unglückliche Situation, daß beide Kontrahenten die Argumentation des Gegenübers als irreführend und irrelevant empfinden, aber überzeugt sind, in ihrer eigenen Beweisführung den Nerv getroffen zu haben. Oskar Kraus moniert "halsbrecherische logische Kunststücke" seiner Kontrahenten[24] und lamentiert: "Frank widerlegt eine absurde Behauptung, die ich nicht gemacht."[25] Philipp Frank führt ebenso unzufrieden aus:

> Mir scheint, daß die Argumentation von Kraus, durch welche die Absurdität der Relativierung von 'Gleichzeitigkeit' und 'Bewegung' dargetan werden soll, in der fortwährenden Anwendung eines und desselben Zirkelschlusses bestehe.[...]
>
> Alle Argumente der Einsteingegner laufen darauf hinaus, zu zeigen, daß die Sätze Einsteins mit den von ihm abgelehnten in Widerspruch stehen, was ohnehin eine Trivialität ist.[26]

Auch Urbachs Diskussionsbeitrag, der eigentlich unter der Zielsetzung erfolgte, zwischen den festgefahrenen Fronten zu vermitteln, konnte Kraus nur darin bestärken, in der Relativität der Gleichzeitigkeit eine 'Absurdität höherer Ordnung' zu sehen, der es entschieden zu widersprechen gelte.[27]

---

[23]Kraus [1919/20] S. 158.
[24]Kraus [1919/20] S. 150.
[25]Kraus [1919/20] S. 156.
[26]Frank [1919/20] S. 152f. u. S. 156.
[27]Kraus [1922] S. 340; vgl. Urbachs unveröffentlichte Replik auf genau diese Passage in CPAE, Sign. 34 808-1,2, in der er wiederum eine ausgleichende Position einzunehmen versuchte, indem er Kraus zugab, daß "der Begriff der relativen Gleichzeitigkeit gegenüber dem einfach relativen Zeitbegriff eine Komplikation" bedeute.

Das Referat dieser ausgewählten Debatte, die stellvertretend für viele ähnlich verlaufende stehen muß, hat klargemacht, daß die von mir im vierten Kapitel belegte enge Verbindung zwischen allgemein-philosophischem Denkrahmen und den spezifischen Interpretationen der RT tatsächlich auch auf die Debatten der Philosophen untereinander ausgeweitet werden kann. Nicht nur die Auseinandersetzung mit der physikalischen Theorie, sondern auch die Aufnahme der konkurrierenden Interpretationen geschieht mit der Brille des eigenen Philosophems, die mitunter arge Eintrübungen oder gar Ausblendungen herbeiführt. Dieses unvermittelte Aufeinanderprallen verschiedener Kategorienraster, verschiedener 'Denkstile'[28] in den Debatten um die RT zwischen Philosophen divergierender Auffassungen ist ein faszinierendes Studienfeld, an dem typische **Inkommensurabilitätseffekte** en détail aufgezeigt werden können. Die u.a. von Fleck, Kuhn und Feyerabend vertretene *Inkommensurabilitätsthese*,[29] die in der modernen Wissenschaftstheorie eine angeregte Diskussion, leider oft weitab von wissenschaftshistorischen Anwendungen ausgelöst hat,erfährt hier eine bislang übersehene Anwendung. Gegenüber den Anwendungen in der Linguistik (Whorf) und der Ethnologie (Elkana) ist der Vorteil hier, daß wesentlich mehr Gemeinsamkeiten bestehen, [30] vor deren Hintergrund die vordergründigen Differenzen und die dahinterstehenden Gegensätze der Ontologie, Erkenntnistheorie und Methodologie wesentlich genauer aufgezeigt werden können, etwa so, wie ich dies im vorigen am Beispiel der Debatte zwischen Kraus, Frank und Urbach angedeutet habe. Während die Ausführung dieses Inkommensurabilitätsgedankens, wenn man sie überhaupt in Angriff nahm, meist *wissenssoziologisch* betrieben wurde (indem das Zustandekommen und die Zugehörigkeit zu Denkkollektiven bzw. 'Communities' mit soziologischem Werkzeug untersucht wurde), hatte ich mir im vorangehenden zentralen Kapitel meiner Arbeit das Ziel gesetzt, den 'Denkstil' verschiedenster Philosophenschulen (als relativ leicht umgrenzbarer 'Denkkollektive', deren Existenz ich voraussetze) durch Benennung der für ihn charakteristischen Kernideen *konzeptuell* zu kennzeichnen und dann aufzuzeigen, wie diese fundamentalen philosophischen Prämissen zu einem 'Denkzwang' in der philosophischen Interpretation der RT für die jeweilige Gruppe führ-

---

[28]unter Rekurs auf die Terminologie von Ludwik Fleck, dessen klare Einsicht hierin bereits das Motto zu diesem Abschnitt abgegeben hatte.

[29]es gibt nicht ohne Abbildungsfehler ineinander übersetzbare theoretische Systeme; vgl. z.B. Fleck [1936/83] S. 43, 87ff., Kuhn[1962/79].

[30]z.B. dieselbe Sprache, derselbe kulturelle Hintergrund, dieselbe physikalische Ausgangstheorie.

ten. Während dies im vierten Kapitel stets *deduktiv* angegangen worden war, exemplifiziert dieser Abschnitt den umgekehrten, wenn man so will *induktiven* Weg, bei dem aus konkreten Aussagen von Kraus und aus Details seiner Deutung der SRT auf allgemeinere Grundsätze und schließlich auf die Kernannahmen der Brentano-Schule zurückgeschlossen wurde. Freilich ist dieses Verfahren weniger streng, denn jeder spezielle Satz läßt sich auch aus anderen Voraussetzungen ableiten, doch ließen sich die von mir im nachfolgenden Schema angegebenen Denkprämissen von Kraus ausnahmslos auch direkt aus seinen grundsätzlicher angelegten Schriften belegen, worauf ich hier jedoch verzichten zu können glaube. In Fällen, in denen solche Vergleichstexte nicht existieren und Schulzugehörigkeiten somit nicht von vornherein bekannt sind, müßte man auf eine solche induktive Verfahrensweise zurückgreifen und käme dann zu einer, wie ich meine, durchaus wohlbegründeten, obgleich hypothetischen Zuordnung.

Mancher Leser wird sich nach diesem Abschnitt vielleicht fragen, inwieweit ein solches Aneinander-Vorbeireden überhaupt vermieden werden kann, wenn die philosophischen Grundvoraussetzungen so verschieden sind wie etwa im Falle Franks und Kraus'. Wenn es auf diese schwierige Frage auch sicher keine immer gültige und wirksame Antwort gibt, so scheint es mir doch, daß insb. die Beachtung der 5. Vorbedingung für adäquate Interpretationen, diskutiert in Abschn. 6.5. dieser Arbeit, ein geeignetes Mittel ist, um sich aus dem argumentativen Zirkel herauszubewegen, der die Disputanten so häufig im Saft ihrer eigenen Denkvoraussetzungen schmoren ließ. Die aufgeschlossene und von der Bereitschaft zu Selbstkritik begleitete Kenntnisnahme anderer Interpretationen in ihrem Gesamtzusammenhang, nicht in einzelnen, willkürlich herausgepickten Stellungnahmen, sollte sowohl dazu führen, daß man den anderen besser versteht, als auch in die Lage versetzen, die eigenen Argumente und Kritikpunkte dem Gegenüber so zu präsentieren, daß er sie verstehen, vielleicht sogar fruchtbar aufnehmen kann. Alle in der Einführung zu diesem 5. Kapitel erwähnten Studien entstanden in genau dieser Absicht, die eigenen Argumente zu auszubessern, daß sie Vertreter anderer philosophischer Grundansichten überzeugen konnten, und insb. Reichenbach profitierte aus dieser kritischen Aneignung anderer Deutungsversuche ungemein viel für seine eigene Interpretation. Schon deswegen sollte die Befolgung dieses Rezepts im eigenen Interesse des jeweiligen Interpreten liegen, auch wenn es demjenigen zunächst als ein Umweg erscheinen mag, der gleich auf eine eigene Deutung zusteuern möchte.

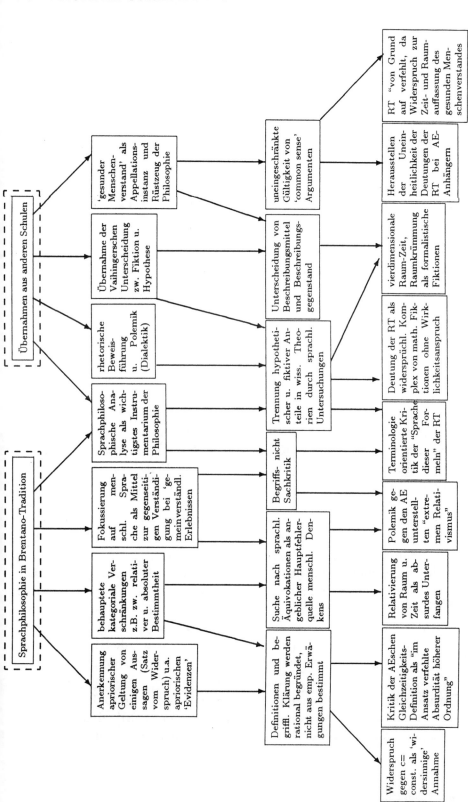

Abbildung 5.1: Übersicht zur Brentano-Schule (insb. Oskar Kraus)

Kapitel 6

Systematische Auswertung

In den vorausgehenden Kapiteln 2 - 5 habe ich demonstriert, auf welch
vielfältige Art und Weise die RT verstanden (und allzu häufig auch mißverstanden) wurde. Dabei kam es mir darauf an zu zeigen, daß die jeweiligen Deutungen von gruppenübergreifenden Zeitströmungen (Kap. 2 und 3)
bzw. von philosophischen Denkvoraussetzungen (Kap. 4 und 5) bestimmt
waren. Danach hat sich vielleicht beim Leser der Eindruck eingestellt, daß
eben jede Gruppierung eine zu ihrem Philosophem passende Deutung der
RT vorgelegt hat, die stimmig ist, solange man sie in dem Denkrahmen ihrer
eigenen philosophischen Prämissen betrachtet (Kap. 4), aber angreifbar, ja
haltlos wird, sobald man diesen verläßt und sich auf den Standpunkt eines
anderen Philosophems stellt (Kap. 5, insb. 5.3.). Man könnte verleitet
sein, aus diesem Befund eine Art 'Interpretations-Relativismus' abzuleiten,
demzufolge jede philosophische Interpretation einer physikalischen Theorie nur ihren eigenen Standards verpflichtet ist und eine Bewertung dieser Deutung nur anhand dieser eigenen jeweils ausdrücklich zugelassenen
Maßstäbe zulässig ist. Doch diese Position wäre völlig verfehlt angesichts
des im Laufe von Kapitel 4 häufigen Befundes, daß einige Interpretationen völlig am Gehalt der physikalischen Theorie vorbeiliefen und offenbar
grundlegenden Mißverständnissen ausgesetzt waren. Hingegen muß auch
der Fehler vermieden werden, bei der Bewertung *einer* Deutung der Theorie nur die Maßstäbe einer *anderen* Philosophengruppe unterzulegen, da
dies keine der beteiligten Parteien zufriedenstellen würde. Solche wechselseitig inkommensurablen Bewertungen haben wir im vorigen ja häufig
genug angetroffen (vgl. insb. Abschn. 5.3.).

Darum will ich im folgenden versuchen, von den vorgestellten Philosophemen **unabhängige Kriterien** zu benennen, die als **Mindestanforderungen an adäquate Interpretationen** naturwissenschaftlicher Theo-

rien für möglichst vielen Philosophenschulen akzeptabel sind, aber trotzdem in die Lage versetzen, den zunächst nur intuitiv vorhandenen Eindruck der Überlegenheit einiger Interpretationen bzw. umgekehrt den der Unangemessenheit anderer rational zu begründen. Dabei stelle ich die von mir vorgeschlagenen Kriterien in der Reihenfolge abnehmender Selbstverständlichkeit vor. Ferner illustriere ich sie jeweils sowohl *positiv* durch Belege aus der Feder derer, die sie befolgt, oft direkt gefordert haben, aber auch *negativ* durch Bezugnahmen auf Philosophen, die sie nicht befolgten, teils sich ihnen ausdrücklich widersetzten. Gerade das Themenfeld 'Relativitätstheorien' hat eine solche Fülle von Arbeiten provoziert, daß das Studium der Auswirkungen der Befolgung bzw. Nichtbefolgung dieser Mindestanforderungen an adäquate Interpretationen hier leicht möglich ist. Nach der Behandlung der methodischen und praktischen **Vorbedingungen** für die Formulierung einer adäquaten Interpretation, mit denen diese **von Fehlinterpretationen abzugrenzen** sind, suche ich noch nach **Kriterien**, die es gestatten, diese **Interpretationen auf ihre Qualität hin zu vergleichen**, sozusagen einen Grad ihrer Angemessenheit anzugeben. Während die Vorbedingungen erfüllt sein *müssen*, gilt für die Erfüllung der Kriterien im Einzelfall stets ein *mehr oder weniger*.

6.1 Bescheidenheit und Lernbereitschaft

Die wohl elementarste Vorbedingung, ohne die eine angemessene Interpretation einer physikalischen Theorie durch einen Philosophen (zumeist ohne physikalische Ausbildung) zum Scheitern verurteilt ist, scheint mir die Lernbereitschaft auf seiten des Philosophen zu sein, denn er als Nichtfachmann ist darauf angewiesen, sich entweder aus Schriften informierter Personen oder aus Gesprächen mit Fachleuten über die ihm zunächst fremde Theorie zu informieren. Dieser Dialog wird natürlich gefördert, wenn sich der Philosoph dem Physiker gegenüber nicht als dessen Schulmeister und geistiger Hirte aufführt, sondern eher schon als gleichwertiger Gesprächspartner oder je nach Vorwissen auch als dessen Schüler. Dem wirkte zu Anfang dieses Jahrhunderts natürlich noch sehr viel stärker als heute das Handikap entgegen, daß die Philosophie ihrem klassischen Rollenverständnis nach die alle Einzelwissenschaften krönende Dachwissenschaft war.[1] Doch wie sich

---

[1] Ein interessanter Beleg für diese, im 20. Jahrhundert brüchig werdende Rollenzuschreibung findet sich im "Gesamtergebnis" zur Stellung der Metaphysik in Becher [1921] S. 328: "die Metaphysik ist die Königin der Wissenschaften; aber diese Königin ist eine überzarte und seit langem kränkelnde Frau. Sie bedarf gar sehr der Unterstützung durch ihre gesund und kraftvoll entwickelten Schwestern, die Einzelwissenschaften."

im Verlauf des 4. Kapitels gezeigt hat, waren diejenigen Philosophen, die sich angesichts einer immer weiter sich spezialisierenden Naturwissenschaft auf diese Erbrolle verzichteten und sich zu den Naturwissenschaftlern 'in die Lehre' begaben, eher dazu in der Lage, das neue Wissen aufzunehmen und dann auch angemessen philosophisch zu verarbeiten. Beispielhaft für diese Haltung ist der Philosoph Ernst Cassirer. Nachdem er erkannt hatte, daß in der RT eine interessante Neuerung der modernen Physik liegt, studierte er deren Thesen und wandte sich schließlich sogar persönlich an ihren Begründer. Nun ist dies allein gewiß kein außergewöhnlicher Schritt, denn viele (aus der Perspektive des mit Korrespondenz überlasteten Einstein sogar viel zu viele) Philosophen aller Schattierungen taten genau dies. Doch die Art und Weise, in der Cassirer dabei vorging, stach angenehm vom sonstigen Usus ab. Nachfolgend zitiere ich aus seinem ersten erhaltenen Brief an AE:

> Haben Sie meinen herzlichen Dank für Ihre freundliche Bereitwilligkeit, mein Manuskript [...] einer kurzen Durchsicht zu unterziehen [...]. Was den Inhalt meiner Arbeit betrifft, so setzt sie sich natürlich nicht die Aufgabe, alle in der Relativitätstheorie enthaltenen philosophischen Probleme zu bezeichnen, geschweige sie zu lösen. Ich wollte nur versuchen, die allgemeine philosophische Diskussion anzuregen und in Fluss zu bringen u. wenn möglich eine bestimmte methodische Richtung für sie zu bezeichnen. Vor allem möchte ich, die Physiker und die Philosophen vor den Problemen der Relativitätstheorie gleichsam zu konfrontieren und zwischen ihnen eine Verständigung herbeizuführen. Daß ich hierbei bemüht war, die physikalische Literatur in weitem Umfang heranzuziehen u. aus den Schriften der großen Physiker der Vergangenheit u. der Gegenwart zu lernen - werden Sie meiner Darstellung entnehmen. Aber bei der verschiedenartigen gedanklichen Einstellung und bei der Verschiedenheit der Sprache, die der Physiker und der Philosoph sprechen, reicht auch der beste Wille nicht immer zu, um Mißverständnisse zu vermeiden. Hier wird mir nun ihr Urteil von ausserordentlichem Wert sein: ich halte mich ihrer Kritik und Belehrung um so mehr offen, als ich bei der Abfassung meiner Arbeit zunächst gar nicht an eine Veröffentlichung gedacht habe, sondern sie nur aufgenommen habe, weil ich in mir selbst immer dringender das Bedürfnis empfand, zu einer inneren Klärung über diese Fragen zu gelangen. Wie immer ihr Urteil ausfallen wird, so wird durch dasselbe diese Klärung in jedem Falle wesentlich gefördert werden.[2]

Ich will die Vorzüge seines Weges zur philosophischen Interpretation der RT, die schließlich in Cassirer [1921] ihren Niederschlag fand (vgl. 4.1.4.

---

[2]Cassirer an AE, 10. Mai 1920, CPAE, Sign. 8-385-1,2,3.

(R-1)), noch einmal zusammenstellen. Cassirer hatte

- sich *vor* der Kontaktaufnahme mit aktiven Wissenschaftlern bereits soweit wie möglich selbst aus publizierten Originaltexten und populären Kommentaren dazu informiert,

- sich in seinen Darlegungen auf die Teile der Theorie beschränkt, die er begriffen zu haben glaubte (Grundlagen der SRT),

- auf jedwede Äußerung zu den Teilen der Theorie, die ihm verschlossen blieben (ART), verzichtet,

- das nach der wohlwollenden Aneignung der Theorie verfaßte Manuskript *vor* der Publikation einem Fachmann vorgelegt (mangels anderer Kontakte hier dem Theoriebegründer persönlich),

- in seiner Darstellung *nicht* den Anspruch erhoben, die Deutung der Theorie ein für allemal erledigt zu haben, sondern sich bescheidenere Ziele gesetzt, nämlich: anzuregen, zur wechselseitigen Verständigung beizutragen,

- sein Manuskript deshalb so angelegt, daß es nicht nur den Fachkollegen verständlich war, sondern in breiten Kreisen gelesen und verstanden werden konnte (u.a. durch Verzicht auf idiosynkratische Terminologie),

- und sich zu guter letzt auch der "Kritik und Belehrung" durch den Experten ausdrücklich offengehalten.

Durch die Befolgung dieser Maßnahmen erreichte Cassirer dieses Ziel, die Diskussion anzuregen, tatsächlich in großem Maße - auch wenn durchaus nicht jeder Leser seiner Meinung war, so herrschte doch gruppenübergreifende Übereinstimmung in dem hohen Werturteil, daß gerade seiner Schrift beigemessen wurde.[3]

Umgekehrt erweckten andere Philosophen mit einem ganz anderen, unbescheidenen Auftreten prompt eine allseitige Ablehnung, noch bevor sie überhaupt zur Sache kommen konnten. Einen Beleg dafür hatten wir bereits in Abschn. 3.4.2. gefunden, in dem über die unangenehme Hauptrolle berichtet wurde, die Oskar Kraus auf dem Philosophenkongreß Halle spielte.

---

[3]z.B. nannte AE Cassirer in einem Gespräch mit Schlick scherzhaft einen "Volksverführer", weil er durch seinen guten Stil die Leute zum Kantianismus verführe (Beleg in 5.1.). Aber auch die konservative Kantianerin Ilse Schneider, der kritische Realist E. Hartmann, der log. Empirist Schlick u.v.a. zollten Cassirer in Rezensionen ihr Lob.

Das Unbehagen von Wertheimer und Ehrenfest über Kraus war weniger durch die *Inhalte* des Krausschen Vortrages gekennzeichnet, den sie ja noch gar nicht kannten, als vielmehr durch das arrogante und dogmatische *Auftreten* des Brentano-Schülers in dieser Angelegenheit.[4]

Ich habe mit Bedacht hier Cassirer und Kraus als kontrastierende Beispiele ausgewählt, um dem Einwand zu begegnen, daß eine Nicht-Übereinstimmung in der Deutung der Theorie zwischen dem Experten (mit eigener Interpretation) und dem anders interpretierenden Philosophen stets wechselseitig als Arroganz ausgelegt würde. Denn AE stimmte tatsächlich weder mit Kraus' noch mit Cassirers Deutung überein (siehe letzte Fußnote), hingegen war die Verständigung mit Kraus von vornherein verbaut, während AE und Petzoldt sich wenigstens zeitweise darum bemühten (siehe 4.8.3). Damit raubte sich Kraus selbst jede Möglichkeit, etwaige ja nie ganz auszuschließende Mißverständnisse noch auszuräumen - er *wollte* wohl gar nicht dazulernen. Wegen des fast zwangsläufigen Abgleitens einer solchen Haltung in eine dogmatische und damit blinde Selbstbehauptung ergibt sich als eine erste Vorbedingung für eine angemessene Interpretation die **Geduld, Bescheidenheit und Lernbereitschaft des Interpreten bei der Wissensaneignung**, denn er ist es, der sich auf fremdes Terrain begibt.

Es ist nichts anderes als Vermessenheit auf Seiten des Philosophen, wenn er sich anmaßt, über die Richtigkeit bzw. den Wahrheitsgehalt einer naturwissenschaftlichen Theorie Urteile anzustellen, denn die adäquaten Maßstäbe dafür sind innerwissenschaftliche: innere Widerspruchsfreiheit, Kohärenz mit anderen Theorien und experimentelle Bewährung. Jeder außerwissenschaftliche Maßstab (wie etwa Verträglichkeit mit dem 'gesunden Menschenverstand' - siehe Abschn. 2.3.) würde den damit urteilenden Philosophen letzlich nur in die undankbare Rolle des Verteidigers tradierter, aber bedrohter Normen bringen, analog der katholischen Kirche im Zeitalter der Renaissance. Was ihm ohne unfreiwillige Diskreditierung seines Berufsstandes zu tun bleibt, ist die methodologische, erkenntnis- und wissenschaftstheoretische Aufhellung der aus den Naturwissenschaften erlernten Befunde.

---

[4]Ein anderer Extremfall ist der Redakteur der *Frankfurter Zeitung*, Robert Drill, der auf einen Artikel Max Borns über die RT [1919] wütend replizierte: "Ich denke nicht daran, über Einstein zu reden, wozu ich auch gar nicht in der Lage bin. Aber zweierlei darf jedermann behaupten: es ist schon wiederholt in der Wissenschaft geschehen, daß sie mit teilweise unrichtigen Begriffen zu richtigen Resultaten kam, und niemand ist verpflichtet, sich durch eine Theorie, welche es auch sei und vom wem sie auch sei, den gesunden Verstand verrücken zu lassen." (Drill [1919], 2. Teil, Sp. 4); vgl. den Nachhall dazu in der Korrespondenz Born-AE: Born (Hrsg.) [1969]a S. 38, (b: S. 40).

> Für uns ist die Relativitätstheorie zunächst eine physikalische Theorie. Über ihre Richtigkeit oder Unrichtigkeit als physikalische Theorie hat der Physiker die Entscheidung zu fällen - und nicht der Philosoph - geschweige denn der Tagesschriftsteller. Wir anderen können nichts tun als hinnehmen, was der Physiker als tatsächlich erwiesenes uns übermittelt und uns unsere Gedanken darüber machen, wie sich unter Voraussetzung der Relativitätstheorie als physikalischer Theorie das Weltbild gestaltet.[5]

Wenn ihm Aussagen der zu interpretierenden Theorie merkwürdig, unlogisch, unhaltbar oder unsinnig vorkommen, so muß er zuvorderst davon ausgehen, daß dies an Unzulänglichkeiten seines eigenen Verständnisses liegt, ohne die Schuld mit Scheinargumenten auf die Theorie abzuwälzen. Wie ein Student der entsprechenden Fachdisziplin muß er eigene Wissens- und Verständnislücken durch ergänzende Studien (auch zu den mathematischen und naturwissenschaftlichen Hilfsdisziplinen der zu interpretierenden Theorie) schließen. Das leitet über zur nächsten Vorbedingung für adäquate Interpretationen.

6.2 Technische Beherrschung des Materials

Wenn man fragt, wie weit diese interpretationsvorbereitende Wissensaneignung nun gehen soll, kommt man sofort auf die zweite Vorbedingung für adäquate Interpretationen, nämlich die **technische Beherrschung des Materials**, also der sachlichen Zusammenhänge bzw. Aussagen der Theorie, die es zu interpretieren gilt. Nach meinen Referaten all der Mißverständnisse, die den RT widerfahren sind, sollte auch diese zweite Mindestanforderung eine Selbstverständlichkeit sein. Schließlich soll es ja um eine Ausdeutung einer wissenschaftlichen Theorie, und nicht um das, aus dieser in der Tertiär- und Quartärliteratur entstandene Phantasiegebilde gehen. Eine der typischen Verzeichnungen, denen die RT in der Populärliteratur unterworfen wurde, war ich ja in Kap. 2 nachgegangen, z.B. der Verwechslung der RT mit einem weltanschaulichen Relativismus (Abschn. 2.4.). Leider wurden diese von einigen Philosophengruppen, etwa den Bergsonianern, unkritisch übernommen und, wenn man so will, philosophisch überhöht. Demgegenüber wäre es angebracht gewesen, diese Auffassungen wenigstens auf ihre Berechtigung und Stimmigkeit hin zu überprüfen, bevor man sie übernimmt. So hätte jeder im 20. Jahrhundert lebende Philosoph

---

[5]Geiger [1921] S. 6; vgl. analog z.B. Carr [1913/14] S. 418, Weyl [1918/23]c S. 2, Cassirer [1920] S. 1337.

eigentlich stutzig werden müssen, wenn von einigen Autoren etwa die 'innere Widersprüchlichkeit' der RT behauptet wurde (Abschn. 2.3. u. 4.4.), denn kein Physiker oder Mathematiker hätte ein Interesse daran haben können, auf kontradiktorischen Prämissen eine Theorie aufzubauen. Das eigentlich erstaunliche an den unzähligen 'elementaren Widerlegungen' der RT in der Populärliteratur zur RT in den zwanziger Jahren ist die Unverfrorenheit, mit der kleine und kleinste Lichter den besten Mathematikern ihrer Zeit ins Handwerk pfuschten, offenbar in grenzenloser Selbstüberschätzung. Wurden Aussagen solcher 'cranks' von Philosophen dennoch übernommen, dann geschah dies entweder aus einer Art 'wishful thinking' heraus, das einem dann die nähere Beschäftigung ersparte (Rudolf Weinmann), oder aufgrund einer von philosophischen Prämissen vorbestimmten Erwartungshaltung, die insb. die Fiktionalisten das Auftreten solcher Selbstwidersprüche in jeder Theorie erwarten ließ. Besonders im letzten Fall (Abschn. 4.4.) zeigt sich, daß auch ein besonders rigider Denkzwang einer gründlichen Wissensaneignung entgegenstehen kann. Insofern bedeutet meine zweite Vorbedingung (eine gründliche Beherrschung des Materials anzustreben), dann auch eine Aufforderung dazu, solche Denkschablonen bei der Wissensaneignung soweit wie möglich in den Hintergrund zu schieben, z.B. durch temporären Verzicht auf das Vokabular des eigenen Philosophems bei der Wiedergabe relativistischer Aussagen und das Bemühen, den ursprünglichen Argumentationsgang der Originalarbeiten nachzuvollziehen, ohne ihn gleich in veränderter Form zu 'rekonstruieren'.

Diese zweite, methodische Vorbedingung für angemessenes Interpretieren findet sich bereits in der Literatur der Zeit klar formuliert. In einem der ersten philosophisch angelegten Aufsätze zur SRT forderte etwa Moritz Schlick [1915, S. 131]:

> Damit die Erkenntnistheorie ein allgemeines wissenschaftliches Prinzip ganz in sich aufnehme und sich von ihm befruchten lasse, muß *eine* Bedingung natürlich vor allem unweigerlich erfüllt sein: das fragliche Prinzip muß restlos *verstanden* sein. Solange der rein physikalische Sinn eines physikalischen Grundsatzes nicht mit vollkommener Sicherheit beherrscht wird, darf man wahrlich nicht daran denken, es philosophisch auszuwerten. Leider sehen wir diese fundamentale Bedingung oft ungenügend erfüllt, obwohl es nicht an Darstellungen von berufener Hand fehlt, durch die es auch dem physikalischen Laien ermöglicht wird, zum völligen Verständnis des neuen Gesetzes zu gelangen.

Nun klingt dies wiederum so elementar, daß man einwenden könnte, die Erfüllung der ersten Handlungsmaßgabe (Lernwilligkeit - 6.1.) würde angesichts des Vorliegens solcher "Darstellungen von berufener Hand" automatisch auch die Erfüllung der zweiten Vorbedingung mit sich bringen. Doch dem ist nicht so. Als ein Beispiel für einen Interpreten, der, obwohl lernwillig, unfähig war, diese zweite methodische Richtlinie zu erfüllen, möchte ich Joseph Petzoldt anführen, der sich vor vielen anderen Interpreten immerhin noch dadurch auszeichnete, daß er selbst in Briefen an Einstein u.a. ausdrücklich zugab, nicht in die Einzelheiten der Theorie eingedrungen zu sein. So schrieb er etwa an Einstein am 26. Juli 1919:

> Ihre Gravitationstheorie ist wunderbar. Fehlen mir auch die mathematischen Kenntnisse, um in ihre Einzelheiten einzudringen, so denke ich doch, dass sie mir prinzipiell ganz klar ist. Ich habe erkenntnistheoretisch nicht den leistesten Anstoss genommen.[6]

Im Abschnitt 4.8.3. habe ich ja bereits aufgezeigt, daß Petzoldt sehr bald sehr wohl erkenntnistheoretischen Anstoß an Teilen der ART genommen hat, und zwar nicht zufällig genau an den Punkten, die mit deren mathematischem Unterbau zu tun haben, nämlich der Bildung von Invarianten durch formale Operationen des Tensorkalküls. Wäre Petzoldt an den Einzelheiten der Theorie interessierter gewesen, hätte er die Bedeutung der Existenz von Invarianten im Zusammenhang der gesamten Theorie sicherlich ebenso verstanden wie Schlick oder Reichenbach, die nach der Vertrautmachung mit diesem technischen Aspekt der ART stets auf die Wichtigkeit der Invarianten verwiesen. Statt dessen rutschte Petzoldt immer wieder in eine subjektivistische *Verzerrung* der SRT, die die Relativierung einiger physikalischer Größen *über*betonte, aber die Etablierung beobachterunabhängiger Invarianten *unter*betonte, wenn nicht gar gänzlich übersah. Auch andere Mißverständnisse Petzoldts wie seine Probleme mit der Aussagen über die Geometrie der rotierenden Scheibe wurden durch diesen Mangel an Wissen um die zu interpretierende Theorie und die in ihr angewandten Berechnungsmethoden ausgelöst. Somit illustriert die Fallstudie Petzoldt den **engen Zusammenhang zwischen unzureichender Wissensaneignung und resultierender Fehl-Interpretation**. Damit wäre auch die technische Beherrschung hinreichend als unverzichtbare zweite Vorbedingung begründet.

Damit verlasse ich jetzt zunächst die Phase der Interpretations*vorbereitung* und komme zu der Frage, was nun mit dem angeeigneten Fachwissen in der Interpretation selbst angefangen werden soll.

---

[6]J.Petzoldt an AE, CPAE, Sign. 19 055; vgl. Petzoldt an E. Mach, 1.6. 1911, zit. in Blackmore/Hentschel (Hrsg.) [1985] S. 91.

6.3   Anpassungs- und Revisionsbereitschaft

> Die Philosophen sind schon eifrig bemüht, die allgemeine R[elati-
> vitäts]. th[eorie]. ins Kant'sche System hineinzupressen.
> Albert Einstein an Moritz Schlick, 17. Oktober 1919.

Auch die dritte Vorbedingung für eine angemessene Interpretation naturwissenschaftlicher Theorien wurde besonders prägnant von Moritz Schlick
formuliert:

> Es ist sehr lehrreich, zu beobachten, wie die Philosophie - oder soll
> ich lieber sagen: die Philosophen? - auf die Zumutungen reagieren,
> die von den neu entdeckten Prinzipien an sie gestellt werden. Es kann
> der Fall eintreten, daß ein philosophisches System seine Sätze und
> Begriffe modifizieren muß, um den neuen Anforderungen gerecht zu
> werden, oder sogar dabei ganz ins Wanken gerät. Es kann aber auch
> sein, daß das Neue in schöner Harmonie sich einfügt in die Struktur
> des Ganzen und vielleicht seinen sinnvollen Zusammenhang nur in
> noch helleres Licht lenkt. Wo dieser letztere Fall eintritt, bedeutet
> es natürlich einen Triumpf für das geprüfte System, eine Verifikation,
> die manchmal dem Eintreffen einer Voraussage gleichkommen kann.
> Andererseits ist ein philosophischer Gedankenbau, in den nicht ein-
> mal geringere Entdeckungen der Einzelwissenschaften hineinpassen,
> ein höchst labiles Gefüge, das leicht aus den Fugen geht.[...].

> In dem Verhalten zu neu entdeckten Prinzipien haben wir also gleich-
> sam ein Kriterium für die Tüchtigkeit einer Philosophie.[7]

Schlick fordert also, daß von Seiten der Philosophen davon auszugehen ist,
daß jede Prämisse, die durch die Vertreter einer philosophischen Position
gemacht wird, prinzipiell überprüfbar ist, wenn es zur Konfrontation mit
neuen naturwissenschaftlichen Erkenntnissen kommt. Ähnlich wie naturwissenschaftliche Hypothesen könnten auch philosophische Voraussetzungen durch diese bestätigt oder widerlegt werden. Die Philosophen, die
diese Revidierbarkeit ihres Philosophems nicht einzuräumen bereit sind,
berauben es jeglicher praktischer Bedeutung, denn der 'philosophische Ge-
dankenbau' werde ihnen zu einem Luftschloß ohne Bezug zur Wirklichkeit.

   Wer nicht die vorangegangenen Kapitel gelesen hat, könnte meinen,
diese Einstellung hätte sicher bei allen Interpreten der RT vorgelegen, und
es sei kein Mangel an gutem Willen, sondern nur praktisches Unvermögen
bzw. Verblendung gewesen, die dazu geführt habe, daß nicht alle diesen

---

[7]Schlick [1915] S. 129f.; vgl. [1918/25]c S. 241, Reichenbach [1926]d S. 419.

Vorsätzen treu bleiben konnten. Tatsächlich aber waren die Vertreter einiger Philosophenschulen dazu grundsätzlich nicht bereit, ja sie kritisierten sogar noch diejenigen, welche diese Einstellung hatten und praktizierten. Ein extremes Beispiel dafür ist der 'kritische Konventionalist' Hugo Dingler. Das von ihm vorwiegend anhand geometrischer Studien entwickelte Instrument der 'reinen Synthese' gab ihm die unerschütterliche Überzeugung, alle seine "Resultate auch bewiesen zu haben, derart, daß sie in den Hauptlinien das einzige und endgültig Richtige darstellen."[8] D.h. Dingler glaubte sich im Besitz einer methodischen Einsicht in die Grundlagen der Physik, vermöge der ihre wesentlichsten Züge ein für alle mal fixiert werden könnten. Eine Entsprechung dazu sind etwa auch die apodiktischen Urteile der Kantianer, wenn diese so interpretiert wurden, daß in diesen Aprioris der formale Rahmen empirischen Wissens für alle Zeit festgelegt sei.[9] Von solch einem Selbstverständnis aus war es legitim, ja notwendig, einzelwissenschaftliche Aussagen daraufhin zu prüfen, ob in ihnen nicht Gegenstände tangiert werden, die durch das eigene Philosophem bereits abschließend erfaßt worden sind. Und sollte diese Prüfung positiv ausgehen, war es ebenso selbstverständlich, daß solche einzelwissenschaftlichen Aussagen, die dem philosophisch abgesicherten Wissenskanon zuwiderlaufen, unbedingt abzulehnen waren.[10] Somit war Naturwissenschaft von dieser Warte aus beschränkt auf die Ausfüllung des philosophisch ermittelten Wissensrasters und ggfls. seine Ausweitung auf Gegenstandsgebiete, die dadurch nicht erfaßt wurden. Da diese Details bzw. Randgebiete nicht philosophisch untermauert, sondern 'nur' empirisch ermittelt waren, könne ihnen auch nicht die Endgültigkeit zugesprochen werden, die die feststehenden 'Hauptlinien' auszeichnete. Deshalb forderte z.B. Dingler, daß man "auf philosophischer Seite genau zwischen wirklich endgültigen Resultaten [...] und nicht endgültigen" zu unterscheiden lernen müsse.[11] Die RT nun tangierte ein Themenfeld, das seiner "Exhaustionsmethode" offenstand, und diese führte zu Resultaten, die der RT diametral entgegenstanden. Darum war es nur die natürliche Konsequenz seines Selbstverständnisses, daß Dingler die relativistischen Aussagen verwarf und all die des Irrtums bezichtigte, die ihm

---

[8]Dingler [1921] S. vii; zu Dingler vgl. Abschnitt 4.5.4. sowie krit. dazu v.Weizsäcker [1939]a S. 97 u. 104: "Dinglers 'absolute Sicherheit' ist der Physik unerreichbar".

[9]so wie dies in der Neukantianischen Immunisierungsstrategie getan wurde - vgl. Abschnitt 4.1.3. (I-1)-(I-3) und dortige Ref. sowie krit. dazu Bavink [1933/34]b S. 27.

[10]siehe z.B. Külpe [1895]b S. 144: "Zugleich aber hat die Philosophie als Erkenntnistheorie darüber zu wachen, daß die Achtung vor den Einzelwissenschaften nicht in eine dogmatische, d.h. kritiklose Billigung ihrer Leistungen umschlage"; vgl. Handmann [1922] S. 568; Spielmann [1919] S. 270, Cohn [1926] S. 207, Fowler [1975] S. 161, 169.

[11]Dingler [1921] S. 179.

darin nicht folgen wollten. So schreibt er in seinem Literaturbericht über die 'letzte Entwicklung' 1921 über Schlicks Haltung zur RT, Schlick habe "allzugroße Hochachtung vor den wissenschaftlichen 'Resultaten' der Relativitätstheorie".[12] In der Bewertung dieser Schlußkette Dinglers kann es also nicht um Folgerichtigkeit gehen, die ihm fraglos zuzugestehen ist. Hingegen muß man sich fragen, wohin Dingler mit dieser Einstellung gekommen ist. In letzter Instanz gaben ihm seine philosophisch motivierten Prämissen die Begründung für eine Ablehnung der RT in Bausch und Bogen, die auch begleitet war von einer Nichterfüllung der beiden ersten Vorbedingungen. Dabei fühlte sich Dingler berechtigt, nach der bloßen Feststellung eines Widerspruchs zwischen seinem Philosophem und Aussagen der RT letztere ohne nähere Prüfung verwerfen zu können. Wenn aber die mangelnde Revisionsbereitschaft die automatische Außerkraftsetzung anderer unverzichtbarer Vorbedingungen mit sich bringt und dazu führt, daß philosophische Deutung zu dogmatischer Selbstbestätigung wird, dann ist umgekehrt von adäquaten Interpretationen zu fordern, daß in ihnen **Anpassungs- und nötigenfalls auch Revisionsbereitschaft** gezeigt wird, um Philosophie nicht in erstarrtem Dogmatismus enden zu lassen. Wie das Schlick-Zitat ja deutlich machte, wird diese grundsätzliche *Bereitschaft* zur Überprüfung eigener Grundüberzeugungen durchaus nicht in jeder Interpretationsinstanz tatsächlich in eine Revisions*erfordernis* münden, doch wenn umgekehrt irgendwelchen einzelwissenschaftlich erfaßbaren Gegenstandsbereichen oder Prozessen diese Revidierbarkeit abgesprochen wird, läuft deren philosophische Interpretation Gefahr, inadäquat zu werden. Das Motto dieses Unterabschnittes erfaßt sehr prägnant das, was dann passiert: ein 'sich sträubender' einzelwissenschaftlicher Befund wird dann in das Prokrustesbett einer verhärteten, lernunfähigen, dogmatisch erstarrten Philosophie 'gepreßt'. Besonders die letzte Metapher zeigt sehr deutlich, was dabei verloren geht–nämlich die authentische Wiedergabe der innertheoretischen Zusammenhänge, die unverzerrte Sachtreue der Darstellung. Schließlich deformierte oder verstümmelte der Wegelagerer der griechischen Sage seine Opfer so lange, bis er sie für 'passend' befand.

---

[12]ibid.; analog polemisiert z.B. der Kantianer Robert Drill gegen Reformkantianer: "ein Philosoph müßte wissen, daß [...] nicht die Physik der Philosophie den Weg weisen kann, sondern [daß] die Erkenntnistheorie die Aufgabe hat, die notwendigen Voraussetzungen aller Erfahrung, also auch der Erfahrungswissenschaften, festzustellen."

6.4 Wissenschaftsanalyse versus -kritik

Die im vorigen besprochene Bedingung der Anpassungs- und Revisionsfähigkeit steht in engerem Zusammenhang mit dem philosophischen Selbstverständnis der betroffenen Denker. Deshalb ist zu prüfen, inwieweit es überhaupt ein davon unabhängiges, 'schulneutrales' Kriterium ist. Dazu läßt sich zunächst feststellen, daß eine Philosophengruppe wie die der logischen Empiristen, die in betontem Gegensatz zum traditionellen Philosophieverständnis standen, naturgemäß nicht in offenen Widerspruch mit der zu interpretierenden Theorie geriet, weil ihr Selbstverständnis dies gar nicht zugelassen hätte. Für Reichenbach, Schlick und ihre Bundesgenossen war die RT kritiklos hinzunehmendes Material, an dem erkenntnislogische, methodologische und bestensfalls noch naturphilosophische Charakteristika zu studieren, ggfls. noch herauszupräparieren waren. In diesem ausdrücklichen Verzicht auf irgendwelche weitergehende Eigenbefugnisse und Einspruchsrechte der Philosophie spiegelt sich die von den logischen Empiristen gewonnene Einsicht, daß eine wissenschaftliche Philosophie nur als "wissenschaftsanalytische Methode" möglich sei, also nur dann, wenn die Philosophen einsähen:

> Die Physik ist Sache der Physiker und, was in ihr Geltung hat, wird nicht von den Philosophen und nicht von dem Kreis der übrigen Gebildeten bestimmt. Die Philosophie, soweit sie sich überhaupt mit derartigen Dingen befaßt, also vor allem die Erkenntnislehre, muß die Relativitätstheorie *als ein Gegebenes hinnehmen wie jeden anderen Teil der theoretischen Physik* (oder der übrigen Wissenschaften) und mag versuchen, mit ihr gedanklich fertig zu werden.[13]

Im Gegensatz dazu vertraten Vertreter der meisten anderen philosophischen Gruppierungen, besonders ausgeprägt die der tradierten Schulen, die Auffassung, daß philosophische Reflexion über naturwissenschaftliche Theorien auch zu Wissenschaftskritik führen könne und gelegentlich müsse, nämlich immer dann, wenn allgemeingültige philosophische Grundsätze von den Naturwissenschaftlern nicht beachtet worden sind.[14] Die große Mehrzahl der naturwissenschaftlich interessierten Philosophen war also zwischen 1910 und 1950 noch nicht bereit, ihre kritische Distanz aufzugeben, ja mehr noch, einige plädierten offen für eine Wiederbelebung der Leitfunktion von Philosophie bei weichenstellenden Entscheidungen in der Entwicklung der

---

[13]v. Mises [1920/22]b S. 25, Hervorhebung K.H.; vgl. ferner Reichenbach [1920], [1951] u. demgegenüber Geyser [1915] S. 355.
[14]siehe obige Belege und z.B. Handmann [1922] S. 568, 573.

Einzelwissenschaften. Ein Beispiel hierfür ist Joseph Petzoldt, für den die
RT ganz und gar im 'erkenntnistheoretischen Zusammenhange des relativistischen Positivismus' zu sehen war:[15]

> Es gibt ein untrügliches Kennzeichen echter, in die Tiefe dringender
> und doch zugleich umfassender Philosophie; ein Zeichen, an dem sie
> auch der philosophisch nicht geschulte Kopf erkennen kann: daß sie
> - früher oder später - *führend* wird, in erster Linie auf dem Gebiete
> der Wissenschaft. Denn *es gehört zu den vornehmsten Aufgaben der*
> *Philosophie*, falsche und unbegründete Voraussetzungen der jeweilig
> herrschenden Wissenschaften aufzuweisen und dadurch neue Wege zu
> erschließen, also *Wissenschaftskritik zu üben*.[16]

In Abschnitt 4.8.2. hatte ich ausführlich gezeigt, wie Petzoldt bei dieser
seiner Wissenschaftskritik der RT zur Anzweiflung etlicher Einzelaussagen
beider RT gekommen war, die er in ihrer Bedeutung nicht begriffen hatte,
weil sie mit seinen phänomenalistischen Grundüberzeugungen kollidierten.
Ähnlich habe ich u.a. auch bei Neukantianern, kritischen Realisten und
Bergsonianern zeigen können, die ebenso wie Petzoldt auf Wissenschaftskritik aus philosophischen Motiven nicht verzichten wollten und sich damit
aufs Glatteis begeben hatten.

Allgemein sehe ich in diesen Ansätzen zu Wissenschaftskritik das Problem, daß hier die auf philosophischem Wege[17] ermittelten Zielsetzungen
der jeweiligen Einzelwissenschaft vorgeschrieben werden. In Zeiten stabiler Normen und Zielvorstellungen wissenschaftlicher Aktivitäten mag dies
funktionieren und zur Förderung stetiger Theorienentwicklung beitragen,
aber **in Phasen der Normenwandlung**, die den Zeitgenossen oft als
Revolutionen erscheinen (siehe Abschnitt 2.5.), **kippen diese Versuche,**
eine Leitfunktion auszuüben, um in reaktionäre Beschwörung der
alten Werte und des erreichten Status quo und in oft blinde
Ablehnung konzeptueller oder methodologischer Umbrüche, wie
z.B. die Immunisierungsstrategien des Neukantianismus zeigten. 'Wissenschaftskritik' wird in diesem Falle der Deckmantel, unter dem Inkompe-
tenz in der Sache und arrogante Überheblichkeit in der Methode ihr Un-
wesen treiben, wodurch das Ansehen der Philosophie ähnlich gravierend
geschädigt wird wie das der Naturphilosophie im 19. Jahrhundert durch
Hegels fehlgehende Festschreibung der Zahl der Planeten.

---

[15]Anspielung auf Petzoldt [1912]; vgl. Abschnitt 4.8.3.

[16]Petzoldt [1921]b S. 492f.; Hervorhebungen K.H.

[17]kann heißen: durch Transzendentalanalyse (Apriorismus), durch intuitives Erschauen
(Phänomenologie und Bergsonismus), durch metaphysische Gesamtschau (Krit. Realismus) u.s.w.

Um dieser unheilvollen Degenerierung philosophischer Reflexion über naturwissenschaftliche Theorien vorzubeugen, scheint es mir dringend angebracht, **auf den Anspruch, Wissenschaftskritik zu üben, bei der Interpretation wissenschaftlicher Theorien zu verzichten**. Damit will ich nicht sagen, daß Wissenschaftskritik bei anderen Aufgaben nicht etwa angebracht sein kann, z.B. wenn es um die Bewilligung bzw. Verteilung der Gelder für Forschungsprojekte geht, doch dies sind dann *praktische*, ethische Zusammenhänge, in denen es um ihre Vernünftigkeit, ihre Umweltverträglichkeit, ihren Beitrag für das Wohl aller geht, und nicht um das *theoretische* Verstehen und Interpretieren wissenschaftlicher Aussagen. Positiv gewendet bedeutet die Erfüllung dieser letzten Vorbedingung für adäquate Interpretationen das Erreichen einer großen **"Schmiegsamkeit"** **des Interpretationsrahmens** bei der 'Ausfüllung' mit dem zu interpretierenden Material. Diesen Terminus benutzt Wenzl [1924, S. 17], allerdings in einem etwas anderen Sinn, denn er spricht der Philosophie des Als-Ob die größte Schmiegsamkeit zu, weil sie "selbst, wo sie ablehnt, noch tolerant" ist. Demgegenüber meine ich, daß man unter **Schmiegsamkeit** die ungezwungene, harmonische Einpassung bzw. Einbettung der sachlich unbestrittenen Aussagen und Methoden der zu interpretierenden Theorie in das Rahmengefüge allgemeiner philosophischer Prämissen verstehen sollte. Besonders beim logischen Empirismus (Abschn. 4.7.) läßt sich studieren, wie diese Schmiegsamkeit durch Aufnahme zentraler Begriffe und Methoden der RT (Koinzindenz, Bedeutung eines Begriffes via Verfahren zur Messung,...) in die philosophischen Kernannahmen, d.h. durch **strukturelle Anpassung des Philosophems an das zu interpretierende Problemfeld und seine Theorien**, erreicht wurde.

6.5 Kritische Kenntnisnahme anderer Interpretationen

So sehr ein Interpret auch dazu aufgefordert sein mag, seine eigenen Denkschablonen zurückzustellen und sich vorurteilsfrei und unvoreingenommen der zu interpretierenden Theorie zuzuwenden, er wird doch stets ein bestimmtes Selektionsraster bei dieser Aneignung befolgen. Dies sieht man z.B. an der oft unabhängig voneinander getroffenen, dennoch übereinstimmenden Auswahl der Punkte, die etwa verschiedene, Neukantianer, Phänomenologen oder verschiedene Machianer an der RT jeweils besprechenswert fanden. Die eigene philosophische Grundüberzeugung, die man an die Interpretation der Theorie schon heranträgt, bestimmt so, ob man will oder nicht, in erheblichem Maße die eigene Deutung. Darin äußert sich, wenn man so will, ein interpretationstheoretisches Analogon zu der Theorienbeladenheit der Erfahrung, wie sie die Wissenschaftstheorie im Anschluß an Duhem [1906/08] schon lange erkannt hat. Man hebt interpretativ das hervor, was man für wesentlich erachtet. Und was als wesentlich angesehen wird, entscheiden die philosophischen Grundüberzeugungen. Um **diesem interpretativen Zirkel entgegenzuwirken**, ist es überaus hilfreich, sich im unmittelbaren Anschluß an die Wissensaneignung auch die bereits vorliegenden Interpretationen von Personen mit gänzlich anderen Grundüberzeugungen anzusehen. Aufgrund des anderen Interpretationsrahmens wird man dabei sicherlich vielfach zu widersprechen geneigt sein, doch selbst dann lernt man viel über Gesichtspunkte, unter denen man die zu interpretierende Theorie *auch* sehen kann und auf die man selbst sonst nicht gestoßen wäre. Die in den Interpretationen anderer bemerkten Fehler können berichtigt und in der eigenen Deutung vermieden werden, hilfreiche Gesichtspunkte können aufgenommen und vertieft werden. Kurz, durch kritische Auseinandersetzung mit konkurrierenden Interpretationen wird die eigene Deutung an Umfang und Qualität bereichert. Es ist ein diese Vorbedingung unterstreichendes Faktum, daß die von AE und seinen Kollegen am meisten geschätzten Interpreten der RT in großem Maße um eine solche kritische Auseinandersetzung mit konkurrierenden Interpretationen bemüht waren. Ich denke hier insb. an Reichenbach (siehe 4.5.6., 4.7., 5.3.), Schlick (4.7.3.) und Metz (4.11.3., 5.2.), aber auch an den Rationalisten Émile Meyerson, der, obwohl bereits hochbetagt und bettlägerig, dennoch an AE schrieb:

> [...] im Schlusspassus Ihrer Besprechung kennzeichnen Sie mein Buch als eines der wertvollsten etc. Dies ist, aus Ihrem Munde, ein ungemein hohes Lob. Aber *implicite* scheint es doch einzuschliessen, dass andere philosophische Arbeiten sozusagen *ex aequo* mit meinem in diesem Wettlauf sich stellen. [...]. Nun aber waere es mir sehr erwuenscht, diese meine Nebenbuhler zu studieren, um aus ihnen zu lernen.[18]

Hier zeigt sich, daß diese dritte Vorbedingung zwar gegenüber den ersten beiden nachgeordnete Bedeutung hat, wenn es darum geht, überhaupt eine adäquate Interpretation vorzulegen, daß sie aber umso wichtiger wird, wenn es um den Qualitätsvergleich verschiedener zueinander im Konkurrenzverhältnis stehender Interpretationen ein und derselben Theorie geht.

---

[18]E. Meyerson an AE, 20. Juli 1927, CPAE Sign. 18-283-3,4; Orthographie Orig.

6.6 'Echte' Interpretationen der RT

Die Verhältnisse beim Qualitätsvergleich von philosophischen Interpretationen physikalischer Theorien sind analog zu denen bei der Bewertung verschiedener naturwissenschaftlicher Theorien zu ein und demgleichen Gegenstandsgebiet (siehe Abschn. 1.5.). Hier wie dort scheint ein Pluralismus die natürlichste Ausgangssituation, denn es wird wohl kaum der Fall eintreten, daß zu einer wissenschaftlichen Theorie nur genau eine haltbare Deutung vorgelegt wird; bei allen bedeutenden physikalischen Theorien (nicht nur der RT, sondern insb. auch der Quantenmechanik) gibt es mehrere konkurrierende Interpretationen, die aufgrund der Beachtung von (6.1.)-(6.5.) alle von sich beanspruchen können, keine Fehlinterpretationen zu sein. Für die RT sind dies unter den zeitgenössischen Interpretationen diejenigen von:
- neukantischen 'Revisionisten' (Cassirer, Winternitz, Elsbach und früher Reichenbach - siehe 4.1.4.), wobei ich dahingestellt sein lasse, ob dies noch als Kantianismus zu bezeichnen ist;
- Weyl (nicht als Protagonist einer alternativen ART, die sich nicht gehalten hat, sondern in den Passagen seines Werkes, in denen er als Interpret der orthodoxen ART auftritt - siehe 4.3.4.);
- Schlick, Frank und Reichenbach als logischen Empiristen (4.7.);
- Bridgman als Operationalist (4.9.2.);
- Meyerson und Metz als realistischen Rationalisten (4.11.2.-3.);
- Eddington als idiosynkratischem Sonderfall, wie Weyl nur in seiner Eigenschaft als Interpret der orthodoxen ART (4.12.1.), während z.B. Whitehead eine philosophisch motivierte, aber nicht-haltbare Alternative zur ART vorlegte (4.12.2.), wohingegen Russell, Piaget oder Popper überhaupt keine geschlossene Interpretation der RT, wohl aber höchst anregende einzelne Thesen zu ihr äußerten (4.12.1., 4-5.).

Alle vorgenannten Interpreten waren sachkundig, der überwiegende Anteil von ihnen sogar ausgebildete Physiker oder Mathematiker, alle standen mit Fachleuten zur RT, fast immer sogar mit AE persönlich, in Kontakt, alle legten ihre Deutungen erst *nach* dem Abklingen des ersten Schubes fast durchweg törichter Fehlinterpretationen (bis 1920) vor und korrigierten in ihren Schriften die Mißverständnisse und Verzerrungen ihrer Vorgänger gleich mit.

Die zahlreichen anderen in Kap. 4 besprochenen Interpretationen erwiesen sich in der ein oder anderen Hinsicht als Fehlinterpretationen, was von mir im Kap. 4 dann im einzelnen gezeigt worden ist. Entweder kamen sie zu ausdrücklichen Widersprüchen zu Aussagen der RT [Beispiele: Petzoldt (4.8.3.) und Bergson (4.10.)] oder sie entkoppelten die Befunde der

RT so weitgehend von ihrem eigenen Philosophieren, daß darunter der Anspruch, über die RT etwas zu sagen zu haben bzw. aus ihr etwas zu lernen,
gänzlich verlorenging [Beispiele: Immunisierungsstrategien des Neukantianismus (4.1.3.) und Fiktionalismus (4.4.)].

Als Grenzfälle sind diejenigen zu betrachten, die sich zwar offen zu einem bestimmten philosophischen Hintergrund bekannten, diesen aber nicht
oder kaum in ihre Äußerungen zur RT einfließen ließen, sondern sich bei
ihrer Behandlung auf populärwissenschaftliche Wiedergabe ohne jedwede
Interpretation beschränkten [Beispiele: Bavink im Kontrast zu anderen
kritischen Realisten (4.2.) und Lämmel im Kontrast zu anderen Machianern (4.8.)]. Es erscheint mir gerade hier als ein Zeichen außerordentlicher
Selbstkritik und Entschlußkraft, daß in diesen raren Fällen die Verzeichnungen ihrer philosophischen Bundesgenossen vermieden wurden, in die sie
bei blinder Anwendung ihres Denkrahmens zweifellos verfallen wären. Vermutlich ist es auch hier der physikalischen Vorbildung von Lämmel und
Bavink zuzuschreiben, daß sie die für sie so naheliegenden Fehldeutungen
als unstimmige Wiedergabe des sachlichen Kerns der Theorie erkannten
und eben darum darauf verzichteten. Vielleicht liegt in diesem asketischen
Verzicht auf (Fehl)interpretation eine größere geistige Leistung als in der
Darlegung einer (stimmigen) Interpretationen von einem Standpunkt aus,
der sich ohnehin als günstiger Ausgangspunkt für die Deutung der Theorie
erwiesen hat [wie z.B. der logische Empirismus, auf dessen Herausbildung
die RT ja selbst Einfluß genommen hat (4.7.)].

6.7   Kriterien zur komparativen Qualitäts-bewertung von Interpretationen

Die noch verbleibende Aufgabe ist die der Benennung von Kriterien, die
einen Qualitätsvergleich hier ebenso ermöglichen wie im Falle alternativer
naturwissenschaftlicher Theorien. Aus dem Studium der zeitgenössischen
Interpretationen der RT insgesamt (siehe Kap. 4) und insb. der Teil-
klasse davon, die sich unter Zugrundelegung der Vorbedingungen (6.1.)-
(6.5.) nicht als Fehlinterpretationen erwiesen hatten (siehe obige Auflistung), ergeben sich folgende, jetzt in der Reihenfolge abnehmender Selbstverständlichkeit zu besprechenden Bewertungskriterien:

6.7.1 Umfang des inkorporierten Materials

Es ist wohl unfraglich, daß es bei der Ermittlung der Qualität einer Interpretation im Vergleich zu anderen mit entscheidend sein muß, wie groß der Anteil der Theorie ist, der in die Interpretation von ihr überhaupt Eingang gefunden hat. Jeder Interpret wird, das wurde in 6.5. bereits festgestellt, auf irgendeine Weise auswählen, doch diese Selektion kann sehr grob oder fein gerastert sein. Diejenigen, die nur einige Merkmale bzw. der Theorie interpretierten, können weniger in Anspruch nehmen, der Theorie als Ganzes gerecht geworden zu sein als diejenigen, die versucht haben, die Theorie in der Gesamtheit ihrer Teilaussagen und in deren komplexer Verflechtung miteinander insgesamt nachzuzeichnen. Die detaillierte Form, in der z.B. Meyerson und sein Schüler Metz, insb. aber Reichenbach in seiner *Philosophie der Raum-Zeit-Lehre* [1928] die SRT und ART ausleuchteten, kann also nicht auf einer Stufe stehen mit der sehr selektiven Art und Weise, in der etwa Bridgman immer nur wieder auf die Definition der Gleichzeitigkeit in der ART verwies, aus der er sein operationales Sinnkriterium entwickelt hatte. Bridgman gab einen pointierten, sehr eng begrenzten Ausblick auf die Punkte, die ihm methodisch wesentlich erscheinen, während Reichenbachs Axiomatik und sein auf diesen Resultaten aufbauendes Hauptwerk die RT als Ganzes zu rekonstruieren und in einen philosophischen Gesamtzusammenhang einzubetten unternahm. Selbst Schlicks von AE so gelobte Abhandlungen nehmen sich neben dem Werk Reichenbachs als aphoristische Vorbemerkungen zu einem wegen seiner Ermordung leider ungeschriebenen Hauptwerk aus. Dabei soll kein Zweifel daran bestehen, daß auch selektive Deutungen und philosophierende Kommentare sehr anregend und wichtig sind, zumal dann, wenn sie einen von anderen Autoren übersehenen oder vernachlässigten Aspekt der Theorie zutreffend erfassen, aber der qualitative Vorrang ist doch denen einzuräumen, die sich der mühevollen Arbeit unterziehen, all die unzähligen Spezialaspekte en détail auszudeuten, ohne dabei sachliche Unrichtigkeiten sich einschleichen zu lassen. Daß Reichenbach mit seiner Axiomatik der SRT, die aus der straff organisierten Prinzipientheorie ein Konglomerat vieler spezieller Licht- und Materialaxiome machte, den Geschmack des Theoriebegründers selbst nicht getroffen hat, wurde bereits erwähnt, hindert mich aber nicht daran, ihm dessen ungeachtet, in Bezug auf dieses erste Kriterium den 1. Rang zuzusprechen, dicht gefolgt von den rationalistischen Interpreten Metz und Meyerson, deren Werk man hier wohl zusammennehmen kann, da Metz sehr eng mit Meyerson kollaborierte. Als nachträgliche Bestätigung meiner 5. Vorbedingung sei hier noch erwähnt, daß die Vielseitigkeit dieser Interpretationen entscheidend gefördert wurde durch den Anspruch Reichenbachs bzw. Metz',

den konkurrierenden Interpreten überlegen zu sein, was sie in zahlreichen
Debatten um Spezialprobleme unter Beweis zu stellen hatten (siehe Abschn.
5.2. und 5.3.). Erst durch die Herausforderung anderer Interpreten wurden
sie zu immer genauerer, zugespitzterer Ausdeutung der RT angestachelt.

6.7.2 Bewältigung schwieriger Bereiche

Die technische Beherrschung des Materials (6.2.) macht sich auch als Qua-
litätsmerkmal bemerkbar, wenn es um die Bewältigung schwieriger Bereiche der Theorie geht. Damit meine ich hier komplizierte und leicht miß-
zuverstehende Anwendungen der Theorie (wie z.B. die Diskussion rotierender Scheiben und ihrer Raum-Zeit-Geometrie, an der Petzoldt (4.8.3.)
u.a. gescheitert sind) oder schwer verständliche Konzepte (wie z.B. die
Riemannsche Geometrie der ART, an der die meisten Neukantianer und
Phänomenologen Anstoß genommen haben - siehe 4.1.3. und 4.3.2.). Dabei ist es nur natürlich, daß auch interpretierende Philosophen ebenso wie
andere Lernende einer Theorie nicht gleich alles bei ersten Anlauf gänzlich verstehen können. Interessant ist aber, wie sie reagieren, wenn sie
an einen Punkt geraten, der sich ihrem sofortigen Verstehen widersetzt.
Die oberflächlichere Reaktionsform derer, die hier nicht gleich zu Gegnern
der Theorie werden und damit in Fehlinterpretationen abgleiten, ist die
des Beiseitelassens. Dies führt zu einer Verringerung des Umfang und der
erreichten Gesamttiefe der Interpretation. Darum sind diejenigen besser
beraten, die sich in solchen Zweifelsfällen an Fachwissenschaftler wenden,
die die Theorie gänzlich beherrschen. Alle in obiger Liste 'echter' Interpreten aufgeführten haben entweder dies getan oder waren ohnehin vom
Fach, doch selbst Reichenbach, Schlick und Weyl als Fachkundige haben
aus der Korrespondenz mit AE vieles gelernt, was ihnen sonst entgangen
wäre. Dabei muß es nicht notwendig der Theoriebegründer selbst sein, den
man mit seinen Anfragen belämmert, da dieser meist von Verpflichtungen
aller Art überlastet ist, sondern auch andere Fachwissenschaftler, die mit
dieser Theorie arbeiten, können hilfreich in solchen Fällen sein. Für die
RT übernahmen solche Transmissionsfunktion u.a. Max von Laue, Paul
Langevin, Friedrich Kottler, Max Born und Hans Thirring.

6.7.3 Einbeziehung offener Probleme

Wie ich schon in der Einleitung ausführte, besteht eine wissenschaftliche
Theorie nicht aus einem fixierten Kanon geklärter Aussagen und Anwendungen, sondern es gibt eine Randzone, in der die Fachwissenschaftler selbst

uneins sind und verschiedene, einander widersprechende Aussagen machen. Für die ART waren solche (zumindest lange Zeit) offenen Problembereiche: das Verschwinden oder Nichtverschwinden der kosmologischen Konstante und die Erfüllung des Machschen Prinzips (siehe 1.4. und 1.5.), die Entscheidung für eines unter mehreren mathematisch möglichen Modellen für die Struktur und Entwicklung des Universums (endlich-unendlich, big-bang versus steady-state etc., ibid.) und die Behandlung von Singularitäten. Während ich bei der Behandlung der unumstrittenen Anteile der Theorie kompromißlos auf einer unverzerrten Wiedergabe bestehen würde, kann dies in solchen Problembereichen natürlich nicht gefordert werden, denn welcher der einander widersprechenden Autoritäten sollte der Philosoph hier folgen? Darum würde ich in solchen Fällen zwei verschiedenen Reaktionsweisen gleichermaßen Berechtigung zuschreiben, ohne daß mir eine Entscheidung zugunsten von einer so pauschal möglich scheint. *Entweder* hält sich der Interpret aus solchen innerphysikalischen Disputen heraus und verweist in diesen Punkten auf die zukünftige Klärung dieser Punkte (die meisten der obigen Problemfelder sind inzwischen geklärt), *oder* er plädiert unter offener Angabe der philosophischen Beweggründe für eine der Optionen und bereichert somit die laufenden Diskussion um ein weiteres ausdrücklich philosophisch gefärbtes Argument. Diejenigen, die mit seinen philosophischen Prämissen übereinstimmen, werden sich dieses Argument zunutze machen und ihm zustimmen, die anderen werden wenig beeindruckt sein. Zur Illustration denke ich insb. an die endlosen Debatten, die um das Machsche Prinzip und seine Varianten seit 1916 geführt worden sind. Naturgemäß forderten die Machianer seine Erfüllung, da für sie Eigenschaften wie die der Trägheit aus der Relation von beobachtbaren Entitäten (relativ zueinander bewegten Massen) vollständig erklärbar sein sollten. Ebensowenig verblüfft es, daß Autoren, die diese phänomenalistische Basis nicht teilten, keinen besonderen Akzent auf dieses heuristisch für die Entwicklung der ART unzweifelhaft bedeutsame Machsche Prinzip legten. Mit veränderten Vorzeichen ließe sich ähnliches vom Kovarianzprinzip der ART ausführen. Um die Positionen klar zu kennzeichnen und nicht in Diskussionen zu verfallen, in denen scheinbar um eine spezielle Sache gestritten wird, tatsächlich aber viel tiefer liegende interpretative Rahmenannahmen im Spiel sind, ist es dringend geboten, die eigenen philosophischen Voraussetzungen in solchen Fällen so genau wie möglich zu benennen (vgl. das abschreckende Beispiel in Abschn. 5.3. für einen Fall, in dem dies nicht geschah). Im übrigen gilt für diesen Punkt gleiches wie für den vorigen: Informations- und Gedankenaustausch mit Besserinformierten fördert das Vermeiden von Mißverständnissen.

6.7.4 Historische Einbettung

In 3.3. hatten wir gesehen, was passieren kann, wenn einzelne Aussagen einer zu interpretierenden Theorie ahistorisch betrachtet werden und etwa ohne Beachtung des historisch gewachsenen Zusammenhangs, in denen sie mit anderen Aussagen der gleichen Theorie stehen, auf wissenschaftshistorische Vorläufer oder Nachfolger projeziert werden. So meinten einige Antirelativisten, aus der partiellen Ähnlichkeit der Formel für die Lichtablenkung zwischen AE [1911] und Soldner [1801] auf ein Plagiat AEs und den Unwert der gesamten ART weiterschließen zu können. Dabei verkannten sie nicht nur die verbleibenden quantitativen Unterschiede für diese eine Prognose, sondern vor allem auch den Umstand, daß die ART nicht nur zur Ableitung dieser einen experimentellen Konsequenz taugte, sondern noch weit mehr, qualitativ völlig verschiedenartige Implikationen mit sich brachte, etwa die Merkurperiheldrehung und die Gravitations-Rotverschiebung. So sehr wie das völlige Fehlen von wissenschaftshistorischer Orientierung mit Sicherheit in Fehlinterpretationen vom Schlage der in 3.3. vorgeführten münden wird, so sehr wird umgekehrt das Bemühen um eine adäquate Wiedergabe des historischen Ortes der zu interpretierenden Theorie auch eine Qualitätssteigerung der Interpretation mit sich bringen. Hier liegt der wichtigste Schwachpunkt der logischen Empiristen, die auf den 'Entdeckungszusammenhang' wenig Wert legten, und sich mit recht holzschnittartigen Bemerkungen hierzu zufrieden gaben. Der Beleg aus der Korrespondenz zwischen Reichenbach und Drake in Abschn. 4.5. etwa zeigt, daß Reichenbach erst 1951 durch Drake näheres über Poincarés einschlägige Aufsätze vor 1905 erfuhr. Aber auch die Meyersonianer konnten mit der durch ihren Rationalismus nahegelegten Heraustellung der Entwicklungslinie Descartes-Hegel-Einstein wenig überzeugen. Als ein kurioses Schlaglicht auf einen Aspekt der RT, der von den anderen Interpreten (und AE selbst) überhaupt nicht gesehen worden war, konnte dieser Teil der Ausführungen Meyersons zwar anregen, aber man kann nicht sagen, daß damit eine adäquate Wiedergabe der historischen Ursprünge der RT gegeben wurde. Schon mein knapper Abriß in Kap. 1 zeigte drei voneinander unabhängige Ideenstränge auf, die in Einsteins RT konvergierten - bei genauerem Hinsehen fände man sich noch weitere Wurzeln und Verästelungen. Dem komplexen (wissenschafts)historischen Umfeld der RT wurden eigentlich erst Arbeiten nach 1955, also außerhalb des dieser Arbeit zugrundegelegten Zeitrahmens, gerecht, die die Vorteile größeren historischen Abstandes und einer wachsenden Zahl hilfreicher historischer Studien zur RT zu nutzen verstanden. Auf die Unerläßlichkeit einer gründlichen Kenntnis der Geschichte derjenigen naturwissenschaftlicher Theorien, die man philosophisch zu behandeln und auszudeuten beabsichtigt, hat gerade anhand der RT besonders Adolf Grünbaum [1955], [1960], [1963/73], [1964] hingewiesen.

Für die modernen physikalischen Theorien verbindet sich damit das Problem, daß eigentlich nur noch die aktiv in diesem Feld Forschenden einen hinreichenden Überblick über die Flut von Veröffentlichungen behalten können, aber keine Zeit mehr für reflexive, philosophierende Auseinandersetzung damit mehr finden, sofern sie eine solche überhaupt noch interessiert. Dies erklärt wohl auch, warum z.B. für die in den letzten Jahrzehnten in der scientific community der Elementarteilchenphysiker diskutierten Theorien (SUSY, SUGRA, Stringtheorien etc.) überhaupt keine Ansätze für philosophische Interpretationen mehr unternommen wurden. Die 'Whig-history', mit der einige aus Altersgründen von der aktiven Forschung sich zurückziehende Experten die Geschichte ihrer Disziplin während ihrer Lebenszeit niederschreiben, wird so in Zukunft noch mehr zu einer wichtigen, aber keineswegs unproblematischen Materialbasis für genuin historische und philosophische Studien werden.

6.7.5   Natürlichkeit der erzielten Deutung

Ich komme jetzt zu zwei weniger selbstverständlichen und auch weniger präzisen, aber dennoch wichtigen Qualitätskriterien: zunächst zur 'Natürlichkeit' der erzielten Deutung. Vielleicht wird es am ehesten klar aus dem Motto, das Abschn. 6.3. vorangestellt war. Dort sprach AE von den Kantianern, die die RT ins Kantsche System 'hineinzupressen' versuchen. In dieser Metapher hat AE sehr schön das eingefangen, was eine 'unnatürliche' Interpretation ausmacht: das Künstliche, Erzwungene, das Widerstreben der Theorie gegen die Versuche ihrer Adaptation in ein System, in dessen Rahmen sie sich einfach nicht fügen will. Um präziser zu werden, muß man vielleicht am Beispiel des Kantianismus illustrieren, was gemeint ist: Kant hatte in Ansehung der Newtonschen Mechanik einen komplexen philosophischen Apparat von Kategorien, Anschauungsformen und Schematismen des Menschen abgeleitet, dem er apodiktische Gültigkeit zusprach, d.h. von dem er behauptete, daß er, weil vor aller Erfahrung feststehend, von der Erfahrung nicht umgestoßen werden könne, insofern zeitlos gültig war. Die KrV Kants überzeugte Kants Zeitgenossen und mehrere Generationen nach ihm gerade durch ihre Abgeschlossenheit, also durch die Abstimmung aller Teile in einem historisch gewachsenen und fundierten Ganzen. Als nun durch die nicht-euklidischen Geometrien und dann erneut durch die RT einzelne Punkte dieser Vernunftkritik bedroht schienen, war zwar sehr wohl jeweils ein 'Ausflicken' des Ganzen unter Einbeziehung des neuen Wissens möglich (Revisionsstrategien), aber das 'Organische' des Systementwurfs ging dabei zunichte. An zu vielen Stellen hatte die klassische (Newtonsche) Mechanik und die traditionelle (Leibniz-Lockesche) Erkenntnistheorie Pate gestanden, als daß eine ungezwungene Anpassung des Ganzen erreicht werden konnte, weshalb sich die vielversprechendsten Revisionsbemühungen denn auch so weit vom Kantianismus entfernten, daß er darunter kaum noch erkennbar blieb (Cassirer, früher Reichenbach).

Wegen dieser Systemstarre, in die der Kantianismus nach über 100-jährigem Bestehen gefallen war, hatten alle vorsichtigeren Deutungsversuche der RT in seinem Rahmen eben dieses 'Unnatürliche'.

6.7.6 Einheitlichkeit der erzielten Deutung

Eng verwandt mit dem vorigen Kriterium ist das letzte, das ebenfalls auf eine Qualität hinaus will, die die Interpretation einer Theorie als Ganzes gesehen auszeichnet. Dabei hat es seinen guten Grund, daß ich die Einheitlichkeit hier an das Ende stelle, denn **Vorrang müssen die Adäquanz und die Vollständigkeit der Deutung haben.** Erst wenn diese abgedeckt sind, kann als ein *zusätzliches* Kriterium auch nach der erreichten Einheitlichkeit der Interpretation gefragt werden, die einer Deutung sozusagen den letzten Schliff gibt. Vielleicht ist es kein Zufall, daß es zwei Philosophen in der idealistischen Tradition Hegels sind, die, wenn man alleine dieses Kriterium zugrundelegen wollte, den ersten Rang als Interpreten der RT einnehmen müßten, nämlich Ernst Cassirer und Émile Meyerson. Von jeher waren es die Philosophen, die in ihren Schriften um die innere Geschlossenheit bedacht waren, während es den Naturwissenschaftlern in erster Linie um die Stimmigkeit in der Sache zu tun war. Tatsächlich muß von Meyersons und noch mehr von Cassirers Schriften noch heute gesagt werden, daß diese Eigenschaft, aus einem Guß geschrieben zu sein, sie noch heute überaus lesenswert macht, auch wenn man ihnen nicht überall zustimmen wird. Dies ist zwar kein vollwertiges Kriterium für die komparative Qualitätsbewertung, aber doch eine angenehme Begleiterscheinung, die man an so manch anderem Werk vermißt. Doch auch die Schriften Schlicks und die populären Bücher (und Aufsätze) Weyls und Eddingtons erreichen ein hohes Maß dieser Einheitlichkeit, das sie jahrelang zu Bestsellern des wissenschaftlichen Buchmarktes machte und ihnen ein breites Publikum eröffnete, das sich mit den detaillierteren und feinmaschigeren

Untersuchungen Reichenbachs nie abgegeben hätte.[19]

6.8 Rückblick

Meine systematische Auswertung des zusammengetragenen Materials in diesem Kapitel hat gezeigt, daß meine Unterscheidung zwischen Interpretationen und Fehlinterpretationen, die zu Anfang dieser Arbeit als Arbeitshypothese eingeführt worden war, sich bewährt hat. Aufgrund der fünf von mir genannten Vorbedingungen an die Adäquanz philosophischer Interpretationen kann ich nun nachvollziehbar und rational begründen, warum eine spezielle Deutung der RT als Interpretation bzw. als Fehlinterpretation bewertet werden sollte. Ferner kann ich durch Prüfung der Kriterienliste in 6.6. auch genauere Aussagen über den Qualitätsvergleich der Interpretationen machen. Wenn das Ergebnis von 6.6. in den meisten Punkten eine Überlegenheit der *Philosophie der Raum-Zeit-Lehre* Hans Reichenbachs [1928] vor den anderen Interpretationen ist, so heißt das nicht, daß nicht z.B. auch Meyersons *Déduction relativiste* [1925] eine Interpretation von bleibendem Wert darstellt, aus der sich viel über die RT lernen läßt. Einstein selbst scheint übrigens um 1928 der Interpretation von Meyerson den Vorrang gegeben zu haben, weil hier das ihm damals so wichtige Moment der rationalen Stimmigkeit betont worden war. Darin zeigt sich, daß das Ergebnis meiner Interpretationsanalyse sich keineswegs decken muß mit den philosophischen Auffassungen des Theoriebegründers, die ja selbst Wandlungen unterworfen sein können und im Falle Einsteins auch tatsächlich waren.[20] Wie mein abschließendes Diagramm 6.1. andeutet, setzten die einzelnen Philosophenschulen in ihrer Deutung der RT jeweils andere Akzente, so daß selbst dann, wenn insgesamt der logische Empirismus, also namentlich Schlick und Reichenbach, die angemessenste Deutung vorlegten, einzelne Spezialbereiche der Theorie durchaus in anderen Interpretationen besser ausgeleuchtet wurden. Diesen Befund meines Interpretationsvergleiches könnte man als **Perspektivismus** bezeichnen; hingegen ist dieser scharf abzugrenzen gegen jedweden **Relativismus**, den ich durch Angabe meiner Vorbedingungen für Adäquanz und der Qualitätsvergleichskriterien vermeide.

---

[19]zur näheren Erläuterung, was mit 'Einheitlichkeit' gemeint ist, vgl. noch das Schlick-Zitat zu Beginn von 6.3.

[20]vgl. dazu Holton [1980], [1981]; Hentschel [1984] u. Howard [o.J.].

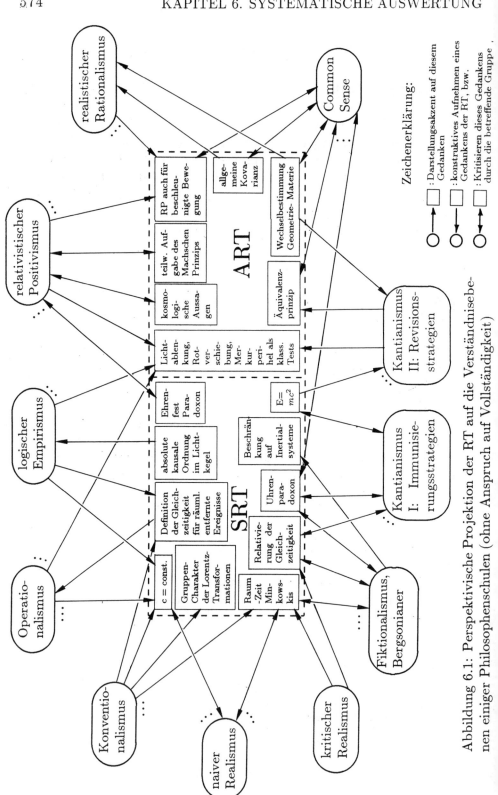

Abbildung 6.1: Perspektivische Projektion der RT auf die Verständnisebenen einiger Philosophenschulen (ohne Anspruch auf Vollständigkeit)

ABKÜRZUNGSVERZEICHNIS

BIBLIOGRAPHIE
(2-TEILIG)

NAMENSREGISTER

Abkürzungsverzeichnis

a) im gesamten Haupttext:

AE	Albert Einstein
ART	Allgemeine Relativitätstheorie
RT	Relativitätstheorie
SRT	Spezielle Relativitätstheorie
RP	Relativitätsprinzip (Varianten siehe 1.1.1. und 1.1.3.)
KrV	Kants *Kritik der reinen Vernunft* [1781/86] (siehe 4.1.1.)
MAdN	Kants *Metaphysische Anfangsgründe der Naturwissenschaft* [1786]
principia	Newtons *Philosophiae naturalis principia mathematica* [1687]

b) für Quellenangaben in Fußnoten zu Archiven (in eckigen Klammern die dortigen Verwalter, denen auch hier mein herzlicher Dank ausgesprochen werden soll)

AfA	Archiv für Arbeiterbewegung, Wien (Nachlaß Friedrich Adler)
ASP	Archive for Scientific Philosophy in the 20th Century, Pittsburgh (Nachläße Carnaps und Reichenbachs) [Mr. Aston, Mr. John G. Quilter sowie Mr. W.G. Heverly]. Alle Dokumente unter diesem Kürzel werden mit Erlaubnis der *University of Pittsburgh* zitiert, die sich alle Rechte hieran vorbehält.
CPAE	Collected Papers of Albert Einstein, Boston [Prof. R. Schulmann u.a. ©für AE-Dokumente: Hebrew University, Jerusalem [Prof. R. Yaron, Mrs. M. Cohn, Dr. M. Waserman]
EMI	Ernst Mach Institut der Fraunhofer Gesellschaft, Freiburg [Dr. Stilp]
TUBH	TU Berlin, Hochschularchiv der Universitätsbibliothek [Dr. Malz] ©für Petzoldt-Dokumente: Technische Universität Berlin
SuUB	Staats- und Universitätsbibliothek Bremen (Vaihinger-Nachlaß) [Dr. A. Hetzer]
VCF	Vienna Circle Foundation, Amsterdam [Prof. H. Mulder u. Prof. A.J. Kox] ©für Schlick-Dokumente: VCF & B. van de Velde-Schlick.

c) für die häufig auftretenden Zeitschriften u. Periodika in nachfolgender Bibliographie; in eckigen Klammern: Erscheinungsort, in geschweiften Klammern: Herausgeber für den hier relevanten Zeitraum (sofern nicht häufig wechselnd); in runden Klammern: Titelvarianten bzw. Vermerk von Serien etc.

AASF	Annales Academiae Scientiarum Fennicae (Serie) [Helsinki]
ACIPS	Actes du Congrès International de Philosophie Scientifique [Paris, 1936]
AFSG	Abhandlungen der Fries'schen Schule [Göttingen]
AHES	Archive for History of Exact Sciences [Berlin et al.]
AIHS	Archives Internationales d'Histoire des Sciences [Paris]
AJP	American Journal of Physics [Lancaster]
A.J.Phil.	Austalasian Journal of Philosophy [Sydney]
AJS	American Journal of Science (Serie) [New Haven]
AM	Annals of Mathematics [Princeton]
AMAF	Arkiv för Matematik, Astronomi och Fysik utgivet av K. Svenska vetenskapsakademien [Uppsala]
AN	Astronomische Nachrichten [Kiel] {Kobold}
ANKP	Annalen der Natur(- und Kultur)philosophie [Leipzig]
ANSEN	Archives néerlandaises des Sciences exactes et naturelles publ. par la Société Hollandaise des Sciences à Harlem [La Hague bzw. Haarlem]

Ann.Phil.	Annalen der Philosophie mit besonderer Berücksichtigung auf die Probleme der Als-Ob Betrachtung, [Leipzig], {H.Vaihinger u. R.Schmidt}
Ann.Phys.	Annalen der Physik (div. Serien), [Leipzig], {Planck u. Wien}
AP	Annalen der Philosophie (und der philosophischen Kritik) [Leipzig]
Arch.Phil.	Archiv für Philosophie [Stuttgart]
AS	Annals of Science [London]
ASHSN	Actes de la Société Helvétique des Sciences Naturelles [Aarau]
ASP	Archiv für Systematische Philosophie (und Soziologie) [Berlin]
ASPN	Archives des Sciences physiques et naturelles [Genf, Lausanne u. Paris]
AVCIF	Atti del V Congresso Internazionale di Filosofia (Neapel) [1924]
BBN	Bremer Beiträge zur Naturwissenschaft [Bremen]
BJHS	British Journal for the History of Science [London]
BJPS	British Journal for the Philosophy of Science [London]
BPDI	Beiträge zur Philosophie des deutschen Idealismus [Erfurt]
BSM	Bulletin des Sciences Mathématiques (Serie) [Paris]
BSFP	Bulletin de la Société Française de Philosophie [Paris]
BSPS	Boston Studies in the Philosophy of Science [Boston u. Dordrecht]
BT	Berliner Tageblatt [Berlin], (A= Abendausg., M= Morgenausgabe)
Centaurus	Centaurus. International Magazine of the History of Mathematics, Science and Technology [Kopenhagen]
CO	Current Opinion: a review of the world [New York]
CRAS	Comptes rendus hebdomadaire des séances de l'Académie des Sciences [Paris]
Daedalus	Daedalus. Journal of the American Academy of Arts and Sciences [Cambridge]
DLZ	Deutsche Literaturzeitung für Kritik der Internationalen Wissenschaft [Berlin], {Hinneberg}
DMW	Deutsche Medizinische Wochenschrift [Leipzig et al.]
DPGS	Die Deutsche Philosophie der Gegenwart in Selbstdarstellungen [Leipzig] {R.Schmidt}
DR	Deutsche Rundschau , Jahrgang, (Bd. Nr.) [Berlin]
DSB	Dictionary of Scientific Biography [New York] {Gillispie}
EEN	Ergebnisse der exakten Naturwissenschaften [Berlin]
EMWA	Encyclopädie der Mathematischen Wissenschaften mit Einschluß ihrer Anwendungen, [Leipzig]
Enc.Phil.	The Encyclopedia of Philosophy [New York u. London] {P.Edwards}
Erkenntnis	Erkenntnis (, zugleich Annalen der Philosophie), [Leipzig] {R.Carnap u. H.Reichenbach}
FP	Foundations of Physics: an international journal devoted to the conceptual bases of modern natural science [New York]
FuF	Forschungen und Fortschritte. (Nachrichten- bzw.) Korrespondenzblatt der Deutschen Wissenschaft und Technik [Berlin]
FZ	Frankfurter Zeitung und Handelsblatt [Frankfurt]
GN	Nachrichten von der Königl. Gesellschaft der Wissenschaften und der Georgs-Augusts-Universität zu Göttingen (ab 1894 deren math.-phys. Kl. [Göttingen]
HBdP	Handbuch der Physik (Serie) [Berlin]
Hist.Sci.	Historia Scientiarum: International Journal of the History of Science Society of Japan [Tokio]
HJ	The Hibbert Journal, a quarterly review of religion, theology, and philosophy [London]
HSPS	Historical Studies in the Physical Sciences [Baltimore]
IEUS	International Encyclopedia of Unified Science [Chicago] {Neurath, Carnap u. Morris}
IJTP	International Journal of Theoretical Physics [New York]
JEMSS	Journal of the Elisha Mitchell Scientific Society [Raleigh]
JHP	Journal of the History of Philosophy [St. Louis]
JDMV	Jahresbericht der Deutschen Mathematiker- Vereinigung [Leipzig]
JMP	Journal of Mathematical Physics [New York]
J.Phil.	The Journal of Philosophy, Psychology and Scientific Methods [Lancaster bzw. New York]
J.Phys.	Journal de Physique théorique et appliquée [Paris]
JP	Jahrbücher der Philosophie [Berlin], {Frischeisen-Köhler}
JPPF	Jahrbuch für Philosophie und phänomenologische Forschung [Halle]
JPR	Le Journal de Physique et Le Radium (Serie) [Paris]
JRASC	Journal of the Royal Astronomical Society of Canada [Toronto]
JRE	Jahrbuch der Radioaktivität und Elektronik [Leipzig] {Stark}
JSHS	Japanese Studies in the History of Science [Tokio]
KDVSM	Det Kgl. Danske Videnskaps Selskab, matematisk-fysiske Meddeleser [Kopenhagen]

RQS	Revue des Questions Scientifiques [Bruxelles]
RS	Revue Scientifique. Revue hebdomadaire illustrée (Revue rose) (Serie) [Paris]
RSyn	Revue de Synthèse [Paris]
RU	La Revue Universelle [Paris]
SA	Scientific American [New York]
SAS	Scientific American, Supplement [New York]
SB.Berlin	Sitzungsberichte der Königl. Preussischen Akademie der Wissenschaften (ab 1922 deren math.-physik. Klasse) [Berlin]
SB.BMG	Sitzungsberichte der Berliner Mathematischen Gesellschaft [Göttingen]
SB.Heidelb.	Sitzungsberichte der Heidelberger Akademie der Wissenschaften, mathem.-naturwiss. Klasse, Abt. A. [Heidelberg]
SB.Leipzig	Berichte über die Verhandlungen der Königl.-Sächsischen Gesellschaft der Wissenschaften zu Leipzig, math.-physik. Klasse [Leipzig]
SB.München	Sitzungsberichte der math.-phys. Klasse der bayerischen Akademie der Wissenschaften [München]
SB.Wien	Sitzungsberichte der Kaiserlichen Akademie der Wissenschaften, Abt. 2a, mathematisch-naturwissenschaftl. Klasse [Wien]
Science	Science: American Association for the Advancement of Science [Washington, D. C. bzw. New York]
Scientia	Scientia. Rivista di Scienza [Bologna et al.]
SDM	Süddeutsche Monatshefte [München]
SHPS	Studies in History and Philosophy of Science [London]
Sirius	Sirius. Zeitschrift für populäre Astronomie [Leipzig et al.]
SM	The Scientific Monthly [New York]
Soz.Mon.	Sozialistische Monatshefte (Jg.) [Berlin]
Times	The Times [London]
TR	Tägliche Rundschau [Berlin]
UCP	University of California Publications in Philosophy [Berkeley]
UMN	Unterrichtsblätter für Mathematik und Naturwissenschaft [Berlin]
Umschau	Die Umschau, später: Umschau in Wissenschaft und Technik [Frankfurt]
VAG	Vierteljahrsschrift der Astronomischen Gesellschaft [Leipzig]
VDGfW	Veröffentlichungen der Deutschen Gesellschaft für Weltätherforschung [Berlin]
VDPG	Verhandlungen der physikalischen Gesellschaft zu Berlin (später: Verhandlungen der Deutschen Physikalischen Gesellschaft) {Scheel } [Berlin]
VGDNÄ	Verhandlungen der Gesellschaft Deutscher Naturforscher und Ärzte 1. Untergruppe der naturwiss. Abt., Abt. f. Physik [Leipzig]
VWPS	Vierteljahrsschrift für wissenschaftliche Philosophie und Soziologie [Leipzig] {Avenarius, Barth}
VNGZ	Vierteljahrsschrift der Naturforschenden Gesellschaft in Zürich {Schinz }
VNVH	Verhandlungen des naturwissenschaftlichen Vereins zu Hamburg [Hamburg]
VSNG	Verhandlungen der Schweizerischen Naturforschenden Gesellschaft [Aarau]
VZ	Vossische Zeitung [Berlin] (A= Abendausg.; M = Morgen-, S = Sonntags-Ausg.)
WZTUD	Wissenschaftliche Zeitschrift der TU Dresden [Dresden]
WZUG	Wissenschaftliche Zeitschrift der Universität Greifswald, mathem.-physik. Reihe [Greifswald]
WZUJ	Wissenschaftl. Zeitschr. der Friedrich-Schiller-Univ. Jena (math.-naturwiss. Reihe) [Jena]
ZAWT	Zeitschrift für allgemeine Wissenschaftstheorie [Wiesbaden]
ZgN	Zeitschrift für die gesamte Naturwissenschaft [Braunschweig]
ZMNU	Zeitschrift für mathematischen und naturwissenschaftlichen Unterricht [Leipzig u. Berlin] {Lietzmann}
ZMP	Zeitschrift für Mathematik und Physik [Leipzig]
ZPC	Zeitschrift für physikalische Chemie [Leipzig] {Ostwald}
ZPCU	Zeitschrift für physikalischen und chemischen Unterricht [Berlin]
ZPF	Zeitschrift für philosophische Forschung [Meisenheim/Glan]
Z.Phys.	Zeitschrift für Physik, herausge. von der Deutschen Physikalischen Gesellschaft als Ergänzung zu ihren *Verhandlungen*, [Braunschweig u. Berlin] {Scheel}
ZPP	Zeitschrift für positivistische Philosophie [Berlin] {Baege}
ZPPK	Zeitschrift für Philosophie und philosophische Kritik [Halle]
ZtP	Zeitschrift für technische Physik [Leipzig]
ZVDI	Zeitschrift des Vereins Deutscher Ingenieure [Berlin et al.]

Vorbemerkungen zur Bibliographie

Meine Bibliographie besteht aus zwei jeweils alphabetisch organisierten Teilen.

Im ersten Teil führe ich alle mir bekanntgewordenen und erreichbaren vor 1955 verfaßten deutschen, englischsprachigen oder französischen Schriften (Bücher, Aufsätze und Zeitungsartikel) auf, die kommentierend, interpretierend, kritisierend oder einfach populär darstellend zu der SRT und ART Einsteins Stellung nehmen. Hat ein Autor noch *vor* 1955 solche Texte verfaßt, wurden auch seine *nach* 1955 verfaßten gleichartigen Texte mitaufgenommen. In einigen Fällen wurden auch Rezensionen einbezogen, und zwar immer dann, wenn diese über Inhaltsangaben hinausgehende neue Gesichtspunkte beinhalteten. Bei den rein fachwissenschaftlichen Primärtexten, die ja bereits vielfach bibliographisch erfaßt sind, mußte ich mich aus Platzgründen auf die Angabe nur der Quellentexte beschränken, die im Kapitel eins erwähnt oder zitiert werden.

Im zweiten Teil der Bibliographie führe ich einige einschlägige Sekundärtexte zur Geschichte der RT, zur Person Einsteins oder zu anderen für meine Arbeit relevanten Themen auf, die nach Einsteins Tod 1955 verfaßt wurden. Die Auswahl ist hier unvermeidlich subjektiv und beschränkt sich auf von mir im Haupttext angeführten Texte, die dem interessierten Leser Ergänzungen oder Vertiefungen bieten.

Im Haupttext meiner Arbeit erfolgten Referenzen bis auf Ausnahmen stets durch Nennung des Namens, gefolgt von der in eckige Klammern gesetzten Jahreszahl des Erscheinens des in der Bibliographie aufgeführten Textes und den Seiten- bzw. Spaltenzahlen. Erschien ein Text mehrmals, so bemühte ich mich, die Paginierung beider Texte zu ermitteln; so steht etwa die Fußnotenreferenz "AE [1905]a/b S. 891/26" für S. 891 des Ersterscheinens von Einsteins 'Elektrodynamik bewegter Körper' in den *Annalen der Physik* bzw. S. 26 des 1923 von Sommerfeld herausgegebenen Sammelbandes. Häufig wurden zur Kennzeichnung mehrfach erschienener Texte Doppeljahreszahlen verwendet (z.B. AE [1934/77]), bei denen die erste das Ersterscheinungsjahr angibt. In der alphabetischen Auflistung der Texte finden sich dann die Quellen für beide Drucklegungen, und zwar in der Reihenfolge ihres Erscheinens. Titel von Büchern und die Namen von Periodika wurden in der Bibliographie kursiv gesetzt, Bandzählungen fettgedruckt und die Seiten- bzw. Spaltenzählung durch Komma getrennt hinten angefügt. Häufiger vorkommende Zeitschriften und Zeitungen wurden aus Platzgründen gemäß vorstehendem Verzeichnis abgekürzt.

Die Quellen für meine bibliographische Ermittlung von veröffentlichten Texten waren vor allem: die Zeitschriftenbibliographie von Dietrich (ab 1906) für deutschsprachige und (seit 1911) für ausländische Zeitschriften, und das *Gesamtverzeichnis deutschsprachiger Bücher* (GV). Bei bekanntem Autorennamen konnten u.a. ergänzend herangezogen werden: der *National Union Catalogue* der USA (NUC, pre 1956), der Katalog der *Bibliothèque Nationale, Paris* und das *Deutsche Bücherverzeichnis*. In vielen so ermittelten Werken fand ich darüber hinaus Hinweise auf bibliographisch bislang nicht erfaßte Veröffentlichungen.

Bibliographie Teil 1: Schriften bis 1955

[1] Abel, E.[1918] 'Die spezielle Relativitätstheorie', *Österreichische Chemiker-Zeitung* [Wien], N.F.**21**, S. 12-16, 32-36, 57-61.

[2] Abelé, Jean [1955]a)'Einstein et la théorie de la relativité', *Études. Revue Catholique* (A) **88** (= tome **286**), S. 23-35 b)in dt. Übers.: 'Albert Einstein und die Relativitätstheorie', *Wort und Wahrheit* [Freiburg] **10**, S. 755-761.

[3] Abraham, Max [1905/14] *Theorie der Elektrizität*, Bd. 2 *Elektromagnetische Theorie der Strahlung*, Leipzig und Berlin, Teubner, a) 1. Aufl. 1905, b) 3.Aufl. 1914.

[4] —— [1912]a 'Zur Theorie der Gravitation', *Phys.Z.* **13**, S. 1-14.

[5] —— [1912]b 'Das Gravitationsfeld', *Phys.Z.* **13**, S. 793-797.

[6] —— [1914] 'Die Neue Mechanik', *Scientia* **10**, S. 8-27.

[7] —— [1915] 'Neuere Gravitationstheorien', *JRE* **11**, S. 470-520.

[8] —— [1921] Buchbesprechung von Friedrich Adler [1920], *Phys.Z.* **22**, S. 414-415.

[9] d'Abro, A. [1921] 'The foundation of geometry', *SA* **124** (22.I.1921), S. 67.

[10] —— [1927] *Bergson ou Einstein*, Paris, H.Goulon.

[11] —— [1927/50] *The Evolution of Scientific Thought from Newton to Einstein*, a)New York 1927, b)2.Aufl. 1950, ibid., Dover Paperback.

[12] Achalme, Pierre-Jean (Hrsg.) [1916] *La science des civilisés et la science allemande*, Paris, Payot.

[13] Adams, E.P. [1924] Beitrag zum Symposium 'Is Einstein wrong?', *The Forum* **72**, S. 280f.

[14] McAdie, Alexander [1921] 'Relativity and the absurdities of Alice', *Atlantic Monthly* **127**, S. 811-814.

[15] Adler, Friedrich [1909] 'Die Einheit des physikalischen Weltbildes', *NW* **24** = **N.F. 8**, S. 817-822.

[16] —— [1920] *Ortszeit, Systemzeit, Zonenzeit und das ausgezeichnete Bezugssystem der Elektrodynamik*, Wien, Wiener Volksbuchhandlung.

[17] Ainscough, R. [1922] 'Some remarks on relativity', *Mind* N.S. **31**, S. 489-495.

[18] Albrecht, E. u. Cumme H.[1952/53] 'Zur Diskussion über physikalische und erkenntnistheoretische Fragen der Relativitätstheorie', *WZUG* **2**, S. 251-258.

[19] Alexander, Samuel [1920] *Space, Time and Deity*, London, Dover (2 Bände).

[20] Alliata, Giulio [1921/22] *Verstand contra Relativität. Zum Nachweis der Translation des Sonnensystems mit einem Anhang zur praktischen Durchführung der Versuche*, a)Locarno, Vito Carminati, 1921 b)Leipzig, Hillmann, 1922

[21] —— [1922]a *Das Weltbild der Äthermechanik*, Leipzig, Hillmann.

[22] —— [1922]b *Die Planetenanomalien im Weltbild der Äthermechanik*, ibid.

[23] —— [1923] *Mißverständnisse zu den Grundlagen der Einsteinschen Relativitätstheorie, zu de Sitters Einwand zum Impulsprinzip, zum Dopplereffekt*, ibid. (s.a. Rez. v. Volkmann [1924]. Wenzl [1924]).

[24] Altmann, Bruno [1922] 'Die Zürcher Machkolonie. Zur Vorgeschichte der Relativitätstheorie', *Allgemeine Zeitung* [München], 3.XII. 1922, S. 2, Sp. 1-2.

[25] Anderson, W. [1921] 'Zur Kontroverse zwischen den Herrn Th. Wulf und H. Reichenbach', *AN* **214**, **Nr.5114** Sp. 35-38 (vgl. Wulf [1921]a und Reichenbach [1921]d, [1922]c).

[26] Andrade, E.N.da C. [1922] 'The equivalence hypothesis', in: Bird(ed.) [1922], S. 334-337.

[27] Angersbach, A. [1920] *Das Relativitätsprinzip, leicht faßlich entwickelt*, Leipzig u. Berlin, Teubner.

[28] Archbald, R.W.[1919] 'Einstein's theory', *NYT* **69**, Nr. 22,581, Fr. 21. Nov. 1919, S. 10, Sp. 6 (zu N.N. über 'light and logic', ibid., 16. Nov.).

[29] Archenhold, F.S.[1928/29] 'Astronomische Prüfungen der Einsteinschen Relativitätstheorie', *Weltall* **28**, S. 170-171.

[30] Asclépios (Pseud.) [1922] 'Le carnet du docteur: les théories d'Einstein et la médecine'. *L' Œuvre*, 4. April.

[31] Aster, Ernst von [1921] 'Relativitätstheorie und Philosophie', *Intern. Monatsschrift für Wissenschaft* [Berlin] **15**, Sp. 735-759.

[32] —— [1922] *Raum und Zeit in der Geschichte der Philosophie und der Physik*, Berlin, Paetel.

[33] —— (zus. mit Vogel, Thilo) [1931] 'Kritische Bemerkungen zu Hugo Dinglers Buch "Das Experiment" ', *Erkenntnis* **2**, S. 1-20. I: 'Physik und Nicht-Euklidische Geometrie' (v.Aster), S. 1-9, II: 'Kritik der physikalischen Grundbegriffe' (Vogel), S. 9-20.

[34] —— [1932] *Naturphilosophie*, Berlin, Mittler (in der Reihe *Die philosophischen Hauptgebiete in Grundrissen*, herausgeg. v. A. Liebert; darin insb. S. 109-117).

[35] —— [1935] *Die Philosophie der Gegenwart*, Leiden, Sigthoff.

[36] Auerbach, Felix [1914] 'Die Relativitätstheorie in ihrem allgemeinen Ideenkreise', *Geisteswissenschaften* **1**, S. 1064-1068.

[37] —— [1918] *Das Wesen der Materie, nach dem neuesten Stande unserer Kenntnisse und Auffassungen dargestellt*, Leipzig, Dürrsche Buchhandlung.

[38] —— [1921] *Raum und Zeit, Materie und Energie*, Leipzig, Dürr.

[39] Mc Aulay, Alexander [1920] 'Relativity and hyperbolic space', *Nature* **105**, S. 808.

[40] Dr. B.[1920] 'Der Kampf um Einstein. Die Auseinandersetzung auf dem Naturforschertag', *VZ*, A., 24. Sept., S. 1-2.

[41] Bach, Bernhard [1924] *Die Unmöglichkeit der Einstein'schen Relativitätstheorie*, Stuttgart, Selbstverlag.

[42] Bachelard, Gaston [1929] *La valeur inductive de la relativité*, Paris, Vrin.

[43] —— [1937] *L'expérience de l'espace dans la physique contemporaine*, Paris, Alcan.

[44] —— [1949/79] 'Die philosophische Dialektik in der Begriffswelt der Relativität', in Schilpp(Hrsg.) [1949/79]b, S. 413-426.

[45] Bäcker, Hans [1923] *Die Relativitätslehre und der Mensch*, Pottsdam, Der weiße Ritter (=Bausteinbücherei, Heft 7).

[46] Balster, Wilhelm [1928] *Der Fehler in der Einsteinschen Relativitätstheorie gemeinverständlich dargestellt*, Leipzig, Hillmann.

[47] Barbulescu, N.[1939] 'Die physikalische Grundlage der speziellen Relativitätstheorie', *Phys.Z.* **40**, S. 140-141 (s.a. Replik v. Weizsäcker [1939]).

[48] Barnes, Cecil [1921/49] 'Questions in Einstein', a)*New Republic* **27**, S.175, b)Reprint in: M. R. Cohen[1949] S. 240-241.

[49] Barnett, Lincoln [1946/52] a)*The Universe and Dr. Einstein*, Mentor, 1946 b)dt. Übers.als *Einstein und das Universum* [mit einem Vorwort von AE], Frankfurt, Fischer.

[50] Barnewitz, Friedrich [1920] *A. Einsteins Relativitätstheorie. Versuch einer volkstümlichen Zusammenfassung*, Rostock, Leopold.

[51] Barter, E.G. [1953] *Relativity and Reality. A re-interpretation of anomalies appearing in the theories of relativity*, New York, Philosophical Library.

[52] Barth, Gotthard [1954] *Relativistische und klassische Physik*, Unter-Tullnerbach b. Wien, Selbstverlag.

[53] Barton, Ralph [1924] 'Relativity', *Vanity Fair* **21**, April 1924, S. 45.

[54] Batchelder, M. [1924] Beitrag zum Symposium 'Is Einstein Wrong?', *The Forum* **72**, S. 280.

[55] Bateman, H. [1924] Beitrag zum Symposium 'Is Einstein Wrong?', *The Forum* **72**, S. 279.

[56] Bauch, Bruno [1911] *Studien zur Philosophie der exakten Wissenschaften*, Heidelberg, Winter.

[57] —— [1912] 'Immanuel Kant und sein Verhältnis zur Naturwissenschaft', *KS* **17**, S. 9-27.

[58] —— [1914] 'Über den Begriff des Naturgesetzes', *KS* **19**, S. 307-337.

[59] —— [1924] *Das Naturgesetz. Ein Beitrag zur Philosophie der exakten Wissenschaften*, Leipzig u. Berlin, Teubner.

[60] Bauer, Hans [1922] *Mathematische Einführung in die Gravitationstheorie Einsteins nebst einer exakten Darstellung ihrer wichtigsten Ergebnisse*, Leipzig u. Wien, Deuticke.

[61] Baumgardt, Ludwig [1921] 'Ruhm. Soldner und Einstein', *FZ*, **66**, Nr. 827, 6. Nov. 1921, 1. Morgenblatt, S. 1 (s.a. Repliken v. Laue [1921], Born und Hilbert [1921]).

[62] Bavink, Bernhard [1913/40] *Ergebnisse und Probleme der Naturwissenschaften. Eine Einführung in die heutige Naturphilosophie*, Leipzig, Hirzel, a)1.Aufl. 1913 (2. Aufl. 1921, 4. Aufl. 1930), b)6. Aufl. 1940, darin insb. S. 100-138, c)8. Aufl. 1944; (s.a. Rez. v. Reichenbach [1931], Eucken [1941], [1946/47], Finkelnburg [1941], Kienle [1941], v.Renesse [1941]).

[63] —— [1920] 'Philosophische Folgerungen der Einsteinschen Relativitätstheorie', *Unsere Welt* [Godesberg] **12**, S. 131-138 (vgl. Remy [1920] und Dennert, Glüer [1921]).

[64] —— [1924]a 'Vom Relativen zum Absoluten', *Unsere Welt* **16**, S. 57-169, 185-194.

[65] —— [1924]b Rez. v. Carnap [1923], ibid., S. 112-113.

[66] —— [1924]c Rez. v. Dingler [1919]b, ibid., S. 214-215.

[67] —— [1924]d 'Von Einstein zu Hegel und Plato' (= Rez. v. Eddington [1920/23]), Hannoverscher Kurier, 26. März.

[68] —— [1925]a 'Die neue Wendung in der Relativitätstheorie?', *Hannoverscher Kurier*, 28. Mai.

[69] —— [1925]b 'Einsteins Relativitätstheorie erschüttert?', *Hannoverscher Kurier*, 4. Aug., Nr. 394.

[70] —— [1926] 'Der Ätherwind und die Relativitätstheorie', ibid., 4. Jan.

[71] —— [1927] 'Raum, Zeit und Kausalität im System des kritischen Realismus', *KS* **32**, S. 264-272.

[72] —— [1928]a *Die Hauptfragen der heutigen Naturphilosophie*, Frankfurt, Salle (2 Bde., = Mathem.-Naturwiss.-Techn. Bücherei, Bd. 17 u.18)

[73] —— [1928]b 'Die Rolle der Naturwissenschaft und der Technik in der Kultur der Gegenwart', *Unsere Welt* **20**, S. 33-39, 65-70, 97-104.

[74] —— [1933]a 'Die Naturwissenschaften im Dritten Reich', *Unsere Welt* **25**, S. 225-236.

[75] —— [1933]b 'Weltanschauungswandel in den Naturwissenschaften der Gegenwart', *BBN* **1**, S. 126-158.

[76] —— [1933/34] *Naturwissenschaft auf dem Wege zur Religion. Leben und Seele, Gott und Willensfreiheit im Lichte der heutigen Naturwissenschaft*, Frankfurt, Diesterweg, 1. u. 2. Aufl. 1933, b)3. Aufl. 1934.

[77] —— [1934]a 'Rasse und Kultur', *Unsere Welt* **26**, S. 98-114, 161-190.

[78] —— [1934]b: Replik auf Bieberbach [1934]a, ibid., S. 342-348.

[79] —— [1935] '70 Jahre Naturwissenschaft', *BBN* **2**, Heft 4, S. 169-208 (insb. S. 169-171, 203-208).

[80] —— [1938] 'Vom Sinn und Ethos der Wissenschaft', *Unsere Welt* **30**, S. 241-265.

[81] —— [1947] 'Die Bedeutung des Konvergenzprinzips für die Erkenntnistheorie der Naturwissenschaften', *ZPF* **2**, S. 111-130.

Beauregard, O.C. de: siehe 'Costa de Beauregard, Olivier'.

[82] Becher, Erich [1914] *Naturphilosophie*, Leipzig u. Berlin, Teubner (= Die Kultur der Gegenwart, ihre Entwicklung und ihre Ziele, herausgeg. v. P. Hinneberg, III. T., 7. Abt., Bd. 1, darin insb. S. 177ff u. 283ff. zur klass. Elektrodynamik u. S. 330 zur SRT).

[83] —— [1915] *Weltgebäude, Weltgesetze, Weltentwicklung. Ein Bild der unbelebten Natur*, Berlin,Reimer, 1915 (insb. S. 1-37 u. 161-219; s.a. Schlick [1916] u. Weinstein [1915]).

[84] —— [1921] *Geisteswissenschaften und Naturwissenschaften. Untersuchungen zur Theorie und Einleitung der Realwissenschaften*, München und Leipzig, Duncker u. Humblot (insb. S. 318ff.).

[85] —— [1926] *Metaphysik und Naturwissenschaften. Eine wissenschaftstheoretische Untersuchung ihres Verhältnisses*, München u. Leipzig. Duncker u. Humblot (s.a. Kurzfassung, 1928).

[86] —— [1928] 'Der Zusammenhang von Metaphysik und Naturwissenschaften', *Unsere Welt* **20**, S. 1-6.

[87] Beck, G.[1929] *Allgemeine Relativitätstheorie*, Berlin, Springer.

[88] Beckenhaupt, C.[1911] 'Über die physikalischen Verhältnisse, welche bei dem Relativitätsprinzip und der Vierdimensionalität in Betracht kommen', *VGDNÄ* **83**, S. 105-110.

[89] Becker, Oskar [1923] 'Beiträge zur phänomenologischen Begründung der Geometrie und ihrer physikalischen Anwendungen', *JPPF* **6**, S. 385-560, insb. S. 477ff.

[90] —— [1930]a 'Die apriorische Struktur des Anschauungsraumes', *Phil.A.* **4**, S. 129-162 (s.a. Reichenbach [1931]a).

[91] —— [1930]b 'Die Philosophie E. Husserls (anläßl. seines 70. Geburtstages dargestellt)', *KS* **35**, S. 119-150.

[92] —— [1951/75] *Grundlagen der Mathematik in geschichtlicher Darstellung*, a)1. Aufl. 1951; Reprint Frankfurt, Suhrkamp, 1975.

[93] Becker, Walther [1921] *Die Relativitätstheorie gemeinverständlich dargestellt*, Leipzig, Hachmeister u. Thal (= Lehrmeister Bücherei, Nr. 651-653).

[94] —— [1922] *Die Relativitätstheorie*, Leipzig, Hachmeister u. Thal.

[95] Becquerel, Jean [1922]a *Le principe de la relativité et la théorie de la gravitation*, Paris, Gauthier-Villars [war mir nicht zugänglich].

[96] —— [1922]b *Exposé élémentaire de la théorie d' Einstein et de sa généralisation*, Paris [war mir nicht zugänglich].

[97] —— [1923]a 'Préface' zu Metz[1923], S. v-xviii.

[98] —— [1923]b 'Critique de l'ouvrage *Durée et simultanéité*', *Bulletin Scientifique des Étudiants de Paris* **10**, S. 18-29 [war mir nicht zugänglich].

[99] —— [1951]a 'Remarques sur le ralentissement du corps du temps par l'effet d'un champ de gravitation', *CRAS* **232**, S. 1617-1619.

[100] —— [1951]b 'Sur la structure de l'espace-temps et la notion physique du temps dans un champ de gravitation statique', *CRAS* **233**, S. 590-593.

[101] Beer, Fritz [1920] *Die Einsteinsche Relativitätstheorie und ihr historisches Fundament. 6 Vorträge für Laien.* Leipzig u. Wien, Perles (auch Ausgaben in Polnisch u. Russisch).

[102] Bell, E.T. [1922] 'The principle of general Relativity', in Bird(Hrsg.) [1922] S. 218-229.

[103] Benchley, Robert [1920]a 'All About Relativity: Einstein's Theory for the lay-mind in simple terms', *Vanity Fair* **13**, S. 61.

[104] —— [1920]b 'In darkest Einstein', *Nation* **105**, S. 503.

[105] Benda, Julien [1921] 'Einstein et les salons', *Le Gaulois*, 28. Oktober.

[106] —— (unter Kürzel J.B.)[1922] 'Snobisme Nouveau', *Le Temps*, 62. Année, No. 22160, 7. April.

[107] Benedicks, Carl [1923] *Raum und Zeit. Eines Experimentalphysikers Auffassungen von diesen Begriffen und von deren Veränderung*, Zürich, Rüssli.

[108] Berche, F. [1924] 'La Fiction Einsteinienne', *RP* **31**, S. 384-427 u. 507-551 (s.a. Replik v. Metz [1925]b u. Erwiderung von Berche [1925]).

[109] —— [1925] (Entgegnung auf Metz-Replik [1925]b), *RP* **32**, S. 100-102.

[110] Berenda, Charlton W. [1951] 'Notes on Lemaître's cosmogony', *J.Phil.* **48**, S. 338-341.

[111] Berg, Otto [1910] 'Das Relativitätsprinzip der Elektrodynamik', a)*AFSG* (2) **3**, S. 333-382, b)als Sep. Göttingen, Vandenhoek u. Ruprecht.

[112] Berget, Alphonse [1917] a)'Relativité (la Science allemande et le principe de)', *Larousse Mensuel* **4** Heft Nr. 122, b)engl. Übers. als 'The Principle of Relativity', *SAS* **83** No. 2165, S. 411.

[113] —— [1917]c 'A new and revolutionary doctrine of time and space', *CO* **63**, S. 178.

[114] Bergmann, Hugo [1928] 'Über einige philosophische Argumente gegen die Relativitätstheorie', *KS* **33**, S. 387-404 (s.a. Replik v. Weinmann [1929]).

[115] Bergmann, Peter G. [1942] *Introduction to the theory of relativity*, New York, Prentice Hall (mit Vorwort v. AE).

[116] Bergson, Henri [1909/72] 'Rapport sur *Identité et Realité* de E. Meyerson', a)*Séances et Travaux de l' Académie des Sciences Morales et Politiques* **171**, S. 664-666; b)Reprint in: Bergson [1972], S. 786-788 (= Rez. v. Meyerson [1908]a).

[117] —— [1921/72] *Durée et Simultaneité à propos de la théorie d'Einstein*, a)Paris, Alcan (Erstaufl.); 2.Aufl. 1923, 3.Aufl. 1925, 4. Aufl. 1929); b)Reprint in: Bergson [1972]; s.a. Bergson [1921/65] sowie Rez. v. Becquerel [1923]b, Guillaume [1922]b, Voisine [1922].

[118] —— [1921/65] *Duration and Simultaneity with reference to Einstein's Theory*,(engl. Übers. v. Bergson[1921] durch L.Jacobson mit Einführung v. H.Dingle), Indianapolis, 1965.

[119] —— [1922]: Diskussionsbemerkungen auf der Sitzung vom 6. April, *BSFP* **17**, S. 102-107.

[120] —— [1924]a 'Les temps fictifs et le temps réel', *RP* **31**, S. 241-260 (=Replik auf Metz[1924]a; s.a. Metz[1924]b u. Bergson[1924]b sowie [1924/69]).

[121] —— [1924]b 'Response de M.H.B.', ibid., S.440.

[122] —— [1924/69] 'Exchanges concerning Bergson's new edition of *duration and simultaneity*'(=engl. Übers. v. Bergson [1924]a,b. und Metz[1924]a,b), in: Gunter(Hrsg.) [1969] S. 135-189.

[123] —— [1934/58] *La pensée et le mouvant. Essais et conférences*, Paris, Presses Universitaires de France a)1. Aufl. 1934; b)Reprint Presses Universitaires de France 1958 (darin insb. S. 34-45).

[124] —— [1972] *Mélanges*, Herausgeber: André Robinet, Paris, Presses Universitaires de France.

[125] Bernays, Paul [1913] *Über die Bedenklichkeiten der neueren Relativitätstheorie*, a)*AFSG* N.F. **4**, S. 459-483, b)als Separatum Göttingen, Vandenhoek u. Ruprecht .

[126] Berry, William [1924] Beitrag zum Symposium 'Is Einstein wrong?', *The Forum* **72**, S. 280.

[127] Berteval, W.[1942] 'Bergson et Einstein', *RPFE* **132**, S. 18-28.

[128] Berthelot, Daniel [1922] *La physique et la métaphysique des théories d'Einstein*, Paris, Payot (s.a. Savarit[1922]).

[129] Berthelot, René [1910] 'L'espace et le temps chez les physiciens', *RMM* **18**, S. 744-775.

[130] Bhattacharya, S.[1954] 'The general theory of relativity and the expanding universe', *Progress in theoretical physics* **11**, S. 613.

[131] Bie, Oskar; Kraus, Werner; Lazlo, Andreas; Moissi, Alexander; Reinhard, Max; Terwin, Johanna; Thimig, Hella; Zweig, Stefan [1920] 'Eine Sympathiekundgebung für Professor Einstein', *Neue Freie Presse*, 1. Sept., Nr. 20120 und *BT* **49**, 31. Aug., Nr. 409 (A), in Reaktion auf AE [1920]d.

[132] Bieberbach, Ludwig [1934] 'Persönlichkeitsstruktur und mathematisches Schaffen', a)in: *Unterrichtsblätter für Mathematik und Naturwissenschaften* **40**, S. 236-243; b)Kurzfassung in: *Forschungen und Fortschritte* **10**, S. 235-237 (s.a. Replik v. Bavink [1934]b).

[133] Biese, W.[1929] 'Das Wesen der Relativitätstheorie Einsteins', *Die Gewerkschaft* **33**, S. 92-96.

[134] Binder, Erich [1923] *Elementare Einführung in die spezielle Relativitätstheorie für den Unterricht in der Prima und zum Selbstunterricht bearbeitet*, Lübeck, Coleman.

[135] Bird, James Malcolm [1920]a 'What has been said about Einstein. A review of the more important popular and semi-popular books and articles', *SA* **123**, 28. Aug., S. 200 u. 212.

[136] —— [1920]b 'New concepts of the past century. The change in outlook since classical days, which makes non-euclidean geometry a possibility', ibid., 18.Sept., S. 276, 286 u. 288.

[137] —— [1920]c 'That parallel postulate: the dividing line between euclidean and non-euclidean geometry, and what the latter means', ibid., 4.Dez., S.565, 579, 580 (s.a. d'Abro[1921]).

[138] —— [1921]a 'A matter of definition: divergent viewpoints as to what constitutes a "popular" essay', ibid. **124**, 29.Jan., S. 87, 98f.

[139] —— [1921]b 'Some Einstein Contest Personalities', ibid., 5.Febr., S. 107.

[140] —— [1921]c 'Einstein's finite universe', ibid., 12.März, S. 202.

[141] —— [1921]d 'The Anti Einstein campaign', ibid., S. 382.

[142] —— [1921]e 'An Alternative to Einstein: How Dr. Poor would save Newton's law and the classical time and space concepts', ibid., 11. Juni, S. 468ff. (= Replik zu Poor [1921]b).

[143] —— (Hrsg.) [1922] *Einstein's Theory of Relativity and Gravitation. A selection of material from the essays submitted in the competition for the Eugene Higgins Prize of* \$ 5.000, New York, Scientific American Publishers.

[144] Birkhoff, George D.[1923] *Relativity and modern physics*, Cambridge, Harvard Univ. Press (s.a. Eisenhart[1923]).

[145] —— [1924] 'The origin, nature and influence of relativity' (=The Lowell Lectures), *SM*, **18**: S. 228-238, 408-421, 517-528, 616-624; **19**: S. 18-29, 180-187.

[146] Black, Max [1938] Rez. v. Ushenko [1937], *Mind*, N.S. **47**, S. 531-532.

[147] Blaschke, Wilhelm [1921]ff. *Vorlesungen über Differentialgeometrie und geometrische Grundlagen von Einsteins Relativitätstheorie*, Berlin, Springer, Bd. 1: 1921; Bd. 2: 1923 (= Die Grundlagen der mathem. Wiss. in Einzeldarstellungen, Bd. 1 u. 7); Bd. 3: 1929.

[148] Bloch, Léon [1917] 'Relativité et Gravitation (d'après les théories récentes)', *RGS* **28**, S. 662-671.

[149] —— [1920] 'L'espace et le temps dans la physique moderne', *RS* (58), S. 333-341.

[150] Bloch, Werner [1918/20] *Einführung in die Relativitätstheorie*, Leipzig u. Berlin, Teubner, (= Aus Natur und Geisteswelt, Bd. 618; 1. Aufl. 1918 - s.a. Petzoldt [1919]b; 2. Aufl. 1920).

[151] —— [1949] *Moderne Physik. Eine Einführung in die Gedanken der Relativitäts- und der Quantentheorie*, Berlin, Dreilindenverlag.

[152] Block, Heinrich [1912] *Die erkenntnistheoretische Rolle des Äthers in der Entwicklung des Elektromagnetismus*, Diss. Uni Bonn, 1912.

[153] Block, Walter [1916] 'Zur Relativitätstheorie', *Weltall* **16**, S. 65-69.

[154] Blumberg, Albert E.[1932] 'Emile Meyerson's critique of positivism', *Monist* **42**, S. 60-79.

[155] Blumenthal, Otto (Hrsg.) *Das Relativitätsprinzip*, Leipzig, Teubner, 1. Aufl. 1913 (siehe Sommerfeld (Hrsg.) [1921] sowie Jüttner [1917]).

[156] Boedke, P.[1919]: Rez. v. Schlick [1917/19] u. Schlick [1918/25]a, *Monatschrift für die höheren Schulen* **18**, S. 382-385.

[157] Böhm, Karl [1914] 'Einführung in die Relativitätstheorie', *Schriften der physik.-ökonomischen Gesellschaft zu Königsberg*, **55**, S. 230-231.

[158] Böing, Heinrich [1921] 'Noch einmal: Das Relativitätsprinzip', *TR* 22. 2. 1921, Nr. 44 (Unterhaltungsbeilage), S. 141.

[159] Bohlin, Karl [1923] 'Einige Bemerkungen zur Relativitätstheorie', a)*AMAF* **18**, S. 1-12; b)als Separatum bei Almquist, Wiksell u. Friedländer, Stockholm u. Berlin.

[160] Bollert, Karl [1921] *Einstein's Relativitätstheorie und ihre Stellung im System der Gesamterfahrung*, Dresden u. Leipzig, Steinkopff (s.a. Rez. v. E. Hartmann [1924/25]b).

[161] —— [1922]a 'Das homogene Gravitationsfeld und die Lorentztransformation', *Z.Phys.* **10**, S. 256-266.

[162] —— [1922]b 'Die Entstehung der Lorentzverkürzung und die strenge Behandlung des Uhrenparadoxons (mit einer Antwort an Herrn Mohorovičić)', ibid., **12**, S. 189-202 (s.a.Mohorovičić [1922]b).

[163] —— [1923] 'Apriorität von Raum und Zeit in der Relativitätstheorie', *Z.Phys.* **15**, S. 126-152.

[164] Bolton, Lyndon [1921/22] 'Relativity' (= 1. Preis im Higgins-Wettbewerb), a)Auszug in: *SA* **124**,
5.Febr., S. 106-107; b)Vollständig in: Bird(Hrsg.) [1922], S. 169-180 sowie in *Westminster Gazette*,
14. Febr. 1921; c)in deutscher Teilübers. in: Hartberger [1921]a.

[165] Bond, Frederic Drew [1923] 'Reuterdahl and the Einstein theory', *NYT* **72**, Nr. 23,913, So. 15. Juli,
S. 8, Sp. 3-6 (s.a. Replik v. Reuterdahl [1923]).

[166] —— u. Pestel, Arthur u. F.D.D. [1923] 'Relating to relativity. What Einstein's theory is interpreted
by various writers of a varying understanding of the subject', *NYT*, **72**, Nr. 23,856, Sect. 9, S. 8,
Sp. 1-3.

[167] Bondi, Hermann u. Gold,T.[1948] 'The steady-state-theory of the expanding universe', *MNRAS* **108**,
S. 252-270.

[168] Bondi, Hermann [1952] 'Relativity and indeterminacy', *Nature* **169**, S. 660.

[169] —— [1952/61] *Cosmology*, Cambridge, Cambridge Univ. Press, a)1. Aufl. 1952, b)2. Aufl. 1961.

[170] —— [1964/80] *Relativity and common sense. A new approach to Einstein*, New York, a)Doubleday,
1. Aufl. 1964; b)Dover, 1980.

[171] Borchardt, Bruno [1920] 'Relativitätstheorie (Nauheimer Sitzung der Deutschen physikalischen Gesellschaft)', *Soz.Mon.* (26) **54** II, S. 1097.

[172] —— [1926] 'Ist die Relativitätstheorie erschüttert?', *Deutsche Allgemeine Zeitung* **65**, 7. Jan., Nr.
7/8, S. 2.

[173] Borel, Emile [1912] Diskussionsbeiträge zu: Langevin[1912], *BSFP* **12**, S. 40, 44.

[174] —— [1921] 'Sur les hypothèses fondamentales de la physique et de la géometrie', *CRAS* **173**, S.
189-191.

[175] —— [1922]a 'Hypothèses physiques et hypothèses géometriques', *CRAS* **174**, S. 1050.

[176] —— [1922]b *L'espace et le temps*, Paris, Alcan (s.a. Borel [1922/31], [1922/60]).

[177] —— [1922]c 'Einstein et les gens du monde', *L' Œuvre*, 4. April.

[178] —— [1922/31] *Zeit und Raum* (= dt. Übers. v. Borel [1922]b), Stuttgart, Franck, 1931.

[179] —— [1922/60] *Space and Time* (=engl. Übers. v. Borel[1922]b durch A.S. Rappoport u. J. Dougall,
mit Vorwort v. B. Hoffmann), New York, Dover, 1960.

[180] Born, Max [1912] Rez. von Laue [1911], *Phys.Z.* **13**, S. 175-176.

[181] —— [1912/33] 'Prinzipien der Physik', *Handwörterbuch der Naturwissenschaften* [Jena] a)1. Aufl.
1912, Bd. **7**, S. 1122ff. b)2. Aufl. 1933, Bd. **8**, S. 82-87.

[182] —— [1913] 'Einwände gegen die Relativitätstheorie', *Natw.* **1**, S. 191-192 (insb. zu Gehrcke [1913]b).

[183] —— [1916] 'Einsteins Theorie der Gravitation und der allgemeinen Relativität', *Phys.Z.* **17**, S. 51-59.

[184] —— [1919] 'Raum, Zeit und Schwerkraft', *FZ* **64**, Nr. 876, 23. Nov. (1. Morgenblatt), S. 1-3 (s.a.
Replik v. Drill [1919] Teil II).

[185] —— [1920] 'Die Einsteinsche Relativitätstheorie', *FZ* **65**, a)Nr. 46, 18. Jan., 1. Morgenblatt, S. 2;
b)Nr. 61, 23. Jan., Abendblatt, S. 2; c)'Das Einsteinsche Relativitätsprinzip', Nr. 82, 31. Jan. 2.
Morgenblatt, S. 2 [= Bericht über 3 Vorl. zur RT zugunsten des physik. Inst. der Univ. Ffm.].

[186] —— [1920/22] *Die Relativitätstheorie Einsteins und ihre physikalischen Grundlagen*, Berlin, Springer
(= Naturwissenschaftliche Monographien u. Lehrbücher, Bd.3); a)1.Aufl. 1920 - s.a. Rez. v. Jakob
[1921], E. Hartmann [1924/25]; b)3. erw. Aufl. 1922; c)franz. Übers. v. Finkelstein u. Verdier: *La
théorie de la relativité d'Einstein*, Paris, 1923; (5. modifiz. Aufl. s. Born/Biem [1969]).

[187] —— [1922]a 'Hilbert und die Physik', *Natw.* **10**, S. 88-93.

[188] —— [1922]b Rez.v. AEs *Vier Vorlesungen* [1922], ibid., S.946.

[189] —— (u. M.v.Laue)[1924] 'Max Abraham', *Phys.Z.* **24**, S. 49-53.

[190] —— [1927] 'Neue Experimente zur Relativitätstheorie', *FZ* **71**, 9. April, Nr. 264, 1. Morgenblatt, S.
2 (= Replik auf Kraus [1927]).

[191] —— [1950] 'A physicist looks at world affairs', *Nature* **167** S. 1085 (=Rez. v. AEs *out of my later
years* [1950]).

[192] —— [1955/56] 'Physics and relativity', in: Mercier (Hrsg.) [1955/56] S. 244-260.

[193] —— [1961] 'More about Lorentz Transformation equations', *BJPS* **12**, S. 228 (= Replik auf Keswani[1959]).

[194] —— (unter Mitarbeit v. W.Biem) [1969] *Die Relativitätstheorie Einsteins*, (= 5.Aufl. v. Born
[1920/22]).

[195] —— (Hrsg.) [1969] *Albert Einstein/ Hedwig und Max Born Briefwechsel 1916-1955*, mit Komm. v. M.
Born, Geleitwort v. B. Russell u. Vorwort v. W. Heisenberg, a)München, Nymphenburger, 1969;
b)Frankfurt u. Berlin, Ullstein, 1986.

[196] Bosler, Jean [1919] 'Le principe de relativité généralisé et l'Eclipse de Soleil du 29. Mai 1919', *RGS* **30**, S. 669-670.

[197] —— [1920] 'La théorie d'Einstein et la nouvelle loi de la gravitation', *RS* **58**, S. 353-359.

[198] Botezatu, N. [1939] *Die Wahrheit der Relativitätstheorie. Erklärung des Michelson-Versuchs*, Cluj [Rumänien], Produktivgemeinschaft Buchdruckerei 'Pallas'.

[199] Bottlinger, K.F. [1920] 'Die astronomischen Prüfungsmöglichkeiten der Relativitätstheorie', *JRE* **17**, S. 146-161.

[200] Bouasse, Henri [1909] 'Physique générale', in: *De la méthode dans les sciences*, Paris, Alcan, S. 73-110.

[201] —— [1923] 'La question préalable contre la théorie d'Einstein', a)*Scientia* **33**, S. 13-24; b)als Separatum: Paris, Blanchard.

[202] Boutaric, A.[1914] 'Sur le problème de la relativité', *RGS* **25**, S. 622-623.

[203] Bragdon, Claude [1920] 'New concepts of time and space', *Dial* **68**, S. 187-191.

[204] Brand, F.J.[1934] 'An elementary approach to the relativity theory', *JRASC* **28**, S. 73-80.

[205] Braßler, K.[1920] 'Das Einsteinsche Relativitätsprinzip', *Völkischer Beobachter*, 11. Febr., Nr. 12, S. 2-3.

[206] Brauer, Wolfram [1955]a 'Albert Einstein und seine spezielle Relativitätstheorie', *Urania* **18**, S. 201-206.

[207] —— [1955]b 'Die Grundlage der allgemeinen Relativitätstheorie', ibid., S. 449-455.

[208] Braunbek, Werner [1955] '50 Jahre spezielle Relativitätstheorie', *Industriekurier* [Düsseldorf] **8**, Nr. 52, S. 15 (auch in *Kosmos* **51**, S. 333-336.

[209] Brauner, Bohuslav [1924] 'Einstein and Mach', *Nature* **113**, S. 927.

[210] Bremer [1925] 'Die Relativität der Längen in Einsteins Relativitätstheorie', *Naturfreund*[Detmold] **2**, S. 110ff.

[211] Brentano, Franz [1920] 'Zur Lehre von Raum und Zeit', *KS* **25**, S. 1-23 (posth. herausgeg. v. O. Kraus).

[212] [Brentano, Franz] [1938] *Naturwissenschaft und Metaphysik. Abhandlungen zum Gedächtnis des 100. Geburtstages von Franz Brentano*, Brünn u. Leipzig, Rohrer.

[213] Bresler, Johannes [1921/22] 'Bezugslehre' *Psychatrisch- Neurologische Wochenschrift* **23**, S. 211-219, 223-228.

[214] —— [1922] *Jenseits von Klug und Blöde. 1. Bezugslehre (Relativitätstheorie)*, Halle, Marhold.

[215] Bricard, R.[1917] 'Le principe de relativité', *Nouvelles Annales de Mathématiques* **76** (= (4) **17**), S. 201-222.

[216] Bridgman, Percy W. [1927/32] a)*The Logic of Modern Physics*, New York, MacMillan, 1927 ; b)dt. Übersetzung v. W.Krampf mit Einleitung von H. Dingler: *Die Logik der heutigen Physik*, München, Hueber, 1932 (s.a. Rez. v. L.J. Russell [1928] sowie Bridgman [1959]).

[217] —— [1936] *The nature of physical theory*, New York, Dover (s.a. Rez. v. Milne [1936]).

[218] —— [1938] 'Operational Analysis', *Phil.Sci.* **5**, S. 114-131 (= Replik auf Lindsay [1937]).

[219] —— [1945] 'Some general principles of operational analysis', *Psychological Review* **52**, S. 246-249.

[220] —— [1949] 'Some implications of recent points of view in physics', *RIP* **3**, S. 479-501.

[221] —— [1949/79] 'Einsteins Theorien vom methodologischen Gesichtspunkt', in: Schilpp (Hrsg.) [1949/79]b, S. 225-242.

[222] —— [1950] 'The operational aspects of meaning', *Synthese* **8**, S. 251-259.

[223] —— [1951/52] 'The nature of some of our physical concepts', *BJPS* **1**: S. 257-272, **2**: S. 25-44, 142-160.

[224] —— [1954] 'Science and common sense', *SM* **79**, S. 32-39.

[225] —— [1956] 'The present state of operationalism', in: Frank (Hrsg.) [1956] S. 74-79.

[226] —— [1959] 'The logic of modern physics after thirty years', *Daedalus* **88**, S. 518-526.

[227] —— [1960] 'The nature of physical knowledge', in: L.W. Friedrich (Hrsg.) *The nature of physical knowledge*, Bloomington, Indiana Univ. Press, S. 13-24.

[228] —— [1961] 'Significance of the Mach principle', *AJP* **29**, S. 32-36.

[229] —— [1962] *A sophisticate's primer of the special theory of relativity*, Middletown (Conn.), Wesleyan Univ. Press [mit einem Vor- und Nachwort von A. Grünbaum].

[230] Brill, Alexander [1912/20] *Das Relativitätsprinzip. Eine Einführung in die Theorie*, Leipzig, Teubner, a)1.Aufl.1912, b)4.,erweiterte Aufl. 1920 (= Abhandlungen und Vorträge aus dem Gebiete der Mathematik, Naturwissenschaft und Technik, 3); c)in *JDMV* **21** [1912], S. 60-87 (s.a. Dingler [1914]).

[231] —— [1917/20] Bericht über die Schrift AEs *Grundlage der Allgemeinen Relativitätstheorie*, a)*JDMV* **26**; b) Reprint in: Brill [1912/20]b, S. 33-43.

[232] Brillouin, Marcel [1913] 'Propos sceptique du sujet du principe de relativité', *Scientia* **13** S. 10-26.

[233] —— [1922] 'Gravitation einsteinienne et gravitation newtonienne: à propos d'une récente note de M. Le Roux', *CRAS* **175**, S. 923 (s.a. Le Roux[1922]a,b).

[234] Broad, Charlie Dunbar [1919/20] 'Euclid, Newton and Einstein', *The Hibbert Journal* **18**, S.425-458 (s.a. Sexton[1920]).

[235] —— [1920] 'The philosophical Aspect of the Theory of Relativity', a)*Mind* N.S. **29**; b)in: *International Congress of Philosophy*, Oxford, S. 16-23 (s.a. Eddington [1920]a, Ross [1920]).

[236] —— [1920]c: Rez. v. Whitehead [1919], *Mind* N.S. **29**, S. 397-406.

[237] —— [1923]a Rez. v. Whitehead [1922], ibid. **32**, S. 211-219.

[238] —— [1923] *Scientific Thought*, London u. New York, Kegan Paul u. Brace.

[239] —— [1925]: Rez. v. Meyerson [1925], *Mind*, N.S. **34** S. 504-505.

[240] Brodetzky, S.[1927] 'Some difficulties in relativity', *Nature* **120**, S. 86-89.

[241] Brösske, Ludwig [1931] *Der Sturz der Irrlehre Einsteins und der bisherigen Auslegungen der Aberration, des Airy- und des Fizeauschen Versuches, sowie die Lösungen dieser Fragen*, Düsseldorf, Industrieverlag.

[242] de Broglie, Louis [1954] 'Préface' zu den *Oeuvres de Poincaré*, **9**, Paris, Gauthier-Villars, S. x ff.

[243] —— [1955] 'Albert Einstein (1879-1955)', *Revue générale délectricité* [Paris] **A 39** (= Tome **64**), S. 215-216.

[244] —— [1967]: Diskussionsbeitrag zu Metz[1966], in: *BSFP* **40**, S. 52-57.

[245] —— [1969] 'The concepts of contemporary physics and Bergson's ideas on time and motion', in: Gunter(Hrsg.) [1969], S. 45-61.

[246] Brose, H.L.[1919] *The Theory of Relativity*, Oxford, Blackwell.

[247] Broszko, M. [1929] 'Über die Grundprinzipien der speziellen Relativitätstheorie Einsteins', *Z.Phys.* **53**, S. 151-153 (vgl. Replik v. Hueber [1929]).

[248] Brown, G. Burniston [1949] 'The philosophies of science of Eddington and Milne', *AJP* **17**, S. 553-558.

[249] Brüche, Ernst [1946] "Deutsche Physik' und die deutschen Physiker', *PB* **2**, S. 232-236.

[250] Brühlmann, Otto [1924]a *Wille und Licht. I.Teil: Licht und Kraft in der Physik*, Bern, Haupt (s.a. Rez. v. Sellien [1927]).

[251] —— [1924]b 'Das Licht als Grundlage der Relativitätstheorie', *APPK* **4**, S.188-194 (s.a. Reichenbach[1924] u. Brühlmann[1925]).

[252] —— [1925] 'Bemerkungen zu Hans Reichenbachs Entgegnung auf meine Abhandlung 'Das Licht als Grundlage der Relativitätstheorie', *APPK* **25**, S. 150-152.

[253] —— [1931] *Möglichkeit und Deutung der absoluten Konstanz der Lichtgeschwindigkeit*, Leipzig, Hillmann.

[254] —— [1932] *Licht gestaltet Physik*, Wien, Braumüller.

[255] —— [1935] *Physik am Tor der Metaphysik*, München, Reinhardt (s.a. Rez. v. Wenzl [1937]).

[256] —— [1941] *Eine bedeutsame Gegenüberstellung der physikalischen Lehren vom Schall und vom Licht*, Kreuzlingen, Selbstverlag.

[257] —— [1954] *Kurze Geschichte der Lehren vom Licht, dessen Hinaustreten über die Physik und damit Versinken der Relativitätstheorie*, ibid.

[258] —— [1957] *Das Michelson Experiment und die Licht-Theorie. Ist die Lichtgeschwindigkeit invariant und worauf ist sie zu beziehen?*, ibid.

[259] —— [1961] *Meine frühere Widerlegung der Relativitätstheorie führt über eine höhere Bedeutung des Lichtes zum Absoluten*, ibid.

[260] Brüll, Erhard [1929] *Erkenntnistheoretische Grundprobleme der Relativitätstheorie, Quanten- und Wellenmechanik*, Breslau, Borgmeyer, insb. S. 18-42, 61-66.

[261] Brunn, A. v. [1931]: Rez. v. Israel, Ruckhaber u. Weinmann (Hrsg.) [1931], *Natw.* **19**, S. 254-256.

[262] Brunschvicg, Léon [1912]: Diskussionsbeiträge zu Langevin [1912], *BSFP* **12**, S. 41-42, 43-44.

[263] —— [1922] *L'expérience humaine et la causalité physique*, Paris, Alcan.

[264] —— [1926] 'La philosophie d' Émile Meyerson', *RMM* **33**, S. 39-63.

[265] Brylinski, E.[1922] 'Sur l'interprétation de l'expérience de Michelson', *CRAS* **174**, S. 153-154.

[266] —— [1923]a 'Sur l'expérience de Michelson', ibid. **177**, S. 874-876.

[267] —— [1923]b 'L'expérience de Michelson et la contraction de Lorentz', ibid. **177**, S. 1023-1025.

[268] —— [1924] 'Sur l'interprétation de l'expérience de Michelson', ibid. **178**, S. 466-467 (s.a. Metz [1924]c).

[269] Bucherer, A.H.[1909] 'Die experimentelle Bestätigung des Relativitätsprinzips', *Ann.Phys.* (4) **28**, S. 513-536.

[270] —— [1923] *Die Planetenbewegung auf Grund der Quantentheorie und eine Kritik der Einsteinschen Gravitationsgleichungen*, Bonn, Röhrscheid.

[271] —— [1924]a: 'Die Rolle des Standorts in der Relativitätstheorie. Eine Antwort auf die Kritik des Hrn. A. Wenzl', ibid. **73**, S. 397-402 (s.a. Wenzl [1923]).

[272] —— [1924]b: Krit. Ref. v. Gleich [1924]a, *Physikalische Berichte* **5**, S. 1529-1530.

[273] Budde, E.[1914] 'Kritisches zum Relativitätsprinzip', *VDPG* **16**, S. 586-612.

[274] —— [1919] 'Eine Bemerkung zu dem Streit über den Äther', *VDPG* **21**, S. 125-126.

[275] Büchler, Robert [1921] *Lehrsätze über das Weltall mit Beweis in Form eines offenen Briefes an Prof. Einstein*, Aachen u. Leipzig, Steffler.

[276] —— [1922] *Über die Einsteinsche Relativitätstheorie*, Aachen, Selbstverlag.

[277] Bühl, A.[1937] 'Philipp Lenard und die deutsche Naturforschung', in: R.G. Weigel (Hrsg.) *Philipp Lenard, der Vorkämpfer der Deutschen Physik*, Karlsruhe, 1937 [= Akademische Reden, Bd. 17], S. 5-19.

[278] —— [1939]: Rez. v. Lenard [1936], *ZgN* **5**, S. 151-153.

[279] Bumstead, H.A.[1917] 'On the relativity of rotation in Einstein's theory', *SA Suppl.*, 18. Aug.

[280] —— [1918] 'Present tendencies in theoretical physics', *Science* N.S. **47**, S. 51-62.

[281] Burns, Keivin u. Meggers [1924]: Beitrag zum Symposium 'Is Einstein wrong?', *The Forum* **72**, S. 272.

[282] Busam, Theodor [1921] *Der Irrtum Einsteins. Der Begriff. Raum und Zeit. Relativität. Der Irrtum. Der Ausweg.*, Baden-Baden, Selbstverlag.

[283] Busch, J.F.[1949]a) 'Einstein et Bergson, convergence et divergence de leur idées', *Proc. 10. Int. Congress of Philosophy*, Hrsg. E.W. Beth u. H.J. Pos, Amsterdam, North Holland Publ. Co., Bd. II, S. 872-875; b)in engl. Übers.: 'Einstein and Bergson. Convergence and divergence of their ideas', in: Gunter(Hrsg.) [1969], S. 208-213.

[284] Calinich, Margarete [1925]: Rez. v. Ripke-Kühn[1920], *KS* **30**, S. 190f.

[285] Cammer, L.[1924]: Beitrag zum Symposium 'Is Einstein Wrong?', *The Forum* **72**, S. 277.

[286] Campbell, J.W.[1933] 'The clock problem in relativity', *Phil.Mag.* (7) **15**, S. 48-51, **16**, S. 529-544.

[287] —— [1935] 'Note on the clock problem in relativity', ibid. **19**, S. 715-720.

[288] —— [1940] 'The nature of time', *Nature* **145**, S. 426-427 (= Replik auf Dingle [1939], s.a. Dingle [1940]e).

[289] Campbell, Norman Robert [1907/13] *Modern electrical theory*, Cambridge, Cambridge Univ. Press, a)1. Aufl., b)2. Aufl. 1913 (darin insb. S. 355ff zur SRT), c)in dt. Übers. von H. Meyer als *Moderne Elektrizitätslehre*, Dresden, Steinkopff; d)in franz. Übers. v. A. Corvisy: *La théorie électrique moderne (théorie électronique)*, Paris, Hermann (s.a. Campbell [1923]).

[290] —— [1910]a 'The principles of dynamics', *Phil.Mag.* (6) **19**, S. 168-181.

[291] —— [1910]b 'The Aether', ibid., S. 181-191.

[292] —— [1910]c 'Der Äther', *JRE* **7**, S. 15-29 (=dt. Übers. v. Campbell [1910]b).

[293] —— [1911] 'The common sense of Relativity', *Phil.Mag.* (6) **21**, S. 502-507.

[294] —— [1912] 'Relativitätsprinzip und Äther. Eine Entgegnung an Herrn Wiechert', *Phys.Z.* **13**, S. 120-128 (= Replik auf Wiechert [1911]).

[295] —— [1920/57]a) *Physics: the elements*, Cambridge, Cambridge Univ. Press; b)2. Aufl. als *Foundations of Science, the philosophy of theory and experiment*, New York, Dover.

[296] —— [1921] 'Theory and experiment in relativity', *Nature* **106**, S. 804-806.

[297] —— [1923] *Relativity* (= Supplementary chapter VI für Campbell [1907/13]b, als Separatum: Cambridge, Cambridge Univ. Press (Cambridge Physical Series).

[298] —— (alias N.R.C.) [1929] Komm. zu Mc Lennan [1929], *Nature* **123**, S. 161.

[299] Campbell, W.W. [1923] 'Sun eclipse pictures prove Einstein theory; Lick observatory finds star light is bent', *NYT* **72**, Nr. 23,819, Do. 12. April, S. 1, Sp. 2-3.

[300] —— [1931] 'Relativity passes three tests declared crucial by Einstein', *Science News-Letter* **19**, S. 52-60.

[301] Carathéodory, Constantin [1924] 'Zur Axiomatik der speziellen Relativitätstheorie', *SB.Berlin*, S. 12-27.

[302] Carlebach, Joseph [1912] 'Die Geschichte des Trägheitssatzes im Lichte des Relativitätsprinzips', *Wissenschaftliche Beilage zum Jahresbericht der Margaretenschule*, Berlin, Wiedemann (auch als Separatum).

[303] Carmichael, Robert Daniel [1912] 'On the theory of relativity: analysis of the postulates', *Phys.Rev.* (1) **35**, S. 153-176.

[304] —— [1913]a 'On the theory of relativity: mass, force and energy', ibid. (2) **1**, S. 161-178.

[305] —— [1913]b 'On the theory of relativity: philosophical aspects', ibid., S. 179-197.

[306] —— [1913/20] *The Theory of Relativity*, a)1. Aufl. 1913, New York, J.Wiley [nur zur SRT, Reprint von Carmichael [1912],[1913]a und b]; b)2.Aufl. 1920, London, Chapmans u. Hall [auch zur ART] (= Mathem. Monogr. Bd. 12).

[307] —— [1919] 'Given the speed, time is caught. If man moved with the velocity of light, he might remain unchanged for 1000 years', *NYT* **69**, Nr. 22,597, So. 7. Dez. 1919, Sect. 1, S. 18, Sp. 1-3.

[308] —— (Hrsg.) [1927] *A debate on the theory of relativity (with an introduction by W.L. Bryan; favoring the theory: R.D. Carmichael, H.T. Davis; opposing the theory: W.D. MacMillan, M.E. Hifford*, Chicago, Open Court Publ. Co. [war mir nicht zugänglich].

[309] —— [1928] 'The theory of relativity and its esthetical side in the covariance of the laws of nature', a)engl. Orig. *Scientia* **44**, S. 153-162; b)in franz. Übers. ibid. *Suppl.*, S. 69-77.

[310] Carnap, Rudolf [1921] 'Wer erzwingt die Geltung des Naturgesetzes?', *Münchner Neueste Nachrichten*, 26. Juli, Abendausg. (= Rez. v. Dingler [1921]a).

[311] —— [1922] 'Der Raum, ein Beitrag zur Wissenschaftslehre', *KS Ergänzungsheft* **56** Berlin, Reuther u. Richard (s.a. Rez. v. Sellien [1923]).

[312] —— [1923] 'Über die Aufgabe der Physik und die Anwendung des Grundsatzes der Einfachstheit', *KS* **28**, S. 90-107 (s.a. Bavink [1924]b).

[313] —— [1924] 'Dreidimensionalität des Raumes und Kausalität', *Ann.Phil.* **4**, S. 105-130.

[314] —— [1925] 'Über die Abhängigkeit der Eigenschaften des Raumes von denen der Zeit', *KS* **30**, S. 331-345.

[315] —— [1926] *Physikalische Begriffsbildung*, Karlsruhe, Braun (= Wissen und Wirken, Bd. 39).

[316] —— [1928] *Der logische Aufbau der Welt*, Berlin, Weltkreisverlag (später übernommen v. Meiner, Leipzig; s.a. Rez. v. Reichenbach [1933]c).

[317] —— [1928/66] *Scheinprobleme in der Philosophie. Das Fremdpsychische und der Realismusstreit*, a)Leipzig, Meiner; b) Frankfurt, Suhrkamp, 1966.

[318] —— [1931]a 'Überwindung der Metaphysik durch logische Analyse der Sprache', *Erkenntnis* **2**, S. 219-241.

[319] —— [1931]b 'Die physikalische Sprache als Universalsprache der Wissenschaft', ibid., S. 432-465.

[320] —— [1935] Rez. v. Popper [1934], *Erkenntnis* **5**, S. 290-294.

[321] —— [1936] 'Testability and meaning', *Phil.Sci.* **3**, S. 420-470.

[322] —— [1954/60] 'Axiomensysteme der Raum-Zeit-Topologie', in: *Einführung in die symbolische Logik*, Wien, Springer a)1.Aufl. 1954, S. 169-181; 2.Aufl. 1960, S. 198-211.

[323] —— [1960] 'Theoretische Begriffe der Wissenschaft', *ZPF* **14**, S. 209-233, 571-598.

[324] —— [1966/86]a) *Philosophical foundations of physics*, New York, Basic Books, 1966; b)in dt. Übers. v. W. Hoering: *Einführung in die Philosophie der Naturwissenschaften*, Frankfurt u. Berlin, Ullstein, 1986.

[325] Carr, Herbert Wildon [1913/14] 'Principles of relativity and its importance for philosophy', *PAS* N.S. **14**, S. 407-424.

[326] —— [1915] 'The metaphysical implications of the principle of Relativity', *PR* **24**, S. 1-16.

[327] —— [1919] 'Newton and Einstein. Historical theories of space', *Times*, 25. Nov., Nr. 42.266, S. 8, Sp. 2.

[328] —— [1920/22] *The general principle of relativity in its philosophical and historical aspects*, London, MacMillan, a)1.Aufl. 1920; b)2., veränderte Aufl. 1922.

[329] —— [1921]a 'The metaphysical aspects of relativity', *Nature* **106**, S. 808-810.

[330] —— [1921]b 'Metaphysics and materialism', *Nature* **108**, S.247-248 (s.a. Elliot [1921]).

[331] —— [1921/22] 'The idealistic interpretation of Einstein's theory', *PAS*, N.S. **22**, S. 123-127 (s.a. Nunn, Wrinch, Whitehead [1921/22]).

[332] —— [1922] 'Einstein's theory and philosophy', *Mind* N.S. **31**, S. 169-177 (s.a. Turner[1922], Haldane[1922], Santayana[1922] u. Greenwood [1922]).

[333] —— [1923] 'The problem of simultaneity: is there a paradox in the principle of relativity in regard to the relation of time measured to time lived?', *PAS, Supplement* **3**, S. 15-25.

[334] —— [1924] *Scientific Approach to Philosophy. Selected essays and reviews*, London, MacMillan [war mir nicht zugänglich].

[335] —— [1935] 'Relativity and idealism', *The Personalist* **16**, S. 357-372 (dort angekündigte Fortsetzung nicht mehr erschienen).

[336] Cartan, Elie [1924] 'La théorie de la relativité et les espaces généralisés', *AVCIF* S. 427-436.

[337] —— [1931] 'Le parallélisme absolu et la théorie unitaire du champ', *RMM* **38**, S. 13-28.

[338] Carus, Paul [1911] 'Professor Mach and his work', *Monist* **21**, S. 19-42.

[339] —— [1912]a 'The principle of relativity', ibid., **22**, S. 188-229.

[340] —— [1912]b 'The anti-intellectual movement of today', ibid., S. 397-404.

[341] —— [1912]c 'The philosophy of relativity in the light of the philosophy of science', ibid., S. 540-579.

[342] —— [1913]a 'The principle of relativity as a phase in the development of science', ibid. **23**, S. 417-421 (= Komm. zu Huntington [1912]).

[343] —— [1913]b *The Principle of relativity in the light of the philosophy of science*, Chicago u. London, Open Court Publ. Co. (= Reprint v. Carus [1912]a,b, [1913]a; s.a. N.N.[1918]).

[344] Carvalho, E.[1934]a *La théorie d' Einstein démentie par l' expérience*, Paris, Chiron [war mir nicht zugänglich].

[345] —— [1934]b 'La vitesse de la terre et la relativité', *RS* **72**, S. 405-410.

[346] Cassirer, Ernst [1910] *Substanzbegriff und Funktionsbegriff*, Berlin, Bruno Cassirer; (Reprint Darmstadt, Wiss. Buchgesellschaft, 1969 u. öfter).

[347] —— [1920] 'Philosophische Probleme der Relativitätstheorie', *Neue Rundschau* [Berlin] **31**, S. 1337-1357

[348] —— [1921] *Zur Einsteinschen Relativitätstheorie. Erkenntnistheoretische Betrachtungen*, Berlin, Bruno Cassirer (auch in engl. Übers., Chicago, 1923 sowie als Reprint: Darmstadt, Wiss. Buchges., 1957 und 1977); s.a. Rez. von Schlick [1921]a, Schneider [1921]b, E. Hartmann [1924/25]b).

[349] —— [1921/23] *Einstein's theory of relativity* (zusammen mit *Substance and function*), Chicago, Open Court, 1923 (= engl. Übers. v. Cassirer [1921] u. [1910] durch W.C. u. M.C. Swabey).

[350] —— [1929] 'Neo-Kantianism', *Encyclopædia Britannica* (14. Aufl.), Bd. **16**, S. 215-216.

[351] —— [1957] *Zur modernen Physik*, Darmstadt, Wiss. Buchges. (mit Nachwort v. H. Margenau; enthält Wiederabdruck von Cassirer [1921]).

[352] Castello, Harry T.[1925] Rez. v. Meyerson [1908]b, [1921], [1925], *J.Phil.* **22**, S. 637-643.

[353] Castelnuovo, G.[1911] 'Il principio di relatività e i fenomeni attici', *Scientia* **9**, S. 64-86.

[354] Cerf, G.[1922] 'Pour l'intelligence de la relativité', *RPFE* **94**, S. 62-134.

[355] Chari, C.T. Krishnama [1937/38] 'An epistemological approach to the special theory of relativity', *Mind* N.S. **46** S. 159-179, 415-416; **47**, S. 550-552.

[356] Chazy, Jean [1928] *La théorie de la relativité et la mécanique céleste*, Paris, Gauthier-Villars.

[357] Christiansen, H. [1920] *Absolut und Relativ! Eine Ablehnung des Relativitäts=prinzips[!] auf Grund einer reinen Begriffsmathematik*, Wien, Staadt.

[358] Christoph, H.[1925] *Die Fahrt in die Zukunft. Ein Relativitätsroman*, Stuttgart, Deutsche Verlagsanstalt.

[359] Chwistek, Léon [1935] 'Logisches zur Relativitätstheorie', *Actes du Congrès Internationale de Philosophie Scientifique, Paris* **5**, S. 54-55.

[360] Clark, G.L.[1950] 'The meaning of relativity', *Observatory* **70**, S. 161-162.

[361] Classen, Johannes [1910] 'Über das Relativitätsprinzip in der modernen Physik', *ZPU* **23**, S. 257-267.

[362] —— [1924] 'Noch einmal die Relativitätstheorie', *Unsere Welt* **16**, S. 265-269 (= Replik auf Dennert [1921]a u.a.)

[363] Clauss, Karl [1937] *Der Äther, eine logische Notwendigkeit*, o.O., Selbstverlag [war mir nicht zugänglich].

[364] Cobb, Charles W.[1917] 'Relativity', *J.Phil.* **14**, S. 29-40.

[365] Cohen, Felix S.[1939] 'Relativity of philosophical systems and the method of systematic relativism', *J.Phil.* **36**, S. 57-72.

[366] Cohen, Morris R.[1920] 'Einstein's theory of relativity', *New Republic* **21**, S. 228-231, 341ff.

[367] —— [1921] 'Roads to Einstein', ibid.**27**, S. 172-174.

[368] —— [1949] *Studies in philosophy and science*, New York u. Evanston, Harper (darin insb. Reprint v. Cohen[1920], [1921] u. Barnes[1921], S. 215ff.).

[369] Cohn, Emil [1910] *Physikalisches über Raum und Zeit*, a)in: *Himmel und Erde* **23**, S.117-135; b)Sep., Leipzig u. Berlin, Teubner (= Naturwissenschaftl. Vorträge u. Schriften, herausgeg. von der Berliner Urania, Heft 6; s.a. Rez.v. Dingler [1914] u. Jakob [1918]b).

[370] Cohn, Jonas [1916] 'Relativität und Idealismus', *KS* **21**, S. 222-269.

[371] —— [1926] 'Erlebnis, Wirklichkeit und Unwirkliches', *Logos* **15**, S. 194-221.

[372] Colthust, J. Riversdale [1938] 'Relativity and the camera. An observational approach to the Lorentz formulae in special relativity', *The Mathematical Gazette* N.S. **22**, S. 454-460.

[373] Comstock, Daniel F.[1910]a 'A neglected type of relativity', *Phys.Rev.* (1) **30**, S. 267 (s.a. Tolman [1910]a).

[374] —— [1910]b 'The principle of relativity', *Science* N.S. **31**, S. 767-772.

[375] Cornelissen, Christian [1923] *Les hallucinations des Einsteiniens ou les erreurs de méthode chez les physiciens-mathematiciens*, Paris, Blanchard.

[376] Costa de Beauregard, Olivier [1947/69] 'Le principe de relativité et la spatialisation du temps', a)*RQS* (5) **8**, S. 38-65, b)engl. Übers. in Gunter (Hrsg.) [1969], S. 227-250.

[377] —— [1948] 'La part du convention dans la définition physique et la mesure du temps', *RQS* (5) **9**, S. 481-495.

[378] —— [1966] 'Time in Relativity Theory: Arguments for a Philosophy of Being', in: Frazer (Hrsg.) [1966], S. 417-433.

[379] Craven, Th.J.[1921] 'Art and Relativity', *The Dial* **70** S. 535-539 (Repr. in Pearce Williams (Hrsg.) [1968] S. 136-140).

[380] McCrea, William Hunter [1935/47] *Relativity physics*, London, Methuen, a)1. Aufl, b)2. Aufl.

[381] —— [1951] 'The clock paradox in relativity theory', *Nature* **167**, S. 680 bzw. **168**, S. 246.

[382] —— [1955] 'Jubilee of relativity theory. Conference at Berne', *Nature* **176**, S. 330-331 (s.a. Mercier (Hrsg.) [1955/56]).

[383] McCrea, W.H. 'Why the special theory of relativity is correct', *Nature* **216**, S. 122-124 (= Replik auf Dingle [1967]).

[384] —— u. Lawson, Robert W.[1955] 'Prof. Albert Einstein, For. Mem. R.S.', *Nature* **175**, S. 925-927.

[385] Crommelin, A.C.D.[1919]a 'Results of the total solar eclipse of may 29 and the relativity theory', *Nature* **104**, S. 280-281.

[386] —— [1919]b 'The deflection of light during a solar eclipse', ibid., S. 373-373 (= Replik auf Eddington [1919]a).

[387] [—— et al.] [1919] 'Astronomers and Einstein's theory: heavier computation work', *Times*, 27. Nov., Nr. 42.268, S. 18, Sp.3.

[388] —— [1920]a: Replik auf Moulton[1920], ibid., S. 532.

[389] —— [1920]b 'The Theory of relativity: report of discussion at the Royal Society's Meeting on Febr. 5, 1920', ibid., S. 631-632.

[390] Crucy, François [1922] 'Avant de quitter Paris le Professeur Einstein nous dit ses impressions', *Le Petit Parisien*, 10.April, S. 1 u.2.

[391] Cumme, H.[1955] 'Welche Stellung gebührt der Relativitätstheorie in den allgemeinbildenden Schulen der DDR', *Pädag. Beiträge zur Erziehungswissenschaft* **10**, S. 847-854.

[392] Cunningham, Ebenezer [1909] 'The principle of relativity in electrodynamics and an extension thereof', *Proc. of the London Mathematical Society* **8**, S. 77-98.

[393] —— [1911] 'The principle of relativity: discussion of the Report at the British Association of 1911', *Nature* **87**, S. 500.

[394] —— [1914]a 'The principle of relativity', ibid. **93**, S. 378-379, 408-410 (s.a. Robb[1914] u. C.s Replik darauf, ibid. S.454).

[395] —— [1914]b *The Principle of Relativity*, Cambridge, Cambridge Univ. Press.

[396] —— [1915/21] *Relativity and the Electron Theory*, London, Longmans [1. Aufl. 1915; 2. Aufl. 1921 mit dem Titel: Relativity, Electron Theory and Gravitation].

[397] —— (et. al.)[1916] 'Gravitation' [Bericht vor der Brit.Association], *Nature* **98**, S. 120.

[398] —— [1919/20] 'Einstein's Relativity Theory of Gravitation', ibid. **104**, S. 374-376, 394-395, 354-356.

[399] —— [1920]a 'Einstein's theory and a map analogue', ibid., S.437.

[400] —— [1920]b: Rez. v. Freundlich [1916]b, ibid. **105**, S. 350-351.

[401] —— [1921] 'Relativity: the growth of an idea', ibid. **106**, S. 784-786.

[402] Curtis, Heber D.[1917] 'Space, time, and gravitation', *PASP* **19**, S. 63-64.

[403] —— [1924]: Beitrag zum Symposium 'Is Einstein wrong?', *The Forum* **72**, S. 272.

[404] Dahl, Friedrich [1922] 'Kritisches über die Grundlagen der Relativitätstheorie Einsteins', *NW* **37** (= N.F. **21**), S. 41-45.

[405] Dantzig, D. van [1927] 'Die Wiederholung des Michelson-Versuchs und die Relativitätstheorie', *Math.Ann.* **96**, S. 261-283.

[406] Darlu, A.[1912] Diskussionsbeiträge zu: Langevin[1912], *BSFP* **12**, S. 44f, 45f, 46.

[407] Davis, Harold T.[1922] 'An introduction to relativity', in Bird(Hrsg.) [1922] S. 240-251.

[408] Debus, Heinrich [1913] *Die philosophischen Grundlagen des Relativitätsprinzips der Elektrodynamik*, Diss., Uni Bonn, 1913.

[409] Degas, René [1954] 'Sur les pseudo-paradoxes de la relativité', *CRAS* **238**, S. 49-50.

[410] Deimel, R.F.[1924] Beitrag zum Symposium 'Is Einstein wrong?', *The Forum* **72**, S. 272.

[411] Del-Negro, Walter 'Relativitätstheorie und Wahrheitsproblem', *ASPS* **28**, S. 126-144.

[412] —— [1931] 'Die Fragwürdigkeit der Relativitätstheorie', in: Israel et al.(Hrsg.)[1931] S. 7.

[413] Dennert, E.[1921] 'Zur Relativitätstheorie und ihren Folgerungen', *Unsere Welt* [Godesberg] **13**, S. 45. (vgl. Bavink [1920], Remy [1920], Glüer [1921]).

[414] —— [1923] 'Relativistisches Weltbild und Weltanschauung', *Geisteskampf der Gegenwart* [Gütersloh], S. 75-80.

[415] Denton, Francis Medforth [1919] 'The modern theory of relativity', a) *The Times educational supplement*, 4. Dez., S. 605-606; b)als Separatum unter dem Titel: *Einstein's theory explained*, London[?] 1919[?]; vgl. N.N.[1919]f).

[416] —— [1924] *Relativity and Common Sense*, Cambridge, Cambridge Univ. Press.

[417] Devantier, F. [1930] 'Bericht zu Vorläufern der Relativitätstheorie', *Der Deutsche Rundfunk* **8**, Heft 2, S. 68-69 u. 'Berichtigung': Heft 5, S. 70.

[418] Dickel, Otto [1921] *Die Auferstehung des Abendlandes*, Augsburg, Reichel (darin insb. S. 103-116, 264-290).

[419] Dieck, Wilhelm [1923] *Die Relativitätslehre und ihre Stellung zur zeitgenössischen Philosophie*, Sterkrade, Osterkamp.

[420] Diesselhorst [1921] 'Grundgedanken der Relativitätstheorie', *Zeitschrift für angewandte Chemie* **34**, S. 136.

[421] Dingle, Herbert [1922] *Relativity for all*, London, Methuen [war mir nicht zugänglich].

[422] —— [1937]a Rez. v. Ushenko [1937], *Philosophy* **12**, S. 350-352.

[423] —— [1937]b: 'Modern Aristotelianism', *Nature* **139**, S. 784-786 (sowie anschl. Diskussion mit Beiträgen v. Milne, Eddington, Dirac, McCrea, Haldane u.v.a., ibid.; vgl. Dingle [1937]c).

[424] —— [1937]c 'Deductive and inductive methods in science', ibid., S. 1011-1012 (= Replik auf vorstehende Diskussion - siehe Dingle [1937]b).

[425] —— [1939] 'The relativity of time', *Nature* **144**, S. 888-890 (s.a. Replik v. J.W. Campbell [1940] u. Dingle [1940]e).

[426] —— [1940] *The special theory of relativity*, London, Methuen a)1. Aufl. 1940; b)2.Aufl. 1946; c)3. Aufl. 1950; d)New York, Chemical Publ. Co., 1941 (s.a. Epstein [1942]a).

[427] —— [1940]e [The nature of time], *Nature* **145**, S. 427-428 (= Replik auf J.W. Campbell [1939]).

[428] —— [1940]f 'The rate of a moving clock', *Nature* **146**, S. 391-393.

[429] —— [1942] 'The time conception in restricted relativity', *AJP* **10**, S. 203-205 (= Replik auf Epstein [1942]a; s.a. Epstein [1942]b, Dingle [1943], Infeld [1943]).

[430] —— [1943]: dito., *AJP* **11**, S. 228-230 (= Replik auf Epstein [1942]b; s.a. Infeld [1943]).

[431] —— [1949/79] 'Wissenschaftliche und philosophische Folgerungen aus der speziellen Relativitätstheorie', in Schilpp(Hrsg.) [1949/79]b, S. 389-405

[432] —— [1959] 'Falsifiability of the Lorentz-Fitzgerald Contraction Hypothesis', *BJPS* **10**, S. 228-220 (s.a. Grünbaum[1959]a u. [1960]b u. Dingles Repliken[1960], [1961]).

[433] —— [1960] 'Reply to Prof. Grünbaum, ibid. **11**, S. 145.

[434] —— [1961] 'A Reply to Prof. Grünbaum's Rejoinder, ibid. **12**, S. 156-157.

[435] —— [1965] 'Introduction' zur engl. Übers. v. Bergson[1921], S. xv-xlv.

[436] —— [1966] 'Time in relativity theory: measurement or coordinate?' in Frazer(Hrsg.) [1966], S. 455-472.

[437] Dingle, Herbert [1967] 'The case against special relativity', *Nature* **216**, S. 119-122 (s.a. Replik v. McCrea [1967]).

[438] —— [1973] 'Was Einstein aware of the Michelson-Morley experiment?', *The Observatory* **93**, S. 33-34 (= s.a. Replik von Joshi [1974] im 2. Teil der Bibliographie).

[439] Dingler, Hugo [1905] 'Zur Methodik in der Mathematik', *JDMV* **14**, S. 581-584.

[440] —— [1907] *Grundlinien einer Kritik und exakten Theorie der Wissenschaften, insbesondere der Mathematik*, München, Ackermann.

[441] —— [1908] 'Über 'willkürliche Festsetzungen' ', *JDMV* **17**, S. 267-271 (vgl. Frank [1908]a,b u. Hessenberg [1908]a,b).

[442] —— [1911]a 'Vorläufige Mitteilung einiger Forschungsergebnisse zur Theorie der exakten Wissenschaften', *Ann.Phil.* **10**, S. 102-104.

[443] —— [1911]b 'Zum Aufsatze des Herrn E. Dittrich zur Frage nach der Geometrie der Lichtstrahlen und starren Körper', ibid., S. 437-440 (= Komm. zu Dittrich [1911]).

[444] —— [1911]c *Die Grundlagen der angewandten Geometrie. Eine kritische Untersuchung über den Zusammenhang zwischen Theorie und Erfahrung in den exakten Wissenschaften*, Leipzig, Akademische Verlagsanstalt.

[445] —— [1913]a: Rez. v. Brill [1912/20], *ZPP* **1**, S. 153.

[446] —— [1913]b 'Über das Newtonsche Gravitationsgesetz', ibid., S. 220-226.

[447] —— [1914]: Rez. v. Cohn [1910 (2.Aufl.1911)], ibid. **2**, S. 158.

[448] —— [1919] *Die Grundlagen der Physik. Synthetische Prinzipien der mathematischen Naturphilosophie*, Berlin u. Leipzig, de Gruyter, a)1. Aufl. 1919; b)2. veränd. Aufl. 1923 (s.a.Rez. v. Thirring [1921], Grelling[1921] bzw. Bavink [1924]c, Zilsel[1924]).

[449] —— [1920]a 'Der starre Körper', *Phys.Z.* **21**, S. 487-492.

[450] —— [1920]b 'Über den Begriff der 'Einfachstheit' in der Methodik der Physik und der exakten Wissenschaften', *Z.Phys.* **3**, S. 425-436.

[451] —— [1920/21] *Kritische Bemerkungen zu den Grundlagen der Physik*, a)in: *Phys.Z.* **21**, S. 668-674; b)als Sep. Leipzig, Hirzel (= Vortrag vor der Bad Nauheimer Naturforscherversammlung); [s.a. Reichenbach [1921]b S. 379-384].

[452] —— [1921] *Physik und Hypothese. Versuch einer induktiven Wissenschaftslehre nebst einer kritischen Analyse der Fundamente der Relativitätstheorie*, Berlin u. Leipzig, Vereinigung wissenschaftl. Verleger (s.a. Rez. v. Schlick [1921]c; Carnap [1921] sowie N.N. [1921]b).

[453] —— [1922]a *Relativitätstheorie und Ökonomieprinzip*, Leipzig, Hirzel (s.a. Scholz [1927]).

[454] —— [1922]b 'Die Rolle der Konvention in der Physik', *Phys.Z.* **23**, S. 47-53.

[455] —— [1922/23] *Das Problem des absoluten Raumes*, a)in: *JRE* **19**, S. 165-214; b)als Sep. Leipzig, Hirzel.

[456] —— [1925/26] 'Bilanz der Relativitätstheorie', *SDM* **23**, S. 210-218 (s.a. Reichenbach [1926]c).

[457] —— [1926] *Der Zusammenbruch der Wissenschaft und der Primat der Philosophie*, München, Reinhardt (insb. S. 97-144).

[458] —— [1928] *Das Experiment, sein Wesen und seine Geschichte*, München, Reinhardt (vgl. Rez. v. Aster/Vogel [1931]).

[459] —— [1929] 'Albert Einstein. Zu seinem 50. Geburtstag', *Münchner Neueste Nachrichten* **82**, Do., 14. März, Nr. 72, S. 1-2.

[460] —— [1930] 'Über eine exakte philosophische Methode, welche auch für die Physik relevant ist', *Phys.Z.* **31**, S. 555-557 (= Replik auf Frank [1929]).

[461] —— [1931] 'Über den Aufbau der experimentellen Physik', *Erkenntnis* **2**, S. 21-38 (= Replik auf v.Aster/Vogel [1931]; s.a. Reichenbach [1931]a).

[462] —— [1933] *Die Grundlagen der Geometrie; ihre Bedeutung für Philosophie, Physik und Technik*, Stuttgart, Enke (s.a. Rez. v. Reidemeister [1933], Thüring [1938/39] sowie Reichenbach [1934]).

[463] —— [1937/38] 'Die Physik des 20. Jahrhunderts. Eine prinzipielle Auseinandersetzung. (Zu einem Buche von P. Jordan)', *ZgN* **3**, S. 321-335 (= Rez. v. Jordan [1936]).

[464] —— [1938] *Die Methode der Physik*, München, Reinhardt (s.a. Rez. v. Steck [1937/38], Weizsäcker [1939]a,c).

[465] —— [1938/39] 'Zur Entstehung der sogen. modernen theoretischen Physik', *ZgN* **4**, S. 329-341.

[466] —— [1940] 'Methode der Physik. Zu einem Aufsatz von Karl[!] Friedrich von Weizsäcker', *ZgN* **6**, S. 75-88 (= Replik auf v. Weizsäcker [1939]a).

[467] —— [1942] 'Philipp Lenard und die Prinzipien der Wissenschaft', *ZgN* **8**, S. 115-117.

[468] —— [1943] 'Über den Kern einer fruchtbaren Diskussion über die 'moderne theoretische Physik' *ZgN* **9**, S. 212-221.

[469] —— [1944] *Lehrbuch der exakten Naturwissenschaften*, Berlin (nur in einer Aufl. von 40 Ex. gedruckt; war mir nicht zugänglich; vgl. jedoch den teilw. Wiederabdruck in: *Methodos* **7** [1955] S. 277-287, **8** [1956] S. 29f., 122-137, 151-199.

[470] —— [1952] 'Empirismus und Operationalismus. Die beiden Wissenschaftslehren E-Lehre und O-Lehre in ihrem Verhältnis', *Dialectica* **6**, S. 343-376.

[471] —— [1953] 'Was ist Konventionalismus? Zum 50- jährigen Jubiläum des Erscheinens der deutschen Ausgabe von H. Poincarés *Wissenschaft und Hypothese*', in: *Actes du XI ème Congrès Intern. de Philosophie, Bruxelles, 1953*, 5, [Amsterdam u. Louvain, 1956], S. 199-204.

[472] Dinkhauser, Josef [1912]: Rez. v. Laue [1911], *Zeitschrift für das Realschulwesen* 37, S. 373-374.

[473] Dirac, Paul Adrien Maurice [1937] [Replik auf Dingle [1937]], *Nature* 139, S. 1001-1002.

[474] —— [1938] 'A new basis for cosmology', *Proc.R.S.* (A) 165, S. 199-208.

[475] —— [1951] 'Is there an Aether?' *Nature* 168, S. 906-907.

[476] Dittrich, Ernst [1911] 'Zur Frage nach der Geometrie der Lichtstrahlen und starren Körper', *ANP* 10, S. 92-101 (s.a. Dingler [1911]b).

[477] Dive, Pierre [1936] 'Difficultés dans l'interprétation einsteinienne du temps et de l'espace relatif', *ASHSN* 117, S. 246 (nur Titel eines Vortrages).

[478] —— [1937]a *Le principe de relativité selon Poincaré et la mécanique invariante de Le Roux*, Paris, Dunod [war mir nicht zugänglich].

[479] —— [1937]b *Les temps propres relatifs de la théorie d' Einstein*, Clermont-Ferrand [war mir nicht zugänglich].

[480] —— [1938] 'Espace non-euclidien, temps relatif', *Bulletin de l' Académie des Sciences Belles-Lettres et Arts de Clermont-Ferrand*, 57, S. 65ff, 58, S. 100ff. [war mir nicht zugänglich].

[481] —— [1945] *Les interprétations physiques de la théorie d'Einstein*, Paris, Dunod [war mir nicht zugänglich].

[482] —— [1948] 'À propos d'un article d'Olivier Costa de Beauregard', *RS* 86, S. 727-728 (vgl. Beauregard [1948]).

[483] Döblin, Alfred [1923]a 'Die abscheuliche Relativitätslehre', *BT* A, 24.Nov. (s.a. Fuld [1923]).

[484] —— [1923]b 'Naturerkenntnis, nicht Naturwissenschaft', ibid., A 13.Dez.

[485] Doehlemann, K.[1925]a 'Gibt es eine Geometrie als Wissenschaft vom Raume?', *AP* 4, S. 369-384.

[486] —— [1925]b 'Auseinandersetzung mit der Relativitätstheorie', *UMN* 31, S. 63-67.

[487] MacDonald, H.M.[1930] 'The modern theory of relativity', *Mind* N.S. 39, S. 79-81.

[488] De Donder, Théophile [1921] *La gravifique einsteinienne*, Paris, Gauthier-Villars (s.a. Larmor [1920]).

[489] —— [1924] *La gravifique de Weyl, Eddington et Einstein*, ibid.

[490] —— [1925] *Introduction à la gravifique einsteinienne*, ibid.

[491] Dournay, Erich [1920] 'Die Einsteinsche Relativitätstheorie' *Berliner Börsenzeitung* 65, Beilage 'Kunst u. Wissenschaft', a)'Ziel und kulturelle Bedeutung', 19. Febr., Nr. 85 S. 3; b)'Der Weg von der klassischen Mechanik zur vierdimensionalen Physik der Energien', 22. Febr., Nr. 89, S. 3.

[492] Draper, G.h.[1930] 'Relativity's debt to mathematics', *AN* 239, Sp. 241-246.

[493] Drexler, Joseph [1921] 'Grundwissenschaftliches zur Einsteinschen Relativitätstheorie', *Grundwissenschaft. Philosophische Zeitschrift der Joh.-Rehmke- Gesellschaft* 2, S. 2-125.

[494] Driesch, Hans [1924] *Relativitätstheorie und Philosophie*, Karlsruhe, Braun (s.a. Rez. v. Elsbach [1927], Sellien [1927]).

[495] —— [1925/30] *Relativitätstheorie und Weltanschauung*, Leipzig, Quelle u. Meyer, a)1.Aufl.1925; b)2.Aufl. Hirzel, 1930 (s.a. Rez. v. Thirring [1931]).

[496] —— [1931] 'Meine Haupteinwände gegen die Relativitätstheoretiker', in Israel et al.(Hrsg.) [1931], S. 7-8.

[497] —— [1933] *Philosophische Gegenwartsfragen*, Leipzig, Reinicke (insb. S. 50ff.).

[498] Drill, Robert [1919] 'Ordnung und Chaos. Ein Beitrag zum Gesetz der Erhaltung der Kraft', *FZ* 64, I: Nr. 895, 30. Nov., S. 1-2; II: Nr. 899, 2. Dez., S. 1-2 (jeweils 1. Morgenblatt).

[499] Drossbach, P.[1942] 'Relativismus in der physikalischen Chemie und seine Überwindung', *ZgN* 8, S. 161-175.

[500] —— [1944] 'Über den Unterschied zwischen klassischer und nichtklassischer Physik', *ZgN* 10, S. 1-9.

[501] Dubislav, Walter [1933] *Naturphilosophie*, Berlin, (= Philosophische Grundrisse 2).

[502] Dubroca, Marcelin [1922] *L'erreur de M. Einstein. L'inacceptable théorie. L' Éther et le principe de relativité*, Paris, Gauthier-Villars.

[503] Düsing, Karl [1922] *Einsteins Relativitätslehre*, Leipzig, Jäncke.

[504] MacDuffee, C.C.[1924]: Beitrag zum Symposium 'Is Einstein wrong?', *The Forum* 72, S. 280.

[505] Dugas, Henri [1951] 'Henri Poincaré devant les principes de la mécanique', *RS* 89, S. 75-82.

[506] Dugas, René [1954] 'Sur les pseudo-paradoxes de la relativité restreinte', *CRAS* 238, S. 49-50.

[507] Duhem, Pierre [1903/12]a) *L'évolution de la mécanique*, Paris, Joanin, 1903;b) in dt. Übers. v. P. Frank u. E. Stiasny: *Wandlungen der Mechanik*, Leipzig, Barth.

[508] —— [1906/08] a)*La théorie physique, son object et sa structure*, Paris, Chevalier & Rivière, 1906, b)in dt. Übers. v. Fr. Adler mit Vorw. v. E. Mach, *Ziel und Struktur physikalischer Theorien*, Leipzig, Meiner, 1908, c)Reprint Hamburg, Meiner, 1978 (mit Einführung v. L. Schäfer).

[509] —— [1915] 'Quelques réflexions sur la science allemande', a)in: *RDM* (6.Per.), 85. Année, **55**, S. 657-686; b)Reprint in *La Science Allemande*, Paris, Hermann, 1915, S. 101-143.

[510] Dunin-Borkowski, St.v.[1920] 'Neue philosophische Strömungen', *Stimmen der Zeit* **100**, S. 209-221.

[511] Dunne, John Williams [1934] *The serial universe*, London, Faber.

[512] Dunoyer, L.[1920] 'Les bases expérimentales du principe de relativité', *RU* 1, S. 622-630.

[513] —— [1922] 'Einstein et la relativité', *RU* 9, S. 179-188, 314-335.

[514] Dupont, Paul [1924] 'Sur la théorie physique du mouvement', *RGS*, 15. Jan., S. 16-24 (s.a. Replik v. Metz [1924]g).

[515] Dushman, Saul [1922] 'Force vs. geometry', in: Bird(Hrsg.) [1922], S. 230-239.

[516] Dusing, K.[1922] *Einsteins Relativitätslehre*, Leipzig, Jänecke.

[517] Dyson, Frank W. u. Eddington, A.S. u. Davidson, C.[1920] 'A determination of the deflection of light by the sun's gravitational field from observations made at the total eclipse of May 29, 1919', *Phil.T.* **220**, S. 291-334.

[518] Dyson, Frank W.[1921] 'Relativity and the Eclips observations of May 1919', *Nature* **106**, S. 786-787.

[519] [——] [1924] 'Defends Einstein against Capt. See. Sir Frank Dyson contradicts American's charges to Royal Society', *NYT* **74**, Nr. 24,372, 16. Okt., S. 12, Sp. 2.

[520] Eagle, Albert [1938] 'A criticism of the special theory of relativity', *Phil.Mag.* (7) **26**, S. 410-414.

[521] Eddington, Sir Arthur Stanley [1915] 'Some problems of astronomy XIX. Gravitation', *Observatory* **38**, S. 93-98.

[522] —— [1916]a 'Gravitation', *Nature* **98**, S. 120 (s.a. Cunningham [1916]).

[523] —— [1916]b 'Gravitation and the principle of Relativity', ibid., S. 328-329 (Reprint in *Nature* **278** [1979], S. 213-214.

[524] —— [1917]a 'Einstein's Theory of gravitation', *Obs.* **40**, S. 93-95 (= Komm. zu Jeans [1917]).

[525] —— [1917]b 'Einstein's Theory of gravitation', *MNRAS* **77**, S. 377-382.

[526] —— [1918]a *Report on the Relativity Theory of Gravitation*, London, Fleedway Press.

[527] —— [1918]b 'Gravitation and the principle of Relativity', *Nature* **101**, S. 15-17, 34-36.

[528] —— [1918]c 'Relativity and Gravitation', *Nature* **101**, S. 126 (s.a. O'Farrell [1918]).

[529] —— [1918]d 'Silberstein's paradox and Einstein's theory', *Observatory* **41**, S. 350-352 (= Komm. zu Silberstein [1918]a; s.a. seine Replik, ibid., S. 383).

[530] —— [1919]a 'The deflection of light during a solar eclipse', *Nature* **104**, S. 372, 468.

[531] —— [1919]b 'High velocity would shrink mankind' [Bericht über Vortrag E.s], *The New York Evening Journal*, 5. Dez., S. 3.

[532] —— [1919]c 'Astronomers on Einstein. A new geometry wanted. Dr. Eddington and relativity', *Times* 13. Dez., Nr. 42.282, S. 9, Sp. 1 (= Bericht über den Vortrag Eddingtons vor der *Royal Astronomical Society London* am 12. Dez. 1919).

[533] —— [1919]d 'Relation of motion to stature', *NYT* **69**, Nr. 22,595, 5. Dez., S. 14, Sp. 5.

[534] —— [1919]e 'Einstein's theory of space and time', *Contemporary Review* **116**, S. 639-643.

[535] —— [1919]f Einführungsvortrag zur 'Discussion on the theory of relativity', *MNRAS* **80**, S. 96-103 (sowie Diskussionsbeitrag S. 117-118).

[536] —— [1920] 'The philosophical aspects of the theory of relativity', a)in: *Mind*, N.S. **29**; b) in: *Intern. Congress of Philosophy*, Oxford, 1920, S. 1-8 (s.a. Ross [1920]).

[537] —— [1920]c 'Discussion on the theory of relativity', *Proc.R.S.* **97**, S. 72-74.

[538] —— [1920]d 'The meaning of matter and the laws of nature according to the theory of relativity', *Mind* N.S. **29**, S. 145-158 (s.a. Komm v. Turner).

[539] —— [1920]e *Space, Time, and Gravitation: an outline of the general Relativity Theory*, Cambridge, Cambridge Univ. Press (s.a. Gilman [1927]).

[540] —— [1920/21] *Espace, temps, gravitation*, franz. Übers. v. Eddington [1920]e durch J. Rossignol, Paris, 1921.

[541] —— [1920/23] *Raum, Zeit und Schwere. Ein Umriß der allgemeinen Relativitätstheorie* (= Dt. Übers. v. Eddington [1920] durch W. Gordon), Braunschweig, Vieweg (= Die Wissenschaft, Bd. 70; s.a. Rez. v. Bavink [1924]d, E. Hartmann [1924/25], Wenzel [1924]).

[542] —— [1921]a 'A generalisation of Weyl's theory of the electromagnetic and gravitational fields', *Proc.R.S.* **99**, S. 104-122.

[543] —— [1921]b 'The relativity of time', *Nature* **106**, S. 802-804.

[544] —— [1922] *The theory of relativity and its influence on scientific thought* (= The Romanes Lectures, 1922), Oxford, Clarendon Press; b)teilw. wiederabgedruckt in: Pearce Williams (Hrsg.) [1968]; c)in franz. Übers. von Th. Greenwood mit Vorwort von P. Painlevé als *Vues générales sur la théorie de la relativité*, Paris, Gauthier-Villars.

[545] —— [1924]a 'A comparison of Whitehead's and Einstein's formulars', *Nature* **113**, S. 192.

[546] [——] [1924]b 'Denies error in relativity. Prof. Prof. Eddington declares Captain See's disproof "all bosh" ', *NYT* **74** Nr. 24,372, 16. Okt. S. 12, Sp. 1 (versus See [1924]; s.a. Dyson [1924] u. Eisenhart [1924]).

[547] —— [1923/25]a *The mathematical theory of relativity*, Cambridge, Cambridge Univ. Press, 1. Aufl. 1923 b)2., erw. Aufl. 1930; c)in dt. Übers. *Relativitätstheorie in mathematischer Behandlung*, Berlin, Springer, 1925.

[548] —— [1928/31] a) *The nature of the physical world*, Cambridge, CUP u. New York, MacMillan (= Gifford Lectures, 1927, s.a. Whittaker [1929]); b) in dt. Übers. v. M.v. Traubenberg u. H. Diesselhorst: *Das Weltbild der Physik und ein Versuch seiner philosophischen Deutung*, Braunschweig, Vieweg, 1931

[549] —— [1929] 'Einstein's field-theory', *Nature* **123**, S. 280-281 (zu AE [1928]a und b).

[550] —— [1930]a 'On the instability of Einstein's spherical world', *MNRAS* **91**, S. 668-678.

[551] —— [1930]b 'They say', *NYT* **79**, Nr. 26, 454, So. 29. Juni, Sect. 3, S. 7, Sp. 1.

[552] —— [1931]a 'The end of the world: from the standpoint of mathematical physics', *Nature* **127**, S. 447-453 (s.a. Replik v. Lemaître [1931]).

[553] —— [1931]b 'On the value of the cosmological constant', *Proc.R.S.* (A) **133**, S. 605-615.

[554] —— et al.[1931] 'Discussion: the evolution of the universe', *Nature* **128**, S. 699-722.

[555] Eddington, Sir Arthur Stanley [1932] 'The expanding universe', a)*Proceedings of the Physical Society* [London] **44**, S. 1-16; b)als Separatum: Cambridge, Cambridge Univ. Press.

[556] —— [1935]a *New Pathways in Science*, New York u. Cambridge, MacMillan u. Cambridge Univ. Press (= Messenger Lectures at Cornell, 1934), b)in dt. Übers. *Die Naturwissenschaft auf neuen Bahnen*, Braunschweig, Vieweg.

[557] —— [1937] 'Physical science and philosophy', *Nature* **139** Suppl. S. 1000 (= Replik auf Dingle [1937]).

[558] —— [1939/40] 'The Cosmological Controversy', *Science Progress* **34**, S. 225-236.

[559] —— [1946] *Fundamental theory*, Cambridge, Cambridge Univ. Press (mit Vorwort v. E.T. Whittaker), a)1. Aufl. 1946; b)2. Aufl. 1948.

[560] Eder, Curt [1924] 'Der Relativismus unserer Zeit', *Unsere Welt* **16**, S. 241-243.

[561] Ehrenfest, Paul [1909] 'Gleichförmige Rotation starrer Körper und Relativitätstheorie', *Phys.Z.* **10**, S. 918.

[562] —— [1912] 'Zur Frage nach der Entbehrlichkeit des Lichtäthers', *Phys.Z.* **13**, S. 317-319.

[563] —— [1912/13] *Zur Krise der Lichtätherhypothese*, a)Leiden, Ijdo, b)Berlin, Springer.

[564] Eidlitz, Otto [1925] *Über den Syllogismus in der "Relativitätstheorie". Die "Gravitation" und die Lösung eines Welträtsels*, Wien, Selbstverlag.

[565] Einstein, Albert [1905] 'Zur Elektrodynamik bewegter Körper', a)*Ann.Phys.* (4) **17**, S. 891-921; b)in Sommerfeld (Hrsg.) [1923]c S. 26-50.

[566] —— [1906] 'Ist die Trägheit eines Körpers von seinem Energieinhalt abhängig?', a) *Ann.Phys.* (4) **18**, S. 639-641; b)in Sommerfeld (Hrsg.) [1923]c S. 51-53.

[567] —— [1906]c 'Das Prinzip von der Erhaltung der Schwerpunktsbewegung und die Trägheit der Energie', ibid. **20**, S. 627-633.

[568] —— [1907]a 'Über die vom Relativitätsprinzip geforderte Trägheit der Energie', ibid. **23**, S. 371-384.

[569] —— [1907]b 'Über das Relativitätsprinzip und die aus demselben gezogenen Folgerungen', *JRE* **4**, S. 411-462.

[570] —— [1908] Berichtigungen zu AE[1907]b, ibid.**5**, S. 98-99.

[571] [——] [1909] 'Bemerkungen zu der Arbeit von D. Mirimanoff [...]', *Ann.Phys.* (4) **28**, S. 885-888.

[572] —— [1911] 'Über den Einfluß der Schwerkraft auf die Ausbreitung des Lichtes', a)ibid. **35**, S. 898-908; b)in Sommerfeld (Hrsg.) [1923]c S. 72-80.

[573] —— [1912]a 'Lichtgeschwindigkeit und Statik des Gravitationsfeldes', ibid. **38**, S. 355-369.

[574] —— [1912]b 'Zur Theorie des statischen Gravitationsfeldes', ibid., S. 443-458.

[575] —— [1912]c 'Relativität und Gravitation: Erwiderung auf eine Bemerkung von M. Abraham', ibid., S. 1059-1064 (= Replik auf Abraham [1912]).

[576] —— [1912]d 'Bemerkung zu Abrahams Auseinandersetzung: Nochmals Relativität und Gravitation', ibid.**39**, S. 704.

[577] —— [1912]e 'Die Relativitätstheorie' *VNGZ*, **56**, S. 1-14.

[578] —— [1912]f 'Gibt es eine Gravitationswirkung, die der elektrodynamischen Induktionswirkung analog ist?', *Vierteljahrsschrift für gerichtliche Medizin und öffentliches Sanitätswesen* **44**, S. 37-40.

[579] —— (u. Marcel Grossmann) [1913] 'Entwurf einer Verallgemeinerten Relativitätstheorie und einer Theorie der Gravitation', (I. Physikalischer Teil von AE, II. Mathematischer Teil vom M.Großmann), a)in: *ZMP* **62**, S. 25-61; b)als Sep.: Leipzig, Teubner.

[580] Einstein, Albert [1913]a 'Physikalische Grundlagen einer Gravitationstheorie', *VNGZ* **58**, S. 284-290.

[581] —— [1913] 'Zum gegenwärtigen Stande des Gravitationsproblems', *Phys.Z.* **14**, S. 1249-1266.

[582] —— [1914]a 'Prinzipielles zur verallgemeinerten Relativitätstheorie und Gravitationstheorie', ibid.**15**, S. 176-180.

[583] —— [1914]b 'Zum Relativitätsproblem', *Scientia* **15**, S. 332-348 (Reprint ibid. **112**[1977], S. 1-16).

[584] —— [1914]c 'Zur Theorie der Gravitation', *VNGZ* **59**, S. iv-vi.

[585] —— [1914]d 'Formale Grundlagen der Allgemeinen Relativitätstheorie', *SB.Berlin*, S. 1030-1085.

[586] —— [1915]a 'Zur allgemeinen Relativitätstheorie', ibid., 4.Nov. 1915, S. 778-786 sowie 'Nachtrag', ibid., S. 799-801.

[587] —— [1915]b 'Erklärung der Perihelbewegung des Merkur aus der allgemeinen Relativitätstheorie', ibid., S. 831-839.

[588] —— [1915]c 'Die Feldgleichungen der Gravitation', ibid., S. 844- 847.

[589] —— [1915/25] 'Die Relativitätstheorie', in: *Kultur der Gegenwart. Die Physik*, Leipzig u. Berlin, a)1.Aufl. 1915, S. 703-713; 2.Aufl. 1925, S. 783-797.

[590] —— [1916] *Die Grundlage der allgemeinen Relativitätstheorie*, a)in: *Ann.Phys.* (4) **49**, S. 769-822; b)als Sep.: Leipzig, 1916; c)in: Sommerfeld (Hrsg.) [1923]c S. 81-124.

[591] —— [1916]d 'Über Friedrich Kottlers Abhandlung [...]', *Ann.Phys.* (4) **51**, S. 639-642 (= Komm. zu Kottler [1916]).

[592] —— [1916]e 'Ernst Mach' [Nachruf], *Phys.Z.* **17**, S. 101-104.

[593] —— [1916]f 'Näherungsweise Integration der Feldgleichungen der Gravitation', *SB.Berlin*, 22.Juni 1916, S. 688-696.

[594] —— [1916]g 'Hamiltonsches Prinzip und allgemeine Relativitätstheorie', ibid., 26.Okt., S. 1111-1116; h)in Sommerfeld (Hrsg.) [1923]c S. 124-129.

[595] —— [1917] *Über die spezielle und die allgemeine Relativitätstheorie*, Braunschweig, Vieweg; a)1. Aufl. 1917 (= Tagesfragen aus den Gebieten der Naturwissenschaften und der Technik, Heft 38); b) 10. Aufl. 1920; c)Reprint der 21. Aufl. 1969: 1979; d)in engl. Übers. als *Relativity, the special and general theory*, New York, Crown, 1961; e)in franz. Übers. v. J. Rouviére *La théorie de la relativité restreinte et généralisée à la portée de tout le monde*, Paris, Gauthier-Villars, 1921.

[596] —— [1917]d 'Kosmologische Betrachtungen zur Allgemeinen Relativitätstheorie', *SB.Berlin*, 8.Febr.1917, S. 142-152 (vgl. *Natw.* **7**, S. 232); e)in Sommerfeld (Hrsg.) [1923]c S. 130-139.

[597] —— [1917]e 'Friedrich Adler als Physiker', *VZ* M, 23. Mai, S. 2.

[598] —— [1918]a: Rez. v. Weyl[1918], *Natw.* **6**, S. 373.

[599] —— [1918]b 'Dialog über Einwände gegen die Relativitätstheorie', ibid., S. 697-702 (= Replik auf Gehrcke [1912], [1913]a,b, [1914] und Lenard [1918/21]a; s.a. Gehrcke [1919]).

[600] —— [1918]c 'Bemerkung zu Gehrckes Notiz: Über den Äther', *VDPG* **20**, S. 261 (s.a. Replik v. Gehrcke [1920]a sowie Gehrcke [1924]b S. 44-46).

[601] —— [1918]d 'Prinzipielles zur allgemeinen Relativitätstheorie', *Ann.Phys.* (4) **55**, S. 241-244 (= Replik auf Kretschmann [1917]).

[602] —— [1918]e 'Über Gravitationswellen', *SB.Berlin*, 31. Jan. 1918, S. 154-167.

[603] —— [1918]f 'Kritisches zu einer von Herrn de Sitter gegebenen Lösung der Gravitationsgleichungen', ibid., 7.März, S. 270-272 (= Replik auf de Sitter [1916]a,b).

[604] —— [1918]g 'Der Energiesatz in der allgemeinen Relativitätstheorie', ibid., S. 448-459.

[605] —— [1919] 'Spielen Gravitationsfelder im Aufbau der materiellen Elementarteilchen eine wesentliche Rolle?', a)ibid., S. 349-356; b)in Sommerfeld (Hrsg.) [1923] S. 140-146.

[606] —— [1919]c 'Feldgleichungen der allgemeinen Relativitätstheorie vom Standpunkte des kosmologischen Problems und des Problems der Konstitution der Materie', ibid., S. 463.

[607] —— [1919]d 'Induktion und Deduktion in der Physik', *BT* **48** (M) 25. Dez., Supplement 4, Nr. 617.

[608] —— [1919]e 'Prüfung der allgemeinen Relativitätstheorie', *Natw.* **7**, S. 776.

[609] —— [1919]f 'Albert Einstein on his theories: time, space, and gravitation', *Times*, 28. Nov., Nr. 42,269, S. 13-14 (in dt. Fassung: 'Einstein über seine Theorien' in: *NZZ* **141**, Do. 8. Jan. 1920, Nr. 32, 1. Morgenblatt, S. 1-2 und 3. Morgenblatt, S. 1-2. u. in AE [1934/77]).

[610] [——] [1919]g 'Einstein expounds his new theory. It discards absolute time and space, recognizing them only as related to moving systems, improves on Newton, whose approximations hold for most motions, but not those of the highest velocity. Inspired as Newton was. But by the fall of the man from a roof instead of the fall of an apple', *NYT* **69**, Nr. 22,593, Mi. 3. Dez., S. 19, Sp. 1-2.

[611] —— [1919/34] 'Was ist Relativitätstheorie?' (=dt. Übers. von AE[1919] in AE[1934/77]b, S. 127-131).

[612] —— [1920]a *Äther und Relativitätstheorie*, Berlin, Springer (auch in engl. Übers. v. G.B. Jeffery u. W. Perrett: *Ether and the theory of relativity* in AE [1922]f und in franz. Übers. v. M. Solovine *L'éther et la théorie de la relativité*, Paris, Gauthier-Villars, 1921).

[613] —— [1920]b 'Antwort auf vorstehende Frage [Wie läßt sich die moderne Gravitationstheorie ohne die Relativität begründen?], *Natw.* **8**, S. 1010-1011 (= Replik auf Reichenbächer [1919]).

[614] —— [1920]c [Erklärung über Staatsbürgerschaft u. Zionismus aus einem Schreiben AEs an den "Zentralverein deutscher Staatsbürger jüdischen Glaubens"], *Der Bote aus Zion. Evangelische Vierteljahresschrift aus dem syrischen Waisenhause in Jerusalem* **36**, Nr.4, S. 20 bzw. (mit anderem Wortlaut) *Mitteilungen der jüdischen Pressezentrale, Zürich*, Nr. 111, 21. Sept. 1920, S. 5 (vollst. Wiedergabe in Reichinstein [1935] S. 155-156).

[615] —— [1920]d 'Meine Antwort. Über die antirelativitätstheoretische G.m.b.H.', *BT* **49**, 27. Aug., S. 1-2 (Wiederabdruck in Sugimoto [1989], S. 66; s.a. Gehrcke [1920]d, Bie et al. [1920], sowie v. Laue/Nernst/Rubens [1920]).

[616] —— [1921]a 'A brief outline of the development of the theory of relativity', *Nature* **106**, S. 782-784.

[617] —— [1921]b *Geometrie und Erfahrung*, Berlin, Springer (auch in engl. Übers. v. G.B. Jeffery u. W. Perrett *Geometry and experience* in AE [1922]f u. in franz. Übers. von M. Solovine *la géométrie et l'expérience*, Paris, Gauthier-Villars, 1921).

[618] —— [1921]c 'Eine naheliegende Ergänzung des Fundamentes des allgemeinen Relativitätstheorie', *SB.Berlin*, S. 261-264.

[619] —— [1922]a 'Bemerkung zu der Franz Seletyschen Arbeit [1921], *Ann.Phys.* (4) **69**, S. 436-438.

[620] —— [1922]b: Rez. v. Pauli[1921], *Natw.* **10**, S. 184-185.

[621] —— [1922]c 'Bemerkung zu der Arbeit von A. Friedmann [1921], *Z.Phys.* **11**, S. 326.

[622] —— [1922]d *Vier Vorlesungen über Relativitätstheorie*, Braunschweig, Vieweg; e)in engl. Übers. v. E.P. Adams: *The meaning of relativity. Four lectures delivered at Princeton University*, London, Methuen (2. Aufl. 1946 Princeton Univ. Press).

[623] —— [1922]f *Sidelights on Relativity*, London, Methuen.

[624] —— [1922/82] 'How I created the theory of relativity' (= Vorlesung in Kyoto, 1922), Wiedergabe in *Physics Today* Aug. 1982, S. 45-47.

[625] —— [1923]a 'Zur allgemeinen Relativitätstheorie', *SB.Berlin*, 15.Febr. 1923, S. 32-38 u. 'Bemerkungen' S. 76-77.

[626] —— [1923]b 'Zur affinen Feldtheorie', ibid., 31.Mai, S. 137-140.

[627] —— [1923]c 'Bietet die Feldtheorie Möglichkeiten für die Lösung des Quantenproblems?', ibid., 13. Dez., S. 359-364.

[628] —— [1923/67] 'Fundamental ideas and problems of the theory of relativity', (= Vorlesung am 11.Juli 1923 für die Nordic Assembly of Naturalists, Göteborg), in: *Nobel-lectures: Physics 1900-1921*, New York, Elsener, 1967, S. 482-490.

[629] —— [1924]a: Rez. v. Winternitz[1923], in: *DLZ* **45** (= N.F.1), Sp. 20-22.

[630] —— [1924]b: Rez. v. Elsbach[1924], ibid., Sp. 1685-1692.

[631] [——] [1924]c 'Einstein ignores Capt. See. "Too bad" he says, when wife relays attacks by telegramm', *NYT* **74**, Nr. 24,374, Sa. 18. Okt., S. 17, Sp. 4.

[632] —— [1927]a) 'Isaac Newton's achievement and influence', *Manchester Guardian weekly*, **16**, S. 234-235; b)dt. als 'Newtons Mechanik und ihr Einfluß auf die Gestaltung der theoretischen Physik', *Natw.* **15**, S. 273-275; c)in AE [1934/77] S. 151-158.

[633] —— [1927]d 'Neue Experimente über den Einfluß der Erdbewegung auf die Lichtgeschwindigkeit relativ zur Erde', *FuF* **3**, S. 36.

[634] —— [1927]e 'Kaluzas Theorie des Zusammenhangs von Gravitation und Elektrizität', *SB.Berlin*, S. 23-30.

[635] —— [1927]f 'Allgemeine Relativitätstheorie und Bewegungsgesetz', ibid., S. 2-13 u. S. 235-245.

[636] —— [1928]a 'Riemanngeometrie mit Aufrechterhaltung des Begriffs des Fern-Parallelismus', ibid., S. 217-221.

[637] —— [1928]b 'Neue Möglichkeit für eine einheitliche Feldtheorie von Gravitation und Elektrizität', ibid., S. 224-227.

[638] —— [1928]c 'Fundamental concepts of physics and their most recent changes', *St.Louis Post Dispatch*, Suppl., 9. Dez.

[639] —— [1928]d 'À Propos de *La déduction relativiste* de M. Meyerson', *RPFE* **105**, S. 161-166 (= Rez. v. Meyerson [1925], in engl. Übers. in Meyerson [1925/85] Appendix).

[640] —— [1928]e: Rez. v. Reichenbach [1928], *DLZ*, Sp.19-20.

[641] [——] [1928]f 'Einstein über Lorentz', *Mathematisch-Naturwissenschaftliche Blätter* **22**, S. 24-25.

[642] —— [1929]a [Aus einem Interview mit dem Londoner *Daily Chronicle* vom 26. Jan. 1929 über die einheitliche Feldtheorie], *Nature* **123**, S. 174-175.

[643] —— [1929]b 'Einstein explains his new discoveries (simplified version of Prussian Academy lecture 'field theories, old and new'), *NYT*, 3.Febr., IX, S. 1

[644] —— [1929]c 'The new field theory', ibid., I: matter and space, 4. Febr.; II: the structure of space, 5. Febr., S. 15-16 (Reprint später auch in *Obs.* **52** [1930], S. 82-87, 114-118).

[645] —— [1929]d 'Space-time', *Enc.Brit.* (14) **21**, S. 105-108.

[646] —— [1929]e 'Einheitliche Feldtheorie', *SB.Berlin*, S. 2-7.

[647] —— [1929]f 'Einheitliche Feldtheorie und Hamiltonsches Prinzip', ibid., S. 156-159.

[648] [——] [1929]g 'I explain Einstein', *Sunday Dispatch*, 3. Nov. 1929, S. 6A.

[649] —— [1930] 'Raum-, Äther- und Feldproblem in der Physik', a) *Forum Philosophicum* **1**, S. 173-180; b)Reprint in: AE [1934/77]b S. 138-147.

[650] —— [1930]c: Rez. v. Weinberg, S. [1930], *Natw.* **18**, S. 536.

[651] —— [1930]d 'Auf die Riemann-Metrik und den Fernparallelismus gegründete einheitliche Feldtheorie', *Math.Ann.* **102**, S. 685-697.

[652] —— [1931]a 'Zum kosmologischen Problem der allgemeinen Relativitätstheorie', *SB.Berlin*, S. 235-237 (auch als Separatum).

[653] —— [1931]b 'Einstein discusses revolution he caused in scientific thought', *Science News Letters* **19**, S. 51 (24. Jan.; s.a. Komm. v. Millikan [1931]).

[654] —— [1931/32] 'Einheitliche Theorie von Gravitation und Elektrizität', *SB.Berlin*, I: 1. Teil, S. 541-557, II: 2. Teil, S. 130-137.

[655] —— [1932]a 'Semi-Vektoren und Spinoren', ibid., S. 522-550.

[656] —— [1932]b 'On the relation between the expansion and the mean density of the universe', *PNAS* **18**, S. 213-214.

[657] —— [1932]c 'Bemerkungen über den Wandel der Problemstellungen in der theoretischen Physik', *Emanuel Libman Anniversary* **1**, New York, Int. Press.

[658] —— [1932]d 'Zu Dr. Berliners siebzigstem Geburtstag', *Natw.* **16**, S. 913.

[659] —— [1933]a 'On the method of theoretical physics', (= The Herbert Spencer Lecture, delivered in Oxford, 10.6.1933), Oxford, Oxford Univ. Press; b)dt. als 'Zur Methode der theoretischen Physik' in: AE[1934/77]b, S. 113-119.

[660] —— [1933/55] 'Origins of the general theory of relativity', *Research* [London] **8** [1955] (= Reprint der Gibson-Lecture AEs in Glasgow, 20. VI. 1933).

[661] —— [1934]a: Rez. v. Tolman [1934], *Science* N.S. **80**, S. 358.

[662] —— [1934/77] *Mein Weltbild*, a)Amsterdam, 1934; b)Reprint Ulm, Ullstein, 1977.

[663] —— [1935] 'The particle problem in general theory of relativity', *Phys.Rev.* (2) **48**, S. 73-77.

[664] —— [1936]a 'The two-body-problem in general relativity theory', ibid., **49**, S. 404-405.

[665] —— [1936]b 'Physik und Realität', *Journal of the Franklin Institute* **221**, S. 313-347.

[666] —— (zus. mit L.Infeld u.B.Hoffmann) [1938/40] 'The gravitational equations and the problem of motion', *AM*, Teil I: **39**, S. 65-100; Teil II: **40**, S. 455-464.

[667] —— [1944/77] 'Remarks on B. Russell's theory of knowledge', in: Schilpp (Hrsg.) [1944], S. 277-291; dt. als 'B. Russell und das philosophische Denken' in: AE[1934/77]b, S. 35-41.

[668] —— [1948] 'Relativity-essence of the theory', *American People's Encyclopedia* [Chicago] **16**, Sp.605-608

[669] —— [1949/77]a 'Autobiographical notes/Autobiographisches', in Schilpp (Hrsg.) [1949/79]a S. 1-95 (zweisprachig), in dt. Version: 'Autobiographisches', in Schilpp (Hrsg.) [1949/1977]b, S. 1-35.

[670] —— [1949/79]c 'Remarks concerning the essays brought together in this cooperative volume', ibid [1949/79]a S. 679ff.; d)in dt. Version als 'Bemerkungen über die in diesem Bande vereinigten Arbeiten', [1949/79]b, S. 493-511.

[671] —— [1950] 'Physics, philosophy and scientific progress', *Journal of the intern. College of Surgeons* **14**, S. 755-758.

[672] —— (mit L.Infeld) [1950/56] *Die Evolution der Physik. Von Newton bis zur Quantentheorie*, a) Wien, 1950; b) Reinbeck, Rowohlt, 1956 (=rde 12).

[673] —— [1950/79]a *Out of my later years*, New York, 1950; b) in deutscher Version als: *Aus meinen späten Jahren*, Stuttgart, DVA, 1979.

[674] Eisenhart, L.P.[1923]a 'Einstein and Soldner', *Science* N.S. **58**, S. 516-517 (= Replik auf See [1923]a u. Komm. zu Trumpler [1923]).

[675] —— [1923]b: Rez. v. Birkhoff [1923], *Science* **58**, S. 539-541.

[676] —— [1924]a Beitrag zum Symposium 'Is Einstein wrong?', *The Forum* **72**, S. 279.

[677] [—] [1924]b 'Denies See proved Einstein wrong. Prof. Eisenhart takes issue with astronomer's news on starlight deflection. No error in calculation', *NYT* **74**, Nr. 24,372, 16. Okt. 1924, S. 12, Sp. 1 (s.a. Eddington [1924] u. Dyson [1924]).

[678] Eleutheropulos, Abroteles [1926] 'Die Grenzen der Relativitätstheorie'. Materie und Äther', *ASPS* **29**, S. 92-115.

[679] Elliot, Hugh Samuel Roger [1920] 'The principle of relativity', *Edinburgh Review* **232**, S. 316-331.

[680] —— [1921]a,b 'The principle of relativity', a)Auszüge in: *SA* **124**, S. 226, 235, 237; b)Vollständig in: Bird (Hrsg.) [1922], S. 195-205.

[681] —— [1921]c 'Relativity and Materialism', *Nature* **108**, S. 432 (= Kommentar zu Carr[1921]; Reprint in: Pearce Williams (Hrsg.) [1968], S. 133-135).

[682] Elsbach, A.C. [1923/24] 'De empiristische en de idealistische opvatting van den samenhang van natuurwetenschap en wijsbegeerte getoetst aan de relativiteitstheorie', *Tijdschrift voor Wijsbegeerte*, I: **17**, Heft 4, S. 305-322; II: **18**, Heft 1, S. 41-58.

[683] —— [1924] *Kant und Einstein. Untersuchungen über das Verhältnis der modernen Erkenntnistheorie zur Relativitätstheorie*, Leipzig u. Berlin, de Gruyter (s.a. Einstein [1924], Schlick [1926], Marcus [1925], Zilsel [1925]).

[684] —— [1927] Rez. v. Driesch [1924], *KS* **32**, S. 410-411.

[685] Engelhardt, V.[1920]a 'Die Relativitätstheorie', *BT*, A, 25. April, Nr.210 (Reprint in Weyland [1920], S. 4-5).

[686] —— [1920]b *Einführung in die Relativitätstheorie*, Charlottenburg, Volkshochschulverlag.

[687] —— [1923] 'Relativitätstheorie', *Königsberger Hartungsche Zeitung*, 4. Febr.[nicht zu beschaffen].

[688] Epstein, Paul S.[1942]a 'The time concept in restricted relativity', *AJP* **10**, S. 1-6 (= Komm. zu Dingle [1940]d).

[689] —— [1942]b 'The time concept in restricted relativity - a rejoinder', ibid., S. 205-208 (= Replik auf Dingle [1942]; s.a. [1943], Infeld [1943]).

[690] Esclangon, Ernest [1921] 'Sur la relativité du temps', *CRAS* **173**, S. 1340-1342.

[691] —— [1938] *La notion du temps*, Paris, Gauthier-Villars [war mir nicht zugänglich].

[692] Eucken, A.[1941]: Rez. v. Bavink [1913/40]b, *Die Tatwelt* **17**, S. 49.

[693] —— [1946/47] Rez. v. Bavink [1913/40]c, *Natw.* **33**, S. 222-223.

[694] E.V.[1920]a 'Die Offensive gegen Einstein', *BT* **49** (A), 25. Aug., Ser. B Nr. 189 (Reprint in Weyland [1920]. S. 5-6).

[695] E.V.[1920]b '„Wissenschaftliche" Kampfmethoden', *BT* **49** (A), 26. Aug., Nr. 401 (enthält Zuschrift v. Laue, Nernst u. Rubens [1920]).

[696] Evola, Julius [1940] 'Über das Problem der arischen Naturwissenschaft', *ZgN* **6**, S. 161-172.

[697] —— [1941] 'Die Juden und die Mathematik', *Nationalsozialistische Monatshefte* **11**, Heft 119, S. 81-87.

[698] Exner, Franz [1919] *Vorlesungen über die physikalischen Grundlagen der Naturwissenschaften*, Wien u. Leipzig, Deuticke (insb. S. 3-84).

[699] Fabre, Lucien [1920] 'Une nouvelle figure du monde: les théories d'Einstein', *RU* **1**, S. 148-161.

[700] —— [1921] *Les Théories d'Einstein - une nouvelle figure du monde*, Payot, Paris [1.Aufl. mit 'Vorwort' AEs, 2., ergänzte Aufl. 1921 ohne dieses 'Vorwort'].

[701] Färber, Max [1923] 'Eindeutigkeit und Relativitätstheorie', *KS* **28**, S. 127-135.

[702] O'Farrell, H.H.[1918] 'Relativity and Gravitation', *Nature* **101**, S. 126 (s.a. Eddington [1918]c).

[703] Farsky, Hermann [1925]a *Vom Relativen zum Absoluten. Kritik der Einstein'schen Theorie*, Berlin, Taurus.

[704] —— [1925]b 'Das Rätsel der Relativitätstheorie', *Deutsche Allgemeine Zeitung*, **64**, 13. 9, Nr. 430/431, Beilage Kraft und Stoff Nr. 37, S. 1.

[705] F.B.[1921] 'Einstein und die Zeitgenossen', *NFP*, 5. Febr., Nr. 20273, Morgenblatt, S. 1-3.

[706] Fechter, Hans [1920] 'Der metaphysische Einstein', *VZ*, M. 12. Aug. (teilw. Reprint in Elton [1986], S. 99).

[707] Fechter, Paul [1934] 'Trägheit des Denkens', *DR* **60**, Bd. 238, S. 104-110.

[708] Feigl, Herbert [1929] *Theorie und Erfahrung in der Physik*, Karlsruhe, Braun.

[709] —— [1945] 'Operationism and scientific method', *Psychological Review* **52**, S. 250-259.

[710] —— [1981] *Inquiries and provocations. Selected writings 1929-1974*, herausgeg. v. R.S. Cohen, Boston et al., Reidel (= Vienna Circle Collection, 14).

[711] Felke, Georg N. [1928] *Einstein für Jedermann. Die Relativitätstheorie in ihren Grundlagen für Laien. Ein Vortrag*, Berlin-Hassenwinkel, Verlag der Neuen Gesellschaft.

[712] Finkelnburg, Wolfgang [1941]: Rez. v. Bavink [1913/40], 7. Aufl., *Straßburger Monatshefte* **5**, Heft 11, S. 773-775.

[713] Fischer, F.H.[1924] 'Relativitätstheorie und Sonnenfinsternis vom 21. 9. 1922', *Allgemeine Rundschau* [München] **21**, S. 579.

[714] Fischer, Franz Xaver [1921] 'Das Einsteinsche Relativitätsprinzip und die philosophischen Anschauungen der Gegenwart', a) *Wissen und Glauben* [Mergentheim] **19**, S. 129-159, b)als Sep. Mergentheim, Ohlinger.

[715] Fischer, H.J.[1926] 'Neue Experimente zur Relativitätstheorie', *Ärztliche Sachverständigen-Zeitung* **32**, S. 252.

[716] —— [1937/38] 'Völkische Bedingtheit von Mathematik und Physik', *ZgN* **3**, S. 422-426.

[717] Fisher, Clyde [1935] 'Glimpses into relativity', *Natural History* **36**, S. 235-246.

[718] Fisher, Irving [1924]: Beitrag zum Symposium 'Is Einstein wrong?', *The Forum* **72**, S. 281.

[719] FitzGerald, George Francis [1883] 'On electromagnetic effects due to the motion of the earth', *Transactions of the Royal Society of Dublin* (2) **1**, S. 319-326.

[720] —— [1889] 'The ether and the earth's atmosphere', *Science* **13**, S. 390.

[721] Fladt, K.[1926] 'Die sogenannte Relativitätstheorie', *Jahrbuch der Württembergischen Lehrer* **1**, S. 119-126.

[722] Flamm, Ludwig [1914]a 'Das Relativitätsprinzip in elementarer Darstellung (mit Vorführung eines technischen Modelles)', *Vierteljahresberichte des Wiener Vereins zur Förderung des physik. u. chem. Unterrichtes* [Wien], **19**, S. 4-21.

[723] —— [1914]b *Die neuen Anschauungen über Raum und Zeit. Das Relativitätsprinzip*, Braumüller, Wien (auch in: *Verein zur Verbreitung naturwissenschaftlicher Kenntnisse in Wien* **54**).

[724] —— [1916] 'Beiträge zur Einsteinschen Gravitationstheorie', *Phys.Z.* **17**, S.448

[725] —— [1919] 'Albert Einstein und seine Lehre', *Neues Wiener Tageblatt*, 5. Dez.(Nr.332), S.2f. u. 6. Dez. (Nr.333), S.2f.

[726] Flammarion, Camille [1920] 'L'attraction newtonienne et la théorie d'Einstein', *Revue mondiale* (7.Ser, 31. année) **134**, S. 410-415.

[727] Fleck, Ludwik [1935/83] *Entstehung und Entwicklung einer wissenschaftlichen Tatsache. Einführung in die Lehre vom Denkstil und Denkkollektiv*, a)Basel, Schwabe, 1935; b)Frankfurt, Suhrkamp, 1980 (stw. 312).

[728] —— [1936/83] 'Problem einer Theorie des Erkennens', in: L. Fleck: *Erfahrung und Tatsache*, herausgeg. v. L. Schäfer u. Th. Schnelle, Frankfurt, Suhrkamp, 1983 (Orig. poln. 1936; dt. Übers. v. Th. Schnelle), S. 84-127.

[729] Fleming, J.A.[1928] 'Relativity - a reality', *Journal of the Transactions of the Victoria Institute* [London] **60**, S. 244-265 [war mir nicht zugänglich].

[730] Flügge, S.W.[1950] 'The relativistic mass-energy relationship - has it been verified accurately', *Nucleonics* [New York] **6**, S. 67-81 [war mir nicht zugänglich].

[731] Fock, V.A.[1939] 'Sur le mouvement des masses finies d'après la théorie de gravitation Einsteinienne', *Journal of Physics of the USSR* **1**, S. 81-116.

[732] —— [1955] 'Über philosophische Fragen der modernen Physik', *Deutsche Zeitschrift für Philosophie* **3**, S. 736-757.

[733] —— [1955/60]a)in engl. Übers.: *The theory of space, time, and gravitation*, London, Pergamon Press, b)in dt. Übers.: *Theorie von Raum und Zeit und Gravitation*, Berlin-Ost, Akademie-Verlag, 1960 [Original russisch, 1955].

[734] Föppl, August [1897] 'Über eine mögliche Erweiterung des Gravitationsgesetzes', *SB.München*, S. 93-99.

[735] —— [1904] 'Über absolute und relative Bewegung', ibid. **34**, S. 383-395.

[736] —— [1905] 'Ein Versuch über die allgemeine Massenanziehung', *Phys.Z.* **6**, S. 113-114.

[737] Föppl, O. [1925] 'Trägheit und Äther', *Z.Phys.* **34**, S. 273-279.

[738] Fokker, A.D.[1915] 'A summary of Einstein's and Grossmann's theory of gravitation', *Phil.Mag.* (6) **29**, S. 77-96.

[739] —— [1922] 'Relativistische Studie. Proeve van antwoord an Prof. Dr. G. Heymans', *De Gids* **86**, Teil 4, S. 244-271 (= Replik auf Heymans [1921]).

[740] —— [1955]a 'Albert Einstein, 14. maart 1879- 18 april 1955', *Nederlandsch Tijdschrift voor Natuurkunde* **21**, S. 125-129.

[741] —— [1955]b 'Albert Einstein, inventor of chronogeometry', *Synthese* **9**, S. 442-444.

[742] Fontené, G.[1921] 'Sur la dynamique de la relativité', *BSM* (1) **55**, S. 309-312, 320-339.

[743] Fournier, Georges [1923] *La relativité vraie et la gravitation universelle*, Paris, Gauthier-Villars.

[744] Fournier d'Albe, E.E.[1911] 'The principle of relativity: a revolution in fundamental concepts of physics', *SAS* **72**, Nr. 1871.

[745] Fowler, A., Newall, H.F., Dyson, F. u. Turner, H. [1919] 'The revolution in science. Astronomer's discussion', *Times*, 15. Nov., Nr. 42.258, S. 14, Sp. 2 (= Diskussionsbeiträge zur Sitzung der *Royal Astronomical Society, London* vom 14. Nov. 1919)

[746] Fraenkel, Adolf [1924] Rez. v. Geiger [1924], *DLZ* N.F. 1, 24. Heft, Sp. 1745-1748.

[747] Francis, Montgomery [1921/22] 'The new concepts of time and space', *SA* **124**, S. 146f, 155, 157; Reprint in: Bird (Hrsg.) [1922], S. 181-194.

[748] Frank, Philipp [1907] 'Kausalgesetz und Erfahrung', *ANKP* **6**, S. 442-450 (s.a. Kowalewski [1921]).

[749] —— [1908]a 'Willkürliche Schöpfungen des Verstandes? Bemerkungen zu dem Aufsatz von G. Hessenberg', *JDMV* **17**, S. 227-230 (= Replik auf Hessenberg [1908]a)

[750] —— [1908]b 'Erwiderung auf eine Erwiderung von G. Hessenberg', ibid., S. 232-234 (= Replik auf Hessenberg [1908]b).

[751] —— [1908]c 'Das Relativitätsprinzip der Mechanik und die Gleichungen für die elektromagnetischen Vorgänge in bewegten Körpern', *Ann.Phys.* (4) **34**, S. 897-902.

[752] —— [1908]d 'Relativitätstheorie und Elektronentheorie in ihrer Anwendung zur Ableitung der Grundgleichungen für die elektromagnetischen Vorgänge in bewegten ponderablen Körpern', ibid., S. 1059-1065.

[753] —— [1909] 'Die Stellung des Relativitätsprinzips im System der Mechanik und der Elektrodynamik', *SB.Wien* **118**, S. 373-446.

[754] —— (u. Hermann Rothe) [1909] 'Über eine Verallgemeinerung des Relativitätsprinzips und die dazugehörige Mechanik', ibid., **119**, S. 615-630.

[755] —— [1910/11] 'Das Relativitätsprinzip und die Darstellung der physikalischen Erscheinungen im vierdimensionalen Raume',a)in: *ZPC* **74**, S. 466-495; b)in: *ANP* **10**, S. 129-161.

[756] —— [1911]a 'Gibt es eine absolute Bewegung?', *Wissenschaftliche Beilage zu den 23. Jahresberichten der philosophischen Gesellschaft an der Univ. zu Wien*, Leipzig, S.1-19.

[757] —— [1911]b 'Das Verhalten der elektromagnetischen Feldgleichungen gegenüber linearen Transformationen der Raumzeitkoordinaten', *Ann.Phys.* (4) **35**, S. 599-607.

[758] —— (u. H. Rothe) [1911] 'Über die Transformation der Raumzeitkoordinaten von ruhenden auf bewegte Systeme', ibid. **34**, S. 825-855.

[759] —— [1912] 'Zur Herleitung der Lorentztransformationen', *Phys.Z.* **13**, S. 750-753.

[760] Frank, Philipp [1917] 'Die Bedeutung der physikalischen Erkenntnistheorie Machs für das Geistesleben der Gegenwart', *Natw.* **5**, S. 65-72.

[761] —— [1919/20] 'Zur Relativitäts-Theorie Einsteins', *Lotos* **67/68**, S.152-156 (s.a. Kraus [1919/20], Urbach [1922] sowie N.N.[1920]d in *Prager Tagblatt* **45**, 27. Aug. 1920).

[762] —— [1920] *Relativitätstheorie*, Leipzig, Teubner [nicht zu beschaffen; Existenz fraglich].

[763] —— [1922]a 'Ein einfacher Beweis für die Trägheit der Energie', ibid. **70**, S. 303-307.

[764] —— [1922]b 'Die Grundhypothese der speziellen Relativitätstheorie', *VDPG* (3) **3**, S. 15-16.

[765] —— [1928] 'Über die "Anschaulichkeit" physikalischer Theorien', *Natw.* **16**, S. 121-128.

[766] —— [1929/30] 'Was bedeuten die gegenwärtigen physikalischen Theorien für die allgemeine Erkenntnislehre?', a)*Natw.* **17**, S. 971-977, 987-994; b)*Erkenntnis* **1**, S. 126-157 (s.a. Dingler [1930]).

[767] —— [1932] 'Naturwissenschaft', *Handwörterbuch der Naturwissenschaften*, 2.Aufl., Jena, Fischer, **7**, S. 149-168.

[768] —— [1937]a 'The mechanical versus the mathematical conception of nature', *Phil.Sci.* **4**, S. 41-74.

[769] —— [1937]b 'Was versteht der Physiker unter der "Größe" eines Körpers', *Theoria* **3**, S. 76-89 (= Replik auf Phalen [1922]; s.a. Oxenstierna[1937]).

[770] —— [1937/38] 'Ernst Mach - the centenary of his birth', *Erkenntnis* **7**, S. 247-256.

[771] —— [1938]a 'Bemerkungen zu E. Cassirer'[1937], ibid. **4**, S. 70-80.

[772] —— [1938]b *Interpretations and misinterpretations of modern physics*, Paris, Hermann (= Exposés de philosophie scientifique der Reihe "Actualités scientifique et industrielles" Bd. 587).

[773] —— [1938/55] 'Foundations of Physics', *IEUS* **1**, S. 423-504.

[774] —— [1941] *Between physics and philosophy*, Cambridge, MA, Harvard Univ. Press.

[775] —— [1948/79] *Einstein- sein Leben und seine Zeit*, a)engl. Orig. New York, Knopf, 1947 bzw. London, Cape, 1948; b) Reprint der dt. Ausgabe: Braunschweig, Vieweg (s.a. McVittie [1948]).

[776] —— [1949]a *Modern science and its philosophy*, Cambridge MA, Harvard, 1949 (Reprint ibid. 1950 sowie New York, 1961).

[777] —— [1949]b 'Einstein's philosophy of science', *Rev.mod.Phys.* **21**, S. 349-355.

[778] —— [1949/79] 'Einstein, Mach und der logische Positivismus', in: Schilpp (Hrsg.) [1949/79]b, S. 173-187 (Orig. engl.).

[779] —— [1950] 'Metaphysical Interpretations of Science', *BJPS* **1**, I: S. 60-74; II: S.77-91.

[780] —— (Hrsg.) [1956] *The validation of scientific theories*, Boston, Beacon Press.

[781] —— [1958] 'Contemporary science and the world view', *Daedalus* **87**, S. 57-66.

[782] Frankl, Wilhelm, M.[1916/17] 'Zur Relativitätstheorie', *ANKP* **12**, S. 411-414 sowie 'Erklärung', ibid.**13**, S. 258-259.

[783] Franklin, A.V.[1921] 'Some speculations on relativity', *JRASC* **15**, S. 276.

[784] Franklin, Philip [1924]: Beitrag zum Symposium 'Is Einstein wrong?', *The Forum* **72**, S.280.

[785] Frege, Gottlieb [1903] 'Über die Grundlagen der Geometrie', *JDMV* **12**, S. 319-324, 368-375 (= Komm. zu Hilbert [1899]a).

[786] Freundlich, Erwin Finlay [1916]a) *Die Grundlagen der Einsteinschen Gravitationstheorie*, Berlin, Springer; b)in engl. Übersetzung durch Brose: Cambridge, Cambridge Univ. Press, 1920; s.a. Cunningham [1920]b).

[787] —— [1917] 'Die Einsteinsche Gravitationstheorie der allgemeinen Relativitätstheorie zu den Hypothesen der klassischen Mechanik', *VAG* **52**, S. 129-151.

[788] —— [1919]a 'Albert Einstein. Zum Siege seiner Relativitätstheorie', *VZ*, S., 30. Nov., Beilage.

[789] —— [1919]b 'Zur Prüfung der allgemeinen Relativitätstheorie', *Natw.* **7**, S. 629-636 sowie 'Bemerkungen' dazu ibid., S. 696.

[790] —— [1920]a 'Ein Bericht der englischen Sonnenfinsternisexpedition über die Ablenkung des Lichtes im Gravitationsfelde der Sonne', ibid. **8**, S. 667-673 (= Referat von Dyson et al.[1920]).

[791] —— [1920]b 'Die Entwicklung des physikalischen Weltbildes bis zur allgemeinen Relativitätstheorie', *Die weißen Blätter* **7**, S. 174-191.

[792] —— [1920]c *Relativitätstheorie; drei Vorträge (gehalten auf Einladung der Badischen Anilin u. Soda-Fabrik in Ludwigshafen)*, ca. 1920; d)in engl. Übers.. *The theory of relativity: three lectures for chemists*, mit Einf. v. V. Haldane, New York, Dutton [war mir nicht zugängl.],.

[793] —— [1931]: Rez. v. Gleich [1930], *Natw.* **19**, S. 252-253.

[794] —— [1931/32] 'Die Frage nach der Endlichkeit des Weltraums als astronomisches Problem behandelt', *Erkenntnis* **2**, S. 42-60.

[795] —— [1951] *Cosmology*, Chicago, Univ. of Chicago Press [war mir nicht zugängl.].

[796] —— [1952]a 'Über den gegenwärtigen Stand der Prüfungen der allgemeinen Relativitätstheorie', *Die Sterne* **28**, S. 220-222.

[797] —— [1952]b 'Der gegenwärtige Stand der Prüfungen der allgemeinen Relativitätstheorie', *Wissenschaftliche Annalen* [Berlin] **1**, S. 35-42.

[798] —— [1955] 'On the empirical foundation of the general theory of relativity', *Vistas in Astronomy* **1**, S. 239-246.

[799] Freytag, Otto [1937/38] 'Henri Poincaré', *ZgN* **3**, S. 220-222.

[800] Fricke, Hermann [1919] *Eine neue und einfache Deutung der Schwerkraft und eine anschauliche Erklärung der Physik des Raumes*, Wolfenbüttel, Heckner.

[801] —— [1920] *Der Fehler in Einsteins Relativitätstheorie*, ibid.

[802] —— [1920]b *Die neue Erklärung der Schwerkraft*, ibid.

[803] —— [1920]c 'Der Fehler in Einsteins Relativitätstheorie', *Deutsche Tageszeitung*, Unterhaltungsbeilage, 24. Nov.

[804] —— [1921]a Ein neuer Weg zur Aufklärung des Äther- und Schwerkraftproblems', *Phys.Z.* **22**, S. 636-639.

[805] —— [1922]b 'Michelson und Einstein', *Centralzeitung für Optik und Mechanik*, **42**, S. 363-364 (= Komm. zu Strehl [1921]).

[806] —— [1922]a 'Zur Klärung des Ätherproblems', *NSW* **37** = N.F. **21**, S. 169-173.

[807] —— [1922]b 'Zur Relativitätstheorie', ibid., S. 226-227.

[808] —— [1922]c 'Das Wesen der Schwerkraft', ibid. S. 513-517.

[809] —— [1934]a 'Die einfache Aufklärung des Einstein-Streits', *VDGfW* **4**.

[810] —— [1934]b 'Die moderne theoretische (relativistische) Physik - eine Wissenschaft, die nicht stimmt. (Der Justizmord am Weltäther)', (= *VDGfW* **7**), *DOW* **55**, Nr. 38, S. 612-615.

[811] —— [1934]c *Die im Innern erdähnliche Sonne. Eine neue Anschauung von Äther, Schwerkraft und Sonne*, Weimar, Borkmann.

[812] —— [1939] *Weltätherforschung. Ein Aufbauprogramm nach dem Umsturz in der Physik*, Weimar, Borkmann.

[813] Friedländer, Benedikt u. Immanuel [1896] *Absolute und relative Bewegung*, Berlin, Simion.

[814] Friedländer, Salomo [1931] 'Albert Einsteins spezielle Relativitätstheorie durch Ernst Marcus endgültig widerlegt', in: Israel et al (Hrsg.) [1931], S. 8-10.

[815] —— [1932] *Kant gegen Einstein. Fragelehrbuch [nach Immanuel Kant und Ernst Marcus] zum Unterricht in den vernunftwissenschaftl. Vorbedingungen der Naturwissenschaft*, Berlin, Wolff.

[816] Fri[e]dman[n], A.A.[1922] 'Über die Krümmung des Raumes', *Z.Phys.* **10**, S. 377-386 (s.a. AE[1922]c).

[817] —— [1924] 'Über die Möglichkeit einer Welt mit konstanter negativer Krümmung des Raumes', ibid. **21**, S. 326-332.

[818] Friedmann, H.[1912/13] 'Ein Prinzip, das dem Relativitätsprinzip äquivalent ist', *AASF* (A) Jg. 1912/13, 1. Heft S. 1-19, 6. Heft S. 1-7 u. 7. Heft, S. 1-10.

[819] Friedrichs, Gustav [1920] *Die falsche Relativitätstheorie Einsteins und die Relativität der Sinne. Keine Mathematik, nur gewöhnliches Rechnen*, Osnabrück, Baumert.

[820] Frischeisen-Köhler, Max [1912] *Wissenschaft und Wirklichkeit*, Leipzig u. Berlin, Teubner (= Wissenschaft und Hypothese, Band 15), darin insb. S. 317-333.

[821] —— [1913] 'Das Zeitproblem', *Jahrbücher der Philosophie* **1**, S. 129-166.

[822] Fürth, R.[1919/20] 'Die Einsteinsche Relativitätstheorie auf dem Nauheimer Kongreß', *Lotos* **67/68**, S. 27.

[823] —— [1938] 'Der Streit um die Deutung der Relativitätstheorie', in *Naturwissenschaft und Metaphysik*, Brünn u. Leipzig, S. 3-32.

[824] Fues [1955] 'Das Weltbild der Relativitätstheorie', *Wissenschaft und Weltbild* [Wien] **8**, S. 97-109.

[825] Fuld, E.[1923] 'Der Abscheu vor der Relativitätslehre', *BT* M, 2.Dez. (= Replik auf Döblin [1923]).

[826] Gabriel, Leo [1951] 'Das neue Weltbild der Relativitätstheorie und Quantentheorie', *Wissenschaft und Weltbild* [Wien] **4**, S. 249-259

[827] Gandillot, Maurice [1913] *Note sur une illusion de relativité*, Paris, Gauthier-Villars.

[828] —— [1922] *Ether ou relativite*, ibid.

[829] —— [1923] *L' Illusion d' Einstein*, Paris, Vuibert.

[830] Gartelmann, Henri [1920] *Zur Relativitätslehre. Eine kritische Betrachtung*, Berlin, Verl. d. Neuen Weltanschauung.

[831] —— [1922] 'Kritisches zur Relativitätslehre', *Allgemeine Zeitung* [München] **125**, S. 165-166, 173-174, 180-181.

[832] —— [1927] 'Wirkliche und scheinbare Bewegung', *AP* **6**, S. 284-291.

[833] —— [1934] *Der Fall Einstein*, Dresden, Pierson.

[834] Gawronski, Dimitry [1924]a *Die Relativitätstheorie Einsteins im Lichte der Philosophie. Ein neuer Beweis der Lorentz-Transformationen*, Bern, Haupt.

[835] —— [1924]b *Das Trägheitsgesetz und der Aufbau der Relativitätstheorie*, Bern, Haupt.

[836] —— [1924]c 'Prinzipielles zur Relativitätstheorie', *AVCIF*, S. 544-558.

[837] —— [1925] *Der physikalische Gehalt der speziellen Relativitätstheorie*, Stuttgart, Engelhorns Nachfolger.

[838] Gehne, P.[1921] 'Die Einsteinsche Relativitätstheorie', *Natur. Zeitschrift der Deutschn. Naturwiss. Gesellschaft* [Leipzig] **12**, S. 61-64, 92-96.

[839] Gehrcke, Ernst [1911] 'Bemerkungen über die Grenzen des Relativitätsprinzips', *VDPG* 13, S. 665-669 sowie 'Nochmals über die Grenzen des Relativitätsprinzips', ibid., S. 990-1000 (s.a. F.Grünbaum [1911], [1912] u. Gehrcke [1912]a).

[840] —— [1912]a 'Notiz zu vorstehender Abhandlung von F. Grünbaum'[1912], ibid. 14, S. 294.

[841] —— [1912]b 'Über den Sinn der absoluten Bewegung von Körpern', *SB.München*, S. 209-222 (auch als Separatum).

[842] —— (Hrsg.) [1912] *Lehrbuch der Optik von Dr. Paul Drude*, Leipzig, Hirzel, 3. Aufl. 1912 (insb. S. 446-473 zur RT).

[843] —— [1913]a 'Über die Koordinatensysteme der Mechanik', *VDPG* 15, S. 260-266.

[844] —— [1913]b 'Die gegen die Relativitätstheorie erhobenen Einwände', *Natw.* 1, S. 62-66 (s.a. Einstein [1918]b u. Gehrcke [1919] sowie Born [1913]).

[845] —— [1914] 'Die erkenntnistheoretischen Grundlagen der verschiedenen physikalischen Relativitäts-theorien', *KS* 19, S. 481-487.

[846] —— [1916] 'Zur Kritik und Geschichte der neueren Gravitationstheorien', *Ann.Phys.* (4) 51, S. 119-124 (s.a. Gerber [1902/17], v. Laue [1917]).

[847] —— [1917]: Rez. v. AE [1917]a, *ZPCU* 30, S. 266-267.

[848] —— [1919] 'Berichtigung zum Dialog über die Relativitätstheorie', *Natw.* 7, S. 147-148 (= Replik auf AE [1918]b).

[849] —— [1920]a 'Zur Diskussion über den Äther', *Z.Phys.* 2, S. 67-68 (= Replik auf AE [1918]c).

[850] —— [1920]b *Die Relativitätstheorie, eine wissenschaftliche Massensuggestion. Gemeinverständlich dargestellt*, Leipzig, Köhler (= Schriften aus dem Verlag der Arbeitsgemeinschaft deutscher Na-turforscher zur Erhaltung reiner Wissenschaft, Bd.1; Reprint in Gehrcke [1924], S. 54-68).

[851] —— [1920]c 'Was beweisen die Beobachtungen über die Richtigkeit der Relativitätstheorie?', *ZtP* 1, S. 123.

[852] —— [1920]d Zuschrift in Reaktion auf AE [1920]d, *BT* 49, 31. Aug., Nr. 409 (A).

[853] —— [1921]a 'Schwerkraft und Relativitätstheorie', ibid. 2, S. 194-196.

[854] —— [1921]b 'Über das Uhrenparadoxon in der Relativitätstheorie', *Natw.* 9, S. 482 (= Replik auf Thirring [1921]a).

[855] —— [1921]c 'Die Erörterung des Uhrenparadoxons in der Relativitätstheorie', ibid., S. 550-551 (= Replik auf Thirring [1921]b).

[856] —— [1921]d *Physik und Erkenntnistheorie*, Leipzig, Teubner (= Wissenschaft u. Hypothese, Bd. 22; s.a. Rez.v. Kühn [1921/22] und Schlick [1921]d).

[857] —— [1921]e 'Zur Frage der Relativitätstheorie', *Kosmos* 18, S. 296-298.

[858] —— [1921]f 'Sprechsaal', *Umschau* 25, S. 99 (= Replik auf Weyl [1920]c; s.a. dessen Erwiderung, [1921]e).

[859] —— [1921]g 'Zur Relativitätsfrage', ibid., S. 227 (= Replik auf Weyl [1921]e).

[860] —— [1921/22] 'Die Stellung der Mathematik zur Relativitätstheorie', *BPDI* 2, S. 13-19.

[861] —— [1922] 'Die Grenzen der Relativität', *Umschau* 26, S. 381-382 (= Komm. zu v.Weinberg [1922]).

[862] —— [1923]a 'Die Gegensätze zwischen der Äthertheorie und Relativitätstheorie und ihre experimen-telle Prüfung', *ZtP* 4, S. 292-299.

[863] —— [1923]b 'Der Formalismus in der Relativitätstheorie', *BPDI* 3, S. 52-56.

[864] —— [1923]c 'Die Ablenkung des Fixsternlichtes durch die Sonne', *Univerzum* [Zagreb] 1, Heft 9-12 [war mir nicht zugänglich].

[865] —— [1923]d: Rez. v. Kremer [1921], *BPDI* 3, S. 44-45.

[866] —— [1924]a *Die Massensuggestion der Relativitätstheorie. Kultur-historisch-psychologische Doku-mente*, Berlin, Meußer.

[867] —— [1924]b *Kritik der Relativitätstheorie. Gesammelte Schriften über absolute und relative Bewegung*, ibid.

[868] —— [1925] 'Geleitwort' zu Palágyi [1925], S. v-vi.

[869] —— (Hrsg.) [1927/28] *Handbuch der physikalischen Optik in 2 Bänden*, Leipzig, Barth.

[870] Geiger, Moritz [1921] *Die philosophische Bedeutung der Relativitätstheorie*, Halle, Niemeyer (s.a. Rez. v. Stammler [1925], E. Hartmann [1924/25]).

[871] —— [1924] *Systematische Axiomatik der euklidischen Geometrie*, Augsburg, Filser (s.a. Rez. v. Fraen-kel [1924], Stammler [1927]).

[872] —— [1930/66] *Die Wirklichkeit der Wissenschaften und die Metaphysik*, a)1. Aufl. Bonn, 1930; b)Reprint Hildesheim, Olms, 1966.

[873] Geissler, Friedrich Jacob Kurt [1921] *Gemeinverständliche Widerlegung des formalen Relativismus (von Einstein und Verwandten) und zusammenhängende Darstellung einer grundwissenschaftlichen Relativität*, Leipzig, Hillmann (s.a. Rez. v. E. Hartmann [1924/25]a).

[874] —— [1931] 'Schluß mit der Einstein-Irrung', in: Israel et al. (Hrsg.)[1931], S. 10-12.

[875] Geldbach, D.[1950] 'The fallacy of the relativity time transformations', *Proc. of the West Virginia Acad. of Science* 22, S. 205 [war mir nicht zugänglich].

[876] Gent, Werner [1926/30] *Die Philosophie des Raumes und der Zeit. Historische, kritische und analytische Untersuchungen*, 2 Bde., a)1. Aufl. 1926/30; b)Reprint 1962.

[877] George, André [1930] 'Bergson et Einstein', *Les documents de la vie intellectuelle* 2, S. 52-60.

[878] Geppert, H.[1923] *Ist die Welt absolut oder relativ? Vollständige Widerlegung der Relativitätstheorie. Eine Grundlage für die Weltanschauung*, Karlsruhe, Reiff.

[879] Gerber, Paul [1898] 'Räumliche und zeitliche Ausbreitung der Gravitation', *Zeitschrift für Mathematik und Physik* 43, S. 93-104 (= gekürzte Fassung von Gerber [1902/17]a).

[880] —— [1902/17] 'Die Fortpflanzungsgeschwindigkeit der Gravitation', a)*Programmabhandlung des städtischen Realgymnasiums Stargard in Pommern*, 1902; b)in: *Ann.Phys.* (4) 52, S. 415-441 (mit Anm. v. Gehrcke); s.a. Gehrcke [1916], [1917], v. Laue [1917], Lenard [1918/21], Seeliger [1917] und Oppenheim [1917].

[881] Gerlach, J.E.[1922] *Kritik der mathematischen Vernunft*, Bonn, Cohen.

[882] Geyser, Jos. [1915] *Allgemeine Philosophie des Seins und der Natur*, Münster, Schöningh (insb. S. 340-358).

[883] Gilbert, Leo [1914] *Das Relativitätsprinzip, die jüngste Modenarrheit der Wissenschaft. Und die Lösung des Fizeau-Problems*, Brackwede, Breitenbach.

[884] Gilman, Benjamin Ives [1927] 'Relativity and the lay mind', *J.Phil.* 24, S. 477-486, 502-521.

[885] McGilvary, Evander Bradley [1927] 'Newtonian time and Einsteinian times', *Proc. 6.Int. Congr. of Philosophy, Harvard Univ. 1926*, New York, S. 47-53.

[886] McGilvary, Evander Bradley [1931] Discussion: the paradox of the time retarding journey', *PR* 40, S. 358-379 (= Replik auf Lovejoy [1931]a; s.a. Lovejoy [1931]b, [1932] u. McGilvary [1932]).

[887] —— [1932] 'Time retarding journey again', *Phil.Rev.* 41, S. 479-497 (= Replik auf Lovejoy [1931]b, s.a. Lovejoy [1932], Stevens [1938]).

[888] Gimmerthal, Armin [1926] *Die Irrtümer und Trugschlüsse in Einsteins Relativitätstheorie. Gemeinverständlich*, Langendreer, Selbstverlag.

[889] —— [1931] 'Das Relativitätsprinzip der klassischen Mechanik und seine Fälschung durch Einstein', in: Israel et al. (Hrsg.) [1931], S. 12.

[890] Glaser, L.C.[1920] 'Zur Erörterung über die Relativitätstheorie', *TR*, 16. Aug., Nr. 180, (Reprint in Weyland [1920] S. 29-30).

[891] —— [1939] 'Juden in der Physik: jüdische Physik', *ZgN* 5, S. 272-275.

[892] Gleich, Gerold v.[1924]a 'Zur Kritik der Relativitätstheorie vom mathematisch-physikalischen Standpunkt aus', *Z.Phys.* 25, S. 230-246 (s.a. Bucherer [1924]).

[893] —— [1924]b 'Die Vieldeutigkeit in der Relativitätstheorie', ibid. 28, S. 329-334.

[894] —— [1925] 'Eine Bemerkung zu den verschiedenen Lösungen der Einsteinschen Bewegungsgleichungen', *AN* 225, Sp. 353-360.

[895] —— [1926] 'Zur Beurteilung der relativistischen Rechenmethoden', ibid. 226, S. 387-394.

[896] —— [1927]a 'Bemerkungen zu den Gravitationsgleichungen der allgemeinen Relativitätstheorie', ibid. 44, S. 118-132.

[897] —— [1927]b 'Zur Definition des Zeitbegriffs', ibid. 47, S. 280-298.

[898] —— [1928]a 'Zur Physik der Schaubilder', ibid. 50, S. 725-739.

[899] —— [1928]b 'Über die Grundlagen der Einsteinschen Gravitationstheorie', ibid. 56, S. 262-285.

[900] —— [1929] 'Invariantentheorie und Gravitation', *AN* 236, S. 165-178.

[901] —— [1930] *Einsteins Relativitätstheorien und physikalische Wirklichkeit*, Leipzig, Barth (s.a. Rez. v. Freundlich [1931]).

[902] Gluer, H.A.[1921] 'Nochmals die philosophischen Folgerungen der Einsteinschen Relativitätstheorie', *Unsere Welt* 13, S. 81 (vgl. Bavink [1920], Remy [1920], Dennert [1921]).

[903] Goblot, E.[1922] 'Einstein et la métaphysique', *RPFE* 94, S. 135-155.

[904] Gödel, Kurt [1944/86] 'Russells mathematische Logik', a) engl. Orig. in Schilpp (Hrsg.) [1944], S. 125-153; b) dt. Übers. v. Metzger in Russell [1910/86], S. v-xxviii.

[905] —— [1949] 'An example of new type of cosmological solutions of Einstein's field equations of gravitation', *Rev.mod.Phys.* 21, S. 447-450.

[906] —— [1949/79] 'Eine Bemerkung über die Beziehungen zwischen der Relativitätstheorie und der idealistischen Philosophie', in Schilpp (Hrsg.) [1949/79]b S. 406-412 (Orig. engl.).

[907] —— [1950] 'Rotating universes in general relativity theory', *Proc. Intern. Congres of Mathematics, Harvard* I, S. 175-181.

[908] Götz, Walter [1955] *Einführung in die spezielle Relativitätstheorie, in die Darstellung Minkowskis an einem Raum-Zeit-Weltbild*, Stuttgart, Klett (= Mathem. Arbeitshefte, Nr. 7).

[909] Goldschmidt, Ludwig [1923] *Gegen Einstein's Metaphysik. Eine kritische Befreiung*, Lübeck, Coleman.

[910] —— [1931] 'Unkenntnis und Willkür', in Israel et al.(Hrsg.) [1931], S. 13.

[911] Goldstein, Emil [1932] *Der Relativitätsgedanke und Relativität und Entwicklung. Die Probleme der Gegenwart*, Berlin, Konzentration A.G., Abt. Buchverlag.

[912] Gossard, H.C.[1924]: Beitrag zum Symposium 'Is Einstein wrong?', *The Forum* **72**, S. 280.

[913] Gould, S.H.[1947] 'The theory of relativity and the atomic bomb', *SM* **65**, S. 48-60.

[914] Graetz, Leo [1923] *Der Äther und die Relativitätstheorie. 6 Vorträge*, Stuttgart, Engelhorn (darin insb. die Vorträge 4,5,6; s.a. Rez. v. Volkmann [1924], Wenzl [1924], E. Hartmann [1924/25]).

[915] —— [1925] *Alte Vorstellungen und neue Tatsachen der Physik*, Leipzig, Akademische Verlangsanstalt.

[916] Graf, Wilhelm [1949] *Natur jenseits von absolut und relativ*, Wien, Kaltschmid.

[917] Gramatzki, H.J.[1927] 'Der Sinn der Relativitätstheorie', *Die Sendung* [Berlin] **4**, S. 129.

[918] Greenwood, Thomas [1921/22] 'Geometry and reality', *PAS* N.S. **22**, S. 189-204.

[919] —— [1922] 'Einstein and idealism', *Mind* N.S. **31**, S. 205-207 (s.a. Turner, Carr, Haldane, Wrinch u. Ainscough [1922]).

[920] —— [1924] 'The specification of the Euclidean straight line', *AVCIF* S. 565-571.

[921] Grelling, Kurt [1921] Rez. v. Dingler [1919], *DLZ*, Sp. 631-640.

[922] —— [1928] 'Philosophy of the exact sciences: its present status in Germany', *Monist* **38**, S. 97-119.

[923] —— [1930] 'Die Philosophie der Raum-Zeit-Lehre', (= Rez. von Reichenbach [1928]a), *Phil.A.* **4**, S. 101-128.

[924] Grossmann, Marcel [1913] 'Mathematische Begriffsbildung zur Gravitationstheorie', *VNGZ* **58**, S. 291-297 (s.a. AE [1913]a).

[925] Grünbaum, Adolf [1953] 'Whitehead's method of extensive abstraction', *BJPS* **4**, S. 215-226.

[926] —— [1954] 'The clock paradox in the special theory of relativity', *Phil.Sci.* **21**, S. 249-253 (s.a. Leaf [1955], Törnebohm [1955] sowie Bibl. Teil II.).

[927] —— [1955] 'Reply to Dr. Törnebohm's comments on my article', *Phil.Sci.* **22** S. 233 (= Replik auf Törnebohm [1955]; spätere Art. v. G. siehe Bibliographie Teil II).

[928] Grünbaum, F.[1911]a 'Über einige ideelle Versuche zum Relativitätsprinzip', *Phys.Z.* **12**, S. 500-509.

[929] —— [1911]b 'Bemerkungen über die Grenzen des Relativitätsprinzips', *VDPG* **13**, S. 851-865 (s.a. Gehrcke [1911f.]).

[930] —— [1912] 'Abermals über die Grenzen des Relativitätsprinzips', ibid. **14**, S. 288-293 (= Replik auf Gehrcke [1912]a).

[931] Gruner, Paul [1910] *Elementare Darlegung der Relativitätstheorie*, Bern, Wyss.

[932] —— [1921] 'Eine elementare geometrische Darstellung der Transformationsformeln der speziellen Relativitätstheorie', *Phys.Z.* **22**, S. 384-385.

[933] —— [1922]a 'Graphische Darstellung der speziellen Relativitätstheorie in der vierdimensionalen Raum-Zeit Welt', *Z.Phys.* **10**, S. 22-37, 227-235.

[934] —— [1922]b *Elemente der Relativitätstheorie. Kinematik und Dynamik des eindimensionalen Raumes*, Bern, Haupt.

[935] —— [1922]c *Die Neuorientierung der Physik*, Bern, Haupt [Rektoratsrede].

[936] —— [1922]d *Das moderne physikalische Weltbild und der christliche Glaube*, Berlin, Furche (= Stimmen aus der deutschen christl. Studentenbewegung, Heft 13).

[937] Grunsky, Hans [1923] *Das Problem der Gleichzeitigkeit in der Relativitätstheorie*, Tübingen, maschinenschriftl. Diss.

[938] Guggenheimer, Samuel [1925] *The Einstein theory explained and analysed*, New York, MacMillan [war mir nicht zugänglich].

[939] Guighard, M.[1921/22]a 'Définitions et remarques concernant la relativité des physiciens', *Procès verbaux des séances phys. nat. de Bordeaux* **17** S. 45-56; b)'Coefficient de relativité, actions élémentaire', ibid., S. 74-77 [war mir nicht zugänglich].

[940] Guillaume, Edouard [1917]a 'Les bases de la physique moderne', *Archives des Sciences physiques et naturelles* (4) **43**, S. 5-21, 89-112, 185-198;

[941] —— [1917]b 'Sur le possibilité d'exprimer la théorie de la relativité en fonction du temps universel', ibid. **44**, S. 48-52.

[942] —— [1918] 'La théorie de la relativité en fonction du temps universel', ibid. **46**, S. 281-325.

[943] —— [1919] 'Sur la théorie de la relativité', *ASPN* (5) 1 (= **124**. année), S. 246-251.

[944] —— [1920]a 'La théorie de la relativité et sa signification', *RMM* **27**, S. 423-469.

[945] —— [1920]b 'Relativité et gravitation', *Bulletin de la Société Vaudoise des sciences naturelles* **53**, S. 311-340 [war mir nicht zugänglich].

[946] —— [1920]c 'Les bases de la théorie de la relativité', *RGS* 15. April, S. 200-210.

[947] —— [1921]a *La théorie de la relativité. Résumé des conférences faites à l'université de Lausanne au semestre d'été 1920*, Lausanne, Rouge & Co. [war mir nicht zugänglich].

[948] —— [1921]b 'Über die Grundlagen der Relativitätstheorie', *Phys.Z.* **22**, S. 109-113 (s.a. Raschevsky [1922]).

[949] —— [1921]c 'Graphische Darstellung der Optik bewegter Körper', ibid., S. 386-388.

[950] —— [1922]a Y a-t-il une erreur dans le premier mémoire d'Einstein?', *RGS* **33**, S. 5-10.

[951] —— [1922]b 'Un résultat des discussions de la théorie d'Einstein au Collège de France', ibid., S. 322-324.

[952] —— [1922]c 'La question du temps d'après M. Bergson, à propos de la théorie d'Einstein', ibid., S. 573-582.

[953] Gumbel, Emil Julius [1938] 'Arische Naturwissenschaft?', in: Gumbel (Hrsg.) [1938]: *Freie Wissenschaft. Ein Sammelbuch aus der deutschen Emigration*, Straßburg, Brant, S. 246-262.

[954] Gutberlet, C.[1913] 'Der Streit um die Relativitätstheorie', *Phil.J.* **26**, S. 328-335.

[955] H.D.(= Herbert Dingle ?) [1928] 'The understanding of relativity', *Nature* **122**, S. 673 (s.a. McLennan [1929]).

[956] Haas, Arthur [1918] *Einführung in die theoretische Physik mit besonderer Berücksichtigung ihrer modernen Probleme*, Leipzig, Veit.

[957] —— [1919] 'Die Axiomatik der modernen Physik', *Natw.* **7**, S. 744-750.

[958] —— [1920] 'Die Physik als geometrische Notwendigkeit', *Natw.* **8**, S. 121-127.

[959] —— [1920/24] *Das Naturbild der neuen Physik*, Leipzig, Vereinigung wissenschaftl. Verleger (insb. 6. Vortrag).

[960] —— [1934] *Die kosmologischen Probleme der Physik*, Leipzig, Akad. Verlagsgesellschaft.

[961] Hadamard, Jacques [1924] 'Comment je n'ai pas trouvé la relativité', *AVCIF* S. 441-453.

[962] Haedicke, Johannes [1932] *Die physikalische Unhaltbarkeit der Relativitätstheorie Einsteins*, Leipzig, Hillmann.

[963] Hänsel, L.[1935/36] 'Das Relative und das Absolute', *Österreichische Rundschau* **2**, S. 451-460.

[964] Haering, Theodor L.[1923] *Philosophie der Naturwissenschaft. Versuch eines einheitlichen Verständnisses der Methoden und Ergebnisse der (anorganischen) Naturwissenschaft, zugleich eine Rehabilitierung des vorwissenschaftlichen Weltbildes*, Berlin, Rösl, (darin insb. S. 367ff., 465ff., 683ff.).

[965] Hahn, Hans [1930] 'Die Bedeutung der wissenschaftlichen Weltauffassung, insbesondere für Mathematik und Physik', a) *Erkenntnis* **1**, S. 96-105; b)Reprint in Hahn [1988], S. 38-47.

[966] —— [1988] *Empirismus, Logik, Mathematik*, herausgeg. v. McGuinness, Frankfurt, Suhrkamp.

[967] Haiser, Franz [1920/21] 'Das Relativitätsprinzip', *Politisch-anthropologische Revue* **19**, S. 495-502.

[968] Haldane, J.B.S.[1934] 'The attitude of the German government towards science', *Nature* **133**, S. 726 (= Replik auf Stark [1934]b).

[969] Haldane, Viscount Richard Burdon [1920] 'Philosophy of Relativity' (= Rez. v. Carr [1920]), *Nature* **106**, S.431-432.

[970] —— [1921] *The Reign of Relativity*, London, Murray & New Haven, Yale Univ. Press; a)1. Aufl. 1921; b)3. Aufl. 1923).

[971] —— [1927] 'Die geistige Bedeutung der Relativitätstheorie', *NFP*, Nr. 22,454, So. 20. März, S. 2-3.

[972] Hallgren, E.[1932] 'Bemerkungen zur speziellen Relativitätstheorie', *Handlingar Göteborgs Kungl. Vetenskaps och Vitterhets Samhälle Foljden* **5**, Ser. B., No 6, S. 1-35 (auch als Separatum).

[973] Hamel, Georg [1909]a 'Über Raum, Zeit und Kraft als apriorische Formen der Mechanik', *JDMV* **18**, S. 357-385.

[974] —— [1909]b 'Über die Grundlagen der Mechanik', *Math. Ann.* **66**, S. 350-397.

[975] —— [1920] 'Zur Einsteinschen Gravitationstheorie', *SB.BMG* **19**, S. 65-73.

[976] —— [1921] *Mechanik I: Grundbegriffe der Mechanik*, Leipzig u. Berlin, Teubner (= Aus Natur und Geisteswelt, Bd. 684)

[977] Handmann, Rudolf (S.J.) [1920/21] 'Zur Ätherfrage: Sind wir noch zur Annahme eines Äthers berechtigt?', *Natur und Kultur* **18**, S. 388-393.

[978] —— [1922] 'Einsteins Relativitätstheorie', *Theologisch-praktische Quartalschrift* [Linz], S.431-450, 558-576.

[979] McHardy, John G.[1922] 'New concepts for old', in: Bird(Hrsg.) [1922], S.252-264.

[980] Harnack, A.[1917] 'Die logischen Grundlagen der Relativitätstheorie', *ANKP* **13**, S. 46-51.

[981] Harrow, Benjamin [1920] *From Newton to Einstein: changing conceptions of the universe*, London, Constable.

[982] Hartberger, J.[1921]a 'Aus der preisgekrönten Arbeit von Bolton', *Kosmos* **18**, S. 302-304 (vgl. Bolton [1921/22]).

[983] —— [1921]b 'Was die Franzosen zur Relativitätstheorie sagen', ibid., S. 305-306 (= Komm. zu Nordmann [1921]a).

[984] Hartmann, Eduard v.[1877] *Neukantianismus, Schopenhauerianismus und Hegelianismus in ihrer Stellung zu den philosophischen Aufgaben der Gegenwart*, Berlin, Duncker.

[985] Hartmann, Eduard [1913] 'Das Relativitätsprinzip', *Abhandlungen aus dem Gebiete der Philosophie und ihrer Geschichte. Eine Festgabe zum 70. Geburtstag Georg Freiherr v. Hertlings*, Freiburg, Herder, S. 153-172.

[986] —— [1917]a 'Raum und Zeit im Lichte der neuesten physikalischen Theorien', *PJG* **30**, S. 1-24.

[987] —— [1917]b 'Einsteins allgemeine Relativitätstheorie', ibid., S. 363-387.

[988] —— [1924]: Rez. v. A.Müller [1922], *PJG* **37**, S. 196-198.

[989] —— [1924/25] 'Die Relativitätsliteratur der Jahre 1921-1923', ibid. **37**, S. 273-282, 368-379, **38**, S. 49-63 (= Rez. v. Müller [1922], Isenkrahe [1921], Geissler [1921], Kremer [1921], Stark [1922], Wien [1921]; Pauli [1921/63]a, Graetz [1923], Thirring [1921], Born [1920/22], Eddington [1920/23]; Bollert [1921], Cassirer [1921], Schneider [1921], Winternitz [1923], Reichenbach [1920], Petzoldt [1921], Geiger [1921]).

[990] —— [1925] 'Vom Relativen zum Absoluten', ibid., **38**, S. 192-195 (= Komm. zu Planck [1925]).

[991] —— [1926]a 'Die relativistische Rotverschiebung', ibid. **39**, S. 102-104.

[992] —— [1926]b Rez. v. Russell [1914/26]c, ibid., S. 438-442.

[993] Hartmann, Hans [1955] '50 Jahre Relativitätstheorie. Was ist das Neue an der Gedankenwelt Albert Einsteins?', *Berliner Lehrerzeitung* **9**, S. 178-179.

[994] Hartmann, L.[1925] 'Vom Relativen zum Absoluten nach Max Planck', *Natur und Kultur* **22**, S. 193ff (= Komm. zu Planck [1925]).

[995] de Hartog, A.H.[1931] 'Philosophische Grundgesichtspunkte', in: Israel et al.[1931], S. 13-14.

[996] Hasse, Max [1920] *Albert Einsteins Relativitätslehre. Versuch einer volkstümlichen Darstellung*, Magdeburg, Selbstverlag (vgl. dazu Riem [1920] S. 583).

[997] Heckmann, Otto [1931] 'Über die Metrik des sich ausdehnenden Universums', *GN* (auch als Separatum, Göttingen, Vandenhoek u. Ruprecht.

[998] —— [1932] 'Die Ausdehnung der Welt in ihrer Abhängigkeit von der Zeit', ibid., 1932

[999] —— [1942] *Theorien der Kosmologie*, Berlin, Springer (= Fortschritte der Astronomie, 2).

[1000] Heffter, Lothar [1912]a 'Zur Einführung der vierdimensionalen Welt Minkowskis', *JDMV* **21**, 1-8.

[1001] —— [1912]b *Über eine vierdimensionale Welt*, Freiburg u. Leipzig, Speyer u. Kaerner (u. öfter)

[1002] —— [1921] 'Über Scharen gleichberechtigter Bezugssysteme', a)in *SB.Heidelberg*, S.1-14; b)als Sep.: Heidelberg, Winter.

[1003] Hegedušič, M.[1928] *Charakteristik der Gravitationsfelder*, Berlin, Friedländer.

[1004] Heidegger, Martin [1925/27] *Sein und Zeit*, a)in *JPPF* **8** [1925] S. 1-438 (insb. S. 418 Anm. zur RT); b)als Separatum Halle, Niemeyer, 1. Aufl. 1927 (und öfter), c)7. Aufl Tübingen, Niemeyer, 1953.

[1005] Heim, K.[1922] 'Ein Theologe zu Einsteins Relativitätslehre', *Zeitschrift für Theologie und Kirche*, N.F. **2**, S. 330-347.

[1006] Heinsohn, Johannes [1933] *Einstein-Dämmerung. Kritische Betrachtungen zur Relativitätstheorie*, Leipzig, Hillmann (mit einer Einführung von P. Lenard).

[1007] Heisenberg, Werner [1933] 'Probleme der modernen Physik', a)*Deutsche Optische Wochenschrift* **18**, S. 27-28; b)in: *BT* **62**, Nr. 530, 10. Nov. (A), 1. Beiblatt.

[1008] —— [1936] 'Zum Artikel 'Deutsche und jüdische Physik' ', *Völkischer Beobachter*, Nordd. Ausg. (Ausg. A), **49**, Nr. 59, 28. Febr., S. 6, Sp. 1-4 (= Replik auf Menzel [1936]; s.a. Stark [1936]).

[1009] —— [1943] 'Die Bewertung der 'modernen theoretischen Physik' ', *ZgN* **9**, S. 201-212 (s.a. Replik v. Dingler [1943]).

[1010] Helm, Georg [1912] 'Das Relativitätsprinzip in der Ätherhypothese', *Phys.Z.* **13**, S. 157-158.

[1011] —— [1917] 'Die Ätherhypothese', *Phys.Z.* **18**, S. 456-461.

[1012] Helmholtz, Hermann v.[1921] *Schriften zur Erkenntnistheorie*, herausgeg. v. P. Hertz u. M. Schlick, Berlin, Springer.

[1013] Hemens, George Frederick [1922] 'The new world', in: Bird (Hrsg.) [1922], S. 265-275.

[1014] Hempel, Carl Gustav [1954] 'A logical appraisal of operationalism', *SM* **79**, S. 215-220.

[1015] Henderson, Archibald [1924] 'The triumphs of relativity', *The Forum* **72**, S. 13-18 (s.a. Poor[1922]a, b).

[1016] —— [1936] 'New aspects of relativity', *JEMSS* **52**, S. 1-19.

[1017] Henkin, L. u. Suppes, P. u. Tarski, A. (Hrsg.) [1959] *The axiomatic method with special reference to geometry and physics*, Amsterdam, North Holland Publ. Co.

[1018] Henning, Hans [1922] *Einsteins Relativitätslehre im Lichte der experimentellen Psychologie und der philosophische Realismus*, Leipzig, Barth.

[1019] Henry, Victor [1927]: Rez. v. Thirring [1921]c, *KS* **32**, S. 416-417.

[1020] Hentschel, Willibald [1921] *Das Relativitätsprinzip im Rahmen einer Gesamtansicht von Welt und Mensch*, Leipzig, Matthes.

[1021] Herbertz, R.[1923] 'Erkenntnistheoretische Bemerkungen zu Einsteins Relativitätstheorie', *Die Schweiz* [Zürich] **27**, S. 594ff. [war mir nicht zugänglich].

[1022] Hering, E.A.[1920] 'Mach als Vorläufer des physikalischen Relativitätsprinzips', *Kölner Universitätszeitung*, 17. Jan., S. 3-4.

[1023] Hermann, Grete et al.[1937] Die Bedeutung der modernen Physik für die Theorie der Erkenntnis, Leipzig, Hirzel (darin G. Hermann: S. 1-46).

[1024] Hermann, H.[1927] 'Materialien zur Gravitationslehre', *Unterrichtsblätter für Mathematik u. Naturwissenschaft* **33** S. 204-215 u. Berichtigungen S. 331.

[1025] Hermes, Hans [1938] 'Eine Axiomatisierung der allgemeinen Mechanik', *Forschungen zur Logik und Grundlegung der exakten Wissenschaften*, N.F. **3** [Leipzig], S. 43-46 (s.a. Rosser [1938]).

[1026] —— [1959] 'Zur Axiomatisierung der Mechanik', in: Henkin et al.(Hrsg.) [1959], S. 282-290.

[1027] Herrmann, Ch.[1922] 'Die Relativitätstheorie', *Soz.Mon.* (28) **58** II, S. 880.

[1028] Hess, O.[1923] 'Schule und Relativität', *UMN* **29**, S. 19.

[1029] Hesse, Paul [1922] *Licht und Weltäther als Ursachen der Planetenumläufe und Rotationen. Die astrologische Forschung und die Einsteinsche Theorie im Lichte einer neuen Himmelsmechanik und Naturphilosophie*, Berlin, Bücher.

[1030] Hessenberg, Gerhard [1908]a 'Willkürliche Schöpfungen des Verstandes?', *JDMV* **17**, S. 145-162 (= Replik auf Frank [1907]; s.a. Erwiderung v. Frank [1908]a).

[1031] —— [1908]b 'Erwiderung auf die Bemerkung von Ph. Frank', ibid., S. 230-231.

[1032] Heymans, G.A.[1921] 'Leckenvragen ten opzichte van de relativieitstheorie', *De Gids* **85**, Teil 2, S. 85-108 (s.a. Replik v. Fokker [1922]).

[1033] Hiecke, Richard [1914] 'Über das Relativitätsprinzip', *VDPG* **16**, S.569-576 bzw. 'Zur Relativitätstheorie', ibid., S. 636-639.

[1034] Hilbert, David [1899] *Die Grundlagen der Geometrie*, Leipzig u. Berlin, Teubner; a)1. Aufl. 1899 (s.a. Poincaré [1902], Frege [1903]), b)13. Aufl. (zus. mit Paul Bernays), 1987.

[1035] —— [1915/17] 'Die Grundlagen der Physik', *GN*, I.: 20.Nov.1915, S.395-407; II: 1917, S. 53-76.

[1036] —— und Born, M. [1921] 'Soldner und Einstein', *FZ* **66**, Nr. 857, 18. Nov. 1. Morgenblatt, S. 1 (= Replik auf Baumgardt [1921]; s.a. v.Laue [1921]d).

[1037] Hilbert, David [1930] 'Naturerkennen und Logik', *Natw.* **18**, S. 959-963.

[1038] Hilckmann, Anton [1926] 'Oswald Külpes kritischer Realismus', *PJG* **39**, S. 232-252.

[1039] Hildesheimer, Arnold [1955] *Die Welt der ungewohnten Dimensionen. Versuch einer gemeinverständlichen Darstellung der modernen Physik und ihrer philosophischen Folgerungen*, Leiden, Sijthoff (m. Vorwort v. Heisenberg).

[1040] Hill, A.V.[1933] 'International status and obligations of science', *Nature* **132**, S. 952-954.

[1041] —— [1934]: Replik auf Stark [1934]a, ibid. **133**, S. 290 (s.a. Stark [1934]b u. Haldane [1934]).

[1042] Hille, Einar [1924]: Beitrag zum Symposium 'Is Einstein wrong?', *The Forum* **72**, S. 280.

[1043] Hintze [1921] 'Das Relativitätsprinzip', *Blätter für Fortbildung des Lehrers und der Lehrerin*, **14**, S. 151-160, 191-198.

[1044] Hirsch, K.[1921] 'Zur Relativitätstheorie', *Neue Weltanschauung* [Berlin] **10**, S. 213.

[1045] Hirzel, I.E.G.[1922] 'Ostwald, Relativitätstheorie und Farbenlehre an der Leipziger Zentenarfeier. Ein Vergleich mit Zieglers Urlichtlehre', *Neues Winterthurer Tageblatt*, Nr. 285-290 (Okt.).

[1046] Hlavatý, Vaclav [1952]a 'The elementary basic principles of the unified theory of relativity', *PNAS* **38**, S. 243-247.

[1047] —— [1952]b 'The Einstein connection of the unified theory of relativity', ibid., S. 415-419.

[1048] —— [1952-55] 'The elementary basic principles of the unified theory of relativity', *Journal of rational mechanics and analysis* **1** S. 539-562, **2** S. 1-52, **3** S. 103-146, 645-689 **4**, S. 247-277.

[1049] Høffding, Harald [1925] 'Émile Meyerson's[!] erkenntnistheoretische Arbeiten', *KS* **30**, S. 484-494.

[1050] Höfler, Alois [1900] *Studien zur gegenwärtigen Philosophie der Mechanik*, Leipzig, Pfeffer (= Veröffentlichungen der Philosophischen Gesellschaft der Uni. Wien, Bd. 3).

[1051] —— [1913] *Didaktik der Himmelskunde und der astronomischen Geographie*, Leipzig u. Berlin, Teubner, (= Didaktische Handbücher für den realistischen Unterricht an höheren Schulen, Bd. 2), insb. S. 191-204 u. 290-292.

[1052] —— [1922] 'Relativitätstheorie und Erkenntnistheorie', *ZPCU* **35**, S. 88-90.

[1053] Hoelling, J.H.[1925] 'Licht vom Sirius. Eine neue Bestätigung der Relativitätstheorie', *Deutsche Allgemeine Zeitung* **64**, 30. Aug., Nr. 406/407, Sonntagsbeilage, S. 1 (s.a. Replik v. Kirchberger [1925]).

[1054] Hönigswald, Richard [1909] 'Über den Unterschied und die Beziehungen der logischen und erkenntnistheoretischen Elemente in dem kritischen Problem der Geometrie', in: *3. Intern. Kongreß für Philosophie zu Heidelberg, 1908*, Heidelberg, S. 887-893.

[1055] —— [1912] *Zum Streit über die Grundlagen der Mathematik*, Heidelberg, Winter (darin insb. S. 84ff.).

[1056] —— [1915] 'Zur Frage: nichteuklidische Geometrien und Raumbestimmung durch Messung', *Natw.* **3**, S. 307-311.

[1057] —— [1948] 'Gleichzeitigkeit und Raum', *Arch.Phil.* **2**, S. 67-95 (insb. S. 72-77).

[1058] Höpfner, Ludwig [1921]a 'Versuch einer Analyse der mathematischen und physikalischen Fiktionen in der Einsteinschen Relativitätslehre', *Ann.Phil.* **2**, S. 466-474.

[1059] —— [1921]b 'Zur Analyse der philosophischen Ausdrucksformen der Einsteinschen Relativitätslehre', ibid., S. 481-484.

[1060] Hofmann, J.-E.[1934] 'Der Kampf um die Relativitätstheorie', *Natur und Kultur* [Garmisch-Partenkirchen] **31**, S. 315.

[1061] Holst, Helge [1919] 'Die kausale Relativitätsforderung und Einsteins Relativitätstheorie', *KDVSM* **2**, S. 3-64.

[1062] —— [1920]a 'Wirft die Relativitätstheorie den Ursachenbegriff über Bord?', *Z.Phys.* **1**, S. 32-39 s.a. Petzoldt [1920] u. Holst [1920]b).

[1063] —— [1920]b 'Einige Bemerkungen über die Grundprinzipien der physikalischen Forschung', ibid. **3**, S. 108-110 (= Replik auf Petzoldt [1920]).

[1064] —— [1920]c 'Nutidens berømteste Fysiker Albert Einstein', *Berlingske Tidende*, 24. Juni, S. 3.

[1065] Holzhausen, K.[1931] 'Einiges über die Relativitätstheorie', *Maschinen-Konstrukteur* **64**, S. 214.

[1066] Hopf, Eberhard [1921] *Einsteins Relativitätstheorie*, Leipzig, Paul.

[1067] Hopf, Ludwig [1913] 'Die Relativitätstheorie', *Aus der Natur. Zeitschrift für den naturwissenschaftlichen Unterricht* **9**, S. 718-729.

[1068] —— [1931] *Die Relativitätstheorie*, Berlin, Springer (= Verständliche Wissenschaft, 14).

[1069] Hopmann, Josef [1923] 'Die Deutung der Ergebnisse der amerikanischen Einsteinexpedition', *Phys.Z.* **24** S. 476-485.

[1070] —— [1929] 'Experimentelle Prüfung der allgemeinen Relativitätstheorie', *HdP* **21**, S. 683-709.

[1071] Horowitz, K. [1913] 'Die geschichtliche Entwicklung des physikalischen Relativitätsgedankens', *VGDNÄ* **85** II, S. 349-350.

[1072] Horvath, Clemens v.[1921] *Raum und Zeit im Lichte der speziellen Relativitätstheorie. Versuch eines synthetischen Aufbaues der speziellen Relativitätstheorie*, Berlin, Springer (s.a. Stammler [1925]).

[1073] Hoskyn, F.P.[1930] 'The relativity of internal mass', *J.Phil.* **27**, S. 572-575.

[1074] Hoßmann, J.[1930/31] 'Relativitätstheorie und Astronomie', *Südwestdeutsche Monatshefte* **28**, Nov., S. 128-133.

[1075] Houghton, Harris A.[1923] 'A Newtonian duplication', *NYT* **72**, Sa. 21. April, S. 10, Sp. 6.

[1076] Houstoun, R.A.[1942] 'A relativity query', *Nature* **150**, S. 25.

[1077] Hubble, Edwin [1915] 'A relation between distance and radial velocity among extra-galactic nebulae', *PNAS* **15**, S. 168-173.

[1078] Huber, Franz [1924] *Newton oder Einstein? Die Grundprobleme der Relativitätstheorie in historisch-genetischer Entwicklung, klärender Beleuchtung und neuer Lösung nach Newtonschen Prinzipien*, Leitmeritz, Selbstverlag.

[1079] —— [1933] 'Neue Wege zur Lösung und zum Verständnis der Einsteinschen Relativitätstheorie nach Newtonschen Prinzipien', *Ingenieur-Zeitschrift* 13, S. 27-28, 39-40, 52-53 (sowie Replik v. ggrr. ibid., S. 74 und Erwiderung v. Huber, ibid. S. 75).

[1080] Hueber, G.[1929] 'Bemerkungen zur Arbeit des Herrn M. Broszko [...]' *Z.Phys.* 54, S. 880 (= Replik zu Broszko [1929]).

[1081] Hügeler, P.[1917] 'Das Relativitätsprinzip der Bewegung und die Gravitation', *Sirius* 50, S. 39.

[1082] Humphreys, W.J. [1912] 'What is the principle of relativity', *SA* 106, S. 525-526.

[1083] Hund, Friedrich [1948] 'Zugänge zum Verständnis der allgemeinen Relativitätstheorie', *Z.Phys.* 124, S. 742-756.

[1084] Huntington, Edward V.[1912] 'A new approach to the theory of relativity', *Festschrift Heinrich Weber*, Leipzig, S. 147-169 (auch in *Phil.Mag.* (6) 23, S. 494-513; s.a. Carus [1913]a).

[1085] Husserl, Edmund [1900/01] *Logische Untersuchungen*, a)Halle, Niemeyer, 2 Bde., 1. Aufl. 1900/01; b)Bd. 1 als *Husserliana* 18 [1975], Den Haag, Nijhoff.

[1086] —— [1910/11] 'Philosophie als strenge Wissenschaft', *Logos* 1, S. 289-341.

[1087] —— [1925/62] *Phänomenologische Psychologie (Vorlesungen SS 1925)*, herausg. v. W. Biemel, *Husserliana* 9 [1962] (darin insb. die dt. Originale v. Husserl [1929] S. 237-301).

[1088] —— [1929] 'Phenomenology', *Enc.Brit.* (14) 17, S. 699-702.

[1089] —— [1949/50]: Selbstbiographie, in: Ziegenfuß/Jung (Hrsg.) [1949/50] Bd. 1, S. 569-575.

[1090] Ignatowsky, W.v.[1911] 'Über Überlichtgeschwindigkeiten in der Relativtheorie', *Phys.Z.* 12, S. 776-778.

[1091] Infeld, Leopold [1928] 'Mésure du temps et mésure de l'espace dans la physique classique et dans la théorie de la relativité', *Comptes-Rendus des séances de la société polonaise de physique* 3, S. 5-16 [war mir nicht zugänglich].

[1092] —— [1943] 'Clocks, rigid bodies and relativity theory', *AJP* 11, S. 219-222 (= Replik auf Dingle [1943]).

[1093] —— [1949/79] 'Über die Struktur des Weltalls', in: Schilpp (Hrsg.) [1949/79]b, S. 343-363.

[1094] —— [1950/57] a)*Albert Einstein: his work and influence on our world*, New York, Scribner's, 1950; b)in dt. Übers. v. E. Broda: *Albert Einstein. Sein Werk und sein Einfluß auf unsere Welt*, Wien, 1953; c)Ost-Berlin, Akademie-Verlag, 1957.

[1095] —— [1955]a) 'The history of relativity theory', *Rendiconti di matematicae* 13 S. 270-281; b)in dt. Übers. 'Die Geschichte der Relativitätstheorie', *Natw.* 42, S. 431-436.

[1096] —— [1955]c 'Einige Bemerkungen über die Relativitätstheorie', *Ann.Phys.* (6) 16, S. 229-240.

[1097] Isenkrahe, Caspar [1921] *Zur Elementaranalyse der Relativitätstheorie. Einleitung und Vorstufen*, Braunschweig, Vieweg (= Sammlung Vieweg, Bd. 51; s.a. Rez. v. Thirring [1921]b, E. Hartmann [1924/25]a).

[1098] Israel, Hans [1929] *Beweis, weshalb die Einsteinsche Relativitätstheorie ad acta zu legen ist*, Leipzig, Voigtländer.

[1099] —— [1931] 'Mathematische Widerlegung der Relativitätstheorie', in: Israel et al. (Hrsg.) [1931], S. 14-15.

[1100] Israel, Hans u. Ruckhaber, Erich u. Weinmann, Rudolf (Hrsg.) [1931] *Hundert Autoren gegen Einstein*, Leipzig, Voigtländer (s.a. Rez. v. Brunn [1931], Reichenbach [1931]c).

[1101] Ives, H.E.[1945] 'Derivation of the Lorentz transformations', *Phil.Mag.* (7) 36, S. 392-403.

[1102] —— [1951] 'Revisions of the Lorentz transformations', *PAPS* 95, S. 125-131.

[1103] Jacoby, G.[1952/53] 'Die ontologischen Hintergründe der speziellen Relativitätstheorie', *WZUG* 2, S. 237-250.

[1104] Jaeger, Wilhelm [1925] *Zeit, Raum, Stoff, Äther, Kraft, Masse, Relativitätstheorie; eine kritische Betrachtung zu diesen Fragen der Physik als wichtigen Grundfragen des modernen Weltbildes überhaupt*, Adorf, Selbstverlag. [war mir nicht zugänglich].

[1105] Jaensch, Erich Rudolf [1931] 'Über die Grundlagen der menschlichen Erkenntnis', *Zeitschrift für Psychologie* 119, S. 1-108, 120, S. 46-125 (auch als Separatum).

[1106] Jaffé, George [1923] 'Die Relativitätstheorie', *Zeitschrift für angewandte Chemie* 34, S. 111-112.

[1107] —— [1931] *Zwei Dialoge über Raum und Zeit*, Leipzig, Akad. Verlagsanstalt.

[1108] —— [1954] *Drei Dialoge über Raum, Zeit und Kausalität*, Leipzig, Akad. Verlagsanstalt.

[1109] Jakob, Max [1918]a: Rez. v. Witte[1918], *Natw.* 6, S. 708.

[1110] —— [1918]b: Rez.v. Cohn[1900], ibid., S. 709.

[1111] —— [1919]a 'Bemerkung zu dem Aufsatz von J. Petzoldt "Verbietet die Relativitätstheorie, Raum und Zeit als etwas wirkliches zu denken?", VDPG **21**, S. 159-151 (= Replik auf Petzoldt [1918]).

[1112] —— [1919]b 'Bemerkungen zu J. Petzoldts Aufsatz über "Die Unmöglichkeit mechanischer Modelle zur Veranschaulichung der Relativitätstheorie" ', VDPG **21**, S. 501-503.

[1113] —— [1921] Rez. v. Born [1920/22], Natw. **9**, S. 371-373.

[1114] Janney, Reynold [1924]; Beitrag zum Symposium 'Is Einstein wrong?', The Forum **72**, S. 278.

[1115] Janossy, L.[1955] 'Remark on the three observed effects of general relativity', Acta physica Academiae Scientiarum Hungaricae **5**, S. 215-228.

[1116] Jeans, James Hopwood [1917] 'Einstein's theory of gravitation', Observatory **40**, S. 57-58 (= Replik auf See [1916]).

[1117] —— [1919]a: Beitrag zur 'Discussion on the theory of relativity', MNRAS **80**, S. 103-106.

[1118] —— [1921] 'The general physical theory of relativity', Nature **106**, S. 791-792.

[1119] —— [1926] 'Space, time and universe', Nature **117**, S. 308-311.

[1120] —— [1929] The universe around us, Cambridge, Cambridge Univ. Press, a)1. Aufl. 1929; b)2. Aufl. 1930; c)3. Aufl. 1933; d)4. Aufl. 1944 (insb. S. 77-95).

[1121] —— [1930] The mysterious universe, ibid.; s.a. Lodge [1930].

[1122] —— [1931] 'Contributions to a British Association Discussion on the evolution of the universe', Nature **128**, S. 701-704 (s.a. Eddington et al. [1931] S. 704ff.).

[1123] —— [1933] The new background of science, New York, MacMillan u. Cambridge, Cambridge Univ. Press.

[1124] Jedlitzka, Wilhelm [1930] Relativitätstheorie und elementare Erfahrung, Breslau, (= Phil. Diss. bei Hönigswald).

[1125] Jeffreys, Harold [1919]a: Beitrag zur 'Discussion on the theory of relativity', MNRAS **80**, S. 116-117.

[1126] —— [1919]b 'On the crucial tests of Einstein's theory of gravitation', MNRAS **80**, S. 138-154.

[1127] —— [1923] Rez. v. Weyl [1918/23]d, Mind N.S. **32**, S. 103-105 (s.a. Wrinch u. Jeffreys [1921]).

[1128] Jellinek, Karl [1949] Weltsystem, Weltäther und die Relativitätstheorie. Eine Einführung für experimentelle Naturwissenschaftler, Basel.

[1129] Joad, Cyril Eilwin Mitchinson [1932] Philosophical aspects of modern science, London, Allen u. Unwin, 1. Aufl. 1932 (u. öfter; war mir nicht zugänglich).

[1130] Joël, Kurt [1919]a 'Die Sonne bringt es an den Tag? Eine Himmelsentscheidung in der Relativitätstheorie', VZ, M., 29. Mai, Beilage (s.a. unter 'K.J.[1919] u. [1920]').

[1131] —— [1919]b 'Der Sieg der Einsteinschen Relativitätstheorie', Das Wissen [Berlin] **13**, S. 270-272.

[1132] Jörgensen, Jörgen [1951] 'The development of logical empiricism', International Encyclopedia of unified science, [Chicago].

[1133] Johnson, Roger A.[1924]: Beitrag zum Symposium 'Is Einstein wrong?', The Forum **72**, S. 280.

[1134] Joly, Gabriel [1925] Les erreurs philosophiques de M. Einstein, Paris, Spes.

[1135] Jonas, Lucien [1922] 'Einstein au collège de France. La controverse avec M. Painlevé à la séance du 3. avril', L'Illustration **159**, S. 304 (8. April, Nr. 4127; Photos und Skizzen der Sitzung)

[1136] Jonas, W.[1930] 'Relativitätstheorie und Weltanschauung', Neue Jahrbücher für Wissenschaft und Jugendbildung **6**, S. 205-216.

[1137] Jontschow, Th.[1928] Die Offenbarung. Theorie und Wirklichkeit. Bd. 3 Widerlegung der von A. Einstein verfälschten Relativitätstheorie, Sofia, Pohle.

[1138] Joos, Georg [1926] 'Neues Material für und wider die Relativitätstheorie', Phys.Z. **27**, S. 1-5.

[1139] Jordan, Pascual [1936/49] Die Physik des 20. Jahrhunderts, Braunschweig, Vieweg, (= Die Wissenschaft, Bd. 88); 1. Aufl. 1936 - s.a. Dingler [1937/38]; 7. Aufl. 1949.

[1140] —— [1938] 'Zur empirischen Kosmologie', Natw. **26**, S. 417-421.

[1141] —— [1947] Das Bild der modernen Physik, Hamburg-Bergedorf, Stromverlag.

[1142] —— [1951] 'Neuere Gesichtspunkte der kosmologischen Theoriebildung', PJG **61**, S. 8-12.

[1143] —— [1952] Schwerkraft und Weltall. Grundlagen der theoretischen Kosmologie, Vieweg, Braunschweig, a)1. Aufl. 1952; b)2. Aufl. 1955 (= Die Wissenschaft, Bd. 107).

[1144] —— [1966] Die Expansion der Erde. Folgerungen aus der Diracschen Gravitationshypothese, Braunschweig, Vieweg (= Die Wissenschaft, Bd. 124).

[1145] Jovičiç, Milorad Z.[1924] Über den Wert der Relativitätstheorie, Wien, Hölder-Pichler-Tempsky sowie Leipzig, Freytag.

[1146] Jüttner, F.[1917] 'Neuere Schriften über die Relativitätstheorie', *Zeitschrift für Elektrochemie und angewandte physikalische Chemie* **23**, S. 272-282 (= Sammelrez. v. Blumenthal (Hrsg.) [1913], AE [1916]b, Freundlich [1916]a, Weinstein [1914], Witte [1914]).

[1147] Juhos, Bela [1934] 'Kritische Bemerkungen zur Wissenschaftstheorie des Physikalismus', *Erkenntnis* **4**, S. 397-418.

[1148] —— [1935] 'Empiricism and physicalism', *Analysis* **2**, S. 81-92.

[1149] Jurinetz, W.[1925/26] 'Die Relativitätstheorie und die russische marxistische Literatur', *Unter dem Banner des Marxismus* [Moskau] **1**, S. 166-175.

[1150] Juvet, Gustave [1929] *Considérations sur la relativité et sur les théories physiques*, Lausanne, Rouge.

[1151] —— [1933] *La structure des nouvelles théories physiques*, Paris, Alcan.

[1152] K.J.(= Kurt Joël?)[1919] 'Grundgedanken der Relativitätstheorie. Professor Einstein am Vortragstisch', *VZ*, A., 15. April.

[1153] —— [1920] 'Der Kampf um Einstein' *VZ*, ca. 25. Aug. 1920, Reprint in Weyland[1920], S. 6-7.

[1154] K.M.[1920] 'Ein Einstein- 'Kenner'. Der Kampf gegen die Relativitätstheorie', *8-Uhr-Abendblatt*, ca. 25. Aug. 1920, Reprint in Weyland [1920] S. 8-9.

[1155] Kaluza, Th.[1910] 'Zur Relativitätstheorie', *Phys.Z.* **11**, S. 977-978.

[1156] —— [1921] 'Zum Unitätsproblem der Physik', *SB.Berlin*, S. 966-972 (s.a. AE [1927]e).

[1157] Karollus, Franz [1921] *Wo irrt und was übersieht Einstein? Ein neuer Versuch zur Lösung einer strittigen physikalischen Frage*, Brünn, Winiker.

[1158] Kastil, Alfred [1938] 'Zeitanschauung und Zeitbegriffe', in *Naturwissenschaft und Metaphysik*, Brünn u. Leipzig, S. 81-110.

[1159] MacKaye, James [1930] 'The theory of relativity: for what is it a disguise?', *J.Phil.* **27**, S. 126-134.

[1160] Kayser, Rudolf [1919] 'Der jüdische Revolutionär', *Neue jüdische Monatshefte* **4**, S. 96-98.

[1161] Kbr.[1921] 'Eine gewichtige Stimme gegen die Relativitätstheorie', *NW* **36** (= N.F.20), S. 551 (= Kommentar zu Lenard [1918/21]).

[1162] Kearney, R.A.M.[1934] 'Results of relativity without the theory of tensors', *The Mathematical Gazette* **18**, S. 145-164.

[1163] Keller, Hugo [1924] *Die Haltlosigkeit der Relativitätstheorie*, Leipzig, Hillmann.

[1164] —— [1925] *Gegenbeweise gegen die Relativitätstheorie*, ibid.

[1165] —— [1931] 'Die Relativitätstheorie', in: Israel et al.(Hrsg.) [1931], S. 16-17.

[1166] Kern, Berthold v.[1920] 'Die Relativitätstheorie der heutigen Physik', *DMW* **29**, S. 807-809.

[1167] Kienle, Hans [1924] 'Die astronomischen Prüfungen der allgemeinen Relativitätstheorie', *EEN* **3**, S. 55-66.

[1168] —— [1941]: Rez. v. Bavink [1913/40]b, *Natw.* **29**, S. 405-406.

[1169] McKinney, Thomas E.[1924]: Zum Symposium 'Is Einstein wrong?', *The Forum* **72**, S. 278.

[1170] McKinsey, J.C.C. u. Suppes, Patrick [1953] 'Philosophy and the axiomatic foundations of physics', *Proc. XI. Intern. Congress of Philosophy, Harvard*, **6**, S. 49-54.

[1171] Kirchberger, Paul [1920/22] *Was kann man ohne Mathematik von der Relativitätstheorie verstehen?*, Karlsruhe, Müllersche Hofbuchhandlung, a)1. Aufl. 1920, b)2. Aufl. 1921, c)3. Aufl. 1922.

[1172] —— [1924] 'Die Relativitätstheorie', *Dinglers Polytechnisches Journal* **105**. Jg., Bd. 339, S. 154ff.

[1173] —— [1925] 'Nochmals das Licht vom Sirius', *Deutsche Allgemeine Zeitung* **64**, 13. Sept., Nr. 430/431, Sonntagsbeilage, S. 2 (= Replik auf Hoelling [1925]).

[1174] —— [1926] 'Die Grundlagen der Relativitätstheorie erschüttert? Aufsehenerregende Versuche eines amerikanischen Physikers. Die Lichtfortpflanzung in 2000 Metern Höhe', *BT* **55**, So. 10. Jan. (M), Nr. 16, 1. Beiheft.

[1175] Kirschmann, August [1921/22] 'Wundt und die Relativität', *BPDI* **2**, S. 58-73.

[1176] Klein, Felix [1910] 'Über die geometrischen Grundlagen der Lorentzgruppe', *JDMV* **19**, S. 281-300.

[1177] —— [1918] 'Über die Integralform der Erhaltungssätze und die Theorie der räumlich geschlossenen Welt', *GN*, S. 394-423.

[1178] —— [1926/27] *Vorlesungen über die Entwicklung der Mathematik im 19. Jahrhundert*, Berlin, Springer (2 Bde. 1926/27), insb. Bd. 2: *Die Grundbegriffe der Invariantentheorie und ihr Eindringen in die mathematische Physik*.

[1179] Klein, Fritz u. Mies, Paul [1926] 'Zur Behandlung der speziellen und allgemeinen Relativitätstheorie in der Schule', *UMN* **32**, S. 166-170.

[1180] Klein, Oskar [1927] 'Zur fünfdimensionalen Darstellung der Relativitätstheorie', *Z.Phys.* **46**, S. 188-208.

[1181] Kleiner, Hermann [1942] *Kritische Betrachtung der Begriffe Gravitation, Schwere, Gewicht, Masse, Trägheit, Kraft, Energie, Äther, Zeit und Raum. Die Widerlegung der Newtonschen Gravitationstheorie*, Leipzig, Diskus (1. Aufl. 1942; 2. Aufl. 1944).

[1182] —— [1944] *Kraftwirkung im Kosmos*, ibid.

[1183] —— [1947] *Das Urprinzip der Energie-Äußerung im Kosmos*, ibid.

[1184] Kleinert, Heinrich [1923] *Die Prüfungsmöglichkeiten der Einsteinschen Theorie. Allgemeinverständliche und zusammenfassende Darstellung*, Leipzig u. Bern, Bircher.

[1185] —— [1925] 'Die astronomischen Prüfungen der Einsteinschen Relativitätstheorie', *Fortschritt. Naturwiss.- techn. Jahrbuch* [Zürich] **6**, S. 96-103.

[1186] Kleinpeter, Hans [1900] 'Zur Formulierung des Trägheitsgesetzes', *ASP* **6**, S. 461-469.

[1187] —— [1904] 'Die Relativität der Bewegung und das Trägheitsgesetz', *ANP* **3**, S. 381-388.

[1188] Kleinschrod, Franz [1920] *Das Lebensproblem und das Positivitätsprinzip in Zeit und Raum und das Einsteinsche Relativitätsprinzip in Raum und Zeit*, Hamm, Thiemann (= Frankfurter zeitgemäße Broschüren, Bd.40).

[1189] Klyce, Scudder [1924]: Beitrag zum Symposium 'Is Einstein wrong?', *The Forum* **72**, S. 278.

[1190] Kneser, Adolf [1911/13] *Mathematik und Natur*, Breslau, Trewendt u. Granier, a)1. Aufl. 1911; b)2. Aufl. 1913 (insb. S. 13-17), c)3. Aufl. 1918.

[1191] Köhler, Eva [1913] *Absolute und relative Bewegung*, Diss. Univ. Göttingen.

[1192] Köhler, Fritz [1911] 'Das Relativitätsprinzip, ein fundamentaler Fortschritt der modernen Physik', *Natur* [Leipzig], **2**, S. 180-182.

[1193] König, Edmund [1907] *Kant und die Naturwissenschaft*, Braunschweig, Vieweg (= Die Wissenschaft, Bd. 22).

[1194] —— [1929] *Ist Kant durch Einstein widerlegt?*, Sondershausen, Eupel.

[1195] Kohler, Karl Maria [1921] *Das Exzentrizitätsprinzip als Korrelat zur Relativitätstheorie. Versuch zur Postulierung eines Kriteriums des absoluten Bewegung und eine Erklärung des Michelsonschen Effektausfalls*, Wien, Deutike.

[1196] Kopff, August [1920] 'Die Einsteinsche Relativitätstheorie', a)*Leipziger Lehrerzeitung* **27**, Wiss. Beilage Nr. 6, S. 41-46, b)als Sep. Leipzig, Greszner.

[1197] —— [1921] 'Das Rotationsproblem in der Relativitätstheorie', *Natw.* **9**, S. 9-15.

[1198] —— [1921/23] *Gründzüge der Einsteinschen Relativitätstheorie*, Leipzig, Hirzel, a)1. Aufl. 1921, b)2. Aufl. 1923, c)in engl. Übers. v. H. Levy *The mathematical theory of relativity*, London, Methuen, 1923.

[1199] —— [1922]: Rez. v. Sommerfeld (Hrsg.) [1923]b, *Natw.* **10**, S. 947.

[1200] —— [1924] 'Zur Weiterentwicklung der Weltgeometrie (Relativitätstheorie)', in: *Probleme der Astronomie. Festschrift für Hugo v. Seeliger*, Berlin, Springer, S. 240-246.

[1201] —— [1925] 'Relativitätstheorie in der Schule', *UMN* **31**, S. 27.

[1202] Kottler, Friedrich [1914]a 'Relativitätsprinzip und beschleunigte Bewegung', *Ann.Phys.* (4) **44**, S. 701-748 und nachfolgende Tabellen.

[1203] —— [1914]b 'Fallende Bezugssysteme vom Standpunkte des Relativitätsprinzips', ibid. **45**, S. 481-516.

[1204] —— [1916] 'Über Einsteins Äquivalenzhypothese und die Gravitation', ibid. **50**, S. 955-972 (s.a. AE [1916]d).

[1205] —— [1918] 'Über die physikalischen Grundlagen der Einsteinschen Gravitationstheorie', ibid. **56**, S. 401-462.

[1206] —— [1921] 'Rotierende Bezugssysteme in einer Minkowskischen Welt', *Phys.Z.* **22**, S. 274-280, 480-484.

[1207] —— [1922]a *Newtonsches Gesetz und Metrik*, Wien, Hölder-Pichler-Tempsky (auch in *SB.Wien*, **131**, S. 1-14.

[1208] —— [1922]b: Rez. v. Mie[1921], *Natw.* **10**, S.945-946.

[1209] —— [1922]c 'Gravitation und Relativitätstheorie', *EMWA*, **6**, 2.Teil, S. 220-230.

[1210] —— [1922]d 'Maxwellsche Gleichungen und Metrik', *SB.Wien* **131**, S. 119-146.

[1211] Kowalewski, Arnold [1921] 'Ansatz zu einer fiktionalistischen Kausalitätstheorie bei Philipp Frank', *Ann.Phil.* **2**, S. 307-308 (= Komm. zu Frank [1907]).

[1212] Kraft, Victor [1950/68] *Der Wiener Kreis. Der Ursprung des Neopositivismus. Ein Kapitel jüngster Philosophiegeschichte*, a)Wien, 1. Aufl. 1950, b)Wien und New York, Springer, 1968.

[1213] Kranichfeld, Hermann [1919] 'Ein Lehrbuch der Philosophie für Naturforscher' *NW* **35** = N.F.**19**, S. 529-537 (= Rez. v. Schlick [1917]).

[1214] —— [1921] 'Das Verhältnis der Relativitätstheorie Einsteins zur Kantschen Erkenntnistheorie', ibid.37 = N.F.21, S. 593-603 (= Rez. v. Reichenbach [1920]a u. Cassirer [1921]).

[1215] Kratzer, A.[1940]: Rez. v. Dingler [1938], *Deutsche Mathematik* 5, S. 83-84.

[1216] —— [1954/55] 'Fünfzig Jahre Relativitätstheorie', *MPS* 4, S. 171-182.

[1217] Kraus, Oskar [1919/20] 'Über die Deutung der Relativitätstheorie Einsteins', *Lotos* 67/67, S. 146-152 (s.a. Frank [1919/20] u. Kraus [1922]).

[1218] —— [1920]a 'Zur Lehre von Raum und Zeit (Nachlaß Brentano)', *KS* 25, S. 1-23.

[1219] —— [1920]b 'Einwendungen gegen Einstein. Philosophische Betrachtungen gegen die Relativitätstheorie', *NFP*, 11. Sept., Nr. 20130, S. 2f.

[1220] —— [1920]c 'Zum Kampf gegen Einstein und die Relativitätstheorie', *Deutsche Zeitung Bohemia* [Prag] 93, Fr., 3. Sept., Nr. 208, Beilage (S. 3).

[1221] —— [1921]a 'Die Verwechslung von Beschreibungsmittel und Beschreibungsobjekt in der Einsteinschen Relativitätstheorie', *KS* 26, S. 454-486.

[1222] —— [1921]b 'Die Unmöglichkeit der Einsteinschen Bewegungslehre. (Eine Erwiderung an Herrn Hans Reichenbach)', *Umschau* 25, S. 681-684 (= Replik auf Reichenbach [1921]e).

[1223] —— [1921]c 'Fiktion und Hypothese in der Einsteinschen Relativitätstheorie - erkenntnistheoretische Betrachtungen', *AP* 2, S. 334-396.

[1224] —— [1921]d 'Schlußwort', ibid. S. 463-465.

[1225] —— [1922] 'Eine neue Verteidigung der Relativitätstheorie', *Lotos* 70, S. 333-342 (= Replik auf Urbach [1922]).

[1226] —— [1923] 'Der gegenwärtige Stand der Relativitätstheorie', *Neue Freie Presse* [Wien], 25. Okt., Nr. 21238.

[1227] —— [1925] *Offene Briefe an A. Einstein u. M.v. Laue über die gedanklichen Grundlagen der speziellen und allgemeinen Relativitätstheorie*, Leipzig u. Wien, Braumüller (s.a. Stammler [1927]).

[1228] —— [1927] 'Millers Versuch und die Relativitätstheorie', *FZ* 71, 3. März, Nr. 163, 1. Morgenblatt, S. 1-2 (s.a. Replik v. Born [1927]).

[1229] —— [1929] 'Grenzen der Relativitätstheorie', *Hochschulwissen* [Warnsdorf] 6, S. 647-655, 748-752.

[1230] —— [1931] 'Zur Relativitätstheorie', in: Israel et al.(Hrsg.) [1931], S. 17-19.

[1231] —— [1938] 'Die Mißdeutungen der Relativitätstheorie', *Naturwissenschaft und Metaphysik*, Brünn u. Leipzig, S.33-80.

[1232] Krbek, v. [1951/52] 'Grundzüge der speziellen Relativitätstheorie', *WZUG* 1, S. 31-38.

[1233] Krbek, v. [1952/53] 'Anfangsgründe der allgemeinen Relativitätstheorie', *WZUG* 2, S. 23-26.

[1234] Kremer, Josef [1921] *Einstein und die Weltanschauungskrisis*, Graz u. Wien, Styria (s.a. Rez. v. Gehrcke [1923]d, E. Hartmann [1924/25]).

[1235] —— [1922] 'Die Relativität der Einsteinschen Relativitätstheorie', *Reichspost* [Wien], 10. Dez., S. 6.

[1236] —— [1923] 'Einiges über die "neue Physik" ', *Grazer Volksblatt*, 20. Juni, S. 1-2.

[1237] Kretschmann, Erich [1914] *Eine Theorie der Schwerkraft im Rahmen der ursprünglichen Einsteinschen Relativitätstheorie*, Diss. Univ. Berlin, 1914.

[1238] —— [1917] 'Über den physikalischen Sinn der Relativitätspostulate', *Ann.Phys.* (4) 53, S. 575-614 (s.a. AE [1918]d).

[1239] Krieck, Ernst [1936] 'Der Wandel der Wissenschaftsidee und des Wissenschaftssystems im Bereich der nationalsozialistischen Weltanschauung', *Volk im Werden* 4, S. 378-381.

[1240] —— [1940] 'Krisis der Physik', *Volk im Werden* 8, Heft 3, S. 55-62 (s.a. W. Müller [1940]b).

[1241] Kries, Johannes v.[1916] *Logik. Grundzüge einer kritischen und formalen Urteilslehre*, Tübingen, Mohr; darin insb. 5. Anhang 'Das Relativitätsprinzip', S. 692-707.

[1242] —— [1920] 'Über die zwingende und eindeutige Bestimmbarkeit des physikalischen Weltbildes', *Natw.* 8, S. 237-244.

[1243] —— [1924]a 'Kants Lehre von Zeit und Raum in ihrer Beziehung zur modernen Physik', ibid. 12, S. 318-331.

[1244] —— [1924]b *Immanuel Kant und seine Bedeutung für die Naturforschung der Gegenwart*, Berlin, Springer.

[1245] Kritzinger, H.H.[1927] 'Wankt die Relativitätstheorie? Prof. Courvoisiers Aetherdruck-Forschungen vielseitig gesichert', *Deutsche Tageszeitung* [Berlin] 34, Do. 8. Dez., Nr. 577 Morgenausg. (Ausg. A Nr. 289).

[1246] Kronenberg, M.[1915] 'Fiktion und Hypothese', *Natw.* 3, S. 285-288, 303-307 (= Bespr. v. Vaihinger [1911], 2. Aufl. 1913).

[1247] Kubach, Fritz [1936] Rez. v. Lenard [1936]a, *Volk im Werden* **4**, S. 414-416.

[1248] —— [1937/38]: Rez. v. Lenard [1929]c, *ZgN* **3**, S. 94-95.

[1249] —— [1942] 'Philipp Lenard - der deutsche Naturforscher', *ZgN* **8**, S. 98-100.

[1250] Kühn, Leonore [1921/22]: Rez. v. Gehrcke [1921]d), *BPDI* **2**, S. 40.

[1251] Kuenen, J.P.[1917] 'Sur le principe de relativité', *ANSEN* (3) A **4**, S. 175-190.

[1252] Külpe, Oswald [1895] *Einleitung in die Philosophie*, Leipzig, Hirzel, a)1. Aufl. 1895; b)3. Aufl. 1903; c)8. Aufl., herausgeg. v. Messer, 1918

[1253] —— [1911] *Erkenntnistheorie und Naturwissenschaft*, Leipzig, Hirzel.

[1254] —— [1912] 'Contribution to the history of the concept of reality', *Phil.Rev.* **21**, S. 1-10.

[1255] Kuhn, K.[1947] 'Neue Ergebnisse der Relativitätstheorie', *Bericht der Senckenbergischen Naturforschenden Gesellschaft* **77**, S. 86-89.

[1256] Kuntz, W.[1931] 'Einsteins Relativität hebt jede objektive Geltung auf', in: Israel et al.[1931], S. 19.

[1257] Kupfer, Karl Reinhold [1925] 'Materialismus, Vitalismus und Relativitätstheorie', *Abhandlungen des Herder-Institutes zu Riga* **1**, Nr. 1, S. 23-49.

[1258] Lämmel, Rudolf [1921]a *Wege zur Relativitätstheorie*, Stuttgart, Franck (Kosmos-Bücherei).

[1259] —— [1921]b *Die Grundlagen der Relativitätstheorie, populärwissenschaftlich dargestellt*, Berlin, Springer (s.a. Rez. v. Lippmann [1921], Sellien [1921]a).

[1260] —— [1921]c 'Zum Geleite [eines Sonderheftes zur RT]', *Kosmos* **18**, S. 281-283 (vgl. Weyl, Gehrcke, Radovanovitch, N.N., Reichenbach und Hartberger [1921]).

[1261] —— [1921]d 'Relativistisches Denken', ibid., S. 283-287.

[1262] —— [1921]e 'Vermischtes - Albert Einstein', ibid., S. 306-307.

[1263] —— [1921]f 'Das relativistische Kernproblem', ibid., S. 307-308.

[1264] —— [1921]g 'Die Eigenschaften der Welt', *Umschau* **25**, S. 119-121 (= Replik auf Rülf [1921]).

[1265] —— [1921]h 'Eine Verfilmung der Relativitätstheorie', *Umschau* **25**, S. 604-605.

[1266] —— [1926] 'Neues zur Relativitätstheorie', *Vorwärts* **43**, 13. Aug., Beilage Unterhaltung und Wissen zu Nr. 378), S. 1.

[1267] —— [1927] *Von Naturforschern und Naturgesetzen*, Leipzig, Hesse u. Becker.

[1268] —— [1929] *Die moderne Naturwissenschaft und der Kosmos*, Berlin, Volksverband der Bücherfreunde. Wegweiser-Verlag.

[1269] —— [1930]a *Relativitätstheorie*, Potsdam, Bonneß u. Hochfeld (= Technische Selbstunterrichtsbriefe; war mir nicht zugänglich).

[1270] —— [1930]b 'Ein Vierteljahrhundert Relativitätstheorie', *Umschau* **34**, S. 822-824 (auch in *Kosmos* **27**, S. 318f.).

[1271] —— [1939] 'Masse und Energie in der speziellen Relativitätstheorie', *Acta Helvetica Physica* **12**, S. 511-518.

[1272] Lafuma, Henri [1924] 'Florilège Einsteinien', *Mercure de France*, Teil I-V: S.33-59 (1. Jan.); Teil VIff.: S. 329-352 (15. Jan).

[1273] Lalande, André [1922] 'L'épistemologie de M. Meyerson et sa portée philosophique', *RPFE* **93**, S. 259-280 (= Rez. v. Meyerson [1921]).

[1274] —— [1926] 'La déduction relativiste et l'assimilation', *Revue philosophique* **100**, S. 161-189.

[1275] Lamberty, Paul [1924] *Wie der Äther Stoff und Kraft erzeugt. Neues vom Weltäther. Leichtverständliche Einführung in das Wesen des Äthers, der Elektrizität, des Magnetismus und der Schwerkraft*, Haag, Selbstverlag.

[1276] —— [1925] *Die Ursache von allem erkannt. Das Ende der Relativitätstheorie*, ibid.

[1277] Lammert, Berthold [1955] 'Der Sinn der Relativitätstheorie. Zum Tode Albert Einsteins', *Die Zeit* **10**, Nr. 17, S. 4.

[1278] Lampa, Anton [1924] 'Wie erscheint nach der Relativitätstheorie ein bewegter Stab einem ruhenden Beobachter?', *Z.Phys.* **27**, S. 138-148.

[1279] Lampariello, Giovanni [1955] 'Von Galilei zu Einstein. Der Weg der klassischen Physik zur Relativitätstheorie', *Arbeitsgemeinschaft für Forschung des Landes Nordrhein-Westphalen* [Köln] **53a**, S. 7-84.

[1280] Lanchester, Frederick William [1935] *Relativity. An elementary explanation of the space-time relation established by Minkowski, and a discussion of gravitational theory based thereon*, London, Constable.

[1281] Lanczos, Kornel (bzw. Cornelius) [1922] 'Bemerkung zur de Sitterschen Welt', *Phys.Z.* **23**, S. 539-543.

[1282] —— [1923] 'Zum Rotationsproblem der allgemeinen Relativitätstheorie', *Z.Phys.* **14**, S. 204-219 (vgl. Komm. v. Reichenbächer [1923]b).

[1283] —— [1932] 'Die Stellung der Relativitätstheorie zu anderen physikalischen Theorien', *Natw.* **20**, S. 113-116.

[1284] Lang, Victor v.[1911] 'Zur Einführung in die Relativitätstheorie', *Vierteljahresberichte des Wiener Vereins zur Förderung des physikalischen und chemischen Unterrichtes* **16**, S. 71-77.

[1285] Lange, Ludwig [1885] 'Über das Beharrungsgesetz', *SB.Leipzig*, S. 333-351.

[1286] —— [1902] 'Das Inertialsystem vor dem Forum der Naturforschung', *Philosophische Studien* **20**, Leipzig, 1902 (= Wundt-Festschrift), S. 1-71.

[1287] —— [1922/23] 'Mein Verhältnis zu Einsteins Weltbild. Nebst Grundlinien zu einem pragmatischen System der positiv-ideaotropen Kontinuitätsphilosophie', *Psychatrisch-Neurologische Wochenschrift* **24**, S. 154-156, 168-172, 179-182, 188-190, 201-207.

[1288] Lange, Luise [1927] 'The clock paradox in the theory of relativity', *American Math. Monthly* **34**, S. 22-30.

[1289] Langevin, Paul [1911]a 'L'évolution de l'espace et du temps', *Scientia* **10**, S. 31-54; b)Reprint in Langevin [1950] S. 67-82.

[1290] —— [1911]c 'Le temps, l'espace et la causalité dans la physique moderne', *BSFP* **12**, S. 1-28 u. Diskussionsbemerkungen ibid., S. 34-45.

[1291] —— [1912] 'L'inertie de l'énergie et ses conséquences', *J.Phys.* (5) **3**, S. 553-591.

[1292] —— [1920/23] 'Les aspects succesifs du principe de relativité', *Bulletin de la Société Française de Physique* **138**, S. 5-6; reprint in Langevin[1923], S. 406-423.

[1293] —— [1922] *Le principe de relativité*, a)Paris, Chiron; b)Ausschnitte in: Langevin [1950] S. 83.

[1294] —— [1922/23] 'L'aspect général de la théorie de la relativité', *Bulletin Scientifique des Étudiants de Paris*, April-Mai, S. 2-22; reprint in Langevin [1923].

[1295] —— [1923] *La physique depuis vingt ans*, Paris, Doin.

[1296] —— [1931] 'L'œuvre d'Einstein et l'astronomie', a)*L'Astronomie* [Paris] **45**, S. 277-297; b) als 'Hommage à Albert Einstein' in Langevin [1950] S. 265-270.

[1297] —— [1932] *La Relativité*, a)Paris, Hermann (= Actualités Scientifique et Industrielle, 45); b)Ausschnitte in Langevin [1950] S. 84-87.

[1298] —— [1950] *La pensée et l'action*, Paris, Éditeurs Français réunis.

[1299] Lanz, Henry [1935] 'The logic of relativity', *PR* **44**, S. 448-479.

[1300] Larmor, Joseph [1900] *Aether and matter. A development of the dynamical relations of the aether to material systems on the basis of the atomic constituion of matter including a discussion of the influence of the earth's motion on optical phenomena*, Cambridge, Cambridge Univ. Press.

[1301] —— [1910/29]a 'Aether', *Enc.Brit.* (11) **1**, S. 292-297; b)'Ether', ibid., (14) **8**, S. 751-755.

[1302] —— [1915/16] 'Relativity: a new years tale', *PAS* N.S. **16**, S. 130-132.

[1303] —— [1917] 'Radiation-pressure, astrophysical retardation and relativity', *Nature* **104**, S. 404.

[1304] —— [1919]a 'Gravitation and light', ibid. **104**, S. 412 (= Replik auf Cunningham [1919]).

[1305] —— [1919]b 'The relativity of the forces of nature', *MNRAS* **80**, S. 109-111, 118-138.

[1306] —— [1920] 'The Einstein theory. A Belgian Professor's investigations', *Times*, Nr. 42,301, 7. Jan., S. 8, Sp. 3 (Vorankündigung von de Donder [1921]).

[1307] [——] [1921] 'Questions in physical determination', *Nature* **106**, S. 196.

[1308] —— [1923] 'Einstein and gravitation', *Times*, a)17. April, Nr. 43,317, S. 15, Sp. 5; b)24. April, Nr. 43,323, S. 10, Sp. 2.

[1309] —— [1939] 'Limitations of the modern tensor scheme of relativity', *Nature* **123**, S. 241-242.

[1310] La Rosa, Michele [1912]a *Der Äther. Geschichte einer Hypothese*, Leipzig, (dt. Übers. v. Muth; Orig. italienisch).

[1311] —— [1912]b 'Über einen Versuch zum Vergleiche der Relativitätstheorie mit den mechanischen Anschauungen über die Lichtausstrahlung', *Phys.Z.* **13**, S. 1130-1131.

[1312] —— [1923] 'Le concept de temps dans la théorie d'Einstein', *Scientia* **34**, S. 225-236, 293-306.

[1313] Lartigue, Alfred [1942] *Physique et métaphysique dynamiques*, Paris, Doin [war mir nicht zugänglich].

[1314] Lasker, Emanuel [1931] 'Antionomie der Relativitätstheorie', in: Israel et al.[1931], S. 20.

[1315] Lauck, August [1931] 'Über einen Einwand Lenards gegen das Äquivalenzprinzip der allgemeinen Relativitätstheorie', *ZMNU* **62**, S. 354-357.

[1316] Laue, Max v.[1911] 'Zur Diskussion über den starren Körper in der Relativitätstheorie', *Phys.Z.* **12**, S. 85-87.

[1317] Laue, Max v.[1911] *Das Relativitätsprinzip*, Braunschweig, Vieweg (= Die Wissenschaft, Bd. 38; 2. Aufl. 1913; s.a. Dinkhauser[1912], Born[1912] u. 5. neu bearb. Aufl. als Laue [1911/52]).

[1318] —— [1911/52] *Die Relativitätstheorie*, 1. Band: *Die spezielle Relativitätstheorie*, Vieweg, Braunschweig (= 5., neu bearbeitete Aufl. von Laue [1911]), insb. S. v-vi u. 1-8.

[1319] —— [1912] 'Zwei Einwände gegen die Relativitätstheorie und ihre Widerlegung', *Phys.Z.* **13**, S. 118-120.

[1320] —— [1913] 'Das Relativitätsprinzip', *Jahrbücher der Philosophie* **1**, S. 99-128.

[1321] —— [1917] 'Die Fortpflanzungsgeschwindigkeit der Gravitation. Bemerkungen zur gleichnamigen Abhandlung von Paul Gerber', *Ann.Phys.* (4) **53**, S. 214-216 (= Replik auf Gerber [1902/17], Gehrcke [1916]).

[1322] —— [1920]a 'Zur Erörterung über die Relativitätstheorie', *TR*, A, 11. Aug., Nr. 175 (A); b)Reprint in Weyland [1920] S. 25-27, 30-31 (s.a. Glaser [1920]).

[1323] —— (zus. mit Nernst u. Rubens) [1920]: Replik auf Weyland [1920]c, in: *Kreuz-Zeitung, Tägliche Rundschau Berliner Tageblatt*, 26. Aug. und *Freiheit*, 27. Aug.

[1324] —— [1920/21] 'Theoretisches über neue optische Beobachtungen zur Relativitätstheorie', *Phys.Z.* **21**, S. 659-662, sowie 'Nachtrag', ibid., **22** S. 332.

[1325] —— [1921]a *Das physikalische Weltbild. Vortrag, gehalten auf der Kieler Herbstwoche, 1921*, Karlsruhe, Müllersche Hofbuchhandlung.

[1326] —— [1921]b 'Die Lorentz-Kontraktion', *KS* **26**, S. 91-95.

[1327] —— [1921]c: Rez. v. E. Mach [1921], *Natw.* **9**, S. 965.

[1328] —— [1921]d 'Soldner und Einstein', *FZ* **66**, Nr. 857, 18. Nov. 1921, 1. Morgenblatt, S. 1 (= Replik auf Baumgardt [1921]- vgl. Hilbert/Born [1921]).

[1329] —— [1921/23] *Die Relativitätstheorie*. Bd.2: *Die Allgemeine Relativitätstheorie und Einsteins Lehre von der Schwerkraft*, Braunschweig, Vieweg, a)1. Aufl. 1921, b)3. Aufl. 1923.

[1330] —— [1922]a 'Zum "Einstein-Film" ', *Natw.* **10**, S. 434 (s.a. Lämmel [1921]h, *BT*, 31. Dez. 1922).

[1331] —— [1922]b *Die Bedeutung des Lichtkegels in der allgemeinen Relativitätstheorie*, Berlin, de Gruyter

[1332] —— [1923]a 'Die Relativitätstheorie in der Physik', *VDPG* **25**, S. 45-57.

[1333] —— [1923]b: Rez. v. Stark [1922], *Natw.* **11**, S. 29-30.

[1334] —— [1924] 'Einsteins Gravitationstheorie bestätigt. Die Rotverschiebung der Spektrallinien auf der Sonne', *VZ*, 29. April.

[1335] —— [1926] 'Millers Versuche und die Relativitätstheorie', *FZ*, **70**, Nr. 132, 19. Febr., S. 1-2 (1. Morgenblatt).

[1336] —— [1929] 'Zu Albert Einsteins fünfzigstem Geburtstag', *Natw.* **17**, Heft 11.

[1337] —— [1931]: Kommentar zur dt. Über. von Michelson [1881], *Natw.* **19**, S. 784.

[1338] —— [1947] 'Bemerkung zu der vorstehenden Veröffentlichung von J. Stark', *PB* **3**, S. 272-273 (= Replik zu Stark [1947]).

[1339] —— [1949] 'Zu A. Einsteins 70. Geburtstag', *Rev.mod.Phys.* **21**, S. 348-349.

[1340] —— [1949/79] 'Trägheit und Energie', in: Schilpp(Hrsg.) [1949/79]b, S. 364-388 (Originalausg. engl.)

[1341] —— [1954] 'Relativitätstheorie, Doppler- und andere spektrale Verschiebungseffekte', *Natw.* **41**, S. 25-29.

[1342] —— [1956] 'A. Einstein und die Relativitätstheorie', *Natw.* **43**, S. 1-8.

[1343] —— [1959] 'Einstein, Albert', *NDB* **4**, S. 404-408.

[1344] —— [1960] 'Erkenntnistheorie und Relativitätstheorie', in: *Naturwissenschaft und Philosophie*, Berlin-Ost, S. 61-69.

[1345] —— [1961] *Gesammelte Schriften und Vorträge*, Braunschweig, Vieweg (3 Bände).

[1346] Lauret, René [1922] 'Einstein dans l'intimité', *L'Œuvre*, 4. April.

[1347] Law, Frank E.[1921] 'An introductory statement of the place occupied by relativity as a phase of human thought', *SA* **124**, S. 186-187, 196-198.

[1348] Leaf, B.[1955] 'The clock paradox in the special theory of relativity', *Phil.Sci.* **22**, S. 45-53.

[1349] Lecat, Maurice [1924] *Bibliographie de la relativité*, Brüssel, Lamertin.

[1350] Lecher, Ernst [1912] *Physikalische Weltbilder*, Leipzig, Thomas; darin insb. S. 78-87 zur RT; s.a. M.B.[1912]).

[1351] Lecornu, Léon [1918] *La mécanique: les idées et les faits*, Paris, Flammarion.

[1352] —— [1922] 'Quelques remarques sur la relativité', *CRAS* **174**, S. 337-342.

[1353] Lefevre, Frederick [1926] 'Une heure avec M. Emile Meyerson', *Les nouvelles Littéraires* , 6. Nov., S. 3-4.

[1354] Lehmann, O.[1911] 'Das Relativitätsprinzip, der neue Fundamentalsatz der Physik', *Verhandlungen des naturwissenschaftl. Vereins in Karsruhe* **23** [für die Jahre 1909/10, erschienen 1911], S. 49-74.

[1355] Leiri, Fjalar [1943] *Über die Unrichtigkeit der Relativitätstheorie und über Eigenschaften des Lichtäthers*, Helsinki, Akad. Buchhandl.

[1356] Leisegang, Hans [1928] *Deutsche Philosophie im 20. Jahrhundert*, Breslau, Hirt (= Jedermanns Bücherei, Abt. Philosophie).

[1357] Lemaître, Georges [1925] 'Note on de Sitter's universe', *Journal of Mathematics and Physics* (M.I.T.) **4**, S. 188-192.

[1358] —— [1927]a 'Un univers homogène de masse constante et de rayon croissant, rendant compte de la vitesse radiale des nébuleuses extragalactiques', *Annales de la Société Scientifique de Bruxelles* **47**, Ser. A., S. 49-59.

[1359] —— [1927]b 'À propos d'une note de P. Schaffers sur la relativité', ibid. (A), S. 69-73 (vgl. auch Schaffer [1924/25] sowie seine 'Rectification', ibid., S. 135.

[1360] —— [1931] 'The beginning of the world from the point of view of quantum theory', *Nature* **127**, S. 706 (= Replik auf Eddington [1931]).

[1361] —— [1949] 'Cosmological application of relativity', *Rev.mod.Phys.* **21**, S. 357-366.

[1362] —— [1949/79] 'Die kosmologische Konstante', in: Schilpp (Hrsg.) [1949/79]b, S. 312-327 (Orig. engl.).

[1363] —— [1955] 'L'œuvre scientifique d'Albert Einstein', *RQS* **16**, S. 475-487.

[1364] Lémeray, E.M.[1910] 'Le principe de relativité et les forces éléctromagnétique', *Congrès de Radiologie et d'Électricité, Bruxelles*, 1910 (war mir nicht zugänglich, vgl. aber die Kurzfassung in Lémeray [1911]).

[1365] —— [1911] 'Principle of relativity', *Phil.Mag.* (6) **22**, S. 222.

[1366] —— [1912] 'Le principe de relativité et la mécanique', *RGS* **23**, S. 174-183

[1367] —— [1916] *Le principe de relativité*, (Cours libre de la Faculté de Marseille en 1915), Paris, Gauthier-Villars [war mir nicht zugänglich].

[1368] —— [1921] *Leçons élémentaires sur la gravitation d'après la théorie d'Einstein*, Paris, Gauthier-Villars [war mir nicht zugänglich].

[1369] —— [1924] 'L'éléctromagnétisme et la relativité générale', *AVCIF*, S. 464-477.

[1370] Lenard, Philipp [1910] 'Über Äther und Materie', a)*SB.Heidelb.*, Jahrgang 1910, 16. Abhandl.; b)als Separatum: Heidelberg, Winter.

[1371] —— [1918/21] *Über Relativitätsprinzip, Äther, Gravitation*, a)in: *JRE* **15**, S. 117-136; b)als Separatum: Leipzig, 1. Aufl 1918; c)3. Aufl. 1921:*Mit einem Zusatz, betreffend die Bad Nauheimer Diskussion.*

[1372] —— [1920/21] 'Über Äther und Uräther', a)*JRE* **17**, S. 307-355, b)als Sep. Leipzig, Hirzel.

[1373] —— [1921]a 'Fragen der Lichtgeschwindigkeit', *AN* **213** (Nr.5107), Sp. 303-308 (vgl. dazu Kbr[1921]).

[1374] —— [1921]b: Einführung zu Soldner[1804/1921], *Ann.Phys.* (4) **65**, S. 593-600.

[1375] —— [1924] 'Über die Lichtfortpflanzung im Himmelsraum', ibid., **73**, S. 89-104.

[1376] —— u. Stark, Johannes [1924] 'Hitlergeist und Wissenschaft', *Großdeutsche Zeitung*, 8. Mai.

[1377] —— u. Schmidt, F.[1925] '8. Tätigkeitsbericht des Radiologischen Instituts der Univ. Heidelberg', *ZtP* **6**, S. 81-91, insb. S. 81-83.

[1378] Lenard, Philipp [1929]a *Große Naturforscher. Eine Geschichte der Naturforschung in Lebensbeschreibungen*, München, Lehmanns Verlag, a)1. Aufl. 1929, b)2. Aufl. 1930, c)3. Aufl. 1937, d)4. Aufl. 1941 (s.a. Rez. v. May [1942], Kubach [1937/38]).

[1379] —— [1929]b 'Über Energie und Gravitation', *SB.Heidelb.*, Jg. 1929, Heft 8; auch als Sep.: Berlin, de Gruyter.

[1380] —— [1933] 'Ein großer Tag für die Naturforschung. Johannes Stark zum Präsidenten der Physikalisch Technischen Reichsanstalt in Berlin berufen', *Völkischer Beobachter*, 13. Mai.

[1381] —— [1936] *Deutsche Physik*, München Lehmann (4 Bände), a)1. Aufl. 1936, b)2. Aufl. des 1. Bandes 1939 (s.a. Rez. v. Kubach [1936], Tomaschek [1937/38], Bühl [1939]).

[1382] —— [1936]c 'Gedanken zu deutscher Naturwissenschaft', *Volk im Werden* [Leipzig] **4**, S. 381-383.

[1383] McLennan, Evan [1929] 'The understanding of relativity', *Nature* **123**, S. 83-84 (= Replik auf H.D.[1928]; s.a. Replik v. H.D., ibid., S. 84 sowie Lodge [1929], Reid [1929]).

[1384] Lense, J. u. Thirring, H.[1918] 'Über den Einfluß der Eigenrotation der Zentralkörper auf die Bewegung der Planeten und Monde nach der Einsteinschen Gravitationstheorie', *Phys.Z.* **19**. S. 156-163.

[1385] Lense, J.[1919] 'Kosmologische Betrachtungen zur Allgemeinen Relativitätstheorie', *Natw.* **7** , S. 232.

[1386] Lenz, J.[1929] 'Die Relativitätstheorie und der dialektische Materialismus', *Arbeiterstimme* [Dresden] **5**, 14. März, Beilage Nr. 62.

[1387] Lenzen, Victor F.[1935] 'The schema of time', *UCP* **18**, S. 23-48.

[1388] —— [1945] 'The concept of reality in physical theory', *Phil.Rev.* **54**, S. 321-344.

[1389] —— [1949/79] 'Einsteins Erkenntnistheorie', in: Schilpp (Hrsg.) [1949/79]b, S. 243-268 (Orig. engl.).

[1390] Lepper, George Henry [1921] *Open letter to Dr. Albert Einstein, challenging the soundness of his general theory of relativity and the current version of the Michelson-Morley-experiment, its cornerstone*, Pittsburgh, Berger Building.

[1391] Leredu, Raymond [1925] *L'équivoque d'Einstein*, Paris, Presses Univ. de France.

[1392] Le Roux, J.[1921]a 'Sur la théorie de la relativité et le mouvement séculaire du périhélie de mercure', *CRAS* **172**, S. 1227-1230.

[1393] —— [1921]b 'La loi de gravitation et ses conséquences', ibid., S. 1467-1469.

[1394] —— [1922]a 'La courbure de l'espace', ibid.**174**, S. 924-927.

[1395] —— [1922]b 'Sur la gravitation dans la mécanique classique et dans la théorie d'Einstein', *CRAS* **175**, S. 809-811.

[1396] —— [1922]c 'Sur la gravitation des systèmes', ibid., S. 1135-1136.

[1397] —— [1922]d 'La mécanique de Newton n'est pas une approximation de celle d'Einstein', ibid., S. 1395-1397.

[1398] —— [1922]e 'Relativité restreinte et géométrie des systèmes ondulatoires', *Journal de mathématiques pures et appliquées* (9) **1**, S. 205-253.

[1399] —— [1923] 'Sur le champ de gravitation', ibid.**176**, S. 1544-1546.

[1400] —— [1924] 'La coordination des mouvements et la notion de temps', ibid.**178**, S. 316-319.

[1401] —— [1925] 'La variation de la masse', ibid.**180**, S. 1470-1473.

[1402] —— [1931]a 'Der Bankrott der Relativitätstheorie', in: Israel et al.(Hrsg.) [1931], S. 20-27.

[1403] —— [1931]b 'Sur les conditions d'application du principe de relativité', *CRAS* **193**, S. 698-700.

[1404] —— [1936] 'La définition de la distance dans la théorie de la relativité', *CRAS* **203**, S. 1236-1238.

[1405] —— [1937] 'Le problème de la relativité d'après les idées de Poincaré', *Bulletin de la Société Scientifique de Bretagne* [Rennes] **14**, S. 3-10 [war mir nicht zugänglich].

[1406] Le Roy, E.[1912]: Diskussionsbeiträge zu Langevin [1912], *BSFP* **12**, S. 39, 40, 41, 44, 46.

[1407] —— [1937] 'Les paradoxes de relativité sur le temps', *RPFE* **123**, S. 10-47, 195-245.

[1408] Lettau [1920/21] 'Die Einsteinsche Relativitätstheorie im Verhältnis zur christlichen Weltanschauung', *Die Furche* [Berlin] **11**, S. 153-155 (s.a. Komm. v. Riemeier [1920/21]).

[1409] Levi-Civita, Tullio [1924] *Fragen der klassischen und relativistischen Mechanik. 4 Vorträge*, übers. v. P. Hertz, H. Kneser u. a. Ostrowski, Berlin, Springer.

[1410] —— [1929] 'Vereinfachte Herstellung der Einsteinschen einheitlichen Feldgleichungen', a)*SB.Berlin* **94**, Heft 9, S. 137-153; b)als Separatum: Berlin, de Gruyter.

[1411] Levy, H.[1955] 'Einstein's work', *Nature* **179**, S. 522.

[1412] Lewin, Kurt [1927] 'Über Idee und Aufgabe der vergleichenden Wissenschaftslehre', *Symposion* **1**, S. 61-93.

[1413] Lewis, Gilbert Newton [1908] 'A revision of the fundamental laws of matter and energy', *Phil.Mag.* (6) **16**, S. 705-717 (auch in *The Technology Quaterly*, Juni 1908; s.a. krit. Komm. v. Speyers [1909]).

[1414] —— [1909] 'The fundamental laws of matter and energy', *Science* N.S. **30**, S. 84-86 (= Replik auf Speyers [1909]).

[1415] —— u. Tolman, Richard Chase [1909] 'The principle of relativity, and non-Newtonian mechanics', a)ibid.**18**, S. 510-523; b)*PAAAS* **44**, S. 709-724 (s.a. Komm. v. Tolman [1910]b).

[1416] —— [1926] *The anatomy of science*, New York, Yale Univ. Press (darin insb. Kap. 2-3).

[1417] Lichtenecker, Karl [1925/26] 'Glück und Ende einer weltbewegenden Epoche', *Der Kunstwart* **39**, S. 63-65.

[1418] Liebmann, Otto [1876/1911] *Zur Analysis der Wirklichkeit. Eine Erörterung der Grundprobleme der Philosophie*, Straßburg, Trübner (1. Aufl. 1876, 4. erw. Aufl. 1911, darin insb. S. 87-144).

[1419] Liesegang, F. Paul [1920] 'Ein Schaubild zur Darstellung der Zeit-Raum-Verhältnisse in der speziellen Relativitätstheorie', *Phys.Z.* **21**, S. 675 (= kurzfassung von Liesegang [1921]).

[1420] —— [1921] 'Ein Schaubild zur Darstellung der Zeit-Raum-Verhältnisse in der speziellen Relativitätstheorie', a)*ZMNU* **52**, S. 193-201, b)als Sep. Leipzig, Teubner.

[1421] Lindemann, F.A.[1918] 'Einstein's theory of gravitation', *Obs* **41**, S. 321 (= Replik auf Silberstein [1918]).

[1422] —— [1919]: Beitrag zur 'Discussion on the theory of relativity', *MNRAS* **80**, S. 114-117.

[1423] —— [1920] 'The philosophical aspect of the theory of relativity', a)in *Mind*, N.S. 29; Reprint in: *Intern. Congress of philosophy, Oxford, 1920*, S. 23-31.

[1424] Lindsay, R.B. [1937]a 'The principle of simplicity', *Phil.Sci.* 4, S. 151-167.

[1425] —— [1937]b 'A critique of operationalism in physics', ibid., S. 456-470.

[1426] Linke, Paul F.[1921] 'Relativitätstheorie und Relativismus. Betrachtungen über Relativitätstheorie, Logik und Phänomenologie', *AP* 2, S.397-438.

[1427] —— [1931] 'Relativitätstheorie und psychologische Zeit', in: Israel et al.[1931], S. 28-30.

[1428] —— [1938] 'Neupositivismus und Intentionalität', in *Naturwissenschaft und Metaphysik*, Brünn u. Leipzig, S. 143-160.

[1429] Lippmann, Edmund O.v.[1921] 'Die Grundlegung der Relativitätstheorie, populärwissenschaftlich dargestellt', *Chemiker-Zeitung* [Cöthen] 45, Nr. 37, S. 293-294 (= Rez. v. Lämmel [1921]b).

[1430] Lipsius, Friedrich [1913] *Einheit der Erkenntnis und Einheit des Seins*, Leipzig, Kröner.

[1431] —— [1918] *Naturphilosophie und Weltanschauung*, ibid. (s.a. Driesch [1920]).

[1432] —— [1921] 'Die logischen Grundlagen der speziellen Relativitätstheorie', *AP* 2, S. 439-446.

[1433] —— [1927] *Wahrheit und Irrtum in der Relativitätstheorie*, Tübingen, Mohr.

[1434] —— [1934] 'Spielen sich die Naturvorgänge im Raume ab?', in *8. Intern. Congress für Philosophie, Prag, 1934*, S. 47-52.

[1435] Lodge, Oliver [1892] 'On the present state of knowledge of the connection between ether and matter: an historical summary', *Nature* 46, S. 164-165.

[1436] —— [1904/11] *The ether of space*, a) New York, 1904?; b)in dt. Übers. *Der Weltäther*, Braunschweig, Vieweg, 1911.

[1437] —— [1913] 'Continuity', *Report of the 83rd meeting of the British Association for the Advancement of Science*, S. 3-42.

[1438] —— [1917] 'Relativity and gravitation', *Nature* 100, S. 33.

[1439] —— [1919]a 'Sir Oliver Lodge on Einstein's theory: "A terrible time for physicists" ', *Times* [London], 25. Nov., Nr. 42.266, S. 16, Sp. 3-4.

[1440] [——] [1919]b 'A new physics, based on Einstein. Sir Oliver Lodge says it will prevail, and mathematicians will have a terrible time, space of four dimensions, in which gravity ceases to be a force and becomes a quality. Attempts to measure it. As radius put at 18.000.000 light years or 80 times as the distance to farthest star cluster known', *NYT* 69, Nr. 22,585, Di. 25. Nov. 1919, S. 17, Sp. 1-2.

[1441] [——] [1919]c 'Bad times for the learned', *NYT* 69, Nr. 22,586, Mi. 26. Nov., S. 12, Sp. 5.

[1442] —— [1919]d: Beitrag zur 'Discussion on the theory of relativity', *MNRAS* 80, S. 106-109.

[1443] —— [1920]a 'Popular relativity and the velocity of light', ibid. 106, 14. Nov. S. 325-326.

[1444] —— [1920]b 'Abstract of paper on velocity of light read before Brit. Ass. in 1920', ibid., S. 358.

[1445] —— [1920]c 'Einstein's shift of spectral lines', ibid., S. 373.

[1446] —— [1921] 'The geometrization of physics and its supposed basis on the Michelson-Morley experiments', ibid. S. 796-800.

[1447] —— [1923] 'Ether versus relativity: plea for simplicity and a suggestion for an experiment', *The Fortnightly review* [London] 113, S. 54-59.

[1448] —— [1925] *Ether and Reality, a series of discourses on the many functions of the ether of space*, New York, Doran.

[1449] —— [1929] 'The understanding of relativity', *Nature* 123, S. 161 (= Replik auf McLennan [1929], s.a. H.D.[1928], Reid [1929]).

[1450] —— [1930] 'The Ether and relativity', *Nature* 126, S. 804-805 (= Komm. zu Jeans [1930]).

[1451] Lorentz, Hendrik Antoon [1886/1907] 'De l'influence du mouvement de la terre sur les phénomènes lumineux', a)in: *ANSEN* 21, S. 103ff, b)in dt. Übers. in: Lorentz [1907], S. 341-394.

[1452] —— [1892/1907] 'The relative motion of the earth and the ether', a)in: Verslagen Akad. Wetenschappen, Amsterdam 1, S. 74-78; b)in dt. Übers. in: Lorentz [1907], S. 443-447; c)Reprint der engl. Fassung in: Lorentz [1934ff.] 4, S. 219-223.

[1453] —— [1892/1937] 'La théorie électromagnétique de Maxwell et son application aux corps mouvants', a)*ANSEN* 25, S. 363-551; Reprint in Lorentz [1934ff.] 2, S. 164ff.; c)in dt. Teilübers. in: Sommerfeld (Hrsg.) [1923] S. 6-25.

[1454] —— [1895] 'Versuch einer Theorie der elektrischen und optischen Erscheinungen in bewegten Körpern', a)Leiden, b)in: Lorentz [1934]ff 5, S. 1-138.

[1455] —— [1904] 'Electromagnetic phenomena in a system moving with any velocity smaller than that of light', a)*Proc.Amst.* 6, S. 809-831; b)in dt. Übers. in: Lorentz [1907], S. 172ff.

[1456] —— [1907] *Abhandlungen über theoretische Physik*, Leipzig u. Berlin, Teubner (1. Band).

[1457] —— [1910] 'Alte und neue Fragen der Physik', *Phys.Z.* **11**, S. 1234-1257.

[1458] —— [1914] *Das Relativitätsprinzip. 3 Vorlesungen, gehalten in Teylers Stiftung zu Haarlem*, a)in: *ZMNU* **1**. Beiheft; b)als Separatum: Leipzig, Teubner (s.a. Jüttner [1917]).

[1459] —— [1914] 'Considérations élémentaires sur le principe de relativité', c)in: *RGS* **25**, S. 179-201; d)Reprint in: Lorentz [1934ff.] **7**, S. 147-165.

[1460] —— [1914]e 'La gravitation', *Scientia* **16**, f)in: Lorentz [1934]ff. Bd. **7**, S. 116-146.

[1461] —— [1915/25] 'Die Maxwellsche Theorie und die Elektronentheorie', in *Die Kultur der Gegenwart. Die Physik*, Leipzig, 1. Aufl. 1915, S. 311ff; 2. Aufl. 1925, S. 347-367.

[1462] —— [1919] 'Dutch collegue explains Einstein. Prof. Lorentz confirms the new theory of the power of gravitation. Some simple examples. Thinks the difficulty of the theory has been exxagerated, and he attempts to make it clear', *NYT* **69**, Nr. 22,611, So. 21. Dez., Sec. 1, Sp. 1-4.

[1463] —— [1921] 'The Michelson-Morley-Experiment and the dimensions of moving bodies', *Nature* **106**, S. 793-795.

[1464] —— [1934]ff. *Collected Papers*, The Hague, Nijhoff, insb. Bd. VII (1934), Bd. I (1935), Bd. IV (1937), Bd. IX (1939).

[1465] Lothigius, Sten [1931] 'Das klassische Prinzip der Relativität ist gültig für die Physik im Ganzen u. Grossen und auch für die optisch-elektrische Welt', in: Israel et al.(Hrsg.) [1931], S. 30-31.

[1466] Lotka, Alfred J.[1919] 'A new conception of the universe. Einstein's theory of relativity. With illustrative examples', *Harper's Magazine* **140**, S. 477-487.

[1467] Lotze, Hermann [1882] *Grundzüge der Naturphilosophie*, Leipzig, Hirzel.

[1468] Lovejey, Arthur O.[1912] 'The problem of time in recent French philosophy', *PR* **21**, S. 11-31 (Rougier), 322-343 (Bergson) u. 527-545 (Pillon, James et al.).

[1469] —— [1914] 'Relativity, reality, and contradiction', *J.Phil.* **11**, S. 421-430.

[1470] —— [1930] 'The dialectical argument against absolute simultaneity', *J.Phil.* **27**, S. 617-632, 645-654.

[1471] —— [1931]a 'The paradox of the time-retarding journey' *PR* **40**, S. 48-68, 152-167 (s.a. Replik v. McGilvary [1931], Lovejoy [1932] u. Stevens [1938]).

[1472] —— [1931]b 'Discussion: the time retarding journey - a reply', *PR* **40**, S. 549-567 (= Replik auf McGilvary [1931]; s.a. Lovejoy u. McGilvary [1932], Stevens [1938]).

[1473] —— [1932] 'Travels of Peter, Paul, and Zebedee', *PR* **41**, S. 498-517.

[1474] Ludwig, Günther [1951] *Fortschritte der projektiven Relativitätstheorie*, Braunschweig, Vieweg (= Die Wissenschaft, Bd. 105).

[1475] Lynch, Arthur [1932] *The case against Einstein*, London, Allan.

[1476] —— [1940] 'A bubble of relativity', *The English historical Review* [London] **55**, S. 650-659.

[1477] Maag, E. u. Reihling, K.[1921] *Vom Relativen zum Absoluten. Teil 1: Das Ätherrätsel und seine Lösung*, Stuttgart,

[1478] Mach, Ernst [1883] *Die Mechanik in ihrer Entwicklung historisch-kritisch dargestellt*, a)1.Aufl. 1883; b)4. Aufl. 1901; c) .Aufl. 19 (Nachdruck: Darmstadt, Wissenschaftl. Buchges., 1988, mit Vorwort von G. Wolters).

[1479] —— [1886]a) *Beiträge zur Analyse der Empfindungen*, 1. Aufl. Jena, Fischer, 1886; b)ab der 2. Aufl.(1900) unter dem Titel *Die Analyse der Empfindungen und das Verhältnis des Physischen zum Psychischen*, c)5. Aufl. 1906, d)Reprint der 6. Aufl.(1922) Darmstadt, Wissenschaftl. Buchgesellschaft mit Nachwort von G. Wolters.

[1480] —— [1896] *Populär-wissenschaftliche Vorlesungen*, Leipzig, Barth; a)1. Aufl. 1896; b)5. erw. Aufl. 1923.

[1481] —— [1905] *Erkenntnis und Irrtum. Skizzen zur Psychologie der Forschung*, Leipzig, Barth, a)1. Aufl. 1905; b)3. Aufl. 1917.

[1482] —— [1910] 'Die Leitgedanken meiner naturwissenschaftlichen Erkenntnislehre und ihre Aufnahme durch die Zeitgenossen', a)*Scientia* 7; b)*Phys.Z.* **11**, S. 599-606.

[1483] —— [1921] *Die Prinzipien der Optik, historisch und erkenntnispsychologisch entwickelt*, Leipzig, Barth (s.a. v.Laue [1921]c).

[1484] Mackenzie, J.S.[1927] 'Time and the absolute', *Mind* N.S. **36**, S. 34-53 (insb. 48-53; s.a. Komm. v. Murray [1927]).

[1485] Madary, Carl [1921] *Einstein, E.H. Schmitt und das Ende der Philosophie. Versuch eines Synthese*, Berlin, Alberti.

[1486] Magie, William Francis [1911] *Principles of physics*, New York, Century [war mir nicht zugänglich].

[1487] —— [1912]a 'The primary concepts of physics', *Science* N.S. **35**, S.281-293; Reprint in Pearce Williams (Hrsg.) [1968], S.117-120.

[1488] —— [1912]b 'The theory of relativity', *The Nation* [New York] **94**, S. 370 [war mir nicht zugänglich].

[1489] Mahler, G.[1911] 'Das Prinzip der Relativität', *Korrespondenzblatt für die höheren Schulen Baden Württembergs* [Stuttgart], S. 234-240, 278-287.

[1490] Mainzer, Julius [1921] 'Kant und Einstein', *Münchner Neueste Nachrichten*, 25. Juli, Abendausg.

[1491] Malet, Henri [1923] 'Une nouvelle formule de la "Relativité" ', *RGS* **34**, 28. Febr., S. 110-116.

[1492] —— [1924] 'L'inutilité de l'espace-temps', *RGS*, 15. März, S. 140-146 (s.a. Replik v. Metz [1924]g).

[1493] Malisoff, William Mahias [1923] 'Defends Einstein's theory. W.M. Malisoff declares Capt. See's attack on it as ill-founded', *NYT* **72**, Nr. 23,846, Mi. 9. Mai, S. 18, Sp. 8.

[1494] Malkin, J.[1930] '25-jähriges Bestehen der SRT', *Elektrotechnik und Maschinenbau* [Wien] **48**, S. 669-673.

[1495] Mally, E.[1911] 'Über den Begriff der Zeit in der Relativitätstheorie', *IX. Jahresbericht des II. Staatsgymnasiums in Graz, 1911*, S.1-17.

[1496] Mamlock [1922] 'Die Relativitätstheorie auf dem Naturforschertag. Newtons Mechanik und Einsteins Lehre.- Die philosophische Bedeutung der Relativitätstheorie. Die Vorträge von Laue und Schlick', *BT* **51**, 19. Sept. (M), Nr. 421.

[1497] Mannheimer, E.[1932] 'Philosophischer Wahrheitsgehalt der Relativitätslehre', *Die Stimme der Vernunft* **17**, S. 215-220.

[1498] Mansion, Paul [1909] 'Gauss contre Kant sur la géometrie non-euclidienne', *Bericht über den II. Intern. Kongress für Philosophie zu Heidelberg, 1908*, Heidelberg.

[1499] Marais, Henri [1923] *Introduction géométrique à l'étude de la relativité*, Paris, Gauthier-Villars.

[1500] March, A. [1920] 'Die Theorie der allgemeinen Relativität', *NW* **35** (= N.F. **19**, S. 289-295.

[1501] Marck, Siegfried [1949] 'Am Ausgang des jüngeren Neukantianismus', *Arch.Phil.* **3**, S. 144-164.

[1502] Marcus, Ernst [1921] 'Naturwissenschaft und Philosophie', *FZ*, 2. Jan., Literaturblatt Nr. 1, S. 1-2.

[1503] —— [1925] 'Kant und Einstein', *FZ* **70**, 9. und 24. April, Beilagen Nr. 8 und 9 - Literaturblatt, S. 1 bzw. 1-2 (= Rez. v. Elsbach [1924]).

[1504] —— [1926] *Kritik des Aufbaus (Syllogismus) der speziellen Relativitätstheorie und Kritik der herrschenden Hypothese der Lichtausbreitung*, Berlin, Der Sturm.

[1505] —— [1927] *Die Zeit und Raumlehre Kants in Anwendung auf Mathematik und Naturwissenschaft*, München, Reinhardt (insb. S. 159ff. zur RT).

[1506] Margenau, Henry [1949/79] 'Einsteins Auffassung von der Wirklichkeit', in: Schilpp(Hrsg.) [1949/79]b, S.151-172.

[1507] —— [1957] 'Relativity: an epistomological appraisal', *BJPS* **24**, S.297-308 (s.a. Dingle [1960]).

[1508] —— [1960] 'Does physical "knowledge" require a priori or undemonstratable presuppositions?', in: Friedrich (Hrsg.) [1960], S. 47-68.

[1509] Maritain, Jacques [1920] 'Einstein et la notion du temps', *RU* **1**, S.359-364.

[1510] —— [1922] 'De la métaphysique des physiciens ou de la simultanéité selon Einstein', ibid. **10**, S.426-445.

[1511] —— [1924] 'Nouveaux débats einsteiniens', ibid. **17**, S.56-77.

[1512] —— [1935] *Distinguer pour unir, ou les degrés du savoir*, Paris, Brouwer, 1935; b)in engl. Übers. *The degrees of kwowledge*, New York, Scribner, 1938; c)in dt. Übers. v. K. Holzamer u. H. Broemser *Die Stufen des Wissens oder durch Unterscheiden zur Einung*, Mainz, Grünewald, 1954.

[1513] —— [1943] *Redeeming the time*, London, Centenary Press (übers. v. H.L. Blousse; Reprint 1944)

[1514] Marshall, William [1914] 'Theory of relativity and the new mechanics', *Popular Science Monthly* **84**, S.434-448.

[1515] Martin, Charles [1923] 'How to prove the Einstein theory with the aid of a motor car', *Vanity Fair* **21**, 77.

[1516] Marty, Anton [1918] *Raum und Zeit. Aus dem Nachlasse des Verfassers herausgeg. v. Josef Eisenmeier, Alfred Kastil u. Oskar Kraus*, Halle, Niemeyer.

[1517] Mathieu, V.[1953] 'Il tempo ritrovato. Bergson e Einstein', *Filosofia* **4**, S. 625-656.

[1518] Maximilian, Herbert [1931] *Contra Einstein*, Elbing, Hohmann.

[1519] Maxwell, James Clark [1876/81] *Matter and Motion*, a)London, Society for promoting Christian knowledge; b)New York, Van Nostrand, 1878; c)Reprint mit Anm. v. J. Larmor, New York, Dover, 1952; d)dt. Übers. von Fleischl: *Substanz und Bewegung*, Braunschweig, Vieweg, 1881.

[1520] May, Eduard [1937] 'Die Bedeutung der modernen Physik für die Theorie der Erkenntnis', in: Hermann et al.[1937], S. 47-154.

[1521] —— [1940] 'Über die Anfänge der Elektrik', *ZgN* **6**, S. 217-242.

[1522] —— [1941]a *Am Abgrund des Relativismus*, Berlin, Lüttke (s.a. Rez. v. Thüring [1941]b).

[1523] —— [1941]b 'Dingler und die Überwindung des Relativismus', *ZgN* **7**, S. 137-149.

[1524] —— [1941/42] 'Relativismus und seine Überwindung', *Gesetzgebung und Literatur* [Berlin] **22**, S. 102.

[1525] —— [1942]: Rez. v. Lenard [1929]d, *ZgN* **8**, S. 153-154.

[1526] —— [1949] *Kleiner Grundriß der Naturphilosophie*, Meisenheim, Hain.

[1527] M.B.[1912]: 'Die Minute in Gefahr. Eine Sensation in der mathematischen Wissenschaft', *Neues Wiener Tageblatt*, 22. Sept., S. 11-12 (= Rez. v. Lecher [1912]).

[1528] Mead, G.N.[1927] 'The objective reality of perspective', in: *Proc. 6.th Intern. Congr. of Philosophy, Harvard, 1926*, New York, S. 75-85.

[1529] Mees, Kenneth C.E.[1922] 'Darts of light. What twentieth century physics has done to the wave theory of classical optics', *SA* **126**, S. 336.

[1530] Mellin, Robert Hjalmar [1925]a 'Das Lichtproblem', *AASF* (A) **24**, S. 3-8.

[1531] —— [1925]b 'Kritik des Einsteinschen Beweises für die Relativität der Gleichzeitigkeit', ibid., S. 9-18.

[1532] —— [1926] 'Kritik der Einsteinschen Theorie an der Hand von Reichenbachs *Axiomatik der relativistischen Raum-Zeit-Lehre*', ibid. (A) **26**, S. 1-43 (s.a. Reichenbach [1924] u. Reichenbach [1927]a).

[1533] —— [1928]a 'Über die empirischen und logischen Grundlagen der Physik', *AASF* (A) **28**, Heft Nr. 4, S. 1-51 (insb. S. 14-27).

[1534] —— [1928]b 'Das Zeit-Raum Problem und das Gravitationsgesetz', ibid., Heft 7, S. 1-21.

[1535] —— [1928]c 'Schwere, Trägheit und Ätherspannung', ibid, Heft 15, S. 1-64.

[1536] —— [1930]a 'Der Äther und die Ätherspannung', *AASF* (A) **30**, Heft 8, S. 1-45.

[1537] —— [1930]b 'Das Weltgebäude im Lichte der Ätherspannung', ibid., Heft 17, S. 1-36.

[1538] —— [1931] 'Das Zeit-Raum-Problem', *AASF* **34** (A), Heft 3, S. 1-23.

[1539] —— [1933] 'Die Widersprüche in der Relativitätstheorie', *AASF* (A) **37**, Heft Nr. 8, S. 1-13.

[1540] Menger, Karl [1949/79] 'Die Relativitätstheorie und die Geometrie', in: Schilpp (Hrsg.) [1949/79]b, S. 328-342.

[1541] Menges, Charles L.R.E.[1926] 'On Einstein's theory of relativity', *Science* N.S. **63**, S. 427-428.

[1542] Menzel, Willi [1936] 'Deutsche Physik und jüdische Physik', *Völkischer Beobachter*, 29. Jan. (s.a. Replik v. Heisenberg [1936] u. Stellungnahme dazu v. Stark [1936]b).

[1543] Mercier, André [1939] *Theoretisch-physikalische Fragen der Kosmologie*, Bern u. Leipzig, Haupt.

[1544] —— [1955] 'Fifty years of the theory of relativity', *Nature* **175**, S. 919-921.

[1545] —— (Hrsg.) [1955/56] *Physics and relativity. Fünfzig Jahre Relativitätstheorie*, Konferenz Bern, 1955 (= Helvetia Physica Acta, Suppl. IV, 1956).

[1546] Merz, K.[1922] 'Die Relativitätstheorie in philosophischer Bedeutung mit Hinweis auf die Kategorienlehre', *Jahresbericht der naturforschenden Gesellschaft Graubünden* [Chur], N.F. **61**, S. 55-67.

[1547] Messer, August [1923] *Der kritische Realismus*, Karlsruhe, Braun (= Wissen und Wirken 9).

[1548] Messiah, A.[1955] 'L'œuvre scientifique d'Albert Einstein', *Annales des Mines* [Paris] **A** 144, S. 22-29 [war mir nicht zugänglich].

[1549] Metz, André [1923] *La Relativité. Exposé sans formules des théories d'Einstein et réfutation des erreurs contenues dans les ouvrages les plus notoires*, Paris, Chiron, a)1. Aufl. 1923; b)5. Aufl. 1924, c)15. Aufl. 1926.

[1550] —— [1923]d 'Les équations de la relativité restreinte à partir de l'expérience', *Revue Scientifique*, 12. Mai, S. 266-270.

[1551] —— [1924]a 'Le temps d'Einstein et la philosophie. A propos de la nouvelle édition de l'ouvrage de M. Bergson *Durée et simultanéité*', *RP* **31**, S. 56-88 (s.a. Replik v. Bergson [1924]a).

[1552] —— [1924]b 'Controverse au sujet des temps réels et des temps fictifs dans la théorie d'Einstein', ibid., S. 437-439 (= Replik auf Bergson [1924]a; vgl. Bergson [1924]b).

[1553] —— [1924]c 'Sur l'interprétation de l'expérience de Michelson', ibid., S.314-316 (s.a. Brylinski [1924] u. Metz [1924]d).

[1554] —— [1924]d 'Au sujet de l'interprétation de l'expérience de Michelson', *CRAS* **178**, S. 1265-1266.

[1555] —— [1924]e 'Au sujet de la géométrie d'un disque tournant dans un système de Galilée', ibid., S. 2054-2057.

[1556] —— [1924]f 'Le temps, l'espace et la matière dans la théorie de la relativité généralisée', *RQS* (4) **6**, S. 277-315.

[1557] —— [1924]g 'Encore au sujet de la relativité', *RGS*, 15. Juli, S. 401-404 (versus Dupont [1924] und Malet [1924]).

[1558]   —— [1925]a 'Une définition relativiste de la simultanéité', ibid.**180**, S. 1827-1829.

[1559]   —— [1925]b 'A propos de "la fiction Einsteinienne" ', *RP* **32**, S. 98-100 (s.a. Berche [1924]).

[1560]   —— [1925]c 'Quelques mots sur la théorie d'Einstein', *La science moderne*, Nov.heft.[war mir nicht zugänglich]

[1561]   —— [1925]d 'L'entraînement de l'éther et l'aberration des étoiles', *CRAS* **180**, S. 495-497.

[1562]   —— [1926] 'Relativité et Relativisme', *RPFE* **100**, S. 63-87.

[1563]   —— [1928]a *Une nouvelle philosophie des sciences. Le causalisme de M. Émile Meyerson*, Paris, Alcan (s.a. Metz [1934]).

[1564]   —— [1928]b *Temps, espace, relativité*, Paris, Beauchesne (= Science et philosophie, Bd. 2).

[1565]   —— [1929]a 'La géometrie euclidienne et la physique', *RPFE* **107**, S. 56-81.

[1566]   —— [1929]b 'La théorie du champ unitaire de M. Einstein', ibid.**108**, S. 388-405.

[1567]   —— [1934] *Meyerson - une nouvelle philosophie de la connaissance*, Paris, Alcan (= 2. Aufl. von Metz [1928]).

[1568]   —— [1951] 'Un problème relatif à un disque tournant dans un système de Galilée', *CRAS* **232**, S. 1185-1187.

[1569]   —— [1952] 'Les problèmes relatifs à la rotation dans la théorie de la relativité', *JPR* (8) **13**, S. 224-238.

[1570]   —— [1959] 'Bergson, Einstein et les relativistes', *Archives de Philosophie* **22**, S. 369-384.

[1571]   —— [1961] 'Émile Meyerson', *BSFP* **55**, S. 97-105.

[1572]   —— [1964] 'Le temps, la physique moderne et la philosophie', ibid. **27**, S. 592-599.

[1573]   —— [1966] 'De la durée intuitive au temps scientifique', *Dialogue* **5**, S. 184-204.

[1574]   —— [1967]a 'Einstein et la philosophie des sciences', *AIHS* **20**, S. 225-234.

[1575]   —— [1967]b 'L'interprétation philosophique de la théorie de la relativité', *BSFP* **60**, S. 35-51, sowie Diskussionsbemerkungen, ibid., S. 52ff.

[1576]   Meurers, Joseph [1936] 'Zum Grundaxiom der speziellen Relativitätstheorie', *Z.Phys.* **102**, S. 611-625.

[1577]   Mewes, Rudolf [1920]a *Wissenschaftliche Begründung der Raum-Zeitlehre oder Relativitätstheorie (1884-1894) mit einem geschichtlichen Anhang*, Berlin, Selbstverlag (= Mewes [1920/21] Heft 1).

[1578]   —— 'Eine Ableitung der Grundformen der Relativitätstheorie', *Zeitschrift für Sauerstoff- und Stickstoffindustrie* [Berlin] **12**, S. 6ff. (s.a. N.N.[1919]g).

[1579]   —— [1921]a 'Lenards und Reuterdahls Stellungnahmen zur Relativitätstheorie', ibid., **13**, S. 77-78.

[1580]   —— [1920/21] *Gesammelte Arbeiten*, Abt. 1: *Raumzeitlehre oder Relativitätstheorie in Geistes- und Naturwissenschaft und Werkkunst)*, Heft 1-7, Berlin, Selbstverlag.

[1581]   Meyerson, Emile [1908] *Identité et realité*, Paris, Alcan, a)1. Aufl. 1908; b)2. Aufl. 1912, c)3. Aufl. 1926, d)in engl. Übers. v. K. Loewenberg *Identity and reality*, New York, MacMillan, 1930. e)Reprint New York, Dover.

[1582]   —— [1921] *De l'explication dans les sciences*, a)Paris, Payot, 1921 (2 Bände, s.a. Rez. v. Lalande [1922], L.Russell [1922], Castello [1925]).

[1583]   —— [1923] 'Le sens commun vise-t-il la connaissance?', *RMM* **30**, S. 13-21.

[1584]   —— [1924]a 'La tendance apriorique et l'expérience', *RPFE* **97**, S. 161-179.

[1585]   —— [1924]b 'Le relativisme, théorie du réel', *RMM* **31**, S. 29-48.

[1586]   —— [1925] *La déduction relativiste*, Paris, Payot (s.a. Rez. v. Broad [1925], Costello [1925], Lalande [1926], Einstein [1928]d).

[1587]   —— [1925/85] *The relativistic deduction. Epistemological implications of the theory of relativity*, Dordrecht u. Boston, Reidel, (= engl. Übers. v. Meyerson [1925] durch D.A. u. M.A. Sipfle; s.a. Zahar [1987]).

[1588]   —— [1930]a 'Le physicien et le primitif', *RPFE* **109**, S. 321-358.

[1589]   —— [1930]b 'La pensée et son expression', *Journal de Psychologie* **27**, S. 497-543.

[1590]   —— [1931] *Du cheminement de la pensée*, Paris, Alcan (3 Bände).

[1591]   Michelitsch, Anton [1923] *Einleitung in die Naturphilosophie*, Innsbruck, Styria.

[1592]   —— [1931] 'Die Unhaltbarkeit der Relativitätstheorie', in: Israel et al.[1931], S. 31-34.

[1593]   Mie, Gustav [1912] *Die Materie*, Stuttgart, Enke.

[1594]   —— [1912/13] 'Grundlagen einer Theorie der Materie', *Ann.Phys.* (4) **37**, S. 511-534; **39**, S. 1-40; **40**, S. 1-66.

[1595]   —— [1914] 'Bemerkungen zu der Einsteinschen Gravitationstheorie', *Phys.Z.* **15**, S. 105-122, 169-176.

[1596]   —— [1917] 'Die Einsteinsche Gravitationstheorie und das Problem der Materie', ibid. **18**, S. 551-556, 574-580, 596-602.

[1597] —— [1920] 'Die Einführung eines vernunftgemäßen Koordinatensystems in die Einsteinsche Gravitationstheorie und das Gravitationsfeld einer schweren Kugel', *Ann.Phys.* (4) **62**, S. 46-74.

[1598] —— [1921]a 'Die Einführung eines vernunftgemäßen Koordinatensystems in die Einsteinsche Gravitationstheorie und das Gravitationsfeld einer schweren Kugel', *Ann.Phys.* (4) **62**, S. 46-74.

[1599] —— [1921]b 'Die Relativitätstheorie von Einstein', *ZVDI* **65**, 26. Febr., S. 236.

[1600] —— [1921]c *Die Einsteinsche Gravitationstheorie. Versuch einer allgemein verständlichen Darstellung der Theorie*, Leipzig, Hirzel (auch in franz. Übers. Paris, 1922; s.a. Kottler [1922]b).

[1601] —— [1921]d 'Die Einsteinsche Gravitationstheorie', *Deutsche Rundschau* (47) **187**, S. 171-184, 310-342.

[1602] —— [1937] 'Raum und Zeit in der Physik', *Festskrift til Anathon Aal* [Oslo], S.33-45.

[1603] Mierdel [1921] 'Experiment. Bestätigung der allgemeinen Relativitätstheorie', *Mitteilungen aus dem naturwissenschaftlichen Verein für Neu-Vorpommern und Rügen* 48/49 [war mir nicht zugänglich].

[1604] Mikhail, F.I.[1952] 'The relativistic clock problem', *Proc. Cambridge Philosophical Society* **48**, S. 604-615.

[1605] Milhaud, Gaston [1912]: Diskussionsbeitrag zu Langevin [1912], *BSFP* **12**, S. 34-37.

[1606] Miller, Dayton C.[1922] 'Ether drift experiments at Mount Wilson Observatory', *Phys.Rev.* **19**, S. 407.

[1607] —— [1925] 'Ether drift experiments at Mount Wilson', *Science* N.S. **61**, S. 617-621; s.a. *PNAS* **11**, S. 306-314 u. *Nature* **116**, S. 49-50.

[1608] —— [1926] 'Significance of the ether drift experiments of 1925 at Mount Wilson', *Science* N.S. **63**, S. 433-443.

[1609] —— [1933] 'The ether-drift experiment and the determination of the absolute motion of the earth', *Rev.mod.Phys.* **5**, S. 203-242.

[1610] [Millikan, Robert A.][1919] 'Sir Isaac finds a defender', *NYT*, **69**, Nr. 22,573, 13. Nov., S. 12, Sp. 16 (s.a. Noguchi et al.[1919]).

[1611] —— [1931] (ohne Titel), *Science News Letters* **19**, 24. Jan., S. 51-52, 61 (= Komm. zu AE [1931]b).

[1612] Milne, Edward Arthur [1932] 'World structure and the expansion of the universe', *Nature* **130**, S. 9-10.

[1613] —— [1934]a 'Some points in the philosophy of physics: time, evolution and creation', *Philosophy* **9**, S. 19-38.

[1614] —— [1934]b 'A Newtonian expanding universe', *Quarterly Journal of Mathematics* **5**, S. 64-72.

[1615] —— [1935] *Relativity, gravitation and world-structure*, Oxford, Clarendon Press.

[1616] —— [1936] Rez. v. Bridgman [1936], *Mathematical Gazette* **20**, S. 340-342.

[1617] —— [1937]a 'On the origin of laws of nature', *Nature* **139**, S. 997-999 (= Replik auf Dingle [1937]).

[1618] —— [1937]b 'Kinematics, dynamics, and the scale of time', *Proc.R.S.* (A) **158** S. 323-348, **159** S. 171-191, 526-547.

[1619] —— [1940]a 'Kinematic relativity', *Journal of the London Mathematical Society* **15**, S. 44-80.

[1620] —— [1940]b 'Cosmological theories', *Astrophysical Journal* **91**, S. 129-158.

[1621] —— [1941] 'Remarks on the philosophical status of physics', ibid. **16**, S. 356-371.

[1622] —— [1943] 'Rational Electrodynamics II. The ideas of kinematic relativity', *Phil.Mag.* (7) **31**, S. 82-101.

[1623] —— [1948] *Kinematic relativity. A sequel to relativity, gravitation and world-structure*, Oxford, Oxford Univ. Press.

[1624] —— und Whitrow, G.J. [1949] 'On the so-called "clock paradox" of special relativity', *Phil.Mag.* (7) **40**, S. 1244-1249.

[1625] Milne, Edward Arthur [1952] *Modern Cosmology and the Christian idea of god*, Oxford, Clarendon.

[1626] Minkowski, Hermann [1907/15] 'Das Relativitätsprinzip' (= Vortrag vor der Mathem. Ges., Göttingen, 5. Nov. 1907), *Ann.Phys.* (4) **47** [1915], S. 927-938.

[1627] —— [1908] 'Raum und Zeit', a) *VGDNÄ* **80**, S. 4-9; b)Reprint in Sommerfeld (Hrsg.) [1923] S. 54-66 (s.a. Anm. v. Sommerfeld, ibid., S. 67-71), c)als Sep. Leipzig, Teubner.

[1628] —— [1908/10] 'Die Grundgleichungen für die elektromagnetischen Vorgänge in bewegten Körpern', *GN*, S.53ff.; Reprint in *Annalen der Mathematik* **68**, S. 472-525 sowie in Minkowski [1910].

[1629] —— [1910] *Zwei Abhandlungen über die Grundgleichungen der Elektrodynamik*, Leipzig u. Berlin, Teubner.

[1630] Miranda, Pontes de [1924] 'Vorstellung vom Raume', *AVCIF* S. 559-565.

[1631] Mirimanoff, D.[1909] 'Über die Grundgleichungen der Elektrodynamik bewegter Körper von Lorentz und das Prinzip der Relativität', *Ann.Phys.* (4) **28**, S. 192-197 (s.a. AE [1909]).

[1632] Mises, Richard v.[1920/22] *Naturwissenschaft und Technik der Gegenwart. Eine akademische Rede mit Zusätzen*, a)in: *ZVDI* **64**, S. 687-690, 717-719; b)als Sep.: Leipzig u. Berlin, Teubner, 1922 (= Abh. u. Vorträge aus dem Gebieten der Mathematik, Naturwissenschaft und Technik, Heft 8), darin insb. S. 5-15, 24-27.

[1633] —— [1921] 'Über die gegenwärtige Krise der Mechanik', *ZAMM* **1**, S. 425-431.

[1634] —— [1938] 'Ernst Mach und die empiristische Wissenschaftsauffassung. Zu Ernst Machs 100. Geburtstag am 18. Febr. 1938',a)dt. Orig. *Einheitswissenschaft*, Heft 7, S. 27ff.; b)in engl. Übers. in *BSPS* **6**, S. 245-274.

[1635] Mitis, Lothar [1930] *Einsteins Grundirrtum*, Leipzig, Hillmann.

[1636] —— [1931]a 'Sachverhalt und Einstein', in: Israel et al.(Hrsg.) [1931], S. 34-35.

[1637] —— [1931]b 'Das Hauptargument gegen die Relativitätstheorie', *Die Quelle* [Wien] **81**, S. 880-884.

[1638] Moch, Gaston [1921] *La relativité des phénomènes*, Paris, Flammarion (s.a. Savarit [1922]c).

[1639] —— [ca. 1922] *Initiation aux théories d' Einstein*, Paris, Larousse [war mir nicht zugänglich].

[1640] Möller, C.[1955] 'Old problems in the general theory of relativity viewed from a new angle', *K.Danske Videnskabs Selskab matematisk-fysiske Meddelelser* **30**, Heft 10, S. 1-29.

[1641] Möller, J.P.[1926] 'Neuere Prüfungen der Relativitätstheorie', *Die Sterne* **6**, S. 164-172.

[1642] Mohorovičić, Stjepan [1913] 'Beitrag zur nicht-euklidischen Interpretation der Relativitätstheorie', *Phys.Z.* **14**, S. 988-989 (s.a. Varičak [1912]).

[1643] —— [1916/17] 'Die Kreisbewegung in der Relativitätstheorie', *Izvjesca o raspravama Matematicko-Prirodoslovnoga Razreda* [Zagreb], Heft 6/7, S. 34-37.

[1644] —— [1916/18] 'Über die räumliche und zeitliche Translation', ibid. I: **6/7** [1916/17], S. 46-72; II: **9/10** [1918], S. 21-33.

[1645] —— [1921] 'Die Folgerungen der allgemeinen Relativitätstheorie und die Newtonsche Physik', *NW* N.F. **20**, S. 737-739.

[1646] —— [1922]a 'Beziehungen zwischen der Lorentzschen und Galileischen Transformationsgleichungen', *Ann.Phys.* (4) **67**, S. 320-324.

[1647] —— [1922]b 'Das "homogene" Gravitationsfeld und die Lorentztransformation', *Z.Phys.* **11**, S. 88-92 (= Replik auf Bollert [1922]).

[1648] —— [1923]a 'Äther, Materie, Gravitation und Relativitätstheorie', *Z.Phys.* **18**, S. 34-63.

[1649] —— [1923]b *Die Einsteinsche Relativitätstheorie und ihr mathematischer, physikalischer und philosophischer Charakter*, Berlin, de Gruyter (mit einem Geleitwort von E. Gehrcke; s.a. Rez. v. Wenzel [1924]).

[1650] —— [1923]c 'Reuterdahl's theory of interdependence and general relativity', *Univerzum* [Zagreb] **1**, Heft Nr. 9-12 [war mir nicht zugänglich].

[1651] —— [1923]d 'Einige Folgerungen der verschiedenen Gravitationstheorien', *Univerzum* [Zagreb] **1**, S. 264-270 [war mir nicht zugänglich].

[1652] —— [1924] 'Lichtgeschwindigkeit und Gravitation', *AN* **222**, Sp. 69-78.

[1653] —— [1924/25] 'Möglichkeiten der Erweiterung der speziellen und allgemeinen Relativitätstheorie', *Mémoires de la Faculté des Sciences de l'Université de Lithuanie* [Kaunas] **3**, S. 359-372 [war mir nicht zugänglich].

[1654] Monges Lopez, Ricardo [1926] 'Breve estudio acera de los fundamentos filosóficos de la teoria de la relatividad', *Memorias de la Sociedad científica Antonio Alzate* [Mexiko] **46**, S. 95-104.

[1655] Montague, Wm. Pepperell [1924] 'The Einstein theory and a possible alternative', *PR* **33**, S. 143-170.

[1656] Moog, Willy [1922] *Die deutsche Philosophie des 20. Jahrhunderts in ihren Hauptrichtungen und ihren Grundproblemen*, Stuttgart, Enke.

[1657] More, Louis Trenchard [1909]a 'On theories of matter and mass', *Phil.Mag.* (6) **18**, S. 17-26.

[1658] —— [1909]b 'Atomic theories and modern physics', *HJ* **7** (Nr. 28), S. 864-881.

[1659] —— [1910] 'The metaphysical tendencies of modern physics', *HJ* **8** (Nr. 32), S. 800-817.

[1660] —— [1911] 'Recent theories of electricity', *Phil.Mag.* (6) **21**, S. 196-218.

[1661] —— [1912] 'The theory of relativity', *The Nation* **94**, S. 370-371; Reprint in: Pearce Williams (Hrsg.) [1968], S. 121-124.

[1662] —— [1914] 'The new mechanics', *Science* N.S. **39**, S. 595-599.

[1663] —— [1921] 'On the postulates and conclusions of the theory of relativity', *Phil.Mag.* (6) **42**, S. 841-852.

[1664] —— [1934/62] *Isaac Newton. A Biography*, New York, a) 1.Aufl. Scribners, 1934; b)Reprint Dover, 1962 (darin insb. S. 333).

[1665] Moreux, Abbé Théophile [1922] *Pour comprendre Einstein*, Paris, Doin.

[1666] Moszkowski, Alexander [1911] 'Das Relativitätsproblem', *ASPS* **17**, S. 255-281.

[1667] —— [1919]a 'Die Sonne bracht' es an den Tag', *BT*, Nr. 476, A., 8. Okt.

[1668] —— [1919]b 'Entdeckung und Weltanschauung. Zu den Entdeckungen Plancks und Einsteins', ibid., M, 25. Dez.

[1669] —— [1921] *Einstein. Einblicke in seine Gedankenwelt. Gemeinverständliche Betrachtungen über die Relativitätstheorie und ein neues Weltsystem, entwickelt aus Gesprächen mit Einstein*, Hamburg u. Berlin, Hoffmann u. Campe sowie Fontane.

[1670] Mott-Smith, Morton [1927] 'Philosophical background of relativity', *SM* **25**, S. 421-428.

[1671] Müller, Aloys [1911] *Das Problem des absoluten Raumes*, Braunschweig, Vieweg (s.a. A. Müller [1922]b).

[1672] —— [1917] 'Die Fiktion in der Mathematik und Physik', *Natw.* **5**, S. 341-347, 362-366.

[1673] —— [1922]a *Der Gegenstand der Mathematik mit besonderer Berücksichtigung auf die Relativitätstheorie*, Braunschweig, Vieweg (s.a. Rez. v. E. Hartmann [1924]).

[1674] —— [1922]b *Die philosophischen Probleme der Einsteinschen Relativitätstheorie*, Braunschweig, Vieweg, (= 2., umgearbeitete u. erweiterte Aufl. v. A. Müller [1911]; s.a. Rez. v. E. Hartmann [1924/25], Reichenbach [1923]).

[1675] —— [1923]a 'Probleme der speziellen Relativitätstheorie', *Z.Phys.* **17**, S. 409-420.

[1676] —— [1923]b 'Der Sinn der physikalischen Axiomatik', *Phys.Z.* **24**, S. 444-450.

[1677] —— [1924]a: Rez. v. Reichenbach [1924]c, *Phys.Z.* **25**, S. 463-464.

[1678] —— [1924]b 'Die Relativitätstheorie und die Struktur der physikalischen Erkenntnis', *AP* **4**, S. 433-474 (= Komm. zu E. Neumann [1922] u. Reichenbach [1920],[1922]).

[1679] —— [1927]: Rez. v. Phalen [1922], *KS* **32**, S. 413-414.

[1680] Müller, Bruno [1926] 'Relativitätstheorie und Leben', *Königsberger Hartungsche Zeitung*, 7. März.[nicht zu beschaffen].

[1681] Müller, Eugen [1929] 'Über eine einfache Art, den Relativitätsbegriff im Schulunterricht zu behandeln', *Verhandlungen der Versammlung Deutscher Philologen und Schulmänner* **57**, S. 138.

[1682] —— [1930] 'Über den Relativitätsbegriff im Schulunterricht', *Südwestdeutsche Schulblätter* **45**, S. 7-15.

[1683] Müller, Wilhelm [1936] *Judentum und Wissenschaft*, Leipzig, Fritsch.

[1684] —— [1939] 'Jüdischer Geist in der Physik', *ZgN* **5**, S. 162-175.

[1685] —— [1940]a 'Die Lage der theoretischen Physik an den Universitäten', ibid. **6**, S. 281-298.

[1686] —— [1940]b 'Zur 'Krisis der Physik'', *ZgN* **6**, S. 321-322 (= Replik auf Krieck [1940]).

[1687] —— (Hrsg.)[1941]a *Jüdische und Deutsche Physik. Vorträge zur Eröffnung des Kolloquiums für theoretische Physik an der Universität München*, Leipzig, Helingsche Verlangsanstalt (s.a. Rez. v. Weizel [1942]).

[1688] —— [1941]b 'Dinglers Bedeutung für die Physik', *ZgN* **7**, S. 150-156.

[1689] —— [1944] *Kampf in der Physik*, Leipzig, Helingsche Verlagsanstalt.

[1690] Münch, A.[1929] 'Relativität', *Die Gewerkschaft* [Berlin] **33**, S. 89.

[1691] Murnaghan, Francis D.[1922] 'The quest of the absolute', in: Bird(Hrsg.) [1922], S. 276-286.

[1692] Murray, A.R.M.[1927] 'The grounds for the relativity hypothesis', *Mind* N.S. **36**, S. 211-215 (= Komm. zu Mackenzie [1927]).

[1693] N.N.[1917] 'On the relativity of rotation in Einstein's theory', *Scientific American Supplement*, 18. Aug., Nr. 2172, S. 102.

[1694] N.N.[1918]a 'Repudiation of common sense by the new physics', *Current Opinion* **64**, S. 406-407 (= Rez. v. Carus[1913]).

[1695] N.N.[1918]b 'The total solar eclipse, June 8, 1918', *Nature* **102**, S. 89-90.

[1696] N.N.[1919]a 'Sonnenfinsternis und Relativitätstheorie', *VZ* A., 13. Mai, Beilage.

[1697] N.N.[1919]b 'Die Sonnenfinsternis am 29. Mai, *VZ*, 21. Juli, Reprint in Elton [1986] S. 96.

[1698] N.N.[1919]c 'Sonnenfinsternis und Relativitätstheorie', *VZ*, A., 15. Okt., Beilage.

[1699] N.N.[1919]d 'Einstein und Newton. Die Ergebnisse der Sonnenfinsternis vom Mai 1919', *VZ*, A., 18. Nov.

[1700] N.N.[1919]e 'Das Relativitätsprinzip', *VZ*, M., Teil I: 7. Dez. (Nr.1111); Teil II: 14. Dez.(Nr. 1136).

[1701] N.N.[1919]f 'Einstein', *Times* [London], 4. Dez., Nr. 42.274, S. 15 (= Ankündigung v. Denton [1919]).

[1702] N.N.[1919]g 'Lights all askew in the heavens - men of science more or less agog over results of eclipse observations - Einstein theory triumphs. Stars not were thery seem or were calculated to be, but nobody need worry. a book for 12 wise men; nor more in all the world could comprehend it, said Einstein when his daring publishers accepted it', *NYT* **69**, 9. Nov., Nr. 22,569.

[1703] N.N.[1919]h 'Eclipse showed gravity variation. Diversion of light rays accepted as affecting Newton's principles. Hailed as epochmaking. British scientists calis the discovery one of the greatest of human achievements', *NYT* **69**, Nr. 22,569, So. 9. Nov., Sect. 1, S. 6.

[1704] N.N.[1919]i 'They have already a geometry', *NYT* **69**, Nr. 22,571, Di. 11. Nov., S. 12, Sp. 5.

[1705] N.N.[1919]k 'Light and logic', *NYT* **69**, Nr. 22,576, So. 16. Nov., Sect. 3, S. 1, Sp. 5 (s.a. Archbald [1919]).

[1706] N.N.[1919]l 'Nobody need be offended' und 'They didn't ignore refraction', *NYT* **69**, Nr. 22,578, Di. 18. Nov., S. 12, Sp. 5

[1707] N.N.[1919]m 'Can't understand Einstein', *NYT* **69**, Nr. 22,589, Sa. 29. Nov., S. 11, Sp. 3.

[1708] N.N.[1919]n 'Assaulting the absolute', *NYT* **69**, Nr. 22,597, So. 7. Dez., Sect. 3, S. 1, Sp. 5-6.

[1709] N.N.[1919]o 'Unterschiede zwischen den Relativitätstheorien von Mewes (1892/93) und Lorentz (1895)', *Zeitschrift für Sauerstoff- und Stickstoffindustrie* **11**, S. 70, 75-76.

[1710] N.N.[1919]p 'Professor Albert Einstein', *Das Jüdische Echo* [München], 19. Dez., S. 617.

[1711] N.N.[1919]q 'Wissenschaftsraub und Bluff', *Deutsche Zeitung* [Berlin], 19. Dez., S. 2.

[1712] N.N.[1920]a 'Changing the mind gears', *The Literary digest*, S. 29.

[1713] N.N.[1920]b 'Der Kampf um Einstein', *Vorwärts*, ca. 25. Aug., Reprint in Weyland [1920]b, S. 7-8.

[1714] N.N.[1920]c 'Einstein-Literatur', *Umschau* **24**, S. 684-689, 703-706.

[1715] N.N.[1920]d 'Die Relativitätstheorie Einsteins. Diskussion im "Lotos" ', *Prager Tagblatt* **45**, 27. Febr.

[1716] N.N.[1920]e 'Bestimmung der Fortpflanzungsgeschwindigkeit der Schwerkraft durch Gerber und Einstein', *Zeitschrift für Sauerstoff- und Stickstoffindustrie* **12**, S. 13-14.

[1717] N.N.[1920]f 'Um Einstein', *BT* **49**, 31. Aug., Nr. 409 (A), enthält Text der Sympathieerklärungen v. Bie et al.[1920] und Erklärung v. Gehrcke [1920]d.

[1718] N.N.[1920]g 'Der Einstein-Rummel', *Umschau* **24**, S. 554-556 (s.a. Replik v. Riem [1920]a).

[1719] N.N.[1921]a 'La Relativité. Einstein, plagiaire', *La vieille France* **225**, 19.-26. Mai, S. 19.

[1720] N.N.[1921]b 'Zur wissenschaftlichen Kritik der Relativitätstheorie Einsteins', *TR* 22.6., Nr. 142 der Unterhaltungsbeilage, S. 474 (= Rez. v. Dingler [1921]a).

[1721] N.N.[1921]c 'Bedenken, die gegen die Relativitätstheorie vorgebracht worden sind', *Kosmos* **18**, S. 298-301.

[1722] N.N.[1921]d 'Die Anerkennung der Relativitätstheorie in Deutschland und im Ausland', ibid., S. 304-305.

[1723] N.N.[1922]a 'Au Collège de France. M. Guillaume, de Genève, contre M. Einstein', *L'Œuvre*, 6. April, S. 1-2.

[1724] N.N.[1928] 'A mystic universe', *NYT* **77**, Nr. 25,571, Sa. 28. Jan 1928, S. 14, Sp. 3-4.

[1725] N.N.[1935] 'Nazi sozialism and International science', *Nature* **136**, S. 927-928.

[1726] N.N.[1937] ' "Weiße Juden" in der Wissenschaft', *Das schwarze Korps*, Folge 28, 15. Juli, S. 6 (s.a. Komm. v. Stark [1937], ibid. S. 7; Reprint in Sugimoto [1989] S. 126).

[1727] N.N.[1938] 'The 'Jewish' spirit in science' bzw 'Prof. Stark's views', *Nature* **141**, S. 778 (= Replik auf Stark [1938]).

[1728] Nachreiner, Vincenz [1931] 'Gegen die Einstein'sche Relativitätstheorie', in: Israel et al. (Hrsg.) [1931], S. 36.

[1729] Nagel, Ernest [1950] 'Einstein's philosophy of science', *The Kenyon Review* [Gambier, Ohio] **12**, S. 520-531 (= Rez. v. Schilpp (Hrsg.) [1949/79]a).

[1730] —— [1961] *The structure of science; problems in the logic of scientific explanation*, London, Routledge & Kegan Paul (u. öfter).

[1731] Narlikar, V.V.[1953] 'From general relativity to a unified field theory', *Journal of scientific and industrial research* **12 A**, [Neu Delhi] S. 20-21 [war mir nicht zugänglich].

[1732] Natorp, Paul [1910] *Die logischen Grundlagen der exakten Wissenschaften*, Leipzig u. Berlin, Teubner (s.a. Rez. v. Schlick [1911]).

[1733] —— [1912] 'Kant und die Marburger Schule', *KS* **17**, S. 193-221.

[1734] —— [1917/18] 'Kritik der 'Ideen' Husserls', *Logos* **7**, S. 224-246.

[1735] Nernst, Walter [1921] *Das Weltgebäude im Lichte der neueren Forschung*, Berlin, Springer.

[1736] Neuberg, Arthur [1939] *Das naturwissenschaftliche Weltbild der Gegenwart*, Göttingen, Vandenhoeck u. Ruprecht (2. Aufl. 1940).

[1737] Neuburger, A.[1925] 'Die Relativitätstheorie', *Wunder der Wissenschaft* 1, S. 13-30.

[1738] Neumann, Carl [1870] *Über die Prinzipien der Galilei-Newtonschen Theorie*, Leipzig, Teubner.

[1739] —— [1904] 'Über die sogenannte absolute Bewegung', *Festschrift Ludwig Boltzmann*, Leipzig, S. 252-259.

[1740] Neumann, Ernst Richard [1922] *Vorlesungen zur Einführung in die Relativitätstheorie*, Jena, Fischer.

[1741] Neurath, Otto u. Hahn, H. u. Carnap, R. [1929] 'Wissenschaftliche Weltauffassung - Der Wiener Kreis', a) publiziert in der Reihe *Veröffentlichungen des Vereins Ernst Mach*, Wien, 1929; b) Reprint in: Neurath [1979], S. 81-101.

[1742] Neurath, O.[1930/31] 'Historische Anmerkungen', *Erkenntnis* 1, S. 309-314.

[1743] —— [1931] 'Physicalism: the philosophy of the Viennese Circle', *The Monist* 41, S. 618-623.

[1744] —— [1979] *Wissenschaftliche Weltauffassung, Sozialismus und Logischer Empirismus*, herausgeg. v. R. Hegselmann, Frankfurt, Suhrkamp (Aufsatzsammlung).

[1745] —— [1981] *Gesammelte philosophische und methodologische Schriften*, (Hrsg. v. R. Haller u. H. Rutte), Wien, Hölder-Pichler-Tempsky.

[1746] Newall, H.I.[1919] 'Note on modern physics and the Einstein prediction, together with a suggestion of a new problem for a solution during a total solar eclipse', *Observatory* 42, S. 427-429.

[1747] Newest, Th. (= Pseud. für Goldzier, Hans J.) [1921] *Gegen Einstein. Die Erfahrung im Weltall. einige Weltprobleme. Allgemeinverständliche Abhandlungen*, Wien, Frisch.

[1748] Newton, Isaac [1687/1873] *Philosophiae Naturalis Principia Mathematica*, a)1. Aufl. 1687; b)in dt. Übers. v. Wolfers *Mathematische Prinzipien der Naturphilosophie*, 1. Aufl. 1873, Reprint Darmstadt, Wissenschaftliche Buchgesellschaft, 1963.

[1749] Nickel, Gerd [1921] 'Äther und Relativitätstheorie', *NW* N.F.20, S. 430-432.

[1750] Niedermöller, A. Heinrich [1922] *Die relativ veränderliche Lichtgeschwindigkeit*, Dahle, Ossenberg-Engels.

[1751] Nitschmann, Leo [1954] 'Einstein entsinnlichte den Kosmos. Die Relativitätstheorie als kulturgeschichtliches Ereignis', *Die Zeit*, Nr. 50, S. 4.

[1752] Noether, Fritz [1910] 'Zur Kinematik des starren Körpers in der Relativtheorie', *Ann.Phys.* (4) 31, S.919-944.

[1753] [Noguchi, Hideyo; Millikan, R.A. et al.] [1919] 'Moguchi tells discovery', *NYT* 69, Nr. 22,572, Mi. 12. Nov. 1919, S. 6, Sp. 4.

[1754] Nordmann, Charles [1921]a 'Une révolution dans notre connaissance du monde', *L'Illustration* 157, Nr. 4082, S. 504-507 (s.a. Hartberger [1921]b).

[1755] —— [1921]b 'Sur l'espace et le temps selon Einstein', *RDM* (6.per.) 91. année, S. 313-343.

[1756] —— [1921]c 'Pour préluder a l'étude d'Einstein', *RS* (91. année), 54, S. 935-946.

[1757] —— [1922]a) *Einstein et l'universe, une lueur dans le mystère des choses*, Paris, Hachette; b)in dt. Übers. als *Einstein und das Weltall*, Stuttgart, Ullstein; c)in engl. Übers. als: *Einstein and the universe. A popular exposition of the famous theory*, London, Fisher, 1922.

[1758] —— [1922] 'Einstein expose et discute sa théorie', *RDM* 92. année, (7. Ser.) Bd. 9, S. 129-166.

[1759] —— [1922]c 'Einstein à Paris', *RS* (92. année), 8, S. 926-937.

[1760] —— [1924]a 'Einstein ou Bergson', *AVCIF* S. 488-509.

[1761] —— [1924]b *Notre maître le temps. Les astres et les heures. Einstein ou Bergson*, Paris, Hachette,

[1762] Nordström, Gunnar [1909] 'Zur Elektrodynamik Minkowskis', *Phys.Z.* 10, S.681-687.

[1763] —— [1912] 'Relativitätsprinzip und Gravitation', ibid.13, S. 1126-1129.

[1764] —— [1913] 'Träge und schwere Masse in der Relativitätstheorie', *Ann.Phys.* (4) 40, S. 856-878.

[1765] —— [1914] 'Die Fallgesetze und Planetenbewegungen in der Relativitätstheorie', ibid.43, S. 1101-1110.

[1766] Northrop, Filmer S.C.[1928] 'The theory of relativity and the first principles of science', *J.Phil.* 25, S. 421-435.

[1767] —— [1930] 'Concerning the philosophical consequences of the theory of relativity', *J.Phil.* 27, S. 197-210.

[1768] —— [1941] 'Whitehead's philosophy of science', in: Schilpp (Hrsg.) [1941] S. 165-207.

[1769] —— [1946/51] a) *The meeting of east and west. An enquiry concerning world understanding*, New York, MacMillan (insb. Kap. 12, S. 436-454); b)in dt. Übers. als *Begegnung zwischen Ost und West. Verständnis und Verständigung*, München, Nymphenburger (insb. Kap. 11, S. 458-461).

[1770] —— [1947] *The logic of the sciences and the humanities*, New York, MacMillan (darin insb. Kap. VI-VIII, S. 102ff.).

[1771] —— [1949/79] 'Einsteins Begriff der Wissenschaft', in Schilpp (Hrsg.) [1949/79]b, S.269-288 (Orig. engl.).

[1772] Nunn, Thomas Percy [1921/22] 'Discussion: the idealistic interpretation of Einstein's theory', *PAS*, n.s. **22**, S. 127-130 (s.a. Carr, Wrinch u. Whitehead [1921/22]).

[1773] —— [1923] *Relativity and gravitation; an elementary treatise upon Einstein's theory*, London, Univ. of London Press.

[1774] Nussear, J.S.[1950] 'The physical impossibility of the relativity lenght transformation', *Proc. of the West Virginia Acad. of Science* **22**, S. 203-204 [war mir nicht zugänglich].

[1775] Nyman, Alf [1927] 'Einstein-Bergson-Vaihinger', *Ann.Phil.* **6**, S. 178-204.

[1776] Oesterreich, Traugott Konstantin [1923/28] *Friedrich Ueberwegs Grundriss der Geschichte der Philosophie*, **Bd.** 4 [1923]: *Die Deutsche Philosophie des 19. Jahrhunderts und der Gegenwart*, **Bd.** 5 [1928]: *Die Philosophie des Auslandes vom Beginn des 19. Jahrhunderts bis auf die Gegenwart*; Berlin, Mittler.

[1777] Oppenheim, S.[1917] 'Zur Frage nach der Fortpflanzungsgeschwindigkeit der Gravitation', *Ann.Phys.* (4) **53**, S. 163-168 (= Replik auf Gerber [1902/17]).

[1778] —— [1921] 'Die Gravitation', *Kultur der Gegenwart*, 3. Teil, 3. Abt., 3. Bd., S. 598-630.

[1779] Oppenheimer, J.Robert [1956] 'Einstein', *Rev.Mod.Phys.* **28**, S. 1-2.

[1780] Ortega y Gasset, José [1961/68] 'The historical significance of the theory of Einstein', a)in *The modern theme*, New York, Harper torchbooks; b)teilw. wieder in Pearce Williams (Hrsg.) [1968], S. 147-157.

[1781] Orthner, Rudolf [1930] *Mechanische und optisch-elektrische vorgänge an bewegten Körpern im Lichte der neuen Deutungen des Michelson-Phänomens*, Linz, Winkler.

[1782] —— [1931]a *Der Michelson-Versuch, seine Deutung und seine Konsequenzen*, Linz, Winkler.

[1783] —— [1931]b *Wesen und Wahrheitswert der physikalischen Beweisführung. Deutung des Michelson-Phänomens ohne Relativierung von Raum und Zeit*, Linz, Winkler.

[1784] Oseen, C.W.[1939] 'Bemerkungen zur der Theorie der Relativität, Kosmologie und Gravitation von Herrn E.A.Milne', *AMAF* (A) **26**, 4. Heft, S. 1-5.

[1785] Osten, H.[1921] 'Über einen Zusammenhang der Bezugssysteme in der Relativitätstheorie', *AN* **214**, Sp. 179-180.

[1786] —— [1923] 'Über Gravitationsgesetze', ibid.**219**, Sp. 235-236.

[1787] Ostwald, Wilhelm [1902] 'Betrachtungen zu Kant's *metaphysischen Anfangsgründen*', *ANP* **1**, S. 50-61.

[1788] —— [1919] 'Die Zukunft der deutschen Wissenschaft', *VZ* 25. Dez., S. 1-2.

[1789] Otte, Karola [1948] 'Bernhard Bavink +', *Mathematisch-Physikalische Semesterberichte* **1**, S. 13-30.

[1790] Ozsváth, István u. Schücking, Engelbert L.[1962] 'Finite rotating universe', *Nature* **193**, S.1168-1169.

[1791] Dies.[1969] 'The finite rotating universe', *AP* **55**, S. 166-204.

[1792] Paaswell, George [1924]: Beitrag zum Symposium 'Is Einstein wrong?', *The Forum* **72**, S. 278.

[1793] Page, Leigh [1921] 'Relativity and a rotating disk. An application of Einstein's theory that has caused much misunderstanding', *SA* **124**, S. 247, 259.

[1794] Painlevé, Paul [1905/22] 'Les axiomes de la mécanique et les principes de causalité', a)in: *BSFP* **5**, S. 27-50; b)Reprint in Painlevé [1922]b S. 45-79.

[1795] —— [1909/22] 'Mécanique', a)in: *De la méthode dans les Sciences*, Paris, Alcan., S. 363-409; b)Reprint in Painlevé [1922]b S. 1-44.

[1796] —— [1921]a 'La mécanique classique et la théorie de la relativité', *CRAS* **173**, S. 677-680.

[1797] —— [1921]b 'Le gravitation dans la mécanique de Newton et dans la mécanique d'Einstein', ibid., S.873-887.

[1798] —— [1922]a 'La théorie classique et la théorie einsteinienne de la gravitation', ibid.**174**, S. 1137-1143.

[1799] —— [1922]b *Les axiomes de la mécanique. Examen critique. Note sur la propagation de la lumière*, Paris, Gauthier-Villars.

[1800] Palágyi, Melchior [1901/25] *Neue Theorie des Raumes und der Zeit. Die Grundbegriffe einer Metageometrie*, a)Leipzig, 1901 (Reprint: Darmstadt, Wiss. Buchges., 1967- Libelli Bd. 82); b)Reprint in: Palágyi [1925], S. 1-33.

[1801] —— [1914/25] *Die Relativitätstheorie in der modernen Physik*, a)Berlin, Reimer; b)Reprint in: Palágyi [1925], S. 34-83.

[1802] —— [1925] *Ausgewählte Werke*, Bd. 3: *Zur Weltmechanik. Beiträge zur Metaphysik der Physik*, Leipzig, Barth (s.a. Gehrckes Geleitwort [1925], ibid.).

[1803] Papapetrou, Achilles [1955]a '50 Jahre Relativitätstheorie', *FuF* **29**, S. 225-229.

[1804] —— [1955]b *Spezielle Relativitätstheorie*, Berlin, Dt. Verlag der Wissenschaften (= Hochschulbücher für Physik, 24).

[1805] Papperitz, Erwin [1916] 'Zur Relativitätstheorie', *JDMV* **25**, S. 84-95.

[1806] Partington, J.R.[1920] 'Relativity, difficulty and suggestions', *Nature* **106**, S. 113-114.

[1807] Passarge, Hans [1928] *Die Gravitation. Wesen und Ursprung*, Leipzig, Hillmann.

[1808] Passarge, J.[1916] 'Launen der Schwerkraft', *Weltall* **16**, S. 139.

[1809] Patschke, A.[1920/22] *Umsturz der Einsteinschen Relativitätstheorie. Einführung in die einheitliche Erklärung und Mechanik der Naturkräfte*, Berlin-Wilmersdorf, Selbstverlag; a)1.Aufl. 1920; b)2. Aufl. mit hinzugekommenem Untertitel 'Kreuzigung und Auferstehung des Lichtäthers', 1922.

[1810] Pauli, Wolfgang [1919] 'Zur Theorie der Gravitation und der Elektrizität von H. Weyl', *Phys.Z.* **20**, S. 457-467.

[1811] —— [1921/63] *Relativitätstheorie*; a)in: *Encyclopädie der mathematischen Wissenschaften*, 5, Art. 19 [1921]; b) Reprint Turin, Boringhieri, 1963 (s.a. Rez. v. E.Hartmann [1924/25]).

[1812] —— [1922]: Rez v. Weyl[1921], *Phys.Z.* **23**, S. 256.

[1813] —— [1959] 'Albert Einstein in der Entwicklung der Physik', *PB* **15**, S. 241-245.

[1814] Peczi, Gusztáv [1923] *Kritik der Relativitätstheorie Einsteins*, Innsbruck, Tyrolia.

[1815] —— [1925] *Liquidierung der Relativitätstheorie. Berechnung der Sonnengeschwindigkeit*, Regensburg, Manz.

[1816] Perez de Pulgar, J.A. [1925/26] 'Portée philosophique de la théorie de la relativité', *Archives de Philosophie* **3**, S. 106-140.

[1817] Perrin, F.[1912]: Diskussionsbeiträge zu Langevin[1912], *BSFP* **12**, S.34, 45, 46.

[1818] —— [1932] *La dynamique relativiste et l'inertie de l'énergie*, Paris, Herrman.

[1819] Perron, O.[1946] 'Verfälschung der Wissenschaften', *Neue Zeitung* [München], 7. Okt., S. 1.

[1820] Peslouan, C. Lucas de [1922] 'La théorie d'Einstein: système cartésien', *RP* (22.année), S. 225-258.

[1821] Petit, Gabriel u. Leudet, Maurice (Hrsg.) [1916] *Les Allemands et la Science*, Paris, Alcan (darin insb. Boutroux, S. 47-54; Duhem, S. 137-152; Picard, S. 283-299).

[1822] Petraschek, Karl Otto [1922] *Der Grundwiderspruch in der speziellen Relativitätstheorie und seine Folgen*, Leipzig, Hillmann.

[1823] —— [1931] 'Die spezielle Relativitätstheorie als Lösung eines Scheinproblems', in: Israel et al(Hrsg.) [1931], S. 36-38.

[1824] Petry, Siegfried [1955/56] 'Die Ergebnisse der speziellen Relativitätstheorie', *Ärztliche Sammelblätter* [Stuttgart] **45**, S. 259-260.

[1825] Petzoldt, Joseph [1891] 'Maxima, Minima und Ökonomie', *VWPS* **15**, S. 206-216, 354-366, 417-442.

[1826] —— [1895] 'Das Gesetz der Eindeutigkeit', *VWPS* **19**, S. 146-203.

[1827] —— [1899/1904] *Einführung in die Philosophie der reinen Erfahrung*, Leipzig, Teubner, a)1. Band 1899; b)2. Band 1904.

[1828] —— [1902] 'Metaphysikfreie Naturwissenschaft', *NW* **17** = N.F. **1**, S. 361-364.

[1829] Petzoldt, Joseph [1906/21] *Das Weltproblem vom Standpunkte des relativistischen Positivismus aus historisch kritisch dargestellt*, Leipzig u. Berlin, Teubner, a)1. Aufl. 1906; b)3. neubearb. Aufl. unter besonderer Berücksichtigung der Relativitätstheorie [= Wissenschaft und Hypothese, Bd. 14].

[1830] —— [1908] 'Die Gebiete der absoluten und der relativen Bewegung', *ANP* **7**, S. 29-62.

[1831] —— [1912]a 'Naturwissenschaft', in: *Handwörterbuch der Naturwissenschaften* [Jena] **7**, S. 50-94.

[1832] —— [1912]b 'Die Relativitätstheorie im erkenntnistheoretischen Zusammenhange des relativistischen Positivismus', *VDPG* **14**, S. 1055-1064.

[1833] —— [1913] 'Positivistische Philosophie', *ZPP* **1**, S. 1-4.

[1834] —— [1914] 'Die Relativitätstheorie der Physik', ibid **2**, S. 1-56.

[1835] —— [1918] 'Verbietet die Relativitätstheorie Raum und Zeit als etwas wirkliches zu denken?', *VDPG* **20**, S. 189-201 (s.a. Jakob [1919]a).

[1836] —— [1919]a 'Die Unmöglichkeit mechanischer Modelle zur Veranschaulichung der Relativitätstheorie', *VDPG* **21**, S. 495-503 (s.a. Jakob [1919]b).

[1837] —— [1919]b: Rez. v. Bloch[1919], *Monatschrift für die höheren Schulen* **18**, S. 475-477.

[1838] —— [1920] 'Kausalität und Relativitätstheorie', *Z.Phys.* **1**, S. 467-474 (= Kritik an Holst [1919]; s.a. Holst [1920]).

[1839] —— [1921]a 'Mechanistische Naturauffassung und Relativitätstheorie', *Ann.Phil* **2**, S. 447-462 (= Replik auf Holst [1919] u. [1920]).

[1840] —— [1921]b 'Das Verhältnis der Machschen Gedankenwelt zur Relativitätstheorie', (= Nachwort zur 8. Aufl. von Mach [1883]), S. 490-517.

[1841] —— [1921/23] *Die Stellung der Relativitätstheorie in der geistigen Entwicklung der Menschheit*, Dresden, Sibyllen-Verlag; a)1. Aufl. 1921; b)2. Aufl. 1923 (s.a. Rez. v. E. Hartmann [1924/25]b).

[1842] —— [1923] 'Die physikalische Wirklichkeit', *Natw.* 11, S. 828.

[1843] —— [1924] 'Postulat der absoluten und relativen Welt', *Z.Phys.* 21, S. 143-150.

[1844] —— [1927] 'Rationales und empirisches Denken', *Ann.Phil.* 6, S. 145-160.

[1845] Pfaff, A.[1921] *Für und gegen das Einsteinsche Prinzip*, Diessen bei München, Huber.

[1846] Pfeil, Joachim [1932] *Einstein ist erledigt (Die Haltlosigkeit der Relativitätstheorie*, Rathenow, Selbstverlag [war mir nicht zugänglich].

[1847] Pflüger, A.[1920] *Das Einsteinsche Relativitätsprinzip, gemeinverständlich dargestellt*, Bonn, Cohen (1.-3. Aufl. 1920).

[1848] Phalén, Adolf [1922] 'Über die Relativität der Raum- und Zeitbestimmungen', *Skrifter utgifna af k.hum Vetenskaps samfinnet i Uppsala* 21, Heft 4.

[1849] Piaget, Jean [1946/74]a *Le dévelopment de la notion du temps chez l'enfant*, Paris, Presses Univ. de France; b)in dt. Übers. *Die Entwicklung des Zeitbegriffs beim Kinde*, Zürich, Rascher, 1955; c)Frankfurt, Suhrkamp, 1974 (stw 77).

[1850] —— [1950/72] *Introduction à l'epistémologie génétique*, Paris, Presses Univ. de France, 1950; in dt. Übers. v. F. Kubli *Die Entwicklung des Erkennens*, Stuttgart, Klett, 1972f (3 Bde, insb. Bd. 2: *Das physikalische Denken*[1973]).

[1851] —— [1970/73]a *Genetic Epistemology*, New York, Columbia Univ. Press, b)in dt. Übers. v. F. Herbarth *Einführung in die genetische Erkenntnistheorie*, Frankfurt, Suhrkamp.

[1852] Piaggio, T.H.[1951] 'Relativity for experimental physicists', *Nature* 168, S. 353.

[1853] Picard, Emile [1921]a 'Quelques remarques sur la théorie de le relativité', *CRAS* 173, S. 680-682.

[1854] —— [1921]b 'La théorie de la relativité et ses applications à l'astronomie', *BSM* 55, S. 355-372.

[1855] —— [1922] 'La théorie de relativité et ses applications à l'astronomie', *Annuaire du Bureau des Longitudes*, Paris, B1-29 (auch als Separatum, Paris, Gauthier-Villars, 1922).

[1856] Picard, J.[1937] 'Le raisonnement déductif', *RPFE* 123, S. 79-99.

[1857] Pickering, William H.[1921/22] 'The physical side of relativity', a)in: *SA Monthly* April 1921; b)Reprint in: Bird (Hrsg.) [1922], S. 287-305.

[1858] —— [1922] 'Shall we accept relativity?', *Popular Astronomy* 30, S. 199-203.

[1859] Piel, Carl [1922] 'Der Streit um die Relativitätstheorie', *Hochland* 19 2, S. 252-256.

[1860] Pincussen, L.[1920] 'Bad Nauheim, 86. Versammlung Deutscher Naturforscher und Ärzte, 19.-25. IX. 1920', *DMW* 43, insb. S. 1212.

[1861] Planck, Max [1906] 'Das Prinzip der Relativität und die Grundgleichungen der Mechanik', *VDPG* 8, S. 136-141.

[1862] —— [1908] 'Bemerkungen zum Prinzip der Aktion und Reaktion in der allgemeinen Dynamik', *Phys.Z.* 9, S. 828-830.

[1863] —— [1909] 'Die Einheit des physikalischen Weltbildes', a)*Phys.Z.* 10, S. 62-75; b)als Separatum Leipzig, Hirzel.

[1864] —— [1910] 'Zur Machschen Theorie der physikalischen Erkenntnis. Eine Erwiderung', a)*Phys.Z.* 11, S. 1186-1190; b)*VWPS* 34, S. 497-507 (= Replik auf Mach [1909]).

[1865] —— [1910]c 'Gleichförmige Rotation und Lorentz-Kontraktion', ibid., S.294.

[1866] —— [1910]d *Acht Vorlesungen über theoretische Physik*, Leipzig, Hirzel (darin insb. 'Allgemeine Dynamik und Prinzip der Relativität', S. 110-127).

[1867] —— [1911] 'Die Stellung der neuen Physik zur mechanischen Weltanschauung', *VDGNÄ* 82, S. 68-75.

[1868] —— [1920] *Das Wesen des Lichts*, Berlin, Springer.

[1869] —— [1922] 'Die Relativitätstheorie', *Leipziger Neueste Nachrichten*, 19. Sept.

[1870] —— [1925] *Vom Relativen zum Absoluten*, a)in *Natw.* 13, S.53ff.; b) Leipzig, Hirzel (s.a. E. Hartmann [1925], L. Hartmann [1925]).

[1871] —— [1929] 'Das Weltbild der neuen Physik', *Monatshefte für Mathematik u. Physik* 36, S. 387-410.

[1872] —— [1931] 'Neue Erkenntnisse der Physik', *Die Woche*, 31, Nr. 44, S. 1419-1420.

[1873] —— [1947] 'Mein Besuch bei Adolf Hitler', *PB* 3, S. 143.

[1874] Plassmann, J.[1921/22] 'Ein Angriff gegen die empirischen Grundlagen der Relativitätstheorie', *Aus der Natur* [Leipzig] 18, S. 40.

[1875] Plaut, Paul [1926]: Rez. v. Schouten [1924], *Zeitschrift für angewandte Psychologie* 27, S. 233.

[1876] Plummer, H.C.[1910] 'On the theory of aberration and the principle of relativity', *MNRAS* **70**, S. 255-266, 478.

[1877] Poincaré, Henri [1895]a 'L'espace et la géométrie', *RMM* **3**, S. 631-646.

[1878] —— [1895]b 'À propos de la théorie de M. Larmor', *L'Éclairage électrique* **3**, S. 3-13, 289-295; **5**, S. 5-14, 385-392.

[1879] —— [1898]b 'La mesure du temps', *RMM* **6**, S. 1- 13.

[1880] —— [1899]a 'Des fondements de la géométrie. À propos d' un livre de M. Russell', *RMM* **7**, S.251-279 (s.a. Russell [1899]).

[1881] —— [1899]b 'On the foundations of geometry', *Monist* **9**, S. 1-43.

[1882] —— [1900]a 'Sur les principes de la géométrie - réponse à M. Russell', *RMM* **8**, S. 73-86.

[1883] —— [1900]b 'La théorie de Lorentz et le principe de réaction', *ANSEN* (2) **5**, S. 252-278.

[1884] —— [1900/02]a) 'Relations entre la physique expérimentale et la physique mathématique', *Rapports du congrès de physique de 1900, Paris*, S. 1-29 [auch in *RGS* **11**, S. 1163-1175]; b)in engl. Übers. als 'Relations between experimental physics and mathematical physics', *Monist* **12** [1902], S. 516-543.

[1885] —— [1902]: Rez. v. Hilbert [1899], *BSM* (2) **26**, S. 249-272.

[1886] —— [1902/04]a) *Science et hypothèse*, Paris, Flammarion, 1902; b) *Wissenschaft und Hypothese*, Leipzig, Teubner (= dt. Übers. v. Poincaré[1902] durch F. u. L. Lindemann), [1. Aufl. 1904]; c)3. verbesserte Aufl. 1914.

[1887] —— [1903] 'L'espace et ses trois dimensions', *RMM* **11**, S. 281-301, 407-429.

[1888] —— [1904]a 'L'état actuel de l'avenir de la physique mathématique', *Bull.Sci.Math.* **28**, S. 302-324; b) in engl. Übers. als 'The present and the future of mathematical physics', *Bulletin of the American Mathematical Society* **12** [1906], S. 240-260.

[1889] —— [1904/59] 'Der Stand der theoretischen Physik an der Jahrhundertwende', *PB* **15** [1959], S. 145-149, 193-201 (= dt. Übers. von Poincaré[1904])

[1890] —— [1905]a 'The principles of mathematical physics', *Monist* **15**, S. 1-24.

[1891] —— [1905]b 'Sur la dynamique de l'électron', *CRAS* **140**, S. 1504-1508 (Reprint in Poincaré [1964], **9**, S. 489-493).

[1892] —— [1906] 'Sur la dynamique de l'électron', *RCMP* **21**, S. 129-176

[1893] —— [1906/21]a) *Le valeur de la science*, Paris, 1906; b) *Der Wert der Wissenschaft*, Leipzig, Teubner (= dt. Übers. v. E. u. H. Weber).

[1894] —— [1910] 'La mécanique nouvelle', *Revue d'électricité* **13**, S. 23-28; s.a. *RQS* (4) **6**, S. 204-207.

[1895] —— [1911] 'Die neue Mechanik', a)in *Himmel und Erde*, **23**, S. 97-116; b)als Sep., Leipzig u. Berlin, 1920 (= dt. Übers. v. Poincaré [1910]).

[1896] —— [1912] 'Les rapports de la matière et de l'éther', *JP* (5) **2**, S. 347-360.

[1897] —— [1913]a) *Dernières Pensées*, Paris, Flammarion, 1913; b)in dt. Übers. durch K.Lichtenecker: *Letzte Gedanken*, Leipzig, Akademische Verlagsgesellschaft, 1913.

[1898] —— [1954] *Oeuvres de Henri Poincaré, publiées sous les auspices de l'académie des sciences*, Paris, Gauthier- Villars, insb. Bd. **9**.

[1899] Poincaré, Lucien [1906] *La physique moderne, son évolution*, Paris, Flammarion [war mir nicht zugänglich].

[1900] Poole, Horace H.[1920] 'The Fitzgerald-Lorentz Contraction Theory', *Nature* **105**, S. 200.

[1901] Poor, Charles Lane (Ref.) [1919] 'Jazz in scientific world. Prof. Charles Lane Poor of Columbia explains Einstein's astronomical theories', *NYT* **69**, Nr. 22,576, So. 16. Nov., Sect. 3, S. 8, Sp. 1-3.

[1902] —— [1921]a 'Poor says Einstein fails in evidence. Columbia Professor declares discordance of planetes does not prove theory advanced', *NYT* **70**, Nr. 23,026, Do. 8. Febr. 1921, S. 17, Sp. 7.

[1903] —— [1921]b 'Planetary motions and the Einstein theories. A possible alternative to the relativity doctrines that would save the Newtonian law', *SA Monthly* **3**, Juli-Heft, S. 484-486 (s.a. Bird [1921]e).

[1904] —— [1922] *Gravitation versus Relativity. With a preliminary essay by Chamberlain*, New York u. London, Putnam's Sons [war mir nicht zugänglich].

[1905] —— [1923] 'A test for eclipse plates', *Science* N.S. **57**, S. 613-614.

[1906] —— [1924]a 'Is Einstein wrong? A debate. I. The errors of Einstein', *The Forum* **71**, S. 705-715.

[1907] —— [1924]b 'Prof. Poor replies', ibid. **72**, S. 273-274.

[1908] —— [1924]c 'Eclipse casts shadow on relativity. Astronomers say photograph measurements disagree with Einstein's figures on the deflection of star rays passing the sun', *NYT* **73**, Nr. 24,088, So. 6. Jan., Sect. 8, S. 4, Sp. 1-8.

[1909] —— [1925]a *Time and relativity*, New York[?], Selbstverlag [war mir nicht zugänglich].

[1910] —— [1925]b *Relativity and the motion of mercury*, New York, The Academy [war mir nicht zugänglich].

[1911] —— [1926]a *Gravitation, time, and Einstein*, a)in: *Popular Astronomy* **34**, Dez. 1926, Heft Nr. 10, S. 633-638 (dort angekündigte Fortsetzung ist nicht mehr erschienen); b)als Separatum: New York, Selbstverlag.

[1912] —— [1926]b 'Einstein and gravitation', *NYT* **75**, Nr. 25,061, So. 5. Sept. 1926, Sect. 7, S. 14, Sp. 2-3.

[1913] —— [1927] *The relativity deflection of light*, a)in: *JRASC* **21**, Heft 6, S. 225-238; b)als Separatum: Toronto, Univ. of Toronto Press.

[1914] —— [1930] *What Einstein really did*, a)*Scribner's Magazine*, Nov. 1930, S. 523-538; b)als Separatum: o.O. u. o. Datum.

[1915] Popper, Karl Raimund [1934] *Logik der Forschung*, a)Springer, 1. Aufl. 1934 (mit dem Untertitel *Zur Erkenntnistheorie der modernen Naturwissenschaft* erschien im Herbst 1934 mit der Jahresangabe 1935 als Bd. 9 der *Schriften zur wissenschaftlichen Weltauffassung*); b)6. Aufl.: Tübingen, Mohr, 1976; c)7. Aufl., ibid. 1982 (jeweils mit neuen Anhängen; s.a. Rez. v. Carnap [1935], Reichenbach [1935]); d)in engl. Übers. v. K. Popper, J. u. L. Freed: *The logic of scientific discovery*, New York, Basic Books; e) in franz. Übers. *La logique de la découverte scientifique*, Paris, Payot, 1973.

[1916] Porstmann, W.[1916] 'Allgemeines zum Relativitätsprinzip', *Prometheus* **27**, Nr. 37, S. 586-589.

[1917] Pouquet, L.[1930] 'La théorie de la relativité. Essai de conciliation avec le bon sense', *Archives de Philosophie* **7**, S. 528-636 (= Heft 3, 1-110).

[1918] Quint, Heinz [1922] *Die Relativitätstheorie. Ein Blick in die Welt Einstein's [!]*, Wien, Anzensgruber.

[1919] Radakovits, J.[1921] 'Von der Relativitätstheorie zur Gleichzeitigkeitstheorie', *Annalen für Gewerbe und Bauwesen* **88**, S. 100.

[1920] Radovanovitsch, A.[1921] 'Zur Relativitätstheorie. Sprachkritische Skizzen nach Fritz Mauthner', *Kosmos* **18**, S. 290-292.

[1921] Rajagopal, C.T. u. Chari, C.T. Krishnama [1936] 'The role of i in the special theory of relativity', *The mathematical Gazette* **20**, S. 208-209.

[1922] Rameau, Jean [1922] 'La science et le bonheur. À propos d'Einstein', *Le Gaulois*, 9. April.

[1923] Ramsauer, Carl [1947]a 'Eingabe an Rust', *PB* **3**, S. 43-46.

[1924] —— [1947]b 'Zur Geschichte der Deutschen Physik. Gesellschaft in der Hitlerzeit', *PB* **3**, S. 110-114.

[1925] Rapp, R.[1921] 'Die Einsteinsche Relativitätstheorie', *Aus der Heimat* [Öhringen] **34**, S. 97-108.

[1926] Raschevsky, Nicolas v.[1921] 'Light emission from a moving source', *Phys.Rev.* (2) **18**, S. 369.

[1927] —— [1922]a 'Zur allgemeinen Elektrodynamik', *Phys.Z.* **23**, S. 2-9.

[1928] —— [1922]b 'Zur Frage nach der physikalischen Bedeutung der Relativitätstheorie', *Z.Phys.* **10**, S. 209-226 (= Replik auf Guillaume u. Willigens [1921]).

[1929] —— [1922]c 'Zur physikalischen Interpretation der Relativitätstheorie', *VDPG* (3) **3**, S. 41-43.

[1930] —— [1923]a 'Kritische Untersuchung zu den physikalischen Grundlagen der Relativitätstheorie', *Z.Phys.* **14**, S. 107-149.

[1931] —— [1923]b 'Die allgemein kovarianten elektromagnetischen Feldgleichungen, interpretiert vom Standpunkte des absoluten Raumes und der absoluten Zeit', ibid. **19**, S. 47-52.

[1932] —— [1924] 'Die Relativitätstheorie als eine der möglichen mathematischen Darstellungen der physikalischen Erscheinungen', ibid. **24**, S. 438-441.

[1933] Rauschenberger, Walther [1926] 'Das Absolute in der Bewegung', *ASP* **29**, S. 232-237.

[1934] —— [1927] 'Der relativistische Positivismus', *Monistische Monatshefte*, **12**, S. 5-13.

[1935] —— [1931] 'Anti- Einstein', in: Israel et al.(Hrsg.) [1931], S. 39-40.

[1936] Rawitz, Bernhard [1922/23] *Raum, Zeit und Gott. Eine kritisch- erkenntnistheoretische Untersuchung auf der Grundlage der physikalischen Relativitätstheorie*, Leipzig, Hillmann, 1. Aufl. 1922; 2. Aufl. 1923.

[1937] Redlin, Fritz [1939] 'Das Judenporträt: Albert Einstein. Die 'Sehenswürdigkeit' von Princeton', *Mitteilungen über die Judenfrage*, **10** (9. März), S. 3-4.

[1938] Reichenbach, Hans [1920]a *Relativitätstheorie und Erkenntnis a priori*, Berlin, Springer (s.a. Rez. v. Schlick [1921]a, E. Hartmann [1924/25]b, Reprint in Bd. 3 v. Reichenbach [1977]ff., S. 191-302).

[1939] —— [1920]b: Rez. v. H. Schmidt [1920]b, *Natw.* **8**, S. 925.

[1940] —— [1920]c 'Die Einsteinsche Raumlehre', *Umschau* **24**, S. 402-405.

[1941] —— [1920]d: Zum Aufsatz von Stahl [1920], *NW* **35** (= N.F. **19**), S. 592.

[1942] —— [1920]e: Rez. v. Schlick [1918]a, *Zeitschrift für angewandte Psychologie* **16**, S. 341-343.

[1943] —— [1921]a: Selbstanzeige von Reichenbach [1920]a, *Ann.Phil.* **2**, S. 493.

[1944] —— [1921]b 'Erwiderung auf H. Dinglers Kritik an der Relativitätstheorie', *Phys.Z.* **22**, S. 379-384.

[1945] —— [1921]c 'Bericht über eine Axiomatik der Einsteinschen Raum-Zeit-Lehre', ibid., S. 683-687.

[1946] —— [1921]d 'Erwiderung auf Herrn Th. Wulfs Einwände gegen die allgemeine Relativitätstheorie', *AN* **213**, Sp. 307-310.

[1947] —— [1921]e 'Die Einsteinsche Bewegungslehre', *Umschau* **25**, S. 501-505 (s.a. Kraus [1921]b).

[1948] —— [1921]f 'Entgegnung', ibid., S. 684-685 (= Replik auf Kraus [1921]b).

[1949] —— [1921]g 'Geschwindigkeiten im Weltall im Lichte der Relativitätstheorie', *Kosmos* **18**, S. 292-295.

[1950] —— [1921/79] 'Der gegenwärtige Stand der Relativitätsdiskussion', a)*Logos* **10**, S. 316-378; b)in: Reichenbach [1977ff] Bd. 3, S. 342-405.

[1951] —— [1922]a: Rez. v. Freundlich [1916], *DLZ*, 28. Jan., Sp. 69-70.

[1952] —— [1922]b 'Relativitätstheorie und absolute Transportzeit', *Z.Phys.* **9**, S. 111-117.

[1953] —— [1922]c 'Erwiderung auf Herrn Andersons Einwände gegen die allgemeine Relativitätstheorie', *AN* **215**, Sp. 373-376 (= Replik auf Anderson [1921]; s.a. Wulf [1921]a).

[1954] —— [1922]d 'Die Relativitätstheorie in der Streichholzschachtel', *NZZ* **143**, 29.April, Morgenblatt, S. 1-2.

[1955] —— [1922]e 'Der Nobelpreis für Einstein', ibid., 22. Nov., Morgenblatt, S.1-2.

[1956] —— [1922]f 'La signification philosophique de la théorie de la relativité', *RPFE* **94**, S. 5-61.

[1957] —— [1923]: Rez. v. A. Müller [1922] , *Natw.* **11**, S. 30-31.

[1958] —— [1924]a 'Die Bewegungslehre bei Newton,Leibniz und Huygens', *KS* **29**, S. 416-438 (Reprint in Reichenbach [1977]ff Bd. 3, S. 406-428).

[1959] —— [1924]b 'Entgegnung', *Ann.Phil* **4**, S. 195-198 (= Replik auf Brühlmann [1924]; s. a. Brühlmann [1925/26]).

[1960] —— [1924]c *Axiomatik der relativistischen Raum-Zeit-Lehre*, Braunschweig, Vieweg (= Die Wissenschaft, Bd. 72; Reprint in Reichenbach [1977]ff. Bd. 3, S. 3-171; s.a. Rez. v. A. Müller [1924]a, Weyl [1924]b, Sellien [1925]a, Zilsel [1925] sowie Mellin [1926]).

[1961] —— [1924]d 'Die relativistische Zeitlehre', *Scientia* **36**, S. 361-374 (Reprint in Reichenbach [1977]ff. Bd. 3, S. 303-317.

[1962] —— [1925]a 'Die Kausalstruktur der Welt und der Unterschied von Vergangenheit und Zukunft', *SB.München*, S. 133-175.

[1963] —— [1925]b 'Planetenuhr und Einsteinsche Gleichzeitigkeit', *Z.Phys.* **33**, S. 628-634 (Reprint in Reichenbach [1977]ff. Bd. 3, S. 184-190.

[1964] —— [1925]c 'Über die physikalischen Konsequenzen der relativistischen Axiomatik', ibid., **34**, S. 32-48 (teilw. Reprint in Reichenbach [1977]ff. Bd. 3, S. 172-183.

[1965] —— [1926]a 'Erwiderung auf eine Veröffentlichung von Herrn Hj. Mellin', ibid. **39**, S. 106-112 (= Replik auf Mellin [1926]).

[1966] —— [1926]b 'Ist die Relativitätstheorie widerlegt?', *Umschau* **30**, S. 325-328.

[1967] —— [1926]c 'Die Auswirkung der Einsteinschen Lehre', *Kunstwart* **40**, 1. Hälfte, S. 35-39 (= Replik auf Lichtenecker [1926] u. Dingler [1925/26]).

[1968] —— [1926]d 'Die Probleme der modernen Physik', *NR* **37**, Aprilheft, S. 414-425.

[1969] —— [1927]a 'Lichtgeschwindigkeit und Gleichzeitigkeit', *Ann.Phil.* **6**, S. 128-144 (= Replik auf Mellin [1926]).

[1970] —— [1927]b *Von Kopernikus bis Einstein*, Berlin, Ullstein.

[1971] —— [1927]c 'Metaphysik und Naturwissenschaft', *Symposion* **1**, S. 158-176.

[1972] —— [1928]a *Philosophie der Raum-Zeit-Lehre*, Leipzig u. Berlin, de Gruyter (Reprint als Reichenbach [1977]ff. Bd. 2; s.a. Rez. v. AE [1928]e, Grellin [1930]).

[1973] —— [1928]b 'Philosophie der Naturwissenschaften', *VZ* Nr. 3, Di. 3. Jan., Unterhaltungsblatt.

[1974] —— [1928]c 'Zum Tode von H.A. Lorentz', *BT* **57**, Nr. 62 (A), Mo. 6. Febr.

[1975] —— [1928]d 'Raum und Zeit. Von Kant zu Einstein', *VZ*, Nr. 55, So. 4. März.

[1976] —— [1929]a 'Ziele und Wege der physikalischen Erkenntnis', *HdP* **4**, S. 1-80.

[1977] —— [1929]b 'Zur Einordnung des neuen Einsteinschen Ansatzes über Gravitation und Elekrizität', *Z.Phys.* **59**, S. 683-689.

[1978] —— [1929]c 'Die neue Theorie Einsteins über die Verschmelzung von Gravitation und Elektrizität', *Zeitschrift für angewandte Chemie* **42**, S. 121-123.

[1979] —— [1929]d 'Neuere Forschungsergebnisse in der Naturphilosophie', *FuF* **5**, S. 185.

[1980] —— [1929]e 'Einsteins neue Theorie', *VZ*, 25. Jan., Unterhaltungsblatt (zu AE [1929]e).

[1981] —— [1929]f 'Neue Wege der Wissenschaft', *VZ*, Postausg. So., I: 'Philosophische Forschung', 31. März (Nr. 78), II: 'Physikalische Forschung', 16. Juni (Nr. 143); III: 'Mathematische Forschung', 18. Aug. (Nr. 197).

[1982] —— [1929]g 'Die neue Naturphilosophie', *Deutsche Allgemeine Zeitung*, 13. Okt., Sonntagsbeilage 'Das Unterhaltungsblatt', S. 1.

[1983] —— [1930]a 'Die philosophische Bedeutung der modernen Physik', *Erkenntnis* 1, S. 49-71.

[1984] —— [1930]b *Atom und Kosmos. Das physikalische Weltbild der Gegenwart*, Berlin, Deutsche Buch--Gemeinschaft.

[1985] —— [1930]c 'Probleme und Denkweisen der gegenwärtigen Physik', *DR* **56** (224), S. 37-44, 131-141.

[1986] —— [1930]d 'Der heutige Stand der Wissenschaften. V. Die exakten Naturwissenschaften', *Die Literarische Welt* **6** Nr. 38, S. 3-4 (= 5. Beitrag einer Artikelserie der Zeitschrift).

[1987] —— [1931]a 'Zum Anschaulichkeitsproblem der Geometrie. Erwiderung auf Oskar Becker', *Erkenntnis* **2**, S. 61-72 (= Replik auf Becker [1930]a).

[1988] —— [1931]b 'Der physikalische Wahrheitsbegriff', ibid., S. 156-171.

[1989] —— [1931]c 'Hundert gegen Einstein', *VZ*, Postausg., Nr. 47, Di. 24. Febr. (= Rez. v. Israel, Ruckhaber u. Weinmann (Hrsg.) [1931]).

[1990] —— [1931]d 'Naturwissenschaftliche Berichte. Naturwissenschaft und Philosophie', *FZ* **75**, 29. April, Nr. 314, 1. Morgenblatt, S. 1-2.

[1991] —— [1931]e 'Schlußbemerkung' [in der Debatte v. Aster/Vogel versus Dingler [1931], *Erkenntnis* **2**, S. 39-41.

[1992] —— [1931]f Rez. v. Bavink [1913/40] (4. Aufl. 1930), ibid., S. 468-471.

[1993] —— [1932]a 'Kant und die moderne Naturwissenschaft. Naturwissenschaftliche Berichte', *FZ*, **77**, 23. August (= Nr. 626-627), 1. Morgenblatt, S. 2-3.

[1994] —— [1932]b 'Der endliche Weltenraum', *Die Woche* **34**, S. 1131-1132.

[1995] —— [1933]a 'Kant und die Naturwissenschaft', *Natw.* **21**, S. 601-606 u. 624-626.

[1996] —— [1933]b 'Vom Bau der Welt', *NR* **44**, Teil II, Heft Nr. 7, S. 39-60, 235-250.

[1997] —— [1933]c: Rez. v. Carnap [1928], *KS* **38**, S. 199-201.

[1998] —— [1934] 'In eigener Sache', *Erkenntnis* **4**, S. 75-78 (= Replik auf Dinglers Vorwort in Dingler [1933]).

[1999] —— [1935] 'Über Induktion und Wahrscheinlichkeit. Bemerkungen zu Karl Poppers *Logik der Forschung*, *Erkenntnis* **5**, S. 267-284 (= Rez. v. Popper [1934]).

[2000] —— [1936]a 'Logistic empiricism in Germany and the present state of its problems', *J.Phil* **33**, S. 141-160.

[2001] —— [1936]b 'L'empirisme logistique et la désaggrégation de l'apriori', *ACIPS* [Paris] **1**, S. 28-35.

[2002] —— [1949/79] 'Die philosophische Bedeutung der Relativitätstheorie', in: Schilpp (Hrsg.) [1949/79]b, S. 188-207 [Orig. engl.; Reprint in Reichenbach [1977]ff. Bd. 3, S. 318-341].

[2003] —— [1951] 'The verifiability theory of meaning', *PAAAS* **80**, S. 46-60.

[2004] —— [1977ff.] *Gesammelte Werke*, Braunschweig, Vieweg, (9 Bände, teils i.V.).

[2005] Reichenbächer, Ernst [1917] 'Grundzüge zu einer Theorie der Elektrizität und der Gravitation', *Ann.Phys.* (4) **52**, S. 134-173 sowie 'Nachtrag', S. 174-178.

[2006] —— [1920] 'Inwiefern läßt sich die moderne Gravitationstheorie ohne die Relativität begründen', *Natw.* **8**, S. 1008-1010.

[2007] —— [1921]a 'Schwere und Trägheit', *Phys.Z.* **22**, S. 234-243.

[2008] —— [1921]b 'Massenunabhängige Schwerefelder in der allgemeinen Relativitätstheorie', *Phys.Z.* **22**, S. 634-636.

[2009] —— [1923]a 'Träge, schwere und felderzeugende Masse', *Z.Phys.* **15**, S. 276-279.

[2010] —— [1923]b 'Bemerkung zu der Arbeit von Kornel Lanczos [...]' [1923], ibid., S. 273-275.

[2011] Reichinstein, David [1935] *Albert Einstein. Ein Bild seines Lebens und seiner Weltanschauung*, Prag, Stella, a)1. Aufl 1934; b)2. u. 3. Aufl. 1935.

[2012] Reid, G. Archdall [1929] 'The understanding of relativity', *Nature* **123**, s. 160-161 (= Replik auf McLennan [1929]; s.a. H.D.[1928], Lodge [1929]).

[2013] Reidemeister, K.[1933]: Rez. v. Dingler [1933], *Natw.* **21**, S. 866-867.

[2014] —— [1952] 'Zur Logik der Lehre vom Raum', *Dialectica* **6**, S. 327-342.

[2015] Reinhardt, H.[1920] 'Zur Kritik der allgemeinen Relativitätstheorie', *Natur. Zeitschrift der Deutschn.-Naturwissenschaftlichen Gesellschaft* [Leipzig] **11**, S. 72.

[2016] Reiser, Oliver L.[1930] 'Physical relativity and psychical relativity', *PR* **37**, S. 257-263.

[2017] —— [1931] 'Relativity and reality', *Monist* **41**, S. 512-534.

[2018] Remy, H. [1920] 'Das physikalische Relativitätsprinzip', *Unsere Welt* [Godesberg] **12**, S. 93-104 (vgl. Bavink [1920], Glues, Dennert [1921]).

[2019] v.Renesse, [1941]: Rez. v. Bavink [1913/40]b, *Rundschau Deutscher Technik* **21**, Nr. 16,

[2020] Requard, Friedrich [1938/39] 'Wissenschaftliche Strenge und Rasse', *ZgN* **4**, S. 342-353.

[2021] —— [1940] 'Physik und Erbcharakter', *ZgN* **6**, S. 172-184.

[2022] Reuterdahl, Arvid [1920] *Scientific theism versus materialism, the space-time potential*, New York, Devin Adair Co. [war mir nicht zugänglich].

[2023] —— [1921] 'Einstein and the new science', *The bi-monthly journal of the College of St. Thomas* [St. Paul, Minnesota] **9**, Heft 3 (Juli) [war mir nicht zugänglich].

[2024] —— [1923]a 'First attempt of the unification of electricity and gravitation (abstract from a letter written to Prof. St. Mohorovičić)', *Univerzum* [Zagreb] **1**, Heft Nr. 9-12 [war mir nicht zugänglich].

[2025] —— [1923]b 'Einstein's predecessors. Dr. Arvid Reuterdahl argues German scientist used Solder's, Gerber's and other formulae without acknowledgment', *NYT* **72**, Nr. 23,871, So. 3. Juni, Sect. 8 S. 8, Sp. 7-8.

[2026] —— [1923]c 'The origin of Einsteinism. Prof. Reuterdahl, replying to Mr. Bond, says that, in the absense of proofs of innocence, Einstein stands concivted of plagiarism', *NYT* **72**, Nr. 23,941, So. 12. Aug., Sect. 7, S. 8, Sp. 1 (= Replik auf Bond [1923]).

[2027] —— [1931] 'Der Einsteinismus - seine Trugschlüsse und Täuschungen', in: Israel et al.(Hrsg.) [1931], S. 40-45 (s.a. Abschn. 3.3.).

[2028] Rey, Abel [1904]: Rez. v. d. franz. Übers. von Mach [1883], *RPFE* **58**, S. 285-292.

[2029] —— [1912]: Diskussionsbemerkung zu Langevin [1912], *BSFP* **12**, S. 28-34.

[2030] —— [1922] 'La notion d'object et l'évolution de la physique contemporaine', *RPFE* **94**, S. 201-242.

[2031] Reynolds, Clarence N.[1924]: Beitrag zum Symposium 'Is Einstein wrong?', *The Forum* **72**, S. 278-279.

[2032] Rice, James [1917] 'Relativity and gravitation. A discussion of attempts to bring gravitation within the scope of the principles of relativity', *SA Suppl.* 7. April, Nr. 2153, S. 210-211.

[2033] Richard, J.[1922] 'À propos de la théorie d'Einstein', *RGS* (33. année), 15. April, S. 193-194.

[2034] Richard-Foy, Emile [1922] 'Le temps et l'espace du sens commun et les théories d'Einstein', *RPFE* **94**, S. 153-200.

[2035] —— [1924] 'Einstein et sa conception d'un espace fini', *RPFE* **97**, S. 67-103.

[2036] Richardson, Robert P.[1929] 'Relativity and its precursors', a)in: *Monist* **39**, S. 126-152; b)Reprint in: *Open Court* **45** [1931] S. 527-546.

[2037] Richter, Gustav [1921] *Kritik der Relativitätstheorie Einsteins*, Leipzig, Hillmann.

[2038] —— [1931] 'Die Relativierung des räumlich-zeitlichen Maßstabes kann nur mit Hilfe eines absoluten Maßstabes festgestellt werden', in: Israel et al.(Hrsg.) [1931], S. 45-46.

[2039] Richter, Hans [1921] *Die Entwicklung der Begriffe: "Kraft, Stoff, Raum, Zeit" durch die Philosophie mit Lösung des Einsteinschen Problems*, Leipzig, Hillmann.

[2040] Riebesell, Paul [1911] 'Das Weltbild der modernen Physik', Separatum aus: *Monatshefte für den naturwissenschaftlichen Unterricht* **20** (= N.F. 4), Heft 12.

[2041] —— [1916] 'Die Beweise für die Relativitätstheorie', *Natw.* **4**, S. 97-101.

[2042] —— [1917] 'Relativität und Schwerkraft', *NW* **32** (= N.F. **16**), S. 113-120.

[2043] —— [1921]a 'Relativität und Gravitation', *VNVH* (3) **24**, S. LXIV-LXV.

[2044] —— [1921]b 'Einführung in die Relativitätstheorie', *VNVH* (3) **28**, S. 41-68.

[2045] —— [1922]a 'Bedeutung der speziellen Relativitätstheorie für die Physik', ibid. **29**, S. 25.

[2046] —— [1922]b 'Die Behandlung der Grundlagen der Relativitätstheorie in der Schule', *Verhandlungen der Versammlung Deutscher Philologen und Schulmänner* **53**, S. 93-94.

[2047] —— [1926] 'Die Relativitätstheorie im Unterricht', *UMN*, Beiheft 5 (bzw. Zusammenfassung in: *UMN* **32** S. 233-234).

[2048] Riedinger, Franz [1922] 'Die Stellung der Uhr in der Relativitätstheorie', *Z.Phys.* **12**, S. 265-288.

[2049] —— [1923] 'Gravitation und Trägheit', ibid. **19**, S. 43-46.

[2050] Riem, Johannes [1920]a 'Gegen den Einstein Rummel!', *Umschau* **24**, S. 583-584 (= Replik auf N.N.[1920]g).

[2051] —— [1920]b 'Das Relativitätsprinzip', *Deutsche Zeitung*, 26. Juni, Nr. 286.

[2052] —— [1921]a 'Die astronomischen Beweismittel der Relativitätstheorie', *Hellweg. Westdeutsche Wochenschrift für Deutsche Kunst* [Essen] **1**, S. 314-316.

[2053] —— [1921]b 'Keine Bestätigung der Relativitätstheorie', *NW* **36** (= N.F. **20**), S. 420.

[2054] —— [1921]c 'Lenards gewichtige Stimme gegen die Relativitätstheorie', ibid., S. 551.

[2055] —— [1922]a 'Neues zur Relativitätstheorie', ibid. **37** (= N.F. **21**), S. 13-14.

[2056] —— [1922]b 'Rotverschiebung und Michelsonscher Versuch', ibid., S. 717.

[2057] —— [1923] 'Beobachtungstatsachen zur Relativitätstheorie', *Umschau* **27**, S. 328-329.

[2058] —— [1925] 'Relativitätstheorie und Konstitution der Materie', *Umschau* **29**, S. 908-910.

[2059] Riemeier, Elisabet [1920/21] 'Einstein und Kant', *Die Furche* [Berlin] **11**, S. 156-157 (= Komm. zu Lettau).

[2060] Righi, Auguste [1920] 'Sur les bases expérimentales de la théorie de la relativité', *CRAS* **170**, S. 497-501.

[2061] Rigny, Fernand [1922] 'Le professeur Einstein au Collège de France', *Le Figaro*, 1. April.

[2062] Ripke-Kühn, Leonore [1920] *Kant contra Einstein*, Erfurt, Veröffentlichungen der deutschen philosophischen Gesellschaft. (= Beiträge zur Philosophie des Deutschen Idealismus, Beiheft 7).

[2063] —— [1921] 'Kant contra Einstein', *Hellweg. Westdeutsche Wochenschrift für Deutsche Kunst* [Essen] **1**, S. 123-124.

[2064] Ritz, Walther [1908]a 'Recherches critiques sur l'éléctrodynamique générale', *Annales de Chimie et de Physique*, **13**, S. 145-279 (Reprint in [1911], S. 317-426).

[2065] —— [1908]b 'Du rôle de l'éther en physique', *Scientia* **3**, S. 261-274 (Reprint in [1911], S. 447-461).

[2066] —— [1909] 'Die Gravitation', ibid. **5**, S. 242-255 (Reprint in [1911], S. 462-477).

[2067] —— [1911] *Gesammelte Werke - Œuvres*, Paris, Gauthier-Villars (insb. S. 317-477, 509-518).

[2068] Robb, Alfred Arthur [1911] *Optical geometry of motion: a new view of the theory of relativity*, Cambridge, Heffter & Sons (konnte von mir nicht beschafft werden).

[2069] —— [1914] *A theory of time and space*, Cambridge, [Pamphlet bei Heffer & Sons, 1913]; erweiterte Fassung bei Cambridge Univ. Press, 1914.

[2070] —— [1914] 'The principle of relativity', *Nature* **93**, S. 454 (s.a. Replik v. Cunningham [1914]a)

[2071] —— [1920] 'The straight path', *Nature* **104**, S. 599.

[2072] —— [1921] *The absolute relations of time and space*, Cambridge, Cambridge Univ. Press.

[2073] —— [1936] *Geometry of Time and space*, Cambridge, Cambridge Univ. Press.

[2074] Robertson, H.P.[1932] 'The expanding universe', *Science* N.S. **76**, S. 221-226.

[2075] —— [1933] 'Relativistic Cosmology', *Rev.mod.Phys.* **5**, S. 62-90.

[2076] —— [1939] 'Relativity-20 years after', *SA* **160**, S. 358-359.

[2077] —— [1949] 'Postulate versus observation in the special theory of relativity', ibid.**21**, S. 378-382.

[2078] —— [1949/79] 'Geometrie als Zweig der Physik', in: Schilpp(Hrsg.) [1949/79]b, S. 208-224 (Orig. engl.).

[2079] Roderich-Stoltheim, F. (= Pseud. für Fritsch, Theodor) [1921] *Einsteins Truglehre. Allgemeinverständlich dargelegt und widerlegt*, Leipzig, 1921 (=Hammer-Schriften, Bd. 29).

[2080] —— [1923] 'Die relative Relativitätstheorie', *Hammer. Blätter für Deutschen Sinn* [Leipzig] **22**, S. 9.

[2081] Röver, Georg [1923] *Zur Lehre vom Raum. Ein Standpunkt, gewonnen durch eine Betrachtung der Lehre Kants vom Raum*, Oldenburg, Schulze (s.a. Sellien [1927]).

[2082] Rohmann, H.[1911] 'Ein Modell zum Relativitätsprinzip', *Phys.Z.* **12**, S. 1227-1229.

[2083] Rosén, A.[1927] 'Maxwells Theorie des elektromagnetischen Feldes und die Relativitätstheorie Einsteins', *Kung. Fysiografiska Sällskapels Handlinger* [Lund] N.F. **38**, Heft 8.

[2084] Rosen, Nathan u. Vallarta, M.S. [1932] 'Relativity and the uncertainty principle', *Phys.Rev.* (2) **40**, S. 569-577.

[2085] Rosen, Nathan [1940]a 'General relativity and flat space', *Phys.Rev.* (2) **57**, I: S. 147-150, II: 150-153.

[2086] —— [1940]b 'Note on ether-drift experiments', ibid., S. 154-155.

[2087] —— [1952] 'Special theories of relativity', *AJP* **20**, S. 161-164.

[2088] Rosenberg, Bruno [1921] 'Einstein-Rummel', *Mitteilungsblatt des Verbandes nationaldeutscher Juden* [Berlin] **1**, Nr. 1, S. 3.

[2089] Rosenthal-Schneider, Ilse [1949/79] 'Voraussetzungen und Erwartungen in Einsteins Physik', in: Schilpp(Hrsg.) [1949/79]b, S. 60-73 (Orig. engl).

[2090] Dies.[1955] 'Albert Einstein: 14 march 1879 - 18 april 1955', *Australian Journal of Science* **18**, S. 15-20.

[2091] Dies.[1981/88] *Begegnungen mit Einstein, von Laue und Planck. Realität und wissenschaftliche Wahrheit*, Vieweg, Braunschweig u. Wiesbaden, (Orig. engl. 1981) [siehe auch 'Schneider, Ilse' als Mädchenname].

[2092] Ross, W.D.[1920] 'The philosophical aspect of the theory of relativity', a)*Mind* n.s. **29**; b)in *Intern. Congress of Philosophy, Oxford, 1920*, S. 9-16 (s.a. Eddington [1920]a, Broad [1920]).

[2093] Rosser, Barkley [1938]: Rez. v. Hermes [1938], *Journal of Symbolic Logic* **3**, S. 119-120.

[2094] Rothe, Rudolf [1917]a 'Die Grundlage der Einsteinschen allgemeinen Relativitätstheorie', *ZPCU* **30**, S. 257-261.

[2095] —— [1917]b: Rez. v. Freundlich [1916] u. Schlick [1917], *ZPCU* **30**, S. 267.

[2096] Rother, F.[1923] 'Neue Bestätigung der Relativitätstheorie Einsteins', *Leipziger Neueste Nachrichten*, 29. April 1923.

[2097] Rougier, Louis [1917] 'L'inertie et l'énergie', *RS* **55**, S. 614-619.

[2098] —— [1921]a *En marge de Curie, de Carnot, et d'Einstein*, Paris, Chiron.

[2099] —— [1921]b *La matière et l'energie selon la théorie de la relativité et la théorie des quanta*, Paris, Gauthier-Villars; c)in engl. Übers. v. V.M. Masius: *Philosophy and the new physics: an essay on the relativity theory and the theory of quanta*, Philadelphia, Blakiston's & Son.

[2100] Royds, T.[1922] 'Einstein's theory of relativity', in Bird (Hrsg.) [1922], S. 318-326.

[2101] Rubin, H. u. Suppes, P.[1954] 'Transformations of systems of relativistic particle mechanics', *Pacific Journal of Mathematics* **4**, S. 563-601.

[2102] Ruckhaber, Erich [1928] *Die Relativitätstheorie widerlegt durch das Widerspruchsprinzip und die natürliche Erklärung des Michelson-Versuchs. Das dreidimensionale Raum-Zeit-System*, Leipzig, Hillmann.

[2103] —— [1929] *Relativia, der Roman eines Propheten*, Berlin-Spandau, Kuntz.

[2104] —— [1931] 'Die völlige Unlogik der Relativitätstheorie', in: Israel, Ruckhaber et al.(Hrsg.)[1931], S. 47- 49.

[2105] —— [1955] *Die Ätherwirbeltheorie vielfach bewiesen. Die Folgen für das Relativitätsprinzip*, Berlin, Schikowski.

[2106] Rülf, B.[1920]a 'Die Relativitätstheorie von Einstein und die Grundlagen der Mechanik', *Kölnische Zeitung*, Beilagen Nr. 253 (So., 14. März) u. Nr. 276 (So., 21. März); auch in: *ZVDI* **64**, S. 593-598, 623-625 sowie in: *Industrie und Technik* [Berlin] **1**, S. 239-244.

[2107] —— [1921] 'Gestalt und Größe der Welt nach Einstein', *Umschau* **25**, S. 65-68 (s.a. Replik v. Lämmel [1921]g

[2108] Rüther, R.[1921/22] 'Relativität und ihre Theorien', *Deutsche Arbeit* [Köln] **21**, S. 271.

[2109] Rumer, Georg [1931] *Zur allgemeinen Relativitätstheorie*, Göttingen, Vandenhoek u. Ruprecht.

[2110] Runge, C.[1925] 'Äther und Relativitätstheorie', *Natw.* **13**, S. 440.

[2111] Russell, Bertrand [1899] 'Sur les axiomes de la géométrie', *RMM* **7**, S. 684-707 (= Replik auf Poincaré [1899]).

[2112] —— [1901]a) 'Is position in time and space absolute or relative?', *Mind* N.S. **10**, S. 293-317; b)dt. Übers. als 'Über den Begriff der Ordnung und die absolute Position im Raume und in der Zeit', *Bibliothèque du congrès internationale de philosophie*, bf III: *Logique* [Paris], S. 241-277.

[2113] —— (zus. mit A.N. Whitehead) [1910] 'Geometry VI: non-euclidean geometry', *Enc.Brit.* (11) **11**, S. 724-730.

[2114] —— [1914/26] *Our knowledge of the external world*, a)1. Aufl. Chicago, Open Court Publ.; b)New York, W.W.Norton, 2. Aufl. 1920 (Reprint 1929); c)in dt. Übers. *Unser Wissen von der Außenwelt*, Leipzig, Meiner, 1926 (s.a. Rez. v. E. Hartmann [1926]).

[2115] Russell, Bertrand [1915] 'On the experience of time', *Monist* **25**, S. 212-233.

[2116] —— [1920] 'The relativity theory of gravitation', *The English Review* **30**, S. 11-18.

[2117] —— [1922] 'Obstacles to free thought', *The Freemann* [New York], 24. V., S. 251-253, 272-275 (insb. S. 253 über AE).

[2118] —— [1925/73]a *The ABC of Relativity*, New York u. London, Harper & Brothers, 1925 (s.a. Gilman [1927]); b)in dt.Übers. herausgeg. v. F. Pirani als: *Das ABC der Relativitätstheorie*, München, Nymphenburger, 1973.

[2119] —— [1927/29] a)*The analysis of matter*, 1. Aufl. 1927; b)in dt. Übers. v. K. Grelling als *Philosophie der Materie*, Leipzig und Berlin, Teubner (insb. S. 12-21, 48-110).

[2120] —— [1925] *Physics and experience* Cambridge, Cambridge Univ. Press (= Henry Sidgwick Lecture).

[2121] Russell, Henry Norris [1921] 'Modifying our ideas of nature: the Einstein theory of relativity', *Annual Report of the Smithsonian Institution for 1921*, S. 197-211.

[2122] —— [1922] 'The practical significance of relativity', in: Bird (Hrsg.) [1922], S. 306-317.

[2123] Russell, Leonard J.[1922]: Rez. v. Meyerson [1921], *Mind* **31**, S. 510-517.

[2124] —— [1925] 'Science and philosophy', *PAS* N.S. **25**, S. 61-76.

[2125] —— [1928]: Rez. v. Bridgman [1927], *Mind* N.S. **37**, S. 355-361.

[2126] —— [1940] 'The time scale of the universe', *Science* N.S. **92**, S. 19-27.

[2127] Ruster, H.[1923] 'Einsteins Relativitätstheorie und die Philosophie', *Germania. Zeitung für das Deutsche Volk* [Berlin], 25. Jan.

[2128] Rutherford, Sir Ernest [1923] 'Heroic age of physics', *Times* Nr. 43,445, Di. 13. Sept., S. 11, Sp. 3-4.

[2129] Sabalitschka, Th.[1924] 'Relativitätstheorie', *Handbuch der praktischen und wissenschaftlichen Pharmakologie*, **2** A, S. 40-45.

[2130] Sainte-Laguë, A.[1929] 'À propos des théories d'Einstein sur la relativité restreinte', a)*Revue Métapsychique*, Jg. 1929, Heft Nr. 4, S. 409-426; b)als Separatum: o.O., ohne Verlagsangabe).

[2131] Sampson, R.A.[1919] 'Validity of the principle of relativity and equivalence', *MNRAS* **80**, S. 154-157.

[2132] —— [1920]a 'Relativity and reality', *Nature* **105**, S. 708.

[2133] —— [1920]b 'The bearing of rotation on relativity', *Phil.Mag.* (6) **40**, S. 67-92.

[2134] —— [1920]c *On gravitation and relativity: being the Halley lectures delivered on June 12, 1920*, Oxford, Clarendon Press [war mir nicht zugänglich]

[2135] —— [1923] 'Simultaneity - the mathematical contribution', *PAS*, Suppl. **3**, S. 26-33.

[2136] Sandgathe, Franz [1928] *Die absolute Zeit in der Relativitätstheorie. Ein raum-zeitlicher Umbau der Relativitätstheorie*, Berlin, Heymann (s.a. Sandgathe [1930]).

[2137] —— [1930] 'Ein nicht relativiertes Stück in der Relativitätstheorie. Ein Nachtrag zu dem 1. Kapitel des Buches "Die absolute Zeit in der Relativitätstheorie" ', *ASP* N.F. **34**, S. 78-86.

[2138] —— [1934] *Das Ende der Einsteinschen Zeittheorie*, Bonn, Röhrscheid.

[2139] —— [1954/55] 'Ein Vorschlag zur Änderung der speziellen Relativitätstheorie', *Arch.Phil.* **5**, S. 241-304.

[2140] Sapper, Karl [1939] 'Zur Kritik der allgemeinen Relativitätstheorie', *Scientia* **68** (= (4) **32**), S. 125-132.

[2141] —— [1939/40] 'Das Äquivalenzprinzip der allgemeinen Relativitätstheorie', *Phys.Z.* **40**, S. 663-666 (s.a. Replik v. Weizsäcker [1939] u. Wenzl [1940] sowie Sappers Gegendarstellung, ibid. **41**, S. 422-425).

[2142] —— [1951] 'Michelsonversuch und Relativitätstheorie', *Wissenschaft und Weltbild* [Wien] **4**, S. 65-68.

[2143] Sauer, F.[1943] *Naturgesetzlichkeit und Relativismus. Eine Einführung in die Philosophie des Naturbegriffs*, München, Reinhardt.

[2144] Sauger, Maurice [1922] 'Réalité de la contraction Lorentzienne', *RGS* **33**, S. 162.

[2145] Savarit, C.-M.[1922]a 'Emile Picard et la relativité', *L' Écho de Paris*, 14. Jan.

[2146] —— [1922]b 'La théorie de la relativité. D' Einstein à Emile Picard', ibid., 28. Jan.

[2147] —— [1922]c 'Sur Einstein', *L'Écho de Paris*, 3. Juni (= Rez. v. Moch [1921] u. Berthelot [1922]).

[2148] Schacherl, Damasus [1919] 'Einige Bemerkungen zum Einsteinschen Relativitätsprinzip', *Divus Thomas. Jahrbuch für Philosophie und speculative Theologie* (2) **6**, S. 202-205.

[2149] Schaffers [1924/25] 'La relativité, théorie physique', *Annales de la Société Scientifique de Bruxelles* (A) **44**, I. fasc., S. 504-506 (s.a. Replik v. Lemaître [1927]).

[2150] —— [1925/26] 'Sur le 1. postulat de la 1. relativité', ibid., **45**, S. 69-73.

[2151] Scherbel [1922] 'Relativitätstheorie und Judentum', *Allgemeine Zeitung des Judentums* **85**, Nr. 25, S. 271-272.

[2152] Schiff, L.I.[1939] 'A question in general relativity', *PNAS* **25**, S. 391-395 (s.a. Bibliogr. Teil II).

[2153] Schiffner, Victor [1931] *Relativitäts-Prinzip und Gravitations-Problem*, Leipzig, Voigtländer.

[2154] —— [1932] *Das Wesen des Alls und seiner Gesetze. Grundzüge einer neuen, einheitlichen Weltanschauung auf physikalischer Grundlage*, ibid.

[2155] —— [1934] *Die Probleme des Raumes und der Zeit und die Vorstellung der realen Unendlichkeit*, ibid.

[2156] Schilpp, Paul Arthur (Hrsg.) [1941] *The Philosophy of Alfred North Whitehead*, a)New York, Tudor Publ., 1. Aufl. 1941, b)Reprint 1951 (s.a. Northrop [1941]).

[2157] —— (Hrsg.) [1944] *The Philosophy of Bertrand Russell*, Evanston, Ill. (s.a. AE [1944/77]).

[2158] —— [1949/79]a) *Albert Einstein: philosopher-scientist*, Evanston, Ill., Northwestern Univ. Press, (= Library of Living Philosophers, Vol. 7); b)dt. Ausg. als *Albert Einstein als Philosoph und Naturforscher*, Stuttgart, Kohlhammer; Reprint Vieweg, Braunschweig, 1979 (s.a. Rez. v. Nagel [1951], Whitrow [1950/51]a, Weizsäcker [1951]; siehe ferner unter Schilpp im 2. Teil der Bibliographie).

[2159] Schimank, Hans [1920] *Gespräch über die Einsteinsche Theorie. Versuch einer Einführung in den Gedankenkreis*, Berlin, Seemann.

[2160] Schlesinger, Ludwig [1920] *Raum, Zeit und Relativitätstheorie*, Leipzig, Teubner (= Abhandl. u. Vorträge aus dem Gebiet der Math. u. Naturw. u. Technik, Bd. 5).

[2161] Schlick, Moritz [1910]a 'Das Wesen der Wahrheit nach der modernen Logik', *VWPS* **34** (= N.F. **9**), S. 386-477.

[2162] —— [1910]b 'Die Grenze der naturwissenschaftlichen und philosophischen Begriffsbildung', ibid., S. 121-142.

[2163] —— [1911]a: Rez. v. Natorp [1910], ibid., **35** (= N.F. **10**), S. 254-260.

[2164] —— [1911]b: Rez. v. Wundt [1910], ibid., S. 439-441.

[2165] —— [1915] 'Die philosophische Bedeutung des Relativitätsproblems', *VPPK* **159**, S. 129-175.

[2166] —— [1916]: Rez. v. Becher [1910] u. Driesch [1913], *VWPS* **40** = N.F. **15**, S. 255-259.

[2167] —— [1917] 'Raum und Zeit in der gegenwärtigen Physik. Zur Einführung in das Verständnis der allgemeinen Relativitätstheorie', a)*Natw.* **5**, S. 161-167, 177-186; b)als Sep. Berlin, Springer. c)2. Aufl. 1919; d)3. Aufl.1920; e)4. Aufl. 1922 (jeweils erweitert); f)in engl. Übers. v. H.L.Brose: *Space and time in contemporary physics*, Oxford und New York, Clarendon Press und Oxford Univ. Press.

[2168] —— [1918] *Allgemeine Erkenntnislehre*, Berlin, Springer, a)1. Aufl. 1918; b)2., erw. Aufl. 1925 (= Naturwissenschaftliche Monographien und Lehrbücher, Bd.1; s.a. Rez. v. Kranichfeld [1919], Reichenbach [1920]e). c)Reprint Frankfurt, Suhrkamp, 1979 (stw 269).

[2169] —— [1920]a 'Naturphilosophische Betrachtungen über das Kausalprinzip', *Natw.* **8**, S. 461-474.

[2170] —— [1920]b 'Einsteins Relativitätstheorie', *Mosse Almanach* [Berlin], S. 105-123.

[2171] —— [1920]c 'Einsteins Relativitätstheorie und ihre letzte Bestätigung', *Elektrotechnische Umschau* [Halle, S.] **8**, 1. Heft, S. 6-8.

[2172] —— [1921]a 'Kritizistische oder empiristische Deutung der neuen Physik?', *KS* **26**, S. 96-111.

[2173] —— [1921]b 'Vorrede' zu Helmholtz [1921], S. v-ix.

[2174] —— [1921]c: Rez. v. Dingler[1921]a, *Natw.* **9**, S. 778-779.

[2175] —— [1921]d: Rez. v. Gehrcke[1921]d, ibid., S. 779.

[2176] —— [1922]a 'Helmholtz als Erkenntnistheoretiker', in *Helmholtz als Physiker, Physiologe und Philosoph*, Karlsruhe, S. 29-39.

[2177] —— [1922]b 'Die Relativitätstheorie in der Philosophie', *VGDNÄ* **87**, S. 58-69.

[2178] —— [1925] 'Naturphilosophie', in: *Die Philosophie in ihren Einzelgebieten*, herausgegeben v. M. Dessoir, Berlin, S. 395-492.

[2179] —— [1926] 'Erleben, Erkennen, Metaphysik', *KS* **31**, S. 146-158.

[2180] —— [1929] 'Erkenntnistheorie und moderne Physik', *Scientia* **45**, S. 307-346.

[2181] —— [1930] 'Die Wende der Philosophie', *Erkenntnis* **1**, S. 4-11.

[2182] —— [1931] 'Die Kausalität in der gegenwärtigen Physik', *Natw.* **19**, S. 145-162.

[2183] —— [1931/32] 'Gibt es ein materiales Apriori?', *Wiss. Jahresbericht der Philosophischen Gesellschaft an der Univ. Wien*, S. 55-65.

[2184] —— [1932] 'Positivismus und Realismus', *Erkenntnis* **3**, S. 1-31.

[2185] —— [1933/86] *Die Probleme der Philosophie in ihrem Zusammenhang*, (Vorlesung WS 1933/34), herausgeg. v. H. Mulder u. A.J. Kox, Frankfurt, Suhrkamp.

[2186] —— [1934]a 'Über das Fundament der Erkenntnis', *Erkenntnis* **4**, S. 79-99.

[2187] —— [1934]b 'Philosophie und Naturwissenschaft', *Erkenntnis* **4**, S. 379-396 (geschrieben 1929).

[2188] —— [1935] 'Sind die Naturgesetze Konventionen?', *Induction et probabilité. Actes du congrès international de philosophie scientifique, Paris*, Paris, S. 8-17.

[2189] —— [1935]b 'Gesetz und Wahrscheinlichkeit', ibid., S.46-57.

[2190] —— [1936] 'Meaning and verification', *Phil.Rev.* **45**, S. 339-369.

[2191] —— [1948] *Grundzüge der Naturphilosophie*, posthum herausgeg. v. W.Hollitscher u. J. Rauscher, Wien, Gerold.

[2192] Schmidt, Harry [1920]a 'Wege zum Verständnis der Einsteinschen Relativitätstheorie', *Monistische Monatshefte* **8**, S. 254-260, 305-311, 359-362, 404-428.

[2193] —— [1920]b *Das Weltbild der Relativitätstheorie. Einführung in die Einsteinsche Lehre von Raum und Zeit*, Hamburg, Hartung (s.a. Reichenbach [1920]b).

[2194] —— [1920]c *Allgemeinverständliche Einführung in die Grundgedanken der Einsteinschen Relativitätstheorie*, Altona, Hammerich u. Lesser.

[2195] —— [1921] *Weltäther, Elektrizität, Materie. Physikalische Fragen der Gegenwart. Allgemeinverständlich dargestellt*, Hamburg, Hartung.

[2196] Schmidt, Hubert M.[1951] 'Die Grundbegriffe der speziellen Relativitätstheorie', *Das Elektron in Wissenschaft und Technik* [München] **5**, S. 101-111.

[2197] Schmidt, Raymund [1921] 'Die 'Als ob' Konferenz in Halle, 29. Mai 1920', *Ann.Phil.* **2**, S. 503-514.

[2198] Schmied-Kowarzik, Walther [1910] 'Raumanschauung und Zeitanschauung', *Archiv für die gesamte Psychologie* **18**, S. 94-151.

[2199] Schneider, Ilse [1921]a *Das Raum-Zeit Problem bei Kant und Einstein*, Berlin, Springer (s.a. Rez. v. E. Hartmann [1924/25]b).

[2200] Dies.[1921]b 'Philosophisches über Einsteins Theorie', *Deutsche Allgemeine Zeitung*, **60**, 8. Mai, Unterhaltungsblatt Nr. 106, S. 3-4; (= Rez. v. Cassirer [1921]; s.a. Rosenthal-Schneider).

[2201] Schneider, Jakob M.[1922] 'Die Einsteinsche Relativitätstheorie und ihre philosophische Beleuchtung nach thomistischen Prinzipien', *Jahrbuch für Philosophie und spekulative Theologie*, (2) **36**, S. 60-77, 131-143, 153-180.

[2202] Schnell, Karl [1937/38] *Eine Topologie der Zeit in logistischer Darstellung*, Diss. Univ. Münster, 1937; Münster, Kramer, 1938.

[2203] Schnippenkötter, J.[1921] 'Von mathematisch-physikalisch-philosophischen Grenzfragen, insb. der Relativitätstheorie', *Literarischer Handweiser* **57**, S. 445-452.

[2204] —— [1926] 'Wie steht es mit der Relativitätstheorie?', *Die Hanse* [Hamburg] **12**, S. 1107.

[2205] Schön, M.[1921] 'Die Relativitätstheorie', *Die Neue Zeit* **39** I, S. 410-413, 435-438.

[2206] Schönfelder, W.[1942] 'Vorstoß gegen den Relativismus', *Das Licht* [Berlin] **63**, S. 105-110.

[2207] Schoenflies, A.[1921] 'Ein Weg zur Relativitätstheorie für die Schule', *ZMNU* **52**, S. 1-13.

[2208] Schönherr, Bruno [1921] 'Lorentz-Einstein. Einsteins 'Weltbild', eine Zahlenfunktion', *NW* N.F. **20**, S. 1-7 (s.a. Scholl [1921]).

[2209] Scholl, Joseph [1921] 'Einsteins Weltbild eine Zahlenfiktion?', *NW* N.F. **20**, S. 181-183 (= Replik auf Schönherr [1921]).

[2210] Scholz, Heinrich [1922] 'Zur Analyse des Relativitätsbegriffs - eine Skizze', *KS* **27**, S. 369-398.

[2211] —— [1924] 'Das Vermächtnis der Kantischen Lehre vom Raum und von der Zeit', *KS* **29**, S. 21-69.

[2212] —— [1927]: Rez. v. Dingler [1922], *KS* **32**, S. 411-413.

[2213] —— [1933] 'Zur Frage nach der empirischen Prüfbarkeit des physikalischen Raumes',in: *Semesterberichte aus den math. Seminaren von Münster und Bonn*, S. 83-102.

[2214] —— [1955] 'Eine Topologie der Zeit im Kantischen Sinne', *Dialectica* **9**, S. 66-113.

[2215] Schouten, Jan Arnoldus [1918] *Die direkte Analysis zur neuen Relativitätstheorie*, Amsterdam, Müller.

[2216] —— [1920] 'Die relative und absolute Bewegung bei Huygens', *JDMV* **29**, S. 136-144.

[2217] —— [1920/24]a) *Over de ontwikkeling der gegrippen ruimte en tijd in verband mit het relativiteitsbeginsel*, Rotterdam, 1920; b)in dt. Übers.: *Über die Entwicklung der Begriffe des Raumes und der Zeit und ihre Beziehungen zum Relativitätsprinzip*, Leipzig u. Berlin, Teubner (= Wissenschaftliche Grundfragen, 2).

[2218] Schrempf, Christian [1934] *Der Weltäther als Grundlage eines einheitlichen Weltbildes*, Leipzig, Hillmann.

[2219] Schröder, G.A.[1920] 'Die Weisheit der Relativitätstheorie', *Geisteskampf der Gegenwart* [Gütersloh], Jg. 1920, S. 138-142.

[2220] —— [1927/28] 'Der philosophische Sinn der Relativitätstheorie', *Die Neue Zeit* **19**. Jg. (Bd. 8), Heft Nr. 25.

[2221] Schrödinger, Erwin [1931] 'Spezielle Relativitätstheorie und Quantenmechanik', *SB.Berlin*, S. 238-247.

[2222] —— [1950] *Space-time structure*, Cambridge, Cambridge Univ. Press.

[2223] Schürer, M.[1955] 'Die astronomischen Konsequenzen der allgemeinen Relativitätstheorie', *Technische Rundschau* [Bern] **47**, S. 5-7.

[2224] Schulz, Ernst [1920] 'Gelöste Welträtsel? Zur Relativitätstheorie Einsteins', *Berliner Volkszeitung*, 22. Febr. [war mir nicht zugänglich].

[2225] Schulz, Julius [1922] 'Fiktionen der Elektrizitätslehre', *Ann.Phil.* **2**, S. 42-85.

[2226] —— [1935] *Das Ich und die Physik*, Leipzig, Meiner, insb. S. 1-45.

[2227] Schultze, Albrecht [1922] *Ist die Welt vierdimensional?*, Leipzig, Hillmann.

[2228] Schuster, Friedrich [1913] *Die moderne theoretische Physik und der Äther. Eine Verteidigung des materiellen Äthers*, Karlsruhe, Braunsche Hofbuchhandl.

[2229] Schwantke, Christoph [1919] 'Relativitätstheorie und euklidische Geometrie', *ANKP* **14**, S. 35-48.

[2230] —— [1926] 'Die Logik der Raumordnung', *ASP* **29**, S. 238-246.

[2231] Schwarzschild, Karl [1900] 'Über das zulässige Krümmungsmaass [!] des Raumes', *VAG* **35**, S. 337-347.

[2232] —— [1916] 'Über das Gravitationsfeld einer Kugel aus inkompressibler Flüssigkeit nach der Einstein-schen Theorie', *SB.Berlin*, S. 424-434.

[2233] Schwaßmann, Arnold [1921] *Relativitätstheorie und Astronomie. Auf wissenschaftlicher Grundlage gemeinverständlich dargestellt*, Hamburg, Grand.

[2234] Schweisheimer, W.[1922] 'Die Relativitätstheorie auf der Zentenarversammlung der deutschen Natur-forscher und Ärzte in Leipzig', *NZZ* 143, 26. Sept.(= Nr. 1252), S. 1-2.

[2235] Schwinge, Otto [1921] *Eine Lücke in der Terminologie der Einsteinschen Relativitätslehre. Ihre Be-seitigung schlichtet automatisch den Streit über das Thema: absolut oder relativ?*, Berlin- Steglitz, Puhle.

[2236] Schworetzky, Gustav [1922] *Weltäther und Weltall*, Stuttgart, Steinkopf.

[2237] Sciama, D.W.[1953] 'On the origin of inertia', *MNRAS* 113, S.34-42.

[2238] Seaman, Francis [1955] 'Whitehead and Relativity', *Phil.Sci.* 22, S. 222-226.

[2239] See, Thomas Jefferson Jackson [1916] 'Einstein's theory of gravitation', *Observatory* 39, S. 511-512 (s.a. Replik v. Jeans [1917]).

[2240] —— [1923]a 'Soldner, Foucault and Einstein', *Science* N.S. 58, S. 372 (s.a. Replik v. Eisenhart [1923]a u. Trumpler [1923]).

[2241] [——] [1923]b 'Adduce more proof of Einstein's theory. Government experts show no variation of weight in relation to earth's axis. Weight to billionth part. Prof. See attacks German scientist asserting that his disctrine is 122 years old', *NYT* 72, 13. April, S. 15, Sp. 1.

[2242] —— [1923]c 'Einstein a second Dr. Cook', 'Einstein a trickster?', *San Francisco Journal*, 13. Mai, S. 1 u. 6; 20. Mai, S.1; 27. Mai.

[2243] —— [1924]a 'Is Einstein's arithmetic off?', *The Literary Digest* 83, S. 20-21.

[2244] [——] [1924]b 'Prof. See declares Einstein in error. Naval astronomer says eclipse observations fully confirm Newton's gravitation theory. Says German began wrong. A mistake in mathematics is charged, with 'curved space' idea to hide it', *NYT* 74, 14. Okt. 1924, S. 14, Sp. 1 (s.a. Repliken v. Dyson, Eddington u. Eisenhart [1924], ibid., 16. Okt.).

[2245] [——] [1929] 'See says Einstein has changed front. Navy mathematician quotes German opposing field theory in 1911. Holds it is not new. Declares he himself anticipated by seven years relation of electrodynamics to gravitation', *NYT* 78, Nr. 25,964, So. 24. Febr., Sect. 2, S. 4, Sp. 2-3.

[2246] Seeliger, Hugo von [1906] 'Über die sogenannte absolute Bewegung', *SB.München*, 36, S. 85-137.

[2247] —— [1909] 'Über die Anwendung der Naturgesetze auf das Universum', *SB.München*, S. 1-25.

[2248] —— [1913] 'Bemerkungen über die sogenannte absolute Bewegung, Raum und Zeit', *Vierteljahres-schrift der Astronomischen Gesellschaft* [Leipzig], 48, S. 195-201.

[2249] —— [1917] 'Bemerkungen zu P. Gerbers Aufsatz [...], *Ann.Phys.* (4) 53, S. 31-32 (= Komm. zu Gerber [1902/17]).

[2250] —— [1920/21] 'Fortschritte der Astronomie', *SDM* 18, S. 2-7.

[2251] Seidlin, J.[1924]: Beitrag zum Symposium 'Is Einstein wrong?', *The Forum* 72, S. 272.

[2252] Seitz, A.[1925] 'Die Liquidierung der Relativitätstheorie', *Allgemeine Rundschau* [München] 22, S. 528.

[2253] Selety, Franz [1922] 'Beiträge zum kosmologischen Problem', *Ann.Phys.* (4) 68, S. 281-334.

[2254] —— [1929] 'Unendlichkeit des Raumes und allgemeine Relativitätstheorie', *Ann.Phys.* (4) 73, S. 291-325.

[2255] Sellars, R.W.[1932] 'A reinterpretation of relativity', *PR* 41, S. 517-518.

[2256] Sellien, Ewald [1919] *Die erkenntnistheoretische Bedeutung der Relativitätstheorie*, *KS*, Ergänzungs-heft 48, Berlin, Reuther u. Richard.

[2257] —— [1921]a Rez. v. Siebert [1921] und Lämmel [1921]b, *ZPCU* 34, S. 137-138.

[2258] —— [1921]b Zur Kritik der Relativitätstheorie', ibid., S. 278-281.

[2259] —— [1923]: Rez. v. Carnap [1922], *BPDI* 3, S. 44.

[2260] —— [1924]a 'Zur Relativitätslehre', *Literarische Berichte der deutschen philosophischen Gesellschaft* [Erfurt], 4. Heft, S. 17-21 (= Sammelrezension).

[2261] —— [1924]b 'Kant und Einstein', *Unsere Welt* 16, S. 107-112.

[2262] —— [1924]c 'Die Stellung des Aethers im Weltbild der Physik', ibid., S. 217-220.

[2263] —— [1925]a: Rez. v. Reichenbach [1924]c, *UMN* 31, S. 24.

[2264] —— [1925]b: Div. Rez. in *KS* 30, S. 191-195.

[2265] —— [1927]: Rezensionen von Bauch [1924], Brühlmann [1924]a, Driesch [1924], Strohal [1925], Zim-mermann [1924], Röver [1923], Weyl [1924]c und Zlamal [1924], *KS* 32, S. 406-418.

[2266] Sensel, G.v.[1912] 'Das Relativitätsprinzip' (= Rez. v. Laue [1911], *Zeitschrift für das Realschulwesen* **37**, S. 398-409.

[2267] Sepp, H. (= Josef Hiemesch) [1921] *Stoff und Kraft in Verbindung mit Raum und Zeit nach den neuesten Forschungen über den Atomzerfall sowie nach der Quanten- und der Einsteinschen Relativitätstheorie*, Berlin u. Lüdenscheid, Heimatverlag M. Hiemesch.

[2268] Servis, Garret P.[1919] 'High velocity would shrink mankind', *The New York Evening Journal*, 5. Dez., S. 3

[2269] Sesmat, A.[1937] *Essai critique sur la doctrine relativiste*, Paris, Hermann.

[2270] Severi, F.[1936] 'Principles of the relativity theory deduced from the common sense', *Proceedings of the Physicomathematical Society of Japan* (3) **18**, S. 257-267 [war mir nicht zugänglich].

[2271] Sexton, G.A.[1920] 'Euclid, Newton, and Einstein', *The Hibbert Journal* **18**, S. 801-802 (= Komm. zu Broad [1919/20]).

[2272] Seyfarth, Fr.[1921] 'Relativitätstheorie und Schule', *ZPCU* **34**, S. 133-137.

[2273] Shankland, R.S. u. McCuskey, S.W. u. Leone, F.c. u. Kuertie, G. [1955] 'New analysis of the interferometer observations of Dayton C. Miller', *Rev.mod.Phys.* **27**, S. 167-178.

[2274] Shaw, James Byrne [1913]: Komm. zu Wilson/Lewis [1912], *Science* N.S. **37** II, S. 943-947.

[2275] Shimer, W.A.[1927] 'The evolution of relativity', *Monist* **37**, S. 541-552.

[2276] Siebert, Otto [1921] *Einsteins Relativitätstheorie und ihre kosmologischen und philosophischen Konsequenzen*, Beyer & Söhne, Langensalza (= Friedr. Manns pädagogisches Magazin, Nr. 823; s.a. Rez. v. Sellien [1921]a).

[2277] Sieveking, H. u. Oettinger, E.[1912] 'Die Grundlagen des Relativitätsprinzips', *Mitteilungen der Vereinigung von Freunden der Astronomie* **22**, S. 186-199.

[2278] Sieveking, H.[1914] *Moderne Probleme der Physik*, Braunschweig, Vieweg (darin insb. 4. Vortrag: Neuere Elektrodynamik und Relativitätsprinzip, S. 86-107).

[2279] Silberstein, Ludwik [1914] *The theory of relativity*, London, McMillan.

[2280] —— [1918]a 'Conclusions derived from Einstein's gravitation theory', *Observatory* **41**, S. 234-238 (s.a. Replik v. Lindemann u. Silberstein [1918]b).

[2281] —— [1918]b: Replik auf Lindemann [1918], *Observatory* **41**, S. 321-323.

[2282] —— [1918]c 'Boundary difficulties of Einstein's theory', ibid., S. 380-382 (= Replik auf Eddington [1918]).

[2283] —— [1918]d 'General relativity without the equivalence hypothesis', *Phil.Mag.* (6) **36**, S. 94-128.

[2284] —— [1918]e 'Bizarre conclusions from Einstein's theory', *MNRAS* **78**, S. 465-467.

[2285] —— [1919]: Beitrag zur 'Discussion on the theory of relativity', *MNRAS* **80**, S. 111-114 (s.a. Replik v. Lindemann, ibid., S. 114-115).

[2286] —— [1922] *The theory of relativity and gravitation*, Toronto, Univ. of Toronto Press und New York, van Nostrand.

[2287] —— [1925] 'D.C.Miller's recent experiments and the relativity theory', *Nature* **115**, S. 798 (s.a. *Science Suppl.* **62**, No. 1596, S. viii).

[2288] —— [1930] *The size of the universe. Attempts at a determination of the curvature radius of spacetime*, London et al., Oxford Univ. Press [war mir nicht zugänglich].

[2289] Simon, Max [1914]: Rez. v. Study [1914], *Geisteswissenschaften* **1**, S. 1082-1083.

[2290] de Sitter, Willem [1911] 'On the bearing of the principle of relativity on gravitational astronomy', *MNRAS* **71**, S. 388-415.

[2291] [1913]a 'A proof of the constancy of the velocity of light', *Proc.Amst.* **15**, S. 1297-1298; dt. als 'Ein astronomischer Beweis für die Konstanz der Lichtgeschwindigkeit', *Physik.Z.* **14**, S. 429.

[2292] —— [1913]b: 'On the constancy of the velocity of light', *Proc.Amst.* **16**, S. 395-396; dt. als 'Über die Genauigkeit, innerhalb welcher die Unabhängigkeit der Lichtgeschwindigkeit von der Bewegung der Quellen behauptet werden kann', *Phys.Z.* **14**, S. 1267.

[2293] —— [1916] 'Space, time, and gravitation', *Observatory* **39**, S. 412-419.

[2294] —— [1916/17] 'On Einstein's theory of gravitation and its astronomical consequences', *MNRAS* **76**, S. 699-728 (I), **77**, S. 155-184 (II) u. **78**, S. 3-28 (III).

[2295] —— [1916]a 'On the relativity of rotation in Einstein's theory', *Proc.Amst.* **19**, S. 527-532 (s.a. N.N.[1917], AE [1918]f).

[2296] —— [1916]b 'On the relativity of inertia. Remarks concerning Einstein's latest hypothesis', ibid., S. 1217-1225.

[2297] —— [1918] 'On the curvature of space', ibid. **20**, S. 229-243.

[2298] —— [1922] 'Space, time and gravitation', in: Bird (Hrsg.) [1922], S. 206-217.

[2299] —— [1931]a) 'The expanding universe', *Scientia* **49**, S. 1-10; b)dt. als: 'Das sich ausdehnende Universum', *Natw.* **19**, S. 365-369.

[2300] —— [1932] *Kosmos*, Cambridge MA, Harvard Univ. Press.

[2301] —— [1933] 'The astronomical aspect of the theory of relativity', *Univ. California Publ. in Mathematics* **2**, S. 143-196.

[2302] Sivadjian, Joseph [1953] 'Relativité et indeterminisme', *Sophia* [Padua] (A) **21**, S. 9-11.

[2303] Skidmore, Sydney T.[1921] 'The mistakes of Dr. Einstein', *The Forum* **66**, S. 119-131.

[2304] Slate, Frederick [1920]a 'An alternative view of relativity', *Phil.Mag.* (6) **39**, S. 433-438.

[2305] —— [1920]b 'A new reading of relativity', ibid. **40**, S. 31-50.

[2306] Slosson, Edwin E.[1919]a 'The most sensational discovery of science. The weight of light', *Independent* **100**, S. 136.

[2307] —— [1919]b 'Can you tell the difference between rest and motion? Does the earth move around the sun, or the sun move round the earth? Do two parallel lines ever meet? Do we need a fourth dimension?', ibid., S. 174-175.

[2308] —— [1919]c 'That elusive fourth dimension', ibid., S. 274-275 u. S. 296.

[2309] —— [1919]d 'Things you can't be shure of', ibid., S. 236-237 u. 259.

[2310] —— [1920] *Easy lessons in Einstein. A discussion of the more intelligible features of the theory of relativity*, London u. New York,

[2311] —— [1921]a 'Einstein's crease', *Independent* **105**, S. 42-43.

[2312] —— [1921]b 'Einstein's reception', ibid., S. 400-401.

[2313] —— [1921]c 'Eddington on Einstein', *J.Phil.* **18**, S. 48-51.

[2314] Soldner, Johann [1801/1921] 'Über die Ablenkung eines Lichtstrahls von seiner geradlinigen Bewegung, durch die Attraktion eines Weltkörpers, an welchem er nahe vorbei geht',a)in *Astronomisches Jahrbuch für das Jahr 1804* [Berlin, 1801], s. 161-172; b) teilw. Reprint in *Ann.Phys.* (4) **65**, S. 593ff. (mit Einführung von P. Lenard [1921]; s.a. Jaki [1978]).

[2315] Sommerfeld, Arnold [1907] 'Ein Einwand gegen die Relativtheorie der Elektrodynamik und seine Beseitigung', *VDGNÄ* **79**, S. 36-37.

[2316] —— [1909] 'Über die Zusammensetzung der Geschwindigkeiten in der Relativtheorie', *Phys.Z.* **10**, s. 828.

[2317] —— [1910] 'Zur Relativitätstheorie', *Ann.Phys.* (4) I: **32**, S. 749-776; II: **33**, S. 649-689.

[2318] —— [1920] 'Relativitätstheorie', *MMW* **44**, S. 1268-1271.

[2319] —— [1920/21]a 'Kurzer Bericht über die allgemeine Relativitätstheorie und ihre Prüfung an der Erfahrung', *Archiv für Elektrotechnik* **9**, S. 391-399.

[2320] —— [1920/21]b 'Die Relativitätstheorie', *SDM* **18**, S. 8-15.

[2321] —— [1922] 'Relativitätstheorie', in *Deutsches Leben der Gegenwart* [Berlin], herausgeg. v. Ph. Witkop, S. 225-251.

[2322] —— (Hrsg.)[1923] *Das Relativitätsprinzip*, Leipzig u. Berlin, Teubner, a)1. Aufl. 1913, b)5. Aufl. 1923 (danach nicht mehr im Umfang erweitert Reprint Teubner, 1974).

[2323] —— [1949/79] 'Albert Einstein', in: Schilpp (Hrsg.) [1949/79]b, S. 37-42 (Orig. engl.)

[2324] Sparrow, C.M.[1910] 'Fundamental ideas of the theory of relativity', *Circulars of the John Hopkins University* [Baltimore], 2. Heft, S. 15-54 [war mir nicht zugänglich].

[2325] Spencer-Jones, H. u. Milne, E.A. u. Andrade, E.N. da C.[1944] 'Orbituary: Sir Arthur Eddington', *Nature* **154**, S. 757-760.

[2326] Speyers, Clarence L.[1909] 'The fundamental laws of matter and energy', *Science* **29**, S. 656-659 (= Replik auf Lewis [1908]).

[2327] Spielmann, F.[1918] 'Ein mathematischer Beweis für die Unmöglichkeit einer von Ewigkeit bestehenden Bewegung', *PJG* **31**, S. 435-436.

[2328] —— [1919] 'Kritische Betrachtungen zur Relativitätstheorie', *PJG* **32**, S. 260-270 (s.a. Weber [1920]).

[2329] Spies [1920] 'Weltenäther, Raum und Zeit', *Vossische Zeitung*, Do. 2. Sept., Nr. 433, A 228.

[2330] Suires, Paul Chatham [1930] 'A new psychology after the manner of Einstein', *The Scientific Monthly* **30**, S. 156-157, 159-163; Reprint in Pearce Williams (Hrsg.) [1968], S. 140-146.

[2331] Stace, W.T.[1934] 'Sir Arthur Eddington and the physical world', *Philosophy* **9**, S. 39-50.

[2332] Stahl, Alfred [1920] 'Die Grundlagen der Relativitätstheorie', *NW* **35** (= N.F. **19**), S. 390-391 (s.a. Replik v. Reichenbach [1920]d).

[2333] Stallo, John Bernhard [1882/1901]a) *The concepts and theories of modern physics*, New York, Appleton 1882; b)in dt. Übers. v. H. Kleinpeter mit Vorwort v. E. Mach: *Die Begriffe und Theorien der modernen Physik*, Leipzig, Barth, 1901; c)ibid., 2. Aufl. 1911.

[2334] Stammler, Gerhard [1925]: Rez. v. Wulf [1921], Geiger [1921] u. v. Horvath [1921], *KS* **30**, S. 189-190.

[2335] —— [1927]: Rez. v. Geiger [1924], Kraus [1925] u. Weinmann [1923], *KS* **32**, S. 415-416, 419-422.

[2336] Stark, Johannes [1922]a *Die gegenwärtige Krisis in der deutschen Physik*, Leipzig, Barth (darin insb. S. 7-17 u. 24-32; s.a. Rez. v. E. Hartmann [1945/25]a, v.Laue [1923]).

[2337] —— [1922]b: Rez. v. Mach [1921], *DLZ* **23**, Sp. 503-504.

[2338] —— [1933] 'Organisation der physikalischen Forschung', *Zeitschrift für techn. Physik* **14**, S. 433-435.

[2339] —— [1934]a 'International Status and obligations of science', *Nature* **133**, S. 290 (= Replik auf Hill [1933]; s.a. dessen Erwiderung, ibid.).

[2340] —— [1934]b 'The attitude of the German government towards science', ibid., S. 614 (s.a. Replik v. Haldane [1934]).

[2341] —— [1934]c *Adolf Hitler und die deutsche Forschung. ansprachen auf der Versammlung der Deutschen Forschungsgemeinschaft in Hannover*, Berlin, (o.J.).

[2342] —— [1934]d *Nationalsozialismus und Wissenschaft*, München, Zentralverlag der NSDAP.

[2343] —— [1936]a 'Philipp Lenard als deutscher Naturforscher', *Nationalsozialistische Monatshefte* **7**, S. 106-112.

[2344] —— [1936]b 'Stellungnahme von Prof. Dr. J. Stark', *Völkischer Beobachter*, Nordd. Ausg. **49**, Nr. 59, 28. Febr., S. 6, Sp. 2-4 (= Replik auf Heisenberg [1936]).

[2345] —— [1937] 'Die "Wissenschaft" versagte politisch', *Das schwarze Korps*, Folge 28, 15. Juli, S. 7 (= Komm. zu N.N.[1937], Wiederabdruck in Sugimoto [1989] S. 127).

[2346] —— [1938] 'The pragmatic and dogmatic spirit in physics', *Nature* **141**, S. 770 (s.a. Replik v. N.N.[1938], ibid., S. 778).

[2347] —— [1942] 'Philipp Lenard als Vorbild', *ZgN* **8**, S. 100-101.

[2348] —— [1947] 'Zu den Kämpfen in der Physik während der Hitler-Zeit', *PB* **3**, S. 271-272 (s.a. Replik v. Laue [1947]).

[2349] —— [1987] *Erinnerungen eines deutschen Naturforschers*, herausgeg. v. A. Kleinert, Mannheim, Bionomica.

[2350] Steck, M.[1938/39]: Rez. v. Dingler [1938], *ZgN* **4**, S. 118-121.

[2351] Steinthal, Walter [1920] 'Besuch bei Einstein', *Kölner Tageblatt*, **58**, Do. 2. Sept., Morgenausg. (= Nr. 439), S. 1-2.

[2352] Stentzel, A.[1920] 'Relativitätsrummel', *Astronomische Zeitschrift* [Hamburg] **14**, S. 125-126.

[2353] Stern, Victor [1954] 'Zur Diskussion um die Relativitätstheorie', *Aufbau* [Berlin] **10**, S. 571-573.

[2354] Stettbacher, Alfred [1916] 'Die neue Relativitätstheorie oder der Untergang des Absoluten', *Prometheus* **28**, Nr. 1406, S. 4ff., Nr. 1407, S. 17-20.

[2355] Stevens, Nathaniel H.[1938] 'The relativity paradoxes: a footnote to the Lovejoy-McGilvary controversy', *PR* **47**, S. 624-638 (= Komm. zu Lovejoy [1931],[1932]; McGilvary [1931],[1932]).

[2356] Stewart, O.M.[1911] 'The second postulate of relativity and the electromagnetic emission theory of light', *Phys.Rev.* (1) **32**, S. 418-428 (= Replik auf Tolman [1910]).

[2357] Stewart, John Q.[1920] 'The nature of things. Einstein's theory of relativity: a brief statement of what it is and what it is not', *SA* **122**, S. 10, 27.

[2358] Stickers, Joe [1922] *Die wahre Relativitätstheorie der Physik und die Mißgriffe Einsteins*, Bielefeld, Breitenbach.

[2359] Stobbe, J.[1942]: Rez. v. Thüring [1941/43]a, *ZgN* **8**, S. 306-307.

[2360] Stockmeyer, E.A.K.[1927] 'Schlaglichter auf die Relativitätstheorie', *Gäa-Sophia* [Dornach] **2**, S. 63-75.

[2361] Stodola, Aurel [1931] *Gedanken zu einer Weltanschauung vom Standpunkt des Ingenieurs*, Berlin, Springer (insb. S. 27-52).

[2362] Stör, A.[1921] 'Dri la specala teorio di relativeso da professoro Einstein', *Mondo* [Stockholm], Maiheft, S. 59-62 sowie 'Korektigo', ibid., S. 79.

[2363] Straßer, Hans [1922]a 'Die Einsteintransformation in der X-T-Ebene', *VSNG* **103**, S. 176-177 (= Replik auf Gruner [1921]).

[2364] —— [1922]b *Die Grundlagen der Einsteinschen Relativitätstheorie. Eine kritische Untersuchung*, Bern, Haupt.

[2365] —— [1923] *Einsteins spezielle Relativitätstheorie, eine Komödie der Irrungen*, Bern u. Leipzig, Bircher.

[2366] —— [1924] *Die Transformationsformeln von Lorentz und die Transformationsformeln der Einsteinschen speziellen Relativitätstheorie*, Bern u. Leipzig, Bircher.

[2367] Strehl [1921] 'Doppler, Michelson und Einstein', *Centralzeitung für Optik und Mechanik* **42**, S. 275-276; 'Nachschrift', ibid., S. 377 (s.a. Komm. v. Fricke [1921]b).

[2368] —— [1922] 'Experimente zur Widerlegung der Relativitätstheorie', *Astronomische Zeitschrift* **16**, S. 85.

[2369] —— [1925] 'Licht erkenntnistheoretisch', *Sirius* **58**, S. 57-61.

[2370] —— [1931] 'Relativität der Relativitätstheorie', in: Israel et al.(Hrsg.) [1931], S.49.

[2371] Strohal, Richard [1928] 'Über den Begriff 'Krümmung', *Ann.Phil* **7**, S. 37-46.

[2372] —— [1938] 'Das "scheinbare" und das "wirkliche" ', in: *Naturwissenschaft und Metaphysik*, Brünn u. Leipzig, Rohrer, S. 111-142.

[2373] Stucke, E.[1926] 'Ein Zugang zur Relativitäts-Theorie', *ZMNU* **57**, S. 257-261.

[2374] Study, Eduard [1902/06] 'Über nicht-euklidische und Liniengeometrie', *JDMV* **11**, S. 313-342; **15**, S. 576-527.

[2375] —— [1914] *Die realistische Weltansicht und die Lehre vom Raume. Geometrie, Anschauung und Erfahrung*, Braunschweig, Vieweg (s.a. Rez. v. Simon [1914]).

[2376] —— [1914/23] *Das Problem der Aussenwelt* (= 1. Teil der 2. völlig veränderten Aufl. von Study [1914]; 2. Teil nie erschienen; s.a. Volkmann [1924]).

[2377] —— [1923] *Mathematik und Physik. Eine erkenntnistheoretische Untersuchung*, Braunschweig, Vieweg (Sammlung Vieweg, 65).

[2378] Stürm, L.[1923] 'Zur Frage der Überlichtgeschwindigkeit in der speziellen Relativitätstheorie', *Z.Phys.* **20** S. 36-44.

[2379] Stumpf, Carl [1873] *Über den psychologischen Ursprung der Raumvorstellung*, Leipzig, Hirzel.

[2380] Suleiman, Shah [1937/38] 'Relativity tested', *Science and culture* [Kalkutta] **3**, S. 155 [war mir nicht zugänglich].

[2381] —— [1940] 'On the modification of a relativity postulate', *Phil.Mag.* (7) **30**, S. 49-54.

[2382] Suppes, Patrick [1959] 'Axioms for relativistic kinematics with or without parity', in: Henkin et al. (Hrsg.) [1959], S. 291-306.

[2383] Swann, W.F.G.[1922] 'Einstein's theory of gravitation', in: Bird (Hrsg.) [1922], S. 327-333.

[2384] —— [1925]a 'The principle of relativity', *Journal of the Franklin Institute, Philadelphia* **200**, S. 183-217.

[2385] —— [1925]b 'The relation of the restricted to the general theory of relativity and the significance of the Michelson-Morley experiment', *Science* N.S. **62**, S. 144-148.

[2386] Synge, E.H.[1921] 'The space-time hypothesis before Minkowski', *Nature* **106**, S. 693.

[2387] —— [1922] 'A definition of simultaneity and the aether', *Phil.Mag.* (6) **43**, S. 528-531.

[2388] Synge, John Lighton [1951] *The relativity theory of Alfred North Whitehead*, Lecture Series 5, Institute for fluid dynamics and applied mathematics, Univ. of Maryland, 1951 [war mir nicht zugänglich].

[2389] —— [1952] 'Orbits and rays in the gravitational field of a finite sphere according to the theory of A.N. Whitehead', *PRS* (A) **211**, S. 307-319.

[2390] Szekeres, G.[1955] 'A new formulation of the general theory of relativity', *Phys.Rev.* (2) **97**, S. 212-233.

[2391] Szende, Paul [1921] 'Soziologische Gedanken zur Relativitätstheorie', *Neue Rundschau* [Berlin] **32**, S. 1086-1095.

[2392] Szuran, J.[1930/31] 'Erkenntniskritische und physikalische Lösung des Relativitätsproblems. Die Ursache der Gravitation', *Der Russische Gedanke* [Bonn] **2**, S. 204ff.

[2393] Talmey, Max [1929] 'Einstein as a boy recalled by a fried. Mathematics and physics absorbed all his interest from the age of 10 onward - Great scientist had a struggle with poverty but won early recognition', *NYT* **78**, Nr. 25,950, So. 10. Febr., Sect. 10, S. 11, Sp. 1-7.

[2394] —— [1932]a 'Fundamentals of the relativity theory', *Scientific Monthly* **34**, S. 41-48.

[2395] —— [1932]b *The relativity theory simplified*, New York, Falcon Press [war mir nicht zugänglich].

[2396] —— [1933] 'Essentials of the general relativity theory', *Scientific Monthly* **36**, S. 138-143.

[2397] Tamari, Leo [1926] *Das Wesen und Wirken der Gravitation philosophisch-naturwissenschaftlich begründet und dargestellt*, Berlin, Foerster u. Mewis.

[2398] Taub, A.H.[1951] 'Empty space-time admitting a three parameter group of motions', *Annals of Mathematics* **53**, S. 472-490.

[2399] Temple, G.[1923] 'A generalisation of Professor Whitehead's theory of relativity', *Proc. Phys. Soc., London* **36**, S. 176-193.

[2400] Terlanday, Emil [1915] *Das Gesetz der Konstruktion der Körper und sein Zusammenhang mit dem Relativitätsprinzip*, Stuttgart, Schweizerbart'sche Verlagsbuchhandlung.

[2401] Thalheimer [1925/26] 'Grundbegriffe der physikalischen Theorie der Relativität vom Gesichtspunkte des dialektischen Materialismus', *Unter dem Banner des Marxismus* 1, S. 302-338.

[2402] Thedinga, Eddo [1922] *Einstein und wir Laien. Wege zu einer neuen Lichttheorie*, Leipzig, Hillmann.

[2403] —— [1927] *Einsteins Wunderglaube*, Leipzig, Hillmann.

[2404] Thiel, Rainer [1954] 'Die Struktur der Materie im Lichte der Relativitätstheorie', *Aufbau* [Berlin] 10, S. 248-252.

[2405] Thirring, Hans [1918/21] 'Über die Wirkung rotierender ferner Massen in der Einsteinschen Gravitationstheorie', *Phys.Z.* 19, S. 33-38 sowie 'Berichtigung' dazu, 22, S. 29-30.

[2406] —— [1921]a 'Über das Uhrenparadoxon in der Relativtheorie', *Natw.* 9, S. 209-213 sowie 'Erwiderung hierzu', ibid. S. 482-483, 551 (= Repliken auf Gehrcke [1921]c).

[2407] —— [1921]b: Rez. v. Isenkrahe [1921] u. Dingler [1919], *Natw.* 8, S. 373.

[2408] —— [1921]c *Die Idee der Relativitätstheorie*, Berlin, Springer (auch in franz. Übers., Paris, Gauthier-Villars, 1923; vgl. die Rez. durch E. Hartmann [1924/25], Henry [1927] und Ph.du P.[1924]).

[2409] —— [1922] 'Relativitätstheorie', *EEN* 1, S. 26-59.

[2410] —— [1925] 'Relativität und Aberration. Ein Dialog', *Natw.* 13, S. 434-447.

[2411] —— [1926] 'Kritische Bemerkungen zur Wiederholung des Michelson-Versuchs auf dem Mount Wilson', *Z.Phys.* 35, S. 723-731.

[2412] —— [1927] 'Elektrodynamik bewegter Körper und spezielle Relativitätstheorie', *Handbuch der Physik* 12, S. 245-348.

[2413] —— [1929] *Allgemeine Grundlagen der Physik*, bearb. v. G. Beck, W.E. Bernheimer, D. Fürth et al., Berlin, Springer.

[2414] —— [1931]: Rez. v. Driesch [1925/30]b, *Natw.* 19, S. 256.

[2415] —— [1955] 'Fünfzig Jahre Relativitätstheorie', *Rheinischer Merkur* [Koblenz] 10, Nr. 48, S. 13.

[2416] —— [1966] 'Ernst Mach als Physiker', *Almanach der Österreichischen Akademie der Wissenschaften* 116, S. 361-372.

[2417] Thircy, Georges [1955] 'A propos d'un récent jubilé - la théorie de la relativité', *Suisse Horlogère* (A) 70, S. 33-36 [war mir nicht zugänglich].

[2418] Thiry, R.[1922] 'Sur la notion de courbure de l'espace', *RGS* 33, S. 225.

[2419] Thomas, Bruno [1933] *Axiome und Dogma in der Relativitätstheorie*, Wien, Braumüller.

[2420] —— [1933/34] 'Müssen wir an die Relativitätstheorie glauben?', *Der Fels* [Frankfurt/Main] 28, S. 252.

[2421] Thoms, G.[1952-55] 'Die Relativitätstheorie in elementar-mathematischer Darstellung', *Der Mathematisch-Naturwissenschaftliche Unterricht* 5 (1952/53), S. 180-185; 7 (1954/55), S. 20-28.

[2422] Thomson, J.[1919] (chairman) 'Joint eclipse meeting of the Royal Society and the Royal Astronomical Society', *Observatory* 42, S. 389-397; vgl. den 'Extract' in *Nature* 104, S. 361-362.

[2423] Thüring, Bruno [1936]a 'Deutscher Geist in der exakten Naturwissenschaft', *Deutsche Mathematik* 1, S. 10-11.

[2424] —— [1936]b 'Kepler-Newton-Einstein - ein Vergleich', ibid., S. 705-711.

[2425] —— [1937/38]a 'Physik und Astronomie in jüdischen Händen', *ZgN* 3, S. 55-70.

[2426] —— [1937/38]b: Rez. v. Uller [1935], ibid., S. 222-225.

[2427] —— [1938/39]: Rez. v. Dingler [1933], ibid. 4, S. 320-321.

[2428] —— [1941]a 'Hugo Dinglers Werk, ein Kampfruf und Aufschwung deutscher Wissenschaft', *ZgN* 7, S. 130-137.

[2429] —— [1941]b: Rez. v. May [1941], *ZgN* 7, S. 318-319.

[2430] —— [1941/43] *A. Einsteins Umsturzversuch der Physik und seine inneren Möglichkeiten und Ursachen*, Berlin, Lüttke, a)1941; b)als Sonderdruck in: *Forschungen zur Judenfrage* 4, S. 134-162; s.a. Rez. v. Stobbe [1942]

[2431] —— [1950] 'Fundamental-System und Inertial-System', *Methodos* 8, S. 265-283.

[2432] —— [1967] *Die Gravitation und die philosophischen Grundlagen der Physik*, Berlin, Duncker u. Humblot (= Erfahrung und Denken, Bd. 26).

[2433] Timerding, H.E.[1912] 'Über ein einfaches geometrisches Bild der Raumzeitwelt Minkowskis', *JDMV* 21, S. 274-285.

[2434] Tobien, Waldemar [1938] *Der Einstein-Putsch als Werkzeug zur Verewigung der Jahweherrschaft. Seelenkundlich und naturwissenschaftlich gesehen*, Mülheim-Ruhr, Fabri [nicht zu beschaffen].

[2435] Toepler, Max [1941] 'Gedanken über eine natürliche, deutsche Physik', *ZgN* 7, S. 257-268.

[2436] Törnebohm, Hakan [1952] *A logical analysis of the theory of relativity*, Stockholm, Almqvist u. Wiksell (= Diss. Lund, 1952).

[2437] —— [1955] 'The clock paradox in the special theory of relativity', *Phil.Sci.* **22**, S. 231-232 (= Replik auf Grünbaum [1954]; s. a. Leaf [1955] sowie Erwiderung v. Grünbaum, ibid., S. 233).

[2438] —— [1963] *Concepts and principles in the space-time theory within Einstein's special theory of relativity*, ibid. (= Gothenburg Studies in Philosophy, Bd. 2).

[2439] Tolman, Richard Chace [1910]a 'The second postulate of relativity', *Phys.Rev.* (1) **30**, S. 291 (= Replik auf Comstock [1910]a).

[2440] —— [1910]b 'The second postulate of relativity', *Phys.Rev* (1) **31**, S. 26-40 (s.a. Stewart [1911]).

[2441] —— [1911] 'Note on the deviation from the principle of relativity of the fifth fundamental equation of the Maxwell-Lorentz theory', *Phil.Mag.* (6) **21**, S. 296-301.

[2442] —— [1917] *The theory of the relativity of motion*, Berkeley, Univ. of California Press.

[2443] —— [1932] 'Models of the physical universe', *Science* N.S. **75**, S. 367-373.

[2444] —— [1933] 'Thermodynamics and relativity', *Science* N.S. **77**, S. 313-317.

[2445] —— [1934] *Relativity, thermodynamics and cosmology*, Oxford, Clarendon Press (s.a. AE [1934]a).

[2446] —— [1949] 'The age of the universe', *Rev.mod.Phys.* **21**, S. 374-379.

[2447] Tomaschek, Rudolf [1937/38]: Rez. v. Lenard [1936], *ZgN* **3**, S. 95-99.

[2448] Trommersdorf, H.[1921] 'Relativitätstheorie und Schule', *UMN* **27**, S. 41-47.

[2449] Trousset, J.[1922] 'Les lois de Kepler et les orbites relativistes', *CRAS* **174**, S. 1160-1161 (s.a. Painlevé [1922]).

[2450] —— [1923] 'L'observation des planètes peut-elle fournir des arguments pour ou contre la relativité?', *CRAS* **176**, S. 888-889.

[2451] Trumpler, Robert [1923] 'Historical note on the problem of light deflection in the sun's gravitational field', *Science* N.S. **58**, S. 161-163 (auch in *Publications of the Astronomical Society of the Pacific* **35**, S. 185-188; s.a. See [1923]a, Eisenhart [1923]a).

[2452] Tummers, J.H. [1924/29] *Die spezielle Relativitätstheorie Einsteins und die Logik*, a)Venlo (Holland), Selbstverlag, 1924; b)Leipzig, Hillmann, 1929.

[2453] Turner, H.H.[1923] 'Confirmation of the Einstein theory', *Science* N.S. **58**, S. 517.

[2454] Turner, J.E.[1920] 'Relativity, nature and matter', *J.Phil* **17**, S. 606-611 (= Replik auf Eddington [1920]d).

[2455] —— [1921] 'Some philosophical aspects of scientific relativity', *J.Phil.* **18**, S. 210-216.

[2456] —— [1922] 'Dr. Wildon Carr and Lord Haldane on scientific relativity', *Mind* N.S. **31**, S. 40-52 (s.a. Carr [1922], Haldane [1922]).

[2457] —— [1930] 'Relativity without paradoxes', *Monist* **40**, S. 1-13.

[2458] Ueno, Yoshio [1953] 'On the equivalency for observers in the special theory of relativity', *Progress in Theoretical Physics* **9**, S. 74-84.

[2459] —— [1959] 'Axiomatic method and theory of relativity, equivalence of observers and special principle of relativity', in: Henkin et al.(Hrsg.) [1959], S. 322-332.

[2460] Uller, Karl [1919] *Eine Kritik der Elektrodynamik und Relativistik*, a)in: *SB.Heidelb.*, Jg. 1919, 10. Abh.; b)als Separatum: Hamburg, Winter.

[2461] —— [1935] *Das Grundgesetz der Wellenfortpflanzung aus bewegter Quelle in bewegten Mitteln. Der Michelson-Versuch und die Raum-Zeit-Lehre von Einstein*, München u. Berlin, Oldenbourg (s.a. Rez. v. Thüring [1937/38].

[2462] —— [1937/38] 'Der Sturz der reinen und relativistischen Feldphysik durch die Wellenkinematik', *ZgN* **3** S. 399-414.

[2463] —— [1944] 'Zu einer These von max Planck', *ZgN* **10**, S. 10-18.

[2464] Urbach, Benno [1909] 'Über das absolute Moment in unserer Raumvorstellung. Mit polemischer Berücksichtigung der Lehren Kants und Stumpfs', *Philosophisches Jahrbuch der Görresgesellschaft* **22**, S. 53-71.

[2465] —— [1922] 'Kritische Bemerkungen zur philosophischen Bekämpfung der Relativitätstheorie durch Prof. Dr. O. Kraus', *Lotos* [Prag], **70**, S. 309-332 (s.a. Frank [1919/20], Kraus [1919/20], [1922], u. N.N.[1920]d).

[2466] Urban, P.[1953] 'Die Relativitätstheorie', *Acta physica Austria* **6**, S. 103ff.

[2467] Ushenko, Andrew Paul [1932] 'Fact and event', *Monist* **42**, S. 249-258.

[2468] —— [1937] *The philosophy of relativity*, London, Allen (s.a. Rez. v. Dingle [1937]a, Black [1938]).

[2469] —— [1949/79]a)Einstein's influence on philosophy', in Schilpp (Hrsg.) [1949/79]a S. 632-645; in dt. Übers.: 'Einsteins Einfluß auf die heutige Philosophie', in: Schilpp (Hrsg.) [1949/79]b S. 446-480.

[2470] —— [1950] 'A note on Whitehead and relativity', *J.Phil.* **47**, S. 100-102.

[2471] Vahlen, Theodor [1942] 'Die Paradoxien der relativen Mechanik', *Deutsche Mathematik*, 3. Beiheft.

[2472] Vaihinger, Hans [1911]: Selbstanzeige von Vaihinger [1911/20], *KS* **16**, S. 108-115.

[2473] —— [1911/20] *Philosophie des 'Als Ob'. System der theoretischen, praktischen und religiösen Fiktionen der Menschheit auf Grund eines idealistischen Positivismus*, a)Berlin, Reuthen u. Reichard, 1. Aufl. 1911; b)Leipzig, Meiner, 5. u. 6. Aufl. 1920.

[2474] —— [1921] 'Wie die Philosophie des Als-Ob entstand', *DPGS* **2**, S. 175-203.

[2475] Valentiner, Siegfried [1914] 'Vom Prinzip der Relativität', *NW* **29** (= N.F. **13**), S. 769-776.

[2476] —— [1921] *Wie stellt sich die Philosophie zum Prinzip der Relativität?*, Clausthal, Pieper.

[2477] Valier, M.[1921] 'Zur Einsteinschen Gravitationsauffassung', *AN* **214**, Nr. 5114, S. 37-40.

[2478] de la Vallée-Poussin, Ch.[1924]a 'La notion de temps et la physique', *La Nature* **52**, S. 186-189, 195-198.

[2479] —— [1924]b 'La relativité restreinte', ibid., S. 330-332, 341-344, 357-359.

[2480] —— [1924]c 'Le temps et la relativité restreinte', *RQS* **85**, S. 305-321.

[2481] Varcollier, Henri [1925] *La relativité dégagée d'hypothèses métaphysiques. Exposé des théories d'Einstein, discussion de ces théories, essai d'une théorie nouvelle contruite dans l'espace et le temps classique*, Paris, Gauthier-Villars [war mir nicht zugänglich].

[2482] Varićak, Vl.[1910]a 'Anwendung der Lobatschevskyschen Geometrie in der Relativitätstheorie', *Phys.Z.* **11**, S. 93-96.

[2483] —— [1910]b 'Die Relativitätstheorie und die Lobatschevsksyche Geometrie', ibid., S. 287-293.

[2484] —— [1912] 'Über die nichteuklidische Interpretation der Relativitätstheorie', *JDMV* **21**, S. 169.

[2485] —— [1924] *Darstellung der Relativitätstheorie im 3-dimensionalen Lobatschefskijschen Raume*, Zagreb, Vasié [war mir nicht zugänglich].

[2486] Vasiviev, A.V.[1924] *Space, time, motion. An historical introduction to the general theory of relativity*, London, Chatto u. Windus (Orig. russisch; engl. Übers. v. Lucas u. Sanger).

[2487] —— (= Vassilieff)[1927] 'The acquisitions and enigmas of the philosophy of nature', *Proc. 6.th Intern. Congress of Philosophy, Harvard, 1926*, New York, S. 65-74.

[2488] Veblen, Oswald (zus. mit Hoffmann, Banesh) [1930] 'Projective relativity', *Phys.Rev.* **36**, S. 810-822.

[2489] —— [1933] *Projektive Relativitätstheorie*, Berlin, Springer (= Ergebnisse der Mathematik und ihrer Grenzgebiete, 3).

[2490] Vergue, Henri [1916] 'Sur le principe de relativité', *BSM* **51**, S. 94-104.

[2491] Vetter, August [1919] *Die dämonische Zeit. Eine Untersuchung der erkenntnistheoretischen Voraussetzungen*, Jena, Diederichs.

[2492] Vetter, F.[1922] 'Englische Forschungen zum Relativitätsproblem', *Natur und Gesellschaft* [Berlin] **9**, S. 191.

[2493] Villey, Jean [1922] 'A propos de quelques livres sur la théorie de la relativité, *Bulletin des Sciences Mathématiques* (2) **46**, S. 61-96.

[2494] McVittie, G.C.[1942] 'Axiomatic treatment of kinematic relativity', *Proc.Roy.Soc. Edinburgh* (A) **61**, S. 210-222.

[2495] —— [1948]: Rez. v. Frank [1948]a, *Nature*, 16. Okt. 1948, S. 591.

[2496] Vogt, Johann Gustav [1914] *Die Relativitätstheorie der Physik*, Berlin, Breitenbach.

[2497] Vogt, H.[1923] 'Probleme der Kosmógonie', *Natw.* **11**, S. 957-962.

[2498] Vogtherr, Karl [1921]a 'Über die kosmischen Bewegungen des Äthers', *NW* **36** (= N.F.**20**), S. 393-396.

[2499] —— [1922]a 'Über Fragen der Aberration und Lichtausbreitung', ibid., **37** (= N.F.**22**), S. 20-25.

[2500] —— [1922]b 'Ein neues Uhrenparadoxon', ibid., S. 497-499.

[2501] —— [1923] *Wohin führt die Relativitätstheorie? Kritische Betrachtungen vom physikalischen und erkenntnistheoretischen Standpunkte aus*, Leipzig, Hillmann (s.a. Rez. v. Wenzel [1924]).

[2502] —— [1924]a 'Bemerkungen zur Lichtausbreitung im bewegten Äther', *AN* **222**, Sp. 209-222.

[2503] —— [1924]b 'Betrachtungen über Zeit und Zeitmessung', *Phys.Z.* **25**, S. 609-617.

[2504] —— [1926] *Ist die Schwerkraft relativ? Kritische Betrachtungen über den Relativismus in der neuesten Physik*, Karlsruhe, Macklot.

[2505] —— [1928] 'Relativitätstheorie und Logik', *Ann.Phil.* **7**, S. 79-109.

[2506] —— [1931] 'Widerlegung der Relativitätstheorie', in: Israel et al.(Hrsg.) [1931], S. 49-58.

[2507] —— [1933] *Das Problem der Gleichzeitigkeit*, München, Reinhardt.

[2508] —— [1935] 'Gleichzeitigkeit und Relativitätstheorie', *Z.Phys.* **94**, S. 261-276, 785-800; **95**, S. 227-242.

[2509] —— [1937/38] 'Über die Erkenntnis von Raum und Zeit', *ZgN* **3**, S. 145-161, 201-219.

[2510] —— [1951/52] 'Relativitätstheorie und Naturerkenntnis', *Die Pforte* [Stuttgart] **3**, S. 471-498.

[2511] —— [1956] *Das Problem der Bewegung in naturphilosophischer und physikalischer Sicht*, Meisenheim/Glan, Hain.

[2512] —— [1957] 'The variability of mass in the theory of relativity', *Methodos* **9**, S. 199-207.

[2513] Voigt, Woldemar [1887/1915] 'Über das Dopplersche Prinzip', a) *GN*, S. 41-51; b)Reprint mit kurzen Zusatzanmerkungen in *Phys.Z.* **16**, S. 381-386.

[2514] Voisine, G.[1922] 'Le durée des choses et la relativité. A propos d'un livre recent de Bergson', *RP* **22**, S. 498-522.

[2515] Volkmann, Paul [1892] *Ueber Gesetze und Aufgaben der Naturwissenschaft, insb. der Physik in formaler Hinsicht*, Berlin, Paetel.

[2516] —— [1910] *Erkenntnistheoretische Grundzüge der Naturwissenschaften*, Leipzig u. Berlin, Teubner; darin insb. 6. Vortrag, S. 109-149: Newtons Axiome und Postulate.

[2517] —— [1920-22] 'Kampf um das Verständnis der Relativitätstheorie', *Aus der Natur* [Leipzig], **17** (1920/21) S. 241-249, 305-317, **18** (1921/22) S. 357-364 (= Sammelrezensionen).

[2518] —— [1924]: Rez. v. Study [1914/23]b, [1923]; Graetz [1923] u. Alliata [1923], *Ann.Phil* **4**, S. 100, 102-104.

[2519] Vortisch, Hermann [1921] *Die Relativitätstheorie und ihre Beziehung zur christlichen Weltanschauung*, Hamburg, Agentur des Rauhen Hauses.

[2520] Vouillemin, C.E. [1922] *Introduction à la théorie d'Einstein (Exposé philosophique élémentaire)*, Paris, Michel [war mir nicht zugänglich].

[2521] Wächter, F.[1922] 'Relativitätstheorie und Astronomie', *Sirius* **55**, S. 27-34 bzw. 'Relativitätsbetrachtungen', ibid., S. 68.

[2522] Walker, A.G.[1948] 'Foundations of relativity', *Proc. Roy. Soc. Edinburgh* (A) **62**, S. 319-335.

[2523] —— [1949]a 'Time scales in general relativity', *Proc. of the Royal Society of Edinburgh* (a) **62**, S. 164-174.

[2524] —— [1949]b 'Foundations of relativity', ibid., S. 319-335.

[2525] —— [1959] 'Axioms for cosmology', in: Henkin et al. (Hrsg.) [1959], S. 308-321.

[2526] Wallach, Curt [1946] 'Völkische Wissenschaft - Deutsche Physik', *Deutsche Rundschau* **69**, Heft 5, S. 126-141.

[2527] Walte, Wilhelm [1921] *Einstein, Michelson, Newton. Die Relativitätstheorie. Wahrheit und Irrtum*, Hamburg, Gente.

[2528] —— [1931] 'Einige Einwendungen gegen Einsteins Relativitätstheorie', in: Israel et al.(Hrsg.) [1931], S. 58-60.

[2529] Walter, E.J.[1924] 'Relativitätstheorie und Philosophie', *VNGZ* **69**, S. 52-77.

[2530] Wantoch, Rudolf [1923] *Die Einstein'sche Relativitätstheorie. Kurze, für jedermann verständliche Besprechung*, Wien, Hölder-Pichler-Tempsky.

[2531] Watanabe, Satosi [1951] 'Le concept de temps en physique moderne et la durée pure de Bergson', *RMM* **56**, S. 128-142.

[2532] Waters, W.A.[1930] 'Relativity and organic chemistry', *Science Progress* **25**, S. 627-632.

[2533] Wattenberg, D.[1933] 'Über die Relativitätstheorie', *Stimmen der Zeit* Jg. **63** (Bd. **125**), S. 312-323.

[2534] Weber, Anton [1920] 'Zur Relativitätstheorie', *PJG* **33**, S. 63-71 (= Replik auf Spielmann [1919]).

[2535] Weber, A.[1923] 'Die Überwindung des Relativismus', *Der Lesezirkel* [Zürich] **11**, S. 331-342.

[2536] Weber, J.[1925] 'Ist die Relativitätstheorie widerlegt?', *Die Erde* [Braunschweig], **3**, S. 716.

[2537] —— [1926]a 'Der Michelson-Versuch von D.C. Miller auf dem Mount Wilson', *Phys.Z.* **27**, S. 5-8.

[2538] —— [1926]b 'Ist die Relativitätstheorie widerlegt?', *Leipziger Neueste Nachrichten*, 23. I., S. 2.

[2539] Weinberg, Arthur v.[1922] 'Die Grenzen der Relativitätstheorie', *Bericht der Senckenbergischen Naturforschenden Gesellschaft* **52**, S. 1-28 (s.a. Gehrcke [1922]).

[2540] Weinberg, C.B.[1937] *Mach's empirio-pragmatism in physical science*, Diss. Columbia Univ., New York.

[2541] Weinmann, Rudolf [1922]a *Gegen Einsteins Relativierung von Zeit und Raum (gemeinverständlich)*, München u. Berlin, Oldenbourg.

[2542] —— [1922]b *Philosophie, Welt und Wirklichkeit*, München und Berlin, Oldenbourg

[2543] —— [1923] *Anti-Einstein*, Leipzig, Hillmann (s.a. Rez. v. Wenzel [1924], Stammler [1927]).

[2544] —— [1925] *Widersprüche und Selbstwidersprüche der Relativitätstheorie*, Leipzig, Hillmann.

[2545] —— [1926]a *Versuch einer endgültigen Widerlegung der speziellen Relativitätstheorie*, Leipzig, Hillmann.

[2546] —— [1926]b 'Kommt der Relativitätstheorie philosophische Bedeutung zu?', *Philosophie und Leben* **2**, S. 154-159.

[2547] —— [1927] 'Anti-Einstein Quintessenz', *ASP* **30**, S. 263-270.

[2548] —— [1929]a 'Der Widersinn und die Überflüssigkeit der speziellen Relativitätstheorie', *Ann.Phil.* **8**, S. 46-57.

[2549] —— [1929]b 'Über einige philosophische Argumente gegen die Relativitätstheorie (zum Aufsatz von Hugo Bergmann, Bd. 33, S. 378ff.)', *KS* **34**, S. 254-255 (= Replik auf Bergmann [1928]).

[2550] —— [1930] *Die Unhaltbarkeit der speziellen Relativitätstheorie*, a)in: *Natur und Kultur* **27**, S. 121-125; b)als Sep. Innsbruck, Tyrolia.

[2551] —— [1931] 'Die spezielle Relativitätstheorie', in: Israel, Ruckhaber u. Weinmann (Hrsg.) [1931], S. 60-64.

[2552] Weinstein, Max Bernhard [1906] *Die philosophische Grundlage der Wissenschaften*, Leipzig u. Berlin, Teubner.

[2553] —— [1911] *Die Grundgesetze der Natur*, Leipzig, Barth (= Wissen u. Können, Bd. 19).

[2554] —— [1913]a *Die Physik der bewegten Materie und die Relativitätstheorie*, Leipzig, Barth.

[2555] —— [1913]b 'Die Relativitätslehre und die Anschauung von der Welt', *Himmel und Erde* **26**, S. 1-14.

[2556] —— [1914] *Kräfte und Spannungen: das Gravitations- und Strahlungsfeld*, Braunschweig, Vieweg (s.a. Rez. v. Jüttner [1917] S. 282).

[2557] —— [1915]: Rez. v. Becher [1915], *Natw.* **3**, S. 313-314.

[2558] —— [1916] 'Absolut, relativ', *Deutsche Revue* [Stuttgart, Leipzig], **41** III, S. 105-111.

[2559] —— [1916/17] 'Die moderne Lehre von der Relativität der Erscheinungen und der Bewegung', *Weltall* **16**, S. 153-161.

[2560] Weiss-Jonak, L.[1919] *Energie und Entwicklungslehre im Lichte der Relativitätstheorie*, München, Deutscher Monistenbund.

[2561] Weitzenböck, Roland W.[1929] *Der vierdimensionale Raum*, a) Braunschweig, Vieweg, 1929 (= Die Wissenschaft, Bd. 80); b)2. veränd. Aufl. Stuttgart, Birkhäuser, 1956 (= Wissenschaft und Kultur, 10).

[2562] Weizel, W.[1942]: Rez. v. Müller (Hrsg.) [1941]a, *Zeitschrift für techn. Physik* **23**, S. 25.

[2563] Weizsäcker, Carl Friedrich v.[1939]a 'Methode der Physik', *Die Tatwelt* **15**, S. 97-106 (= Rez. v. Dingler [1938]; s.a. Dingler [1940]).

[2564] —— [1939]b 'Bemerkungen zu vorstehender Arbeit [von Barbulescu]' *Phys.Z.* **40**, S. 141.

[2565] —— [1939]c: Rez. v. Dingler [1938], ibid., S. 411 (= Kurzfassung von Weizsäcker [1939]a).

[2566] —— [1939]d 'Bemerkungen zu vorstehender Arbeit [von Sapper, 1939]', ibid., S. 667.

[2567] —— [1951] 'Einstein and the philosophy of physics', *Measure* **2**, S. 231-240 (= Rez. v. Schilpp (Hrsg.) [1949/79]a).

[2568] —— [1971] *Die Einheit der Physik*, München, Hanser (u. öfter).

[2569] Wellisch, S.[1920] 'Folgerungen des Relativitätsprinzips', *Zeitschrift des Österreichischen Ingenieur- und Architektenvereins*, S. 257-261.

[2570] Wendel, Georg [1931] '35 Thesen wider die Einsteinsche Relativitätstheorie', in: Israel et al.(Hrsg.) [1931], S. 65-72.

[2571] Wenzel, A.[1924] 'Schriften zur Relativitätstheorie', *Literarisches Zentralblatt für Deutschland* **75**, S. 179 (= Rez. v. Laue [1923], Eddington [1920/23], Graetz [1923], Mohorovičić [1923], Vogtherr [1923], Weinmann [1923]).

[2572] —— [1926] 'Die astronomischen Prüfungen der Relativitätstheorie', *UMN* **32**, S. 73-77.

[2573] Wenzl, Aloys [1923] 'Gegen ein Mißverständnis der Äquivalenzhypothese', *Ann.Phys.* (4) **72**, S. 457-460 (vgl. Bucherer [1922], [1924]a).

[2574] —— [1924] *Das Verhältnis der Einsteinschen Relativitätslehre zur Philosophie der Gegenwart mit besonderer Berücksichtigung auf die Philosophie des Als-Ob*, München, Rösl & Co. (= Bausteine zu einer Philosophie des 'Als-Ob', Bd. 9).

[2575] —— [1929] *Das naturwissenschaftliche Weltbild der Gegenwart*, Leipzig, Quelle u. Meyer.

[2576] —— [1935/49] *Wissenschaft und Weltanschauung. Natur und Geist als Probleme der Metaphysik*, Leipzig, a)1. Aufl. 1935; b)2. Aufl. 1949 (insb. S. 127-154, 180-190).

[2577] —— [1937]: Rez. v. Brühlmann [1935], *Blätter für Deutsche Philosophie* **10**, S. 201-203.

[2578] —— [1940] 'Das Äquivalenzprinzip der allgemeinen Relativitätstheorie. Erwiderung auf den Aufsatz von K. Sapper', *Phys.Z.* **41**, S. 422-425 (= Replik auf Sapper [1939]).

[2579] —— [1947/48] 'Bernhard Bavink', *Hochland* **40**, S. 99-100.

[2580] —— [1949/79] 'Die Einsteinsche Relativitätstheorie vom Standpunkt des kritischen Realismus und ihre weltanschauliche Bedeutung', in: Schilpp (Hrsg.) [1949/79]b S. 427-445 (Orig. engl.).

[2581] —— [1951] *Metaphysik der Physik von heute*, Hamburg, Meiner.

[2582] —— [1953]a 'Bavink, Bernhard', *NDB* **1**, S. 676.

[2583] —— [1953]b 'Becher, Erich', *NDB* **1**, S. 688-689.

[2584] —— [1957] *Die weltanschauliche Bedeutung der Naturwissenschaften - der bleibende Anteil Bernhard Bavinks*, Bielefeld, Bertelsmann.

[2585] Wertheimer, Max [1945/59] *Productive Thinking*, a)1. Aufl. 1945; b)2. erweiterte Aufl. New York, 1959; c)Reprint Chicago, Univ. of Chicago Press, 1982.

[2586] Wessely, K.[1920/21] 'Bemerkung zu den Grundlagen der Relativitätstheorie', *Phys.Z.* I: **21** S. 549-550, II: **22** S. 310-312.

[2587] Westin, O.E.[1921] *Einsteins Relativitätstheorie*, Stockholm, Fahlcrant.

[2588] Westphal, Wilhelm Heinrich [1946] *Die Relativitätstheorie, ihre Bewährung und ihre Bedeutung im Rahmen der heutigen Physik*, Rudolfstadt, Greifenverlag.

[2589] —— [1955] *Die Relativitätstheorie. Ihre Grundtatsachen und ihre Bewährung als Wegweiser der Forschung*, Stuttgart, Franckh (= Kosmos, Bd. 205.)

[2590] Wetzel, R.A.[1913] 'The new relativity in physics', *Science* N.S. 3. Okt. 1913, S. 466-474.

[2591] Weyl, Hermann [1917] 'Zur Gravitationstheorie', *Ann.Phys.* (4) **54**, S. 117-145.

[2592] —— [1918] 'Gravitation und Elektrizität', a)in: *SB.Berlin* S. 465-478 (dahinter: 'Nachtrag' AEs und 'Erwiderung' Weyls, S. 778-780; b)in: Sommerfeld (Hrsg.) [1923]c S. 147-159.

[2593] —— [1918/23] *Raum, Zeit, Materie. Vorlesungen über allgemeine Relativitätstheorie*, a)1. Aufl. 1918; b)3. Aufl. 1919; c)5. erw. Aufl. 1923 - Reprint Darmstadt, Wiss. Buchgesellschaft, 1961; d)in engl. Übers. v. H.L. Brose *Space-time-matter*, London, Methuen, 1921 (Reprint New York, Dover, 1952, Rez. v. Jeffreys [1923]); e)in franz. Übers. v. G. Juvet u. R. Leroy *Temps, espace, matière*, Paris, 1922.

[2594] —— [1919]a 'Eine neue Erweiterung der Relativtheorie', *Ann.Phys.* (4) **59**, S. 101-133.

[2595] —— [1919]b 'Bemerkung über die axialsymmetrischen Lösungen der Einsteinschen Gravitationsglei-chungen', ibid., S. 185-188.

[2596] —— [1920]a 'Elektrizität und Gravitation', *Phys.Z.* **21**, S. 649-651; b) in engl. Übers. als 'Electricity and gravitation', *Nature* **106**, S. 800-802.

[2597] —— [1920]c 'Die Diskussion über die Relativitätstheorie auf der Naturforscherversammlung', *Um-schau* **24**, S. 609-611 (vgl. [1921]e und Gehrcke [1921]f,g).

[2598] —— [1921]a 'Feld und Materie', *Ann.Phys.* (4) **65**, S. 541-563.

[2599] —— [1921]b 'Über die physikalischen Grundlagen der erweiterten Relativitätstheorie', *Phys.Z.* **22**, S. 473-480.

[2600] —— [1921]c 'Zur Infinitesimalgeometrie: Einordnung der projektiven und konformen Auffassung (aus einem Briefe an F. Klein)', *GN*, S. 99-112.

[2601] —— [1921]d 'Geometrie und Physik', *Kosmos* **18**, S. 287-290.

[2602] —— [1921]e 'Antwort an Herrn Prof. Dr. Gehrcke', *Umschau* **25**, S. 123-124 (= Replik auf Gehrcke [1921]f; s.a. dessen Erwiderung in Gehrcke [1921]g).

[2603] [——] [1922]a 'Das philosophisch Bedeutsame in der Relativitätstheorie', *NZZ* **143**, Nr. 1501, 17. Nov., 1. Morgenblatt, S. 1-2 (= Bericht von '-lsch' über einen Vortrag Weyls für die Philosophische Ges., Zürich).

[2604] —— [1922]b 'Die Relativitätstheorie auf der Naturforscher-Versammlung in Bad Nauheim', *JDM* **31**, S. 51ff.

[2605] —— [1922]c 'Die Einzigartigkeit der pythagoräischen Maßbestimmung', *Mathematische Zeitschrift* **12**, S. 114-146.

[2606] —— [1923]a 'Zur allgemeinen Relativitätstheorie', *Phys.Z.* **24**, S. 230-232.

[2607] —— [1923]b *Mathematische Analyse des Raumproblems. Vorlesungen, gehalten in Barcelona und Madrid*, Berlin, Springer.

[2608] —— [1924]a 'Massenträgheit und Kosmos', *Natw.* **12**, S. 197.

[2609] —— [1924]b: Rez. v. Reichenbach [1924], *DLZ*, Sp. 2122-2128.

[2610] —— [1924]c *Was ist Materie?*, Berlin, Springer (s.a. Sellien [1927]).

[2611] —— [1927]a *Philosophie der Mathematik und Naturwissenschaft*, in: Handbuch der Philosophie [München], Abt. II, A., insb. S. 57ff.

[2612] —— [1927]b 'Zeitverhältnisse im Kosmos, Eigenzeit, gelebte Zeit und metaphysische Zeit', *Proc. 6.th Intern. Congress of Philosophy, Harvard, 1926*, New York, S. 54-58.

[2613] —— [1929] 'Elektron und Gravitation', *Z.Phys.* **56**, S. 330-352.

[2614] —— [1931] 'Geometrie und Physik', *Natw.* **19**, S. 49-58.

[2615] —— [1944] 'How far can one get with a linear field theory of gravitation in flat space-time?', *Am.J.Math.* **66**, S. 591-604.

[2616] —— [1949] 'Relativity theory as a stimulus in mathematical research', *PAPS* **93**, S. 535-542.

[2617] —— [1950] 'A remark on the coupling of gravitation and electron', *Phys.Rev.* **77**, S. 699-701.

[2618] —— [1951] '50 Jahre Relativitätstheorie', *Natw.* **38**, S. 73-83.

[2619] Weyland, Paul [1920]a 'Einsteins Relativitätstheorie - eine wissenschaftliche Massensuggestion', *TR*, 6. Aug., (A), Nr. 171 (Reprint in Weyland [1920]b, S. 21-24, s.a. v.Laue [1920]b u. Glaser [1920]).

[2620] —— [1920]b *Betrachtungen über Einsteins Relativitätstheorie und die Art ihrer Einführung*, Leipzig u. Berlin, Köhler (= Schriften aus dem Verlage der Arbeitsgemeinschaft Deutscher Naturforscher zur Erhaltung reiner Wissenschaft, Bd. 2).

[2621] —— [1920]c 'Die Naturforschertagung in Nauheim. Die Erdrosselung der Einstein-Gegner', *Deutsche Zeitung. Unabh. Tagesblatt für nationale Politik*, 26. Sept. 1920, 1. Beilage.

[2622] —— [1920]d Replik auf v. Laue [1920]b, *Tägliche Rundschau*, 11. 8.

[2623] —— (Hrsg.)[1921] *Deutsch-Völkische Monatshefte*, [erschienen ist nur Heft 1, 1921].

[2624] White, Henry S.[1924]: Beitrag zum Symposium 'Is Einstein wrong?', *The Forum* **72**, S. 281.

[2625] Whitehead, Alfred North [1910] 'Geometry VII: axioms of geometry', *Enc.Brit.* (11) **11**, S. 730-736 (s.a. Russell/Whitehead [1910]).

[2626] —— [1911] 'Mathematics', ibid. **17**, S. 878-883.

[2627] —— [1915/16] 'Space, time and relativity', *PAS* N.S. **16**, S. 104-129.

[2628] —— [1916] 'La théorie relationniste de l'espace', *RMM* **23**, S. 423-454.

[2629] —— [1919] *An enquiry concerning the principles of natural knowledge*, Cambridge, Cambridge Univ. Press, a)1. Aufl. 1919, b)2. Aufl. 1925 (Reprint 1955).

[2630] —— [1920] *The concept of nature. Tarner lectures delivered in Trinity College, November 1919*, Cambridge, Cambridge Univ. Press a)1920; b)Reprint, ibid., 1926.

[2631] —— [1921/22] 'Discussion: the idealistic interpretation of Einstein's theory', *PAS* n.s. **22**, S. 130-134 (s.a. Carr, Nunn u. Wrinch [1921/22]).

[2632] —— [1922] *The principle of relativity*, Cambridge, Cambridge Univ. Press (s.a. Rez. v. Broad [1923]).

[2633] —— [1923]a: Beitrag zum Symposium 'The problem of simultaneity: is there a paradox in the principle of relativity in regard to the relation of time measured to time lived?', *PAS Suppl.*, **III**, S. 34-41. (s.a. Carr [1923] u. Sampson [1923]).

[2634] —— [1923]b 'The first physical synthesis', in: *Science and civilization*, herausgeg. v. F.S. Marvin, London, Oxford Univ. Press, S. 161-178.

[2635] —— [1926]a) *Science and the modern world*, New York, MacMillan Co. b)in dt. Übers. v. H.G. Holl: *Wissenschaft und moderne Welt*, Frankfurt, Suhrkamp (stw 758).

[2636] —— [1927] 'Time', *Proc. 6.th Intern. Congress of Philosophy, Harvard, 1926*, New York, S. 59-62 (s.a. Mead [1927]).

[2637] —— [1929/87]a) *Process and reality, an essay in cosmology*, Cambridge, Cambridge Univ. Press, und New York, MaxMillan Co., 1. Aufl. 1929 (Reprint 1936); b)in dt. Übers. v. H. Holl als *Prozess und Realität. Entwurf einer Kosmologie*, Frankfurt, Suhrkamp.

[2638] Whitrow, G.J.[1950/51]a 'Theories of relativity', *BJPS* **2**, S. 62-68.

[2639] —— [1950/51]b: Kommentar zu Whyte [1950/51], ibid., S. 58.

[2640] —— [1951] 'Theories of relativity', *BJPS* **2**, S. 61-68.

[2641] —— [1955] 'Einstein', *Observatory* **75**, S. 166-170.

[2642] —— u. Morduch, G.E.[1965] 'Relativistic theories of gravitation', *Vistas in Astronomy* **6**, S. 1-67.

[2643] Whittaker, Sir Edmund Taylor [1910/53] *A history of the theories of Aether and Electricity*, London, a)1. Aufl. Nelson, 1910; b)2. Aufl., Longman u. Green (2 Bde., insb. Bd. II: *The modern theories 1900-1926*).

[2644] —— (unter Kürzel E.T.W.) [1910] 'Recent researches on space, time and force', *MNRAS* **70**, S. 363-366.

[2645] —— [1927] 'The outstanding problems of relativity', *Nature* **120**, S. 368-371 (s.a. *Science* N.S. **66**, S. 223-229).

[2646] —— [1929] 'Eddington on the nature of the world', *Nature* **129**, S. 4-5.

[2647] —— [1931] 'On the definition of distance in curved space, and the displacement of the spectral lines of distant sources', *Proc.R.S.* (A) **133**, S. 93-105.

[2648] —— [1951/52] *Eddington's principle in the philosophy of science*, a)Cambridge, 1951; b)in: *American Scientist* **40**, S. 45-60.

[2649] —— [1953] 'G.F. FitzGerald', *SA* **189**, Novemberheft, S. 93-98.

[2650] —— [1955] 'Albert Einstein', *Biographical memoirs of Fellows of the Royal Society, London*, S. 37-67.

[2651] Whyte, L.L.[1922]: Beitrag in Bird (Hrsg.)[1922], S. 48, 79f.

[2652] —— [1929]a 'New Einstein Theory. Gravitation and Electricity. An explanation', *The Times*, 31. Jan.

[2653] —— [1929]b 'The new field theory. I. matter and space', *The Times*, 4. Febr.

[2654] —— [1930] 'The evolution of Einstein: a 25 year record', *NYT* **79**, So. 29. Juni, Nr. 26,454 Sect. 9, S. 3.

[2655] —— [1931]a 'Einstein and the theory of relativity', *The Adelphi* [London] S. 401-410.

[2656] —— [1931]b *Critique of physics*, London, Kegan Paul u. Trubner & Co [war mir nicht zugänglich].

[2657] —— [1950/51] 'The law of inertia', *BJPS* **2**, S. 58 (s.a. Whitrow [1950/51]).

[2658] —— [1953] 'Light signal kinematics', *BJPS* **4**, S. 160-161.

[2659] Wiechert, Emil [1900] 'Elektrodynamische Elementargesetze', *ANSEN* (2) **5**, S. 549-573.

[2660] —— [1911] 'Relativitätsprinzip und Äther', *Phys.Z.* **12**, S. 689-707 (s.a. Campbell [1912]).

[2661] —— [1915] 'Die Mechanik im Rahmen der allgemeinen Physik', *Kultur der Gegenwart*, Leipzig, Teubner, 3. Teil, 3. Abt., 1. Bd., S. 1-78.

[2662] —— [1920] 'Die Gravitation als elektrodynamische Erscheinung', *Ann.Phys.* (4) **63**, S. 301-389.

[2663] —— [1921] *Der Äther im Weltbild der Physik (Eine Begründung der Notwendigkeit der Äthervorstellung für die Physik mit besonderer Berücksichtigung des Gedankenkreises der Relativitätstheorie)*, a)in *GN*, S. 29-70 u. 'Berichtigung', ibid., S. 112; b)als Separatum, Berlin, Weichmann.

[2664] —— [1922] 'Prinzipielles über Äther und Relativität', *Phys.Z.* **23**, S. 25-28.

[2665] Wien, Wilhelm [1900] 'Über die Möglichkeit einer elektromagnetischen Begründung der Mechanik', *ANSEN* (2) **5**, S. 96-107.

[2666] —— [1911] 'Relativitätstheorie', in: *Taschenbuch für Mathematiker*, Leipzig, Teubner, S. 283-292.

[2667] —— [1919]a *Neuere Entwicklungen der Physik und ihrer Anwendungen*, Leipzig, Barth.

[2668] —— [1919]b *Vorträge über die neuere Entwicklung der Physik und ihrer Anwendungen*, Leipzig, Barth.

[2669] —— [1921]a *Die Relativitätstheorie vom Standpunkt der Physik und Erkenntnislehre*, Leipzig, Barth (s.a. Rez. v. E. Hartmann [1924/25]a).

[2670] —— [1921]b 'Die Bedeutung H. Poincarés für die Physik', *Acta Mathematica* **38**, S. 289-291 (Reprint in Wien [1921]c).

[2671] —— [1921]c *Aus der Welt der Wissenschaft. Vorträge und Aufsätze*, Leipzig, Barth (darin insb. S. 99-102, 192-195, 209-234, 264-286).

[2672] —— (unter Pseud. Dr. Mamlock) [1922] 'Die Relativitätstheorie auf dem Naturforschertag. Newtons Mechanik und Einsteins Lehre.- Die philosophische Bedeutung der Relativitätstheorie. Die Vorträge von Laue und Schlick', *BT* **51**, Di. 19. Sept., Nr. 421.

[2673] Wiener, Norbert [1914]a 'Relativism', *J.Phil.* **11**, S. 561-576.

[2674] —— [1914]b 'A contribution to the theory of relative position', *Proc. Cambridge Philosophical Society* **17**, S. 441-449 (s.a. Russell [1901]a).

[2675] Wiener, Otto [1915/25] 'Entwicklung der Wellenlehre des Lichtes', in *Die Kultur der Gegenwart*, 3. Teil, 1. Bd. *Die Physik*, Leipzig u. Berlin, a)1. Aufl. 1915; b)2. Aufl. 1925, S. 561-625.

[2676] —— [1921] 'Das Grundgesetz der Natur und die Erhaltung der absoluten Geschwindigkeiten im Äther', a)in *SB.Leipzig*, **38**, Heft 4, S. 1-97; b)als Separatum, Leipzig.

[2677] —— [1924] *Weiten, Zeiten, Geschwindigkeiten. Ein Gespräch über grundlegende naturwissenschaftliche Fragen*, Düsseldorf, Bücherei der Monatsschrift 'Das Werk', Bd. 1.

[2678] Wigner, Eugene [1929] 'Eine Bemerkung zu Einsteins neuer Formulierung des allgemeinen Relativitätsprinzips', *Z.Phys.* **53**, S. 592-596.

[2679] Wildhagen, Eduard [1932] *Materie und Energie. Vom naturwissenschaftlichen Weltbild der Gegenwart*, Berlin, Deutsche Buch-Gemeinschaft.

[2680] Willigens, Ch.[1921] 'Interprétation du temps universel dans la théorie de la relativité', *VSNG* **101**, S. 155-156; (s.a. Guillaume [1921]).

[2681] Wilson, Edwin B. u. Lewis, Gilbert N.[1912] 'The time-space manifold of relativity. The non-euclidean geometry of mechanics and electromagnetics', *PAAAS* **48**, S. 387-507 (s.a. Shaw [1913]).

[2682] Wilson, William [1950] 'The body alpha. An essay on the meaning of relativity', *Science progress* [London] **38**, S. 622-636.

[2683] Wininger, S.[1925] 'Einstein, Albert', *Große Jüdische Nationalbiographie* 1, S. 123-126.

[2684] Winternitz, Josef [1920] 'Kausalität, Relativität und Stetigkeit', *KS* **25**, S. 220-232.

[2685] —— [1923] *Relativitätstheorie und Erkenntnislehre. Eine Untersuchung über die erkenntnistheoretischen Grundlagen der Einsteinschen Theorie und die Bedeutung ihrer Ergebnisse für die allgemeinen Probleme des Naturerkennens*, Leipzig u. Berlin, Teubner (= Wissenschaft und Hypothese, Bd. 23, s.a. Rez. v. AE [1924]a, E. Hartmann [1924/25]b).

[2686] Wiskemann, Max [1927] 'Zur Relativitätstheorie - eine Grundfrage', *Ann.Phil.* **6**, S. 292-293.

[2687] Witte, Hans [1905/06] *Über den gegenwärtigen Stand der Frage nach einer mechanischen Erklärung der elektrischen Erscheinungen*, a)Diss. Berlin, 1905; b)in *Phys.Z.* 7 [1906], S. 779-785.

[2688] —— [1910] 'Nachträge zur Ätherfrage', *JRE* **7**, S. 205-261.

[2689] —— [1914] *Raum und Zeit im Lichte der neueren Physik*, a)Braunschweig, Vieweg (Vieweg-Sammlung, Heft 17); b)Wolfenbüttel, Heckner.

[2690] —— [1921] 'Ein kurzer Weg zum beschränkten Relativitätsprinzip', *Phys.Z.* **22**, S. 280-281.

[2691] Wittig, Hans [1921] *Die Geltung der Relativitätstheorie. Eine Untersuchung ihrer naturwissenschaftlichen Bedeutung*, Berlin, Sack.

[2692] Wolff, Oskar [1920] *Natur und Mathematik. 11. Hinter den Kulissen von Raum und Zeit. Ein Beitrag zur Einsteinschen Relativitätstheorie*, Seestadt (Tschechoslowakei), Selbstverlag.

[2693] Wolff, Th.[1926] 'Gibt es eine vierte Dimension? Wo bleiben die Gespenster? Die Welt als Raum, Zeit und Stoff', *BT* 11. Dez., Nr. 584.

[2694] —— [1929] 'Der Raum des Unvorstellbaren', *Die Woche* **19**, 11. Mai, S. 519-520.

[2695] —— [1932] 'Die Achillesferse in der Relativitätstheorie', *Welt und Wissen* [Berlin] **21** 1, S. 35.

[2696] Wood, W.W.[1924] 'A non-mathematical interpretation of the theory of relativity', *JEMSS* **40**, S. 138-153.

[2697] Woolard, E.[1918] 'Generalized relativity and gravitation', *AJS* (4) **45**, S. 425-437.

[2698] Worms de Romilly, P.[1923] *Quelques réflexions sur la relativité*, Paris, Hermann [war mir nicht zugänglich].

[2699] Wrinch, Dorothy u. Jeffreys, Harald [1921] 'The relation between geometry and Einstein's theory of gravitation', *Nature* **106**, S. 806-809; s.a. Jeffreys [1923].

[2700] Wrinch, Dorothy [1921/22] 'Discussion: the idealistic interpretation of Einstein's theory', *PAS* n.s.**22**, S. 134-138 (s.a. Carr, Whitehead u. Nunn [1921/22]).

[2701] —— [1922] 'On certain methodological aspects of the theory of relativity', *Mind* N.S. **31**, S. 200- 204.

[2702] Würschmidt, H.[1911] 'Neuere Fortschritte in der Physik', *Monatshefte für den naturwissenschaftlichen Unterricht* **4**, S. 273-279.

[2703] Wulf, P. Theodor (S.J.)[1920] 'Der heutige Stand der Relativitätstheorie', *Stimmen der Zeit* **100**, S. 100-116.

[2704] —— [1921]a 'Tatsachen zur allgemeinen Relativitätstheorie', *AN* **212**, Sp. 379-382 (s.a. Reichenbach [1921]d, [1922]c und Anderson [1921]).

[2705] —— [1921]b *Einsteins Relativitätstheorie gemeinverständlich dargestellt*, Innsbruck, Tyrolia (s.a. Stammler [1925]).

[2706] —— [1926/29] *Lehrbuch der Physik*, Freiburg, Herder, a)1. Aufl. 1926; b)2. Aufl. 1929.

[2707] Wundt, Wilhelm [1910] *Die Prinzipien der mechanischen Naturlehre. Ein Kapitel aus einer Philosophie der Naturwissenschaften*, Stuttgart, Enke (= 2. modif. Aufl. v. *Die physikalischen Axiome und ihre Beziehung zum Kausalprinzip* [Erlangen, 1866]; s.a. Rez. v. Schlick [1911]).

[2708] Wyssenhoff, J.v.[1934/37] 'Anschauliches zur Relativitätstheorie', *Z.Phys.* I: **95**, S. 391-408; II: **107**, S. 64-72.

[2709] Yowell, Everett I.[1924]: Beitrag zum Symposium 'Is Einstein wrong?', *The Forum* **72**, S. 278.

[2710] Zaremba, Stanislao [1922] 'La théorie de la relativié et les faits observés', *Journal de mathématiques pures et appliquées* (9) **1**, S. 105-139.

[2711] —— [1924] 'La théorie de la relativité et l'expérience', *AVCIF*, S. 541-544.

[2712] Zboril, I.[1924] $\sqrt{1 - \frac{v^2}{c^2}}$ *oder die Relativitätstheorie im Lichte der Wahrheit*, Pressburg, Selbstverlag.

[2713] Zehnder, Ludwig [1928] *Die Entwicklung des Weltalls aus mechanischen Grundlagen*, Tübingen, Laupp.

[2714] —— [1933] *Der Aether im Lichte der klassischen Zeit und der Neuzeit*, ibid.

[2715] Zerner, Fr.[1924] 'Über die Grundlagen der Raum-Zeitmessung der Astronomie', *AN* **221**, Sp. 321-330.

[2716] Zettl, Otmar [1924/25] 'Die Idee der Relativität', *Der Weg* [München] **1**, S. 220-224, 249-254.

[2717] Ziegler, Franz [1924] *Die Zahlendisziplin natürlicher Größen. (Kritische Gedanken zu dem Relativitätsprinzip von Einstein)*, Staatsverlag der Autonomen Sowjet R.R. der Wolga- Deutschen.

[2718] Ziegler, Johann Heinrich [1923] *Das Ding an sich und das Ende der sogenannten Relativitätstheorie*, Zürich, Weltformel- Verlag.

[2719] —— [1932] *Das Urlicht und das Hauptgerüst richtiger Weltanschauung. Über das Absolute und das Relative*, ibid.

[2720] —— [1933] *Die einfache Grundlage der Urlichtlehre. Vortrag*, ibid.

[2721] Ziehen, Theodor [1922] *Grundlagen der Naturphilosophie*, Leipzig, Quelle u. Meyer (= Wissenschaft u. Bildung, Bd. 182; insb. S. 67ff.).

[2722] —— [1927] 'Naturphilosophie. Kritischer Bericht über die Literatur, 1915-1925', *Jahrbücher der Philosophie* **3**, S. 186-212, insb. S. 192ff.

[2723] —— [1934] *Erkenntnistheorie* Bd. 1, Jena, Fischer.

[2724] Zilsel, Edgar [1924]: Rez. v. Dingler [1919/23], *DLZ*, N.F.**1**, Sp. 1748-1752.

[2725] —— [1925]: Rez. v. Reichenbach [1924] u. Elsbach [1924], *Natw.* **13**, S. 406-409.

[2726] —— [1976] *Die sozialen Ursprünge der neuzeitlichen Wissenschaft*, herausgeg. v. W. Krohn, Frankfurt, Suhrkamp.

[2727] Zimmer, E.[1924] 'Die Relativitätstheorie in der Prima auf Grund der Minkowskischen Darstellung', *ZMNU* **55**, S. 90-95.

[2728] Zimmermann, Hermann [1924] *Zur Relativitätslehre. Gedanken eines Technikers*, Berlin, Ernst & Sohn (s.a. Rez. v. Sellien [1927]).

[2729] Zlamal, Heinrich [1924] *Das Verhältnis der Einsteinschen Relativitätstheorie zur exakten Naturforschung*, Wien u. Leipzig, Braumüller (1. Heft = einzig erschienenes); s.a. Rez. v. Sellien [1927].

[2730] —— [1932] *Die Lehre von der Zustandsbeeinflussung des Weltäthers durch die Anwesenheit und Bewegung ponderabler Körper als klassisches Correlatum der Einsteinschen Relativitätstheorie*, Wien, Selbstverlag [2. Aufl. 1941; war mir nicht zugänglich].

[2731] Znaniecki, Florian [1915] 'The principle of relativity and philosophical absolutism', *PR* **24**, S. 150-164.

[2732] Zoretti, L.[1922] 'Les théories d'Einstein et les notions de l'espace, de temps et de masse', *L'Avenir* [Paris] **7**, Nr. 67, S. 47-50.

[2733] Zschimmer, Eberhard [1923] 'Die anschauliche Welt und die Invarianz der Naturgesetze nach A. Einstein', *BPDI* **3**, S. 22-37.

[2734] Zwerg,H.-G.[1933] 'Moderne Relativitätsforschung und ihre Bedeutung für die Medizin', *Medizinische Welt* **7**, S. 617-620.

Bibliographie Teil 2:
wissenschaftshistorische sowie
philosophische Ergänzungen

[2735] Abbagnano, Nicola [1967] 'Positivism', *Enc.Phil.* **6**, S. 414-415.

[2736] Achinstein, Peter [1967] 'Reichenbach, Hans', *Enc.Phil.* **7**, S. 115-118.

[2737] Achinstein, Peter u. Barker, Stephen F.(Hrsg.) [1969] *The legacy of logical positivism*, Baltimore, John Hopkins Press.

[2738] Achinstein, Peter u. Hannaway, Owen (Hrsg.) [1985] *Observation, experiment and hypothesis in modern physical science*, Cambridge, MA u.a., MIT Press.

[2739] Aichelburg, Peter A. u. Sexl, Roman (Hrsg.) [1979] *Albert Einstein. Sein Einfluß auf Physik, Philosophie und Politik*, Braunschweig u. Wiesbaden, Vieweg.

[2740] Alexandrow, A.D. [1962] 'Philosophischer Gehalt und physikalische Bedeutung der Relativitätstheorie', *Philosophophische Probleme der modernen Naturwissenschaft*, Berlin 1962, S. 83-119.

[2741] Ardelt, Rudolf G.[1984] *Friedrich Adler. Probleme einer Persönlichkeitsentwicklung um die Jahrhundertwende*, Wien, Österreichischer Bundesverlag.

[2742] Arzeliès, Henri [1955/66] a)*La cinématique relativiste*, Paris, Gauthier-Villars 1955, b)engl. Übers. *Relativistic Kinematics*, Oxford, Pergamon Press 1966.

[2743] Audretsch, Jürgen u. Mainzer, Klaus (Hrsg.) [1988] *Philosophie und Physik der Raum-Zeit*, Mannheim et al., Bibliographisches Institut.

[2744] Austeda, Franz [1967] 'Petzoldt, Joseph', *Enc.Phil.* **6**, S. 130.

[2745] Barker, William A.; de Bouvère, Karel L de (S.J.C.), Felt, James W. (S.J.C.) u. Fowler, Dean R. [1976] 'Whitehead, Alfred North', *DSB* **14**, S. 302-310.

[2746] Battimelli, Giovanni [1981] 'The electromagnetic mass of the electron: a case study of a non-crucial experiment', *Fundamenta Scientiae* **2**, S. 137-150.

[2747] Beauregard, L.A. de [1977] 'Reichenbach and Conventionalism', *Synthese* **34**, S. 265-280.

[2748] Bellone, Enrico [1981] *La Relatività di Faraday a Einstein* Turin, 1981 (=Storia della Scienza, Bd. 23).

[2749] Berghel, Hal u. Hübner, Adolf u. Köhler, Eckehart (Hrsg.) [1979] *Wittgenstein, der Wiener Kreis und der kritische Rationalismus. Akten des III. Intern. Wittgenstein-Symposiums*, Wien, Hölder-Pichler-Tempsky.

[2750] Bergmann, Peter G.[1956] 'Fifty Years of Relativity', *Science* N.S. **123**, S. 487-494.

[2751] —— [1965] 'Physics and Geometry', in: Bar-Hillel (Hrsg.) *Logic, methodology and philosophy*, Amsterdam [1965], S. 343-346.

[2752] —— [1970] 'Cosmology as a science', *Found.Phys.* **1**, S. 17-22.

[2753] —— [1979] 'Unitary field theory, geometrization of physics of physicalization of geometry?', in: Nelkowski et al.(Hrsg.) [1979] S. 84-88.

[2754] Bergstrand, E.[1956] 'Determination of the Velocity of Light', *HBdP* **24**, S. 1-43.

[2755] Berteval, W.[1969] 'Bergson and Einstein', in: Gunter(Hrsg.) [1969], S. 214-226.

[2756] Beyerchen, Alan [1977]a *Scientists under Hitler: politics and the physics community in the Third Reich*, New Haven u. London, Yale Univ. Press; b)in dt. Übers.: *Wissenschaftler unter Hitler: Physiker im Dritten Reich*, Köln, Kiepenhauer u. Witsch, 1980; c)als Taschenbuch: Frankfurt, Ullstein (s.a. Rez. v. Kleinert [1979]b).

[2757] Biezunski, Michel [1982] 'Einstein à Paris', *La Recherche* **13**, S. 505-510.

[2758] —— [1983] 'Un texte de Kalmen Gutenbaum: la philosophie d'Émile Meyerson (1932)', *Fundamenta Scientiae* **4**, S. 135-145.

[2759] —— [1987] 'Einstein's reception in Paris in 1922', in: Glick(Hrsg.) [1987], S. 169-188.

[2760] Blackmore, John T.[1972] *Ernst Mach - his life, work, and influence*, Berkeley, Univ. of Calif. Press.

[2761] —— u. Hentschel, K.(Hrsg.)[1985] *Ernst Mach als Aussenseiter. Machs Briefwechsel über Philosophie und Relativitätstheorie mit Persönlichkeiten seiner Zeit*, Wien, Braumüller.

[2762] Blackmore, John T.[1988]a 'Mach über Atome u. Relativität - neueste Forschungsergebnisse', in: Stadler/Haller (Hrsg.) [1988], S. 463-483.

[2763] —— [1988]b 'Mach competes with Planck for Einstein's favor', *Hist.Sci.* **35**, S. 45-89.

[2764] —— [1989]a 'Evidence that Mach rejected Einstein's theory of relativity', erscheint in: *Akten des 13. Int. Wittgenstein-Symposiums*, Wien, Hölder-Pichler-Tempsky.

[2765] —— [1989]b Rez. v. Wolters [1987], *Philosophy of the Social Sciences* **19**, erscheint in Heft 2.

[2766] Blackwell, Richard J.[1963/64] 'Whitehead and the problem of simultaneity', *Modern Schoolman* **41**, S. 62-72.

[2767] Blanché, Robert [1967] 'Meyerson, Émile', *Enc.Phil.* **5**, S. 307-308.

[2768] Bonsack, F. 'Réponse à M. Evans et à quelques autres', *Dialectica*, **16**, S. 83-91.

[2769] Bork, A.M.[1966]a 'Physics just before Einstein', *Science* N.S. **152**, S. 597-603.

[2770] —— [1966]b 'On the Fitzgerald-Lorentz-Contraction', *ISIS* **57**, S. 199-207.

[2771] Borzeszkowski, Horst Heinrich v./Wahsner, Renate [1979] 'Erkenntnistheoretischer Apriorismus und Einsteins Theorie', *DZfP* **27**, S. 213-222.

[2772] Brans, C.H.[1962] 'Mach's principle and the locally measured gravitational constant in general relativity', *Phys.Rev.* (2) **125**, S. 388-396.

[2773] —— u. Dicke, Robert H.[1961] 'Mach's principle and a relativistic theory of gravitation', *Phys.Rev.* (2) **124**, S. 925-935.

[2774] Braun, Traute[1979] *Die Entwicklung der Physik im Spiegel der Presse. Berichterstattung des Berliner Tageblatts 1919 - 1923*. Magisterarbeit Uni Stuttgart.

[2775] Brecht, Franz Josef [1957] 'Edmund Husserl 1859-1938', *Die Großen Deutschen* **5**, S. 436-448.

[2776] Briginshaw, A.J. 'The axiomatic geometry of space-time: an assessment of the work of A.A. Robb', *Centaurus* **22** S. 315-323.

[2777] Brush, Stephen George [1966] 'Note on the history of the Fitzgerald-Lorentz-contraction', *ISIS* **58**, S. 230-232.

[2778] Büchel, Wolfgang [1960] 'Die Diskussion um die Relativitätstheorie in der Sowjetunion', *PB* **16**, S. 277-280.

[2779] —— [1974] 'Die Struktur wissenschaftlicher Revolutionen und das Uhrenparadoxon', *ZAWT* **5**, S. 218-225.

[2780] Buth, Manfred [1983] 'Zum Verhältnis von Protophysik und spezieller Relativitätstheorie', *PN* **20**, S. 213-223.

[2781] Cantor, G.N. u. Hodge, M.J.S. (Hrsg.) [1981] *Conceptions of ether: studies in the history of ether theories: 1740-1900*, Cambridge, Cambridge Univ. Press.

[2782] Čapek, Milič [1953] 'La théorie Bergsonienne de la matière et la physique moderne', *RPFE* **143**, S. 28-59, 644.

[2783] —— [1955/56] 'Relativity and the status of space', *RM* **9**, S. 169-199.

[2784] —— [1959] 'Bergson et l'esprit de la physique contemporaine', in *Congrès Bergson*, Paris, S. 53-56.

[2785] —— [1966] 'Time in relativity theory - arguments for a philosophy of becoming', in: Frazer (Hrsg.) [1966], S. 434-454.

[2786] —— [1969] 'Bergson's theory of matter and modern physics', in: Gunter (Hrsg.) [1969], S. 297-330.

[2787] —— [1971] *Bergson and modern physics. A Reinterpretation and re-evaluation*, Dordrecht, Reidel (*BSPS* **7**).

[2788] —— [1975] 'Relativity and the status of becoming', *FP* **5**, S. 607-617.

[2789] —— [1980] 'Ce qui est vivant et cequi est mort dans la critique Bergsoninenne de la Relativité', *RSyn* **101**, S. 313-344.

[2790] —— [1985] 'Introduction' (zu Meyerson [1925/85]), S. xxiii-liii.

[2791] Cassidy, David [1986] 'Understanding the history of special relativity', *HSPS* **16**, S. 177-195 (= Rez. v. Miller [1981], Goldberg [1984], Pyenson [1985]).

[2792] Cekić, Miodrag [1981] 'Mach's phenomenalism and its consequences in physics', *Intern. Philos. Quaterly* **21**, S. 249-259.

[2793] —— [1988] 'Über das Prinzip der Denkökonomie', *Ann. für dialektische Philos.* **4**, S. 222-230.

[2794] Chandrasekhar, S.[1969] 'The Richtmyer memorial lecture- some historical notes', *AJP* **37**, S. 577-584.

[2795] —— [1972] 'The increasing role of general relativity in astronomy', *Observatory* **92**, S. 160-174.

[2796] —— [1979] 'Einstein and general relativity-historical perspectives', *AJP* **47**, S. 212-217.

[2797] Chiu, Hong-Yee u. Hoffmann, William F.(Hrsg.) [1964] *Gravitation and relativity*, New York u. Amsterdam, Benjamin.

[2798] Claeges, Ulrich [1974] 'Husserl, Edmund', *NDB* **10**, S. 87-89.

[2799] Clark, Ronald W.[1971] *Einstein, the life and times*, New York, World Publ. Co.; b)in dt. Übers.: *Albert Einstein: Leben und Werk; eine Biographie*, Esslingen, Brechtle, 1974; c)als Taschenbuch: München, Heyne, 1982 u. öfter.

[2800] Cogan, Bruce C.[1975] 'Russell, Bertrand', *DSB* **12**, S. 9-24.

[2801] Cohen, I. Bernhard [1950] 'An Interview with Einstein', *SA* **193**, S. 69-73.

[2802] —— [1985] *Revolution in Science*, Cambridge, Belknap.

[2803] Cohen, Robert S.[1950] 'Epistemology and cosmology: E.A. Milne's theory of relativity', *RM* **3**, S. 385-405.

[2804] Combridge, J.T.[1965] *Bibliography of Relativity and gravitation theory, 1921-1937*, London, Kings College.

[2805] Mc Cormmach, Russell [1970] 'Einstein, Lorentz, and the Electron Theory', *HSPS* **2**, S. 41-87.

[2806] —— [1973] 'Lorentz, Hendrik Antoon', *DSB* **8**, S. 487-500.

[2807] —— [1982/84]a) *Night thoughts of a classical physicist*, Cambridge MA, Harvard Univ. Press; b)in dt. Übers. als *Nachtgedanken eines klassischen Physikers*, Frankfurt, Insel.

[2808] Crelinsten, Jeffrey [1980]a 'Einstein, relativity and the press. The myth of incomprehensibility', *Physics Teacher* **18**, S. 115-122.

[2809] —— [1980]b 'Physicists receive relativity', ibid., S. 187-193.

[2810] Mc Crosson, M.N. 'A note on relativity before Einstein', *BJPS* **37**, S. 232-234.

[2811] Dahms, H.J. (Hrsg.) [1985] *Philosophie, Wissenschaft, Aufklärung-Beiträge zur Geschichte und Wirkung des Wiener Kreises*, Berlin et al., Springer.

[2812] —— [1987] 'Aufstieg und Fall der Lebensphilosophie - das philosophische Seminar der Univ. Göttingen zwischen 1917 und 1950', in: H.Becker et al.(Hrsg.) *Die Univ. Göttingen unter dem Nationalsozialismus*, München et al. Saur, S. 169-199.

[2813] Dambska, Izydora [1956] 'Quelques remarques sur la philosophie de la science de A.S. Eddington', *Revue de Synthèse* **77**, S. 311-341.

[2814] —— [1959] 'Sur quelques idées communes à Bergson, Poincaré et Eddington', in *Congrès Bergson*, Paris, S. 85-89.

[2815] Dehnen, H.[1969] 'Kann die allgemeine Relativitätstheorie heute als bestätigt gelten?', *PB* **25**, S. 400-407.

[2816] Delokarov, K.Ch.[1973/77] *Relativitätstheorie und Materialismus: philosophische Fragen der speziellen Relativitätstheorie in den sowjetischen Diskussionen der 20er und 30er Jahre*, [Original russisch, Moskau, 1973]; dt. Übers. Berlin-Ost, Akademie- Verlag, 1977 (= Wissenschaftl. Taschenbücher, Bd.189).

[2817] Diederich, Werner [1974] *Konventionalität in der Physik: Wissenschaftstheoretische Untersuchungen zum Konventionalismus*, Berlin, Duncker & Humblot.

[2818] Diemer, Alwin [1956] *Edmund Husserl, Versuch einer systematischen Zusammenstellung seiner Phänomenologie*, Meisenheim am Glan, Hain (= Monographien zur Philosophischen Forschung, Bd. 15).

[2819] Dieudonné, J.[1974] 'Minkowski, Hermann', *DSB* **9**, S. 411-414.

[2820] —— [1975] 'Poincaré, Jules Henri', *DSB* **11**, S. 51-61.

[2821] —— [1976] 'Weyl, Hermann', *DSB* **14**, S. 281-285.

[2822] Dingle, Herbert: siehe 1. Teil der Bibliographie

[2823] Dingler, Helmuth [1957] 'Dingler, Hugo', *NDB* **3**, S. 729-730.

[2824] Doncel, Manuel G. et al. (Hrsg.) [1987] *Symmetries in Physics (1600-1980)*, Barcelona, Univ. Autonoma de Barcelona (= *Proc. of the 1. intern. meeting on the history of scientific ideas*, 1984).

[2825] Dorling, Geoffrey [1980] 'Approaches to the teaching of special relativity', in: French (Hrsg.) [1980], S. 245-258.

[2826] Earman, John [1970] 'Who's afraid of absolute space', *A.J.Phil.* **48**, S. 287-317 (s.a. Grünbaum [1971]).

[2827] —— [1970]b 'Space-time, or how to solve philosophical problems and dissolve philosophical muddles without really trying', *J.Phil* **67**, S. 259-277.

[2828] —— [1972] 'Some aspects of general relativity and geometrodynamics', ibid. **69**, S. 634-647.

[2829] —— u. Glymour, Clark u. Stachel, John (Hrsg.)[1977] *Foundations of space-time theories* (= Minnesota Studies in the Philosophy of Science, Bd. 8).

[2830] Earman, John u. Glymour, Clark [1978]a 'Einstein and Hilbert: two months in the history of general relativity', *AHES* **19**, S. 291-307.

[2831] —— [1978]b 'Lost in the tensors: Einstein's struggles with covariance principles', *SHPS* **9**, S. 251-278.

[2832] —— [1980]a 'The gravitational redshift as a test of general relativity: history and analysis', ibid.**11**, S. 175-214.

[2833] —— [1980]b 'Relativity and eclipses: the British eclipse expeditions of 1919 and their predecessors', *HSPS* **11**, S. 49-85.

[2834] Eckert, M. u. Pricha, W.[1984] 'Die ersten Briefe Albert Einsteins an Arnold Sommerfeld', *PB* **40**, S. 29-34.

[2835] Ehrlichson, Herman [1971] 'The Lorentz-Fitzgerald Contraction hypothesis and the combined red contraction-clock retardation hypothesis', *Phil.Sci* **38**, S. 605-609 (= Replik zu Evans [1969]).

[2836] Eisenstaedt, J.[1982] 'Histoire et singularité de la solution de Schwarzschild (1915-1923)', *AHES* **27**, S. 157-198.

[2837] —— [1986] 'La relativité générale à l'étiage: 1925-1955', ibid. **35**, S. 115-185.

[2838] Elevitch, Bernard [1967] 'Brunschvicg, Léon', *Enc.Phil.* **1**, S. 408-409.

[2839] Ellis, Brian 'Universal and differential forces', *BJPS* **14**, S. 177-194 (= Kommentar zu Reichenbach [1928]; s.a. Grünbaum [1963/73]).

[2840] Elton, Lewis [1986] 'Einstein, general relativity and the german press', *ISIS* **77**, S. 95-103.

[2841] Evans, Melbourne G.[1962] 'The relativity of simultaneity - a critical analysis', *Dialectica* **16**, S. 61-82 (s.a. die Replik v. Bonsack [1962]).

[2842] —— [1969] 'On the falsity of the Fitgerald-Lorentz-contraction hypothesis', *Phil.Sci.* **36**, S. 354-362.

[2843] Feigl, Herbert u. Maxwell, Grover (Hrsg.) [1960] *Current issues in the philosophy of science*, New York, Holt, Rinehart u. Winston.

[2844] Feigl, Herbert [1969] 'The origin and spirit of logical positivism', in: Achinstein u. Barker (Hrsg.) [1969], S. 3-24 (siehe auch unter Feigl im 1. Teil der Bibliographie).

[2845] Feuer, Lewis S.[1974] *Einstein and the generation of science*, New York, Basic Books (s.a. *AS* **27** [1971], S. 227-298 u. 313-344).

[2846] Feyerabend, Paul [1974] 'Zahar on Einstein', *BJPS* **25**, S.25-28 (= Replik auf Zahar [1973/76]a).

[2847] —— [1980] 'Zahar on Mach, Einstein and modern science', ibid. **31**, S.273-282 (= Replik auf Zahar [1978]).

[2848] —— [1984] 'Mach's theory of research and its relation to Einstein', *SHPS* **15**, S.1-22 (s.a. Hentschel [1984]).

[2849] Findlay, J.N.[1962] 'Phenomenology', *Encyclopædia Britannica*, **17**, S. 699-702.

[2850] Fine, Arthur [1964] 'Discussion: physical geometry and physical laws', *Phil.Sci.* **31**, S.156-162.

[2851] Fock, V.A.[1964] 'The researches of A.A.Fridman on the Einstein theory of gravitation', *Soviet physics uspekhi* **6**, S.473-474 (= Kommentar zu A. Friedmann [1922] u. [1924]).

[2852] Forbes, Eric Gray [1961] 'A history of the solar red shift problem', *AS* **17**, S.129-164.

[2853] Forman, Paul [1973] 'Scientific Internationalism and the Weimar physicists: the ideology and its manipulation in Germany after world war I', *ISIS* **64**, S. 151-180.

[2854] —— [1974] 'The financial support and political alignment of physicists in Weimar Germany', *Minerva* **12**, S. 39-66.

[2855] Fowler, Dean R.[1975] 'Whitehead's theory of relativity', *Process Studies* **5**, S. 159-174.

[2856] Fox, J.G.[1965] 'Evidence against emission theories', *AJP* **33**, S. 1-17.

[2857] Fraassen, Bas C. v.[1969] 'Conventionality in the axiomatic foundation of the special theory of relativity', *Phil.Sci.* **36**, S.64-73.

[2858] Frank, Philipp (Hrsg.) [1956] *The validation of scientific theories*, Boston, Beacon Press.

[2859] French, A.P.(Hrsg.) [1980] *Einstein: a centenary volume*, Cambridge, Harvard Univ. Press.

[2860] Freudenthal, Hans [1960] 'Die Grundlage der Geometrie um die Wende des 19. Jahrhunderts', *MPS* **7**, S. 2-25.

[2861] —— [1972]a 'Hilbert, David', *NDB* **9**, S. 115-117.

[2862] —— [1972]b 'Hilbert, David', *DSB* **6**, S. 388-395.

[2863] Friedrich, L.W.(Hrsg.) [1960] *The nature of physical knowledge*, Bloomington u. Milwaukee, Indiana u. Marquette Univ. Press.

[2864] Friedman, Michael [1983] *Foundations of space-time theories. Relativistic physics and philosophy of science*, Princeton, Princeton Univ. Press.

[2865] Furth, Hans G.[1969/72] a)*Piaget and knowledge. Theoretical foundations*, Englewood Cliffs, 1969; b)in dt. Übers. v. F. Herbarth *Intelligenz und Erkennen. Die Grundlagen der genetischen Erkenntnistheorie Piagets*, Frankfurt, Suhrkamp.

[2866] Galison, P.C.[1979] 'Minkowski's space-time: from visual thinking to the absolute world', *HSPS* **10**, S.85-121.

[2867] Gehlhar, Fritz [1979] 'Relativität und Dialektik', *DZP* **27**, S.223-232.

[2868] Gethmann, Carl F.[1980] 'Erkenntnistheorie, evolutionäre' und 'Erkenntnistheorie, genetische', in Mittelstraß (Hrsg.) Bd. 1 [1980] S. 578.

[2869] Giedymin, Jerzy [1973] 'Logical comparability and conceptual disparity between Newtonian and relativistic mechanics', *BJPS* **24**, S.270-276.

[2870] Glick, Thomas F.(Hrsg.) [1987] *The comparative reception of relativity*, Boston u. Dordrecht, Reidel (= *BSPS* **103**; s.a. Rez. v. Warwick [1989]).

[2871] Glymour, C.[1972] 'Physics by convention', *Phil.Sci.* **39**, S.322-340.

[2872] Goenner, Herbert [1970] 'Mach's principle and Einstein's theory of relativity', *BSPS* **6**, S. 200-216.

[2873] Goenner, Hubert F.[1984] 'Unified field theories: from Eddington and Einstein up to now', in: *Proc. of the Sir Arthur Eddington centenary symposium*, Bd. 2: *Relativistic Astrophysics and Cosmology*, hrsg. v. V. de Sabbata u. T.M. Karade, Singapore, S. 176-196.

[2874] —— [1989]a 'The reaction to relativity theory and the anti-Einstein campaign in Germany in 1920', Göttingen. THPH-HP G2/Jan 1989.

[2875] —— [1989]b 'The reception of the theory of relativity in Germany as reflected by books published between 1908 and 1945', Göttingen-Preprint THPH-HP G1/3/89.

[2876] Goetz, Dorothea u. Mattek, Hans [1979] 'Gedanken zum öffentlichen Interesse für die Relativitätstheorie', *Potsdamer Forschungen*, Ser. B, **14**, S.41-52.

[2877] Goldberg, Stanley [1967] 'Henri Poincaré and Einstein's theory of relativity', *AJP* **35**, S.934-944.

[2878] —— [1968] *The early response to Einstein's special theory of relativity: 1905-1911. A case study in national differences*, ph.d.thesis, Harvard Univ., 1968 [war mir nicht zugänglich].

[2879] —— [1969] 'The Lorentz theory of electrons and Einstein's theory of relativity', ibid. **37**, S.982-994.

[2880] —— [1970] 'In defense of ether: the British response to Einstein's special theory of relativity, 1905-1911', *HSPS* **2**, S. 89-126.

[2881] —— [1970/71] 'Poincaré's silence and Einstein's relativity', *BJHS* **5**, S.73-84.

[2882] —— [1976] 'Max Planck's philosophy of nature and his elaboration of the special theory of relativity', *HSPS* **7**, S. 125-160.

[2883] —— [1984] *Understanding relativity: origins and impact of a scientific revolution*, Boston, Birkhäuser (s.a. Rez. v. Cassidy [1986]).

[2884] —— [1987] 'Putting new wine in old bottles: the assimilation of relativity in America' in: Glick (Hrsg.) [1987], S. 1-26.

[2885] Goudge, T.A.[1967] 'Bergson, Henri', *Enc.Phil.* **1**, S. 287-294.

[2886] Graham, Loren R. [1972/74] 'Dialektischer Materialismus und Naturwissenschaften in der UDSSR. 1.Teil (Quantenmechanik, Relativitätstheorie, Ursprung und Aufbau des Weltalls), orign. engl., New York, Knopf, 1972; dt. Übers. Frankfurt, Fischer, 1974.

[2887] —— [1982] 'The reception of Einstein's ideas: two examples from contrasting political cultures', in. Holton/Elkana (Hrsg.) [1982] S. 107-136.

[2888] Graves, J.C.[1972] 'Reply to Stein and Earman', *J.Phil.* **69**, S. 647-649 (= Replik auf Stein [1972]).

[2889] Griese, Anneliese [1967] 'Philosophische Aspekte des Einsteinschen Programms zur Weiterentwicklung der Physik', *Relativitätstheorie und Weltanschauung*, Berlin-Ost, VEB, S. 59-154.

[2890] —— u. Wahsner, Renate [1968] 'Raum- Zeit und Relativitätstheorie', in Hörz (Hrsg.) [1968], S. 19-44.

[2891] —— [1975] 'Philosophische Konsequenzen der Revolutionierung der Physik durch Einstein', *Physik in der Schule* **13**, S. 241-250.

[2892] Grøn, Ø.[1975] 'Relativistic description of a rotating disk', *AJP* **43**, S. 869-876.

[2893] Grünbaum, Adolf [1952] 'Some highlights of modern cosmology and cosmogony', *RM* **5**, S. 481-498.

[2894] —— [1955] 'Logical and philosophical foundations of the special theory of relativity', *AJP* **23**, S. 450-464.

[2895] —— [1956] 'Operationism and relativity', in: Frank (Hrsg.) [1956], S. 84-96.

[2896] —— [1957] 'The philosophical retention of absolute space in Einstein's general theory of relativity', *PR* **66**, S. 525-534.

[2897] —— [1959]a 'The falsifiability of the Lorentz-Fitzgerald contraction hypothesis', *BJPS* **10**, S. 48-50 (= Komm. zu Popper [1934]; s.a. Dingle [1959], Popper [1959], Keswani [1960]).

[2898] —— [1959]b 'Conventionalism in geometry', in: Henkin et al (Hrsg.) [1959], S. 216-222.

[2899] —— [1960]a 'The genesis of special theory of relativity', in: Feigl et al. (Hrsg.) [1960], S. 43-53 (s.a. Polanyi [1960]).

[2900] —— [1960]b 'The falsifiability of the Lorentz-Fitzgerald-contraction hypothesis: a rejoinder to Prof. Dingle', *BJPS* **11**, S. 143 (s.a. Dingle[1959], [1960] u. Grünbaum [1959]a, [1961]).

[2901] —— [1960]c 'Remarks on the contributions by Margenau and Bridgman', in: Friedrich (Hrsg.) [1960] S. 127-128.

[2902] —— [1961] 'Prof. Dingle on falsifiability: a second rejoinder', *BJPS* **12**, S. 153-156 (s.a. Grünbaum [1963/73] S. 378).

[2903] —— [1962]a 'Carnap's views on the foundations of geometry', in: P.A.Schilpp (Hrsg.) *The Philosophy of Rudolf Carnap*, La Salle Ill., Open Court, S. 599-684.

[2904] —— [1962]b 'Whitehead's philosophy of science', *Phil.Rev.* **71**, S. 218-229.

[2905] —— [1963/73] *Philosophical problems of space and time*, a)1. Aufl. New York, Knopf; b)2. erweit. Aufl. Dordrecht u. Boston, Reidel, 1973 (= *BSPS* **12**; s.a. A.I. Miller [1975]).

[2906] —— [1964] 'The bearing of philosophy on the history of science', *Science* N.S. **143**, S. 1406-1412.

[2907] —— [1970/77] 'Space, time, and falsifiability', a)in *Phil.Sci.* **37**, S. 469-588; b)Reprint in Grünbaum [1963/73]b, S. 449-568.

[2908] —— [1971] 'Why I am afraid of absolute space' *A.J.Phil.* **49**, S. 96 (= Replik auf Earman [1970]).

[2909] —— u. Janis, A.I.[1977] 'The geometry of the rotating disk in the special theory of relativity', *Synthese* **34**, S. 281-299.

[2910] Grundmann, Siegfried [1965] 'Zum Boykott der deutschen Wissenschaft nach dem ersten Weltkrieg', *WZTUD* **14**, S. 799-806.

[2911] —— [1967]a 'Das moralische Antlitz der Anti-Einstein-Liga', ibid. **16**, S. 1623-1626.

[2912] —— [1967]b 'Der deutsche Imperialismus, Einstein und die Relativitätstheorie', in *Relativitätstheorie und Weltanschauung*, Berlin, VEB, S. 155-257.

[2913] Gunter, P.A.Y.(Hrsg.) [1969] *Bergson and the evolution of physics*, Knoxville, Univ. of Tennessee Press (s.a. Prigogine [1971]).

[2914] Gutting, Gary [1972] 'Einstein's discovery of special relativity', *Phil.Sci.* **39**, S. 51-68.

[2915] Haberditzl, Werner [1963] 'Der Widerstand deutscher Naturforscher gegen die 'Deutsche Physik' und andere faschistische Zerrbilder', *NTM*, Beiheft, S. 320-326.

[2916] Haller, Rudolf [1985] 'Der erste Wiener Kreis', *Erkenntnis* **22**, S. 341-358.

[2917] —— u. Stadler, Friedrich (Hrsg.) [1988] *Ernst Mach - Werk und Wirkung*, Wien, Hölder-Pichler-Tempsky.

[2918] Hartmann, Wilfried [1966] 'Hartmann, Karl Robert Eduard v.', *NDB* **7**, S. 738-740.

[2919] Harvey, A.L.[1965] 'A brief review of Lorentz covariant scalar theories of gravitation', *AJP* **33**, S. 449-460.

[2920] Haubold, H.J. u. Yasui, E. [1986] 'Jun Ishiwaras Text über Albert Einsteins Gastvortrag an der Universität zu Kyoto am 14. Dezember 1922 (Eine Übersetzung aus dem Japanischen)', *AHES* **36**, S. 271-279.

[2921] Havas, Peter [1964] 'Four-dimensional formulations of Newtonian mechanics and their relation to the special and the general theory of relativity', *Rev.mod.Phys.* **36**, S. 938-965.

[2922] Hawking, Stephen W. u. Israel, W.(Hrsg.) [1979] *General Relativity: an Einstein Centenary Survey*, Cambridge et al., Cambridge Univ. Press.

[2923] —— [1987] *Three hundred years of gravitation*, Cambridge, Cambridge Univ. Press (s.a. Rez. v. Hentschel [1988]c).

[2924] Hecht, Hartmut [1980] 'Die Raum-Zeit-Konzeption des Neukantianismus aus naturdialektischer Sicht', *Rostocker philosophische Manuskripte* **21**, S.67-78.

[2925] —— [1982] 'Die Kantrezeption Hans Reichenbachs', *Greifswalder Philosophische Hefte* **1.2.**, S. 147-157.

[2926] —— u. Hoffmann, Dieter [1982] 'Die Berufung Hans Reichenbachs an die Berliner Universität. Zur Einheit von Naturwissenschaft, Philosophie und Politik', *DZP* **30**, S. 651-662.

[2927] Hecht, H.[1983] 'Die Relativitätsdiskusssion der zwanziger Jahre, akademischer Streit der Philosophen oder philosophisches Bedürfnis der Physik?', *Greifswalder philosophische Hefte* **3**, S. 14-31.

[2928] —— u. Hoffmann, D.[1988] 'Die Berliner Gesellschaft für Philosophie', *Spektrum* **19**, S. 28-29.

[2929] Heckmann, O. u. Schücking, E.[1959]a 'Newtonsche und Einsteinsche Kosmologie', *HdP* **53**, S. 489-519 (zu Heckmann siehe auch Bibliographie 1. Teil).

[2930] Dies.[1959]b 'Andere kosmologische Theorien', ibid., S. 520-537.

[2931] Hegselmann, Rainer [1988]a 'Der logische Empirismus und die Möglichkeit einer rationalen Philosophie', in: G. Pasternack (Hrsg.) *Rationalität und Wissenschaft*, Schriftenreihe des Zentrums Philosophische Grundlagen der Wissenschaft, Bd. 6.

[2932] —— [1988]b 'Alles nur Mißverständnisse? Zur Vertreibung des logischen Empirismus aus Österreich und Deutschland', in: F.Stadler (Hrsg.) *Vertriebene Vernunft II*, Wien u. München, Jugend u. Volk.

[2933] Heilbron, J.L. u. Wheaton, Bruce R. (et al.) [1981] *Literature on the History of physics in the 20th century*, Berkeley, Office for History of Science and Technology, (= Berkeley papers in history of science, V).

[2934] Held, A.(Hrsg.)[1980] *General Relativity and Gravitation*, 2 Bände, New York u. London, Plenum Press.

[2935] Heller, K.D.[1964] *Ernst Mach - Wegbereiter der modernen Physik. Mit ausgewählten Kapiteln aus seinem Werk*, Wien u. New York, Springer.

[2936] Henckmann, Wolfhart [1982] 'Külpe, Oswald', *NDB* **13**, S. 209-210.

[2937] Hentschel, Klaus [1984] *Zum Verhältnis Philosophie-Physik anhand der Korrespondenz Schlick-Einstein und ergänzender Dokumente*, Magisterarb. Univ. Hamburg.

[2938] —— [1985]a 'On Feyerabend's version of "Mach's theory of research and its relation to Einstein" ', *SHPS* **16**, S. 387-394.

[2939] —— [1985]b: Rez. v. Pyenson [1985], *AIHS* **35**, S. 496-498.

[2940] —— [1986] 'Die Korrespondenz Einstein-Schlick: zum Verhältnis der Physik zur Philosophie', *AS* **43**, S. 475-488.

[2941] —— [1987]a 'Einstein, Neokantianismus und Theorienholismus', *KS* **78**, S. 459-470.

[2942] —— [1987]b 'Mach, Ernst', *NDB* **15**, S. 605-609.

[2943] —— [1988]a 'Die Korrespondenz Duhem-Mach: zur 'Modellbeladenheit' von Wissenschaftsgeschichte', *Annals of Science* **45**, S. 73-91.

[2944] —— [1988]b 'Zwei vergessene Texte Moritz Schlicks', *Centaurus* **31**, S. 300-311.

[2945] —— [1988]c: Rez. v. Hawking/Israel (Hrsg.) [1987], *AIHS* **38**, S. 161-162.

[2946] —— [1988]d: Rez. v. Ray [1987], *AIHS* **38**, S. 163-164.

[2947] —— [1989]a 'Einstein, Albert', in *Lexikon der deutschsprachigen Literatur*, Hrsg. W. Killy, **3**, S. 213.

[2948] —— [1989]b 'The rise of antisemitic arguments against Einstein's theories of relativity since 1920', in: *Abstracts of the XVIIIth Int. Congress of History of Science*, Hamburg, Nr. A 22,20, c)ausgeführter Aufsatz, unveröffentlicht.

[2949] —— [o.J.] 'Gedanken und Schicksal eines Dissidenten während des Dritten Reiches - zum Werk des Naturphilosophen Bernhard Bavink zwischen 1933 und 1945', unveröffentlichtes Manuskript.

[2950] —— [i.V.] 'Die Korrespondenz Reichenbach-Petzoldt - zur Entwicklung der wissenschaftlichen Philosophie in Berlin', unveröffentlichtes Manuskript.

[2951] Hermann, Armin (Hrsg.) [1968] *Albert Einstein/Arnold Sommerfeld Briefwechsel. Sechzig Briefe aus dem goldenen Zeitalter der modernen Physik*, Basel u. Stuttgart, Schwabe.

[2952] —— [1977] 'Der Kampf um die Relativitätstheorie', *Bild der Wissenschaft*, S. 109-116.

[2953] —— [1978] *Bernhard Bavink und die Philosophie*, Stuttgart, o. Verleger (Festvortrag).

[2954] Herneck, Friedrich [1959] 'Zu einem Brief von Albert Einstein an Ernst Mach', *PB* **15**, S. 563-564.

[2955] —— [1961] 'Nochmals über Einstein und Mach', *PB* **17**, S. 275-276 (= Ergänzung zu Herneck [1959] u. Hönl [1960]).

[2956] —— [1963] 'Zum Briefwechsel A. Einsteins mit Mach', *FuF* **37**, S. 240-243.

[2957] —— [1966] 'Die Beziehungen zwischen Einstein und Mach, dokumentarisch dargestellt', *WZUJ* **15**, S. 1-14.

[2958] —— [1976] *Einstein und sein Weltbild. Aufsätze und Vorträge*, Berlin-Ost, Verlag Der Morgen.

[2959] Hetherington, Norris S.[1973] 'The delayed response to suggestions of an expanding universe', *Journal of the British Astronomical Association* **84**, S. 22-28.

[2960] Hirosige, Tetu [1966] 'Electrodynamics before the theory of relativity, 1890-1905', *JSHS* **5**, S. 1-49.

[2961] —— [1967] 'Theory of relativity and the ether', *JSHS* **7**, S. 37-53.

[2962] —— [1969] 'Origins of Lorentz' theory of electrons and the concept of the electromagnetic field' *HSPS* **1**, S. 151-209.

[2963] —— [1976] 'The ether problem, the mechanistic worldview, and the origins of the theory of relativity', ibid. **7**, S. 3-82.

[2964] Hoelling, Joachim [1971] *Realismus und Relativität. Philosophische Beiträge zum Raum-Zeit-Problem*, München, Fink.

[2965] Hönl, H.[1960] 'Ein Brief A. Einsteins an E. Mach', *PB*, **16**, S. 571-580 (s.a. Herneck [1959], [1961]).

[2966] —— [1963] 'Von der klassischen zur Relativitätsmechanik', *PB* **19**, S. 337-346.

[2967] —— [1966] 'Zur Geschichte des Machschen Prinzips', *WZUJ* **15**, S. 25-36.

[2968] Hoffmann, Dieter [1989] 'Die Physikdenkschriften von 1934/36 und zur Situation der Physik im faschistischen Deutschland', *Akad. der Wissenschaften, Berlin; Kolloquien* Heft **68**, S. 185-211.

[2969] Holton, Gerald [1968] 'Mach, Einstein, and the search for Reality', a)*Daedalus* **97**, S. 636-673; b)in Holton [1980] S. 219-259; c)in dt. Übers. in Holton [1981] S. 203-254.

[2970] —— [1969] 'Einstein, Michelson and the crucial experiment', a)*ISIS* **60**, S. 133-197; b)in dt. Übers. in: Holton [1981] S. 255-371.

[2971] —— [1980] *Thematic origins of scientific thought - Kepler to Einstein*, Cambridge (Mass), Harvard Univ. Press.

[2972] —— [1981] *Thematische Analyse der Wissenschaft. Die Physik Einsteins und seiner Zeit*, Frankfurt, Suhrkamp (= Auswahl von dt. Übers. engl. Aufsätze, zumeist aus Holton [1980]).

[2973] —— u. Elkana, Yehuda (Hrsg.) [1982] *Albert Einstein: historical and cultural perspectives*, Princeton, Princeton Univ. Press.

[2974] —— [1984] *Themata. Zur Ideengeschichte der Physik*, Braunschweig u. Wiesbaden, Vieweg.

[2975] Holz, Friedbert [1980] 'Kraus, Oskar', *NDB* **12**, S. 696-698.

[2976] Holzhey, H.[1984] 'Neukantianismus', in: Ritter (Hrsg.) [1971]ff. **6**, S. 748-753.

[2977] Howard, Don [1984] 'Realism and conventionalism in Einstein's philosophy of science: the Einstein-Schlick-correspondence', *PN* **21**, S. 616-629.

[2978] —— [1987] Rez. v. Wolters[1987], *ISIS* **78**, S. 606-607.

[2979] Hoyle, F. u. Narlikar, J.V. 'A new theory of gravitation', *Proc.R.S.* **282**, S. 191-207.

[2980] Hund, Friedrich [1980] 'Wer hat die Relativitätstheorie geschaffen?', *PB* **36**, S. 237-240.

[2981] Isaksson, Eva [1985] 'Der finnische Physiker Gunnar Nordström und sein Beitrag zur Entstehung der allgemeinen Relativitätstheorie A. Einsteins', *NTM* **22**, S. 29-52.

[2982] Itagaki, Ryoichi [1982] 'Why did Mach reject Einstein's theory of relativity?', *Historia Scientiarum* **72**, S. 81-95.

[2983] Jacobson, Leon [1965] 'Translator's preface', in Bergson [1921/65], S. v-xi.

[2984] Jaki, S.[1978] 'Johann Georg v. Soldner and the gravitational binding of light, with an english translation of his essay on it published in 1801', *FP* **8**, S. 927-950.

[2985] Jammer, Max [1954/80]a) *Concepts of space*, Cambridge MA, Harvard Univ. Press; b)in dt. Übers. v. P. Wilpert als: *Das Problem des Raumes. Die Entwicklung der Raumtheorien*, Darmstadt, Wiss. Buchges.

[2986] —— [1957] *Concepts of Force. A study in the foundations of dynamics*, Cambridge, Harvard Univ. Press.

[2987] —— [1961/81]a) *Concepts of mass*, Cambridge MA, Harvard Univ. Press; b) in dt. Übers. v. H. Hartmann als: *Der Begriff der Masse in der Physik*, Darmstadt, Wiss. Buchges.

[2988] Joshi, V.J.[1972] u. [1974] 'Was Einstein aware of the Michelson- Morley experiment?', *The Observatory* **92** S. 102 bzw. **94**, S. 81-82 (letzteres Replik auf Dingle [1973]).

[2989] Juhos, Bela [1968] 'The influence of epistemological analysis on scientific research: length and time in the special theory of relativity', in *Problems in the Philosophy of Science*, Amsterdam, S. 266-273.

[2990] —— [1969] 'Logische Analyse des Relativitätsprinzips', *PN* **11**, S. 207-217.

[2991] —— [1971] 'Formen des Positivismus', *ZAWT* **2**, S. 27-62.

[2992] Kahn, Carla u. Franz [1975] 'Letters from Einstein to de Sitter on the nature of the universe', *Nature* **257**, S. 451-454.

[2993] Kaiser, Walter [1981] *Theorien der Elektrodynamik im 19. Jahrhundert*, Gerstenberg, Hildesheim (= Arbor Scientiarum, Bd.8).

[2994] Kamitz, R.[1976] 'Grundzüge des Neopositivismus', *Grazer Philosophische Studien* **2**, S. 189-214.

[2995] Kamlah, Andreas [1977] 'Hans Reichenbach's relativity of geometry', *Synthese* **34**, S. 249-263.

[2996] —— [1983] 'Die philosophiegeschichtliche Bedeutung des Exils (nicht marxistischer) Philosophen zur Zeit des 'Dritten Reiches' ', *Dialektik* **7**, S. 29-43.

[2997] Kampmann, Wanda [1979] *Deutsche und Juden. Die Geschichte der Juden in Deutschland vom Mittelalter bis zum Beginn des ersten Weltkrieges*, Frankfurt, Fischer.

[2998] Kanitscheider, Bernulf [1984] *Kosmologie. Geschichte und Systematik in philosophischer Perspektive*, Stuttgart, Reclam.

[2999] Kann, Robert [1977] 'Dokumente einer seltsamen Freundschaft. Albert Einstein und Friedrich Adler. Begegnungen, Kontroversen, Bewährungen.' *Die Presse*, 2. u. 3. Juli .

[3000] Kerszberg, Pierre [1986]a 'Le principe de Weyl et l'invention d'une cosmologie non-statique', *AHES* **35**, S. 1-89.

[3001] —— [1986]b 'La découverte du temps cosmique en physique contemporaine', *Fundamenta Scientiae* **7**, S. 1-23.

[3002] —— [1987]a 'The relativity of rotation in the early foundation of general relativity', *SHPS* **18**, S. 53-79.

[3003] —— [1987]b 'On the alleged equivalence between Newtonian and relativistic cosmology', *BJPS* **38**, S. 347-380.

[3004] —— [1987]c 'The critical philosophy of relativity', *RM* **41**, S. 23-52.

[3005] Keswani, G.H.[1960] 'More about Lorentz-transformation equations' *BJPS* **11**, S. 50-55 (= Replik auf Grünbaum [1959]; s.a. Born [1960] u. Keswani [1961]).

[3006] —— [1961] 'Reply to Prof. Born', ibid **12**, S. 151-153.

[3007] —— [1965/66] 'Origin and concept of relativity', ibid.**15**, S. 285-306 u. **16**, S. 19-32, 273-294 (s.a. Podlaha [1975]).

[3008] —— u. Kilmister, C.W.[1983] 'Intimations of relativity. Relativity before Einstein', ibid.**34**, S. 343-354.

[3009] Kimble, Edwin C. u. Birch, Francis u. Holton, Gerald [1970] 'Bridgman, Percy W.', *DSB* **2**, S. 457-461.

[3010] Kittel, Charles [1974] 'Larmor and the prehistory of the Lorentz-Transformations', *AJP* **42**, S. 726-729.

[3011] Klein, Martin J.[1971] 'Einstein, Albert', *DSB* **4**, S. 312-333.

[3012] —— [1975] 'Einstein on revolutions', *Vistas in Astronomy* **17**, S. 113-133.

[3013] Kleinert, Andreas [1975] 'Anton Lampa und Albert Einstein', *Gesnerus* **32**, S. 285-292.

[3014] —— [1978] 'Von der *Science Allemande* zur *deutschen Physik*. Nationalismus und moderne Naturwissenschaft in Frankreich und Deutschland zwischen 1914 und 1940', *Francia* **6**, S. 509-525.

[3015] —— u. Schönbeck, Ch.[1978] 'Lenard und Einstein. Ihr Briefwechsel und ihr Verhältnis vor der Nauheimer Diskussion von 1920', *Gesnerus* **35**, S. 318-333.

[3016] Kleinert, Andreas [1979]a 'Nationalistische und antisemitische Ressentiments von Wissenschaftlern gegen Einstein', in: Nelkowski et al.(Hrsg.) [1979], S. 501-516.

[3017] —— [1979]b: Rez. v. Beyerchen [1977]a, *ISIS* **70**, S. 156-157.

[3018] Klüber, H.v.[1960] 'The determination of Einstein's light-deflection in the gravitational field of the sun', *Vistas in astronomy* **3**, S. 47-77.

[3019] Köhnke, Klaus-Christian [1986] *Entstehung und Aufstieg des Neukantianismus. Die deutsche Universitätsphilosophie zwischen Idealismus und Positivismus*, Frankfurt, Suhrkamp.

[3020] Kox, Anne J.[1988] 'Hendrik Antoon Lorentz, the ether and the general theory of relativity', *AHES* **38**, S. 67-78.

[3021] Kragh, Helge [1987] 'The beginning of the world: Georges Lemaître and the expanding universe', *Centaurus* **30**, S. 114-139.

[3022] Kuhn, Helmut [1957] 'Cassirer, Ernst Alfred', *NDB* **3**, S. 168-169.

[3023] Kuhn, Thomas S.[1962/79] *The structure of scientific revolutions* a)1. Aufl. 1962 [2., modif. Aufl. 1970]; b)in dt. Übers. als *Die Struktur wissenschaftlicher Revolutionen*, Frankfurt, Suhrkamp, 1979.

[3024] Langevin, Jean [1979] 'Note à propos du séjour d'Einstein en France organisé par Paul Langevin au printemps de 1922', *Cahiers Fundamenta Scientiae* [Straßburg], S. 9-22 (s.a. Paty [1979]).

[3025] Lango, John W.[1969] 'The logic of simultaneity', *J.Phil.* **66**, S. 340-350 (= Replik auf Stein [1968]).

[3026] Lehmann, Gerhard [1931] *Die Geschichte der nachkantischen Philosophie. Kritizismus und kritisches Motiv in den philosophischen Systemen des 19. und 20. Jahrhunderts*, Berlin, Junker & Dünnhaupt.

[3027] —— [1957] *Die Philosophie im ersten Drittel des 20. Jahrhunderts*, Berlin, de Gruyter (= Sammlung Göschen, Bd. 845.

[3028] Lehrer, Keith [1977] 'Reichenbach on convention', *Synthese* **34**, S. 237-248.

[3029] Lindner, Helmut [1980] 'Deutsche und gegentypische Mathematik. Zur Begründung einer 'arteigenen' Mathematik im 'Dritten Reich' durch Ludwig Bieberbach', in: Mehrtens/Richter (Hrsg.) [1980], S. 88-115.

[3030] Lorenzen, Paul [1961/74] 'Das Begründungsproblem der Geometrie als Wissenschaft der räumlichen Ordnung' a) *PN* **6**, S.415-431; b) Reprint in *Methodisches Denken*, Frankfurt, Suhrkamp, 1974, S. 120-147

[3031] —— [1976/77] 'Eine Revision der Einsteinschen Revision', *PN* **16**, S. 382-391.

[3032] —— [1977] 'Relativistische Mechanik mit klassischer Geometrie und Kinematik', *Mathematische Zeitschrift* **155**, S. 1-9.

[3033] Marder, Leslie [1971/79]a)*Time and the space traveller*, London, Allen u. Unwin, 1971; b)in dt.
        Übers.: *Reisen durch die Raum-Zeit; das Zwillingsparadoxon, Geschichte einer Kontroverse*,
        Braunschweig, Vieweg, 1979.

[3034] Martin, Daniel [1976] 'Whittaker, Edmund Taylor', *DSB* **14**, S. 316-318.

[3035] Mays, Wolfe [1967] 'Piaget, Jean', *Enc.Phil.* **6**, S. 305-307.

[3036] —— [1970] 'Whitehead and the philosophy of time', *Studium Generale* **23**, S. 509-524.

[3037] Medicus, Heinrich A.[1984] 'A comment on the relation between Einstein and Hilbert', *AJP*, S. 206-
        208.

[3038] Mehra, Jagdish [1974]a *Einstein, Hilbert and the theory of gravitation: historical origins of general
        relativity theory*, Dordrecht u. Boston, Reidel.

[3039] —— [1974]b 'Mie, Gustav', *DSB* **9**, S. 376-377.

[3040] Mehrtens, Herbert u. Richter, Steffen (Hrsg.) [1980] *Naturwissenschaft, Technik und NS-Ideologie*,
        Frankfurt, Suhrkamp (stw 303).

[3041] Melcher, Horst [1982] 'Ätherdrift und Relativität: Michelson, Einstein, Fizeau und Hoek', *NTM* **19**,
        S. 46-67.

[3042] Mercier, André et al.(Hrsg.) [1956] *Physics and Relativity*, Basel.

[3043] Merleau-Ponty, Jacques [1965] *Cosmologie du XXième ciècle. Etude épistemologique et historique des
        théories de la cosmologie contemporaine*, Paris, Gallimard.

[3044] Miller, Arthur I.[1974] 'On Lorentz' Methodology', *BJPS* **25**, S.20-45 (= Replik auf Zahar [1973/76]a).

[3045] —— [1978] 'Reply to "Some new aspects of relativity". Comments on Zahar's paper', *BJPS* **29**, S.
        252-256 (= Replik auf Zahar [1978]).

[3046] —— [1981] *Albert Einstein's special theory of relativity. Emergence (1905) and early interpretation
        (1905-1911)*, Reading, Addison Wesley (s.a. Rez. v. Cassidy [1986]).

[3047] —— [1982]a 'On Einstein's invention of special relativity', *Philosophy of Science Association* **2**.

[3048] —— [1982]b 'The special relativity theory: Einstein's response to the physics of 1905', in Holton u.
        Elkana (Hrsg.) [1982], S. 3-26.

[3049] Misner, Charles W. U. Wheeler, John Archibald [1957] 'Classical physics as geometry. Gravitation,
        electromagnetism, unquantised charge and mass as properties of empty space', *AP* **2**, S. 525-603.

[3050] Misner, C.W.[1964] 'Some topics for philosophical inquiry concerning the theories of mathematical
        geometrodynamics and of physical geometrodynamics', *BSPS* **20**, S. 390-411.

[3051] —— u. Thorne, Kip S. u. Wheeler, John Archibald [1973] *Gravitation*, San Francisco, Freeman.

[3052] Mittelstaedt, Peter [1976] *Der Zeitbegriff in der Physik. Physikalische und philosophische Untersu-
        chungen zum Zeitbegriff in der klassischen und in der relativistischen Physik*, Mannheim u.a.,
        Bibliogr. Institut.

[3053] —— [1977] 'Conventionalism in special relativity', *FP* **7**, S. 573-583.

[3054] Mittelstraß, Jürgen (Hrsg.) [1980] *Enzyklopädie Philosophie und Wissenschaftstheorie*, Mannheim,
        Bibliogr. Institut (bislang 2 Bde, I: 1980; II: 1984).

[3055] Mœller, Christian [1962/76] a)*The theory of relativity*, Oxford, 1962; b)in dt. Übers. *Relativitätstheo-
        rie*, Mannheim, Bibl. Institut (die Übers. enthält nur die Kap. über die SRT).

[3056] Müller, Horst [1960] 'Joseph Petzoldt', *Humanismus und Technik* **11**, S. 32-38.

[3057] Müller-Markus, Siegfried [1960] *Einstein und die Sowjetphilosophie. Krisis einer Lehre* (2 Bände),
        Dordrecht, Reidel.

[3058] Mulder, Henk L.[1968] 'Wissenschaftliche Weltauffassung. Der Wiener Kreis', *JHP* **6**, S. 386-390.

[3059] Nanda, S.[1976] 'A geometrical proof that causality implies the Lorentz group', *Math. Proc. Cambridge
        Philosophical Society* **79**, S. 533-536.

[3060] Nathan, Otto u. Norden, Heinz (Hrsg.) [1960/75] *Einstein on peace*, New York, 1960; b)dt. Übersetz-
        zung: *Albert Einstein - Über den Frieden. Weltordnung oder Weltuntergang?*, Bern, Lang, 1975.

[3061] Nelkowski, H.; Hermann, Armin, Poser, H.; Schrader, R. u. Seiler, R.(Hrsg.) [1979] *Einstein Sympo-
        sium Berlin*, Berlin, Springer (= Lecture Notes in Physics, Bd. 100).

[3062] Neumann, Reinhard u. Freiherr zu Putlitz, Gisbert [1986] 'Philipp Lenard 1862-1947', *Semper Apertus.
        600 Jahre Ruprecht-Karls-Univ. Heidelberg 1386-1986. Festschrift in 6 Bänden*, **3**, S. 376-405.

[3063] North, J.D.[1965] *The measure of the universe. A history of modern cosmology*, Oxford, Clarendon
        Press.

[3064] Norton, John [1984] 'How Einstein found his field equations: 1912-1015', *HSPS* **14**, S. 253-316.

[3065] —— [1985/86] 'What was Einstein's principle of equivalence', *SHPS* **16**, S. 203-246 u. 'Erratum',
        ibid.**17**, S. 131.

[3066] Ogawa, Tsuyoshi [1979] 'Japanese Evidence for Einstein's knowledge of the Michelson-Morley-Experiment', *JSHS* **18**, S. 73-81.

[3067] Ohanian, H.[1977] 'What is the principle of equivalence?', *AJP* **45**, S. 903-909.

[3068] Ollig, Hans-Ludwig [1979] *Der Neukantianismus*, Stuttgart, Metzler.

[3069] Ono, Yoshimasa A.(Übers.)[1982] [Einstein-Vorlesung in Kyoto, 1922 in engl. Übers.], *Physics Today*, Aug. 1982, S. 45-47.

[3070] Pais, Abraham [1982] *Subtle is the Lord - the science and the life of Albert Einstein*, a) Oxford et al., Oxford Univ. Press, 1982; b)in dt. Übers. *Raffiniert ist der Herrgott. Eine wissenschaftliche Biographie*, Vieweg, Braunschweig, 1986.

[3071] Palter, Robert M.[1956] 'Philosophic [!] principles and scientific theory', *Phil.Sci.* **23**, S. 111-135.

[3072] —— [1960] *Whitehead's philosophy of science*, Chicago, Univ. of Chicago Press (insb. Kap. 1,8 u. 9 sowie App. 4 zur RT).

[3073] Paty, Michel [1979] 'Einstein et la philosophie en France - à propos du séjour de 1922', *Cahiers Fundamenta Scientiae*, [Straßburg], S. 23-42 (s.a. Langevin, Jean [1979]).

[3074] —— [1987] 'The scientific reception of relativity in France', in Glick (Hrsg.) [1987], S. 113-167.

[3075] Pearce Williams, L.(Hrsg.)[1968] *Relativity theory: its origin and impact on modern thought*, New York, Wiley.

[3076] Pfarr, Joachim (Hrsg.) [1981] *Protophysik und Relativitätstheorie. Beiträge zur Diskussion über eine konstruktive Wissenschaftstheorie der Physik*, Mannheim, Bibliographisches Institut.

[3077] Pflug, Günther [1969] 'Inner time and the relativity of motion', in Gunter (Hrsg.) [1969], S. 190-207.

[3078] Podlaha, M.F.[1976] 'Some new aspects of relativity: comments on Zahar's paper', *BJPS* **27**, S. 261-267 (= Replik auf Zahar [1973/76]).

[3079] Polanyi, Michael [1960] 'Notes on Prof. Grünbaum's observations', in. Feigl u. Maxwell (Hrsg.) [1960] S. 53-55 (= Replik auf Grünbaum [1960]).

[3080] Poliakov, Léon und Wulf, Joseph (Hrsg.) [1955/83] *Das Dritte Reich und die Juden*, a)1. Aufl. Berlin, Arani; b)Reprint: Frankfurt et al., Ullstein (TB 33036).

[3081] —— [1959/83] *Das Dritte Reich und seine Denker*, a)1. Aufl. Berlin, Arani; b)Reprint: Frankfurt et al., Ullstein (TB 33038).

[3082] Polikarov, Asari [1960] 'Philosophische Diskussionen über die Relativitätstheorie', in: *Forschen und Wirken. Festschrift zur 150- Jahr-Feier der Humboldt-Univ.*, Berlin, Bd.**3**, S. 33-59.

[3083] —— [1979] 'Overturn and continuity of the hypotheses in the framing of the theory of relativity', in Nelkowski et al (Hrsg.) [1979], S. 397-409.

[3084] Popper, Sir Karl Raymund [1959] 'Testability and 'ad-hocness' of the contraction hypothesis', *BJPS* **10**, S. 50 (= Replik auf Grünbaum [1959]).

[3085] Prigogine, Ilya [1971]: Rez. v. Gunter (Hrsg.) [1969], *Nature* **234**, S. 159-160.

[3086] Prokhovnic, S.J.[1974] 'Did Einstein's programme supersede Lorentz's?', *BJPS* **25**, S. 336-339.

[3087] Pyenson, Lewis [1975] 'La réception de la relativité géneralisé: disciplinarité et institutionalisation en physique', *Revue d'Histoire des Sciences* **28**, S. 61-73.

[3088] —— [1977] 'Hermann Minkowski and Einstein's special theory of relativity', *AHES* **17**, S. 71-95.

[3089] —— [1985] *The Young Einstein. The advent of relativity*, Bristol, Hilger (s.a. Rez. v. Cassidy [1986] u. Hentschel [1985]b).

[3090] —— [1987] 'The relativity revolution in germany', in: Glick (Hrsg.) [1987], S. 59-112.

[3091] Quine, Williard van Orman [1951]a) 'Two dogmas of empiricism', *PR* [1951]; b)in dt. Übersetzung: 'Zwei Dogmen des Empirismus' in: *Von einem logischen Standpunkt*, Frankfurt, Berlin u. Wien, Ullstein, 1979, S. 27-50.

[3092] Quinton, Anthony [1967] 'Popper, Sir Karl Raymund', *Enc.Phil.* **6**, S. 398-401.

[3093] Raine, D.J.[1981] 'Mach's principle and space-time-structure', *Reports on Progress in Physics* **44**, S. 1153-1195.

[3094] Raman, V.V.[1972] 'Relativity in the early 20's. Many-sided reactions to a great theory', *Indian Journal for the History of Science* **7**, S. 119-145.

[3095] Ray, Christopher [1987] *The evolution of relativity*, Bristol, Hilger (s.a. Rez. v. Hentschel [1988]d).

[3096] Reichenbach, Maria [1965] 'Introduction to the English edition', in: Hans Reichenbach *The theory of relativity and a priori knowledge* [= engl. Übers. v. Reichenbach [1920]a].

[3097] Reinhardt, Michael [1973] 'Mach's principle - a critical review', *Zeitschrift für Naturforschung A* **28**, S. 529-537.

[3098] Resnick, Robert [1980] 'Misconceptions about Einstein', *Journal of Chemical Education* **57**, S. 854-862.

[3099] Richter, Steffen [1971] 'Das Wirken der Notgemeinschaft der Deutschen Wissenschaft: erläutert am Beispiel der Relativitätstheorie in Deutschland, 1920-1930', *PB* **27**, S. 497-504.

[3100] —— [1972] *Forschungsförderung in Deutschland, 1920-1936. Dargestellt am Beispiel der Notgemeinschaft der Deutschen Wissenschaft und ihrem Wirken für das Fach Physik*, Düsseldorf.

[3101] —— [1973] 'Die Kämpfe innerhalb der Physik in Deutschland nach dem 1. Weltkrieg', *Sudhoffs Archiv* **57**, S. 195-207.

[3102] —— [1978/79] 'Physiker im Dritten Reich', *Jahrbuch der TH Darmstadt*, S. 103-113.

[3103] —— [1980] 'Die 'Deutsche Physik", in: Mehrtens/Richter (Hrsg.) [1980], S. 116-141.

[3104] Rindler, Wolfgang [1969] *Essential Relativity: special, general and cosmological*, New York, Van Nostrand Reinhold.

[3105] —— [1970] 'Einstein's priority in recognizing time dilation physically', *AJP* **38**, S. 1111-1115.

[3106] Ringer, Fritz K.[1983] 'Inflation, antisemism and the German academic community of the Weimar period', *Leo Baeck Institute Yearbook* **28**, S. 3-10.

[3107] Ritter, Joachim (Hrsg.) [1971]ff. *Historisches Wörterbuch der Philosophie*, Basel u. Stuttgart, Schwabe.

[3108] Roseveare, N.T.[1983] *Mercury's perihelion: from Le Verrier to Einstein*, Oxford, Oxford Univ. Press.

[3109] Rossi-Landi, Ferruccio [1967] 'Dingler, Hugo', *Enc.Phil.* **2**, S. 407-408.

[3110] Rotenstreich, Nathan [1982] 'Relativity and relativism', in: Holton/Elkana (Hrsg.) [1982] S. 175-204.

[3111] Salmon, Wesley C.[1969] 'The conventionality of simultaneity', *Phil.Sci.* **36**, S. 44-63.

[3112] Sanchez-Ron, José M.[1987] 'The reception of special relativity in Great Britain', in: Glick (Hrsg.) [1987], S. 27-58.

[3113] Sapper, Karl (Hrsg.) [1957/1962] *Kritik und Fortbildung der Relativitätstheorie*, Graz, Akad. Druck-u. Verlagsanstalt; 2 Bde.

[3114] Sass, Hans-Martin [1974] *Inedita philosophica. Verzeichnis von Nachlässen deutschsprachiger Philosophen des 19. und 20. Jahrhunderts*, Düsseldorf, Philosophie-Verlag.

[3115] Schäfer, Lothar [1974] *Erfahrung und Konvention. Zum Theoriebegriff der empirischen Wissenschaften*, Stuttgart, Frommann-Holzboog (= Problemata, 34).

[3116] —— [1988] *Karl R. Popper*, München, Beck (Reihe Große Denker BsR 516).

[3117] Schaffner, K.[1969] 'The Lorentz electron theory and relativity', *AJP* **37**, S. 498-513.

[3118] —— [1974] 'Einstein versus Lorentz: research programmes and the logic of comparative theory evaluation', *BJPS* **25**, S. 45-78.

[3119] —— [1976] 'Space and time in Lorentz, Poincaré and Einstein. Divergent approaches to the discovery and development of the special theory of relativity', in: *Motion and time, space and matter*, Ohio Univ. Press, S. 465-507.

[3120] Scherzer, Otto [1965] 'Physik im totalitären Staat', in: A. Flitner (Hrsg.) *Deutsches Geistesleben und Nationalsozialismus*, Tübingen, Wunderlich, S. 47-58.

[3121] Schiff, J.I.[1961] 'Experimental tests of theories of relativity', *Phys.Today* **14**, Nov.heft, S. 42-48.

[3122] Schilpp, Paul Arthur (Hrsg.) [1974] *The Philosophy of Karl Popper*, La Salle, (Library of Living Philosophers; zu Schilpp siehe auch Bibliographie, 1. Teil).

[3123] Schleichert, Hubert [1966] 'Lösungsversuche für das Uhrenparadoxon, erkenntnislogisch betrachtet', *Philosophia Naturalis* **9**, S. 326-339.

[3124] Schlesinger, George [1967]a 'What does the denial of absolute space mean?', *A.J.Phil.* **45**, S. 44-60.

[3125] —— [1967]b 'Bridgman, Percy William', *Enc.Phil* **1**, S. 368-369.

[3126] —— [1967]c 'Operationalism', *Enc.Phil* **5**, S. 543-547.

[3127] Schmitt, Richard [1967]a 'Husserl, Edmund', *Enc.Phil.* **4**, S. 96-99.

[3128] —— [1967]b 'Phenomenology', ibid. **6**, S. 135-151.

[3129] Schmutzer, B.[1963] 'Entwicklungstendenzen der Relativitätstheorie', *PB* **19**, S. 347-352.

[3130] Schnädelbach, Herbert [1983] *Philosophie in Deutschland 1831-1933*, Frankfurt, Suhrkamp.

[3131] Schuster, Cynthia A.[1975] 'Reichenbach, Hans', *DSB* **11**, S. 355-359.

[3132] Scribner, Charles [1964] 'H. Poincaré and the principle of relativity', *AJP* **32**, S. 672-678.

[3133] Sexl, Roman U.[1967] 'Theories of gravitation', *Fortschritte der Physik* **15**, S. 269-307.

[3134] —— [1970] 'Die experimentelle Prüfung der allgemeinen Relativitätstheorie', *PuZ* **1**, S. 43-50.

[3135] Shankland, R.S.[1963/73/75] 'Conversations with Einstein', *AJP* I: **31**, S. 47-57; II: **41**, S. 895-900; III: **43**, S.464.

[3136] —— [1982] 'Michelson in Potsdam', *NTM* **19**, S. 27-30.

[3137] Smith, Colin [1967] 'Bachelard, Gaston', *Enc.Phil.* **1**, S. 233-234.

[3138] Sommer, Manfred [1985] *Husserl und der frühe Positivismus*, Frankfurt, Klostermann.

[3139] Sontheimer, Kurt [1962] *Antidemokratisches Denken in der Weimarer Republik*, a)1. Ausg. München Nymphenburger, 1962; b)revidierte Ausg. ibid., 1978 u. öfter.

[3140] Spiegelbert, Herbert [1973] 'Phenomenology', *Enc.Brit.* **17**, S. 810-812.

[3141] Stachel, John [1972] 'The rise and fall of geometrodynamics', *PSA*, S. 31-54.

[3142] —— [1980] 'Einstein and the rigidly rotating disk', in Held (Hrsg.) [1980], **1**, S. 1-15.

[3143] —— [1982]a 'Einstein and Michelson. The context of discovery and the context of justification', *AN* **303**, S. 47-53.

[3144] —— [1982]b 'Eddington and Einstein', in: *The Prism of Science*, Hrsg. Edda Ullmann-Margardt, Humanities Press, S. 225-250.

[3145] —— [o.J.] 'What song the syrens sang - how did Einstein discover special relativity?', Manuskript.

[3146] Stachel, J. et al.(Hrsg.) *Collected Papers of Albert Einstein*, Bd. 1 (1987), Bd. 2 (1989).

[3147] Stadler, Friedrich [1979] 'Aspekte des gesellschaftlichen Hintergrundes und Standorts des Wiener Kreises am Beispiel der Uni Wien', in: Berghel et al.(Hrsg.) [1979], S. 41-59.

[3148] —— [1982] *Vom Positivismus zur 'Wissenschaftlichen Weltauffassung' am Beispiel der Wirkungsgeschichte von Ernst Mach in Österreich von 1895 bis 1934*, Wien u. München, Löcker Verlag.

[3149] Stein, Howard [1968] 'On Einstein-Minkowski space-time', *J.Phil.* **65**, S. 5-23 (s.a. Replik v. Lango [1969]).

[3150] —— [1970] 'On the paradoxical time-structures of Gödel', *Phil.Sci.* **37**, S. 589-601.

[3151] —— [1972] 'Graves on the philosophy of physics', *J.Phil.* **69**, S. 621-634 (s.a. Graves [1972]).

[3152] —— [1977] 'Some philosophical prehistory of general relativity', in: Earman et al. (Hrsg.) [1977], S. 3-49.

[3153] Steinberg, Heiner [1967] 'Grundzüge der philosophischen Auffassungen Albert Einsteins', in: *Relativitätstheorie und Weltanschauung*, Berlin, VEB, S. 1-58.

[3154] Stern, Fritz [1982] 'Einstein's Germany', in: Holton/Elkana (Hrsg.) [1982] S. 319-343.

[3155] —— [1985] 'Einstein und die Deutschen', *Die Zeit*, 5. April, S. 41ff.

[3156] Strauss, Martin [1963] 'Hans Reichenbach und die Berliner Schule', *NTM* Beiheft **1**, S. 268-278.

[3157] —— [1972] *Modern physics and its philosophy*, Boston u. Dordrecht, Reidel.

[3158] —— [1974] 'Rotating frames in general relativity', *IJTP* **11**, S. 107-123.

[3159] Strohmeyer, Ingeborg [1980] *Transzendentalphilosophische und physikalische Raumzeitlehre: eine Untersuchung zu Kants Begründung des Erfahrungswissens mit Berücksichtigung der speziellen Relativitätstheorie*, Mannheim, Bibliographisches Institut, 1980 (= veränderte Fassung der Diss., Philosophische Fakultät, Köln, 1977).

[3160] Süssmann, G.[1965] '50 Jahre allgemeine, 60 Jahre spezielle Relativitätstheorie', *Umschau* **65**, S. 6-11, 37-39, 84.

[3161] —— [1969] 'Begründung der Lorentz-Gruppe allein mit Symmetrie- und Relativitätsannahmen', *Zeitschrift für Naturforschung* **24A**, S. 495-498.

[3162] Sugimoto, Kenji [1989] *Albert Einstein. A photographic biography*, New York, Schocken Books.

[3163] Swenson, Lloyd Jr.[1972] *The ethereal Aether*, Austin, Univ. of Texas Press.

[3164] —— [1979] *Genesis of Relativity. Einstein in context*, New York, Franklin (= Studies in the History of Science, Bd. 1).

[3165] —— [1982] 'The Michelson-Morley-Miller experiment and the Einsteinian synthesis', *AN* **303**, S. 39-45.

[3166] Synge, John Lighton [1957] 'How stands the theory of gravitation today?', *Advancement of Science* [London], Heft **55**, S. 207-214.

[3167] —— [1958] *Relativity: the special theory*, Amsterdam, North Holland Publ.Co.

[3168] —— [1960] *Relativity: the general theory*, ibid. (Reprints 1964 u. 1976).

[3169] Terrell, James [1959] 'Invisibility of the Lorentz contraction', *Phys.Rev.* (2) **116**, S. 1041-1045.

[3170] Theimer, Walter [1977] *Die Relativitätstheorie. Lehre - Wirkung - Kritik*, Bern u. München, Francke.

[3171] Thiel, Christian [1984] 'Folgen der Emigration deutscher und österreichischer Wissenschaftstheoretiker und Logiker zwischen 1933 und 1945', *BWG* **7**, S. 227-256.

[3172] Thiele, Joachim [1965] 'Bemerkungen zu einer Äußerung im Vorwort der 'Optik' von Ernst Mach', *NTM* **3**, S. 10-19.

[3173] —— [1971] 'Briefe Albert Einsteins an Joseph Petzoldt', *NTM* **8**, S. 70-74.

[3174] —— [1978] *Wissenschaftliche Kommunikation. Die wissenschaftliche Korrespondenz Ernst Machs*, Kastellaun, Henn.

[3175] Thuillier, Pierre [1979] 'Le cas Einstein', *La Recherche* **10**, No. 96, S. 14-22.

[3176] Tobey, Ronald C.[1971] 'The Einstein Controversy 1919-24', in: *The American Ideology of National Science 1919-30*, Pittsburgh, Univ. of Pittsburgh Press, S. 96-132.

[3177] Tonnelat, Marie Antoinette [1965] *Les théories unitaires de l'éléctomagnetisme et de la gravitation*, Paris, Gauthier-Villars (= Traité de physique théorique et de physique mathématique, 11).

[3178] —— [1971] *Histoire du principe de relativité*, Paris, Flammarion.

[3179] Toth, Imre [1979] 'Spekulationen über die Möglichkeit eines nicht-euklidischen Raumes vor Einstein', in Nelkowski et al.(Hrsg.) [1979], S. 46-83.

[3180] —— [1980] 'Wann und von wem wurde die nichteuklidische Geometrie begründet?', *AIHS* **30**, S. 192-205.

[3181] Toulmin, Stephen [1959] 'Criticism in the history of science: Newton on absolute space, time and motion', *Phil.Rev.* **68**, I: S.1-29; II: S. 203-227.

[3182] Treder, Hans Jürgen [1976] 'Meinungsstreit um die Relativitätstheorie. Zur Diskussion Einsteins und Plancks in der Akademie im Jahre 1914', *Spektrum* **7**, Novemberheft.

[3183] —— u. Kirsten, C.(Hrsg.) [1979] *Albert Einstein in Berlin 1913-1933*, 2 Bände, Berlin-Ost, Akademie-Verlag.

[3184] Treder, H.J.[1982] 'Der Michelson-Versuch als experimentum crucis', *AN* **303**, S. 91ff.

[3185] Vuillemin, Jules [1972] 'Poincaré's philosophy of space', *Synthese* **24**, S. 161-179.

[3186] Walker, Mark [1989] 'National socialism and German physics', *Journal of Contemporary History* **24**, S. 63-89.

[3187] Warwick, Andrew [1987] 'Einstein's theory of relativity and British physics in the early twentieth century', *Ideas and Productions* [Cambridge] **7**, S. 82-95.

[3188] —— [1989] 'International relativity: the establishment of a theoretical discipline', *SHPS* **20**, S. 139-149 (= Essay-Review v. Glick (Hrsg.) [1987]).

[3189] Weinberg, Steven [1972] *Gravitation and Cosmology. Principles and applications of the general theory of relativity*, New York, Wiley.

[3190] —— [1977/..]a) *The first three minutes: a modern view of the origin of the universe*, London, Deutsch; b)in dt. Übers. als *Die ersten drei Minuten: der Ursprung des Universums*, München, Pieper, 3. Aufl. 1978.

[3191] —— [1981] 'Einstein and spacetime: then and now', *PAPS* **125**, S. 20-24.

[3192] Weingard, Robert [1972] 'Relativity and the reality of past and future events', *BJPS* **23**, S. 119-121.

[3193] Wheeler, John Archibald [1957] 'On the nature of quantum geometrodynamics', *AP* **2**, S. 604-614.

[3194] —— [1963] 'The universe in the light of general relativity', *Monist* **47**, S. 40-76.

[3195] —— u. Brill, D.R.[1963] 'Krümmung der leeren Raum-Zeit als das Baumaterial der physikalischen Welt. Eine Einschätzung', *PB* **19**, S. 354-361.

[3196] Wheeler, John Archibald [1981] 'The lesson of the black hole', *PAPS* **125**, S. 25-37.

[3197] Whitbeck, Caroline [1969] 'Simultaneity and distance', *J.Phil* **66**, S. 329-340.

[3198] Whitrow, G.J (Hrsg.) [1967]a *Einstein, the man and his achievement*, New York, Dover.

[3199] —— [1967]b 'Einstein, Albert', *Enc.Phil.* **2**, S. 468ff.

[3200] Will, Clifford M.[1972] 'Einstein on the firing line', *Physics Today* **25**, Okt.heft, S. 23-29.

[3201] —— [1974] 'Gravitation theory', *SA* **231**, Heft Nr. 5, S. 24-33.

[3202] —— [1981] *Theory and experiment in gravitational physics*, Cambridge, Cambridge Univ. Press.

[3203] —— [1984] 'The confrontation between general relativity and experiment: an update', *Phys.Rep.* **113**, S. 345-422.

[3204] —— [1989] *Und Einstein hatte doch Recht*, Berlin et al., Springer.

[3205] Williamson, R.B.[1977] 'Logical economy in Einstein's *on the electrodynamics of moving bodies*', *SHPS* **8**, S. 49-62.

[3206] Wolters, Gereon [1984] 'Ernst Mach and the theory of relativity', *Philosophia naturalis* **21**, S. 630-641.

[3207] —— [1987] *Mach I, Mach II, Einstein und die Relativitätstheorie. Eine Fälschung und ihre Folgen*, Berlin, de Gruyter (s.a. Rez. v. Howard [1987], Blackmore [1989]b). ·

[3208] —— [1988] 'Atome und Relativität - was meinte Mach?', in Haller u. Stadler (Hrsg.) [1988], S. 484-507.

[3209] Zahar, Elie [1973] *The development of relativity theory. A case study in the methodology of scientific research programmes*, Diss. Univ. of London.

[3210] —— [1973/76] 'Why did Einstein's programme supersede Lorentz's?', a)*BJPS* **24**, S. 195-213, 223-262; b)in Hawson (Hrsg.) *Method and Appraisal in the physical sciences*, Cambridge Univ. Press, 1976, S. 211-274 (s.a. Repliken v. Feyerabend [1974] u. Miller [1974] sowie Zahar [1978] u. Miller [1978]).

[3211] —— [1977] 'Mach, Einstein and the rise of modern science', *BJPS* **28**, S. 195-213 (s.a. Replik v. Feyerabend [1980]).

[3212] —— [1978] 'Einstein's debt to Lorentz: a reply to Feyerabend and Miller', *BJPS* **29**, S. 49-60 (s.a. Miller [1978]).

[3213] —— [1980] 'Einstein, Meyerson and the role of mathematics in physical science', *BJPS* **31**, S. 1-43.

[3214] —— [1981] 'Second thoughts about machian positivism', *BJPS* **32**, S. 267-276.

[3215] —— [1983] 'Poincaré's independent discovery of the relativity principle', *Fundamenta Scientiae* **4**, S. 147-175.

[3216] —— [1987] 'Meyerson's 'relativistic deduction': Einstein versus Hegel', *BJPS* **38**, S. 93-116.

[3217] Zeeman, E.C.[1964] 'Causality implies the Lorentz group', *JMP* **5**, S. 490-493.

[3218] Zeltner, Hermann [1960] 'Moritz Geiger zum Gedächtnis', *ZPF* **14**, S. 452-466.

[3219] —— [1964] 'Geiger, Moritz Alfred', *NDB* **6**, S. 145.

[3220] Ziegenfuß, Werner u. Jung, Gertrud (Hrsg.) [1949/50] *Philosophen-Lexikon. Handwörterbuch der Philosophie nach Personen*, Berlin, de Gruyter, 2 Bde.

[3221] Zittlau, Dieter [1981] *Die Philosophie von Hans Reichenbach*, München, Minerva.

NAMENSREGISTER

Albert Einstein ist *nicht* aufgeführt. Große römische Ziffern beziehen sich auf die Einleitung, kleine römische Ziffern auf das Abkürzungsverzeichnis, arabische Ziffern auf den Haupttext der Arbeit. Die Kursiv gesetzten Zahlen stehen für Textstellen, in denen Geburts- und Todesjahr der Person und ggfls. weitere bibliographische Hinweise gegeben wurden. Die alphabetisch geordneten Bibliographien werden vom Namensregister nicht erfaßt. Gleiches gilt für die im Haupttext mitangeführten Co-Herausgeber (z.B. Jung in: Ziegenfuß/Jung (Hrsg.) [1949/50]). Für 250-251 steht 250f., für 250-252 steht 250ff.; ab 4 durchgehenden Seiten wurden die erste und letzte Seite des Vorkommnisses eines Namens angegeben. Vornamen wurden hier nur dann abgekürzt angegeben, wenn mehrere Personen mit dem gleichen Nachnamen aufgeführt sind. Im Haupttext und in der Bibliographie findet man jedoch den vollen Namen (soweit mir bekannt).